DICIONÁRIO ENCICLOPÉDICO
DO PENSAMENTO DE
SANTO TOMÁS DE AQUINO

DICIONÁRIO ENCICLOPÉDICO DO PENSAMENTO DE SANTO TOMÁS DE AQUINO

BATTISTA MONDIN

Título original:
Dizionario enciclopedico del pensiero di San Tommaso d'Aquino
© 2016, Edizioni Studio Domenicano
Via dell'Osservanza 72, 40136 Bologna, Italia
www.edizionistudiodomenicano.it
ISBN 978-88-7094-406-8

Dados Internacionais de Catalogação na Publicação (CIP)
(Câmara Brasileira do Livro, SP, Brasil)

Mondin, Battista
   Dicionário enciclopédico do pensamento de Santo Tomás de Aquino / Battista Mondin. -- São Paulo, SP : Edições Loyola, 2023. -- (Dicionários)
   Título original: Dizionario enciclopedico del pensiero di San Tommaso d'Aquino.
   ISBN 978-65-5504-202-3
   1. Tomás, de Aquino, Santo, 1225?-1274 - Dicionários - Italiano I. Título. II. Série.

22-124435   CDD-189.4

Índices para catálogo sistemático:
1. Filosofia escolástica   189.4
Eliete Marques da Silva - Bibliotecária - CRB-8/9380

Capa: Ronaldo Hideo Inoue
Santo Tomás de Aquino e São Pedro, mártir, refutam os hereges, detalhe do afresco de Andrea Di Bonaiuto (1319-1377), Capela Espanhola, Basílica de Santa Maria Novella, Florença, Itália. Imagem de © zatletic | Adobe Stock. Na contracapa, o relicário de Santo Tomás de Aquino na Igreja dos Jacobinos, Toulouse, França. Imagem de © Gael_h | Adobe Stock. Nas guardas, montagem de detalhe do afresco *Triunfo de Santo Tomás de Aquino sobre os hereges*, de Filippino Lippi (1457-1504), © Wikimedia Commons, sobre textura de © paladin1212 | Adobe Stock.
Diagramação: Sowai Tam
Revisão: Andréa Stahel M. Silva
Revisão Técnica: Gabriel Frade
Tradutores: Fr. André Luiz Boccato de Almeida, OP
   Pe. Antônio Sagrado Bogaz, FDP
   D. Carlos Eduardo Uchôa Fagundes Júnior, OSB
   Prof. Domingos Zamagna
   Fr. Eduardo Quirino de Oliveira, OP
   Prof. Gabriel Frade
   Fr. Márcio Alexandre Couto, OP
   Pe. Moisés Nonato Quintela Ponte, SJ

Edições Loyola Jesuítas
Rua 1822 nº 341 – Ipiranga
04216-000 São Paulo, SP
T 55 11 3385 8500/8501, 2063 4275
editorial@loyola.com.br
vendas@loyola.com.br
www.loyola.com.br

Todos os direitos reservados. Nenhuma parte desta obra pode ser reproduzida ou transmitida por qualquer forma e/ou quaisquer meios (eletrônico ou mecânico, incluindo fotocópia e gravação) ou arquivada em qualquer sistema ou banco de dados sem permissão escrita da Editora.

ISBN 978-65-5504-202-3

© EDIÇÕES LOYOLA, São Paulo, Brasil, 2023

Sumário

Prefácio 7

Prefácio à segunda edição italiana.. 9

Introdução geral 11

Abreviações 21

Verbetes 25

Bibliografia essencial para o estudo de Santo Tomás.................... 715

Índice de verbetes 719

Prefácio

Se for verdade que, como se diz, não cai uma folha sem o desejo de Deus, julgo que tenha sido um desígnio providencial que guiou meus passos, desde quando, a partir do meu primeiro ano de universidade, no longínquo 1952, orientei os meus estudos para Santo Tomás de Aquino. Eram aqueles anos dos vários pesquisadores, como Fabro, Gilson, De Finance, Maritain, Masnovo, De Raeymaker e outros: mediante seus estudos se fazia plena luz sobre a grandeza e originalidade do pensamento filosófico do Doutor de Aquino, um pensamento inteiramente centrado no ser concebido intensivamente, como *actus*, ou melhor, como *actualitas omnium actuum* e como *perfectio omnium perfectiorum*. Assim, graças a uma paciente releitura das obras de Santo Tomás, pôde-se provar que ele ocupa um lugar entre os gigantes da metafísica além do que entre os gigantes da teologia. Desde então Santo Tomás torna-se o meu autor preferido. Aos poucos me equipei adequadamente, procurando todas as suas obras, inclusive o monumental *Commento alle Sentenze di Pietro Lombardo* [*Comentário às Sentenças de Pedro Lombardo*], na elegante edição Parmense (de Parma), e adquirindo, além disso, todas as monografias mais significativas dedicadas ao seu pensamento.

Mesmo em minhas publicações, além de nos meus estudos, Santo Tomás sempre ocupou o primeiro lugar. O meu primeiro artigo ("Divus Thomas" 1957) era sobre o conceito de analogia em Santo Tomás. Também minha tese para obter o Ph.D. (doutorado) na Universidade de Harvard (publicada por Nijhoff em 1963; segunda edição em 1968) por uma boa metade era reservada à reconstrução da doutrina tomista da analogia. Sucessivamente publiquei outros cinco livros sobre vários aspectos do pensamento do Doutor Angélico: *A filosofia do ser de Santo Tomás de Aquino* (1964); *Antologia do pensamento filosófico de Santo Tomás de Aquino* (1967); *A filosofia de Santo Tomás de Aquino no Comentário às Sentenças* (1975); *A hermenêutica metafísica de Santo Tomás* (1977); *O sistema filosófico de Tomás de Aquino* (1985).

Contudo, efetuei minhas pesquisas mais importantes sobre Santo Tomás nos anos 1964-1966. Naqueles anos, não tendo nenhum compromisso editorial, decidi consagrar-me à leitura e compilação sistemática das indicações e dados idôneos que identificam um elemento bibliográfico da obra mais volumosa e mais completa, mas menos conhecida do Doutor de Aquino, o seu monumental *Comentário às Sentenças*. Preenchi uma enorme gaveta com milhares de fichas, ordenadas segundo as principais disciplinas filosóficas e teológicas. A seguir toda uma série de compromissos me atormentou, ao ponto de fazer-me esquecer da existência daquela preciosa gaveta que me havia custado dois anos de árduo trabalho. Mas estava nos desígnios da Providência que também aquele trabalho viria dar os seus frutos. Quando me foi encomendado este Dicionário recordei-me daquelas fichas, que se tornaram meu principal subsídio para realizá-lo.

Quando no final de 1989 o padre Ottorino Benetollo, OP, me fez a proposta lisonjeira de redigir sozinho um dicionário do pensamento de Santo Tomás permaneci muito perplexo, ciente de que se tratava de um trabalho difícil e arriscado, e pedi-lhe que me concedesse um ano para refletir antes de decidir. Quando pontualmente no ano seguinte o padre voltou à carga, minha resposta foi afirmativa. E coloquei-me imediatamente ao trabalho, dedicando grande parte das minhas jornadas de um ano inteiro a este trabalho, que me fez apreciar uma vez mais a grandeza, beleza, originalidade, atualidade do pensamento do Doutor Angélico.

Quando consegui produzir não certamente uma obra perfeita, até mesmo porque se trata da primeira obra deste gênero que jamais havia sido realizada. De fato, nem o *Index thomisticus* nem o *Thomas Lexikon* oferecem uma exposição do pensamento do Doutor de Aquino mas apenas um precioso elenco de citações.

Aquilo que o leitor encontra no presente volume é uma síntese, ampla e fielmente documentada, do pensamento de Santo Tomás sobre todos os assuntos tratados por ele na sua vastíssima produção literária: argumentos que dizem respeito principalmente à teologia, à filosofia e à moral, mas que compreendem também a liturgia, a Sagrada Escritura, a política, a pedagogia, a sociologia, a biologia, a física, a astronomia, a antropologia, a história da filosofia e outras coisas ainda.

Assim como Aristóteles, Santo Agostinho, Santo Alberto Magno, também Santo Tomás é um pensador enciclopédico. Em suas obras quis ocupar-se de todo o mundo do saber conhecido em seu tempo: um saber indubitavelmente ainda bastante pobre no campo científico, mas extremamente rico e fecundo no campo filosófico, teológico e humanístico. Nenhum dos problemas que tratam o homem de perto e em profundidade foi deixado de lado pelo Angélico, o qual em todos os problemas que afrontou os viu de modo lúcido e perspicaz; e viu mais e melhor do que todos os estudiosos que também estudaram essas mesmas questões, propondo soluções de perene atualidade.

Fazendo um mergulho prolongado no grande rio dos escritos do Doutor Angélico, para representar seu pensamento do modo mais completo, tive novamente a agradável sensação de quanto esse pensamento está ainda vivo e atual. Certamente, Santo Tomás não viu tudo nem disse tudo, não só no campo das ciências naturais, que lhe era amplamente desconhecido, mas nem mesmo nos campos da fé, da teologia e da filosofia. Todavia, sobre o que falou pronunciou quase sempre palavras que possuem uma validez perene. Santo Tomás amou Deus sobre todas as coisas, mas em Deus amou sobretudo a verdade; e na contemplação da verdade de Deus pregustou, já nesta vida, as alegrias da vida eterna.

Propondo-me neste volume oferecer apenas o pensamento de Santo Tomás (e não o de seus comentadores), limitei-me a duas coisas: 1) traçar em breve síntese o desenvolvimento do pensamento precedente a Santo Tomás, para se entender a originalidade de sua contribuição; 2) expor de modo exaustivo seu pensamento, tomando-o de todas as suas obras, mas de modo particular das suas duas obras monumentais: o *Comentário às Sentenças* e a *Suma de Teologia*.

Entre os grandes estudiosos de Santo Tomás, a quem me é grato nesta circunstância render um tributo de sincera estima e de profundo reconhecimento, não somente por aquilo que me ensinaram com seus escritos, mas também pelos sinais de amizade que me concederam, quero recordar especialmente Sofia Vanni Rovighi, padre Cornelio Fabro e padre De Finance.

Roma, 2 de outubro de 1991
Memória dos Santos Anjos da Guarda

Prefácio à segunda edição italiana

Estou muito contente em poder apresentar a segunda edição revista e corrigida deste "Dicionário Tomístico". A recente encíclica *Fides et ratio* (1988) afirma que: "Santo Tomás foi sempre proposto pela Igreja como mestre de pensamento e modelo quanto ao reto modo de fazer teologia" (n. 43). E ainda: "Santo Tomás amou desinteressadamente a verdade. Procurou-a por todo o lado onde pudesse manifestar-se, colocando em relevo a sua universalidade. Nele, o Magistério da Igreja viu e apreciou a paixão pela verdade; o seu pensamento, justamente porque se mantém sempre no horizonte da verdade universal, objetiva e transcendente, atingiu 'alturas que a inteligência humana jamais poderia ter pensado'. É, pois, com razão que Santo Tomás pode ser definido 'apóstolo da verdade'" (n. 44).

A atualidade do pensamento de Santo Tomás é desconcertante. Quem decidir aprofundá-lo, no início experimentará o júbilo da descoberta, depois o encanto da admiração.

Roma, 14 de setembro de 2000
Festa da Exaltação da Santa Cruz
2º Aniversário da *Fides et Ratio*

Introdução geral

1. A filosofia nos tempos de Santo Tomás

Tomás de Aquino viveu no século XIII: há quase oito séculos. No seu tempo não havia automóvel, trem, avião, nem mesmo bicicleta; não havia cinema, rádio, jornal, televisão; não havia canhões, carros armados, mísseis, computadores. Seu mundo cultural, que ainda não havia conhecido as maravilhas da ciência e da tecnologia, era completamente diverso do nosso. Até a língua era diversa; a língua oficial era ainda o latim: falava-se o latim, escrevia-se em latim, pregava-se em latim. Os instrumentos de trabalho eram ainda de caráter artesanal, enquanto os costumes, as leis, os valores e as instituições se inspiravam no cristianismo. O governo era o da *respublica christiana*, que podia ter como soberanos delegados rei e imperadores, mas como soberano supremo efetivo reconhecia somente o papa.

Entre o final do século XII e início do século XIII na *respublica christiana* se registrava um acontecimento cultural de suma importância: a redescoberta de Aristóteles. Graças às versões latinas das obras de Avicena, Averróis e Maimônides, os quais em seus sistemas haviam feito amplo uso de Aristóteles, e, graças às traduções de algumas obras filosóficas do próprio Aristóteles, o pensamento deste último começou a penetrar também no mundo latino e ganhar a simpatia de muitos filósofos cristãos, sobretudo em Oxford e Paris, que eram os centros culturais mais importantes da época.

A redescoberta de Aristóteles assinalou uma reviravolta decisiva no pensamento filosófico e teológico dos escolásticos, que até aquele momento, em suas especulações, se haviam posto em contato quase exclusivamente com as obras dos platônicos (neoplatônicos) para a filosofia e dos escritos de Santo Agostinho e do Pseudo-Dionísio para a teologia. Desse modo seu pensamento apresentava uma forma marcadamente platônica e agostiniana. Com o advento de Aristóteles as coisas mudam: sua influência se faz sentir em toda parte (nas ciências, na filosofia e na teologia) e não poupa ninguém, nem mesmo aqueles que nas doutrinas mais importantes de metafísica e antropologia continuarão a manter-se fiéis à palavra de Platão e Agostinho.

Bem pouco se sabe dos inícios do aristotelismo na universidade de Paris, que durante o século XIII viria a tornar-se a fortaleza do aristotelismo. O primeiro documento a respeito é uma proibição emanada do Concílio metropolitano de Paris em 1210 no qual se estabelece, entre outras coisas, que: "os livros da filosofia natural de Aristóteles não sejam lidos, isto é, tomados como tema de estudo, nem em privado nem em público, sob pena de excomunhão". Essa proibição havia sido causada pelo mau uso que o célebre professor de Paris, Davi de Dinat, havia feito da *Física* e da *Metafísica* de Aristóteles, quando procurava demonstrar que Deus e a matéria prima são a mesma coisa. O decreto havia sido solicitado pela faculdade de teologia, não obstante os enérgicos protestos da faculdade de letras. Desde então a Universidade esteve em contínua agitação, a ponto de em 1229 chegar a proclamar uma greve geral de todos os docentes da faculdade de letras, isto é, da faculdade de artes, onde se ensinava o trívio e o quadrívio. Para restabelecer a paz intervém o papa Gregório IX em pessoa, o qual prometeu que a condenação de Aristóteles estaria revogada; apenas os *libri naturales*, quer dizer, a *Física* e a *Metafísica* deveriam ser corrigidas. Para essa finalidade o papa nomeou uma comissão, da qual fazia parte também o arcebispo de Paris Guilherme d'Auvergne, ótimo filósofo e grande conhecedor de Aristóteles. Aconteceu, porém, como frequentemente acontece nessas coisas, que a comissão não conseguiu nunca se colocar seriamente ao trabalho. Assim o ensino de Aristóteles oficialmente continuava a ser restrito à *Lógica* e à *Ética*. De fato, porém, muitos professores ignoravam as proibições eclesiásticas e comentavam Aristóteles livremente[1].

Em 1245 o franciscano Roger Bacon introduziu nos seus cursos de filosofia o comentário à *Metafísica*. Dois anos mais tarde fez o mesmo Alberto Magno, para quem vai o mérito de haver introduzido em Aristóteles a porta da filosofia cristã. Alberto, que tinha uma ótima preparação científica além da filosófica e teológica, havia compreendido que era doravante inútil, até mesmo nocivo, continuar a condenar Aristóteles como pagão. No terreno científico a fé não contava nada, e a superioridade de Aristóteles no campo científico era indiscutível. Aqui e ali havia indubitavelmente os erros filosóficos, mas teria sido mais fácil combater os erros do que sufocar a verdade que em tantos pontos da biologia, da botânica, da zoologia, da astronomia tocava ramos desconhecidos do mundo cultural latino. Alberto tinha por Aristóteles uma estima altíssima, fora dos limites. Estava convencido que "a natureza o havia colocado sem defeito da verdade e que nele havia dado mostra da mais alta perfeição do intelecto humano". Assim preparou-se a rever Aristóteles, a fim de torná-lo adaptado ao mundo cristão. Antes de voltar à Alemanha e assumir a direção do *Studium* (Centro de estudos) dominicano de Colônia (1248), Alberto iniciou uma paráfrase completa de todas as obras de Aristóteles.

Mas o artífice principal da aquisição de Aristóteles para a filosofia cristã foi um genial e devoto discípulo de Alberto, Tomás de Aquino. Este, na escola de Alberto primeiramente em Paris e depois em Colônia, descobriu a beleza e o valor das doutrinas filosóficas do Estagirita e tornou-se seu advogado principal, defendendo-o de todas as acusações que lhe eram dirigidas, seja da "direita" seja da "esquerda". A "direita" era representada pelos agostinianos que estavam apegados à filosofia de Platão; a "esquerda" era representada pelos averroístas, que com sua interpretação muito fechada e literal de Aristóteles o tornavam impossível à cristianização. A intervenção de Tomás em favor de Aristóteles foi decisiva. Mediante uma exegese mais aberta e inteligente de todas as suas obras principais ele conseguia demonstrar como o Filósofo, com os seus princípios metafísicos, fornecia um instrumento hermenêutico à teologia, de preferência àquele que havia sido tomado de empréstimo a Platão, e ao mesmo tempo em tantos problemas fundamentais exibia soluções mais satisfatórias que aquelas que haviam sido obtidas com os princípios platônicos.

Mas como se verá a obra filosófica de Tomás não se limitou a repetir ou a interpretar Aristóteles *ad usum christianorum*; servindo-se de Aristóteles ele elaborou um novo módulo de filosofia cristã, mais sólido e mais satisfatório que aquele "platônico" que havia sido criado por Agostinho.

2. Vida de Tomás de Aquino

Tomás de Aquino — como foi dito anteriormente — viveu em pleno século XIII, um século maravilhoso e prodigioso, o qual graças a tantas e estupendas realizações que a Europa cristã

---

[1]. Sobre o complexo e interessante episódio da penetração de Aristóteles no mundo latino, veja-se STEENBERGHEN, F. VAN, *Aristote en occident*, Lovaina, 1946. [Cf. também: DE BONI, L. A., *A entrada de Aristóteles no Ocidente Medieval*. Porto Alegre: EST, Ulysses, 2010].

soube produzir em todos os campos da cultura (literatura, narrativa, poesia, arquitetura, pintura, escultura, direito, economia, filosofia, teologia etc.) ganhou a denominação de "século de ouro". Foi também o século no qual surgiram as primeiras universidades: Bolonha, Paris, Nápoles, Oxford, Pádua etc., que em breve tempo levaram a pesquisa filosófica e teológica a níveis até então desconhecidos.

O pai de Tomás era de estirpe longobarda, enquanto a mãe era de descendência normanda; a família era rica e poderosa: tinha várias possessões em diversos lugares da Itália meridional, mas a mais importante era a de Aquino, lugar habitual de sua residência. Em Roccasecca, nas proximidades de Aquino, nasceu Tomás entre 1224 e 1225 (a data é incerta). Para primeira formação intelectual os genitores enviaram o pequeno Tomás à vizinha abadia de Cassino, com a intenção de prepará-lo para a vida monástica com a secreta esperança que pudesse chegar um dia ao supremo cargo e aumentasse assim o poder da família.

Em vez disso, depois de alguns anos Tomás retorna à família e passa a prosseguir os estudos na Universidade de Nápoles, onde teve a primeira iniciação à filosofia aristotélica sob o Mestre Martinho de Dácia para a lógica e Pedro de Irlanda para a filosofia natural. Na Universidade de Nápoles nasceu a vocação dominicana por obra do pregador padre João de São Juliano. Mas, quando Tomás manifestou a sua decisão aos familiares, encontrou obstinada resistência por parte dos irmãos, que chegaram ao ponto de encerrá-lo na prisão. Tomás permaneceu firme em seu propósito, e em 1245, já maior de idade, foi libertado, livre para seguir sua vocação. Então, de acordo com seus superiores, deixou a Itália para entrar no convento dominicano de Paris, sob a guia de Alberto Magno. Em 1248 seguiu Alberto até Colônia quando este para lá fora fundar um *Studium* (Centro de estudos) geral dos dominicanos. Em Colônia Tomás frequenta os cursos de teologia para a preparação imediata ao sacerdócio. Na escola de seu erudito mestre, Alberto, Santo Tomás tomou contato não só com todo o *corpus aristotelicum* mas também com os comentadores árabes e gregos até então traduzidos e especialmente com o *corpus dionisianum* e pôde revelar ao mestre a sua real capacidade. Por insistência de Alberto, em 1252 Tomás voltou a Paris para completar os estudos superiores e tomar o lugar vacante de bacharel em teologia da cátedra dominicana. Em Paris iniciou quase imediatamente a sua longa e fértil produção literária, com alguns breves ensaios filosóficos (*De ente et essentia*, *De principiis naturae*) e com o comentário à obra monumental de Pedro Lombardo, os *Quatuor Libri Sententiarum*. Em 1255 foi envolvido na luta entre mestres seculares e Ordens mendicantes para a posse da cátedra de teologia. Em defesa do próprio direito à docência universitária o Angélico escreveu o opúsculo *Contra impugnantes Dei cultum et religionem*. Depois da vitória dos mendicantes, Santo Tomás foi nomeado *magister regens* da Universidade de Paris (1257).

Em 1259 foi chamado à Itália para assumir o cargo de responsável pelos estudos no convento de Orvieto. A esse período, que é o mais tranquilo da sua vida, pertence uma de suas obras maiores: a *Summa contra Gentiles*.

Em 1265 é encarregado dos estudos em Roma e já começa a utilizar as traduções de seu confrade Guilherme de Moerbeke, excelente conhecedor do grego. Santo Tomás pediu a outros para realizar a tradução de algumas importantes obras dos padres gregos que não estavam ainda traduzidas para o latim, enriquecendo assim notavelmente as fontes patrísticas acessíveis aos teólogos latinos, fontes das quais o próprio Tomás fez amplo uso na elaboração da sua *Summa Theologiae*.

Em 1268 foi chamado novamente a Paris para um segundo ciclo de ensino. Lá teve de lutar em duas frentes em defesa de Aristóteles (e de si mesmo, que de Aristóteles se havia tornado o mais convicto e firme advogado): contra os agostinianos que o acusavam de paganismo, e contra os averroístas que davam de seu pensamento uma interpretação incompatível com a fé cristã. Contra estes últimos Tomás escreveu o *De unitate intellectus contra averroistas*.

Em 1272 voltou à Itália, onde recebeu de seus superiores o encargo de reordenar o ensino da teologia na Universidade de Nápoles, e de dar ele mesmo alguns cursos, coisa que fez até janeiro de 1274. Nesse período, além do estudo e do ensino, dedicou-se com zelo também à pregação ao povo, que ia escutá-lo com grande entusiasmo, apreciando a simplicidade de sua palavra ligada à clareza e profundidade do seu pensamento.

Um dia de dezembro de 1273, depois da celebração da Santa Missa, chamou seu fidelíssimo secretário frei Reginaldo de Priverno e lhe comunicou a decisão de interromper todo trabalho, porque depois de tudo o que havia visto em êxtase naquela manhã durante a Santa Missa, havia compreendido que tudo quanto havia escrito nos seus livros era *tota palea* (um monte de palha). Assim, ficaram interrompidas duas de suas obras mais importantes: a *Summa Theologiae* interrompida na Questão 90 da *Tertia Pars*, e o *Compendium Theologiae* suspenso no capítulo 10 do Livro segundo.

Em janeiro de 1274, a convite de Gregório X, partiu para Lião, onde o papa havia convocado um concílio ecumênico. Chegando próximo a Fossanova sofreu um grave mal-estar e foi abrigado solicitamente na célebre abadia cisterciense daquela cidade. Todos os tratamentos se mostraram vãos, e depois de algumas semanas (no dia 7 de março de 1274) Tomás morreu, sem se saber qual era a natureza do mal que o havia acometido.

Em seus contemporâneos Santo Tomás deixou uma recordação profunda e indelével, pela fineza e perspicácia da sua inteligência, pela grandeza e originalidade do seu gênio, pela suavidade e santidade de sua vida. Guilherme de Tocco, o seu primeiro biógrafo, sublinha a extraordinária originalidade de Santo Tomás em tudo o que fazia: "Frei Tomás propunha em suas lições *problemas novos*, descobria *novos métodos*, empregava *novas concatenações de provas*, e, ao ouvi-lo explicar, depois que propunha uma *nova doutrina* com *novos argumentos*, não se podia duvidar que Deus, pela irradiação desta *nova luz*, e a *novidade desta inspiração*, lhe havia feito dom do ensino, em palavras e escritos, de uma *nova doutrina*".

Tomás de Aquino foi declarado *santo* por João XXII em 1323. Logo depois foi-lhe dado o título de "Doutor Angélico", depois o de "*Doctor Communis*", isto é, de doutor universal, e recentemente também o de "Doutor de Humanidade" (*Doctor Humanitatis*), pela profundidade e atualidade da sua reflexão sobre a pessoa humana.

3. As obras de Santo Tomás

Segundo um costume muito difundido na Antiguidade e na Idade Média, com a finalidade de dar crédito a certos escritos eram estes atribuídos a autores famosos, também a Santo Tomás foram adscritas obras que ao crivo da crítica moderna são de dúbia autenticidade ou espúrias. Ainda hoje o problema do catálogo das obras autênticas não foi completamente resolvido. O padre Mandonnet acreditou encontrar a solução apodítica do problema no catálogo de Bartolomeu de Cápua, porque segundo ele este seria um catálogo oficial e portanto as obras ali contidas seriam autênticas, enquanto as obras que não fossem incluídas nele seriam apócrifas. Mas, mais tarde, Pelster e Grabmann mostraram o infundado dessa tese, fazendo ver que não existe nenhum catálogo oficial e demonstrando que algumas obras seguramente autênticas não estão incluídas no catálogo de Bartolomeu de Cápua. De qualquer modo se deve dizer que, em suma, trata-se de uma questão de importância relativa, uma vez que todas as obras maiores atribuídas a Santo Tomás são certamente fruto do seu talento e são portanto seguramente autênticas.

Nós seguiremos as indicações do *Breve Catálogo das obras de Santo Tomás*, estabelecido por G. Emery, OP, publicado nas páginas 385-418 de: Jean-Pierre Torrell, OP. *Iniciação a Santo Tomás de Aquino. Sua pessoa e sua obra* (São Paulo: Loyola, 1999).

Os escritos de Santo Tomás costumam ser divididos em cinco grupos: a) Sínteses teológicas; b) Comentários à Sagrada Escritura; c) Comentários de Aristóteles; d) Opúsculos autênticos; e) Vários.

A) *Sínteses teológicas*

1. *Scriptum super libros Sententiarum* (1252-1256; de um segundo comentário posterior que se perdeu [resta apenas uma *reportatio* parcial]).
2. *Summa contra Gentiles* (1259-1265) [*Suma contra os Gentios*. São Paulo: Loyola, 2015-2016, 4 v.; *Suma contra os Gentios*. Porto Alegre/Caxias do Sul: Esc. Sup. São Lourenço de Brindes/Universidade de Caxias do Sul/Livraria Sulina, 1990, 2 v., edição bilíngue, trad. D. Odilão Moura. (N. do T.)].
3. *Summa Theologiae* (até a *pars* III, q. 90. Segue o *Supplementum*, compilado por frei Reginaldo de Priverno, que utilizou o Comentário tomista ao l. 4 das *Sentenças*): *pars* I, 1265-1268; *pars* II: I-II, — 1271 — II-II, 1271-1272; *pars* III, 1272-1273. [*Suma teológica*. São Paulo: Loyola, 2001-2006. 9 v., ed. bilíngue, traduzida por uma equipe coordenada pelo fr. Carlos Josaphat Pinto de Oliveira. (N. do T.)].
4. *Quaestiones disputatae: De veritate*: Paris, aa. 1-84 (1256-1257); aa. 85-168 (1257-1258); aa. 169-253 (1258-1259); *De potentia*: Roma, aa. 1-55 (1265-1266); Viterbo, aa. 56-83 (1267-1268); *De anima*, Roma (1265-1266); *De spiritualibus creaturis*, Roma (1267-1268); *De malo*, Paris (1266-1272); *De virtutibus*, que compreende: *De virtutibus in communi, De caritate, De correctione fraterna, De spe, De virtutibus cardinalibus*, Paris (1271-1272); *De unione Verbi incarnati*, Paris (1272). [*De Veritate* = "Questões Discutidas sobre a Verdade; Questão I" in: *Tomás de Aquino*. São Paulo: Nova Cultural, 1996, col. Os Pensadores; *Verdade e Conhecimento* (Sobre a Verdade, q. 1 e 4; Sobre o verbo). São Paulo: Martins Fontes, 2013, trad. Luiz Jean Lauand e Mario Bruno Sproviero; Questão 5: *A Providência*. São Paulo: Edipro, 2016, trad. Paulo Faitanin e Bernardo Veiga; Questões 8 e 9: *Os Anjos*. São Paulo: Edipro, 2017, trad. Paulo Faitanin e Bernardo Veiga; Questão 10: Sobre a mente, trad. Maurílio José Camello. Col. Do Estudo Acadêmico 3. Uberlândia: EDUFU, 2012; Questão 11: *Sobre o Ensino (De Magistro)* in: *Sobre o Ensino (De Magistro); Os Sete Pecados Capitais*. São Paulo: Martins Fontes, 2001, trad. Luiz Jean Lauand; Questão 14: *A fé*. São Paulo: Edipro, 2016, trad. Paulo Faitanin e Bernardo Veiga; Questão 15: *A imortalidade da alma & A razão superior e inferior*. Campinas: Ecclesiae, 2017, trad. Paulo Faitanin e Bernardo Veiga; Questões 16 e 17: *A Sindérese e a Consciência*. Campinas: Ecclesiae, 2015, trad. Paulo Faitanin e Bernardo Veiga; Questão 21: *O Bem*. Campinas: Ecclesiae, 2015, trad. Paulo Faitanin e Bernardo Veiga; Questão 22. *O apetite do bem e a vontade*. São Paulo: Edipro, 2015, trad. Paulo Faitanin e Bernardo Veiga; Questão 23: *A vontade de Deus*. São Paulo: Edipro, 2015, trad. Paulo Faitanin e Bernardo Veiga; Questão 24: *O Livre-arbítrio*. São Paulo: Edipro, 2015, trad. Paulo Faitanin e Bernardo Veiga; Questão 25: *A sensualidade*. São Paulo: Edipro, 2015, trad. Paulo Fai-

tanin e Bernardo Veiga; Questão 26: *As Paixões da Alma*. São Paulo: Edipro, 2015, trad. Paulo Faitanin e Bernardo Veiga; Questão 27: *A Graça*. São Paulo: Edipro, 2016, trad. Paulo Faitanin e Bernardo Veiga; *De potentia*: Questões 1-3: *O poder de Deus*. Campinas: Ecclesiae, 2013, trad. Paulo Faitanin, Bernardo Veiga e Roberto Cajaraville; Questões 4-6: *A criação, a conservação e o governo do mundo*. Campinas: Ecclesiae, 2014, trad. Paulo Faitanin, Bernardo Veiga, Rodolfo Petrônio e Rafael N. Godinho; Questões 7-10: *Deus uno e trino*. Campinas: Ecclesiae, 2013, trad. Paulo Faitanin, Bernardo Veiga, Roberto Cajaraville, Gerson Stumbo e Rafael N. Godinho; *De anima: Questões disputadas sobre a alma*. São Paulo: É Realizações, 2012, trad. Luiz Astorga; *De spiritualibus creaturis: Questão Disputada sobre as Criaturas Espirituais*. São Paulo: É Realizações, 2017, trad. Carlos Nougué; *De malo*: questões 8 a 11 "Os sete pecados capitais" in: *Sobre o Ensino (De Magistro); Os Sete Pecados Capitais*. São Paulo: Martins Fontes, 2001, trad. Luiz Jean Lauand; *De virtutibus*: Questões 1 e 5: *As Virtudes Morais*. Campinas: Ecclesiae, 2012, trad. Paulo Faitanin e Bernardo Veiga; Questões 2, 3 e 4: *A Caridade, a Correção Fraterna e a Esperança*. Campinas: Ecclesiae, 2013, trad. Paulo Faitanin e Bernardo Veiga; *De unione Verbi incarnati: A União do Verbo Encarnado*. São Paulo: Edipro, 2015, trad. Paulo Faitanin e Bernardo Veiga (N. do T.)].

5. *Quaestiones quodlibetales* (realizavam-se durante as férias de Natal e Páscoa): *Quodl.* VII-IX (1256-1259); *Quodl.* I-VI e XII (1268-1272). O padre Mandonnet sugere a seguinte distribuição: *Quodl.* VII (Natal 1256); *Quodl.* VIII (Natal 1258); *Quodl.* IX (Páscoa 1258); *Quodl.* XI (Páscoa 1259); *Quodl.* I (ainda Páscoa 1259); *Quodl.* II (Natal 1269); *Quodl.* III (Páscoa 1270); *Quodl.* IV (Páscoa 1271); *Quodl.* V (Natal 1271); *Quodl.* VI (Páscoa 1271). As dúvidas apresentadas pelo padre Glorieux sobre a autenticidade da *Quodl.* IX foram rejeitadas como infundadas por J. Isaac, in: "Archives d'histoire doctrinale et littéraire du Moyen Âge", 22-23 (1947-1948), p. 187 ss.

B) *Comentários à Sagrada Escritura*

1. *Expositio super Job ad litteram* (1261-1265).
2. *Postilla super Psalmos* (1273).
3. *Expositio in Cantica canticorum* (perdido).
4. *Expositio super Isaiam ad litteram* (1252).
5. *Super Jeremiam et Threnos* (1252).
6. *Glossa continua super Evangelia (Catena aurea)*. A *Catena* sobre Mateus pode remontar a 1262-1264; as outras ao período entre 1265 e 1268. [*Catena Aurea. Exposição contínua sobre os Evangelhos*. v. 1 — Evangelho de São Mateus. Campinas: Ecclesiae, 2018. Vários tradutores (N. do T.)].
7. *Lectura super Mattheum* (1269-1270).
8. *Lectura super Joannem* (1270-1272).
9. *Expositio et Lectura super Epistulas Pauli Apostoli*. Os comentários das cartas que vão de 1Cor 11 até a Carta aos Hebreus são do período 1265-1268. O comentário à Carta aos Romanos é do período 1272-1273, enquanto o comentário aos primeiros dez capítulos da 1Cor é frequentemente substituído por um texto inspirado em Pedro de Tarantasia. [*Comentário a Tessalonicenses*. Porto Alegre: Concreta, 2015, ed. bilíngue, trad. Tiago Gadotti (N. do T.)].

C) *Comentários a Aristóteles*

1. *Expositio Libri Peryermeneias* (1270-1271). O texto foi interrompido no capítulo II,2. [*Comentário Sobre a Interpretação de Aristóteles*. Campinas: Vide Editorial, 2018, trad. Paulo Faitanin e Bernardo Veiga; original = *In Aristotelis Libros Peri Hermeneias et Posteriorum Analyticorum Expositio, Cum Textu Ex Recensione Leonina* (N. do T.)].
2. *Expositio Libri Posteriorum* (1271-1272).
3. *Sententia super Physicam* (1268-1269).
4. *Sententia super librum De Caelo et mundo* (1272-1273). A obra foi interrompida pouco depois do início do livro 3.
5. *Sententia super libro De Generatione et Corruptione* (1272-1273). É interrompida no capítulo 5º do livro 1.
6. *Sententia super Meteora* (1269-1270). A obra foi interrompida no livro 2.
7. *Sententia Libri De Anima* (1267-1268).
8. *Sententia Libri De sensu et sensato* (1268-1270).
9. *Sententia Libri De memoria et reminiscentia* (1269-1270). [*Comentário sobre "A Memória e a Reminiscência" de Aristóteles*. São Paulo: Edipro, 2016, trad. Paulo Faitanin e Bernardo Veiga. (N. do T.)].
10. *Sententia super Metaphysicorum* (1270-1272). [*Comentário à Metafísica de Aristóteles I-IV*. Campinas: Vide Editorial, 2016, v. 1, trad. Paulo Faitanin e Bernardo Veiga; original = *In duodecim libros Metaphysicorum Aristotelis expositivo I-IV*; *Comentário à Metafísica de Aristóteles V-VIII*. Campinas: Vide Editorial, 2017, v. 2, trad. Paulo Faitanin e Bernardo Veiga; original = *In duodecim libros Metaphysicorum Aristotelis expositivo V-VIII*. (N. do T.)].
11. *Sententia super Libri Ethicorum* (1271-1272). [*Comentário à Ética a Nicômaco de Aristóteles I-III. O Bem e as Virtudes. Inclui tradução do texto de Aristóteles*. Rio de Janeiro: Mutuus/Instituto Aquinate, 2015, trad. Paulo Faitinin e Bernardo Veiga; *Onze lições sobre a virtude. Comentário ao Segundo Livro da Ética de Aristóteles*. Campinas: Ecclesiae, 2013, trad. Tiago Tondinelli; *Sobre os Prazeres. Comentário ao Décimo Livro da Ética de Aristóteles*. Campinas: Ecclesiae, 2013, trad. Tiago Tondinelli. (N. do T.)].
12. *Sententia super Libri Politicorum* (1269-1272). A obra foi interrompida no capítulo 6º do livro 3.
13. *Super Librum De causis* (1272).

D) *Opúsculos autênticos*

1. *Contra errores Graecorum* (1263-1264).
2. *Compendium theologiae seu brevi compilatio theologiae ad fratrem Reginaldum* (1265-1267; 1272-1273). [*Compêndio de Teologia*. Rio de Janeiro: Presença, 1977, trad. D. Odilão Moura, OSB. (N. do T.)].
3. *De rationibus fidei ad Cantorem Antiochenum* (1265) [*Scintilla* 15 (1 jan.-jun.) 2018, 89-136, trad. C. A. R. do Nascimento. (N. do T.)].
4. *Collationes in decem praecepta* (1261-1268; 1273). [*Comentário aos Dois Preceitos da Caridade e aos Dez Mandamentos da Lei*. Recife: Typographia Academica de Miranda & Vasconcellos, 1858 (ed. original), trad. Braz Florentino Henriques de Souza. (N. do T.)].

5. *Collationes in orationem dominicam, in Simbolum Apostolorum, in salutationem angelicam* (1273). [*Comentário ao pai-nosso.* Orig.: *In Orationem Dominicam videlicet "Pater Noster" expositio*. Rio de Janeiro: Lotus do Saber, 2002, trad. Omayr José de Moraes Junior; *Exposição sobre o Credo*. Orig.: *Expositio super Symbolo Apostolorum scilecet Credo in Deum*. Petrópolis: Vozes, ⁴2013, trad. Armindo Trevisan; *Exposição sobre o Credo*. Rio de Janeiro: Presença, 1975, trad. D. Odilão Moura, OSB; *Ave Maria Expositio. Comentário à Ave Maria in Salutationem Angelicam Expositio*. São Paulo: Musa, 2010, trad. Omayr José de Moraes Junior; *Comentário à Ave-Maria: "In Salutationem Angelicam Expositio"*. São Paulo: Eunate, 2006, trad. Omayr José de Moraes Junior. (N. do T.)].
6. *De articulis fidei et ecclesiae sacramentis ad archiepiscopum Panormitanum* (entre 1261 e 1270).
7. *Responsio ad magistrum Joannem de Vercellis de 108 articulis* (1265-1267).
8. *Responsio ad lectorem Venetum de 30 et 36 articulis* (1271).
9. *Responsio ad lectorem Bisuntinum de 6 articulis* (1271).
10. *De substantiis separatis* (1271-1272). A segunda parte ficou incompleta.
11. *De unitate intellectus contra Averroistas* (1270). [*A Unidade do Intelecto contra os Averroístas*. São Paulo: Paulus, 2016, trad. Carlos Arthur Ribeiro do Nascimento; *A Unidade do Intelecto contra os Averroístas*. Lisboa: Edições 70, 1999, ed. bilíngue, trad. Mário Santiago de Carvalho. (N. do T.)].
12. *Contra doctrinam retrahentium a religione* (1271).
13. *De perfectione spiritualis vitae* (1269-1270).
14. *Contra impugnantes Dei cultum et religionem* (1256).
15. *De regno ad regem Cypri* (1267). [*Do Governo dos Príncipes ao Rei de Cipro*. São Paulo: Edipro, 2013, trad. Arlindo Veiga dos Santos; "Do reino ou do governo dos príncipes ao Rei de Chipre" in: *Escritos Políticos de Santo Tomás de Aquino*. Petrópolis: Vozes, 1997, trad. Francisco Benjamin de Souza Neto. (N. do T.)].
16. *Epistula ad ducissam Brabantiae* (1271). [*Do Governo dos Judeus à Duquesa de Brabante. Epístola à Duquesa de Brabante*. São Paulo: Edipro, 2014, trad. Alexandre Pinheiro Hasegawa. (N. do T.)].
17. *De forma absolutionis* (1269).
18. *Expositio super primam Decretalem ad Archidiaconum Tudertinum* (1261-1265).
19. *Expositio super secundam Decretalem ad Archidiaconum Tudertinum* (1261-1265).
20. *Liber de sortibus ad dominum Jacobum de Tanego* (1270-1271).
21. *De iudiciis astrorum* (1269-1272). ["A consulta aos astros" in: *Opúsculos Filosóficos*. São Paulo: Sita-Brasil, 2009, trad. Paulo Faitanin. (N. do T.)].
22. *De aeternitate mundi* (1271). ["A Eternidade do Mundo" in: *Opúsculos Filosóficos*. São Paulo: Sita-Brasil, 2009, trad. Paulo Faitanin. (N. do T.)].
23. *De ente et essentia* (1254-1256). [*O Ente e a Essência*. Petrópolis: Vozes, ⁷2011, trad. Carlos Arthur Ribeiro do Nascimento; *O Ente e a Essência*. São Paulo: Nova Cultural, 1996, trad. Luiz João Baraúna; *O Ente e a Essência* in: *Os Princípios da Realidade Natural*. Porto: O Porto, 2003, trad. Henrique Pinto Rema. (N. do T.)].
24. *De principiis naturae ad fratrem Silvestrum* (1252-1256). ["Os Princípios da Natureza" in: *Opúsculos Filosóficos*. São Paulo: Sita-Brasil, 2009, trad. Paulo Faitanin; *Os Princípios da Realidade Natural*. Original: *De principiis naturae ou De Principiis rerum (naturalium)*. Porto: O Porto, 2003, trad. Henrique Pinto Rema. (N. do T.)].

25. *De mixtione elementorum ad magistrum Philippum de Castro Coeli* (1270). ["A mescla dos elementos" in: *Opúsculos Filosóficos*. São Paulo: Sita-Brasil, 2009, trad. Paulo Faitanin. (N. do T.)].
26. *De operationibus occultis operibus naturae ad quendam militem ultramontanum* (1268-1272). ["As operações ocultas da natureza" in: *Opúsculos Filosóficos*. São Paulo: Sita-Brasil, 2009, trad. Paulo Faitanin. (N. do T.)].
27. *De motu cordis ad magistrum Philippum de Castro Coeli* (1273).
28. *De emptione et venditione ad tempus* (1262).
29. *Super Boetium de Trinitate* (1257-1259). [*Comentário ao Tratado da Trindade de Boécio. Questões 5 e 6*. São Paulo: UNESP, 1999, trad. Carlos Arthur R. Do Nascimento. (N. do T.)].
30. *Expositio libri Boethii De ebdomadibus* (1257-1259).
31. *Super librum Dionisii De divinis nominibus* (1261-1268).
32. *Officium de festo Corporis Christi ad mandatum Urbani Papae* (1264). *Hymnus "Adoro te devote"*. [*Livro de Orações. Orações e hinos*. São Paulo: Fonte Editorial, 2009, trad. Jaci Maraschin. (N. do T.)].
33. *De secreto* (1269).
34. *Responsio ad magistrum Joannem de Vercellis* (1271).
35. *Epistula ad Bernardum abbatem Casinensem* (1274).

E) *Vários*

Sermoni (o número é incerto. Uma nova coleção de 11 pregações foi descoberta nas bibliotecas da Espanha pelo padre T. Käppeli, cf. "Archivum Fratrum Praedicatorum", 13 (1943), 59-94). *Orações* (o número é incerto). Dois *Principia* (isto é, as lições realizadas por ocasião do *inceptio* do *magister in actu regens*): um sobre o tema "Hic est liber mandatorum Dei" e outro sobre o tema "Rigans montes de superioribus". Os dois discursos inaugurais foram pronunciados em Paris entre 3 de março e 17 de junho de 1256 (ed. F. Salvatore, *Due sermoni inediti di S. Tommaso d'Aquino*, Roma, 1912). [*Meditações para a Quaresma*. Campinas: Ecclesiae, 2017, org. da ed. Padre Denys Mézard, OP, trad. Lucas Cardoso. (N. do T.)].

- [*De differentia verbi divini et humani*, Sobre a diferença entre a palavra divina e a humana in: *Verdade e Conhecimento*. São Paulo: Martins Fontes, 2013, trad. Luiz Jean Lauand e Mario Bruno Sproviero. (N. do T.)].
- [*Livro de Orações. Orações e hinos*. São Paulo: Fonte Editorial, 2009, trad. Jaci Maraschin. (N. do T.)].

4. Obras de Santo Tomás publicadas pelas Edizioni Studio Domenicano (Bolonha)

- *La Somma Teologica*, 35 volumes (texto latino e tradução italiana).
- *La Somma Teologica*, 6 volumes (somente tradução italiana).
- *Le Questioni disputate* (texto latino e tradução italiana):
    a) *La verità*, em 3 volumes;
    b) Um volume que compreende: *De anima; De spiritualibus creaturis; De unione Verbi incarnati*;

c) Um volume que compreende: *De virtutibus in communi; De caritate; De correctione fraterna; De spe; De virtutibus cardinalibus.*
- *Commento alle Sentenze di Pietro Lombardo,* 10 volumes (texto latino e tradução italiana).
- *La Somma contro i Gentili,* 2 volumes (texto latino e tradução italiana).
- Outras obras somente em tradução italiana:
  1. *Commento al libro di Giobbe.*
  2. *La perfezione cristiana nella vita consacrata;* compreende: *Contro gli avversari della vita religiosa; La perfezione della vita spirituale; La dottrina perversa di chi distoglie dalla vita religiosa.*
  3. *Compendio di Teologia.*
  4. *Commento alla "Politica" di Aristotele.*
  5. *Opuscoli politici;* compreende: *Il Governo dei Prìncipi; Lettera alla Duchessa del Brabante; La dilazione nella compravendita.*
  6. *Commenti ai libri di Boezio "De Trinitate" e "De Ebdomadibus".*
  7. *Logica dell'enunciazione;* é o comentário ao livro de Aristóteles *"Peri Hermeneias".*
  8. *La conoscenza sensibile;* é o comentário aos livros de Aristóteles *"Il senso e il sensibile"* e *"La memoria e la reminiscenza".*
  9. *Commento all'"Etica Nicomachea" di Aristotele,* 2 v.
  10. *Opuscoli spirituali;* contém as meditações de Santo Tomás sobre: *Credo, Padre nostro, Ave Maria;* os *Due precetti della carità* e o *Decalogo.* Em apêndice contam-se as orações e os textos poéticos compostos por Santo Tomás para o *Ufficio* e a *Messa del "Corpus Domini".*

5. Obras de Santo Tomás publicadas pelas Edições Loyola (São Paulo)

- *Exposição sobre o credo;*
- *Suma teológica,* 9 volumes (texto latino e tradução para o português);
- *Suma contra os gentios,* 4 volumes (texto latino e tradução para o português).

Abreviações

1. Relativas à Sagrada Escritura

AT	**Antigo Testamento**	Rt	Rute
Ab	Abdias	Sb	Sabedoria
Ag	Ageu	Sr	Sirácida (Eclesiástico)
Am	Amós	Sf	Sofonias
Br	Baruc	Sl	Salmos
1Cr	1Crônicas	1Sm	1Samuel
2Cr	2Crônicas	2Sm	2Samuel
Ct	Cântico dos Cânticos	Tb	Tobias
Dn	Daniel	Zc	Zacarias
Dt	Deuteronômio		
Ecl	Eclesiastes (Coélet)	**NT**	**Novo Testamento**
Esd	Esdras	Ap	Apocalipse
Est	Ester	At	Atos dos Apóstolos
Ex	Êxodo	Cl	Colossenses
Ez	Ezequiel	1Cor	1Coríntios
Gn	Gênesis	2Cor	2Coríntios
Hab	Habacuc	Ef	Efésios
Is	Isaías	Fl	Filipenses
Jl	Joel	Fm	Filêmon
Jn	Jonas	Gl	Gálatas
Jó	Jó	Hb	Hebreus
Jr	Jeremias	Jo	João
Js	Josué	1Jo	1João
Jt	Judite	2Jo	2João
Jz	Juízes	3Jo	3João
Lm	Lamentações	Jd	Judas
Lv	Levítico	Lc	Lucas
1Mc	1Macabeus	Mc	Marcos
2Mc	2Macabeus	Mt	Mateus
Ml	Malaquias	1Pd	1Pedro
Mq	Miqueias	2Pd	2Pedro
Na	Naum	Rm	Romanos
Ne	Neemias	Tg	Tiago
Nm	Números	1Tm	1Timótco
Os	Oseias	2Tm	2Timóteo
Pr	Provérbios	1Ts	1Tessalonicenses
1Rs	1Reis	2Ts	2Tessalonicenses
2Rs	2Reis	Tt	Tito

2. Relativas às obras de Santo Tomás

As obras de Santo Tomás são citadas segundo a edição Marietti, Turim. Constituem exceção o Commento alle Sentenze [Comentário às Sentenças] e os comentários aos textos do Antigo Testamento, dos quais a última edição disponível permanece a Parmense (1856-1858, 1863), assim como a Summa Teologica, cujos trechos citados são extraídos da edição com texto italiano em paralelo, sob os cuidados dos Dominicanos italianos, ESD, Bolonha 1985.

[N.B.: A propósito dos livros do Antigo Testamento, dos quatro, dois foram publicados pela edição crítica Leonina (In Job e In Isaiam) enquanto outros dois são ainda da edição Parmense (In Psalmos e In Jeremiam et Threnos)].

S. Th.	= *Summa Theologiae*.
I, q. 1, a. 1,	= Santo Tomás, *Summa Theologiae*, Parte Primeira, questão primeira, artigo primeiro.
I-II	= *Summa Theologiae*, Seção Primeira da Segunda Parte.
II-II	= *Summa Theologiae*, Seção Segunda da Segunda Parte.
III	= *Summa Theologiae*, Terceira Parte.
Suppl.	= *Summa Theologiae*, Suplemento à Terceira Parte.
C. G. I, II, III, IV	= *Summa contra Gentiles*, livros I, II, III, IV.
I, II, III, IV Sent.	= Livros I, II, III, IV do Comentário de Santo Tomás às Sentenças de Pedro Lombardo.
I, II Anal.	= Livros I, II, do Comentário de Santo Tomás aos Analíticos Posteriores de Aristóteles.
Cat. Aurea	= Catena Áurea: coleção de textos patrísticos sobre os Evangelhos.
Comp. Theol.	= *Compendium Theologiae*.
C. err. Graec.	= *Contra errores Graecorum*.
C. impugn.	= *Contra impugnantes Dei cultum et religionem*.
Contra Retr.	= *Contra pestiferam doctrinam retrahentium homines a religionis ingressu*.
De aet. mundi c. murmur	= *De aeternitate mundi contra murmurantes*.
De An.	= *Quaestio disputata De Anima*.
De Carit.	= *De Caritate (Quaestio disputata de virtutibus infusis fidei spei et caritatis)*.
De Correct. Frat.	= *Quaestio disputata De correctione fraterna*.
De differ. verbi	= *De differentia verbi divini et humani*.
De ente	= *De ente et essentia*.
De Magistro	= *Quaestio disputata De Magistro* (*De Veritate*, q. 11).
De Malo	= *Quaestio disputata De Malo*.
De nat. acc.	= *De natura accidentis*.
De nat. mat.	= *De natura materiae et dimensionibus interminatis*. ["A natureza da matéria" in: *Opúsculos Filosóficos*. São Paulo: Sita-Brasil, 2009, trad. Paulo Faitanin. (N. do T.)]
De nat. verbi	= *De natura verbi intellectus*.
De perf. vitae spir.	= *De perfectione vitae spiritualis*.
De Pot.	= *Quaestio disputata de Potentia*.

De princ. nat.	= *De principiis naturae ad Fratrem Sylvestrum.*
De Reg.	= *De regimine principum ad Regem Cypri.*
De Spe	= *Quaestio disputata De Spe.*
De Spir. Creat.	= *Quaestio disputata De Spiritualibus creaturis.*
De sub. sep.	= *De substantiis separatis seu de Angelorum natura.*
De Un. Intell.	= *De unitate intellectus contra Averroistas.*
De unione	= *Quaestio disputata De Unione Verbi Incarnati.*
De Ver.	= *Quaestio disputata de Veritate.*
De Virt.	= *Quaestio disputata De Virtutibus.*
I, II Ethic.	= Livros I, II etc. do Comentário de Santo Tomás à Ética de Aristóteles.
Expos. In Decal.	= *Expositio in Decalogum* (mais conhecido como *In duo praecepta caritatis et in decem legis praecepta*).
Expos. I Decr.	= *Expositio primae decretalis.*
Expos. in Symb.	= *Expositio in Symbolum Apostolorum*, ou "Credo in Deum".
In I, II, III De Cael.	= Livros I, II, III do Comentário de Santo Tomás ao *De Caelo et mundo*.
In I, II, II De An.	= Livros I, II, III do Comentário de Santo Tomás ao *De Anima* de Aristóteles.
In De Causis	= Comentário ao Livro *De Causis*.
In De Hebd.	= Comentário ao *Boetium de Hebdomadibus*.
In De Mem.	= Comentário de Santo Tomás ao *De memoria et reminiscentia* de Aristóteles.
In De Trin. ou *In Boet. De Trin.*	= Comentário do *Boetium de Trinitate*.
In Div. Nom.	= Comentário ao *Dionysium De Divinis Nominibus*.
In Ep. ad Col.	= *Expositio in epistolam Pauli ad Colossenses.*
In I Cor.	= *Expositio in I epistolam Pauli ad Corinthios.*
In Ep. II ad Cor.	= *Expositio in II epistolam Pauli ad Corinthios.*
In Ep. ad Ephes.	= *Expositio in epistolam Pauli ad Ephesios.*
In Ep. ad Hebr.	= *Expositio in epistolam Pauli ad Hebreos.*
In Ep. ad Philipp.	= *Expositio in epistolam Pauli ad Philippenses.*
In Ep. ad Rom.	= *Expositio in epistolam Pauli ad Romanos.*
In Ioan.	= Comentário de Santo Tomás ao Evangelho de São João.
In Iob	= *Expositio in Iob.*
In Is.	= *Expositio in Isaia.*
In Matth.	= Comentário de Santo Tomás ao Evangelho de São Mateus.
In I, II Periherm.	= Livros I, II do Comentário de Santo Tomás ao *Peri Hermeneias* de Aristóteles.
In Psalm.	= *Expositio in Psalmos.*
In I Thess	= *Expositio in epistolam Pauli I ad Thessalonicenses.*
I, II, III, IV Met.	= Livros I, II etc. do Comentário de Santo Tomás à Metafísica de Aristóteles.
Meteor.	= Livros I e II do Comentário de Santo Tomás ao *Meteorologicorum* de Aristóteles.

Opusc. 61	= *Epistola exhortatoria de modo studendi*. ["O modo de estudar" in: *Opúsculos Filosóficos*. São Paulo: Sita-Brasil, 2009, trad. Paulo Faitanin. (N. do T.)]
I, II *Phys*.	= Livros I, II etc. do Comentário de Santo Tomás à Física de Aristóteles.
I, II *Pol*.	= Livros I, II etc. do Comentário de Santo Tomás à Política de Aristóteles.
Quodl. I, II etc.	= *Quodlibetum I, II, III* etc.
Sobre a festa do *Corpus Domini*	= *Officium de Festo Corporis Christi ad Mandatum Urbani Papae IV dictum festum instituentis*.

3. Outras abreviações

a.	= *articulum*.
arg.	= *argumentum*.
a.u.	= artigo único.
c.	= capítulo.
Can.	= Cânone (decisão solene de um Concílio se referido especialmente a um Concílio; do contrário, artigo do Códice de Direito Canônico).
Conc.	= Concílio.
Conc. Chalc.	= *Concilium Chalcedonense*.
Conc. Flo.	= *Concilium Florentinum*.
Conc. Lat. IV	= *Concilium Lateranense IV*.
Conc. Trid.	= *Concilium Tridentinum*.
Conc. Vat. I, II	= *Concilium Vaticanum I, II*.
d.	= *distinctio*.
DS ou Denz.	= DENZIGER-SCHÖNMETZER, *Enchiridion Symbolorum*, Freiburg i. Br. (Herder), 1963 ss.
expos.	= *expositio*.
in corp.	= *in corpore*.
l.	= *liber*.
lat.	= *latino*.
lect.	= *lectio*.
n.	= número.
ob.	= *obiectio*.
Prooem. ou Proem.	= *proemium*.
Prol.	= *prologus*.
q.	= *quaestio*.
qc.	= *quaestiuncula*.
resp.	= *respondeo*.
s.c.	= *sed contra*.
sol.	= *solutio*.

Aborto

Em geral significa a interrupção da gravidez antes da maturação do feto. O aborto pode ser espontâneo (quando não é devido à intervenção humana, mas a qualquer processo natural) ou voluntário (quando a interrupção é deliberada e direcionada ao processo generativo da vida humana). Este segundo tipo de aborto é uma culpa grave porque vai contra o quinto mandamento: "Não matar".

A condenação do aborto é um dos pontos que constam do ensinamento católico, desde os primeiros tempos da Igreja. A *Didaqué* (do final do século I) ensina que quem caminha na estrada da vida não mata e, portanto, não tira vida do feto com o aborto (*Didaqué* 15-17). Os padres apologistas constroem sua argumentação contra o aborto baseando-se no absoluto respeito dos cristãos pela vida do nascituro. Em face do mandamento divino "não matar", Tertuliano afirma que não há diferença entre tirar a vida ao já nascido e destruir a vida do não nascido, sendo já humano quem o será depois (*Apologeticum* 9, 8). Basílio sustenta que a distinção entre feto animado e feto inanimado é uma sutileza dos filósofos e dos doutos pagãos, que entre os cristãos não se aceita. O aborto como supressão violenta de uma vida humana em desenvolvimento é sempre um homicídio (*Epistola* 188, 2).

Em Santo Tomás não há nenhum texto em que se trata explicitamente sobre o aborto, com exceção de uma passagem das *Sententiae* de Pedro Lombardo, que o Doutor de Aquino não se dá nem mesmo o trabalho de comentar, dando por certo que se trata de uma doutrina segura, universalmente reconhecida. O texto reflete também o pensamento de Santo Tomás e merece, portanto, ser citado. Ei-lo:

"Aqui se nos pergunta a respeito daqueles que fazem o aborto, quando se deve considerá-los homicidas e quando não. O feticídio pertence ao homicídio quando o feto já está formado e possui alma, como diz Agostinho no comentário ao Êxodo (q. 80). Porém o mesmo Agostinho especifica que o feto ainda não formado não possui alma; nesse caso o culpado de aborto deve ser simplesmente multado e não condenado à morte (*non redditur anima pro anima*)" (*IV Sent.*, 31, 4).

Contudo, o pensamento de Santo Tomás nesta matéria pode ser deduzido facilmente a partir do que diz a propósito do assassínio do inocente ou de uma mulher grávida. Quanto ao assassínio do inocente, é sempre ilícito: "*Nullo modo licet occidere inocentem*" (II-II, q. 64, a. 6). Com relação à mulher grávida Santo Tomás se exprime assim: "Quem bate em uma mulher grávida faz um ato ilícito. Por isso, caso a mulher ou a criança já formada venham a morrer, não pode evitar a responsabilidade do homicídio: especialmente se a morte acontece quase imediatamente após as pancadas" (II-II, q. 64, a. 8, ad 2).

Segundo o Doutor Angélico o aborto é um pecado gravíssimo, já que não mata somente o corpo, mas também a alma: "Alguns matam somente o corpo, mas outros matam a alma tirando-lhe a vida da graça, ou seja, arrastando para o pecado mortal; outros finalmente matam o corpo e junto a alma: são os suicidas e aqueles que matam as crianças que ainda não vieram à luz" (*Expos. In Decal.*, 5, n. 1263).

Como se conclui a partir das passagens das *Sententiae* e da *Summa* que referimos, segundo Santo Tomás o aborto constitui homicídio somente quando o feto já está formado, ou seja, quando possui alma, visto que é rigorosamente a alma o que dá estrutura humana ao feto. Ora, seguindo Aristóteles, Agostinho e Pedro Lombardo, o Doutor de Aquino ensina que a infusão da alma não se dá no momento da concepção, mas somente lá pelo quadragésimo dia, porque, segundo a biologia da época, somente então o feto estaria suficientemente desenvolvido. Este, porém, é um ponto sobre o qual Santo Tomás hoje certamente modificaria seu pensamento, constatando que estava embasado em conhecimentos científicos errados. Hoje, a biologia molecular nos ensina que já no momento da concepção existe uma célula humana perfeitamente estruturada, com todas as informações que constituem o patrimônio genético de uma pessoa: o embrião é um ser humano perfeitamente individuado e por isso, segundo os mesmos princípios invocados por Santo Tomás para a infusão da alma (que se trata de um embrião já formado), não há dúvida que o Doutor Angélico faria remontar a infusão da alma ao momento da concepção. Consequentemente, hoje Santo Tomás ensinaria que a supressão voluntária do embrião é um ato de homicídio, e portanto um delito gravíssimo.

(Cf. Família, Homicídio, Matrimônio, Vida)
[Tradução: E. Quirino]

Abstinência cf. Ascética

Abstração

Em Santo Tomás, como em Aristóteles, designa uma das principais atividades do intelecto, aquela com a qual se obtêm as ideias universais, derivando-as dos dados particulares que são propostos pela imaginação. "É propriedade do intelecto humano conhecer a forma que existe individualizada em uma matéria corporal, mas não essa forma enquanto está em tal matéria. Ora, conhecer dessa maneira é abstrair a forma da matéria individual, que as representações imaginárias significam. Pode-se, portanto, dizer que nosso intelecto conhece as coisas materiais abstraindo das representações imaginárias (*abstrahendo a phantasmatibus*). E, mediante as coisas materiais consideradas dessa maneira, chegamos a um conhecimento das coisas imateriais" (I, q. 85, a. 1).

1. Crítica da doutrina da iluminação

Desde os inícios do século XIII, a doutrina corrente entre os escolásticos, para explicar a origem do conhecimento intelectivo, era a da iluminação, teorizada por Santo Agostinho. Segundo essa doutrina os conhecimentos que têm valor absoluto, as chamadas verdades eternas (*veritates aeternae*), não são fruto da busca humana, mas, sim, da iluminação divina; porque, no parecer de Agostinho e de seus seguidores, a contingência das coisas e a fragilidade do intelecto humano não consentem à nossa mente atingir tais alturas com apenas sua própria força. Entretanto, no século XIII, a seguir à redescoberta de Aristóteles e das suas doutrinas psicológicas, gnoseológicas e metafísicas, se abre para os latinos a perspectiva de um novo modo de conceber o conhecimento, que elimina qualquer intervenção divina e o faz depender exclusivamente da atividade da mente humana. Essa doutrina, por alguns aspectos, poderia parecer irreverente, antirreligiosa, pagã. E, de fato, ela constituiu uma das principais razões pela qual Aristóteles era repetidamente proscrito da universidade de Paris e das outras escolas filosóficas e teológicas da França, da Itália e da Inglaterra. Santo Tomás, ótimo conhecedor e comentador de Aristóteles, não tardou em dar-se conta de que no campo estritamente teórico a doutrina da abstração é muito mais sólida que aquela da iluminação. Esta é insustentável ao menos por duas razões: "Primeiro, porque, se a alma tem um conhecimento natural de todas as coisas, não parece possível que ela recaia no esquecimento desse conhecimento a ponto de ignorar que tenha esse conhecimento. Ninguém esquece o que conhece naturalmente; por exemplo, que o todo é maior que a parte, e coisas do mesmo gênero [...]. Segundo, a falsidade dessa opinião aparece claramente, porque, quando falta algum sentido, falta também o conhecimento das coisas que são apreendidas por aquele sentido. Assim, um cego de nascença não pode ter nenhuma ideia das cores, o que não aconteceria se a alma tivesse naturalmente inatas as razões de todos os inteligíveis" (I, q. 84, a. 3). Entretanto, há também uma terceira razão que Santo Tomás tem bem presente quando defende a causalidade das criaturas: é que, caso se subtraia à iniciativa humana, para remetê-la nas mãos de Deus, a ação do conhecimento intelectivo, o qual principia com a abstração, se humilharia o próprio homem, ao privá-lo do que mais o enobrece e o eleva acima dos animais.

2. O processo abstrativo

Santo Tomás explica o processo abstrativo confrontando a situação da mente antes da abstração das ideias com a situação que se registra após a abstração. Primeiro, a mente está de posse somente dos "fantasmas" de coisas individuais e da faculdade intelectiva de acolher as ideias (faculdade que Santo Tomás, seguindo Aristóteles, chama *intelecto passivo* ou *possível*). Depois da abstração a ideia é registrada e conservada pelo intelecto passivo. Ora, para que o fantasma seja atualizado na condição de ideia e, por sua vez, o intelecto seja capaz de adquiri-la e conservá-la, ocorre fazer intervir uma operação que, como se viu, Santo Tomás recusa atribuir a algum agente estranho à mente humana, seja ele o Deus iluminador de Agostinho ou o *Dator formarum* de Avicena, e a atribui, como Aristóteles, ao *intelecto agente*. Portanto, escreve Santo Tomás, "é necessário admitir um intelecto agente. De fato, estando o intelecto possível em potência com relação aos inteligíveis, é necessário que sejam os próprios inteligíveis a atuar o intelecto possível. Contudo, o que não existe não pode mover nada. Ora, o que é inteligível pelo intelecto possível não é uma coisa que, na realidade, existe como inteligível: pois nosso intelecto possível conhece tudo sob a relação de uma certa unidade que existe na multiplicidade das coisas e delas provém; uma tal unidade não subsiste na realidade. [...] Se, pois, o intelecto possível deve ser movido pelo inteligível, é preciso que este se torne tal pela inteligência. E, como o que existe não pode estar em potência em relação a alguma coisa que é por ele produzida, é preciso reconhecer, além do intelecto possível, um intelecto agente que produza inteligíveis em ato, os quais possam mover o intelecto possível. Ora, ele o realiza por abstração da matéria e de suas condições, que são princípios de individuação" (*De An.*, a. 4). "É, portanto, evidente que o intelecto agente constitui a causa principal que produz a representação das coisas no intelecto possível. Por sua vez, os fantasmas que são recebidos pelas coisas externas constituem a causa instrumental. Quanto ao intelecto possível, com respeito às coisas das quais adquire cognição, é para considerar-se como um paciente que coopera com o agente" (*Quodl.* VIII, q. 2, a. 1).

A abstração da ideia dos fantasmas não acontece uma vez para sempre; mas os fantasmas são sempre o objeto sobre o qual cai o lume do intelecto agente no momento em que pensa uma determinada ideia, abstraindo-a. Portanto, Santo Tomás não põe nenhum obstáculo entre o intelecto e a fantasia, como farão Descartes, Hume e Kant, mas os mantém firmemente unidos. Assim, a encarnação da alma no corpo se repete também em nível cognoscitivo com a encarnação do intelecto na fantasia.

3. Graus da abstração

Santo Tomás distingue três grandes classes de ideias que se obtém mediante muitos graus de abstração: as ideias físicas, as ideias matemáticas e as ideias metafísicas. As primeiras se obtêm prescindindo da matéria sensível particular; as segundas prescindindo da matéria sensível, mas não daquela inteligível; as últimas prescindindo de qualquer espécie de matéria: "Existem, enfim, os objetos que não dependem da matéria nem mesmo para existir: de fato, podem existir sem a matéria. De tais objetos alguns não existem nunca na matéria, por exemplo, Deus e os anjos; outros existem ora com a matéria, ora sem ela, como a substância, a qualidade, a potência, a unidade, a multiplicidade e similares, de que trata a *teologia* ou a *ciência divina*, assim chamada porque seu objeto principal é Deus. Ela vem chamada também *metafísica* ou *ultrafísica*, dado que devemos atingir realidades não sensíveis. Diz-se, também, *filosofia primeira*, dado que as outras ciências vêm depois, derivando dela os seus princípios" (*In De Trin.*, lect. 2, q. 1, a. 1).

Depois que, mediante a abstração, a mente se constituiu das ideias, ela pode proceder em direção da formulação dos juízos e pode ordenar estes de modo que formem uma hipótese científica ou uma ciência. Por isso, nessas fases ulteriores o liame da mente com os dados sensíveis permanece constante.

(Cf. Conhecimento, Intelecto)
[Tradução: M. Couto]

Ação/Agir

Uma das categorias de Aristóteles, a ação tem como correlativo a "paixão", isto é, o padecer algo. Segundo a classificação aristotélica, a ação pertence ao grupo dos "acidentes" enquanto pressupõe o ser: ser eventualmente agente, em relação a algo, é predicado de uma substância. Na terminologia escolástica, a ação é considerada "ato segundo" a fim de distingui-la do "ato primeiro", que é a forma.

Seguindo Aristóteles, Santo Tomás inclui a ação no grupo dos nove acidentes e, assim, a vincula necessariamente à substância, da qual deriva o seu ser, como qualquer outro acidente. Porém, graças à sua concepção intensiva do ser, o Doutor de Aquino desenvolve um conceito ainda mais intensivo da ação do que aquele aristotélico. A ação se torna para Santo Tomás a fecundidade do ser: procede do ser, exprime o ser, é espelho do ser. Não existe o agir sem o ser, mas também o contrário é verdadeiro: o ser não existe sem o agir. O ser é *diffusivum sui*, e o agir não é outra coisa senão o difundir-se, o propagar-se, o expandir-se do ser. Em outras palavras, a ação é a dimensão dinâmica do ser. Por isso Santo Tomas pode afirmar: "*operatio est ultima perfectio in qua res existit* [A ação concreta (*operatio*) constitui a perfeição última pela qual uma coisa existe (N. do T.)]" (*II Sent.*, d. 1, q. 2, a. 2, ad 2). Portanto, ao contrário de muitas correntes da filosofia moderna que concebem o ser estaticamente, não há na metafísica tomista nenhum conflito ou incompatibilidade entre ser e ação.

1. Fundamento ontológico da ação

Santo Tomás não se cansa de repetir que o fundamento ontológico da ação é o ente, o ente real, completo, substancial e subsistente, isto é, o ente concreto, particular, individual: "As ações se verificam nas realidades particulares" (I, q. 29, a. 1); "os atos são dos supósitos (*actus suppositorum sunt*)" (I, q. 40, a. 1, ad 3). Mas, nas realidades materiais, compostas de matéria e forma, o fundamento imediato da ação é a forma, pois é a forma que exerce a função de mediadora entre o ser e a matéria, além de conferir atualidade à potência. "O agir não compete senão a uma realidade subsistente por si mesma (*agere non est nisi rei per se subsistentis*). Portanto, não é a matéria nem a forma que age, mas o composto. Este, contudo, não age por causa da matéria, mas da forma, que é ato e princípio do agir" (*IV Sent.*, d. 12, q. 1, a. 2, sol. 1). "Não existindo por conta própria, a forma, propriamente falando, não age nem padece. Ao contrário, é sempre o composto que, graças à forma, age e, por causa da matéria, sofre (padece)" (*III Sent.*, d. 3, q. 2, a. 1). "O agir deriva do ser perfeito (que é o composto), dado que todas as coisas agem na medida em que são em ato" (ibid.). No entanto, "nada pode existir em ato se não possui forma" (*II Sent.*, d. 34, q. 1, a. 3). Por isso, o princípio imediato da ação é a forma, de modo que a diversidade da ação é proporcional à diversidade das formas. "Todo ente age como exige a própria forma, que é o princípio (imediato) do agir e a norma (*regula*) da ação" (*III Sent.*, d. 27, q. 1, a. 1).

2. A ação das criaturas

Deus, *esse ipsum subsistens*, é a fonte suprema não apenas do ser, mas também do agir. Ele é a causa primeira, fundamental e principal de todo agir. Contudo, para Santo Tomás, Deus não é o único agente; a causalidade não é um atributo exclusivo de Deus (como parece sustentar Agostinho) nem apenas é reservada às criaturas inteligentes (como afirmava Avicena). Santo Tomás é um defensor decidido e tenaz da ação das criaturas, de todas as criaturas: anjos, corpos celestiais, corpos terrestres, animais, homens (I, qq. 106-119; *C. G.*, III, c. 69; *III Sent.*, d. 33, a. 1, a. 2). Dentre os vários argumentos que Santo Tomás utiliza para a defesa de sua tese, os mais importantes são os seguintes: a) o liame essencial que vincula o agir ao ser: o ser é sempre fonte do agir e o agir é sempre proporcional ao ser, de modo que, quanto mais uma coisa tiver ser, mais agir ela terá (*III Sent.*, d. 27, q. 1, a. 1; *III Sent.*, d. 3, q. 2, a. 1; *C. G.*, II, c. 6); b) a sabedoria e o poder de Deus, que ao criar as coisas quis fazê-las participar não apenas de seu ser mas também de seu agir, conferindo-lhes uma posição na ordem do agir em conformidade à sua participação na ordem do ser: "Foi demonstrado que Deus quer comunicar o seu ser às coisas por modo de semelhança. Ora, é perfeição da vontade ser princípio de ação e movimento. Sendo, pois, a vontade divina perfeita, não lhe faltará a virtude de comunicar o ser divino a alguma coisa por modo de semelhança. Assim, ser-lhe-á próprio causar o ser" (*C. G.*, II, c. 6); c) a dignidade das criaturas: tendo Deus lhes dado determinadas formas com certas potencialidades, urge que elas não sejam privadas do exercício de sua dignidade, como seria o caso se os efeitos de suas ações não pertencessem a elas, mas a outros (Deus); se isso acontecesse, não só a dignidade das criaturas se ofuscaria, mas também a sabedoria de Deus: "Diminuir a perfeição das criaturas é diminuir a perfeição da virtude divina. Ora, se nenhuma criatura tem ação efetiva, muito é diminuído de sua perfeição, pois é próprio da excelência da perfeição de uma coisa poder comunicá-la a outra coisa. Logo, tal tese diminui a virtude divina" (*C. G.*, III, c. 69).

3. Natureza da ação

O ente como ente, pelo fato de possuir o ser, é também munido do poder de ação Mas a ação não se dá igualmente em todos os entes: cada ente age segundo o modo que participa do ser. Em outras palavras, o agir de um ente é determinado pela própria essência (nos entes materiais, pela forma), a qual exprime o grau de participação de um ente no ser. O agir do ente finito está vinculado a seu ser, a seu modo de participar do ser. Ora, segundo Santo Tomás, nenhum ente finito tem direito ao ser por força de sua própria essência, pois somente a Deus pertence o ser por essência. Todos os entes finitos recebem o ser do Ser subsistente, e dele recebem igualmente a capacidade de agir. Porém tanto o ser como o agir lhes são concedidos de modo finito. Portanto, não sendo ser por essência, tampouco o ente finito será agir por essência. Desse modo, o ente finito deve realizar a ação não mediante a essência, mas por meio dos princípios da ação, que são diversos da essência (as operações). Tais princípios não se encontram separados da essência. Tendo nela seu fundamento, eles têm a tarefa de realizar a atualidade da essência por meio de sua ação. "A ação de uma coisa mais se diferencia de sua substância que de seu próprio existir. Mas o existir de nenhuma coisa criada é sua substância (*nullius creati suum esse est sua substantia*). Isso é próprio só de Deus. Logo, nem a ação dos anjos nem de qualquer outra criatura é sua substância. É impossível que a ação do anjo, ou a de qualquer outra criatura, seja sua substância, porque a ação é propriamente a atualidade da potência, como o existir é a atualidade da substância ou da essência. É, pois, impossível que algo que não é o ato puro, mas que tem alguma mescla de potência, seja sua atualidade, até porque atualidade opõe-se a potencialidade. Ora, só Deus é ato puro. Consequentemente, só em Deus sua substância é seu existir e sua ação" (I, q. 54, a. 1).

Tal é, portanto, a natureza do agir criatural. Não se trata de um agir em sentido pleno, mas parcial e analógico. Trata-se de um agir participado do mesmo modo que seu ser é participado. Trata-se, ainda de um cooperar com o agir divino. Com efeito, a ação criatural supõe um constante influxo da ação divina no agente finito, a quem aquela dá, para além do ser e da essência, a capacidade própria de agir por meio das potências operativas. Ao ente finito cabe determinar esse influxo do agir divino conforme a capacidade de sua essência (forma). Dito resumidamente: segundo Santo Tomás, as condições gerais para o exercício da ação do ente finito são as seguintes: ser um agir recebido e participado, que o ente finito não pode determinar senão limitando-o. Esse agir não é exercido diretamente pela substância ou pela essência do ente finito, mas mediante as potências operativas, que se radicam na substância, ainda que realmente sejam distintas desta. O papel delas é o de realizar toda a perfeição do ser de que a substância é capaz.

Com essa penetrante análise da ação do ente, Santo Tomás chega a atribuir às criaturas uma causalidade própria sem, contudo, comprometer o influxo constante e universal de Deus exercido nessas mesmas criaturas. Nem Aristóteles nem Agostinho conseguiram chegar tão longe. Com efeito, Aristóteles atribui às coisas um princípio intrínseco de ação, mas o faz sacrificando a causalidade eficiente de Deus. Essa problemática não progrediu muito na filosofia platônica de Agostinho, a qual salvaguarda a causalidade divina às custas da atividade das criaturas. Santo Tomás, por sua vez, faz justiça tanto a Deus quanto às criaturas, sendo-lhe também aqui de grande ajuda sua concepção intensiva do ser. De fato, dessa concepção resultam imediatamente tanto a doutrina da ação das criaturas quanto aquela da sua constante dependência de Deus em qualquer ação. A doutrina do agir das criaturas advém de sua participação no ser, que é essencialmente princípio de energia, ato supremamente dinâmico, voltado constantemente para a atuação e, portanto, a ação. A doutrina da dependência, por outro lado, procede do fato que a origem do ser dos entes, como também da sua permanência no ser, se deve ao Ser mesmo. Desse modo, Santo Tomás também consegue explicar a primazia do agir divino sobre a ação das criaturas em tudo aquilo que elas realizam. Primado do agir divino, realidade do agir finito, dependência do agir das criaturas, tudo isso é explicado por Santo Tomás de modo admirável, simples e harmonioso mediante sua concepção intensiva do ser.

Enfim, uma última palavra sobre a nobreza do ente, que se manifesta na perfeição da ação. A nobreza do ente resulta, antes de tudo, de sua participação no ser e, em seguida — por força dessa mesma participação —, de sua participação no agir; participação tão extensiva que chega mesmo a contribuir na produção do ser dos entes. Porém ela não chega a produzir totalmente o ser de ente algum. Em outras palavras, o Doutor de Aquino explica que se trata de uma contribuição que permanece na ordem da causalidade formal, pois, na ordem da causalidade eficiente, o único agente do ser é Deus: "*Esse naturale per creationem Deus facit in nobis nulla causa agente mediante, sed tamen mediante aliqua causa formali: forma enim naturalis principium est essendi naturalis* [Por criação, Deus produz o ser em nós sem a mediação de nenhuma causa eficiente, embora haja a mediação de alguma causa formal, pois a forma natural é o princípio do ser natural (N. do T.)]" (*De Ver.*, q. 27, a. 1, ad 3; cf. *De Pot.*, q. 3, a. 4, ad 1; *De nat. mat.*, c. 8, n. 405).

4. Dimensão da ação

Santo Tomás apresenta várias distinções da ação, das quais duas recorrem com frequência e se mostram de grande importância: 1) distinção entre ação *imanente* e *transitiva*: a primeira aperfeiçoa o próprio sujeito que a realiza (por exemplo, o conhecer); enquanto a segunda é voltada para um bem exterior ao sujeito, por exemplo, a produção de uma estátua, a impressão de um livro etc. (cf. *I Sent.*, d. 40, q. 1, a. 1, ad 1); 2) distinção entre ação que procede da *potência natural* e ação que sucede à *potência obediencial* (cf. *I Sent.*, d. 42, q. 2, a. 2, ad 4; I-II, q. 114, a. 2).

5. Ação moral

Na categoria da ação, assume especial importância a ação *moral*. De fato, mediante a ação moral o homem se realiza a si mesmo como homem: é o agir que torna o homem moralmente bom ou mau. A este tipo de ação se dá o nome de *ato humano*, estudado acurada e minuciosamente por Santo Tomás em todos os seus aspectos, especialmente na I-II, qq. 6-21. A respeito, veja-se o verbete Ato humano.

(Cf. Acidente, Ato humano, Causalidade, Ser, Substância)

[Tradução: M. Ponte]

Acaso

É, em geral, um acontecer sem verdadeira e própria causa, sem intencionalidade. Foi teorizado como princípio objetivo pelos *atomistas*, em contraposição ao determinismo universal do Destino. Segundo Epicuro e Lucrécio, os átomos, que são os primeiros elementos da realidade, agregam-se entre si por acaso e, assim, dão origem à multiplicidade das coisas; também a ordem aparente que se encontra na natureza é fruto do acaso, não do Demiurgo ou de qualquer outra divindade. Já Anaxágoras, Platão e os Estoicos, considerando o universo como organizado em todas as suas partes por um Princípio racional (o Nous, o Demiurgo, o Logos) viram no acaso somente uma causa incompreensível pelo intelecto humano. A essa mesma conclusão, mais tarde, foram conduzidos os filósofos cristãos: Orígenes, Agostinho, Boécio.

Segundo Santo Tomás, aquilo que nós chamamos acaso, na realidade, é fruto de causas contingentes, cujo modo de operar escapa ao homem, mas não ao conhecimento de Deus e da divina providência: "Se Deus não estende a sua providência a essas coisas singulares, isto acontece ou porque não as conhece, ou porque não pode, ou porque não quer cuidar delas. Ora, não se pode dizer que Deus não conhece as coisas singulares, pois acima foi demonstrado que as conhece (Livro I, c. 65); também não se pode dizer que Deus não tem o cuidado delas (Livro II, c. 22) [...] tampouco se pode dizer que as coisas singulares não podem ser governadas, quando as vemos serem governadas pela habilidade da razão (Livro I, c. 75); o bem das coisas governadas consiste principalmente na sua ordenação por seu governo. Logo, não se pode dizer que Deus não tem o cuidado dos singulares" (*C. G.*, III, c. 75, n. 2503).

[Tradução: E. Quirino]

Acidente

Provém de *accidere*, que, em latim, significa *chegar, sobrevir, acontecer*. A etimologia já denuncia a natureza precária do acidente, a sua (in)subsistência, a sua incapacidade de existir por conta própria e, portanto, seu pertencimento a outra coisa que faz a função de sujeito do acidente.

O primeiro estudo sistemático desse aspecto da realidade foi efetuado por Aristóteles na *Metafísica* (livro E). Aí ele divide o ente em duas grandes classes, a das substâncias (que podem ser materiais e imateriais) e a dos acidentes. Sobre a substância, ele dá a célebre definição: "É o substrato primeiro de cada coisa, porque ela é aquilo que não está referido às outras coisas, ao passo que todo o resto a ela está referido". Quanto ao acidente, este não possui o ser como próprio, mas o recebe da substância; por esse motivo "vimos a conhecê-lo somente se apreendemos o sujeito que o possui, isto é, a substância". Toda substância material é dotada de muitos acidentes. Aristóteles os reduz a nove principais: qualidade, quantidade, ação, relação, paixão, lugar, tempo, situação, hábito.

Santo Tomás assume em ampla medida o ensinamento aristotélico. Em um pequeno tratado intitulado *De natura accidentis*, ele sublinha a importância do estudo desse argumento: "Dado que todo conhecimento humano parte dos sentidos, e o objeto próprio dos sentidos são os acidentes, segue-se daí que os acidentes dao uma grande contribuição ao conhecimento da essência de determinada coisa (*ad cognoscendum quod quid est*)" (*De nat. acc.*, n. 464). Com essa afirmação Santo Tomás faz tábua rasa do preconceito que vê no acidente alguma coisa de fato secundária, algo supérfluo, do qual a substância poderia prescindir sem consequências. Com efeito, todas as realidades materiais estão circundadas por uma densa camada de acidentes dos quais não podem jamais prescindir, sob pena de perder sua própria existência.

Santo Tomás observa que do acidente há duas acepções principais: uma lógica (é o quinto *predicável*) e outra metafísica (é o grupo das nove *categorias* ou *predicamentos*). Dos dois sentidos, o segundo é o que mais lhe interessa. Tendo esclarecido que por acidente se entende aquilo que não é em si, mas reside em outra coisa que serve de sujeito, o Doutor de Aquino passa a esclarecer qual é o estatuto ontológico do acidente. Ele não está privado do ser, porque se o estivesse, seria nada, não uma qualidade, uma quantidade, um espaço, um lugar, uma relação etc. Mas não dispõe de um ato de ser que lhe seja próprio. O acidente tem o ser derivado diretamente da substância, à qual o ser compete direta e primeiramente; ao passo que ao acidente pertence mediata e secundariamente. Por esse motivo o ser do acidente se predica analogicamente (ibid., n. 465). Portanto, o estatuto ontológico do acidente é o do inerir (*inesse*): "*Natura accidentis est inesse, sive inhaerere ipsi rei*" (ibid., n. 466). Porém há uma hierarquia na condição de inerência na substância: em primeiro lugar vem a quantidade, depois a qualidade, a seguir o espaço, a relação etc. Contudo, Santo Tomás admite que há acidentes, como a qualidade e a ação, que podem radicar-se diretamente na substância por meio da forma e não da quantidade e da matéria (cf. ibid., n. 468).

Mesmo recebendo o ser da substância, a qual é a fonte, a causa dos próprios acidentes e não somente o seu sujeito, o acidente não se reporta à substância em modo de potência, mas sim em modo de ato. De fato, o acidente integra, determina, aperfeiçoa a substância. Trata-se, porém, de atuações, determinações, perfeições, formas acidentais e não substanciais (cf. *De Malo*, q. 4, a. 2, ad 9). Por esse motivo há sempre proporção entre a substância e seus acidentes: "*Accidens non excedit suum subiectum* [...] *non extendit se ultra suum subiectum*" (*II Sent.*, d. 27, q. 1, a. 6, ad 1 e ob. 1).

Em teologia Santo Tomás recorre à distinção real entre substância e acidente para tornar compreensível o mistério da presença real do Cristo na eucaristia. No mistério eucarístico desaparece a substância do pão e do vinho e seu lugar é tomado pelo corpo e pelo sangue de Cristo, ao passo que permanecem intactos os acidentes do pão e do vinho. "Neste sacramento toda substância do pão se converte em toda substância do corpo de Cristo, e toda substância do vinho em toda substância do sangue de Cristo. Por isso, essa conversão não é formal, mas substancial. Não se classifica entre as diversas espécies de movimento natural, mas pode-se chamar com o nome apropriado de *transubstanciação*" (III, q. 75, a. 4).

No plano metafísico o milagre eucarístico dá lugar a duas dificuldades: uma diz respeito à possibilidade, a segunda, à coerência. À primeira o Angélico responde que Deus provê diretamente para dar aos acidentes o ser que normalmente lhes é comunicado pela substância. De fato, "a causa primeira dispõe de um influxo sobre o efeito da causa segunda, que é mais veemente do que o influxo da própria causa segunda. Por isso também, quando cessa o influxo da causa segunda sobre o efeito, pode, entretanto, ainda permanecer o influxo da causa primeira; por exemplo, tirado o racional resta o vivente e suprimido o vivente resta o ser. E, dado que a causa primeira dos acidentes e de todos os existentes é Deus, enquanto a causa segunda é a substância, sendo os acidentes causados pelos princípios da substância, Deus pode conservar no ser os acidentes, quando tenha sido tirada a causa segunda, ou seja, a substância. E, portanto, se deve concluir que Deus pode fazer com que existam acidentes sem sujeito (substância)" (*IV Sent.*, d. 12, q. 1, a. 1, sol. 1).

À segunda dificuldade, relativa à coerência e à legitimidade de ainda dar o nome de acidente a realidades que efetivamente não têm mais a propriedade essencial que as caracteriza, a do *inesse*, Santo Tomás responde distinguindo entre o ser e o modo de ser. O modo de ser naturalmente próprio do acidente é indubitavelmente o *inesse*; mas ainda mais importante para a própria natureza do acidente é não ter um ato de ser seu como próprio, mas recebê-lo da substância. Ora, este segundo elemento permanece salvo também no milagre eucarístico: os acidentes das espécies eucarísticas não têm o ser como próprio, mas o recebem diretamente de Deus (cf. *IV Sent.*, d. 12, q. 1, a. 1, sol. 1, ad 1).

(Cf. EUCARISTIA, SUBSTÂNCIA)

[Tradução: E. Quirino]

Acídia

Geralmente é sinônimo de preguiça, ócio, indolência e é usado para denominar um dos sete *vícios capitais*.

Segundo a definição de Santo Agostinho, que Santo Tomás faz sua, a acídia é "tédio ou tristeza do bem espiritual e interno". Nesse sentido, é evidente que isso é um comportamento pecaminoso. De fato, sendo o bem espiritual e interno verdadeiramente, realmente bem, e não podendo ser mal, senão aparente, na medida em que contrasta com os bens carnais, é visível que a acídia é algo desprezível; é pecado. É culpa grave quando a preguiça e o tédio dizem respeito a um bem espiritual divino, isto é, querido e ordenado por Deus. Nesse caso, a acídia é diretamente contrária à caridade. Eis como Santo Tomás argumenta a gravidade do pecado de acídia: "É mortal pelo seu gênero o pecado que por si mesmo, isto é, por sua natureza, é incompatível com a caridade. E porque o efeito próprio da caridade é a alegria de Deus, a acídia, pelo contrário, é uma tristeza do bem espiritual na medida em que é um bem divino. Sendo assim, a acídia, em seu gênero, é um pecado mortal" (II-II, q. 35, a. 3). Há mais: a acídia não é só pecado, mas é também *pecado capital*, porque ela é tristeza e os homens fazem muitas coisas tanto por tristeza quanto por prazer (II-II, q. 35, a. 4).

[Tradução: A. Boccato]

Acólito/Acolitato

Uma das ordens menores, cuja existência está documentada na Igreja latina já no século III (carta do papa Cornélio para Fábio de Antioquia, de 251) como complemento do diaconato e do subdiaconato, mas desconhecido para a Igreja grega. As funções do acólito variam nos diversos tempos e lugares. Em Cartago os acólitos serviam o altar ao lado dos diáconos. Em Roma, levavam a eucaristia aos ausentes ou aos enfermos.

Segundo Santo Tomás, o acólito exerce um ministério sobre a matéria da eucaristia, e por esse motivo ele o considera superior às outras ordens menores. "É evidente que a função dos acólitos mais se aproxima das funções principais dos ministros superiores que das funções das outras ordens menores. O mesmo se diga para as funções secundárias, que predispõem o povo mediante o ensinamento: haja vista que o acólito portando as velas exprime visivelmente a doutrina do Novo Testamento; ao passo que o leitor as exprime de outro modo, por meio da leitura. Por isso, o acólito é superior" (*Suppl.*, q. 37, a. 4, ad 8).

[Tradução: A. Bogaz]

Adivinhação

É a pretensão de conhecer e de preanunciar o futuro contingente e as coisas escondidas mediante comunicações misteriosas com forças ocultas ou preternaturais. Por isso, ela se reveste de um caráter religioso: na medida em que se atribui faculdades divinas ou pretende transferir em outros sujeitos aquela prerrogativa divina incomunicável, que é o conhecimento certo do futuro contingente. A adivinhação abarca o ocultismo, o espiritismo, a astrologia, a necromancia, o aruspício etc.

A lei mosaica interditava severamente, algumas vezes sob pena de morte, as práticas de adivinhação (Lv 19,26; 20,6; Dt 18,10-12 ss.). A Igreja, por sua vez, tem sempre condenado a adivinhação, como forma de idolatria, uma vez que implica a transferência de atribuições ao demônio, como a atribuição de conhecer o futuro contingente, que competem somente a Deus.

Segundo Santo Tomás, a adivinhação, quando implica a pretensão de conhecer e predizer o futuro contingente "sem uma revelação de Deus, evidentemente usurpa uma prerrogativa divina" (II-II, q. 95, a. 1), e é sempre pecado, tanto mais que "toda adivinhação é obra dos demônios, quer claramente invocando-os para se saber o futuro, quer porque o demônio se envolve em vãos prognósticos do futuro para envolver os homens em sua própria vaidade. A respeito desta, diz o Salmista: 'Feliz quem não buscou vaidades nem falsas loucuras'" (II-II, q. 95, a. 2). Depois de ter passado em revista as múltiplas formas que assume a adivinhação (ibid., a. 3), Santo Tomás conclui: "Por dois motivos é ilícita a adivinhação que consulta demônios. Quanto ao primeiro motivo, ela é ilícita porque, da parte do seu princípio, é um pacto explícito feito com o demônio pela invocação dele. Ora, isso é totalmente ilícito [...]. Quanto ao segundo motivo, ela é ilícita porque, da parte do evento futuro, o demônio, que quer a perdição dos homens, em suas próprias respostas, embora diga a verdade, tem a intenção de acostumar os homens a acreditarem nele, e assim quer levá-los para o que é nocivo à salvação humana" (ibid., a. 4).

(Cf. ASTRONOMIA)

[Tradução: A. Bogaz]

Adoção

O termo evoca o procedimento jurídico com o qual uma pessoa estranha (por exemplo, uma criança) é assumida como filho, com todos os direitos que daí derivam, incluída a herança. Segundo a formulação sintética de Santo Tomás: "*Adoptio est extraneae personae in filium vel nepotem, vel deinceps, legitima assumptio*" (*IV Sent.*, d. 42, q. 2, a. 1, ob. 1).

Este termo, introduzido já por São Paulo, foi assumido para indicar analogicamente a relação singular que a Trindade quis contrair com quem, por obra de Cristo, obtém a graça da salvação: ele se torna "filho adotivo de Deus" (enquanto Cristo permanece o Filho natural do Pai) (Gl 3,26).

Está no poder de Deus, explica Santo Tomás, conceder o dom da adoção. De fato, "um homem adota outro como filho admitindo-o, em virtude de sua bondade, à participação da própria herança. No entanto, a bondade de Deus é infinita, e por esse motivo ele admite suas criaturas à participação dos seus bens, sobretudo as criaturas racionais que, feitas à imagem de Deus, são capazes da bem-aventurança divina [...]. Portanto, se diz que Deus adota os seres humanos, porque, por sua bondade, os admite à herança da sua bem-aventurança. A adoção divina supera a adoção humana nisto: que Deus com o dom da graça torna o ser humano adotado idôneo à herança celeste, enquanto o ser humano não torna idôneo o adotado, mas, pelo contrário, o escolhe já idôneo para adotá-lo" (III, q. 23, a. 1).

A obra da adoção, como obra *ad extra*, é comum a todas as Pessoas da Trindade, mas por apropriação se diz principalmente obra do Pai e do Espírito Santo: "A filiação adotiva é uma semelhança participada da filiação natural, mas conforme a linguagem de apropriação se cumpre em nós por obra do Pai, que é o princípio da filiação natural, e pela doação do Espírito Santo, que é o amor do Pai e do Filho" (III, q. 3, a. 5, ad 2).

Portanto, se pode dizer que "a filiação adotiva é apropriada ao Pai como seu autor, ao Filho como seu exemplo, ao Espírito Santo como aquele que imprime em nós a semelhança desse exemplo" (III, q. 23, a. 2, ad 3).

A adoção como filhos de Deus está reservada às criaturas intelectuais, dado que elas se assemelham ao Verbo que procede segundo a operação intelectual, e é própria de quem está unido a Deus mediante a graça (III, q. 23, a. 3).

Jesus Cristo, também como homem, é sempre uma pessoa divina e, como tal, é filho natural de Deus; por isso de modo algum poderá ser chamado de filho adotivo de Deus, como tiveram a pretensão alguns hereges (III, q. 23, a. 4).

(Cf. Apropriação)

[Tradução: G. Frade]

Adoração

Em sentido próprio, significa o reconhecimento de Deus como ser supremo, artífice do universo a quem é devida a total dependência de todas as criaturas. É o ato próprio, específico e principal da *religião*: ela liga (*religare*) o homem a Deus antes de tudo e principalmente mediante a adoração.

Segundo Santo Tomás, o termo "adoração" provém de "oração": "*Nomen adorationis ab oratione sumitur*" (II-II, q. 84, a. 2, ob. 2), e corresponde àquilo que os gregos chamam de *latria* (*C. G.*, III, c. 119).

A adoração é o culto que o homem deve a Deus (à Santíssima Trindade, ao Verbo Encarnado, à eucaristia) e a Deus somente. Eis como Santo Tomás articula esses dois pontos. Antes de tudo a adoração é um serviço que o homem deve prestar a Deus. De fato, "Deus não somente é a causa principal do nosso ser, mas todo o nosso ser está em seu poder, e tudo aquilo que temos é graças a ele; e, portanto, sendo verdadeiro Senhor nosso, se chama serviço aquilo que fazemos em sua honra. Ele é Senhor não de modo acidental, como todo homem, mas por natureza. Por isso é diverso o serviço devido a Deus e ao homem; pois ao homem nos submetemos acidentalmente, tendo este um domínio particular sobre as coisas, derivado também este de Deus; onde o serviço devido a Deus é chamado, de modo especial pelos gregos, de *latria*" (*C. G.*, III, c. 119). Em segundo lugar, somente a Deus pertence o serviço da adoração: "A *latria* se chama serviço; mas o serviço é devido a quem é senhor. Ora, é senhor em sentido próprio e verdadeiro aquele que distribui aos outros os preceitos do operar, e não toma de ninguém a regra para agir; pois quem executa aquilo que lhe foi imposto pelo superior é mais ministro que patrão. Deus, no entanto, que é sumo princípio das coisas, as dispõe para as devidas ações por meio de sua providência; daí que na Sagrada Escritura se diz que tanto os anjos como os corpos superiores servem a Deus, de quem executam as ordens, e servem a nós, de modo que suas ações lhes tornem em vantagem. Portanto, o culto de *latria* que é devido ao sumo Senhor não deve ser dado a outros senão ao sumo princípio das coisas" (*C. G.*, III, c. 120). Portanto, Santo Tomás exclui que se possa prestar culto de adoração aos anjos, aos santos, aos ícones, às relíquias etc.

O homem deve honra a Deus com o corpo e com a alma, por isso a adoração é *externa* e *interna*, e uma está subordinada à outra (II-II, q. 84, a. 2).

(Cf. Culto, Deus, Religião)

[Tradução: G. Frade]

Adulação

Significa louvar excessivamente qualquer um por complacência, por interesse ou por baixeza de espírito: "De maneira geral, se dá o nome de aduladores a todos aqueles que no trato querem comprazer os outros com palavras ou com fatos para além dos limites da honestidade" (II II, q. 115, a. 1). Santo Tomás classifica a adulação entre os pecados contra a caridade e o julga pecado grave "quando se adula uma pessoa para causar-lhe dano astutamente ou no corpo ou na alma" (II-II, q. 115, a. 2). "Mas, se alguém se entrega à adulação movido apenas pelo desejo de ser agradável, ou ainda para evitar um mal, ou para suprir uma necessidade, não se trata de pecado mortal, mas apenas venial" (ibid.).

[Tradução: E. Quirino]

Adultério

É um delito contra o matrimônio, que consiste essencialmente na violação da fé conjugal e se concretiza propriamente mediante o ato sexual de um cônjuge com uma pessoa diversa do próprio parceiro. É, portanto, adultério seja a traição da mulher em relação ao marido, seja a traição do marido em relação à mulher. A Sagrada Escritura tem palavras duríssimas contra o adultério: "Porque seria isso um crime infame, um delito merecedor da punição dos juízes; pois é um fogo que consome até o Abadon e destruiria toda a minha colheita!" (Jó 31,11-12).

Segundo Santo Tomás, o adultério é mais grave que a fornicação (I-II, q. 73, a. 7); porém menos grave que o homicídio (II-II, q. 64, a. 5, ad 3). A gravidade se mede pela desordem da geração humana: de fato é contra a ordem estabelecida pela geração da vida (II, q. 73, a. 3); e impede a certeza da prole (I-II, q. 100, a. 6). Não somente é pecado de luxúria, mas também de injustiça (II-II, q. 65, a. 4, ad 3). Contra o *bonum fidei*, a gravidade do adultério é idêntica, em ambos os adultérios; ao contrário, contra o *bonum prolis* é maior na mulher (*Suppl.*, q. 62, a. 4 e ad 2, 5).

(Cf. Fornicação)

[Tradução: A. Bogaz]

Aeterni Patris

É o título da célebre encíclica de 1879 em que Leão XIII reabilita e relança o estudo da *filosofia cristã*, em particular aquela de Santo Tomás.

Leão XIII especifica como causa principal de todos os males e erros que afligem a sociedade moderna a filosofia: "A causa fecunda dos males que nos afligem e daqueles que pairam sobre nós reside nas perversas doutrinas que a respeito das coisas divinas e humanas surgiram primeiramente das escolas dos filósofos, e se insinuaram depois em todos os estratos da sociedade, aí acolhidas com entusiasmo por muitíssimos". Para esse afastamento contribuíram às vezes os próprios filósofos e teólogos católicos que, em vez de permanecerem fiéis às doutrinas dos Padres e dos Doutores da Igreja, se puseram na escola dos filósofos modernos e assim, "descartando o patrimônio da antiga sabedoria, quiseram antes tentar coisas novas do que aumentar e aperfeiçoar as antigas com as novas".

Para sanar a cultura e a sociedade, Leão recomenda como remédio o retorno à sã filosofia. Esta, se usada retamente, pode constituir uma boa propedêutica para a fé: "Serve de certo modo para explanar e munir o caminho para a verdadeira fé, e para aparelhar convenientemente os espíritos dos seus alunos para receber a revelação: assim que, não sem razão, foi dito pelos antigos, ora instituição preparatória para a fé cristã (Clemente), ora prelúdio e auxílio para o cristianismo (Orígenes), ora pedagogo para o Evangelho". A filosofia representa ainda um instrumento indispensável para dar à teologia "natureza, forma e caráter de verdadeira ciência". A teologia tem a tarefa de sistematizar "numa bela e estreita harmonia" os mistérios da fé e de obter "uma compreensão um pouco mais límpida, tanto quanto possível, dos mesmos mistérios da fé". Portanto "para esse conhecimento e para essa compreensão não há dúvida que mais ampla e facilmente somam-se aqueles que com a integridade da vida e com amor ardente da fé conjugam uma mente erudita nas ciências filosóficas". Outro serviço importante que Leão XIII reconhece na filosofia com respeito à fé é o de defendê-la dos ataques dos adversários: "Para tal coisa é de grande vantagem a filosofia ser considerada propugnáculo da fé, e sólido baluarte da religião".

Sucessivamente o papa recomenda com autoridade e com fervor o retorno à filosofia de Santo Tomás, que entre todos os filósofos cristãos conseguiu harmonizar melhor a fé com a razão e dar à fé sólidos fundamentos racionais com a sua filosofia do ser, e conclui dirigindo um convite insistente a todos os responsáveis pelo sagrado magistério a "dar ampla e copiosamente de beber à juventude daquelas fontes puríssimas de sabedoria que com perene e abundantíssimo fluxo surgem do Antigo Doutor Angélico".

O apelo de Leão XIII lançado na *Aeterni Patris* não passou despercebido; ele resultou num singular florescimento de iniciativas tomistas: a edição crítica das obras de Santo Tomás (a *Editio leonina*, que ainda não está terminada), a tradução das suas obras mais importantes em muitas línguas, a fundação de universidades e de centros de estudo do pensamento do Doutor de Aquino, entre os quais merecem ser nomeados sobretudo os seguintes: a Academia Romana de Santo Tomás, a Universidade Católica de Milão, a Universidade Católica de Nimega, a Universidade de Lovaina, os Institutos Católicos de Lião, de Paris e de Tolosa, as Universidades católicas de Quebec, Ottawa, Montreal, Saint Louis, Washington, Notre Dame, Manila e o Instituto de estudos medievais de Toronto, enfim a criação de muitas revistas visando o aprofundamento do pensamento de Santo Tomás, entre as quais lembramos particularmente: a *Revue Thomiste*, *Divus Thomas*, *Angelicum*, *The Thomist*, *Neoscolastica*, *Revue de Philosophie de Louvain*, *Doctor Communis*, *Aquinas*.

Mas o fruto mais importante da encíclica foi o *neotomismo*: um movimento filosófico que se inspira em Santo Tomás na intenção de desenvolver um pensamento moderno seja nas instâncias, seja nas soluções. O neotomismo se impôs na intenção do grande mundo filosófico na primeira metade do século XX e torna-se instrumento eficaz também para a renovação da teologia católica: praticamente todos os grandes teólogos do século XX (de Garrigou-Lagrange a Parente, de De Lubac a Congar, de Lonergan a Rahner, de Guardini a Ratzinger) se movimentaram dentro do horizonte filosófico do neotomismo.

[Tradução: E. Quirino]

Afabilidade/Cortesia

É a virtude pela qual nos comportamos bem com o próximo no conversar comum, seja com palavras seja com atos. Isso corresponde ao que mais comumente se diz *cortesia*. Segundo Aristóteles, Santo Tomás trata a afabilidade como um aspecto da amizade, mais precisamente como expressão externa dessa virtude. "O segundo tipo de amizade (a externa) consiste unicamente em palavras ou atos exteriores. E esta não possui a natureza da amizade, mas uma semelhança com ela, na medida em que alguém se comporta bem em relação àqueles com quem convive" (II-II, q. 114, a. 1, ad 1). De outro ponto de vista, a afabilidade pode estar ligada também com a justiça. Ela "é parte (potencial) da justiça, na medida em que se liga tanto a ela como a uma virtude cardeal. Ela tem em comum com a justiça o fato de ser relativa ao outro. Mas não preenche a razão de justiça, pois não realiza plenamente aquela razão da dívida que obriga um homem em relação ao outro, seja quando se trata de uma dívida legal, que a lei obriga a honrar, seja em se tratando de uma dívida criada por algum benefício recebido. A amizade leva em conta apenas uma dívida de honra que é muito mais própria do virtuoso do que do outro, levando-o a fazer para o outro o que convém" (II-II, q. 114, a. 2).

[Tradução: E. Quirino]

Agir cf. Ação/Agir

Agostinho

Agostinho Aurélio (Tagaste, 354–Hipona, 430), teólogo, filósofo, Padre da Igreja, Doutor e Santo, é uma das maiores figuras da história da Igreja.

Não é o caso de narrar aqui os acontecimentos da sua vida ou elaborar uma síntese do seu pensamento, que constitui a máxima expressão da patrística latina e uma das construções intelectuais mais ricas, mais luminosas e mais influentes de todos os tempos. Agostinho, para além de quaisquer outros, merece o reconhecimento de "Pai" não só da cristandade medieval, a *civitas christiana*, mas também da Europa moderna.

A nós interessa aqui apenas a relação de Santo Tomás com Agostinho. A relação entre eles foi frequentemente representada como conflituosa, como se os respectivos mundos fossem dois universos em oposição, absolutamente inconciliáveis.

Para entender bem qual é efetivamente a relação entre Santo Tomás e Agostinho, estes dois grandes gênios do cristianismo, é necessário considerar distintamente os seus pensamentos nos campos da filosofia e da teologia. Ambos são grandiosos tanto como filósofos quanto como teólogos, além de terem se empenhado intensamente nesses dois campos. Contudo, enquanto na teologia Santo Tomás repete em grande medida o pensamento de Agostinho, não se pode dizer o mesmo na filosofia.

A filosofia de Agostinho está intimamente marcada pelo platonismo: platônica é a sua fundamentação metafísica, a sua gnoseologia, a sua ética; platônica é a sua linguagem. De Platão, Agostinho retoma a doutrina das verdades eternas, da reminiscência/iluminação, do dualismo psicofísico; de Platão também assimila o método da interioridade e da dialética.

Ao contrário, na filosofia, Santo Tomás dá sua preferência para Aristóteles, do qual assume em grande medida as categorias metafísicas, a doutrina do conhecimento, a linguagem da moral, a concepção de homem e o método de demonstração rigorosa, vivificando o conjunto com uma intuição sua genial, o conceito intensivo de ser, *perfectio omnium perfectionum*.

É claro que com fundamentos filosóficos tão diversos os dois edifícios intelectuais de Aristóteles e Santo Tomás não podem ser iguais. Mesmo exprimindo em grande medida as mesmas verdades, eles não o fazem do mesmo modo. Santo Tomás conhece perfeitamente Agostinho, que é o seu autor preferido e mais citado. A sua documentação revela um conhecimento e um uso de todas as suas obras, mas em particular das seguintes: *De civitate Dei, De Trinitate, De genesi ad litteram, Tractatus CXXIV in Joannis Evangelium, Confessiones, Sermones, Epistolae, De libero arbítrio, Retractationes, Soliloquia, Enchridion, De doctrina christiana, De vera religione, De peccatorum meritis et remissione* etc. Pode-se certamente afirmar com Cayré que Santo Tomás *é o maior e ilustre discípulo de Agostinho*. Mas não se deve exagerar a dependência e ainda menos a proximidade intelectual de Santo Tomás de Agostinho. A profunda consonância de ideias dos dois depende do fato de que são teólogos cristãos que bebem todas as verdades que mais contam, a partir da divina Revelação. Contudo, o modo de exprimirem as verdades reveladas e, sobretudo, o modo de aproximação às verdades racionais são profundamente diversos. Encontramo-nos diante de duas perspectivas diferentes, ambas grandiosas e fascinantes: e, para quem tem familiaridade com todas as duas, resulta difícil decidir a favor de uma ou de outra. É questão de temperamento e inteligência. Quem nasce com um temperamento e uma inteligência de perfil realista e racional se sentirá mais atraído pelo pensamento de Santo Tomás; ao contrário, quem nasce com um temperamento e uma inteligência de tipo mais ideal e intuitiva se sentirá mais fascinado pelo pensamento de Agostinho.

"As duas sínteses do pensamento cristão se relacionam em seu valor perene e se complementam com a fecundidade inexaurível, em que o esplendor da Doutrina cristã envolve a mente humana e abre-lhe novos caminhos de progresso espiritual: *Ad Augustinum non iri tutum nisi per Thomam*. Um legaliza a assinatura do outro. Porém se poderia também reverter o aforismo e dizer: *A Tomás não se vai seguramente senão mediante Agostinho*" (C. Pera).

[Tradução: A. Boccato]

Agostinismo

O termo é usado para designar seja as tendências que se inspiram mais ou menos próximas e com maior ou menor fidelidade ao pensamento de Agostinho, seja um movimento de pensamento que no século XIII se contrapôs, em nome de Santo Agostinho, ao averroísmo latino e ao aristotelismo de Santo Tomás, e que se diz justamente "agostinismo medieval". A nós interessa aqui somente o segundo.

Na época de Santo Tomás o agostinismo adquire algumas conotações especiais, a ponto de se tornar o principal antagonista da orientação filosófica e teológica representada pelo Doutor Angélico. Entre as teses filosóficas típicas do agostinismo, figuram a íntima subordinação da filosofia à teologia, a doutrina da iluminação, o primado do bem sobre o verdadeiro e, portanto, da vontade sobre o intelecto, do amor sobre a contemplação, o dualismo antropológico (alma e corpo são duas substâncias completas e conjuntas entre si acidentalmente), as "razões seminais" da matéria e a consequente exclusão das causas segundas. Em larga medida essas teses já se encontram nos primeiros grandes mestres da Escola Franciscana (Alexandre de Hales, Rogério Bacon e Boaventura); mas os defensores mais decididos do agostinismo foram João Peckham, Guilherme de la Mare, Matcus d'Acquasparta. "Estas teses tinham assumido aos seus olhos uma coloração religiosa e um destino sagrado: a criação no tempo e as *rationes seminales* harmonizavam perfeitamente com as narrações do Gênesis; o hilemorfismo universal ia ao encontro dos dados bíblicos sobre a natureza dos anjos e dos demônios; a pluralidade das formas era tratada na teologia da Encarnação; a iluminação divina facilitava a explicação da fé e da vida mística; as tendências voluntaristas afastavam todo risco de determinismo psicológico e sublinhavam o primado da caridade na vida cristã; todas essas doutrinas, viessem de Agostinho ou de Avicebron ou de outra parte, estavam bem de acordo com a teologia agostiniana [...]. É o espírito agostiniano que anima João Peckham e os seus colegas" (F. Van Steenberghen). Esses autores, fazendo apelo ao agostinismo, ensejaram uma áspera polêmica contra Santo Tomás, o qual, durante a segunda permanência em Paris (1268-1272), teve que, para defender Aristóteles, lutar em duas frentes: contra os agostinianos que acusavam Aristóteles e os seus seguidores de paganismo, e contra os averroístas que davam uma interpretação de Aristóteles inconciliável com a doutrina cristã. Contra os averroístas Santo Tomás escreveu o *De unitate intelectus contra averroistas*; enquanto nas *Quaestiones quodlibetales* se nota frequentemente a atividade polêmica do Doutor Angélico contra os agostinianos.

Santo Tomás compartilhava na substância o ensinamento de Agostinho especialmente em teologia, embora discordasse sobre algum ponto particular; mas ao mesmo tempo considerava necessário integrá-lo às novas aquisições científicas e filosóficas de Aristóteles. O embate contra os agostinianos nascia exatamente a propósito da utilização de Aristóteles, que tinha se tornado difícil e enormemente comprometedora por causa da interpretação averroísta: Santo Tomás comentou por conta própria todo o *corpus aristotelicum*, dissipando muitas daquelas perplexidades que a exegese de Averróis suscitava. Assim pôde refutar os ataques dos agostinianos fazendo apelo seja à bondade do ensinamento de Aristóteles, seja à própria autoridade de Agostinho.

[Tradução: E. Quirino]

Alegoria

Do grego *allon-agoreuein* (dizer outra coisa): é um buscar outros significados de um texto para além do significado literal que nele está imediatamente expresso. Trata-se de um procedimento fundamental da exegese bíblica. Já praticado pelos estoicos, que se utilizaram dele para demonstrar que suas doutrinas estavam contidas nos poemas homéricos, o método alegórico foi aplicado sistematicamente na leitura do AT por Fílon de Alexandria, na tentativa de harmonizar os ensinamentos da Bíblia com a filosofia grega. O exemplo de Fílon foi seguido imediatamente pelos autores cristãos, os quais utilizaram a alegoria antes de tudo para efetuar uma releitura do AT à luz do Novo e, sucessivamente, para descobrir em toda a Escritura variados significados espirituais, subjacentes ao significado histórico e literal.

Uma primeira elaboração sistemática do uso da alegoria na interpretação da Escritura foi realizada por Agostinho naquele tratado de exegese bíblica fundamental que é o *De doctrina christiana*. Agostinho fornece critérios precisos para distinguir no texto sagrado o sentido literal daquele alegórico e sugere as várias aplicações que se podem fazer a partir da intepretação alegórica.

O genial trabalho hermenêutico da época patrística foi retomado e completado pela teologia medieval que buscou, sobretudo, sistematizar as regras exegéticas e os quatro sentidos da Escritura (literal, alegórico, moral, anagógico).

Santo Tomás ordena de modo mais orgânico o que havia sido pensado pela tradição, reafirmando o sentido quádruplo da Escritura, a ligação entre a alegoria e a construção da teologia, a unidade do sentido místico e da história. No entanto, Santo Tomás aproveita melhor a unidade da operação exegética, porque na alegoria, mais do que o problema de uma dupla inteligibilidade, ele vê um processo inteligível único na dinâmica sensibilidade-inteligência: "é natural para o homem elevar-se ao inteligível pelo sensível, porque todo o nosso conhecimento se origina a partir dos sentidos. É, então, conveniente que na Escritura Sagrada as realidades espirituais nos sejam transmitidas por meio de metáforas corporais" (I, q. 1, a. 9). Por esse motivo Santo Tomás é levado a acentuar o elemento histórico-literal, a *una littera* que pode tornar-se *plures sensus*. Para Santo Tomás o sentido literal ou histórico é o fundamento e o pressuposto do sentido espiritual ou alegórico, e por isso ele faz uma exegese bíblica histórica e realisticamente fundada, e portanto distante do simbolismo arbitrário de Orígenes. E, contudo, ele aceita plenamente, e mais, desenvolve, a propósito do valor do sentido literal, a tese segundo a qual, uma vez que o autor da Sagrada Escritura é Deus, também o sentido literal não é unívoco, mas pode ter mais sentidos: "O autor da Escritura Sagrada é Deus, que compreende simultaneamente todas as coisas em seu intelecto, não há inconveniente em dizer, segundo Agostinho, que, de acordo com o sentido literal, mesmo num único texto da Escritura encontram-se vários sentidos" (I, q. 1, a. 10). É claro que Santo Tomás, com Agostinho, mantém firme o princípio segundo o qual o sentido literal deve ter o primado na exegese teológica, e deve-se recorrer ao sentido alegórico principalmente quando o sentido literal é discordante ou absurdo (cf. *De Pot.*, q. 4, a. 1); e, contudo, a sua afirmação da multiplicidade dos sentidos da Escritura não só quer convalidar a tradição agostiniana, mas conscientemente reassumir os esforços da exegese bíblica medieval que só por comodidade havia reduzido sinteticamente a quatro os sentidos da Escritura, induzindo desse modo a tradição hermenêutica a refletir sobre a infinita multiplicidade dos significados da Escritura. "A multiplicidade dos sentidos em questão não cria nenhum equívoco, ou qualquer outra espécie de multiplicidade. Como foi dito, esses sentidos não se multiplicam em razão de que uma só palavra significaria várias realidades, mas porque as próprias realidades, significadas pelas palavras, podem ser sinais de outras realidades. Também não existe confusão na Escritura, porque todos os sentidos estão fundados no sentido literal, e só a partir dele se pode argumentar, e nunca dos sentidos alegóricos, como observa Agostinho" (I, q. 1, a. 10, ad 1).

[Tradução: M. Couto]

Alegria cf. Gáudio

Alma

Deriva, segundo filólogos, ou do grego *anaigma* = sem sangue, ou de *anemos* = sopro, vento. Universalmente, o termo significa o princípio da atividade de todos os seres, mas, de modo particular, refere-se ao homem.

Os problemas mais debatidos acerca da alma humana são quatro. Eles dizem respeito à sua natureza, à sua origem, às suas relações com o corpo e à sua sobrevivência após a morte do corpo. Todos esses problemas já haviam sido vivamente debatidos pela filosofia clássica, que, sobre este como sobre tantos outros temas, viu se alternarem as posições antitéticas de Platão e Aristóteles. Desse modo, em referência à natureza, Platão afirmava que a alma era de natureza inteiramente espiritual; Aristóteles, por seu lado, dizia que apenas a função do intelecto agente era seguramente espiritual. O mesmo vale para a sobrevivência da alma após a morte: segundo Platão, a alma, em sua inteireza, seria imortal e retornaria ao mundo das Ideias; ao passo que, segundo Aristóteles, somente a função do intelecto agente seria com certeza divina e imortal. No que se refere às relações com o corpo, para Platão, a alma se une ao corpo apenas acidentalmente: o corpo é a sua prisão, o lugar de expiação de suas culpas; ao contrário, para Aristóteles, alma e corpo constituem uma única substância, sendo, portanto, indissolúveis: são substancialmente unidos entre si. Finalmente, no que concerne à origem, Platão sustenta que a alma tem sua origem fora e antes do corpo; para Aristóteles, a alma se origina junto com o corpo, ou melhor, vem posta no corpo somente depois que este tiver suficiente estruturação (portanto, após o 40º dia da concepção).

A filosofia cristã, desde os tempos de Clemente e Orígenes (século III), pensou que a posição de Platão fosse particularmente congenial à mensagem bíblica, assumindo-a praticamente em bloco (incluindo, em alguns casos, até mesmo a tese da origem da alma anterior ao corpo). Tempos depois, Agostinho validou a doutrina platônica com todo o peso de sua autoridade. Nos tempos de Santo Tomás, o mundo filosófico e teológico ainda se identificava com Agostinho e via com desconfiança o pensamento de Aristóteles, que apenas havia pouco tempo surgira nas universidades de Paris, Oxford, Cambridge, Nápoles, Salerno, Bolonha etc. A desconfiança era ainda mais justificada pelo fato de Aristóteles ter entrado no mundo latino por meio dos comentários de Averróis, tornando ainda mais árduo o diálogo entre as doutrinas do cristianismo e o pensamento aristotélico. Com notável ousadia, certo da bondade substancial do pensamento de Aristóteles, Santo Tomás se desvinculou da linha agostiniana e platônica, alinhando-se abertamente ao Estagirita. Para desvencilhá-lo das grandes suspeitas geradas pela hermenêutica averroísta, Santo Tomás assumiu pessoalmente o pesadíssimo ônus de comentar a fundo e desde o início todas as principais obras do Estagirita. Por essa via, o Doutor de Aquino conseguiu demonstrar que, em todas as questões fundamentais da metafísica, da teologia e da antropologia, Aristóteles estava menos distante do cristianismo do que se costumava pensar.

Contudo, no que se refere à alma, a proposta de Santo Tomás não é de nenhum modo uma mera fotocópia das doutrinas aristotélicas, antes apresenta, como se verá, novidades substanciais e preciosos enriquecimentos.

1. Natureza da alma

A alma é de natureza imaterial, isto é, espiritual, mas a espiritualidade da alma não é evidente. A fim de descobri-la, não bastam a simples autoconsciência ou a introspecção, como pretendiam os agostinianos; segundo Santo Tomás, faz-se necessário demonstrá-la, é mister uma "*diligens et subtilis inquisitivo* [inquirição sutil e diligente (N. do T.)]" (I, q. 87, a. 1). O ponto de partida para essa inquirição (*inquisitio*) são as operações da alma, pois, "*eo modo aliquid operatur quo est*" (o modo de operar de uma coisa corresponde a seu modo de ser). Pois bem, "o princípio intelectual, que se chama mente ou intelecto, opera por si sem participação do corpo. Ora, nada pode operar por si, a não ser que subsista por si. Somente o ente em ato pode operar, e por isso uma coisa opera segundo o modo pelo qual é. Por isso não dizemos que o *calor* esquenta, mas o que é *quente* (*calidum*). Conclui-se, portanto, que a alma humana, que é chamada de mente ou de intelecto, é incorpórea e subsistente" (I, q. 75, a. 2).

Entretanto, Santo Tomás sabe muito bem que as mais excelentes operações espirituais da alma, como o conhecimento intelectual e o livre-arbítrio, não se encontram isentas de algum vínculo com a matéria. Mas, a seu ver, isso não comprometeria a intrínseca espiritualidade da alma, pois sua dependência do corpo não é "subjetiva" (não interfere na causalidade eficiente) mas "objetiva" (refere-se ao âmbito da causalidade formal). Trata-se, com efeito, de operações que "requerem o corpo não como instrumento, mas apenas como objeto. De fato, o entender (*intelligere*) não se efetiva por meio de um órgão corpóreo, mas tem necessidade de um objeto corpóreo" (*In I De An.*, lect. 2, n. 19). "Se se considera o princípio donde nasce a operação, deve-se dizer que o entender é operação própria da alma. Com efeito, ele não nasce da alma por meio de um órgão corpóreo, como a vista mediante o olho. Seu vínculo com o corpo se refere ao objeto: de fato, os fantasmas, que são objetos do intelecto, não podem existir sem o concurso dos órgãos corpóreos" (*De An.*, a. 1, ad 11).

Por vezes, para provar a espiritualidade (incorporeidade) da alma, afora as operações individuais do intelecto e da vontade, Santo Tomás se utiliza de outro importante fenômeno, o da autotranscendência, isto é, a tensão em direção ao infinito de todo agir humano globalmente considerado. "A alma racional possui certa infinidade (*infinitatem*) seja pelo intelecto agente, com o qual tudo pode fazer (*omnia facere*), seja pelo intelecto possível, com o qual tudo pode tornar-se (*omnia fieri*) […] este é um argumento evidente da imortalidade da alma, pois todas as formas materiais são finitas" (*II Sent.*, d. 18, q. 2, a. 2, ad 2).

2. Propriedades da alma

Até aqui, falou-se da primeira e máxima propriedade da alma humana, a saber, a espiritualidade, que constitui sua diferença específica por distingui-la essencialmente das almas inferiores (vegetal e animal). Porém outra propriedade de grande importância, principalmente na perspectiva tomista, é a *substancialidade*. A demonstração dessa propriedade oferece a Santo Tomás uma saída diante das incertezas e ambiguidades da antropologia aristotélica. A propósito de tais ambiguidades, o Doutor de Aquino, na *quaestio disputata De Anima* — tratado mais amplo e completo dedicado ao tema da alma —, recorda duas teses que julga inadmissíveis: por um lado, a tese extrema dos materialistas, que não assentem à alma nenhum caráter substancial, equiparando-a a outras formas naturais; por outro lado, as teses dos platônicos, que não se contentam em afirmar que alma é uma substância, desejando que ela defina por si mesma a realidade humana sem nenhuma referência ao corpo. Contra os materialistas, é suficiente reiterar o que já se disse em defesa da espiritualidade: "É necessário que a alma intelectiva aja por si mesma, tendo uma operação própria sem auxílio de um órgão corpóreo. Uma vez que cada um age em conformidade ao que é em ato, é mister que a alma intelectiva tenha o ser por si sem depender do corpo (*oportet quod anima intellectiva habeat esse per se absolutum non dependens a corpore*)" (*De An.*, a. 1).

Embora Santo Tomás afirme a substancialidade da alma, ele não pretende abraçar a tese dos platônicos (os agostinianos) que identificavam o ser da alma com o ser do homem. O Doutor de Aquino demonstra que a alma não constitui em si mesma uma espécie e, portanto, não pode exaurir sozinha a realidade humana: "ainda que possa subsistir por si mesma (*per se potens subsistire*), é mister concluir que a alma não chega completamente a formar uma espécie. Antes, ela faz parte da espécie humana como forma do corpo. Pode-se, assim, concluir que a alma é tanto forma como substância" (ibid.).

Em resposta a uma objeção concernente à composição ontológica da alma, Santo Tomás esclarece que, apesar de simples, espiritual e dotada de um ato próprio de ser, a alma, como os anjos, está sujeita à diferença ontológica que distingue qualquer realidade finita do Ser subsistente: composta de essência e ato de ser, a alma, por consequência, é também composta de ato e potência. Com efeito, "a substância da alma não é o seu ser, mas a ele se relaciona do mesmo modo que a potência ao ato (*ipsa substantia animae non est suum esse, sed comparatur ad ipsum ut potentia ad actum*)" (*De An.*, a. 1, ad 6).

3. União substancial da alma ao corpo

Asseguradas as duas verdades capitais da espiritualidade e da substancialidade da alma, Santo Tomás não encontra mais nenhuma dificuldade em assumir a tese aristotélica da união substancial da alma ao corpo. Para expressar essa verdade, ele utiliza uma linguagem hilemorfista, assinalando à alma o papel de forma substancial, e ao corpo o papel de matéria: "A alma é aquilo pelo qual o corpo humano possui o ser em ato, e isto é próprio da forma. Por essa razão, a alma humana é forma do corpo" (*De An.*, a. 1; cf. ad 7).

Em defesa da união substancial, Santo Tomás aduz dois argumentos de notável peso, mesmo em âmbito empírico. 1) A união da alma ao corpo não pode ser acidental, pois, quando a alma desaparece, não permanece no corpo mais nada de humano senão a aparência. "Por isso, se a alma existisse no corpo como o marinheiro em um barco, não conferiria a espécie ao corpo nem às suas partes, quando, ao contrário, lhas dá. Prova disso é o fato de que, exaurindo-se a alma, as partes individuais não mantêm o nome primitivo senão de modo equívoco. Por exemplo: o nome 'olho', dito de um morto, é equívoco, assim como aquele esculpido na pedra ou pintado. O mesmo se diga das outras partes" (ibid.). 2) A união ao corpo se dá em benefício da própria alma, seja na ordem do ser, seja naquela do agir: "A alma encontra-se unida ao corpo seja pelo bem de sua perfeição substancial, isto é, para completar a espécie humana; seja pelo bem de sua perfeição acidental, isto é, para aperfeiçoar o conhecimento intelectual que a alma adquire por meio dos sentidos, o qual é conatural ao homem" (ibid., ad 7).

Compreendendo alma como forma, aliás como única forma substancial do corpo, Santo Tomás pôde se desfazer da teoria ensinada por Platão, e amplamente partilhada por seus contemporâneos, acerca da multiplicidade das almas No homem há apenas uma alma, a racional, que realiza também as operações das chamadas almas inferiores, a saber, a vegetativa e a sensitiva. "Pelo fato de a alma ser uma forma substancial que faz do homem uma determinada espécie de substância, não pode haver outra forma substancial intermediária entre a alma e a matéria. Antes, a partir de uma mesma alma racional, o homem é aperfeiçoado segundo os diversos graus de perfeição, de modo que seja ser corpo, corpo animado e alma racional" (ibid., a. 9). A alma racional, como forma mais perfeita, é capaz de também absorver as funções atribuídas às formas (almas) menos perfeitas. De fato, "mesmo sendo simples quanto à essência, a alma é potencialmente múltipla, como princípio de muitas operações; e, porque a forma aperfeiçoa a matéria não somente em vista do ser, mas também do agir, é necessário que a alma, mesmo sendo forma única, aperfeiçoe de modo variado as partes do corpo, como convém a cada operação particular" (ibid., ad 14).

4. As faculdades da alma

Santo Tomás reconduz toda a vasta gama do agir da alma racional a duas faculdades principais: o *intelecto* e a *vontade*. O primeiro preside ao mundo do conhecer; o segundo, ao mundo do querer, do escolher e do desejar.

Também cabe ao intelecto a *memória*, pois, quando adquire uma ideia, ele pode mais tenazmente retomá-la e conservá-la do que a memória sensitiva. A *memória* intelectual não é uma potência distinta do intelecto, não havendo, portanto, diversidade de objeto; antes, ela exerce a função de conservação das ideias adquiridas pelo intelecto (I, q. 79, aa. 6-7). Tampouco a *razão* é uma potência distinta do intelecto, mas outra função sua, pois o intelecto não alcança os objetos intuitiva ou imediatamente, mas argumentando, gradativamente (ibid., a. 8). Quanto ao intelecto especulativo e àquele prático, também estes não são duas potências diversas. Eles se distinguem no sentido de que é próprio do primeiro a apreensão, enquanto do segundo, a aplicação do que foi apreendido (ibid., a. 11).

A *vontade* é a faculdade mediante a qual o homem tende ao bem; definitivamente, ao bem universal, pois apenas este bem pode plenamente saciá-la (I, q. 82, a. 5). O *livre-arbítrio* pertence à vontade e é graças a ele que esta é senhora de seus próprios atos bem como dos atos exercidos por outras faculdades.

A vontade é livre porque o homem é dotado de intelecto e razão. São estes que lhe possibilitam conhecer o grau de bondade dos objetivos por ele visados — dado que, concretamente, nenhum objeto corresponde ao bem universal, permanecendo sempre um bem particular —, dos quais dispõe sempre livremente. Para Santo Tomás, a razão "em todos os bens particulares pode considerar o aspecto de bem de um e a deficiência de algum bem, que tem o aspecto de mal. Assim, pode apreender cada um desses bens como capaz de ser eleito ou rejeitado" (I-II, q. 13, a. 6).

O livre-arbítrio está para a vontade como a razão para o intelecto, pois, como o intelecto é simples entender, e a razão um entender com raciocínio, do mesmo modo a vontade é simples querer e o livre-arbítrio, querer com eleição. Portanto, assim como a razão não é uma potência distinta do intelecto, tampouco o livre-arbítrio é uma potência distinta da vontade (I, q. 83, a. 4).

Santo Tomás insere nas duas faculdades primárias — intelecto e vontade — toda uma série de hábitos (virtudes e vícios) que, de vários modos, qualificam o agir espiritual da alma. Os principais hábitos intelectuais são a ciência e a sabedoria, ao passo que as virtudes cardeais são os principais hábitos morais.

5. Origem da alma

Santo Agostinho se dedicou durante toda a sua vida ao problema da origem da alma humana sem jamais chegar a uma solução. Sustentava inicialmente quatro hipóteses: preexistência, origem por descendência (traducionismo), origem por queda, criação individual. Ao final de sua vida, permaneceu apenas com duas (traducionismo e criação individual), sem jamais chegar a uma escolha definitiva. Afirma Agostinho, em *Retratações* (1, 1): "No que se refere à origem da alma, eu sabia que fora criada para unir-se ao corpo, mas não sabia (no tempo da composição de *Contra Acadêmicos*), como ainda hoje não sei, se esta descende do primeiro homem ou se é continuamente criada de modo singular para cada indivíduo".

Nos tempos de Santo Tomás, a questão tinha sido definitivamente resolvida a favor da criação direta de cada alma particular por obra de Deus. Essa é igualmente a tese do Doutor de Aquino. Ele demonstra que a própria natureza da alma exige que sua origem se deva à intervenção direta de Deus. Com efeito, a alma não poderia ser produzida a partir de uma substância material preexistente, pois lhe é superior. Tampouco poderia ser produzida a partir de uma substância espiritual preexistente, dado que as substâncias espirituais não se transformam uma em outra. Portanto, a alma deve ser produzida do nada, isto é, criada. E, como criar é obra única de Deus, deve ser criada imediatamente por Deus. Além disso, por ser parte da natureza humana, é criada junto com o corpo (I, q. 90, aa. 2-3).

6. Condição da alma antes e depois do pecado

Até aqui falou-se da alma humana desde a perspectiva filosófico-metafísica, resta ainda aquela histórico-teológica. Como teólogo, Santo Tomás obviamente tratou das condições da alma antes e depois do pecado de Adão. Antes do pecado, a alma de Adão gozava de alguns dons sobrenaturais (graça santificante) e preternaturais (plena consciência das coisas naturais, domínio das paixões, domínio de outras criaturas, posse de todas as virtudes). No primeiro homem havia verdadeira sujeição do corpo à alma, das forças inferiores à razão e da razão a Deus (I, qq. 94-96). Após o pecado original, a alma de Adão, além da perda da graça santificante, sofreu igualmente a perda de todos os dons preternaturais e, ainda, um enfraquecimento de suas faculdades naturais, devido à desordem das forças inferiores do corpo (II-II, q. 164).

7. Imortalidade da alma

Para os contemporâneos de Santo Tomás que seguiam a orientação platônico-agostiniana, a imortalidade da alma não constituía verdadeiro problema, já que sua antropologia a concebia como uma completa substância espiritual, por consequência, isenta de todas as vicissitudes do corpo, incluindo a morte. Ao contrário, a imortalidade da alma constituía um problema para aqueles que se inspiravam em Aristóteles, mais particularmente para a versão aristotélica de Averróis, o qual negara a imortalidade pessoal.

Como já visto, Santo Tomás assume as linhas fundamentais da antropologia aristotélica sem, contudo, comprometer a tese da imortalidade da alma. O argumento principal de que a alma é incorruptível — e, portanto, imortal — tem como fundamento o estatuto ontológico peculiar que lhe compete como forma do corpo. Esse estatuto lhe convém pois possui diretamente o ato de ser (*actus essendi*) sem depender do corpo. Com efeito, para o Doutor de Aquino, há dois tipos de formas substanciais: 1) formas às quais o ser sobrevém no momento em que se constitui o composto; 2) formas que dizem respeito ao ato de ser ainda antes que se realize o composto. As primeiras são corruptíveis; as segundas, incorruptíveis: "*Si ergo sit aliqua forma quae sit habens esse, necesse est illam formam incorruptibilem esse* [Se, portanto, há alguma forma que possui o ser, é necessário que essa forma seja incorruptível (N. do T.)]" (*De An.*, a. 14). É este justamente o caso da alma humana. De fato, "não se pode separar o ser de algo que possui ser (*non separatur esse ab aliquo habente esse*), a não ser que se separe deste a forma. Portanto, se aquilo que possui o ser é a forma, é impossível que o ser seja separado desta. Ora, é manifesto que o princípio pelo qual o homem desempenha a atividade intelectual é o de ser forma que possui ser em si, e não somente como aquilo pelo qual uma coisa é [...]. Portanto, o princípio intelectual pelo qual o homem entende é o de forma que tem o ser em si mesmo, donde a necessidade que seja incorruptível" (ibid.). Desse modo, caem por terra as dificuldades daqueles que sustentam ser a alma mortal se unida substancialmente ao corpo. Com efeito, os defensores da corruptibilidade da alma se esquecem de algumas questões já provadas anteriormente. "Alguns, ao identificarem a alma com o corpo, chegaram inclusive a negar que ela fosse forma, fazendo dela um composto de matéria e forma. Outros, sustentando que o intelecto não se distingue do sentido, admitiram, por consequência, que a sua atividade se dá mediante um órgão corpóreo, e, portanto, não teria um ser que se eleva por sobre a matéria, de modo que ele não seria uma forma que possui o ser (em si mesmo). Por fim, outros ainda, considerando o intelecto uma substância separada, negaram que a atividade intelectual pertence à alma mesma. Porém, como já demonstramos anteriormente, todas essas teorias são falsas. Logo, a alma humana é incorruptível" (ibid.).

Consequência direta de sua espiritualidade, a imortalidade da alma é dom natural essencial, não podendo, portanto, ser afetada pelo pecado original. De fato, "o pecado subtrai totalmente a graça, mas nada remove da essência da coisa; remove o que diz respeito à inclinação ou à capacidade da graça [...] Mas o bem da natureza não é jamais retirado, pois a potência sempre permanece sob disposições contrárias, mesmo que se distancie sempre mais do ato" (*De An.*, a. 14, ad 17).

Nem mesmo Deus, que tem o poder de reduzir ao nada tudo aquilo que conduziu ao ser, priva a alma da imortalidade, aniquilando-a, pois ele, no seu sapiente governo das coisas, jamais procede contra as disposições naturais com as quais a dotou" (ibid., ad 18; *C. G.*, II, c. 55; I, q. 104, a. 4).

O estudo de Santo Tomás sobre a alma é certamente um dos mais completos e complexos já realizados. Suas teses filosóficas têm dupla importância, histórica e teorética. Antes de tudo têm valor histórico, pois foram expostas com grande coragem em um momento no qual seria muito mais cômodo fugir aos perigos do averroísmo, refugiando-se nas tradicionais teses agostinianas. Santo Tomás não propôs nem defendeu firmemente suas teses por gostar de novidades, mas, antes, porque as considerava muito mais pertinentes à verdade do que as platonizantes soluções agostinianas. As teses de Santo Tomás assumem também um valor teórico, pois se baseiam em novo fundamento racional, bem mais sólido do que aquele sobre o qual Aristóteles se apoiara. Tais teses têm por fundamento sua original concepção do ser, um ser concebido intensivamente, como aquilo que "*immediatius et intimius convenit rebus* [mais imediata e intimamente convém às coisas. (N. do T.)]" (*De An.*, a. 9): o ser é ato imediato e direto da alma, antes mesmo que ela se torne mediadora ao corpo: "*anima humana esse suum in quo subsistit corpori communicat* (a alma comunica ao corpo o ser que nela subsiste)" (ibid., a. 14, ad 11). Desse modo, servindo-se dos grandes recursos de sua metafísica do ser, Santo Tomás superou as perspectivas antropológicas aparentemente irreconciliáveis de Platão e de Aristóteles, de Agostinho e de Averróis, reunindo-as em uma perspectiva superior, na qual o empirismo de Aristóteles e de Averróis se alia de modo feliz ao idealismo de Platão e de Agostinho.

(Cf. Antropologia, Arbítrio, Corpo humano, Homem, Imortalidade, Intelecto)

[Tradução: M. Ponte]

Alteração

Na linguagem aristotélica e tomista, designa um tipo particular de mudança, rigorosamente a mudança qualitativa (que se distingue daquela quantitativa, local e substancial); trata-se, pois, de uma mudança acidental na ordem da qualidade. Na alteração é eliminado o acidente contrário àquele no qual termina a própria alteração (*Suppl.*, q. 2, a. 6, ad 3). "Para que se dê a alteração a parte do alterado, exige-se que seja uma coisa subsistente em si mesma (isto é, uma substância), porque caso contrário não haveria um sujeito da mutação, e que seja um corpo, porque somente o corpo é suscetível de mutação; [...] ocorre, além do mais, que seja dotado de uma natureza sujeita à contrariedade, porque a alteração é uma mutação que se dá entre qualidades opostas (contrárias). Em vez da parte do termo da alteração, se requer que,

eliminada uma qualidade, advenha a qualidade secundária, assim se dá a passagem de uma qualidade para outra" (*III Sent.*, d. 15, q. 2, a. 1, sol. 1).

(Cf. Qualidade)

[Tradução: E. Quirino]

Ambição

É um desejo desordenado de honra. É pecado porque aspira à honra, ou não a merecendo, ou não a referindo a Deus, ou a reduzindo exclusivamente à própria vantagem (II-II, q. 131, a. 1). O desejo da honra é legítimo, mas deve ser regulado pela razão; se, ao contrário, transgride as normas, é pecaminoso. De fato, desejar as honrarias sem conformar-se à razão é pecaminoso (ibid., ad 1). "Pelo desejo da honra, quando bem regulado, alguns são provocados para o bem e afastados do mal. Do mesmo modo, quando este desejo é desordenado, pode fornecer ocasião para muitos males, enquanto não se toma cuidado com a maneira de obter a honra" (ibid., ad 3).

[Tradução: A. Bogaz]

Amizade

Inclinação afetiva recíproca que nasce de uma perfeita conformidade de sentimento e da consequente disponibilidade recíproca a revelar também os aspectos mais recônditos da própria personalidade. Na Bíblia a amizade é considerada a forma perfeita do amor gratuito, caracterizada pela participação e pela solidariedade incondicional. Deus é amigo do homem, como revela de modo privilegiado àqueles que escolheu como cooperadores determinantes da história da salvação. Aristóteles admite três tipos de amizade que se subdividem em numerosos significados distintos: aquela que se funda sobre o prazer; aquela que se funda sobre o interesse; e aquela que se funda sobre o bem moral (*Ética* 1156b, 7).

Segundo Santo Tomás, a amizade consiste essencialmente em um amor recíproco entre semelhantes: é um relacionar-se com os outros como consigo mesmo. "O amor com o qual alguém ama a si mesmo é forma e raiz da amizade: temos de fato amizade para com os outros, enquanto nos comportamos com eles como em relação a nós mesmos" (II-II, q. 25, a. 4).

A amizade se distingue seja do amor seja da caridade. Santo Tomás esclarece que há distinção entre a amizade e *amor*, mostrando como não se pode chamar a qualquer amor de amizade: "Não um amor qualquer, mas apenas aquele acompanhado pela benevolência tem natureza (*rationem*) de amizade: isto é, quando alguém a ponto de querer-lhe o bem. Se em vez disso não queremos o bem para as coisas amadas, mas o mesmo bem o queremos para nós, como quando amamos o vinho ou outras coisas do gênero, não se tem um amor de amizade mas de concupiscência. De fato, é ridículo dizer que alguém tem amizade para com o vinho ou para com o cavalo. Ao contrário, para a amizade não basta nem mesmo a benevolência mas se requer o *amor recíproco*: porque um amigo é amigo por ser amigo. E essa mútua benevolência está fundamentada sobre algo em comum" (II-II, q. 23, a. 1).

Mas há distinção também entre amizade e *caridade*. De fato, o âmbito da amizade é maior do que o da caridade, tanto que se pode dizer que a caridade é uma subespécie de amizade: "A caridade é a amizade do homem com Deus principalmente e com os seres que a ele pertencem" (II-II, q. 25, a. 4), e entre os seres que pertencem a Deus, antes de tudo, com os homens, mas depois também com os anjos (cf. ibid., a. 10). Porém apenas o homem bom pode ter amizade com Deus (I-II, q. 99, a. 2), e essa amizade exige a obediência" (II-II, q. 24, a. 12).

A amizade é antes de tudo virtude de Deus em relação com as suas criaturas dotadas de inteligência. "É da essência da amizade que o amante queira que o desejo do amado seja atendido, na medida em que quer o seu bem e sua perfeição; e, por isso, se diz que os amigos têm um mesmo querer" [Sallustius, *De coniuratione Catilinae* 20]. Pois bem, viuse (Livro I, c. 75) que Deus ama a sua criatura e tanto mais a ama quanto mais participa na sua bondade, que é o primeiro e principal objeto por ele, Deus, amado. Portanto, quer que sejam cumpridos os desejos da criatura racional, a qual, entre todas as criaturas, participa de modo perfeitíssimo na bondade divina (*C. G.*, III, c. 95).

A amizade pode se *basear* ou sobre uma comunhão de vida (II-II, q. 25, a. 3) ou de bens (II-II, q. 26, a. 2) ou na virtude (II-II, q. 106, a. 1, ad 3).

A amizade se baseia essencialmente na comunhão e na partilha. Por isso se dão tantos tipos de amizades quantos são os tipos de comunhão e partilha. Santo Tomás elenca quatro tipos de amizade: *entre os consanguíneos* (*amicitia patris et filii et aliorum consanguineorum*), fundada sobre a comunhão natural devida à mesma descendência; amizade *entre "os trabalhadores"*, fundada no compartilhar econômico pelo qual participam na mesma atividade produtiva; *entre os concidadãos*, por participarem na mesma vida política; enfim, amizade entre fiéis, isto é, *entre os cristãos*: "consiste na comunhão divina graças à qual estes fazem parte do corpo da Igreja ou em ato ou em potência" (*III Sent.*, d. 29, q. 1, a. 6). A última é a amizade de caridade (*amicitia caritatis*) e ela é devida também aos inimigos (ibid.).

Para ter a amizade se requer uma certa igualdade entre dois termos; só uma certa igualdade, não uma perfeita igualdade: *amicitia non requirit aequalitatem aequiparantiae, sed aequalitatem proportionis* (*III Sent.*, d. 28, q. 1, a. 3, ad 3). Uma desproporção demasiadamente grande entre os dois termos anula a amizade e a torna impossível. É necessária pelo menos uma afinidade analógica. E, entre o homem e Deus, segundo Santo Tomás, essa afinidade (analogia) há, e assim pode afirmar que "o homem ama naturalmente o Deus de amor de amizade, ainda mais que a si mesmo" (*III Sent.*, d. 29, q. 1, a. 3).

Apenas a igualdade não basta: não basta que se trate de dois cadernos iguais, de duas plantas iguais; é necessário que entre os dois termos se possa estabelecer certa comunicação, uma troca. Do que resulta que o homem não pode tratar como amigos os animais ou as coisas, nem sequer as virtudes ou as belas qualidades: "de fato não comunicam na nossa vida humana nem quanto ao ser, nem quanto ao agir; por isso não podemos nutrir em relação a estes a benevolência que se deve a um amigo" (*III Sent.*, d. 28, q. 1, a. 2).

(Cf. AMOR)

[Tradução: A. Boccato]

Amor

É o nome que se dá a todas as inclinações para qualquer tipo de bem. Santo Tomás apresenta várias divisões do amor. Antes de tudo a divisão do amor em natural, sensitivo e racional. O amor *natural* é o de todos os entes enquanto "há um apetite não consequente à apreensão do que apetece, mas à de outrem, e esse se chama apetite natural. As coisas naturais desejam o que lhes convém por natureza, não por apreensão própria, mas pela apreensão do autor da natureza. Há, além disso, outro apetite consequente à apreensão do que apetece, mas por necessidade e não por um juízo livre, e tal é o *apetite sensitivo* dos animais irracionais, que nos homens participa de alguma liberdade, enquanto obedece à razão. Há ainda um terceiro apetite consequente à apreensão do que apetece, por um juízo livre, e tal é o *apetite racional* ou intelectivo, e este se chama *vontade*. Em qualquer destes apetites, chama-se amor o princípio do movimento que tende para o fim amado" (I-II, q. 26, a. 1).

Segue-se a divisão do amor racional em amor de *concupiscência* e amor de *amizade* ou dileção. No primeiro caso, a coisa ou pessoa amada não é amada por si própria, mas é amada por um outro. No segundo caso, é amada diretamente por si mesma. Santo Tomás não exclui a legitimidade do amor de concupiscência, mas o subordina ao amor de amizade. A razão que ele aduz para justificar essa tese é a seguinte: "O amor pelo qual se ama algo para que tenha um bem é amor absoluto (*est amor simpliciter*), enquanto o amor pelo qual se ama algo para que seja o bem de outro (*ut sit bonum alterius*) é amor relativo (*secundum quid*)" (I-II, q. 26, a. 4; cf. *III Sent.*, d. 29, q. 1, a. 3).

Como para cada outra atividade humana, também no caso do amor a *fonte última*, a causa primária é o objeto próprio, que no caso particular é o bem. Onde falta o bem ou uma aparência de bem, não pode haver amor, assim como quando falta a cor não pode haver visão. "Aquilo que é objeto do amor é propriamente a sua causa. Ora, o bem é o objeto próprio do amor, porque o amor implica certa conaturalidade ou complacência do amante com o amado, e para cada um é bom o que lhe é conatural e proporcionado. Por conseguinte, o bem é causa própria do amor" (I-II, q. 27, a. 1). Ama-se o mal somente quando se apresenta como bem. O amor racional supõe o conhecimento, portanto o conhecimento do bem é causa próxima dessa espécie de amor. "Por isso, diz o Filósofo, a visão corporal é o princípio do amor sensitivo. De modo semelhante, a contemplação espiritual da beleza ou da bondade é o princípio do amor espiritual" (ibid., a. 2).

O amor tem como *efeito próprio* a união. "Há dois tipos de união entre quem ama e o objeto amado. A primeira é real: por exemplo, quando o objeto está presente em quem o ama. A segunda ao contrário é afetiva" (I-II, q. 28, a. 1). Deve-se dizer, pois, que existe "uma união que se identifica essencialmente com o próprio amor, e que consiste na harmonização ou conformidade do afeto. Essa é afim à união substancial: já que quem ama se reporta ao objeto amado como a si mesmo no amor de amizade, e como a algo que lhe diz respeito no amor de concupiscência. Existe, além disso, uma união que é efeito do amor. E esta é a união real, que quem ama procura em relação à realidade amada. E esta união corresponde a uma exigência do amor: de fato, como ensina Aristóteles (*Polit.* 2, 1), 'Aristófanes disse que os amantes desejariam formar de duas uma só coisa'; mas, posto que 'disso se teria a destruição de um ou de ambos', então estes procuram a união conveniente e possível, isto é, a vida em comum, a conversação e outras formas de comunicação recíproca" (ibid., ad 2). A união, real, pois, não pode jamais ser uma união substancial: "O amor não une sempre realmente (*secundum rem*), mas é uma união dos afetos, e essa união pode-se ter também com coisas ausentes, e até mesmo por coisas inexistentes" (*III Sent.*, d. 32, q. 1, a. 3, ad 3). "O amor não é uma união substancial (*essentialiter*) das coisas, mas dos afetos. Por isso, não é inconveniente que o que é menos unido de fato (*secundum rem*) seja mais fortemente unido afetivamente; ao passo que, ao inverso, muitas coisas que nos estão realmente vizinhas nos desagradam, e discordam profundamente de nossos afetos. Porém, de per si, o amor induz a união com as coisas amadas, no limite do possível; e assim o amor divino (o amor para com Deus) faz com que o homem viva a vida de Deus e não a própria, tanto quanto possível" (*III Sent.*, d. 29, q. 1, a. 3, ad 1).

Santo Tomás não se cansa de repetir que a união é efeito próprio do amor, uma união que, mesmo que permaneça no plano afetivo, é todavia uma união íntima, profunda, uma união que uniforma e transforma. É uma *virtus unitiva*, um *nexus*, graças a que "o amante é transformado no amado e de certo modo nele convertido" (*III Sent.*, d. 27, q. 1, a. 1). "E, pelo fato de que o amor transforma o amante no amado, dá-se que o amante penetra na intimidade (*in interiora*) do amado, e vice-versa, de tal modo que nada do que pertence ao amado permaneça disjunto (*non unitum*) do amante" (ibid., ad 4).

Dado o caráter fundamental do amor na vida humana (seja porque diz respeito à gênese do agir, seja porque concerne aos efeitos: todo o agir procede do amor, mas os efeitos mais humanizantes ou desumanizantes dependem do amor), Santo Tomás coloca justamente o amor na base da sua vastíssima exposição sobre a ética. Já antes dele, assim fizera Agostinho, pondo o amor como fundamento das duas Cidades, a Cidade de Deus (fundada sobre o amor de Deus) e a Cidade do homem (fundada sobre o amor do homem). Na *Summa Theologiae* como nas suas outras obras maiores, propondo-se objetivos mais éticos que políticos, Santo Tomás põe o amor como fundamento da vida moral. É o amor que decide, em última instância, sobre a qualidade das ações e da própria pessoa que as realiza. O amor do bem autêntico, que se identifica na prática com Deus, único bem supremo, torna o homem bom e o conduz à perfeição fazendo-o viver a própria vida divina (*III Sent.*, d. 29, q. 1, a. 3, ad 1).

Enquanto o amor daquilo que é só bem aparente (sexo, álcool, droga etc), mas na realidade é mal, degrada o homem, desagrega-o interiormente (não o unifica), corrompe-o espiritual e muitas vezes também fisicamente, arruína-o. Portanto o amor, tendo por objeto o bem, por si é conservativo e perfectivo; mas resulta lesivo à pessoa quando o objeto é mau, isto é, um bem aparente (cf. I-II, q. 28, a. 5).
(Cf. Bem (moral), Mal)
[Tradução: D. Zamagna]

Análise/Analítico

Termo raramente usado por Santo Tomás, sinônimo de resolução (*resolutio*), que é o processo lógico com o que dos efeitos se remonta às causas, aos princípios. É o oposto de síntese (que é sinônimo de *compositio*).
[Tradução: A. Bogaz]

Analogia

Etimologicamente este termo significa "segundo proporção" (do grego *ana-logon*). Já utilizado pelos pré-socráticos e por Platão, a analogia assume um papel importante em Aristóteles, que dela se utilizará tanto na metafísica, para qualificar um tipo de unidade entre seres que não pertençam nem ao mesmo gênero nem à mesma espécie, quanto na lógica, para catalogar termos e conceitos que não são predicados nem unívoca nem equivocamente.

Santo Tomás retoma e esclarece ulteriormente a doutrina aristotélica, fazendo dela um dos pontos fortes de seu pensamento filosófico e teológico: é o instrumento conceitual que lhe permite resolver alguns problemas fundamentais de lógica, gnoseologia, metafísica e teologia, segundo aquela linha do realismo moderado que salvaguarda o valor do conhecimento sem incorrer nos erros do racionalismo (idealismo) ou do nominalismo, e defender o valor da criatura sem comprometer nem a transcendência nem a imanência do Criador. Dada a amplidão e complexidade do tema, o subdividimos nos seguintes pontos: 1. Definição; 2. Divisão; 3. Fundamento; 4. Estatuto gnoseológico; 5. Aplicações teológicas.

1. Definição

Como para outros elementos de seu pensamento, também para a analogia Santo Tomás usa uma linguagem variada e flexível. As expressões usadas com frequência, além de analogia, são: *proportio, habitudo, similitudo, communitas, convenientia, praedicatio secundum prius et posterius*. Quanto à definição do conceito, Santo Tomás a dá por conhecida e não se preocupa de fazer dela objeto de uma discussão explícita. De fato, ele propõe duas definições distintas da analogia, uma dizendo respeito à lógica, e outra, à metafísica. Em lógica a analogia é definida em contraposição à univocidade e à equivocidade. Eis um texto exemplar no qual vem esclarecido em que consiste a analogia como categoria lógica: "Deve-se saber que uma coisa pode ser atribuída a diversos sujeitos de três maneiras diferentes: univocamente, equivocamente, analogicamente. É atribuído *univocamente* o que é atribuído segundo uma denominação e segundo uma 'razão' idênticas (*secundum idem nomen et secundum eandem rationem*), quer dizer, segundo a mesma definição, como animal atribuído a homem e a asno: um e outro são chamados animal, e um e outro são de substâncias animadas sensíveis, o que é a definição do animal. É atribuído de maneira *equívoca* o que é atribuído a muitos segundo uma mesma denominação, mas segundo 'razões' diferentes (*secundum idem nomen et secundum diversam rationem*) [...]. É atribuído *analogicamente* (*analogice*) o que é atribuído a muitas coisas das quais as 'razões' são diferentes, estando relacionadas a um só e mesmo termo (*rationes et definitiones sunt diversae, sed attribuuntur uni alicui eidem*): assim, a palavra 'são' é dita com relação ao corpo animal, à urina e ao remédio, mas não segundo uma significação totalmente idêntica" (*De princ. nat.*, c. 6, nn. 366-367).

Em metafísica a analogia é definida em contraposição à unidade genérica e específica: é um vínculo que une entre si coisas que não pertencem ao mesmo gênero e à mesma espécie, e, contudo, possuem algum aspecto em comum. "Mas uma coisa pode ser uma não só numericamente, ou segundo a espécie ou gênero, mas ainda por analogia ou proporção. Dessa maneira há unidade ou coincidência da criatura com Deus" (I, q. 93, a. 1, ad 3). A analogia metafísica se funda na participação de vários entes na mesma perfeição; enfim, se trata da participação na perfeição do ser.

2. Divisão

Santo Tomás apresenta inumeráveis divisões da analogia, e entre os estudiosos há um forte desacordo sobre a possibilidade de operar uma sistematização orgânica do ensino do Angélico sobre esse ponto. Há quem tenha pensado reduzir todos os tipos de analogia a duas: atribuição e proporcionalidade (McInerny); outros a reduzem a três: desigualdade, atribuição e proporcionalidade (Cajetano); outros ainda a reduzem a quatro: atribuição intrínseca, atribuição extrínseca, proporcionalidade própria e proporcionalidade metafórica (Suarez); finalmente, há quem tenha chegado a um elenco de doze tipos de analogia (Klubertanz). Mesmo não compartilhando as valorizações de Suarez com respeito à proporcionalidade, parece que a sua divisão da analogia em quatro tipos é exaustiva e plenamente satisfatória. Entre os tantos textos aos quais se poderia referir para documentar o discurso de Santo Tomás sobre este ponto, dois merecem ser assinalados de modo especial. O texto do *Comen-*

tário às Sentenças (*I Sent.*, d. 19, q. 5, a. 2, ad 1) no qual se fala de três tipos de analogia: meramente lógica (*secundum intentionem tantum et non secundum esse*), e para esta se cita o exemplo de "são", quando é atribuído à urina, à dieta e ao animal; meramente física ou real (*secundum esse et non secundum intentionem*), e aqui o exemplo adotado é o de "corpo" quando é atribuído às coisas materiais e aos corpos celestes; seja analogia lógica, seja real (*secundum intentionem et secundum esse*), e aqui trazemos o exemplo de "ser" quando é atribuído à substância e ao acidente. A importância desse texto, mais do que por aquilo que Santo Tomás diz dele, é dada pelo fato de que Cajetano serviu-se dele para obter sua célebre interpretação da doutrina tomista da analogia. O outro texto encontra-se no *Comentário à Ética* (I, lect. 7, nn. 95-96). Depois de ter observado que o mesmo nome pode ser atribuído a muitas coisas segundo noções (*rationes*) que não são absolutamente diversas, mas convêm em algum aspecto, Santo Tomás prossegue assim: "Algumas vezes elas convêm pelo fato de se referirem a um único princípio (*ad unum principium*), como quando coisas diferentes são ditas 'militares' [...]. Algumas vezes pelo fato de se referirem a um único fim (*ad unum finem*), como quando da medicina se diz 'sã' [...]. Algumas vezes segundo as diversas proporções de um mesmo sujeito (*secundum diversas proportiones ad unum subiectum*), como quando a qualidade é dita 'ser', porque é uma disposição do ser, e a quantidade é dita 'ser', porque é sua medida, e similares. Enfim, segundo uma mesma proporção a diversos sujeitos (*secundum proportionem ad diversa subiecta*), por exemplo, a visão, com respeito ao corpo é na mesma proporção do intelecto com respeito à alma". Nos primeiros dois casos trata-se de analogia de atribuição enquanto nos últimos dois se trata de analogia de proporcionalidade.

Foi dito que os principais tipos de analogia são quatro: dois pertencem à atribuição (intrínseca e extrínseca) e dois à proporcionalidade (própria e metafórica). Existe analogia de *atribuição* quando a predicação se faz segundo uma relação de prioridade e dependência (*secundum prius et posterius*), pelo que a perfeição predicada pertence sem dúvida ao analogado principal; enquanto nos analogados secundários pode estar presente mas também não estar. Quando está presente em todos os analogados (por exemplo, a bondade de Deus, dos anjos, de Maria, do menino Jesus etc.) existe analogia de atribuição intrínseca; mas quando está presente somente no analogado principal (como na predicação de "são") existe a extrínseca. Ao contrário, existe analogia de *proporcionalidade* quando um termo é usado por vários sujeitos, mas segundo a medida que convém (é proporcionada) aos sujeitos individuais. Por exemplo, a vida pode ser dita quer da flor, quer do cão, quer do elefante, quer do homem, quer de Deus, mas não do mesmo modo e nem mesmo por algum motivo de alguma relação que os une entre si, mas sim proporcionadamente ao seu diverso grau de ser. No exemplo citado existe analogia de proporcionalidade própria, porque a perfeição predicada está efetivamente presente em todos os sujeitos. Ao contrário, quando se aplica o termo "cão" ao animal, à constelação e à arma, então existe analogia de proporcionalidade metafórica.

Quanto ao valor dos vários tipos de analogia quando se trata dos "nomes divinos" e, em geral, da linguagem que usamos para falar de Deus, há profundo desacordo entre os intérpretes de Santo Tomás. Cajetano, que nega a analogia de atribuição intrínseca, julga funcional apenas a analogia de proporcionalidade própria. Para ele, quando se diz que "Deus é bom", o que se entende por isso é que a bondade está para Deus assim como a bondade está para o homem; mas na verdade a única bondade que conhecemos é a bondade do homem, não a de Deus. Muitos outros estudiosos de Santo Tomás acreditam que a interpretação de Cajetano seja inexata. Na verdade, o Doutor Angélico, quando explica o significado da linguagem teológica, pouquíssimas vezes faz uso da analogia de proporcionalidade, mas fala sempre de uma analogia *secundum prius et posterius*, que é exatamente a analogia de atribuição e entende referir-se àquela intrínseca e não simplesmente à atribuição extrínseca porque somente a primeira conduz a algum conhecimento efetivo de Deus.

3. Fundamento

A analogia se funda sobre a causalidade, e rigorosamente sobre a causalidade eficiente. A relação de causa comporta necessariamente alguma semelhança entre a causa e o causado, entre a causa e o efeito: *Omne agens agit simile sibi* (cada agente produz alguma coisa similar a si mesmo) — repete com insistência Santo Tomás. Nenhum efeito pode ser uma imagem adequada da sua causa; isso vale seja quando a causa é Deus, seja quando a causa é uma criatura. Quando a causa é Deus, o seu efeito, sendo necessariamente uma criatura finita, não pode igualá-lo, porque há somente um poder finito de imitar a infinita perfeição da sua causa. Quando a causa é uma criatura, não pode nunca produzir um efeito totalmente similar a si, porque nenhuma criatura é a causa total do seu efeito. Para Santo Tomás, portanto, o princípio *omne agens agit simile sibi* significa apenas que existe alguma semelhança entre a causa e o efeito. Contudo, Santo Tomás não se contenta com esse vago significado do princípio, mas busca determinar mais exatamente o escopo, distinguindo entre causa unívoca e causa equívoca. No *De potentia* ele descreve assim estes dois tipos de causalidade: "A forma do efeito está no agente natural enquanto o agente produz um efeito de natureza similar, do momento em que cada agente produz algo similar a si (*omne agens agit aliquid simile sibi*). Ora, isso ocorre de dois modos: a) Quando o efeito traz em si uma perfeita semelhança com o agente, visto que proporcionado ao poder do agente, então a forma do agente é, em seu efeito, no mesmo grau; isso ocorre nos agentes unívocos, por exemplo, o fogo gera o fogo. b) Contudo, quando o efeito não é perfeitamente similar ao agente, não sendo proporcionado ao poder do agente, então a forma do efeito não está no agente no mesmo grau, mas num grau superior: esse é o caso dos agentes equívocos, por exemplo, o sol gera o fogo" (*De Pot.*, q. 7, a. 1, ad 8; cf. I, q. 105, a. 1, ad 1). A causalidade equívoca é aquela que intervém quando Deus produz as criaturas: esta nunca instaura com os efeitos produzidos — que são sempre necessariamente finitos e imperfeitos — uma semelhança genérica ou específica, mas simplesmente analógica. E isso vale para todas as perfeições que Deus comunica às criaturas, inclusive as perfeições transcendentais: não há univocidade entre Deus e as criaturas, mas somente alguma semelhança com uma abissal dissemelhança. Além disso, a atuação dessas perfeições ocorre sempre *per prius et posterius*, ou seja, segundo a relação de prioridade e dependência.

4. Estatuto gnoseológico

O problema aqui é saber se existe um conceito analógico (distinto do conceito unívoco) ou se análogas são somente as relações entre as coisas. Há alguns estudiosos que se dizem tomistas (por exemplo, Quiles) e que negam que possam existir conceitos análogos — os conceitos seriam todos necessariamente unívocos —, e, portanto, concluem que a analogia existe somente como vínculo real entre as coisas; em outras palavras, reconhecem a analogia como categoria metafísica, mas negam a analogia como categoria lógica. Ora, essa tese não corresponde de modo algum ao pensamento de Santo Tomás. Acima nos referimos ao texto do *Comentário às Sentenças* (I, d. 19, q. 1, a. 2, ad 1), em que Santo Tomás fala explicitamente de termos e conceitos que são análogos quer *secundum intentionem* quer *secundum esse*; ora, análogo *secundum intentionem* significa rigorosamente análogo na lógica, isto é análogo conceitualmente (além de realmente). Aqui não é o caso de aprofundar a natureza do conceito analógico; mas é certo que Santo Tomás ensina que a categoria da analogia se aplica seja na lógica, seja na metafísica.

5. Aplicação à linguagem teológica (religiosa)

As aplicações mais importantes da doutrina da analogia referem-se à linguagem religiosa. Com esta doutrina Santo Tomás encontra uma solução adequada para o problema do sentido e do valor da linguagem que o homem usa para falar de Deus, problema que na Idade Média era conhecido como o problema dos "nomes divinos"; um árduo problema, já atentamente discutido em todos os seus aspectos pelo Pseudo-Dionísio em seu *De divinis nominibus*, obra para a qual o próprio Santo Tomás propôs um comentário exemplar.

Com a analogia o Doutor Angélico refuta ao mesmo tempo tanto a teoria de Maimônides que, muito escrupuloso ao defender a transcendência de Deus, professava a equivocidade dos nomes divinos, quanto a tese de Escoto, que sustentará uma univocidade inicial de todos os termos e conceitos que o homem aplica a Deus. Eis o texto magistral da *Suma Teológica* na qual Santo Tomás expõe a doutrina da analogia da linguagem religiosa: "É impossível atribuir alguma coisa *unívoca* a Deus e às criaturas. Porque um efeito que não se iguala ao poder de causa eficiente recebe a semelhança da causa, não segundo a mesma razão, mas de maneira deficiente: de modo que o que nos efeitos se encontra dividido e múltiplo, na causa se encontra simples e uno. [...] Quando se atribui a um homem o nome de *sábio*, expressamos uma perfeição distinta da essência do homem, de sua potência, de seu ser etc. Ao contrário, quando atribuímos esse mesmo nome a Deus, não pretendemos significar algo que seja distinto de sua essência, de sua potência ou de seu ser. Assim, quando o nome *sábio* é atribuído ao homem, ele circunscreve de alguma maneira e compreende a realidade significada, ao passo que, quando é atribuído a Deus, deixa a realidade significada incompreendida e ultrapassando a significação do nome. Fica evidente: este nome *sábio* não é atribuído a Deus e ao homem segundo a mesma razão. O mesmo argumento vale para os outros nomes. Portanto, nenhum nome é atribuído univocamente a Deus e às criaturas. Mas também não é atribuído de maneira completamente *equívoca*, como alguns o disseram. Nesse caso, nada se poderia conhecer de Deus a partir das criaturas, nada demonstrar a seu respeito; sempre se cairia na falácia da equivocidade [...]. É preciso dizer que os nomes em questão são atribuídos a Deus e às criaturas segundo *analogia* (*secundum analogiam*), isto é, segundo proporção (*proportionem*) [...] E esse modo médio de comunicação está entre a pura equivocidade e a simples univocidade. Nos nomes ditos por analogia, não há nem unidade da razão (*una ratio*), como nos nomes unívocos, nem total diversidade das razões, como nos nomes equívocos; mas o nome que é assim tomado em vários sentidos significa proporções diversas a algo uno, como por *sadio* dito da urina significa um sinal de saúde do animal; dito do remédio, significa uma causa da mesma saúde" (I, q. 13, a. 5).

Mas sabemos que Santo Tomás distingue vários tipos de analogia. Então, de qual analogia se trata quando se diz que a linguagem teológica é usada analogicamente: da atribuição ou da proporcionalidade? E, porque existem duas espécies de atribuições (intrínseca e extrínseca) e de proporcionalidade (própria e metafórica), a qual delas se recorre para entender corretamente o que dizemos quando falamos de Deus?

Já esclarecemos, tratando da divisão da analogia, que a atribuição intrínseca é a mais rica de profundidade semântica, na medida em que consegue dizer algo intrínseco e objetivo de todos os analogados, quer do principal quer dos secundários, se bem que, obviamente, não do mesmo modo, mas *secundum prius et posterius*. Deve-se, pois, concluir que a analogia que Santo Tomás invoca para determinar o sentido da linguagem religiosa, quando refuta a univocidade e a equivocidade, é a analogia de atribuição intrínseca.

Contudo, a analogia de atribuição intrínseca (como também a de proporcionalidade própria) não vale para toda a linguagem religiosa, mas somente para aquela que exprime *perfeições simples* (perfeições como verdade, bondade, beleza, ser, substância, causa, pessoa etc., que possam prescindir do espaço, do tempo, da matéria), não *perfeições mistas* (que, como falar, sentir, ver, caminhar, ficar com raiva etc., estão ligadas ao corpo, à matéria). Ora, a linguagem religiosa abunda de expressões "antropomórficas", relativas a perfeições mistas. Essa linguagem tem valor metafórico e por isso, segundo Santo Tomás, deve ser interpretada segundo a analogia de atribuição extrínseca ou de proporcionalidade metafórica.

Há um último esclarecimento que Santo Tomás se importava em fazer para determinar melhor o sentido dos "nomes divinos", também quando se trata de nomes que se referem às perfeições simples: é a distinção entre a *res significata* e o *modus praedicandi*, entre o que se diz e o modo de dizer. Por *res praedicata* Santo Tomás entende a perfeição (a qualidade) indicada por um nome; por *modus praedicandi* entende o modo segundo o qual essa perfeição se realiza, modo que vem conotado ou consignificado pelo mesmo nome que indica a perfeição; por exemplo, o nome "sensação" exprime, ao mesmo tempo, quer a perfeição do conhecimento (*res praedicata*), quer o modo segundo o qual esse conhecimento se realiza, ou seja, mediante os sentidos (*modus praedicandi*). Aplicada aos nomes divinos essa importante distinção esclarece que esses nomes (de perfeição simples) são predicados própria e diretamente de Deus segundo a *res praedicata*, mas não segundo o *modus praedicandi*. Assim, o nome "sábio" convém propriamente a Deus quanto à perfeição do conhecer indicado pelo termo *sábio*, mas não quanto à modalidade finita (de qualidade limitada e acidental) que está incluída na conotação desse termo. Também os conceitos humanos mais elevados, por causa da sua origem, mantêm sempre uma referência implícita aos modos limitados, dos quais podem ser libertados apenas imperfeitamente. Os conceitos humanos não significam nunca o modo divino das perfeições que nós reconhecemos e atribuímos a Deus. É por essa razão que eles podem ser sempre excluídos por Deus. E é essa a tarefa da *via negativa* ao conhecimento da natureza de Deus e que faz parte do inteiro processo analógico (junto com a *via positiva* e a *via eminencial*). No que concerne à via negativa, o próprio Santo Tomás, analisando a predicação da perfeição do ser, que em seu edifício metafísico é a máxima, a mais rica, a mais penetrante de todas as perfeições, fixou as seguintes etapas: "Antes de qualquer coisa, excluamos de Deus tudo o que é corpóreo; depois tudo quanto é espiritual ou mental, ao menos no sentido em que este elemento se encontra nas criaturas vivas, como por exemplo, bondade e sabedoria. Então, permanece em nossa mente somente a verdade que Deus é, e nada mais. Finalmente, eliminemos também a ideia do próprio ser, do modo como tal ideia se encontra realizada nas próprias criaturas. Ao se chegar a este ponto Deus permanece envolto na obscura noite da ignorância, e é nessa ignorância que nós nos aproximamos de Deus durante nossa vida, como diz Dionísio. De fato, nesse denso nevoeiro mora Deus" (*I Sent.*, d. 8, q. 1, a. 1, ad 4).

Do que temos dito até agora resulta que a doutrina tomista da analogia satisfaz a uma dúplice intenção: salvaguardar, por um lado, um certo — se não mínimo — conhecimento de Deus; e, por outro, preservar intacta sua absoluta transcendência, "o denso nevoeiro" no qual Deus mora. A analogia dá um sentido à linguagem teológica, mas um sentido que vale mais como indicação tendencial do que como imagem. Portanto, a analogia não deve ser compreendida como ingênua similaridade entre Deus e suas criaturas, mas, como quis o Concílio lateranense, como mínima semelhança quando reina a maior dessemelhança. De tal modo a analogia não destrói, mas salva a infinita diferença qualitativa que separa Deus de suas criaturas.

A doutrina tomista da analogia tem valor perene. Estudiosos contemporâneos da linguagem (Ramsey, Ferré, Mascall, Bochenski etc.) mostraram que ela representa a melhor resposta às teses dos positivistas, dos existencialistas, dos analistas da linguagem, os quais pretendem que a linguagem religiosa seja destituída de qualquer significado objetivo e que tenha apenas um valor subjetivo e emotivo. A analogia mostra, ao contrário, que a linguagem religiosa possui um significado objetivo, por mais modesto, pobre e limitado que seja.

[Tradução: M. Couto]

Analogia Fidei
(Analogia da Fé)

Esta expressão "analogia da fé" é de origem bíblica e, no único texto do NT em que aparece, tem o significado de "concordância com a fé (*analoghia tes pisteos*)" (Rm 12,6). Este conceito foi introduzido por São Paulo para exortar os carismáticos, em particular aqueles que têm o dom da profecia, a não exercitar o seu carisma sem nenhum limite e medida, abusando dele de forma fanática. Uma vez que para São Paulo o dom da profecia deve ser sempre testado em sua autenticidade (1Cor 12,10; 14,29), é muito importante que ele seja colocado em acordo com a fé. Daí resulta que a *analogia fidei* (a concordância com a fé) não tem como meta tanto um complexo doutrinal quanto a práxis de vida, que deve ser conforme à fé.

Durante o período patrístico a expressão *analogia fidei* assume um duplo significado: a) de concordância entre o Antigo e o Novo Testamento ou entre conhecimentos naturais e verdades reveladas (por exemplo, analogias da Trindade); b) regra da fé (*regula fidei*). Também Santo Tomás conhece as duas utilizações da *analogia fidei*, e assim, com frequência, encontra no AT analogias (concordâncias, prefigurações) do NT (cf. *IV Sent.*, d. 45, q. 1, a. 2, sol. 1; II-II, q. 85, a. 1, ad 2); e ele mesmo declara que um texto sagrado, um artigo da fé, não deve ser tomado separadamente, mas lido e interpretado à luz do todo, isto é, de todo o horizonte da Sagrada Escritura. Existe *analogia* "quando se mostra que a verdade de uma passagem da Escritura não se opõe à verdade de outra passagem" (I, q. 1, a. 10, ad 2). Assim, o Angélico pode estabelecer como princípio geral que, quando "uma posição é demonstrada como falsa com sólidos argumentos, é preciso dizer que não é este o sentido da Escritura" (I, q. 68, a. 3).

Analogia entis e *analogia fidei*

K. Barth e com ele muitos outros teólogos protestantes polemizaram viva e asperamente contra a doutrina tomista da analogia, qualificando-a como *analogia entis* e considerando-a uma arrogante e "diabólica" tentativa (Barth a chama até mesmo de uma "invenção do Anticristo"): uma tentativa prometeica de dar a escalada a Deus, partindo das criaturas. À *analogia entis* Barth contrapõe a *analogia fidei* (analogia da fé), um conhecimento de Deus que não se baseia nas forças da razão e não procede das criaturas, mas se baseia na graça de Deus e procede da revelação.

Aqui, o nó a ser desfeito é o da teologia natural. Ora, Santo Tomás é certamente um grande advogado dessa teologia, que ele considera um prolegômeno indispensável para a teologia revelada. Portanto, segundo o Doutor Angélico, não existe nenhum conflito ou antinomia entre *analogia entis* e *analogia fidei*, mas sim correlação e harmonia: trata-se da mesma relação de correlação e harmonia que ele coloca entre fé e razão.

Na *analogia fidei* é Deus que vai em direção do homem e assume a sua linguagem e o faz saber que isso significa analogicamente o que é selado no mistério de seu ser. Assim, graças à Palavra de Deus, estamos autorizados a fazer um uso analógico (que é um uso próprio) e não simplesmente metafórico de termos como "pai", "espírito", "filho", "geração", "filiação" etc., os quais, na medida em que é dado conhecer a pura razão, deveriam ser aplicados a Deus somente em sentido metafórico. "Se Deus não o tivesse revelado, nós jamais saberíamos que as noções de geração e filiação ou a noção de três que possuem a mesma natureza, ou a noção de vinda na carne e de união pessoal à natureza humana, ou a noção de 'participabilidade' por parte da criatura, ou a de amor, de amizade com ela, poderiam valer na ordem própria da deidade e no que se refere à vida íntima de Deus" (J. Maritain). Também no âmbito da *analogia fidei* vale a divisão da analogia em quatro tipos principais. Assim, para alguns termos (por exemplo, quando se diz que Deus se *co-move*, se *zanga*, ou que é um *leão* etc.) se deve recorrer à analogia de atribuição extrínseca ou à de proporcionalidade metafórica; pelo contrário, para outros termos (por exemplo, vida, natureza, pessoa, pai, filho, geração etc.) se deve invocar a analogia de atribuição intrínseca ou de proporcionalidade própria: porque se aplicam a Deus própria e intrinsecamente, e se aplicam a ele *per prius et posterius*.

[Tradução: M. Couto]

Angústia

Este termo foi muito usado pelos existencialistas, em particular Kierkegaard, Heidegger, Jaspers. Designa um estado de ânimo de profunda inquietude que toma conta do ser humano por inteiro. A angústia é distinta do medo (temor), pois, ao passo que no medo se tem uma ideia bastante exata do perigo, do qual se é ameaçado, na angústia se sabe somente que o perigo é gravíssimo, iminente, mortal, mas não se consegue descobrir nem a origem, nem o rosto.

O termo angústia (*anxietas*) aparece poucas vezes em Santo Tomás, e é tratado como sinônimo de tristeza (*tristitia*), que é uma dor produzida não pelos sentidos, mas pelo conhecimento interior. A angústia é um sentimento (uma paixão) diante de um mal para o qual não se conhece saída. "O efeito próprio da tristeza consiste numa certa *fuga do apetite*. Por isso, o estranho em relação com o efeito da tristeza pode ser tomado quanto a um dos termos somente, a saber, que se exclui a fuga (*quia scilicet tollitur fuga*); e assim é a *ansiedade* (*anxietas*) que pesa sobre o espírito a tal ponto que ele não vê para onde fugir: daí o outro nome que tem: angústia (*angustia*)" (I-II, q. 35, a. 8). Aqui vale a pena notar que deste último termo *angustia* derivam o italiano "angoscia" [naturalmente, o português "angústia"] e o alemão "Angst".

[Tradução: A. Bogaz]

Animal

É uma das grandes classes dos seres vivos, aquela que se contradistingue do reino vegetal pela capacidade de se mover, de imaginar, recordar, desejar, gerar etc. No reino animal ocorrem múltiplas divisões, mas a principal é aquela entre animal racional e irracional. O animal racional é o homem. Dos outros animais se diz que são não apenas simplesmente "animais", mas também "bestas". Aqui se exporá brevemente o pensamento de Santo Tomás sobre os animais irracionais.

Retomando o ensinamento de Aristóteles, Santo Tomás atribui para o animal uma só alma, a alma sensitiva; esta desenvolve também as funções da alma vegetativa, e é a única forma essencial do corpo animal: "O animal é definido pelo sentido, ou seja, pela alma sensitiva, como pela sua forma essencial" (*Suppl.*, q. 79, a. 2, ad 3). As faculdades principais do animal são duas: o conhecimento sensitivo (mediante os sentidos externos e internos) e o apetite sensitivo (irascível e concupiscível). No animal o apetite, pelo qual anseia o objeto percebido, se encontra muitas vezes associado com o instinto (*istinctus*). "Duas são as causas desse instinto. A primeira é corpórea. Uma vez que os animais possuem apenas alma sensitiva, cujas potências na totalidade são atos de órgãos corpóreos, essa alma está sujeita às influências do corpo e principalmente dos corpos celestes [...]. A segunda causa daquele instinto é espiritual (isto é, de Deus)" (II-II, q. 95, a. 7). Em outro lugar, Santo Tomás apresenta Deus como única causa do instinto: "Os animais irracionais têm um instinto natural que lhes foi dado pela razão divina (*ex divina ratione eis inditum*), mediante o qual exercitam movimentos externos e internos similares aos movimentos da razão" (I-II, q. 46, a. 4, ad 2).

Diversamente da alma do homem, a do animal é subsistente (I, q. 75, a. 3). Por isso, os animais não existirão no século futuro: não há um paraíso também para os animais. "As bestas (animais), as plantas e os minerais e todos os corpos mistos se corrompem no todo e nas partes, tanto em relação à matéria, que perde a forma, quanto em relação à forma que não permanece atual; e assim de nenhum modo podem ser incorruptíveis. Portanto, na futura renovação do mundo não subsistirão, senão só os seres que foram mencionados" (*Suppl.*, q. 91, a. 5).

O animal está por natureza sujeito ao homem (I, q. 96, a. 1). Por isso, o homem tem direito de usar os animais para suas próprias necessidades, mas não o direito de abusar deles ou de atormentá-los inutilmente (II-II, q. 64, a. 1).

[Tradução: A. Bogaz]

Aniquilação

Este termo, paralelo ao de criação, do qual é o oposto, conhece um uso metafórico e um uso próprio. No uso metafórico significa privar alguma coisa da sua forma ou da sua potência (por exemplo, quando se diz que um boxeador aniquilou seu adversário); ao contrário, no uso próprio quer dizer reduzir algo ao completo não ser, fazendo-o reentrar no nada (*nihil*).

No sentido próprio, segundo Santo Tomás, a aniquilação compete exclusivamente a Deus. "Como depende da vontade de Deus que as coisas sejam criadas, assim também dessa vontade depende que sejam conservadas no ser. Com efeito, Deus as conserva no ser dando-lhes o ser continuamente, a tal ponto que, se ele lhes subtraísse sua ação, como observa Agostinho, todas as criaturas seriam reduzidas ao nada. Assim, como dependia do poder do Criador a existência das coisas, antes que elas existissem, também depende de seu poder, quando já existem, que deixem de existir. Portanto, elas são mutáveis pelo poder que está em um outro, a saber, Deus; pois, por ele puderam ser criadas do nada, e podem ser, a partir da existência, reduzidas ao não ser" (I, q. 9, a. 2). Portanto, a aniquilação volta a entrar no poder absoluto de Deus (*potentia absoluta*), mas ele não tira proveito disso, porque isso não beneficiaria de modo algum a manifestação da sua glória: "A redução de uma coisa ao nada não pertence à manifestação da graça, uma vez que o poder e a bondade de Deus se manifestam mais pela conservação das coisas na existência. Portanto deve-se dizer de modo absoluto que nenhuma coisa será reduzida ao nada" (I, q. 104, a. 4). Por isso, Deus não utiliza a aniquilação nem mesmo para golpear os maus, os pecadores (cf. *De Pot.*, q. 5, a. 4, ad 6).

(Cf. CRIAÇÃO)

[Tradução: M. Couto]

Anjo/Angeologia

Termo de origem grega (*anghelos*), que possui o significado de mensageiro.

Na Sagrada Escritura esta palavra é usada para indicar uma criatura celeste, frequentemente enviada por Deus como mensageiro para os homens. Em muitos livros da Bíblia, do Gênesis ao Apocalipse, fala-se dos anjos atribuindo-lhes papéis importantíssimos em todos os maiores acontecimentos da economia da salvação.

A primeira sistematização orgânica da doutrina sobre anjos foi realizada pelo Pseudo-Dionísio num breve escrito intitulado *A celeste hierarquia*. Essa obra, mesmo graças ao autorizado pseudônimo (Dionísio, o Areopagita) do qual se utilizou o autor, exerceu uma influência constante e decisiva sobre todos os pensadores que vieram depois dele. No *De coelesti hierarchia* se definem a natureza dos anjos (são "inteligências" ou "mentes"), a sua função (de proteção e guia dos homens) e se fixa a sua distribuição em nove coros, reagrupados em três tríades: a primeira compreende os Serafins, os Querubins, os Tronos; a segunda as Dominações, as Virtudes e as Potestades; a terceira os Principados, os Arcanjos e os Anjos.

Santo Tomás retoma em larga escala o ensino do Pseudo-Dionísio, mas o aperfeiçoa ulteriormente em alguns pontos de importância capital, valendo-se dos instrumentos conceituais da metafísica aristotélica e da filosofia do ser. O Doutor Angélico trata em muitas obras (cerca de 35) dos anjos, algumas das quais devem ser consideradas verdadeiras e próprias monografias sobre os seres espirituais; tais são em particular o *De spiritualibus creaturis*, as questões 50-64, 106-114 da *Prima Pars* da *Summa Theologiae*, os capítulos 73-78 do *Compendium Theologiae*. No julgar de muitos estudiosos, o tratado dos anjos que encontramos na *Summa Theologiae* deve ser considerado uma verdadeira obra-prima, "pela profundidade dos princípios que o sustentam e o animam, pela genialidade das intuições, e pela harmonia e coerência de todas as suas partes" (T. Centi).

Duas são as teses mais originais e mais importantes de toda a angeologia tomista: a *espiritualidade* das criaturas angélicas; sua *composição ontológica* de essência e ato de ser.

1. Espiritualidade

Nos tempos de Santo Tomás a maior parte dos teólogos — referindo-se a Santo Agostinho e Avicebron, autor do *Fons vitae* — afirmava que os anjos não são puro espírito, mas são eles também compostos de matéria e forma, como todas as outras criaturas. Esta (a composição hilemórfica), segundo eles, era a única explicação possível da finitude dos anjos, da sua distinção de Deus e da diferenciação entre os próprios anjos. Santo Tomás considera, ao contrário, absolutamente irrenunciável a tese da espiritualidade dos anjos, e a assume como eixo fundamental e principal de toda a sua angeologia, daí derivando todas as consequências lógicas, das quais as principais são:

a) *Existência*: como prova da existência dos anjos, Santo Tomás não cita argumentos históricos (a Sagrada Escritura), mas sim metafísicos: é a própria natureza espiritual deles que — pelo desígnio de Deus de criar um universo — exige e justifica sua existência. De fato, querendo Deus criar um cosmos que fosse o espelho da sua infinita perfeição, e não podendo conseguir esse objetivo com a criação de um só tipo de criatura, era conveniente que, entre as várias criaturas, produzisse antes de tudo as que mais se assemelhassem a ele: tais são as criaturas angélicas que são como Deus, puros espíritos, inteligentes e livres. "Porque as coisas são mais nobres e mais perfeitas quando se aproximam da semelhança divina, e, sendo Deus ato puro, sem mistura de potência, é necessário que aquelas que são supremas entre os seres estejam mais em ato e tenham menos potência. [...] As coisas supremas entre os seres criados aproximam-se ao máximo da semelhança divina, e nelas não há potência para serem e não serem, mas recebem de Deus, por criação, o ser para sempre duradouro. Como, porém, a matéria, por sua própria natureza, é potência para o ser que segue a forma, aqueles seres em que não há potência para serem e não serem não se compõem de matéria e forma, mas há neles somente forma subsistente, no próprio ser, ser que receberam de Deus" (*Comp. Theol.*, c. 74, n. 128).

b) *Finitude*: ela não é devida à matéria (como pretendiam os hilemorfistas), porque nos anjos não existe matéria, mas à essência: é a própria essência que põe limites ao ato do ser, que em si mesmo é infinito. Portanto "também nas substâncias intelectuais criadas (isto é, os anjos) há composição de ato e potência (só Deus é ato puro). Com efeito, em tudo em que há duas coisas das quais uma é complemento da outra, a proporção delas entre si é como a proporção entre o ato e a potência, porque nada se completa senão pelo seu ato próprio. Ora, há duas coisas na substância intelectual, a própria substância e o seu ser, que não se identifica com ela, como foi demonstrado. Ora, o ser é complemento da substância que existe, porque cada coisa está em ato porque tem ser. Resulta, pois, que em quaisquer das substâncias sobreditas há composição de ato e potência" (*C. G.*, II, c. 53, nn. 1282-1283).

c) *Individuação*: esta não é causada pela matéria (como pensavam os hilemorfistas), mas pela própria forma, a essência; por isso, os anjos não são distintos entre si somente numericamente, mas também especificamente. Cada anjo individualmente é especialmente único: "É impossível haver dois anjos de uma só espécie" (I, q. 50, a. 4).

d) *Personificação*: os anjos são, por direito, pessoas; de fato, goza da perfeição da personalidade quem é subsistente na ordem do espírito: "*nam omne quod subsistit in intellectuali vel rationali natura habet rationem personae* [tudo que subsiste em uma natureza intelectual ou racional tem razão de pessoa" (N. do T.)]" (*C. G.*, IV, 35, n. 3725). E tais são os anjos, criaturas eminentemente intelectuais, subsistentes no próprio ser (*Comp. Theol.*, c. 74, n. 128).

e) *Especificidade do agir*: ela também é obtida da natureza requintadamente espiritual dos anjos. A modalidade de seu agir, quer na ordem cognoscitiva, quer na volitiva, se distingue nitidamente daquela que caracteriza o agir humano. O conhecimento intelectual do homem se realiza mediante a abstração; a livre escolha mediante a deliberação e o juízo. Nada disso se encontra nos anjos. No que concerne à ordem cognoscitiva, eles são dotados de intuição intelectual, graças à qual veem imediatamente (sem abstração) os objetos conhecidos: Deus, as outras criaturas espirituais e materiais, os primeiros princípios etc. (I, q. 58, a. 3; *Comp. Theol.*, c. 75). Ao passo que, no que concerne à ordem volitiva, as suas escolhas não são fruto de pesadas deliberações, mas são rapidíssimas, quase imediatas. "É, portanto, claro que os anjos têm livre-arbítrio, como também o intelecto, de maneira mais excelente que os homens" (I, q. 59, a. 3).

2. Composição ontológica

Santo Tomás estava certamente de acordo com os teólogos da escola franciscana (Alexandro de Hales, Boaventura, João Peckham etc.) ao considerar que os anjos, por mais que sejam nobres e perfeitos, são seres finitos; mas, como se viu, não estava disposto a explicar essa sua condição ontológica recuando sobre a composição hilemórfica. Certamente, se são finitos deve haver uma razão intrínseca de sua finitude, mas, porque são realidades requintadamente espirituais, a razão da finitude não pode ser a matéria. Mas, então, qual é? Aqui, Santo Tomás, graças ao seu conceito intensivo do ser, *actualitas omnium actualitatum* e *perfectio omnium perfectionum*, vislumbra uma nova solução, mais correta e mais adequada que aquela hilemórfica. A finitude é certamente devida a uma diferença ontológica e a uma composição, mas não na diferença e composição que se encontram na matéria e forma, mas na diferença e composição que se registram nas criaturas entre essência e ato de ser (*actus essendi*). Enquanto Deus é infinito porque é ato puro do ser e nele a essência se identifica com o ser (é o *esse ipsum subsistens*), os anjos são finitos porque o seu ser é recebido e limitado pela essência. Esta, por sua vez, não é o ser dos anjos, mas a potência que recebe o ato do ser e ao mesmo tempo se compõe com este, participa no ser e o delimita. Portanto, os anjos são essências finitas de ordem espiritual que recebem um determinado grau da perfeição absoluta do ser. "Daí que nas coisas compostas se devem considerar um dúplice ato e uma dúplice potência. De fato, a matéria é como uma potência com relação à forma, e a forma é o seu ato; ademais, a essência constituída de matéria e forma é como a potência com respeito ao seu ser, visto que o recebe. Portanto, afastado o fundamento da matéria, permanece uma forma subsistente tendo uma essência sua, própria, que será ainda comparada ao seu ser como a potência ao ato. Não digo como a potência separável do ato, mas como aquela sempre acompanhada pelo seu ato. Desse modo a essência da substância espiritual, a qual não é composta de matéria e de forma, com respeito ao ser é, como a potência com respeito ao seu ato" (*De Spir. Creat.*, a. 1).

3. Hierarquia

Santo Tomás segue o Pseudo-Dionísio na hierarquia dos anjos, mas simplifica sua excessiva precisão. Considerada a transcendência do Ser absoluto, não há senão uma única hierarquia que conta para os anjos e as outras criaturas racionais destinadas à graça e à glória. Sobre o assunto ocorre distinguir os grupos hierárquicos, já que recebem de maneira não igual as ordens do Príncipe, como pode ocorrer nas cidades submetidas a um único soberano, mesmo que tenham recebido legislações diversas. Os anjos, dotados de uma inteligência mais ou menos poderosa, conhecem as leis divinas de modo diverso; é esse o fator principal sobre o qual se fundamenta a variedade hierárquica entre eles. A primeira hierarquia conhece e aprecia essas leis como procedentes de um princípio universal, que é Deus; a segunda as toma como dependentes de causas universais criadas, que são já mais ou menos numerosas; a terceira hierarquia as toma como são aplicadas em cada ser e dependentes de causas particulares (cf. I, q. 112, a. 4).

A distinção dos anjos em hierarquias e ordens se apoia não tanto sobre dons naturais de sua essência específica, mas sobre o grau de sua elevação sobrenatural e sobre a visão intuitiva que Deus lhes concedeu, depois de superarem a prova, um oceano imenso de beatitudes, nas quais com diversa profundidade se emerge seu êxtase (cf. I, q. 108, a. 7).

Sendo subsistentes na ordem do espírito, graças à alma, também os homens segundo Santo Tomás podem entrar nas diversas ordens dos anjos, mas não assumindo sua natureza, e sim merecendo no céu uma glória que os iguala a um ou a outro dos Coros angélicos (cf. I, q. 108, a. 8).

4. Atividade

Já se disse do agir dos anjos em geral, seja no que concerne à ordem cognitiva, seja no que concerne à ordem volitiva. Para ambas as ordens o objeto primário e principal é Deus (cf. I, q. 60, a. 5). Mas aos anjos se reserva também um âmbito operativo especial, que diz respeito ao homem. Como já o Pseudo-Dionísio, também Santo Tomás exclui que Deus confie aos anjos tarefas demiúrgicas: a comunicação do ser (criação) compete exclusivamente a Deus (cf. I, q. 45, a. 5, ad 1). Seu ofício principal é ser anjo da guarda do homem, defendê-lo das agressões do demônio e ajudá-lo a conseguir a salvação eterna. Os anjos podem iluminar os intelectos humanos, revelando-lhes coisas divinas, propondo, porém, tais verdades sob imagens sensíveis e, assim, adaptando-se à natureza dos homens. Mas os anjos não podem dobrar a vontade dos homens, porque isso é exclusivo de Deus. Os anjos podem induzir os homens com a persuasão e, como podem fazer também os homens, podem mover a vontade excitando as paixões (cf. I, q. 111, aa. 1-2). Os anjos conhecem o futuro se lhes for revelado, ou por conjectura bem mais penetrante do que a nossa, porque as causas das coisas se desvelam ao seu olhar de modo mais universal e perfeito do quanto é possível à nossa mente. Do mesmo modo, por pura conjectura, além disso perspicaz e finíssima, eles conhecem os segredos dos corações. A vontade do homem é um santuário, onde não penetra senão a onividente incriada Sabedoria: "De fato, a vontade da criatura racional só se submete a Deus, e somente ele pode nela atuar, pois Deus é seu objeto principal, sendo seu fim último" (I, q. 57, a. 4).

Segundo alguns estudiosos, Santo Tomás propõe uma visão muito estática das criaturas espirituais. No julgamento deles, se atribui aos anjos um modo de agir — intuitivo e imediato — que os privaria de qualquer dinamismo e progresso espiritual. Pessoalmente, consideramos que se trata de uma impressão e de uma avaliação errada, porque a diversificação (e progresso) no agir não depende tanto da qualidade das faculdades (certamente depende também delas!) quanto da variedade dos objetos. O fato de que os processos operativos dos anjos são muito mais perfeitos do que os dos homens não pode ser considerado uma desvantagem em comparação a nós. Porque, se isso fosse verdadeiro, o que se diria do conhecer e do querer divinos que são absolutamente imutáveis?

Se há um empecilho na angeologia tomista ele é devido a certos ganchos com a cosmologia de então. Santo Tomás, sendo bom aristotélico, pensava que os anjos tivessem, entre outras coisas, a tarefa de mover as esferas, que segundo a astronomia antiga teria constituído o universo (cf. I, q. 110). Mas se trata daquele empecilho do qual já Santo Tomás tinha certa consciência, e do qual, hoje, teria sido o primeiro a se desfazer.

[Tradução: M. Couto]

Anjo da guarda

Os anjos têm como missão própria a de assistir, proteger, guiar a humanidade para que possa conseguir a salvação eterna. Alguns estão prepostos à "custódia" das famílias, outros das cidades, outros das nações, outros de todas as naturezas corpóreas; outros, ao contrário, das pessoas individualmente. É a estes últimos que geralmente se reserva o título de "anjos da guarda". A esta realidade se refere Jesus quando, falando das crianças, acena aos seus anjos, que contemplam sem parar o Pai que está nos céus (cf. Mt 18,10). Desde os primeiros albores do cristianismo essa evidência era aceita e considerada um ponto firme, a ponto de levar os fiéis reunidos no cenáculo a assumir como natural que o anjo da guarda de São Pedro tivesse batido na porta para lhes anunciar a milagrosa libertação do apóstolo do cárcere e da morte (cf. At 12,45).

Santo Tomás, recolhendo a tradição da Igreja oriental e ocidental, dedicou uma longa questão da *Suma Teológica* (q. 113 da *Prima Pars*) para esclarecer quais são as tarefas do anjo da guarda. Antes de tudo, ele prova que cada ser humano na terra tem o seu anjo da guarda: "O homem, na vida presente, encontra-se em uma espécie de caminho que deve tender para a pátria. Nesse caminho são muitos os perigos que o ameaçam, dentro e fora. 'No caminho, pelo qual eu ando, armaram-me uma cilada', diz o Salmo 142. Por isso, aos homens que andam por caminhos não seguros são dados guardas. Assim também a cada homem em sua peregrinação terrestre é delegado um anjo para sua guarda. Quando chegar ao termo da vida, já não terá tal anjo; mas no céu terá um anjo reinando com ele, e no inferno terá um demônio para puni-lo" (I, q. 113, a. 4).

Desse modo, o Doutor Angélico resolve positivamente a questão debatida desde os tempos de Orígenes, isto é, se o anjo da guarda é concedido a todos ou somente aos batizados. A situação dos anjos da guarda, em relação aos não batizados, para Santo Tomás é análoga à dos Etnarcas em relação às nações que desconhecem o Evangelho. Como para essas nações a presença angélica é além de tudo ineficaz por causa da cultura irreligiosa ou não religiosa, assim para os homens que não tiveram o dom do batismo e da graça evangélica o anjo da guarda, ainda que discreta e esporadicamente lhes doe luz e inspiração para a salvação, encontra rejeição e obstáculos no Espírito do mal, que o confronta.

Depois de ter assistido os seres humanos durante todo o percurso de sua vida terrena, os anjos da guarda ficam ao seu lado, com um cuidado todo especial, no momento de sua morte, que é o momento mais difícil e doloroso da existência. Depois da morte, como se diz, "já não terá tal anjo; mas no céu terá um anjo reinando com ele, e no inferno terá um demônio para puni-lo" (ibid.).

[Tradução: A. Bogaz]

Antropologia (filosófica e teológica)

Diz-se "antropologia" qualquer estudo sobre o homem; com efeito, esse é o significado etimológico do termo: do grego *anthropos* = homem e *logos* = estudo.

O homem pode ser estudado a partir de muitos pontos de vista: biológico, psicológico, sociológico, político, etnológico, religioso, filosófico, teológico etc. Aqui, dentro da exposição do pensamento de Santo Tomás, se limitará ao seu discurso filosófico (antropologia filosófica) e teológico (antropologia teológica).

1. Antropologia filosófica

Os pilares da antropologia filosófica de Santo Tomás são dois: o pertencimento do corpo à essência, à substância do homem, e a subsistência da alma também sem o corpo. Com essas duas teses, o Doutor Angélico consegue superar e reunir em uma síntese superior a antropologia platônica e a agostiniana, que desvalorizavam a dimensão somática reduzindo a essência do homem apenas à alma, com a antropologia aristotélica e a averroísta, que afirmavam a união substancial entre alma e corpo, mas arriscavam comprometer ou também negavam a subsistência separada da alma e então a sua imortalidade.

Das duas teses fundamentais da subsistência e da união substancial, Santo Tomás encontrava as outras teses características da sua antropologia filosófica:

— o ato do ser (*actus essendi*) do homem é prioritariamente ato do ser da alma, e, mediante a alma, torna-se também ato do ser do corpo;

— o homem é pessoa, ou seja, um subsistente na ordem do espírito, graças ao ato do ser único e inimitável da alma; como pessoa, o homem possui uma dignidade absoluta, sagrada, inviolável;

— ligada substancialmente ao corpo, a alma é exposta ao impulso das paixões, impulsos veementes que ela pode, todavia, controlar;

— a alma opera mediante várias faculdades, das quais as principais são o intelecto e a vontade. No ato livre essas duas faculdades se entrelaçam e dão lugar a uma única operação: o ato livre não é emitido exclusivamente pelo intelecto ou pela vontade, mas é proveniente de ambos;

— o homem é um ser moral, responsável pelas próprias ações enquanto age livremente, além de ser árbitro das motivações do próprio agir, enquanto os animais agem instintivamente;

— o homem é um ser social e político pelo qual é sujeito de direitos e de deveres com relação aos outros semelhantes e à comunidade política;

— o homem tende à felicidade e a alcançar o sumo bem que é Deus. A felicidade consiste na plena atuação das próprias faculdades; da inteligência mediante a contemplação de Deus, da vontade mediante a união com Deus no amor.

2. Antropologia teológica

Na elaboração da antropologia teológica, que é o estudo do homem à luz da Palavra de Deus, Santo Tomás se vale da gramática do humano fixada na antropologia filosófica. Com esse instrumento ele busca aprofundar e compreender melhor o sentido dos grandes mistérios da história da salvação: uma longa e complexa história na qual se apresentam os acontecimentos da humanidade na condição originária do paraíso terrestre, na condição desolada de distanciamento de Deus após o pecado e na condição de reconciliação graças à ação redentora do Cristo.

Apoiado na Escritura e na teologia patrística e escolástica, Santo Tomás ensina que os primeiros pais, no paraíso terrestre, gozavam de dons especiais, em particular de uma sabedoria extraordinária e de um alto nível de santidade. Adão teve de Deus a ciência de todas as coisas necessárias para a vida: a ciência não apenas das que se podem conhecer por via natural, mas também daquelas que excedem o conhecimento natural e que são necessárias para alcançar o fim sobrenatural (I, q. 94, a. 3). A santidade de Adão alcançava grande nível de realce em todas as virtudes: "O homem no estado de inocência possuía de algum modo todas as virtudes. De fato, vimos pouco antes que a perfeição do estado primitivo era tal que implicava a subordinação da razão a Deus e das potências inferiores à razão. Por isso a perfeição do estado primitivo (*primi status*) exigia que o homem possuísse de algum modo todas as virtudes" (I, q. 95, a. 3).

Contudo, mais ainda que sobre privilégios, Santo Tomás insiste sobre o dom da *graça* (*supernaturale donum gratiae*) que Deus concedeu aos primeiros pais no momento da criação. "É óbvio que a sujeição do corpo à alma e das forças inferiores à razão (da qual estes gozavam) não era natural, porque do contrário isso teria permanecido após o pecado. [...] Por isso fica claro que aquela submissão inicial (*prima*) graças à qual a razão estava sujeita a Deus não era segundo a ordem natural mas era fruto do dom sobrenatural da graça: de fato, não pode existir efeito superior à causa" (ibid., a. 1). A *justiça original* consistia essencialmente nesta retidão (*rectitudo*), em virtude da qual "a razão estava sujeita a Deus, as forças inferiores à razão, e o corpo à alma" (ibid., a. 1).

Com o *pecado*, que segundo Tomás foi essencialmente um ato de desordem ("*peccatum proprie nominat actum inordinatum*" — I-II, q. 71, a. 1) e especificamente um distanciamento de Deus, sumo bem, e um direcionamento em direção aos bens mutáveis ("*inordinata conversio ad commutabile bonum*" — I-II, q. 84, a. 1), Adão (o homem) não apenas é privado dos dons preternaturais, mas sua própria natureza chegou a mudar de condição: do *status* de natureza íntegra passou ao *status naturae corruptae*. Portanto, não foi um evento que apenas feriu o culpado (Adão), mas, situando-o em uma condição diversa, *status naturae corruptae*, comportou consequências desastrosas e funestas para todos os seus descendentes, os quais vieram necessariamente a se encontrar nesse estado de corrupção e de pecado. O pecado original que acompanha todos os descendentes de Adão é como um novo hábito (*habitus*) que os inclina em direção do mal em vez do bem: "O pecado original é precisamente um hábito deste gênero. De fato, é uma disposição desordenada que deriva da perturbação daquela harmonia que constituía a justiça original: exatamente como a maldade do corpo é uma disposição desordenada deste, a qual perturba o equilíbrio que constitui a saúde. Por isso, se diz que o pecado original é uma enfermidade da mente" (I-II, q. 82, a. 1). Distanciando-se da tradição agostiniana que fazia consistir o pecado original na concupiscência, Santo Tomás a baseia na desordem da vontade. De fato, argumenta o Doutor de Aquino, "toda ordem da justiça original se devia ao fato de que a vontade humana estava submetida a Deus. Submissão que consistia principalmente na vontade que tem a tarefa de mover todas as outras faculdades em direção ao fim. Por isso a vontade, com o seu distanciamento de Deus (*ex aversione a Deo*) levou a desordem a todas as outras faculdades da alma. Eis então que a privação da justiça original, que assegurava a submissão da vontade a Deus, é o elemento formal do pecado original: enquanto toda a desordem das outras faculdades não é o elemento material. Esta última desordem consiste principalmente no fato de essas faculdades se dirigirem desordenadamente aos bens transitórios, e essa desordem se pode chamar com o nome genérico de concupiscência" (ibid., a. 3). O pecado original é uma condição permanente (portanto, um *status*) de distanciamento de Deus, e por isso é uma condição permanente de pecado. Todavia, diversamente de Agostinho, que na dura polêmica contra Pelágio tinha sustentado que nessa condição o homem já não seria capaz de realizar nenhuma ação moralmente boa e que as próprias virtudes dos pagãos seriam vícios mascarados, Santo Tomás não a considera uma condição de pecaminosidade inevitável: o homem pode ainda conhecer o verdadeiro com a sua razão (I-II, q. 109, a. 1) e realizar algumas boas ações com a sua vontade: "Não sendo a natureza humana totalmente corrompida pelo pecado, a ponto de ser privada de todo bem natural, o homem, no estado de natureza corrompida, pode ainda realizar determinados bens particulares, como construir casas, plantar uvas, e outras coisas do gênero; mas não pode realizar todo o bem a ele conatural, a ponto de não cometer alguma falta. Um enfermo, por exemplo, pode por si mesmo realizar alguns movimentos, mas não está em condições de realizar perfeitamente os movimentos de um homem são, se não for curado com a ajuda da medicina" (ibid., a. 2).

O que deve ser relevado na doutrina tomasiana do pecado, na sua essência em todas as suas expressões, é que não há nada fatalístico, fisicalístico ou "coisístico", como algum estudioso afirmou. Ao contrário, a doutrina tomasiana vem formulada com as melhores categorias do personalismo. O pecado vem apresentado como ruptura das relações do homem com Deus: de relação de correspondência, amor, obediência, se transforma em uma relação de aversão, ódio, desobediência.

O pecado é distanciamento de Deus (*aversio a Deo*) como medida e fim último da nossa vida. O homem quer contar exclusivamente com suas forças, voltando-se para si mesmo e se fechando. Nessa situação se faz escravo do pecado: torna escravo de si mesmo querendo ser ele um senhor. Todas aquelas energias que tiram alimento do fim último, Deus, para o qual o ser humano se encontra naturalmente inclinado e chamado, agora se encontram desviadas em direção à própria pessoa, o novo deus. É uma situação tal que, uma vez que nela se entrou, não se escapa mais. Um espírito que tenha se distanciado de Deus, não podendo atuar senão em vista do fim último, deve transformar-se em um substituto de Deus. Essa é exatamente a medida da escravização. Mas um espírito não mais submetido a Deus perde também o poder sobre outras forças humanas, que na condição originária obedeciam espontaneamente às suas ordens. Estas agora se fazem independentes do poder da razão e seguem as suas tendências (ibid., a. 8). Os sentidos se rebelam, e apenas com grandes esforços a razão conseguirá dominá-los. Essa profunda desordem é a pena necessária pelo pecado, aquela que, como manifestação empírica, se exprime no sofrimento. O Doutor de Aquino caracteriza a pena pelo pecado nestes termos: "Deus deixa o homem à mercê da sua natureza (*natura humana sibi relinquitur*)" (I-II, q. 87, a. 7). É essa a verdadeira e profunda consequência do pecado, mas ao mesmo tempo é a pena que Deus inflige. O pecado está no fato de que o homem rejeita o amor e a graça do Deus que o chama a viver em comunhão com ele. E então Deus rejeita esse amor ao ser humano, não o "perturba" mais, o deixa sozinho consigo mesmo; deixado só consigo mesmo, o homem se afunda cada vez mais.

Portanto, o homem está impossibilitado de se colocar por si mesmo no caminho reto, devido à profunda desagregação que o pecado causou em seu ser: para que ele possa alcançar a plena realização de si mesmo e conseguir assim a felicidade (beatitude eterna), o próprio Deus vem em seu socorro, enviando a este mundo o seu único Filho, Jesus Cristo. Ele livra o homem do pecado, isto é, da *aversio a Deo*, o reconcilia com Deus e o constitui em uma nova condição de vida: o *status naturae reparate*. Nesse estado, a *imago Dei* que, com o pecado, foi enfraquecida e deturpada, mas não destruída, vem purificada e potencializada: levada ao segundo nível pelo qual pode conhecer e amar Deus de modo atual, vem colocada também em condição de alcançar o terceiro nível, no qual conhecerá e amará Deus de modo perfeito. O efeito da restauração da *imago* operada por Cristo é expresso por Santo Tomás (assim como já fizera Santo Agostinho) mediante a doutrina da graça santificante.

A *graça* é definida, acima de tudo, segundo a linguagem da Escritura, como *lex nova*: "*Principaliter lex nova est ipsa gratia Spiritus Sancti, quae datur Christi fidelibus*" (I-II, q. 106, a. 1). Entretanto, no âmbito do aprofundamento filosófico, Tomás recorre em seguida à linguagem aristotélica e define a graça como *forma* ou *qualidade*. É uma nova forma ou qualidade que se torna na alma fonte do seu agir sobrenatural; ou seja, não é simplesmente um impulso divino para o bem agir, que permanece fora de nós, mas algo colocado por Deus dentro de nosso ser, transformando-o. Santo Tomás o exprime mediante a analogia que ocorre na ordem natural. Nessa ordem "Deus não provê às criaturas apenas movendo-as para os seus atos naturais, mas doando-lhes as formas e as faculdades que são os princípios desses atos, para que por si mesmas tendam a estes. E é assim que os movimentos expressos por Deus se tornam conaturais e fáceis às criaturas, segundo as palavras da Sabedoria: 'Tudo dispõe com suavidade'. Por isso, com maior razão, ele infunde formas ou qualidades sobrenaturais (*formas vel qualitates supernaturales*) naqueles que ele move em direção à obtenção de um bem sobrenatural, mediante as quais os move para alcançar os bens eternos com suavidade e com prontidão. Eis então que o dom da graça é uma qualidade" (I-II, q. 110, a. 2). A graça reside diretamente na própria essência da alma e não em algum hábito ou faculdade, e, assim, a faz partícipe da natureza divina: "A graça, precedendo as virtudes, deve ter uma sede que preceda as potências da alma (dado que as virtudes aperfeiçoam as potências): ela deve residir na essência da alma. De fato, o homem, como participa do conhecimento divino com a virtude da fé mediante o intelecto, e do amor divino com a virtude da caridade mediante a faculdade volitiva, assim participa da natureza divina, segundo uma certa semelhança, com uma nova geração ou criação, mediante a natureza da alma" (ibid., a. 4).

Na explicação do plano sobrenatural, Santo Tomás utiliza como modelo o plano natural e retoma todas as linhas fundamentais. Então, o Doutor de Aquino sabe bem que, no plano natural, o homem, além de uma forma substancial, a alma, possui também faculdades (intelecto e vontade): então analogamente no plano sobrenatural ele considera necessário que a própria alma, na sua substancialidade, seja elevada ao plano sobrenatural com a graça, e que também as potências operativas (intelecto e vontade) sejam aperfeiçoadas em nível sobrenatural pelas virtudes da fé, esperança e caridade, colocando-as assim em condição de executar atos conformes à natureza divina, da qual a alma participa mediante a graça. A *aversio a Deo* é assim radicalmente extirpada, ao passo que a *conversio ad Deum* se torna profunda, ainda que não definitiva. A participação na vida divina, segundo Santo Tomás, não é uma simples metáfora, mas uma realidade admirável. Mediante a fé, a esperança e a caridade, embora por meio de espelho, em vez de um modo direto ("face a face"), quem foi regenerado por Cristo e professa a *nova lex* conhece Deus, o possui e o ama como Deus conhece, possui e ama a si mesmo (ibid., a. 3). Devemos repetir aqui, a propósito da doutrina tomasiana da graça, aquilo já observado em precedência à propósito de sua doutrina sobre o pecado. Longe de entender o mistério da graça segundo esquemas fisicalistas, extrinsecistas, coisísticos, como alguém havia condenado, o Doutor de Aquino interpreta-o em um sentido primorosamente personalista. A graça toca de modo real e profundo todo o ser do homem e toca de modo tal, a ponto de transformar radicalmente o seu agir: mediante a *conversio ad Deum* e a geração na vida divina ele entra novamente em relação de diálogo, de obediência, de amor, de piedade filial para com Deus. E as novas relações com Deus exigem novas relações também com o próximo: tornam-se, também estas, relações de confiança, de diálogo, de solidariedade, de amor. O amor a Deus e ao próximo é expressão concreta da *nova lex* que Cristo entregou à humanidade. Assim, o círculo de amor se fecha: aquele amor que tinha partido de Deus para reconduzir o homem a si mesmo, regenerando-o a uma vida nova, retorna a Deus por meio do homem, o qual agora, mediante a participação na vida divina, pode amar Deus como ele ama a si mesmo.

(Cf. Alma, Corpo humano, Graça, Homem, Pecado, Salvação)

[Tradução: A. Boccato]

Apetite (Inclinação)

Termos amplamente usados por Santo Tomás (embora a teoria provenha de Aristóteles) para designar a tendência de algo em direção à realização do próprio fim: "O apetite consiste exatamente na inclinação do desejante em direção a um objeto (*appetitus nihil aliud est quam inclinatio appetentis in aliquid*)" (I-II, q. 8, a. 1).

1. Divisão

O apetite se apresenta sob três formas: *natural*, *sensitivo* e *racional*. Santo Tomás fundamenta esta divisão no princípio segundo o qual "a cada forma corresponde uma certa inclinação" (*quamlibet formam sequitur aliqua inclinatio*): assim às formas naturais corresponde uma inclinação natural à realização do próprio fim; às formas dotadas de conhecimento sensitivo (os animais) corresponde uma inclinação (apetite) sensitiva; e às formas dotadas de conhecimento intelectivo (racional) corresponde uma inclinação intelectiva ou racional (apetite intelectivo ou vontade) (cf. *II Sent.*, d. 24, q. 3, a. 1; *III Sent.*, d. 27, q. 1, a. 2; I, q. 80, a. 1). No homem há o apetite natural (pelas muitas outras atividades do corpo, mas também pelos objetos próprios do intelecto e da vontade: a inteligência tende naturalmente para o bem); e há outros que surgem do conhecimento, ou seja, o apetite sensitivo (dito também *sensualitas*) que nasce do conhecimento sensitivo, e o apetite intelectivo que nasce do conhecimento intelectivo. O que distingue o apetite sensitivo do intelectivo é que enquanto o primeiro tende espontaneamente (necessariamente) para o objeto conhecido, o segundo tende livremente. Por sua vez, o apetite sensitivo está subdividido em *irascível* e *concupiscível*, o primeiro se dá quando o objeto a ser alcançado é difícil; o segundo, quando o objeto é fácil (I, q. 81, a. 2).

2. Relações com o intelecto e a vontade

Santo Tomás é muito atento às relações entre o apetite sensitivo e as faculdades espirituais da alma, o intelecto e a vontade, e aos influxos que o apetite pode ter sobre o conhecimento e sobre a vontade, dado que ele é o grande vulcão do qual brotam todas as paixões humanas. A razão, por ser também dos seus conhecimentos (além dos do sentido) que começa a solicitação para agir, move o apetite à prontidão do agir. Vice-versa, o apetite com a sua impetuosidade pode induzir a razão a trazer conclusões apressadas e cair em erros (cf. II-II, q. 123, a. 10; *II Sent.*, d. 5, q. 1, a. 1, ad 4). Com relação à vontade, o apetite tem uma relação bivalente; pode sofrer o controle da vontade mas pode também exercer nela violentos impulsos, a ponto de chegar, em alguns casos, a anulá-la (I-II, q. 1, a. 2; I-II, q. 22, aa. 2-3; I-II, q. 10, a. 3). A esse respeito, Santo Tomás esclarece que a vontade como tal não pode ser jamais determinada pelos apetites (paixões), enquanto o homem é visto integralmente. De fato, "ou o movimento da vontade não tem lugar e domina exclusivamente a paixão; ou dá-se o movimento da vontade e, então, esta não segue necessariamente o impulso da paixão" (I-II, q. 10, a. 3). Portanto, as paixões, segundo Santo Tomás, podem exercer apenas um influxo indireto sobre a vontade, por meio do objeto, com a mediação do intelecto.

(Cf. Paixão, Vontade)

[Tradução: A. Boccato]

Apologética

O termo deriva do grego *apologheisthai*, que significa defender. Na linguagem religiosa é usado seja para indicar uma característica geral de toda a teologia: na medida em que é tarefa da teologia em todas as suas partes não somente expor a verdade, mas também defendê-la das objeções e das aberrações; seja para denominar uma parte especial da teologia que trata dos prolegômenos (ou seja, das verdades preliminares) da dogmática: a racionalidade da fé, a possibilidade e a historicidade da Revolução. Hoje se tende a identificar a apologética com a teologia fundamental.

Embora na linguagem eclesiástica os termos "*apologia*" e "*apologética*" sejam muito antigos e tenham sido usados para denominar todo um período da literatura cristã — o período dos *apologistas* —, Santo Tomás nunca os utiliza para designar qualquer parte ou função da teologia.

Contudo, mesmo não usando o termo, Santo Tomás conhece muito bem a função apologética da teologia; de fato, entre as tarefas fundamentais, ele lhe assinala também aquela de defender a fé dos ataques que são feitos de dentro (pelos heréticos) ou de fora (pelos pagãos). Eis como ele se exprime a esse propósito na *Suma Teológica*: "Ela o fará valendo-se da argumentação, se o adversário concede algo da revelação divina; como quando invocando as 'autoridades' da doutrina sagrada disputamos contra os hereges, e artigos de fé para combater os que negam outro artigo. Mas, se o adversário não acredita em nada das verdades reveladas, não resta nenhum modo de provar com argumentos os artigos da fé: pode-se apenas refutar os argumentos que oporia à fé. Como a fé se apoia na verdade infalível, e é impossível demonstrar o contrário do verdadeiro, fica claro que as provas trazidas contra a fé não são verdadeiras demonstrações, mas argumentos que se podem refutar" (I, q. 1, a. 8).

Quanto ao valor do procedimento "apologético", Santo Tomás tem plena consciência que não se pode tratar de um valor *demonstrativo*: "Como, porém, tais razões (demonstrativas) podem ser usadas para a segunda ordem de verdades, não se deve pretender que o adversário seja convencido por razões demonstrativas, mas que as suas razões contra a verdade sejam resolvidas, visto que a razão natural não pode ser contrária à fé [...]. Mas, para que as verdades da fé sejam esclarecidas, devem ser apresentadas algumas razões verossímeis, que sirvam para auxílio e exercício dos fiéis, não para convencer os adversários. Realmente, a própria insuficiência dessas razões mais os confirmaria em seus erros, ao julgarem que nós assentimos à verdade da fé com razões tão fracas" (*C. G.*, I, c. 9).

[Tradução: A. Bogaz]

Apostasia

Em sentido próprio, é o abandono total da fé cristã por parte de quem foi batizado. Santo Tomás distingue três formas de apostasia: a de quem abandona os votos da vida religiosa e sacerdotal; a de quem se afasta da lei divina; a de quem abandona inteiramente a vida cristã. As primeiras duas são formas imperfeitas e incompletas de apostasia: verdadeira e própria apostasia é somente a terceira. De fato, "apesar da existência desses dois tipos de apostasia, o homem pode permanecer ainda unido a Deus pela fé. Mas, se a abandonar, então, parece afastar-se completamente de Deus. Portanto, a simples e absoluta apostasia se dá quando alguém abandona a fé, o que se chama *perfídia*. E nesse sentido a apostasia absolutamente considerada se refere à infidelidade" (II-II, q. 12, a. 1).

A apostasia é pecado gravíssimo que merece ser punido com penas mais severas, porque não danifica somente aquele que é culpado, mas produz efeitos negativos também sobre os outros, especialmente quando o apóstata "procura separar os outros da fé, como ele mesmo dela se separou" (ibid., ad 2).

Num reino cristão, se o príncipe se torna apóstata, não perde por isso a jurisdição sobre seus próprios súditos, porque apostasia e jurisdição não são coisas que se excluem mutuamente; a Igreja porém pode privá-lo da jurisdição, e assim os súditos são liberados do juramento de fidelidade (ibid.).

[Tradução: A. Bogaz]

Apóstolo

Expressão que deriva do grego, *apóstolos* = enviado. Com este nome se designam, sobretudo, os primeiros doze discípulos escolhidos por Jesus para fundar a sua Igreja e difundir o seu Evangelho. O título de Apóstolo diz respeito também a São Paulo, graças à vocação especial recebida diretamente do Espírito Santo para levar o Evangelho aos gentios.

Santo Tomás não nos deixou nenhum estudo orgânico sobre a figura do Apóstolo, mas a partir das várias considerações ocasionais que ele reserva a este tema é possível desentranhar uma doutrina bastante rica sobre o ofício do Apóstolo, suas prerrogativas e seu papel na Igreja.

Os Apóstolos receberam diretamente de Jesus Cristo o mandato de ensinar e batizar: "O Senhor conferiu aos Apóstolos ambas as funções, tanto de ensinar como de batizar, mas de maneiras distintas. A tarefa de ensinar Cristo a ensinou para que a exercessem por si mesmos, como sua tarefa principal. Por isso os Apóstolos declararam: 'não convém que nós descuidemos a Palavra de Deus por causa do serviço das mesas' (At 6,2). Mas o ofício de batizar confiou aos Apóstolos para que o exercessem mediante outros, como diz Paulo: 'Cristo não me enviou para batizar, mas para anunciar o Evangelho' (1Cor 1,17). Como se pode ver pelo que já foi dito, ao batizar não atua o mérito nem a sabedoria do ministro como ao ensinar. Em vista disso, o Senhor não batizava, mas os seus discípulos, como diz o Evangelho" (III, q. 67, a. 2, ad 1). Além disso, Jesus conferiu aos Apóstolos o poder de ligar e desligar (*Suppl.*, q. 40, a. 6, ad 1).

Em Pentecostes, os Apóstolos, devendo evangelizar os diversos povos da terra, receberam o dom de todas as línguas, seja porque tinham necessidade delas, seja porque, como a confusão das línguas foi sinal do afastamento do mundo em relação a Deus, assim o dom das línguas devia ser sinal da reaproximação do mundo em relação a Deus (cf. II-II, q. 176, a. 1). Além do dom das línguas, os Apóstolos receberam do Espírito Santo o dom do discurso (*sermo*), porque tinham necessidade não somente de conhecer as línguas, mas também de saber falar eficazmente para convencer, comover e converter. O dom do discurso nos Apóstolos supriu a falta do estudo da retórica (cf. II-II, q. 177, a. 1).

"Os Apóstolos receberam 'as primícias do Espírito Santo', isto é, receberam o Espírito Santo antes e mais abundantemente que os outros, tal como entre os frutos da terra torna-se mais crescido e apreciado aquele que primeiro atinge a maturidade [...]. Tendo maior abundância do Espírito Santo, os Apóstolos devem ser prepostos a todos os outros santos em relação a qualquer prerrogativa que brilhem, ou de virgindade, ou de doutrina ou de martírio [...]. Deus dá a cada um a graça proporcionada ao ofício ao qual é chamado: a Jesus Cristo como homem foi dada a graça mais excelente, porque a sua natureza devia ser assumida na unidade da pessoa divina; depois dele teve a máxima plenitude de graça a Bem-aventurada Virgem Maria, que foi eleita para ser a mãe de Jesus Cristo. Entre os demais foram eleitos à maior dignidade os Apóstolos, a fim de que recebessem imediatamente de Jesus Cristo e transmitissem aos outros as coisas que dizem respeito à eterna salvação e se tornassem fundamentos da Igreja" (*In Ep. ad Rom.*, 8, lect. 5, nn. 676-678).

Os Apóstolos vêm antes de todos os outros membros da Igreja, não somente graças ao ofício, mas também graças a todos os outros dons de Cristo (*in omnibus donis Christi*). "De fato, eles receberam a plenitude da graça e da sabedoria em vista da revelação dos mistérios divinos [...]. Receberam a abundância da eloquência para anunciar o Evangelho [...]. Receberam enfim a prerrogativa da autoridade e do poder em vista do pastoreio do rebanho do Senhor" (*In Ep. ad Ephes.*, 4, lect. 4, n. 211).

Concluindo: os Apóstolos são o fundamento da Igreja (cf. I, q. 43, a. 7, ad 6). Sobre a revelação apostólica da unidade e da Trindade de Deus funda-se a fé da Igreja (cf. II-II, q. 174, a. 6).

[Tradução: D. Zamagna]

Apropriação

O termo é usado na doutrina trinitária para indicar que um atributo divino, comum às três Pessoas, ou também uma operação *ad extra* da Trindade, que é sempre realizada por todas e três Pessoas divinas, é atribuído a uma delas apenas, ou seja: àquela que apresenta maior afinidade com isso. Por exemplo, a criação está "apropriada" ao Pai que é o princípio sem princípio; a sabedoria está "apropriada" ao Filho; a santificação está "apropriada" ao Espírito Santo que é indicado na Escritura como princípio e fonte de santidade.

Para justificar a apropriação, Santo Tomás apresenta o argumento da origem do nosso conhecimento das Pessoas divinas: esse, como, aliás, o conhecimento do próprio Deus, tem sua origem a partir das criaturas, e assim se transfere a Deus e às Pessoas [divinas] as semelhanças que são encontradas no mundo das criaturas. "Portanto, assim como nos utilizamos da semelhança do vestígio e da imagem, encontrada nas criaturas, para manifestar as Pessoas divinas, do mesmo modo também nos utilizamos dos atributos essenciais. Manifestar assim as Pessoas, por meio de atributos essenciais, chama-se *apropriação* [...]. Portanto, deve-se dizer que os atributos essenciais não se atribuem como próprios às Pessoas, de modo que lhes fossem afirmados como próprios, mas para manifestar as Pessoas por via de semelhança e de dessemelhança, como se disse. Daí não resulta nenhum erro na fé, mas uma manifestação da verdade" (I, q. 39, a. 7 e ad 1).

[Tradução: M. Couto]

Arbítrio (livre)

É a capacidade que o homem tem de ser árbitro, isto é, dono das próprias ações, escolhendo entre várias possibilidades e alternativas: de agir, ou mesmo de não agir, de fazer uma coisa em vez de outra.

O pensamento grego, que submetia tudo ao destino, inclusive homens e deuses, não havia elaborado uma doutrina do livre-arbítrio. Esta, ao contrário, torna-se um dos pontos cardeais da antropologia cristã, a qual havia aprendido da Escritura que Deus dotara o homem com o poder peculiar de ser dono de si mesmo e das próprias ações.

Antes de Santo Tomás o argumento do livre-arbítrio havia sido já amplamente tratado por Orígenes, Gregório de Nissa, Agostinho, Boécio, Anselmo e outros. O Doutor Angélico trata do livre-arbítrio em muitos escritos, mas em particular na *Suma Teológica* (I, q. 83; I-II, q. 13) e no *De Veritate* (q. 22), que constituem os estudos mais profundos e rigorosos que jamais foram feitos sobre este tema.

1. Existência do livre-arbítrio

Contra os que negam o livre-arbítrio (fatalistas e deterministas), Santo Tomás demonstra que o homem é livre, apresentando vários argumentos, alguns indiretos, outros diretos. Entre os argumentos indiretos, o mais importante é o das graves absurdidades às quais vai de encontro quem nega o livre-arbítrio: "De fato, se somos movidos pela ação necessariamente, ficam suprimidos a deliberação, a exortação, o comando, o louvor, a censura, que são as coisas pelas quais existe a filosofia moral. Tais opiniões, que destroem os princípios de uma parte da filosofia, são posições extravagantes (*extraneae*), como a afirmação de que nada se move, o que destrói os fundamentos da ciência natural" (*De Malo*, q. 6, in corp.). Entre os argumentos diretos, o mais sólido é aquele baseado na estrutura da razão humana, que nas coisas pode perceber quer os aspectos negativos, quer os positivos, e na estrutura da vontade, que tem como objeto próprio o bem. "Ora, a razão de que é possível eleger ou não pode-se compreender pelo duplo poder do homem: ele pode querer e não querer, fazer e não fazer, e também querer isso ou aquilo, e fazer isso ou fazer aquilo. E a razão disso está no poder próprio da razão. Tudo aquilo que a razão pode apreender como bem, para isso a vontade pode tender. Ademais, pode a razão apreender como bem não somente querer ou agir, como também não querer e não agir. Ainda, em todos os bens particulares pode considerar a razão de bem de um e a deficiência de algum bem que tem a razão de mal. Assim, pode apreender cada um desses bens como capaz de ser eleito ou rejeitado. Somente o bem perfeito, que é a bem-aventurança, não pode a razão apreender sob a razão de mal ou de alguma deficiência. Daí que o homem necessariamente quer a bem-aventurança, nem pode querer não ser bem-aventurado, ou querer ser desgraçado. Como a eleição não é do fim, mas do que é para o fim, como já foi dito, não é do bem perfeito, que é a bem-aventurança, mas de outros bens imperfeitos. Por isso, o homem não elege necessariamente, mas livremente" (I-II, q. 13, a. 6).

2. Divisão do livre-arbítrio

Santo Tomás distingue três tipos de livre-arbítrio (liberdade): o de exercício (*exercitii*), de especificação (*specificationis*) e de contrariedade (*contrarietatis*). A liberdade de exercício diz respeito ao poder que a vontade tem de exercer, ou mesmo de não exercer, seu ato de vontade, isto é, de querer ou de não querer. A liberdade de especificação é o poder de escolher uma coisa em vez de outra. A liberdade de contrariedade é aquela de poder escolher quer o bem quer o mal. "Visto que a vontade se diz livre enquanto não é submetida à necessidade, a liberdade da vontade se apresenta sob três formas: em relação ao ato, enquanto pode querer e não querer (*velle vel non velle*); em relação ao objeto, enquanto pode querer esta ou aquela coisa como também o seu contrário (*velle hoc velle illud et eius oppositum*); e em relação ao fim, enquanto pode querer o bem ou o mal (*velle bonum vel malum*)" (*De Ver.*, q. 22, a. 6).

3. Natureza do livre-arbítrio

É uma atividade que procede seja do intelecto seja da vontade, mas não do mesmo modo. Procede antes de tudo da vontade, porque é sua causa eficiente; mas procede também do intelecto, porque esse fornece a especificação ao ato livre. Assim, Santo Tomás pode afirmar que o livre-arbítrio *substancialmente* é ato da vontade, enquanto *formalmente* ou especificamente é ato do intelecto. Eis o raciocínio do Doutor Angélico a propósito disso: "O termo eleição ou escolha implica algo que pertence à razão, ou ao intelecto, e algo que pertence à vontade [...]. Quando duas coisas concorrem para constituir uma, uma delas é formal em relação à outra. Donde São Gregório de Nissa afirma: 'A eleição não é apetite em si mesmo, nem somente deliberação, mas algo composto de ambos. Assim como dizemos ser o animal composto de alma e corpo, mas não dizemos que é corpo em si mesmo, nem só alma, mas as duas coisas, o mesmo se dá com eleição'. Deve-se considerar nos atos da alma que o ato é essencialmente de uma potência ou hábito, recebe a forma e a especificação de potência ou de *habitus* superiores, uma vez que o inferior é ordenado pelo superior. Se algum ato da fortaleza é realizado pelo amor de Deus, ele é materialmente da fortaleza, mas formalmente da caridade. É claro, pois, que a razão precede de algum modo a vontade e ordena o seu ato, uma vez que a vontade tende para seu objeto seguindo a ordem da razão, porque a potência apreensiva apresenta à apetitiva o seu objeto. Assim, o ato pelo qual a vontade tende para o que lhe é proposto como bem, visto que é ordenado para o fim pela razão, materialmente é da vontade, formalmente da razão" (I-II, q. 13, a. 1). Em outra parte, o mesmo argumento é apresentado de forma muito mais concisa: "Existem potências que concentram em si mesmas o poder (*virtutes*) de várias faculdades, tal é o caso do livre-arbítrio, como resulta do que segue. A eleição (escolha), que é o ato próprio do livre-arbítrio, comporta a análise minuciosa (*discretionem*) e o desejo; de fato, escolher é dar a preferência a uma coisa em relação a outra. Ora, essas duas ações não podem se realizar sem a contribuição das faculdades da razão e da vontade. É, portanto, evidente que o livre-arbítrio concentra o poder da vontade e da razão, e por isso se diz faculdade de ambos" (*II Sent.*, d. 24, q. 1, a. 2). Por isso, segundo o Doutor de Aquino, o livre-arbítrio não é exclusivamente ato da vontade, como sustentam certos voluntaristas antigos (Escoto, Ockham) e modernos (Nietzsche e Sartre), porque em tal caso haveria um arbítrio cego, e de nenhum modo um arbítrio verdadeiramente livre.

4. Âmbito do livre-arbítrio

O âmbito da liberdade humana é vastíssimo. Praticamente todos os objetivos que o homem almeja nesta vida não os almeja por um impulso natural, por necessidade ou por constrição do ambiente, mas por livre escolha. Não obstante todo o querer humano estar inscrito dentro de um único vastíssimo horizonte, o do fim último e do bem perfeito, e a tensão para esse bem ser uma tensão natural e necessária, de fato, na vida presente, o homem não encontra nenhum objeto que se equipare à medida de bondade requerida pelo fim último. E, assim, cada bem proposto, sendo um bem finito, resulta, por um lado, apetecível, por ser bem, e por outro lado não apetecível, por ser finito. Santo Tomás observa que, se a vontade se encontrasse diante do bem total, ilimitado, isto é, de um bem que sob todos os aspectos fosse somente bem com a exclusão de cada não bem ou mal, como é a bem-aventurança, então ela seria atraída necessariamente pelo bem. "Visto que a vontade está em potência com relação ao bem universal, nenhum bem supera a potência da vontade como se por necessidade a movesse, com exceção do que é bem segundo cada aspecto; e este é somente o bem perfeito, que é a bem-aventurança, bem que a vontade não pode não querer de uma maneira que é querer o oposto, se bem que presentemente possa não desejá-la podendo afastar de si o pensamento da bem-aventurança" (*De Malo*, q. 6, ad 7). De fato, porém, o que se apresenta ao homem na vida presente não é nunca o bem absoluto, mas somente bens particulares, que a vontade é livre para acolher ou para rejeitar. A vontade é livre quando se encontra diante de um valor ou um bem que não se identifica com o bem absoluto, que, isto é, não é adequado à capacidade da vontade, que é aberta ao infinito do ser e do valor, e que, portanto, é bem sob um aspecto, mas não bem sob outro, e por esse motivo pode ser descartado. "Isso ocorre porque a vontade pode alcançar o fim último por muitas vias (*ad finem ultimum multis viis pervenire potest*) e diversas vias concorrem para que a vontade alcance uma mesma coisa. E, por isso, o apetite da vontade não pode estar determinado a essas coisas que são meios para o fim, como se dá nas coisas naturais, que não têm senão certas e determinadas vias para atingir o fim certo e determinado" (*De Ver.*, q. 22, a. 6).

5. Livre-arbítrio e concurso divino

Contrariamente ao que muitos homens tendem a crer, e os pensadores ateus não se cansam de repetir, isto é, que a existência de Deus é incompatível com o livre-arbítrio, Santo Tomás faz ver que isso é absolutamente falso, porque a realidade de Deus não somente não é inconciliável com a liberdade humana, mas constitui seu único fundamento seguro. O Doutor Angélico discute o problema das relações entre o concurso divino e o livre-arbítrio em muitas obras, dando substancialmente sempre a mesma solução; ela se articula em três pontos: 1) a causalidade (o concurso, a providência) divina não compromete a liberdade humana; 2) também na ação livre do homem Deus conserva o primado que lhe cabe como causa principal; 3) Deus pode influir sobre o livre-arbítrio, mas não constrangê-lo.

Em primeiro lugar, Deus, ainda que operando sempre como causa principal, não atenta contra o livre-arbítrio. Ele é muito grande e respeitoso para com suas criaturas para atentar contra a natureza delas; e assim ele intervém em seu agir salvaguardando as estruturas de seu ser. Deus "move todas as coisas segundo as condições delas, de modo que das causas necessárias por moção divina seguem-se os efeitos necessariamente, e, das causas contingentes, seguem-se efeitos de modo contingente. Como a vontade é princípio ativo não determinado para uma só coisa, mas indiferentemente se refere a muitas, Deus a move, não a determinando para uma só coisa, mas permanecendo o seu movimento contingente e não necessário, a não ser nas coisas para as quais é movida naturalmente" (I-II, q. 10, a. 4).

Todavia, o primado da causalidade divina não é diminuído, nem mesmo na ação livre do homem: a fonte última de cada ser como de cada agir permanece sempre Deus, o *Esse ipsum subsistens* que é a fonte intensiva e total de tudo o que existe por participação. Portanto, "a vontade tem domínio de seus atos não por exclusão da causa primeira, mas porque a causa primeira não atua assim na vontade até o ponto de determiná-la por necessidade a uma só coisa, do modo como determina a natureza; por isso, a determinação de um ato fica no poder da razão e da vontade" (*De Pot.*, q. 3, a. 7, ad 13). Mas, além do seu concurso normal e do primado que lhe corresponde qual causa principal, segundo Santo Tomás, Deus pode intervir no agir humano também com um concurso extraordinário, gratuito; trata-se, porém, sempre de intervenções que não atentam contra a vontade ainda que possam influenciá-la. No *De Veritate* Santo Tomás distingue entre influenciar (*immutare*) e constranger (*cogere*) e exclui que Deus possa constranger a vontade, enquanto reconhece que pode influenciá-la com sua graça, potencializando-a ou dirigindo-a para determinados objetos: "Deus influencia (*immutat*) a vontade de dois modos. Em primeiro lugar, simplesmente movendo-a: quando, isto é, move a vontade para querer algo, sem, contudo, impor à vontade alguma nova modalidade (*formam*), vale dizer, sem conferir-lhe uma nova disposição, fazendo simplesmente sim que o homem queira o que antes não queria. Em segundo lugar, imprimindo uma nova modalidade (*formam*) na mesma vontade. E assim, enquanto a vontade já está inclinada, por força da própria natureza que recebeu de Deus, a querer algo, igualmente por força de uma nova modalidade, como a graça e a virtude, torna-se ulteriormente inclinada por Deus a querer alguma outra coisa, à qual antes não era impelida por inclinação natural" (*De Ver*., q. 22, a. 8).

Em conclusão, como escreve admiravelmente Santo Tomás, no *Comentário às Sentenças* (*II Sent*., d. 25, q. 1, a. 1, ad 3): "Deus age em todas as coisas, mas em conformidade com as condições de cada uma; assim, nas coisas naturais intervém provendo-lhes do necessário com o poder de agir e determinando-lhes sua natureza para determinada ação; no livre-arbítrio intervém de tal modo para lhe dar o poder de agir (*virtutem agendi*) e fazendo que o livre-arbítrio aja, e contudo a determinação da ação e do fim é deixada ao poder do livre-arbítrio; assim, ao livre-arbítrio é deixado o domínio sobre seu ato, ainda que não como primeiro agente" (cf. ibid., a. 2, ad 1).

Se o livre-arbítrio não pode sofrer violência por parte de Deus, tanto menos isso pode ocorrer por obra do demônio ou de outras criaturas. O demônio pode indubitavelmente influenciar sobre o homem (como podem influenciar os companheiros, os mestres, os superiores etc.), mas não pode influenciar diretamente a sua vontade. "Sobre a vontade pode influenciar somente Deus, e isto por causa da liberdade da vontade, que é dona dos próprios atos, e não pode ser constrangida pelo objeto, como ocorre ao contrário no intelecto, que é constrangido pela evidência da demonstração" (*II Sent*., d. 8, q. 1, a. 5, ad 7).

6. Livre-arbítrio, graça e pecado

Por causa de sua natureza finita e da sua origem do nada, o livre-arbítrio é intrinsecamente exposto à falibilidade: é a sua própria condição ontológica que o expõe à queda: "Qualquer vontade criada tem a possibilidade de falhar no seu ato (*in sui actu deficere*) uma vez que provém do nada (*ex nihilo est*) e é, portanto, arrastável ao defeito: por isso, sucede que na vontade possa insurgir o pecado, como seu efeito" (*II Sent*., d. 39, q. 1, a. 1). E ainda há mais, é falível a razão que é a guia da vontade, e é falível a própria vontade enquanto se deixa influenciar pelas paixões.

Segundo Santo Tomás, que neste ponto retoma o ensino de Santo Agostinho, o livre-arbítrio não tem o poder de subtrair-se sempre ao pecado, ainda que exclua que o pecar seja necessário e pertença à essência do livre-arbítrio. O pecado, explica Santo Tomás, consiste na separação de Deus. Ora, "é essencial ao livre-arbítrio poder agir ou não agir [...]. Portanto, é impossível que, mantendo intacta a liberdade do arbítrio, possa vir conferido a uma criatura o poder de não pecar, segundo a sua condição natural, porque nesse caso haveria uma contradição, porque se há livre-arbítrio ocorre que a criatura possa querer e não querer conservar a união com a própria causa; mas, se não pode pecar, não lhe é possível romper a união com a própria causa, e assim se cai em contradição" (*II Sent*., d. 23, q. 1, a. 1).

O homem não tem o poder de livrar-se sozinho do pecado, com as únicas forças do livre-arbítrio; por isso, tem necessidade da graça de Deus. Esta, porém, não suprime o livre-arbítrio; antes, ao contrário, o potencia e o eleva (cf. III, q. 70, a. 4; III, q. 89, a. 2).

O estudo do livre-arbítrio realizado por Santo Tomás é sem dúvida excelente do ponto de vista psicológico, mas não dá muita atenção aos aspectos políticos e sociais da liberdade. Todavia, também esses aspectos podem ser esclarecidos levando em conta os princípios que o Doutor Angélico colocou ao tratar do aspecto psicológico, que é o mais fundamental.

(Cf. Apetite, Ética, Homem, Paixão, Vontade)
[Tradução: M. Couto]

Argumento

É o raciocínio dirigido a provar ou refutar uma dada proposição: "Propriamente se diz argumento o procedimento da razão dirigido a manifestar verdades desconhecidas partindo de verdades conhecidas, ou, como diz Boécio, um *testemunho a favor de algo dúbio*" (*III Sent.*, d. 23, q. 2, a. 1, ad 4). "Pelo argumento, o intelecto é induzido a aceitar alguma verdade" (II-II, q. 4, a. 1).

Todas as ciências se valem do argumento, tanto as físicas quanto as matemáticas, as filosóficas quanto as teológicas. O objetivo delas é sempre o mesmo: adquirir certas verdades raciocinando. Os argumentos são de dois tipos principais: indutivos (ou resolutivos), que vão dos efeitos às causas; e dedutivos (ou compositivos), que vão das causas (princípios) aos efeitos. A filosofia se utiliza principalmente dos argumentos indutivos, enquanto a teologia recorre aos argumentos dedutivos (cf. *In De Trin.*, lect. 2, q. 2, a. 1). "A doutrina sagrada não se vale da argumentação para provar seus próprios princípios, as verdades da fé (*articuli fidei*): mas parte deles para manifestar alguma outra verdade, como o Apóstolo, na Primeira Carta aos Coríntios, se apoia na ressurreição de Cristo para provar a ressurreição geral" (I, q. 1, a. 8). Na ciência teológica os argumentos são deduzíveis somente do senso literal da Sagrada Escritura (cf. I, q. 1, a. 10, ad 1).

(Cf. Ciência, Método, Teologia)

[Tradução: A. Bogaz]

Aristóteles

Filósofo grego (Estagira 384–Cálcis 322 a.C.). Aqui não se alongará em narrar a vida ou em expor o pensamento de Aristóteles, pois interessam exclusivamente as relações de Santo Tomás com Aristóteles, que é o filósofo com quem o Doutor de Aquino tem grande débito. Portanto aqui se limitará a algumas breves anotações que possam levar em conta os motivos pelos quais Santo Tomás preferiu alinhar-se com Aristóteles e com o Aristotelismo a alinhar-se com Platão e o Platonismo.

Aristóteles é, junto com Platão, o máximo expoente da filosofia grega. No entanto, justamente em polêmica com Platão, do qual havia sido por vários anos discípulo muito apreciado, Aristóteles elaborou uma nova visão da realidade, eliminando a célebre doutrina das Ideias, eixo de toda a metafísica platônica. Muito mais atento do que Platão às coisas concretas deste mundo, Aristóteles escrutou sua íntima tessitura, descobrindo as razões intrínsecas da natureza das coisas e de seu vir-a-ser. Assim, conseguiu propor toda uma série de princípios (identidade, não contradição, causalidade, finalismo) e de categorias (substância e acidentes, matéria e forma, ato e potência etc.) que tornam possível uma explicação da realidade solidamente ancorada na experiência. O realismo metafísico se revelou extremamente fecundo no desenvolvimento de determinadas disciplinas, tais como a biologia, a zoologia, a botânica, a astronomia, das quais Aristóteles foi praticamente o inventor. Estes foram os fatores decisivos que orientaram Santo Tomás mais em direção a Aristóteles do que a Platão: o realismo metafísico e a indubitável superioridade de Aristóteles no campo científico.

Colocadas essas anotações gerais, deve-se agora esclarecer como se realizou historicamente o encontro de Santo Tomás com o pensamento de Aristóteles.

A redescoberta de Aristóteles por parte dos latinos (os quais na verdade não tinham nutrido nunca grande simpatia pelo Estagirita nem mesmo nos tempos dos Padres), depois de séculos de esquecimento, é um acontecimento longo, tortuoso e complexo. A partir dos estudos de F. Van Steenberghen, resulta que toda a operação teve início durante a metade do século XII na Espanha e na Sicília, já que naqueles tempos estavam sob o domínio dos árabes ou haviam estado por um longo período. Ora, os árabes, por mérito de Al Farabi, Avicena e Averróis, haviam adquirido um perfeito e completo conhecimento de Aristóteles: haviam-no traduzido do grego para o árabe e o haviam amplamente comentado. Na Espanha e na Sicília os cristãos, que viviam em estreito contato com os muçulmanos, não tardaram em descobrir e reconhecer a importância e o valor do pensamento aristotélico, e assim, em determinado momento, tomaram a iniciativa de traduzir as obras de Aristóteles do árabe para o latim. Com a ajuda de um estudioso de Aristóteles que conhecia perfeitamente o árabe, além do latim, Henrique Aristipo, Miguel Escoto, Geraldo de Cremona e Domingos Gundisalvo (Gundissalinus) traduziram da língua árabe para a língua latina as seguintes obras de Aristóteles: *De Generatione, De Anima* (Henrique Aristipo); *De Coelo, Physica* (Miguel Escoto); *Metaphysica, Metereologia* (Geraldo de Cremona); *De Mundo, Ethica* (Domingos Gundisalvo). Para que os latinos pudessem ter uma consciência mais viva do valor e da importância de Aristóteles, contribuíram indubitavelmente também as versões latinas das obras de Al Farabi, Avicena e Averróis, os três grandes filósofos árabes que haviam feito amplo uso do pensamento aristotélico.

Os professores da universidade de Paris foram os primeiros a estudar com paixão as recentes traduções de Aristóteles e a utilizá-lo em seu ensino. Testemunha-o um documento de 1210, no qual o Concílio de Paris proibia severamente a leitura de algumas obras do Estagirita: "Não se leiam os livros de Aristóteles que se referem à filosofia natural (*de naturali filosofia*), sob pena de excomunhão". Por algum tempo, a proibição foi observada e nenhum professor da universidade de Paris ousou ler ou comentar em público a *Physica* ou a *Metaphysica*. Mas não tardaram a se fazerem sentir protestos mais ou menos vivazes. Invocou-se também a intervenção do papa Gregório IX, que acabou prometendo que a condenação seria suprimida somente quando os *Libri naturales* tivessem sido corrigidos. Para esse fim nomeou uma comissão da qual fazia parte o próprio bispo de Paris, Guilherme de Auvergne, ótimo conhecedor de Aristóteles. Contudo, a comissão nunca começou o trabalho. E, assim, os docentes nos seus cursos de filosofia voltaram a comentar Aristóteles, sem encontrar hostilidade por parte da autoridade eclesiástica.

Quando Santo Tomás iniciou os seus estudos em Paris, em 1252, Aristóteles já era muito conhecido e havia encontrado amplo consenso seja por suas teorias científicas, seja por suas doutrinas filosóficas. Santo Tomás, desde o início dos seus estudos filosóficos, apreciou bastante amplamente e compartilhou os princípios fundamentais da metafísica, da antropologia, da gnoseologia, da ética e da política de Aristóteles, tornando-se um de seus defensores mais competentes e convictos. E não voltou atrás nem mesmo quando, com a invasão do averroísmo que cavava um fosso profundo entre Aristóteles e o cristianismo, a oposição dos teólogos parisienses ao Estagirita se tornou cada vez mais dura e decisiva. Então, Santo Tomás, em vez de ceder à pressão dos agostinianos, preferiu assumir para si o pesado encargo de reler e comentar integralmente todas as obras principais de Aristóteles, com a finalidade de demonstrar que o seu pensamento — se bem que distinto do cristianismo — não era de modo algum distante e incompatível, como deixava supor a exegese de Averróis.

O apreço e o uso certamente notável que Santo Tomás faz das obras e do pensamento de Aristóteles não devem, porém, induzir ao erro, cometido por muitos historiadores, de identificar a filosofia tomista com a aristotélica. Escreveu-se, e há quem goste de repetir ainda hoje, que o mérito de Santo Tomás foi simplesmente o de ter "batizado Aristóteles". Mas isso significa desconhecer a verdade dos fatos. Indubitavelmente em Santo Tomás há muito Aristóteles, mas há também muito Platão e muito Agostinho, e, principalmente, há muito Tomás, porque tudo o que ele toma de empréstimo de Aristóteles, de Platão e de Agostinho torna-se vivificado por uma nova alma, que é o seu conceito originalíssimo e intensivo do ser, *perfectio absoluta, perfectio omnium perfectionum*. Graças a esse novo conceito do ser, Santo Tomás renova, e às vezes modifica, profundamente os mesmos princípios e categorias metafísicas de Aristóteles, mas, sobretudo, renova e modifica substancialmente a sua antropologia, sua teologia natural e sua ética.

Assim, deve-se reconhecer que Santo Tomás é antes de tudo o filósofo do ser; ainda que se deva admitir que na elaboração da filosofia ele é notavelmente devedor a Aristóteles, e também a Platão, a Agostinho, a Dionísio, o Areopagita, e a Severino Boécio.

(Cf. ARISTOTELISMO, AVERRÓIS, AVERROÍSMO)
[Tradução: A. Bogaz]

Aristotelismo

É a vasta corrente de pensamento que deriva de Aristóteles, um dos mais originais e influentes pensadores de todos os tempos; é a corrente à qual pertence também Tomás de Aquino.

Aristóteles é o criador de uma grande construção filosófica, elementos válidos dessa construção são principalmente: um eficaz método de pesquisa (lógica) e a forma expositiva (em substituição da dialética), uma análise penetrante dos elementos constitutivos do mundo físico, uma visão realista do mundo e do homem, e enfim uma profunda concepção da transcendência de Deus.

A visão filosófica de Aristóteles caracteriza-se pelo esforço de penetrar a realidade de modo unitário (contra o dualismo de Platão) e, ao mesmo tempo, pela tentativa de remeter as causas últimas de tudo o que é mutável e contingente a um princípio único e transcendente. Para esse fim, Aristóteles postula quatro causas principais: a matéria e a forma (para explicar a estrutura intrínseca das realidades materiais), o agente e o fim (para explicar a origem das coisas e o seu dinamismo). Ele se vale desses princípios para resolver todos os máximos problemas: problema *cosmológico* (composição hilemórfica das coisas: essas são compostas de matéria e forma, as quais se encontram em relação de potência e ato); problema *antropológico* (o homem não é somente alma como afirmava Platão, mas é o resultado da união substancial de alma e corpo, a primeira concebida como forma, o segundo como matéria); problema *gnoseológico* (o conhecimento intelectivo se funda sobre o sensitivo, enquanto as ideias brotam das sensações mediante o processo abstrativo); problema *metafísico* (a metafísica é o saber mais importante e elevado, porque estuda o ser em si mesmo e objetiva a descoberta das últimas causas das coisas); problema *ético* (a perfeita felicidade para o homem consiste na plena realização de si mesmo que se consegue principalmente mediante a contemplação da verdade, mas sem a exclusão de uma suficiente dose de riquezas e de prazeres, porque o homem é constituído não só de alma, mas também de corpo); problema *teológico* (existe um Ser supremo, que é causa última de todo devir na qualidade de Motor Imóvel).

A escola fundada por Aristóteles num primeiro momento não teve nenhum expoente de relevo, excetuando Teofrasto, sucessor imediato de Aristóteles, que acentuou o interesse científico da escola; depois de Teofrasto as obras do mestre desapareceram de circulação e em pouco tempo o pensamento de Aristóteles caiu no esquecimento. Todavia, ressurgiu preponderantemente durante a Idade Média primeiramente no mundo árabe e depois no mundo cristão. Do encontro do pensamento aristotélico com o islamismo surgiu a escolástica árabe, com Avicena e Averróis; ao passo que do encontro com o cristianismo surgiu a grande escolástica cristã, com Alberto Magno, Tomás de Aquino, Roger Bacon, Siger de Brabant, Duns Escoto, Ockam.

Santo Tomás figura entre os máximos expoentes do aristotelismo. Indubitavelmente entre os mais peritos e profundos conhecedores do Estagirita, o Doutor de Aquino, a fim de resgatá-lo dos preconceitos e das suspeições com que fora envolvido pelo averroísmo, realizou o notável empreendimento de comentar em breve tempo todas as principais obras de Aristóteles. Os seus comentários foram de tal modo apreciados pelos cristãos medievais que, enquanto continuavam a usar o título de *Commentator* para Averróis, utilizavam o título de "*Commentator noster*" quando se referiam a Santo Tomás. A interpretação do Doutor de Aquino se distingue da de Averróis por uma maior atenção ao espírito do que à letra. Assim, apegando-se mais aos princípios que a suas aplicações, Santo Tomás consegue mostrar que o pensamento de Aristóteles é menos incompatível com o cristianismo do que os comentários de Averróis deixavam entender. Santo Tomás pertence certamente ao universo aristotélico, muito mais que ao platônico e agostiniano. Entretanto não se deve exagerar, como frequentemente se faz, a dependência de Santo Tomás para com Aristóteles: o tomismo não é simplesmente um "aristotelismo batizado", por duas razões fundamentais: 1) porque na visão tomista, além dos elementos fundamentais da metafísica de Aristóteles (os princípios e as categorias), encontram-se princípios e orientações de proveniência platônica e agostiniana (a doutrina da participação e a inspiração abertamente transcendental); 2) porque todo o material filosófico aristotélico é profundamente vivificado e transformado por um novo princípio vital, o conceito intensivo de ser, o *actus omnium actuum*, a *perfectio omnium perfectionum*. Por isso o tomismo é um sistema filosófico profundamente original e não uma simples reedição do aristotelismo.

(Cf. Aristóteles, Averróis, Averroísmo)

[Tradução: D. Zamagna]

Arrebatamento

É a forma de êxtase no qual a alma, de repente, é transportada e quase absorvida em Deus.

Santo Tomás enfrenta o tema do arrebatamento no contexto do tratado sobre a profecia; de fato, porém, depois o descreve em termos que fazem do arrebatamento um momento de êxtase: o seu momento culminante e conclusivo. O elemento específico do arrebatamento é a suspensão dos fenômenos característicos da sensibilidade: essa suspensão pode ser causada por uma enfermidade; também podem ser causa os demônios e também a *virtude divina*, e este é o verdadeiro arrebatamento pelo qual alguém é elevado pelo Es-

pírito divino a coisas sobrenaturais com abstração dos sentidos. Enquanto normalmente a subida do homem a Deus ocorre por meio dos sentidos, no arrebatamento a contribuição dos sentidos é interrompida. "É natural ao homem tender às coisas divinas por meio das sensíveis [...]. Mas não é natural ao homem ser elevado às coisas divinas com abstração dos sentidos" (II-II, q. 175, a. 1, ad 1). "Às vezes se diz que alguém é arrebatado não só quando é alienado dos seus sentidos, mas também quando é alienado das coisas com que se ocupava, como é o caso de alguém que padece distração da mente sem querer. Mas isto não se chama propriamente arrebatamento" (ibid., a. 1).

O arrebatamento, que tem por finalidade a visão da verdade, pertence por si à *faculdade cognoscitiva*; algumas vezes, porém, tendo uma causa afetiva, pode pertencer à faculdade apetitiva; no Paraíso pertence a ambas as faculdades. O êxtase é o efeito do amor de Deus; o arrebatamento, porém, acrescenta ao êxtase, saída de si, o conceito de uma certa violência operada pelo Espírito Santo (ibid., a. 2 e ad 1).

(Cf. Êxtase)

[Tradução: M. Couto]

Arte

Para nós modernos, este termo designa "toda produção de beleza por parte de um ser consciente" (A. Lalande): de fato, relacionamos a arte diretamente à beleza; objeto da arte é a beleza, ao passo que a faculdade com a qual percebemos a beleza é a admiração.

No mundo grego e naquele medieval faltava um conceito que tivesse essa extensão e faltava, portanto, o termo correspondente. "Com a palavra *techne*, os gregos indicavam toda a habilidade conseguida por meio de uma aplicação consciente, que pudesse conferir ao homem um domínio sobre as coisas e sobre os homens" (L. Stefanini).

1. Definição

Como definição da arte, Santo Tomás propõe regularmente a fórmula: "*Ars est recta ra-*

tio factibilium (a arte é a reta razão das coisas a serem produzidas)" (I-II, q. 57, a. 4). Essa fórmula é apresentada também por meio de expressões mais claras, como as seguintes: "A arte não é senão a *reta norma* no cumprimento de determinadas obras a serem feitas (*aliquorum operum faciendorum*)" (I-II, q. 57, a. 3), ou então: "A arte não é senão um certo *ordenamento da razão* (*ordinatio rationis*) com que, fazendo uso de determinados meios, os atos humanos (*actus hominis*) atingem o fim devido" (*I Anal.*, lect. 1, n. 1). Portanto, se chamam artísticos todos os produtos, de qualquer gênero, que tenham sido executados conforme uma norma, um ordenamento, uma "técnica".

Os *factibilia* (objetos a serem produzidos) são aquilo que distingue a arte da moral. Esta, por sua vez, trata dos *agibilia* (as ações a serem cumpridas) e fixa as regras, as normas, as leis a serem observadas, para que tais ações possam ser chamadas de morais (ou seja, boas). Eis como Santo Tomás justifica a distinção entre arte e moral: "Como Aristóteles recorda, existe diferença entre fazer e agir (*facere et agere*), pois o fazer (*factio*) é um ato (transitivo) que vai em direção dos objetos externos, como fabricar, serrar, e assim por diante; enquanto o agir (*agere*) é um ato (intransitivo) que permanece no próprio agente, como o ver, o querer e similares. Por isso a prudência (virtude primeira da moral) se refere àqueles atos que presidem ao uso das potências e dos hábitos; enquanto a arte se refere às operações externas; porém tanto uma como a outra são a perfeita razão em relação as coisas às quais se referem" (I-II, q. 57, a. 4).

Segundo Santo Tomás, a arte comporta uma tríplice operação: estudar o que se deseja produzir e como produzi-lo (*considerare qualiter aliquid sit faciendum*); escolher a matéria a ser usada; realizar o produto artístico (*constituere ipsum opus*) (cf. *VI Ethic.*, lect. 3).

2. Divisão

Santo Tomás propõe muitas divisões da arte, mas a mais importante é aquela entre as duas grandes categorias das artes servis de um lado e das artes liberais do outro. São *servis* todas as artes manuais (portanto, não só a agricultura, a caça, a pesca, mas também a pintura, a arquitetura e a escultura). Em vez disso, são *liberais* os vários âmbitos do saber literário (gramática, retórica, dialética) e científico (aritmética, geometria, música e astronomia), praticamente todas as matérias que eram objeto de estudo no *Trivium* e no *Quadrivium*. Segundo Santo Tomás, essas disciplinas são chamadas *artes liberais* porque os hábitos operativos aos quais elas presidem miram o uso da razão (*opus rationis*), enquanto as *servis* miram o uso do corpo (*opus corporis*) (cf. I-II, q. 57, a. 3, ad 3).

3. Moralidade da arte

Na filosofia moderna muito se discutiu sobre a moralidade da arte, algumas vezes submetendo a arte à moral, outras vezes escavando um abismo entre a arte e a moral. Santo Tomás defende certa autonomia da arte, na medida em que seus objetivos e as normas que ela deve perseguir são distintos daqueles da moral; mas certamente é contrário a qualquer absolutização da arte a ponto de torná-la totalmente independente da moral. A arte está indiretamente subordinada à moral, na medida em que qualquer produto externo deve mirar ao bem absoluto do homem, àquele bem supremo que é o objeto próprio da moral. Ao bem não se chega com a arte, já que ela trata do belo e do útil. Portanto, a arte de per si não torna bom o artista, mas o torna simplesmente hábil e competente. Com efeito, "a arte confere apenas a capacidade de cumprir bem uma obra, e não diz respeito à vontade (e a suas motivações)" (I-II, q. 57, a. 4). "Nas obras de arte a bondade não pertence de modo algum à vontade humana (e às suas boas intenções), mas às próprias obras de arte: e, portanto, a arte não pressupõe uma reta vontade. E eis por que é mais prezado o artífice que erra voluntariamente do que aquele que erra sem querer; pois a bondade do querer é essencial à prudência, e não o é de modo algum para a arte" (I-II, q. 57, a. 4). Para que a arte se torne moral se requer, ao contrário, que o artista tenha uma vontade reta (*requiritur bona voluntas*), e esta atinge sua perfeição com a virtude moral. "Por isto o filósofo fala de *virtude moral da arte*, porque o seu bom uso requer algumas virtudes morais. Com efeito, é claro que a justiça, que confere retidão à vontade, fará com que o artesão (*artifex*) seja conduzido a cumprir uma obra genuína" (I-II, q. 57, a. 3, ad 2).

Santo Tomás não desenvolveu uma doutrina estética em sentido moderno do termo, como teoria geral da beleza, objeto da arte; mas certamente formulou uma doutrina clara da arte entendida como poder (faculdade) do homem de produzir objetos artísticos.

(Cf. Beleza/Belo, Estética)
[Tradução: G. Frade]

Ascética/Abstinência

Em geral com estes termos se indica qualquer prática ligada à purificação da alma mediante a renúncia dos prazeres da carne, o domínio das paixões e o cumprimento de determinados exercícios físicos. No âmbito da espiritualidade cristã, a ascética se situa como a doutrina da perfeita vida cristã e dos meios de alcançá-la.

Santo Tomás não compôs nenhum tratado de ascética, mas no amplo e profundo estudo que ele dedica à virtude da temperança na *Summa Theologiae* (II-II, qq. 141-170) podem ser encontrados todos os temas fundamentais que dizem respeito a esta matéria.

A temperança, que "tem por objeto os prazeres do tato", inclui de fato entre suas partes fundamentais as principais virtudes ascéticas, que são a abstinência, a sobriedade, a castidade, o pudor. "O objeto da temperança são os prazeres do tato, que se dividem em dois gêneros. Uns visam a alimentação, e, entre eles, a *abstinência* tem por objeto a comida e a *sobriedade*, a bebida. Outros referem-se à potência geradora, e destes a castidade tem por objeto principal o prazer da união carnal, enquanto o *pudor* se liga aos prazeres concomitantes, como os beijos, os toques e os abraços" (II-II, q. 143, a.u.).

A ascética como tal — esclarece Santo Tomás — não é uma virtude cristã nem mesmo uma virtude moral: tudo depende dos objetivos pelos quais ela é exercida. Quem a pratica apenas para manter a "linha", para a saúde ou para o esporte, permanece ainda fora do horizonte da moral e da graça. "Deve-se dizer que a moderação no comer, na quantidade como na qualidade, cabe à medicina, no caso da saúde física, mas, vista nas suas disposições interiores, em relação ao bem racional, ela pertence à abstinência" (II-II, q. 146, a. 1, ad 2). "Em si mesmos considerados, nem o uso dos alimentos nem a sua abstinência concernem ao Reino de Deus, porque diz o Apóstolo: 'Não é um alimento que nos aproximará de Deus: se dele não comermos, nada nos faltará; se comermos, nada teremos a mais'. Ambos, porém, se relacionam ao Reino de Deus quando praticados, racionalmente (*rationabiliter*), na fé e no amor de Deus" (II-II, q. 146, a. 1, ad 1).

Graças à sua visão do homem profundamente unitária, contrária a toda forma de dualismo, visto que concebe o homem como substancialmente composto de alma e de corpo e não como alma prisioneira do corpo, Santo Tomás propõe uma doutrina ascética bastante equilibrada que exclui mortificações, jejuns, renúncias, sacrifícios excessivos que acabam por atormentar o corpo e debilitá-lo, porque assim se mortifica o próprio homem, impedindo-o de desenvolver o seu trabalho, e também são dificultadas as atividades da alma.

[Tradução: M. Couto]

Astrologia cf. Astronomia

Astronomia

Etimologicamente significa "classificação (lei) dos astros" (do grego *astron* = astro e *nomía* de *némein* = distribuir, classificar). Originariamente era sinônimo de "astrologia" e ambas as palavras foram utilizadas promiscuamente; tal uso durou durante toda a Idade Média, até o século XVII. E, assim, também em Santo Tomás astronomia é sinônimo de astrologia.

Nesse campo, como em geral em todos os outros campos das ciências naturais, Santo Tomás segue Aristóteles, do qual retoma todas as principais teses: o geocentrismo, a incorruptibilidade dos corpos celestes, cuja matéria era uma *quinta essência*, radicalmente diversa dos quatro elementos terrestres (água, ar, fogo e terra); a teoria das esferas celestes, a negação do vazio, a distinção do movimento em retilíneo e circular e a atribuição de dignidade superior ao segundo por ser refratário ao movimento de concentração e rarefação e, portanto, a toda possível transformação e corrupção; a teoria dos excêntricos e dos epiciclos etc.

Objeto da astronomia são o céu e os corpos celestes: "*in astrologia* [...] *subiectum est coelum et coelestia corpora*" (III Met., lect. 7). No seu estudo se utiliza dos conhecimentos da matemática e da geometria; assim, Santo Tomás pode afirmar que "a astronomia e a perspectiva são espécies da matemática, visto que se aplicam a uma matéria natural" (I-II, q. 35, a. 8). Santo Tomás reconhece ao astrônomo o poder de tornar válidas previsões do futuro; por exemplo, pode prever os eclipses do sol e da lua (cf. II-II, q. 95, aa. 1 e 5). Entretanto, ele está, ao mesmo tempo, perfeitamente consciente do caráter hipotético desta forma de saber: "As hipóteses inventadas pelos astrônomos não são necessariamente verdadeiras; são admitidas enquanto parecem explicar os fatos, mas não se deve ater à crença de que eles viram com justeza; pode acontecer que um modelo ainda desconhecido aos homens possa fornecer uma melhor explicação de todos os fenômenos do mundo celeste" (In II De Cael., lect. 17, cf. I, q. 32, a. 1, ad 2).

[Tradução: M. Couto]

Astúcia

É o estudo dos meios para atingir o próprio fim mediante as vias da falsidade e da simulação. É um *vício*, é o oposto da prudência, a qual, ao contrário, é a norma correta das ações. Pertencem à astúcia o engano e a fraude. De fato, o engano é a astúcia em ato, tanto com palavras quanto com fatos; a fraude, por outro lado, é astúcia em ato somente mediante fatos (II-II, q. 55, aa. 3-5).

[Tradução: A. Bogaz]

Ateísmo

É a negação da existência de Deus (*a-theos* = sem Deus).

O ateísmo, seja prático seja teórico, era fenômeno bastante difundido também na antiguidade (e não somente nos nossos dias), tanto que Platão (cf. *As Leis* X) e mesmo Fílon (*De praemiis* c. 7) advertiram a necessidade de tomá-lo seriamente em consideração e criticá-lo acuradamente. Na Idade Média, enquanto no mundo cristão e muçulmano o credo religioso torna-se também lei civil, o ateísmo desaparece totalmente, principalmente como manifestação pública. Nem por isso o problema foi desconsiderado. Santo Anselmo desenvolveu a sua célebre argumentação ontológica exatamente como argumento que fosse irrefutável pelos ateus.

Santo Tomás não trata explicitamente do ateísmo, cujo termo inclusive ele ignora. Quando trata dos pecados contra a religião, não leva em consideração os pecados da impiedade e da irreligiosidade; os únicos pecados que ele examina são a superstição, a adivinhação, a tentação, o perjúrio, o sacrilégio, a simonia (cf. II-II, qq. 92-100). Entretanto, ele afronta indiretamente o problema do ateísmo quando examina os argumentos que se podem aduzir para contestar a existência de Deus. O Doutor de Aquino conhece muito bem os três grandes argumentos aos quais o homem pode apelar para refutar Deus: 1) o argumento da ciência, que pode tornar inútil a hipótese de Deus; 2) o argumento do mal, que pode comprometer a realidade de um Deus criador e providente; 3) o argumento da liberdade, que parece incompatível com a existência de um Deus onisciente e onipotente. Eis como o Doutor de Aquino faz a demolição desses argumentos: ao argumento da ciência, responde: "Como a natureza age em vista de um fim determinado dirigida por um agente superior, é necessário fazer chegar até Deus, causa primeira, tudo o que a natureza faz" (I, q. 2, a. 3, ad 2). Ao argumento do mal, responde: "Diz Santo Agostinho: 'Deus, soberanamente bom, não permitiria de modo algum a existência de qualquer mal em suas obras, se não fosse poderoso e bom a tal ponto de poder fazer o bem a partir do próprio mal'" (ibid., ad 1). Ao argumento da liberdade, rebate: "Do mesmo modo, o que é feito por uma livre decisão é necessário fazer chegar a uma causa mais elevada, além da razão ou da vontade humana. É necessário que o que é mutável e falível chegue a um princípio imóvel e necessário" (ibid., ad 2).

Entretanto é também verdadeiro segundo Santo Tomás que a existência de Deus não é coisa óbvia: o homem não dispõe de uma visão ou intuição de Deus; ele chega a Deus raciocinando, argumentando, refletindo sobre as coisas e sobre si mesmo. Pode-se provar a existência de Deus, mas se trata de uma demonstração simples, como que espontânea, acessível a todos, até às mentes mais simples, porque são múltiplos os indícios, os traços, os fenômenos que remetem a Deus e exigem a sua existência: são os fenômenos do devir, da causalidade segunda, da contingência, dos graus de perfeição, da ordem, da participação, da composição real de essência e ato de ser etc. Portanto, uma razão que não deturpa o seu olhar das coisas, mas as considera atentamente, não pode deixar de ver e reconhecer a existência de Deus. Por isso, para Santo Tomás o ateísmo é teoricamente infundado, e quem o abraça não o faz por razões teóricas, mas práticas, as quais podem ser ditadas pela cultura, pela política e pelo ambiente social, e por interesses pessoais.

(Cf. Deus, Religião)
[Tradução: D. Zamagna]

Ato

Categoria fundamental da metafísica aristotélica e tomista junto com seu correlativo, a potência.

Em Aristóteles (e também em Santo Tomás), o ato designa tudo o que é perfeição, plenitude, realização, definição, enquanto a potência indica o que é imperfeito, incompleto, indefinido, e, portanto, suscetível de aperfeiçoamento, de definição e de realização. Nas coisas materiais, o ato não se identifica jamais com o ser em essência da coisa, mas apenas com a forma; enquanto a potência se identifica com a matéria. Por isso, ato e potência não são entes, mas princípios primeiros do ente: o ato é o princípio ativo e a potência, o princípio passivo. Aristóteles distingue dois graus de ato que chama de primeiro e segundo. O primeiro é a forma substancial de uma coisa; o segundo é o exercício de uma operação.

A formulação aristotélica da doutrina do ato e da potência, ainda que ultrapasse os confins da matéria e da forma da qual é obtida, de fato, porém, é afetada fortemente pelo contexto hermenêutico do qual foi desenvolvida. Isso é evidente principalmente quando Aristóteles nega que se possa dar um ato puro infinito. Sendo princípio de determinação, o ato, segundo Aristóteles, não pode ser senão finito. O que é verdade, porém, apenas se o ato é identificado com a forma (substancial ou acidental) e enquanto o estudo não ultrapassa os confins do devir substancial e acidental, como acontece justamente em Aristóteles.

Santo Tomás, em suas linhas fundamentais, toma para si a doutrina aristotélica do ato, mas a modifica em alguns pontos de importância capital.

1) Santo Tomás designa o papel de ato principal e primário não à forma, mas ao ser: "O ser é a atualidade de cada ato e a perfeição de cada perfeição" (*De Pot.*, q. 7, a. 2, ad 9). "Entre todas as coisas, o ser é a mais perfeita" (ibid.), "O ser substancial de uma coisa não é um acidente (como afirmava Avicena), mas a atualidade de cada forma existente, tanto se se trata de uma forma dotada de matéria ou não" (*Quodl.* XII, q. 5, a. 1).

2) Elevando o ser (*esse*) ao estatuto de perfeição absoluta e suprema, que confere realidade à qualquer outra perfeição (compreendido o conhecer, o querer, o poder etc.), Santo

Tomás pode ampliar o quadro das relações de ato e potência, que Aristóteles tinha limitado aos pares matéria/forma, substância/acidente. A esses dois, Santo Tomás acrescenta o par essência/ato do ser. Quando a essência não coincide com o ser em si mesmo — como acontece em Deus, que é o *esse ipsum subsistens* —, convém introduzir sempre a composição da essência com o ser: trata-se de uma composição nova, diferente daquela de matéria e forma e de substância e acidente, uma composição na qual a essência desempenha o papel de potência em relação ao ser; a única razão intrínseca pela qual o ente não possui toda a perfeição infinita do ser é devida à essência, que é a capacidade, a potência, que recebe tal perfeição e a limita. Esta nova composição — da essência e do ato de ser (*actus essendi*), explica o Doutor Angélico — é nitidamente distinta da composição de matéria e forma. De fato, embora ambos os tipos de composições sejam dados da potência e ato, não são absolutamente idênticos. "*Primeiro,* porque a matéria não é a essência (*substantia*) em si da coisa, senão teríamos que todas as formas seriam acidentais como entendiam os antigos naturalistas; a matéria, em vez disso, é uma parte da essência. *Segundo,* porque o ser em si mesmo (*ipsum esse*) não é o ato próprio da matéria, mas da substância toda inteira; o ser é o ato do que se pode dizer que é. Mas o ser não se diz da matéria, mas do todo (*de toto*). Por isso, não se pode dizer da matéria que ela é, mas o que verdadeiramente existe é a substância. *Terceiro,* porque nem sequer a forma é o ser (nem nas coisas materiais nem nas imateriais) […]. Por isso, nos entes compostos de matéria e forma, nem a matéria nem a forma se podem dizer essência e ser. Todavia, a forma se pode dizer *o que para o qual uma coisa é*, pois é o princípio do ser; mas toda a substância é o que é (*quod est*) e o ser é o que pelo qual a substância se diz ente (*ipsum esse est quo substantia denominatur ens*). Pelo contrário, nas substâncias intelectuais ou separadas, que não são compostas de matéria e forma, mas nas quais a mesma forma é substância subsistente, a forma é *o que existe*; enquanto o ser é ato ou o que pelo qual existe a forma (*ipsum esse est actus et quo est*)" (*C. G.,* II, c. 54).

3) Introduzindo esta ulterior composição, que vai um pouco mais além das composições de matéria e forma, de substância e acidentes — a composição de essência e ato do ser —, Santo Tomás pode resolver o problema da criaturalidade e finitude dos anjos sem comprometer a absoluta espiritualidade destes e não a deteriorando com a hipótese incompatível (dos agostinianos) do hilemorfismo. De fato, a essência dos anjos não se identifica, como ocorre em Deus, com o ser, mas se relaciona ao ser, que é ato, em modo de potência. E essa é "a única composição que há neles, composição que resulta da essência e do ser, e que por alguns é chamada também daquilo que é (*quod est*) e de ser (*esse*), ou daquilo que é (*quod est*) e daquilo pelo qual é (*quo est*)" (*C. G.,* II, c. 54; cf. *De sub. sep.,* c. 1).

4) Enfim, levando o ser ao máximo grau de atualidade e fazendo disso a *actualitas omnium actuum,* Santo Tomás pode abandonar a tese aristotélica da finitude do ato. Com efeito, o ato puríssimo do ser, que em Deus é livre de qualquer composição e limitação, porque em Deus não pode existir nenhuma potencialidade, não pode não ser senão infinito. Eis o raciocínio do Doutor de Aquino: "Infinito se diz de algo porque não é finito (limitado). De certo modo, a matéria é limitada pela forma uma vez que a matéria, antes de receber a forma, está em potência de muitas formas; mas, no momento que recebe uma forma, por esta é delimitada. A forma é, portanto, limitada pela matéria, porque a forma, considerada em si mesma, é comum a muitas coisas, mas, no momento em que é recebida na matéria, se torna forma apenas de uma determinada coisa. Exceto que a matéria recebe a perfeição da forma que a determina, e por isso o infinito atribuído à matéria abrange imperfeições porque é como uma matéria sem forma. Pelo contrário, a forma não é aperfeiçoada pela matéria, mas dela recebe a restrição da sua amplitude ilimitada; portanto, o infinito que se atribui à forma não delimitada pela matéria comporta essencialmente perfeição. Como

já vimos, o próprio ser entre todas as coisas é o que de mais formal se pode encontrar. Portanto, haja vista que o ser divino não é recebido em um sujeito, mas Deus é o seu próprio ser subsistente, fica provado claramente que Deus é infinito e perfeito" (I, q. 7, a. 1; cf. *C. G.*, I, c. 43; *I Sent.*, d. 43, q. 1, a. 1).

Na revisão tomista da doutrina aristotélica do ato, temos a ocasião de constatar duas coisas: 1) Santo Tomás não é de modo algum um simples e ingênuo repetidor de Aristóteles; mesmo quando retoma conceitos e teses do Estagirita, o faz adequando-os às exigências da sua compreensão da realidade. 2) Graças ao seu conceito intensivo de ser, Santo Tomás é capaz de transformar profundamente até mesmo as mais importantes e basilares doutrinas metafísicas de Aristóteles, as doutrinas da causalidade, do vir-a-ser, da composição do ato e potência e da composição da matéria e forma, do finito e do infinito, e, consequentemente, as doutrinas sobre o mundo, sobre o homem, sobre a alma e sobre Deus.

(Cf. Deus, Potência, Ser)
[Tradução: A. Boccato]

Ato humano

É um ato sobre o qual o homem exercite o seu domínio e a sua soberania; do qual ele não é simplesmente causa, mas causa livre. Contrapõe-se ao *actus hominis* (ato do homem), que é um ato realizado sim pelo homem, mas não livremente, como respirar, digerir, dormir etc. "Diz-se ato humano não qualquer ato realizado pelo homem ou no homem, porque em alguns atos os homens agem como as plantas e as bestas, mas é um ato próprio do homem. Neste sentido, com relação às outras coisas, o homem tem isto de próprio, de ser dono do próprio ato (*sui actus est dominus*); portanto, qualquer ato do qual o homem é dono é propriamente um ato humano" (*De Virt.*, q. 1, a. 4). Entre as muitas divisões que se podem fazer do ato humano, Santo Tomás dá relevo principalmente à divisão entre atos internos e externos: dos primeiros, está consciente apenas o agente; dos segundos, podem ter conhecimento também os outros.

Os atos humanos formam o objeto próprio da moral: esta, com efeito, se propõe ensinar ao homem ser verdadeiro senhor de si mesmo e dos próprios atos, dominar as próprias ações direcionando-as à obtenção do verdadeiro bem do próprio homem, que é a sua felicidade. Santo Tomás realiza um estudo profundo e cuidadoso sobre os atos humanos, dedicando a esse argumento uma ampla discussão na *Summa Theologiae* (I-II, qq. 6-21). Aí ele examina atentamente a voluntariedade e a moralidade dos atos humanos, estudando separadamente o objeto, o fim (as motivações), a deliberação, o conselho, o consenso, a escolha, os meios, as circunstâncias, a bondade e a malícia dos atos humanos.

O ato humano é o ato no qual se exercite e se consuma o livre-arbítrio: é, portanto, um ato que exige a colaboração do intelecto e da vontade; ele se desenvolve por meio de três fases: a deliberação, o conselho, a escolha ou eleição. As duas primeiras referem-se ao intelecto; a terceira, à vontade. Entre os atos humanos, ocupam um lugar especial os *atos imperados*: trata-se de atos ordenados (*imperati*) pela razão, mas sob o impulso da vontade. Procedendo da razão, os atos imperados não competem aos animais. Podem ser "imperados" os atos da razão, porque ela se volta para si mesma, e há coisas que por si não a convencem, deixando-a suspensa. Podem ser atos "ordenados" também os atos da vontade, porque a razão, assim como faz um juízo que seja bem querer algo, pode também assim "ordenar" o querer esse algo. Podem ser "imperados" os atos do apetite sensitivo se dependem da alma, como a imaginação; não, porém, se dependem do corpo; mas não podem ser "imperados" os atos da vida vegetativa, porque são naturais, e não podem ser imperados os movimentos dos membros que seguem as forças naturais, mas apenas aqueles que obedecem à parte sensitiva ou à razão (I-II, q. 17).

A bondade (e malícia) dos atos humanos depende de três coeficientes: 1) o *objeto*, porque este especifica o ato e esta é a bondade específica; 2) a *intenção* de quem age, que leva no ato uma ordem de dependência, e esta é a bondade causal; 3) as *circunstâncias*, as quais são acidentes do ato; estes completam a substância; somente quando todos os três coeficientes são bons é que se tem um ato bom; mas basta que um só coeficiente seja ruim para ter um ato ruim ou, pelo menos, imperfeito (I-II, q. 18).

(Cf. Arbítrio, Moral, Vontade)

[Tradução: A. Boccato]

Audácia

É uma paixão que está radicada diretamente no apetite irascível (cf. II-II, q. 127, a. 1) e consiste essencialmente num moto impulsivo e ousado ao enfrentar males terríveis ou ao buscar bens bastante difíceis de serem alcançados. A audácia é o contrário do temor, porque tem o mesmo objeto, mas se encontra no lado oposto (I-II, q. 45, a. 1). Esta deriva sempre da esperança de conseguir algum bem, quiçá evitando um mal (ibid., a. 2). A audácia torna-se um vício quando não é regulada pela razão, por falta ou por excesso de moderação; isso ocorre pela falta do conveniente temor (II-II, q. 127, aa. 1 e 2).

[Tradução: M. Couto]

Autoconhecimento

O termo indica a operação com a qual o homem se autopossui por meio das próprias atividades cognoscitivas, volitivas, afetivas.

O tema do autoconhecimento é proeminente na filosofia platônica e neoplatônica: o empenho prioritário do filósofo é conhecer a si mesmo; somente esse conhecimento prepara o retorno ao mundo das Ideias ou ao Uno. Sob a influência do neoplatonismo também Santo Agostinho dedica grande relevo ao autoconhecimento: a alma tem um conhecimento direto e imediato de si mesma, que jamais perde, e mediante o olhar do seu espírito (*acies spiritus*) ela se dirige até Deus.

Santo Tomás nega que o homem seja dotado de um autoconhecimento direto e imediato da própria alma e afirma que o autoconhecimento se obtém mediante um processo reflexivo, pelo qual, passando dos objetos aos atos, dos atos às faculdades e das faculdades à substância na qual ela se enraíza, a alma faz retorno (*reditio*) a si mesma. "É comum em todas as potências da alma: pois o ato é conhecido mediante seus objetos, e as potências mediante o ato, e a alma mediante suas potências. Logo, também a alma intelectiva é conhecida mediante seu conhecer" (*De An.*, a. 16, ad 8).

Santo Tomás conhece bem o ensinamento de Santo Agostinho de que "a mente sempre pensa a si mesma, sempre conhece e sempre se ama", mas recusa a interpretação que davam dessa afirmação os discípulos do grande Doutor de Hipona, que "entendem estas palavras no sentido de que a alma possui estavelmente um conhecimento e um amor atual de si mesma". Aquilo que Santo Tomás está disposto a admitir é que "a alma conhece e ama a si mesma, não em ato, mas habitualmente. Embora também se possa dizer que, percebendo seu ato, ela conhece a si mesma toda vez que conhece alguma coisa. No entanto, porque não está sempre conhecendo em ato, como é evidente quando dorme, por isso convém dizer que os atos, embora nem sempre permaneçam em si mesmos, contudo, permanecem sempre em seus princípios: nas potências e nos hábitos" (I, q. 93, a. 7, ad 4).

Segundo o Doutor de Aquino, o autoconhecimento *habitual* não desvela a natureza da alma, o ser do homem, mas somente sua existência. O mesmo Santo Tomás, no *Comentário às Sentenças*, distingue dois tipos de reflexões do intelecto (e portanto da alma) sobre si mesmo: um diz respeito à natureza, e passa necessariamente pelos trâmites dos objetos, dos atos e das potências; o outro diz respeito à existência, e esta é colhida imediatamente (cf. *III Sent.*, d. 23, q. 1, a. 2, ad 3). A mesma distinção é proposta também na *Suma Teológica*, onde se enfrenta a questão: "A alma intelectiva conhece a si mesma por sua essência?". A resposta do Doutor Angélico a essa questão é que imediatamente a alma intelectiva pode colher somente a própria existência; em vez de descobrir a própria essência, ela chega somente mediante uma prolongada e trabalhosa pesquisa. De fato, a própria existência é um evento particular do qual cada um pode ser imediatamente consciente; ao invés disso a essência, a natureza da alma é um conceito universal que não pode ser intuído, mas é adquirido mediante a reflexão atenta, a busca assídua e o estudo prolongado. "Há, entretanto, uma diferença entre esses dois modos de conhecer. Para o primeiro modo, basta a presença da mente, que é o princípio do ato pelo qual a mente percebe a si mesma. Por isso se diz que se conhece por sua presença. Mas, para o segundo modo, não basta a presença, é preciso ainda uma busca ativa e penetrante. Em consequência, muitos ignoram a natureza da alma, e muitos também se deixam enganar sobre a sua natureza" (I, q. 87, a. 1).

A distinção que Santo Tomás coloca entre conhecimento da existência que é habitual, imediata se bem que tácita, e conhecimento da natureza da alma, que é objeto de busca ativa e penetrante, coincide, afinal, com a distinção que se tornou familiar na filosofia contemporânea entre autoconhecimento concomitante (que é aquele silencioso ou tácito ou habitual) e autoconhecimento reflexivo (que é aquele explícito, buscado, desejado).

Todos os estudos que se fazem sobre o homem e sobre a alma por parte da ciência experimental, pelas ciências humanas e pela filosofia são, obviamente, o fruto do autoconhecimento reflexivo, não daquele direto e imediato.

(Cf. ALMA, ANTROPOLOGIA, CONHECIMENTO, CONSCIÊNCIA, HOMEM)
[Tradução: M. Couto]

Autoridade

Este termo significa geralmente poder, prestígio, autoridade, garantia.

1. Definição

Originariamente *auctoritas* é um conceito jurídico e significa garantia para um negócio, responsabilidade para uma pessoa, importância de uma perícia ou de um parecer. Depois, a autoridade torna-se uma característica estável do *auctor* e significa prestígio, dignidade, importância deste.

Em sentido mais geral a autoridade é uma prerrogativa que compete a pessoas (pais, mestres, bispos, governantes, pontífices), a instituições (Estado, Igreja, escola etc.), a obras literárias (livros sagrados, códices de direito etc.), às sentenças (dos papas, dos Concílios, dos Padres e Doutores da Igreja, dos teólogos, dos filósofos etc.). Também para Santo Tomás o termo *auctoritas* é frequentemente usado nesse sentido (cf. I, q. 1, a. 8; ibid., ad 2; I, q. 36, a. 2, ad 2; I, q. 77, a. 8, ad 1; *II Sent.*, d. 14, q. 1, a. 2, ad 1; *C. G.*, I, c. 2; III, c. 89).

2. O argumento de autoridade

Na teologia, o argumento de autoridade se reveste de um papel de capital importância. De fato, tendo a teologia como seu instrumento noético não a razão mas a fé, não pode apresentar como argumento decisivo a evidência (como faz, ao invés, a razão), mas deve recorrer necessariamente ao argumento de autoridade. Na *Suma Teológica* Santo Tomás defende a bondade desse argumento e fixa sua hierarquia, que coincide logicamente com o grau de autoridade daqueles que podem ser invocados para sustentar uma determinada sentença. Obviamente, em primeiro lugar vem a *autoridade de Deus*, porque "a sagrada doutrina (teologia) deriva os seus princípios da revelação [...] e, ao passo que o argumento baseado sobre a autoridade humana é o mais fraco de todos, o argumento de autoridade fundado na revelação divina é o mais forte"; depois, vem a *autoridade dos Apóstolos e dos Profetas*, "porque a nossa fé se apoia na revelação feita aos Apóstolos e Profetas, os quais escreveram os livros canônicos, não em qualquer outra revelação, admitida que exista, feita a algum doutor privado"; em terceiro lugar vem a *autoridade dos Padres e dos Doutores* da

Igreja: "Das sentenças dos Doutores da Igreja a teologia se serve quase como de argumentos próprios, mas com um valor apenas provável"; enfim, vem a *autoridade dos filósofos*, à qual a teologia pode fazer apelo, de fato "a sagrada doutrina utiliza também a razão humana, não para provar a fé, o que lhe tiraria o mérito, mas para iluminar alguns outros pontos que esta doutrina ensina. Como a graça não suprime a natureza, mas a aperfeiçoa, convém que a razão natural sirva à fé, assim como a inclinação natural da vontade obedece à caridade. Como diz o Apóstolo na Segunda Carta aos Coríntios: 'Submetemos todo pensamento à obediência de Cristo'. Assim, a doutrina sagrada usa também da autoridade dos filósofos quando, por sua razão natural, puderam atingir a verdade" (I, q. 1, a. 8, ad 2).

O elenco das autoridades que Santo Tomás nos propõe na *Suma* para o trabalho do teólogo não tem nenhuma pretensão de ser completo, tanto mais que nos é proposto não num estudo específico do argumento, mas simplesmente em réplica àqueles que desvalorizam o argumento de autoridade, relegando-o entre os argumentos mais fracos de todos. Contudo, se bem que na sua brevidade, a resposta de Santo Tomás é altamente significativa, na medida em que, além de defender o valor do argumento de autoridade, fixa também, segundo seu valor específico, quatro fontes fundamentais de autoridade: Deus, os Profetas e os Apóstolos, os Padres e Doutores da Igreja e os filósofos. Outras fontes autorizadas às quais o próprio Santo Tomás recorre frequentemente para corroborar suas argumentações são os documentos do Magistério eclesiástico, em particular do Magistério dos papas e dos concílios, não ignorando que "aqueles que, com cautelosa solicitude, buscam a verdade" devem dar atenção às determinações "da autoridade da Igreja universal […] cuja autoridade reside principalmente no Sumo Pontífice", que decide "as questões maiores e mais difíceis" (II-II, q. 11, a. 2, ad 3).

Santo Tomás tinha à disposição a *Concordia discordantium Canonum* de Graciano (composta entre 1139 e 1150) e ali encontrava os ensinamentos dos papas e as decisões dos concílios, organicamente distribuídas. "Assim, ele cita os nomes de quarenta papas, cujos documentos são distribuídos desde os primeiros séculos da Igreja ao século XIII. A maior parte é representada por uma ou duas citações, com exceção dos papas Gelásio, Nicolau e principalmente Inocêncio III, mencionados um pouco mais frequentemente. São citados mais de vinte concílios, entre os quais os Concílios ecumênicos de Niceia, Constantinopla, Éfeso, Calcedônia. Santo Tomás estudou também as Decretais de Gregório IX, as quais utilizou na II-II e em alguns artigos da III Parte" (A. Legendre).

O pensamento de Santo Tomás segue o lento e gradual desenvolvimento da história doutrinal e está atento para colher os elementos necessários à sua construção, evitando ao mesmo tempo os estertores de um imobilismo anti-histórico, desregulado e subversivo. Refuta o imobilismo porque, "Se fosse preciso dizer de Deus só aquilo que, literalmente, a Sagrada Escritura aplica a Deus, nunca se poderia falar dele em outra língua senão naquela em que foi composta a Escritura do Antigo ou a do Novo Testamento" (I, q. 29, a. 3, ad 1). Mas ele se preserva com cuidado do transformismo revolucionário, assumindo como guia seguro os ensinamentos do Magistério eclesiástico, único fiador infalível da Tradição da Verdade revelada. "O Magistério da Igreja para Tomás, mais do que uma 'fonte', é uma norma viva de pensamento que, com o sentido da doutrina, orienta e guia em tudo o que está em harmonia com isso. Com essa regra da harmonia, que ele extrai da função magisterial da Igreja, ele procede com segurança e coragem à busca dos elementos adaptados à sua síntese científica" (C. Pera).

(Cf. MAGISTÉRIO, TEOLOGIA)
[Tradução: M. Couto]

Avareza

Junto com a soberba, é um dos vícios que contaminam em grande escala e mais profundamente o coração do homem. Seja na soberba seja na avareza se pretende a mais de quanto seja lícito desejar. Na soberba se pretende a mais na ordem do ser: anseia-se ser maior, até mesmo ser como Deus (*eritis sicut dii*). Na a avareza se pretende mais na ordem do ter: é uma avidez (*cupiditas*) desordenada de bens materiais. Esses bens, de fato, são úteis somente na medida em que ajudam o homem a alcançar o seu fim último, a felicidade. "O bem do homem, no que concerne a estes instrumentos, consiste numa certa medida, a saber, que ele procure possuir estas riquezas exteriores na medida em que elas são necessárias para lhe garantir a vida na condição que lhe é própria. Por isso, o pecado consiste num excesso dessa medida, ou seja, quando alguém procura adquiri-las ou guardá-las além do modo devido. E isto se refere à razão da avareza, que se define como 'o amor imoderado do ter'. Portanto, ficou claro que a avareza é um pecado" (II-II, q. 118, a. 1).

Como em qualquer outro pecado, também na a avareza existe uma tríplice ofensa: ao próximo, a si mesmo e a Deus: "Na aquisição ou na conservação dos bens exteriores [...] além do limite devido [...] a avareza é um pecado que atinge diretamente o próximo, porque, no que concerne aos bens exteriores, quando um possui em excesso é porque para outro está faltando algo, uma vez que estes bens exteriores não podem ter vários possuidores ao mesmo tempo"; "a avareza pode implicar uma falta de moderação no apego interior que se tem às riquezas, a saber, quando alguém as ama e as deseja de maneira imoderada, ou nelas se deleita imoderadamente [...], a avareza é um pecado do homem contra si próprio; porque é uma desordem nestas afeições interiores, embora não seja uma desordem contra o próprio corpo, como os vícios carnais. E, assim, a avareza é também um pecado contra Deus, como todos os pecados morais, pois leva o homem a desprezar o bem eterno por causa de um bem temporal" (ibid., ad 2).

A avareza, se bem que seja torpe, não é o pecado mais grave, porque se refere ao ínfimo dos bens humanos, isto é, ao bem externo e corporal constituído pelas riquezas. A avareza é um pecado de espírito, porque a sua satisfação se concentra na consideração dos próprios haveres, enquanto os pecados carnais consistem nas satisfações carnais. A avareza é um *vício capital* porque dá origem a muitos outros pecados. Dela, de fato, nascem traições, fraudes, enganos, perjúrios, inquietações, violência e dureza de coração (cf. ibid., aa. 5-8).
(Cf. PECADO, VÍCIO)
[Tradução: M. Couto]

Averróis

Ibn Roshd, em árabe, nasceu em Córdoba, em 1126, e morreu em Marraquexe, no Marrocos, em 10 de dezembro de 1198. É um dos mais célebres filósofos árabes e um dos mais valentes comentadores de Aristóteles de todos os tempos. De fato, ele é recordado principalmente como comentador de Aristóteles, tanto que é chamado "o comentador por antonomásia". Da *Metafísica* de Aristóteles apresentou três comentários (grande, médio e pequeno) que, escritos em língua árabe, foram rapidamente traduzidos em latim. Assim, Averróis contribuiu de modo determinante para a difusão do pensamento de Aristóteles entre os escolásticos cristãos. Além dos escritos que tomam como ponto de partida os livros de Aristóteles, Averróis produziu também obras mais originais. Entre estas há a *Destructio destructionis* (*Tahâfut al — Tahâfut*), que é uma viva confutação do *Tahâfut alfalasifah* do teólogo-místico Al-Ghazali; e o opúsculo *De animae beatitudine*, sobre a união da alma com o intelecto agente (ativo).

O principal adversário de Averróis é Avicena, que ele acusa de fazer concessões injustificadas à doutrina dos teólogos filosofantes da escola ash'arita, depravadores da sã filosofia. Os pontos mais manifestos do pensamento de Averróis são a nítida distinção entre filosofia e teologia, entre fé e razão (sem, por outro lado, chegar a ponto, como farão seus discípulos, os averroístas latinos, de fazer profissão de dupla verdade), a unicidade do intelecto ativo, a eternidade do mundo.

Como resulta das frequentes citações que se encontram nas suas obras, Santo Tomás tinha grande familiaridade com os escritos e com o pensamento de Averróis e certamente o apreciava como comentador de Aristóteles. No entanto, não compartilhava com ele, além da fé religiosa, a doutrina sobre a unidade do intelecto, o modo de entender a distinção entre filosofia e teologia, entre fé e razão, e o próprio método hermenêutico: também Santo Tomás pratica como Averróis o método literal, mas é mais atento do que o comentador árabe às intenções fundamentais e aos princípios gerais que inspiram e guiam o autor. Assim, contra Averróis, Santo Tomás pode realizar um comentário de todas as obras de Aristóteles, nas quais muitos contrastes com o pensamento aristotélico e a doutrina cristã são ou inteiramente eliminados ou muito mitigados. Muito severas são as críticas que Santo Tomás move à doutrina averroísta sobre a unidade do intelecto agente: o Doutor Angélico faz ver que o intelecto agente é tão pessoal quanto o intelecto passivo, e de tal modo assegura a imortalidade pessoal da alma (cf. *De Un. Intell.*).

(Cf. ALMA, ARISTÓTELES, INTELECTO)

[Tradução: M. Couto]

Averroísmo

Averróis não fundou nenhuma escola, entretanto aos seus ensinamentos se referiam alguns mestres da universidade de Paris, encabeçados pelo eminente filósofo Siger de Brabant, aos quais foi dado o nome de *Averroices* ou *Averroístas*.

Os pontos específicos e qualificantes do averroísmo são a teoria da *dupla verdade*, a eternidade do mundo e a unicidade do intelecto agente. Com essas teorias, o averroísmo corria o risco de comprometer a assunção e o uso de Aristóteles — do qual Averróis tinha sido grande comentador — por parte dos teólogos, que, ao contrário, era exatamente a causa pela qual Santo Tomás combatia desde os inícios da sua atividade acadêmica e literária. Daí a enérgica tomada de posição do Doutor Angélico contra os averroístas e contra o seu mestre, para salvar não apenas Aristóteles, mas com Aristóteles a sua própria filosofia e teologia, que atingem continuamente o pensamento do Estagirita. No opúsculo *De unitate intellectus contra averroistas*, Santo Tomás não teme qualificar Averróis como corruptor do pensamento aristotélico: "*Qui non tam fuit Peripateticus, quam philosophiae peripateticae depravator*". Contra os averroístas intervém prontamente também o magistério eclesiástico. No breve período de sete anos (1270 a 1277) o bispo de Paris, Estêvão Tempier, condenou um longo elenco de teses tiradas dos escritos averroístas.

(Cf. ARISTÓTELES, AVERRÓIS)

[Tradução: A. Bogaz]

Avicebron ou Avencebrol

Este é o nome dado pelos medievais ao filósofo e poeta judeu e espanhol Shelomoh ibn Gabirol (Málaga 1020–Valência 1069). Entre as suas obras, obteve grande notoriedade entre os escolásticos latinos a *Fons vitae*: nesse escrito, inspirado em Avicena, o autor traça um quadro completo da realidade, segundo uma ordem hierárquica de estilo neoplatônico, no qual a linha de demarcação entre Deus e o mundo é dada pela matéria: este é um ingrediente essencial de todas as coisas criadas, inclusive das substâncias espirituais. Essa teoria, dita *hilemorfismo universal*, foi acolhida pela escola franciscana (Alexandre de Hales, Boaventura, Roger Bacon).

Santo Tomás em seus escritos cita várias vezes a *Fons vitae* e atribui a Avicebron a paternidade da teoria do hilemorfismo universal, teoria que ele rejeita categoricamente, defendendo a absoluta espiritualidade dos anjos e explicando a sua finitude, em vez de com a matéria, com a distinção real entre essência e ato de ser.

(Cf. ANJO/ANGEOLOGIA, ESSÊNCIA, SER)

[Tradução: A. Bogaz]

Avicena

Em árabe, Ibn Sina (980–1037). Nasceu em Bukara, na Pérsia. Menino-prodígio, adquiriu uma cultura enciclopédica, mas se afirmou principalmente como médico e filósofo. Avicena pode ser considerado o máximo expoente da filosofia árabe. No campo filosófico, as suas obras principais são o volumoso *Chifa* (conhecido pelos medievais com o título de *Liber Sufficientiae*), uma obra que compreende tratados sobre a lógica, a física, a matemática, a psicologia e a metafísica; e o mais breve *Najat*, que é um compêndio de metafísica.

Avicena criou um sistema filosófico de vastas proporções, no qual, sobre um arcabouço cosmológico neoplatônico, inseriu habilmente todas as grandes categorias da metafísica aristotélica: ato e potência, matéria e forma, substância e acidentes etc. O quadro cosmológico aviceniano é o seguinte: a realidade suprema é o Uno, Deus, o Necessário em si (enquanto as outras coisas são necessárias na sua causa) na qual essência e ser se identificam (enquanto nas outras coisas são realmente distintos). Do Uno procedem por emanação e segundo uma ordem hierárquica precisa, antes de tudo, as criaturas espirituais e, depois, as materiais. As criaturas espirituais são dez, as dez Inteligências. A décima, a mais imperfeita de todas, está em contato imediato com o mundo terrestre e cuida de distribuir às coisas as suas formas (é o *Dator formarum*) e aos homens as ideias. Cada ser humano possui uma alma espiritual com um *intelecto possível* próprio, mas depende de um único *intelecto agente* (a décima Inteligência), concebido como substância espiritual separada, comum a todos. Por esses ensinamentos, Avicena encontrou uma áspera oposição por parte dos teólogos muçulmanos, em particular de Al-Ghazali, mas ele procurou sempre conciliar as ideias filosóficas com a fé em Alá.

Traduzidas em latim, as obras de Avicena tiveram grande difusão entre os pensadores cristãos da Idade Média, principalmente durante os séculos XIII e XIV. Notável é sua influência sobre Roger Bacon e Duns Escoto; é menos sensível e marcada sobre Alberto Magno e Santo Tomás. A presença de Avicena nos escritos do Doutor Angélico é contínua, mas é mais acentuada nas primeiras obras (*Comentário às Sentenças, De ente et essentia, De veritate*) que nas da maturidade. Santo Tomás é devedor de Avicena principalmente no que diz respeito a uma das doutrinas fundamentais da sua metafísica, a doutrina da *distinção real* entre essência e ato de ser nas criaturas, se bem que o Doutor Angélico a modifica profundamente à luz do seu conceito intensivo de ser, pelo qual este não pode ser concebido como um acidente em relação à essência ou substância (como, ao contrário, pensava Avicena). Sendo o ser a atualidade de cada ato, esse não pode cair sob o domínio de nenhuma categoria, nem da substância e tanto menos daquelas dos acidentes. Por isso, escreve Santo Tomás, "não parece que Avicena tenha dito o correto. De fato, mesmo sendo o ser da coisa diferente da sua essência, todavia não se deve conceber como algo de acréscimo em forma de acidente, mas como alguma coisa que vem de certo modo constituída mediante os princípios da essência" (*IV Met.*, lect. II, n. 558). Uma outra doutrina da qual Santo Tomás pode depender de Avicena se refere à correspondência entre a composição lógica de gênero e diferença e a composição metafísica de matéria e forma (cf. *Quodl.* VIII, q. 1, a. 2). Uma terceira doutrina da qual Santo Tomás é devedor de Avicena é a distinção de *possibile esse* próprio da criatura e de *necesse esse* próprio de Deus, que inspira certamente a Terceira Via, na demonstração da existência de Deus. Porém, também nesse ponto, Santo Tomás se afasta de Avicena porque atribui uma forma de *necesse esse*, dependente de Deus, às criaturas espirituais.

[Tradução: A. Bogaz]

Axiologia

É o estudo filosófico dos valores, como sugere o étimo grego: *axios* = digno, válido;

e *logos* = estudo. É um ramo da filosofia desenvolvido no século XX que trata da natureza dos valores, de sua origem e hierarquia. A axiologia se distingue tanto da moral quanto da metafísica, pois seu objeto é o valor, isto é, a dignidade de uma coisa ou de uma ação, ao passo que o objeto da moral é o bem e o da metafísica, o ser.

O valor é uma qualidade transcendental do ser que se distingue do uno, do verdadeiro, do bem e do belo — ou seja, dos outros transcendentais —, pois designa um aspecto peculiar que nenhum desses expressa: a dignidade, a nobreza, a grandeza de uma coisa ou de uma ação.

Santo Tomás não desenvolve e tampouco esboça uma axiologia. Em seus escritos, o termo *valor* jamais é usado como substantivo, mas apenas na forma verbal de *valer*, no sentido de *ser proveitoso*. Por isso, Santo Tomás fala do valor (proveito) das obras boas, das indulgências, dos sufrágios etc.

Não obstante, não faltam em Santo Tomás aspectos interessantes atinentes à axiologia, por exemplo, quando ele fala da *dignitas*, *nobilitas*, *perfectio*, *magnitudo* das várias realidades e atividades. A partir de tais aspectos, seria possível reconstruir as linhas essenciais de uma axiologia tomista.

(Cf. Bem (ontológico), Valor/Valores)

[Tradução: M. Ponte]

Batismo

É o primeiro e fundamental dos sete sacramentos. Prefigurado no AT, preparado por João, o batizador, foi instituído por Jesus Cristo como sinal distintivo dos seus seguidores, como condição essencial para entrar em sua Igreja e, consequentemente, como via ordinária para obter a graça da libertação do pecado e a vida eterna. "Ide, então, fazei de todos os povos discípulos, batizando-os em nome do Pai e do Filho e do Espírito Santo" (Mt 28,18-19); "Quem crer e for batizado será salvo" (Mc 16,16). Desde a sua fundação a Igreja primitiva praticou o Batismo; ele representava o ato oficial com o qual se entrava na comunhão cristã e era dado "em nome de Jesus Cristo" ou "do Senhor Jesus" (At 2,38; 8,16; 10,48; 1Cor 2,13 ss.).

A doutrina em torno da necessidade do Batismo, do sujeito, do ministro, dos efeitos e do rito foi lentamente se aperfeiçoando durante o período da patrística, principalmente por mérito dos Padres gregos (Cirilo de Jerusalém, Epifânio, Gregório de Nissa etc.) e, em seguida, dos Padres latinos (Tertuliano, Cipriano, Ambrósio e, principalmente, Agostinho). Santo Agostinho fez do Batismo o seu campo de batalha preferido na sua acirrada e longa luta contra os donatistas e os pelagianos, sublinhando a necessidade do Batismo das crianças e a validade da sua administração mesmo quando feita por ministros indignos.

Durante a época de Santo Tomás, as divergências haviam se acalmado e a doutrina batismal havia se esclarecido suficientemente em todos os seus pontos. A discussão de Santo Tomás tem o mérito da sistematização e da completude: todos os aspectos principais do sacramento são estudados, conforme uma ordem lógica, clara e rigorosa. No âmbito da teorética, os maiores ganhos da discussão tomista são dois, e dizem respeito respectivamente à causalidade instrumental da matéria e do ministro e ao caráter cristológico da causalidade principal.

1. Os elementos constitutivos do batismo

Os elementos fundamentais do sacramento do Batismo são três: 1) a *matéria*, que é o sinal sacramental, chamado também *sacramentum tantum*, é a ablução com a água. Ela "é elemento visível externo, símbolo do efeito interior" (III, q. 66, a. 1); 2) o *caráter*, chamado também de *res et sacramentum*: "É a coisa significada pela ablução externa e sinal sacramental da justificação" (ibid.); 3) a *graça* ou *res tantum*, que no caso do Batismo é a justificação (ibid.). Porém, especifica Santo Tomás, embora no Batismo permaneçam tanto o caráter quanto a graça, isso não ocorre do mesmo modo; com efeito, "enquanto o caráter permanece indelevelmente, a santificação pode perder se" (ibid., ad 1).

2. Valor da causalidade instrumental

Seguindo os passos de Pedro Lombardo na atuação exterior do sacramento (*sacramentum tantum*), Santo Tomás percebe não somente o sinal e o recipiente, mas também a causa eficiente da graça. Causa principal é Deus; mas ele se serve de causas instrumentais que agem não em virtude da própria forma, mas do dinamismo a elas comunicado. No Batismo o primeiro instrumento usado por Deus é o ministro, cuja participação causal se explica com as palavras *ego te baptizo*. O outro instrumento é a ablução com a água. Esta, como se disse, tem a função de matéria, ao passo que as palavras *ego te baptizo in no-*

mine... tem a função de forma, que determina a essência e que indica a causa principal (cf. III, q. 66, aa. 3 e 5).

3. Caráter cristológico da causa principal

Deus é, como se viu, a causa principal dos efeitos do Batismo, porém, de fato, a sua ação se explica mediante Jesus Cristo. Com efeito, escreve o Doutor Angélico, a ação batismal tem sua eficácia derivada da Paixão de Cristo. No Batismo, ao homem "são comunicadas (*communicantur*) a Paixão e Morte de Jesus Cristo, como se ele próprio tivesse sofrido e morrido (*passus et mortuus esset*)" (III, q. 69, a. 2). Morre com Cristo para ter uma vida nova, e isso faz com que o Batismo se torne a comemoração da morte de Cristo. Aquele que o recebe é incorporado na Paixão e Morte de Cristo, *quodammodo corporaliter* (ibid., a. 5, ad 1). Com isso, recebe o caráter sacramental; isso o faz assemelhar-se ao Cristo e o torna idôneo a receber os outros sacramentos. A comunicação da Paixão de Cristo cancela o pecado original e todos os outros pecados atuais, compreendida também a pena dos pecados (ibid., aa. 1, 2, 10). Da cabeça de Cristo flui para seus membros a plenitude da graça e da virtude; todavia a concupiscência não é retirada, mas somente reduzida (ibid., aa. 3-4). Isso vale também para as crianças. Como membros de Cristo, recebem também elas não apenas s libertação do pecado original e a impressão do sinal sacramental (o caráter), mas também a graça e as virtudes. Estas últimas não são infusas como atos, mas como hábitos (*habitus*) nas potências da alma (ibid., a. 6).

As discussões mais amplas sobre o sacramento do Batismo, Santo Tomás as forneceu no *Comentário às Sentenças* (*IV Sent.*, dd. 3-6) e na *Summa Theologiae* (III, qq. 66-71). As demais obras não oferecem senão brevíssimos compêndios: no Quarto livro da *Contra Gentiles*, apenas um capítulo (59), no *In Symbolum Apostolorum*, um artigo (a. 10), onde encontramos repetidas, quase que literalmente, as mesmas coisas.

Depois de Santo Tomás, as posições tomadas pelo Magistério eclesiástico foram constantemente influenciadas pela sua doutrina. Assim o Concílio de Vienne assume a sua opinião em relação aos efeitos do Batismo das crianças, sendo a mais verossímil (DS 483). Também o *Decretum pro Armenis* de Eugênio IV se pronuncia amplamente conforme o sentido dado por Santo Tomás à matéria, à forma, à causa principal (a Trindade) e ao ministro como causa instrumental (DS 696).

(Cf. SACRAMENTO)
[Tradução: G. Frade]

Beatitude

É a condição de perfeita satisfação dos próprios desejos e a plena realização de si mesmo. Segundo a célebre definição boeciana, é "um estado perfeito no qual se assomam todos os bens (*status omnium bonorum aggregatione perfectus*)". É o ideal, o fim último para o qual tende a vida humana e a que a filosofia antiga respondeu ora por meio da sabedoria filosófica (Sócrates, Platão, Aristóteles), ora no prazer (epicurismo), ora na prática da virtude (estoicos). Agostinho, na fase filosófica do seu pensamento, recoloca a beatitude no conhecimento da verdade (cf. *De vita beata*); sucessivamente, depois da virada teológica, a verdade toma um nome, o da divina Trindade ou de Jesus Cristo.

A beatitude é um tema fundamental da moral, na medida em que esta diz ao homem o que deve fazer para se realizar plenamente e, dessa maneira, conseguir a felicidade ou a beatitude. Por esse motivo, as morais devem ser distinguidas em utilitaristas, hedonísticas, eudemonísticas ou deontológicas, justamente em relação à beatitude, ou melhor, em relação ao objeto no qual é colocada a beatitude.

Sendo o fundamento de toda a vida humana e da moral, Santo Tomás coloca o estudo da beatitude na abertura do seu vasto e monumental tratado de moral, que abraça toda a *Secunda Pars* da *Suma Teológica* (cf. I-II, qq. 1-5).

1. Definição

Sobre a beatitude, Santo Tomás propõe — além da clássica definição boeciana que resulta muito abstrata e genérica, ainda que exata — outras definições que determinam melhor o que há de específico sobre a beatitude para o homem e para os outros seres inteligentes. Eis algumas: "Com o nome de beatitude não se entende outro senão o *bem perfeito da natureza intelectual* (*bonum perfectum intellectualis naturae*)" (I, q. 26, a. 1); "com o nome de beatitude se entende a *perfeição suprema* (*ultima perfectio*) da natureza racional ou intelectual" (I, q. 62, a. 1); "a beatitude ou felicidade consiste na *ação mais perfeita* (*est in perfectissima operatione*) de quem é dotado de razão ou de intelecto" (*II Sent*., d. 4, q. 1, a. 1). Dessas definições resulta que a beatitude consiste essencialmente no nível de máxima perfeição (*ultima perfectio*) da atividade ou ação que é majoritariamente própria do homem (a razão) ou do anjo e de Deus (o intelecto). Já da definição que Santo Tomás propõe para a beatitude, resulta que esta tem principalmente um caráter contemplativo e apenas secundariamente um caráter afetivo ou volitivo, porque, fazendo o homem beato no que lhe é majoritariamente próprio e essencial, todo homem se torna beato em todas suas dimensões e atividades. Contudo, a esse ponto importante da concepção tomista da beatitude se voltará mais adiante ao se falar da atividade que torna o homem feliz.

2. Divisão

Santo Tomás, falando como teólogo, distingue duas espécies de beatitudes: a *natural*, que o homem pode alcançar apenas com as suas próprias forças na vida presente, tratando-se de uma beatitude "incipiente" e "imperfeita"; e a *sobrenatural*, que se realiza na vida eterna e se consegue exclusivamente com a ajuda da graça de Deus. "Existem para o homem dois tipos de beatitude ou felicidade. A primeira, proporcionada à natureza humana, o homem pode alcançar mediante as fontes (*per principia*) da sua natureza. A segunda, que supera a natureza humana, o homem pode alcançá-la apenas com a graça de Deus (*sola divina virtute*) mediante a participação da divindade [...]. E, porque essa segunda beatitude supera as proporções da natureza humana, as fontes naturais das quais o homem dispõe para bem operar segundo a sua capacidade não bastam para endereçar o homem à predita beatitude. Por isso é necessário que da parte de Deus venham cumuladas ao homem outras forças, que o encaminhem à beatitude sobrenatural (*ad beatitudinem supernaturalem*), como das fontes naturais vem indicado, seja com a ajuda de Deus, ao fim conatural (*ad finem connaturalem*). E essas novas forças se dizem virtudes teologais, seja porque têm Deus por objeto, sendo nós em direção a Deus, seja porque são infusas em nós por Deus apenas" (I-II, q. 62, a. 1). Santo Tomás admite certa felicidade na outra vida também para aqueles que não tiveram o dom da graça e da salvação, porém se trata necessariamente de uma felicidade imperfeita, dado que "a perfeita beatitude do homem consiste na visão da essência divina. Então, ver Deus na sua essência não é algo que está acima do homem, mas possível a qualquer criatura" (I-II, q. 5, a. 5).

3. Objeto

Seguindo ponto por ponto a *Ética a Nicômaco*, Santo Tomás faz ver que o que torna o homem plenamente feliz não podem ser as riquezas, as honras, os prazeres, a fama, o poder, o saber e outras coisas do gênero, e isso porque satisfazem apenas o corpo ou porque são muito aleatórias e incertas e não contribuem nunca para a plena realização do homem (cf. I-II, q. 2, aa. 1-7). Para o homem se requer um bem infinito, porque é o único que se adequaria à capacidade infinita das suas faculdades espirituais, o intelecto e a vontade. Portanto, o único objeto que o pode satisfazer plenamente realizando totalmente as suas capacidades espirituais é Deus. "Portanto, apenas em Deus está a plena beatitude do homem (*In solo igitur Deo beatitudo hominis consistit*)" (I-II, q. 2, a. 8).

4. Atividade beatificante

A beatitude não consiste em um estado de inércia pois a inércia não aperfeiçoa ser algum; por isso, deve consistir no agir, no exercício de alguma atividade. É aqui que Santo Tomás, recorrendo à sua visão antropológica que assinala o primado do intelecto sobre a vontade, mostra que a beatitude consiste primariamente na atividade intelectiva e, portanto, na contemplação daquela realidade que com seu fulgor e sua beleza a satisfaz plenamente, ou seja, a realidade de Deus. Eis um texto exemplar em que Santo Tomás corrobora a sua tese: "Afirmo ser impossível que a própria felicidade em sua essência consista em um ato da vontade. De fato, é evidente desde quando foi dito que a felicidade é a obtenção do fim último. No entanto, a obtenção do fim último não é um ato da vontade. Pois a vontade se direciona ao fim ou por desejá-lo (se estiver ausente), ou para nele se aplacar (se estiver presente). Então, é claro que o desejo do fim não é a obtenção do fim, mas muito mais um movimento em direção ao fim. O gozo (*delectatio*), por sua vez, chega à vontade pelo fato de que o fim está presente; e não é verdadeiro o contrário: que algo se torna presente porque a vontade dele goza. Requer-se por isso um ato diferente daquele da vontade para tornar o fim presente à própria vontade. (E é justamente o que faz o intelecto) [...]. Portanto, primeiramente, há a vontade de obter o fim último; temos então a obtenção pelo fato de que se torna a nós presente mediante um ato do intelecto; e, finalmente, a vontade saciada se aplaca no fim já possuído. Eis então que a essência da beatitude consiste em um ato do intelecto (*essentia beatitudini in actu intellectus consistit*); à vontade, em vez disso, cabe o gozo que acompanha a felicidade" (I-II, q. 3, a. 4).

A ordem da felicidade reflete necessariamente a ordem das faculdades. E Santo Tomás não vê como, absolutamente e formalmente falando, seja possível antepor a vontade ao intelecto. Por esse motivo, a beatitude diz respeito inicialmente ao intelecto, que é a primeira faculdade a entrar na posse de Deus, mediante a visão beatífica. Todavia o mesmo Santo Tomás salienta que o momento intelectivo não exclui o momento afetivo, que é seu complemento necessário. Por isso, afirmando que a beatitude consiste *principalius* na vida contemplativa, reconhece que a posse plena e integral do Sumo Bem, Deus, se dá apenas no amor, e não encontra nada para objetar contra a tese agostiniana segundo a qual "a alegria é o coroamento da beatitude (*gaudium est consummatio beatitudinis*)" (ibid.).

Da caracterização da beatitude como atividade primariamente e principalmente intelectiva e contemplativa advém a célebre tese tomista do primado da vida contemplativa sobre a ativa (cf. I-II, q. 3, a. 5; II-II, q. 152, aa. 2 e 4; II-II, q. 185, a. 2, ad 1; *III Sent.*, d. 31, q. 2, a. 3, sol. 3).

(Cf. Amor, Antropologia, Homem, Intelecto, Vontade)

[Tradução: A. Boccato]

Beatitudes evangélicas
cf. Bem-aventuranças evangélicas

Bebedeira cf. Embriaguez

Beleza/Belo

Designa tudo aquilo que suscita no homem o sentimento de admiração. Santo Tomás afirma: "*pulchra dicuntur quae visa placenta* — belas são ditas aquelas coisas que, vistas, provocam prazer" (I, q. 5, a. 4, ad 1).

Platão já havia elevado a beleza ao topo da realidade (cf. *Banquete* e *Fedro*). Continua ocupando esse lugar privilegiado nos neoplatônicos, em Santo Agostinho e em Pseudo-Dionísio.

Em Santo Tomás, a beleza toma a figura de "transcendente esquecido" (E. Gilson). Pode-se recolher numa página tudo aquilo que disse o Angélico. O pior é que nas poucas referências fragmentárias a essa perfeição ele mostra certa tendência a considerá-la uma propriedade material: o *splendor formae* que toca os sentidos (cf. I-II, q. 27, a. 1, ad 3). Porém uma interpretação de Santo Tomás nesse sentido é certamente errônea, pois alhures ele afirma explicitamente que, para além do mundo físico, a beleza se realiza também no mundo espiritual (cf. II-II, q. 145, a. 2), enquanto "todas as coisas derivam o seu ser da beleza divina" (*In Div. Nom.*, IV, lect. 5, n. 349; cf. I, q. 39, a. 8).

1. Essência da beleza

Assim como as outras propriedades transcendentais do ser, também a beleza consiste essencialmente numa relação: uma relação de conveniência ou de sintonia entre um aspecto do ser e a faculdade de uma criatura inteligente (o homem, o anjo, Deus). Santo Tomás esclarece bem a natureza da verdade, dizendo que é uma correspondência da mente (do conhecimento) com a realidade, e esclarece igualmente bem a natureza da bondade, dizendo que é uma correspondência entre a vontade e o objeto amado. No entanto, ele não faz o mesmo para a natureza da beleza. A partir da definição (*quae visa placent*), parece que ela diz respeito especialmente à faculdade cognitiva, contudo o próprio Santo Tomás esclarece que a beleza não coincide nem com a bondade, nem com a verdade. Não coincide com a verdade, ainda que diga respeito à consciência, porque na verdade aquilo que conta é a apreensão, a cognição, a intuição da coisa; em vez disso, na beleza aquilo que conta é a fruição, o prazer, a admiração. Também não coincide com a bondade, pois nesta aquilo que conta é o possuir, ao passo que na beleza isso está excluído. É acertado que a beleza *realmente* coincide com a verdade e com a bondade, mas *conceitualmente* (*ratione*) é distinta. "O belo realmente é idêntico ao bem, porém conceitualmente é distinto dele (*pulchrum est idem bono, sola ratione differens*). De fato, enquanto o bem é 'aquilo que todas as coisas anseiam' e implica o apaziguamento do apetite em si próprio, o belo implica, em vez disso, o apaziguamento do apetite apenas à sua vista ou ao seu conhecimento. Com efeito, dizem respeito ao belo aqueles sentidos que são majoritariamente cognoscitivos, isto é, a visão e a audição, a serviço da razão: e assim falamos de coisas belas de serem vistas, ou de serem ouvidas. Diversamente, para o objeto dos outros sentidos não se costuma falar de beleza: de fato, não dizemos que são belos os sabores ou os odores. É, portanto, evidente que o belo adiciona ao bem uma relação com a faculdade cognoscitiva (*ordinem ad vim cognoscitivam*); de modo que se chama bem aquilo que é agradável ao apetite; enquanto se chama belo aquilo que agrada ao conhecimento" (I-II, q. 27, a. 1, ad 3; cf. I, q. 5, a. 4, ad 1).

2. Elementos constitutivos da beleza

São três os elementos constitutivos da beleza, a integridade, a proporção e o esplendor (*claritas*): "Para a beleza são necessários três elementos: em primeiro lugar, a integridade ou perfeição (*integritas sive perfectio*), pois as coisas incompletas, propriamente como tais, são disformes. Portanto, se exige a devida proporção ou consonância (*debita proportio sive consonantia*) entre as partes. Finalmente, clareza ou esplendor (*claritas*): de fato, dizemos belas as coisas que possuem cores nítidas e resplendentes" (I, q. 39, a. 8). Desses três elementos, o primeiro geralmente é dado como algo corriqueiro, e, por esse motivo, muitas vezes falando da beleza, Santo Tomás se limita a mencionar os outros dois (a *proportio* ou *consonantia*, e a *claritas*), insistindo mais no primeiro, isto é, na justa proporção.

3. Divisão

Há dois gêneros de beleza: a física e a espiritual. A primeira é a beleza do corpo, a segunda é a beleza da alma e do espírito. "A beleza do corpo consiste em ter os membros bem-proporcionados, com a luminosidade da cor devida. A beleza espiritual consiste no fato de que o comportamento e os atos de uma pessoa são bem-proporcionados segundo a luz da razão" (II-II, q. 145, a. 2). "Por isso a beleza se predica analogicamente (*proportionaliter*); de fato, se diz bela toda coisa que possui um esplendor próprio, ou espiritual ou corpóreo, e é constituída conforme a proporção devida" (*In Div. Nom.*, IV, lect. 5, n. 339).

4. Fundamento ontológico

Assim como nos outros transcendentais, também na beleza o Doutor de Aquino distingue dois níveis ontológicos: o da beleza *medidora* (a beleza divina) e o da beleza *medida* (a beleza das criaturas). Esta última é dada em participação por Deus às criaturas segundo uma determinada ordem e medida. A beleza pertence em primeiro lugar a Deus e nele se identifica com o seu ser. De fato, "Deus não é belo segundo uma parte somente, ou então por um determinado tempo ou lugar; com efeito, aquilo que pertence a alguém por si mesmo e primariamente (*secundum se et primo*) lhe pertence totalmente, sempre e em todo lugar. Portanto, Deus é belo em si próprio e não somente sob um aspecto particular, e assim não é possível dizer que ele é belo em relação a algo, e não belo em relação a outra coisa; nem que ele é belo para alguns e não belo para outros; mas é belo sempre e uniformemente, excluindo qualquer defeito de beleza, a partir da mutabilidade, que é o primeiro defeito" (*In Div. Nom.*, IV, lect. 5, n. 346). Deus é a fonte e a causa da beleza presente nas criaturas. Deus é "*pulcrifico*": torna belas todas as coisas, dando-lhes generosamente a sua luz e o seu esplendor: "Os seus generosos dons são 'pulcríficos' (*istae traditiones sunt pulchrificae*), ou seja, concedem beleza às coisas" (*In Div. Nom.*, IV, lect. 5, n. 340).

Como conclusão, é possível justamente lamentar que Santo Tomás não dedique à beleza a mesma atenção que reserva aos transcendentais da unidade, da verdade e da bondade. Todavia, a partir das suas indicações fragmentárias, é possível reconstruir um quadro relativamente articulado, claro e definido, do qual resulta que a beleza é uma propriedade transcendental do ser, distinta da verdade e da bondade; é presente universalmente, mas é predicada analogicamente, primeiro de Deus, e depois das criaturas; tem como fonte última e universal Deus, o qual, porém, a distribui generosamente às suas criaturas, e o faz de dois modos: fazendo-as belas e conferindo a algumas o poder de produzir coisas belas. O único ponto que permanece obscuro na explicação tomista diz respeito à faculdade estética: Santo Tomás designa a beleza à faculdade cognoscitiva, em primeiro lugar aos sentidos da visão e da audição, e em seguida à razão, mas não explica de que modo a relação estética difere da relação meramente noética. Santo Tomás parece dizer que a diferença está no gozo suscitado pela visão (sensitiva ou intelectiva) de uma coisa ou verdade. Mas isso certamente não basta para definir a relação estética. A resposta primária que o sujeito exprime diante da beleza não é o prazer, mas, sim, a admiração, que não coincide nem com a cognição (da verdade), nem com o apetitivo (do bem), nem com o prazer.

(Cf. Bondade, Transcendental, Verdade)

[Tradução: G. Frade]

Bem (moral)

É o bem que o homem é chamado a realizar com as próprias ações. Enquanto o bem ontológico é o bem que se encontra objetivamente nas coisas e é posto em ato por Deus diretamente ou mediante algumas criaturas, o bem moral é o bem atuado (vivido) pelo homem por meio do seu próprio agir, e graças ao qual o próprio homem se torna moralmente bom. Nas criaturas privadas de razão, a bondade ontológica é tudo; em vez disso, no homem a bondade ontológica é apenas o início, o pressuposto do bem moral. Os seres privados de razão são já bons, o homem, ao contrário, tem o privilégio de se tornar bom (ou ruim) mediante o exercício da liberdade. "O bem do homem (*bonum hominis*) em sentido pleno e absoluto é buscado na boa operação ou no uso justo das coisas que ele possui. Ora, nós fazemos uso de todas as coisas por meio da vontade. Por isso se diz que um homem é bom com base na boa vontade com a qual faz bom uso das coisas que possui (*ex bona voluntate, qua homo bene utitur rebus habitis, dicitur homo bonus*); enquanto a causa da má vontade se diz ruim (*malus*)" (I, q. 48, a. 6).

Objeto da vontade é certamente o bem, porque a vontade não pode ter outro objeto além do próprio bem; mas a vontade humana busca-o livremente e por isso pode também fracassar na sua obtenção. De fato, "a vontade é um apetite racional. Ora, cada apetite tem por objeto apenas o bem (*appetitus non est nisi boni*). E o motivo está no fato de que o apetite consiste precisamente na inclinação do apetecido a um objeto. Mas nenhum ser experimenta uma inclinação para coisas que não lhe são conformes nem convenientes. E, assim como cada coisa, como ente ou substância, é um bem, é necessário que cada inclinação sua seja orientada para um bem [...]. Ora, é necessário considerar que, derivando toda inclinação de uma dada forma, o apetite natural depende da forma que se encontra na natureza (isto é, na essência do próprio ente); enquanto o apetite sensitivo e o intelectivo ou racional, chamado vontade, dependem das formas recebidas da percepção. Por isso, como objeto para o qual tende o apetite natural é o bem existente na realidade, assim o objeto para o qual tende o apetite animal ou o voluntário é o bem conhecido. E, para que a vontade tenda para um objeto, não é necessário que este seja um verdadeiro bem, mas que seja conhecido sob o aspecto do bem (*quod apprehendatur in ratione boni*)" (I-II, q. 8, a. 1). As razões pelas quais a vontade pode falhar no alcance do bem são múltiplas. Além do erro, mencionado no texto citado, em outro lugar o Angélico recorda a ignorância, o engano, a concupiscência ou alguma outra paixão.

1. Divisão

Santo Tomás apresenta muitas divisões do bem moral, mas duas sobressaem entre todas as outras. A primeira tem como ponto de referência o homem, sendo indubitavelmente importante porque o bem moral é por definição o bem do homem. Em relação ao homem, o bem vem dividido em duas espécies: bem da alma ou bem espiritual e bem do corpo ou bem material e temporal (cf. I-II, q. 114, a. 10; II-II, q. 11, a. 4; q. 104, a. 3, ad 3); em outras ocasiões é dividido em três espécies: bem da alma, bem do corpo e bens externos (cf. I-II, q. 84, a. 4; q. 108, a. 4; II-II, q. 73, aa. 3 ss.). A segunda divisão assume como ponto de referência o fim que o homem deseja alcançar com as próprias ações. Aqui o bem é dividido em duas espécies: o bem absoluto ou universal, que é capaz de satisfazer plenamente a vontade e tornar o homem inteiramente bom; e os bens relativos ou particulares, que tornam o homem bom apenas parcialmente. Explorando o que pode tornar o homem inteiramente bom e perfeitamente feliz, Santo Tomás faz perceber que esse título compete apenas a Deus: apenas ele é o Sumo Bem que pode preencher inteiramente todo o horizonte apetitivo da vontade humana. Por esse motivo, somente Deus, segundo Santo Tomás, pode mover a vontade naturalmente, sem lhe causar minimamente constrições ou opressões. De fato, "se à vontade é apresentado um objeto universalmente, e sob todos os aspectos, bom, necessariamente a vontade tenderá para ele, quando desejar algo: não poderá querer o oposto. Contudo, se em vez disso for apresentado um objeto que não está bem sob todos os aspectos, então a vontade não será levada necessariamente a desejá-lo. E, já que a falta de uma bondade qualquer implica a noção de algo não bom, apenas o bem perfeito, ao qual não falta nada, é um bem tal que a vontade não pode não querer: e esse bem é a felicidade. Mas todos os outros bens particulares, faltando alguma bondade, podem sempre ser considerados coisas não boas: e com base nessa consideração podem ser repudiados ou aceitos pela vontade, que tem a capacidade de se direcionar para uma mesma coisa segundo considerações diversas" (I-II, q. 10, a. 2). Santo Tomás esclarece que a vontade se move naturalmente para além do Sumo Bem. Em direção a tudo o que "convém por natureza ao ser dotado de vontade (o homem). De fato, com a vontade não desejamos apenas o que pertence à potência volitiva, mas também o que convém às potências individuais e ao homem todo inteiro (*ad totum hominem*). Por isso o homem quer por natureza não apenas o que forma o objeto da vontade, mas também outras coisas solicitadas de outras potências: vale dizer, o conhecimento da verdade pelo intelecto; igualmente o ser, a vida e outras coisas do gênero relacionados com a existência natural" (ibid., a. 1). Das duas divisões afirmadas resulta que o homem, se quiser se tornar efetivamente bom, e, assim, realizar plenamente a si mesmo, deve orientar todas as suas ações em direção ao Bem supremo, Deus, que é também o bem perene do espírito, que no homem é a parte mais excelente. Por isso nesta vida devem-se buscar acima de tudo os bens espirituais da alma, e depois os temporais ou corporais, e, estes, apenas na medida em que possam beneficiar a obtenção da vida eterna, isto é, a união beatífica com Deus (cf. I-II, q. 3, a. 8; q. 4, aa. 3-5; II-II, q. 11, a. 4).

2. Bondade do ato humano

Para que os atos humanos sejam moralmente bons — isto é, contribuam a tornar o homem bom — não basta a bondade ontológica do ato, porque ontologicamente o ato é sempre bom na medida em que participa do ser; para que haja a bondade moral são necessários três elementos: acima de tudo a bondade do objeto que o ato mira, a bondade da intenção de quem age, e, enfim, a bondade das circunstâncias; isto é, são necessárias as circunstâncias adequadas e oportunas. Caso venha a faltar também um só desses três coeficientes, o ato se torna mau ou não tão bom: *Bonum ex integra causa, malum ex quocumque defectu*, não se cansa de repetir Santo Tomás (cf. I-II, q. 71, a. 5, ad 1; II-II, q. 79, a. 3, ad 4; *De Malo*, q. 2, a. 2, ad 2).

(Cf. Ato humano, Beatitude, Bem (ontológico), Vício, Virtude)

[Tradução: A. Boccato]

Bem (ontológico)

Trata-se de um aspecto fundamental do ser que é igualmente o objeto próprio da vontade. Santo Tomás "expressa com a palavra bem a conformação do ente ao apetite (*convenientiam entis ad appetitum exprimit hoc nomen bonum*), como se pode ler no início da *Ética* quando se diz que 'o bem é aquilo que todos desejam'" (*De Ver.*, q. I, a. 1). Porém, especifica o mesmo Santo Tomás, "deve-se afirmar que, quando se diz que o *bem é aquilo para o qual tudo tende*, não se afirma que qualquer bem seja atrativo para todos, mas que tudo aquilo para o qual se tende tem a razão de bem" (I, q. 6, a. 2, ad 2).

1. Propriedade transcendental

Considerado aspecto fundamental do ser, o bem (*bonum*) é um transcendental. De fato, Santo Tomás sempre o incluiu na lista dos transcendentais junto com o *unum* (uno), o *verum* (verdadeiro), a *res* (coisa) e o *aliquid* (algo). A doutrina tomista da bondade transcendental segue de perto aquela da verdade ontológica. Trata-se, em ambos os casos, de uma relação lógica fundada na realidade das coisas. A verdade reside na adequação entre ente e intelecto, exprimindo, portanto, a inteligibilidade do ente. A bondade, por sua vez, reside na adequação entre ente e vontade, exprimindo, assim, a desiderabilidade ou apetecibilidade do ente. Como todo transcendental, também a bondade é uma característica do ente, do qual ela se distingue logicamente, mas não realmente: "O bem e o ente são idênticos na realidade; eles só diferem quanto à razão. Eis a prova: a razão do bem consiste em que alguma coisa seja atrativa. Por isso mesmo, o Filósofo, no livro I da *Ética*, assim define o bem: 'Aquilo para o qual todas as coisas tendem'. Ora, uma coisa atrai na medida em que é perfeita, pois todos os seres tendem para a própria perfeição. Além do mais, todo ser é perfeito na medida em que se encontra em ato. É certo, portanto, que algo é bom na medida em que é ente, pois o ser é a atualidade de todas as coisas, como já se viu. É então evidente que o bem e o ente são idênticos na realidade; mas o termo bom exprime a razão de 'atrativo' que o termo ente não exprime" (I, q. 5, a. 1).

2. Bondade essencial e acidental

Assim como faz com a verdade, Santo Tomás distingue a bondade ontológica essencial daquela acidental. A primeira diz respeito ao ente como objeto da vontade divina. Trata-se de uma relação essencial porque sem ela o ente não pode existir. Com efeito, é Deus que, por amor, coloca em ato todo ente. A segunda diz respeito ao ente como objeto da vontade humana ou de qualquer outra criatura inteligente. Ela é acidental porque o ser e a bondade do ente não dependem de nosso desejo, mas, antes, lhe são pressupostos. Santo Tomás demonstra que todas as coisas são dotadas tanto de bondade acidental como de bondade essencial. De fato, uma vez que todas as coisas são fruto da vontade de Deus, elas não podem deixar de ter para com esta uma relação de conveniência, de apetecibilidade e de amor. "Deus ama tudo o que existe; pois tudo o que existe, como tal, é bom; o ser de cada coisa é um bem, e toda perfeição dessa coisa é também um bem. Ora, foi demonstrado acima que a vontade de Deus é causa de cada coisa; eis por que cada coisa só tem o ser ou algum bem na medida em que é querida por Deus. Logo, a tudo o que existe Deus quer algum bem. Como amar não é senão querer o bem de alguém, é evidente que Deus ama tudo o que existe. No entanto, esse amor não é como o nosso. Como nossa vontade não é causa da bondade das coisas, mas é por ela movida como por seu objeto, nosso amor, mediante o qual queremos para alguém o bem, não é causa de sua bondade; pelo contrário, sua bondade, verdadeira ou pressuposta, é que provoca o amor pelo qual queremos que lhe seja conservado o bem que possui; e que se acrescente o bem que ainda não possui; e agimos em função disso. O amor de Deus, ao contrário, infunde e cria a bondade nas coisas" (I, q. 20, a. 2; cf. os textos paralelos: *II Sent.*, d. 26, q. 1, a. 1; *C. G.*, I, c. 111; *De Ver.*, q. 27, a. 1; *In Ioan.*, 5, lect. 3).

3. Herança platônica e aristotélica

Quanto à análise da bondade ontológica, Santo Tomás deve muito mais a Platão que a Aristóteles. É verdade que este último admite que Deus é o supremo bem em torno do qual todo o universo gravita, mas não chega a afirmar que as coisas são boas por causa de Deus, o qual não as teria conhecido, desejado nem mesmo criado. Ao contrário, para Platão, as coisas são também boas por causa do Demiurgo, por ele ser sumamente bom e pelo fato de que a efusão de sua bondade constitui a única causa da realização das coisas (cf. *Timeu* 28). Santo Tomás subscreve o ensinamento de Platão apenas em parte, isto é, somente no que concerne à afirmação de que as coisas são boas por participarem da bondade do Demiurgo — para Santo Tomás, de Deus. Quanto ao restante da doutrina platônica, ele a renova completamente à luz de sua concepção intensiva do ser. A doutrina da bondade será, portanto, transformada a partir de dois elementos fundamentais: 1) a bondade da qual as coisas participam não é a Ideia, mas o próprio Deus; 2) a bondade não constitui o fundamento último da realidade nem nas coisas nem no próprio Deus; antes, ela se volta para um princípio superior, isto é, ao próprio ser, que é perfeição suprema e primordial, do qual a bondade tão somente exprime um aspecto: aquele de ser apetecível à vontade e saciá-la.

(Cf. Deus, Transcendental, Vontade)
[Tradução: M. Ponte]

Bem-aventuranças evangélicas

No NT Jesus qualifica com o termo "bem-aventuranças" oito condições espirituais pelas quais, contrariamente ao modo de pensar comum, uma pessoa se realiza plenamente e torna-se partícipe do Reino de Deus; são a pobreza espiritual, a mansidão, o sacrifício, a justiça, a misericórdia, a pureza de coração, o empenho pela paz, a perseguição por causa da justiça ou pela difusão do Evangelho (Mt 5,3-13). Nesta perspectiva as bem-aventuranças, que constituem em certo sentido a síntese do chamado "sermão da montanha", exprimem a essência da mentalidade e do comportamento evangélico, ou seja, a mais plena identidade do cristão.

Estudando as bem-aventuranças, Santo Tomás especifica que elas são distintas dos dons e das virtudes e devem ser consideradas mais como operações das virtudes e dos dons: "As bem-aventuranças se distinguem das virtudes e dos dons, não como hábitos (*habitus*) distintos deles, mas como os atos se distinguem dos hábitos" (I-II, q. 69, a. 1). Santo Tomás acha que as bem-aventuranças são justamente ordenadas. De fato: 1) elas se abstêm dos engodos das riquezas e das honras (bem-aventurados os *pobres*), do irascível (bem-aventurados os *mansos*), do concupiscível (bem-aventurados os que *choram*); 2) na vida ativa com o próximo elas se inclinam para a justiça (bem-aventurados os *famintos*), distanciam-se da avareza (bem-aventurados os *misericordiosos*); 3) dispõem para a vida contemplativa: com a pureza (bem-aventurados os *puros de coração*) e com o bom tratamento ao próximo (bem-aventurados os *pacíficos*). Igualmente, segundo o Angélico, estão em bela correspondência os prêmios enunciados das bem-aventuranças, que retraem dos prazeres e confirmam na vida ativa e contemplativa, quando se diz: "Bem-aventurados os pobres... porque deles é o Reino dos céus etc.".

[Tradução: D. Zamagna]

Bem-comum

É o bem de uma comunidade de pessoas (família, tribo, cidade, Estado, ordem religiosa etc.) e, portanto, relativo à natureza da comunidade a que se refere. O bem-comum da sociedade política é mais importante — *principalissimum*, segundo Santo Tomás — e compreensivo do que aquele das comunidades particulares, justamente pelo fato de que estas encontram sustento e complemento na sociedade política.

1. Fundamento antropológico do bem-comum

O estoicismo, o maniqueísmo, o agostianismo, o liberalismo e outras filosofias que assumem um conceito excessivamente individualista e egocêntrico da pessoa dão pouquíssima atenção ao bem-comum. Ao contrário, em Santo Tomás, esta doutrina ganha grande relevo graças à sua concepção do homem como ser sociável, como "animal político". Para Santo Tomás a busca do bem-comum é conatural ao homem, pois, por natureza, ele é um ser social e político, não podendo satisfazer suas necessidades materiais nem alcançar realização pessoal sem a colaboração e a solidariedade dos outros nas dimensões cultural e moral. Como esclarece o Doutor Angélico, são principalmente as exigências de ordem moral que impulsionam o homem ao bem-comum: "De fato, o escopo que impulsiona as pessoas a reunirem-se é que, permanecendo juntas, possam levar uma vida boa, o que não se obtém se cada um vive a sós. Por sua vez, a vida se diz boa quando inspirada pela virtude. Conclui-se, portanto, que o fim da união na qual os homens se aliam é a *vida virtuosa*. Uma confirmação concreta da validade desta doutrina, encontramo-la na constatação de que somente fazem parte da sociedade aqueles que possuem uma relação comunitária de reciprocidade no que se refere à vida boa. De fato, se os homens se agrupassem somente com o escopo de sobreviver, também os animais fariam parte do agrupamento civil; se, ao contrário, o escopo fosse acumular bens de fortuna, todos aqueles que mantêm entre si relações de mercado pertenceriam à mesma cidade; por essas razões, concluímos que devem ser enumerados como fazendo parte de uma sociedade somente aqueles que, sob as mesmas leis e um único governo, se orientam a uma vida boa" (*De Reg.*, l. I, c. 15, n. 817).

2. Conceito cristão do bem-comum

Santo Tomás tem um conceito profundamente cristão do bem-comum. Ele sabe que, para todos, existe um bem que não se esgota no arco da vida presente, mas plenamente se realiza na vida eterna. Por isso, os responsáveis pelo bem-comum, mais que aos bens materiais, devem voltar a atenção ao bem-estar espiritual dos próprios súditos, que consiste na bem-aventurança eterna. "Ao viver ordenadamente, o homem se ordena a um fim superior que consiste em regozijar-se em Deus. É, portanto, necessário que o fim da comunidade coincida com aquele do indivíduo, donde se conclui que o fim supremo do grupo reunido em sociedade não é (simplesmente) o de viver segundo a virtude, mas, por meio de uma vida virtuosa, chegar ao gozo de Deus" (*De Reg.*, l. I, c. 15, n. 817). O bem-comum promovido pelas sociedades temporais não é capaz de realizar completamente a pessoa humana, mas o é aquele bem oriundo da comunidade espiritual, do bem sobrenatural que é a bem-aventurança eterna. Mesmo na ordem natural há uma comunidade de espíritos que comunga da mesma base de amor, verdade e beleza. Tais inteligências têm em comum os tesouros do pensamento, da cultura, da ciência, da moral, da religião, da arte, mas não chegam a constituir uma sociedade propriamente dita. Somente quando o próprio Deus, mediante a sua graça, se torna o fundamento de uma nova sociabilidade, realiza-se uma sociedade em sentido pleno. Trata-se aqui da sociedade instituída por Jesus Cristo, da qual é ele mesmo a única e verdadeira cabeça. De fato, "o gozo de Deus representa um fim a que o homem não pode chegar apenas por suas forças, fazendo-se necessário o auxílio de Deus; como ensina São Paulo, 'a graça de Deus é a vida eterna' (Rm 6,23). Portanto, não cabe ao poder humano a tarefa de levar essa meta a cumprimento, mas àquele divino. Sendo assim, essa tarefa diz especialmente respeito àquele rei que não somente é homem, mas também Deus, portanto, a nosso Senhor Jesus Cristo, que ao fazer dos homens filhos de Deus abriu a porta da glória celeste" (*De Reg.*, l. I, c. 15, n. 818).

3. Relações entre bem pessoal e bem-comum

Santo Tomás afirma peremptoriamente o primado do bem-comum sobre o bem pessoal. Porém, para uma correta compreensão dessa tese, urge observá-la à luz do *conceito intensivo* do bem-comum formulado por Santo Tomás. Como já visto, esse conceito evidencia a existência de um bem-comum de ordem sobrenatural, que consiste no estado perfeito do "gozo de Deus na glória celeste". Não se trata, portanto, de uma subordinação do bem pessoal ao bem-comum temporal. Essa subordinação apenas se dá quando o mesmo gênero de bem está em jogo: se se trata de bens materiais, então a comunidade vem antes do indivíduo. Igualmente ocorre quando se trata de bens espirituais. Mas, se, ao contrário, estão em jogo o bem espiritual da pessoa e o bem material da comunidade, a primazia deve ser dada à pessoa. "O bem do universo é melhor que o do indivíduo, um e outro considerados no mesmo gênero. Mas o bem da graça (*bonum gratiae*) é, para o indivíduo, melhor que o da natureza (*bonum naturae*) de todo o universo" (I-II, q. 113, a. 9, ad 2). Daqui se origina outro princípio fundamental da concepção tomista do bem-comum: "O homem não está ordenado para a sociedade política (*communitatem politicam*) com todo seu ser e com todas suas coisas [...]. Mas tudo o que ele é, pode e tem deve ser ordenado para Deus" (I-II, q. 21, a. 4, ad 3). Consequentemente, a inserção do indivíduo no universo do todo é concebida por Santo Tomás como um aumento e enriquecimento de sua personalidade, e não como uma degradação sua à simples função de uma parte dentro de um organismo, sem valor algum. "Desse modo, a ideia cristã do valor da personalidade individual se mostra completamente garantida, encontrando-se, ademais, ulteriormente reafirmada na concepção de que — por mais necessário que seja o Estado em vista da realização da natureza humana — a vida política não é senão uma condição e um meio para alcançar um grau mais completo de perfeição" (L. A. Perotto).

(Cf. Bem-aventuranças evangélicas, Pessoa, Política, Sociedade)

[Tradução: M. Ponte]

Bênção

Etimologicamente significa "bom augúrio". Na Sagrada Escritura aparece frequentemente como invocação dirigida a Deus para que se digne olhar com benevolência o seu povo ou socorrê-lo nas dificuldades. A seguir, a bênção é um gesto, um rito realizado pelos sacerdotes em determinadas circunstâncias. Jesus realiza gestos de bênção para as crianças, o pão, os apóstolos no momento da ascensão. Na liturgia a bênção é um *sacramental* com o qual o competente ministro sagrado, em nome da Igreja e pelos méritos de Jesus Cristo, invoca oficialmente a bênção sobre pessoas e bens convenientes, com especiais efeitos espirituais.

Santo Tomás não gasta nunca muitas palavras sobre a bênção e nunca a faz objeto de discussão explícita. No *Comentário a Romanos* e, indiretamente, também na *Suma Teológica* (cf. II-II, q. 76, a. 1), distingue três espécies de bênção: enunciativa, imperativa e optativa. O primeiro e o terceiro modos podem ser exercidos por todos, o segundo apenas por Deus e pelos ministros expressamente designados (*In Ep. ad Rom.*, 12, lect. 3). No *Comentário às Sentenças* esclarece que algumas bênçãos não são sacramentos, por exemplo as bênçãos dos monges e dos abades, porque não são conferidas em vista da administração dos sacramentos divinos (*IV Sent.*, d. 24, q. 1, a. 1, sol. 3, ad 3).

[Tradução: M. Couto]

Beneficência

É qualquer ato externo de caridade em favor do próximo. Segundo Santo Tomás a beneficência é essencialmente um *ato de caridade*, porque fazer bem ao próximo é efeito do querer bem, isto é, da caridade; por isso a beneficência não pode ser uma virtude distinta da caridade (II-II, q. 31, a. 4). Como a caridade, assim também a beneficência se deve estender a todos, pelo menos como disposição de ânimo e desde que outras razões não se oponham. Da mesma forma que a caridade, também a beneficência deve ser praticada com uma certa ordem, a qual é estabelecida pela proximidade e pela necessidade. "Segundo estas diversas ligações, de diversos modos deve ser exercida a beneficência; pois a cada um deve-se fazer o benefício mais condizente com a ordem das coisas pela qual ele nos está mais unido, absolutamente falando. Entretanto, isso pode variar, segundo a diversidade dos lugares, tempos e negócios; assim, num determinado caso, por exemplo, o da extrema necessidade, deve-se socorrer um estranho de preferência ao próprio pai, não estando ele em tão grande necessidade (*est magis subveniendum extraneo, puta si sit in extrema necessitate, quam etiam patri non tantam necessitatem patienti*)". (II-II, q. 31, a. 3).

[Tradução: A. Bogaz]

Bíblia

É a coleção dos livros inspirados por Deus, também chamados de Sagrada Escritura ou Sagradas Escrituras. Trata-se de 73 livros, divididos em duas grandes seções: o Antigo Testamento, que compreende 43 escritos, e o Novo Testamento, com 27 escritos.

Santo Tomás é sumo teólogo e sumo exegeta, portanto o seu relacionamento com a Bíblia é assíduo, constante, profundo. A *Sacra Pagina* é o centro dos seus pensamentos e dos seus afetos. Dela ele extrai o seu alimento espiritual e intelectual. Quando trabalha como exegeta, a sua atenção volta-se diretamente para o texto sagrado, do qual se preocupa em colher principalmente o sentido literal e histórico sem, porém, descuidar dos sentidos alegóricos. Quando trabalha como teólogo, ele extrai da Bíblia os princípios, ou seja, as verdades reveladas sobre as quais refletir com o escopo de adquirir uma melhor compreensão da fé (*fides quaerens intellectum*).

Santo Tomás comentou os seguintes livros da Bíblia: *Expositio in Job; In Psalmos Davidis lectura; Expos. in Cantica canticorum; Expos. in Jeremiam prophaetam; Expos. in Threnos Jeremiae prophaetam; Catena aurea super quattuor Evangelia; Expos. in Ev. s. Matthaei; Expos. in Ev. s. Joannis; Expos. in s. Pauli apostoli epistolas*.

1. Importância da Bíblia para a teologia

Na teologia a Bíblia (ou Sagrada Escritura) representa a fonte primária principal e fundamental. Santo Tomás o demonstra estudando a natureza desta ciência, a qual se baseia primariamente não sobre a razão, mas sobre a autoridade: antes de tudo sobre a autoridade divina (de Deus), e, em seguida, sobre a autoridade de seus enviados: os profetas, os apóstolos, Jesus Cristo. Ora, é na Sagrada Escritura que estão conservados os oráculos de Deus. A teologia deduz diretamente da Bíblia os seus princípios: "Seus princípios não lhe vêm de nenhuma outra ciência, mas de Deus imediatamente por revelação; por conseguinte, ela não toma emprestado das outras ciências como se lhe fossem superiores, mas delas se vale como de inferiores e servas" (I, q. 1, a. 5, ad 2). Portanto, "Quando utiliza os argumentos de autoridade da Escritura canônica, ela o faz com propriedade, tendo em conta a necessidade de argumentar." (I, q. 1, a. 8, ad 2).

É sobre a base segura e indeclinável da Sagrada Escritura que a teologia cumpre o seu trabalho. Aderindo às verdades acolhidas pela fé ela passa a outras verdades, bem como a outros princípios e outras conclusões. Assim "O fiel possui a ciência daquilo que é concluído a partir da fé." (*De Ver.*, q. 14, a. 9, ad 3). E, segundo Santo Tomás, trata-se de verdadeira ciência, "porque, se não torna evidentes (*non facit apparere*) as coisas que cremos, delas se serve entretanto para tornar evidentes (*facit apparere*) outras coisas, e isso com o mesmo tipo de certeza nos dois casos" (*In De Trin.*, lect. 2, q. 2, a. 2, ad 6). Na mesma linha, ele não hesita em escrever comentando o Pseudo Dionísio: "Nada daquilo que pode ser tirado (*quaecumque... elici possunt*) do que está contido na Escritura é um corpo estranho (*non sunt aliena*) na doutrina que tratamos (a teologia), mesmo senão estiver do mesmo modo contido nas Escrituras" (*In Div. Nom.*, I, lect. 1, n. 11). A teologia, por isso, não pode limitar-se a aquilo que está expressamente contido na Escritura, mas vai além, mas sem sair das virtualidades das fontes da Revelação. A teologia sempre se move no interior da própria Revelação; e o desenvolvimento que toma a doutrina revelada, ainda que vasto, não deve jamais alterá-la. Em seu trabalho, a teologia se utiliza também do raciocínio, "não para provar a fé, o que lhe tiraria o método, mas para iluminar alguns outros pontos que esta doutrina ensina" (I, q. 1, a. 8, ad 2).

2. Uso da Bíblia

Nas suas obras Santo Tomás refere-se a todos os livros da Bíblia, em maior medida aos do NT, mas faz amplo uso também dos livros do AT, principalmente dos Salmos, da Sabedoria e dos Provérbios. Os testemunhos bíblicos nos escritos do Doutor Angélico têm sempre caráter de aceno e chamamento, e isso se explica porque ele não quer alongar as listas das citações. "A ele, contudo, realmente não se pode dirigir a crítica de violentar os testemunhos bíblicos e patrísticos para deles tirar a sustentação das suas pesquisas e afirmações, porque especialmente para ele o contrário é verdadeiro: ele sempre extrai suas afirmações doutrinárias dos testemunhos bíblicos, os quais se apresentam isolados e como que privados de sua 'carne' pela trituração metodológica, mas não são nem esvaziados do seu conteúdo próprio nem preenchidos com um sentido diferente daquele que têm. Esses testemunhos, segundo a estrutura do artigo, ou são reportados na primeira parte, onde estão elencadas as dificuldades ao enunciado da pesquisa que se inicia sempre com o 'se' (*utrum*), no qual bem se exprimem o caráter científico da pesquisa teológica e o senso crítico, ou são citados testemunhos nos argumentos de oposição global às dificuldades precedentes; ou são retomados no corpo do artigo para colocar em relevo que a afirmação teológica traduz bem o pensamento bíblico; ou são referidos na resposta às dificuldades para demonstrar que, no contexto, as palavras têm um sentido perfeitamente conforme ao ensinamento dado; ou ainda, num lugar paralelo, se esclarece aquilo que noutro lugar permanecera obscuro, se determina o que se apresentava um pouco vago ou apenas delineado, se desenvolve o que primeira era simplesmente mencionado e apresentado germinalmente" (C. Pera).

Quanto ao texto usado por Santo Tomás, trata-se da *Biblia Parisiensis*, uma ótima edição da *Vulgata*, preparada pela universidade de Paris nos inícios do séc. XIII. Essa edição tinha a ordem dos livros sagrados semelhante à das modernas edições e a divisão em capítulos introduzida por Estevão Langton em 1214, como a nossa.

(Cf. Autoridade, Filosofia, Teologia)
[Tradução: D. Zamagna]

Bigamia

Etimologicamente significa dúplice matrimônio (de *bis* = duas vezes, *ghamos* = matrimônio). Distingue-se em simultânea e sucessiva, segundo o fato de os dois matrimônios coexistirem ou se sucederem.

De sua parte, Santo Tomás distingue *quatro tipos de bigamia*: "O primeiro consiste no ter sucessivamente mais mulheres legítimas. O segundo, no ter simultaneamente mais mulheres, das quais uma legítima e a outra ilegítima. O terceiro consiste no ter sucessivamente uma legítima e uma segunda ilegítima. O quarto no ter por mulher uma viúva" (*Suppl.*, q. 66, a. 1). Santo Tomás não enfrenta a questão da bigamia do ponto de vista ético mas, simplesmente, do ponto de vista jurídico, uma vez que pode constituir um impedimento (irregularidade) ao acesso às ordens sacras, e o Doutor Angélico é do parecer de que todos os quatro tipos de poligamia dão origem à irregularidade: "*in omnibus his est irregularitas adiuncta*" (ibid.). Por qual motivo? Porque "o sacramento do matrimônio representa a união de Cristo com a Igreja, que é união de um com uma. Por isso para a perfeita significação do sacramento se requer que o marido seja o esposo de uma só mulher, e que esta seja mulher de um só marido. Eis por que a bigamia provoca a irregularidade" (*Suppl.*, q. 66, a. 1).

Do ponto de vista ético não há dúvida que Santo Tomás considera a bigamia um delito; ele, de fato, declara que a bigamia é absolutamente incompatível com o sacramento do matrimônio (*Suppl.*, q. 66, a. 1, ad 1).

(Cf. Matrimônio)
[Tradução: M. Couto]

Bispo cf. Episcopado

Blasfêmia

Qualquer injúria feita a Deus pronunciando palavras ou realizando gestos ofensivos ao seu santo nome. Na Sagrada Escritura a blasfêmia é sempre considerada um pecado gravíssimo (cf. Lv 24,15-16; 1Rs 20,10; Mt 15,19).

Santo Tomás, retomando o ensino da Sagrada Escritura e dos Padres (de Santo Agostinho em particular), vê na blasfêmia o mais grave dos pecados, principalmente porque repugna a caridade (amor) para com Deus e perverte a sua bondade, e ainda porque priva do maior de todos os bens, Deus, que é o Sumo Bem. A blasfêmia é mais grave até do que o homicídio. Eis a razão: "Comparados os objetos, é manifesto que a blasfêmia, pecado que vai diretamente contra Deus, é mais grave do que o homicídio, que é pecado contra o próximo. Mas, comparados nos seus efeitos danosos, o homicídio prepondera, pois ele faz maior mal ao próximo do que a blasfêmia a Deus. Para avaliar a gravidade da culpa, atente-se mais à intenção da vontade perversa que ao efeito do ato, como foi dito precedentemente. Como o blasfemo tem a intenção de causar danos à honra divina, ele peca, absolutamente falando, mais gravemente do que o homicida. O homicídio, porém, tem o primeiro lugar entre os pecados cometidos contra o próximo" (II-II, q. 13, a. 3, ad 1).

Particular gravidade reveste a blasfêmia contra o Espírito Santo, porque assim se ofende aquele que personifica o amor de Deus e se repelem os seus dons, que são as defesas principais contra o pecado. Entre os pecados contra o Espírito Santo, a impenitência final é irremissível e irremediável, a menos que intervenha um milagre da misericórdia divina (cf. II-II, q. 14, aa. 1-3).

[Tradução: M. Couto]

Boécio

Severino Boécio (Roma 480–Pavia 526), filósofo e homem político. Foi cônsul e primeiro-ministro do rei Teodorico. Acusado de traição, foi aprisionado, processado e executado. A atividade literária de Boécio foi excepcional. Traduziu para o latim e comentou muitas obras de Platão, Aristóteles, dos neoplatônicos, dos escritores de matemática, geometria, astronomia, música do período alexandrino. Escreveu cinco pequenos tratados de teologia: *De Trinitate*, *De hebdomadibus*, *De Fide catholica*, *Contra Eutichen et Nestorium*, *Utrum Pater et Filius et Spiritus Sanctus de divinitate substancialiter praedicentur*, e o *De Consolatione Philosophiae*, que é a sua grande obra-prima composta na prisão à espera da execução capital. Nessa obra ele debate o eterno problema do sofrimento dos inocentes, e os outros problemas conexos: a providência de Deus, a liberdade humana, o destino, o tempo, a eternidade, o bem e o mal.

Boécio é considerado um dos pais da escolástica, por dois motivos: pela tradução em língua latina dos autores (Platão, Aristóteles, Porfírio etc.) dos quais os escolásticos tiraram muitas de suas doutrinas; e pela definição de alguns conceitos fundamentais, tais como: pessoa, eternidade, felicidade etc., que serão retomados e constantemente usados pelos filósofos medievais.

Santo Tomás comentou duas obras de Boécio: o *De Trinitate* e o *De hebdomadibus*. Trata-se de dois comentários importantes, porque no primeiro desenvolve a sua concepção de método filosófico e teológico; ao passo que no segundo elabora a sua noção metafísica de participação. Do *De Consolatione Philosophiae*, frequentemente citado, Santo Tomás retoma e consagra com a sua autoridade as definições tornadas clássicas sobre a eternidade, a providência, o destino, a felicidade (beatitude). A *eternidade* é "a posse perfeita, total e simultânea da vida sem fim" (I, q. 10, a. 1, ob. 1); a *providência* "é a própria razão divina que, estabelecida naquele que é o Soberano Príncipe de todas as coisas, dispõe de tudo" (I, q. 22, a. 1); o *destino* "é uma disposição inerente às coisas mutáveis, por meio da qual a providência liga cada coisa a suas ordens" (I, q. 116, a. 1); a *felicidade* "é o estado perfeito com a reunião de todos os bens" (I-II, q. 3, a. 2, ad 2). Do opúsculo teológico *Contra Euthichen et Nestorium*, ele toma a definição, que também se tornou clássica, da *pessoa* que é "substância individual de natureza racional", que, entretanto, o Doutor de Aquino às vezes modifica na fórmula mais concisa de "subsistente racional ou intelectual" (*C. G.*, IV, c. 35, n. 3725), acrescentando intelectual para estender a aplicação também aos anjos e às Pessoas divinas (que, rigorosamente falando, não são "racionais"). De posse dessa preciosa noção boeciana, Santo Tomás faz a aplicação analógica às Pessoas divinas (I, q. 29, a. 4) e dela se serve inclusive para descrever a encarnação do Verbo (III, q. 17, a. 2).

[Tradução: D. Zamagna]

Bondade cf. Bem

Calúnia

É uma detração feita imputando falsamente a alguém um delito. "Macula-se de calúnia quem por malícia lança uma falsa acusação (*qui ex malitia in falsam accusationem prorumpit*)" (II-II, q. 68, a. 3, ad 1). É pecado não somente contra a caridade, mas também contra a justiça e contra a verdade. Porém, esclarece Santo Tomás, "nem todo aquele que imputa a outrem um crime falso é caluniador, mas, sim, quem por malícia lança uma acusação falsa. Pois acontece às vezes, por leviandade de ânimo, que alguém enuncie uma acusação, por exemplo, por ter acreditado facilmente no que ouviu, o que vem a ser temeridade. Outras vezes, porém, será alguém levado a acusar por um erro justificado. Cabe à prudência do juiz bem discernir, para não taxar logo de caluniador aquele que enunciou uma acusação falsa por leviandade ou por erro justificado" (ibid.).

[Tradução: A. Bogaz]

Capacidade

O termo *capacitas* é muitas vezes usado por Santo Tomás, no sentido de atitude, habilidade, disposição, potencialidade. No homem, Santo Tomás distingue uma dupla capacidade: natural e obediencial. "Na natureza humana podemos encontrar uma dupla capacidade. Uma, segundo a ordem da potência natural. Essa é sempre satisfeita por Deus, que dá a cada coisa o que é requerido por sua potência natural. Outra, segundo a ordem da potência divina, a cuja vontade toda criatura obedece. [...] Mas Deus não satisfaz plenamente essa capacidade da natureza, pois, do contrário, não poderia fazer na criatura senão o que de fato faz: e isso é falso, como se demonstrou na I Parte (q. 25, a. 5)" (III, q. 1, a. 3, ad 3: cf. *II Sent.*, d. 1, q. 1, a. 3, ad 2; *III Sent.*, d. 1, q. 2, a. 3).

Uma das teses mais significativas do Doutor Angélico é aquela que afirma a capacidade infinita da alma humana e de suas potências: cf. I, q. 86, a. 2; I, q. 93, a. 2, ad 3; I-II, q. 5, a. 1.

(Cf. POTÊNCIA)

[Tradução: A. Bogaz]

Caráter sacramental

É o sinal indelével impresso na alma do cristão por alguns sacramentos (Batismo, Crisma, Ordem sacra). Já esboçada na Escritura (1Cor 21,22; Ef 1,13-14) e amplamente desenvolvida pelo Padres, a doutrina do caráter foi tratada por Santo Tomás de modo difuso na *Summa Theologiae* (III, q. 63), tanto no que diz respeito à existência do caráter nos três sacramentos que o conferem quanto no que concerne à sua natureza e aos efeitos que produz.

1. Existência

Santo Tomás argumenta a existência do caráter estudando o fim para o qual estão ordenados os sacramentos: ora, "os sacramentos estão ordenados para duas finalidades: tirar os pecados e aperfeiçoar a alma naquilo que diz respeito ao culto a Deus na religião cristã. Contudo, todo aquele que for destinado a uma tarefa específica assume ordinariamente um sinal distintivo, como os soldados que, quando eram incorporados ao exército, costumavam ser marcados com algum sinal no corpo, dada a materialidade de seu serviço. Ora, porque com os sacramentos os homens são destinados a serviços espirituais que dizem respeito ao culto a Deus, é lógico que eles fiquem marcados por algum caráter ou sinal espiritual" (III, q. 63, a. 1).

Os sacramentos que habilitam o homem para algum poder ulterior de dar ou receber no que diz respeito ao culto divino são o Batismo, que é a porta dos sacramentos; a Crisma, que é o aperfeiçoamento do Batismo; e a Ordem, que torna ministros do culto. Por isso os sacramentos que imprimem o caráter são somente o *Batismo*, a *Crisma* e a *Ordem sacra* (ibid., a. 6).

2. Natureza

Santo Tomás determina a natureza do caráter verificando qual é sua colocação específica no novo dinamismo espiritual criado na alma pela graça. De fato, sendo um sinal espiritual, o caráter é uma qualidade da alma, mas não lhe pertence, nem como paixão nem como relação, e sim como poder (potência): é um "poder espiritual em função das coisas que são próprias do culto divino": "*Character importat quandam potentiam spiritualem ordinatam ad eaquae sunt divini cultus*" (III, q. 63, a. 2).

3. Efeitos

Pelo caráter os fiéis são deputados para dar ou para receber aquilo que diz respeito ao culto divino; são assim configurados ao sacerdócio de Cristo e por isso o caráter é um *sinal de Cristo*. O caráter é *indelével* seja porque é participação no sacerdócio de Cristo que é sacerdócio eterno, seja porque se imprime nas potências espirituais da alma, que são incorruptíveis (III, q. 63, aa. 3 e 5). A recepção do caráter (*signum et res*) não depende da fé do sujeito (ibid., q. 68, a. 8); e em razão disso o sacramento poderá reviver nos seus efeitos de graça (ibid., a. 10, em relação ao Batismo).

A teologia do caráter desenvolvida por Santo Tomás fundamenta uma concepção do sacramento profundamente atenta à sua dimensão cultural e à sua função eclesial. Se os sacramentos são prolongamentos da humanidade de Cristo, dos canais da sua graça, estes são ao mesmo tempo atos do culto cristão, assim como o significado do evento salvífico de Cristo implica uma dupla dimensão: levar aos homens os dons de Deus e levar a Deus o culto da humanidade reconciliada. Graças a estes, em suas respectivas ordens, se constrói a Igreja como comunidade e o culto é canalizado em relação à condição social do homem. Assim, para Santo Tomás, o caráter representa a *deputação ontológica* para participar no culto do povo messiânico e sacerdotal que é a Igreja: um culto que consiste essencialmente tanto no receber os bens divinos quanto no comunicá-los aos outros (cf. ibid., q. 63, aa. 2 e 4).

(Cf. SACRAMENTO)

[Tradução: G. Frade]

Caridade

Na religião cristã o termo indica uma das três virtudes teologais, ao lado da fé e da esperança. A caridade é exaltada como a primeira virtude do cristão, porque o próprio Deus é caridade (1Jo 4,16) e, como afirma São Paulo, "A caridade jamais passará. Quanto às profecias, desaparecerão. Quanto às línguas, cessarão [...]. Agora, portanto, permanecem fé, esperança, caridade, essas três coisas. A maior delas, porém, é a caridade" (1Cor 13,8.13).

Santo Tomás dedica amplos estudos ao tema da caridade em várias obras, mas em particular no *Comentário às Sentenças* (III, dd. 27-30) e na *Suma de Teologia* (II-II, qq. 23-33). Vasculhando a riquíssima herança dos Padres e dos Escolásticos, o Angélico examina acuradamente todos os aspectos dessa virtude (necessidade, sujeito, objeto, graus, excelência, ordem etc.), enquadrando tudo na teoria aristotélica dos hábitos (*habitus*) e na doutrina psicológica da faculdade.

1. Noção

A caridade, insiste Santo Tomás, é um *amor sobrenatural*: sobrenatural na *origem* por ser suscitado em nós pelo Espírito Santo; sobrenatural no *fim* porque com a caridade se ama a Deus como ele ama a si mesmo; sobrenatural na sua própria *natureza* como participação no amor divino. Portanto, a caridade não é simplesmente expressão de qualquer amor (do platônico *eros*), mas do amor presente no coração do homem pela graça de Deus (*agape*). "A caridade é uma amizade, mas acrescenta alguma coisa à própria amizade, ou seja, a especificação do amigo; porque é amizade para com Deus, que é, entre todas as coisas, a mais preciosa e mais cara (*caritas est amicitia, sed aliquid addit supra ipsam, scilicet determinationem amici: quia est amicitia ad Deum, quae omnibus pretiosior est et carior*)" (*III Sent.*, d. 27, q. 2, a. 1, ad 7).

2. Necessidade

Suposta a elevação do homem ao estado sobrenatural, pelo qual torna-se partícipe da própria natureza divina, a caridade, que como se viu é o próprio amor com que Deus se ama, torna-se uma disposição, uma virtude indispensável. "Posto que a natureza não pode atingir as operações que constituem a própria vida de Deus e a sua felicidade (*sunt vita eius et beatitudo*), isto é, a visão da essência divina, assim também ela não pode atingir a amizade que faz conviver os amigos e os faz comunicar em tudo; por esse motivo é preciso acrescentar a caridade, graças à qual temos a amizade com Deus, amamos ele próprio e desejamos nos tornar semelhantes a ele mediante os dons espirituais na medida em que são compartilháveis pelos seus amigos" (*III Sent.*, d. 27, q. 2, a. 2, ad 4).

3. Origem

Como se viu, não podendo derivar das fontes da natureza humana e das suas capacidades, a caridade surge no coração do homem (na alma, diz Santo Tomás) por obra do Espírito Santo: "A caridade não pode existir em nós naturalmente, nem ser adquirida por forças naturais, mas por uma infusão do Espírito Santo, que é o amor do Pai e do Filho, cuja participação em nós é a caridade criada (*caritas creata*)" (II-II, q. 24, a. 2).

4. Natureza

O sujeito último da caridade é a alma, porém o sujeito imediato não é a própria alma, mas uma faculdade sua, a *vontade*. De fato, a caridade aperfeiçoa a vontade e a torna apta para exercitar um tipo de amor (amizade) — o amor para com Deus assim como ele próprio se ama — para o qual a vontade humana não possui nenhum poder. "A caridade não tem por objeto um bem sensível, mas o bem divino (*bonum divinum*) que somente o intelecto pode conhecer. Logo, o sujeito da caridade não é o apetite sensível, mas o apetite intelectual, isto é, a vontade" (II-II, q. 24, a. 1). Santo Tomás esclarece ulteriormente o seu pensamento a esse respeito, definindo as relações entre a virtude da caridade e a razão, por um lado, e o livre-arbítrio, por outro lado. A caridade não se dispõe no livre-arbítrio, mas na própria vontade, mesmo sendo verdade que o livre-arbítrio não é potência distinta da vontade, porque é tarefa do livre-arbítrio escolher, o que não se dá na caridade. "Por isso a caridade, residindo na vontade, não é alheia à razão. Todavia a razão não é a regra da caridade, como é das virtudes humanas; a caridade é regulada pela sabedoria de Deus e ultrapassa a norma da razão humana" (ibid., ad 2). A caridade também não procede da razão, como ocorre com o agir normal da vontade. Certamente "pelo fato que a caridade reside no querer, não é estranha à razão. Contudo, a razão não é a regra da caridade, como é, em vez disso, das virtudes humanas: pelo contrário, ela é regrada pela sabedoria de Deus, que transcende a regra da razão humana" (ibid., ad 2).

5. Objeto

Por força da própria definição da caridade resulta que o seu objeto principal e primário é Deus; em seguida vêm as outras criaturas, antes de tudo o homem, mas Santo Tomás inclui também a natureza (os animais e as plantas), porque são criados por Deus, se assemelham a ele e são por ele amados. Quanto ao amor para com as criaturas inferiores, o Angélico esclarece que não pode ser um amor de amizade: "Não se pode ter uma amizade de caridade com a criatura irracional, pois a caridade está fundada sobre a comunhão da eterna bem-aventurança, da qual não é capaz a criatura irracional. Podem-se, contudo, amar as criaturas irracionais, pela caridade, como bens que desejamos para os outros, ao passo que, pela caridade, queremos que elas sejam conservadas para a honra de Deus e utilidade dos homens. Assim Deus também as ama por caridade" (II-II, q. 25, a. 3).

6. Excelência

Santo Tomás jamais se cansa de exaltar a excelência desta virtude e para tal fim aduz uma longa série de motivações: a) porque ela pode ser predicada a Deus essencialmente; o que não acontece com a fé e a esperança (*I Sent.*, d. 17, q. 1, *expos. primae partis textus*); b) porque é causa de toda bondade de nossa alma: "*Tota bonitas ipsius animae est ex caritate*" (ibid., d. 17, q. 1, a. 1); c) porque supera todas as outras virtudes, *ut motor, ut finis, ut forma*: como causa motora, como fim, como forma (cf. *III Sent.*, d. 27, q. 2, a. 4, sol. 3: texto fundamental). "Nenhuma virtude impera universalmente sobre as outras virtudes senão a caridade, que é a mãe de todas as virtudes; isso se deve ao seu objeto próprio, o sumo bem" (*II Sent.*, d. 38, q. 1, a. 2, ad 5); d) porque é o primeiro princípio da vida espiritual (II-II, q. 13, a. 2; q. 59, a. 4) e é a raiz das virtudes infusas (I-II, q. 71, a. 4); e) porque é a forma de toda virtude (II-II, q. 23, a. 8).

7. Graus

Santo Tomás distingue três graus de caridade: *incipiente* (pelo qual se afasta do pecado), *proficiente* (pelo qual se exerce na virtude) e *perfeita* (pela qual tudo é unido a Deus) (cf. *III Sent.*, d. 29, q. 1, a. 8; II-II, q. 24, a. 9). Em relação a nós, a caridade perfeita se verifica de três modos: a) ter todo o coração sempre atualmente fixo em Deus, porém isso só é possível na outra vida; b) ter a mente ocupada somente com Deus, tanto quanto o permitem as necessidades desta vida, e isso não é comum a todos os justos; c) ter o coração habitualmente repousado em Deus, de modo que nada se queira que lhe seja contrário, e isso é comum a todos os justos (II-II, q. 24, a. 8). A caridade pode crescer ao infinito porque é participação no Espírito Santo, que é amor infinito, cuja causa operadora é Deus, potência infinita (ibid., a. 7). A caridade uma vez possuída pode ser perdida, porque o estado de caridade (o amor para com Deus) em nós é mutável dependendo do livre-arbítrio, dado que não estamos sempre atualmente voltados para Deus. De fato, perde a caridade quem comete um único pecado mortal (ibid., aa. 11-12).

8. Ordem

Na caridade, que de Deus princípio da beatitude se estende a tudo o que dele participa, existe uma ordem bem precisa. Em primeiro lugar vem indubitavelmente Deus, que devemos amar mais do que ao próximo e a nós mesmos. Após Deus a ordem é estabelecida por Santo Tomás em relação aos termos que estão mais em contato com a beatitude: Deus e nós. Da parte de Deus devemos amar mais aqueles que lhe estão mais próximos, isto é, os justos; da nossa parte, devemos amar mais aqueles que nos são mais próximos, como os pais e os irmãos. Depois a caridade se estende aos poucos a todo o próximo, aí incluídos os inimigos (cf. II-II, q. 26, aa. 1-8; *III Sent.*, d. 28, q. 1, aa. 3 e 4).

Entre as coisas mais marcantes do estudo tomista da virtude da caridade, está a sua fortíssima colocação teocêntrica: objeto, origem, fim, natureza, medida da caridade têm Deus como único e constante ponto de referência. A caridade procede de Deus, volta-se para Deus e é ela própria uma participação do amor com que Deus se ama (ou seja, como diz o próprio Santo Tomás, é uma participação no Espírito Santo, que é a exata Pessoa que na Trindade desenvolve o papel do amor). No estudo tomista pode-se lamentar a carência de qualquer referência a Jesus Cristo nas questões dedicadas ao exame da caridade, mas isso se deve à organização que Santo Tomás quis dar a sua sistematização, em que o estudo do Cristo é deslocado para a última parte (*Tertia Pars*). Lá não faltam as referências a Cristo como origem, objeto, medida, causa da graça e, portanto, da caridade, omitidas precedentemente.

(Cf. Amor, Espírito Santo, Graça)
[Tradução: D. Zamagna]

Carisma

Do grego *charis* = graça, significa "dom", "graça extraordinária" em sentido espiritual. No NT aparece principalmente nas cartas de São Paulo e em 1Pd 4,10 e quer significar os dons gratuitos de Deus, sobretudo o da vida eterna. Existem em muitas passagens de São Paulo enumerações de carismas, mas nunca ele teve a intenção de fornecer uma lista completa e ordenada (1Cor 12,8-10.28-30; Rm 12,6-8; Ef 4,11).

Santo Tomás não conhece o termo "carisma" e como seu equivalente usa a expressão *gratia gratis data*, que define contrapondo-a a *gratia gratum faciens* do seguinte modo: "E como a graça se ordena a levar o homem para Deus, age com uma certa ordem, de tal maneira que alguns são levados a Deus por outros. De acordo com isso, portanto, duas são as graças: a primeira, que une o homem a Deus e é a graça *gratum faciens* (graça santificante) que torna agradável a Deus; e a segunda que faz com que alguém ajude o outro a chegar a Deus. Esse dom chama-se graça dada gratuitamente *gratis data*, porque é concedida ao homem acima do poder de sua natureza e de seus méritos pessoais. Ela não é dada para que aquele que a recebe seja justificado, mas para que coopere na justificação de um outro; por isso ela não tem o nome de graça que torna agradável a Deus" (I-II, q. 111, a. 1).

Uma vez que os carismas (as graças *gratis datae*) nos fazem cooperadores de Deus na salvação do próximo, para essa tarefa é necessário conhecer profundamente as coisas divinas, poder prová-las, saber propô-las bem. Por isso os carismas são convenientemente ordenados por São Paulo assim: espírito de sabedoria, de ciência e de fé; graça de cura, de milagres, de profecia e de perscrutação das consciências; dons das linguagens e dom dos discursos (ibid., a. 4).

Os carismas são atribuídos ao Espírito Santo, que os realiza nos homens pelo ministério dos anjos (II-II, q. 172, a. 2, ad 2). O Espírito Santo os distribui como quer (cf. II-II, q. 45, a. 5).

(Cf. Dons (do Espírito Santo), Graça)
[Tradução: M. Couto]

Castidade

Segundo a etimologia de Isidoro de Sevilha (*Etim.* 10,33), *castus* é termo usado para indicar aqueles que "prometiam abstinência perpétua à libido". A virtude da castidade não é exclusiva de um estado de vida (como a virgindade), mas está presente em cada estado, seja no celibato seja no matrimônio, e é essencialmente uma qualidade de relação, orientada pelo respeito ao grau e valor de cada criatura em relação com seu Criador, único Absoluto, e ao projeto que ele tem para ela.

O ensino neotestamentário e a pregação paulina dão grande relevo à castidade e fazem dela uma considerável força de atração nos primeiros séculos do cristianismo, distinguindo-a do conceito que dela tinha a moral filosófica mais elevada dos Estoicos e dos Neoplatônicos. O monaquismo faz da castidade um empenho permanente do monge, o qual a recebe como um dom de Deus, mas que deve fazê-la progredir durante todo o curso da vida. A castidade permanece, contudo, obrigatória para todos os cristãos. Nesse sentido se exprime Alcuíno no séc. IX: "*Omnibus enim castitas necessaria est*".

Santo Tomás define a castidade como *concupiscência castigada*, concupiscência que tem necessidade de ser corrigida como uma criança (II-II, q. 151, a. 1). "A castidade tem sua sede na alma, mas sua matéria é o corpo, pois ela tem como função fazer que se use moderadamente dos membros do corpo, segundo o juízo da razão e a decisão da vontade" (ibid., ad 1). Santo Tomás esclarece que se pode falar de castidade em dois sentidos: próprio e metafórico. Entendida em sentido próprio, a castidade "é uma virtude especial, com matéria específica, a saber, as concupiscências dos prazeres venéreos" (ibid., a. 2). Em sentido metafórico, se refere ao gozo de certos bens espirituais: "Desse modo, quando a mente humana se deleita numa união espiritual com quem deve se unir, ou seja, Deus, e quando ela deixa de se unir com prazer aos outros bens, opostos à lei divina, então teremos a castidade espiritual" (ibid.). A castidade em sentido próprio, ou seja, como virtude especial, é sempre acompanhada pelo pudor e pela vergonha, pois a pudicícia se ordena à castidade, não como uma virtude dela distinta, mas como expressão de uma circunstância sua (ibid., a. 4).

Entre os efeitos da castidade, Santo Tomás sublinha a função positiva dessa virtude para a vida intelectual: "A perfeição da operação intelectual do homem consiste numa abstração das representações imaginárias sensíveis. Portanto, quanto mais o intelecto do homem estiver livre dessas representações imaginárias sensíveis (da luxúria e da gula), tanto mais poderá ver o inteligível e ordenar todos os sensíveis [...]. Portanto, da luxúria nasce a cegueira da mente que exclui quase totalmente o conhecimento dos bens espirituais" (II-II, q. 15, a. 3).
[Tradução: M. Couto]

Catecismo

Do grego *katecheo* = instruir de viva voz. Diz-se de uma exposição clara e sintética de todos os pontos fundamentais da fé cristã. Aquela de produzir bons catecismos aptos a expor a mensagem de Cristo sem descuidar nem deformar nada foi preocupação constante da Igreja desde os primeiros tempos. Exemplar entre as primeiras produções catequéticas é a *Didaqué*, já escrita no século I, propositalmente para a instrução dos catecúmenos. Durante toda a época patrística se veem florescer por meio dos escritos de tantos bispos (Cirilo de Jerusalém, João Crisóstomo, Ambrósio, Agostinho etc.) obras catequéticas que permanecem até hoje um modelo para todos.

Santo Tomás não compôs nenhum catecismo. As suas obras são todas de aprofundamento teológico, tanto as de índole exegética quanto as de índole sistemática. O Doutor Angélico trata do catecismo somente para reivindicar a sua importância em vista do Batismo. É necessário de fato que antes do Batismo o catecúmeno seja adequadamente preparado, porque esse sacramento é essencialmente "uma profissão da fé cristã. Mas, para que alguém receba a fé, requer-se que seja nela instruído, conforme a palavra do Apóstolo: 'como creriam nele, sem o terem ouvido? E como o ouviriam, se ninguém o proclama?' (Rm 10,14). Portanto, é conveniente que a catequese preceda o batismo (*baptismum convenienter praecedit catechismus*)" (III, q. 71, a. 1).
[Tradução: A. Bogaz]

Categoria

Do grego *kategoria*, expressão introduzida por Aristóteles para designar os predicados e os modos de ser fundamentais das coisas. Segundo a classificação aristotélica, as categorias são dez: substância, qualidade, quantidade, relação, ação, paixão, tempo, lugar, posição e revestimento (hábito).

Santo Tomás assume o ensinamento de Aristóteles, seja no que diz respeito ao número das categorias, seja pelo que concerne à perfeita correspondência entre a ordem lógica (modo de predicar) e a ordem ontológica (modo de ser). Santo Tomás apresenta a melhor exposição racional desse tema no *Comentário à Física* (l. III, lect. 5). Antes de tudo ele afirma que existe perfeita equipolência entre categorias metafísicas e categorias lógicas, porque "os modos de ser são proporcionais aos modos de predicar (*modi essendi proportionales sunt modis praedicandi*). De fato, predicando qualquer coisa de alguém, dizemos que isso é tal coisa (*dicimus hoc esse illud*); por isso, também os dez gêneros do ente se chamam dez predicamentos" (ibid.,

n. 322). Depois, considerando que a predicação pode ocorrer de três modos (*tripliciter fit omnis praedicatio*): 1) exprimindo a essência da coisa; 2) dizendo alguma coisa que não é a essência, mas lhe é inerente intrinsecamente; 3) exprimindo algo que pertence à substância somente extrinsecamente, Santo Tomás pode mostrar que as categorias são dez: uma do primeiro modo (a *substância*), três do segundo modo (a quantidade, a qualidade e a relação) e seis do terceiro modo (ação, paixão, tempo, lugar, posição ou *situs*, e revestimento ou *habitus*) (cf. ibid.). Há uma ordem hierárquica de prioridade (ontológica e lógica) entre as várias categorias: antes de tudo vem a substância, imediatamente depois vêm a quantidade (que se fundamenta na matéria) e a qualidade (que se fundamenta na forma), então seguem a relação, a ação, o tempo, o espaço etc. (cf. *III Phys.*, lect. 5, n. 322; *C. G.*, IV, c. 63).

De todas as categorias, segundo Santo Tomás, somente duas — a substância e a relação — se podem predicar própria e realmente de Deus. As outras podem ser ditas dele somente metaforicamente. O pertencimento a Deus da categoria da substância não é problema, porque certamente Deus possui a perfeição de ser em si subsistente. Não se pode dizer o mesmo da relação, que vem incluída entre os acidentes, ao passo que em Deus está excluída qualquer acidentalidade. Santo Tomás resolve essa dificuldade distinguindo entre aquilo que é próprio da relação (o referimento aos outros) e o que lhe compete como acidente (a inerência na substância), e mostra que, sob o primeiro aspecto, a relação pode ser predicada também de Deus (cf. I, q. 28, a. 2). A aplicabilidade a Deus da categoria da relação é de suma importância para uma teologia trinitária, porque fundamenta a doutrina das Três Pessoas divinas, Pai, Filho e Espírito Santo, os quais não são senão as relações hipostasiadas da paternidade, da filiação e da inspiração passiva.

(Cf. Relação, Substância, Trindade)
[Tradução: A. Bogaz]

Catolicidade

Uma das quatro notas fundamentais (junto com a unidade, santidade e apostolicidade) que o Símbolo niceno-constantinopolitano atribui à verdadeira Igreja. Essa designa a prerrogativa da Igreja de Cristo de abraçar todos os homens sem distinção de raça, língua, cultura, sexo.

Em Santo Tomás não há nenhum tratado explícito sobre a catolicidade da Igreja. Por outro lado, a questão é compreensível, pelo fato de que o Doutor Angélico não elaborou nenhum tratado sistemático de eclesiologia; contudo, o tema é implicitamente tratado quando ele fala da *universalidade* (catolicidade) da *fé*, e quando diz que a nossa fé é *católica*, ou seja, universal de duas maneiras: a) por ser acessível a *todos os homens* (*merito catholica nominatur utpote a cuiuslibet conditionis hominibus recepta*) e não um privilégio exclusivo de alguma raça ou nação; b) por salvar *todo o homem*, não somente uma parte sua (a mente, o espírito, a alma), e salvação não se restringir às coisas do outro mundo, mas abraçar também as coisas deste mundo: "Como diz Agostinho, a religião cristã nos ensina que a Deus não se deve adorar somente em vista das coisas eternas, mas também em vista dos benefícios temporais; a religião cristã guia o homem não somente nas coisas espirituais, mas também no uso das coisas materiais, e promete a felicidade seja da alma, seja do corpo. Por isso, os seus preceitos são ditos *universais*, uma vez que abraçam e ordenam a vida humana e tudo que de alguma maneira lhe pertence" (*In De Trin.*, lect. I, q. 1, a. 3).

No *Comentário ao Símbolo Apostólico*, como apoio da catolicidade o Doutor Angélico acrescenta três razões: "Antes de tudo em razão do lugar, porque se difundiu no mundo inteiro. Em seguida, é universal em razão das condições de seus membros, porque ninguém é rejeitado, nem o patrão, nem o servo, nem o homem, nem a mulher [...]. Finalmente, é universal quanto ao tempo, porque a Igreja teve seu início desde o tempo de Abel e durará até o fim do mundo" (*Expos. in Symb.*, a. 9, nn. 982-984).

(Cf. Eclesiologia, Igreja)
[Tradução: A. Bogaz]

Causa

É tudo aquilo que de alguma maneira contribui para a produção de alguma coisa: "O nome 'causa' comporta algum influxo sobre o ser do causado (*Nomen causa importat influxum quendam ad esse causati*)" (*V Met.*, lect. 1, n. 751).

É de Aristóteles a clássica divisão das causas em quatro espécies: *material*, *formal*, *eficiente* e *final*; as duas primeiras designam a matéria e a forma e por isso são ditas causas intrínsecas; ao passo que a causa eficiente indica o agente e a causa final a finalidade para a qual uma coisa é produzida ou uma ação é realizada. Não se encontrando entre os elementos constitutivos do que vem produzido, a causa agente e a final são ditas causas extrínsecas (cf. *I Metaf.*, lect. 4, nn. 70-71). Para Aristóteles o estudo das causas constitui o objetivo principal das ciências, especialmente da metafísica, que é o estudo das causas supremas ou primeiros princípios. A atenção de Aristóteles se volta principalmente para a causa formal, porque aquilo que a ciência quer descobrir é a natureza, a essência das coisas, que consiste rigorosamente na forma (causa formal). Aristóteles possui um conceito restrito da causa eficiente, na medida em que esta não atinge o próprio ser das coisas — que nas formas essenciais são eternas — mas somente o seu vir-a-ser substancial ou acidental.

A escolástica já antes de Santo Tomás enriqueceu o modelo aristotélico com pesquisas dedicadas às causas diretas e indiretas (*per se et per accidens*), principais e instrumentais, unívocas e equívocas, e, principalmente, deu realce ao problema da *causa primeira*, identificada com Deus.

Santo Tomás retoma a classificação aristotélica das causas, aprofundando, contudo, seu alcance ontológico, principalmente em referência à causa eficiente, que no caso de Deus não atinge somente o vir-a-ser das coisas (como pensava Aristóteles), mas o seu próprio ser (criação), e portanto esclarece o sentido das quatro causas em relação a Deus e às criaturas.

1. Definição e justificação das causas

Santo Tomás não se contenta de afirmar que as causas são quatro, mas demonstra que devem ser quatro: "É *necessário* que as causas sejam quatro. De fato, uma vez que causa é aquilo do qual segue o ser de alguma coisa (*cum causa sit ad quam sequitur esse alterius*), ao examinar esse ser (o ser do efeito) podem ser assumidos dois pontos de vista diversos: um, absoluto; outro, relativo. Considerando o ser absolutamente, a causa do ser é a *forma*, porque é ela que torna atual qualquer coisa. Considerando, por outro lado, a potência de existir que havia antes de adquirir atualidade, é preciso admitir outras duas causas, dado que a potência pode passar ao ato somente em virtude de alguma coisa que já está em ato. Trata-se da *matéria* e do *agente*. O agente tem a função de reduzir a matéria da potência ao ato. Portanto, a ação do agente tende a algo determinado; de fato, cada agente realiza aquilo que lhe convém. Ora, aquilo para o qual tende a ação do agente se chama *causa final*. Portanto, é necessário que as causas sejam quatro: formal, material, eficiente e final" (*II Phys.*, lect. 10, n. 240).

2. Hierarquia das causas

Segundo Santo Tomás, entre as causas existe uma hierarquia. Com expressão bastante eficaz ele estabelece a seguinte hierarquia: "Entre as causas está vigente a seguinte ordem: a matéria é aperfeiçoada pela forma, a forma pelo agente e o agente pelo fim (*in causis est talis ordo quod materia completur per formam, et forma per efficientem, et efficiens per finem*)" (*IV Sent.*, d. 3, q. 1, a. 1, sol. 1). Mas as coisas não são simples assim. De fato, a ordem das causas pode variar segundo a perspectiva, o ponto de vista pelo qual é considerada. Assim, do ponto de vista cronológico pode vir primeiro a matéria (exceto no caso da criação); porém, do ponto de vista ontológico, a matéria, sendo potência, não pode nunca ser primeira. Desse ponto de vista o primado toca à causa eficiente e à formal. Em vez disso, do ponto de vista intencional o primado absoluto cabe à causa final. Eis por que em outro lugar o Doutor Angélico escreve: "É preciso saber que entre as quatro causas há uma certa ordem pela qual se estabelece entre a causa material e a causa formal por uma parte, e entre a causa eficiente e final por outra, uma clara correspondência (*sibi invicem correspondent*). De fato, há correspondência entre causa eficiente e final, porque a causa eficiente inicia o vir-a-ser e a causa final o conclui. De modo semelhante, há correspondência entre matéria e forma: de fato, a forma dá o ser (*dat esse*) à matéria, e a matéria o recebe. Portanto, a causa eficiente é a causa do fim, enquanto o fim é causa daquela eficiente. A causa eficiente é causa do fim na linha do ser (*quantum ad esse*), de fato, com a sua ação ela faz com que o fim seja realizado. Ao contrário, o fim não é causa da causa agente na linha do ser, mas somente na linha da causalidade (*quantum ad rationem causalitatis*). De fato, o agente é causa enquanto age, mas age somente pelo motivo do fim (*causa finis*). Por isso o agente deriva sua causalidade do fim (*ex fine habet suam causalitatem efficiens*)" (*V Met.*, lect. II, n. 775). Também nesse texto se sublinha, como no precedente, o primado absoluto da causa final na ordem etiológica (*quantum ad rationem causalitatis*). E esse é indubitavelmente o pensamento de Santo Tomás como resulta de muitos outros textos (cf. *I Sent.*, d. 8, q. 1, a. 3; ibid., d. 45, q. 1, a. 3; I-II, q. 90, a. 1). Assim, Santo Tomás pode declarar categoricamente que o fim é a causa das causas: "*Finis est causa causarum*" (I, q. 5, a. 2, ad 1).

3. Relações entre as causas e Deus

A questão das relações entre as causas e Deus pode ser considerada de dois modos: a) como as causas estão presentes em Deus; b) como Deus está presente nas causas das criaturas.

a) Segundo Santo Tomás, todas as quatro causas estão presentes em Deus, porque tudo o que influi no ser das criaturas está de algum modo presente em Deus, mas não estão presentes do mesmo modo: a matéria está presente em Deus apenas potencialmente (visto que pode ser causada, criada por Deus); a forma está presente em Deus não diretamente, mas por meio da causa exemplar: em Deus existem modelos de todas as coisas; a causa eficiente e a causa final estão, ao contrário, presentes em Deus, diretamente, por sua potência e sua vontade. Eis como se exprime o Doutor Angélico muito concisamente a esse propósito: "Uma vez que as causas são quatro, Deus não é causa material do nosso ser, mas se relaciona conosco graças à causa eficiente e final, e mediante a forma exemplar, mas não em qualidade de forma intrínseca (*non autem in ratione formae inhaerentis*)" (*I Sent.*, d. 18, q. 1, a. 5; cf. ibid., d. 34, q. 1, a. 2).

b) O poder causativo de Deus se volta para suas criaturas e faz deflagrar nelas os vários modos de causalidade: material, formal, eficiente e final. Por isso as quatro causas têm todas origem em Deus, mas de modo diverso. "Deus opera em tudo o que opera. Em primeiro lugar, segundo a *razão de fim*. Toda operação é por causa de um bem verdadeiro ou aparente, mas nada é bom, ou parece bom, a não ser porque participa de alguma semelhança do bem supremo, Deus. Por conseguinte, o próprio Deus, como fim, é causa de toda operação. Igualmente deve-se considerar que, quando diferentes agentes estão ordenados entre si, é sempre em virtude do primeiro agente que o segundo age; pois o primeiro agente move o segundo para a ação. De acordo com isso, todas as coisas agem em virtude do próprio Deus, que é assim a causa das ações de todos os agentes criados. Em terceiro lugar, é preciso considerar que Deus não somente move as coisas para a ação aplicando as *formas* e potências delas à operação, assim como o artesão aplica o machado a cortar a madeira sem, no entanto, dar ao machado sua forma, como também dá às criaturas agentes suas formas próprias e ainda as conserva na existência. [...] Porque a forma de uma coisa é o que está no mais íntimo dela, e tanto mais no íntimo está quanto mais se apresenta como primeira e universal, e porque Deus é propriamente a causa do ser universal em todas as coisas e este ser é o que há de mais íntimo nelas (*est proprie causa ipsius esse universalis in rebus omnibus, quod inter omnia est magis intimum rebus*); segue-se que Deus age intimamente em todas as coisas" (I, q. 105, a. 5; cf. *I Sent.*, d. 18, q. 1, a. 5; ibid., d. 34, q. 1, a. 2).

Do que se disse resulta que Santo Tomás concorda com Aristóteles a propósito do primado absoluto da causa final (o fim), mas, ao passo que esta era a única causalidade que o Estagirita reconhecia ao Motor imóvel (Deus), o Doutor Angélico vê em Deus a fonte originária e primária de toda a ordem causal, e portanto de todo o ser das coisas. Enquanto *Esse ipsum*, "*Deus est universale et fontale principium omnis esse*" (*De sub. sep.*, c. 14). "A mesma divina sabedoria é causa eficiente (*effectiva*) de todas as coisas, porque leva as coisas ao ser, e não apenas dá às coisas o ser, mas também, nas coisas, o ser com ordem, porque as coisas se concatenam umas às outras, em vista do fim último. E ainda, é *causa* da indissolubilidade dessa harmonia e dessa ordem, que sempre permanecem, independentemente de como mudam as coisas" (*In Div. Nom.*, VII, lect. 4, n. 733). Fazendo valer o conceito intensivo do ser, que constitui a própria essência de Deus (*Esse ipsum subsistens*), Santo Tomás confere nova riqueza de significado também à noção de causa: esta é sempre comunicação de ser e presença de ser; mas não na forma evanescente do aparecer (como ensinará Heidegger), e sim nas formas concretas dos entes singulares que possuem o ser, cada um tornando-se uma participação real e original do ser; e todas as causas, inclusive a material, concorrem para a atuação do ser no ente.

(Cf. Causalidade, Deus, Finalismo)
[Tradução: M. Couto]

Causalidade (Princípio de)

É um princípio fundamental da metafísica clássica e, de modo particular, da tomista. É o princípio que regula as relações entre causa e efeito, e, segundo a definição de Aristóteles, que Santo Tomás assume para si, declara que "tudo o que se move é movido por outro" (*Quidquid movetur ab alio movetur*); ou, segundo outra formulação, "tudo o que ocorre pressupõe um princípio que o produz", "cada fenômeno tem uma causa sua" (*omne contingens habet causam*).

1. Revisão do princípio

Como foi dito, Santo Tomás assume para si a clássica definição aristotélica: "Tudo o que se move é movido por outro" (I, q. 2, a. 3), mas lhe confere uma densidade ontológica que não possuía em Aristóteles, ampliando notavelmente o seu horizonte de aplicação: de fato, enquanto Aristóteles serve-se dela apenas para explicar o movimento, ou seja, o *vir-a-ser* das coisas, a sua transformação substancial ou acidental, Santo Tomás a adota para explicar a origem primeira, o seu *vir-a-ser* do nada (criação), a sua gênese ontológica. Certamente, segundo Santo Tomás, o princípio de causalidade opera também no interior do mundo e regula suas mutações; mas a sua riqueza de significados mais plena se evidencia na relação entre a criatura e o criador: ali a dependência do efeito em relação à causa é total, completa, e, vice-versa, a eficiência da causa é plena e perfeita, visto que atinge diretamente o ser do efeito, todo o ser do efeito e não apenas um aspecto seu (modificando a forma). É o que ocorre na criação que "é a produção de uma coisa em *toda sua substância*, não pressupondo algo que seja incriado ou criado por outro" (I, q. 65, a. 3). Esse modo de causar compete exclusivamente a Deus, que é o ser subsistente próprio do qual tem origem qualquer ente. De fato, "quanto mais um efeito é universal, tanto mais elevada é a sua causa, porque, quanto mais elevada é a causa, a tantos mais efeitos se estende sua virtualidade. Ora, o ser é mais universal do que o devir (*esse est universalius quam moveri*), pois há entes imóveis, segundo afirmam alguns filósofos, como as pedras e coisas semelhantes. Donde ser necessário que, acima da causa que só opera movendo e transformando, exista a causa que é o primeiro princípio do ser (*primum essendi principium*). Ora, já demonstramos que tal é Deus" (*C. G.*, II, c. 16, n. 935). Considerando o princípio de causalidade em relação à eficiência da causa, Santo Tomás pode carregá-lo com uma densidade ontológica completamente nova e extraordinária (em perfeita sintonia com seu conceito intensivo do ser). De fato, qualquer coisa para ser causa deve já possuir a perfeição do efeito, isto é, deve já ter em ato aquilo que comunica ao efeito. Ora, na ordem dos atos o primeiro lugar cabe ao ser (que é a *actualitas omnium actuum*). Por esse motivo, é ao ser que compete em grau supremo a eficiência: esse é fonte de todo agir. Consequentemente, quanto mais alto um ente se encontra na hierarquia do ser, tanto mais alto se encontra também na ordem das causas (I, q. 44, a. 1).

Do que foi dito resulta evidente que a concepção tomista do princípio de causalidade não compartilha nada com a concepção que desse princípio fizeram a filosofia e a ciência modernas. Nelas, o princípio de causalidade é definido como um nexo estável entre fenômenos que se sucedem regularmente, um nexo que pode também ser meramente subjetivo, isto é, fruto da fantasia (Hume) ou do intelecto (Kant). Em vez disso, como se viu, Santo Tomás concebe o princípio de causalidade como um nexo ontológico, o nexo que liga realmente a causa ao efeito e consente à causa comunicar (participar) parte da própria perfeição ao efeito e, vice-versa, ao efeito receber e assimilar a realidade, a perfeição que lhe vem comunicada pela causa. Portanto, para o Doutor Angélico, o princípio de causalidade opera, antes de tudo, no plano objetivo do ser e somente num segundo momento, pela inteligência humana, é retomado e reconhecido no plano do conhecer. Com razão, Hume sustentará que não se pode arguir *a priori* a emissão de um efeito por parte de uma causa. Mas a presença de um efeito exige claramente a existência de uma causa. Por isso, cada vez que nos damos conta de que uma dada realidade não se autojustifica, devemos buscar em outra parte a razão de sua justificação. O princípio de causalidade do ponto de vista lógico é, portanto, um convite à inteligência a buscar a causa de uma coisa que não possui em si mesma a razão do próprio ser.

2. Evidência e valor do princípio de causalidade

Enquanto Santo Tomás se preocupa em justificar o princípio de não contradição e o faz elencado as razões de modo bastante persuasivo (cf. *VI Met.*, lect. 4), ele jamais se coloca o problema da justificação do princípio de causalidade nem o problema de averiguar seu valor. Por outro lado, ninguém jamais tivera dúvida na Antiguidade e na Idade Média sobre o valor desse princípio, e ninguém o havia colocado alguma vez em questão. Consideramos, contudo, que, se o Doutor Angélico tivesse se colocado o problema, ele o teria resolvido, como farão posteriormente Garrigou-Lagrange, Masnovo e outros tomistas, apelando ao princípio de não contradição: fazendo ver que não se pode, ao mesmo tempo, reconhecer que algo é movido, participado ou contingente e depois negar que seja causado, sem cair em contradição, já que ser movido, participado, contingente significa exatamente ser causado. Portanto, a evidência do princípio de causalidade é assegurada à razão pelo simples fato de que "o ser participado (movido, contingente) surge em imediata relação de dependência […] com o ser por essência: isto quer dizer que, 'se' o ser por participação é dado, 'se existe', necessariamente com esse ser e ser dado há também essa relação de dependência" (C. Fabro).

3. Propriedade do princípio de causalidade

Santo Tomás não enfrenta jamais expressamente esse argumento, contudo há muitos testemunhos seus que ilustram esta ou aquela propriedade do princípio de causalidade:

a) *proporção* entre causa e efeito; pela qual nenhum efeito pode ser maior, mais perfeito que a própria causa; enquanto na própria causa existe proporção entre o ser do agente e a sua capacidade de agir (*IV Sent.*, d. 1, q. 1, a. 4; I, q. 79, a. 13; *Suppl.*, q. 55, a. 1, ad 1);

b) *prioridade* e *superioridade* da causa com respeito ao efeito (*I Sent.*, d. 12, q. 1, a. 3, ad 4; I, q. 2, a. 2; q. 46, a. 2, ad 1; I-II, q. 112, a. 1; III, q. 9, a. 2);

c) *comunicação* de ser ao efeito por parte da causa (I, q. 19, a. 2);

d) *semelhança* entre a causa e o efeito (*I Sent.*, d. 7, q. 1, a. 1; *II Sent.*, d. 16, q. 1, a. 2; *C. G.*, II, c. 45).

4. Divisão da causalidade eficiente

Santo Tomás apresenta várias divisões da causalidade eficiente, e não se trata de divisões (classificações) inúteis, porque o princípio de causalidade funciona de modo muito diferente segundo os vários tipos de causalidade e as mesmas propriedades do princípio sofrem profundas mudanças segundo a natureza da causa eficiente que entra em ação. As divisões mais importantes são as seguintes: a) causa *principal* e causa *instrumental*: principal é a origem primeira do ser e do devir; instrumental é a origem segunda, que opera sobre o que já possui o ser e move aquilo que já está em devir: "*Agens enim principale est primum movens; agens autem instrumentale est movens motum*" (*IV Sent.*, d. 1, q. 1, a. 4, sol. 1). O efeito pertence primariamente à causa principal, que se diz principal justamente por este motivo, porque cabe a ela a produção do efeito: "*est causa perficiens effectum*" (*III Sent.*, d. 19, q. 1, a. 1, sol. 1). E, contudo, para a realização do efeito dá a sua contribuição também a causa instrumental, motivo pelo qual, de modo secundário, ele vem determinado também pela causa instrumental. Mas no agente instrumental devem ser distinguidas duas ações: "Aquela que lhe pertence graças à sua natureza (forma) e aquela que possui por ser movido pelo agente principal" (*IV Sent.*, d. 1, q. 1, a. 4, sol. 1). "Assim, uma faca em brasa corta por força de sua forma própria (de faca), mas, enquanto está em brasa (pelo fogo), queima" (*In De Causis*, prop. 23, n. 386); b) a segunda divisão, que assume capital importância ao esclarecer o grau e a natureza da semelhança entre causa e efeito, e, portanto, do sentido do princípio *omne agens agit simile sibi* (todo agente produz algo similar a si mesmo), sobre o qual Santo Tomás funda a sua doutrina da analogia, é a divisão entre causa *unívoca* e *equívoca* (dita também não unívoca ou análoga): na causa unívoca o efeito é do mesmo gênero ou espécie da causa; enquanto na causa análoga o efeito não pode igualar a perfeição da causa e, portanto, não pode ser do mesmo "gênero". "Uma vez que cada agente produz algo que se lhe assemelha, segue-se que de algum modo o efeito deve se encontrar na causa. Mas em outros casos é idêntico à causa porque pertence à sua própria espécie; nesse caso, se fala de agentes unívocos, por exemplo o calor com respeito ao fogo que o produz. Em outros casos corresponde à causa segundo proporção ou analogia, por exemplo o calor com respeito ao sol" (*IV Sent.*, d. 1, q. 1, a. 4, sol. 4). Santo Tomás observa que de causa unívoca ou equívoca se pode falar somente com respeito à causa principal: "Causa unívoca ou não unívoca é uma divisão que, falando de modo absoluto e propriamente, se aplica somente àquelas causas que têm a propriedade de realizar uma semelhança com o efeito; ora, isso cabe somente ao agente principal e não ao instrumental. Por isso, propriamente o instrumento não é nem causa unívoca nem não unívoca" (*IV Sent.*, d. 1, q. 1, a. 4, sol. 1, ad 4).

Estas divisões (causa principal e instrumental; causa unívoca e causa equívoca) têm um papel importantíssimo na solução dos problemas da causalidade de Deus e das criaturas. Na explicação de Santo Tomás, em certos casos Deus é não somente a causa principal mas também a única causa (por exemplo, do ser), mas Deus intervém com seu concurso de causa principal também em todas as atividades das suas criaturas. Com isso, porém, Santo Tomás não entende nem envaidecer nem mesmo desprezar a causalidade das criaturas, das quais foi, pelo contrário, um corajoso advogado contra as posições de Agostinho e de Avicena, que reservam toda a causalidade eficiente ou a Deus ou às criaturas espirituais. (Para a *Causa principal*, cf. *II Sent.*, d. 37, q. 1, a. 2, ad 5; *IV Sent.*, d. 12, q. 1, a. 1, sol. 1; I, q. 65, a. 1; II-II, q. 9, a. 3; III, q. 66, a. 11. Para a *Causa instrumental* ou *segunda*, cf. *IV Sent.*, d. 5, q. 1, a. 2; I, q. 105, a. 5; II-II, q. 96, a. 2).

(Cf. Causa, Deus)

[Tradução: M. Couto]

Certeza

É "a adesão firme da faculdade cognoscitiva ao objeto conhecido (*certitudo proprie dicitur firmitas adhaesionis cognitivae virtutis in suum cognoscibile*)" (*III Sent.*, d. 26, q. 2, a. 4). Isso ocorre quando o intelecto é determinado por uma única coisa: "*Certitudo nihil aliud est quam determinatio intellectus ad unum*" (*III Sent.*, d. 23, q. 2, a. 2, sol. 3). A certeza, portanto, é exatamente o oposto da *dúvida*, da qual Santo Tomás dá a seguinte definição: "A dúvida é o movimento da razão para ambas as partes de uma contradição sem ter a coragem de tomar uma decisão" (*III Sent.*, d. 17, q. 1, a. 4).

A certeza é tanto mais sólida quanto mais forte é aquilo que causa "a determinação a uma única coisa". Ora, porque as causas da "determinação" são de três espécies, dão-se obviamente também três espécies de certezas. As causas são: a evidência racional imediata, a evidência racional mediata (do raciocínio) e a autoridade. O primeiro é o caso dos primeiros princípios, que são as únicas verdades que gozam do esplendor da simultaneidade. O segundo é o caso das conclusões dos raciocínios. "E, assim, tem-se a certeza de uma conclusão demonstrável pelos princípios universais indemonstráveis (*per indemonstrabilia universalia principia*). Mas ninguém pode saber que possui a ciência de uma conclusão se ignora o seu princípio" (I-II, q. 112, a. 5). O terceiro é o caso das verdades de fé, que são acolhidas "porque a vontade comanda o intelecto" (*III Sent.*, d. 23, q. 2, a. 2, sol. 3).

A propósito das certezas, Santo Tomás faz um interessante realce, que é perfeitamente coerente com seu modo de entender a origem do conhecimento intelectivo por abstração dos dados sensíveis e a consequente ligação incindível entre conhecimento intelectivo e sensitivo: ele diz que essa é mais sólida e satisfaz principalmente nosso intelecto quando é confirmada pelo conhecimento sensível. Nesse caso ocorre o que o Doutor Angélico chama "certeza experimental (*certitudo experimentalis*)" (*III Sent.*, d. 14, q. 1, a. 3, sol. 5). Outra observação interessante é que o máximo grau de certeza, no âmbito do conhecimento racional, cabe à metafísica: "*primus philosophus est máxime cognoscitivus et certissimus in sua cognitione*" (*IV Met.*, lect. 6, n. 596).

A teologia é inferior às outras ciências com respeito à evidência, mas é superior a todas com respeito à certeza: "Como esta ciência é a um só tempo especulativa e prática, ultrapassa todas as outras, tanto as especulativas como as práticas. Entre as ciências especulativas deve-se considerar como a mais excelente aquela que é *mais certa* ou a que trata dos mais elevados objetos. Ora, sob esse duplo aspecto, a doutrina sagrada (a teologia) supera as outras ciências especulativas. É a mais certa, porque as outras recebem sua certeza da luz natural da razão humana, que pode errar; ao passo que ela recebe a sua da luz da ciência divina (*ex lumine divinae scientiae*), que não pode enganar-se. E ela também possui o mais elevado objeto, pois se refere principalmente ao que, por sua sublimidade, ultrapassa a razão, ao passo que as outras disciplinas consideram apenas o que está sujeito à razão" (I, q. 1, a. 5).

(Cf. Dúvida, Evidência, Opinião, Verdade)

[Tradução: M. Couto]

Chaves (Poder das)

Com esta expressão Santo Tomás designa o poder de abrir as portas do paraíso afastando tudo aquilo que, de algum modo, impede o seu ingresso, principalmente o pecado, mas também as condenações e as penas eclesiásticas. "(A porta) do reino dos céus nos é fechada pelo pecado, tanto quanto à mácula como quanto ao reato da pena. Por isso, o poder que remove esse obstáculo se chama poder das *chaves*" (*Suppl.*, q. 17, a. 1). O poder das chaves é a causa eficiente da remissão dos pecados (*De Ver.*, q. 28, a. 8, ad 2).

O sujeito primeiro e originário do poder das chaves é a Trindade, à qual pertence "por direito de absoluta autoridade ou domínio"; pertence, depois, a Jesus Cristo "mediante o mérito de sua paixão, a qual justamente por isso se diz que 'abre a porta do céu'". Finalmente, por vontade e graça de Cristo, este poder pertence também aos ministros da Igreja, que são os dispensadores dos sacramentos (*Suppl.*, q. 17, a. 1). Em Cristo há o poder das chaves, mas de modo superior ao nosso, porque em nós há o poder de instrumento, como compete aos sacramentos, enquanto em Cristo há o poder de agente, como compete ao autor dos sacramentos. O poder das chaves se chama em nós de *instrumento*, no Cristo de *excelência*, e na Trindade de *autoridade* (*Suppl.*, q. 19, a. 2).

O poder das chaves, sendo um poder racional, é não apenas poder de *desligar*, mas também poder de fazer o oposto, isto é, *ligar*; quanto ao reato de culpa, diretamente desliga, isto é, absolve, e somente indiretamente liga, isto é, nega a absolvição deixando na culpa; quanto à pena, diretamente liga, isto é, impõe a satisfação, e indiretamente desliga, isto é, liberta da pena temporal (*Suppl.*, q. 18, a. 3).

O poder das chaves é duplo: de *ordem* e de *jurisdição*; o primeiro se refere diretamente ao Céu e é exclusivo dos sacerdotes; o segundo se refere diretamente à Igreja, antecâmara do Céu, e se exerce com as excomunhões e as relativas absolvições, e isso pode ocorrer também em quem não recebeu a Ordem sacra. Haja vista que o homem no uso das chaves não age por si mesmo, mas como instrumento, pois não comunica a sua graça, mas sim a de Cristo, porquanto está privado da graça, isto é, porquanto seja pecador, não é privado do uso das chaves. Ao contrário, nos hereges, cismáticos, excomungados, suspensos e degradados, o poder das chaves permanece como poder de ordem, mas é suspenso quanto ao uso, porque eles estão privados do poder de jurisdição (*Suppl.*, q. 19, aa. 3-6).

No que diz respeito ao poder de jurisdição, existe na Igreja uma hierarquia: há um, o sumo pontífice, que possui a jurisdição universal, e sob ele outros possuem jurisdições particulares, e, uma vez que para que o uso das chaves ocorre ter além do poder de ordem também o de jurisdição, segue-se que as chaves não podem ser usadas senão contra aqueles sobre os quais se tem jurisdição. Por si o poder das chaves se estende a todos e é somente por razão de hierarquia que um sacerdote possui a jurisdição limitada pelo seu superior; se o superior a amplia até a si mesmo, então o sacerdote pode fazer uso das chaves também com o seu superior (*Suppl.*, q. 20, aa. 1-3).

(Cf. Confissão, Igreja, Ordem sacra, Sacramentos)

[Tradução: M. Couto]

Ciência

Termo polivalente, cuja gama semântica vai do conhecer em geral ao conhecimento metódico mais rigoroso e sofisticado. De qualquer maneira, em geral, por ciência se entende um conhecimento sistemático em torno a um determinado objeto, conduzido com rigor e objetividade. Trata-se de um conceito essencialmente analógico dado que quer a objetividade quer o rigor variam de objeto a objeto e, portanto, de ciência a ciência.

Aristóteles foi o primeiro a elaborar com exatidão uma teoria da ciência, explicando quais são a sua natureza, seus atributos, suas propriedades. Para Aristóteles a ciência é essencialmente o estudo e a explicação de uma coisa mediante seus princípios (causas). "Há ciência quando conhecemos a causa pela qual uma coisa é e que justamente de tal coisa é causa e que não pode ser de outro modo" (*Anal. post.* I, 2, 71b). Daí a tradicional definição de ciência: conhecimento das coisas por sua causa, em que o termo de causa deve ser tomado em toda sua extensão, como causa extrínseca, eficiente e final, e principalmente intrínseca, formal e material. Por isso, segundo Aristóteles, a ciência, no sentido mais estrito e perfeito, é a ciência demonstrativa (*di'oti, propter quid*), a qual, postos antes alguns princípios, definições, axiomas, deduz as consequências lógicas, explica as coisas e os fenômenos mediante causas e essências. Todavia, Aristóteles reconhece até mesmo a legitimidade, a utilidade e também a necessidade de outras formas mais imperfeitas de conhecimento: a ciência dialética, que parte de premissas prováveis e também falsas e pode conduzir ou à demonstração por absurdo ou à descoberta indireta de princípios verdadeiros e necessários (*Top.* I, 2, 101, a 34b 4); e a ciência indutiva, que permite remontar do efeito à causa, dos detalhes ao universal, dos fenômenos à essência.

Santo Tomás retoma globalmente a epistemologia de Aristóteles e dela se utiliza principalmente para definir o estatuto epistemológico da teologia.

1. Definição da ciência

Como foi dito, ciência é um termo polivalente e conhece vários usos. Para Santo Tomás, em *sentido lato* ciência significa qualquer tipo de conhecimento intelectivo, qualquer representação das coisas, operada pela mente: "*Scientia nihil aliud esse videtur, quam descriptio rerum in anima, cum scientia esse dicatur assimilatio scientiae ad scitum*" (*De Ver.*, q. 11, a. 1, ob. 11). Por sua vez, em *sentido próprio* é um hábito intelectivo, mais precisamente a segunda das virtudes noéticas (a primeira é a sabedoria), é "*Ulterius in eadem via proceditur inquirendo ex istis principiis in conclusiones; et ad hoc perficit alia virtus intellectualis quae dicitur scientia*" (*III Sent.*, d. 34, q. 1, a. 2). É aquele conhecimento da coisa mediante suas causas (princípios) de que fala Aristóteles: "*Scientia est rei cognitio per propriam causam*" (*C. G.*, I, c. 94). Num sentido *mais restrito* é o conjunto de conhecimentos relativos a um determinado objeto (o homem, Deus, o mundo, a saúde etc.): "*Est ordinata aggregatio ipsarum specierum existentium in intellectu* [é uma agregação ordenada das mesmas espécies nele (no intelecto) existentes]" (ibid., c. 56).

A ciência exige três elementos: um objeto, uma série de princípios e a explicação. "Nas demonstrações existem três coisas. Uma é o que é demonstrado (explicado), ou seja, a conclusão [...]. A segunda são as dignidades (princípios) das quais procede a demonstração. A terceira é o objeto (*subiectum*) a cujas propriedades e a cujos acidentes próprios a demonstração traz luz" (*I Anal.*, lect. 15, n. 3; cf. *III Met.*, lect. 15, n. 390).

O que confere unidade à ciência é o objeto (*subiectum*), mas não o objeto material, e sim o formal. "Não é a diversidade material dos objetos que diversifica os hábitos, mas somente a formal. E, porque o saber é o objeto próprio da ciência, as ciências não se distinguem entre si com base na diversidade material dos objetos conhecidos (*scibilium*), mas segundo sua diversidade formal" (*I Anal.*, lect. 41, n. 11). "Entre o assunto de uma ciência e a própria ciência, existe a mesma relação que entre o objeto (*subiectum*) e uma potência ou um *habitus*. Ora, designa-se propriamente como objeto de uma potência ou de um *habitus* aquilo sob cuja razão todas as coisas se referem a esta potência ou a este *habitus*. Por exemplo: o homem e a pedra se referem à vista como coloridos, uma vez que a cor é o objeto próprio da vista" (I, q. 1, a. 7). Assim, a medicina, não obstante a enorme diversidade dos objetos materiais (ervas, bebidas, cozimentos, corpo humano etc.), tem uma sua unidade, porque único é o objeto formal: a saúde.

2. Propriedades da ciência

As propriedades sobre as quais Santo Tomás insiste principalmente são a certeza, a universalidade e a necessidade. Do ponto de vista subjetivo, o que distingue a ciência de toda outra forma de conhecimento (opinião, hipótese etc.) é a *certeza*: "*Ad scientiam requiritur cognitionis* certitudo" (*De Ver.*, q. 11, a. 1, ob. 13); "*Scientia est certa cognitio rei...*

per certitudinem... quod non possit aliter se habere" (*I Anal.*, lect. 4, n. 5); "*Scientia importat* certitudinem *cognitionis per demonstrationem*" (*I Anal.*, lect. 44, n. 3).

Do ponto de vista objetivo, a ciência trata do *universal* e não do particular: "*Scientia est universalium*" (*In II De Anima*, lect. 12); "*Scientia non est de singularibus*" (*I Anal.*, lect. 44, n. 2). Trata-se, além disso, do *necessário e não do contingente*: dado que contingente é aquilo que ocorre por acaso e por isso exclui quer a universalidade, quer a certeza, quer a "assumibilidade" sob causas bem definidas: "*De ratione scientiae est quod id quod sutur exsistemetur esse impossibile aliter se habere*" (II-II, q. 1, a. 5, ad 4); "*Illud de quo habetur scientia oportet esse necessarium scilicet non contigat aliter se habere*" (*I Anal.*, lect. 4, n. 7).

3. Divisão da ciência

A ciência pode ser dividida e classificada de muitos modos de acordo com os pontos de vista que se tomem. Se se assume como perspectiva o fim, se divide em *especulativa* (teórica, doutrinal) e *prática* (operativa). A especulativa tem em mira simplesmente o conhecimento, isto é, o conhecimento da verdade; a prática se dirige ao agir (à moral) ou ao fazer (à arte) (*XI Met.*, lect. 7; *C. G.*, III, c. 79; I, q. 1, a. 4). Se se toma em consideração o procedimento seguido, as ciências se dividem em ciência *propter quid* e ciência *quia*. As primeiras são também ditas ciências *arquitetônicas*; as segundas ciências *subalternas* (*I Anal.*, lect. 25, n. 4). Outra divisão baseia-se sobre os graus de abstração (cf. ABSTRAÇÃO), e então se obtém a divisão da ciência em três grandes ramos: física, matemática e metafísica (*In De Trin.*, II, q. 1, n. 1). Outro ponto de vista pode ser o da ordem, visto que "o dever do sábio é distribuir as coisas em ordem"; nesse caso se obtêm quatro grupos de ciências: físicas e metafísicas (quando a ordem se refere à natureza); lógicas e matemáticas (quando a ordem se refere à mente); éticas e políticas (quando a ordem se refere às ações da vontade); técnicas (quando a ordem é aquela que a razão realiza nas coisas exteriores) (*I Ethic.*, lect. 1, n. 1).

4. A ciência teológica

Santo Tomás se vale do conceito aristotélico de ciência para determinar o estatuto epistemológico da teologia e, assim, faz ver que, se bem que em sentido analógico, também a teologia é uma ciência verdadeira e própria. De fato, ela possui seu *objeto formal*, a verdade revelada por Deus. Tudo o que foi revelado por Deus é considerado por esta ciência, ainda que nem tudo seja tratado por igual, porque em primeiro lugar vem o estudo de Deus, e sucessivamente o das criaturas: "A doutrina sagrada não trata de Deus e das criaturas do mesmo modo: de Deus em primeiro lugar, e das criaturas por se referirem a Deus: seja como princípio delas, seja como fim. Portanto, a unidade da ciência não fica prejudicada" (I, q. 1, a. 3 e ad 1).

Assim como a ciência, também a teologia procede de *determinados princípios*: estes não são os princípios primeiros da razão, mas os dogmas, ou seja, os mistérios fundamentais da fé. "Existem dois tipos de ciência. Algumas procedem de princípios que são conhecidos à luz natural do intelecto, como a aritmética, a geometria etc. Outras procedem de princípios conhecidos à luz de uma ciência superior: tais como a perspectiva, que se apoia nos princípios tomados à geometria; e a música, nos princípios elucidados pela aritmética. É desse modo que a doutrina sagrada é ciência; ela procede de princípios conhecidos à luz de uma ciência superior, a saber, da ciência de Deus e dos bem-aventurados. E, como a música aceita os princípios que lhe são passados pela aritmética, assim também a doutrina sagrada aceita os princípios revelados por Deus" (I, q. 1, a. 2). Uma vez que deriva seus princípios de uma ciência superior, a teologia não é uma ciência arquitetônica, mas sim subalterna: seu guia é a sabedoria divina, e é de fato uma participação dela. "A doutrina sagrada não toma seus princípios de nenhuma ciência humana; mas da ciência divina, que regula, como sabedoria soberana, todo o nosso conhecimento" (I, q. 1, a. 6, ad 1).

Como ciência, também a teologia é *raciocinativa*, é dedutiva e extrai, portanto, uma série de conclusões, cuja certeza, no entanto, não é dada, como nas ciências humanas, pela evidência dos princípios, mas sim pela solidez da autoridade da qual traz os próprios princípios (os dogmas): e é autoridade solidíssima, porque é a própria autoridade de Deus que é o autor da revelação. "Deve-se afirmar que é muito próprio desta doutrina (a teologia) usar argumento de autoridade, pois os princípios da doutrina sagrada vêm da revelação [...]. Isso, porém, não derroga sua dignidade, porque, se o argumento de autoridade fundado sobre a razão humana é o mais fraco de todos, o que está fundado sobre a revelação divina é o mais eficaz de todos" (I, q. 1, a. 8, ad 2).

5. O dom da ciência

O cristão, além de com seu próprio esforço ter a virtude adquirida, possui a ciência também como dom infuso do Espírito Santo. Na sua qualidade de dom, a ciência ajuda a mente a discernir as coisas que são para serem cridas, daquelas que não o são. "Para que a inteligência humana adira perfeitamente à verdade da fé, duas condições se exigem. Uma, compreender bem o objeto proposto; o que compete ao dom da inteligência, como acima foi dito. Outra, ter juízo certo e reto do objeto proposto, discernindo o que deve ou não deve crer. E para isso o dom da ciência é necessário" (II-II, q. 9, a. 1).

Também como dom a ciência tem uma dupla função: primariamente uma *função especulativa*, e secundariamente uma *função prática*: "É preciso que o dom da ciência primeira e principalmente vise o conhecimento especulativo, enquanto o homem sabe o que deve admitir pela fé. Secundariamente, porém, se estende à ação, enquanto pela ciência das verdades da fé e daquelas coisas que dela resultam nos dirigimos em nossas ações" (II-II, q. 9, a. 3).

(Cf. CONHECIMENTO, INTELECTO, SABEDORIA)
[Tradução: M. Couto]

Circuncisão

Rito de iniciação à religião, praticado pelos judeus e outras populações semíticas. Segundo a teologia patrística e escolástica, a circuncisão tinha valor salvífico porque era uma prefiguração e uma preparação para o Batismo. Essa tese é retomada também por Santo Tomás, o qual diz que, assim como para os cristãos o Batismo constitui uma espécie de profissão de fé, do mesmo modo para os patriarcas e seus descendentes a circuncisão representava uma espécie de afirmação da nossa mesma fé no Redentor (III, q. 70, a. 1). Também na circuncisão vinha conferida a graça com todos os efeitos que ela produz, porém com a diferença de que o Batismo a confere por virtude sua, como instrumento da Paixão de Cristo já realizada, ao contrário da circuncisão, que conferia a graça em virtude da fé na Paixão de Cristo a se realizar (*circumcisio autem conferebat gratiam in quantum erat signum fidei passionis Christi futurae*). Maior é, pois, a graça do Batismo, como a realidade é maior do que a esperança; além disso, o Batismo imprime o caráter, enquanto a circuncisão não o imprimia. Os adultos eram libertados dos reatos de culpa, mas não de cada reato de pena (III, q. 70, a. 4).

Cristo recebeu a circuncisão para mostrar que tinha um corpo verdadeiro; para aprovar o rito; para provar a sua descendência de Abraão; para não parecer odioso aos judeus; para dar-nos um exemplo de obediência à lei; e para libertar os fiéis do ônus que isso comportava (III, q. 37, a. 1).

(Cf. BATISMO, SACRAMENTO)
[Tradução: M. Couto]

Cisma

Do grego *schisma* = separação, divisão. "Chamou-se com o nome de cisma 'a cisão dos ânimos'. Ora, a cisão opõe-se à unidade (*nomen schismatis a scissura animorum vocatum est. Scissio autem unitati opponitur*)" (II-II, q. 39, a. 1). Na linguagem eclesiástica cisma significa aquela ação com a qual uma ou mais pessoas por razões doutrinais ou disciplinares se separam da Igreja. Santo Tomás dedica ao cisma a questão 39 da *Segun-*

da Seção da Segunda parte da Suma Teológica e o inclui entre os vícios (pecados) contra a caridade. A propósito do cisma ele examina quatro argumentos: 1. O cisma é um pecado especial? 2. É mais grave do que a infidelidade? 3. Sobre o poder dos cismáticos. 4. Sobre a pena dos cismáticos.

Quanto à natureza específica do cisma, o Doutor Angélico diz que ela consiste em causar dano à unidade da Igreja: "O pecado de cisma é propriamente um pecado especial, pelo fato de alguém tender a se separar da unidade realizada pela caridade [...]. Pode-se considerar a unidade da Igreja de duas maneiras: na conexão ou na comunhão recíproca dos membros da Igreja entre si; e, além disso, na ordenação de todos os membros da Igreja segundo uma única cabeça [...]. Ora, essa Cabeça é o próprio Cristo, do qual o soberano pontífice faz as vezes na Igreja. Por isso chamam-se de cismáticos aqueles que não querem se submeter ao soberano pontífice e recusam a comunhão com os membros da Igreja a ele submetidos" (ibid.).

Quanto à gravidade, Santo Tomás faz ver que o cisma é menos grave do que a heresia. De fato, enquanto o cisma é uma ofensa à Igreja e só indiretamente uma ofensa a Deus, a heresia é já em si mesma uma ofensa a Deus dado que se contrapõe à sua verdade. Eis a premente argumentação do Doutor Angélico: "O pecado que se opõe a um bem maior é, em seu gênero, um pecado maior (*est ex suo genere gravius*): assim o pecado contra Deus em relação ao pecado contra o próximo. Ora, é evidente que a infidelidade é um pecado contra o próprio Deus, visto que ele é em si mesmo a verdade primeira, sobre a qual se apoia a fé. O cisma, ao contrário, se opõe à unidade da Igreja, que é um bem partilhado inferior a Deus em si. Portanto, é evidente que o pecado de infidelidade é por seu gênero mais grave do que o pecado do cisma, embora possa acontecer que um cismático peque mais gravemente do que um infiel, seja em razão de um desprezo maior, seja em razão de um perigo maior, ou por uma outra razão desse gênero" (ibid., a. 2).

Com relação ao poder do cismático, Santo Tomás faz distinção entre o poder de ordem e o de jurisdição: o primeiro o conserva também se lhe for proibido exercê-lo; o segundo, ao contrário, lhe é tirado inteiramente (ibid., a. 3). É justo, portanto, segundo o Doutor Angélico, que o cismático seja punido com a excomunhão e se for indispensável também com a coerção do braço secular. De fato, "quando uma pena não é suficiente para corrigir, acrescenta-se outra: assim, os médicos aplicam remédios corporais diferentes quando um só não é eficaz. Assim também a Igreja, quando se trata de pessoas que a excomunhão não reprime suficientemente, utiliza a coerção do braço secular. Se, porém, uma só pena é suficiente, não se deve utilizar outra" (ibid., a. 4, ad 3).
(Cf. Excomunhão, Heresia, Igreja, Religião)
[Tradução: M. Couto]

Civilização

A palavra civilização deriva do latim *civis*, cidadão, e indica, no uso dos países neolatinos, aquele processo ativo mediante o qual é mudado e configurado o ambiente externo, quer físico quer humano.

Por muitos estudiosos (filósofos, historiadores, etnólogos, antropólogos culturais, sociólogos) o termo foi usado como sinônimo de *cultura*, e nesse caso quer significar, como se exprimia o célebre antropólogo inglês E. B. Tylor no famoso ensaio *Primitive Culture* (1871), "aquele complexo conjunto, aquela totalidade que compreende o conhecimento, as crenças religiosas, a arte, a moral, o direito, os costumes e qualquer outra capacidade e hábito adquirido pelo homem como membro de uma sociedade". Hoje, contudo, se observa a necessidade de estabelecer uma distinção entre cultura e civilização e de reservar a definição clássica de Tylor ao primeiro fenômeno (a cultura). Se se realiza essa distinção, então civilização já não qualifica qualquer forma cultural (cada povo tem uma cultura, mas nem todo povo tem uma civilização), mas apenas determinados níveis de cultura: os níveis mais avançados, mais desenvolvidos, precisamente os níveis mais "civis". A civilização nesse sentido mais restrito tem um caráter nitidamente positivo: os povos "civis" são considerados em tudo superior aos povos "bárbaros" ou "selvagens". A origem dessa contraposição entre civilização e barbárie é helênica, e num primeiro momento tinha um significado puramente linguístico, sendo denominados *barbaroi* os povos dos quais os gregos não entendiam a língua; mas logo assumiu um alcance axiológico em relação aos mais altos valores do espírito. Valendo-se dessa contraposição entre civilização e barbárie alguns historiadores tentaram reconstruir toda a história da humanidade. Segundo O. Spengler (*A decadência do Ocidente*) as civilizações são organismos vivos, que nascem, vivem e morrem por um processo natural e fatal, sem que ocorra entre uma e outra uma transmissão dos valores realizados nem mesmo uma possibilidade de substancial compromisso.

Isso significa que o que faz uma cultura sair do nível da barbárie para aquele da civilização são, antes de mais nada, e principalmente, os títulos morais e espirituais: o reconhecimento dos valores absolutos e seu cultivo (verdade, bondade, justiça, liberdade, paz, amor etc.), o respeito pela pessoa e pela vida humana, a afirmação do primado da esfera do ser sobre a esfera do ter. Prestando atenção a tais títulos, muitas culturas, científica e tecnologicamente menos avançadas do que as ocidentais, quanto à civilização se mostram indubitavelmente num nível mais alto.

Santo Tomás não tem uma teoria explícita nem da cultura nem da civilização assim como se fala hoje. Mas os novos critérios usados para distinguir as culturas entre bárbaras e civilizadas estão certamente bem presentes no pensamento do Doutor Angélico, um pensamento todo centrado sobre o primado da pessoa com relação às coisas, do espírito com relação à matéria, do ser com relação ao ter, da alma com relação ao corpo, do Céu com relação à terra.

(Cf. Cultura)

[Tradução: M. Couto]

Clemência

"É uma virtude humana: opõe-se, por isso, diretamente, à crueldade, que é uma perversidade humana" (II-II, q. 159, a. 2, ad 1). Santo Tomás esclarece o conceito de clemência confrontando-o com o de mansidão: mesmo que os efeitos sejam os mesmos, trata-se de duas virtudes distintas. "A definição de Sêneca de clemência é 'a indulgência do superior para com o inferior'. Ora, a mansidão não é só do superior para com o inferior, mas é também de qualquer pessoa para com outra [...]. A mansidão, refreando o ímpeto da ira, colabora com a clemência para produzir o mesmo efeito. No entanto elas são virtudes distintas, pois a clemência modera o castigo exterior e a mansidão tem por função própria amainar a paixão da ira" (ibid., q. 157, a. 1). A clemência faz parte da virtude da temperança, que tem a função de frear as paixões (ibid., a. 3).

[Tradução: D. Zamagna]

Cobiça
(Cupidez, Ambição, Ganância)

É o desejo excessivo dos bens temporais ou também espirituais.

Enquanto em Santo Agostinho essa paixão (a *cupiditas*) ocupa um lugar fundamental, estando na base de todos os sentimentos e paixões do homem, e pode ter uma função altamente positiva (se estiver voltada para os bens eternos) e extremamente nefasta (se estiver voltada para os bens temporais), em Santo Tomás não aparece quase nunca; já que em seu lugar ele fala do amor (*amor*). Santo Tomás vê sempre a cobiça como uma inclinação má, voltada para o mal, e pode ser mais ou menos grave, conforme se distancie mais ou menos gravemente de Deus. "Deve-se dizer que há uma dupla cupidez (*duplex est cupiditas*). A primeira estabelece seu fim nas criaturas e esta, por sua vez, mata totalmente a caridade, sendo ela 'seu veneno', como diz Agostinho. Faz com que Deus seja menos amado do que deve sê-lo pela caridade, não diminuindo-a, mas destruindo-a por inteiro [...]. Ora, isso não acontece com o pecado venial, mas somente com o pecado mortal. Pois o que se ama, cometendo um pecado venial, ama-se por Deus, em virtude do hábito, embora ele não esteja em ato. A segunda espécie de cupidez é a do pecado venial, que é sempre diminuída pela caridade" (II-II, q. 24, a. 10, ad 2).

[Tradução: A. Bogaz]

Cogitativa

É uma faculdade cognoscitiva intermédia entre os sentidos internos (sentido comum, memória e fantasia) e o intelecto, e desenvolve no homem, mas de modo mais perfeito, a mesma função que nos animais é desenvolvida pelo instinto. De fato, "quanto a essas intenções, há uma diferença. Os animais as percebem apenas por um instinto natural; o homem também por uma *espécie de comparação*. Por isso a potência que se denomina nos animais de *estimativa natural* (instinto) é chamada no homem de *cogitativa*, porque descobre essas intenções por uma espécie de comparação" (I, q. 78, a. 4).

Já reconhecida por Aristóteles, a cogitativa foi atentamente estudada pelos filósofos árabes, especialmente Averróis, do qual Santo Tomás retoma as teses principais. Segundo o Doutor Angélico, à cogitativa, também chamada de *ratio particularis*, competem as seguintes funções: a) apreender os conteúdos de valor ou *intentiones insensatae*, quais sejam, a bondade ou a malícia de um objeto (ibid.); b) julgar os sensíveis comuns e os sensíveis próprios (*De Ver.*, I, q. 1, a. 11); c) preparar o *phantasma* do qual o intelecto possa abstrair o conhecimento da essência (*C. G.*, II, c. 60); d) perceber em concreto aquelas noções ontológicas fundamentais (realidade, substância, causa, relação e os outros predicamentos) que o intelecto compreende na universalidade da abstração (*In II De An.*, lect. XIII, n. 396). "A cogitativa apreende do indivíduo porque existente sob a natureza comum, e isso ocorre por a cogitativa se unir com o intelecto no mesmo sujeito; assim, ela conhece esse homem porque é esse homem (*cognoscit hunc hominem prout est hic homo*) e conhece essa madeira porque é essa madeira" (ibid.). A cogitativa realiza, portanto, a ligação entre o intelecto e o sentido quer na função ascendente como na descendente, e igualmente entre a vontade deliberante e o apetite concupiscível e irascível: nela, portanto, se concentra o que forma a matéria da atuação superior do espírito, a ciência e a virtude. "A potência cogitativa é a que é mais elevada na parte sensitiva, por isso alcança de certo modo a parte intelectiva, como algo que participa do ínfimo da parte intelectiva (*infimum rationis discursum*), a saber, o discurso da razão, segundo a regra de Dionísio" (*De Ver.*, q. 14, a. 1, ad 9). Sem cair nos esquematismos kantianos que atribuem à fantasia a função de ponte entre os sentidos e o intelecto, Santo Tomás atribui à cogitativa a função de unir firmemente a atividade dos sentidos com a da razão e do intelecto e vice-versa, de tal modo que não se registra nenhuma fenda entre o mundo dos sentidos e aquele do intelecto, mas uma continuidade natural e ininterrupta.

(Cf. Abstração, Conhecimento, Fantasia, Intelecto)

[Tradução: M. Couto]

Compaixão cf. Misericórdia

A compaixão é sinônimo de misericórdia: "*Compassio sive misericordia*" (*IV Sent.*, d. 50, q. 2, a. 4, sol. 2).

Composição

É um termo plurivalente. Os usos principais que dele faz Santo Tomás são dois: 1) na *lógica* designa o método dedutivo, ou seja, aquele procedimento que vai dos princípios universais a conclusões menos universais ou particulares, ou, em outras palavras, vai das causas aos efeitos. É o oposto da resolução (*resolutio*). "O processo do raciocínio pode assumir duas orientações: *compositiva* quando procede das formas mais universais àquelas menos universais (particulares); *resolutiva*, quando procede no sentido inverso" (*In De Trin.*, lect. II, q. 2, a. 1, sol. 3); 2) na *metafísica* denota a qualidade de um ente de ser constituído de vários elementos (matéria/forma; substância/acidentes; ato/potência; essência/existência etc.), ou seja: de não ser simples. O único ser absolutamente simples, que exclui qualquer tipo de composição, é Deus. Todos os outros seres, compreendidos os anjos, incluem alguma composição, quando menos a composição de essência e de existência (ato do ser).

(Cf. MÉTODO)
[Tradução: M. Couto]

Compreensão

É o mais alto nível de conhecimento, é o ponto mais alto da visão (*ad summum modum visionis, qui est comprehensio*) (I, q. 62, a. 9). A compreensão supera todos os outros níveis: da abstração, da intuição e da visão. Todavia, esclarece Santo Tomás, "a compreensão não é uma operação distinta da visão, pois é certa relação com o fim já possuído. Assim também a mesma visão, ou a coisa vista por estar presente, é objeto da compreensão" (I-II, q. 4, a. 3, ad 3). Há compreensão quando se apreende e se abraça o objeto conhecido; porém, observa Santo Tomás, para haver compreensão não é necessário que o objeto seja apreendido e abraçado inteiramente. "A compreensão se entende de dois modos. Primeiro, a inclusão da coisa compreendida no que a compreende, e assim tudo o que é compreendido por algo finito é finito. Desse modo Deus não pode ser compreendido por nenhum intelecto criado. Segundo, compreensão nada mais significa que a retenção de uma coisa presente e possuída, como quando alguém perseguindo um outro se diz que o prende quando o detém. Assim requer-se a compreensão para a bem-aventu-

rança" (I-II, q. 4, a. 3, ad 1). A compreensão de Deus (a sua visão beatífica) é um dos três fatores principais da bem-aventurança. De fato, para a bem-aventurança "são necessárias três coisas: a visão, que é o conhecimento perfeito inteligível do fim; a compreensão, que implica a presença do fim; e o prazer, ou fruição, que implica o repouso do amante no amado" (I-II, q. 4, a. 3).

(Cf. BEM-AVENTURANÇAS EVANGÉLICAS)
[Tradução: M. Couto]

Comunhão (eucarística)
cf. Eucaristia

Comunhão dos santos

É um dos artigos do Credo. Santo Tomás lhe dedica uma breve exposição no seu *Comentário ao Símbolo apostólico*. Este artigo da fé cristã ensina que na Igreja (que é por definição *communio sanctorum*) existe uma profunda solidariedade, de modo que os seus tesouros de graça são partilhados por todos. Causa da comunhão dos santos é a própria fonte da graça, isto é, Jesus Cristo: é a incorporação a Cristo por obra do Espírito Santo que torna todos os fiéis participantes da mesma vida sobrenatural e dos seus frutos.

Santo Tomás explica essa doutrina recorrendo à imagem somática — do corpo e da cabeça — que lhe é tão cara e constitui o princípio hermenêutico de toda a sua eclesiologia. Antes de mais nada, há a comum participação dos bens espirituais entre os membros da Igreja. "No corpo natural a atividade de um membro resulta em benefício de todos os membros. No corpo espiritual, que é a Igreja, acontece o mesmo. Os fiéis formam um só corpo. O bem de cada um dos membros comunica-se a todos os outros: 'Embora sejamos muitos, formamos um só corpo em Cristo, e cada um de nós é membro um do outro' (Rm 12,5). Entre os artigos de fé, que os apóstolos nos transmitiram, há um que se refere à comunicação dos bens entre os fiéis.

Chama-se *comunhão dos santos*" (*Expos. in Symb.*, a. 10, n. 987). Além disso, a partilha dos bens se realiza graças ao vínculo estreitíssimo que liga a Igreja à sua cabeça, Jesus Cristo, fonte de toda graça. "Cristo, cabeça da Igreja, é seu principal membro: 'Deus o colocou como cabeça de toda a Igreja, que é o seu corpo' (Ef 1,22). Em consequência, os bens de Cristo se comunicam a todos os cristãos, como a força da cabeça se comunica aos demais membros. Esta comunicação realiza-se mediante os sacramentos da Igreja, nos quais se torna presente a força da paixão de Cristo, que nos confere a graça do perdão dos pecados" (ibid., n. 988).

Segundo Santo Tomás, a comunhão dos santos pode ocorrer de dois modos: a) segundo um modo, por assim dizer, automático, graças à caridade: "Todos aqueles que estão unidos pela caridade levam alguma vantagem das obras recíprocas, segundo a medida do estado, ou de via, ou de purgação ou de pátria, uma vez que também na pátria celeste cada um goza dos bens do outro" (*IV Sent.*, d. 45, q. 2, a. 1, sol. 1); b) segundo um modo intencional, ou seja, "segundo a intenção de quem faz alguma obra boa em favor de pessoas determinadas, as quais se tornam assim proprietárias da obra boa, que lhes foi regalada, e podem tirar dela benefício ou pela satisfação da pena temporal devida aos seus pecados ou para obter do Senhor alguma outra graça útil à vida eterna" (ibid.).

No dogma da comunhão dos santos se fundamenta a doutrina das indulgências (cf. *Suppl.*, q. 25, a. 1).

(Cf. Igreja, Indulgência)
[Tradução: M. Couto]

Conceito (Concepção)

O termo "conceito" raramente é usado por Santo Tomás e é tratado como sinônimo de concepção (*conceptio*), verbo interior (*interius verbum*), ideia. Normalmente é fruto da abstração e é o pensamento na forma atual (não habitual). De fato, segundo Santo Tomás, o objeto inteligível pode ser encontrado na mente de dois modos: "primeiro, de modo habitual ou, como diz Agostinho, na memória. Segundo, o inteligível é considerado ou concebido em ato (*in actu consideratum vel conceptum*)" (I, q. 107, a. 1).

O conceito (*conceptio*) pode assumir duas formas principais: de *representação* de uma coisa ou de modelo prefigurativo (*praesignativa*). "O conceito (*conceptio*) se realiza de dois modos. Primeiro, como representação da coisa (*repraesentatio rei*), e assim se encontra em todos os conhecimentos deduzidos das coisas [...]. Segundo, não de modo representativo, mas sim prefigurativo (*praesignativa*), ou seja, como modelo de algo a ser feito" (*IV Sent.*, d. 8, q. 2, a. 1, sol. 4, ad 1).

Duas são as propriedades principais do conceito: *universalidade* e *intencionalidade*. Diversamente das sensações, que são sempre imagens de coisas particulares, os conceitos são representações universais (I, q. 79, a. 3). São, além disso, dotados de intencionalidade, isto é, não são representações de si mesmos, mas das coisas, para as quais remetem imediatamente, de modo que mediante os conceitos se tem conhecimento das coisas (I, q. 85, a. 2).

(Cf. Conhecimento, Ideia, Universal)
[Tradução: M. Couto]

Concílios

Para Santo Tomás constituem uma das fontes primárias (*auctoritates*) às quais apela constantemente no seu trabalho teológico. Nas suas obras todos os concílios ecumênicos e muitos concílios locais são citados com maior ou menor frequência. Assim, por exemplo, para o Batismo são citados os concílios de Niceia, o IV concílio de Cartago (398), o IV concílio de Toledo (633), o concílio de Mogúncia (848); para a doutrina trinitária: os concílios de Éfeso (431), Calcedônia (451), Reims (1148); para a cristologia: os concílios de Éfeso, Calcedônia, o II e III concílios de Constantinopla. Todas as citações são feitas com notável precisão, o que faz supor que Santo Tomás pudesse ter em mãos coleções autênticas e autorizáveis, como a *Collectio Casinensis*.

Santo Tomás atribui aos concílios uma autoridade infalível, semelhante àquela da Sagrada Escritura. Segundo L. Baur, o Doutor Angélico põe no mesmo plano a *auctoritas* das Escrituras canônicas e a dos concílios ecumênicos. Indubitavelmente ele atribui aos concílios uma autoridade de longe superior à dos Padres. Escreve Santo Tomás: o fiel adere à verdade de fé "por causa de um meio, isto é, por causa da verdade primeira que nos é proposta nas Escrituras, retamente entendida, segundo a doutrina da Igreja" (II-II, q. 5, a. 3, ad 2). Ora, é sobretudo nos concílios que a Igreja fixa a definitiva interpretação da Verdade revelada. Por força desse princípio, o Doutor de Aquino está duplamente atento — tanto como fiel quanto teólogo — à escuta da voz da Igreja, que com seu Magistério (quer solene quer ordinário) é a intérprete autorizada do ensino revelado e o critério justo para ter seu sentido preciso.

(Cf. Igreja, Magistério)
[Tradução: M. Couto]

Concupiscência

Do latim *concupiscentia* (= forte desejo, paixão desmedida). Em geral, significa qualquer paixão intemperante. Segundo Santo Tomás, a concupiscência é qualquer "paixão idêntica ao desejo (*eadem passio cum desiderio*)" (I-II, q. 25, a. 2, ob. 1). Ela não é necessariamente má, mas depois do pecado original leva o ser humano mais facilmente para o mal que para o bem: "A concupiscência da sensualidade é desordenada quando se opõe à razão, isto é, quando inclina ao mal ou torna difícil fazer o bem" (III, q. 27, a. 3). Diversamente de Santo Agostinho, que tende a identificar a concupiscência com o pecado original, Santo Tomás vê nela principalmente a consequência do pecado.

Santo Tomás distingue a concupiscência da cobiça (*cupiditas*). A primeira é um desejo natural, como aquele do alimento, e nos é comum com os animais; a segunda é um desejo "ilícito", ou seja, um desejo que segue o conhecimento intelectivo. A cobiça nasce somente nos homens, "a quem pertence pensar algo como bom e conveniente, além do que a natureza requer" (I-II, q. 30, a. 3).

(Cf. Desejo, Paixão)
[Tradução: A. Bogaz]

Concupiscível

É uma das duas formas que assume o apetite sensitivo. Este se distingue — segundo Santo Tomás, retomando sobre esse ponto o ensinamento de Aristóteles — em duas espécies: *concupiscível* e *irascível*. "Sendo o apetite sensitivo uma inclinação que se segue à apreensão dos sentidos, como o apetite natural é uma inclinação que se segue à forma natural, deve portanto haver na parte sensitiva duas *potências apetitivas*: uma, pela qual a alma é absolutamente inclinada a buscar o que lhe convém na ordem dos sentidos e a fugir do que pode prejudicar, é a concupiscível (*concupiscibilis*); a outra, pela qual o animal resiste aos atacantes que combatem o que lhes convém e causam dano, é a irascível (*irascibilis*). Em consequência, se diz que seu objeto é aquilo que é *árduo* (*arduum*), pois sua tendência a leva a superar e a prevalecer sobre as adversidades" (I, q. 81, a. 2). O apetite, seja irascível seja concupiscível, está presente tanto nos animais quanto nos homens. O homem, porém — também no âmbito dos apetites —, supera os animais, porque, além do apetite irascível e concupiscível, possui também um apetite intelectivo, a vontade (I, q. 80, a. 2).

O apetite, concupiscível e irascível, é o grande vulcão do qual emergem todas as paixões; mas, mediante a vontade, o homem tem o poder de controlá-las, submetendo e governando o apetite. Diversamente do animal, "o homem não se move logo sob o impulso do apetite irascível ou concupiscível, mas espera a ordem (*imperium*) do apetite superior, a vontade. Com efeito, em todas as potências motoras ordenadas (*in omnibus potentiis motivis, ordinatis*), a segunda não move senão em virtude da primeira: por isso, o apetite inferior não pode mover se o apetite superior não consente nisso [...]. É dessa maneira, portanto, que as potências irascível e concupiscível obedecem à razão" (I, q. 81, a. 3).

No apetite concupiscível se encontram as seguintes paixões: amor, ódio, desejo, fuga, prazer, tristeza (cf. I-II, q. 23, a. 4).

(Cf. Apetite, Irascível, Vontade)
[Tradução: A. Bogaz]

Concurso divino

A expressão ocorre raramente em Santo Tomás, mas é de uso comum entre os teólogos e indica a atividade com a qual Deus, causa principal, sustenta a causalidade das criaturas em seu agir, tanto as livres quanto aquelas privadas de liberdade. Enquanto a conservação se refere mais rigorosamente à influência de Deus sobre o ser das criaturas, o concurso divino se refere à sua influência sobre o agir delas.

Santo Tomás é um grande defensor do valor da causalidade das criaturas e da sua contribuição específica na produção dos efeitos, ainda que qualificando-a como causalidade instrumental ou secundária (segunda). Contra a tentação de Agostinho de remeter tudo à causa primeira, Deus, Santo Tomás defende a *operosidade* das criaturas, mas sem nunca enfraquecer ou ofuscar o primado da causa primeira, a qual *concorre* continuamente e com a preeminência que lhe compete para a realização dos efeitos compreendidos pelas causas segundas. Eis como o Doutor Angélico argumenta esse ponto: "Deve-se considerar que, quando diferentes agentes estão ordenados entre si, é sempre em virtude do primeiro agente que o segundo age; pois o primeiro agente move o segundo para a ação. De acordo com isso, todas as coisas agem em virtude do próprio Deus, que é assim a causa das ações de todos os agentes. [...] É preciso considerar que Deus não somente move as coisas para a ação aplicando as formas e potências delas à operação, assim como o artesão aplica o machado a cortar a madeira sem, no entanto, dar ao machado sua forma, como também dá às criaturas agentes suas formas próprias e ainda as conserva na existência [...]. Porque a forma de uma coisa é o que está no mais íntimo dela, e tanto mais no íntimo está quanto mais se apresenta como primeira e universal, e, porque Deus é propriamente a causa do ser universal em todas as coisas e este ser é o que há de mais íntimo nelas (*magis intimum rebus*), segue-se que Deus age intimamente em todas as coisas" (I, q. 105, a. 5; cf. *I Sent.*, d. 18, q. 1, a. 5; ibid., d. 34, q. 1, a. 2; *Comp. Theol.*, c. 130; *In De Causis*, prop. 23).

O princípio do concurso divino vale para todas as criaturas, aquelas animadas e aquelas inanimadas, as corpóreas e as espirituais, as livres e as privadas de liberdade. Vale, portanto, também para o homem. "A criatura racional governa a si própria pelo intelecto e pela vontade, que precisam ser regidos e aperfeiçoados pelo intelecto e pela vontade de Deus. Dessa forma, acima deste governo (*supra gubernationem*) pelo qual a criatura racional governa a si própria, como senhora de seus próprios atos, ela precisa ser governada por Deus" (I, q. 103, a. 5, ad 3).

(Cf. Causa, Conservação, Deus, Providência)
[Tradução: A. Bogaz]

Confirmação (Crisma)

É um dos sete sacramentos; é o que insere plenamente o fiel na vida da Igreja, tornando-o mais partícipe dos seus ofícios e dos seus carismas. A Confirmação aperfeiçoa e completa os efeitos do Batismo: ela fortifica o batizado e o torna plenamente partícipe da tarefa profética, sacerdotal e régia da Igreja, dando-lhe o poder e o dever de professar, difundir e tutelar o precioso patrimônio da fé, sempre sob a guia dos pastores legítimos. Nos primeiros séculos a Confirmação era dada junto com o Batismo, e por isso dificilmente encontram-se escritos que tratem dela especificamente. Isso se começa a fazer principalmente com Tertuliano e Cipriano, cujos testemunhos são muito claros. Sempre nos primeiros tempos esse sacramento era dado mediante o rito da imposição das mãos. No século IV o rito se torna mais complexo com a unção, distinta da unção batismal; nos séculos sucessivos a unção se torna prevalente e exclusiva, enquanto cai em desuso a imposição das mãos.

Ao estudo do sacramento da Confirmação, Santo Tomás dedica duas amplas seções, no *Comentário às Sentenças* (IV, d. 7, qq. 1-3) e na *Summa Theologiae* (III, q. 72).

1. Conveniência da Confirmação

Como bom teólogo, Santo Tomás não se contenta em registrar apenas a existência do sacramento da Confirmação, mas procura a justificação racional desse sacramento. Assim, abre sua discussão procurando os motivos de conveniência da instituição da Confirmação e os encontra na analogia entre o que ocorre no desenvolvimento da vida natural do homem e o desenvolvimento da vida sobrenatural. Ora, "é manifesto que na vida corporal constitui um particular aperfeiçoamento o alcançar da idade adulta e a capacidade de fazer ações humanas perfeitas; tanto que também o Apóstolo diz: 'Quando me tornei homem, abandonei aquilo que era próprio da infância' (1Cor 13,11). Por isso, além do movimento de geração pelo qual alguém recebe a vida corpórea, há também o movimento de crescimento que conduz à idade perfeita. Por isso do mesmo modo se recebe a vida espiritual mediante o Batismo, que é regeneração espiritual. Ao passo que na Confirmação se obtém, por assim dizer, a idade perfeita da vida espiritual (*aetatem perfectam spiritualis vitae*)" (III, q. 72, a. 1).

2. Natureza da Confirmação

Como todos os outros sacramentos, também a Confirmação possui sua matéria e sua forma. A matéria conveniente desse sacramento é o crisma porque, sendo composto de óleo e de bálsamo, significa os dois efeitos principais da Confirmação: plenitude do Espírito Santo e o bom odor de Cristo, que é o odor das virtudes (ibid., a. 2). Por sua vez, a forma é representada pelas palavras: "Eu te assinalo com o sinal da Cruz e te confirmo com o crisma da salvação em nome do Pai, do Filho e do Espírito Santo".

3. Efeitos principais da Confirmação

São dois: o caráter e a graça santificante. O caráter é um poder espiritual: como no Batismo se recebe o poder da vida espiritual, assim na Confirmação se recebe o poder do combate espiritual (ibid., a. 5). O sacramento da Confirmação confere o Espírito Santo, o qual infunde na alma a graça santificante, por isso a Confirmação confere a graça santificante (ibid., a. 6).

4. Ministro da Confirmação

O ministro é o bispo. De fato, dar a perfeição a uma obra é algo que cabe ao supremo artífice. Ora, "o sacramento da Confirmação é como a coroação do Batismo; no sentido de que no Batismo se é formado como que um edifício espiritual e é escrito como que uma carta espiritual; mas, no sacramento da Confirmação, esse edifício espiritual é consagrado para ser templo do Espírito Santo e essa carta é selada com o sinal da cruz. Por isso o conferir da Confirmação é reservado aos bispos, que têm o supremo poder na Igreja: e também na Igreja primitiva, como relatam os Atos (8,14 ss.), a plenitude do Espírito Santo era dada mediante a imposição das mãos dos Apóstolos, dos quais fazem as vezes os bispos" (ibid., a. 11).

(Cf. SACRAMENTO)
[Tradução: G. Frade]

Confissão

Chamada também de *Penitência*, é um dos sete sacramentos. É a manifestação sincera e clara dos pecados cometidos após o Batismo a um sacerdote munido da faculdade de absolvê-los. Foi instituída por Jesus Cristo quando disse aos seus apóstolos: "Recebei o Espírito

Santo. A quem perdoardes os pecados eles serão perdoados, a quem não perdoardes permanecerão não perdoados" (Jo 20,22-23).

Na era pós-apostólica a documentação relativa à Confissão é já considerável a partir do final do século II. A esse propósito, é fundamental a *Didascalia*, documento em que, entre outras coisas, se fala difusamente também da práxis penitencial, que segue muito proximamente a práxis batismal. Quem era indigno da comunidade cristã era excomungado e afastado da assembleia. Para ser novamente readmitido devia cumprir um longo período de penitência. Ao final o bispo, que antes se certificava de que a conversão tivesse ocorrido, impunha as mãos no penitente e o introduzia na assembleia. Entre as peculiaridades da práxis penitencial antiga, havia o caráter público da Confissão, que ocorria diante da comunidade, e a rígida norma que excluía qualquer reiteração. Esses dois fatores contribuíram a tornar a Confissão um sacramento "odioso", com o resultado de que, depois do século IV, se tornam cada vez mais raros os pecadores que se submetiam a essa penitência. Nos mosteiros, no entanto, a correção fraterna levava a incrementar as práticas penitenciais, compreendida a confissão tanto pública como privada.

Durante a Idade Média, a Confissão registrou uma sensível "liberalização" em dois pontos: primeiro se consentiu que ela fosse feita mais vezes, depois ela foi tornada obrigatória uma vez ao ano. Ademais, inverteu-se a ordem: não mais a "penitência" em primeiro lugar e depois a absolvição, mas primeiro a absolvição (imediatamente depois da acusação dos pecados) e depois as obras de penitência. Mesmo em relação a essas últimas, a mão do confessor foi se tornando cada vez menos pesada e as obras se tornaram simplesmente uma expressão simbólica da participação à satisfação do Senhor.

Santo Tomás dedica ao sacramento da Confissão uma ampla discussão no *Comentário às Sentenças* (IV, dd. 17-22), que foi retomada pelo compilador do *Suplemento à Summa Theologiae* (*Suppl.*, qq. 6-11).

1. Necessidade

A primeira coisa que impele Santo Tomás é mostrar a necessidade desse sacramento. Assim exorta mostrando como os pecados atuais não podem ser perdoados senão por meio de um sacramento da Igreja recebido em ato, ou pelo menos em desejo. De fato, "a paixão de Cristo, sem cuja virtude não podem ser perdoados nem o pecado original nem o atual, atua em nós mediante a prática dos sacramentos, que dela recebem a sua eficácia". Ora, enquanto com o Batismo se obtém a remissão do pecado original, para a remissão dos demais pecados é necessário outro sacramento: a Confissão. "Portanto, assim como o Batismo é feito para cancelar o pecado original, do mesmo modo o sacramento da penitência é necessário para a salvação. E assim como, ao pedir o Batismo, alguém se submete aos ministros da Igreja, à qual pertence a administração dos sacramentos, do mesmo modo, confessando os próprios pecados, alguém se submete ao ministro da Igreja para obter a remissão mediante o sacramento da penitência por ele administrado. O ministro pode, com efeito, aplicar o remédio somente se conhece o pecado; coisa que ocorre mediante a confissão do pecador. Eis por que a confissão é indispensável para a salvação daquele que caiu num pecado mortal atual" (*Suppl.*, q. 6, a. 1).

2. Natureza

Para explicar a natureza da Confissão, Santo Tomás se vale do *esquema hilemórfico* (como em todos os demais sacramentos): os atos do penitente são a matéria; a forma é a absolvição do sacerdote. Matéria e forma não agem separadamente, mas como causa única: de modo que os atos do penitente e o poder das chaves constituem juntos a causa da remissão dos pecados (*IV Sent.*, d. 22, q. 2, a. 1, sol. 1). Naturalmente a *eficácia* diz respeito de modo particular à forma e, portanto, à absolvição: enquanto a *significação* se encontra principalmente na matéria, ou seja, nos atos do penitente; por esse motivo Santo Tomás insiste na sinceridade e na completude da Confissão (*Suppl.*, q. 7, a. 2; q. 9, a. 2).

3. Ministro

Ministro da Confissão é o sacerdote, porque somente o sacerdote, que tem poder sobre o corpo real e sobre o corpo místico de Cristo, pode distribuir a graça (*Suppl.*, q. 8, a. 1). A absolvição que o sacerdote dá é o exercício não somente da ordem, mas também da jurisdição, por isso os fiéis devem fazer a Confissão aos próprios sacerdotes, isto é, àqueles que têm a jurisdição sobre eles. A Igreja limitou a jurisdição dos sacerdotes por razões de disciplina; mas a necessidade não tem lei, por isso, quando há o caso de necessidade em virtude de perigo de morte, essa limitação disciplinar cessa e todo sacerdote pode absolver (*Suppl.*, q. 8, aa. 4-6).

4. Efeitos

A Confissão liberta da morte do pecado, porque nisso consiste principalmente o sacramento. "E porque no sacramento da penitência é infusa a graça, que determina a remissão dos pecados como no Batismo, a confissão perdoa a culpa em virtude da absolvição anexa, do mesmo modo como a perdoa o Batismo" (*Suppl.*, q. 10, a. 1). A Confissão não apenas liberta da pena eterna, mas também diminui a pena temporal; mas, principalmente, a Confissão abre a porta do Paraíso, porque são os crimes da culpa e da pena, que ela cancela, esses que impedem o ingresso ao Paraíso. A Confissão dá a esperança da salvação eterna, pois nela o fiel se submete ao poder das chaves, ao qual é reservada a aplicação dos méritos de Cristo (*Suppl.*, q. 10, aa. 2-4).

5. Confissão de desejo

No sacramento da penitência Santo Tomás dá grande relevo à *contrição*, isto é, à dor perfeita pelos pecados cometidos: ela pode bastar sozinha para obter o perdão dos pecados. Santo Tomás diz explicitamente que o pecado é perdoado de dois modos, ou com a Confissão efetiva, ou então mediante o desejo (*vel actu susceptum vel saltem voto*) (cf. *Suppl.*, q. 6, a. 1; q. 10, a. 1). Contudo, Santo Tomás tem o cuidado de esclarecer que a remissão dos pecados está sempre ligada ao poder das chaves. Por isso o "*sacramentum in proposito (in voto) existens*" deve sua eficácia não ao desejo, mas ao sacramento, e este, para estar completo, exige a efetiva Confissão. "Dado que a contrição implica, com o relativo propósito, o poder das chaves, atua sacramentalmente, em virtude do sacramento da penitência, assim como age na virtude do Batismo o desejo dele, como é evidente no adulto que tem o Batismo somente no desejo. Disso não segue que a causa eficiente da remissão da culpa seja, propriamente falando, a contrição, mas o poder das chaves" (*De Ver.*, q. 28, a. 8, ad 2).

(Cf. Chaves, Sacerdócio, Sacramento)

[Tradução: G. Frade]

Conhecimento (gnoseologia)

Em geral, o termo "conhecimento" é usado quer para designar a atividade com a qual alguém se torna consciente de algo, de algum objeto, quer a informação adquirida mediante essa atividade. No homem se distinguem várias formas de conhecimento: sensitivo, imaginativo e intelectivo ou racional. Dos problemas filosóficos fundamentais, o do conhecimento esteve entre os primeiros a serem enfrentados e discutidos e tem constantemente acompanhado as fases sucessivas da história da filosofia. Já está presente nos pré-socráticos, em particular em Parmênides, Heráclito e Demócrito; está no centro das disputas dos sofistas e é problema capital para Sócrates, Platão e Aristóteles. O problema do conhecimento é estudado também pelos Padres da Igreja e pelos Escolásticos, principalmente no que concerne à origem do conhecimento intelectivo e às relações entre razão e fé. No que concerne à origem, na época de Santo Tomás, a teoria dominante era a de Agostinho, o qual, tendo colocado uma nítida distinção entre verdades mutáveis (do campo científico) e *verdades eternas* (do campo filosófico, objeto da sabedoria), explicava a origem das segundas mediante a *iluminação divina*. Sobre o problema das relações entre fé e razão, desde os tempos de Clemente de Alexandria se havia acolhido favoravelmente a solução positiva, da *harmonia*, que considerava a fé e a razão dois canais provenientes de uma única fonte, a mente divina. Contudo, quando Santo Tomás ensinava em Paris, para esse problema havia sido colocada, pelos averroístas, uma nova solução, a da dupla verdade: essa separava nitidamente os campos da razão (filosofia) e da fé (revelação), e previa, portanto, a possibilidade de soluções não somente diferentes, mas também conflituosas para o mesmo problema.

Santo Tomás não nos deixou nenhum tratado sistemático de gnoseologia, mas dedicou a isso a máxima atenção e em muitas obras (em particular no *Comentário às Sentenças, De Veritate, Suma de Teologia* (Primeira Parte), *Contra os Gentios, Comentário à Metafísica, Sobre a Unidade do intelecto, Da Alma*) existem amplas seções que tratam de um e outro aspecto do problema gnoseológico, propondo soluções algumas vezes novas, pelo menos para o seu tempo, e corajosas, que têm como pilastras maiores:

a) *o realismo*: o conhecimento não é uma criação da mente humana (idealismo) nem tampouco uma interpretação meramente subjetiva dos dados da experiência (empirismo, fenomenismo), mas é uma representação da realidade, que pode ser verdadeira ou falsa na medida em que se conforma ou não à realidade;

b) *importância da experiência sensitiva*, que constitui o ponto de partida de cada conhecimento. Também o conhecimento intelectivo é extraído da experiência sensitiva. Santo Tomás assume a tese aristotélica da abstração e rejeita a doutrina platônico-agostiniana da iluminação. O próprio homem é autor de todos os seus conhecimentos exceto aquele da fé. Assim, na visão tomista o homem é patrão de si mesmo (dos próprios atos) não somente no âmbito da vontade, mas também no do intelecto.

c) *harmonia entre fé e razão*, entre o mundo dos conhecimentos que o homem consegue adquirir com a pesquisa laboriosa e o mundo das verdades que lhe são oferecidas pela Palavra de Deus.

1. Noção e divisão do conhecimento

Para definir o conhecimento, Santo Tomás usa as seguintes fórmulas: "O conhecimento acontece por estar o conhecido no cognoscente (*cognitio fit per hoc quod cognitum est in cognoscente*)" (I, q. 59, a. 2), ou melhor, "o conhecimento se dá quando o conhecido está em quem o conhece (*cognitio contingit secundum quod cognitum est in cognoscente*)" (I, q. 12, a. 4). Em outras fórmulas o Doutor Angélico especifica também de que modo o objeto conhecido se encontra em quem o conhece, o modo é aquele da *assimilação*: "*Omnis cognitio fit per assimilationem cognoscentis et cogniti* [Todo conhecimento realiza-se pela assimilação do cognoscível pelo cognoscente. (N. do T.)]" (C. G., I, c. 65, n. 537); e a assimilação produz como resultado a formação no que conhece de uma *imagem* do objeto conhecido: "*Omnis cognitio fit secundum similitudinem cogniti in cognoscente* [Todo conhecimento se realiza segundo a semelhança do cognoscente com o conhecido. (N. do T.)]" (ibid., II, c. 77, n. 1581). Com uma fórmula mais elaborada e completa, o conhecimento vem assim descrito: "Qualquer conhecimento ocorre mediante alguma espécie, graças a cuja informação tem lugar a assimilação do cognoscente à coisa conhecida. (*Omnis cognitio est per speciem aliquam, per cuius informationem fit assimilatio cognoscentis ad rem cognitum*)" (*I Sent.*, d. 3, q. 1, a. 1, ob. 3).

2. Divisão do conhecimento

Como sugere a experiência comum e como geralmente ensinaram todos os filósofos, também Santo Tomás divide o conhecimento humano em dois tipos: *sensitivo* e *intelectivo*. "Nossa alma possui duas faculdades cognoscitivas. Uma é o ato de um órgão corporal (*actus alicuius corporei organi*). A esta é conatural conhecer as coisas na medida em que estão numa matéria individual: por isso, os sentidos *só conhecem o singular*. A outra faculdade cognoscitiva é o intelecto, que não é o ato de nenhum órgão corporal. Assim, pelo intelecto nos é conatural *conhecer as naturezas* (*ou essências*), que, na verdade, só têm o ser na matéria individual; porém não as percebemos como existentes na matéria, mas como abstraídas da matéria pela consideração do intelecto. Assim, por meio do intelecto podemos conhecer essas coisas num conceito universal, que ultrapassa a faculdade sensitiva" (I, q. 12, a. 4).

Santo Tomás subdivide o conhecimento sensitivo em dois grupos: a) o conhecimento dos sentidos externos (vista, audição, paladar, olfato e tato), que atinge apenas as qualidades isoladas dos vários objetos (a cor, o odor, o sabor, a extensão etc.); b) e o conhecimento dos sentidos internos (senso comum, memória, fantasia e estimativa ou instinto), que unifica, conserva e até mesmo modifica as percepções isoladas dos sentidos externos (cf. I, q. 78, aa. 3 e 4). Entre os sentidos internos e o intelecto Santo Tomás introduz outra faculdade à qual dá o nome de *cogitativa*, que tem por função juntar firmemente de algum modo o conceito universal com as imagens particulares (cf. COGITATIVA).

Ao intelecto Santo Tomás confere três atividades principais: a abstração (cf. ABSTRAÇÃO), o juízo (cf. JUÍZO) e o raciocínio (cf. RACIOCÍNIO). No que concerne à atividade intelectiva e, portanto, ao conhecimento intelectivo, a grande inovação de Santo Tomás foi de recuperar a teoria aristotélica da abstração, eliminando a teoria agostiniana da iluminação, uma teoria que o Doutor Angélico considera lesiva à dignidade humana, pois priva o homem do uso daquele poder que principalmente o nobiliza e o distingue dos animais (o intelecto) e é contrária à experiência, a qual atesta que o homem pode errar até mesmo sobre as verdades eternas (cf. ABSTRAÇÃO, ILUMINAÇÃO). Assumindo a teoria da abstração, Santo Tomás abraça logicamente também a teoria do duplo intelecto: agente (ou ativo) e paciente (ou passivo), livrando-a, contudo, das incertezas do Estagirita, que haviam consentido a Averróis sustentar que existem vários intelectos passivos individuais, mas um único intelecto agente universal. Exatamente pelo mesmo motivo (a dignidade da pessoa) pelo qual sustenta a doutrina da abstração, Santo Tomás defende também a doutrina da multiplicidade dos intelectos agentes: cada pessoa é dotada do próprio intelecto, seja agente seja passivo, e assim torna-se responsável de todo o próprio mundo cognoscitivo (cf. INTELECTO).

3. Valor do conhecimento

O problema do valor do conhecimento é argumento específico da filosofia moderna, mas não foi de modo algum ignorado pela filosofia antiga (basta recordar o *Teeteto* de Platão e o Quarto livro da *Metafísica* de Aristóteles), nem mesmo pela filosofia medieval (como atesta o *Contra acadêmicos* de Santo Agostinho). Sobre o problema do valor do conhecimento, Santo Tomás tratou com grande empenho, principalmente no *Comentário* ao IV Livro da *Metafísica*, no *De Veritate* e em várias "Distinções" do *Comentário às Sentenças*. Em tais obras ele demonstra que o conhecimento humano tem valor, porque satisfaz à sua função de exibir uma representação substancialmente fiel à realidade das coisas. Em outras palavras, o conhecimento tem valor porque a representação que dá das coisas é verdadeira. No entanto, ao conhecimento das verdades das coisas o intelecto humano não chega imediatamente mediante a intuição, mas com o processo raciocinativo, um processos suscetível de erro que, muitas vezes, dá lugar a dúvidas e perplexidades. E é justamente a experiência do erro — em particular dos erros dos sentidos e dos erros dos filósofos — a colocar em crise o conhecimento e a fazer surgir o problema do seu valor.

Os sofistas e os céticos haviam dado a esse problema uma solução negativa: haviam negado que o conhecimento humano tenha a capacidade de atingir com certeza a verdade, qualquer verdade. As objeções dos sofistas havia replicado Aristóteles mostrando a irrefutabilidade do princípio de não contradição; às objeções dos céticos havia respondido Santo Agostinho com a célebre afirmação:

"*Si fallor sum*" (Ainda que me engane, sou). Na configuração e solução do problema sobre o valor do conhecimento, Santo Tomás segue de perto Aristóteles, fazendo ver que há ao menos uma verdade, a do princípio de não contradição que resiste ao assalto de qualquer dúvida, e demolindo um por um todos os argumentos (em particular o dos erros dos sentidos) aos quais se agarravam os sofistas e os céticos para contestar o valor do conhecimento.

Aos céticos que fazem apelo aos erros dos sentidos para colocar em dúvida que a mente humana tenha o poder de atingir a verdade, Santo Tomás replica eficazmente do seguinte modo: "É algo estranho que duvidem se a verdade se comporta assim como parece aos que dormem ou como aos que estão no estado de vigília. Ora, nos que dormem os sentidos estão presos, de maneira que o juízo deles não pode ser livre sobre as coisas sensíveis, como o juízo do que está em vigília, cujos sentidos estão soltos. Contudo, foi dito acima que é admirável que duvidem, porque pelos atos deles parece que não duvidam, nem estimam que todos os juízos ditos fossem igualmente verdadeiros, quer do doente ou do são, do adormecido ou do que está desperto [...]. Todas as dúvidas de que se falou nessas páginas têm o mesmo valor e uma única raiz: a de querer fornecer provas de caráter demonstrativo para tudo. É evidente, de fato, que os sofistas que avançam essas dúvidas pretendem descobrir um princípio que possa servir-lhes de regra para discernir entre o doente e o são, entre o que está adormecido e o que está desperto. E não se contentam de fato que a regra lhes seja apresentada de alguma maneira, mas querem que seja demonstrada. Que nisso estejam errados é claramente provado pela sua conduta, como foi dito. Portanto, a sua posição é falsa. De fato, se o juízo de quem dorme e de quem está desperto tivesse o mesmo peso, o comportamento dos homens seria idêntico em todos os dois casos; e isso é evidentemente falso" (*IV Met.*, lect. 14-15). Portanto, o intelecto, mediante um controle vigilante dos sentidos, pode garantir-se a formação de representações verdadeiras das coisas.

Igualmente firme e vigorosa é a defesa fornecida por Santo Tomás do valor do princípio de não contradição, defesa indireta e não direta, mas indubitavelmente eficaz. Como para os erros dos sentidos, o Doutor Angélico faz ver que aquilo que pode ser sustentado por palavras é depois contradito pelos fatos, pelo comportamento da vida cotidiana. Basta que alguém pronuncie uma só palavra sensata, por exemplo, que diga "chove": pronunciando essa palavra não poderá ao mesmo tempo querer dizer "não chove". "Contudo — acrescenta com perspicácia Santo Tomás — isso só se pode fazer apenas no caso em que aquele que coloca em dúvida a validade desse princípio diga algo, ou seja, exprima algo por palavra. Porque se não diz nada é ridículo fornecer explicações a quem se recusa a fazer uso da razão" (*IV Met.*, lect. 6) (cf. CONTRADIÇÃO).

O intelecto humano, mesmo tendo como objetivo próprio e específico a verdade (cf. VERDADE) e mesmo sendo capaz de tomar consciência de sua possessão quando a atinge, contudo está exposto ao erro e não raramente incorre nele. Quais são as razões de tais desvios? Santo Tomás os reduz a três fontes fundamentais: a complexidade do objeto conhecido, a precipitação e a intrusão das paixões na atividade do intelecto.

a) *Complexidade do objeto*: "O intelecto criado, não sendo capaz de colher toda a realidade simultaneamente, pode errar por julgar uma coisa conveniente considerando-a de um ponto de vista particular, enquanto não seria de modo algum conveniente se a considerasse de outro ponto de vista. Por exemplo, um médico julga um remédio oportuno para curar um doente de uma doença que é de seu conhecimento, enquanto não é de nenhum modo conveniente para curar outra doença que ou não conhece, ou não tem presente" (*II Sent.*, d. 5, q. 1, a. 1, ad 4).

b) *Precipitação*: "A precipitação se aplica metaforicamente aos atos da alma, por semelhança com o movimento corporal. Nesse sentido, precipitar-se designa aquilo que passa do alto para baixo, por um impulso de seu próprio movimento ou por efeito de um impulso recebido, sem descer em ordem pelos degraus. Ora, o ponto mais elevado da alma é a razão; o ponto mais baixo é a ação exercida pelo corpo; os degraus intermediários, pelos quais se deve descer ordenadamente, são a memória do passado, a inteligência do presente, a sagacidade referente aos eventos futuros, o raciocínio que compara uma coisa com outra, a docilidade que aquiesce com o parecer dos mais velhos. Por esses degraus se desce ordenadamente deliberando retamente. Ao passo que, se alguém é levado a agir pelo ímpeto da vontade ou da paixão, saltando esses degraus, cai na *precipitação* [...]. A *consideração* se refere principalmente ao juízo. Também a falta de julgamento reto se refere ao vício da inconsideração, conforme alguém falha no julgamento reto pelo fato de desprezar ou negligenciar atender àquilo de que procede o julgamento reto" (II-II, q. 53, aa. 3-4).

c) *Paixões*: estas não são apenas causa da precipitação, mas induzem também a mente a formular juízos errados na medida em que absorvem o intelecto de tal modo que o impede de considerar as coisas serenamente, de modo objetivo e imparcial. Portanto, para atingir a verdade, não basta o estudo assíduo, a atenção vigilante, a pesquisa paciente; é também necessário controlar as paixões e impedi-las de pronunciar juízos apressados, interesseiros e parciais (*II Sent.*, d. 5, q. 1, a. 1).

4. Objeto

Como se esclareceu anteriormente, falando da origem do conhecimento, sendo a alma humana dotada de duas potências cognoscitivas, a sensitiva e a intelectiva, Santo Tomás distingue duas espécies de objeto: as coisas corpóreas singulares, que formam o objeto do conhecimento sensitivo, e as essências universais, extraídas das coisas sensíveis, que constituem o objeto do conhecimento intelectivo (I, q. 12, a. 4).

Contudo, com relação ao conhecimento intelectivo Santo Tomás distingue dois objetos, um *objeto próprio* e um *objeto adequado*. O objeto próprio são as essências das coisas materiais; o seu conhecimento é obtido mediante a abstração dos dados sensitivos (dos *phantasmata*). Este é o objeto próprio porque corresponde perfeitamente àquela capacidade cognoscitiva da qual é dotado o homem, que, sendo ligado substancialmente ao corpo e vivendo num mundo corpóreo, extrai necessariamente todos os seus conhecimentos do mundo material com a ajuda dos sentidos e da fantasia. "Para o intelecto humano, que está unido a um corpo, o *objeto próprio* é a quididade ou natureza que existe em uma matéria corporal. E é pelas naturezas das coisas visíveis que se eleva a um certo conhecimento das realidades invisíveis. Ora, pertence à razão dessas naturezas existir em um indivíduo, que não pode existir sem matéria corporal. Por exemplo, é da razão da natureza da pedra existir em tal pedra, e da razão da natureza do cavalo existir em tal cavalo, e assim por diante. Consequentemente, a natureza da pedra, ou de alguma outra coisa material, só pode ser perfeita e verdadeiramente conhecida na medida em que a conhecemos como existente no particular. Ora, aprendemos o particular pelos sentidos e pela imaginação. Daí, para que o intelecto conheça em ato seu objeto próprio, é preciso que se volte para as representações imaginárias a fim de considerar a natureza universal existente no particular" (I, q. 84, a. 7).

Objeto adequado do intelecto humano é o ser em toda a sua extensão e intensão (densidade). Na perspectiva específica de Santo Tomás é o *ser intensivo*, a *actualitas omnium actuum*. Só o ser intensivo com a sua perfeição e atualidade infinitas está em condições de preencher, tornando-a atual, a infinita abertura do intelecto. E, uma vez que do ponto de vista metafísico o ser intensivo coincide, na sua plena atuação, com o *esse ipsum subsistens*, Santo Tomás conclui logicamente que somente Deus pode satisfazer plenamente a sede de verdade do intelecto humano, e assim, quando o homem não conhece mais Deus *per speculum et in aenigmate*, mas o vê face a face e o contempla esteticamente, então atinge a plenitude da beatitude (I-II, q. 3, a. 4).

Em conclusão, a razão, segundo Santo Tomás, é naturalmente levada a conhecer a verdade, toda a verdade: aquela relativa ao mundo material como aquela atinente ao mundo espiritual, aquela especulativa como aquela prática, aquela que diz respeito à política, à moral, à religião etc. Mas o intelecto humano encontra em seu caminho inúmeras dificuldades: as paixões, a pressa, os interesses particulares, a própria fantasia, a complexidade e a sublimidade do objeto, que podem impedi-lo de atingir a verdade. Isso ocorre principalmente no caso das verdades mais elevadas e exigentes, as de ordem metafísica, moral e religiosa: verdades como a existência de Deus, a imortalidade da alma, a lei moral etc. Quanto a Deus, segundo Santo Tomás, a razão tem a capacidade de conhecer que ele existe e que possui determinados atributos (unicidade, simplicidade, sabedoria, onipotência, bondade etc.). Entretanto, um sólido conhecimento em torno a Deus, de fato, só poucas mentes excepcionais conseguem. Contudo, observa Santo Tomás, trata-se de um conhecimento que reveste uma suma importância para a vida humana porque esta, se bem que de um ponto de vista puramente racional, tem como sua última meta o próprio Deus: "A finalidade da vida humana, também segundo os filósofos, é conhecer Deus" (*II Sent.*, d. 24, q. 1, a. 3, sol. 1, ad 1). Isso explica por que Deus, amorosamente atento às necessidades do homem, tenha intervindo ele mesmo diretamente para fornecer à humanidade um conhecimento mais claro do próprio ser mediante uma Revelação especial. "Até mesmo com relação ao que a razão humana pode pesquisar a respeito de Deus, era preciso que o homem fosse também instruído por revelação divina. Com efeito, a verdade sobre Deus pesquisada pela razão humana chegaria apenas a um pequeno número, depois de muito tempo e cheia de erros. No entanto, do conhecimento desta verdade depende a salvação do homem, que se encontra em Deus. Assim, para que a salvação chegasse aos homens, com mais facilidade e maior garantia, era necessário que fossem eles instruídos a respeito de Deus por uma revelação divina" (I, q. 1, a. 1).

(Cf. Abstração, Certeza, Contemplação, Dúvida, Erro, Intelecto, Juízo, Raciocínio, Sentido (faculdade cognoscitiva) Verdade)

[Tradução: M. Couto]

Consciência (moral)

O termo "consciência" conhece duas acepções principais, uma psicológica e uma moral. Na primeira, dita também autoconhecimento (cf. Autoconhecimento), o homem é consciente de si mesmo. Na segunda, o homem é consciente da bondade ou maldade dos próprios atos.

A consciência moral é aquele juízo que informa o homem sobre o bem e sobre o mal: diz-lhe se uma ação é boa ou má e, por isso mesmo, se é seu dever realizá-la ou evitá-la, aprovando ou desaprovando o que se realizou, conforme uma ação tenha sido boa ou má. A consciência não diz respeito tanto às normas em geral quanto às aplicações concretas, imediatas das normas em si. Por isso, se diz que a consciência é um juízo prático último sobre a moralidade de um ato (a realizar ou já realizado).

A única discussão sistemática desse argumento, Santo Tomás oferece no *De Veritate*, q. 17: "*Questio est de conscientia*". A questão é subdividida em cinco artigos que estudam respectivamente: 1) a natureza; 2) a falibilidade; 3) a obrigatoriedade; 4) a obrigatoriedade da consciência errônea; 5) as relações com a autoridade.

1. Natureza da consciência

Santo Tomás mostra que a consciência não é nem uma faculdade nem um hábito, mas um *ato*. Um argumento a favor dessa tese se encontra na própria noção de consciência: "Segundo o próprio significado da palavra, a consciência implica a relação do conhecimento com alguma coisa (*ordinem scientiae ad aliquid*). De fato, *conscientia* deriva de *cum alio scientia* (conhecimento com um outro). Ora, a aplicação de um conhecimento a alguma coisa se realiza por meio de um ato. Logo, segundo a etimologia, é evidente que a consciência é um ato" (I, q. 79, a. 13). E é justamente o ato com o qual se aplicam os princípios universais da sindérese (cf. SINDÉRESE) às ações particulares. Por exemplo, a sindérese propõe: "todo mal deve ser evitado"; substitui a razão superior e diz: "O adultério é um mal, porque é proibido pela lei de Deus", ou, então, é a razão inferior a dizer: "É um mal porque é algo injusto e desonesto"; a conclusão de que o adultério deve ser evitado pertence à consciência, seja se tratando do presente, seja do passado, seja do futuro. Outro argumento que pode ser tirado das funções que são conferidas à consciência: "Nós aplicamos as cognições aos atos particulares de dois modos: considerando se há ou se houve o ato, e considerando se o ato é correto ou não (*sit rectus vel non*). No primeiro modo dizemos ter conhecimento de algum ato na medida em que sabemos se esse ato ocorreu ou não, e, segundo esse modo, dizemos que a consciência nos serve como testemunha (*esta é a consciência psicológica*). No outro modo de aplicar as cognições a outros atos particulares, para saber se o ato é correto ou não, há uma dupla via: uma que nos dirige ao fazer ou ao não fazer um ato; e outra que nos leva a examinar se o ato realizado é correto ou não correto. Quando se aplica a ciência como diretiva do próprio ato, diz-se que a consciência nos estimula, nos incentiva, nos liga. Em vez disso, quando a ciência se aplica como exame para atos já realizados, diz-se que a consciência nos acusa, nos atormenta, se o fato não estiver de acordo com a ciência segundo a qual foi examinado, e se diz que a consciência nos defende ou nos desculpa se o fato procede segundo a forma da ciência" (*De Ver.*, q. 17, a. 1).

2. Fallibilidade da consciência

A consciência é infalível apenas na aplicação dos princípios primeiros da moral; não o é nos outros casos. De fato, "os princípios primeiros da sindérese são de per si tão conhecidos que é impossível errar [...]. No âmbito especulativo é impossível errar em relação a conclusões particulares que são imediatamente incluídas nos princípios universais e são formuladas com os mesmo termos, por exemplo no juízo: 'Esse todo é maior do que sua parte', ninguém erra; como não erra no seguinte juízo: 'Todo o todo é maior do que sua parte'; analogamente também no juízo: 'Deus não deve ser amado por mim'; ou: 'Um certo mal se deve fazer' (*aliquod malum est faciendum*), nenhuma consciência pode cair em erro porque em ambos os juízos, sejam aqueles especulativos sejam aqueles práticos, a maior é evidente (*per se nota*), dado que consiste em um juízo universal, e igualmente a menor, no qual é dito a mesma coisa de um sujeito particular; assim como quando se diz: 'O todo é maior que a sua parte; mas esta coisa é um todo; então, é maior do que sua parte'" (ibid., a. 2). O leitor observará as surpreendentes formulações: "Deus não deve ser amado por mim"; "*aliquod malum est faciendum*". Não se trata de *lapsus linguae*. Santo Tomás preferiu as fórmulas negativas, porque as suas falsidades resultam ainda mais evidentes que as positivas: "Deve-se amar Deus"; "Deve-se evitar o mal".

A consciência pode se enganar na aplicação daqueles princípios que não são por si conhecidos naturalmente, mas que são o resultado ou da busca da razão ou do assentimento à fé. Assim, por exemplo, se enganaria a consciência de quem acreditasse não dever jurar, nem mesmo por uma causa legítima, ainda que lhe fosse pedido o juramento, com base na proibição geral de não chamar jamais em causa Deus ao fazer juramentos.

De tudo o que foi referido até aqui, resulta que a consciência para Santo Tomás não é em absoluto um poder intuitivo, mas estritamente racional: é um juízo prático que se emite sempre ao fim de um raciocínio. Só que existem raciocínios de uma notável brevidade e simultaneidade, além de uma extraordinária clareza e certeza. Nesse caso, o juízo resulta de tal forma fácil e seguro, a ponto de assumir quase o caráter de uma intuição, isto é, ocorre quando o juízo se fundamenta em princípios primeiros da sindérese. Em outros casos, quando os princípios são menos sólidos e o raciocínio mais complexo, também o juízo conclusivo resulta mais incerto e falível.

3. Obrigatoriedade da consciência

Sendo a consciência o juiz interior imediato ao qual o homem se confia em seu agir, ela em si é sempre vinculante: "a consciência, seja reta ou errônea, seja nas coisas que são em si ruins, ou nas coisas indiferentes, obriga sempre". Contudo, Santo Tomás esclarece que a consciência reta e a consciência errônea não vinculam do mesmo modo. A reta vincula absolutamente, seja objetivamente, seja subjetivamente (*ligat simpliciter et per se*); enquanto a errônea vincula apenas subjetivamente, pelo modo como o objeto é apreendido, e, consequentemente, vincula relativamente (*ligat secundum quid et per accidens*). "A consciência reta vincula absolutamente e em todos os casos (*absolute et in omnem eventum*). Assim, se alguém tem consciência de que deve evitar o adultério, não pode abandonar essa consciência sem cometer pecado, porque já abandonando essa consciência ele erra e peca gravemente; e enquanto conserva essa consciência não pode transgredir a obrigação sem incorrer em pecado. Por isso, a consciência reta vincula absolutamente e em toda eventualidade. Pelo contrário, a consciência errônea vincula relativamente e sob condição (*secundum quid et sub conditione*). Por exemplo: aquele ao qual a consciência impõe o fornicar não pode escapar da fornicação sem incorrer em pecado, mas apenas sob a condição (*nisi sub hac conditione*) do perdurar de tal consciência. Contudo, essa é uma consciência que pode ser removida sem pecado. Por isso não é uma consciência que vincula em toda eventualidade: de fato, pode acontecer alguma coisa como, por exemplo, o abandono dessa consciência, e se isso ocorrer ela então não vincula mais. E aquilo que mantém apenas sob condição se diz que mantém apenas relativamente (*secundum quid*)" (ibid., a. 4).

Há mais. Deve-se fazer de tudo para sair da consciência errônea e formar a consciência reta. De fato, a consciência obriga não por virtude própria, mas em virtude de um preceito divino: ela não nos diz para fazer algo por uma razão que assim lhe parece, mas pela razão que foi ordenada por Deus. Por isso, a consciência deve verificar se o seu juízo é conforme ao preceito divino. Assim o homem poderá depor a consciência errônea, como poderá depor a má intenção, e sair do estado de perplexidade no qual se colocou por própria culpa (cf. *Quodl*. III, q. 12, a. 2). E deve fazê-lo porque "a ignorância da lei (*ignorantia iuris*) não perdoa do pecado a menos que se trate de ignorância invencível, como ocorre nos loucos e nos furiosos; nesse caso, ela absolve totalmente" (*Quodl*. III, q. 12, a. 2, ad 2).

[Tradução: A. Boccato]

Conselho

Do latim *consilium*. Este termo em Santo Tomás conhece dois usos principais: no primeiro e mais comum designa uma fase importante do ato livre, a fase da indagação e da deliberação; no segundo, refere-se a convites particulares (conselhos evangélicos) da parte de Jesus aos seus discípulos.

1. Momento preliminar do ato livre

Santo Tomás concebe o ato livre como um ato complexo que exige a colaboração do intelecto e da vontade. À vontade cabe a decisão e a escolha (*electio*), que constitui o momento terminal do ato livre, o qual, por esse motivo, é conferido *substancialmente* à vontade (I-II, q. 13, a. 1). No entanto, ao intelecto cabem a pesquisa, a investigação (*inquisitio*), a conjectura, a discussão, o exame das várias alternativas, a deliberação (*deliberatio*). A essa atividade do intelecto (razão) em vista da ação livre Santo Tomás dá o nome de conselho (*consilium*): "A investigação da razão que precede o juízo sobre as coisas a serem escolhidas se chama conselho (*inquisitio rationis ante iudicium de eligendis, et haec inquisitio 'consilium' vocatur*)" (ibid., q. 14, a. 1). "O conselho implica a ideia de disputa (*collationem*), não qualquer disputa, mas de uma disputa sobre ações que devem ser feitas" (ibid., q. 14, a. 3, ad 1). "O conselho não é nada mais do que o ato da razão perguntando sobre as coisas a serem feitas. Neste sentido, a relação do conselho com a eleição (*electio*) é a mesma que a de um silogismo ou pergunta com a conclusão" (*De Ver.*, q. 17, a. 3, ad 2). Segundo Santo Tomás, o conselho é uma contribuição tão importante que sem ele não se pode falar de ato livre. De fato, no ato livre (*electio*) "concorrem algo por parte da potência cognoscitiva e algo por parte da potência apetitiva. Da parte da potência cognoscitiva requer-se que o conselho (*consilium*), com o qual se julga, seja o partido preferido; por sua vez, da parte da potência apetitiva, se requer que seja aceito mediante o desejo aquilo que é julgado mediante o conselho" (I, q. 83, a. 3). Segundo Santo Tomás, o conselho se exerce dentro do âmbito da escolha (a ação livre), que é o âmbito dos meios e não do fim último. Ao fim último a vontade já se move naturalmente, de modo espontâneo, uma vez que é o objeto que satisfaz plenamente o seu desejo (I-II, q. 13, a. 6). "A investigação da deliberação pertence propriamente às coisas contingentes singulares" (ibid., q. 14, a. 3). A investigação se faz, além disso, somente com meios que estão a nosso alcance e não se referem a todas as coisas, mas apenas àquelas que são discutíveis; nem a investigação (*consilium*) pode proceder ao infinito, porque o infinito é inalcançável (ibid., aa. 3-6).

2. Conselhos evangélicos

Santo Tomás não dedica nenhum tratado sistemático a este argumento, mas fala do tema ocasionalmente em várias obras (cf. *C. G.*, III, c. 130; I-II, q. 108, a. 4; *Quodl.* V, q. 10, a. 1). O Doutor Angélico sublinha a conveniência e a importância dos conselhos evangélicos. Eles facilitam notavelmente a consecução do fim último do homem, a bem-aventurança eterna. Três são, de fato, os grandes obstáculos que se interpõem ao alcance dessa meta: as riquezas, as honras e os prazeres. "Deixar totalmente, segundo é possível, essas três coisas, pertence aos conselhos evangélicos. Nessas três coisas se fundamenta também toda religião, que professa o estado de perfeição; com efeito, renuncia-se às riquezas pela pobreza; aos prazeres da carne pela castidade perpétua; à soberba da vida pela sujeição da obediência" (I-II, q. 108, a. 4).

(Cf. ARBÍTRIO, VONTADE)

[Tradução: M. Couto]

Conselho
(Dom do Espírito Santo)

Assiste e potencia diretamente a razão em sua função prática, que é a de discutir e deliberar o que convém fazer ou não fazer, escolher ou não escolher. O dom do conselho é um fortalecimento da capacidade natural que a razão possui de aconselhar-se consigo mesma (*consilium*) antes de tomar qualquer decisão. Segundo Santo Tomás, "no conhecimento prático, que nos dirige nas obras morais, existem duas vias: a da invenção e a do juízo. Na invenção o modo humano é que se proceda buscando e conjecturando a partir do que costuma ocorrer, e nisso se aperfeiçoa a virtude da *eubulia* ou do bom conselho. No entanto, que o homem acolha o que se deve fazer, quase como que adestrado com certeza pelo Espírito Santo, isso está além da capacidade humana e para isso nos eleva o *dom do conselho*" (I-II, q. 68, a. 4). Imediatamente ao dom do conselho auxilia a virtude da prudência: "A prudência, que implica retidão de razão, é grandemente aperfeiçoada e auxiliada na medida em que é regulada e movida pelo Espírito Santo. E isso é próprio do dom do conselho. Portanto, o dom do conselho corresponde à prudência, à qual auxilia e aperfeiçoa" (II-II, q. 52, a. 2). O dom do conselho diz respeito ao que é útil ao fim; por isso ao dom do conselho corresponde a quinta bem-aventurança: "Bem-aventurados os misericordiosos", isto é, aqueles têm piedade, porque a piedade é útil para tudo (II-II, q. 52, a. 4).

[Tradução: M. Couto]

Conservação

Termo usado em filosofia e em teologia para indicar a continuação do ato criativo, com o qual Deus sustenta o ser das criaturas, ou influenciando-as positivamente, ou afastando as causas que tendem a destruir esse ser. No pensamento cristão a conservação no ser dos entes foi sempre atribuída a Deus, frequentemente, porém, mais por motivos dogmáticos do que racionais e algumas vezes (por exemplo em Santo Agostinho) com argumentos que correm o risco de tornar vã a realidade das criaturas.

Santo Tomás, considerando o ser intensivamente, como perfeição absoluta, que na sua atuação plena se identifica com a própria essência de Deus, o *Esse ipsum subsistens*, pode rigorosamente demonstrar que não somente a criação, mas também a conservação são obra exclusiva de Deus. "O existir de qualquer criatura depende tanto de Deus que ela não poderia subsistir um instante sequer, e seria reduzida a nada, se não fosse conservada na existência pela operação do poder divino (*nec ad momentum subsistere possent, sed in nihilum redigerentur, nisi operatione divinae virtutis conservarentur in esse*) [...]. Ora, todas as criaturas estão em relação com Deus, assim como o ar em relação com o sol que o ilumina. O sol, por sua própria natureza, é luminoso; a atmosfera porém só se torna luminosa participando da luz do sol, mas não participando de sua natureza; da mesma forma, só Deus é ente por sua essência, porque sua essência é seu existir; ao passo que toda criatura é ente por participação, uma vez que sua essência não é seu existir" (I, q. 104, a. 1); portanto, sem uma contínua irradiação de ser por parte de Deus (= conservação), a criatura cairia no nada (*in nihilum redigeretur*). Jamais podendo apropriar-se definitivamente do ser porque o possui somente por participação, a criatura corre continuamente o risco de recair no vazio. E se isso não ocorre deve-se exclusivamente ao fato de Deus continuar a irradiar sobre as criaturas a luz flamejante do seu ser.

No parecer de Santo Tomás a verdade da conservação é ainda mais evidente na própria verdade da criação. De fato, o homem poderia conhecer as criaturas sem conhecer a Deus, mas não pode deixar de reconhecer que a criatura — por causa de sua óbvia caducidade — é mantida no ser por Deus. "*Quamvis intellectus possit intelligere creaturam non intelligendo Deum, non tamen potest intelligere creaturam non conservari in esse a Deo; hoc enim implicat contradictionem* [Ainda que o intelecto possa entender a criatura sem entender Deus, não pode entender que a criatura não seja conservada no ser por Deus, pois isso implica contradição (N. do T.)]" (*De Pot.*, q. 5, a. 2, ad 2).

(Cf. Concurso divino, Deus, Providência)

[Tradução: M. Couto]

Constância

É o persistir firmemente no bem (*persistere firmiter in bono*) (II-II, q. 137, a. 3). É uma virtude que faz parte da fortaleza (II-II, q. 153, a. 5, ad 2), da continência (ibid.), da paciência (II-II, q. 136, a. 5) e de outras virtudes. Mas a virtude à qual está mais próxima é a perseverança, com ela tem em comum o mesmo fim: a firmeza no bem. Mas a constância e a perseverança divergem em relação à dificuldade a ser enfrentada para não se afastar do bem. "A virtude da perseverança tem por função própria fazer persistir firmemente no bem contra a dificuldade que provém da longa duração do ato; ao passo que a constância leva a persistir firmemente no bem contra a dificuldade que provém de qualquer obstáculo externo" (II-II, q. 137, a. 3).

[Tradução: M. Couto]

Contemplação

Em geral significa um ato da mente ou do espírito que se absorve no objeto do seu pensamento a ponto de esquecer as outras coisas e a própria individualidade. Em Platão e Aristóteles, a contemplação (*theoria*) é o conhecimento intelectual direto e imediato, e é contraposta seja aos conhecimentos inferiores, seja à ação (*praxis*). Santo Agostinho vê na contemplação o grau mais alto da atividade espiritual humana, ou seja, aquele em que a alma chega à felicidade. Essa é também a tese de Santo Tomás, que, porém, afirma mais decididamente do que Agostinho o caráter estritamente cognoscitivo, intelectual da contemplação: ela é essencialmente um ato do intelecto e não da vontade, porque "a própria essência da bem-aventurança consiste em um ato do intelecto" (I-II, q. 3, a. 4) (cf. BEM-AVENTURANÇAS EVANGÉLICAS). Também para Santo Tomás, como para Santo Agostinho, a contemplação de Deus é o fim último da vida humana. "Essa contemplação será perfeita na vida futura, quando veremos Deus face a face, tornando-nos perfeitamente felizes. Agora, contudo, a contemplação da verdade é possível imperfeitamente, isto é, 'através de um espelho e um enigma', introduzindo-nos em um início de beatitude, que se inicia nesta vida, para se completar na outra" (II-II, q. 180, a. 4).

O homem deve já se preparar na vida presente para a meta sublime da contemplação de Deus: com uma vida virtuosa que saiba pôr um freio às paixões, com a oração assídua, com o exercício das atividades espirituais, voltado progressivamente para realidades cada vez mais longínquas do mundo material, sempre mais elevadas, até o ponto de "considerar as verdades de ordem inteligível que a razão não pode nem descobrir, nem compreender, e que pertencem à mais alta contemplação da verdade divina, na qual a contemplação tem o seu coroamento" (ibid., ad 3).

(Cf. BEM-AVENTURANÇAS EVANGÉLICAS, CONHECIMENTO, HOMEM)

[Tradução: A. Boccato]

Continência

Etimologicamente (do latim *continere*) significa manter nos limites ditados pela razão. Considerada virtude especial, é parte da temperança. Santo Tomás a define virtude pela qual, "ainda que o ser humano sinta concupiscências imoderadas, todavia a vontade não é vencida por elas" (II-II, q. 143, a. 1). Num sentido geral, é a forte vontade do saber se abster de toda coisa ilícita, especialmente do saber resistir aos fortes impulsos de concupiscências más; no sentido próprio, é a vontade firme de resistir às concupiscências desordenadas do tato, principalmente àquelas contrárias à castidade.

A continência absoluta ou perfeita é um dever para todas as pessoas que não estão unidas pelos vínculos de matrimônio legítimo; deve ser praticada antes do matrimônio, como também por aqueles que se encontram no estado de viuvez; mas de modo particular por aqueles que se encontram no estado sacerdotal e religioso, no qual se faz a profissão de castidade.

O valor da virtude da continência se deduz por meio dos benefícios que essa traz seja para o corpo, seja para a mente, seja para o espírito daqueles que a praticam. "Quanto mais alguém se entrega aos prazeres, tanto maior lhe será o desejo de prazeres" (*III Ethic.*, lect. 12). Ademais, a concupiscência diminui pela abstinência e por outros exercícios corpóreos convenientes aos que desejam ser continentes. Além disso, os prazeres afastam mais a alma da elevação e mais impedem a contemplação espiritual do que a inquietação causada pela resistência aos prazeres. Com efeito, a satisfação dos prazeres, principalmente dos sexuais, torna a alma por demais sujeita à carne, porque o deleite satisfaz o desejo em coisas deleitáveis. E, por isso, aos que se dedicam à contemplação das coisas divinas e de qualquer verdade é muitíssimo prejudicial entregar-se aos prazeres sexuais, como, ao contrário, é muitíssimo útil deles se absterem. No entanto, nada impede que se diga de modo universal que para um é melhor observar a continência do que se casar e, para outro, que o casamento é melhor" (*C. G.*, III, c. 136 [11]).

A continência perfeita coincide com a temperança; em vez disso, a continência que é virtude em sentido amplo *faz parte da temperança* (II-II, q. 155, a. 4).

(Cf. Castidade, Temperança, Virtude)
[Tradução: A. Bogaz]

Contingência

É o contrário de necessidade e designa qualquer coisa que pode ser ou não ser: *"Contingens est quod potest esse et non esse"* (I, q. 86, a. 3). É um conceito muito importante seja na lógica, seja na metafísica. Na lógica se chamam de *verdades contingentes* as verdades de fato, ao passo que se definem como necessárias as verdades de razão. Em metafísica, a contingência vale como ponto de partida de qualquer demonstração *a posteriori* da existência de Deus. Santo Tomás se utilizará explicitamente da contingência para a Terceira Via.

Santo Tomás define dois tipos de contingência metafísica: uma contingência "natural", relativa à constituição da essência das coisas, e uma contingência "ontológica", que se refere ao ser (a existência) dos entes finitos. À contingência "natural" estão sujeitas todas as coisas compostas de matéria e forma: elas são intrinsecamente corruptíveis e, portanto, são contingentes em razão da sua própria natureza. Ao contrário, não se submetem a essa contingência as criaturas espirituais, como a alma e os anjos; estes, sendo isentos da matéria, de per si eles mesmos são incorruptíveis e, portanto, "intrinsecamente" necessários (cf. Anjo/Angeologia). Todos os entes finitos, pelo contrário, se submetem à contingência ontológica, enquanto nenhum deles se identifica com o ser, mas todos o possuem por participação: portanto, o ser permanece sempre fora da essência deles, que, ontologicamente, não pode nunca se tornar necessária, e continua, portanto, sempre radicalmente contingente. Assim todas as criaturas permanecem no ser graças a um dom que lhes é concedido ininterruptamente por Deus, do contrário se precipitariam irremediavelmente no nada. "Se tudo pode não ser, houve um momento em que nada havia (isto é, são contingentes).

Ora, se isso é verdadeiro, ainda agora nada existiria; pois o que não é só passa a ser por intermédio de algo que já é. Por conseguinte, se não houve ente algum, era impossível que algo começasse a existir; logo, hoje, nada existiria: o que é falso. Assim, nem todos os entes são possíveis, mas é preciso que algo seja necessário entre as coisas [...]. Portanto, é necessário afirmar a existência de algo necessário por si mesmo, que não encontra alhures a causa de sua necessidade, mas que é causa da necessidade para os outros: o que todos chamam Deus" (I, q. 2, a. 3).

A contingência interpela necessariamente a causalidade. De fato, dizer de alguma coisa que é contingente e depois negar-lhe a sua dependência ontológica é contraditório: dizer contingência e dizer ser causado é a mesma coisa. Assim, constatado o fenômeno da contingência (e isso Santo Tomás o faz no início de todas as Cinco Vias) — da contingência ontológica e não simplesmente da contingência natural —, a razão não pode se eximir da obrigação da *resolução* das realidades criadas em Deus.

(Cf. Deus)
[Tradução: A. Bogaz]

Contracepção

É o uso de métodos artificiais para o controle da natalidade. Santo Tomás não se põe o problema da liceidade ou não da contracepção porque em seu tempo este fenômeno não existia. O único comportamento que naquele tempo se aproximava à contracepção era o do onanismo, e Santo Tomás o condena com palavras duríssimas, dizendo que, quanto à gravidade, ele se coloca imediatamente após o homicídio. "E não se deve julgar que é pecado leve alguém procurar a emissão do sêmen fora do devido fim da geração e da finalidade da instrução da prole, sob o pretexto de ser leve, ou, mesmo, por não ser pecado, se alguém usa de uma parte do seu corpo para um uso não ordenado pela natureza, como, por exemplo, andar com as mãos, fazer com

os pés o que deve ser feito com as mãos, porque, por esses usos desordenados, o bem do homem não é totalmente impedido. Mas a desordem na emissão do sêmen repugna ao bem da natureza, que é a conservação da espécie. Por isso, após o pecado de homicídio, que destrói a natureza humana, já existente em ato, este gênero de pecado parece vir em segundo lugar, pois por ele é impedida a geração da natureza humana" (*C. G.*, III, c. 122).
(Cf. Matrimônio, Sexualidade)
[Tradução: A. Bogaz]

Contradição (princípio de)

É a relação que existe entre a afirmação e a negação de um mesmo elemento de conhecimento. O princípio de contradição (chamado também comumente princípio de não contradição) diz que é absurdo e, portanto, logicamente inadmissível que um atributo (predicado) possa ao mesmo tempo e sob o mesmo ponto de vista pertencer e não pertencer ao mesmo sujeito. Esse princípio é claramente formulado e corajosamente defendido por Aristóteles (no IV livro da *Metafísica*), o qual mostrou que sobre esse princípio se apoia seja o conhecer, seja o comunicar, seja o ser, de modo que este é o mais importante e fundamental de todos os princípios lógicos e metafísicos. Aristóteles o justifica *incontestavelmente*, ou seja, confuta quem o nega fazendo-o ver que, caso pronuncie uma única palavra e entenda lhe conferir um significado, implicitamente já aceita o princípio de contradição.

Também Santo Tomás põe o princípio de contradição como fundamento da lógica, da semântica e da metafísica e mostra sua absoluta incontestabilidade valendo-se, como Aristóteles, do procedimento de refutação. O Doutor Angélico propõe uma formulação do princípio que se encaixa perfeitamente nas categorias da sua filosofia do ser, dizendo que é o princípio segundo o qual "é impossível para uma coisa ser e não ser contemporaneamente" (*impossibile est esse et non esse simul*). Depois, explica que "é o princípio naturalmente primeiro na segunda operação do intelecto, isto é, do juízo" (*IV Met.*, lect. 6), porque nessa operação é impossível aprender algo sem o reconhecimento desse princípio. Portanto, faz ver que, ainda que em si mesmo não resulte diretamente demonstrável, na medida em que não existem outros princípios aos quais possa ser encadeado, todavia em defesa desse princípio podem ser aduzidos vários argumentos que provam indiretamente seu valor indiscutível. Em primeiro lugar, mostrando o absurdo da pretensão daqueles que pedem também para esse princípio uma demonstração direta. Porque pedir uma verdadeira e própria demonstração também para o princípio de contradição, que é o princípio de todos os princípios, equivale a expor-se a um regresso infinito. "Mas, se se procedesse ao infinito, não haveria demonstração, porque qualquer conclusão de demonstração se reduz a alguma certeza por sua redução no primeiro princípio de demonstração, o que não haveria se no infinito a demonstração procedesse até acima. E, se alguns não são demonstráveis, não podem dizer que algum princípio é mais indemonstrável do que o dito" (ibid.). Em segundo lugar, fazendo ver àqueles que negam valor ao princípio de contradição, que de fato, depois, o consideram válido e o contestam somente por palavras. Basta apenas que pronunciem uma palavra sensata, por exemplo "chove"; pronunciando essa palavra não poderão ao mesmo tempo querer dizer que "não chove". "Contudo — acrescenta com perspicácia Santo Tomás — isso só se pode fazer apenas no caso em que aquele que coloca em dúvida a validade desse princípio diga algo, ou seja, exprima algo por palavra. Porque se não diz nada é ridículo fornecer explicações a quem se recusa a fazer uso da razão" (ibid.).
(Cf. Conhecimento)
[Tradução: M. Couto]

Contrariedade/Contrário

Segundo a definição de Aristóteles, que Santo Tomás assume para si, "é o que é diametralmente oposto (*antikeimenos to kata diametron*)" (*De coelo* I, 8, 277a). "Coisas contrárias diferem muitíssimo entre si (*contraria sunt quae maxime differunt*)" (I, q. 77, a. 3, ob. 2).

Na lógica se diz de proposições universais que possuem os mesmos termos, e das quais uma nega universalmente enquanto a outra afirma universalmente. "A afirmativa universal e a negativa universal são contrárias, por exemplo 'todos os homens são justos; nenhum homem é justo', porque a negativa universal não somente priva a afirmativa universal, mas designa também a máxima distância, enquanto nega tudo aquilo que é posto na afirmativa, e nisto consiste o conceito de contrariedade (*hoc pertinet ad rationem contrarietatis*)" (*In I Periherm.*, lect. 11, n. 14).

Em ontologia se fala de qualidades que estão maximamente distantes, ou seja, opostas entre si. "A maior distância é a que existe entre os contrários. Daí um contrário estar mais distante do seu contrário do que sua simples negação (*contrarium magis distat a suo contrario quam simplex eius negatio*). Assim o preto está mais distante do branco do que o não branco. Pois o preto é não branco, o inverso não é verdade" (II-II, q. 79, a. 4).

[Tradução: M. Couto]

Contrição

É uma viva, profunda dor pelas próprias culpas, acompanhada de sincera dor e arrependimento pela ofensa feita a Deus e não pelas penas recebidas. Distingue-se da *atrição* porque nesta última a razão da dor e do arrependimento é ditada simplesmente pelas penas recebidas. Santo Tomás dedica um amplo tratado no *Comentário às Sentenças* (*IV Sent.*, d. 17) a esse argumento, retomado integralmente pelo compilador do Suplemento à *Suma de Teologia* (*Suppl.*, qq. 1-5). O estudo se encontra no início da seção dedicada ao sacramento da Penitência (Confissão), visto que a contrição constitui a primeira e mais importante fase desse sacramento. De fato, a Penitência requer, como primeira coisa, que o homem se liberte "da desordem mental, enquanto a mente se desvia do bem imutável, isto é, de Deus, e se converte para o pecado [...]. Por isso, na Penitência o que é exigido, em primeiro lugar, é a ordenação da mente de modo que ela se converta para Deus, afaste-se do pecado, lastime o pecado cometido e se decida a não mais pecar, e isso constitui a essência da *contrição*" (*C. G.*, IV, c. 72).

Se bem que a contrição possa causar por si mesma a remissão dos pecados, e quando as circunstâncias não permitem a confissão ela já o faz (ainda que exista o desejo da Confissão) (cf. Confissão), no entanto, porque o pecador não pode por si mesmo fixar a natureza da pena a ser expiada por suas próprias culpas, porque o sofrer uma pena pela culpa requer um juízo, "por isso é necessário que o penitente, que se confiou a Cristo para ser curado, espere do julgamento de Cristo a determinação da pena. Ora, isso Cristo efetua pelos seus ministros, como o faz nos demais sacramentos. Mas, como ninguém pode julgar culpas que ignora, por isso foi necessário a instituição da confissão como segundo elemento deste sacramento, para que a culpa do penitente seja conhecida pelo ministro de Cristo. Por conseguinte, convém que o ministro, a quem se faz a confissão, tenha poder judicial em lugar de Cristo, que foi constituído juiz dos vivos e dos mortos (At 10,42)" (ibid., nn. 4074-4075).

Na contrição o Doutor Angélico distingue uma dupla *causalidade: instrumental*, como parte do sacramento da Penitência, *material*, como ato de virtude que contribui para remir os pecados (*Suppl.*, q. 5, a. 1). Ainda na contrição, ele distingue uma *dupla dor, sensível* e *espiritual*, e afirma que a segunda deve ser intensíssima (isto é, perfeita), ao passo que não se exige o mesmo para a primeira, na medida em que os sentidos consideram os sofrimentos físicos mais do que aqueles espirituais (ibid., q. 3, a. 1).

A contrição, como dor na vontade, não pode jamais ser muito grande, porque se refere ao pecado, que é ofensa de Deus; mas, por ser dor sensível por redundância da vontade, pode ser excessiva se for contra a conservação do próprio sujeito (ibid., a. 2). Na dor da vontade, como não pode existir excesso na intensidade, assim não pode existir excesso na extensão e na duração; por isso convém arrepender-se sempre dos pecados, de modo, porém, que não impeça o exercício das outras virtudes (ibid., q. 4, a. 2).

Santo Tomás atribui à contrição uma grandíssima eficácia: um ato de dor perfeito é suficiente para obter a remissão dos pecados. No entanto, não faz dele jamais uma substituição da confissão, porque pela remissão dos pecados é indispensável a absolvição, a qual está ligada ao poder das chaves (cf. Chaves). Contudo, não é necessário que a absolvição seja atual: em caso de necessidade, basta o *propósito* (a intenção, o desejo) de confessar-se. "Dado que a contrição implica, com o relativo propósito, o poder das chaves, atua sacramentalmente, em virtude do sacramento da penitência, assim como age na virtude do Batismo o desejo dele, como é evidente no adulto que tem o Batismo somente no desejo. Disso não segue que a causa eficiente da remissão da culpa seja, propriamente falando, a contrição, mas o poder das chaves" (*De Ver.*, q. 28, a. 8, ad 2).

(Cf. Chaves, Confissão, Sacramento)
[Tradução: M. Couto]

Conversão

No campo religioso é "a mudança de direção" de quem se volta de uma vida de pecado para uma vida de total dedicação a Deus, ou seja, de quem abraça uma nova religião. No AT o chamado à conversão é constante em todos os profetas. No NT a conversão (*metanoia*) é o tema central da pregação de João Batista. Jesus coloca a conversão como condição fundamental para ser acolhido no Reino (Mt 4,17; Mc 1,14-15).

Santo Tomás nunca tratou exaustivamente a questão da conversão; mas aqui e ali faz considerações interessantes que dizem respeito a todos os aspectos e momentos principais da conversão. Em primeiro lugar, para a conversão não basta a boa vontade, mas ocorre a graça de Deus. Santo Tomás o explica bastante bem tratando do sacramento da Penitência: "na Penitência o que é exigido, em primeiro lugar, é a ordenação da mente de modo que ela se converta para Deus, afaste-se do pecado [...]. Essa ordenação não pode ser feita sem a graça, pois a nossa alma não pode devidamente converter-se para Deus sem a caridade (*mens nostra debite ad Deum converti non potest sine caritate*); e esta não existe sem a graça" (*C. G.*, IV, c. 72, nn. 4069-4070). Em segundo lugar, a conversão jamais é coisa fácil e comporta a superação de todo gênero de dificuldade, algumas provenientes do exterior e outras do interior: "Converter-se para a última bem-aventurança é difícil ao homem, não só porque supera a natureza, mas também porque encontra um obstáculo na corrupção do corpo e na contaminação do pecado" (I, q. 62, a. 2, ad 2).

Santo Tomás distingue três níveis e, portanto, *três gêneros de conversão*: incipiente, efetiva e perpétua. Ele, porém, as apresenta em ordem inversa: "Todo movimento da vontade para Deus pode ser chamado de conversão para ele, o que acontece de três maneiras. Uma, pelo amor perfeito (*per dilectionem perfectam*), que é a da criatura que já frui de Deus. Essa conversão exige a graça consumada (*requiritur gratia consummata*). Outra, pelo mérito da bem-aventurança, e para essa é exigida a graça habitual, princípio do mérito. A terceira é a conversão pela qual alguém se prepara para a recepção da graça. Para essa não é exigida alguma graça habitual, mas a operação divina que converte para Deus a alma, segundo se lê nas Lamentações de Jeremias: 'Senhor, convertei-nos para vós, e seremos convertidos' (Lm 5,21)" (I, q. 62, a. 2, ad 3).

(Cf. Confissão, Contrição)
[Tradução: M. Couto]

Coragem cf. Fortaleza

Corpo humano

Em relação ao corpo humano, antes de Santo Tomás a filosofia, tanto grega quanto cristã, havia assumido duas posições diametralmente opostas: a) alguns o haviam excluído da definição e, portanto, da essência do homem e haviam feito do corpo humano uma prisão (Pitágoras, Platão) ou um instrumento (Plotino, Agostinho) da alma; b) outros (Aristóteles, Averróis) haviam feito do corpo humano um elemento essencial do homem e, portanto, o haviam considerado substancialmente unido à alma. Nos tempos de Santo Tomás a direção imperante nas escolas e universidades era a platônico-agostiniana, e, assim, quase todos os autores, ainda que atenuando o dualismo dos mestres, continuavam a ver na alma e no corpo duas substâncias completas, unidas entre si de modo puramente acidental, e assumiam uma atitude um tanto maniqueísta em relação ao corpo.

Santo Tomás, alinhando-se mais com a posição aristotélica, não hesitou em esposar também as principais teses antropológicas do Estagirita, mas retocou-as profundamente em dois pontos de capital importância: a razão da união substancial entre a alma e o corpo devida a um único ato de ser (*actus essendi*), e a autonomia ontológica da alma com respeito ao corpo. Mas eis o ensino completo de Santo Tomás no que se refere ao corpo humano.

1. Importância da dimensão somática

A dimensão somática, ou seja, o corpo, não é de nenhum modo um fenômeno a ser deixado de lado, secundário, acidental, mas um elemento essencial, fundamental, principal do ser humano. Sem o corpo o homem não é mais homem. Santo Tomás o demonstra fazendo ver que a alma por si só não pode desenvolver algumas atividades próprias do ser humano, como o sentir, o ver, o falar, o trabalhar etc. Seria possível dizer que "a alma é o homem" se se pudesse admitir que "a operação da alma sensitiva é própria dela, independentemente do corpo, porque, então, todas as operações atribuídas ao homem seriam só da alma, uma vez que cada coisa é aquilo que opera suas próprias operações. Por isso, é homem aquilo que opera as operações próprias do homem. Mas foi demonstrado acima que sentir não é operação só da alma. Sendo o sentir uma operação do homem, embora não própria, é claro que o homem não é só alma, mas é algo composto de alma e corpo" (I, q. 75, a. 4). Por outra parte, não é nada verdadeiro, como pretendiam os platônicos, que seja antinatural para a alma ser unida ao corpo; em vez disso, é verdadeiro o contrário. De fato, "é natural à alma humana o unir-se a um corpo, uma vez que, sendo ínfima na ordem das substâncias intelectuais — assim como a matéria prima é ínfima na ordem das coisas sensíveis —, a alma não possui espécies inteligíveis naturalmente impressas (tal como se dá nas substâncias intelectuais superiores), pelas quais possa levar-se à sua operação própria, que é o inteligir. A alma humana antes está em potência para as espécies inteligíveis, pois é como uma *tabula rasa* na qual nada foi escrito, conforme está dito no livro III *Sobre a Alma* de Aristóteles. Logo, é necessário que ela receba as espécies inteligíveis a partir de coisas exteriores, mediante potências sensitivas, as quais não podem ter suas operações próprias sem órgãos corpóreos. Por isso, também a alma humana necessita unir-se a um corpo [...] E esta deve ser a disposição do corpo a que se une a alma racional, de maneira que tenha a mais temperada mescla. Se nos pusermos também a considerar as disposições particulares do corpo humano, encontrá-las-emos de tal modo ordenadas, que na verdade é o homem aquele com os melhores sentidos. Porque, para a boa relação entre as potências sensitivas interiores, como a imaginação, a memória e a virtude cogitativa, é necessária uma boa disposição do cérebro; por isso foi o homem dotado do maior cérebro entre os animais, segundo a proporção de sua quantidade. Para que sua operação seja mais livre, possui a cabeça posta no alto; pois somente o homem é animal ereto — os demais caminham curvado. E, para possuir e conservar essa retidão foi necessário no coração a abundância de calor, pela qual se produzissem muitos espíritos, de modo que, pela abundância de calor e de espíritos, pudesse o corpo se sustentar ereto. Sinal disso é que na velhice se curva o homem, pois se debilita o calor natural" (*De An.*, a. 8).

2. União substancial entre alma e corpo

Constituindo uma parte substancial do homem, o corpo não pode estar unido à alma acidentalmente, mas substancialmente. E, porque no homem o corpo é a parte menos nobre e a alma a mais nobre, e comportando-se com respeito à alma de modo passivo, a sua relação com a alma é aquela da potência com respeito ao ato e da matéria com respeito à forma. Por isso, a alma é a forma substancial do corpo Mas é uma forma totalmente especial. De fato, por ser forma espiritual, a alma dispõe de um ato próprio de ser, e, por ser forma do corpo, comunica o seu ato de ser ao corpo (cf. ALMA). "Pode-se, porém, objetar que a substância intelectual não pode comunicar o seu ser à matéria corpórea, constituindo-se, então, um só ser de substância intelectual e matéria corpórea, pois, sendo de gêneros diversos, diversos serão os modos de ser. E, ainda, uma substância superior tem um modo de ser superior. Ora, isso seria aceitável se o ser da matéria fosse como o ser da substância intelectual. Mas não é. Com efeito, o ser da matéria corpórea está como recipiente e sujeito para algo superior; e o ser da substância intelectual está como princípio e conforme a conveniência da sua natureza. Por isso, nada impede que a substância intelectual, isto é, a alma humana, seja a forma de um corpo humano" (*C. G.*, II, c. 68; 1451-1452).

Contra Avicebron, Boaventura e muitos outros escolásticos seus contemporâneos, que atribuíam ao corpo uma forma própria (a *forma corporeitatis*), Santo Tomás faz ver que isso não é de modo algum necessário e que ocorre admitir que a única forma do corpo é a alma. De fato, "entre a forma substancial e a matéria não pode haver uma forma substancial intermediária, como pretenderam alguns ao defender que, segundo a ordem dos gêneros — nos quais um se subordina ao outro —, há também uma ordem entre as diversas formas na matéria, como se disséssemos que a matéria é substância em ato mediante uma forma, e corpo segundo outra, e corpo animado segundo outra, e assim por diante. Mas, ainda que se admitisse essa posição, só seria substancial a primeira forma, que a tornaria substância em ato, enquanto todas as demais seriam formas acidentais, porque a forma substancial é a que faz algo concreto, como já se disse. Por conseguinte, é preciso dizer que é numericamente a mesma a forma que faz a coisa ser substância e que a põe em sua última espécie especialíssima, assim como em todos os seus gêneros intermediários [...]. Assim, sendo alma forma substancial, porque constitui o homem em determinada espécie de substância, não há nenhuma outra forma substancial que medeie entre a alma e a matéria prima, senão que pela mesma alma racional o homem se perfaz segundo os diversos graus de perfeição, de modo que seja, por exemplo, corpo, e corpo animado, e (finalmente) animal racional. Mas é necessário que a matéria, pelo próprio fato de receber da alma racional as perfeições de grau inferior, como o ser corpo, corpo animado e animal, seja também considerada mediante as disposições que para isso lhe convêm e, portanto, como matéria própria para a alma racional, na medida em que essa lhe dá sua última perfeição. Assim, a alma, que é a forma que dá o ser, não tem nenhum outro meio entre si mesma e a matéria prima" (*De An.*, a. 9).

3. O corpo, constitutivo essencial da pessoa

Os platônicos cristãos, identificando o homem com a alma, podiam sustentar que a alma é pessoa. Para Santo Tomás, essa tese é inadmissível. De fato, por definição, "a pessoa é um subsistente racional ou intelectual" (*C. G.*, IV, c. 35, n. 3725). "Por isso, o conceito de pessoa comporta que se trate de algo distinto, subsistente e compreendendo tudo o que está na coisa; ao contrário, o conceito de natureza abraça somente os elementos essenciais" (*III Sent.*, d. 5, q. 1, a. 3). Ora, como foi visto, o corpo faz parte da própria essência do homem, por isso também o corpo é um constitutivo essencial da pessoa. É certo que o homem é pessoa graças à alma, porque a pessoa é essencialmente um fato espiritual: somente quem é dotado de espírito (de natureza intelectual ou racional, como diz Santo Tomás) é pessoa. Mas o homem não é um espírito puro, e sim um espírito encarnado; é, portanto, pessoa somente na união com o corpo. Por isso, o corpo é essencial para que o homem seja pessoa. Somente graças ao corpo a alma ganha aquela individualidade e dinamismo que são indispensáveis à perfeição da pessoa. Para tanto, é necessário excluir que a alma sozinha seja pessoa: "Deve-se dizer que a alma é parte da espécie humana. Assim, pelo fato de guardar, embora estando separada, a aptidão natural para a união, não se pode chamá-la de substância individual, que é a *hipóstase ou substância primeira*. Tampouco pode ser assim chamada a mão ou qualquer outra parte do homem. Eis por que nem a definição nem o nome de pessoa lhe convém" (I, q. 29, a. 1, ad 5).

4. A disciplina do corpo

O homem é um ser cultural. Santo Tomás não desenvolveu nenhuma filosofia da cultura em sentido moderno (cf. CULTURA), mas disse coisas notáveis em torno à *educação* (cf. EDUCAÇÃO). Numa interessantíssima página da *Suma Teológica* ele demonstra a necessidade da *disciplina* (ou seja, da educação, ou erudição). Àqueles que sustentam que não há necessidade de disciplina (educação) porque o homem já estaria munido pela natureza de tudo o que lhe ocorre, o Doutor Angélico replica: certamente "está presente no homem, naturalmente, a aptidão para a virtude; ora, é necessário que a própria perfeição da virtude sobrevenha ao homem por meio de alguma disciplina. Assim como vemos que o homem recorre a alguma indústria em suas necessidades, por exemplo, no alimento e no vestir, cujos inícios tem ele pela natureza, a saber, a razão e as mãos, mas não o próprio complemento, como os demais animais, aos quais a natureza deu suficientemente cobertura e alimento. Para essa disciplina, porém, o homem não se acha por si mesmo suficiente, com facilidade. Porque a perfeição da virtude consiste principalmente em afastar o homem dos prazeres indevidos, e maximamente os jovens em relação aos quais a disciplina (educação) é mais eficaz. E assim é necessário que os homens obtenham tal disciplina por outro, por meio da qual se chega à virtude" (I-II, q. 95, a. 1).

Há uma educação não somente da alma, mas também do corpo, e a mesma *disciplina* da alma é fortemente condicionada pela disciplina do corpo. Por outra parte, Santo Tomás sublinha continuamente a dependência da alma ao corpo seja na ordem cognoscitiva (o intelecto depende dos sentidos e da fantasia), seja na ordem afetiva (a vontade sofre muito frequentemente o impulso dos apetites e das paixões). O homem exercita a disciplina do corpo mediante a virtude da temperança (cf. TEMPERANÇA).

5. Ressurreição do corpo

A ressurreição da carne e a vida eterna é o último artigo do *Credo*. Trata-se de um artigo de fé. No entanto, principalmente na antropologia de Santo Tomás, é uma verdade profundamente conforme às expectativas do coração humano. Existem, de fato, notáveis razões de conveniência em favor do dogma da ressurreição dos corpos. "Foi demonstrado que as almas humanas são imortais, permanecendo, depois dos corpos, libertadas dos corpos. Depreende-se também do que no mesmo livro está escrito que a alma se une naturalmente ao corpo, pois é essencialmente forma do corpo. Por conseguinte, é contrário à natureza da alma estar fora do corpo. Ora, nada do que é contra a natureza pode perpetuar-se. Logo, as almas não ficarão para sempre sem os corpos. Por conseguinte, permanecendo elas para sempre, devem unir-se novamente aos corpos. E nisto consiste a ressurreição. Por isso, parece que a imortalidade da alma exige a futura ressurreição dos corpos. Além disso, foi acima demonstrado, que é natural ao homem o desejo de buscar a felicidade. Ora, a felicidade última consiste na perfeição de quem é feliz. Por isso, a quem falte algo da perfeição, ainda não possui a felicidade perfeita, porque o seu desejo ainda não está plenamente satisfeito, e tudo que está imperfeito deseja naturalmente possuir a perfeição. Ora, separada do corpo, a alma está de certo modo imperfeita, como também é imperfeita a parte fora do seu todo, e a alma é naturalmente parte da natureza humana. Por isso, o homem não pode conseguir a última felicidade senão quando de novo se unir ao corpo, sobretudo porque, como foi acima demonstrado, o homem nesta vida não pode alcançar a felicidade última" (*C. G.*, IV, c. 79, nn. 4135-4136).

(Cf. ALMA, ANTROPOLOGIA, HOMEM, RESSURREIÇÃO)

[Tradução: M. Couto]

Corpo místico

É uma das principais imagens da Igreja, já usada por São Paulo e muito apreciada por Santo Tomás, que serve-se dela continuamente para ilustrar o mistério eclesiológico. Trata-se, claramente, de uma imagem, ou seja de uma metáfora, e o Doutor Angélico não deixa de sublinhar: *"Ecclesia dicitur unum corpus mysticum per similitudinem ad naturale corpus hominis"* (III, q. 8, a. 1; cf. *De Ver.*, q. 29, a. 4; *In I Cor.*, c. 11, lect. 1; *Expos. in Symb.*, a. 9). Isso não quer dizer que seja uma expressão arbitrária ou privada de significado, porque a metáfora tem seu valor semântico específico: ela indica uma semelhança na ordem do agir entre duas realidades que, na ordem do ser, podem se encontrar numa notável distância entre si. Santo Tomás o explica muito bem no texto seguinte: "Um nome pode ser comunicável de duas maneiras: propriamente ou por semelhança (*uno modo, proprie; alio modo, per similitudinem*). Um nome é comunicável propriamente quando se pode comunicá-lo a vários segundo toda a sua significação. Ele é comunicável por semelhança quando se pode comunicá-lo a vários de acordo com alguma das coisas incluídas em sua significação. Assim, o nome *leão* é comunicável propriamente a tudo aquilo em que se encontra a natureza significada pelo nome *leão*; por semelhança é comunicável a tudo aquilo que participa de algo leonino, como a audácia ou a coragem, o que é chamado leão *por metáfora* (*metaphorice leones dicuntur*)" (I, q. 13, a. 9). No nosso caso, dizendo que a Igreja é um *corpo místico*, se quer dizer que nela se encontram potenciadas e aperfeiçoadas as mesmas funções que se desenvolvem num corpo orgânico natural (especificamente no corpo humano). Obviamente não se pode esperar que exista uma perfeita correspondência entre os dois analogados, porque nesse caso já não se trataria de semelhança (metáfora), mas sim de identidade e de univocidade: "Nas expressões metafóricas, a comparação não se estende a tudo, caso contrário não seria comparação, mas exprimiria a verdade da coisa" (III, q. 8, a. 1, ad 2). O adjetivo "místico" é usado para colocar em destaque o caráter e o fundamento sobrenatural de tal corpo, a Igreja.

Santo Tomás se utiliza da imagem do "corpo místico" de dois modos:

a) Para explicar as estruturas e as funções internas da Igreja. Esta, analogamente ao corpo natural, possui uma estrutura orgânica, ou seja, diferenciada com muitos organismos, que se encontram ordenados ao mesmo fim: a participação na vida divina, a difusão da graça, a pregação do Evangelho, a administração dos Sacramentos etc. "Toda a Igreja é denominada um único corpo místico por comparação ao corpo natural do homem (*dicitur unum corpus mysticum per similitudinem ad naturale corpus hominis*), segundo os diversos membros, exerce diversos atos, como ensina o Apóstolo (Rm 12,4; 1Cor 12,12 ss.)" (III, q. 8, a. 1). "A Igreja se diz corpo pela semelhança com o corpo humano, e isto por dois motivos: pela diversidade dos membros, de fato 'Deus estabeleceu a uns como apóstolos, a outros como profetas, a outros como evangelistas etc. (Ef 4,11)', e depois, pelos trabalhos, que são também distintos, e todavia cada um serve os outros" (*In Ep ad Col.*, c. 1, lect. 5).

b) Para explicar as relações da Cabeça do corpo místico, Jesus Cristo, com a Igreja. São sublinhadas três prerrogativas da cabeça que atestam sua superioridade com respeito ao corpo: a disposição, a perfeição e a virtude. "Essas três funções pertencem espiritualmente a Cristo. Em primeiro lugar, de acordo com a proximidade de Deus, sua graça é mais elevada e anterior, embora não na ordem do tempo, porque todos os outros receberam a graça em relação com a graça de Cristo [...]. Segundo, a graça de Cristo tem a perfeição quanto à plenitude de todas as graças, segundo diz João no seu Evangelho: 'Nós o vimos cheio de graça e verdade' (Jo 1,14). Em terceiro lugar, Cristo tem o poder de causar a graça em todos os membros da Igreja, segundo o mesmo João: 'Todos nós recebemos de sua plenitude' (Jo 1,16). Fica clara, assim, a conveniência de se designar Cristo como cabeça da Igreja" (III, q. 8, a. 1).

Tanto a comunhão entre os membros do corpo místico quanto a comunhão entre o próprio corpo místico e sua Cabeça têm como agente, ou seja, como causa eficiente principal, o Espírito Santo: "Assim como no corpo físico os membros distintos são unificados pela ação do espírito, que é princípio de vida e cuja ausência provoca a separação dos membros do corpo, assim também no corpo da Igreja conserva-se a paz entre os diversos membros por virtude do Espírito Santo que o vivifica, como diz o Evangelho de João (Jo 6,64)" (II-II, q. 183, a. 2, ad 3; cf. III, q. 68, a. 9, ad 2). Por esse motivo, Santo Tomás pode chamar o Espírito Santo coração ou mesmo alma do corpo místico (III, q. 8, a. 1, ad 3).

(Cf. Eclesiologia, Igreja)

[Tradução: A. Bogaz]

Correção fraterna

É um dever de caridade para com o próximo voltado para ajudá-lo na compreensão da gravidade de algum defeito seu e, por consequência, ajudá-lo a corrigir-se. Invoca-se como fundamento bíblico o conhecido trecho evangélico no qual Jesus diz aos seus discípulos: "Se o teu irmão pecar, vai corrigi-lo a sós. Se ele te ouvir, ganhaste o teu irmão. Se não te ouvir, porém, toma contigo mais uma ou duas pessoas, para que toda questão seja decidida pela palavra de duas ou três testemunhas. Caso não lhes der ouvidos, dizei-o à Igreja. Se nem mesmo à Igreja der ouvido, trata-o como o gentio ou o publicado" (Mt 18,15-18).

Santo Tomás dedica uma questão inteira da *Suma Teológica* (II-II, q. 33) à explicação desse preceito. Definida como "um ato de caridade", uma espécie de "esmola espiritual" (a. 1), o Doutor Angélico procede exaltando o valor da correção fraterna e especificando sua obrigação. É uma caridade que tem maior *valor* do que aquela que se cumpre ajudando o próximo em suas necessidades materiais, porque por ela "afugentamos o mal do irmão, isto é, o seu pecado. Esta libertação se refere mais à caridade do que à libertação de um dano exterior ou mesmo corporal [...]. Assim, a correção fraterna é um ato da caridade, mais que o cuidado de uma doença corporal ou o socorro que exclui a necessidade exterior" (ibid.). Quanto à *obrigação*, Santo Tomás esclarece que se trata de uma obrigação séria e não de um simples conselho: "A correção fraterna está ordenada à emenda de um irmão. Por isso, na medida em que ela é necessária para este fim, ela é de preceito. Isto, contudo, não significa que o faltoso deva ser repreendido em qualquer lugar ou tempo" (a. 2). Todos estão obrigados à correção fraterna que é *ato de caridade* (quando quem falta causa dano apenas a si mesmo); à correção fraterna que é *ato de justiça* (quando quem falta causa dano a outros), estão obrigados os superiores. Contudo, se para a correção fraterna o próximo corresse o risco de tornar-se pior, deve-se omitir a que é ato de caridade, porque iria contra o fim, isto é, a correção do próximo; mas não se deve omitir a que é ato de justiça, porque a exige o bem-comum ameaçado por quem peca (aa. 3 e 6).

[Tradução: M. Couto]

Cortesia cf. Afabilidade

Cosmologia

É aquela parte da filosofia que estuda a realidade material (do grego *kosmos* = mundo e *logos* = estudo). Aristóteles chama essa parte *Física* e o mesmo fez Santo Tomás. Seu objetivo não é o de explicar simplesmente a constituição fundamental dos corpos, a razão de sua individuação e de seu vir-a-ser, as condições de seu existir (espaço e tempo), mas também a origem primeira e o fim último do mundo material.

O problema cosmológico foi um dos primeiros a ser enfrentado pelos filósofos, que buscaram resolvê-lo muito tempo antes de descobrir os instrumentos lógicos de busca próprios da filosofia (os conceitos), recorrendo aos instrumentos expressivos do mito. O próprio Platão, para explicar a origem do mundo e a sua estrutura atual, recorre quase sempre ao mito. Um passo decisivo na elaboração e na solução do problema cosmológico foi feito por Aristóteles mediante suas doutrinas em torno da matéria e da forma, do ato e da potência e do vir-a-ser. Segundo Aristóteles todas as coisas materiais são compostas de dois elementos, a *matéria* que faz as vezes da potência e a *forma* que faz as vezes do ato. A matéria é de natureza corruptível e, portanto, a razão intrínseca do contínuo suceder-se de novo formas na cena deste mundo. A matéria é, além disso, o fundamento último da extensão e, portanto, do espaço. Por sua vez, o vir-a-ser é a razão profunda do tempo. Em sentido contrário, a forma é a razão da distinção das coisas em muitas espécies diferentes. Segundo Aristóteles, o vir-a-ser das coisas não possui somente uma causa intrínseca, mas também uma extrínseca: as coisas se transformam para uma finalidade e é especialmente a finalidade que as induz a se transformarem e a crescerem. Isso leva Aristóteles a reconhecer a existência de um Movente imóvel, que provoca todos os fenômenos, todas as gerações, todos os movimentos deste mundo. Esse papel cabe à Mente divina.

O sistema cosmológico de Santo Tomás segue de perto o de Aristóteles, mas com a inserção de alguns motivos neoplatônicos e dionisíacos (a participação, o *exitus*, o *reditus* etc.). No que se refere às causas intrínsecas do cosmo, ou seja, às estruturas das coisas materiais, Santo Tomás retoma à letra os conceitos do Estagirita, em particular os conceitos de matéria e forma, ato e potência, substância e acidentes, natureza e potência, espaço e tempo, vir-a-ser etc. De Aristóteles compartilha até mesmo a tese da eternidade do mundo (cf. ETERNIDADE e MUNDO). Contudo, o Doutor Angélico se afasta decisivamente do filósofo grego no modo de compreender as relações entre Deus e o mundo. Enquanto Aristóteles se limita a colocar Deus como causa final do mundo, Santo Tomás coloca Deus não só como causa final mas também como causa eficiente e causa exemplar: o mundo tem origem em Deus por criação, ou seja, é produzido do nada e sem intermediários, porque não pode haver intermediários na comunicação do ser, dado que o ser pertence por essência somente a Deus (cf. CRIAÇÃO e SER).

Nesse ponto Santo Tomás enriquece e transforma o palco cosmológico aristotélico enxertando-lhe os motivos-chave da sua filosofia do ser e algumas teses de caráter neoplatônico e dionisíaco, como a tese do duplo movimento do universo criado, o movimento do *exitus* e do *reditus*. Deus cria o mundo por imitação de si mesmo, para comunicar a própria bondade e para fazer resplandecer a sua glória. O universo não se multiplicou na medida em que fugia das mãos de Deus, como ensinava Plotino, mas foi, ao contrário, produzido inteiramente por direta intencionalidade do querer divino. Santo Tomás argumenta que era mais conveniente a Deus criar um universo (ou seja, uma pluralidade de seres) do que uma única criatura perfeitíssima. Para sustentar essa tese ele apresenta duas razões: 1) A *maior semelhança* com Deus: "Deus produziu as coisas no ser para comunicar sua bondade às criaturas, bondade que elas devem representar. Como uma única criatura não seria capaz de representá-la suficientemente, ele produziu criaturas múltiplas e diversas, a fim de que o que falta a uma para representar a bondade divina seja suprido por outra. Assim, a bondade que está em Deus de modo absoluto e uniforme está nas criaturas de forma múltipla e distinta. Consequentemente, o universo inteiro participa da bondade divina e a representa mais perfeitamente que uma criatura, qualquer que seja ela" (I, q. 47, a. 1). O mundo inteiro no seu conjunto dá uma ideia mais adequada da perfeição do seu Autor do que pode fazer uma das suas partes tomada isoladamente. Um único ente seria insuficiente para refletir a grandeza do Ser: "A perfeita semelhança as coisas criadas não podem conseguir em uma só espécie de criatura" (*C. G.*, II, c. 45, n. 1220). 2) A semelhança com Deus na *causalidade* exige a pluralidade: "Além disso, quanto mais uma coisa é semelhante a Deus em muitos aspectos, tanto mais ela se aproxima da perfeição de Deus. Ora, em Deus há bondade e a difusão da bondade nas outras coisas. Por isso, uma coisa criada mais perfeitamente se aproxima da semelhança de Deus, se não só é boa, mas também pode produzir a sua bondade nas outras, não absorvendo a bondade em si mesma. Por exemplo: é mais semelhante ao sol aquilo que tem luz e ilumina do que aquilo que só tem luz. Ora, se não houvesse pluralidade e desigualdade nas coisas criadas, não poderia uma coisa levar a bondade às outras" (ibid., n. 1222).

Deus produz um mundo não somente pluriforme, mas também hierarquicamente ordenado, no qual cada coisa encontra uma colocação exata, que ajuda a harmonia e beleza do conjunto. "As partes do universo estão ordenadas entre si, de tal forma que uma age sobre a outra, e é fim e modelo da outra" (I, q. 48, a. 1, ad 5). Consequentemente, os corpos corruptíveis não poderão agir mutuamente se não movidos por uma causa superior, que, na ordem corpórea, serão os corpos celestes, alterantes e inalterados, os quais modificam a matéria que dispõem à nova forma e por esse meio regulam as gerações. Por sua vez os corpos celestes são movidos localmente e, portanto, aplicados para agir sobre os corpos sublunares, pelas inteligências separadas, motores imóveis, aos quais os céus servem quase de instrumentos para efetuar um plano próprio de providência coordenado no plano universal de Deus, Ser subsistente que diretamente participa o ser e a atividade a cada criatura segundo sua própria natureza.

A essa ordem descendente de causas eficientes subordinadas uma à outra corresponde uma ordem ascendente de finalidade uma vez que cada ser subordinado está ordenado finalisticamente à causa superior da qual a própria potencialidade se exerce. Por isso, segundo Santo Tomás, a harmonia interna não esgota o significado radical do universo; sem a ordenação a Deus não existiria nenhuma ordem, assim como "sem a ordem ao chefe não haveria ordem recíproca entre as partes do exército" (*De Ver.*, q. 5, a. 3). Eis, portanto, a escala da ordem cósmica: "Cada criatura existe para seu ato e para sua própria perfeição. Além disso, as criaturas menos nobres existem para as mais nobres; por exemplo, as criaturas inferiores ao homem existem para ele. E também elas existem para a perfeição de todo o universo. Mais ainda: todo o universo e cada uma dessas suas partes ordenam-se para Deus, como para o fim" (I, q. 65, a. 2).

Na explicação dos fenômenos físicos, especialmente em astronomia, Santo Tomás, geralmente, segue as teorias dos seus contemporâneos, mas sem dar-lhes excessivo crédito. Eis o que escreve a respeito no Comentário ao *De Caelo et Mundo*: "As hipóteses inventadas pelos astrônomos não são necessariamente verdadeiras; adotando-as eles procuravam explicar os fatos, mas não se está obrigado a crer que eles tenham visto corretamente; pode ser que um modelo ainda desconhecido consiga dar conta de todos os fenômenos do mundo astral" (*In II De Cael.*, lect. 17; cf. *I Meteor.*, lect. 11; I, q. 32, a. 1, ad 2). Por outra parte, os interesses de Santo Tomás eram prevalentemente mais metafísicos e teológicos do que cosmológicos.

Não obstante os limites óbvios da cosmologia tomista, nela há teses cujo valor permanece intacto. Só para dar alguns exemplos: a tese do hilemorfismo, fundado sobre as mutações substanciais e a consequente superação do mecanicismo; a tese da fundamental harmonia do cosmo; a tese da origem do mundo por criação; a tese da orientação finalística de todo o criado; a tese da possibilidade de chegar a Deus também a partir do mundo material etc. Portanto, também a cosmologia, mesmo sendo a parte mais frágil do edifício filosófico de Santo Tomás, contém pérolas preciosas que não devem ser confundidas e eliminadas com os inúmeros estorvos.

(Cf. Criação, Devir, Forma, Matéria, Mundo, Ordem)

[Tradução: M. Couto]

Costume cf. Hábito

Covardia

É um temor desordenado, aquele que leva à fuga em vez de tolerar para prosseguir no bem.

Santo Tomás estuda esse sentimento na questão 125 da *Segunda Seção da Segunda Parte da Suma Teológica*, onde se colocam quatro quesitos: 1. O temor é pecado? 2. O temor se opõe à fortaleza? 3. É pecado mortal? 4. Diminui ou desculpa o pecado?

Antes de tudo o Doutor Angélico distingue entre *temor* e *covardia*: o primeiro é um sentimento conatural e quando leva a fugir daquilo que a própria razão diz para fugir é ordenado, de modo que se torna um sentimento virtuoso; ao passo que a segunda se dá "quando o apetite foge diante de certas coisas que a razão manda perseguir para não abandonar aquilo que deve conquistar acima de tudo, o temor é contrário à ordem, e neste caso tem razão de pecado" (II-II, q. 125, a. 1).

Santo Tomás, portanto, observa que uma certa covardia está presente em todo vício: assim, por exemplo, o avaro tem sempre medo de perder seu dinheiro. Mas o medo maior é o do perigo de morte. Esse medo se opõe à virtude da fortaleza e é um vício que se chama *pusilanimidade* (ibid., a. 2).

Naquilo que se refere à malícia deste vício, o Doutor Angélico esclarece que, se o medo se manifesta somente na sensibilidade, é somente pecado venial, mas, se vier acompanhado da vontade deliberada de fugir da morte ou de qualquer outro mal ao preço até de cometer uma transgressão ou uma omissão grave, é pecado mortal. O medo desordenado, que, porém, não desorganiza o uso da razão, *não escusa do pecado*, contudo o torna menos voluntário (II-II, q. 125, aa. 3-4).

(Cf. Fortaleza, Temor)

[Tradução: G. Frade]

Criação

É a ação com a qual Deus deu origem ao universo tirando-o do nada. Ensinada pela Sagrada Escritura (Gn 1,1 ss.), essa verdade foi retomada no plano racional pela filosofia cristã, da qual se tornou uma das doutrinas emblemáticas.

O melhor aprofundamento da doutrina da criação na época patrística foi realizado por Santo Agostinho. Seu maior mérito nessa matéria é ter consolidado as posições tradicionais defendendo-as dos ataques dos maniqueus — que, professando um dualismo ontológico, eram hostis à criação da matéria — e dos erros neoplatônicos — que viam a origem do mundo como um processo de emanação do Uno. Segundo Santo Agostinho, não pode haver dúvida que o título de criador compete somente a Deus: somente ele, que é a bondade, a sabedoria e a potência infinita, é o princípio supremo e único de qualquer realidade. Portanto, Santo Agostinho faz ver, contra os maniqueus, que fora de Deus não existe nenhum outro princípio primeiro e, contra os neoplatônicos, que não pode haver nenhuma fonte intermédia do ser. Para provar o seu tema, ele distingue entre gerar, fabricar e criar: só quem cria produz uma coisa do nada (*ex nihilo*); ao contrário, quem gera ou fabrica desfruta de um material precedente. "Criador é somente aquele que produz as coisas como causa primeira. E ninguém o pode fora daquele junto ao qual estão originariamente as medidas, os números, os pesos de todas as coisas que existem: e este é somente Deus criador, de cuja inefável soberania depende tudo o que os anjos maus poderiam fazer, se lhes fosse permitido; não o podem, ao contrário, fazer porque ele não lhes permite" (*De Trinitate*, I. 3, c. 9, n. 18). Fiel ao texto genético, Santo Agostinho afirma que a criação teve origem no tempo, sendo o próprio tempo uma consequência da criação.

Santo Tomás retoma todos os temas da especulação agostiniana, e os aprofunda à luz de dois importantes eventos culturais: a descoberta de Aristóteles, das suas categorias metafísicas de ato e potência, matéria e forma, substância e acidentes, e da sua doutrina relativa à eternidade do mundo; e a descoberta da filosofia do ser, concebido como *actualitas omnium actuum* e como *perfectio omnium perfectionum*, descoberta efetuada pelo próprio Santo Tomás.

1. A noção de criação

Antes de mais nada, Santo Tomás esclarece o conceito de criação, fazendo ver que se trata de uma atividade inteiramente singular e incomparável, visto que produz algo que antes não existia de nenhum modo, nem em si nem na potência da matéria. A criação se distingue de cada outra atividade produtiva exatamente nisto: ela confere realidade não só à forma ou à estrutura, mas à própria matéria. O termo "criação" quer, portanto, evidenciar a total inexistência do ente (e, portanto, do mundo) antes da sua produção por parte de Deus, o Ser subsistente; a noção de criação coloca a ênfase no nada do ponto de partida (*ex nihilo*) daquilo que é objeto da ação criadora. Santo Tomás ilumina esse aspecto de origem absoluta, de salto ontológico radical, da condição do nada à condição do ser, que se realiza na criação, na seguinte definição: "A criação, ademais, é a produção de uma coisa em toda sua substância, não pressupondo algo que seja incriado ou criado por outro" (I, q. 65, a. 3).

A propósito do nada que constitui, segundo nosso modo de dizer, o ponto de partida da ação criadora, deve ser esclarecido (e Santo Tomás não deixa de fazê-lo) que se trata do nada e não de um horizonte tenebroso ou um oceano caótico. Somos tentados a "entificar" o nada (como fizeram Heidegger e Sartre) fazendo dele o polo contrário do ser. Contudo, o que tem realidade é somente o ser, ao passo que o nada não é algo mas sim a emissão de uma voz ou de um conjunto de letras escritas. O nada, se prestarmos bastante atenção, é absolutamente inefável e incogitável e não simplesmente incognoscível. Torna-se então evidente que o modo de se exprimir e de entender, no qual nos ancoramos, quando dizemos que "o ponto de partida do universo é o nada" permanece antropomórfico. Queremos significar com esses termos a emanação primeira dos seres à maneira de um *fieri* (um tornar-se, vir-a-ser), de uma mudança ocorrida, de uma espécie de sucessão ou movimento que partisse do nada para desaguar no ser. Todavia, de nenhum modo a criação, propriamente falando, pode ser uma mudança, um *fieri*, pela simples razão de que uma mudança exige dois termos e cada *fieri* está num sujeito. Ora, aqui não há um sujeito, porque o *fieri* em questão implica todo o ser e nada fora do ser. E nem mesmo, corretamente falando, existe ponto de partida, porque só a imaginação, entificando sub-repticiamente o nada, pode impor-lhe aquela função. Tudo o que se pode dizer dessa ação é que se trata de uma relação pura, e, porque não se realiza criação antes do criado, se compreende que a relação em questão não é uma relação bilateral mas unilateral: é uma relação que vai do criado a Deus e não vice-versa. A criação, pela nossa razão concebida como uma relação intermédia entre o Criador e a criatura, é, de fato, posterior à criatura, como cada relação é posterior ao sujeito que a estabelece. Somente enquanto indica Deus como princípio, a criação pode ser vista como anterior, logicamente, ao ser do mundo; mas, sob esse aspecto, por assim dizer, já não é a mesma coisa. Em sua realidade própria, a criação é uma relação do criado e, portanto, posterior ao criado; assim, a proposição "o mundo foi criado" significa para nós duas coisas, e isto é; primariamente, o mundo é, secundariamente, o mundo depende da sua fonte.

Por mais desconcertante que seja, essa concepção se impõe manifestamente a quem se dá conta do que pode ser um começo absoluto. Esse começo não pode chamar-se propriamente uma *mudança* ocorrida, uma *sucessão* de estados, uma passagem do nada ao ser. Somente nossa mente opera essa passagem, se tenta representar para si o irrepresentável. Não podendo considerar o não-ser absoluto a não ser sob a espécie do ser, imagina também o nada e a este faz suceder o mundo. Ou então diz: *primariamente* o mundo não é, *secundariamente* o mundo é, sem perceber que o primariamente não tem nenhuma consistência; que poderia ter somente se se tratasse de um não ser relativo, sustentado por uma potencialidade real. Aquilo que não é nada absolutamente não pode absolutamente preceder nada, e não existe, portanto, nenhuma *passagem*, nenhuma *preexistência*, nem mesmo para aquele nada ilusório do qual se fala como uma realidade (I, q. 45, aa. 2-3).

O efeito próprio da criação é o ser, e este não pode ter outra causa senão aquele que já o possui de modo eminente, perfeita, isto é o Ser subsistente próprio, que é Deus. De fato, "quanto mais um efeito é universal, tanto mais elevada é a sua causa, porque, quanto mais elevada é a causa, a tantos mais efeitos se estende sua virtualidade. Ora, ser é mais universal do que ser movido, pois há entes imóveis, segundo afirmam alguns filósofos, como as pedras e coisas semelhantes. Donde ser necessário que, acima da causa que só opera movendo e transformando, exista a causa que é o primeiro princípio do ser" (*C. G.*, II, c. 16, 3). Desse modo resulta igualmente demonstrado que o primeiro efeito produzido por Deus é o próprio ser, porque todos os outros efeitos o pressupõem e sobre ele se fundam. Por isso, é necessário que tudo o que de algum modo exista receba o ser de Deus.

A ação criadora é, portanto, uma ação muito singular, não somente graças ao seu artífice que é Deus e graças ao seu efeito que é o ser, mas também graças à sua simultaneidade, penetrabilidade, intimidade, impossibilidade de parar ou conter. Essa ação investe não apenas no coração, ou mesmo na superfície dos seres, mas os atravessa e os penetra totalmente da cabeça aos pés. Nada do que um ente possui se subtrai à eficácia da ação criativa: matéria e forma, substância e acidentes, qualidade e ações, estruturas e relações, sob o aspecto ontológico tudo é regido incessantemente na ação criadora de Deus.

Santo Tomás concebe a criação tanto como comunicação quanto como participação do ser da parte de Deus. Com o termo "comunicação" ele quer indicar aquele dar-se espontâneo e generoso do Ser subsistente, Deus, aos entes, um dar-se absolutamente extraordinário, porque é do dar-se do doador que depende a própria existência e toda a realidade daquele a quem é dado o dom: com o dar-se do Ser subsistente floresce o ente no deserto do nada. O pertencimento ao Ser, Deus, da virtude da comunicação, Santo Tomás o estabelece assim: "Coisas naturais não só têm inclinação natural com respeito a seu próprio bem, para adquiri-lo quando lhes falta, ou nele repousar quando o têm; mas também para difundi-lo a outros o quanto possível. Eis por que vemos que todo agente, na medida em que está em ato e perfeito, produz seu semelhante. E assim é próprio à razão de vontade que cada um comunique a outros o bem que possui, na medida do possível" (I, q. 19, a. 2). Portanto, se as coisas por serem perfeitas comunicam aos outros a própria bondade, com maior razão convém ao Ser subsistente, que é o receptáculo de cada perfeição e de cada bondade, comunicar aos entes analogicamente, na medida do possível, o próprio bem. Ao Ser subsistente, Deus, compete a virtude da comunicação porque contém em si mesmo qualquer perfeição, inclusive a da bondade, e isso em virtude da sua própria natureza difusiva, benéfica: *"Bonum est diffusivum sui"*. Como se vê, o termo "comunicação" ilumina o ponto de partida das criaturas e faz ver que isso reside inteiramente no Ser, na sua generosa dedicação, uma dedicação que nada tem a ver nem com a emanação necessária dos platônicos, nem com a alienação do Absoluto dos idealistas.

2. A criação como participação e assimilação

"Participação", como sugere a própria etimologia da palavra, exprime um tomar parte (*partem capere*) em algo. Portanto, "quando algo recebe de modo parcial o que pertence a outros de modo total, se diz que participa dele. Por exemplo, se diz que o homem participa da animalidade, porque não esgota o conceito do animal em toda a sua extensão; pela mesma razão se diz que Sócrates participa da humanidade; igualmente se diz que a substância participa do acidente, e a matéria da forma, porque a forma substancial ou acidental que, considerada em si mesma é comum a muitos, é determinada neste ou naquele objeto particular. Semelhantemente se diz que o efeito participa na causa, principalmente quando não se adequa o poder. Um exemplo dessa participação há quando se diz que o ar participa da luz do sol" (*In De Hebd.*, lect. 2, n. 24).

Aplicando à origem dos entes o termo "participação" quer-se indicar aquele "tomar parte", aquele participar dos entes na perfeição do ser que principia com a comunicação de si próprio aos entes por parte do Ser subsistente, Deus. Portanto, como a comunicação não comporta nenhuma alienação, nenhuma diminuição de perfeição no Ser subsistente, assim a participação, contrariamente ao que poderia sugerir a etimologia, não implica nenhum fracionamento, nenhuma divisão da perfeição do ser entre cada um dos entes. De fato, o Ser subsistente (Deus), como foi visto, é absolutamente simples e não é suscetível a nenhuma decomposição, cisão, divisão. Por isso, se ao falar da origem dos entes do Ser subsistente se recorre ao termo participação, isso não pode significar "ter uma parte do ser", porque no Ser não existem partes, mas possuir de modo "particular", "limitado", "imperfeito" aquela perfeição que no Ser subsistente se encontra de modo total, ilimitado, perfeito: "De fato, quando algo recebe em parte o que pertence a um outro universalmente se diz que participa dele" (ibid.).

Por conseguinte, a criação opera uma participação do ser divino nas criaturas. No entanto, onde Deus encontra as razões, os critérios, as medidas (os números, como diz Agostinho) para conferir a um ente uma maior "parte" de ser que a um outro? De onde extrai as estruturas participativas (aquelas que distinguem uma planta de um animal, uma pedra de um homem, um código genético de outro código genético etc.)? Obviamente ele não pode extrair de alguma realidade externa, como faz o demiurgo de Platão, que deriva as estruturas participativas das Ideias, porque, antes da criação, não existe outra realidade além do próprio Deus. Por isso, Deus não pode extrair as estruturas participativas senão de si mesmo, da sua essência, do seu ser. A essência, o ser de Deus, que é infinito e eterno, pode ser espelhado e imitado de muitíssimos e inumeráveis modos. Logo, a definição das estruturas participativas é obra da mente divina, porque colhe os vários graus de imitabilidade da realidade, da essência, do ser de Deus. Os vários graus de imitabilidade constituem as essências das criaturas: das plantas, dos animais, do homem, da terra, dos astros etc. A criação é aquele ato onipotente e maravilhoso pelo qual Deus confere o ato de ser conveniente e proporcionado àquelas essências que ele entende realizar. É aquele poderoso ato de vontade com o qual Deus coloca na ordem dos existentes aquelas estruturas de participação que antes eram apenas essências ideais e puros possíveis.

Na ação criadora Deus segue uma ordem lógica que tem alguma semelhança com a ordem que se registra nas produções humanas: Deus contempla sua infinita essência e discerne nela as inumeráveis, infinitas possibilidades de imitação e de reprodução. Por isso, programa uma escolha entre as várias possibilidades e, enfim, decreta livremente sua atuação. Porém, enquanto nas obras humanas a ordem comporta uma sucessão temporal, em Deus, que está fora e acima do tempo, não existe nenhuma sucessão: Deus opera na eternidade e na absoluta instantaneidade.

Santo Tomás diz que a criação, além de doação e participação, é também assimilação: é um tornar as criaturas semelhantes ao criador, os entes semelhantes ao Ser subsistente. A semelhança (ou analogia) entre o efeito e a sua causa é a consequência necessária da causalidade concebida como comunicação e como participação da perfeição da causa ao efeito. Esse princípio aplicado à origem das coisas exprime certa tensão no Ser subsistente (Deus) na reprodução de si mesmo na figura de alguma coisa que se lhe assemelhe e não na figura do idêntico, porque "o Ser subsistente é somente uno. É, portanto, impossível que haja qualquer outro subsistente que seja somente ser" (*De sub. sep.*, c. 8, n. 87). O princípio de analogia (semelhança) esclarece, portanto, contemporaneamente a necessidade de que os entes se assemelhem ao Ser subsistente e a impossibilidade de que os entes se identifiquem com ele: a relação entre os entes e o Ser subsistente, entre as criaturas e Deus, é exatamente uma relação de analogia, isto é, de semelhança. Santo Tomás o explica magistralmente num capítulo da *Suma contra os Gentios*: "Com efeito, como todo agente pretende introduzir no efeito a sua semelhança, na medida em que o efeito a possa receber, tanto mais perfeita é a ação, quanto mais perfeito é o agente. Vê-se, por exemplo, que quanto mais uma coisa é quente, tanto mais esquenta, e, quanto é melhor um artífice, tanto mais perfeita é a forma que introduz na obra. Ora, Deus é o agente perfeitíssimo. Por isso, cabia-lhe introduzir nas coisas criadas de modo perfeitíssimo a sua semelhança, conforme a conveniência da coisa criada. Mas a perfeita semelhança as coisas criadas não podem conseguir em uma só espécie de criatura, porque, a causa excedendo o efeito, o que na causa está simples e unificado, está em composição e multiplicado no efeito, a não ser que este se equipare à espécie da causa. Mas isso não pode ser atribuído ao nosso caso, porque a criatura não se pode igualar a Deus. Foi, pois, necessário ter havido multiplicidade e variedade nas coisas criadas, para que nelas houvesse, a seu modo, perfeita semelhança de Deus" (*C. G.*, II, c. 45)".

O princípio da assimilação vale em absoluto e não somente para o homem e para as criaturas espirituais, dos quais a Bíblia diz explicitamente que são imagens de Deus; por isso se estende a todas as criaturas. Quando Deus chama ao ser alguma coisa, faz sempre dom de si mesmo, do seu ser, ainda que permaneça necessariamente um dom modesto, dada a inevitável finitude das criaturas. A criação realiza sempre reproduções, cópias, imagens de Deus que são, porém, por necessidade extremamente imperfeitas, parciais, fragmentárias. Por esse motivo, como diz Santo Tomás, Deus quis suprir os limites e carências das imagens particulares, multiplicando e variando com desmesurada abundância seu número e qualidade; e o seu conjunto nos permite, com certeza, fazer uma ideia menos inadequada e lacunosa de Deus.

Criando o universo, Deus, sendo inteligente e livre, se propõe certamente objetivos, que não podem ser diversos de si mesmo, pelo simples motivo de que antes da criação não existe outro ser do qual e pelo qual Deus possa ser induzido a agir. Mas finalizar a criação em si mesmo, à própria glória, não tem caráter egoísta, como se poderia crer à primeira vista, porque propor Deus como último limite é exaltar ao máximo as recônditas aspirações que cada criatura tem inscrita no fundo do próprio ser. A esse respeito vale a pena ler o que escreve Santo Tomás no *De Veritate*: "Deus é princípio e fim de cada coisa e, em consequência, tem com as criaturas uma dupla relação: aquela segundo a qual todas as coisas chegam ao ser por sua causa, e aquela segundo a qual todas as coisas se dirigem a ele como ao seu fim último. Essa segunda relação se realiza nas criaturas irracionais de modo diverso daquela das criaturas racionais: nas primeiras se realiza mediante a assimilação (*per viam assimilationis*), nas segundas mediante o conhecimento da essência divina além da assimilação. De fato, em todas as coisas que procedem de Deus é congênita a inclinação para o bem a ser conseguido mediante o agir. Ora, na consecução de qualquer bem a criatura se assemelha a Deus. Mas as criaturas racionais podem atingir a Deus além do que mediante a assimilação, mas também com a união mediante as operações de conhecer e de amar, e, portanto, são mais capazes de serem beatas do que as outras criaturas" (*De Ver.*, q. 20, a. 4).

Quando se fala da criação há ainda um ponto a ser esclarecido: aquele que diz respeito à continuidade da ação criadora de Deus.

O problema já tinha sido enfrentado por Santo Agostinho, que o havia resolvido mediante a célebre doutrina das "razões seminais". Agostinho toma ao pé da letra o texto bíblico que diz que "Deus criou tudo simultaneamente" (*omnia simul creavit*). Isso significa que Deus criou de uma só vez um mundo destinado a realizar-se no tempo, ou seja, deu inicialmente ao mundo todas as virtualidades que na história do universo se desenvolveriam e se realizariam. Essas virtualidades impressas por Deus nas coisas no momento da criação são chamadas por Agostinho *razões seminais*. No momento da criação, além dos corpos completos, Deus criou os germes de todas as coisas futuras: "O mundo — escreve Agostinho — é como uma mulher grávida: carrega em si a causa das coisas que virão à luz no futuro. Assim, todas as coisas (de todos os tempos) foram criadas por Deus" (*De Trinitate*, II, I.9, c. 16). Como na semente de uma árvore estão presentes invisivelmente todas as partes se que desenvolverão sucessivamente da própria árvore, assim desde o início estiveram presentes de modo germinal no mundo todos os diversos corpos.

Santo Tomás, colocando a ação criadora de Deus absolutamente fora (e não somente antes) do espaço e do tempo, não tem necessidade de recorrer às razões seminais e concebe a criação como um evento instantâneo e constante: é a ação fulgidíssima de um sol eternamente imóvel e perenemente radiante, em torno ao qual se move, se distende e toma forma todo o universo. O influxo ontológico de Deus sobre suas criaturas é incessante. Ser criatura é ser totalmente, radicalmente dependente, e dependente propriamente daquilo que é mais fundamental e primário, o ser; de modo que este não pode jamais tornar-se sua propriedade. Porque *Esse ipsum "Deus est universale et fontale principium omnis esse"* (*De sub. sep.*, c. 14, n. 127). "A própria divina sabedoria é causa eficiente (*effectiva*) de todas as coisas, e não somente dá às coisas o ser, mas também, nas coisas, o ser com ordem, visto que as coisas se concatenam uma à outra, em ordem ao fim último. E ainda é causa da indefectibilidade dessa harmonia e desta ordem, que sempre permanecem, de qualquer modo alteram as coisas" (*In Div. Nom.*, c. 7, lect. 4, n. 733).

Além da contribuição das *rationes seminales*, no tempo de Santo Tomás se discutia a possibilidade da colaboração dos anjos na criação. A hipótese havia sido feita por Platão, que no *Timeu* fala de Potências que colaboraram com o Demiurgo na produção do mundo material; na Idade Média isso tinha obtido o favor de alguns filósofos muçulmanos e judeus. Santo Tomás acha essa hipótese completamente inadmissível, porque Deus na criação não tem necessidade nem de ajudantes nem de intermediários. Eis o penetrante raciocínio do Doutor Angélico: "Uma causa segunda instrumental não participa da ação da causa superior senão quando, por algo que lhe é próprio, age como disposição para produzir o efeito do agente principal. Se, portanto, nesse caso nada fizesse do que lhe é próprio, seria inútil utilizá-la para agir. Não haveria, pois, necessidade de existir determinados instrumentos para produzir determinadas ações. Assim, vemos que um machado, cortando a madeira — o que ele pode fazer por sua forma —, produz a forma de um banco, que é o efeito próprio do agente principal. Ora, o efeito próprio de Deus que cria, a saber o ser em si, é o que é pressuposto a todos os outros efeitos. Assim, nenhum outro pode operar dispositiva e instrumentalmente em vista desse efeito, uma vez que a criação não se faz a partir de algo pressuposto que poderia dispor-se pela ação de um agente instrumental. Portanto, é impossível que a alguma criatura convenha criar, nem por força própria, nem instrumentalmente ou por delegação" (I, q. 45, a. 5).

3. Liberdade da criação

A criação é fruto exclusivo da bondade, da sabedoria e da vontade de Deus, não havendo nada na criatura (dado que ainda não existe) que o possa induzir à criação. Portanto, a criação é uma ação absolutamente livre. O criador de Santo Tomás é o Deus cristão, não é o Uno inescrutável de Plotino, o qual recebe por necessidade natural a emanação. O Deus de Santo Tomás é o *Esse ipsum subsistens* dotado de infinita inteligência e de absoluta liberdade. Santo Tomás argumenta a liberdade da criação partindo seja da natureza da causa, seja da qualidade do efeito. Por parte da causa nota que agir necessariamente é próprio das causas naturais; mas Deus não é uma causa natural; portanto, "não age por necessidade de natureza; mas determinados efeitos procedem de sua infinita perfeição, segundo a determinação de sua vontade e de seu intelecto" (I, q. 19, a. 4). Análoga conclusão ele obtém olhando o efeito: "A própria verdade se demonstra pela relação do efeito com sua causa. Os efeitos procedem da causa agente na medida em que preexistem nela, porque todo agente produz seu semelhante. Os efeitos, pois, preexistem na causa segundo o modo da causa. Portanto, como o ser de Deus é seu próprio conhecer, seus efeitos nele preexistem de modo inteligível. E, por isso, dele procedem por este mesmo modo. E assim, consequentemente, pelo modo da vontade, pois sua inclinação para realizar o que foi concebido pelo intelecto pertence à vontade. A vontade de Deus é, então, a causa das causas" (ibid.).

4. A possibilidade de uma criação eterna

Uma das disputas mais acaloradas em Paris no tempo de Santo Tomás dizia respeito à eternidade do mundo e, portanto, à possibilidade de uma criação *ab aeterno*. Aristóteles havia ensinado a eternidade do mundo; Averróis e seus discípulos sustentavam a tese da eternidade da criação. Um dos críticos mais tenazes da tese da criação *ab aeterno* era São Boaventura, que não a julgava somente contrária à fé, mas também absurda em si mesma, e assim pretendia demonstrar a verdade da criação no tempo. Segundo São Boaventura, a criação *ab aeterno* é um conceito contraditório: porque postula uma série infinita de causas e uma série infinita de dias. Em relação a esse ponto, como a tantos outros, Santo Tomás diverge claramente de seu amigo Boaventura. Ele não coloca em dúvida o ensino da Escritura sobre a temporalidade do mundo, mas nega que a *temporalidade* do mundo seja racionalmente demonstrável: trata-se simplesmente de uma verdade de fé, que se aceita pela fé como os mistérios da Trindade e da Encarnação. A sua indemonstrabilidade resulta do exame seja do efeito (o mundo), seja da causa (Deus). Deus, sendo eterno, pôde causar desde sempre. Quanto ao mundo, para ser criado, se exige somente que seja tirado do nada (*ex nihilo*) e não que seja produzido no tempo. "Só pela fé se sustenta que o mundo não existiu sempre, e nem é possível demonstrar, como já se disse a respeito do mistério da Trindade. A razão é que a novidade do mundo não se pode demonstrar (*demonstrative probari non potest*) por intermédio do mesmo mundo, porque o princípio da demonstração é aquilo que é. Ora, segundo a razão de sua espécie, cada coisa abstrai do espaço e do tempo. Por este motivo se diz que os universais estão em todos os lugares e tempos. Daí que não se pode demonstrar que o homem, o céu ou a pedra não existiram sempre. Também não se pode demonstrar a partir da causa agente que age pela vontade. De fato, a razão não pode conhecer da vontade de Deus senão o que é absolutamente necessário que Deus queira. Mas tais coisas não são o que ele quer a respeito das criaturas, como já foi dito. A vontade divina, entretanto, pode se manifestar ao homem pela revelação, na qual se funda a fé. Portanto, que o mundo tenha começado é objeto de fé e não de demonstração ou de ciência. Esta consideração é útil para evitar que, pretendendo alguém demonstrar um artigo de fé, aduza argumentos não rigorosos, que deem aos que não creem matéria de escárnio, fazendo-os supor que nós cremos o que é de fé por tais argumentos" (I, q. 46, a. 2).

Estupenda é a réplica de Santo Tomás às objeções segundo as quais a eternidade do mundo seria impossível porque ela supõe uma infinidade de causas e de dias. Essa merece ser reproduzida integralmente: "Na concatenação essencial deve-se dizer que por si (*per se*) é impossível chegar ao infinito (*impossibile est procedere in infinitum*) se se trata de causas eficientes: como se as causas que por si são necessárias para certo efeito fossem multiplicadas ao infinito. Por exemplo, se a pedra fosse movida pela alavanca, esta pela mão, e assim ao infinito. Mas, por acidente (*per accidens*), não se julga impossível chegar ao infinito, se se trata de agentes acidentais: como se todas as causas que se multiplicam ao infinito ocupassem o lugar de uma causa única e sua multiplicação fosse acidental. Por exemplo, um artesão se serve acidentalmente de vários martelos porque eles se quebram um após o outro. É, portanto, acidental para tal martelo entrar em ação após outro martelo. Do mesmo modo, é acidental a este homem, enquanto gera, ter sido gerado por outro. De fato, ele gera enquanto homem e não enquanto é filho de outro homem. Todos os homens que geram têm a mesma posição nas causas eficientes, a saber, a de gerador particular. Isso, porém, seria impossível se a geração deste homem dependesse de outro homem e também de um corpo elementar, e do sol, e assim ao infinito" (ibid., ad 7).

Com a tese da não demonstrabilidade da temporalidade do mundo, Santo Tomás se preocupou em não confundir o que se deve manter pela fé com o que se pode provar com a razão, salvaguardando assim a distinção formal dos dois campos, que constitui uma das pedras angulares de seu pensamento.

[Tradução: M. Couto]

Crisma cf. **Confirmação**

Cristo

Os Evangelhos apresentam amplas e fiéis informações sobre a vida e o pensamento de Cristo. A primeira reflexão teológica sobre sua vida, seu ensino e sobre sua obra já se encontra no Evangelho de São João e nas cartas de São Paulo, mas em seguida prosseguiu mais intensa no decorrer de todo o período patrístico e escolástico.

Desde os primeiros tempos da Igreja a atenção se concentrou sobre a pessoa de Cristo, que sendo "o Verbo de Deus" feito carne devia ser ao mesmo tempo Deus e homem. O problema era o de explicar a modalidade da união de Deus com o homem, e exatamente sobre a interpretação desse mistério se manifestou uma longa série de heresias que vão do docetismo, que negava a humanidade do Cristo, reduzindo-a a uma simples aparência, ao arianismo, que, ao contrário, negava a divindade, fazendo de Cristo simplesmente a mais excelsa das criaturas, ao nestorianismo, que mantinha uma profunda divisão entre o ser homem e o ser Deus, e ao eutiqueanismo, que, por sua vez, misturava a natureza humana com a divina, produzindo uma única substância.

As heresias foram refutadas pela autoridade do magistério eclesiástico por meio dos grandes Concílios ecumênicos de Niceia (325), Éfeso (431), Calcedônia (451), que fixaram os dogmas fundamentais sobre a natureza e a Pessoa do Cristo. As definições conciliares foram preparadas pelo estudo intenso e aprofundado dos Padres da Igreja, tanto orientais (Ireneu, Orígenes, Atanásio, Basílio, Gregório de Nissa etc.), quanto ocidentais (Tertuliano, Agostinho). O aprofundamento do mistério cristológico foi retomado e completado pelos Escolásticos (Anselmo, Hugo de São Vítor, Pedro Lombardo, Boaventura etc.), que deram uma sistematização definitiva a toda doutrina cristológica, principalmente a respeito dos seus dois máximos mistérios: a Encarnação e a Paixão.

1. Escritos cristológicos de Santo Tomás

A cristologia ocupa um lugar de muita importância na reflexão teológica do Doutor Angélico. Como teólogo cristão, Santo Tomás é antes de tudo e principalmente um cristólogo. Sua reflexão é essencialmente cristocêntrica: Cristo é o mediador entre Deus e o homem; o caminho, a verdade e a vida, que Deus enviou ao homem para que, por sua vez, o homem pudesse tornar-se Deus: "*Sic factus est homo ut hominem faceret Deum*" (*Expos. in Symb.*, a. 3, n. 906). Por esse motivo, o pensamento de Santo Tomás volta-se constantemente para o Cristo e seus mistérios, que ele perscruta com discreta e amorosa curiosidade em todos os desdobramentos, até os mais recônditos.

A produção cristológica é imponente, compreendendo: *Comentários aos Evangelhos de São Mateus e São João*; a *Catena áurea sobre os quatro Evangelhos*; o *Compêndio de Teologia* (I, cc. 199-246); a questão disputada *Sobre a união do Verbo Encarnado*; *O comentário às Sentenças* (III, dd. 1-21); a *Suma contra os Gentios* (IV, cc. 27-55); a *Suma Teológica* (III, qq. 1-59); a *Exposição sobre o Credo* (aa. 2-7). O estudo mais maduro e mais completo é o da *Suma Teológica*, vistoso em suas dimensões (59 questões), esplêndido na sua lucidez, exato no seu rigor, admirável em sua profundidade, incomparável na penetração dos dois máximos mistérios cristológicos, a encarnação e a paixão. O tratado se articula em quatro seções: *De ingressu Jesu Christi in mundum* (encarnação); *De progressu eius vitae in hoc mundo* (vida pública); *De exitu eius ab hoc mundo* (paixão e morte); *De exaltatione eius post hanc vitam* (ressurreição e ascensão). Quem não tiver tempo de acompanhar Santo Tomás pelo longo e exigente caminho da *Suma Teológica*, pode recorrer com proveito à *Exposição sobre o Credo*, que é um excelente compêndio de cristologia, no qual se expõem e refutam todas as principais heresias cristológicas e se explicam claramente todos os grandes mistérios da cristologia: encarnação, paixão, descida aos infernos, ressurreição, ascensão e glorificação final de Cristo, evidenciando de tempos em tempos os aspectos pedagógicos de cada um dos mistérios individualmente.

Nessa vasta produção cristológica identifica-se uma substancial identidade de pensamento, mesmo na considerável diversidade de métodos: no *Comentários às Sentenças*, o Doutor Angélico utiliza o método "positivo" com uma infinidade de citações tomadas da Escritura e dos Padres; na *Suma contra os Gentios* recorre ao método "filosófico", para mostrar aos não cristãos a racionalidade da fé católica; na *Suma Teológica* e no *Compêndio* pratica o método "teológico", em que a documentação bíblico-patrística é acompanhada e confirmada pela razão especulativa; enfim, na *Exposição sobre o Credo*, por ser uma breve síntese, tudo é reduzido ao mínimo, ao essencial, e o procedimento de Santo Tomás é quase "catequético".

2. O método da cristologia

Também na cristologia Santo Tomás pratica o método que havia fixado no início da *Suma Teológica* para toda a teologia; trata-se essencialmente de um método "do alto", que na linguagem dos escolásticos é chamado método "compositivo" (*compositio*). Este, diversamente do método "resolutivo" (*resolutio*), o qual resolve os efeitos na causa, os fatos singulares na lei universal, desce dos princípios universais aos casos singulares, das causas aos efeitos. Contudo, o método compositivo da teologia é diferente do método das ciências e da filosofia, pois, enquanto estas se baseiam em princípios evidentes ou postulados a partir da razão, a teologia apela para princípios que reconhece a aceita pela fé (os dogmas). Portanto, o teólogo faz apelo a autoridades próprias às autoridades da fé: a Sagrada Escritura, os Concílios ecumênicos e os Padres da Igreja (cf. AUTORIDADE), enquanto pode haurir da autoridade dos filósofos somente de modo subsidiário e secundário, e não com a pretensão de "demonstrar os dogmas, mas para esclarecer alguns pontos." (I, q. 1, a. 8, ad 2).

Em obediência ao seu método, que prevê como fontes principais a Escritura, os Concílios e os Padres, e como fonte secundária a razão, Santo Tomás constrói pontualmente suas argumentações expondo antes de tudo os testemunhos da Sagrada Escritura, do Magistério e dos Padres sobre um determinado mistério (por exemplo: a descida aos infernos) e depois, ao fim, procura corroborar o ensino da fé com "semelhanças", "verossimilhanças", "analogias" hauridas do mundo da razão. A documentação que ele acumula varia segundo o caráter (positivo, teológico, catequético etc.) da obra. Contudo, a estrutura permanece sempre a mesma: primeiro a Escritura, depois o Magistério (Concílios), em seguida os Padres, e enfim a confirmação racional. E, se Santo Tomás deve omitir alguma coisa (como na *Exposição sobre o Credo*), deixa os Concílios e os Padres, mas não o que é indispensável para fazer teologia: a Sagrada Escritura e a "explicação" racional.

Quanto ao valor dessa "explicação", Santo Tomás é muito explícito e categórico: não se pode ter pretensão de prova verdadeira e própria, ou seja, de argumentação apodítica, porque não obstante todas as elucubrações da razão a fé permanece sempre fé, ou seja, fundada em última instância sobre a autoridade de Deus. Santo Tomás desconfia daqueles que pretendem transformar as verdades da fé em verdades da razão: desse modo eles correm não somente o risco de perder o mérito da fé, mas também o de expor a própria fé à zombaria dos que não creem, "fazendo-os supor que nós cremos o que é de fé por tais argumentos" (I, q. 46, a. 2). Entretanto, Santo Tomás defende a contribuição da razão. Ela pode e (no caso do teólogo) deve prestar um duplo serviço: primeiro um *serviço positivo*, "esclarecendo com exemplos e ilustrações as verdades de fé"; depois um *serviço negativo*, defendendo a fé dos erros que podem contaminá-la e "afastando as objeções que podem ser apresentadas contra ela" (cf. *In De Trin.*, Proêmio, q. 2, a. 3). Em seu trabalho cristológico Santo Tomás faz sempre as duas coisas. Por exemplo, a respeito do mistério inefável da encarnação, para esclarecê-lo propõe toda uma série de "semelhanças" da união entre a natureza divina e a natureza humana: a união entre alma e corpo, entre a matéria e a forma, entre a substância e os acidentes, entre o verbo interior e verbo exterior, entre a pessoa e a roupa etc. E para defendê-lo passa em revista e critica todas as heresias cristológicas que, principalmente nos primeiros séculos, infestaram a Igreja.

Entram no método teológico, além do procedimento raciocinativo de que se quer lançar mão (para Santo Tomás é o procedimento da *compositio*), também a linguagem e o esquema cosmológico (a organização geral) no qual se procura inserir um determinado mistério. Para dar expressão aos mistérios de Cristo, Santo Tomás usa muito mais que seus predecessores e seus próprios contemporâneos a linguagem aristotélica (das quatro causas e das distinções entre ato e potência, matéria e forma, substância e acidentes, essência e ato de ser etc.); ao passo que, como esquema geral no qual situar a cristologia, ele adota o esquema neoplatônico do *exitus* e do *reditus*. A cristologia é colocada na Terceira Parte da *Suma*, como caminho concreto por meio do qual se cumpre o *reditus* das criaturas a Deus.

3. As fontes

A primeira fonte do trabalho cristológico de Santo Tomás é a Sagrada Escritura: toda a Sagrada Escritura, mas de modo particular o Novo Testamento, e, nesse, os quatro Evangelhos. E dessa fonte o Angélico tinha um conhecimento realmente extraordinário, quase único, como se pode comprovar em seus comentários aos Evangelhos (*Catena Aurea* e *Comentários aos Evangelhos de São Mateus e São João*). No entanto, Santo Tomás dispunha também de ótimas fontes relativas às obras dos Padres e dos Escolásticos. "Ao comentar as *Sentenças*, Santo Tomás se preocupou também com as menores afirmações da Escritura, dos Padres e dos Concílios. Infelizmente, na época do seu primeiro magistério em Paris (1250-1259), o jovem professor tinha como instrumento de trabalho somente poucos textos patrísticos, passados por muitas mãos antes de chegar a Pedro Lombardo e aos seus comentadores. Contudo, no fim de 1259, Santo Tomás retorna à Itália, onde lecionará até

1267-1268, e aí teve a sorte de encontrar muitas coleções conciliares e patrísticas, recentemente vindas do Oriente, atribuídas, com ou sem razão, a este ou àquele Padre da Grécia, da Ásia menor ou do Egito. Nessa ocasião, o primeiro trabalho que o Doutor Angélico se propôs foi o de estudar nos próprios textos em que se apresentavam o pensamento dos autores" (H. M. Manteau-Bonamy). Assim, o conhecimento que Santo Tomás adquiriu dos Padres, dos Concílios e das heresias tornou-se realmente extraordinário para o seu tempo. Ele mostra "ter atingido um grau insuperável no conhecimento da história das heresias, e na arte de utilizar na teologia essa documentação conciliar e histórica. Isso se verifica a partir da exatidão e da profundidade da sua apresentação sobre o monofisismo, única — se pode dizer — em toda a escolástica" (G. Lafont). Às vezes o volume das citações patrísticas chega a ser impressionante: veja-se, por exemplo, o artigo 4, da q. 46 da Terceira Parte, onde se fala da conveniência da morte de Jesus na cruz. Aí estão citadas passagens de Agostinho, Atanásio, Crisóstomo, Gregório de Nissa e João Damasceno.

4. O mistério da encarnação

Na apresentação da figura de Cristo e de sua obra, Santo Tomás segue, se poderia dizer, a ordem "biográfica": por isso estuda os mistérios de Cristo em sua sucessão "cronológica". Inicia, pois, com o estudo da encarnação, a entrada do Verbo de Deus neste mundo. O texto fundamental sobre o qual Santo Tomás volta a refletir depois de uma dúzia de séculos de estudos cristológicos é o versículo joanino: "*Verbum caro factum est*".

O evento da encarnação é dado por certo. É o eixo principal da fé cristã. Nesse ponto resta ao teólogo fazer duas coisas: procurar entender o *porquê* e o *como* da encarnação. Santo Tomás estuda o *porquê* explorando os *motivos de conveniência*: "*utrum fuerit conveniens Deum incarnari*" (III, q. 1, a. 1).

a) *Os motivos da encarnação* — É interessante notar duas coisas: primeira, que Santo Tomás fala de conveniência e não de necessidade. É verdade que no segundo artigo dessa mesma questão ele se pergunta se a encarnação era necessária; mas a resposta é que, absolutamente falando, não o era, "podendo Deus redimir-nos com a sua onipotência de muitas outras maneiras" (III, q. 1, a. 2). Portanto, pode-se falar somente de razões de conveniência. E aqui surge a segunda questão: para Santo Tomás as razões de conveniência são muitas. Contudo, há uma que vem antes de todas as outras (em todos os escritos de Santo Tomás é adotada em primeiro lugar): é a *reparação do pecado*, da culpa, da ofensa que o homem, com sua rebelião, fez a Deus; uma reparação desejada pela justiça de Deus e que, todavia, somente o próprio Deus podia implementar. Segundo Santo Tomás, essa razão deve ser colocada antes porque é a Sagrada Escritura que a coloca em primeiro lugar, se bem que o próprio Santo Tomás não exclui a possibilidade de que Deus poderia perfeitamente encarnar-se mesmo na eventualidade de o homem não ter pecado. "Tudo o que provém somente da vontade de Deus, acima de qualquer direito da criatura, só o conhecemos pelo ensinamento da Sagrada Escritura, pela qual nos é dada a conhecer a vontade divina. Como, porém, na Sagrada Escritura o motivo da encarnação sempre é posto no pecado do primeiro homem (*incarnationis ratio ex peccato primi hominis*), é mais correto dizer (*convenientius dicitur*) que a obra da encarnação foi ordenada por Deus para remédio do pecado, de sorte que, não havendo pecado, não haveria encarnação. No entanto, o poder de Deus não está limitado a esta condição: mesmo que não houvesse pecado Deus poderia encarnar-se" (III, q. 1, a. 3). Como segunda razão da encarnação, Santo Tomás não deixa jamais de sublinhar a vontade de Deus de elevar o homem à condição divina. Portanto, não somente a reparação do pecado, mas muito mais, a divinização do homem: "*Sic factus est homo ut hominem faceret Deum*" (*Expos. in Symb.*, a. 3, n. 906). Assim Deus realiza o círculo que se iniciara com o *exitus*. "Deste modo cumpre-se a ordem universal da criação, no momento em que o homem, que fora criado por último, retorna ao seu princípio e se reúne mediante a obra da encarnação com o próprio princípio das coisas" (*Comp. Theol.*, I, c. 201, n. 384). Outra razão, a conveniência de o Verbo de Deus que já fala a nós interiormente se tornar visível também exteriormente (*Expos. in Symb.*, a. 3, n. 897). Santo Tomás encontra ainda mais motivos de conveniência, tomando em consideração as três virtudes teologais. "Quanto à fé, que se torna mais certa se acreditarmos no próprio Deus que fala [...]. Quanto à esperança, que na encarnação se eleva ao máximo [...]. Quanto à caridade, que na encarnação encontra o seu maior incentivo" (III, q. 1, a. 2), constata-se o imenso amor que Deus tem pelo homem. O elenco completo dos motivos de conveniência que Santo Tomás enumera seria muito mais longo. No entanto, estes que acabamos de referir já são suficientes para confirmar a "razoabilidade" do que é sem dúvida a máxima, mais inesperada e incompreensível obra de Deus *ad extra*.

b) *As heresias* — Explicada a razão da encarnação, Santo Tomás passa a estudar o *como*, e para isso se defronta com o longo cortejo de heresias que especialmente durante os primeiros quatro séculos infestaram a Igreja: quase todas eram heresias que tentavam explicar o modo da encarnação. Alguns haviam errado reduzindo a parte divina (ebionitas, arianos); outros, empobrecendo a parte humana (gnósticos, maniqueus, apolinaristas); outros ainda, estabelecendo um liame muito tênue entre as duas partes (Nestório); e, enfim, alguns criando um conjunto entre as duas partes, a natureza e a natureza divina (Êutiques). Santo Tomás recupera todos os argumentos já apresentados pelos Padres da Igreja e vai demolindo, uma por uma, as heresias cristológicas. Igualmente o faz nas obras menos eruditas, como a *Exposição sobre o Credo*, onde confuta as heresias de Fotino, Sabélio, Ário, Mani, Valentino, Apolinário, Êutiques, Nestório (cf. aa. 2 e 3, nn. 888-904), e no *Compêndio de Teologia*, no qual se encontra o seguinte elenco (com as respectivas críticas): Fotino, Nestório, Ário, Apolinário, Êutiques, Mani, Valentino (cf. cc. 202-208). O estudo mais aprofundado é o que Santo Tomás realiza em relação às heresias de Êutiques e Nestório, que não negavam nem a humanidade nem divindade do Verbo, mas erravam na explicação da sua união: Êutiques estabelecia uma união substancial entre as duas naturezas; Nestório, por sua vez, concebia uma união acidental entre as duas pessoas, a humana e a divina, logo *a fortiori* entre a natureza humana e a divina.

c) *A doutrina ortodoxa* — A posição ortodoxa recebera a sua conclusiva e solene definição na célebre forma do Concílio de Calcedônia (451), que afirma: "Há um só e o mesmo Cristo, Filho, Senhor, Unigênito, em duas naturezas, sem confusão, sem mudança, sem divisão, sem separação, que concorrem numa só Pessoa e subsistência, não dividido ou separado em duas pessoas". Com essa definição, o Concílio esclarecera a identidade pessoal do Cristo ("uma só pessoa") salvaguardando a distinção das duas naturezas ("em duas naturezas"). Havia assim encontrado uma "via média", entre as duas posições opostas de quem queria o Cristo constituído por duas pessoas (Nestório) e de quem, em vez disso, o queria dotado de uma única natureza (Êutiques).

Santo Tomás, revisitando a definição de Calcedônia e os erros que a tinham motivado, desce às raízes da questão, definindo com exatidão os termos cruciais "natureza" e "pessoa". O primeiro, explica o Angélico, se refere à essência de uma coisa: *"Natura est unumquodque informans specifica differentia"* (*De unione*, a. 1); o segundo se refere à subsistência de um ser dotado de razão ou mesmo de intelecto: *"Persona nihil aliud est quam suppositum rationalis naturae"* (ibid.). Uma vez fixado com precisão o significado dos dois termos, o Doutor Angélico pode proceder na demonstração de que a união entre as duas naturezas, humana e divina, em Cristo não pode ser nem uma união substancial (Êutiques) nem uma união acidental (Nestório), mas deve ser uma *união pessoal*: as duas naturezas estão unidas entre si mediante a Pessoa do Verbo, que, além de possuir por direito a natureza divina, assume por livre vontade a natureza humana. Somente essa explicação da identidade pessoal na distinção entre naturezas é adequada à realidade de Cristo. A identidade da pessoa está implícita no fato de que tudo que o Cristo faz é atribuído ao mesmo sujeito: tanto as ações humanas quanto as ações divinas. Ao passo que a distinção das naturezas (de dois distintos princípios do agir) é requerida pelo fato de que ao mesmo sujeito são conferidas propriedades opostas e conflituosas: humano e divino, mortal e imortal, passível e impassível etc. "É claro, portanto, pelo que foi dito — conclui Santo Tomás —, que se deve dizer, segundo a tradição da fé católica, que em Cristo há uma natureza divina completa e uma natureza humana completa, constituída de uma alma racional e de uma carne humana; e que essas duas naturezas estão unidas em Cristo não apenas por inabitação; nem de modo acidental assim como o homem se une a uma roupa, nem por uma só relação e propriedade pessoal, mas segundo uma única hipóstase e um único supósito. *Apenas deste modo podem-se salvar aquelas coisas que nas Escrituras são transmitidas sobre a Encarnação*. Uma vez que a Sagrada Escritura atribui indistintamente àquele homem o que é de Deus e a Deus o que é daquele homem, como fica claro pelo que foi dito, deve ser único e o mesmo aquele de quem ambas as coisas são ditas. Mas coisas opostas não podem ser ditas verdadeiramente do mesmo sujeito e sob o mesmo aspecto. Ora, como as coisas divinas e humanas que se dizem de Cristo são opostas, por exemplo ter padecido e ser impassível, ter morrido e ser imortal etc., é preciso que as coisas divinas e as coisas humanas sejam predicadas de Cristo de diferentes maneiras. Portanto, quanto ao sujeito do qual ambas as coisas são predicadas não se deve fazer distinção, pois nele se encontra a unidade. Mas deve-se fazer distinção quanto ao modo segundo o qual ambas as coisas se predicam. Assim, as propriedades naturais se predicam de cada um segundo a sua natureza; por exemplo, de uma pedra se predica ser levada para baixo, segundo a natureza da gravidade. Uma vez que as coisas divinas e humanas se predicam de Cristo segundo aspectos distintos, deve-se dizer que em Cristo há duas naturezas não confundidas nem misturadas. Aquilo de quem se predicam as propriedades naturais segundo a própria natureza e que pertence ao gênero da substância é a hipóstase e o supósito daquela natureza. Portanto, porque é indistinto e uno aquilo do qual se predicam as coisas humanas e divinas em Cristo, deve-se dizer que Cristo é uma única hipóstase e um único supósito na natureza humana e divina [...]. E assim [no mistério da Encarnação] *é uma só a pessoa subsistente em duas naturezas*" (C. G., IV, c. 39).

Santo Tomás chega à mesma conclusão mostrando que, enquanto de uma parte é impossível conceber a união ou como acidental ou substancial, é, pelo contrário, possível concebê-la como união pessoal. Não se pode concebê-la como união substancial entre as duas naturezas, porque a natureza divina é perfeitíssima e não é suscetível a acréscimos e integrações (ibid., c. 41); por outro lado, a natureza humana não pode unir-se acidentalmente a outras naturezas (ibid.). Assim, a união deve ser compreendida como união pessoal. Para evidenciar a possibilidade efetiva e a validade dessa solução, Santo Tomás recorre às inesgotáveis fontes da sua filosofia do ser. Uma das grandes aquisições dessa filosofia é que a última perfeição e atuação de uma coisa não é nem a forma, nem a essência, nem a substância, mas o ato de ser (*actus essendi*): uma forma, uma essência, uma substância, uma natureza podem ser completas já em si mesmas e, entretanto, permanecer ainda irrealizadas, não tendo nenhum direito à existência (tal direito diz respeito somente a Deus, onde essência e ser se identificam). E assim se compreende bem como a natureza humana de Cristo, já íntegra e perfeita em si mesma, pode ser privada do ato de ser que normalmente compete ao ser humano, e vem a existir graças a um ato de ser superior, o da segunda Pessoa da Trindade, o Verbo divino. "Sendo a natureza unida ao filho de Deus hipostática ou pessoalmente (*hypostatice vel personaliter*), e não acidentalmente, segue-se que, em razão da natureza humana, não lhe advém um novo ato de existir pessoal, mas apenas uma nova relação do ato de existir preexistente à natureza humana, de sorte que se possa dizer que a Pessoa de Cristo subsiste não somente na natureza divina, mas também na natureza humana" (III, q. 17, a. 2).

Além da profunda explicação filosófica, Santo Tomás procura explicar o mistério da união hipostática recorrendo a várias imagens. "Ainda que não seja possível ao homem explicar perfeitamente este mistério, todavia nos esforçaremos em dar algum esclarecimento, segundo a nossa capacidade e o nosso modo de pensar, para a edificação dos fiéis e a defesa da fé católica contra os infiéis" (*C. G.*, IV, 41, n. 3795). Descartadas como inadequadas as imagens do templo, da casa e da roupa, Santo Tomás propõe a imagem da união da alma com o corpo, não existindo "nas coisas criadas nada de tão semelhante a esta união (hipostática) quanto a união da alma ao corpo" (ibid., n. 3796).

d) *A humanidade, instrumento conjunto* — A relação do corpo com a alma — explica Santo Tomás — pode ser entendida de dois modos: ou como causa material, e, nesse caso, o corpo funciona como matéria da alma (que se torna a forma do corpo), ou como *causa instrumental*, nesse caso o corpo se torna instrumento da alma no desenvolvimento das suas ações. Das duas modalidades, somente a segunda se pode aplicar à união hipostática. Com efeito, a natureza humana não pode servir como matéria em relação à natureza divina, nem essa desenvolve o papel de forma em relação à natureza humana. Em vez disso, o que ocorre é que a natureza humana está unida à natureza divina como instrumento: "A natureza humana em Cristo foi assumida para que operasse instrumentalmente as ações que são próprias somente de Deus (*Humana natura in Christo assumpta est ut instrumentaliter operetur ea quae sunt operationes propriae solius Dei*), como perdoar os pecados, iluminar as mentes com a graça, introduzir os homens na perfeição da vida eterna. Daí que se pode verdadeiramente comparar a natureza humana em Cristo a um instrumento próprio e unido a Deus, como a mão está unida ao homem" (ibid., c. 41, n. 3798). Porém, observa Santo Tomás, dão-se dois tipos de instrumento: unidos e separados, internos e externos. Por exemplo: a mão é um instrumento próprio e unido vitalmente ao corpo, enquanto o machado é um instrumento extrínseco e separado. Na união hipostática a natureza humana serve como instrumento unido da divindade.

Os ganhos do paradigma psicossomático são consideráveis. A imagem alma-corpo permite a Santo Tomás não só estabelecer uma união profunda e estável (como instrumento *unido*) da natureza humana com a natureza divina, mas também esclarecer o papel específico das duas naturezas: à natureza divina compete o papel de causa principal de todo o agir humano de Cristo; enquanto à natureza humana compete o papel de causa instrumental do próprio agir divino do Verbo. Como causa agente instrumental, a natureza humana tem qualidades e prerrogativas próprias; fica assim esclarecida a especificidade do agir humano de Cristo. "A operação de alguma coisa pela sua forma é sua própria operação e só se torna a do agente motor na medida em que este a utiliza para realizar sua própria operação. Por exemplo, esquentar é a operação própria do fogo, mas ela se torna ação do ferreiro na medida em que ele utiliza o fogo para esquentar o ferro. Contudo, a operação que uma coisa possui unicamente quando é movida por outro não é uma operação diferente da do agente que a move; por exemplo, fazer uma cadeira não é uma ação do machado que possa ser separada da operação do artesão. Portanto, sempre que o agente motor e o que é movido possuem formas ou potências operativas diversas, necessariamente a operação própria daquele que move é diferente da operação própria daquele que é movido, embora o que é movido participe da operação do que move e este utilize a operação do que é movido; de tal forma que cada um age em comunhão com o outro. Em Cristo a natureza humana possui uma forma própria e uma potência pelas quais opera; assim também a natureza divina. Por conseguinte, a natureza humana possui uma operação própria distinta da operação divina, e vice-versa (*humana natura habet propriam operationem distinctam ab operatione divina et e converso*). Mas a natureza divina utiliza a operação da natureza humana como operação de seu instrumento; a natureza humana, por sua vez, participa da operação da natureza divina como o instrumento participa da operação do agente principal" (III, q. 19, a. 1).

À especificidade do agir humano devem ser debitadas todas as fraquezas que acompanham seja o corpo seja a alma de Cristo: as necessidades, corporais e culturais, o sono, a fome, o sofrimento, a dor, a tristeza, a morte etc. "Por três razões principalmente foi conveniente que o corpo assumido pelo Filho de Deus estivesse sujeito às enfermidades e deficiências humanas. *Primeiro*, porque o filho de Deus veio ao mundo, tendo assumido a carne, para expiar o pecado do gênero humano. Ora, alguém expia o pecado de outro quando toma sobre si a pena devida àquele pecado. Essas deficiências corporais, como a morte, a fome, a sede e outras, são penas do pecado introduzido no mundo por Adão [...]. *Segundo*, para facilitar a fé na encarnação [...]. *Terceiro*, em razão do exemplo de paciência que nos mostram as deficiências e os sofrimentos humanos, tolerados com fortaleza" (III, q. 14, a. 1). "Sendo a alma forma do corpo, segue-se que é um só o existir da alma e do corpo. Assim, conturbado o corpo por alguma paixão corporal, é necessário que a alma seja conturbada por acidente, ou seja, quanto ao existir que possui no corpo, portanto, como o corpo de Cristo foi sujeito a paixões e mortal, também sua alma necessariamente foi sujeita a paixões dessa maneira" (III, q. 15, a. 4).

e) *A perfeição de Cristo* — A encarnação, "milagre de todos os milagres (*miraculum omnium miraculorum*)" (*III Sent.*, d. 3, q. 2, a. 2, sol.), comporta para Cristo um estado de perfeição singularíssimo: não somente porque a sua natureza é isenta de toda mácula de pecado, mas também principalmente porque é a que recebeu a máxima das graças conjecturáveis, a graça da união hipostática com a divindade; por isso em Cristo houve a *plenitude da graça*. Antes de tudo porque desde o primeiro instante da sua existência ele estava muitíssimo próximo de Deus, princípio da graça, estando unido hipostaticamente a Deus; em seguida porque devia ser o princípio da graça para todos nós; enfim, porque a sua graça se estende a todos os efeitos da graça, tais como os dons, as virtudes e semelhantes. Além disso, a plenitude da graça é própria e exclusiva de Jesus Cristo porque ele a teve na excelência máxima e na máxima extensão dos efeitos que lhe dizem respeito. Em Cristo a *graça da união*, isto é, de estar unido à pessoa do Verbo, é infinita tanto quanto o Verbo, que é Deus, é infinito; por outro lado, a *graça habitual*, se se considera que é limitada a alma de Cristo, deve-se dizer limitada; mas, se se considera a graça em si mesma, essa também é infinita, seja por conter em si tudo que se pode chamar de graça, seja por ser dada sem medida. De modo que a graça de Cristo *não podia crescer* nem por parte de Cristo, pois desde o primeiro instante ele esteve unido à pessoa divina do Verbo e teve a visão beatífica; nem por parte da graça, porque esta foi participada a Cristo do mesmo modo que é participável à natureza humana; Cristo podia, pelo contrário, crescer na graça segundo os efeitos da graça, isto é, fazendo obras sempre mais dignas e sábias (cf. III, q. 7, aa. 9-12).

Aplicando com coerência o princípio da singularíssima perfeição que compete a Jesus Cristo por força da união hipostática, Santo Tomás esclarece que ele, desde o primeiro instante da sua existência, estava em posse não só de todas as virtudes morais (prudência, justiça, fortaleza, temperança etc.), mas também de todas as virtudes intelectivas (ciência, sabedoria, contemplação, visão etc.). O fato de que Cristo possuísse uma ciência infusa não exclui que nele existisse também uma ciência adquirida. Com efeito, com a idade, Cristo cresceu também na *ciência adquirida*, seja acrescentando-a mediante a ação do intelecto agente, que das imagens da fantasia retirava sempre novas intelecções, seja desenvolvendo-a com raciocínios cada vez mais sutis e com obras cada vez mais sábias (III, q. 12. a. 2).

Compete à ordem da perfeição de Cristo, exatamente porque é o mais perfeito de todos os homens, desempenhar o papel de *mediador* entre Deus e a humanidade. Obviamente trata-se de uma função que não lhe compete como Deus, mas como homem. "É da razão do intermediário conservar-se distante dos dois extremos; e, como mediador, realiza a função de unir transmitindo a um dos extremos o que pertence ao outro. Ora, nenhum desses dois aspectos pode convir a Cristo como Deus, mas unicamente como homem, pois, como Deus, não difere do Pai e do Espírito Santo em natureza nem em poder de domínio. Assim também, o Pai e o Espírito nada possuem que não seja do Filho, como se desta maneira pudesse levar aos outros o que é do Pai e do Espírito Santo como se fosse dos outros. Mas ambos os aspectos convêm a Cristo como homem. De fato, como homem, Cristo dista de Deus pela natureza e dos homens pela dignidade da graça e da glória. Além do mais, é como homem que cabe a Cristo unir os homens a Deus, manifestando-lhes os preceitos e os dons de Deus, e satisfazendo e pedindo a Deus pelos homens (*praecepta et dona hominibus exhibendo, et pro hominibus ad Deum satisfaciendo et interperllando*). Portanto é com toda verdade que Cristo é chamado mediador como homem" (III, q. 26, a. 2).

A Jesus Cristo, sempre como homem, compete também o papel de *sacerdote*: trata-se de um sacerdote extraordinário porque desempenha ao mesmo tempo seja a função de sacrificador seja a de sacrificado, a um só tempo sacerdote e vítima (III, q. 22, a. 2).

5. Nascimento e infância de Cristo

Concluída, pelo amplo e profundo estudo do mistério da encarnação, a apresentação da pessoa de Jesus Cristo, com seus dotes, qualificações e singularíssimas funções — ele é o Deus feito carne, o salvador da humanidade, o mediador e o sumo sacerdote —, Santo Tomás passa ao estudo da sua vida sobre a terra, a partir do seu nascimento da Virgem Maria até sua subida ao céu.

A Cristo, singular na sua pessoa e nas suas naturezas, humana e divina, não poderia estar reservado senão um nascimento singular: por isso era preciso que fossem virginais tanto a sua concepção quanto o seu parto. Singular o Filho, também a Mãe devia ser singular. Por essa razão, com a graça — única — da maternidade do Filho de Deus, Maria recebeu a graça da purificação de todo pecado. Segundo Santo Tomás, esse dom não lhe foi concedido no momento de sua concepção, mas depois da animação, pois, "se a alma da Bem-aventurada Virgem jamais fosse manchada pela transmissão do pecado original, seria uma diminuição da dignidade do Cristo, que é o Salvador universal de todos. Por isso a pureza da Bem-aventurada Virgem foi a maior de todas, abaixo de Cristo, que não tinha necessidade de ser salvo por ser o salvador universal. Porque Cristo não contraiu, de modo algum, o pecado original, mas foi santo em sua própria concepção, como diz o evangelho de Lucas (1,35): 'O que nascer de ti será santo, e será chamado Filho de Deus'. A Bem-aventurada Virgem, porém, contraiu o pecado, mas foi purificada dele antes de nascer do seio materno" (III, q. 27, a. 2, ad 2).

Toda a grandeza de Maria está no dom da maternidade do Cristo, que sendo o Filho de Deus justifica a designação a Maria do título "mãe de Deus". De fato, observa Santo Tomás, "ser concebido e nascer é algo que se atribui à pessoa ou hipóstase (*concipi autem et nasci personae attribuitur*) em virtude da natureza na qual é concebida e nasce. Ora, a natureza humana foi assumida pela pessoa divina no início da concepção. Por conseguinte, pode-se dizer com toda verdade que Deus foi concebido e nasceu da Virgem, portanto, a razão pela qual uma mulher é mãe de alguém é por tê-lo concebido e gerado. Donde se segue que a Bem-aventurada Virgem pode ser chamada com propriedade a mãe de Deus" (III, q. 35, a. 4).

Servindo-se constantemente do inquestionável princípio da unicidade da pessoa de Cristo, Santo Tomás refuta o erro em que caíram muitos pensadores cristãos dos primeiros séculos, os quais falavam de uma dupla filiação de Cristo: uma filiação eterna do Verbo em relação ao Pai e uma filiação no tempo em relação a Maria. Era também um erro de Nestório. Santo Tomás mostra que essa tese é inadmissível, porque a geração tem como termo a pessoa. Portanto, se houvesse duas gerações, uma humana e outra divina, seria necessário falar de duas pessoas, como ensinou Nestório. A geração é uma só, a divina: do Verbo do Pai. A geração da natureza humana por parte de Maria não é geração da pessoa de Cristo, mas de uma natureza que foi assumida pelo Verbo, e por isso Maria é chamada mãe de Deus. "Deve-se considerar que o sujeito da filiação não é a natureza ou uma parte sua; com efeito, não dizemos que a natureza humana é filha ou que seja a cabeça ou o olho. Ora, em Cristo nós colocamos somente *um* supósito, *uma* hipóstase, *uma* pessoa, que é o supósito eterno, em que não se dá nenhuma relação real com a criatura. Segue-se daí que a filiação graças à qual Cristo se reporta à mãe é uma relação de razão, e isso não o impede de ser realmente filho da Virgem (*filiatio qua Christus refertur ad matrem, est respectus rationis tantum; nec propter hoc sequitur quod non sit realiter filius Virginis*). Efetivamente, como Deus é realmente Senhor (*Dominus*) por causa da potência real com que envolve as criaturas; de modo semelhante Cristo é realmente filho da Virgem, por causa da real natureza que recebe da mãe. Se, ao contrário, em Cristo houvesse mais supósitos, seria necessário atribuir-lhe duas filiações. O que reputo ser um erro, inclusive já condenado pelos Concílios. Portanto, afirmo que em Cristo há somente *uma* relação real, a que o liga ao Pai" (*Quodl.* I, q. 2, a. 2).

Em conformidade com as prescrições da lei mosaica, também Jesus se submeteu à *circuncisão*, e Santo Tomás indica as várias razões de conveniência a favor desse rito: Cristo sofreu a circuncisão para mostrar que tinha um corpo verdadeiro; para aprovar o rito; para provar a sua descendência de Abraão; para não mostrar-se detestável aos judeus; para dar-nos o exemplo de obediência à lei: e para libertar os fiéis do peso imposto pela lei (III, q. 37, a. 1).

Antes de começar a vida pública, Cristo também quis compartilhar com os seres humanos a amarga experiência de ser atacado pelas *tentações*. Também para esse acontecimento Santo Tomás procura os motivos de conveniência: era conveniente que Cristo fosse tentado para acautelar-nos que ninguém, ainda que justo, está isento de tentações, para ensinar-nos o modo de vencê-las e para nos exercitar na confiança (III, q. 41, a. 1).

6. A vida pública

Da vida pública de Cristo, Santo Tomás estuda separadamente a doutrina e os milagres a fim de evidenciar a beleza e a excelência da primeira, e o poder e bondade dos segundos. O ensino de Jesus foi público e não oculto, uma vez que ele não era ciumento da sua ciência, suas doutrinas eram todas honestas para serem transmitidas; ele ensinava sempre às multidões ou aos apóstolos, mas em comum, e se por vezes fez uso de parábolas foi porque apresentavam os mistérios espirituais numa forma literária adequada aos ouvintes (III, q. 42, a. 3). Os milagres confirmam a verdade daquilo que alguém ensina. Os milagres de Jesus tinham o escopo de confirmar a bondade da sua doutrina, por isso foi conveniente que esperasse para fazê-los a partir de quando começou a ensinar. Seus milagres comprovaram suficientemente a sua divindade, seja porque eram obras que transcendiam o poder humano, seja porque ele os realizava em nome próprio, com autoridade, seja porque ele próprio os citava como prova da sua divindade (III, q. 43, aa. 3-4).

7. A paixão

"Que Cristo morreu por nós, essa verdade é tão difícil que a nossa inteligência pode apenas apreendê-la, mas, de modo algum, por si mesma descobri-la (*Quod Christus pro nobis est mortuus, ita est arduum quod vix po-*

test intellectus noster capere, immo nullo modo cadit in intellectu nostro)" (*Expos. in Symb.*, a. 4, n. 910).

A paixão é o segundo grande mistério sobre o qual Santo Tomás concentra apaixonadamente sua atenção. No primeiro grande mistério — a encarnação — ele considera principalmente o fascínio da inatingível grandeza especulativa (como entender e explicar o milagre da união hipostática, a união entre duas naturezas tão abissalmente distantes entre si como a natureza humana e a natureza divina?). Agora — na paixão — ele se sente estremecido e traspassado tanto pela imensurável bondade de Deus, pelos indizíveis sofrimentos que o seu Filho quis padecer por nós, quanto pela maldade do delito perpetrado pela humanidade. Santo Tomás jamais se esquece que a encarnação é a causa da nossa salvação; é para nossa salvação que "o Verbo de Deus se fez carne", sendo que salvação poderia se efetuar sem a paixão. Entretanto ele leva em consideração o fato inegável de que a salvação se realizou desse modo terrível e incompreensível (*nullo modo cadit in intellectu nostro*). Assim, para o Angélico a paixão tornou-se o mistério central e principal da nossa salvação. Todos os meios da nossa salvação brotam do lado ferido de Cristo: a Igreja, os sacramentos, as virtudes, os dons, as indulgências etc. Por isso, não é por razões românticas que Santo Tomás não se cansa jamais de falar da paixão de Cristo: ele o faz por motivos excelentemente teológicos. Graças ao primado que ocupa o mistério da cruz e da paixão na sua teologia, ela pode ser corretamente chamada de *teologia da paixão de Cristo* e sua cristologia merece o título de *cristologia estaurológica* ou *estaurocêntrica* [do grego *stauros* = cruz].

O estudo da paixão, assim como o da encarnação, é enfocado a partir de duas interrogações. Na encarnação as interrogações eram: "*por quê?*" (as razões da encarnação) e "*como?*"; agora as interrogações são: "*quem padeceu?*" e "*por que padeceu?*".

A resposta à primeira interrogação — *quem padeceu?* — está já implícita na doutrina da união hipostática. Obviamente o sujeito imediato da paixão é a natureza humana, pois somente a natureza humana pode ser condenada, torturada, flagelada, ultrajada, crucificada. Mas o sujeito último, isto é, a *pessoa* que sofre a paixão é o Verbo divino, pois a pessoa de Jesus é a segunda Pessoa da Trindade. "Como já dissemos, a união das naturezas humana e divina foi feita na pessoa, na hipóstase, no supósito, permanecendo, porém, a distinção das naturezas. Ou seja, é a mesma pessoa e hipóstase das naturezas divina e humana, permanecendo, porém, as propriedades de ambas as naturezas. Portanto, como acima dito, a paixão deve ser atribuída ao supósito da natureza divina, não em razão da natureza divina, que é impassível, mas em razão da natureza humana. Por isso, diz Cirilo: 'Se alguém não confessar que o Verbo de Deus sofreu na carne e foi crucificado na carne, que seja anátema'. Portanto, a paixão de Cristo é própria do supósito da natureza divina, em razão da natureza passível que foi assumida; mas não em razão da natureza divina, que é impassível" (III, q. 46, a. 12). Na *Exposição sobre o Credo*, o Doutor Angélico ilustra esta doutrina com três exemplos: "*Hoc patet per tria exempla*". O primeiro exemplo encontramos em nós mesmos. Sabe-se que, quando um homem morre, na separação que há entre a alma e o corpo, a alma não morre, mas somente o corpo, a carne. Assim "também na morte de Cristo não morreu a divindade, mas a natureza humana" (*Exposição sobre o Credo*, a. 4, n. 911). O segundo exemplo é tirado da veste real. Se alguém sujasse as vestes usadas pelo rei, ofenderia o próprio rei: "Assim também os judeus. Como não puderam matar Deus, matando a natureza humana assumida por Cristo eles mereceram severa punição, como se tivessem assassinado a própria divindade" (ibid., n. 912). O terceiro exemplo é tirado dos costumes diplomáticos. Se alguém rasga a carta do soberano, comete um delito contra o próprio soberano. "Ora, o Verbo de Deus Encarnado é como a carta do soberano escrita sobre papel [...] Por isso os judeus pecaram tão gravemente como se tivessem matado o Verbo de Deus" (ibid.).

A resposta à segunda questão — *por que padeceu?* — é dada por Santo Tomás enumerando uma longa série de motivos de conveniência, e a conveniência diz respeito a todos os aspectos e momentos da paixão. Todavia, todas as razões podem ser resumidas a duas: Cristo padeceu antes de tudo para reparar nossas culpas; em segundo lugar para dar aos homens, principalmente àqueles que sofrem, um bom exemplo. Limitemo-nos apenas a duas citações, uma para a satisfação e outra para o bom exemplo. Primeiramente, "a redenção do ser humano mediante a paixão de Cristo era conforme (*conveniens*) seja à misericórdia, seja à justiça de Deus. À justiça porque, por sua paixão, Cristo deu satisfação pelo pecado do gênero humano e assim o homem, pela justiça de Cristo, foi libertado. À misericórdia porque, não podendo o homem, com suas forças, dar satisfação pelo pecado de toda a natureza humana, como se disse acima, Deus lhe deu seu Filho para cumprir essa satisfação [...]. O que se tornou uma misericórdia mais abundante do que se tivesse perdoado os pecados sem satisfação" (III, q. 46, a. 1, ad 3). Em segundo lugar: "O fato de o homem ter sido libertado pela paixão de Cristo teve muitas consequências apropriadas à sua salvação, além da libertação do pecado. Primeiro, o homem conhece, por esse fato, quanto Deus o ama, sendo assim incentivado a amá-lo também, e é aí que está a perfeição da salvação humana [...]. Segundo, deu-nos exemplo de obediência, de humildade, de constância, de justiça e das demais virtudes que demonstrou na paixão de Cristo, necessárias todas para a salvação humana" (ibid., a. 3; cf. *Exposição sobre o Credo*, a. 4, nn. 913-924).

Os efeitos da paixão de Cristo foram prodigiosos. Santo Tomás os ilustra brilhantemente na questão 49 da *Tertia Pars* da *Summa*. Com a sua paixão Cristo nos libertou dos pecados, pagando o preço da nossa escravidão ao pecado, expulsando o pecado pelo poder divino, do qual a paixão era instrumento. Libertou-nos do poder do diabo, libertou-nos da pena devida aos pecados seja diretamente, isto é, satisfazendo-os por nós, seja também indiretamente, isto é, extirpando a própria raiz do pecado. Mediante a paixão, Cristo ainda nos reconciliou com Deus, removendo o pecado que nos torna inimigos de Deus, aplacando a ira divina com o seu sacrifício. Enfim, com a paixão de Cristo abriram-se para nós as portas do céu, porque libertou-nos da culpa e da pena do pecado que no-las mantinham fechadas (III, q. 49, aa. 1-5).

8. Descida à mansão dos mortos

Em todos os seus tratados de cristologia, mesmo nos mais sintéticos (como a *Exposição sobre o Credo*), Santo Tomás dedica sempre amplo espaço à descida ao inferno [= mansão dos mortos]. Isso significa que para o Doutor de Aquino este não é de modo algum um evento secundário, como para os teólogos modernos, mas sim um evento de capital importância, a ponto de constituir um capítulo à parte da sua cristologia, como a encarnação, a paixão, a ressurreição e a ascensão.

Notamos, antes de tudo, que Santo Tomás fala explicitamente da descida ao inferno e pouquíssimas vezes da descida ao limbo, e quando o faz esclarece que "localmente" o limbo faz parte do inferno, se bem que se encontre situado na sua periferia (cf. *Suppl.*, q. 69, a. 5). Em segundo lugar, Santo Tomás não concebe o limbo (inferno) como um lugar de felicidade, mas de sofrimento, ainda que não se trate dos mesmos sofrimentos que padecem os que foram condenados à danação eterna (ibid.). Em terceiro lugar, é interessante notar que a primeira razão que ele apresenta para a descida da alma de Jesus ao inferno (limbo) é seu desejo de compartilhar até o fim os efeitos do pecado: "*Prima ratio, ut sustineret totam poenam peccati, ut sic totam culpam expiaret* [Para que suportasse toda a pena do pecado, e, assim, expiasse toda a culpa (N. do T.)]" (*Expos. in Symb.*, a. 5, n. 926). "Para Cristo carregar sobre si toda a punição devida aos pecadores, quis não somente morrer, mas também descer com a alma aos infernos (*secundum animam in infernum descendere*)" (ibid.). As outras razões que justificam a descida de Jesus Cristo ao inferno (limbo) são: derrotar o demônio dentro de seu próprio território, "*ut perfecte de diabolo triumpharet*" ["e ter uma vitória perfeita contra o diabo"] (*Expos. in Symb.*, a. 5, n. 928); libertar os justos que, por causa do pecado original, estavam relegados ao inferno (limbo) e conduzi-los consigo no seu Reino: "*Ut liberaret sanctos qui erant in inferno*" (*Expos. in Symb.*, a. 5, n. 929).

9. A Ressurreição

Santo Tomás não sente nenhuma necessidade de verificar a historicidade do evento da ressurreição. Por outro lado, tratando-se de um mistério-chave da fé cristã, essa dúvida não pode nem mesmo passar pela mente do teólogo. Também aqui a única preocupação do Doutor Angélico é compreender o *porquê* e o *como*.

Quanto ao *porquê*, Santo Tomás apresenta cinco razões: "Por cinco motivos, houve necessidade de Cristo ressurgir. Primeiro, para louvor da divina justiça, à qual é próprio exaltar aqueles que se humilham por causa de Deus [...]. Segundo, para instrução da nossa fé. É que pela ressurreição dele foi confirmada nossa fé sobre a divindade de Cristo [...]. Terceiro, para levantar nossa esperança, pois, ao vermos Cristo, nossa cabeça, ressuscitar, temos esperança de que também nós ressuscitaremos [...]. Quarto, para dar forma à vida dos fiéis, segundo o que diz a Carta aos Romanos (6,4): 'Assim como Cristo ressuscitou dos mortos pela glória do Pai, também nós levemos uma vida nova'. Quinto, para aperfeiçoamento de nossa salvação. Assim como, por esse motivo, suportou incômodos morrendo, para nos livrar dos males, também foi glorificado ressurgindo, para nos fazer avançar no bem" (III, q. 53, a. 1).

Quanto ao *como*, a ressurreição de Cristo difere essencialmente de todas as outras ressurreições. De fato, enquanto nos outros casos a ressurreição é causada por terceiros, na ressurreição de Jesus o autor é o próprio Cristo. É o Verbo de Deus que retoma seu corpo e o restitui à sua alma. "Portanto, conforme o poder da união com a divindade, o corpo reassumiu a alma que deixara, e a alma reassumiu o corpo que largara" (ibid., a. 4).

O Verbo de Deus operou primeiramente a ressurreição do corpo que lhe estava naturalmente unido e por isso mais próximo, porque a ressurreição de Cristo deveria ser a causa da ressurreição dos nossos corpos, causa eficiente não principal, mas instrumental, e causa exemplar: causa eficiente e exemplar da ressurreição não só dos corpos, mas também das almas, a fim de que, como os corpos vivem pela alma, assim as almas vivam pela graça. (III, q. 56, aa. 1-2).

10. Ascensão ao céu

A vida terrena de Cristo se conclui com um último, significativo e misterioso evento: a subida ao céu. Como esclarece Santo Tomás, trata-se de um evento que não diz respeito à divindade, mas somente à humanidade de Cristo. De fato, subir ao céu deixando a terra, Cristo o podia fazer como homem, não como Deus, que está em toda parte; mas subir da terra ao céu ele o podia *pela virtude divina* e não pela virtude humana. Na ascensão, portanto, a nova condição é da natureza humana e a causalidade eficiente da natureza divina. Jesus Cristo subiu ao céu pela própria virtude, e exatamente primeiro pela virtude divina, e depois pela virtude da alma glorificada pela união com o Verbo; e não, porém, pela virtude natural da alma humana. A ascensão de Cristo é causa para nós de salvação: por ela, de fato, nossa alma é atraída para o céu. Ela é útil para a nossa fé, que tem por objeto as realidades invisíveis; é útil à nossa esperança, porque, "pelo fato de Cristo ter elevado ao céu sua natureza humana assumida, deu-nos a esperança de lá chegarmos" (III, q. 57, a. 1, ad 2); enfim, é útil também para nossa caridade, porque a ascensão acende em nosso coração o amor pelas coisas celestes. De fato, diz o Apóstolo: "Procurai o que está no alto, lá onde se encontra Cristo, sentado à direita de Deus; aspirai às coisas de cima, não às da terra" (Cl 3,1-2)" (III, q. 57, a. 1, ad 3).

Assim, com a ascensão de Cristo ao céu se completa o grande círculo: conclui-se, na forma de primícias, o *reditus*, de toda a criação ao seu Criador.

11. Jesus, cabeça da Igreja

Não se pode fazer um discurso completo sobre Jesus sem falar das suas relações com a Igreja, o grande *corpo místico* que tem origem nele. Antes de deixar este mundo, Jesus ordenou aos seus discípulos de ir por todo o mundo para pregar o seu evangelho a todos os homens, batizando-os em nome do Pai, do Filho e do Espírito Santo (cf. Mt 28,19). A essa ordem está ligada a instituição da Igreja. Por isso, normalmente, os cristólogos enxertam o discurso das relações de Jesus com a instituição da Igreja nesse ponto. Santo Tomás não o faz. Ele não dedica nenhum tratado explícito nem à fundação da Igreja, nem ao estudo de sua natureza e das suas funções. Há somente um ponto da *Suma Teológica* no qual Santo Tomás trata da Igreja: é a questão 8 da *Terceira Parte*, dedicada a "Cristo, cabeça da Igreja". Essa colocação pode parecer um tanto estranha para nós, mas se justifica pelo fato de a Igreja ser vista como expansão da *graça de Cristo*. Por esse motivo ela é estudada no contexto da graça de Cristo. Nela, explica Santo Tomás, se deu a plenitude da graça, e isso por dois motivos: primeiro, porque "a alma de Cristo, que está unida a Deus mais proximamente do que qualquer criatura racional, recebe em grau máximo a influência de sua graça. Segundo, mostra-se por sua comparação ao efeito. A alma de Cristo recebia de tal modo a graça que ela, de alguma maneira, podia transfundir-se nos outros. Era, pois, necessário que possuísse a graça em grau máximo, assim como o fogo, que é causa do calor nos outros objetos, é quente em grau máximo" (III, q. 7, a. 9).

Assim, como se pode ver, Santo Tomás não examina as relações de Jesus com a Igreja do ponto de vista histórico, mas simplesmente do ponto de vista teológico, ontológico e místico. Seu estudo vê antes de tudo a Igreja como efeito da encarnação: é a continuação da efusão da graça de Cristo na humanidade; praticamente é a continuação da encarnação. Sucessivamente, depois de situar que a salvação da humanidade não se cumpre na encarnação, mas sim na paixão, Santo Tomás dá um caráter estaurológico também à origem da Igreja: essa se torna, então, o fruto mais eminente da paixão e morte de Cristo. A Igreja vem à luz através da abertura do costado ferido do Cristo. A Igreja é sempre a humanidade sobre a qual se derramou a graça de Cristo, mas isso ocorreu por meio de sua paixão e morte e não simplesmente mediante sua encarnação.

12. Cristo pedagogo

Uma preocupação constante de Santo Tomás no estudo dos mistérios de Cristo, que vem imediatamente depois da preocupação especulativa, é aquela de evidenciar seu valor pedagógico. Santo Tomás jamais faz especulação abstrata, mas a integra sempre com reflexões que põem em relevo o significado dos mistérios para a vida do cristão: aí descobre sempre uma confirmação da fé, um incremento da esperança, um estímulo da caridade. Houve como perceber essa solicitude do Doutor Angélico no estudo de todos os principais mistérios de Cristo. Entre os motivos de conveniência da encarnação, da paixão, da ressurreição, da ascensão, há sempre motivos de ordem pedagógica. Mas há uma obra, a *Exposição sobre o Credo*, na qual isso se faz com uma clareza e sistemática extraordinárias. De cada mistério particular primeiro é exposto o aspecto ontológico, e logo depois o aspecto pedagógico. São páginas estupendas, de uma intensidade espiritual extraordinária: o conhecimento do Cristo se torna um chamariz fortíssimo para segui-lo.

A alma aprende da encarnação novas verdades que a corroboram na fé, "muitos mistérios da fé, que antes estavam velados, nos foram revelados após o advento de Cristo [...]. Em segundo lugar, para elevação da nossa esperança. Sabemos que o Filho de Deus, não sem elevado motivo, veio a nós assumindo a nossa carne, mas, para grande utilidade nossa [...], assumiu um corpo animado, e dignou-se nascer da Virgem para nos entregar a sua divindade; fez-se homem, para fazer o homem Deus (*sic factus est homo, ut hominem faceret Deum*)". Por fim, por isso "nossa caridade seja mais fervorosa. Nenhum indício é mais evidente da caridade divina que o de Deus, criador de todas as coisas, fazer-se criatura; o do Senhor nosso, fazer-se nosso irmão; o do Filho de Deus, fazer-se filho do homem" (*Expos. in Symb.*, a. 3, nn. 905-907).

Sobre a função "exemplar" da paixão já se falou acima, na exposição do pensamento de Santo Tomás sobre este mistério. Mas, merecem ser referidas, ao menos em parte, as belíssimas considerações que desenvolve o Doutor Angélico na *Exposição sobre o Credo*. Depois de ter evidenciado o valor da paixão como *remédio* do pecado, Santo Tomás diz que seu valor como exemplo (*quantum ad exemplum*) não é de modo algum inferior (*non minor est utilitas*). "A Paixão de Cristo é suficiente para ser o modelo (*ad informandum totaliter*) de toda a nossa vida. Quem quer que queira ser perfeito na vida, nada mais é necessário fazer senão desprezar o que Cristo desprezou na cruz, e desejar o que nela ele desejou. Nenhum exemplo de virtude deixa de estar presente na cruz [...]. Se procuras na cruz um exemplo de paciência, nela encontrarás uma imensa paciência (*excellentissima*) [...]. Se desejares ver na cruz um exemplo de humildade, basta-te olhar para o crucifixo [...]. Se queres na cruz um exemplo de obediência, segue àquele que se fez obediente ao Pai, até à morte [...]. Se na cruz estás procurando um exemplo de desprezo das coisas terrenas, segue àquele que é o Rei e o Senhor dos Senhores, no qual estão os tesouros da sabedoria, mas que na cruz aparece nu, ridicularizado, escarrado, flagelado, coroado de espinhos, na sede saciado com fel e vinagre, e morto" (ibid., a. 4, nn. 919-924 — *Exposição sobre o Credo*).

Assim, na cristologia de Santo Tomás, Jesus Cristo se torna realmente para o fiel o caminho, a verdade e a vida: um caminho árduo, mas seguro, uma verdade sublime, mas certa, uma vida íntima, mas altamente fecunda. E, por sua parte, o fiel como membro do corpo de Cristo já compartilha desde agora a sua encarnação, a sua paixão e a sua descida aos infernos; mas, em seguida, depois da vida presente, com todas as suas cruzes e suas tribulações, está destinado a seguir o seu Chefe no seu Reino para participar da sua glória e da sua felicidade.

(Cf. Cristologia, Igreja, Maria, Trindade, Verbo)

[Tradução: M. Couto]

Cristologia

Segundo a definição etimológica (do grego *Christos* = Cristo e *logos* = estudo), é aquela parte fundamental da teologia que é reservada ao estudo de Cristo. Cultivada desde sempre, a ponto de a teologia do NT poder identificar a presença de várias direções cristológicas já nos autores dos quatro Evangelhos, a cristologia realizou as máximas aquisições nos primeiros quatro séculos, com a elaboração das doutrinas fundamentais referentes à pessoa e à obra de Cristo, e a suas relações com o Pai e com o Espírito, como também com a Igreja. Essa análise teológica atinge sua maturidade com a célebre definição do Concílio de Calcedônia (451), que afirma: "Há um só e o mesmo Cristo, Filho, Senhor, Unigênito, reconhecido em duas naturezas sem confusão, sem mudança, sem divisão, sem separação [...] concorrendo numa só Pessoa e numa só hipóstase; não dividido ou separado em duas pessoas".

O trabalho cristológico foi retomado pela grande Escolástica, mas agora se tratava simplesmente de um trabalho de sistematização e aprofundamento da doutrina já solidamente estabelecida pelos Padres e pelo Magistério eclesiástico. A produção que Santo Tomás nos deixou em cristologia é imponente (cf. Cristo); mas a elaboração mais profunda e completa ele nos deixou na *Suma Teológica* (*Terceira Parte*), onde dedica ao estudo desse tema 59 questões, assim distribuídas: 1-26: sobre a encarnação; 27-45: sobre a vida de Cristo; 46-51: sobre a paixão; 52: sobre a descida aos infernos; 53-56: sobre a ressurreição;

57: sobre a ascensão; 58-59: sobre a glorificação e sobre o poder judiciário de Cristo.

Santo Tomás constrói todo o seu imponente edifício cristológico sobre dois princípios basilares: o mistério da paixão de Cristo, que funciona como princípio arquitetônico; e a gramática conceitual de Aristóteles, integrada por algumas contribuições pessoais de Santo Tomás (em particular o conceito intensivo de ser, concebido como *actus omnium actuum*), que funciona como princípio hermenêutico. Assim, graças ao instrumento hermenêutico, as formulações rigorosas dos mistérios exibidos por Santo Tomás se revestem de conceitos típicos da filosofia aristotélica, isto é, conceitos como causa material, formal, eficiente, final, causa principal e causa instrumental (conceito-chave na obra salvífica), ato e potência, essência e ato de ser (e o *actus essendi* serve a Santo Tomás para esclarecer melhor aquilo que seus predecessores e contemporâneos conseguiram realizar sobre o mistério da única pessoa do Cristo e da sua união, pessoal, com a natureza humana), substância e acidentes etc.

Em vez disso, graças à constante atenção que Santo Tomás reserva à paixão, pela qual se vê toda a obra salvífica de Cristo jorrar pelo lado ferido do Cristo (a Igreja, os sacramentos, os ofícios messiânicos, as indulgências etc.), pode-se dizer que a cristologia de Santo Tomás é essencialmente uma cristologia "estaurocêntrica" e "estaurológica": a cruz é o centro e portanto, também, o ponto de referência de todo o estudo cristológico de Santo Tomás.

Mas há outra observação importante, e indubitavelmente surpreendente para quem não conhece Santo Tomás: é a atenção contínua e intensa que ele reserva ao valor pedagógico e à função existencial dos mistérios de Cristo. Ele os estuda sempre não apenas em si mesmos, como causa eficiente da nossa salvação, mas também, em relação a nós, como causa exemplar. Todos os mistérios se tornam exemplos, modelos nos quais o cristão deve se inspirar, para nutrir a própria fé, para reforçar a própria esperança, para fazer crescer a própria caridade (o amor para com Deus e para com o próximo). Os mistérios não são nunca vistos por Santo Tomás como simples lugares de salvação, que operam quase automaticamente a redenção da humanidade; mas são sempre considerados também em seu fascínio e em sua eficácia pedagógica. São mistérios que induzem o fiel a tornar-se autêntico discípulo de Cristo, que não se contenta em admirar a palavra do divino mestre, mas quer também imitar seu exemplo. "Por esse seu equilíbrio e realismo de fundo, pela correspondência recíproca entre 'cristologia' e 'soteriologia', entre encarnação e evento pascal, entre aprofundamento ontológico e sua explicitação existencial, a reflexão de Santo Tomás representa para a teologia católica um ponto de referência ineludível" (A. Amato).

(Cf. CRISTO)

[Tradução: M. Couto]

Criteriologia cf. Crítica

Crítica

Disciplina filosófica que tem como objeto a natureza, a possibilidade e o valor do conhecimento humano, em particular a sua atitude para atingir com *certeza* a *verdade*. Quando o estudo se detém sobre o *conhecimento em geral*, recebe o nome de *gnoseologia*; quando se detém sobre a *ciência* se chama *epistemologia*; quando se concentra na busca de um critério para distinguir o verdadeiro do falso se diz *criteriologia*. A essa parte da filosofia na divisão clássica dos tratados se dava o nome de *lógica maior*.

Embora a crítica tenha se constituído como disciplina autônoma somente durante a época moderna, depois que Descartes colocou o problema preliminar e ineludível de qualquer construção filosófica, de fato a instância crítica era bem viva e urgente mesmo na filosofia clássica: a sofística foi a consequência de uma solução errada do problema crítico. Muitos diálogos de Platão (*Protágoras, Górgias, Teeteto, Fedro*) são dedicados ao problema crítico. Aristóteles dedica um livro inteiro (o IV) da *Metafísica* para a verificação dos primeiros princípios do conhecimento, em particular do princípio de não contradição. Santo Agostinho argutamente percebeu o problema do conhecimento e sobre isso nos deixou uma de suas obras filosóficas mais profundas, o *Contra acadêmicos*.

O problema crítico é percebido também por Santo Tomás, que, em seu *Comentário à Metafísica*, o enfrenta com grande empenho fazendo ver que o *princípio de não contradição* resulta certo e incontestável. Ocasionalmente Santo Tomás estuda também os outros problemas principais da crítica: o problema do erro, o problema da certeza e da verdade, o problema dos universais, o problema da evidência e da intencionalidade. Para todos esses Santo Tomás propõe soluções de um equilibrado realismo que salvaguarda ao mesmo tempo os direitos da experiência sensitiva, como base constante de todo o conhecer humano, e os direitos do conhecimento intelectivo, o único capaz de haurir da certeza, da verdade e da objetividade com a condição de prestar atenção à pressa, à superficialidade, aos preconceitos e às paixões.

(Cf. Conhecimento, Contradição, Dúvida, Erro, Evidência, Gnoseologia, Intencionalidade, Princípio, Verdade)

[Tradução: M. Couto]

Crueldade

É o vício oposto à virtude da clemência.

Enquanto "a clemência implica certa doçura e suavidade de ânimo, que levam o homem a minorar as penas", "a crueldade se opõe, diretamente, à clemência" (II-II, q. 159, a. 1). A crueldade difere da *ferocidade* como a malícia humana difere da bestialidade (ibid., a. 2). A crueldade não é admissível nem mesmo contra os animais, ainda que ao homem seja lícito matá-los para o próprio sustento (cf. II-II, q. 64, a. 1). Santo Tomás sustenta que também as criaturas irracionais devem ser amadas com amor de caridade, "enquanto são bens a serem conservados para honra de Deus e utilidade dos homens" (II-II, q. 25, a. 3)

[Tradução: M. Couto]

Cruz (de Cristo, culto)

A cristologia de Santo Tomás é especificamente *estaurocêntrica* e *estaurológica* (cf. Cristologia). A cruz de Cristo, sua paixão e morte mediante esse suplício horrendo, constituem o ponto focal de toda a reflexão cristológica do Doutor Angélico. Por outro lado, uma cristologia eminente e primariamente *soteriológica* como a do Doutor Angélico não poderia deixar de dar o máximo realce a esse mistério de Cristo, a cruz e a paixão, em que nossa salvação atingiu seu cumprimento definitivo.

Num artigo da *Suma* (III, q. 46, a. 4) intitulado *Utrum Christus debuerit pati in cruce* (Cristo deveria sofrer na cruz?), Santo Tomás faz ver que era sumamente conveniente que o Cristo imolasse a si mesmo, como vítima inocente, sobre o altar da cruz, e isso, por sete razões: "1) Foi muitíssimo conveniente ter Cristo sofrido a morte numa cruz. Primeiro, como um exemplo de virtude [...]. 2) Porque esse tipo de morte era de máxima conveniência para satisfazer o pecado de nosso primeiro pai, pecado que consistiu em ter ele comido o fruto da árvore proibida, contrariando a ordem de Deus [...]. 3) Porque, como diz Crisóstomo: 'Sofreu no alto do madeiro e não dentro de casa a fim de purificar até mesmo a natureza do ar' [...]. 4) Porque, por ter morrido no alto da cruz, prepara-nos a subida ao céu, como diz Crisóstomo [...]. 5) Porque essa morte é adequada à completa salvação do mundo inteiro. Por isso, diz Gregório de Nissa: 'A representação da cruz, que se estende por quatro extremidades a partir de um ponto de união central, significa o universal poder e providência daquele que nela está pendente' [...]. 6) Porque, por esse tipo de morte, designam-se várias virtudes [...]. 7) Porque esse gênero de morte corresponde a muitas figuras (do AT). Como diz Agostinho: 'Uma arca de madeira salvou o gênero humano do dilúvio das águas; ao se afastar o povo de Deus do Egito, Moisés dividiu o mar com o bastão' [...]" (III, q. 46, a. 4).

Graças à sua atenção estaurológica, Santo Tomás pôde identificar o culto de Cristo com o da cruz. Eis a razão: "O homem não deve nem submissão, nem honra à criatura irracional considerada em si mesma: pelo contrário, é a criatura irracional que é naturalmente sujeita ao homem. Quando se presta honra à Cruz de Cristo, esta honra é a mesma que se presta ao Cristo, assim como a púrpura real recebe as mesmas honras que o rei, segundo o Damasceno" (II-II, q. 103, a. 4, ad 3). Portanto, também à cruz se deve um *culto de latria* (III, q. 25, a. 4).

(Cf. CRISTO, CRISTOLOGIA)
[Tradução: M. Couto]

Culpa

Em geral se diz de toda ação ou omissão que contraria uma disposição da lei ou um preceito da moral, ou que por qualquer motivo é reprovável ou danosa. "A culpa consiste na transgressão de um preceito ou no abuso da autoridade (*culpa consistit in transgressione praecepti vel abusu auctoritatis*)" (*Exp. in Is.* 10).

A culpa se distingue da pena. Isso aparece com algo razoavelmente óbvio, pois geralmente, como mostra Santo Agostinho no *De libero arbitrio*, a pena é consequência da culpa. De todo modo, Santo Tomás o evidencia claramente analisando o fenômeno do *mal*. Este é, por definição, privação de bem, "o qual consiste principalmente e essencialmente na perfeição e no ato. O ato é, por sua vez, de *duas espécies*: ato primeiro e ato segundo. O ato primeiro é a forma mesma e a integridade de uma coisa, enquanto o ato segundo é sua operação. Por isso o mal pode se verificar de dois modos. Primeiro, por uma subtração da forma ou de alguma parte necessária à integridade da coisa; e assim é um mal a cegueira ou a privação de um membro. Segundo, por uma carência da devida operação: ou porque esta não se dá de modo algum, ou porque falta o devido modo ou o devido fim [...]. Ora, o mal que se verifica por uma subtração da forma ou da integridade de uma coisa se reveste com o caráter de pena; especialmente se supomos que tudo está submetido à providência e à justiça de Deus [...]. Por sua vez, o mal que consiste na carência da devida operação, se tratando de ações voluntárias, se reveste com o caráter de culpa" (I, q. 48, a. 5). Dos dois males, esclarece o Doutor de Aquino, o mais grave não é a pena, mas a culpa. A prova disso "se pode inferir do fato de que Deus é o autor do mal/punição (pena) e não do mal/culpa" (I, q. 48, a. 6).

São dadas várias divisões da culpa, das quais as principais são: a) *culpa atual* e *culpa originária* (*II Sent.*, d. 32, q. 1, a. 1; I-II, q. 87, a. 7); b) *culpa venial* e *culpa mortal* (*II Sent.*, d. 21, q. 2, a. 3, ad 4; I-II, q. 88, a. 1 e 2).

Sujeito da culpa é apenas a criatura racional ou, em todo caso, inteligente (os anjos) (III, q. 27, a. 2), mas não os beatos (II-II, q. 19, a. 11). A culpa reside na alma e não no corpo (I-II, q. 83, a. 1). Para a gravidade da culpa deve ser considerada mais a má intenção que o efeito da ação realizada (II-II, q. 13, a. 3, ad 1). Essa gravidade deriva da desordem em relação ao fim (II-II, q. 142, a. 4, ad 1). A culpa não pode ser cancelada a não ser pela graça (III, q. 27, a. 2). Após a infusão da graça que cancela a culpa, permanece, contudo, a obrigação de expiar a pena (*Suppl.*, q. 6, a. 1, ad 1).

(Cf. MAL, PECADO, PENA)
[Tradução: A. Boccato]

Culto

Do latim *colere* = honrar, venerar. Com esse termo são designadas todas as atividades com que o ser humano instaura uma relação de submissão a Deus e aos demais seres sobrenaturais, e até mesmo com aos seres naturais supostamente investidos de forças sobrenaturais (animais, plantas, fogo etc.), reconhecendo a própria inferioridade e dependência em relação a estes. Nesse sentido, o culto tem um caráter prevalentemente ou exclusivamente religioso e constitui a expressão principal da religião.

Santo Tomás não dedica nenhuma discussão especial ao tema do culto. O opúsculo *Contra impugnantes Dei cultum et religionem* é uma defesa apaixonada da vida religiosa e das ordens religiosas. Contudo, ele trata implicitamente também do culto examinando as principais manifestações da virtude da religião: a devoção, a oração, a adoração, o sacrifício, as ofertas etc. (II-II, qq. 81-86).

Santo Tomás mostra que o culto é um dever fundamental do homem para com Deus, porque forma o objeto e a manifestação da religião (II-II, q. 81, a. 5). "O fim do culto divino é que o homem dê glória a Deus, e a ele se submeta com a alma e o corpo. Por isso, qualquer coisa que alguém faça para a glória de Deus, e com a finalidade de submeter a própria alma a ele, assim como o corpo, mediante um freio moderado das concupiscências, segundo as leis de Deus e da Igreja, e os costumes das pessoas com as quais convive, não é absolutamente supérfluo em seu culto divino" (II-II, q. 93, a. 2).

Santo Tomás faz uma distinção clara entre a fé e a religião, uma vez que a fé é uma virtude teologal que tem como objeto imediato o próprio Deus, ao passo que a religião é uma virtude moral que tem como objeto os atos com os quais o homem se coloca em relação com Deus (II-II, q. 81, a. 5); contudo, ele ensina que na fé é realizada a expressão máxima do culto. "O primeiro vínculo com o qual o homem se liga a Deus é a fé, como se diz na Carta aos Hebreus (11,6): 'Quem se aproxima de Deus deve crer que ele existe'. Essa profissão de fé se chama *latria*, a qual manifesta o *culto a Deus* reconhecendo-o como supremo princípio. Por isso a religião significa antes de tudo e principalmente latria, a qual exibe o culto a Deus na profissão de fé autêntica" (*Contra impugn.*, c. 1, n. 6). Sucessivamente Santo Tomás esclarece que outros vínculos com os quais o homem se liga a Deus são a esperança e a caridade (cf. ibid., nn. 6-8).

O culto da Antiga Aliança prefigurava o mistério de Cristo e deste derivava a sua eficácia e o seu valor (I-II, q. 102, a. 6). Em vez disso, o culto na Nova Aliança é aceito por Deus por si mesmo (ibid., a. 4, ad 3). Este consiste principalmente na Eucaristia (III, q. 63, a. 6) (cf. EUCARISTIA). O culto divino não traz nenhuma vantagem a Deus, mas somente a nós mesmos (I-II, q. 114, a. 1, ad 2).

(Cf. LITURGIA, RELIGIÃO)
[Tradução: G. Frade]

Cultura

Como se pode deduzir do *Index Thomisticus*, Santo Tomás conhece o termo *cultura*, mas o usa, como fazem geralmente todos os autores latinos da Antiguidade e da Idade Média, ou com o significado literal de cultura dos campos, isto é, a agricultura, ou no significado metafórico de culto aos ídolos ou culto aos deuses. Ele não o adota jamais nos três novos sentidos que o termo cultura adquiriu sucessivamente: de erudição, educação, estrutura da sociedade. Isso não significa que ele ignore a *res* designada por essas novas acepções. Ao contrário: pelo menos sobre educação e erudição ele tem um conceito muito elaborado e profundo.

Para tratar da cultura no sentido de educação ele se utiliza do termo *disciplina*, do qual dá a seguinte definição: "*Disciplina autem est receptio cognitionis ab alio*" (*I Anal.* lect. 1, n. 9). Na questão XI do *De Veritate* dedicada ao mestre (*De Magistro*), Santo Tomás nos deixou um brilhante ensaio de pedagogia. Também na *Suma Teológica* ele se expressou admiravelmente sobre a necessidade da educação (*disciplina*), num trecho que vale a pena retomar à letra. Àqueles que sustentam que não há necessidade de disciplina (educação) porque o homem já estaria munido pela própria natureza de tudo o que lhe convém, o Doutor Angélico replica: certamente, "está presente no homem, naturalmente, a aptidão para a virtude; ora, é necessário que a própria perfeição da virtude sobrevenha ao homem por meio de alguma disciplina. Assim como vemos que o homem recorre a alguma indústria em suas necessidades, por exemplo, no alimento e no vestir, cujos inícios tem ele pela natureza, a saber, a razão e as mãos, mas não o próprio complemento, como os demais animais, aos quais a natureza deu suficientemente cobertura e alimento. Para essa disciplina, porém, o homem não se acha por si mesmo suficiente, com facilidade. Porque a perfeição da virtude consiste principalmente em afastar o homem dos prazeres indevidos, aos quais os homens são inclinados principalmente e maximamente os jovens em relação aos quais a disciplina é mais eficaz. E assim é necessário que os homens obtenham tal disciplina por outro, por meio da qual se chega à virtude" (I-II, q. 95, a. 1).

Para falar da cultura no sentido de erudição, Santo Tomás faz uso principalmente dos termos *scientia* e *philosophia*, que, a seu juízo, são as formas mais elevadas do saber humano. A análise que ele faz desse saber é bem perspicaz e a estruturação tão perfeita que os historiadores não hesitam em dizer que na Idade Média a filosofia da cultura toca com ele o ponto mais alto, visto que Santo Tomás consegue conferir à cognição parcial da cultura clássica e patrística uma estrutura unitária, sintética e orgânica. M. Grabmann, que reconheceu habilmente as linhas fundamentais da filosofia da cultura do Doutor Angélico, declara que seu mérito principal é ter levado a cabo "a grande missão da cultura do seu tempo: a valorização do pensamento aristotélico surgido recentemente, em benefício da *Weltanschauung* cristã, da teologia e da filosofia". No entanto, o próprio Grabmann se apressa em esclarecer que a filosofia de Santo Tomás não é uma filosofia da cultura no sentido moderno: "A filosofia da cultura em Santo Tomás é a derivação, a fundamentação e a apreciação dos valores e bens culturais dos princípios e orientações metafísicas e teológicas do seu sistema" [cf. trad. bras. GRABMANN, Martinho. *A Filosofia da Cultura de Santo Tomás de Aquino*, Petrópolis: Vozes, 1946, Biblioteca de Cultura Católica, v. 10, p. 27. (N. do T)]. De fato, como já vimos, Santo Tomás estuda a cultura, principalmente na sua função pedagógica: como formação da pessoa, mediante a assimilação daqueles valores que mais contribuem para adquiri-la e realizá-la. Tais são os valores do Verdadeiro, do Bem, do Belo e do Santo.

Santo Tomás não tem nenhuma familiaridade com a cultura concebida como forma espiritual de um povo, de uma nação, que é o conceito mais moderno de cultura. A função da cultura compreendida desse modo tornou-se objeto de pesquisas aprofundadas e sistemáticas, dando origem àquela importante disciplina que se chama *antropologia cultural*, somente no final do século XIX (com Tylor, Boas, Durkheim etc.). O estudo desse aspecto da cultura é extremamente importante, porque é aquele que nos faz compreender o ser de uma sociedade (povo, nação), a sua vida, os seus dinamismos e suas estruturas, seu desenvolvimento, seus objetivos, e seu papel na história. É um estudo fundamental também para a compreensão e a solução de numerosos problemas, em particular do problema da renovação da cultura, do problema da inculturação da mensagem cristã, do problema da localização da Igreja, do problema da natureza da própria Igreja como povo de Deus. Embora o Doutor Angélico não tenha elaborado nenhuma filosofia da cultura no sentido moderno, na sua antropologia apresentou um riquíssimo conceito do homem, que é de grande ajuda na construção de uma filosofia da cultura compreendida como forma espiritual, ou seja, como alma da sociedade.

(Cf. CIVILIZAÇÃO, RELIGIÃO)

[Tradução: M. Couto]

Cupidez cf. Cobiça

Curiosidade

É um vício do conhecer quando este é mórbido e tende ao pecado. O desejo do saber — explica Santo Tomás — em si mesmo é bom, mas pode se tornar mau, ou pelo fim ao qual tende, isto é, dele se ensoberbecer ou servir-se dele para pecar; ou por uma desordem que tem em si, verificável de quatro modos: 1) quando provoca o desvio de um estudo mais necessário; 2) quando leva a se dirigir a quem não se deve; 3) quando leva a estudar a natureza esquecendo o autor; 4) quando leva a estudar coisas superiores às próprias capacidades. Em tais casos o desejo de saber é *curiosidade corrompida*. Quando a curiosidade dos sentidos distrai do estudo ou leva ao mal (por exemplo, aos maus pensamentos que surgem por causa do olhar coisas perigosas) é uma *curiosidade pecaminosa* (II-II, q. 167, aa. 1-2).

[Tradução: M. Couto]

Decálogo

Do grego *dekalogoi*, que significa "dez palavras", isto é, "mandamentos". Trata-se dos dez mandamentos aos quais Deus vinculou o povo de Israel, como testemunho do pacto especial estipulado com o povo e entregue a Moisés no monte Sinai. Moisés o esculpiu sobre duas tábuas de pedra, que acabaram conservadas na Arca santa (Ex 20,1-23). Do decálogo a Bíblia apresenta duas versões (Ex 20,1-23 e Dt 5,5-21) que diferem entre si em alguns detalhes de pouca relevância. Assim, por exemplo, na explicação do mandamento relativo à observância do sábado: o Deuteronômio se refere à escravidão no Egito, que os judeus deverão recordar, quando se trata de permitir um sábado aos próprios escravos; ao passo que o Êxodo dá relevo ao sétimo dia da criação quando Deus descansou da obra que havia realizado. Ainda, segundo o Êxodo, Moisés escreveu as Dez Palavras sobre duas tábuas durante a permanência no Sinai; ao passo que, segundo o Deuteronômio, foi o próprio Deus quem o fez.

Não é possível estabelecer a data na qual o decálogo foi redigido por escrito na forma atual; como também se ignora o destino das duas tábuas de pedra com a inscrição dos dez mandamentos, que Moisés havia colocado na Arca. A última menção que existe é com Salomão (1Rs 8,9.61). Segundo os estudos críticos modernos, o texto atual dos dez mandamentos é notavelmente extenso e a forma concisa do quinto, do sétimo e do oitavo mostra como deveria ter sido o texto original. Já no tempo de Flávio Josefo era comum dividir os mandamentos em duas séries: uma referente aos deveres propriamente religiosos e outra que regulava as relações sociais.

Santo Tomás trata amplamente do decálogo na Questão 100 da *Prima Secundae*. O que lhe interessa mais não é tanto a sua origem, que para o Doutor Angélico é indubitavelmente divina (*"Illa praecepta ad decalogum pertinent quorum notitiam homo habet per seipsum a Deo"*, a. 3), nem a história da redação, que ele ignorava, mas ao contrário o seu valor e a sua obrigatoriedade. É antes de mais nada importante observar a colocação do tratado do decálogo, que Santo Tomás situa depois da lei eterna e da lei natural (qq. 93-94), deixando assim claramente entender que, embora se tratando de uma lei especial porque revelada, todavia não pode afastar-se dos princípios das duas leis supremas e fundamentais, a eterna e a natural. Mas Santo Tomás vai mais longe, e faz ver que todos os mandamentos do decálogo se fundamentam na lei natural (*"necesse est quod omnia praecepta moralia pertineant ad legem naturae"*, a. 1). Contudo, ele se apressa em esclarecer que esses não coincidem imediatamente com a lei natural, enquanto os primeiros princípios desta lhe são pressupostos, na medida em que aquelas normas da lei natural que têm origem pela especulação dos eruditos estão implicitamente incluídas neles (a. 3). Na realidade, segundo o Doutor Angélico, os preceitos morais são de três categorias: "Alguns, com efeito, são certíssimos e de tal modo manifestos que não precisam de publicação, como os mandamentos de amor de Deus e do próximo, e outros semelhantes, como acima foi dito, os quais são como que fins dos preceitos. Portanto, neles ninguém pode errar segundo o juízo da razão. Alguns, porém, são mais determinados, aqueles cuja razão imediata qualquer um, mesmo popular, pode facilmente ver, e, entretanto, porque em poucos casos acerca de tais coisas acontece que o juízo humano se perverta, os mesmos precisam de publicação, e estes são os preceitos do decálogo. Alguns há, porém, cuja razão não é assim manifesta a qualquer um, mas só aos sábios, e estes são os preceitos morais acrescentados ao decálogo" (a. 11).

A colocação do decálogo no contexto da lei natural não deve, porém, levar ao engano, como se de tal modo se quisesse reduzi-lo à ordem natural e lhe assinalar finalidade natural, porque, observa Santo Tomás, o decálogo pertence à ordem sobrenatural quer quanto à origem quer quanto ao fim. Ele contém as leis que Deus deu ao povo eleito, uma sociedade que o próprio Deus quis e escolheu e das quais ele mesmo permanece o único chefe supremo. É por esse motivo que algumas leis do decálogo regulam as relações com a Cabeça (Deus) enquanto outras regulam as relações com os outros membros do povo eleito (a. 5). No entanto, baseando-se diretamente na lei natural, elas têm valor permanente e absoluto e não vinculam somente o povo de Israel, mas também o novo povo de Deus (a Igreja) e, indiretamente, todos os homens; nem se podem conceder dispensas ou isenções, porque é um código de leis absolutamente indispensáveis para todos: *"Praecepta decalogi sunt omnino indispensabilia"* (a. 8).

Poucos anos depois da morte de Santo Tomás, Ockham vai operar uma separação nítida entre lei natural e lei divina e ensinará que os preceitos do decálogo são imposições arbitrárias da vontade de Deus, o qual poderia ter decidido também diversamente. Santo Tomás, que considera que também em Deus cada ato da vontade é precedido e sustentado pela luz do intelecto, teria considerado essa hipótese absurda. Na visão tomista os preceitos do decálogo não são a expressão de uma vontade despótica e caprichosa, mas sim de um querer que conhece perfeitamente as exigências das próprias criaturas, de modo particular as exigências das criaturas racionais, e por isso prescreve somente preceitos que lhes servem de guia na realização de si próprias e na consecução do fim último.

(Cf. Lei, Mandamento)
[Tradução: M. Couto]

Dedução

É um procedimento raciocinativo, com o qual, a partir de princípios ou proposições gerais ou universais, se chega a conclusões menos universais ou particulares. A forma ideal e perfeita da dedução é o silogismo, que é um raciocínio que consta simplesmente de duas premissas e de uma conclusão. Aristóteles foi o criador da ciência da dedução.

Santo Tomás não trata nunca explicitamente da dedução e em seus escritos o termo ocorre muito raramente. Mas tudo o que ele diz em relação ao silogismo (e disso trata com muita frequência) se refere também à dedução.

(Cf. Lógica, Silogismo)
[Tradução: A. Bogaz]

Definição

Segundo Aristóteles, é "o enunciado que exprime a quididade, isto é, a essência de uma coisa". Com algumas variantes de expressões, esse conceito se encontra também em Santo Tomás: *"Definitio est oratio significans quod quid est"* (*II Anal.*, lect. 2, n. 419); *"definitio significat quid est res"* (*C. G.*, I, c. 21). Portanto, a definição é um breve discurso que pretende exprimir a essência de uma coisa ou a natureza da espécie, e o faz indicando o gênero e a diferença específica (cf. I, q. 3, a. 5).

A definição é o primeiro ato da razão especulativa; a esse ato seguem-se o enunciado ou juízo e, depois, o silogismo ou argumentação (I-II, q. 90, a.1, ad 2). La definição não é ainda um juízo, mas é já o resultado de um processo especulativo. "De fato, o conhecimento da coisa inicia-se a partir de alguns sinais externos, mediante os quais se chega ao conhecimento da definição da coisa" (*V Met.*, lect. 19, n. 1048). Além disso, a definição consta pelo menos de duas palavras, exatamente porque deve exprimir seja o gênero, seja a diferença; com uma única palavra não é possível dar nenhuma definição: *"Unum enim nomen non potest esse definitio, quia definitio oportet quod distincte notificet principia quae concurrunt ad essentiam rei constituendam*" (*VII Met.*, lect. 9, n. 1460).

Existem três tipos de definição: física, matemática e metafísica. A primeira exige alguma referência à matéria sensível; a segunda à matéria inteligível; a terceira prescinde de qualquer referência à matéria, dado que se refere a realidades que são separadas da matéria, seja no ser, seja no pensamento: "*Quae sunt separata secundum esse et rationem a materia et motu*" (*VI Met.*, lect. 1, n. 1165).

(Cf. ABSTRAÇÃO, JUÍZO)

[Tradução: A. Bogaz]

Demônio/Demonologia

Etimologicamente "demonologia" significa "estudo dos demônios" (do grego *daimon* = demônio, e *logos* = estudo). Em teologia é o nome que se dá ao tratado que estuda aqueles puros espíritos que se rebelaram contra Deus e são artífices de uma parte do mal que ocorre neste mundo.

A Sagrada Escritura fala da existência dos demônios, e o faz bastante difusamente quer no Antigo, quer no Novo Testamento, usando várias expressões: Satanás, Diabo, Belzebu, Belial, "príncipe deste mundo" etc. Jesus deve lutar contra o demônio que o provoca com suas tentações; ele expulsa os demônios daqueles que estão possuídos, dando, assim, prova do seu poder divino.

As religiões pagãs, grega e romana, davam um grande peso à ação dos demônios sobre o mundo e sobre o homem, e muitos ritos tinham como objeto os demônios, para exorcizar seus influxos maléficos. Por conseguinte, quer a Sagrada Escritura quer a cultura pagã influenciaram notavelmente a reflexão dos Padres da Igreja e dos Escolásticos no seu estudo deste argumento. Santo Agostinho dedica vários livros do *De civitate Dei* (VIII-X) ao exame e à crítica da demonologia pagã, com todas as suas superstições e aberrações; mas não coloca de modo algum em dúvida a existência dos demônios; ao invés, neles vê os fundadores e primeiros cidadãos da *civitas diaboli*.

A demonologia é um tema importante também para Santo Tomás, que se dele ocupa amplamente em diversas obras: *In II Sent.*, dd. 4-7, 21; *C. G.*, III, cc. 108-110; *De Malo*, q. 16; *S. Teol.*, I, qq. 63, 64, 109, 114.

No pensamento de Santo Tomás a queda dos anjos tem motivações, para além dos aspectos morais, também, e primeiramente, ontológicas. É a condição intrínseca de falibilidade, congênita em cada criatura, por ser finita, que a expõe à queda: ao faltar àquilo que se refere quer à ordem do ser, quer à ordem do agir (cf. I, q. 63, a. 1). O primeiro pecado dos anjos, segundo o Doutor Angélico, foi um pecado de afeto: a ânsia de ser mais e de possuir mais. Tratou-se, antes de tudo e principalmente, de um pecado de *soberba*. Os anjos maus quiseram ser como Deus não no sentido de transformar-se em Deus, porque isso não se consegue senão com a destruição do próprio ser; mas no sentido que pretenderam realizar algo que somente Deus pode fazer, ou na ordem da natureza ou na ordem da graça. "O anjo desejou ser semelhante a Deus, porque desejou como fim último de sua bem-aventurança aquilo a que poderia chegar pelas próprias forças, desviando seu desejo da bem-aventurança sobrenatural, que é dada pela graça de Deus. Ou, se desejou como fim último aquela semelhança com Deus que é dom da graça, quis possuí-la pela virtude de sua natureza, não por disposição do auxílio divino" (I, q. 63, a. 3).

Já que o pecado dos demônios foi muito mais grave do que o dos homens, muito mais severa foi inevitavelmente a pena que lhes foi imposta. Sendo espíritos, os demônios não podiam ter dor material como os homens danados; mas tiveram uma maior dor espiritual na vontade. "Sabe-se que os demônios quereriam que muitas coisas que existem não existissem, e que existissem muitas coisas que não existem, pois, invejosos, quereriam a condenação dos que foram salvos. Daí se dever dizer que eles têm dor, até porque é da razão da pena ser contrária à vontade. Ademais, os demônios estão privados da felicidade natural que podem desejar, e em muitos deles encontra-se inibida sua vontade pecadora" (I, q. 64, a. 3).

No mundo dos demônios existe uma *hierarquia* como existe no mundo dos anjos bons. A hierarquia se baseia sobre dons naturais de inteligência e de vontade. "Os demônios não são iguais por natureza, por isso há entre eles uma precedência natural" (I, q. 109, a. 2, ad 3). "Portanto, a própria disposição natural dos demônios requer que haja entre eles precedência" (I, q. 109, a. 2).

Na condição de mais *inteligentes e mais poderosos do que os homens*, os demônios podem exercer qualquer influência sobre eles mas não de modo que lhes prive do livre-arbítrio: "Quanto à virtude da própria natureza, os demônios podem fazer as mesmas coisas dos anjos bons, tendo com eles em comum a natureza: a diferença está no uso, segundo a bondade ou a malícia da vontade. Os anjos bons, pelo amor que levam aos homens, buscam ajudar-nos para que possamos atingir o perfeito conhecimento da verdade: aquilo que buscam os demônios é impedir que atinjamos a verdade, como buscam impedir-nos qualquer outro bem. Existe na alma humana um lume inteligível natural, que segundo a ordem de natureza é inferior ao lume angélico; e por isso, como nas coisas corporais uma virtude superior ajuda e corrobora a virtude inferior, assim o lume angélico pode confortar o lume do intelecto humano, para que julgue mais perfeitamente o que é desejado pelo anjo bom e não desejado pelo anjo mau. Por parte das espécies inteligíveis, tanto o anjo bom como o anjo mau podem mudar o intelecto do homem para fazer-lhe entender alguma coisa: não lhe infundindo as espécies no próprio intelecto, mas usando exteriormente alguns sinais pelos quais o intelecto (*signa exterius adhibendo, quibus intellectus excitatur*) é solicitado à aprendizagem de algo; coisa que podem fazer também os homens. Mas o poder dos anjos vai além: quer os anjos bons, quer os maus, podem também dispor e ordenar interiormente imagens da fantasia, em vista do conhecimento de algo inteligível. Mas os anjos bons o fazem para o bem, os anjos maus o fazem para o mal dos homens: ou para arremessá-los à soberba ou a algum outro pecado, ou para impedir-lhes o próprio conhecimento da verdade, arrastando-os na dúvida e depois no erro" (*De Malo*, q. 16, a. 12).

A *condenação* dos demônios é eterna porque sua rebelião contra Deus e aversão a ele permanecem invencíveis e irreformáveis. "Diferencia-se o conhecimento dos anjos e o dos homens, em que os anjos conhecem pelo intelecto de uma maneira imutável os primeiros princípios, que são objeto próprio do intelecto. O homem, porém, conhece pela razão de maneira mutável, discorrendo de um para o outro, com a possibilidade de chegar a uma ou outra das conclusões opostas. Por isso, também a vontade humana adere a seu objeto de uma maneira mutável, podendo mesmo afastar-se de um objeto para aderir ao contrário. A vontade do anjo, porém, adere a seu objeto fixa e imovelmente. Por isso, considerando-se o anjo antes da adesão, poderá livremente aderir a um objeto e a seu oposto (mas nas coisas que, por natureza, não quer). Contudo, depois de ter aderido, permanecerá imóvel. [...] Eis por que os anjos bons que sempre aderiram à justiça estão nela confirmados; os anjos maus, após o pecado, estão obstinados no pecado" (I, q. 64, a. 2).

Isso explica também por que, enquanto o *status viae* do homem tem uma duração mais ou menos longa, aquele do anjo é praticamente instantâneo. Os anjos "permanecem imutáveis no bem ou no mal logo depois da primeira escolha, porque termina naquele momento seu *status viatoris*; nem compete à razão da divina sabedoria a comunicação de uma outra graça aos demônios pela qual sejam chamados novamente do mal da primeira aversão, na qual perseveram doravante de modo irremovível" (*De Malo*, q. 16, a. 5).

(Cf. Anjo/Angeologia, Mal, Providência)

[Tradução: M. Couto]

Demonstração

Qualquer procedimento lógico que tende a evidenciar a verdade de uma proposição, procedendo de fatos ou também de princípios universais. No primeiro caso temos a indução, chamada também procedimento *a posteriori*; no segundo caso temos a dedução, chamada ainda argumentação *a priori*. A expressão mais perfeita da demonstração dedutiva é o *silogismo*. O primeiro a analisar e a definir rigorosamente a noção de demonstração foi Aristóteles, que na obra *Analíticos segundos* define a demonstração como aquela forma especial de silogismo que deduz uma conclusão a partir dos princípios primeiros, verdadeiros, evidentes, indemonstráveis.

Em Santo Tomás se encontram muitas referências importantes à teoria da demonstração; ele não deixa de retomar a cada vez as regras que devem ser observadas na demonstração. No início da questão relativa à existência de Deus, Santo Tomás recorda que existem dois tipos de demonstração: a demonstração *propter quid* e la demonstração *quia*; a primeira procede das causas e a segunda dos efeitos. "Existem dois tipos de demonstração: uma pela causa, e se chama *propter quid*; ela é parte do que é anterior de modo absoluto (*est per priora simpliciter*). Outra pelos efeitos, e se chama *quid*; ela parte do que é anterior para nós (*sunt priora quoad nos*). Sempre que um efeito é mais manifesto do que sua causa, recorremos a ele a fim de conhecer a causa" (I, q. 2, a. 2). Obviamente as provas da existência de Deus são do segundo tipo. Por esse motivo, Santo Tomás rejeita a prova ontológica de Santo Anselmo, que pretende provar a existência de Deus partindo antes do próprio Deus (a causa) do que dos efeitos.

Santo Tomás repete com Aristóteles que a demonstração mais perfeita é o silogismo, porque o silogismo procede com rigor científico e faz a ciência: *"Syllogismus faciens scire"* (I-II, q. 54, a. 5, ad 2). Entre as regras fundamentais da demonstração que Santo Tomás evoca frequentemente está a da impossibilidade de um *regressus ad infinitum*, regra capital das provas da existência de Deus (cf. I-II, q. 1, a. 4, ad 2). Outra regra não menos importante é a de que nem tudo é demonstrável: existem os primeiros princípios (como o princípio de não contradição) que não são demonstráveis e que servem de base para todas as demonstrações. (cf. *IV Met.*, lect. 15, n. 710).

(Cf. Lógica, Silogismo)

[Tradução: A. Bogaz]

Desejo (natural)

Diz-se de qualquer inclinação do apetite, quer do sensitivo quer do intelectivo (vontade), para um bem (prazer, riquezas, glória, virtude, verdade, Deus). Santo Tomás o liga normalmente à inclinação da vontade: *"Desiderium est inclinatio voluntatis in aliquod bonum consequendum"* (C. G., III, c. 26). Na Sagrada Escritura este termo está presente no significado de impulso, e corresponde ao que na filosofia grega (especialmente em Pitágoras e Platão) se apresenta sob o nome de "paixões"; por isso existem desejos bons e desejos maus.

Qualquer bem pode ser objeto de desejo, mas, obviamente, o é de modo especial o sumo bem, aquele bem que satisfaz plenamente o homem e o torna perfeitamente feliz. Mas há um bem (um fim último) que é reconhecível também pela razão (dos filósofos) e um bem (fim último) que pode ser conhecido somente graças a uma revelação especial, divina. Santo Tomás coloca explicitamente a distinção entre um bem (felicidade) natural e um bem (felicidade) sobrenatural. "A felicidade ou bem-aventurança humana é dupla: uma é proporcional à natureza humana, ou seja, pode o homem consegui-la pelos princípios (*per principia*) de sua natureza; a outra supera sua natureza e só pode ser alcançada por graça divina (*sola divina virtute*), por certa participação da divindade. [...] E, como essa bem-aventurança excede as possibilidades da natureza humana, os princípios naturais pelos quais o homem consegue agir bem, de acordo com sua possibilidade, não bastam para ordená-lo a essa bem-aventurança. É necessário, pois, que lhe sejam acrescentados por Deus certos princípios pelos quais ele se ordene à bem-aventurança sobrenatural (*ad beatitudinem supernaturalem*), tal como está ordenado ao fim que lhe é conatural por princípios naturais (*ad finem connaturalem*) que, porém, não excluem o auxílio divino. Ora, esses princípios se chamam virtudes teologais, primeiro por terem Deus como objeto, no sentido de que nos orientam retamente para ele; depois, por nos serem infundidos só por Deus; e, finalmente, porque essas virtudes são transmitidas unicamente pela revelação divina" (I-II, q. 62, a. 1; cf. *III Sent.*, d. 27, q. 2, a. 2; d. 33, q. 1, a. 2, sol. 3). Aos dois tipos de felicidade correspondem logicamente duas espécies de desejos: há um desejo natural para a felicidade "natural" e há um desejo sobrenatural para a felicidade "sobrenatural". Em ambos os casos, o objeto é Deus e também a satisfação ocorre pela contemplação. Santo Tomás admite certa felicidade na outra vida também para aqueles que não obtiveram o dom da graça e da salvação, mas se trata necessariamente de uma felicidade imperfeita, dado que "a perfeita bem-aventurança do homem consiste na visão da divina essência. Com efeito, ver a Deus em sua essência está acima não só da natureza humana, como também das demais criaturas" (I-II, 5, a. 5).

O grande nó a ser desfeito pela teologia, e que Santo Tomás não enfrenta explicitamente mas para o qual oferece valiosas reflexões, é o da relação entre desejo natural e o fim sobrenatural. Colocada a clara distinção entre natureza e graça, daí deriva como conclusão lógica outra clara distinção entre os dois desejos, e entre o desejo natural e o fim sobrenatural. Fundamentalmente se trata de modalidades de ser e de operar que não somente são chamadas a se encontrar, se compenetrar e se integrar (segundo o princípio da harmonia), mas comportam uma atitude fundamental (a da *potentia oboedientialis*) por parte da dimensão (desejo, bem) natural para a sobrenatural. Aqui pode ser útil a distinção entre desejo explícito do fim natural (visão de Deus) e desejo implícito do fim sobrenatural (participação na vida divina). A raiz do desejo implícito, segundo Santo Tomás, é a potência obediencial, que é a *capacitas infiniti*, da qual o homem é dotado na sua dimensão espiritual, capacidade que tende à plena posse de Deus, mas não pode atingi-lo sem a graça.

Aquele dinamismo possante que por intermédio do desejo natural impele o homem para a meta da plena realização de si mesmo, segundo o misterioso desígnio de Deus, torna-se para Santo Tomás a chave de solução do problema espinhoso da salvação dos "infiéis". Como se salvam aqueles que não podem receber nem o batismo nem a penitência, que são os dois sacramentos necessários para libertar o pecador das suas culpas (da culpa original, o batismo, e das culpas atuais, a penitência)? Em ambos os casos Santo Tomás propõe a solução do desejo: o desejo implícito do batismo e o desejo explícito da penitência são suficientes para a remissão dos pecados e a reconciliação com Deus. Mas de que desejo se trata? Para ser salvífico é necessário que seja elevado à condição de desejo sobrenatural. Isso se realiza sacramentalmente somente em virtude de Cristo, da sua paixão e morte. Em outras palavras, o desejo do batismo opera em virtude do batismo; o desejo da confissão opera em virtude da confissão (*De Ver.*, q. 28, a. 8, ad 2). Todavia esse desejo sobrenatural não é distinto materialmente do desejo natural. Assim, parece legítimo concluir que, quando existe o desejo natural, Deus intervém com a sua graça para transformá-lo num desejo sobrenatural e inseri-lo, desse modo, no horizonte da salvação.

(Cf. Batismo, Beatitude, Confissão, Contrição, Salvação)

[Tradução: M. Couto]

Desenvolvimento cf. Progresso

Desespero

É o estado de alma de quem não tem mais nenhuma esperança de alcançar um bem ausente ou futuro, uma vez que o descobre como inacessível. Segundo a psicologia clássica o desespero é uma paixão do apetite irascível, que é a inclinação para um objeto de árduo alcance, gerando a esperança, quando se tem fé de alcançá-lo, ao passo que gera o desespero quando se percebe a impossibilidade de obtê-lo. "O objeto da esperança, que é o bem árduo — escreve Santo Tomás —, tem a razão de atrativo, enquanto se considera possível alcançá-lo; e assim tende para ele a esperança, que implica uma certa aproximação. Mas, uma vez que se considera impossível obtê-lo, tem a razão de repulsivo, pois como diz o livro III da *Ética* (de Aristóteles): 'Quando os homens chegam a algo impossível, então se afastam'. É este o objeto do desespero. E isso implica o movimento de um certo afastamento" (I-II, q. 40, a. 4).

Considerado atentamente, o desespero é a recusa livremente desejada de uma dependência do homem do próximo e de Deus, e da obrigação, que daí decorre, de procurar, de acordo com esse, o próprio aperfeiçoamento e, enfim, a própria salvação. Para que se possa falar de desespero em sentido moral, o homem deve reconhecer que ele deve recolocar sua esperança em Deus e no próximo, e ser capaz, ao mesmo tempo, de refutar aquele amor que lhe é oferecido por outros, na medida em que o considere, sob algum aspecto, como um desvalor para a própria pessoa. O desespero se associa, portanto, imediatamente à soberba e emerge no momento em que se considera a impossibilidade de alcançar com as próprias forças aquele bem ou aquele projeto de humanidade sonhado, recusando ao mesmo tempo, como desonroso, a contribuição e a ajuda de outrem (Deus e o próximo) para chegar a ele. O desespero, sendo contrário às virtudes teológicas, é um dos pecados mais graves: "Como as virtudes teologais tem a Deus como objeto, os pecados que lhe são opostos importam direta e principalmente aversão a Deus". E, uma vez que a infidelidade e o ódio de Deus sejam em si mais graves, para nós o pecado mais perigoso é o desespero: "porque pela esperança evitamos os males e começamos a procurar o bem, por isso, desaparecida a esperança, os homens caem desenfreadamente nos vícios e abandonam as boas obras" (II-II, q. 20, a. 3).

(Cf. Angústia, Esperança)
[Tradução: M. Couto]

Desobediência

Diz-se de qualquer transgressão de uma ordem; é o contrário da obediência. Santo Tomás vê na desobediência um ato contrário à caridade, e mede sua gravidade com base na ofensa à caridade em relação a Deus ou em relação ao próximo: "A caridade nos faz amar a Deus e ao próximo. Mas o amor de Deus exige obediência a seus mandamentos. Por isso, não obedecer aos divinos preceitos é pecado mortal, porque é contrário ao amor divino. Além disso, os preceitos divinos exigem que se preste obediência aos superiores. Por conseguinte, mesmo a desobediência que nos leva a não obedecer aos preceitos dos superiores é pecado mortal, enquanto contrário ao amor de Deus, segundo a Carta aos Romanos: 'Aquele que resiste à autoridade resiste à ordem estabelecida por Deus'. A desobediência é ainda contrária ao amor do próximo, enquanto recusa ao superior, que é também nosso próximo, o direito que ele tem de ser obedecido" (II-II, q. 105, a. 1).

(Cf. Obediência)
[Tradução: A. Bogaz]

Destinação universal dos bens cf. Bem-comum, Propriedade

Destino (fado)

Termo de origem latina (de *fatum*, literalmente "aquilo que foi dito ou predito" pela divindade) que designa a necessidade não conhecível e por isso aparentemente casual que regula o suceder dos eventos segundo uma ordem não alterável. No pensamento grego o destino (*ananche*) possui o caráter de querer absoluto e supremo ao qual estão submetidos todos os seres: não só os homens mas também os deuses.

Santo Tomás usa o termo destino segundo um significado um tanto insólito que lhe havia indicado Boécio, quando havia definido o destino como "uma disposição inerente aos seres móveis, com a qual a providência liga cada coisa à sua ordem" (*De consolatione*, IV, prosa 6). Tomando o termo "destino" nesse sentido, o Doutor Angélico pode falar de *causas destinais* e pode admitir o destino "enquanto as coisas que aqui acontecem estão sob a divina providência, que as preordena e como que as prediz" (I, q. 116, a. 1). Porém ele tem o cuidado de esclarecer que "os santos Doutores recusaram o uso desse termo, por causa dos que o empregavam de modo abusivo, para designar a força atribuída à posição dos astros" (ibid.). Há, no entanto, distinção entre destino e Providência, ainda que um e outra digam respeito à mesma "destinação" das coisas. A Providência designa a ordenação causal (o destino) como se encontra no próprio Deus. Por sua vez, o destino diz respeito ao atuar do desígnio divino nas causas intermédias (ibid., a. 2). E, como as causas intermédias são suscetíveis de variações, com respeito a elas o destino pode variar; ao contrário, permanece invariável com respeito à causa primeira: "Deve-se pois dizer que o destino, considerado nas causas segundas, é mutável, mas enquanto está sob a providência divina, goza de imutabilidade, não por uma necessidade absoluta, mas condicionada. É nesse sentido que dizemos que esta condicional é verdadeira ou necessária: *Se Deus previu tal coisa, ela acontecerá*" (ibid., a. 3).

(Cf. PROVIDÊNCIA)

[Tradução: M. Couto]

Detração

Consiste em desonrar alguém com palavras em sua ausência. "Deve-se dizer que alguém difama o outro não porque atenta contra a verdade, mas porque atinge a reputação dele. O que pode se realizar direta ou indiretamente. Diretamente, de quatro maneiras: atribuindo a outrem uma coisa falsa; exagerando por palavras seus pecados reais; revelando o que estava oculto; dizendo que uma boa ação foi feita com má intenção. Indiretamente, negando o bem feito pelo outro, ou calando maliciosamente" (II-II, q. 73, a. 1, ad 3).

A detração é semelhante ao furto, na medida em que subtrai algo do próximo; mas, enquanto o furto o priva de algum bem material, a detração o priva de um bem espiritual, a boa reputação. E, sendo a boa reputação a mais preciosa das coisas temporais, tirar conscientemente a boa reputação é por si mesmo *pecado mortal*, que obriga também à restituição. A detração, porém, não é o pecado mais grave contra o próximo, porque a boa reputação, que é lesada pela detração, é um dos bens externos do homem, enquanto os bens internos da alma e do corpo são mais preciosos (ibid., aa. 1-3)

[Tradução: A. Bogaz]

Deus

Santo Tomás tem uma doutrina filosófica e teológica muito rica sobre Deus, sem dúvida está entre as mais ricas, profundas e completas sobre o tema. Sua especulação metafísica se conclui sempre com Deus; e sua meditação teológica toma o caminho sempre de Deus. E, como se poderá ver mais adiante, é próprio de sua reflexão sobre Deus que a sua originalidade filosófica (a filosofia do ser) consiga os resultados mais vistosos e mais significativos.

Nas várias obras em que o Doutor Angélico enfrenta a questão de Deus (*I Sent.*, d. 3, qq. 1 ss.; *C. G.*, I, cc. 10 ss.; *De Ver.*, qq. 2 e 10; *De ente*, c. 4; *Comp. Theol.*, cc. 3 ss.; *S. Th.*, I, qq. 2 ss.) ele sempre o faz seguindo a mesma ordem; em primeiro lugar estuda o que de Deus é já acessível à razão, sem o socorro da revelação: existência, natureza, atributos e operações; sucessivamente passa a estudar o quanto de Deus se manifestou por meio da revelação. Eis como ele mesmo esquematiza o tratado na segunda questão da *Suma Teológica*: "A consideração de Deus abrange três seções: 1. O que se refere à própria essência divina; 2. O que se refere à distinção das Pessoas; 3. O que se refere às criaturas enquanto procedem de Deus. Quanto à essência divina, indagaremos:

1. Deus existe? 2. Como ele é ou, antes, como não é?; Como age, isto é, sua ciência, sua vontade e seu poder" (I, q. 2, Prol.).

Também nesta exposição, forçosamente esquemática, do pensamento do Doutor Angélico sobre Deus, se respeitará a ordem seguida por ele, apresentando antes de tudo sua "teologia natural" e depois a "teologia dogmática". Alguém poderá avançar alguma reserva sobre essa articulação da matéria e sua subdivisão em teologia "natural" e "dogmática". E objetará que Santo Tomás jamais faz teologia natural, porque todas as suas obras são teológicas. Ora, dessa afirmação só é verdadeira a segunda parte: ou seja, é verdade que Santo Tomás geralmente escreve obras de teologia e não de filosofia. Mas isso não o impede de modo algum de fazer filosofia, e filosofia sobre Deus. Somente que, em vez de fazer a reflexão fora da teologia, ele a realiza no interior da teologia, como seu momento preliminar e indispensável. Porém, sem dúvida alguma, seu discurso sobre a existência, a natureza, os atributos e as operações de Deus é um discurso extraordinariamente filosófico. Isso pode ser confirmado também pelo fato de que nesta parte o seu apelo à autoridade, à Sagrada Escritura, que é de capital e primária importância na teologia dogmática, é reduzido ao mínimo.

I. Existência de Deus

Ainda que vivendo num clima de profunda religiosidade, Santo Tomás não ignora que, pelo menos no passado, houve ateus e que a posição do ateísmo tem para ele algum argumento que merece ser tomado em consideração.

1. *Os argumentos do ateísmo* — Todas as objeções contra a existência de Deus podem ser sintetizadas nas seguintes: o fenômeno do mal, a possibilidade de explicar tudo com a ciência e com a liberdade humana, "Parece que Deus não existe (*videtur quod Deus non sit*). 1) Porque de dois contrários, se um é infinito, o outro deixa de existir totalmente. Ora, é isso que se entende com o nome de *Deus*, isto é, que se trata de um bem infinito. Assim, se Deus existisse não haveria nenhum mal. Ora, encontra-se o mal no mundo. Logo, Deus não existe. 2) Ademais, o que pode ser realizado por poucos princípios, não se realiza por muitos. Ora, parece que tudo que é observado no mundo pode ser realizado por meio de outros princípios, pressuposta a inexistência de Deus, porque o que é natural encontra seu princípio na natureza, e o que é livre, na razão humana ou na vontade. Logo, não é necessário afirmar que Deus existe" (I, q. 2, a. 3, objs. 1-2).

Como é seu estilo, Santo Tomás não replica imediatamente as objeções, mas antes se preocupa em mostrar que, não obstante todas as dificuldades dos ateus, há argumentos muito sólidos e decisivos em favor da existência de Deus. Assim consegue já liquidar, ao menos indiretamente, as suas objeções.

2. *O argumento ontológico* — Entre os inumeráveis argumentos que já a filosofia grega e sucessivamente a filosofia cristã haviam delineado para demonstrar a existência de Deus, Santo Tomás recorda o célebre argumento com o qual Santo Anselmo tinha tido a pretensão de demonstrar a existência de Deus partindo de sua essência, entendida como "aquilo sobre o qual não se pode pensar nada de maior" (*id quo maius cogitari nequit*). Santo Tomás desaprova o argumento anselmiano e faz ver que não se pode percorrer a via que pretende proceder da essência divina até à existência, pelo simples motivo de que antes de provar a existência de Deus a nossa mente não pode ter senão uma definição nominal e não real de Deus. E, em segundo lugar, porque, ainda que nós tivéssemos, por suposto, um conceito real de Deus, se trataria sempre de um conceito essencialmente negativo, porque Deus não é tanto aquele do qual não se pode pensar nada de maior, quanto simplesmente aquele que não se pode pensar absolutamente: "Digo, portanto, que a proposição Deus existe, enquanto tal, é evidente por si, porque nela o predicado é idêntico ao sujeito. Deus é seu próprio ser, como ficará claro mais adiante. Mas, como não conhecemos a essência de Deus (*nos non scimus de Deo quid* *est*), esta proposição não é evidente para nós; precisa ser demonstrada por meio do que é mais conhecido para nós, ainda que por sua própria natureza seja menos conhecido, isto é, pelos efeitos" (I, q. 2, a. 1).

3. *As Cinco Vias da "Suma"* — Por isso, visto que não temos nenhuma intuição de Deus, nem da sua essência, nem da sua existência, para provar a sua existência é necessário proceder *a posteriori*: examinando os fenômenos que nos circundam (incluído o próprio fenômeno humano) e verificar se esses mesmos fenômenos, para que sejam exaustivamente explicados, não exigem a existência de Deus. Esse é o procedimento seguido constantemente por Santo Tomás nas suas obras, apresentando argumentos na maior parte dos casos já conhecidos e familiares, mas algumas vezes também aduzindo argumentos novos, retomados da sua filosofia do ser.

Na *Suma Teológica*, obra em que ele amplia a lista dos argumentos da existência de Deus a até cinco, sendo que nas outras obras ele nunca havia superado o número de quatro argumentos, Santo Tomás faz ver que a existência de Deus pode ser provada partindo de cinco fenômenos conhecidos por todos: o tornar-se (a passagem da potência ao ato), as causas segundas, a contingência, os graus de perfeição, a ordem do universo. Nenhum desses fenômenos é originário e não causado; todos manifestam uma condição de dependência e de carência ontológica. Daí a necessidade de buscar a sua causa. E a busca que não quer ser um *regressus ad infinitum* se conclui sempre necessariamente com a descoberta de Deus.

A estrutura das "Cinco Vias" é uniforme e de uma simplicidade exemplar. Consta de quatro momentos: 1) Antes de tudo, chama-se a atenção sobre determinado fenômeno de contingência (o devir, a causalidade subordinada ou instrumental, a possibilidade, os graus de perfeição, a ordem). 2) Evidencia-se o caráter relativo, dependente, contingente, causado de cada fenômeno particular: o que é movido é movido por outros; as causas segundas, instrumentais, são por sua vez causadas; o possível recebe o ser do necessário; os graus recebem sua perfeição do máximo grau; a ordem requer sempre inteligência, enquanto as coisas naturais estão privadas dela. 3) Mostra-se que a realidade efetiva, atual, de um fenômeno contingente não pode ser explicada fazendo intervir uma série infinita de fenômenos contingentes. 4) Conclui-se dizendo que a única explicação plausível do contingente é Deus: ele é o motor imóvel, a causa não causada, o ser necessário, o sumamente perfeito, a inteligência ordenadora suprema.

Eis, agora, brevemente, as cinco vias:

— *Primeira via*: do movimento ao motor imóvel. "A primeira, e a mais clara, parte do movimento (*prima autem et manifestior via est, quae sumitur ex parte motus*). Nossos sentidos atestam, com toda a certeza, que neste mundo algumas coisas se movem. Ora, tudo o que se move é movido por outro (*omne autem quod movetur, ab alio movetur*) [...]. É preciso que tudo o que se move seja movido por outro. Assim, se o que move é também movido, o é necessariamente por outro, e este por outro ainda. Ora, não se pode continuar até o infinito [...]. É então necessário chegar a um primeiro motor, não movido por nenhum outro, e um tal ser, todos entendem: é Deus" (I, q. 2, a. 3).

— *Segunda via*: das causas segundas à Causa Primeira. "Encontramos nas realidades sensíveis a existência de uma ordem entre as causas eficientes (*invenimus enim in istis sensibilibus esse ordinem causarum efficientium*); mas não se encontra, nem é possível, algo que seja a causa eficiente de si próprio, porque desse modo seria anterior a si próprio: o que é impossível. Ora, tampouco é possível, entre as causas eficientes, continuar até o infinito [...]. Logo, é necessário afirmar uma causa eficiente primeira, a que todos chamam Deus" (ibid.).

— *Terceira via*: é tomada do possível e do necessário (*tertia via est sumpta ex possibili et necessario*) e é esta: "Encontramos, entre as coisas (deste mundo), as que podem ser ou não ser, uma vez que algumas se encontram que nascem e pereçam. Consequentemente, podem ser e não ser. Mas é impossível ser para sempre o que é de tal natureza, pois o que pode não ser, não é em algum momento. Se tudo pode não ser, houve um momento em que nada havia. Ora, se isso é verdadeiro, ainda agora nada existiria; pois o que não é só passa a ser por intermédio de algo que já é. Por conseguinte, se não houve ente algum, foi impossível que algo começasse a ser; logo, hoje, nada existiria: o que é falso. Assim, nem todos os entes são possíveis (*non omnia entia sunt possibilia*), mas é preciso que algo seja necessário entre as coisas […]. Portanto, é necessário afirmar a existência de algo necessário por si mesmo, que não encontra alhures a causa de sua necessidade, mas que é causa da necessidade para os outros: o que todos chamam Deus" (ibid.).

— *Quarta via*: dos graus de perfeição ao absolutamente perfeito (*quarta via sumitur ex gradibus qui in rebus inveniuntur*). Nas coisas se verificam graus de perfeição (coisas mais ou menos boas, mais ou menos verdadeiras, mais ou menos belas etc.). "Ora, *mais e menos* se dizem de coisas diversas conforme elas se aproximam diferentemente daquilo que é em si o máximo […]. Existe em grau supremo algo verdadeiro, bom, nobre e, consequentemente o ente em grau supremo (*maxime ens*) […]: nós o chamamos Deus" (ibid.).

— *Quinta via*: da ordem do cosmo ao supremo Ordenador (*quinta via sumitur ex gubernatione rerum*). "Com efeito, vemos que algumas coisas que carecem de conhecimento, como os corpos naturais (*corpora naturalia*), agem em vista de um fim, o que se manifesta pelo fato de que, sempre ou na maioria das vezes, agem da mesma maneira, a fim de alcançarem o que é ótimo. Fica claro que não é por acaso, mas em virtude de uma intenção (*ex intentione*), que alcançam o fim. Ora, aquilo que não tem conhecimento não tende a um fim, a não ser dirigido por algo que conhece e que é inteligente, como a flecha pelo arqueiro. Logo, existe algo inteligente pelo qual todas as coisas naturais são ordenadas ao fim, e a isso nós chamamos Deus" (ibid.).

Para ajudar o leitor moderno a colher o sentido das Cinco Vias, observamos antes de tudo que, na *primeira via*, o movimento (devir) de que fala Santo Tomás não é o movimento local mas sim o movimento substancial e entitativo; na *segunda*, a série de causas segundas às quais se refere o Doutor Angélico não é uma série de causas dependentes entre si acidentalmente, que pode ser mais ou menos longa e até indefinida, mas sim de causas coligadas necessariamente em vista do efeito (por exemplo, a foice, o cabo, a mão, o corpo para a ceifa do feno); na *terceira*, fala-se de necessidade na ordem do ser e não naquela da essência; na *quarta*, Santo Tomás se refere às perfeições simples e não às perfeições mistas; na *quinta*, os corpos naturais abarcam não só os seres materiais (água, ar), mas também os seres vivos privados de inteligência (as flores, as plantas) em cujas operações o finalismo é particularmente manifesto.

A segunda observação é que as provas de Santo Tomás não estão ligadas a nenhuma teoria cosmológica particular: os fenômenos que ele toma em consideração e os princípios que invoca não estão ligados nem a Platão, nem a Aristóteles, nem a Ptolomeu etc., mas pertencem à experiência ordinária, e os princípios (de causalidade e de absurdidade do *regressus ad infinitum*) não estão ligados a nenhuma ciência e a nenhuma visão cosmológica, mas são princípios primeiros da metafísica.

A terceira e última observação diz respeito mais especificamente ao princípio de causalidade: este não deve ser entendido como mera sucessão e concatenação de eventos, como ocorre na filosofia e na ciência moderna a partir de Hume e Kant; mas, sim, como dependência no ser do efeito com respeito à causa. A necessidade de admitir a existência de uma causa proporcionada partindo de um efeito se refere, portanto, a um princípio que tem valor absoluto como o princípio de não contradição e funciona como suporte válido às argumentações de Santo Tomás

À luz dessas observações considera-se que as Cinco Vias conservam seu valor inalterado, mesmo para o homem da civilização cibernética. Concede-se, contudo, que a este homem possam resultar mais compreensíveis e mais persuasivas outras vias (já que as vias que levam a Deus são infinitas), principalmente as que partem mais do próprio homem do que do cosmo.

4. *Réplica aos argumentos do ateísmo* — Depois de ter provado a existência de Deus com argumentos de indubitável valor, o Doutor Angélico examina os argumentos dos ateus.

Ao argumento extraído do mal, nesse momento se contenta em responder como segue: "Deve-se dizer com Agostinho: 'Deus, soberanamente bom, não permitiria de modo algum a existência de qualquer mal em suas obras, se não fosse poderoso e bom a tal ponto de poder fazer o bem a partir do próprio mal'. Assim, à infinita bondade de Deus pertence permitir males para deles tirar o bem" (I, q. 2, a. 3, ad 1). A réplica de Santo Tomás é decididamente muito "seca" e muito "cômoda" para resultar plenamente satisfatória. Mas se deve levar em conta o fato de que aqui ele reduziu a sua crítica ao osso e não pretendeu, de modo algum, envolver-se na questão da natureza e das causas do mal. O problema é por ele enfrentado alhures com extrema seriedade e com grande empenho, especialmente na *Questão disputada sobre o Mal* (cf. MAL).

Igualmente breves, mas mais persuasivas, são as réplicas do Doutor de Aquino às outras duas objeções. Àquela extraída da ciência que explica as operações da natureza mediante as leis naturais, Santo Tomás responde: "Deve-se afirmar que, como a natureza age em vista de um fim determinado dirigida por um agente superior, é necessário fazer chegar até Deus, causa primeira, tudo o que a natureza faz" (ibid., ad 2). À objeção relativa à liberdade humana, a resposta é a seguinte: "Do mesmo modo, tudo o que é feito por uma livre decisão é necessário fazer chegar a uma causa mais elevada, além da razão ou da vontade humana. É necessário, pois, que o que é mutável e falível chegue a um princípio imóvel e necessário por si mesmo, como acabamos de mostrar" (ibid.) (cf. ARBÍTRIO).

5. *As provas da existência de Deus nas outras obras* — O tratado da *Suma Teológica* é o mais completo e o mais aprofundado, mas também tudo o que Santo Tomás escreveu nas outras obras deve ser levado em conta, de modo particular, como se verá, as provas da existência de Deus deduzidas a partir da filosofia do ser. A questão da existência de Deus é tratada em todas as obras sistemáticas a partir do *Comentário às Sentenças* até o *Compêndio de Teologia*; mas é examinada também em algumas *Questões disputadas*, no opúsculo *De ente et essentia* e no *Comentário ao Evangelho de São João*.

No *Comentário às Sentenças* Santo Tomás apresenta quatro provas, que ele mesmo denomina: a) *via causalitatis* ("tudo aquilo que possui o ser a partir do nada depende de um outro, do qual recebe o ser"); b) *via remotionis* ("para além do imperfeito deve existir o perfeito que exclui toda mescla de imperfeição"); c) *via eminentiae in esse* ("os graus de bondade se estabelecem em relação ao ótimo"); d) *via eminentiae in cognitione* ("os graus de evidência exigem aquilo que é evidente em si mesmo") (*I Sent.*, d. 3, *Div. primae partis textus*).

No *De Veritate* o problema da existência de Deus é tocado um par de vezes. Na q. 2, a. 3, a existência de Deus é extraída do finalismo. Na q. 10, a. 2, Santo Tomás exclui que a existência de Deus seja uma verdade óbvia, *per se nota* e faz ver que deve ser demonstrada: "A essência de Deus não nos é conhecida, portanto, com respeito a nós (*quoad nos*) a existência de Deus não nos resulta evidente (*Deum esse non est per se notum*), mas tem necessidade de demonstração".

Na *Suma contra os Gentios*, Santo Tomás propõe quatro vias: do devir (*motus*), da causalidade, dos graus de perfeição e da ordem. As últimas três são expostas de modo sintético, enquanto a primeira é apresentada com uma longa série de passagens e com muitas referências à física aristotélica e, para tornar a coisa mais complicada, em duas versões, uma direta e outra indireta (cf. *C. G.*, I, c. 13).

No *De Potentia* o problema da existência de Deus não é suscitado explicitamente, mas está incluído implicitamente na q. 3, a. 5, que tem por título: *Utrum possit esse aliquid quod non sit creatum a Deo* (Pode existir algo que não seja criado por Deus?). A resposta de Santo Tomás a essa interrogação assume o estilo de uma verdadeira e própria prova da existência de Deus, que coincide em larga medida com a Quarta Via, só que na formulação do *De Potentia* se recorre de modo mais explícito ao princípio de participação: "Quando se encontra algo que é compartilhado por muitos entes, é necessário que ele seja atribuído a todos por aquele que o possui de modo perfeito".

No *Compêndio de Teologia*, dado o caráter sintético da obra, Santo Tomás propõe uma só via, que corresponde à via do devir, que aqui é chamada "via visível à razão" (*Comp. Theol.*, c. 3).

No Prólogo ao *Comentário ao Evangelho de São João*, Santo Tomás afirma que os antigos filósofos chegaram ao conhecimento de Deus de quatro modos, e, baseando-se no versículo bíblico: "Vi o Senhor Javé sentado sobre um elevado trono" (Is 6,1), os denomina respectivamente: modo da autoridade (*vidi Dominum*), da eternidade (*sedentem*), da dignidade ou nobreza (*super solium excelsum*) e da verdade incompreensível (*elevatum*). O modo da autoridade de Deus está baseado no finalismo e corresponde claramente à Quinta Via; o modo da eternidade está baseado na mutabilidade (o devir das coisas) e corresponde à Terceira Via; os dois modos da dignidade e da verdade estão baseados ambos na participação e coincidem praticamente com a Quinta Via.

No *De ente et essentia* (c. 4) Santo Tomás desenvolve um importante argumento da existência de Deus a partir da distinção real entre essência e ato de ser nas criaturas.

6. *As vias do ser* — Exceto a via há pouco recordada do *De ente et essentia*, todas as outras vias percorridas pelo Doutor Angélico que passamos em revista são vias "tradicionais", já elaboradas por Platão (Primeira e Quarta), por Aristóteles (Primeira, Segunda e Quinta), por Santo Agostinho (Quarta e Quinta), Avicena e Maimônides (Terceira), embora se deva reconhecer que na exposição feita por Santo Tomás tudo funciona com maior rigor e clareza.

No entanto seria realmente surpreendente se um pensador genial e original como Santo Tomás, criador de uma filosofia própria, a filosofia do ser, não tivesse realizado um discurso próprio sobre Deus, sobre sua existência, sobre sua natureza. Normalmente nos contentamos em reconhecer sua originalidade na definição da essência de Deus, que é identificada com o *esse* pelo qual Deus é o *esse ipsum subsistens*. Mas Santo Tomás pode dizer isso da essência de Deus, porque já antes havia assentado a demonstração da existência de Deus diretamente sobre o ser e havia argumentado sua subsistência com respeito ao ser partindo do modo de ser das criaturas. E, de fato, nos escritos de Santo Tomás há três provas da existência de Deus perfeitamente sintonizadas com sua filosofia do ser e que, sendo todas centradas sobre o ser, podem de bom grado serem chamadas provas "ontológicas". Estas, todavia, se distinguem nitidamente da célebre prova ontológica anselmiana porque, diferentemente daquela, que é *a priori*, são *a posteriori*, por partirem de algumas observações relativas às condições ontológicas dos entes que podemos facilmente constatar.

As três constatações que funcionam como ponto de partida são: os entes têm o ser por *participação*; nos entes há *distinção* real entre essência e ato de ser e, portanto, há composição; a perfeição do ser se encontra nos entes *por graus*. É a partir desses três fenômenos que Santo Tomás desenvolveu suas três vias ontológicas para Deus. Dada sua originalidade e a capital importância que assumem na filosofia tomista do ser, não podemos eximir-nos de reportá-las integralmente; entre outras coisas, como todas as autênticas ascensões metafísicas, porque são argumentos muito, mas muito breves.

— *Via da participação* — "Tudo aquilo que é alguma coisa por participação remete a um outro que seja a mesma coisa por essência, como a seu princípio supremo. Por exemplo, todas as coisas quentes por participação se reduzem ao fogo, que é quente por essência. Ora, dado que todas as coisas que existem, participam do ser e são entes por participação, é necessário que acima de todas as coisas haja algo, em virtude da sua própria essência, ou seja que a sua essência seja o próprio ser (*necesse est esse aliquid in cacumine omnium rerum, quod sit ipsum esse per suam essentiam, idest quod sua essentia sit suum esse*). Esse algo é Deus, o qual é causa suficientíssima, digníssima e perfeitíssima de todas as coisas: dele todas as coisas que existem participam no ser" (*In Ioan.*, Prol. n. 5).

— *Via da distinção entre essência e ser* — "Tudo, porém, que convém a algo, ou é causado pelos princípios de sua natureza, como a capacidade de rir no homem, ou advém de algum princípio extrínseco, como a luminosidade no ar pela influência do Sol. Ora, não pode ser que o próprio ser seja causado pela própria forma ou quididade da coisa, quero dizer, como causa eficiente; pois, assim, alguma coisa seria causa de si mesma, e alguma coisa levaria a si mesma a ser, o que é impossível. Portanto, é preciso que toda coisa tal que seu ser é outro que sua natureza, tenha o ser a partir de outro. E, como tudo que é por outro reduz-se ao que é por si, como a uma causa primeira, é preciso que haja alguma coisa que seja causa de ser para todas as coisas, por isto que ela própria é apenas ser; de outro modo, ir-se-ia ao infinito nas causas, pois toda coisa, que não é apenas ser, tem causa do seu ser, como foi dito" (*De ente*, c. 4, n. 27 [*O ente e a essência*, n. 54, trad. Carlos Arthur do Nascimento, p. 34. (N. do T.)].

— *Via da gradualidade da perfeição do ser nos entes* — "O ser está presente em todas as coisas, em algumas de modo mais perfeito e em outras de modo menos perfeito; no entanto, não está jamais presente de modo tão perfeito a ponto de identificar-se com a sua própria essência, de outro modo o ser faria parte da definição da essência das coisas, o que é evidentemente falso, já que a essência de qualquer coisa é concebível mesmo prescindindo do ser. Portanto, ocorre concluir que as coisas recebem o ser de outros e (retrocedendo na série das causas) é necessário que se chegue a algo cuja essência seja constituída do próprio ser, de outro modo se deveria retroceder até o infinito" (*II Sent.*, d. 1, q. 1, a. 1).

7. *A essência de Deus* — Acertada a existência de Deus, Santo Tomás passa ao estudo da sua essência e da sua natureza.

O argumento da essência e da natureza de Deus, do ponto de vista racional, é ainda mais árduo e exige mais empenho do que aquele da sua existência. Se, de fato, na contingência radical das coisas não faltam traços inconfundíveis desta última, entretanto estas não são tais a ponto de permitir uma identificação e uma definição adequada da realidade de Deus, da sua essência, da sua pessoa, das suas propriedades e seus atributos. De fato, do mundo não é possível extrair conceitos precisos, claros e distintos do seu autor, assim como dos rastros deixados por um elefante não é possível fazer uma ideia adequada do elefante que deixou as marcas. As perfeições infinitas de Deus se manifestam sempre à mente do homem *per speculum et in aenigmate*, quer porque estão despedaçadas e fragmentadas em tantas pequenas doses, quer porque a nossa capacidade de apreendê-las é de uma inteligência finita, limitada, condicionada pela matéria e pela história. Contudo, isso não elimina a legitimidade e a necessidade de argumentar também sobre a natureza, sobre os atributos e sobre as operações de Deus, dado que se conhece sua existência.

Alguns aspectos do ser de Deus resultam já claros a partir das conclusões das várias vias: a imutabilidade, a eficiência, a necessidade, a perfeição e a inteligência. Mas sabemos que, além das célebres Cinco Vias, Santo Tomás ascendeu a Deus também de outros modos, em particular percorrendo a via do ser. Ora, é propriamente a via do ser que conduz Santo Tomás a descobrir aquele aspecto de Deus que constitui a diferença específica com respeito a todas as criaturas, e portanto a individuar perfeitamente a sua essência. A diferença específica não consiste em possuir a eficiência, a inteligência, o poder, a perfeição, a bondade, a verdade etc. Aquilo que distingue Deus das criaturas é não ter o ser por participação, mas sim por essência: é a identificação nele da essência com o seu ser. Eis, portanto, como se consegue o conceito mais adequado de Deus, a definição mais precisa: Deus é o *esse ipsum subsistens*. Essa expressão, segundo Santo Tomás, se aplica somente a Deus; e por isso não é de modo algum um título anônimo, como pode parecer à primeira vista, mas é um título personalíssimo: antes, é o nome próprio de Deus. E isso, explica Santo Tomás, por três motivos: "1. Por causa de sua *significação*, pois não designa uma forma, mas o próprio ser [...]. 2. Por causa de sua *universalidade*: pois todos os outros nomes ou são menos comuns ou se se convertem entre si acrescentam algo segundo a noção [...]. Enfim, porque o nome *'Aquele que é'* é mais próprio de Deus do que o próprio nome *Deus*, quer pela derivação do termo, que é o *ser*, quer pela universalidade do significado" (I, q. 13, a. 11).

No que concerne à essência de Deus do ponto de vista filosófico, a verdade mais importante é indubitavelmente esta: sua posse plena do ser, pois é justamente o ser a constituir a sua essência. Esse privilégio compete exclusivamente a Deus. "Aquilo que é o ser não está incluído perfeitamente na noção de nenhuma criatura; de fato em qualquer criatura o ser é distinto da sua essência. Por este motivo não se pode dizer de nenhuma criatura que o seu ser é algo necessário e evidente (*per se notum et secundum se*) por força dos seus próprios princípios. Mas em Deus o ser está incluído na noção da sua essência, porque em Deus o ser e a essência se identificam, como dizem Boécio e Dionísio" (*De Ver.*, q. 10, a. 12).

II. Os atributos de Deus

A longa enumeração dos atributos de Deus que o Doutor Angélico nos apresenta em todas as suas obras sistemáticas tem como fio condutor o conceito intensivo do ser. Assim, todos os atributos recebem sua justificação definitiva apelando para o ser. Em resumo, o procedimento de Santo Tomás para estabelecer os atributos de Deus é o seguinte: ele toma uma perfeição, a confronta com o ser; verifica se está baseada sobre o próprio ser ou se, em vez disso, obtém o ser somente quando se encarna numa determinada essência. No primeiro caso, alcançou um atributo de Deus, no segundo não. Os principais atributos que Santo Tomás obtém com esse procedimento são os seguintes: simplicidade, perfeição, infinidade, onipotência, imutabilidade, eternidade, unidade, verdade, bondade, beleza. Eis os argumentos — como sempre muito lúcidos e incisivos — com os quais, valendo-se do conceito intensivo do ser, ele justifica a aplicação a Deus de alguns daqueles atributos.

1. *Simplicidade*: "Aquele que confere o ser a todos os outros, no que concerne ao próprio ser não pode depender de nenhum outro; de fato, quem depende de outro para existir deve, dele, receber o ser, e não pode certamente ser aquele que dá o ser a todos os outros. Mas Deus é aquele que confere o ser a todos; portanto, o seu ser não depende de outros. Mas o ser de todo composto depende dos seus componentes: tirando os componentes, diminui o composto quer como coisa quer como ideia (*secundum rem et secundum intellectum*). Portanto Deus não é composto. Ademais, aquele que é o princípio primeiro do ser (*primum principium essendi*) o possui de modo excelente, porque todas as coisas estão presentes de maneira mais excelente na causa do que no causado. Mas o modo mais excelente de possuir o ser é aquele pelo qual uma coisa é idêntica ao ser. Portanto, Deus é o seu ser (*est suum esse*), enquanto nenhum composto é o seu ser, porque o seu ser depende dos componentes e nenhum dos componentes é o próprio ser. Portanto, Deus não é composto. Isso deve ser admitido absolutamente" (*I Sent.*, d. 8, q. 4, a. 1).

2. *Perfeição*: "As perfeições de todas as coisas estão em Deus. Eis por que se diz universalmente perfeito (*universaliter perfectus*), pois não lhe falta nenhuma das perfeições que se encontram em algum gênero, como afirma o Comentador no livro V da *Metafísica*. E isso pode ser considerado [...] pelo que ficou demonstrado, a saber, que Deus é o ser subsistente por si mesmo (*ipsum esse per se subsistens*). Por conseguinte, deve conter em si toda a perfeição do ser (*totam perfectionem essendi*). É claro, com efeito, que, se um corpo quente não tem toda a perfeição do calor, isso se deve a que o calor não é participado em plenitude; mas se o calor subsistisse por si mesmo nada lhe poderia faltar da energia do calor. Portanto, sendo Deus o ser subsistente, segue-se que nada lhe pode faltar da perfeição do ser. Ora, as perfeições de todos os seres dependem da perfeição do ser (*omnium autem perfectiones pertinent ad perfectionem essendi*); pois algo é perfeito na medida em que tem o ser. Assim, não falta em Deus a perfeição de coisa alguma" (I, q. 4, a. 2).

3. *Infinitude*: "É preciso então considerar que algo se chama infinito pelo fato de que não é finito. Ora, de certo modo a matéria é limitada pela forma e a forma pela matéria. A matéria é limitada pela forma porque, antes de receber a forma, enquanto matéria, está em potência a muitas formas, mas quando recebe uma, fica limitada àquela. A forma é limitada pela matéria, pois, enquanto forma considerada em si mesma, ela é comum a muitas coisas, mas, ao ser recebida numa matéria, torna-se forma determinada de tal coisa. A matéria recebe sua perfeição da forma, que a limita, de modo que o infinito, enquanto é atribuído à matéria, tem noção de imperfeito, é como que a matéria sem forma. Ao contrário, a forma não recebe sua perfeição da matéria antes, porém sua amplitude é restringida por ela. Assim, o infinito, que diz respeito à forma não determinada pela matéria, tem noção de perfeito. Ora, aquilo que é o mais formal é o próprio ser (*maxime formale omnium est ipsum esse*), como ficou claro acima. Como o ser divino não é um ser recebido em algo, mas Deus é seu ser subsistente (*suum esse subsistens*), como já se mostrou, fica claro que Deus é infinito e perfeito" (I, q. 7, a. 1).

4. *Onipresença*: "Ora, sendo Deus o ser por essência (*ipsum esse per suam essentiam*), é necessário que o ser criado seja seu efeito próprio, como queimar é efeito próprio do fogo. Este efeito, Deus o causa nas coisas não apenas quando começam a existir, mas também enquanto são mantidas na existência, como a luz é causada no ar pelo sol enquanto o ar permanece luminoso. Portanto, enquanto uma coisa possui o ser, é necessário que Deus esteja presente nela, segundo o modo pelo qual possui o ser. Ora, o ser é o que há de mais íntimo e de mais profundo (*magis intimum et profundius*) em todas as coisas, pois é o princípio formal de tudo o que nelas existe, como já se explicou. É necessário, então, que Deus esteja em todas as coisas, e intimamente (*Deus est in omnibus rebus, et intime*)" (I, q. 8, a. 1).

5. *Imutabilidade*: "Do que precede resulta ser Deus totalmente imutável [...]. Porque tudo o que é movido adquire algo por seu movimento, e atinge algo que antes não atingia. Ora, Deus sendo infinito e compreendendo em si a plenitude total de perfeição de todo o ser (*plenitudinem perfectionis totius esse*), nada pode adquirir nem se estender a algo que antes não alcançava. Por conseguinte, o movimento não lhe convém de nenhum modo. Por isso, alguns antigos, como que forçados pela verdade, afirmaram ser imóvel o primeiro princípio" (I, q. 9, a. 1).

6. *Eternidade*: "A noção de eternidade corresponde à imutabilidade, como a razão de tempo corresponde ao movimento, como está claro pelo exposto. Assim, como Deus é ao máximo imutável cabe-lhe também ser ao máximo eterno. E não somente é eterno, mas ele é sua eternidade; ao passo que nenhuma outra coisa é sua própria duração, não sendo seu ser. Deus, ao contrário, é seu ser uniforme (*Deus est suum esse uniforme*); eis por que, como é sua essência, é também sua eternidade" (I, q. 10, a. 2).

7. *Unidade* (ou *Unicidade*): "O uno é o ente indiviso (*ens indivisum*), logo, para que algo seja ao máximo uno é preciso que seja ente ao máximo e indiviso ao máximo. Ora, Deus é um e outro. Ele é ente ao máximo,

uma vez que não tem um ser determinado por nenhuma natureza (ou essência) que o receba, mas ele é o próprio ser subsistente, sem nenhuma determinação (*est ipsum esse subsistens, omnibus modis indeterminatum*). Além do mais, é indiviso ao máximo, não estando dividido nem em ato nem em potência, de qualquer maneira que se possa dividir, mas é simples absolutamente, como já se demonstrou. Fica então claro que: Deus é ao máximo uno" (I, q. 11, a. 4).

8. *Bondade*: "Além disso, o Filósofo [Aristóteles] considera como otimamente dito (na introdução à *Ética* I, 14, 1094aª; Cmt 1, 9-11) o seguinte: *O bem é o que todas as coisas desejam*. Ora, todas as coisas desejam estar em ato segundo o seu modo, o que se verifica pelo fato de que todas as coisas, também segundo a sua natureza, opõem-se à corrupção. Por isso, estar em ato (*esse actu*) constitui a essência mesma do bem. Por isso, também, o que é o oposto do bem, o mal, consiste em estar a potência privada do ato, como evidenciou o Filósofo (IX *Metafísica* 9, 1051a; Cmt 10, 1882 ss.). Ora, Deus é ente em ato, não em potência, como acima foi demonstrado (c. XV). Logo, Deus é verdadeiramente bom [...]. Do acima exposto pode-se concluir que Deus identifica-se com sua bondade. De fato, ser em ato é, para cada coisa, o seu bem. Ora, Deus não só é ente em ato, como também se identifica com o seu próprio ser, como foi anteriormente demonstrado (c. XXII). Logo, Deus é a própria bondade, e não somente bom" (*C. G.*, I, cc. 37-38).

9. *Beleza*: Deus não é somente belo, mas é belíssimo e supera todo gênero de beleza criada porque, como os múltiplos efeitos persistem em sua causa, assim Deus possui em si mesmo, de modo excelente e antes de todas as outras realidades, a fonte de toda a beleza. A beleza lhe cabe *sempre*, porque não sofre nenhuma alteração, *totalmente* porque não é belo sob algum aspecto e feio sob outros; mas é pura e simplesmente (*simpliciter*) belo e sob todos os aspectos (cf. *In Div. Nom.*, IV, lect. 5, 345-347).

A beleza, mesmo sendo um atributo que cabe à única essência divina, é apropriado ao Filho porque apresenta certa analogia com as propriedades pessoais do Verbo. A integridade do belo remete ao Filho que tem em si a natureza do Pai de modo integral e perfeito; "o Filho que tem em si verdadeira e perfeitamente a natureza do Pai; [...] e o esplendor porque o Verbo '*é luz e esplendor do intelecto*' como diz Damasceno" (I, q. 39, a. 8).

10. *Verdade*: Em Deus não só existe a verdade, mas ele mesmo é "a primeira e suma verdade". Se a verdade está no intelecto quando esta faculdade conhece uma coisa assim como ela é e se a verdade está nas coisas porque seu ser tem relação com o intelecto, então em Deus há a verdade em grau excelso porque o seu ser é conforme quer ao seu intelecto, quer ao seu entender e o seu ato de intelecção é a medida e a causa de todo ser e de todo outro entendimento (I, q. 16, a. 4).

III. Vida e operações de Deus

Depois de ter averiguado a existência de Deus, definido sua essência e ilustrado os seus principais atributos, Santo Tomás passa a estudar a vida de Deus e suas obras. Trata-se de uma vida intensíssima e de uma série de operações excelentes, que condizem com seu ser imaterial, simples, infinito, perfeito, bom, imutável.

A Deus competem duas ordens de operações: 1) *ad intra*: são as que constituem a vida íntima de Deus, e trata-se justamente das operações do conhecer e do querer; 2) *ad extra*: estas dizem respeito às relações de Deus com o mundo, e rigorosamente à criação, à providência e à conservação. Aqui exporemos brevemente o pensamento de Santo Tomás primeiro sobre as operações *ad intra*; depois sobre as operações *ad extra*.

1. *O conhecimento de Deus* — Pertence à própria natureza do espírito ser inteligente e livre, comunicar com os outros e fazê-lo com perfeita autonomia. A matéria é cega, tenebrosa e impenetrável e está, ademais, acorrentada a leis imutáveis. Ao contrário, o espírito é luminoso e mobilíssimo, vai onde quer, é livre. É pela própria condição da natureza espiritual, que cabe a Deus de modo supremo, que Santo Tomás deriva imediatamente a sua doutrina sobre o conhecimento e a vontade de Deus.

Como espírito absoluto, Deus é sumamente cognoscitivo. "Para evidenciá-lo, é preciso considerar que os que conhecem se distinguem dos que não conhecem em que estes nada têm senão a sua própria forma, ao passo que o que conhece é capaz, por natureza, de receber a forma de outra coisa: pois a representação do conhecido está em quem conhece [...] Ora, é pela matéria que a forma é restringida [...]. Portanto, como Deus está no ápice da imaterialidade, como está claro pelo acima exposto, segue-se que ele está no ápice do conhecimento" (I, q. 14, a. 1).

Enquanto no homem o conhecer é diferente do ser (ora conhece, ora não conhece), em Deus ser e conhecer coincidem perfeitamente: Deus existe sempre em ato de existir e de conhecer e, consequentemente, não é possível que tenha ele mesmo como objeto inteligível, adequado e sempre presente: por isso Deus *conhece a si em si mesmo*. E se conhece perfeitamente, isto é, conhece totalmente a si mesmo. Conhecendo-se perfeitamente, ele conhece também aquilo a que pode estender-se sua virtude, conhece, portanto, todas as coisas, sendo a causa delas, e as conhece não com cognição genérica, mas distinta e própria, e em si mesmo vê também as coisas todas juntas, enquanto o homem conhece as coisas uma depois da outra, com ciência discursiva (cf. I, q. 14, aa. 2-7).

Deus sabe tudo o que pode fazer e também o que podem fazer, dizer, pensar as criaturas; e — como Deus é eterno e para ele tudo é presente — ele conhece com *ciência de visão* aquilo que é presente ou foi ou será; por outro lado, conhece com *ciência de simples inteligência* aquilo que não é presente e nem mesmo foi ou será, mas permanece somente possível. Conhecendo o bem, Deus *conhece também o mal*, que é ou corrupção do bem ou ausência do bem (cf. ibid., aa. 9-10).

Em Deus o conhecimento das coisas, porque se lhe acrescenta a vontade, é *causa das causas* e as coisas existem porque Deus as conhece, e não é que Deus as conhece porque existem (cf. ibid., a. 8).

2. *A vontade de Deus* — Santo Tomás prova que a Deus cabe além da operação do conhecer também a do querer, recordando o princípio de que todo ser possui a inclinação para aquilo que convém à própria autorrealização. "Essa relação ao bem, nas coisas privadas de conhecimento, é chamada *apetite natural*. É assim que a natureza intelectual tem uma relação semelhante ao bem que ela apreende por meio da forma inteligível; a tal ponto que, se tem esse bem, nele repousa; se não o tem, busca-o. Ora, repousar no bem ou buscá-lo é próprio da vontade. Por isso, toda criatura dotada de intelecto tem vontade, assim como em toda criatura dotada de sentidos existe apetite animal. Assim, em Deus tem de haver vontade, pois nele existe intelecto. E, como seu conhecer é seu próprio ser, o mesmo acontece com seu querer" (I, q. 19, a. 1). "Compete a Deus ter vontade, por ser inteligente, como acima foi demonstrado. Ora, Deus é inteligente, como também foi demonstrado (cc. 45-46). Logo, tem vontade. Por conseguinte, a vontade de Deus identifica-se com a sua essência" (C. G., I, c. 73).

Como o objeto do conhecer divino é antes de tudo, e principalmente, o próprio ser (Deus se deleita na contemplação de si mesmo), também o objeto primário e principal da vontade divina é a infinita riqueza do seu ser: Deus se compraz e experimenta as perfeições superlativas e maravilhosas do próprio ser. "Com efeito, o bem apreendido pela intelecção é o objeto da vontade, como acima foi dito (c. 72). Ora, aquilo que primeiramente é objeto do intelecto divino é a essência divina, como acima provado (c. 48). Logo, a essência divina é aquilo a que em primeiro lugar refere-se a vontade divina [...]. Além disso, para todo dotado de vontade o objeto principal da vontade é o seu último fim, pois o fim é por si mesmo desejado, e as coisas (os meios) são desejadas por causa dele. Ora, o fim último é Deus porque Deus é o sumo bem, como acima se demonstrou (c. 41). Logo, o próprio

Deus é o principal objeto desejado pela vontade divina" (ibid., c. 74).

Contudo, Deus não quer e não ama somente a si mesmo; com um único ato ele quer e ama além de si mesmo também as coisas, mas não do mesmo modo. Como de fato conhece as coisas somente como imitações da essência divina, assim quer e ama as coisas como participações da bondade divina. Enquanto, porém, Deus quer a si mesmo necessariamente, as coisas ele as quer livremente. "A vontade divina tem uma relação necessária com a bondade divina, seu objeto próprio. Por isso, Deus quer, por necessidade, sua bondade, como nossa vontade quer, por necessidade, a felicidade. Qualquer outra faculdade tem, igualmente, uma relação necessária com seu objeto próprio e principal [...]. Como a bondade de Deus é perfeita e pode existir sem as outras coisas, pois nenhuma perfeição lhe é acrescentada por elas, segue-se que querer coisas distintas de si mesmo não é necessário para Deus absolutamente. No entanto, isto é necessário em sentido condicional: supondo-se que Deus queira, Deus não pode deixar de querer porque sua vontade não pode mudar" (I, q. 19, a. 3).

Estudando a vontade de Deus, Santo Tomás se defronta também com o tormentoso problema do mal, e dessa vez o faz de modo mais profundo e exaustivo do que havia procurado fazer ao replicar àqueles que invocam o fenômeno do mal para negar a existência de Deus (cf. I, q. 2, a. 3, ad 1). Santo Tomás reafirma o princípio de que o mal não pode ser desejado por si, mas somente unido com algum bem. Esse princípio se aplica também para Deus. Portanto, Deus, querendo a sua bondade sobre tudo, rejeita o mal de culpa que é a ela diretamente contrário; quanto aos outros males, querendo Deus as outras coisas para si, quer desejar o mal de pena para a justiça e o mal natural para a providência (I, q. 19, a. 9) (cf. MAL).

IV. Trindade

Já alcançado pela razão por meio das vias da teologia natural e da religião, o mistério de Deus assume traços mais definidos e mais fascinantes por meio da Revelação (unicidade, onipresença, criação, misericórdia, justiça, amor, ação libertadora etc.). No correr da história da salvação, por meio de uma verdadeira e própria ação pedagógica, o próprio Deus revelou à humanidade a unicidade da sua natureza e, com Jesus Cristo, a Trindade das pessoas (hipóstase).

Santo Agostinho, na grande obra prima especulativa que é *De Trinitate*, havia dito praticamente tudo aquilo que à mente humana é permitido dizer sobre o mistério da Trindade: ele havia encontrado as formas justas e as imagens apropriadas para esclarecer como em Deus é possível ao mesmo tempo a subsistência de três pessoas distintas e a identidade da natureza, sem cair no politeísmo. A feliz intuição de Agostinho foi unir a subsistência à relação: em Deus existem três pessoas, o Pai, o Filho e o Espírito Santo graças à subsistência das relações da Paternidade, da Filiação, da Espiração passiva. Substancialmente o ensino trinitário de Santo Tomás retoma fielmente o de Santo Agostinho; a novidade mais significativa diz respeito ao estudo das duas operações específicas e imanentes do espírito humano, a intelecção e a volição. Santo Tomás faz ver que a processão do Filho tem lugar mediante a intelecção e se trata de uma verdadeira e própria *geração*, enquanto a processão do Espírito Santo tem lugar mediante a volição comum do Pai e do Filho, mas não se pode chamar geração (I, q. 27, a. 4) (cf. TRINDADE).

V. As relações de Deus com o mundo

Além de uma riquíssima vida *ad intra*, que se realiza no mistério trinitário, Deus possui também uma riquíssima atividade *ad extra*, com a qual ele cria, conserva e governa o mundo.

Para falar da criação, além do termo bíblico "criação", Santo Tomás se vale também dos termos filosóficos "comunicação", "participação" e "assimilação". Vejamos.

1) *Criação*: Criação significa produzir alguma coisa do nada. De origem bíblica, este conceito adquiriu valor filosófico e se tornou

o termo fundamental para exprimir as relações entre Deus e o mundo. Santo Tomás dá da criação a seguinte definição: "A criação, ademais, é a produção de uma coisa em toda sua substância, não pressupondo algo que seja incriado ou criado por outro" (I, q. 65, a. 3).

Que a relação fundamental de Deus com o mundo seja aquela expressa pelo termo "criação" Santo Tomás o prova de vários modos. Dois são os principais: mostrando que Deus na produção das coisas não se serviu de nenhuma matéria, ou indicando que efeito próprio e exclusivo do agir divino é o ser. O segundo argumento, que está em perfeita sintonia com a perspectiva metafísica de Santo Tomás, que é a perspectiva do ser, se desenvolve como segue: "O primeiro efeito de Deus nas coisas é o próprio ser, pressuposto por todos os outros efeitos, e sobre o qual eles se fundamentam. É necessário, com efeito, que tudo que de algum modo existe receba de Deus o ser. Em todas as coisas ordenadas verifica-se, em geral, que aquilo que é primeiro e perfeitíssimo em determinada ordem é causa das coisas restantes e existentes nesta ordem. Assim é que o fogo, no qual se concentra o máximo de calor, é causa do calor dos outros corpos quentes. Sabemos, também, que sempre as coisas imperfeitas originam-se de outras perfeitas, como o sêmen e as sementes, respectivamente, dos animais e das plantas. Ora, acima já foi demonstrado que Deus é o Ser Primeiro e perfeitíssimo. Logo, convém que ele seja a causa primeira da existência de todas as coisas que têm ser" (*Comp. Theol.*, c. 68, n. 116) [*Compêndio de Teologia*, trad. D. Odilão Moura, pp. 76-77 (N. do T.)]. E esse ser, causa do ser, se exprime com o termo criação, que é essencialmente distinta da transformação ou permutação, a qual exige e pressupõe a existência de alguma matéria. Ora, "agir somente por movimento e transformação não compete à causa universal do ser, pois o ente não se faz pura e simplesmente (*simpliciter*) do não ente por meio de movimento ou transformação, mas, este ente faz-se deste não ente (*ens hoc ex non ente hoc*). Ora, Deus é o princípio universal do ser, como acima foi demonstrado. Por conseguinte, não lhe compete agir somente por meio de movimento ou transformação. Por conseguinte, nem compete a Deus precisar de matéria preexistente para fazer algo" (*C. G.* II, c. 16, n. 936).

Santo Tomás não se contenta em mostrar que a relação fundamental de Deus com as coisas é aquilo indicado pelo termo "criação", mas sustenta também que a criação é uma ação que compete exclusivamente a Deus. O argumento é deduzido novamente do seu conceito intensivo do ser. Segundo tal conceito, o ser abarca tudo exceto o não ser, que, como esclarece Santo Tomás, não possui nenhuma entidade fora da nossa mente. Portanto, entre o ser e o não ser se abre um abismo, uma distância infinita, que somente o poder infinito de Deus pode vencer e preencher: "o não-ser absoluto dista infinitamente do ser, o que é evidente, porque qualquer ente determinado dista mais do não-ser do que de qualquer ente, por mais distante que esteja deste outro ente. E, por essa razão, fazer algo a partir do absolutamente não ente (*ex omnino non ente*) não é possível senão por uma potência infinita" (*De Pot.* 3, 4 in c.) [*O Poder de Deus*, trad. P. Faitanin, B. Veiga e R. Cajaravile, p. 166. (N. do T.)].

2) *Comunicação*: Este termo denota aquele dar-se espontâneo e generoso do *esse ipsum* dos entes, um dar-se absolutamente extraordinário porque do dar-se do doador depende a própria existência daquele a quem o dom é feito: com o dar-se do *esse ipsum*, de Deus, floresce a realidade do ente no deserto onde primeiro imperava somente o nada. A expressão "comunicação" acentua, portanto, o ponto de partida do ente que está todo no *esse ipsum*, na sua generosa dedicação, uma dedicação que não tem nada a ver nem com a emanação necessária dos platônicos e dos neoplatônicos, nem com a alienação do absoluto dos idealistas. A comunicação é a relação que Deus estabelece com as suas criaturas no momento em que as produz. Santo Tomás argumenta assim: "é da natureza de qualquer ato comunicar a si mesmo aos outros o quanto é possível [...]. Mas a natureza divi-

na é máxima e puríssimamente ato (sendo o *esse ipsum subsistens*). Por isso também ela se expande na medida em que lhe é possível. No entanto, às criaturas se comunica somente sob forma de imagens, como é evidente: de fato, as criaturas são entes por imitação da natureza divina" (*De Pot.*, 2, 1). Ademais, "se as coisas naturais, na medida em que são perfeitas, comunicam sua bondade a outras, muito mais cabe à vontade divina comunicar, por semelhança, a outros seu bem, na medida do possível. Deus quer que ele próprio seja e os outros seres também" (*S. Th.*, I, q. 18, a. 2).

3) *Participação*: Como sugere a própria etimologia desta palavra, "participação" exprime um tomar parte em alguma coisa. Aplicado à origem dos entes, o termo indica aquele tomar parte, aquele participar dos entes na perfeição do ser, que inicia com a comunicação de si mesmo por parte do *esse ipsum*. No entanto, como a comunicação não comporta nenhuma alienação, nenhuma diminuição de perfeição no *esse ipsum subsistens*, assim a participação, contrariamente ao que poderia sugerir a etimologia, não implica nenhum fracionamento, nenhuma fragmentação, nenhum despedaçamento, nenhuma divisão da perfeição do Ser entre os entes particulares. De fato, o *esse ipsum*, como vimos, é absolutamente simples e não admite nenhuma decomposição ou divisão. Portanto, quando ao falar da origem dos entes Santo Tomás adota o termo "participação", ele não pretende, de modo algum, usá-lo segundo o significado originário, mas segundo o sentido figurado, e portanto, não para dizer que os entes recebem uma parte do Ser, mas sim que recebem o Ser de modo "limitado", "imperfeito", "parcial". Esse uso do termo pelos medievais havia sido codificado mediante uma distinção introduzida por Boécio: a distinção entre predicação por essência e predicação por participação. Ocorre uma predicação por essência (*predicatio per essentiam*) quando a perfeição conotada pelo predicado pertence totalmente ao sujeito (como a humanidade dita de Pedro, Paulo, João etc.). Ocorre a predicação por participação (*predicatio per participationem*) quando a perfeição pertence ao sujeito apenas parcialmente. Essa célebre distinção é formulada assim pelo próprio Santo Tomás: "*quod enim totaliter est aliquid, non participat illud, sed est per essentiam idem illi. Quod vero non totaliter est aliquid, habens aliquid adiunctum proprie participare dicitur* (De fato, o que possui existência em sua totalidade, algo, disto não participa, mas é idêntico a ele por essência. Ao contrário, aquilo que não existe como algo em sua totalidade, e possuindo algo que lhe foi acrescentado, propriamente se diz que participa)" (*I Met.*, lect. 10, n. 154. Cf. também *In de Hebdom.*, lect. 2, n. 24).

O Doutor de Aquino, além de remontar os entes ao *esse ipsum* (na Quarta Via da *Suma Teológica*, na via do *De Potentia*, na Terceira Via do *Comentário ao Evangelho de São João*), recorre ao conceito de participação também para esclarecer as relações do *esse ipsum* com os entes. No momento resolutivo o conceito de participação é entendido no sentido passivo e revela a necessidade de enraizar as coisas que participam do ser no *esse ipsum*; enquanto no momento compositivo a participação é entendida no sentido ativo e esclarece a relação de comunicação que o *esse ipsum* estabelece com os entes na criação, que não pode ser uma comunicação total do *esse ipsum*, mas simplesmente parcial: não é uma comunicação por identidade, mas sim por participação.

Eis como o próprio Santo Tomás desenvolve essa tese: "Nenhuma coisa tem o ser se não enquanto participa no ser divino (*nihil habet esse nisi inquantum participat divinum esse*), o qual, sendo o primeiro ente, é a causa de todo outro ente. No entanto, tudo o que está presente em algo como participado se adapta à capacidade do participante, dado que este não pode receber mais do que lhe permite sua capacidade. Ora, a capacidade de todas as coisas criadas é finita e, portanto, todas as coisas criadas recebem um ser finito (*esse finitum*) e inferior ao ser divino, que é perfeitíssimo. Daí resulta que o ser da criatura, aquele pelo qual ela formalmente existe, é diverso do ser divino [...]. No entanto, Deus é o ser de toda coisa não como constitutivo essencial, mas sim como causa (*Deus est esse omnium non essentiale, sed causale*)" (*In I Sent.*, 8, 1, 2. Argumento análogo na *Suma Teológica*, I, q. 44, a. 1).

4) *Assimilação*: Este termo (*assimilatio*) significa reprodução, impressão de semelhança no efeito por parte da causa que o produz. Nos capítulos dedicados aos problemas do ser e da linguagem tivemos por diversas vezes ocasião de sublinhar o papel que ocupa no pensamento de Santo Tomás o princípio *omne agens agit simile sibi* (todo agente produz algo semelhante a si mesmo). O princípio enuncia a propriedade da causa eficiente de imprimir no efeito alguma semelhança consigo mesma. O princípio vale de modo absoluto (para as gerações naturais como para as obras artísticas); portanto, vale também e principalmente para o caso particularíssimo do nexo causal que une Deus com as suas criaturas, se bem que com todas os esclarecimentos e restrições que são indispensáveis para este caso graças à sua absoluta excepcionalidade. De fato, se por um lado nenhuma criatura, por ser finita, pode se adequar de modo algum ao poder de Deus que é infinito, e portanto a semelhança das criaturas com o Criador não pode ser senão muito imperfeita, por outro lado, em nenhuma outra ação o princípio de assimilação registra uma aplicação tão necessária como na criação, porque essa ação confere atualidade a tudo o que se encontra no efeito (seja a matéria, seja a forma), e a atualidade diz respeito, ainda antes da sua essência, ao seu ato de ser (*actus essendi*); e isso, como sabemos, na perspectiva metafísica de Santo Tomás, é o efeito próprio de Deus, porque só ele é o *esse ipsum subsistens*. Assim, a procedência direta dos entes de Deus na ordem do ser justifica plenamente a aplicação do termo "assimilação" à ação com a qual Deus os realiza. Aplicado à origem das coisas, este termo exprime uma espécie de tensão no *esse ipsum* na reprodução de si mesmo. Tensão que pertence ao *esse ipsum* necessariamente por ser agente, sendo próprio do agente produzir efeitos similares a si, porque agir é comunicar a própria perfeição ao efeito. No entanto, segundo Santo Tomás, a semelhança que o Ser imprime nos entes não pertence à ordem da causalidade formal como havia ensinado Platão (por isso as coisas para o Doutor de Aquino não são divinas), mas alcança a ordem do ser, e de tal modo que, no pensamento de Santo Tomás, a semelhança atinge uma profundidade que o filósofo grego não havia nem mesmo suspeitado, porque o ser é, por uma parte, o que há de mais íntimo no ente e, por outra, constitui a própria essência do Ser subsistente.

Eis um belo texto em que Santo Tomás estabelece essa característica do operar divino: "Com efeito, como todo agente pretende introduzir no efeito a sua semelhança, na medida em que o efeito a possa receber (*cum omne agens intendat suam similitudinem in effectum inducere secundum quod effectus capere potest*), tanto mais perfeita é a ação quanto mais perfeito é o agente. Vê-se, por exemplo, que, quanto mais uma coisa é quente, tanto mais perfeita é a forma que o artífice introduz na obra. Ora, Deus é o agente perfeitíssimo. Por isso, cabia-lhe introduzir nas coisas criadas de modo perfeitíssimo a sua semelhança, conforme a conveniência da coisa criada. Mas a perfeita semelhança as coisas criadas não podem conseguir em uma só espécie de criatura, porque, a causa excedendo o efeito, o que na causa está simples e unificado (*simpliciter et unite*), está em composição e multiplicado (*composite et multipliciter*) no efeito, a não ser que este se equipare à espécie da causa. Mas isso não pode ser atribuído ao nosso caso, porque a criatura não se pode igualar a Deus. Foi, pois, necessário ter havido multiplicidade e variedade nas coisas criadas, para que nelas houvesse, a seu modo, perfeita semelhança de Deus" (*C. G.*, II, 45, n. 1220).

5) *Conservação*: Este termo designa a atividade com a qual Deus mantém em ato, existentes, as coisas. Esta é uma atividade tão intensa, vital, profunda, essencial para as coisas quanto aquela indicada pelos termos criação, comunicação, participação, assimilação. E, na sua perspectiva metafísica na qual o ser ocupa de modo absoluto o primeiro lugar e pertence por essência somente ao *esse ipsum*, que é Deus, Santo Tomás não tem nenhum problema em prová-lo. De fato, o ser é um efeito que pertence exclusivamente ao *esse ipsum*: é o seu efeito próprio, mesmo quando o ser é comunicado, participado nas coisas, não se torna jamais uma propriedade essencial sua, um direito irrevocável, como a luz do sol não se torna nunca uma propriedade, uma posse pessoal das coisas iluminadas. E, como as coisas cessam de ser luminosas do momento em que a luz desaparece, o mesmo ocorre aos entes: se desaparece a luz do ser eles voltam para o nada. Em conclusão, ocorre para o ser o que ocorre para o vir-a-ser: como quando cessa a causa do vir-a-ser cessa também o vir-a-ser, assim quando cessa a causa do ser cessa também o ser. Vice-versa, se perdura o vir-a-ser, é porque está ainda presente o influxo do agente que o produz; assim, se os entes perseveram no ser, isso ocorre porque continua a ação do *esse ipsum*. De fato, todo efeito depende da sua causa na medida em que é causa. Ora, "o existir de qualquer criatura depende a tal ponto de Deus, que ela não poderia subsistir um instante sequer, e seria reduzida ao nada, se não fosse conservada na existência pela operação do poder divino" (*S. Th.*, I, q. 104, a. 1). Isso explica por que Santo Tomás define a conservação como uma "criação continuada".

6) *Providência*: Este é o nome que se dá à ação daquele que trata de algum outro, em particular à ação de uma causa que trata dos próprios efeitos. O discurso sobre a providência de Deus corre *pari passu* com os da criação e da conservação. De fato, a providência encontra a sua justificação no fato de que a criação e a conservação não são obra de um agente necessário, mas inteligente e livre, isto é, são obra da bondade de Deus. Por causa do esquecimento do ser, quer a filosofia antiga quer a moderna encontraram gravíssimas dificuldades na solução do problema da providência. Não é o caso de Santo Tomás, que aborda esse problema da perspectiva do *esse ipsum subsistens*.

À luz do ser concebido intensivamente, para o Doutor Angélico existe uma solução que resulta particularmente sugestiva e iluminante: uma vez que os entes têm tanto a realidade quanto o ser e porque Deus é a causa constante do ser dos entes, ocorre admitir que a Deus compete o governo inteligente de todos os acontecimentos humanos e naturais. Ora, é propriamente nesse governo inteligente que consiste a divina providência. Eis como Santo Tomás explica isso depois de ter descartado a hipótese quer daqueles que negam totalmente a providência (os epicuristas), quer daqueles que a restringem somente às criaturas inteligentes (os maniqueus): "É necessário dizer que todas as coisas estão sujeitas à providência divina, não só em geral, mas também em particular. O que assim se demonstra: como todo agente age em vista de um fim, a ordenação dos efeitos ao fim deve se estender tanto quanto se estende a causalidade do primeiro agente. Por isso acontece nas obras de um agente que algo provenha sem ser ordenado ao fim, porque este efeito procede de alguma outra causa fora da intenção do agente. Ora, a causalidade de Deus, o agente primeiro, se estende a todos entes, não apenas quanto a seus princípios específicos como também quanto a seus princípios individuais; tanto aos das coisas incorruptíveis quanto aos das corruptíveis. É necessário, portanto, que todas as coisas, de qualquer maneira que sejam, estejam ordenadas por Deus a um fim, segundo o Apóstolo na Carta aos Romanos: 'As coisas feitas por Deus estão ordenadas'. Portanto, como a providência de Deus nada mais é do que a noção da ordenação das coisas a seu próprio fim, como foi dito, é necessário que todas as coisas, na medida em que participam do ser, estejam sujeitas à providência divina" (I, q. 22, a. 2). Ora, sabemos que a participação no ser é gradual e ordenada. Assim, a divina providência é, por sua vez, gradual e ordenada: ela corresponde ao grau de ser das criaturas individuais.

VI. Cognoscibilidade e inefabilidade de Deus

Na *Suma Teológica* Santo Tomás trata desses problemas, sempre antigos e sempre novos, na metade do seu estudo sobre Deus: depois de ter tratado da existência, natureza e atributos de Deus, e antes de iniciar o tratado das suas operações. Na questão 12 da *Primeira Parte da Suma Teológica* ele se pergunta de que modo conhecemos a Deus (*Quomodo Deus a nobis cognoscatur*); enquanto a questão 13 trata dos nomes divinos (*De nominibus Dei*). Nós preferimos transferir essas duas questões para o final da exposição do pensamento de Santo Tomás sobre Deus, porque são questões que não se referem à realidade de Deus, mas sim às capacidades que o homem tem em relação a de Deus: as capacidades de conhecê-lo e nomeá-lo. Portanto, trata-se de uma verificação crítica do que o homem pretende fazer com os seus conceitos e com as suas palavras, aplicando-os a Deus. Em ambos os casos Santo Tomás se mantém firmemente ancorado em sua posição gnoseológica (e, por consequência, também semântica) do realismo moderado, e conecta tanto o conhecimento quanto a linguagem humana à experiência sensível. Como foi visto, as próprias provas da existência de Deus são tiradas da experiência. Por isso o conhecimento que o homem adquire de Deus e os nomes que lhe atribui não podem ter senão um valor analógico (cf. ANALOGIA). Nenhum conceito e nenhuma palavra exprime direta e adequadamente o que Deus é em si mesmo. Nem mesmo o nome mais próprio de Deus, o *Esse ipsum subsistens*, nos permite adquirir um conceito adequado de Deus. Este deve passar através do filtro muito estreito da *via negativa*, a qual no final salva a *res significata*, mas destrói completamente o *modus significandi*. Eis duas declarações muito explícitas de Santo Tomás a esse propósito: uma, tirada da *Suma Teológica*, diz respeito à origem "empírica" e se refere à purificação de todos os nossos conceitos quando nos servimos deles para entender a realidade de Deus: "Só podemos nomear a Deus a partir das criaturas, como já foi explicado. Assim, tudo o que é atribuído a Deus e à criatura é dito segundo a ordem existente da criatura para com Deus como a seu princípio e à sua causa; em quem preexistem em grau excelente todas as perfeições das coisas" (I, q. 13, a. 5). "Nós negamos antes de tudo a Deus tudo quanto é corpóreo e, secundariamente, quanto é intelectual e mental, ao menos no sentido em que se encontram nas criaturas vivas, como, por exemplo, bondade e sabedoria. E então, resta na nossa mente só o que Deus é e nada mais. Enfim, removemos também a ideia do próprio 'ser', assim como se encontra nas criaturas, e então Deus permanece na obscura noite da ignorância, e é nesta ignorância que nós nos aproximamos de Deus na nossa vida, como diz Dionísio. De fato, nesta escuridão, dizem, mora Deus" (*I Sent.*, d. 8, q. 1, a. 1, ad 4).

A posição que Santo Tomás assume acerca dos problemas da cognoscibilidade e da inefabilidade de Deus é uma posição intermédia entre um excessivo apofatismo, que concede que sobre Deus se possa fazer somente um discurso negativo, e um destemido catafatismo, muito confiante nas possibilidades humanas de compreender e de exprimir o que Deus é em si mesmo.

A Maimônides, máximo expoente do apofatismo em seu tempo, Santo Tomás replica que na sua teoria "desaparece toda diferença entre dizer que *Deus é sábio*, e dizer que *Deus se encoleriza* ou que *Deus é fogo* [...]. Mas isto contrasta com a posição dos santos e dos profetas que falaram de Deus, os quais aprovam a atribuição a Deus de determinadas coisas, enquanto outras as excluem; concordam que Deus é vivo, sábio e assim por diante, mas negam que seja um corpo, ou sujeito a paixões. Segundo a teoria de Maimônides pode-se dizer e negar indiscriminadamente tudo, sem nenhuma distinção" (*De Pot.*, q. 7, a. 5). Mas há algo pior, observa Santo Tomás: se fosse verdadeira a teoria de Maimônides, "antes da criação, ou no caso em que Deus não tivesse criado o mundo, dele não se poderia dizer que é bom, nem que é sábio, nem que é vivo etc." (ibid.).

Para aqueles que creem saber tudo sobre Deus pelo simples motivo de que conseguem fazer inúmeros discursos sobre ele, o Doutor de Aquino observa que "É impossível atribuir alguma coisa univocamente a Deus e às criaturas. Porque um efeito que não se iguala ao poder da causa eficiente recebe a semelhança da causa, não segundo a mesma noção, mas de maneira deficiente: de modo que o que nos efeitos se encontra dividido e múltiplo, na causa se encontra simples e uno. O sol, por exemplo, sendo uma só energia, produz formas variadas e múltiplas nas esferas inferiores. Da mesma maneira, como foi dito acima, as perfeições de todas as coisas que estão divididas e multiformes nas criaturas preexistem em Deus unificadas. Assim, quando o nome de alguma perfeição é dito de uma criatura, significa essa perfeição como distinta, por definição, das outras. Por exemplo, quando se atribui a um homem o nome de *sábio*, expressamos uma perfeição distinta da essência do homem, de sua potência, de seu ser etc. Ao contrário, quando atribuímos esse mesmo nome a Deus, não pretendemos significar algo que seja distinto de sua essência, de sua potência ou de seu ser. Assim, quando o nome *sábio* é atribuído ao homem, ele circunscreve de alguma maneira e compreende a realidade significada, ao passo que, quando é atribuído a Deus, deixa a realidade significada incompreendida e ultrapassando a significação do nome. Fica evidente: este nome *sábio* não é atribuído a Deus e ao homem segundo a mesma noção. O mesmo argumento vale para os outros nomes. Portanto, nenhum nome é atribuído univocamente a Deus e à criatura" (I, q. 13, a. 5).

Em conclusão, na sua doutrina sobre o conhecimento de Deus e sobre as possibilidades da linguagem teológica, Santo Tomás opera uma feliz síntese entre a teologia negativa de inspiração platônica e a teologia positiva de inspiração aristotélica, chegando à conclusão de que "tudo o que é conhecido pode também ser expresso em palavras [...]. Mas, porque de Deus nós possuímos um conhecimento imperfeito, nos é possível nomeá-lo só imperfeitamente, quase balbuciando" (*I Sent.*, d. 22, q. 1, a. 1). E isso revela o profundo sentido do mistério, típico de todo verdadeiro teólogo, do qual era dotado o Doutor Angélico.

[Tradução: M. Couto]

Dever/Deveres

Usado no singular, o termo dever indica a obrigatoriedade da lei jurídica; em vez disso, quando usado na forma plural, designa as regras de comportamento implícitas num determinado encargo, ofício, função, emprego, serviço, estado social (por exemplo: "os deveres dos cidadãos", "os deveres dos religiosos", "os deveres do bispo" etc.).

No mundo clássico, será o estoicismo a esclarecer o conceito de dever, identificando-o com a conveniência, a conformidade à ordem da natureza, isto é, do Logos, e que esclarece ao mesmo tempo quais são os principais deveres do homem para com si próprio e para com a sociedade. A discussão ciceroniana dos deveres no célebre *De officiis* é também de inspiração estoica. No cristianismo, é muito diferente a configuração que o discurso sobre os deveres assume, tanto no campo da teologia quanto no da filosofia. De fato, o discurso não se baseia na simples especulação racional, mas inspira-se também, e principalmente, no ensinamento evangélico, que coloca como dever fundamental o amor, do qual descendem todos os demais deveres. Em Santo Agostinho, Deus é indicado como o fim ao qual todos os deveres se referem.

Na II-II, Santo Tomás dedica uma ampla discussão ao estudo, primeiro dos deveres do homem em geral (q. 183), e, posteriormente, dos deveres de cada estado e ofício, particularmente dos deveres dos bispos (q. 185) e dos religiosos (qq. 186-189). No ofício episcopal, Santo Tomás sublinha os deveres relativos ao bom governo da Igreja: "O bispo deve ser o melhor para o governo de uma igreja, isto é, que seja capaz de instruí-la, de defendê-la e de governá-la pacificamente" (II-II, q. 185, a. 3). Para o bispo, o dever de governar pessoalmente o próprio rebanho é tão grave, que nem mesmo no caso de perseguição poderá abandoná-lo, a menos que não possa proceder de outro modo (ibid., a. 5).

(Cf. Direito, Lei, Obediência)

[Tradução: G. Frade]

Devir

Significa qualquer condição de mutação, de mudança.

Os filósofos deram avaliações contrastantes sobre a realidade inegável do devir. Parmênides, partindo de uma concepção estática do ser, considera o devir de modo totalmente negativo e o reputa uma pura ilusão. Heráclito e muitos outros filósofos que têm uma concepção profundamente dinâmica da realidade tendem a resolvê-la no devir.

A solução profunda e magistral do problema do devir foi encontrada por Aristóteles, com a genial teoria do ato e da potência. O elemento original da descoberta de Aristóteles não está tanto no ato (já admitido por Parmênides), mas na potência. Entre o nada absoluto e o ser perfeitamente realizado (o ato), Aristóteles introduz uma realidade intermédia, a potência, que é uma capacidade de receber uma perfeição. Segundo Aristóteles todas as coisas que se transformam são compostas de dois elementos: o *ato* (que nas coisas materiais é representado pela forma) e a *potência* (que nas coisas materiais é representada pela matéria). O devir é a passagem de um ser da potência ao ato, e se pode falar de devir somente enquanto dura a fase de transição da potência ao ato. Assim se diz que um templo está em devir, não quando já está terminado, nem mesmo quando já se tem todo o material para construí-lo mas a construção ainda não se iniciou; mas sim quando o trabalho da construção já está iniciado, mas ainda não está terminado. Assim, Aristóteles pode definir o devir como "ato de um ente em potência como tal", isto é, enquanto se encontra em potência. O Estagirita distingue dois tipos fundamentais de devir: acidental e substancial. O primeiro se dá quando a substância permanece inalterada e muda somente qualitativa ou quantitativamente ou num dos outros acidentes. O segundo se dá quando há a passagem de uma substância para outra substância (por exemplo, o vinho que se transforma em vinagre).

Santo Tomás retoma ao pé da letra todo o ensino aristotélico sobre o devir no que concerne aos princípios gerais, mas estende seu horizonte de aplicação introduzindo novos casos de devir (a criação) e novas relações do tipo ato/potência (a relação entre essência e existência).

Comentando a *Física* de Aristóteles, o Doutor Angélico reassume de modo distinto o ensinamento aristotélico. Eis a lúcida exposição de Santo Tomás: "Admitamos, portanto, que algumas coisas estão somente em ato, outras somente em potência, outras se encontrando em um estado intermediário entre potência e ato. O que está somente em potência não está ainda movido (*nondum movetur*); o que já está em ato perfeito não está mais movido, tendo estado precedentemente; está, portanto, movido o que se encontra em um estado intermediário entre potência e ato, quer dizer, o que parcialmente está em potência, e parcialmente em ato; assim como se pode constatar na alteração. Uma vez que, com efeito, a água está somente quente em potência, ela não está ainda movida; uma vez que ela está esquentada, o movimento de aquecimento terminou: é quando ela participa alguma coisa do calor, mas imperfeitamente, que ela se move para o calor; com efeito, o que se esquenta participa progressivamente mais e mais do calor. É, portanto, o ato imperfeito de calor existindo na coisa que pode ser esquentada que é o movimento (devir): mas não em relação àquilo que está somente em ato, mas sim segundo aquilo que já se encontrando em ato conserva ainda uma relação ordenada a um ato adicional. Se se suprime, com efeito, esta ordem, o próprio ato, por mais imperfeito que ele fosse, seria o termo do movimento, e não o movimento, como quando uma coisa não é esquentada senão pela metade; a ordem a um ato ulterior convém ao que está em potência relativamente a ele. Da mesma forma, se o ato imperfeito era considerado somente como ordenado ao ato ulterior, porquanto ele tem 'razão' de potência, tal ato não seria movimento, mas princípio de movimento; da mesma forma que do frio, o aquecimento pode, com efeito, partir do morno. Em definitivo, o ato imperfeito significa o *movimento* (tornar-se), e segundo ele é, a título de potência, referido a um ato ulterior, e segundo ele é, como ato, referido a alguma coisa de mais imperfeito. Não é, portanto, nem a potência do que existe em potência, nem o ato do que existe em ato, mas o ato do que existe em potência (*neque est potentia existentis in potentia: neque est actus existentis in actu, sed est actus existentis in potentia*): de sorte que, pela palavra 'ato', se significa sua ordem à potência anterior, e pela expressão 'existindo em potência', se significa sua ordem ao ato ulterior. É, portanto, de maneira realmente pertinente que Aristóteles definiu o movimento (*motus*) dizendo que ele é: 'a entelequia, isto é, *o ato, do que está em potência enquanto tal*'" (*III Phys.*, lect. 2, n. 285).

Como recordamos, Santo Tomás amplia o horizonte do devir até abraçar aquele tipo totalmente singular de devir que é a passagem do não ser ao ser. Assim, ao devir acidental e substancial ele acrescenta um terceiro tipo de devir: o entitativo. É o devir que tem como causa eficiente somente Deus e como resultado as criaturas. É a passagem da inexistência absoluta de todos os elementos que compõem o ente (matéria e forma, essência e existência) à constituição completa de um ente real (cf. CRIAÇÃO). O segundo enriquecimento trazido por Santo Tomás à doutrina de Aristóteles diz respeito à relação de ato/potência. Aos dois casos já reconhecidos pelo Estagirita, matéria/forma, substância/acidentes, o Doutor Angélico acrescenta a relação essência/existência, que ele aplica aos anjos, obtendo de tal modo uma nova e mais feliz explicação de sua "criaturalidade" e finitude, descartando a teoria do hilemorfismo universal.

(Cf. ANJO/ANGEOLOGIA, ATO, POTÊNCIA)
[Tradução: M. Couto]

Devoção

É um dos atos fundamentais da religião. Como explica admiravelmente Santo Tomás, "devoção deriva do termo latino *devovere* (dedicar, entregar em português). Por isso, são chamados de *devotos* aqueles que de modo especial dedicam-se a Deus, submetendo-se totalmente a ele. Por esse motivo é que antigamente entre os gentios eram chamados devotos aqueles que se entregavam à morte em honra dos ídolos para a vitória do seu exército, como narra Tito Lívio a respeito dos dois Décios. Eis por que a devoção nada mais é do que a vontade pronta para se entregar a tudo que pertence ao serviço de Deus" (II-II, q. 82, a. 1). A causa extrínseca e principal da devoção é Deus, mas de nossa parte a causa intrínseca é a *meditação*, porque é o intelecto que abre o caminho para a vontade, mostrando-nos a bondade divina e a miséria humana. Os efeitos principais da devoção são: o *deleite* (*amor*) pela consideração da bondade divina; a *tristeza* unida à esperança pela consideração de nossas misérias (ibid., aa. 3-4).

(Cf. CULTO, RELIGIÃO)
[Tradução: A. Bogaz]

Diácono

É um dos três ministérios ordenados, e ocupa o terceiro e último lugar na hierarquia eclesiástica, depois dos bispos e dos presbíteros. A instituição do diaconato remontaria aos Apóstolos, como narra o livro dos Atos (6,2-4), para que houvesse pessoas especificamente encarregadas de cuidar do serviço da caridade, enquanto os Apóstolos reservavam a si próprios o serviço da palavra.

Santo Tomás dedica raras e esporádicas menções a esse ministério, mas estão perfeitamente alinhadas com o ensinamento tradicional da Igreja. A partir da própria etimologia do termo, Santo Tomás obtém o papel subordinado e a função subalterna do diácono. "*Diácono* é o equivalente de *ministro*, justamente porque não é competência dos diáconos administrar como celebrantes principais e quase que pelo próprio ofício algum sacramento, mas é sua tarefa servir aos seus superiores na celebração dos sacramentos. Por isso ao diácono não compete por ofício dar o sacramento do batismo, mas lhe compete, ao conferir este sacramento e os outros, assistir e ajudar os ministros superiores [...]. Espera ao diácono ler o Evangelho na Igreja e pregá-lo como catequista [...]. Mas ensinar, isto é, expor o Evangelho (*docere id est exponere evangelium*), espera propriamente ao Bispo" (III, q. 67, a. 1 e ad 1). Além de na administração do batismo e no anúncio da Palavra de Deus, o diácono assiste o bispo na celebração da eucaristia (III, q. 82, a. 3, ad 1; *Suppl.*, q. 37, a. 3). Contudo, sua atuação principal é oferecer ao sacerdote as ofertas do povo (*Suppl.*, q. 37, a. 4, ad 3). O diácono recebe o *caráter* na entrega do livro do Evangelho (*Suppl.*, q. 37, a. 5, ad 5).

(Cf. Hierarquia, Igreja, Ministério/ Ministro)

[Tradução: G. Frade]

Dialética

É um termo que no correr dos séculos adquiriu valores semânticos muito diferentes. Na filosofia grega geralmente significa "arte do diálogo e da discussão". Por sua vez, na filosofia escolástica medieval equivale à lógica formal em oposição à retórica. Também Santo Tomás usa o termo "dialética" como sinônimo de lógica: "*In speculativis unica est dialectica inquisitiva de omnibus* (em questões especulativas, só existe uma dialética que pesquisa todas as coisas)" (I-II, q. 57, a. 6, ad 3). Assim, até a divisão da dialética indicada por Santo Tomás coincide com aquela da lógica; é a divisão entre dialética *docens* e dialética *utens*: a primeira formula as regras gerais do raciocínio, enquanto a segunda as aplica nos vários setores das ciências. Enquanto a primeira tem valor absoluto e por isso merece o nome de "ciência", a segunda tem somente valor hipotético e, portanto, merece o nome de ciência somente de modo aproximativo (cf. *IV Met.*, lect. 4, n. 576).

(Cf. Lógica)

[Tradução: M. Couto]

Diferença

Na lógica aristotélica é um dos cinco predicáveis e designa aquela qualidade essencial que distingue uma espécie de outra. Essa é também a acepção do termo em Santo Tomás, como resulta dos seguintes trechos: "O gênero e a diferença formam as partes da definição" (*In I Periherm.*, lect. 12, n. 161); "a diferença se deduz da forma de uma coisa" (I, q. 76, a. 1); "a diferença completa a essência do gênero" (*De Pot.*, q. 8, a. 4, ad 5); "quando se elimina a diferença de uma espécie, a substância do gênero não permanece mais numericamente a mesma [...]. O gênero e a diferença não são partes da espécie; caso contrário, não se predicariam da espécie. Mas, assim como a espécie significa o todo, isto é, o composto de matéria e forma nas realidades materiais, assim também a diferença representa o todo e, de modo semelhante, o gênero. Mas o gênero designa o todo por aquilo que nele é como a matéria, enquanto a diferença o designa por aquilo que nele é como a forma e, por fim, a espécie o designa por uma e outra" (I-II, q. 67, a. 5).

A diferença denomina todo o sujeito sob o aspecto formal, enquanto o gênero o faz sob o aspecto material. Outra propriedade importante da diferença é dividir o gênero em muitas espécies que são opostas entre si (por exemplo, animado e inanimado; sensível e não sensível, racional e não racional etc.) (cf. I, q. 75, a. 7; II-II, q. 17, a. 5).

[Tradução: M. Couto]

Dionísio Areopagita

É o pseudônimo (e por esse motivo muitos o chamam Pseudo-Dionísio) de um autor cristão desconhecido. Filósofo e teólogo, ele escreveu por volta do final do século V uma série de obras, fazendo-se passar por Dionísio, membro do Areópago de Atenas, convertido por São Paulo, e do qual falam os Atos dos Apóstolos no capítulo 17. No elenco das obras desse autor, e que chegaram até nós, aparecem: *Os nomes divinos*; *Teologia mística*; *Hierarquia celeste*; *Hierarquia eclesiástica*. Por causa do pseudônimo escolhido e graças ao valor intrínseco de seus escritos, Dionísio exerceu um grande influxo no desenvolvimento da filosofia cristã e da mística da Idade Média, tanto no Oriente quanto no Ocidente.

Santo Tomás nos legou um ótimo comentário a propósito da obra maior de Dionísio, o *De divinis nominibus*. Esse comentário é de capital importância para a compreensão do próprio pensamento do Doutor Angélico a propósito das questões da cognoscibilidade de Deus e do valor da linguagem religiosa. Santo Tomás é um profundo conhecedor e grande admirador de Dionísio. Isso é perceptível particularmente a partir de seu comentário ao *Liber de Causis*, em que Santo Tomás avalia pontualmente as posições do autor neoplatônico dessa obra ao compará-las com as posições do cristão Dionísio.

Depois de Santo Agostinho, Dionísio é o autor mais citado por Santo Tomás, e creio que tenham razão aqueles estudiosos que sustentam que, para o que diz respeito ao sistema geral de seu pensamento, que é o do *Exitus* e do *Reditus*, o Doutor Angélico é mais devedor a Dionísio que a Agostinho. "A influência do Pseudo-Dionísio é profunda e diz respeito aos problemas mais árduos da metafísica, como a doutrina dos transcendentais e da analogia, o conhecimento de Deus (a teologia afirmativa e negativa) e o problema do mal; Dionísio, segundo Santo Tomás, melhor do que todos os outros eliminou o erro da filosofia platônica e inseriu o núcleo profundo da sua verdade na teologia cristã" (C. Fabro).

[Tradução: G. Frade]

Direito

É o conjunto de prescrições que regulamentam as relações entre os seres humanos. Ele indica aos membros de uma sociedade aquilo que é lícito ou o que se deve fazer, ou mesmo não fazer. Trata-se de uma instituição primária, fundamental de toda organização social. A discussão acerca do significado, do fundamento e dos limites das leis que regulamentam a vida social acompanha, desde as origens, todo o arco da filosofia ocidental. O problema já havia sido debatido pelos Sofistas e é retomado por Sócrates, Platão, Aristóteles. Ao passo que os Sofistas resolvem esse problema conferindo às leis um valor puramente convencional, Sócrates, Platão e Aristóteles enxergam nas leis uma expressão da racionalidade da natureza humana.

Santo Tomás define a *lex naturalis* como um reflexo da *lex divina* ou *lex aeterna*. Para Santo Tomás o pecado não invalidou *ipsa principia naturae*. Suas consequências, portanto, dizem respeito somente à possibilidade de o ser humano cumprir os ditames da *ratio naturalis*, e não sua capacidade de se elevar ao conhecimento desses ditames: em outras palavras, elas não invalidam de modo algum a existência de uma esfera de valores éticos puramente naturais, e é nessa esfera que o Estado e as relações políticas encontram sua razão de ser. Diferentemente de Santo Agostinho, que considerava o Estado uma instituição que pode ser necessária e divinamente preestabelecida, mas apenas em vista das condições atuais da humanidade corrompida, Santo Tomás obtém aristotelicamente o conceito de Estado a partir do conceito da natureza humana em si. E, assim, o direito civil, segundo Santo Tomás, corresponde às mesmas exigências fundamentais da natureza humana, que, sendo capaz de realizar a si própria somente em sociedade, exige uma regulamentação pública e autorizada das relações entre os cidadãos. Contudo, aqui novamente se encontra uma feliz aplicação da doutrina, fundamental no pensamento de Santo Tomás, de uma harmonia substancial entre razão e fé, entre ordem natural e ordem sobrenatural, mas com a subordinação da primeira à segunda. A ordem natural é para Santo Tomás somente uma condição e um meio para a realização de uma ordem mais alta, assim como a lei natural não é senão uma parte da lei eterna de Deus. Portanto, a ação jurídica do Estado deve ser considerada sempre em função do governo divino do mundo, e a esse plano providencial deve se subordinar totalmente.

(Cf. Lei (natural e positiva))

[Tradução: G. Frade]

Disciplina

Significa quer a virtude moral do autocontrole, quer um particular âmbito do saber (as várias disciplinas escolásticas: a matemática, a história, a geografia, a filosofia etc.).

Como virtude moral, a disciplina faz parte da educação e coincide com esta em larga escala. O termo latino *disciplina* corresponde ao grego *paideia* = educação. A disciplina contribui ao domínio de si mesmo, ao autocontrole, ao controle das próprias inclinações e paixões, à formação do caráter, mediante um constante exercício que leva o educando a ser capaz de desobrigar-se de determinadas tarefas, a desenvolver certas atividades, e principalmente a definir o próprio projeto de humanidade e a realizá-lo. Àqueles que sustentam que não há necessidade de disciplina, porque o homem estaria já munido pela própria natureza de tudo o que necessita, Santo Tomás replica: "Está presente no homem, naturalmente, a aptidão para a virtude; ora, é necessário que a própria perfeição da virtude sobrevenha ao homem por meio de alguma disciplina. Assim como vemos que o homem recorre a alguma indústria em suas necessidades, por exemplo, no alimento e no vestir, cujos inícios tem ele pela natureza, a saber, a razão e as mãos, mas não o próprio complemento, como os demais animais, aos quais a natureza deu suficientemente cobertura e alimento. Para essa disciplina, porém, o homem não se acha por si mesmo suficiente, com facilidade. Porque a perfeição da virtude consiste principalmente em afastar o homem dos prazeres indevidos, aos quais os homens são inclinados principalmente e maximamente os jovens em relação aos quais a disciplina é mais eficaz. E assim é necessário que os homens obtenham tal disciplina por outro, por meio da qual se chega à virtude" (I-II, q. 95, a. 1).
(Cf. Cultura)
[Tradução: M. Couto]

Discórdia

Diz-se de qualquer divisão ou dissenso de sentimentos, de opiniões, de decisões entre duas ou mais pessoas; é o contrário de concórdia.

Santo Tomás distingue dois tipos de discórdia: a discórdia consciente e intencional daquilo que é o bem de Deus e do próximo sobre o qual, ao contrário, é necessário o consenso; a discórdia que se refere às opiniões acerca das realidades que não são necessárias para a salvação. A primeira é objetivamente pecado mortal, porque se opõe à caridade, e de modo particular ao fruto da caridade que é a concórdia, ou seja, a união das vontades. Enquanto a segunda, não se referindo nem às intenções, nem às vontades, mas consistindo num dissenso de opiniões e, portanto, dos conhecimentos, não é pecado, porque não se opõe à caridade, a menos que comporte um erro acerca daquelas realidades necessárias para a salvação, ou mesmo uma pertinácia indevida ao sustentar a opinião pessoal (II-II, q. 37, aa. 1 e 2).
[Tradução: A. Bogaz]

Divórcio

Em geral com este termo se entende um sistema legal com o qual se realiza a dissolução do matrimônio durante a vida dos cônjuges. No AT o divórcio é um procedimento legítimo, ao qual porém tem direito somente o homem. Sendo a mulher, de certo modo, propriedade do marido, este somente pode repudiá-la se, encontrando nela "algum defeito", não quer mais viver com ela (Dt 24,1).

No NT Jesus se pronuncia claramente a favor da indissolubilidade do matrimônio e da igualdade dos sexos. Desde os inícios da Igreja, o divórcio é considerado um gravíssimo pecado, de modo que aquele que incorria nessa culpa era excomungado e por isso excluído da comunhão eclesial.

Santo Tomás reafirma a doutrina comum sobre todos os pontos fundamentais: 1) indissolubilidade; 2) legitimidade da separação por motivos válidos; 3) exclusão do direito de passar a novas núpcias enquanto o outro cônjuge estiver vivo.

1. Indissolubilidade

"O matrimônio, na intenção da natureza, se ordena à criação dos filhos, não só temporariamente, mas por toda a vida deles [...]. Logo, sendo os filhos o bem-comum do marido e da mulher, deve a sociedade conjugal ficar perpetuamente indissolúvel, segundo o ditame da lei natural. Assim que, a indissolubilidade do casamento é de lei natural (*inseparabilitas matrimonii est de lege naturae*)" (*Suppl.*, q. 67, a. 1).

2. Legitimidade da separação

Nas convenções ninguém fica obrigado a ter fé no compromisso se a outra parte não o cumpre. Em caso de infidelidade, "marido e mulher são julgados como tendo direito a coisas iguais, de modo a ser lícito e ilícito a um o que também o for ao outro [...]. Mas, quanto ao bem da prole, mais grave é o adultério da mulher que o do marido; portanto, maior causa de divórcio é o adultério dela que o dele" (*Suppl.*, q. 62, a. 4).

3. Exclusão de novas núpcias

"Nada de sobreveniente ao matrimônio pode ser causa de sua dissolução. Logo, o adultério não pode anular um casamento verdadeiramente existente. Pois, como diz Agostinho, o vínculo conjugal subsiste entre ambos por toda a vida, nem pode ser quebrado pela separação ou pela união com outra pessoa. Portanto, enquanto vive um não pode o outro passar a segundas núpcias" (*ibid.*, a. 5).

(Cf. Matrimônio)

[Tradução: A. Bogaz]

Dogma

Do grego *dokein*, que significa opinar, crer. Na Antiguidade clássica o termo tinha dois significados principais: "opinião doutrinal" e "norma" ("critério"). No pensamento cristão até o século XVI significa geralmente "ensinamento", "doutrina". Com Melchior Cano (1509–1560) começa a assumir o significado que conserva também hoje em teologia, segundo o qual por dogma se entende uma verdade revelada, que a Igreja recebeu dos apóstolos, e que foi solenemente definida por um Concílio ou por um papa.

Em Santo Tomás o termo "dogma" ocorre pouquíssimas vezes e tem o significado de "doutrina" ou "ensinamento", como se verifica nos textos seguintes: "*pestifera et mortifera dogmata non sunt nisi illa quae opponuntur dogmatibus fidei* (os dogmas pestilentos e mortíferos são os que se opõem aos dogmas da fé)" (II-II, q. 11, a. 2 s.c.). "*Ad eum (sacerdotem) pertinet divina dogmata e sacramenta exihibere populo* (pertence aos sacerdotes apresentar ao povo as verdades da fé e dispensar-lhe os sacramentos)" (II-II, q. 86, a. 2).

[Tradução: M. Couto]

Dons (do Espírito Santo)

São disposições infundidas pela Trindade na alma do batizado de modo que ele se torna dócil e obsequioso aos impulsos do Espírito Santo em função da própria salvação. Há um texto fundamental de Isaías (11,1-2) que enumera sete dons do "Espírito do Senhor": sabedoria, inteligência, conselho, fortaleza, ciência, piedade e temor. Sobre esse texto os Escolásticos se basearam para desenvolver a teologia dos dons do Espírito Santo.

Santo Tomás, a quem vai todo o mérito de ter dado uma organização definitiva na doutrina dos dons (primeiro por meio de um debate geral sobre os dons na q. 68 da I-II, e sucessivamente, por meio de tantas outras discussões específicas sobre cada um dos dons: sobre a inteligência, na q. 8 da II-II; sobre a ciência, na q. 9; sobre o temor, na q. 19; sobre a sabedoria, na q. 45; sobre o conselho, na q. 52; sobre a piedade, na q. 121; sobre a fortaleza na q. 139), define o dom como uma disposição estável, ou seja, um *habitus* criado por Deus, por meio do qual o homem se torna capaz de seguir prontamente e facilmente os impulsos salvíficos do Espírito Santo. "Portanto, os dons do Espírito Santo estão para o homem, em relação ao Espírito Santo, como as virtudes morais para a potência apetitiva em relação à razão. Mas as virtudes morais são hábitos que dispõem as potências para obedecer prontamente à razão. Logo, também os dons do Espírito Santo são hábitos que aperfeiçoam o homem para obedecer prontamente a esse Espírito (*dona Spiritus Sancti sunt quidam habitus, quibus homo perficitur ad prompte obediendum Spiritui Sancto*)" (I-II, q. 68, a. 3).

Os dons, assim como as virtudes, estão em todas as faculdades do homem que podem ser princípios de atos humanos, ou seja, na razão e na faculdade apetitiva: portanto, as faculdades serão tantas quantos serão os dons. Ora, porque ao todo as faculdades são sete, três na parte apetitiva e quatro na intelectiva, o número total dos dons não poderá ser senão sete. Eis a argumentação do Doutor Angélico: "A razão é especulativa e prática. E em ambas se considera a apreensão ou a descoberta da verdade e o juízo sobre ela. Assim, pois, para apreender a verdade a razão especulativa é aperfeiçoada pela *inteligência* e a razão prática, pelo *conselho*. E para julgar retamente, a razão especulativa é aperfeiçoada pela *sabedoria* e a prática, pela *ciência*. — Por seu lado, a potência apetitiva, no que diz respeito aos outros, é aperfeiçoada pela *piedade*; e no que se refere a nós mesmos, pela *fortaleza*, contra o medo dos perigos; e contra o desejo desordenado dos prazeres, pelo *temor*" (I-II, q. 68, a. 4).

Os dons do Espírito Santo estão ligados entre si, pois estão enraizados na caridade. Eles durarão em sua essência também na outra vida e serão perfeitos (I-II, q. 68, aa. 5-6).

(Cf. Espírito Santo)
[Tradução: G. Frade]

Dor

Diz-se de qualquer sofrimento, quer físico quer moral quer espiritual. "Há dois requisitos para a dor: a união com um certo mal (que é mal porque priva de um certo bem) e a percepção dessa união (*ad dolorem duo requiruntur: scilicet coniunctio alicuius mali (quod ea ratione est malum, quia privat aliquod bonum); et perceptio huiusmodi coniunctionis*)" (I-II, q. 35, a. 1).

A dor, principalmente a dos inocentes, sempre pôs a dura prova a inteligência humana. Ocuparam-se dela todos: os literatos, os filósofos, os teólogos, os sábios, os poetas, os trágicos, os romancistas etc., propondo as soluções mais disparatadas. A filosofia grega (e toda a cultura grega em geral) vê na dor um produto do destino (cf. Destino). Nem os filósofos nem os trágicos gregos oferecem uma explicação racional para o problema da dor.

Na Bíblia a origem da dor é atribuída ao homem: a dor, as doenças, a fadiga, a morte, são a consequência daquela rebelião contra Deus da qual se tornaram culpados os progenitores com seu pecado (Gn 3,14 ss.). Essa explicação passou para a tradição cristã que em Agostinho teve seu expoente máximo.

Para Santo Tomás a dor (mal) pode constituir um argumento contra a existência de Deus; por isso é tomada em séria consideração. Ao estudo desse terrível fenômeno ele dedica cinco questões na I-II (qq. 35-39) que exploram respectivamente: a natureza, as causas, os efeitos, os remédios e a moralidade da dor.

Quanto à *natureza* da dor, Santo Tomás esclarece que ela é uma paixão da alma, ainda que seu sujeito imediato possa ser o corpo: é pela alma, que faz viver o corpo, que ele sente dor (I-II, q. 35, a. 1). Há dores internas e dores externas: as primeiras são mais agudas do que as segundas, que afligem somente o corpo; de fato às vezes se enfrenta voluntariamente a dor externa para evitar a dor interna.

Entre as *causas* da dor, Santo Tomás sublinha as seguintes: a perda de algum bem temporal ou espiritual efetivamente possuído ou também simplesmente desejado (mas "sofremos mais pela perda dos bens presentes, nos quais já nos deleitamos, do que pela perda dos bens futuros, que desejamos") (I-II, q. 36, a. 2); a presença de forças opressivas e deletérias que "infligem um mal destrutivo" (I-II, q. 36, a. 4, ad 1).

Quanto aos *efeitos* da dor, Santo Tomás mostra que eles danificam quer a alma quer o corpo. Danifica a alma porque a oprime como um peso, a impede no desenvolvimento das próprias operações ou a torna fraca no operar. Danifica o corpo por causa das alterações fisiológicas que são produzidas (I-II, q. 36, aa. 1-4).

Os *remédios* que Santo Tomás sugere nessa Parte da *Suma Teológica* pertencem todos à ordem natural: o repouso, as lágrimas, a compaixão dos amigos, o estudo intenso, o banho, o sono (I-II, q. 38, aa. 1-5). Também a *moralidade* da dor é julgada na perspectiva meramente filosófica, donde resulta que a dor por si mesma é mal, mas pode ser útil quando leva a fugir daquilo que se detesta; e, entre os vários males, o do corpo não é o sumo mal, porque é mal de pena e, portanto, menos grave que o mal de culpa.

A análise psicológica e filosófica do fenômeno do mal é completada por Santo Tomás na *Terceira Parte da Suma Teológica*, nas questões dedicadas ao estudo da Paixão de Cristo. Refletindo sobre o mistério da Paixão, o problema da dor adquire um significado inteiramente novo e insuspeitado. Santo Tomás mostra que a Cruz de Cristo, sobre a qual se descarrega todo o enorme peso dos sofrimentos e dos pecados da humanidade, tem uma maravilhosa função dupla: soteriológica e pedagógica. Soteriológica porque livra a humanidade daquele mal infinito do qual se havia tornado culpada com o pecado original e que não tinha nenhuma possibilidade de reparar. Pedagógica por mostrar a todos que sofrem por que e de que modo se deve sofrer: "A paixão basta por si só para dar um endereço seguro a toda nossa vida […] De fato, na cruz não falta o exemplo de nenhuma virtude…" (*Expos. in Symb.*, a. 43, n. 919-920). "Assim, para que o homem de vida honesta não temesse nenhum tipo de morte, teve de lhe ser mostrado na cruz qual a morte daquele homem, pois entre todos os gêneros de morte nenhum foi mais execrável e temível que esse" (III, q. 46, a. 4).

(Cf. Cruz, Mal)

[Tradução: M. Couto]

Doutrina

Em Santo Tomás, esse termo conhece três usos principais:

1) No primeiro uso significa *ensino* e corresponde, portanto, à ação desenvolvida pelo docente, em contraposição à do discente (*disciplina*): "*doctrina est actio eius, qui aliquid cognoscere facit* (doutrina é a ação daquele que faz conhecer algo)" (*I Anal.*, lect. 1, n. 9).

2) No segundo uso, indica um *conjunto de verdades*; esse é o sentido na frase "*secundum doctrinam Domini*" (II-II, q. 187, a. 6, ad 3).

3) No terceiro, equivale a *ciência*. E assim se fala de *doctrina fidei* em contraposição a *doctrina saecularis* (*C. G.*, II-II, q. 188, a. 5, ad 3).

No que concerne a este último uso, cf. Teologia.

[Tradução: A. Bogaz]

Dulia cf. Adoração

Dúvida

É a condição intelectual de incerteza entre duas teses opostas, pela qual se rejeita a adesão a ambas. "É o movimento da razão na direção de ambas as partes de uma contradição sem ter a coragem de tomar uma decisão" (*III Sent.*, d. 17, q. 1, a. 4). É um dos quatro comportamentos que o intelecto pode assumir diante de duas proposições contraditórias: os outros três são a certeza (que assume com firmeza uma solução), a opinião (que assume com titubeação) e a fé (que assume uma posição graças à garantia de alguma autoridade). "Algumas vezes, o intelecto não se inclina na direção de uma parte, mais do que em outra, ou por falta de motivos, como no caso daqueles problemas nos quais não se descobrem as razões, ou mesmo por causa da aparente igualdade das razões que servem de apoio para as duas posições. E esse é o comportamento de quem duvida, flutuando entre as duas partes da contradição (*ista est dubi-*

tantis dispositio, qui fluctuat inter duas partes contradictionis)" (*De Ver.*, q. 14, a. l; cf. *III Sent.*, d. 23, q. 2, a. 2, sol. 3; d. 2, q. 2, sol. 1). A raiz da dúvida está "na falta dos meios adequados para o reencontro da verdade, cuja falta impede a aquisição de ciência autêntica" (*III Sent.*, d. 17, q. 1, a. 4).

Santo Tomás não dedica à dúvida aquela atenção que Santo Agostinho havia reservado a essa questão, e que em seguida Descartes também concederá; no entanto, também o Doutor Angélico vê na dúvida uma passagem obrigatória de toda indagação crítica. A dúvida e sua análise fazem parte da metafísica: "*Ista scientia (metaphysica) sicut habet universalem considerationem de veritate, ita etiam ad eam pertinet universalis dubitatio de veritate* (assim como a essa ciência cabe a análise universal da verdade, do mesmo modo a essa compete a dúvida universal da verdade)" (*III Met.*, lect. 1, n. 343). Pertence à metafísica a defesa dos ataques da dúvida do princípio de não contradição, fundamento de todo conhecimento.

(Cf. Certeza, Conhecimento, Verdade)

[Tradução: A. Bogaz]

Eclesiologia

É a parte da teologia reservada ao estudo da Igreja (do grego *ekklesia* = Igreja e *logos* = estudo).

Os primeiros tratados de eclesiologia remontam ao final do século XIV e tratam principalmente dos sinais da verdadeira Igreja: unidade, santidade, apostolicidade e catolicidade. Em geral são concebidos e construídos mais como tratados apologéticos e jurídicos que teológicos, em defesa dos erros e dos ataques que se levantavam contra a Igreja e em particular contra a autoridade do papa. Por esse motivo estão centrados na potestade hierárquica e mais exatamente na potestade do Sumo Pontífice. A eclesiologia teve um notável desenvolvimento depois do Concílio Vaticano II, Concílio dedicado principalmente ao aprofundamento do mistério da Igreja.

Em Santo Tomás não existe nenhuma obra e nenhum tratado dedicado exclusivamente ao estudo da Igreja. Todavia, ainda que de modo fragmentário, "os princípios de uma teologia da Igreja estão certamente presentes em Santo Tomás" (Y. Congar). Para uma reconstrução completa do seu pensamento eclesiológico, ocorre ter presentes todos os textos que mais ou menos diretamente dizem respeito à Igreja, em particular: *III Sent.*, d. 13; *C. G.*, IV, cc. 56-70; *De Ver.*, q. 29; III, q. 8 e 10; *De Reg.*, I, c. 15; *C. err. Graec.*, 2ª ps., cc. 32-36; *In Ad Col.* I, lect. 5; II, lect. 4; *In Ad I Cor* XII, lect. 3; *In Ad Hebr.* III, lect. 1; *In II Ad Tim.* II, lect. 3; *In Matth.* VIII, lect. 3; XIII, lect. 2; XVI, lect. 2; *In Ioan.* I, lect. 8, n. 190; lect. 15, n. 306; XIV, lect. 1, nn. 1852-1853. A partir desses textos pode-se deduzir uma vasta doutrina eclesiológica na qual estão expostas com grande lucidez e rigor todas as teses fundamentais relativas à natureza da Igreja (corpo místico de Cristo), à sua origem (do costado de Cristo), aos seus sinais (unidade, santidade, catolicidade, apostolicidade), às propriedades (visibilidade, infalibilidade, pneumaticidade), às estruturas (sacramental, ministerial e hierárquica), às relações com o mundo (em particular com a comunidade política e com as outras religiões). Se quisermos reunir a eclesiologia de Santo Tomás em torno a dois princípios fundamentais, pode se dizer que ela assume como princípio arquitetônico a *paixão de Cristo* (que tem origem do costado de Cristo, do qual jorram a graça e os sacramentos), e como princípio hermenêutico o *modelo somático*: toda a realidade da Igreja se explica mediante a imagem do corpo: a Igreja é definida como "corpo místico de Cristo".

(Cf. IGREJA)
[Tradução: M. Couto]

Ecologia

É o estudo do comportamento do ser humano nas suas relações com a natureza (com o planeta terra de modo particular) e das leis biológicas que regulam as relações entre os organismos vivos e o seu ambiente natural.

Sem dúvida, o problema ecológico é o mais grave, mais dramático e de dificílima solução que a humanidade da era tecnológica é chamada a enfrentar; pois é justamente esse progresso tecnológico prodigioso, mas incontrolado, que atualmente compromete o próprio futuro de nosso planeta, ou pelo menos sua habitabilidade. O problema ecológico explodiu nas últimas décadas e, por isso, nos tempos de Santo Tomás de fato não existia. Não se pode, portanto, pretender encontrar nas suas obras nenhuma *quaestio* dedicada à ecologia. Contudo, há em seus pensamentos princípios gerais que se referem às relações de Deus, de Cristo e da humanidade com a natureza que podem servir também para o caso da ecologia.

Como teólogo cristão, Santo Tomás foca sua atenção sobre os grandes mistérios da criação, da redenção, da ressurreição, da restauração final, todos eles mistérios que não se referem somente ao homem, mas também ao cosmo.

O homem foi colocado por Deus no "paraíso terrestre" para cuidar dele e trabalhar nele, não para destruí-lo ou para contaminá-lo (I, q. 102, a. 3). Deve utilizar-se dele para o próprio bem-estar, para o próprio progresso e para o próprio aperfeiçoamento, que, não obstante, são um bem-estar, um progresso e um aperfeiçoamento que dizem respeito primeiro à alma e depois ao corpo. Nem o homem deve jamais se esquecer de que o fim último da criação é o de dar *glória a Deus* (I, q. 65, a. 2) e que não se dá glória a Deus destruindo suas obras. Cristo, com sua morte e ressurreição, colocou a semente da libertação do poder das trevas também do cosmo, para fazer dele o trono de sua glória. Segundo Santo Tomás, o fim do mundo não comporta, em hipótese alguma, a sua destruição. No momento da conflagração final, os elementos dos quais está constituído o mundo permanecerão na sua substância, e por isso conservarão também as suas próprias qualidades; mas serão purificados das disposições que tendm à corrupção, porque a isto tende a purificação do mundo (*Suppl.*, q. 74, a. 5).

[Tradução: A. Bogaz]

Economia

Etimologicamente o termo significa "administração da casa" (do grego *oikos* = casa e *nemein* = administrar). Em geral designa aquela ciência que trata da produção e da administração dos bens materiais. Como ciência verdadeira e própria, a economia se desenvolveu na época moderna. No entanto, observações de índole econômica são registradas tanto nos pensadores gregos (Platão e Aristóteles em particular) quanto nos medievais.

Santo Tomás, principalmente ao tratar da virtude da justiça, examina vários argumentos de natureza econômica, como o direito de propriedade, o comércio, a usura etc.

Ele afirma o direito à *propriedade privada* e o justifica com várias razões: 1) porque cada um é mais solícito na gestão do que lhe pertence como próprio do que no cuidado do que é comum a todos ou a muitos; 2) porque as coisas humanas são tratadas com mais ordem quando o cuidado de cada coisa é confiado a uma pessoa determinada, ao passo que reina a confusão quando todos tratam indistintamente de tudo; 3) porque a paz entre os homens é mais bem garantida se cada um está contente com o que é seu (II-II, q. 66, a. 2). No entanto, o próprio Santo Tomás subordina o direito de propriedade à *destinação universal* dos bens da terra, porque tais bens estão ordenados a satisfazer às necessidades de todos os homens. Por isso, o direito positivo à propriedade deve ceder o lugar à lei natural da destinação universal dos bens, quando se apresentam situações de extrema indigência, que possam tornar lícito o furto (ibid., a. 7).

Santo Tomás reconhece a *liceidade do comércio*, introduzido para que os homens gozem reciprocamente na igualdade das coisas determinadas pela moeda. Porém, esclarece o Doutor Angélico, vender por um preço maior ou comprar por um preço menor é contra a igualdade, por isso é injusto e ilícito. Haveria razão de vender por um preço mais caro se a cessão é para quem vende também uma privação, porque então possui um duplo título; não é assim se para aquele que vende não há privação, pois somente quem compra teria um benefício particular, porque nesse caso quem vende não tem duplo título. Portanto "o justo preço frequentemente não é determinado pontualmente, mas vem computado com uma certa elasticidade, pela qual pequenas majorações ou diminuições não comprometem a igualdade da justiça" (ibid., a. 1). Em relação à usura, o juízo de Santo Tomás é categoricamente negativo quando diz respeito ao dinheiro ou outras coisas cujo uso e consumo coincidem; não é assim quando, ao invés, o uso não se confunde com o consumo, como seria o uso de uma casa que consiste em habitá-la, não em destruí-la (II-II, q. 78, a. 1).

(Cf. Propriedade)

[Tradução: M. Couto]

Ecumenismo

Movimento que no seio das Igrejas cristãs se propõe recompor a unidade da fé, da doutrina, dos sacramentos e das instituições mediante o diálogo, a oração e a cooperação. Se bem que o movimento ecumênico verdadeiro e próprio tenha tido origem no século XX, contudo a instância ecumênica foi muito viva também no passado e esforços e atividades de índole ecumênica foram realizados quer na Idade Média, quer na Idade Moderna, principalmente ao tentar restabelecer a unidade entre a Igreja Católica e a Igreja Ortodoxa.

Santo Tomás viveu quando as feridas da ruptura com a Igreja de Bizâncio eram ainda muito vivas e candentes. A divisão já havia acontecido havia dois séculos (1054), nem as cruzadas haviam contribuído para a recomposição. Todavia, uma ocasião favorável pareceu apresentar-se quando o imperador de Constantinopla Miguel Paleólogo entrou vencedor em Constantinopla (1261) e decidiu abrir negociações com o papa em vista de um entendimento religioso. Urbano IV, então reinante, já patriarca de Jerusalém, e também por esse motivo bastante sensível à causa ecumênica, demonstrou rapidamente um grande interesse às possibilidades que se apresentavam e, sem descuidar da ação política, se preocupou em promover contemporaneamente o entendimento doutrinal. Para tal finalidade, encarregou Santo Tomás de examinar criticamente um *Libellus de fide Trinitatis*, extraído de uma obra mais vasta e que reunia textos patrísticos e conciliares sobre os problemas dogmáticos e rituais, objeto de controvérsia entre gregos e latinos. Santo Tomás aceitou de bom grado o encargo e se colocou imediatamente ao trabalho, que terminou em 1264. O escrito leva o título *Contra errores Graecorum ad Urbanum IV Pont. Maximum*. A obra se articula em duas partes. Na primeira Santo Tomás extrai do *Libellus* uma síntese rigorosa do ensino dos Padres gregos sobre questões controversas. Na segunda examina as questões particulares para "mostrar a autêntica fé católica próprio através daqueles mesmos testemunhos dos Padres invocados no *Libellus* (*ostendendum est quomodo ex auctoritatibus in praedicto libello contentis vera fides docetur*)" (*C. err. Graec.*, 2ª ps., Proem., n. 1078). Na segunda parte, que é indubitavelmente a mais importante e interessante, o Doutor Angélico documenta com notável abundância de textos retomados dos Padres gregos a doutrina da Igreja de Roma sobre o Espírito Santo (cc. 1-31), sobre o primado do Romano Pontífice (cc. 32-36), sobre o uso do pão ázimo no sacramento da eucaristia (c. 37) e sobre o purgatório (c. 38). Como observou A. Dondaine, o *Contra errores Graecorum* é um autêntico modelo de teologia ecumênica e supera de longe todas as outras obras nas quais os escritores eclesiásticos da Idade Média buscavam confutar os erros dos gregos. Durante a longa controvérsia entre gregos e latinos até o Concílio de Florença (1439) os teólogos tiveram sempre presente, nutrindo grande consideração, o escrito do Doutor Angélico.

(Cf. Igreja, Papa)

[Tradução: M. Couto]

Educação

É aquela atividade particular exercida pelos adultos para com as novas gerações a fim de inseri-las na cultura (língua, usos, costumes, técnicas, instituições, valores, religião etc.) do próprio grupo social. A educação é uma exigência fundamental do homem, que nasce com ilimitadas capacidades de ação, mas sem a habilidade de realizá-las. Com o auxílio dos outros, ele deve aprender a desenvolver suas capacidades: nutrir-se, caminhar, falar, ler, escrever, jogar, trabalhar, rezar etc. Ao mesmo tempo, a educação é também uma exigência primária da sociedade, pois a firme união entre seus membros só se pode realizar propriamente mediante aquela tessitura interior que é a educação.

Do ponto de vista bíblico, a educação é o ato por excelência com o qual Javé faz o seu povo amadurecer rumo ao conhecimento do único e verdadeiro Deus e à consciência de sua própria vocação na história. A educação de Javé é progressiva, paciente, proporcionada às capacidades reais do interlocutor. A seu povo, ele faz dom de uma nova cultura: com novas verdades, novos valores, novas leis, novas instituições, novos ritos. A mesma pedagogia paciente, progressiva e sintonizada com as capacidades dos interlocutores é praticada por Jesus com seus discípulos no intuito de dispor-lhes à vinda do Reino de Deus; e, quando deixa este mundo, promete-lhes o Espírito Santo, que levará a cumprimento tudo aquilo para o qual haviam sido preparados.

Desde sempre a Igreja tratou do problema da educação, seja por esta constituir uma sociedade (com uma cultura própria), seja por fazer parte essencial de sua missão salvífica, que, como toda a economia da salvação, é substancialmente um processo educativo da humanidade. Muitos escritores cristãos trataram da educação. Na época dos Padres, merecem especial menção o *Pedagogo*, de Clemente de Alexandria, e o *De Magistro*, de Santo Agostinho. Santo Tomás tratou do problema educativo em seu *De Magistro*, que corresponde à q. 11 das *Quaestiones disputatae De Veritate*. No que concerne ao conteúdo efetivo de tal escrito, um dos mais conhecidos no âmbito pedagógico, veja-se o verbete Pedagogia.

Santo Tomás sublinha repetidamente a necessidade e a *importância da educação*, que ele chama de disciplina (cf. Disciplina). Àqueles que dizem que o homem não tem necessidade de educação pelo fato de já ser munido por natureza com tudo aquilo de que necessita, Santo Tomás replica afirmando que a natureza, certamente, deu ao homem a aptidão ao estudo, ao trabalho, à virtude etc., mas a perfeição dessas atividades é por ele alcançada por meio da educação. "Vemos que o homem recorre a alguma indústria em suas necessidades, por exemplo, no alimento e no vestir, cujos inícios tem ele pela natureza, a saber, a razão e as mãos, mas não o próprio complemento, como os demais animais, aos quais a natureza deu suficientemente cobertura e alimento. Para essa disciplina, porém, o homem não se acha por si mesmo suficiente, com facilidade. Porque a perfeição da virtude consiste principalmente em afastar o homem dos prazeres indevidos, aos quais os homens são inclinados principalmente e maximamente os jovens em relação aos quais a disciplina é mais eficaz. E assim é necessário que os homens obtenham tal disciplina por outro, por meio da qual se chega à virtude" (I-II, q. 95, a. 1; cf. *C. G.*, III, c. 122).

Segundo Santo Tomás, a educação é, principalmente, obrigação da mulher, da mãe. Por esse motivo ele condena firmemente o divórcio (cf. *Suppl.*, q. 62, a. 4).

O modelo a partir do qual deve se configurar a educação do cristão é, obviamente, Jesus Cristo. Por essa razão, Santo Tomás propõe continuamente o exemplo de Cristo, em todas as fases e circunstâncias de sua vida, como paradigma da conduta do fiel. Em todos os mistérios de Cristo, ele coloca em relevo não apenas a função soteriológica, mas também a pedagógica: Cristo é não somente a causa eficiente, mas também a *causa exemplar* da nossa salvação (cf. Cristo).

[Tradução: M. Ponte]

Efeito cf. Causa

Egoísmo

É a tendência em privilegiar o próprio Eu em relação a qualquer outra pessoa ou coisa. Na ética, o termo egoísmo qualifica o comportamento daqueles indivíduos ou a doutrina moral daqueles filósofos que procuram a satisfação exclusiva dos próprios interesses pessoais e, em vista dessa satisfação, regulam toda sua ação.

O egoísmo já era considerado um mal e um erro antes do cristianismo (Buda vê no egoísmo a raiz de todos os males). Isso se torna ainda mais claramente a causa de toda desordem moral e o pai de todos os vícios no cristianismo, depois que Cristo definiu Deus como amor e que São Paulo atribui à caridade o primeiro lugar entre todas as virtudes.

Santo Tomás não condena o egoísmo de modo categórico e absoluto. Antes, em sua opinião, há um egoísmo justo e legítimo, porque a própria caridade para com o próximo tem como critério e como medida o amor para consigo mesmo; "Ama o teu próximo como a ti mesmo". Portanto, o homem peca somente se ama a si mesmo desordenadamente. À pergunta: "Se o amor de si seja a causa (*principium*) de todos os pecados", o Doutor Angélico responde que a causa de todo pecado "é o amor desordenado de si mesmo"; mas tem um amor de si que é devido e legítimo e portanto não desordenado, que é bom e não pecaminoso: é aquele amor que reclama para si o bem que lhe convém (*bonum quod congruit*) (I-II, q. 77, a. 4, ad 1).

(Cf. CARIDADE)
[Tradução: A. Bogaz]

Emanação

Rigorosamente compreendido, esse termo designa a origem das coisas do princípio primeiro (que pode ser o Uno, o Bem, a Substância, o Pensamento etc.) mediante um processo de efusão e, portanto, com uma parcial diminuição da própria realidade por parte do próprio princípio primeiro. É a explicação da origem das coisas característica do neoplatonismo (cf. NEOPLATONISMO).

Santo Tomás usa o termo emanação em sentido lato, como sinônimo de *criação*: "*Emanationem totius entis a causa universali, quae est Deus* [...] *designamus nomine creationis* (a emanação de todo o ser a partir dessa causa universal que é Deus [...] a designamos com o nome de criação)" (I, q. 45, a. l; cf. q. 44, a. 2, ad 1; *C. G.*, IV, c. 1).

(Cf. CRIAÇÃO)
[Tradução: A. Bogaz]

Embriaguez

Do latim *ebrietas*; é o estado de quem, por tomar muito vinho, perde o controle de si mesmo e o uso da razão. A este vício Santo Tomás dedica a questão 150 da *Segunda Seção da Segunda Parte da Suma Teológica*, na qual aborda quatro quesitos: 1. A embriaguez é um pecado? 2. É pecado mortal? 3. É o maior dos pecados? 4. Exime de pecado?

Santo Tomás observa antes de tudo que a embriaguez pode ocorrer sem culpa, quando alguém consome licores ignorando seus efeitos. Assim se pensa ter ocorrido a Noé, como narra a Escritura. Pelo contrário, é culpável quando sucede pelo desejo veemente e pelo uso desordenado do vinho. "E então a embriaguez é pecado. E é parte da gula, como a espécie está contida no gênero, porque a gula se divide em comezainas e em bebedeiras" (II-II, q. 150, a. 1). Depois o Doutor Angélico esclarece que a gravidade do pecado é proporcional à voluntariedade. Quem sabe que o vinho é poderoso, que nos pode embriagar e quer embriagar-se, comete *pecado mortal* porque se priva do uso da razão e se expõe às condições de fazer o mal (II-II, q. 150, a. 2). A embriaguez quanto menos é voluntária tanto mais escusa dos pecados que por ela possam ser cometidos, mas são agravados se for voluntária e propositadamente buscada (II-II, q. 150, a. 4). De qualquer maneira a embriaguez não é o pecado mais grave, porque, por exemplo, os pecados contra Deus são mais graves.

[Tradução: M. Couto]

Encarnação

É o termo-chave da cristologia e exprime o modo como se realizou a união do Filho com a humanidade: "O Verbo se fez carne (= homem) (*Verbum caro factum est*)" (Jo 1,14). Encarnação significa antes de tudo a ação com a qual a Trindade forma no ventre de Maria uma natureza humana determinada e a une e a faz subsistir na Pessoa do Verbo. Em segundo lugar, significa o termo da ação divina, isto é, a união misteriosa da natureza divina com a humana na Pessoa do Verbo, que tem como resultado o Verbo encarnado, Jesus Cristo.

Em torno a esse inefável mistério se acenderam já nos primeiros séculos da Igreja as mais ásperas disputas, e pululavam numerosas heresias. A primeira foi a tendência a negar a natureza humana (gnosticismo, docetismo), sucessivamente a pessoa divina (ebionismo, arianismo). Mais tarde, mesmo reconhecendo a presença em Cristo quer da realidade humana, quer da divina, errou-se ao entender suas relações (Êutiques, Nestório). A ortodoxia católica, que exige a integridade quer humana, quer divina na unicidade da Pessoa, foi constante e corajosamente defendida pelos Padres e pelo Magistério eclesiástico, particularmente nos Concílios de Nicéia (325), Éfeso (431) e Calcedônia (451). A este último se deve a célebre profissão de fé: "Cremos num só e o mesmo Cristo, Filho, Senhor, unigênito, reconhecido em duas naturezas, sem confusão, sem mudança, sem divisão, sem separação, não sendo de modo algum anulada a diferença das naturezas por causa da sua união, mas, pelo contrário, salvaguardada a propriedade de cada uma das naturezas e concorrendo numa só Pessoa e numa só hipóstase; não dividido ou separado em duas pessoas, mas um único e o mesmo Filho, unigênito, Deus Verbo, o Senhor Jesus Cristo".

Santo Tomás tem uma cristologia muito rica (cf. Cristo); mas, de todos os mistérios, aquele sobre o qual mais se detém sua atenção, destrinchando todos os seus aspectos e dimensões, é a Encarnação, "*miraculum omnium miraculorum*" (*III Sent.*, d. 3, q. 2, a. 2). Do amplo e imponente tratado cristológico contido nas primeiras 59 questões da *Terceira Parte da Suma Teológica*, quase a metade (qq. 1-26) é reservada ao aprofundamento do mistério: "*Verbum caro factum est*". Em sua penetrante e lúcida reflexão, Santo Tomás examina e critica acuradamente todas as principais heresias cristológicas, e contra as duas soluções que comprometem o mistério da Encarnação, a monofisita — que considera uma só natureza em Cristo (a divina) e uma só pessoa (também ela divina) — e a nestoriana — que coloca a realidade humana e a realidade divina uma ao lado da outra, atribuindo a ambas quer uma natureza, quer uma pessoa — reafirma a validade do dogma de Calcedônia, que afirma as duas naturezas, humana e divina, na unidade da Pessoa divina do Verbo. Por outro lado, só de uma Pessoa divina que assume e faz própria a natureza humana se pode dizer corretamente que se encarna; qualquer outra explicação trai o sentido do *Verbum caro factum est*.

A especulação de Santo Tomás em torno ao mistério da Encarnação culmina no aprofundamento do conceito de pessoa, aprofundamento conduzido à luz da sua *filosofia do ser*. Segundo a clara definição que dá Santo Tomás, é pessoa somente um ser inteligente que é dotado de um ato próprio de ser: "*nam omne quod subsistit in intellectuali vel rationali natura, habet rationem personae*" (C. G., IV, c. 35, a. 1). Ora, o Verbo é pessoa (a segunda pessoa da Trindade) porque é dotado de um ato de ser próprio (distinto daquele do Pai e do Filho), e se encarna no momento em que torna partícipe do próprio ato de ser a natureza humana concebida da Virgem Maria. Uma das analogias à qual o Doutor Angélico recorre mais frequentemente para esclarecer o mistério da Encarnação é a da união entre a alma e o corpo. A analogia é tanto mais conveniente na especulação de Santo Tomás em que a alma é dotada de um ato de ser próprio, do qual torna partícipe o corpo. A analogia alma-corpo consente a Santo Tomás não só de estabelecer uma profunda união da natureza humana (como *instrumento conjunto*) com a natureza divina, mas também de esclarecer melhor o papel específico das duas naturezas: à natureza divina compete o papel de causa principal de todo o agir humano do Cristo; enquanto à natureza humana corresponde o papel de causa instrumental do mesmo agir divino do Verbo. Como causa agente instrumental, a natureza humana tem qualidades e prerrogativas próprias suas; eis, assim, esclarecida a especificidade do agir humano do Cristo: "A operação de alguma coisa pela sua forma é sua própria operação e só se torna a do agente motor na medida em que este a utiliza para realizar sua própria operação. Por exemplo, esquentar é a operação própria do fogo, mas ela se torna ação do ferreiro na medida em que ele utiliza o fogo para esquentar o ferro. Contudo, a operação que uma coisa possui unicamente quando é movida por outro não é uma operação diferente da do agente que a move; por exemplo, fazer uma cadeira não é uma ação do machado que possa ser separada da operação do artesão. Portanto, sempre que o agente motor e o que é movido possuem formas ou potências operativas diversas, necessariamente a operação própria daquele que move é diferente da operação própria daquele que é movido, embora o que é movido participe da operação do que move e este utilize a operação do que é movido; de tal forma que cada um age em comunhão com o outro. Assim, pois, em Cristo a natureza humana possui uma forma própria e uma potência pelas quais opera; assim também a natureza divina. Por conseguinte, a natureza humana possui uma operação própria distinta da operação divina, e vice-versa. Mas a natureza divina utiliza a operação da natureza humana como operação de seu instrumento; a natureza humana, por sua vez, participa da operação da natureza divina como o instrumento participa da operação do agente principal" (III, q. 19, a. 1).

Os fins da Encarnação que Santo Tomás enfatiza são dois: a reparação do pecado e a deificação do homem. O primeiro e principal objetivo é a reparação do pecado. Santo Tomás não exclui que, hipoteticamente, a Encarnação poderia ter-se realizado também prescindindo do pecado de Adão, mas afirma que de fato, historicamente, no dizer da Sagrada Escritura, o Verbo se encarnou justamente por causa do pecado: com o fim de realizar aquela reparação e reconciliação com Deus, que o homem não tinha nenhum poder de realizar. "Como, porém, na Sagrada Escritura o motivo da encarnação sempre é posto no pecado do primeiro homem (*incarnationis ratio ex peccato primi hominis*), é mais correto dizer que a obra da encarnação foi ordenada por Deus para remédio do pecado, de sorte que, não havendo pecado, não haveria encarnação. No entanto, o poder de Deus não está limitado a essa condição: mesmo que não houvesse pecado, Deus poderia encarnar-se" (III, q. 1, a. 3).

A segunda finalidade que Deus se propôs na Encarnação e que Santo Tomás não deixa nunca de sublinhar é a *deificação do homem*: "*Sic factus est homo ut hominem faceret Deum*" (*Expos. in Symb.*, a. 3, n. 906). "Somente Deus pode deificar, comunicando um consórcio com a natureza divina, por uma participação de semelhança. Do mesmo modo, somente o fogo e nenhuma outra coisa pode queimar" (I-II, q. 112, a. 1). De tal modo Deus completa o grande círculo que havia iniciado com a criação (o *exitus*): "Finalmente, completa-se, de certo modo, a universalidade de toda a obra divina, enquanto o homem, que foi criado por último, como que por um círculo, volta ao seu princípio, unindo-se ao princípio das coisas, pela obra da Encarnação" (*Comp. Theol.*, I, c. 201 — *Compêndio de Teologia*, p. 212).

(Cf. Cristo, Cristologia)
[Tradução: M. Couto]

Ente

Do latim *ens*. Termo fundamental da linguagem filosófica, que é marcado vez ou outra por significados semânticos diferentes, segundo as perspectivas filosóficas (realistas, idealistas, materialistas, espiritualistas, personalistas, existencialistas etc.) assumidas pelos vários pensadores. É termo importante e fundamental principalmente na filosofia de Santo Tomás, que é essencialmente uma filosofia do ser (cf. SER).

1. Os precedentes aristotélicos

Aristóteles foi o primeiro que estudou e classificou meticulosamente os vários usos do termo *ente* (*on*) (cf. *Metafísica* VI, c. 7, 1017a-1017b). Antes de tudo o ente se divide em *substancial* e *acidental* (o qual por sua vez é subdividido em nove predicamentos), o primeiro é o ente que subsiste em si mesmo, o segundo é o ente que é intrínseco a todo sujeito (substância). A segunda divisão do ente é entre o ente *lógico* (que se refere à verdade ou falsidade das proposições) e o ente *real*. A terceira divisão se refere ao "ente em *potência* e o *ente em ato*. Assim dizemos de alguém que é capaz de ver ou porque é tal em potência ou porque é tal em ato". Outra aquisição capital de Aristóteles no que concerne ao ente é que não se trata de um gênero, mas de algo que vai além de todos os gêneros e que não se predica univocamente mas analogicamente. Enfim, deve-se recordar que para Aristóteles a metafísica não tem outro objeto senão "o ente enquanto ente e as qualidades que o acompanham necessariamente" (*Metafísica* IV, c. 1, 1003a, 32).

2. A complexidade semântica

A linguagem filosófica de Santo Tomás, em particular sua linguagem relativa aos termos-chave da sua metafísica, "ente" (*ens*) e "ser" (*esse*), não tem nada de exato, rigoroso, sistemático. É uma linguagem fluida e flutuante, em que o mesmo termo é usado com significados semânticos bastante variados, por vezes à primeira vista contraditórios. A riqueza e variedade semântica dos termos "ente", "ser", mas também "essência", "substância", "forma", são devidas ao fato de que no correr dos séculos esses termos foram marcados de múltiplos significados que lhes atribuíram Platão, Aristóteles, Agostinho, Boécio, Avicena, Guilherme de Auvergne.

No que se refere ao termo "ente", é necessário dizer que, principalmente nas obras juvenis (o *Comentário às Sentenças* e a *Suma contra os Gentios*), é frequentemente usado como sinônimo de *essentia* e de *esse* (cf. *III Sent.*, d. 6, q. 2, a. 2). A substancial sinonímia dos termos *ens* e *esse* pode ser facilmente encontrada nas múltiplas divisões que o Doutor Angélico apresenta quer do ente, quer do ser. Tanto o ente como o ser são divididos em real e lógico. Assim, enquanto na *I Sent.*, d. 19, q. 5, a. 1, ad 1 lemos "*Esse dicitur dupliciter: uno modo secundum quod ens significat essentiam rerum prout dividitur per decem genera; alio modo secundum quod esse significat compositionem quam anima facit*", mais adiante encontramos "*Ens dicitur dupliciter. Uno modo secundum quod significat essentiam rei extra animam existentis* [...] *alio modo secundum quod significat veritatem propositionis*" (*II Sent.*, d. 37, q. 1, a. 2, ad 3). A mesma coisa ocorre para as outras divisões: entre *ens* (*esse*) *commune* e *ens* (*esse*) *divinum*, completo e incompleto, *per essentiam* e *per participationem* etc.

Levando em conta a complexidade e variedade semântica do termo "ente" nos escritos de Santo Tomás, buscaremos esclarecer seu pensamento em torno ao ente entendido como atuação particular do ser.

3. Noção geral

Tomado como termo-chave da filosofia do ser, *ente* quer dizer a totalidade de uma coisa, não uma parte sua (a essência, a matéria, a forma etc.). Contudo, como sugere a própria origem do termo (*ens* se origina de *esse*), *ente* conota de modo particular sua relação com o *ser*: ente "é o que tem o ser (*quod habet esse*)" (*II Sent.*, d. 37, q. 1, a. 1, sol.) ou, mais exatamente, "é o que participa do ser (*quod participat esse*)" (I, q. 4, a. 2, ad 3). E, uma vez que o ser se caracteriza sempre como ato, o ente pode ser definido também como "algo que está em ato (*ens dicit aliquid proprie esse in actu*)" (I, q. 5, a. 1, ad 1). Por isso "o ente não quer dizer a quididade (essência) mas sim o ato de ser (*ens non dicit quidditatem sed solum actum essendi*)" (*I Sent.*, d. 8, q. 4, a. 2, ad 2).

Como conceito universal, o termo "ente" tem a mesma extensão do termo "coisa" (*res*), mas a sua intenção é diferente: *res* se refere à essência; em vez disso, *ens* se refere ao ser:

"*dicitur* res *secundum quod habet quidditatem vel essentiam quamdam;* ens *vero secundum quod habet esse*" (*II Sent.*, d. 37, q. 1, a. 1).

4. Divisão

Santo Tomás repropõe todas as divisões do ente que Aristóteles, por sua vez, já havia elencado. Em primeiro lugar, a divisão do ente em lógico e real: "*Ens dicitur dupliciter. Uno modo quod significat essentiam rei extra animam existentis* […]. *Alio modo secundum quod significat veritatem propositionis*" (*II Sent.*, d. 37, q. 1, a. 2, ad 3; cf. *I Sent.*, d. 19, q. 5, a. 1, ad 1; *II Sent.*, d. 34, q. 1, a. 1; *V Met.*, lect. 9, n. 885). Depois a divisão do ente em ato e potência: "*dividitur ens in potentiam et actum*" (*V Met.*, lect. 9, n. 889).

Contudo, às conhecidas distinções aristotélicas Santo Tomás acrescenta outras que derivam mais da tradição platônica: a divisão do ente em ente por essência (*ens per essentiam*) e ente por participação (*ens per participationem*): "*Deus est ens per essentiam, quia est ipsum esse. Omne autem aliud ens est per participationem*" [Deus é ente pela sua essência, porque é o próprio ser. Mas todo outro ente é ente por participação. (N. do T.)] (*C. G.*, II, c. 15). Outra divisão de tipo platônico é aquela entre o *ente comum* (que corresponde ao conceito universal de ente) e o *ente divino* (que é o conceito especial aplicável a um só indivíduo, Deus): "De um ente pode-se dizer que é sem acréscimo (*sine additione*) em dois modos. Ou porque entra na sua própria definição a exclusão de ter acréscimos, e isto se diz de Deus: ao qual compete ser perfeito em si mesmo, e por isso não pode receber acréscimos […]. Ou porque pela sua definição não estão nem excluídos nem incluídos acréscimos: e é assim que se diz que o ente comum (*ens commune*) está privado de acréscimos. Portanto, no conceito de ente comum não está incluída essa condição, de ser sem acréscimos" (*I Sent.*, d. 8, q. 4, a. 1, ad 1).

5. Conhecimento do ente

Segundo Santo Tomás, o conceito de ente, no sentido de *ente comum* (não de *ente divino*) é o primeiro conceito da nossa mente e, como todas as outras ideias, se forma por abstração. "O ente é o primeiro conceito do intelecto (*ens est prima conceptio intellectus*); por isso ao ente nada se pode opor ou como contrário ou como privação, mas somente a modo de negação" (*I Sent.*, d. 19, q. 5, a. 1, ad 8). "O que é compreendido por primeiro pela representação do intelecto é o ente (*primum enim quod cadit in imaginatione intellectus est ens*) e sem isso nada pode ser apreendido pelo intelecto" (*I Sent.*, d. 8, q. 1, a. 3). E assim, se os conceitos de ente — bem, uno, verdadeiro — forem colocados em confronto resulta que, absolutamente falando, o ente precede todos os outros (ibid., cf. *De Ver.*, I, q. 1, a. 1).

Como todos os outros conceitos da nossa mente, também o de ente não é um conceito intuitivo, mas o resultado de um processo de abstração. Todo o processo cognoscitivo humano, segundo Santo Tomás, procede dos sentidos, e é somente dos dados sensitivos mediante a ação do intelecto agente que a mente forma as ideias. Ora, a primeira ideia que a mente compreende dos dados que lhe são exibidos pelos sentidos mediante a fantasia é a ideia mais simples e indeterminada de todas: a ideia de ente (cf. *I Sent.*, d. 8, q. 1, a. 3; *C. G.*, II, c. 83).

No conceito de ente, Santo Tomás ressalta duas qualidades fundamentais: primeira, a de ser um *conceito de "precisão"* e não propriamente de abstração: de fato esse conceito prescinde de todas as determinações ulteriores, não as deixa fora nem as exclui. "Há conceitos que em suas definições não requerem que se façam, ou que não se façam, acréscimos, e isto vale para o ente quando se diz que é sem acréscimo. De fato, no conceito de ente não se coloca esta condição, de excluir acréscimos, de outro modo não se poderia jamais fazer-lhe acréscimos porque iria contra a sua definição. Portanto, se diz *comum* porque na sua definição não inclui acréscimos, mas consente que se façam para passar do comum ao próprio" (*I Sent.*, d. 8, q. 4, a. 1, ad 1). A segunda característica do ente é não ser um gênero: "O ente não indica nenhum gênero;

porque o gênero significa sempre alguma quididade [...]. Ora, o ente não exprime nenhuma quididade, mas somente o ato de ser (*ens non significat quidditatem sed solum actum essendi*)" (*I Sent.*, d. 8, q. 4, a. 2, ad 2).

6. Analogia do ente

Não sendo um conceito genérico (e muito menos específico), o conceito de ente não pode ser unívoco, mas analógico. Esta era já a doutrina de Aristóteles, e Santo Tomás a assume totalmente. Mas da analogia (cf. ANALOGIA) Santo Tomás apresenta diferenciados tipos, em particular a analogia de proporcionalidade e a analogia de atribuição. Ora, é interessante constatar que ele entende a analogia do conceito de ente quer como analogia de proporcionalidade, quer como analogia de atribuição (*secundum prius et posterius*). No célebre texto do *Comentário às Sentenças* (*I Sent.*, d. 19, q. 5, a. 2, ad 1), a analogia é entendida como proporcionalidade: "Ente é predicado da substância e do acidente neste modo. Em tal caso a natureza comum deve existir em cada uma daquelas coisas, da qual é predicada, mas a sua existência difere segundo um grau maior ou menor de perfeição". Mas um pouco mais adiante na mesma obra o Doutor Angélico escreve: "O ente se encontra em muitas coisas segundo uma ordem de prioridade e posterioridade. E se diz ente antes de tudo e principalmente aquele cujo ser se identifica com sua essência, enquanto o seu ser não é recebido, mas sim subsistente". Ora, a predicação segundo a ordem de prioridade e posteridade (*secundum prius et posterius*) é característica da analogia de atribuição, e não da analogia de proporcionalidade.

7. Objeto formal da metafísica

Como Aristóteles, também Santo Tomás atribui à metafísica, como seu objeto formal, "o estudo do ente enquanto ente e do que lhe compete necessariamente" (*IV Met.*, lect. 1, nn. 529-530). Esse acordo sobre a definição formal da metafísica não deve levar ao engano: isto é, não deve ser confundido com um acordo substancial, de fundo e de conteúdo, entre a metafísica aristotélica e a tomista; porque se trata de fato simplesmente de um acordo sobre uma definição preliminar, que implica um acordo de direção e não de conteúdo. Na realidade, justamente sobre os conteúdos e sobre os objetivos últimos da metafísica Santo Tomás se afasta de Aristóteles para construir aquele grandioso edifício metafísico que é a sua filosofia do ser. Quer para Aristóteles, quer para Santo Tomás a metafísica é estudo do ente como ente, isto é, estudo do ente como portador e guardião do ato de ser; mas, enquanto para o Estagirita o ato de ser é a forma, para o Doutor Angélico o ato de ser (*actus essendi*) é a *actualitas omnium actuum*, a *perfectio omnium perfectionum*. Assim o ente de Santo Tomás se torna necessariamente um ente mais rico de atualidade e de perfeição do que o ente aristotélico; mas, ao mesmo tempo, como ente participado e composto, denuncia uma carência ontológica maior que aquela denunciada pelo ente aristotélico. E, enquanto Aristóteles se preocupa em esclarecer somente as estruturas internas do ente, e o faz excelentemente, individuando entre seus elementos constitutivos fundamentais a matéria e a forma, o ato e a potência, a substância e os acidentes, Santo Tomás se preocupa principalmente em esclarecer as relações entre o ente e o ser, e, partindo dos aspectos da caducidade do ente, objeto da nossa experiência (a participação, a graduação e a composição), pode remontar até o *esse ipsum*, o ser subsistente, que é ser por excelência, absolutamente simples, máximo na ordem da "esseidade" ou da entidade (*entitas*).

O exame do conceito tomista de ente nos permite chegar a duas importantes conclusões. *Primeira*, Santo Tomás não possui somente um conceito intensivo do ser, mas também um *conceito intensivo do ente* (como vimos, ele fala de um *ens commune* e de um *ens divinum*: o segundo exige um conceito intensivo, riquíssimo do ente). Por outro lado, os dois conceitos estão estritamente ligados entre si, sendo o ente o portador da perfeição do ser. Portanto, se o ser é a *actualitas omnium actuum*, obtém-se simplesmente o conceito de um ente que seja tal ao máximo grau, isto é, o conceito de um *ens per essentiam*, um *ens perfectissimum*, um *ens divinum*. *Segunda conclusão*, o ponto de partida da metafísica é certamente o *ens commune*; mas o seu ponto final é o *esse subsistens*. A metafísica estuda o ente em relação ao ser, isto é, como participação do ser. Isso significa explicar a sua condição de participação, de finitude, de composição. Esses fenômenos da contingência do ente tornam-se os pontos de partida para a *solução* do ente no ser. Assim, a metafísica do ente se torna necessariamente metafísica do ser.

(Cf. Ato, Essência, Metafísica, Ser)

[Tradução: M. Couto]

Entidade

É o nome abstrato de ente, assim como humanidade é o nome abstrato de homem e animalidade é o nome abstrato de animal. Designa, portanto, em forma abstrata, a qualidade, a perfeição do ser, dado que o ente é, por definição, aquilo que tem o ser, isto é, que possui o *actus essendi*. A entidade se encontra em Deus de modo eminente, como todas as outras perfeições simples: "*In Deo est natura entitatis eminenter*" (*I Sent.*, d. 3, q. 1, a. 1, ad 1). Encontra-se distribuída em Deus e nas criaturas segundo a ordem de prioridade e posterioridade: "*Entitas invenitur in pluribus secundum prius et posterius*" (*I Sent.*, d. 2, q. 1, a. 1, s.c.). Tudo o que se registra sobre a entidade nas criaturas provém de Deus: "*Quidquid est entitatis in creaturis totum est a creatore*" (*I Sent.*, d. 2, q. 1, a. 2). Todas as coisas são verdadeiras e reais por força da única verdade primeira, à qual cada uma delas se conforma mediante a sua entidade: "*Sic omnes sunt verae una prima veritate, cui unumquodque assimilatur secundum suam entitatem*" (I, q. 16, a. 6).

Como os conceitos de ente, ser e essência também o de entidade é um conceito analógico: "*Cum natura entitatis sit unius rationis in omnibus* secundum analogiam*" (*II Sent.*, d. 1, q. 1, a. 1). E, como resulta dos textos suscitados, trata-se de uma analogia de atribuição intrínseca, que prescreve que a perfeição que é predicada de muitos sujeitos pertença a cada um deles, mas não do mesmo modo, mas sim segundo uma ordem de prioridade e posterioridade, de modo que ao primeiro analogado compete por essência, e aos demais, por participação. A entidade pertence, portanto, primeira e plenamente, por essência, a Deus, e pertence secundária e imperfeitamente a todas as outras coisas.

(Cf. Analogia, Ente, Essência, Existência, Ser)

[Tradução: M. Couto]

Episcopado

Do grego *episcopein* = inspecionar, vigiar. É o ministério do qual estão investidos, mediante solene consagração, os legítimos sucessores dos Apóstolos, aos quais o Espírito Santo concede o dom dos carismas e dos poderes para instruir, santificar e governar as Igrejas locais ou particulares. Aos detentores desse sacro ministério se dá o nome de *bispos*. O episcopado é o grau mais alto da hierarquia eclesiástica: em segundo lugar está o presbiterado e em terceiro, o diaconato. A tríplice distinção de bispo, presbítero e diácono é encontrada pela primeira vez em Inácio de Antioquia: "Todos respeitem os diáconos vendo neles Jesus Cristo; do mesmo modo também ao bispo, nele vendo a imagem do Pai, e os presbíteros como senado de Deus e a assembleia dos apóstolos. Sem eles não se pode falar de Igreja" (*Trall.* 3, 1). Depois do edito de Constantino (313), as pessoas revestidas de ofício eclesiástico começavam a ser tratadas como aqueles que detinham autoridade com relativos ofícios, honras, sinais distintivos e uniformes especiais. Os bispos das principais cidades do império se tornam metropolitas e patriarcas.

Santo Tomás trata do episcopado no *Comentário às Sentenças* (IV, dd. 24-25), na II-II (q. 185), no *Supplementum* (qq. 37-38) e no *De perfectione vitae spiritualis*. A abordagem mais exaustiva — que está no *Comentário às*

Sentenças — define a natureza e as tarefas do episcopado no âmbito geral do sacramento da ordem.

Atendo-se a uma tradição teológica plurissecular (que tivera entre os seus mais qualificados expoentes Isidoro de Sevilha, Hugo de São Vitor, Pedro Lombardo e Alberto Magno), que considerava os presbíteros e os bispos como iguais no poder sacerdotal, mesmo reconhecendo ao bispo uma maior autoridade jurisdicional, Santo Tomás nega a sacramentalidade distinta do episcopado: ele não difere do presbiterado nem em relação ao sacramento, e nem em relação à ordem (entre os sete graus da ordem não figura o episcopado), mas somente em relação à maior dignidade e ao mais amplo poder jurisdicional. O argumento principal sobre o qual a tradição escolástica baseava essa tese, e que é constantemente retomado pelo Doutor Angélico, é que aquilo que caracteriza a ordem sacra é sua relação com o Corpo de Cristo, a eucaristia. Santo Tomás possui uma visão claramente eucarística e cultual da ordem. E, porque a ordem encontra sua culminância no sacerdócio, e a finalidade do sacerdócio cristão é o sacrifício eucarístico, daí deriva que a ordem, como sacramento, se refere diretamente à eucaristia. Visto que o poder do bispo em relação ao corpo de Cristo não é diferente daquele do simples sacerdote, ele deduz a igualdade entre bispo e o sacerdote no âmbito da ordem, e, portanto, no sacramento. A quem sustenta que o poder episcopal é mais extenso do que o sacerdotal, com a consequência de ser uma ordem maior, Santo Tomás replica que "o sacerdote tem duas funções: uma principal, que consiste em consagrar o verdadeiro corpo de Cristo (*consecrare verum corpus Christi*), e outra secundária, que consiste em preparar os fiéis para que possam receber a eucaristia. Em relação à função primária, o ato do sacerdote não depende de outra autoridade superior, exceto a divina; ao contrário, em relação à função secundária depende de alguma autoridade superior, até mesmo humana. Com efeito, qualquer poder que para se tornar atual pressupõe uma ordenação depende daquele poder que possa fazer tais ordenações. Ora, o sacerdote não pode desligar e ligar se não lhe for conferida a jurisdição, de modo que lhe são confiados súditos para absolver; ao passo que pode consagrar qualquer matéria estabelecida por Cristo para o sacramento eucarístico [...]. Assim, resulta que existe um poder episcopal superior ao sacerdotal, mas diz respeito apenas à uma função secundária" (*IV Sent.*, d. 24, q. 3, a. 2, sol. 1). Aquilo que diferencia o bispo do presbítero é, portanto, um poder de jurisdição mais amplo, que implica uma dependência do presbítero para com bispo como cabeça da Igreja. Com efeito, enquanto os sacerdotes representam Cristo que oferece a si mesmo ao Pai, o Bispo representa Cristo como fundamento e cabeça da Igreja: "*Sacerdos repraesentat Christum in hoc quod per seipsum aliquod ministerium implevit; sed episcopus in hoc quod alios ministros instituit et Ecclesiam fundavit*" (ibid., ad 3).

À questão sobre o episcopado ser ou não uma ordem, Santo Tomás responde dizendo que o termo ordem pode ser tomado em dois sentidos: o de sacramento e o de ofício relativo a certas funções sacras. Se entendido como sacramento, é ordenado necessariamente à eucaristia. Nesse caso, o bispo não possuindo um poder superior ao do sacerdote, o episcopado não pode ser uma ordem. Em vez disso, caso seja entendido como um poder relativo a certas funções sagradas no corpo místico, então também o episcopado pode ser chamado de ordem (*IV Sent.*, d. 24, q. 3, a. 2, sol. 2). Entre os vários poderes do bispo, há a primazia do poder de administrar as ordens sacras. De fato, dado que as diferentes ordens estão a serviço da Igreja e visto que cabe justamente ao bispo prover ao bem-comum do povo de Deus, daí deriva que administrar a ordem compete propriamente ao bispo (*IV Sent.*, d. 25, q. 1, a. 1). Somente o bispo pode conferir o diaconato e o sacerdócio. Isso encontra, segundo Santo Tomás, sua justificativa no fato de que o ato de conferir essas ordens requer a plenitude do poder hierárquico que somente o bispo possui (ibid., e ad 3).

A doutrina escolástica e tomista sobre a não sacramentalidade do episcopado e seu não pertencimento aos graus da ordem será abandonada em seguida pela teologia católica, a qual, durante a resolução desse problema, não se ligará mais à perspectiva eucarística, mas se confiará preferivelmente às fontes bíblicas e patrísticas, onde o episcopado é sempre apresentado como eixo e centro da ordem sacra.

Contudo, também para o Doutor Angélico o episcopado não ocupa somente o grau mais alto da hierarquia eclesiástica, mas é também o mais perfeito entre os vários estados de perfeição, mais perfeito ainda do que a vida religiosa. De fato, o estado religioso não pressupõe a perfeição, mas conduz para a perfeição; ao contrário, a dignidade episcopal a pressupõe. Quem aceita a honra do episcopado assume um magistério espiritual: ora, seria ridículo que se tornasse mestre de perfeição quem não conhecesse por experiência a perfeição. Portanto, o ônus do episcopado é muito mais grave do que o da vida religiosa. Os religiosos se obrigam a abandonar as riquezas, conservar a castidade, viver sob a obediência; ao bispo se pede muito mais: ele deve dar a vida pela salvação dos próprios súditos; por isso, pela salvação do próprio rebanho não pode fugir do perigo de morte. Os bispos devem dispensar em caso de necessidade as riquezas de seus súditos que devem pastorear não só com a palavra e com o exemplo, mas também com socorros temporais. As riquezas que os bispos possuem, as possuem não como propriedade própria, mas como coisas da Igreja e, como coisas comuns, as devem distribuir a todos. Os bispos estão também obrigados à castidade. Querendo purificar os outros, devem ser eles mesmos puros. Enquanto os religiosos com o voto de obediência se sujeitam a um só superior, os bispos se constituem servos de todas as almas confiadas aos seus cuidados, sendo obrigados a buscar não o próprio bem-estar, mas o bem-estar de muitos, "para que sejam salvos" (1Cor 10,33) (cf. *De perf. vitae spir.*, cc. 16-17).

Quando um religioso se torna bispo, deve conservar, das suas regras, aquilo que não impeça o ofício pontifical — o que poderia ser o silêncio, as vigílias, os jejuns, o horário — e permanece obrigado àquilo que serve para a custódia da perfeição, como a castidade, a pobreza e o hábito, que é sinal da profissão de vida perfeita (II-II, q. 185, a. 8).

A potestade do bispo, em relação à dos ministros inferiores, é como uma potestade política, que visa o bem-comum, fixa as normas para os inferiores, determinando seus ofícios e nos ofícios os institui: por isso, assim como ao bispo está reservado o crismar, do mesmo modo ao bispo está reservada a concessão das ordens sacras (*Suppl.*, q. 38, a. 1). O poder episcopal é perpétuo. Por isso os bispos heréticos e cismáticos conferem validamente as ordens sacras (ibid., a. 2).

Há uma potestade superior àquela dos bispos das Igrejas locais: é a potestade do papa. "Porque toda a Igreja forma um único corpo, ocorre um poder de regência universal, acima do poder dos bispos que regem as igrejas particulares, e esse é o poder do papa. Por isso aqueles que negam tal poder são chamados *cismáticos*, isto é, divisores da unidade eclesiástica" (ibid., q. 40, a. 6).

(Cf. Igreja, Ordem, Papa)

[Tradução: G. Frade]

Epistemologia

É aquela parte da filosofia que trata do conhecimento (do grego *episteme* = conhecimento e *logos* = estudo). No passado o termo era usado como sinônimo de *gnoseologia*; atualmente tende-se a restringir a epistemologia ao estudo dos fundamentos, natureza, limite, condições de validade do saber científico, tanto das ciências exatas (lógica e matemática) como daquelas empíricas (física, química, medicina, sociologia, psicologia etc.). Embora a epistemologia tenha existido como estudo do conhecimento em geral desde os primeiros albores da filosofia, a acepção mais restrita de estudo da ciência, da sua natureza, das suas atribuições, do seu valor, das suas múltiplas formas, dos seus procedimentos (métodos), das suas relações com a experiência, da sua verificabilidade e falsificabilidade etc., é coisa dos últimos séculos: coincide praticamente com a origem das ciências experimentais.

Em Santo Tomás falta uma epistemologia compreendida segundo a acepção mais recente desse termo. Existe, em vez disso, uma rica doutrina no que diz respeito ao estudo do conhecimento, sua origem, sua natureza, a divisão, o valor, as faculdades, as operações, a relação entre conhecimento racional e conhecimento revelado, entre fé e razão, o conhecimento das ideias e dos primeiros princípios, a diversificação do saber em três grandes ramos: física, matemática, metafísica etc.

Para a origem, a natureza e o valor do conhecimento, cf. Conhecimento. Para a faculdade cognoscitiva e seus objetos, cf. Gnoseologia. Para as relações entre fé e razão, cf. Fé, Fé e razão, Filosofia, Razão.

[Tradução: M. Couto]

Equidade

Do latim *aequitas* = justiça. Em geral, o termo é usado como sinônimo de justiça, não como virtude abstrata, mas como norma seguida constantemente no julgar, no governar, no tratar cada um segundo os méritos ou as culpas com absoluta imparcialidade.

Aristóteles, que foi quem primeiro formulou com precisão o conceito de equidade (*epieìcheia*), afirma que não existe contraposição entre êquo e justo, mas a equidade é uma justiça concreta, isto é, a justiça do caso particular. A função da equidade é corrigir e completar a lei; a qual, embora sendo atuação do justo, é por sua natureza universal e, não podendo prever cada coisa, deve-se limitar a dispor por aquilo que ocorre na maior parte dos casos. Numa passagem da *Ars rethorica* Aristóteles diz, entre outras coisas, que o dever do homem êquo é tratar com indulgência a fragilidade dos homens, cuidar não somente da lei, mas também do legislador, não das suas palavras, mas da sua intenção, não daquilo que o homem fez, mas daquilo que se propõe fazer. A equidade para Aristóteles não é somente uma força colocada a serviço da realização da justiça, para remediar as inevitáveis deficiências da lei escrita, mas possui além disso um altíssimo significado ético e social.

Tratando da equidade, Santo Tomás esclarece que se trata de um aspecto (uma parte) da justiça, mais ainda de sua parte preeminente porque *"est quase superior regula humanorum actuum!"* (II-II, q. 120, a. 2). A equidade mais do que à lei em si mesma e à sua rigorosa aplicação atenta aos casos concretos, às pessoas interessadas, e examina a oportunidade de ater-se à letra da lei. Assim, por exemplo, enquanto a lei em geral prescreve restituir ao proprietário o que foi recebido em depósito, no caso particular de um louco, de um criminoso, de um terrorista que buscar retomar a arma que deixou em depósito, a equidade (*epieìcheia*) sugere não restituí-la.

Portanto, pela mediação do princípio de equidade se aplica a adequação da norma, abstrata, no caso particular, concreto. Por esse motivo a equidade foi justamente chamada a *justiça do caso particular*, para significar que ela constitui a mediação concreta entre o princípio abstrato de justiça, expresso pela norma, e as exigências dos casos concretos.

[Tradução: M. Couto]

Equivocidade

É a propriedade daqueles termos que podem ser entendidos de vários modos, segundo significados totalmente diversos (por exemplo, a palavra "cão" se diz do animal, do gatilho do fuzil e da constelação). Contrapõe-se à univocidade (em que o significado é sempre o mesmo) e à analogia (em que o significa varia somente parcialmente de sujeito a sujeito).

O contexto em que geralmente se discute a equivocidade é aquele da linguagem teológica, em que se pergunta se os nomes que damos a Deus (pai, sábio, poderoso, criador, juiz etc.) são equívocos, ou seja, se têm um

significado totalmente diferente daquele que damos a eles quando os usamos para as criaturas. Durante a Idade Média, a tese da equivocidade da linguagem teológica havia sido sustentada por Maimônides. Santo Tomás, tratando do significado dos nomes divinos, a rejeita categoricamente junto com a tese oposta da univocidade, e sustenta a tese da analogia. "É impossível atribuir alguma coisa univocamente a Deus e às criaturas [...]. Fica evidente: este nome *sábio* não é atribuído a Deus e ao homem segundo a mesma razão. O mesmo argumento vale para os outros nomes. Portanto, nenhum nome é atribuído univocamente a Deus e à criatura. Mas também não é atribuído de maneira completamente equívoca como alguns o disseram. Nesse caso, nada se poderia conhecer de Deus a partir das criaturas, nada demonstrar a seu respeito; sempre se cairia na falácia da equivocidade. Isso vai contra o testemunho tanto dos filósofos que demonstram muitas coisas a respeito de Deus, quanto do próprio Apóstolo, dizendo aos Romanos: 'Perfeições invisíveis de Deus se tornam conhecidas por suas obras' (Rm 1,20). É preciso dizer que os nomes em questão são atribuídos a Deus e às criaturas segundo analogia, isto é, segundo proporção" (I, q. 13, a. 5)
(Cf. ANALOGIA)
[Tradução: M. Couto]

Erro

Em geral significa qualquer desvio da verdade.

Segundo Santo Tomás, "o erro consiste em aceitar o falso por verdadeiro (*est approbare falsa pro veris*), e por isso acrescenta um ato novo com respeito à ignorância; pode, de fato, haver ignorância sem que ninguém emita nenhum juízo sobre o que não conhece; trata-se, então, de um ignorante e não de alguém que erra; mas, quando emite uma sentença falsa com relação a coisas que não conhece, então se diz propriamente que cai no erro" (*De Malo*, q. 3, a. 7). Como esclarece muito bem o Doutor Angélico, uma coisa é o erro, outra é a ignorância. Na ignorância existe simples ausência de conhecimento (quer do verdadeiro, quer do falso); ao invés, no erro há conhecimento, mas se trata de conhecimento falso, ou seja, disforme em relação ao verdadeiro.

Ainda que se costume falar de erro dos sentidos, de fato a responsabilidade do erro não recai nunca sobre os sentidos, mas sobre o juízo. Essa tese, que era já de Aristóteles, foi apropriada também por Santo Tomás, que enfrenta a questão do erro dos sentidos em vários escritos, em particular no *Comentário à Metafísica* (I, IV, lect. 14-15), na *Suma Teológica* (I, q. 17), no *Comentário às Sentenças* (I, d. 19, q. 5, a. 1) e no *Sobre a Verdade* (q. 1, aa. 11-12).

O conhecimento sensitivo, que pode ser verdadeiro e normalmente o é, está privado do conhecimento da verdade. "A verdade não se encontra nos sentidos como algo que foi conhecido por eles. Pois, quando o conhecimento sensitivo emite um juízo correto sobre as coisas, é importante notar que este conhecimento sensitivo — ao contrário do conhecimento intelectivo — não conhece a verdade através da qual julga corretamente" (*De Ver.*, q. 1, a. 9). Por esse motivo, Santo Tomás considera que se deve excluir o conhecimento sensitivo do âmbito da verdade e, portanto, também do âmbito do erro. De fato, os sentidos em si nunca são culpados de erro, pois, ainda que em algum caso sejam maus instrumentos de conhecimento, a culpa do erro será sempre debitada ao intelecto, o qual cai no erro quando não efetua os devidos controles: não controla, por exemplo, se o órgão sensitivo está são, se as condições da luz, da cor etc. são normais, se o sujeito se encontra no estado de sono ou de vigília. Dado que todos esses controles são possíveis, o intelecto não carece errar, como reclamam os céticos, por causa do mau funcionamento dos sentidos, e em definitivo é sempre responsável dos erros (cf. *IV Met.*, lect. 14-15).

Por isso, o intelecto, mediante um vigilante controle dos sentidos, pode garantir a formação de representações verídicas das coisas. No entanto, esclarece o Doutor Angélico, o intelecto atinge criticamente a verdade não no momento em que recebe as representações das coisas, isto é, na abstração, que é a primeira operação do intelecto, mas quando proclama que tais representações têm caráter objetivo. Isso ocorre no *juízo*, que é a segunda operação do intelecto. Então, este declara que algo é ou não é; é assim ou então não é assim; isso pertence ao intelecto de composição e de separação. Até que o intelecto esteja simplesmente em posse da ideia de uma coisa, não formula ainda nenhum juízo sobre a semelhança ou dessemelhança, entre a ideia e a coisa. "Isso ocorre somente quando o intelecto compõe ou divide as ideias. Por exemplo, quando o intelecto se forma a ideia de animal racional mortal tem já em si uma imagem do homem; mas não por isso sabe de ter uma imagem conforme ao homem, porque não tem ainda formulado o juízo que o homem é um animal racional mortal. Portanto, é somente na segunda operação do intelecto que se dá a verdade e a falsidade. De fato, no juízo o intelecto não está somente em posse da imagem da coisa conhecida, mas está também consciente da semelhança que existe entre a imagem e a coisa, reflete sobre isso, a conhece e a julga. Disso resulta que a verdade não existe nas coisas primariamente, mas sim na mente e também na mente somente enquanto compõe e divide" (*VI Met.*, lect. 14).

Várias são as razões que podem conduzir o homem ao erro, mas as mais importantes, segundo Santo Tomás, são três: a complexidade do objeto conhecido, a precipitação e a intrusão das paixões na atividade do intelecto. Antes de mais nada, a *complexidade do objeto*: "O intelecto criado não sendo capaz de colher toda a realidade simultaneamente, pode errar enquanto julga uma coisa conveniente, considerando-a a partir de um ponto de vista particular; por outro lado, não seria de modo algum conveniente se a considerasse por um outro ponto de vista" (*II Sent.*, d. 5, q. 1, a. 1, ad 4). Em segundo lugar, a *precipitação*, que não consente dedicar ao objeto toda a atenção que seria necessária: "É por isso que a consideração se refere, principalmente, ao juízo. Tam-

bém a falta de julgamento reto se refere ao vício da inconsideração, conforme alguém falha no julgamento reto pelo fato de desprezar ou de negligenciar atender àquilo do qual procede o julgamento reto" (II-II, q. 53, a. 4). Enfim, o *peso das paixões*: estas induzem a formular juízos apressados na medida em que absorvem o intelecto de tal modo que o impedem de considerar as coisas serenamente, de modo objetivo e imparcial. "O erro algumas vezes é devido ao ímpeto das paixões, as quais absorvem e quase amarram o juízo da razão, a ponto desta não levar mais em consideração nem este (objeto), nem seu oposto; mas a vontade vai ao encalço do prazer que lhe é apresentado pelos sentidos" (*II Sent.*, d. 39, q. 3, a. 2, ad 5).

Em conclusão, para atingir a verdade e esconjurar o erro, não bastam o estudo assíduo, a atenção vigilante, a pesquisa paciente; é preciso ao mesmo tempo enganar as paixões, principalmente a luxúria, que, segundo Santo Tomás, mais do que outra, ofusca o intelecto e o induz a construir uma visão completamente distorcida das coisas.

(Cf. Juízo, Paixão, Sentido (faculdade cognoscitiva, Verdade)
[Tradução: M. Couto]

Escândalo

É um termo típico da Bíblia e significa ao mesmo tempo um perigo que atrai a vítima a uma armadilha e uma pedra de tropeço, isto é, tudo o que é obstáculo e causa ruína. "Segundo Jerônimo, 'podemos traduzir o grego *scandalon* por passo em falso, queda ou lesão do pé'". "Da mesma forma acontece que, no decurso de um caminho espiritual, as palavras e as ações do outro exponham à queda espiritual na medida em que este outro, por seus conselhos, suas sugestões ou seu exemplo, arraste ao pecado. É isso o que se chama de escândalo propriamente dito" (II-II, q. 43, a. 1).

No AT o termo escândalo se encontra usado em sentido literal (Lv 19,14) e mais frequentemente em sentido figurado; às vezes indica um grave perigo material, como desgraças, morte, cativeiro etc., e mais frequentemente uma ocasião de queda moral, de pecado e de apostasia. No NT há vários significados: a) indução a pecar (Mt 16,32; 18,7); b) ocasião involuntária da queda do próximo (Mt 26,31); c) ocasião que se torna causa de queda por má vontade (Gl 5,11); d) quem dá ocasião de queda (Mt 16,23). Jesus condena com palavras duríssimas os disseminadores de escândalos. Aos grandes, que com seu mau exemplo arrastam os jovens ao mal e ao pecado, diz as terríveis palavras: "É preferível para ele que lhe amarrem ao pescoço uma grande mó e o precipitem no abismo do mar" (Mt 18,6).

Santo Tomás trata amplamente o tema do escândalo na questão 43 da *Segunda Seção da Segunda Parte da Suma Teológica*. A questão está subdividida em oito artigos que abordam os seguintes quesitos: 1. O que é o escândalo? 2. É um pecado? 3. É um pecado especial? 4. É um pecado mortal? 5. Os perfeitos podem ser escandalizados? 6. Podem causar escândalo? 7. Deve-se renunciar aos bens espirituais para evitar o escândalo? 8. Deve-se renunciar aos bens temporais para evitar o escândalo?

Depois de ter definido o escândalo como um comportamento (palavra ou ação) que dá aos outros ocasião de cair em pecado, Santo Tomás esclarece que o escândalo não pode ser considerado a causa do pecado do próximo. De fato, "nada pode ser para o homem causa suficiente de pecado, a saber, de queda espiritual, a não ser sua própria vontade. Por isso, as palavras, ou os atos do outro só podem ser uma *causa imperfeita* que conduz mais ou menos à queda" (II-II, q. 43, a. 1, ad 3). Isso não muda o fato de que o escândalo, seja ativo ou passivo, isto é, de quem faz cair e de quem cai, seja *pecado*. O escândalo ativo é *pecado mortal* quando é dado com um pecado mortal ou quando busca fazer cair mortalmente o próximo (ibid., a. 4).

Se da verdade deriva escândalo em outros, é melhor permitir o escândalo do que deixar a verdade. Por isso não se devem deixar as coisas necessárias à salvação por temor do escândalo, nem mesmo as que não são necessárias à salvação, se o escândalo é devido à malícia dos outros, como, por exemplo, no caso dos fariseus; deve-se, ao contrário, nessas coisas, evitar ou prevenir o escândalo dos pequenos. Quanto às coisas temporais, essas devem ser deixadas por temor do escândalo somente se são de nossa propriedade e se se trata do escândalo dos pequenos que de nenhuma outra maneira se pode prevenir ou impedir (ibid., aa. 7-8).

[Tradução: M. Couto]

Escatologia

Do grego *eskhaton* = último e *logos* = estudo. É aquela parte da teologia que se dedica ao estudo das realidades últimas (morte, juízo, inferno, paraíso) ditas também *novíssimas* (do superlativo do termo latino *novus* = novo, último).

A escatologia é tema dominante seja da mensagem evangélica, seja das cartas de São Paulo. Jesus convida seus discípulos a abandonar cada coisa pelo Reino de Deus, que não é um reino deste mundo, e a conceber toda sua existência terrena em vista da vida eterna. Jesus preanuncia aos seus discípulos a sua segunda vinda que será acompanhada da ressurreição final e do juízo universal pelo qual os bons serão premiados com a vida eterna e os maus com o fogo eterno (Mt 24,23 ss.). O apóstolo Paulo caracteriza a vida presente dos cristãos como uma vida de salvação na esperança (Rm 8,24). Essa esperança é às vezes considerada a espera, na alegria e na tensão, da Parusia, às vezes também como a constância e a paciência em meio às dificuldades que comporta a vida atual, mas sempre orientada para a vinda do Senhor.

Santo Tomás em todas as suas obras sistemáticas (a *Suma*, o *Compêndio* e o *Comentário às Sentenças*) dedica amplo espaço à escatologia, principalmente ao juízo universal, ao inferno e ao paraíso, entrando em detalhes que poderiam aparecer como importantes para os estudiosos medievais (por exemplo, a rigorosa colocação do limbo, a natureza das chamas dos danados, o chorar dos danados etc.), mas que a nós, hoje, resultam ser fruto de uma mentalidade mítica que dava muito peso à fantasia na interpretação e na formulação de mistérios tão profundos e difíceis.

Para o pensamento de Santo Tomás sobre temas particulares da escatologia, ver os respectivos verbetes: INFERNO, JUÍZO, MORTE, PARAÍSO, PURGATÓRIO.

[Tradução: M. Couto]

Escolástica

Em sentido lato e geral este termo pode designar toda filosofia de uma Escola (Escola de Pitágoras, Platão, Aristóteles, Zenão, Epicuro, Plotino, Averróis, Descartes, Kant etc.). Mas o termo é normalmente reservado à *filosofia medieval* tomada globalmente, da qual praticamente é sinônimo. Enquanto a expressão "filosofia medieval" tem valor simplesmente cronológico, o nome "Escolástica" quer qualificar também seu conteúdo. Qual? Sobre esse ponto não existe pleno acordo entre os estudiosos. Alguns (Gilson, Fabro) indicam como elemento específico da Escolástica a harmonia entre fé e razão. Outros (Grabmann, Vanni Rovighi) o encontram no método: a aplicação da lógica aristotélica ao aprofundamento dos mistérios da fé cristã (como também da fé hebraica e muçulmana). Trata-se por outro lado de dois aspectos complementares. De fato, o período de desenvolvimento da Escolástica, que se estende por mais de sete séculos, é o momento de uma exaltante confiança na validez dos procedimentos racionais para a penetração dos mistérios da fé, procedimentos capazes de realizar uma profunda harmonia entre as verdades reveladas e as instâncias da razão. O *scholasticus* em sentido pleno é o mestre que organiza a *doctrina sacra* como ciência. Ele se baseia sobre um procedimento que se refere quer ao modo de pensar, quer à técnica do ensino. Técnica adaptada era considerada a *dialética*, isto é, o uso da atividade racional (na Idade Média "dialética" era sinônimo de "lógica"): todos os métodos racionais são chamados em causa, a serviço da fé. O método da Escolástica culmina na *quaestio disputata*, controvérsia pública entre um mestre e seus colegas, verdadeira obra prima da "escola". A *quaestio* representa um progresso técnico extraordinariamente importante, que revela a idade adulta atingida pela razão principalmente em teologia durante uma época acusada injustamente de obscurantismo e ingenuidade. A razão se coloca diante do dado da fé (*lectio* da palavra de Deus), recorre à interpretação dada das "*auctoritates*" (método da autoridade) e finalmente solicita a razão para a discussão (*quaestio, rationes*) e leva a inteligência à raiz dos problemas (cf. QUESTÃO). Enquanto esse método permaneceu sólido na sua articulada compacidade, foi um dos instrumentos mais eficazes e inovadores do espírito humano; mas, quando os três componentes se separaram na Escolástica tardia (sécs. XIV-XV), decaiu no formalismo dialético, agravado pelo ceticismo no valor da razão. A Escolástica não foi fenômeno cultural exclusivamente cristão — como frequentemente se crê — mas comum aos três povos do "Livro": judeus, cristãos e muçulmanos. Todos os três na Idade Média realizaram uma reflexão sobre a Palavra de Deus, servindo-se dos mesmos instrumentos racionais tomados de empréstimo da filosofia grega com o intento, por um lado, de encontrar uma harmonia entre os ensinamentos dos filósofos e as doutrinas da Escritura e, por outro, de obter uma compreensão racional da verdade revelada. Na Escolástica se distinguem várias ramificações. Antes de tudo se distingue entre Escolástica árabe (Avicena, Alfarabi, Al-Ghazali), Escolástica judaica (Avicebron, Maimônides), Escolástica cristã (Anselmo, Bernardo, Abelardo, Boaventura, Tomás, Escoto etc.). Uma outra distinção importante — que se refere à Escolástica cristã — é entre *Escolástica franciscana* (que designa os teólogos da ordem franciscana e se caracteriza por uma maior fidelidade a Agostinho, ainda que dê um espaço a algum elemento da filosofia aristotélica), e *Escolástica dominicana* (designa os teólogos da ordem de São Domingos: Alberto Magno, Santo Tomás e outros, e se contradistingue por um amplo uso que faz da metafísica e da antropologia aristotélica e pelo abandono do platonismo agostiniano). A Escolástica dominicana também é chamada *Escolástica aristotélico-tomista*.

[Tradução: M. Couto]

Escolha

Em latim *electio*; indica o momento culminante do ato livre (cf. ARBÍTRIO).

Este, segundo Santo Tomás, compreende duas fases: uma corresponde ao intelecto e é chamada por ele deliberação (*deliberatio*) ou conselho (*consilium*); a outra corresponde à vontade e é chamada escolha (*electio*).

A escolha (*electio*) é substancialmente ato da vontade, ainda que pressuponha e implique a contribuição do intelecto. "O termo eleição implica algo que pertence à razão, ou ao intelecto, e algo que pertence à vontade, pois, segundo o Filósofo no livro VI da *Ética*: 'Eleição é o intelecto apetitivo, ou o apetite intelectivo'. Quando duas coisas concorrem para constituir uma, uma delas é formal com relação à outra [...]. Assim, o ato pelo qual a vontade tende para o que lhe é proposto como bem, visto que é ordenado para o fim pela razão, materialmente é da vontade, formalmente da razão (*materialiter est voluntatis, formaliter autem rationis*). Em tal caso, a substância do ato refere-se materialmente à ordem que lhe é imposta pela potência superior. Donde a eleição substancialmente não ser ato da razão, mas da vontade" (I-II, q. 13, a. 1). Com essa explicação, de que a escolha é substancialmente ato da vontade e, contudo, especificamente ato da razão, Santo Tomás entende esclarecer a diferença entre os atos voluntários necessários e os atos voluntários livres: os primeiros são ditados pela própria natureza, os segundos são, por sua vez, acompanhados pela razão. Substancialmente se enraízam ambos na vontade; mas a escolha (*electio*) se *especifica* como ato voluntário graças à contribuição da razão.

Só o homem é dotado deste poder, porque só o homem é dotado de razão; os animais agem por instinto e não por livre escolha. (ibid., a. 2).

Quanto ao *âmbito da escolha*, Santo Tomás, seguindo Aristóteles que havia tratado o argumento com grande acuidade na *Ética a Nicômaco*, diz que é o âmbito dos *meios* e *não do fim*, porque o fim último da vontade (do homem) é o sumo bem: a este tende necessariamente a vontade. Aquilo sobre o que ela pode exercer sua escolha diz respeito aos meios para conseguir o fim último: "*Electio... non est finis ultimi, qui unicuique naturaliter est determinatus, sed tantum eorum quae sunt ad finem, ad quem per plura media devenire potest, licet quaedam sint convenientiora, quae eliguntur*" (*I Sent.*, d. 41, q. 1, a. 1).

(Cf. ARBÍTRIO, ATO HUMANO, VONTADE)

[Tradução: M. Couto]

Escritura (Sagrada) cf. Bíblia

Esmola

É um ato de caridade para com os pobres recomendado e praticado em todas as religiões: não somente no judaísmo e cristianismo, mas também no islamismo, budismo, hinduísmo, masdeísmo, confucionismo. O dever de ajudar o necessitado é exigido seja pelo AT, seja pelo NT: Jesus recomenda com insistência a verdadeira esmola (Mt 19,21; Lc 11,41; 12,33); a quer discreta (Mt 6,2-4) e determinada pelo espírito de sacrifício (Lc 12,33). Os primeiros cristãos se distinguiam pelas suas boas obras e por suas esmolas (At 6,1; Rm 15,26-31).

Santo Tomás dedica ao tema da esmola uma ampla questão da *Suma Teológica* (II-II, q. 32) na qual estuda a natureza, os tipos e a obrigação da esmola. Quanto à natureza, ele define a esmola seja como um ato de misericórdia, seja como um ato de caridade. Antes de tudo é um ato de misericórdia, porque é determinada por um ato de compaixão para com o próximo; mas ao mesmo tempo é também um ato de caridade "porque a misericórdia é um efeito da caridade" (a. 1). Há dois tipos principais de esmola: *espiritual* e *corporal*, conforme se socorra o próximo nas suas necessidades espirituais ou corporais. Das duas, absolutamente falando, a mais importante é a primeira; mas algumas vezes a esmola corporal é mais urgente do que a espiritual e deve portanto ser cuidada por primeiro (aa. 2-3). Para determinar a *obrigação* da esmola, Santo Tomás examina a condição seja de quem a dá, seja de quem a recebe. Da parte de quem a dá, é preciso considerar que tem a obrigação de entregar o supérfluo: supérfluo não somente com respeito a si mesmo, mas também com respeito aos outros cujo sustento deve prover; antes é preciso que cada um pense em si mesmo e nos outros confiados aos seus cuidados; depois, com aquilo que resta, proveja às necessidades de outros. Da parte de quem recebe a esmola, é necessário que se encontre em necessidade, de outro modo não haveria nenhuma razão para dar-lhe a esmola. Nem toda necessidade obriga ao preceito da esmola, mas somente a que é indispensável para o sustento de uma pessoa. Portanto, se está obrigado a dar a esmola a quem se encontra em extrema necessidade; nos outros casos a esmola já não é um preceito, mas um simples conselho. É suposto, portanto, que, se há alguma coisa de supérfluo para dar aos pobres, e se no pobre que pede a caridade se descobrem sinais evidentes de extrema necessidade, nesse caso se está obrigado a dar-lhe a esmola, cometendo-se um pecado ao não dá-la. Se, ao contrário, não aparecem esses sinais, não se está obrigado; pois embora se esteja obrigado a dar o supérfluo para os pobres, não se está, porém, obrigado a dar a todos ou a algum em particular, mas a distribuí-lo a quem parece oportuno (aa. 4-7).

(Cf. CARIDADE)

[Tradução: A. Bogaz]

Espaço

Do latim *spatium*. Na linguagem filosófica este termo significa o lugar ou ambiente ilimitado e indefinido no qual os objetos reais aparecem colocados.

No pensamento clássico, Pitagóricos, Eleatas e Atomistas colocam o conceito de espaço no contexto da aritmogeometria. Zenão de Eleia, com seus paradoxos, evidencia as dificuldades lógicas que derivam da concepção da divisibilidade do espaço ao infinito. Leucipo e Demócrito reduzem o espaço ao vazio que circunda os átomos. Platão (*Timeu*), unindo-se às cosmogonias das origens, considera o espaço como "região", na qual se fundem a matéria primordial e as formas ideais.

Aristóteles considera o espaço como lugar/limite dos corpos, entidade infinita que identifica com o último céu das estrelas fixas. Este é justamente o céu que contém em si o universo. As suas partes estão no espaço, mas esse como totalidade não está no espaço. A terra está na água, esta, por sua vez, está no ar, o ar no éter, o éter no céu, mas o céu não está mais em outro. O universo não pode mudar de lugar, como totalidade, mas se move circularmente (*Física* 212b). A concepção aristotélica do espaço exclui o vazio, porque a superfície interna daquilo que contém deve ajustar-se com a externa do corpo que está aí contido, e isso pode ser substituído, mas não pode jamais faltar. Antes, contra os Atomistas, Aristóteles afirma que o movimento no vazio seria impossível, porque o vazio não comporta nenhuma determinação local, e o movimento, por isso, não poderia ter nenhuma direção determinada (ibid., 214b).

Ao espaço o Doutor Angélico dedica pouquíssimas e esporádicas anotações. As mais importantes são duas. Uma se refere às dimensões do espaço, que são obviamente a altura, o comprimento e a profundidade: "*Habet dimensiones longitudinis, latitudinis et profunditatis*" (*IV Phys.*, lect. 3). A outra diz respeito à sua origem: ele tem origem com o mundo; por isso antes do mundo não havia espaço: "*Nos autem dicimus non fuisse locum vel spatium ante mundum*" (I, q. 46, a. 1, ad 4).

[Tradução: M. Couto]

Espécie

Do latim *species*; em Santo Tomás (como nos outros autores medievais) é um termo polivalente. Ele é usado para significar:

1) Um dos cinco predicáveis, e é aquilo que de um sujeito diz toda sua essência (e por esse motivo é sinônimo de *essentia*), indicando seu gênero próximo e a diferença específica. Por exemplo, quando se diz de Pedro que é um animal racional, se indica a espécie: "*Species constituitur ex genere et differentia*" (I, q. 3, a. 5); "*Differentia est, quae constituit speciem*" (I, q. 50, a. 2, ad 1).

2) O aspecto externo de uma coisa: "*Haec species mundi, quae nunc est, cessabit*" (C. G., IV, c. 97).

3) A beleza de uma coisa: "*Species autem sive pulchritudo*" (I, q. 39, a. 8); "*Species proprie respicit pulchritudinem*" (In Is. 53).

4) Os elementos sensíveis (os acidentes) do sacramento da Eucaristia que são chamados rigorosamente de *species sacramentales* (III, q. 76, a. 7, ob. 1).

5) A imagem intencional com a qual a mente colhe os objetos conhecidos; em tal caso é sinônimo de *intentio, idea, conceptio*.

De todos esses usos, o que tem maior relevo na perspectiva teórica é o último, porque do modo de conceber a *species* e do modo de entender sua relação com o objeto conhecido depende o próprio alinhamento filosófico, pró ou contra o realismo. Se a *species* for concebida como objeto próprio do conhecer e não como meio, é impossível evitar o imanentismo e o subjetivismo. Se, ao contrário, a *species* é entendida como *medium*, como o instrumento que dirige a mente ao objeto conhecido, pelo qual a mente imediatamente é consciente não da *species*, mas sim do objeto, então temos uma concepção "realística", "objetiva" do conhecer. Que Santo Tomás assume a posição realística e recusa a imanentística emerge claramente da sua doutrina em torno da *species*. Definindo a *species* ele diz que ela é no intelecto a imagem daquilo que está na realidade, ou ainda mais concisamente: "É a imagem da coisa conhecida (*species intelligibilis est similitudo rei intellectae*)" (I, q. 14, a. 2, ad 2). Não é espelho de si mesma, não é autoconsciência; mas é espelho das coisas, é consciência do objeto conhecido. Contudo, a tese da função intencional e do valor objetivo da *species*, Santo Tomás a expõe também de modo explícito criticando a posição dos subjetivistas. A seu ver, "essa opinião é evidentemente falsa, por duas razões. Primeira: porque é o mesmo o que conhecemos e aquilo de que trata as ciências. Se, pois, aquilo que conhecemos fosse somente as espécies que estão na alma (*species quae sunt in anima*), todas as ciências não seriam de coisas que estão fora da alma, mas somente das espécies inteligíveis que estão na alma [...]. Segunda razão: porque se chegaria ao erro dos antigos que diziam que *tudo o que parece é verdadeiro*, e assim afirmações contraditórias seriam ao mesmo tempo verdadeiras. Se, com efeito, uma potência não conhece senão sua própria impressão, só dela julga [...]. É por isso necessário afirmar que as espécies inteligíveis são o meio de que se serve o intelecto para conhecer [...]. Mas porque o intelecto reflete sobre si mesmo, pela mesma reflexão conhece seu ato de conhecer, e a espécie pela qual conhece. Assim, a espécie inteligível (*species intellectiva*) é o que é conhecido (*id quod intelligitur*) em segundo lugar. Mas o que é primeiramente conhecido é a coisa da qual a espécie inteligível (*species intelligibilis*) é semelhança (*similitudo*)" (I, q. 85, a. 2).

(Cf. Abstração, Conhecimento, Intencionalidade)

[Tradução: M. Couto]

Especulação

Do latim *speculatio*. Indica o ato do espírito como pensamento levado a *ver* ou contemplar a verdade, distinto da ação (agir moral) e da produção técnica e artística. Para Aristóteles a especulação é característica de três ciências: a matemática, a física e a teologia ou filosofia primeira (*Metaf.* 1026a, 18-19). Também o ato da inteligência divina é especulação, porque contempla eternamente a si mesmo e não outro (ibid., 1072b, 24-25).

Santo Tomás retoma o conceito aristotélico e o desenvolve com uma típica etimologia medieval: "*Especulação*, segundo a Glosa de Agostinho, vem de 'speculum' (espelho) e não de 'specula' (mirante). Ora, ver um objeto num espelho significa ver a causa pelo efeito, onde se reflete sua imagem. Por isso, pode-se reduzir a 'especulação' à meditação (*speculatio ad meditationem reduci videtur*)" (II-II, q. 180, a. 3, ad 2). Trata-se, portanto, de um procedimento discursivo e não ainda propriamente contemplativo. A especulação prepara a contemplação, mas não é ainda contemplação. É um procedimento próprio dos homens e não dos anjos. De fato, "o anjo vê a verdade por uma simples apreensão (*simplici apprehensione veritatem intuetur*), enquanto o homem só chega a essa intuição da simples verdade (*ad intuitum simplicis veritatis*) progressivamente e mediante muitos atos" (ibid., a. 3).

Também Santo Tomás, seguindo Aristóteles, divide as ciências em especulativas (teoréticas) e práticas (éticas). Ao primeiro grupo pertencem a matemática, a física e a metafísica; ao segundo, a moral e a política. As primeiras são guiadas pela virtude da sabedoria; as segundas pela virtude da prudência (cf. Ciência).

(Cf. Conhecimento, Contemplação)

[Tradução: M. Couto]

Esperança

Do latim *spes*. É o sentimento de expectativa confiante em relação ao futuro. A esperança é uma força espiritual que interessa ao homem como homem. Ela conota e distingue o homem dos outros seres, igualmente quanto à razão, à liberdade, à linguagem, à cultura, à religião etc. A esperança é própria do ser-homem porque este é um ser inacabado, em contínuo movimento, em constante tensão em direção ao futuro. Há uma esperança simplesmente humana e há também uma esperança cristã: a primeira fundamenta sua espera confiante em cálculos e poderes humanos; a segunda fundamenta sua espera confiante na Palavra de Deus, em suas promessas, em sua graça.

Embora a esperança seja merecimento específico e dominante do ser humano, a filosofia lhe reservou pouca atenção. No pensamento grego não há lugar para esta virtude, como não há lugar para a liberdade, a providência e a história. Platão, mesmo falando frequentemente do *eros* que impele a alma para o alto, jamais tratou explicitamente o tema da esperança. Algumas menções mais claras, mas sempre bastante fugazes e em definitivo menos eloquentes se encontram em Aristóteles. Este contrapõe a esperança à sensação, dizendo que esta última se refere às coisas presentes, ao passo que a primeira se refere às futuras (*De memoria* 449b, 27).

Em vez disso, a esperança ocupará um lugar de grande relevo no cristianismo, que a colocará entre as três virtudes teologais, junto com a fé e a caridade. Os cristãos se distinguem daqueles que "não têm esperança" (1Ts 4,13). A Primeira Carta de Pedro (3,15) atribui aos cristãos a tarefa de estar "sempre dispostos a justificar vossa esperança perante aqueles que dela vos pedem conta". Aos Romanos (8,24-25) São Paulo escreve: "Nós fomos salvos na esperança. Mas esperança que se vê não é mais esperança: Como é que alguém pode esperar aquilo que vê? Se esperamos o que não vemos, esperamos com perseverança". Os olhos da esperança não são a visão, mas sim a fé. Por isso a Carta aos Hebreus (11,1) declara que "A fé é a garantia dos bens que esperamos, a certeza das coisas que ainda não vemos".

Santo Tomás dedica à esperança uma *Questão disputada: De Spe (Sobre a esperança)*. É um texto bastante importante, porque nele se abordam todos os temas basilares. Um estudo mais amplo é reservado à esperança nas duas questões 17 e 18 da *Segunda Seção da Segunda Parte da Suma Teológica*. A esta virtude, o Doutor Angélico reservou uma atenção ainda maior no *Compêndio de Teologia*, onde ele se havia proposto concentrar toda a sua segunda parte sobre esta virtude. Infelizmente a obra permaneceu inconclusa, como a *Suma Teológica*, e a interrupção ocorre justamente quando o Doutor Angélico havia apenas iniciado o tratado da esperança.

1. Definição

A esperança pode ser entendida quer como paixão, quer como virtude. A *paixão* da esperança é a espera confiante de um bem futuro qualquer. Considerada como paixão, a esperança é uma inclinação que não é nem boa nem má, por isso não é nem uma virtude nem um vício. A *virtude* da esperança é a espera confiante de um bem futuro absolutamente bom (cf. *III Sent.*, d. 26, q. 2, a. 1, ad 3).

Partindo do princípio geral segundo o qual a definição de uma virtude se obtém esclarecendo seu objeto: "*Quia habitus cognoscuntur per actus et actus per obiecta* (Porque os hábitos são conhecidos pelos atos, e os atos pelos objetos)" (*De Spe*, a. 1), Santo Tomás, para chegar à definição da esperança, a coloca em confronto com um sentimento afim, com o qual pode ser facilmente confundida, o sentimento do *desejo* (*desiderium et cupiditas*). De fato, também o desejo se move em direção a um objeto ainda não possuído. "A esperança — observa Santo Tomás — difere, todavia, do desejo sob dois aspectos: primeiro, porque o desejo diz respeito a qualquer bem e pertence ao apetite concupiscível; a esperança diz respeito a um bem difícil, e recai sob o apetite irascível. Segundo, porque o desejo é dirigido a qualquer bem, independentemente do fato que seja possível ou impossível; mas a esperança está voltada a um bem alcançável e implica numa certa segurança de poder atingi-lo" (ibid.).

Quatro são as *características* do objeto da esperança, considerada em geral: 1) que seja um bem; 2) um bem futuro; 3) um bem árduo; 4) um bem possível. As características específicas do objeto da esperança, vista como virtude teológica, são duas: a) que o bem seja o bem supremo, a felicidade, ou seja, o próprio Deus; b) que sua obtenção seja possível por Deus e não por qualquer criatura. "É, então, necessário que o movimento da esperança esteja dirigido a *dois objetos*: a um bem atingível e àquele em cuja ajuda se baseia o seu alcançar. Entretanto, o homem não pode obter o Bem supremo, que é a felicidade eterna, senão com a ajuda de Deus, conforme se lê em Rm 6,23: '*dom gratuito de Deus é a vida eterna*'. E, por isso, a esperança de se obter a vida eterna tem *dois objetos*: a própria *vida eterna*, a qual alguém espera, e o *auxílio divino*, a partir do qual alguém espera [...]. Assim, pois, do mesmo modo de que o objeto formal da fé é a verdade primeira, mediante a qual aprovam-se aquelas coisas que são cridas, e que são o objeto material da fé, do mesmo modo, o objeto formal da esperança é o auxílio do poder e da piedade divinos (*formale obiectum spei est auxilium divinae potestatis et pietatis*), porque o movimento da esperança tende em direção ao bem separado, que é o objeto material da esperança" (ibid.).

O socorro divino com o qual Deus ajuda o homem para poder esperar não é nada mais do que a *graça*: "Ora, pela graça o homem é de tal modo feito amigo de Deus, segundo o afeto da caridade, que também será instruído pela fé de que foi antes amado de Deus [...]. Por conseguinte, é pelo dom de Deus que o homem recebe de Deus a esperança (*consequitur igitur ex dono gratiae quod homo de Deo spem habeat*) [...]. Por isso, para que alguém se dirija para o fim, é necessário que se afeiçoe a ele como sendo possível atingi-lo, e nisto está a perfeição da esperança (*affectus spei*). Ora, como o homem é dirigido pela graça para o último fim da bem-aventurança, foi necessário que pela graça fosse infundida no afeto humano a esperança de atingi-la" (*C. G.*, III, c. 153, nn. 3250 e 3253).

2. O sujeito da esperança

Como se deduz do último texto citado, Santo Tomás não concebe a esperança como uma virtude especulativa como a fé, que é a virtude sobrenatural que eleva a razão ao conhecimento das verdades reveladas por Deus, mas sim como virtude ética, que corrobora a vontade na sua adesão ao bem absoluto.

De fato, como foi visto, objeto da esperança é o bem supremo: Santo Tomás faz ver que, mesmo tratando-se de um bem árduo, o seu centro não é o apetite irascível, porque este tem como objeto próprio os bens sensíveis, ou seja, os bens materiais; ao contrário, o objeto da esperança é sumamente imaterial, é o próprio Deus: "Deve-se dizer que o objeto do irascível é o difícil sensível, mas o objeto da virtude da esperança é um bem difícil inteligível, ou, antes, um bem difícil que transcende o intelecto (*supra intellectum existens*)" (II-II, q. 18, a. 1, ad 1; cf. *De Spe*, a. 2).

3. Virtude teologal

A esperança, explica Santo Tomás, é virtude teologal por duas razões: 1) antes de tudo, porque Deus é seu objeto formal; 2) porque Deus é também sua causa eficiente. Em outras palavras, Deus está na origem da esperança (com sua graça e suas promessas), e Deus é ao mesmo tempo a meta última da esperança; porque a meta que o fiel anseia atingir não é outra coisa senão o próprio Deus. Eis como Santo Tomás coloca em relevo esse ponto: "A esperança, como já foi dito, tem dois objetos: o bem que ela quer obter e o auxílio que permite obter esse bem. Ora, o bem que se quer obter tem natureza de causa final, e o auxílio pelo qual se espera conseguir esse bem tem a natureza de causa eficiente. Ora, em ambos os gêneros de causas, há um elemento principal e outro secundário. O fim principal é o fim último, o secundário é o bem que conduz ao fim. Semelhantemente, a causa agente principal é o primeiro agente; a causa eficiente secundária é o agente secundário instrumental. Ora, a esperança busca a bem-aventurança eterna como fim último; e o auxílio divino como causa primeira que conduz à bem-aventurança. Portanto, assim como não é lícito esperar algum bem, além da bem-aventurança eterna, como fim último, mas só como meio ordenado ao fim que é a bem-aventurança eterna, também não é lícito esperar de algum homem ou de alguma criatura, como se fosse a causa primeira que conduz à bem-aventurança eterna. É, porém, lícito esperar de algum homem ou de alguma criatura como num agente secundário e instrumental que ajuda a conseguir bens ordenados à bem-aventurança eterna [...]. A esperança tem a natureza de virtude, porque atinge a regra suprema dos atos humanos, como causa primeira eficiente, enquanto ela se apoia no auxílio dela, e como causa última final, porque espera ter a bem-aventurança eterna, no gozo dela. É claro, pois, que enquanto é virtude, o principal objeto da esperança é Deus. E como a essência da virtude teologal consiste em que tenha Deus por objeto, como já foi dito (I-II, q. 62, a. 1), é evidente que a esperança é uma virtude teologal" (II-II, q. 17, aa. 4-5).

Confrontando a esperança com a caridade, Santo Tomás faz ver que a caridade precede a esperança na ordem da perfeição, enquanto segue a esperança na ordem cronológica (*De Spe*, a. 3). Obviamente, na visão beatífica, a esperança esgotou sua atribuição e, portanto, desaparece (*De Spe*, a. 4).

4. Cultura da esperança

Ainda que recebida por Deus como preciosíssimo dom, a esperança não é um talento a ser guardado num cofre, mas a ser frutificado. A esperança não é virtude estática, mas dinâmica. Semelhante à fé e à caridade, é um princípio vital, que para crescer precisa ser cultivado e alimentado. Os meios principais que Santo Tomás recomenda para cultivar a esperança são dois: a *oração* e os *sacramentos*. Eis como o Doutor Angélico recomenda a oração do *pai-nosso* para alimentar a esperança: "Porque, para nossa salvação, após a fé, é exigida a esperança, foi oportuno que também, como o nosso Salvador fez-se autor e consumador da nossa fé, revelando-nos os sacramentos celestes, Ele nos introduzisse na esperança viva, entregando-nos a forma da oração pela qual a nossa esperança do modo mais perfeito eleve-se a Deus, enquanto, pelo próprio Deus, somos ensinados sobre o que a Ele devemos pedir. Ora, Deus não nos teria induzido a pedir, se não se tivesse proposto a nos atender, pois ninguém pede de outrem senão esperando dele, e pede o que espera conseguir; por conseguinte, Deus nos ensina a pedir algo, advertindo-nos também que devemos esperar d'Ele, e mostra-nos o que devemos esperar d'Ele por meio daquilo que nos ensina que deve ser pedido" (*Comp. Theol.*, II, c. 3 — *Compêndio de Teologia*, p. 299).

Todos os sacramentos funcionam como alimento da esperança, mas o faz de modo particular a Eucaristia: com esta o fiel recebe o autor da graça e o principal artífice da sua esperança. "Segue-se, pois, que a graça cresce e a vida espiritual aumenta, toda vez que se recebe realmente este sacramento" (III, q. 79, a. 1, ad 1). "Assim também, este sacramento não nos introduz imediatamente na glória, mas alcança-nos a força de chegar à glória" (ibid., a. 2, ad 1).

A esperança se alimenta obviamente cultivando também as outras virtudes teologais, especialmente a fé, que constitui seu fundamento. E, entre os mistérios da fé, o que principalmente suscita a nossa esperança é a ressurreição de Cristo. "Houve necessidade de Cristo ressurgir [...] para levantar nossa esperança, pois, ao vermos Cristo, nossa cabeça, ressuscitar, temos esperança de que também nós ressuscitaremos" (III, q. 53, a. 1).

(Cf. Virtude)

[Tradução: M. Couto]

Espírito

Do latim *spiritus*; termo com o qual se traduz o grego *pneuma*, que na mais antiga acepção significava "respiro", "sopro animador", "ar", "vento". Os estoicos entenderam o *pneuma* como energia que dá a vida a toda a realidade, princípio vital, "alma do mundo"; a medicina antiga e medieval o concebeu como substância material móvel e sutilíssima (o *spiritus corporeus* ou *animalis*). Em Erasístrato, o *pneuma zotikon* tem a sede no coração e regula as funções cardiocirculatórias, enquanto o *pneuma physikon* tem a sede no cérebro e regula as funções neuropsíquicas. Galeno assume como sua essa concepção, integrando-a com a individuação de um princípio ulterior (*pneuma physikon*) localizado no fígado, que absorve as funções nutritivas.

Desde as origens, o pensamento cristão entende o *pneuma* também num sentido imaterial, como sopro divino animador do universo (Gn 1,2) e como sopro especial (alma) com o qual Deus dá vida ao corpo humano (Gn 2,7). São Paulo contrapõe o "espírito" à "carne". Santo Agostinho tende a identificar o espírito com a alma (cf. *De anima* IV, 22, 36), embora reserve ao espírito as atividades mais elevadas do pensamento, enquanto confia à alma as funções que desenvolve como princípio de vida em ordem ao corpo.

Querendo definir o espírito, o Doutor Angélico antes de tudo retraça o significado etimológico do termo: "*nomen spiritus a respiratione animalium sumptum videtur* (o nome espírito parece ser tomado da respiração dos animais)" (*C. G.*, IV, c. 23). O Doutor de Aquino dirige sucessivamente o próprio interesse à multiplicidade dos significados que a palavra *spiritus* pode assumir: "este termo designa ora o vento, ora o ar, ora o sopro humano, e até mesmo a alma ou uma substância invisível" (I, q. 41, a. 3, ad 4). Partindo dessa ordem de considerações, ele observa que espírito, mesmo podendo se referir quer às coisas corpóreas, quer àquelas incorpóreas, se refere antes de tudo às coisas corpóreas, se se leva em conta a origem do nome; ao contrário, se referirá primeiramente às coisas incorpóreas se se levar em conta o significado: "*Spiritualitas secundum rationem significationis suae per prius invenitur in Deo, et magis in incorporeis quam in corporalibus; quamvis forte secundum impositionem nominis spiritualitas magis se teneat ad corporalia, eo quod nobis qui nomina imposuimus, eorum subtilitas magis est manifesta*" (*I Sent.*, d. 10, q. 1, a. 4).

No campo filosófico são dois os nós teoréticos relativos ao espírito e sobre os quais Santo Tomás concentrou mais sua atenção: 1) a espiritualidade da alma individual, que ele defendeu vigorosamente contra os averroístas (cf. Alma); 2) a espiritualidade dos anjos. Firme defensor da tese da espiritualidade das criaturas angélicas, o Doutor Angélico tirou bom proveito do seu conceito intensivo do ser (*actualitas omnium actuum*) e, assim, lhe conferiu uma base sólida fazendo ver que a finitude dos anjos não é causada pela matéria (uma hipótese que o Doutor Angélico julga contraditória por ser incompatível com o próprio conceito de espírito), mas sim pela sua própria essência, que desenvolve o papel de potência limitadora em relação ao *actus essendi* (cf. Anjo/Angeologia).

[Tradução: M. Couto]

Espírito Santo

É o nome da terceira Pessoa da Trindade. A existência de uma terceira Pessoa no mistério de Deus, além do Pai e do Filho, é claramente atestada no Novo Testamento. Prometido repetidamente por Cristo (Jo 14,13-16; 15,26 ss.; 16,12), o Espírito Santo no dia de Pentecostes desce sobre os Apóstolos reunidos no cenáculo e, sucessivamente, sobre os discípulos destes. A índole pessoal do Espírito Santo é atestada nos escritos neotestamentários (em particular nos de Paulo e João); nestes, o Pai, o Filho e o Espírito Santo são nomeados claramente como pessoas, a primeira distinta da segunda e da terceira e também estas entre si. "O Espírito procede do Pai", e o Pai "dá" o Espírito Santo. O Pai "manda" o Espírito Santo no nome do Filho. Com a fundação da Igreja, inicia a verdadeira época do Espírito Santo: com efeito, sua presença entre os seguidores de Jesus, os membros do novo povo de Deus, é de tal forma portentosa que algum estudioso pôde afirmar que a Igreja, ainda mais que do Pai e do Filho, é obra do Espírito Santo.

No âmbito teológico, as relações do Espírito Santo com as outras duas Pessoas divinas foram esclarecidas lentamente. Em sua época, Orígenes foi forçado a admitir que, "À propósito do Espírito Santo, não foi ainda esclarecido se ele foi criado ou incriado; se ele deve ser considerado também filho de Deus ou não; essas questões, na medida do possível, devem ser aprofundadas tendo por base a Sagrada Escritura e com um exame acurado" (*I princìpi*, prefaz. n. 4). Depois de, em meados do final da época patrística, as perplexidades de Orígenes terem sido definitivamente resolvidas, permaneceu ainda uma divergência que se tornará motivo de divisão entre a Igreja latina e as Igrejas orientais: a divergência no modo de conceber a processão do Espírito Santo das outras duas Pessoas. Enquanto a teologia latina, já a partir de Santo Agostinho, a concebe como processão do Pai e do Filho (*ex Patre Filioque procedit*), os Padres gregos e os teólogos orientais a concebem como processão do Pai por meio do Filho (*per Filium*), evidenciando, de tal modo, a prioridade absoluta do Pai sobre as outras duas pessoas divinas.

Santo Tomás dedica ao Espírito Santo três questões da *Prima Pars* da *Summa Theologiae*: a 36 sobre sua Pessoa; a 37 sobre o Espírito Santo como *Amor*; a 38, sobre o Espírito Santo com *Dom*. Se se considera que ao Pai é dedicada uma única questão, a 33, e ao Filho duas, a 34 e a 35, pode-se notar como o Angélico deu particular relevo à pessoa do Espírito Santo.

1. A identidade pessoal do Espírito Santo

O ponto de partida de Santo Tomás, no estudo do mistério da Trindade, é a unidade da essência divina, ao passo que o discurso sobre as Pessoas vem depois. Pelo contrário, até aquele momento a Escolástica ensinava a teologia comentando Pedro Lombardo, e o *Liber sententiarum* começava com o "*De Deo Trino*", ao qual se seguia o "*De Deo Uno*". Para o Angélico, o problema é ver não tanto como o Deus trino é uno, mas o contrário: como o Deus uno é trino. Colocada a absoluta identidade e unidade da natureza divina, a Trindade das Pessoas é alcançada por Santo Tomás com a doutrina das hipóstases das relações pessoais exclusivas, que são a paternidade, a filiação e a espiração passiva. Assim, o Pai é a subsistência da relação da paternidade; o Filho, a subsistência da relação da filiação; e o Espírito Santo, a subsistência da espiração passiva.

Segundo Santo Tomás, é a própria modalidade da hipóstase (subsistência) do Espírito Santo a exigir que sua processão dependa seja do Pai, seja do Filho. A Terceira pessoa, fruto do amor recíproco do Pai e do Filho, é "espirada" de ambos, ainda que isso ocorra segundo determinada ordem, data a prioridade de que goza o Pai em relação ao Filho. Por outro lado, insiste Santo Tomás, se o Espírito Santo não procedesse também do Filho (*Filioque procedit*), faltaria a razão para distingui-lo do Filho como pessoa. "Com efeito, não se pode dizer que as pessoas divinas se distinguem uma da outra por algo absoluto. Seguir-se-ia que os três não teriam uma essência única, pois tudo o que se atribui a Deus de modo absoluto pertence à unidade da essência. Conclui-se, portanto, que as pessoas divinas se distinguem entre si unicamente por relações. Mas essas relações não podem distinguir as pessoas, a não ser como opostas (*relationes autem personas distinguere non possunt, nisi secundum quod sunt oppositae*). A prova disso é que o Pai tem duas relações: por uma se refere ao Filho, pela outra ao Espírito Santo. Entretanto, como essas relações não se opõem, elas não constituem duas pessoas, pertencem a uma só pessoa, à do Pai. Se, portanto, no Filho e no Espírito Santo só se pudessem encontrar duas relações pelas quais cada um se refere ao Pai, elas não seriam opostas entre si, como as duas relações pelas quais o Pai se relaciona com eles. Então, do mesmo modo que o Pai é uma só pessoa (não obstante as duas relações), seguir-se-ia igualmente que o Filho e o Espírito Santo seriam uma pessoa, possuindo duas relações opostas às duas relações do Pai. Mas isso é uma heresia porque destrói-se a fé na Trindade. Portanto, é preciso que o Filho e o Espírito Santo refiram-se um ao outro por relações opostas. Ora, em Deus não pode haver outras relações opostas senão as de origem (*non autem possunt esse in divinis aliae relationes oppositae nisi relationes originis*), como acima ficou provado (q. 28, a. 4). E essas relações de origem, opostas entre si, entendem-se as de princípio, e as que procedem do princípio. Conclui-se, portanto, que se deve afirmar ou que o Filho procede do Espírito Santo, mas ninguém o diz; ou então que o Espírito Santo procede do Filho. Eis o que confessamos" (I, q. 36, a. 2).

"E isto — acrescenta o Angélico — está de acordo com a razão da processão de cada um. Foi explicado que o Filho procede segundo o modo do intelecto (*Filius procedit per modum intellectus*), como verbo. E que o Espírito Santo procede segundo o modo da vontade, como amor (*per modum voluntatis, ut amor*). Ora, necessariamente amor procede do verbo, pois nós só amamos alguma coisa na medida em que a apreendemos em uma concepção da mente. E por aí também fica claro, portanto, que o Espírito Santo procede do Filho" (ibid.).

Aos gregos que se opõem à fórmula do *Filioque*, Santo Tomás replica que também eles admitem que a processão do Espírito Santo possui uma certa referência ao Filho. De fato, ele concedem que o Espírito Santo é o *Espírito do Filho* e que procede do Pai *pelo Filho* (*per Filium*), e todavia negam que *proceda do Filho* (*Filioque procedat*). "Há nisso, parece, ignorância ou petulância. Porque, se alguém bem considera, encontrará, entre os termos que se referem a uma origem qualquer, que a palavra 'processão' é a mais geral. Nós a usamos para designar qualquer origem. Por exemplo, diz-se que a linha procede do ponto, que o raio procede do sol, o rio de sua fonte, e assim em todos os outros casos. Então, de qualquer termo que se refere à origem, pode-se concluir que o Espírito Santo procede do Filho" (I, q. 36, a. 2; cf. *C. err. Graec.*, II, cc. 1-31).

O Espírito Santo procede do Pai e do Filho não como de dois princípios distintos, mas como de um único princípio: "O Pai e o Filho são um em tudo, a não ser naquilo em que se distinguem por relações opostas. Por isso, como não se opõem relativamente no fato de serem princípio do Espírito Santo, segue-se que o Pai e o Filho são um único princípio do Espírito Santo (*Pater et Filius sunt unum principium Spiritus Sancti*)" (I, q. 36, a. 4).

Na questão 37, colocando a si mesmo a pergunta sobre se seria justo definir o Espírito Santo como Amor, o Angélico não esconde a dificuldade de, em si, o amor ser uma característica que se refere a Deus em sua essência e, portanto, determinar todas as três pessoas divinas. Seguindo Santo Agostinho, ele resolve a dificuldade distinguindo entre amor *essencial*, que é referido às três Pessoas na sua unicidade, e amor *pessoal*, que se refere em sentido próprio ao Espírito Santo. No Pai e no Filho, o amor é visto como princípio; no Espírito Santo é visto como fruto: o fruto da processão de vontade (*per modum voluntatis*), fruto tornado subsistente; assim como é subsistente o Verbo, fruto da processão intelectual (*per modum intellectus*). O amor entre o Pai e o Filho deve ser considerado uma pessoa em si mesma, porque assume o caráter de autopossessão e de subsistência, que permanecem distintos da autopossessão e da subsistência de que estão dotados o Pai e o Filho. Em conclusão, pelo fato de que o Pai e o Filho se amem mutuamente, é preciso que o mútuo Amor, o Espírito Santo, proceda de um e de outro. Portanto, tendo em conta a origem, o Espírito Santo não é o meio, mas a terceira pessoa na Trindade" (I, q. 37, a. 1, ad 3).

Sendo o Espírito Santo amor pessoal e subsistente (hipostático), ele é para o Angélico também o princípio pelo qual, por apropriação, deve ser atribuído tudo o que Deus comunica fora de si, seja na ordem da criação, seja na da graça (*C. G.*, IV, cc. 20-22; I-II, q. 106, aa. 1 e 2).

Na questão 38, Santo Tomás se pergunta se "dom" pode ser um nome pessoal do Espírito Santo. A resposta é que "o nome Dom implica uma distinção de pessoas, enquanto dom se diz ser de alguém pela origem" (I, q. 38, a. 1, ad 1). Então, "tomado em sentido pessoal, em Deus, Dom é um nome próprio do Espírito Santo. Para prová-lo, deve-se saber que, segundo o Filósofo, dom é uma *doação sem retorno*, isto é, que não se dá com a intenção de retribuição. Dom implica assim doação gratuita. Damos gratuitamente uma coisa a alguém porque lhe queremos o bem. O primeiro que lhe damos é, portanto, o amor pelo qual lhe queremos o bem. Por isso, é claro que o amor tem a razão de dom primeiro, pelo qual são doados todos os dons gratuitos. Portanto, porque o Espírito Santo procede como Amor, como já foi dito, ele procede na razão de dom primeiro" (I, q. 38, a. 2). O nome dom vem justamente reservado ao Espírito Santo também se a propriedade do ser doado compete ao Filho. "É ao Filho que é dado o nome próprio de Imagem, porque procede como Verbo, no que está contida a razão de semelhança com seu princípio. Do mesmo modo, embora o Filho seja também dado, é ao Espírito Santo que é dado o nome próprio de Dom, porque procede do Pai com o Amor. E que o Filho seja dado provém do Amor do Pai: 'Deus', diz o Evangelho de João, 'de tal modo amou o mundo que lhe deu seu Filho unigênito'" (ibid., ad 1).

2. A ação do Espírito Santo na história

A pneumatologia que Santo Tomás elabora nas questões 36-38 da *Suma Teológica* se limita ao aspecto *ontológico*: o Espírito Santo apenas é estudado em relação às outras Pessoas divinas a fim de esclarecer o que o distingue essencialmente do Pai e do Filho e o constitui como pessoa autônoma. Obviamente, isso não esgota todo o discurso pneumatológico. Falta ainda toda a parte *dinâmica*, aquela sobre o agir do Espírito Santo. Para conhecer o pensamento de Santo Tomás a esse respeito, devemos procurar em outro lugar, principalmente na *Secunda* e na *Tertia Pars*, em particular quando ele estuda os mistérios da elevação ao estado sobrenatural, da graça, dos dons, da redenção, da justificação, de Cristo, da Igreja, dos sacramentos: todas ações que por apropriação, como obras de amor, são atribuídas ao Espírito Santo.

Considerando tudo o que o Doutor Angélico diz nas outra duas partes da *Suma Teológica*, não se pode certamente acusá-lo de ter negligenciado o Espírito Santo, para beneficiar o Pai e o Filho. Também, para o Doutor de Aquino como para Santo Agostinho, o Espírito Santo é o grande ator e orquestrador de toda a história. Ele é sempre o primeiro artífice, o inspirador e o agente principal de todas as obras da graça.

A *Secunda Secundae* é uma apresentação de toda a moral como desenvolvimento do dinamismo das virtudes. Cada virtude, em seu exercício, é guiada pelo Espírito Santo e é sustentada por um dos seus dons. Assim, Santo Tomás faz ver como, de modo global, ao Espírito Santo cabe a direção do desenvolvimento da vida moral. Trata-se de uma direção que se concretiza de modo diferente nas várias virtudes teologais e morais. Essa diversidade, porém, não obscurece mas clarifica a variedade do influxo pneumático. Outro elemento que dá relevo à ação do Espírito Santo é a atenção que o Angélico reserva aos pecados contra o Espírito Santo. Não se trata de quaisquer pecados, mas de pecados gravíssimos, não simplesmente porque ofendem a terceira Pessoa da Trindade, mas também porque comprometem toda a vida espiritual, em suas profundas raízes. Os pecados contra o Espírito Santo são atos desumanizantes, que se opõem diretamente às virtudes mediante as quais o homem se une ao Espírito Santo e que constituem a raiz de toda a vida moral. Paralisar a vida teologal significa, portanto, anular a própria existência moral e impedir o seu desenvolvimento. A negação obstinada da ação do Espírito Santo comporta, da parte do homem, sua desumanização (II-II, q. 14, a. 1). É por essa razão fundamental que os pecados contra o Espírito Santo são os mais graves que o homem pode cometer.

Também a *Tertia Pars*, que tem como objetivo principal "tratar do Salvador de todos, Jesus Cristo, e dos benefícios por ele concedidos a todo o gênero humano" (III, Prol.), foca a ação do Espírito Santo na vida e nas obras de Cristo, na origem e no desenvolvimento da Igreja, na eficácia dos sacramentos e na existência cristã. Da Encarnação a Pentecostes, tudo é colocado sob o ímpeto amoroso do Espírito Santo. É o Espírito Santo que quer e atua em nossa salvação, operando a encarnação do Filho. Ele é o princípio ativo da concepção de Cristo (III, q. 32, aa. 1-3). É o Espírito Santo que nos torna participantes da graça de Cristo, instituindo o seu corpo místico, a Igreja, que ele vivifica com a sua presença (III, q. 8, a. 1, ad 3). O Espírito Santo é o princípio da graça habitual, que nos faz participar da vida divina (III, q. 7, a. 13). O Espírito Santo é a alma da Igreja, princípio indefectível da sua unidade (III, q. 68, a. 9, ad 2). Enfim, o Espírito Santo é o amor que nos arrebata em direção às coisas celestes (III, q. 57, a. 1, ad 3).

Em conclusão, Santo Tomás, não apenas desenvolveu uma pneumatologia muito rica e substanciosa, mas também deu ao seu pensamento, que é marcado por uma clara orientação teocêntrica (o *exitus* e o *reditus* fazem ambos referência a Deus), uma marca pneumatológica além de cristológica.

(Cf. Amor, Cristo, Igreja, Pai, Trindade)
[Tradução: A. Boccato]

Esporte

Com este termo se entende uma atividade voltada para a distração, o divertimento, a competição atlética, a realização de si mesmo.

Na antiguidade clássica, especialmente entre os gregos, o elemento agonístico era acompanhado também pelo estético, ético, pedagógico e religioso. Essas características na sociedade romana da época imperial foram sumindo e atenuando-se até desaparecerem por completo. Os Estoicos olhavam com desconfiança o esporte, que, para eles, representava um perigo e um obstáculo para a *tranquillitas animi*, a serenidade do espírito. Em geral também os escritores cristãos dos primeiros séculos formularam juízos pesadamente negativos sobre o esporte: isso se devia quer à imoralidade dos esportes praticados nas arenas romanas, quer porque, segundo eles, o esporte aparecia como algo disforme do modelo de vida praticado por Jesus Cristo, que os seus seguidores deviam imitar.

Santo Tomás, que tem um conceito integral do homem, composto substancialmente de alma e corpo, de matéria e espírito, e que está muito atento a todas as suas necessidades, físicas e espirituais, pessoais e sociais, culturais e religiosas, reconhece no esporte um valor altamente positivo, e o considera útil quer para a saúde do corpo, quer para a distensão do espírito.

Escreve o Doutor Angélico a esse propósito: "Assim como o homem precisa de repouso para refazer as forças do corpo, que não pode trabalhar sem parar, pois tem resistência limitada, proporcional a determinadas tarefas, assim também a alma, cuja capacidade também é limitada e proporcional a determinadas operações. Portanto, quando realiza certas atividades superiores à sua capacidade, ela se desgasta e se cansa, principalmente porque nessas atividades o corpo se consome juntamente, pois a própria alma intelectiva se serve de potências que operam por meio dos órgãos corporais [...]. Ora, assim como a fadiga corporal desaparece pelo repouso do corpo, assim também é preciso que o cansaço mental se dissipe pelo repouso mental". E isso se faz praticando algum jogo. No entanto, "importa atentar para que, como em todas as demais atividades humanas, os jogos (*ludus*) se coadunem com as pessoas, com a ocasião e com o lugar e se organizem de acordo com as outras circunstâncias devidas, ou seja, que sejam 'dignos do momento e do homem', na expressão de Cícero" (II-II, q. 168, a. 2).

As considerações de Santo Tomás se referem imediatamente ao jogo, mas valem indubitavelmente também para o esporte.

Os perigos que Santo Tomás denuncia no jogo (contra a pureza, a justiça, a caridade), pelos quais se pode incorrer em pecado também nessa atividade que em si mesma é lícita e até mesmo obrigatória, estão presentes também no esporte, e se pode pecar quer por excesso, quer por falta. "Como, porém, a atividade lúdica (*ludus*) é útil pelo descanso e pelo prazer que causa e, por outro lado, como o prazer e o descanso não os buscamos, no dia a dia, por eles mesmos, mas sim pela ação, como ensina Aristóteles, por isso a falta dessa atividade é menos viciosa que o seu exagero. Daí a afirmação do Filósofo: 'Para o nosso prazer, poucos amigos bastam', pois para tempero da vida basta um pouco de prazer, como uma pitada de sal é suficiente para a comida" (ibid., a. 4).

(Cf. Jogo)

[Tradução: M. Couto]

Essência

Do latim *essentia* = natureza de uma coisa. Geralmente denota o elemento formal constitutivo de uma coisa, que se atribui a uma determinada espécie e ao mesmo tempo a separa de todas as outras espécies.

1. Uso do termo em Santo Tomás

Geralmente Santo Tomás emprega o termo *essência* para indicar o que pertence necessariamente a uma coisa e, portanto, é colocado em sua definição. "A natureza ou essência compreende apenas o que está contido na definição da espécie; assim, *humanidade* compreende o que está contido na definição do homem. É pelo que está contido na definição que o homem é homem, e é o que significa a palavra humanidade, isto é, aquilo pelo qual o homem é homem" (I, q. 3, a. 3). "A essência é propriamente o que a definição significa. Ora, esta compreende os princípios específicos e não os princípios individuais. E, nos seres compostos de matéria e forma, a essência não significa somente a forma, nem somente a matéria, mas o composto de matéria e forma comuns (*ex materia et forma communi*), enquanto são princípios da espécie" (I, q. 29, a. 2, ad 3).

Nas obras de sua juventude, o termo "essentia" é também usado, mas muito raramente, como sinônimo de *esse*: "*Philosophus accipit ibi esse pro essentia, vel quidditate, quam significat definitio*" (III Sent., d. 6, q. 2, a. 2, ad 4).

Sinônimos do termo "essência" na linguagem de Santo Tomás são: natureza, quididade, "o que é" (*quod quid est*), substância, espécie.

2. Conhecimento da essência

Conhecer a essência das coisas é função própria da primeira faculdade do intelecto, a *apreensão*. "Como afirma o Filósofo (no II livro do *De Anima*), a operação do intelecto é dupla: uma é chamada apreensão dos indivisíveis. Mediante essa operação se apreende a essência das coisas. A outra operação (o juízo) pertence ao intelecto enquanto une ou divide" (*In I Periherm.*, Proem., n. 1). Contudo, isso não significa absolutamente que a essência seja captada intuitivamente. Segundo Santo Tomás, todos os conhecimentos do intelecto são fruto do processo abstrativo, até mesmo o conhecimento do conceito de ente e dos primeiros princípios (cf. *C. G.*, II, c. 83). Santo Tomás exclui peremptoriamente seja a teoria platônica da reminiscência, seja a teoria agostiniana da iluminação, que afirmam que a alma possui um conhecimento direto e imediato das essências das coisas sem passar pelo do canal da experiência sensível (cf. Conhecimento). De fato, nossa mente chega à apreensão das essências lentamente, mediante considerações laboriosas, análises cuidadosas e raciocínios sutis. Somente ao fim disso é que ela consegue focalizar a essência, libertando-a do que é ocasional, acidental e individual. "O intelecto, como sugere o próprio nome, denota um conhecimento que chega à intimidade da coisa. Assim, enquanto o sentido e a fantasia tratam dos acidentes que circundam a essência da coisa, o intelecto, ao invés, chega à essência mesma. Por esse motivo, segundo o Filósofo, o objeto do intelecto é a quididade da coisa. Porém na apreensão da essência há uma diferença. Às vezes, a essência é apreendida imediata e diretamente (*apprehenditur ipsa essentia per seipsam*) sem que o intelecto tenha necessidade de entrar na essência passando através do que o circunda; e isso é o modo de conhecer próprio das substâncias separadas; por isso são chamadas inteligências. Algumas vezes não se chega à intimidade da coisa senão passando através dos elementos circunstantes, como se fossem portas; e isto é o modo de conhecer próprio dos homens, que chegam ao conhecimento da essência partindo dos efeitos e das propriedades. E nisto há necessidade do procedimento discursivo; por isso, o conhecimento do homem é dito razão, embora se conclua com o intelecto, enquanto a busca conduz ao conhecimento da essência da coisa" (*III Sent.*, d. 35, q. 2, a. 2, sol. 1).

3. Função da essência

Santo Tomás, estudando mais a fundo do que seus predecessores o papel que a essência desempenha no âmbito do ente (o ente real, não o ente intencional ou lógico), chega à conclusão de que o seu papel principal é o de colocar limites à perfeição do ser (que é por direito infinita) no ente: os limites não são impostos nem pela matéria nem pela forma, mas sim pela essência. Tome-se, por exemplo, a essência de um banco: por que não possui um grau maior de ser e de perfeição do que aquele que de fato lhe pertence? A resposta de Santo Tomás é que o banco, justamente em função de sua natureza ou essência de banco, não comporta um maior grau de ser ou de perfeição; poderá ser de material mais precioso, trabalhado mais finamente, mais largo, mais alto etc., mas não poderá jamais ter a perfeição da consciência, da liberdade, do conhecimento, do movimento e tantas outras perfeições que sua essência de banco exclui e que, por sua vez, o ente como *actualitas omnium actuum* contém necessariamente. Então, o limite da perfeição do ser nos entes, portanto, a razão última da diferença ontológica entre ente e ser, deve ser buscada na essência.

A essência, explica Santo Tomás, pode ser comparada a recipientes: estes contêm ser tanto quanto comporta a sua capacidade; e, vice-versa, o ser se encontra nos entes segundo a medida da capacidade das essências. "O ser absolutamente considerado é infinito, porque infinitas coisas podem participar dele de infinitos modos. Ora, se o ser de alguma coisa é infinito, convém que seja limitado por outra coisa que, de certo modo, será causa do seu ser" (*C. G.*, I, c. 43, n. 363). Esse é o papel da essência. Por outro lado, as coisas não podem ser distintas umas das outras em razão do ser que é comum a todas as coisas. Por isso "as coisas não se distinguem entre si segundo possuem o ser, porque o ser convém a todas elas. Se elas se diferenciam umas das outras convém ou que o próprio ser seja especificado por diferenças que lhe são acrescentadas, de modo a haver, nas coisas diversas, ser especificamente diversificado, ou que elas se diferenciem porque o ser atribui-se a naturezas especificamente diversificadas. A primeira suposição é impossível porque ao ser não se pode acrescentar algo conforme o modo pelo qual a diferença acrescenta-se ao gênero, segundo foi dito. Portanto, resta que as coisas se diferenciem por possuírem naturezas diversas, pelas quais o ser é recebido diversamente" (*C. G.*, I, c. 26, n. 239).

A intuição de que a delimitação da perfeição do ser é devida à essência, antes que à matéria ou à forma, consente a Santo Tomás se desfazer da teoria do hilemorfismo universal, teoria patrocinada por Avicebron e que nos tempos de Santo Tomás tinha muitos seguidores, até mesmo entre os escolásticos latinos. Segundo esses estudiosos, a matéria é um elemento que entra na constituição de todas as criaturas, compreendidos os anjos, porque apenas a presença da matéria as distinguiria de Deus. Santo Tomás não é dessa opinião: ele considera que, para explicar a finitude dos anjos como de qualquer outra realidade criada, pode bastar a essência (cf. Anjo/Angeologia). Esta, por ser finita, é a razão intrínseca da delimitação da perfeição infinita do ser no ente criado (cf. o texto magistral *De sub. sep.*, c. 8).

Atuando como recipiente do ser, a essência, em relação ao ser, que é sumamente ato, (*actualitas omnium actuum*), se comporta como a matéria em relação à forma, isto é, como *potência*. Todavia, o próprio Santo Tomás esclarece que a composição que se estabelece no âmbito do ente por meio da essência e do ser tem conotações diversas da composição de matéria e forma. Eis como ele explica essa diversidade na *Suma contra os Gentios*: "A composição de matéria e forma e a de substância e ser não são da mesma natureza, embora haja em ambas potência e ato. Com efeito, *primeiramente*, porque a matéria não é a substância das coisas, pois, se o fosse, todas as formas seriam acidente, como, aliás, opinavam os filósofos da natureza. Ao contrário, a matéria é parte da substância. *Segundo*, porque o ser não é ato próprio da matéria, mas do todo substancial. Pois o ser é ato daquilo do qual podemos dizer que é. Ora, o ser não se atribui à matéria, mas ao todo (*de toto*). Donde não se pode afirmar que a matéria é, mas substância é que é aquilo que é. *Terceiro*, porque nem a forma é o ser, mas ela e o ser estão relacionados entre si por uma certa ordenação, pois a forma está para o ser como a luz para o luzir, e a brancura para o branquear. Além disso, porque o ser está como ato para a forma, pois, por esse motivo, nos compostos de matéria e forma, a forma é dita princípio do ser, porque é complemento da substância, cujo ato é o ser [...]. No entanto, nas substâncias intelectuais que não são compostas de matéria e forma, como acima foi demonstrado, nelas a forma é substância subsistente e é *o que é*: o ser, porém, é ato *pelo qual* é a coisa. Por este motivo, há uma só composição nas substâncias intelectuais, a de *ato* e *potência*, isto é, de substância e ser, composição denominada por alguns de *o que é* e *ser*, ou *o que é* e *pelo qual é*" (*C. G.*, II, c. 54, nn. 1287-1293; cf. *De sub. sep.*, c. 1).

A teoria da composição (e relativa distinção) de essência e ser representa uma das grandes inovações da metafísica tomista em relação à metafísica aristotélica. Aristóteles tinha restringido a aplicação da teoria do ato e potência (cf. Ato) aos dois casos da matéria (potência) e forma (ato), e da substância (potência) e acidentes (ato). Em vez disso, Santo Tomás descobre na estrutura do ente que há outra relação de ato e potência, aquela entre a natureza de uma coisa (a sua essência) e a sua efetiva realização (o ato de ser). Com essa singular descoberta, ele resolve muito melhor do que os seguidores hilemorfistas de Avicebron o problema da finitude das criaturas angélicas.

4. A distinção real entre essência e ato de ser

Segundo muitos estudiosos autorizados (Gilson, Masnovo, Maritain, Fabro), a doutrina da distinção real entre essência e ato de ser representa uma das grandes chaves, antes, a principal articulação de toda a construção filosófica de Santo Tomás. Parece-nos que a verdadeira relação de todo o edifício tomista de não a distinção real, mas sim o ser concebido intensivamente. Todavia, não há dúvida de que apenas a distinção real permite a Santo Tomás se salvaguardar dos erros de Parmênides, o qual, privado dessa distinção, havia absolutizado tanto o ser que tornou vã qualquer distinção entre os entes.

Entre os próprios discípulos de Santo Tomás, a distinção entre essência e ato de ser (que com linguagem imprópria por alguns foi chamada de existência) constituiu argumento de vivazes disputas: e para alguns (Egídio Romano) foi compreendida e expressa em termos de uma distinção excessivamente realista, fazendo da essência e da existência dois modos de ser distintos: o *esse essentiae* e o *esse existentiae*; enquanto por outros (Suarez) foi interpretado como uma distinção lógica com algum fundamento na realidade. Mas trata-se de duas interpretações erradas: Santo Tomás concebe certamente a distinção entre a essência e o ato de ser como uma distinção real e não como uma distinção lógica, mas se trata de uma distinção metafísica e não física (como a distinção entre alma e corpo) e de uma distinção metafísica incomparável, porque se dá exclusivamente entre a essência e o ato de ser.

A partir da mesma função realizada pela essência, com relação ao ser, se deduz a sua necessária distinção deste, uma distinção que não pode ser reduzida ao plano lógico: sua função é a de limitar a infinita perfeição do ser no ente. Essa limitação não é posta pela nossa mente, mas nossa mente a atribui à essência. Não a uma essência abstrata, mas à essência concreta, a saber, às essências que são dotadas do ato de ser de maneira limitada.

A distinção real se deduz também do fato de que as relações entre essência e ato de ser são interpretadas por Santo Tomás como relações entre potência e ato, que são dois aspectos claramente e *realmente* distintos no âmbito do ente. E, como há distinção real entre matéria e forma, substância e acidentes, analogamente há também distinção real entre essência e ato de ser.

Ademais, a distinção real também se encontra enunciada explicitamente pelo próprio Santo Tomás em numerosos textos. Vejam-se em particular: *I Sent.*, d. 19, q. 2, a. 2; *De Ver.*, q. 27, a. 1, ad 8; *In De Hebd.*, lect. II, nn. 33-34.

Assim, Santo Tomás pode concluir, contra Avicena, que certamente o ser é realmente distinto da essência (substância), mas sem se tornar por isso um aspecto acidental da própria essência. De fato, "a completude final de cada coisa é dada pela participação ao ser. Então, o ser é a realização de cada forma: essa se encontra completa quando tem o ser, e tem o ser quando está em ato; de modo que não há nenhuma forma senão em força do ser. Por isso, afirmo que o ser substancial de uma coisa não é um acidente, mas é a atualidade de qualquer forma existente, tanto daquelas materiais como daquelas imateriais" (*Quodl.*, XII, q. 5, a. 1; cf. *IV Met.*, lect. 2, nn. 556-558).

(Cf. Ato, Ente, Metafísica, Potência, Ser)

[Tradução: A. Boccato]

Estado de perfeição
cf. Perfeição cristã

Estado político cf. Política

Estado religioso cf. Religioso

Estética

Trata-se daquela parte da filosofia que se ocupa da arte.

Cabe à estética estabelecer o que é a arte, qual é sua função específica. Ademais, deve esclarecer qual é a faculdade ou faculdades que estão envolvidas na produção artística e esclarecer também os objetivos da atividade artística. Embora a discussão do problema estético estivesse já presente na filosofia clássica, particularmente em Platão, Aristóteles e Plotino; e na filosofia medieval, especialmente em Santo Agostinho e no Pseudo-Dionísio, o início desse estudo em sua forma sistemática remonta ao século XVIII e se consolida no século XIX, principalmente por mérito de Kant, Schelling, Hegel, Schopenhauer e Nietzsche.

Santo Tomás nunca se debruçou sobre o problema estético, pelo menos não diretamente, embora em algumas passagens de suas obras tenha exprimido opiniões e formulado juízos em torno da arte e em torno daquilo que é belo, de modo que é possível entrever de modo relativamente tranquilo seu pensamento estético.

Segundo o Doutor Angélico, para que determinada coisa possa ser considerada artística, ou seja, bela, ela deve possuir três qualidades: "Em primeiro lugar, a integridade ou perfeição (*integritas sive perfectio*), porque as coisas incompletas, enquanto tais, são disformes. Portanto, exige-se a devida proporção ou harmonia (*debita proportio sive consonantia*) entre as partes. Finalmente, clareza ou esplendor (*claritas*): de fato, chamamos belas as coisas de cores nítidas e esplendentes" (I, q. 39, a. 8). Dos três elementos, o primeiro (a *integritas*) é considerado coisa óbvia, e por esse motivo, às vezes falando da beleza, Santo Tomás se limita a mencionar os outros dois; a *proportio* e a *claritas* (cf. *In Div. Nom.*, IV, lect. 5, n. 339).

Fundamento último de toda beleza é Deus, que é belo em si mesmo e não sob um aspecto particular, e, "portanto, não se pode dizer que é belo em relação a algo e não belo em relação a outra coisa, nem que seja belo para alguns e não belo para outros; mas é belo sempre e uniformemente, excluindo qualquer defeito de beleza a partir da variabilidade que é o primeiro defeito" (ibid., n. 346). Deus é a fonte e a causa da beleza presente nas criaturas. Deus é *pulcrífico*: torna belas as coisas, derramando nelas a sua luz e o seu fulgor: "os seus dons são pulcríficos (*istae traditiones sunt pulchrificae*), ou seja: concedem beleza às coisas" (ibid., n. 340).

Santo Tomás, mestre e fautor das distinções e das autonomias (da filosofia em relação à teologia, da razão em relação à fé, da natureza em relação à graça, da política em relação à religião, do Estado em relação à Igreja etc.), afirma também a distinção e a autonomia da arte em relação à moral. Com efeito, um é o objeto e o fim da arte, ao passo que o outro é objeto da moral. A arte tem em mira a beleza; a moral, a bondade. E assim pode ocorrer facilmente que o artista que realiza uma obra de arte seja uma pessoa imoral e que persiga finalidades imorais, "porque a bondade do querer é essencial à prudência, e não o é absolutamente para a arte" (I-II, q. 57, a. 4). Para que a arte se torne moral se requer que o artista tenha uma reta vontade (*requiritur bona voluntas*), e essa atinge a sua perfeição com a virtude moral. "Por isso o Filósofo fala de *virtude moral da arte*, pois para seu bom uso se requer virtudes morais. De fato, é claro que a justiça, que concede retidão à vontade, permitirá que o artista (*artifex*) seja levado a fazer uma obra genuína" (ibid., a. 3, ad 2).

(Cf. Arte, Beleza/Belo)
[Tradução: G. Frade]

Estudo/Estudiosidade

Na questão disputada *De Magistro* (*O Mestre*), Santo Tomás explica muito bem em que consiste o ensino e define sua importância para o desenvolvimento dessa atitude na aprendizagem da verdade que está inscrita em todo homem. Mas, nessa questão, nada diz a propósito do estudo e do aprendizado. Em vez disso, ele fornece ótimos conselhos sobre "o modo de estudar" (*De modo studendi*) numa famosa carta ao confrade João. Os conselhos se referem antes de tudo às disposições psicológicas e morais de quem se dedica seriamente ao estudo. Santo Tomás recomenda em particular a pureza da mente, o recolhimento, a oração, a atenção, a concentração:

"Esta é a minha advertência e a tua instrução (*huiusmodi est ergo monitio mea de vita tua*). Que não te apresses em julgar, nem em pronunciar-te sobre algo; que estimes a pureza de consciência. Que não deixes de ocupar-te da oração; que ames frequentar tua cela, se queres ser conduzido à adega do vinho da sabedoria. Que sejas amável com todos; que não perguntes excessivamente nada sobre as obras alheias; que não te mostres excessivamente familiar a ninguém, pois a excessiva familiaridade produz o desprezo e a subtração do tempo necessário ao estudo; que não te intrometas, de nenhuma maneira, em discussões e acontecimentos profanos; que evites, desse modo, a discussão sobre qualquer assunto; que não deixes de imitar os exemplos dos santos e dos bons; que não atentes a quem disse, mas ao que de bom se diga, guardando-o na memória; que procures entender o que lês e ouves; que te certifiques das dúvidas; que te esforces por abastecer o depósito de tua mente, como o ávido que se atira a saciar-se; que não questiones as coisas que estejam além de teu alcance" [*Opusc.* 61 — *Opúsculos filosóficos*. São Paulo: Sita-Brasil, 2009, v. 1, trad. Paulo Faitanin: *De modo studendi* (O modo de estudar), p. 65. (N. do T.)].

Na *Segunda Seção da Segunda Parte da Suma Teológica*, Santo Tomás dedica uma questão, a 166, à estudiosidade (*de studiositate*), em que aborda dois quesitos: 1. Qual é a matéria da estudiosidade? 2. Ela é parte da temperança?

Santo Tomás, como de costume, esclarece antes de tudo o que entende por estudo e estudiosidade, dando as seguintes definições: "O estudo implica, principalmente, a aplicação intensa da mente a alguma coisa (*studium praecipue importat vehementem applicationem mentis ad aliquid*). Ora, a mente não se aplica a alguma coisa a não ser conhecendo-a. Por isso, primeiro o espírito se aplica a conhecer (*studium per prius respicit cognitionem*), depois àquilo a que é levado pelo conhecimento; e, secundariamente, tudo o mais que, para ser executado, precisa ser dirigido pelo conhecimento" (II-II, q. 166, a. 1). Por sua vez, a estudiosidade é aquela virtude moral que "faz o homem ter a vontade de aplicar, retamente, a potência cognoscitiva, de um modo ou de outro, a este ou àquele objeto" (ibid., a. 2, ad 2).

Da própria definição de estudiosidade resulta que o objeto próprio dessa virtude são as faculdades cognoscitivas, mas que não é uma virtude cognoscitiva, como a ciência e a sabedoria, mas sim uma virtude moral: aquela virtude com a qual a vontade regula a aplicação das faculdades cognoscitivas, evitando ao mesmo tempo quer o exercício excessivo, quer o vício oposto da indolência. De fato, "quanto ao conhecimento, há no homem uma inclinação contrária tanto por parte da alma, como por parte da natureza corporal. Por parte da alma, porque o homem, por ela, é levado a desejar o conhecimento das coisas e, por isso, é louvável que modere esse apetite, para não se exceder na busca desse conhecimento. Por parte do corpo, porém, o homem tem a tendência de fugir à fadiga dessa mesma busca. Portanto, relativamente à primeira tendência, a estudiosidade consiste em refrear, e faz parte da temperança; relativamente à segunda tendência, porém, o mérito da estudiosidade reside em fortalecer a intenção para adquirir a ciência, e daí é que vem o seu nome. Ora, a primeira inclinação é mais essencial a essa virtude do que a segunda, pois o desejo de conhecer vincula se, diretamente, ao conhecimento, visado pela estudiosidade. Por outro lado, o trabalho de aprender representa um impedimento ao conhecimento e, por isso, é objeto acidental da estudiosidade, como obstáculo a ser superado" (ibid., ad 3).

Ao dever do estudo estão obrigadas três categorias de pessoas: os estudantes, os docentes e os pregadores. O Doutor Angélico sublinha a importância do estudo para quem é claramente chamado à pregação: "o estudo das letras é necessário às vidas religiosas fundadas em vista da pregação" (II-II, q. 188, a. 5).

(Cf. Ciência, Sabedoria)

[Tradução: M. Couto]

Estultice

Do latim *stultitia*; é a falta de juízo. Comporta "um embotamento do coração e obscurecimento dos sentidos (*stultitia importat hebetudinem cordis et obtusitatem sensuum*)" (II-II, q. 46, a. 1).

Deste vício Santo Tomás trata na questão 46 da *Segunda Seção da Segunda Parte da Suma Teológica*, em que aborda os seguintes quesitos: 1. A estultícia (ou estultice) opõe-se à sabedoria? 2. É um pecado? 3. A que vício capital se refere?

Ao primeiro quesito responde positivamente: "É exato opor a estultice à sabedoria. Com efeito, diz Isidoro, 'sábio' (*sapiens*) vem de sabor (*sapor*) porque, assim como o gosto é capaz de distinguir o sabor dos alimentos, assim também o sábio é capaz de discernir as realidades e as causas", coisa que o estulto não consegue fazer por causa da sua insensibilidade e obtusidade (a. 1).

Ao segundo quesito, sobre se a estultice é pecado, o Doutor Angélico responde distinguindo entre estultice natural e espiritual. A primeira não é pecado; ao invés, a segunda, a estultice espiritual, mergulhada pelo amor do mundo, semelhante na ordem espiritual a um gosto infectado pelo mau fluido incapaz de saborear as coisas doces, é pecado (a. 2).

Quanto ao terceiro quesito, Santo Tomás faz ver que a estultice é filha da luxúria. A argumentação é de notável interesse e deveria levar muitas pessoas a refletir porque justamente por causa da luxúria manifestam uma espantosa insensibilidade por tudo o que diz respeito ao mundo do espírito. Ei-la: "A estultice, enquanto é um pecado, provém de que o sentido espiritual está embotado e não é mais apto a julgar coisas espirituais. Ora, o sentido do homem está mergulhado nos bens terrestres sobretudo pela luxúria, que procura os mais fortes prazeres, os que absorvem a alma ao máximo. Por isso, a estultice, que é um pecado, nasce sobretudo da luxúria" (a. 3).

(Cf. Luxúria, Sabedoria)
[Tradução: M. Couto]

Eternidade

Significa, geralmente, duração sem início e sem fim. Habitualmente é contraposta ao tempo, que é uma duração com início e com fim (e pelos autores medievais também ao *evo* ou *eviternidade*, que é uma duração com início, mas sem fim, e toca às naturezas angélicas e à alma humana).

A filosofia grega identifica a eternidade com a imutabilidade e a incorruptibilidade e a considera uma propriedade, além das realidades imateriais e ainda de algumas realidades materiais, mais precisamente dos corpos celestes, considerados incorruptíveis. No pensamento cristão, para o qual todas as coisas materiais são corruptíveis e aquelas imateriais, se finitas, são mutáveis, a eternidade se torna atributo específico de Deus. Boécio define a eternidade "uma posse total, simultânea e perfeita de uma vida sem limites".

Santo Tomás distingue dois usos do termo eternidade, um próprio e um impróprio. No *sentido próprio* "se dizem eternas as coisas que são sem origem (*quae sunt ingenita*), que, isto é, não têm causa" (*In Div. Nom.*, X, lect. 3). Nesse sentido somente Deus pode ser dito eterno. "A razão de eternidade corresponde à imutabilidade, como a razão de tempo corresponde ao movimento, como está claro pelo exposto. Assim, como Deus é ao máximo imutável, cabe-lhe também ser ao máximo eterno. E não somente é eterno, mas ele é sua eternidade, ao passo que nenhuma outra coisa é sua própria duração, não sendo seu ser. Deus, ao contrário, é seu ser uniforme; eis por que, como é sua essência, é também sua eternidade" (I, q. 10, a. 2).

No *sentido impróprio*, "algumas vezes se dizem eternas aquelas coisas que são incorruptíveis, porque não têm nada de menos, e são imortais, porque não cessam nunca de viver, e não são mutantes (*invariabilia*) porque não mudam de forma em forma ou de quantidade em quantidade, mas existem sempre do mesmo modo" (*In Div. Nom.*, X, lect. 3). Em tal caso, eterno é sinônimo de *diuturno* (*por muito tempo*) (II-II, q. 164, a. 2, ad 6).

Segundo o uso impróprio, podem se chamar eternos também os anjos; mas a expressão apropriada para indicar a duração das criaturas angélicas é *eviternidade*. A eviternidade é uma "eternidade participada" (*Quodl.* V, q. 4, a.u.).

No *Comentário ao De causis* (prop. 30), Santo Tomás propõe uma formulação ainda mais precisa da diferença entre os dois tipos de duração perene ou perpétua. "A primeira duração é aquela típica da eternidade; a segunda é aquela que se estende por todo o tempo. Esses dois tipos de duração perpétua diferem por três aspectos. Em primeiro lugar porque a perpetuidade própria da eternidade é estável, subsistente e imóvel, enquanto a perpetuidade temporal flui e é móvel, dado que o tempo é medida do movimento, lá onde a eternidade se considera como medida do ser imóvel. Em segundo lugar, porque a perpetuidade própria da eternidade é totalmente simultânea, quase concentrada em um, enquanto a perpetuidade temporal se estende na sucessão do antes e do depois, que pertence à própria noção de tempo. Em terceiro lugar, porque a perpetuidade própria da eternidade é simples e existe totalmente por si mesma, enquanto a totalidade, isto é, a inteireza da perpetuidade temporal deriva das suas diversas partes em seu suceder-se".

(Cf. TEMPO)
[Tradução: M. Couto]

Ética

Termo de origem grega (de *ethos* = comportamento, costume) introduzido por Aristóteles para designar a parte da filosofia que trata do agir humano correto. Segundo uma das definições mais comuns, é o estudo do agir humano com referência ao fim último, que é a plena realização da pessoa.

Dois são os máximos problemas que a ética é chamada a discutir e, possivelmente, a resolver: um diz respeito ao fundamento e o valor dos códigos, das leis, das normas, das persuasões morais existentes: é o *problema crítico*. O outro diz respeito às condições que permitem que uma ação seja moral em absoluto, o critério daquilo que é moral e imoral para o homem: este é o *problema teorético*. Ambos os problemas, no entanto, não estão desligados um do outro, mas, sim, intimamente conexos, dado que o primeiro serve de preâmbulo para o segundo: antes de implantar sistematicamente a moral, se coloca em questão a moral corrente.

O problema crítico se impõe por si mesmo, uma vez que os códigos morais prescrevem deveres, estabelecem leis, ditam normas que os membros de uma dada sociedade são obrigados a observar. Ora, se tais códigos não são sufragados pela autoridade incontestável da divindade, é lógico e natural que se pergunte por que e em que medida se é obrigado a observar os ditos códigos. Quem os estabeleceu? A quem cabe o direito de substituí-los por outros? Toca à comunidade ou aos indivíduos, ou aos governantes? Na história da filosofia essas são as interrogações que indicaram o caminho para a reflexão moral. Elas já foram debatidas vivamente pelos sofistas e por Sócrates, que prospectavam duas soluções antitéticas. Para os sofistas os códigos morais coincidem com os códigos civis, os quais são criações da sociedade e, portanto, convencionais. Ao contrário, para Sócrates os princípios éticos são exigência da própria natureza humana e, portanto, são iguais para todos os homens, que os conhecem por via indutiva. Depois de Sócrates o problema crítico do fundamento dos princípios e dos códigos morais foi retomado frequentemente por muitos outros filósofos, mas sem mais sair da alternativa já emersa do debate entre Sócrates e os sofistas, isto é, aquela entre *convencionalismo* (a solução dos sofistas) e *naturalismo* (a solução de Sócrates). Em favor do convencionalismo se alinharam os epicuristas, os céticos, os nominalistas, os empiristas, os positivistas, os neopositivistas, os existencialistas, os marxistas e outros ainda. Por sua vez, Platão, Aristóteles, os estoicos, os neoplatônicos, a maior parte dos Padres da Igreja e dos escolásticos, os idealistas, os neorrealistas e os neotomistas colocaram-se do lado do naturalismo.

No que concerne ao problema teórico, que consiste na busca de critérios e de normas seguras sobre as quais o homem possa basear-se para escolher bem, escolher o que realmente lhe agrada para realizar a si mesmo e para conseguir desse modo a felicidade, os filósofos oscilam entre critérios meramente formais (obedecer a lei, cumprir o próprio dever, praticar a virtude) e critérios materiais (o prazer, o útil, o bem, o amor, a justiça etc.). As morais que se inspiram em critérios formais são chamadas *deontológicas*, enquanto as que se inspiram em critérios materiais são chamadas *teleológicas*. No grupo das morais teleológicas os principais tipos são hedonismo, utilitarismo, eudemonismo, ética dos valores, enquanto no grupo das morais deontológicas encontramos o estoicismo e o formalismo kantiano. No entanto, há alguns filósofos que se recusam a construir a moral sobre um princípio absoluto imutável, seja este o fim último (o bem) ou, então, o dever. Admitem sem dúvida que o homem tem deveres a cumprir, leis para observar, fins para realizar, mas estes mudam de uma época para outra, de um lugar para outro, de uma cultura para outra. Portanto, consideram que possam ser elaboradas somente éticas relativistas ou situacionais. Mas, desse modo, renunciam a fornecer uma justificação plausível daquilo que é mais essencial à moral, o caráter de absoluta obrigatoriedade, ao menos no momento em que se trata de princípios primeiros que não podem jamais se tornar presa do relativismo, como, por exemplo, "faze o bem, evita o mal".

Santo Tomás trata da ética em muitas obras (no *Comentário às Sentenças*, na *Suma contra os Gentios*, nas *Questões disputadas*, no *Comentário à Ética a Nicômaco*), mas a elaboração mais completa e mais madura dessa matéria ele efetuou na *Suma Teológica* (últimas questões da *Primeira Parte*, e praticamente em toda a *Segunda Parte*: I-II e II-II).

Caso nos atenhamos à divisão dos problemas éticos propostos acima — problemas críticos e problemas teóricos —, podemos sem dúvida afirmar que Santo Tomás faz profissão de *naturalismo* no que concerne ao problema crítico, enquanto no que se refere ao problema teórico segue o *eudemonismo*.

1. A lei natural

Como *fundamento* da moral, Santo Tomás coloca a *lei natural*, que ele considera uma participação da lei eterna que Deus inscreveu na razão humana. Como foi dito, o conceito de lei moral natural estava já presente nos grandes filósofos gregos (Sócrates, Platão, Aristóteles, Zenão) e havia sido amplamente utilizado também pelos Padres da Igreja e pelos grandes Mestres da primeira Escolástica. Mas o melhor e mais profundo teórico da lei natural é o Doutor Angélico. Ele oferece uma exposição exemplar pela clareza e profundidade da lei natural na I-II (qq. 94-95), em que distingue nitidamente entre lei natural e lei humana. A segunda é a lei positiva, imposta pelos homens (e exatamente por isso é dita humana); enquanto a primeira é aquela que se encontra inscrita naturalmente na mente e no coração do homem. Santo Tomás define a lei como "*regula et mensura actuum* (regra e medida dos atos humanos)" (I-II, q. 90, a. 1), "regra e medida determinada pela razão" (ibid.). A lei natural é aquela regulamentação dos atos humanos que a razão extrai diretamente da natureza humana, examinando aquilo pelo que o homem tem uma inclinação natural e que, por consequência, assume como bom e traduz em ação (*ratio apprehendit ut bona et per consequens ut opere prosequenda*) (I-II, q. 94, a. 2). Ora, segundo o Doutor de Aquino, existem três níveis de inclinações naturais: as que o homem tem em comum com todos os existentes (perseverar no ser), as que tem em comum com os animais (conservar a espécie), as específicas suas (conhecer a verdade). A lei natural prescreve aquilo que corresponde a tais inclinações (ibid.). Ela tem como princípio supremo "Faze o bem e evita o mal", que representa para a ética o que os princípios primeiros são para a metafísica: é o fundamento de toda outra norma moral (ibid.). Nela se encontra o seu fundamento e a sua justificação também a *lei humana*: "Portanto, toda lei humanamente imposta tem tanto de razão de lei quanto deriva da lei da natureza. Se, contudo, em algo discorda da lei natural, já não será lei, mas corrupção de lei" (I-II, q. 95, a. 2). A lei natural é maximamente conforme ao homem, pois lhe fornece uma orientação segura nas próprias escolhas e lhe ensina o caminho para realizar a si mesmo e conseguir o fim que lhe é proposto. É uma lei que não vem de fora (e por isso não é heterônoma), mas sim de dentro (e nesse sentido é autônoma: é a lei que a própria razão dá ao homem ou, melhor ainda, é a lei que o próprio homem se dá mediante a própria razão): não é fruto de árduas e obscuras especulações e a sua percepção é tão ágil que parece quase intuitiva. O seu centro específico, segundo Santo Tomás, é a *sindérese*, "que é o hábito que contém os preceitos da lei natural, os quais são os primeiros princípios das obras humanas" (I-II, q. 94, a. 1, ad 2).

Tão lúcida quanto profunda é a elaboração que Santo Tomás apresenta no que tange ao critério supremo da moralidade, que para ele, como para a maior parte dos filósofos e teólogos que o haviam precedido, é a *felicidade* (e por isso sua ética é dita eudemonística). De fato, o fim que o homem persegue constantemente em toda sua ação não é outra coisa senão a felicidade. Mas aquilo sobre o qual os filósofos jamais conseguiram colocar-se de acordo, desde os tempos de Sócrates e Protágoras, é o que efetivamente torna o homem plenamente feliz: o prazer ou a virtude, a honra ou o dever, o poder ou a justiça, a opulência ou a sabedoria? Daí a necessidade de esclarecer este ponto fundamental: qual é o fim último do homem e o que ele deve fazer para atingi-lo?

2. O fim último

O procedimento a seguir para acertar o fim último da vida humana — aquele que assegura ao homem a perfeita felicidade — tinha sido estabelecido, de uma vez para sempre com grande rigor, por Aristóteles na *Ética a Nicômaco*. Nessa obra o Estagirita, ao esclarecer que a felicidade consiste na plena realização das próprias capacidades, demonstra que aquilo que torna o homem sumamente feliz não pode ser nem as riquezas, nem as honras e nem os prazeres, porque nenhuma dessas coisas pode realizá-lo naquilo que lhe é mais próprio, mais específico e mais digno do ser humano: o conhecimento intelectivo. A felicidade do homem não pode ser colocada senão na máxima realização desse conhecimento. Isso ocorre na contemplação da verdade. Portanto, fim último do homem é a contemplação da verdade, mais exatamente (para Aristóteles) das verdades matemáticas e metafísicas. Na esteira de Aristóteles, também Santo Tomás faz ver que o fim último do homem não pode consistir nas riquezas, nas honras e nos prazeres, mas sim em atingir aquelas realidades que somente podem satisfazer suas faculdades espirituais, o intelecto e a vontade. Para sustentar essa tese ele aduz quatro argumentos: 1) A felicidade é incompatível com qualquer gênero de mal, sendo ela o sumo bem do homem. Em vez disso, as riquezas, as honras e os prazeres podem ser encontrados quer nos malvados, quer nos bons. 2) Uma vez conseguida a felicidade, não é admissível a falta de outros bens necessários ao homem. Por outro lado, depois de conseguir riquezas, honras e prazeres, ao homem podem faltar ainda muitos bens necessários, como a sabedoria, a saúde do corpo etc. 3) Da felicidade jamais pode derivar um mal, sendo a felicidade um bem perfeito. Não é assim, ao contrário, para as riquezas, as honras e os prazeres. De fato, as riquezas frequentemente são conservadas em prejuízo de quem as possui, o mesmo se pode dizer dos prazeres e das honras. 4) O homem, de fato, deve ser ordenado à felicidade mediante princípios interiores, sendo ordenado a esta por natureza. Por sua vez, as riquezas, as honras e os prazeres derivam mais de causas externas, e frequentemente da fortuna [sorte]: de fato são também chamados bens de fortuna (I-II, q. 2, a. 4). Excluído que a felicidade possa ser colocada nos "bens de fortuna", Santo Tomás faz ver que o único objeto capaz de satisfazer o homem plenamente e, portanto, capaz de lhe dar a felicidade é Deus. "A bem-aventurança (felicidade) — observa o Doutor de Aquino — consiste mais na ação do intelecto especulativo que na do prático. Isso fica claro por três razões. Primeira, porque se a bem-aventurança do homem é ação, ela deve ser a sua melhor ação. Ora, a melhor ação do homem é aquela que é da melhor potência a respeito do melhor objeto. Ora, a melhor potência é o intelecto, cujo melhor objeto é o bem divino, e este não é objeto do intelecto prático, mas do intelecto especulativo. Por isso, em tal ação, isto é, na contemplação das coisas divinas, consiste sobretudo a bem-aventurança [...]. Segunda, porque a contemplação é procurada principalmente em vista dela mesma [...]. Terceira, porque na vida contemplativa o homem se comunica com os superiores, isto é, com Deus e com os anjos, aos quais se assemelha pela bem-aventurança" (I-II, q. 3, a. 5). Objeto da contemplação que assegurará ao homem a felicidade plena e perfeita é a própria essência de Deus, não qualquer imagem sua ou qualquer atributo seu, e menos ainda qualquer efeito seu: "Para a perfeita bem-aventurança requer-se que o intelecto atinja a essência mesma da primeira causa. Assim sendo, terá a sua perfeição na união com Deus como seu objeto, e só nisto consiste a bem-aventurança do homem, como acima foi dito" (ibid., a. 8).

Deus, fim último da vida humana e princípio supremo da nossa felicidade, torna-se logicamente para Santo Tomás (como já para Santo Agostinho) o critério supremo da moralidade: para saber se uma ação é boa ou má moralmente, basta considerar em que relação ela se encontra com Deus; é boa se leva a se aproximar de Deus, é má se leva a se afastar dele. Com esse critério podem se estabelecer com certeza os princípios primeiros da moral. Estes fazem parte da lei natural, que espelha a lei eterna de Deus: "Para os que agem pela vontade, a regra próxima é a razão humana e a regra suprema, a lei eterna. Logo, quando o ato humano se ordena para o fim segundo a ordenação da razão e da lei eterna, será reto; quando, porém, se desvia dessa retidão, se diz que há pecado" (I-II, q. 21, a. 1).

Contudo, os ditames da lei natural dizem respeito somente a poucos princípios elementares e gerais (por exemplo: "faze o bem e evita o mal") que sozinhos não bastam para fornecer diretivas adequadas para o agir humano na variedade e complexidade das situações concretas. Por esse motivo, para integrar a lei natural, explicitando-a, intervêm os filósofos com a sua sabedoria (ética filosófica), os políticos com as suas leis (lei positiva) e o próprio Deus com sua revelação (Decálogo). Santo Tomás assinala um papel importante a todas essas três explicitações da lei natural. Quanto ao Decálogo, ele não o situa nem acima e nem fora da lei natural, mas o coloca dentro dela, como sua explicação, a qual tendo sido feita pelo próprio Deus tem seguramente mais autoridade do que qualquer lei positiva e qualquer extrapolação filosófica. Por esse motivo Santo Tomás ensina que ninguém pode prescindir dos preceitos do Decálogo (I-II, q. 100, a. 8).

A relação das ações humanas com os preceitos da moral é mediada, além de por condições objetivas (cultura, educação, tradições, meios de comunicação etc.), também por condições subjetivas do agente: por suas inclinações, paixões, hábitos. De fato, as ações humanas não estão desligadas uma da outra, e, ao realizá-las, uma pessoa não parte jamais do zero. Assim, com a repetição dos atos se cria na psique humana uma propensão mais ou menos forte aos objetos desejados. Isso dá origem àquelas disposições psicológicas que levam o nome de vício ou de virtude. Existe virtude quando os objetos para os quais se tende com a força do hábito são bons, isto é, conformes ao fim último; quando os objetos são maus, ao contrário, há o vício. Na *Suma Teológica* (II-II), Santo Tomás realiza um interessantíssimo estudo, completo e detalhado, de todo o vasto universo de virtudes e de vícios dos quais o homem é capaz.

3. As virtudes morais

Quanto às virtudes, o Doutor de Aquino as divide em dois grandes grupos: o grupo das virtudes *intelectuais*, que são aquelas que sustentam a faculdade intelectiva, e aquele das virtudes *morais*, que são aquelas que acompanham a faculdade volitiva. De fato, "os atos humanos só têm dois princípios, ou seja, o intelecto ou razão, e o apetite. São eles, como se diz no livro III (c. 10) da *Alma* de Aristóteles, os dois motores do homem. É preciso, pois, que toda virtude humana aperfeiçoe um desses dois princípios. Se for virtude que aperfeiçoa o intelecto especulativo ou prático para o bom agir do homem, a virtude será intelectual; se aperfeiçoar a potência apetitiva, será virtude moral, donde se conclui que toda virtude humana é intelectual ou moral" (I-II, q. 58, a. 3).

Seguindo Aristóteles, também Santo Tomás elenca cinco virtudes intelectuais: ciência, intelecto (hábito dos princípios que nos aperfeiçoa na contemplação da verdade), arte, sabedoria e prudência. De todas essas virtudes, aquela que é mais necessária para a vida humana é a prudência, porque o bem viver consiste no bem agir, e para bem agir não basta deixar-se guiar pelo entusiasmo ou pela paixão, mas é necessário ser guiado por um reto critério que se obtém somente com a virtude da prudência, que aperfeiçoa a razão nas coisas referentes ao fim. Não pode haver virtude moral sem a prudência, porque, cabendo à virtude moral escolher o bem, se requer, além da devida atenção do fim, adotar retamente os meios; o que é impossível se falta a prudência (I-II, q. 57, a. 5).

As virtudes morais são aquelas que aperfeiçoam o apetite, quer aquele sensitivo, quer aquele intelectivo ou vontade. Entre as virtudes, são ditas principais ou cardeais aquelas que não somente dão a faculdade de bem agir, mas também o uso das obras boas. Entre as virtudes intelectuais é principal ou cardeal somente a prudência; entre as virtudes morais estão a justiça (que aperfeiçoa a vontade), a temperança e a fortaleza (que aperfeiçoam respectivamente o apetite concupiscível e o apetite irascível) (I-II, q. 61, a. 2).

4. As virtudes teologais

Até aqui sintetizamos o pensamento do Doutor Angélico fazendo referência exclusivamente à ética natural ou filosófica. Mas Santo Tomás não separa a ética filosófica da teológica, porque o homem do qual ele trata não é o *homo naturalis* mas sim o homem histórico: o homem que Deus na sua infinita bondade quis associar a si na história da salvação, e, por isso, a ética que ele expõe por inteiro não é a moral laica, mas a cristã. E assim, depois de ter tratado das virtudes cardeais, ele passa imediatamente ao estudo das virtudes teologais, cuja necessidade ele justifica com o seguinte argumento lúcido: dupla é a bem-aventurança ou a felicidade do homem, uma proporcionada à natureza humana e à qual o homem pode chegar com os princípios da sua natureza; a outra que excede a natureza humana, e à qual o homem pode chegar somente com a virtude de Deus, segundo uma certa participação da divindade (2Pd 1). E, porque essa bem-aventurança ultrapassa a capacidade da natureza humana, os princípios naturais já não são suficientes para ordenar o homem a esse intento. Ocorre da parte de Deus o acréscimo de alguns princípios que nos guiam à bem-aventurança sobrenatural, assim como com a ajuda de Deus os princípios naturais nos guiam ao fim natural. Esses princípios sobrenaturais são ditos virtudes *teológicas* ou *teologais*, seja porque têm por objeto Deus, para quem estão ordenadas; seja porque nos são infundidas por Deus; seja porque somente por divina revelação na Sagrada Escritura podemos ter consciência delas. As virtudes teologais ordenam o homem à bem-aventurança sobrenatural, como a inclinação natural o ordena a um fim para ele natural mediante o intelecto e a vontade. Mas intelecto e vontade não são suficientes para obter a bem-aventurança sobrenatural, segundo o que está escrito: "o olho não viu, o ouvido não escutou, nem o coração humano imaginou, tudo o que Deus preparou para aqueles que o amam" (1Cor 2,9). Era por isso necessário, quanto ao intelecto e quanto à vontade, que fosse acrescentado soberanamente algo a fim de ordenar-nos ao fim sobrenatural. Antes de tudo, quanto ao intelecto, que fossem acrescentados alguns princípios sobrenaturais, aprendidos pela luz divina, e estas são as coisas a serem cridas, cuja virtude é a *fé*. E, como na natureza tudo se move e tende para um fim conatural e esse movimento provém de uma certa conformidade da coisa para o seu fim, a vontade é ordenada para o fim sobrenatural pela virtude da *esperança*, ao tender para aí como coisa possível; ao passo que é ordenada pela virtude da *caridade*, naquela união espiritual que nos transforma de certo modo no próprio fim (I-II, q. 62, aa. 1 e 3). Das três virtudes teologais, aquela que possui a primazia é a caridade. Como no preceito "ama a Deus com todo o teu coração e o próximo como a ti mesmo" estão resumidos todos os mandamentos, analogamente na caridade se encontram e estão resumidas todas as virtudes. Por isso a ética de Santo Tomás, como de resto aquelas de todos os outros pensadores cristãos, é essencialmente *altruística*.

5. Ética natural e moral cristã

Para obter a felicidade eterna segundo a ordem sobrenatural, as virtudes teologais (antes de tudo e principalmente a caridade) são indispensáveis. Mas Santo Tomás (diversamente de Santo Agostinho) não exclui que o homem que não tenha tido o dom da fé e da graça seja capaz de viver uma ética natural, praticando as virtudes morais. Para Santo Tomás, além da moral cristã, há lugar também para uma ética natural. Reagindo às posições anti-humanísticas comuns em seu tempo que julgavam impossível uma ética "leiga" e tachavam, como havia feito Agostinho, as virtudes dos pagãos como "esplêndidos vícios", o Doutor de Aquino recolocou em distinção Aristóteles ao tornar seu todo o programa da *Ética a Nicômaco*, aperfeiçoando-a justamente naqueles pontos em que Aristóteles havia ficado incerto (por exemplo, o conceito de liberdade, e a importância da intenção para que uma ação possa ser formalmente boa). Vale também para a moral o grande princípio tomista: "A graça não destrói mas aperfeiçoa a natureza". Por isso, existe também uma ética natural por si mesma válida, embora não baste para obter a salvação, e que constitui um momento importante, fundamental da salvação cristã. Na sua retomada da ética antiga, Santo Tomás assumiu como base a natureza humana como esta aparecia num mundo em que faltavam ainda a ideia da graça e a mensagem de Cristo, para edificar sobre ela o edifício da própria graça e de toda a moral cristã.

[Tradução: M. Couto]

Eucaristia

Indica um dos sete sacramentos instituídos por Jesus Cristo para o bem espiritual de seus seguidores. Antes, é o sacramento principal: "*Eucharistia est praecipuum sacramentum*" (II-II, q. 83, a. 9). Reduzido à essência, este rico e maravilhoso sacramento pode ser descrito como a ação de Cristo e da Igreja que recorda e atualiza o mistério pascal da salvação num banquete sacrifical em que o Ressuscitado torna-se realmente presente nos sinais sacramentais do pão e do vinho e se comunica aos fiéis. Quando se celebra a Eucaristia, é o próprio Senhor Jesus Cristo que se oferece ao Pai. A Missa não é uma pura recordação realizada por outras pessoas; é o próprio Cristo, "pois está sempre vivo para interceder por eles" (Hb 7,25), que perpetua e atualiza, de modo sacramental, sua única oblação sacrifical ao Pai pela salvação de todos, pela mediação da Igreja, seu corpo. O ministro principal da Eucaristia é o próprio Senhor Jesus. Aquele que preside é ministro de Cristo e da Igreja, fala e atua "*in persona Christi*" e deve ter intenção de fazer aquilo que a Igreja faz, sob pena de invalidar a própria celebração.

1. O estudo de Santo Tomás

Foi escrito que a reflexão teológica de Santo Tomás a respeito do mistério eucarístico é fruto de uma intensa, profunda, íntima e alegre vida eucarística. Sua atitude em relação a esse sublime sacramento foi bem expressa por seu biógrafo, Guilherme de Tocco, que, no relato da última comunhão do santo, refere estas palavras suas: "Recebo a ti, preço da minha redenção; recebo a ti, viático de minha peregrinação, pelo qual amor estudei, velei e trabalhei. A ti, eu preguei e ensinei, e nunca eu disse nada contra ti: e se tivesse dito, eu o disse por ignorância e não desejo ser pertinaz em sustentá-lo. Mas se me exprimi mal a propósito deste sacramento, como também dos outros, deixo tudo à correção da Santa Romana Igreja, em cuja obediência agora passo desta vida".

Santo Tomás dedicou ao mistério eucarístico a mais ampla e madura discussão na *Suma Teológica* (III, qq. 73-83); mas também tratou desse argumento em muitos outros escritos, particularmente no *Comentário às Sentenças* (IV, dd. 8-13); nos *Comentários à Primeira Carta aos Coríntios* (c. 11, lect. 5) e no *Evangelho de João* (*In Ioan.*, c. 6, lect. 6-7) e na *Suma contra os Gentios* (IV, cc. 61-69). Entre as obras do santo existe também um discurso, embora de autenticidade duvidosa, sobre a festa de *Corpus Christi* "proferido em pleno Consistório". Além do mais, seus biógrafos são unânimes ao lhe atribuir a paternidade do *Ofício do SS. Sacramento*, que reflete fielmente seu estilo e seu pensamento.

Assim como no estudo dos outros mistérios cristológicos, também no mistério eucarístico Santo Tomás organiza toda a discussão em torno de três questões fundamentais: os motivos, a natureza e os efeitos (a isso, tratando-se de um sacramento, seguem as questões relativas ao ministro e ao rito).

2. Os motivos da instituição

À pergunta: "Para que Jesus Cristo instituiu a Eucaristia?", Santo Tomás responde deste modo: "Os sacramentos foram instituídos para a necessidade da vida espiritual. E, porque as coisas corporais representam de algum modo as coisas espirituais, daí deriva que os sacramentos são proporcionados às coisas que são necessárias para a vida corporal. Ora, na vida corporal encontra-se em primeiro lugar a geração: e à geração pertence o batismo, pelo qual somos gerados para a vida espiritual. Em segundo lugar para a vida corporal se requer um aumento que conduza o homem à quantidade perfeita das forças, e aqui corresponde o sacramento da confirmação que nos doa o Espírito Santo para fortificar a alma. Em terceiro lugar, para a vida corporal se requer o alimento que mantenha o corpo humano: e, de modo similar, a vida espiritual é alimentada pelo sacramento da Eucaristia […]. No sacramento da Eucaristia, que é o alimento espiritual, Jesus Cristo se encontra segundo a sua substância […]. Isto se dá *sob duas espécies* por três razões: 1) pela sua perfeição, porque, sendo a refeição espiritual, deve consistir num alimento e numa bebida espirituais; 2) pelo seu significado, porque, sendo a recordação da Paixão em que o sangue de Jesus foi separado do corpo, o sangue se deve oferecer separadamente do corpo; 3) pelo efeito salutar deste sacramento, porque para a salvação corporal se oferece o Corpo e para a salvação espiritual se oferece o Sangue. Por fim, se oferece este sacramento sob as *espécies do pão e do vinho*: 1) porque os homens se servem de modo mais comum do pão e do vinho para a sua alimentação, por isso o pão e o vinho são usados neste sacramento, como a água para a ablução do batismo e como o óleo para a unção dos enfermos; 2) pelo motivo da virtude deste sacramento, pois o pão confirma o coração do homem e o vinho o alegra; 3) porque o pão formado por muitos grãos de trigo e o vinho por muitas uvas significam a unidade da Igreja constituída por muitos fiéis" (*In I Cor.*, c. 11, lect. 5, nn. 650-654).

3. Natureza da Eucaristia

O que é efetivamente a Eucaristia? Santo Tomás havia já respondido que é a presença real do Cristo: "No sacramento da Eucaristia, que é o alimento espiritual, Jesus Cristo se encontra segundo a sua substância (*in sacramento eucharistiae, quod est spirituale ali-*

mentum, Christus est secundum suam substantiam)" (ibid., n. 651). Trata-se, no entanto, de uma presença sacramental, isto é, mediada por aqueles sinais (*signa*) sensíveis que são justamente as espécies do pão e do vinho. Também para explicar a natureza desse sacramento Santo Tomás se vale das categorias aristotélicas de *matéria* e *forma*, e, além disso, para ilustrar a transformação do pão e do vinho no corpo e sangue de Cristo, se vale também das categorias de *substância* e *acidente*.

O pão e o vinho são *matéria* da Eucaristia, pois Jesus Cristo usou o pão e o vinho para instituí-la (III, q. 74, a. 1). As palavras são *forma* da Eucaristia : "Isto é o meu corpo; isto é o meu sangue" (III, q. 78, a. 1).

Para explicar o evento místico que se realiza na Eucaristia, isto é, a transformação do pão e do vinho no corpo e sangue de Cristo, Santo Tomás se vale do termo "transubstanciação" (*transubstantiatio*). Esse termo não foi de modo algum cunhado por Santo Tomás, como muitas vezes se gosta de repetir quando se quer acusar o Angélico de ter sujeitado a teologia à filosofia aristotélica, mas havia sido introduzido na teologia latina já uns dois séculos antes de Santo Tomás escrever a *Suma Teológica*. O Angélico considera que caso se queira dar conta de modo razoável da presença substancial de Cristo no pão e no vinho consagrados é necessário privar o pão e o vinho de sua própria substância, a qual é transformada na substância do corpo e do sangue de Cristo. "Alguns — escreve o Angélico — sustentaram que depois da consagração permanece neste sacramento a substância do pão e do vinho. Mas isso é insustentável. *Primeiro*, porque essa afirmação exclui a realidade do sacramento eucarístico, a qual implica a presença neste sacramento do verdadeiro corpo de Cristo. Mas este não está presente antes da consagração. Ora, uma coisa não pode se tornar presente onde antes não estava, senão por meio de uma transferência local, ou pelo converter-se dessa em alguma outra coisa (*per alterius conversionem in ipsum*): o fogo, por exemplo, começa a existir novamente numa casa ou porque aí ele é levado, ou porque nela foi gerado. É claro, porém, que o corpo de Cristo não começa a estar presente neste sacramento por uma transferência de lugar. Primeiro, porque então deveria cessar de estar no céu; de fato aquilo que se muda localmente não chega ao local sucessivo senão deixando o precedente [...]. Disso se deduz que o corpo de Cristo não pode começar a estar neste sacramento senão por meio da conversão da substância do pão (*nisi per conversionem substantiae panis in ipsum*). Mas aquilo que se muda em algo, uma vez ocorrida a mudança, não permanece. Para salvar, portanto, a verdade desse sacramento, deve-se concluir que a substância do pão não pode permanecer depois da consagração. *Segundo*, porque a opinião acima mencionada contradiz a forma desse sacramento: 'Este (*hoc*) é o meu corpo'. Isso não seria verdadeiro se permanecesse a substância do pão, porque a substância do pão não é certamente o corpo de Cristo. Então se deveria dizer: 'Aqui está o meu corpo' [...]. Por isso essa opinião é de se rejeitar como herética" (III, q. 75, a. 2).

Depois da *transubstanciação* permanecem os acidentes do pão e do vinho, ou seja, as aparências dessas duas realidades. Mas, embora permaneçam os acidentes do pão e do vinho, não permanece a sua forma substancial, porque a forma junto com a matéria constitui a substância, e toda a substância do pão e do vinho se converte na substância de Jesus Cristo; se ocorresse a conversão somente da matéria do pão e do vinho e não da forma, essa se tornaria uma forma separada, isto é, um anjo, o que é inconcebível (ibid., a. 6). Os acidentes do pão e do vinho recebem de Deus, de modo miraculoso, não somente a virtude de existir, mas também a de agir, e assim as espécies do pão e do vinho podem produzir os efeitos relativos ao pão e ao vinho: "Assim como a esses acidentes é dado subsistir pelo poder de Deus, igualmente, por esse mesmo poder, lhes é dado o agir, de modo que por esses vem a produzir-se tudo aquilo que poderia derivar da substância do pão, se estivesse lá presente; e por tal virtude eles podem nutrir ou então gerar vermes ou cinzas" (*Quodl.* IX, q. 3, a.u., ad 3).

Jesus Cristo se encontra totalmente sob cada uma das espécies consagradas, contudo, com esta distinção: que pelas palavras da consagração sob os acidentes do pão se encontra *diretamente* apenas o corpo de Jesus Cristo; e o sangue, a alma e a divindade aí se encontram *por concomitância*, já que subsistem nessa mesma pessoa divina que está presente sob os acidentes do corpo; e, similarmente, sob a espécie do vinho *diretamente* se encontra o sangue de Cristo e o resto aí está *por concomitância* (III, q. 76, a. 2). Cristo, porém, não se encontra na Eucaristia *localmente*, porque seria "*lugar*" demasiado pequeno; antes da consagração o lugar era ocupado pela substância do pão mediante as suas dimensões; depois da consagração *ocupa o lugar* a substância de Cristo sim, mas *mediante dimensões outras*, isto é, do pão; Cristo não está aí localmente, isto é, *não está aí circunscrito* (ibid., a. 5).

4. Efeitos da Eucaristia

A Eucaristia é o maior de todos os sacramentos (*praecipuum sacramentum*) e *confere a graça*, basta pensar que ela: a) contém Cristo, autor da graça; b) é a renovação da Paixão de Cristo, que deu ao mundo a graça; c) é dada como forma de alimento e de bebida para o aumento da vida espiritual que consiste na graça. Portanto "grande e universal é a utilidade deste sacramento (*utilitas autem huius sacramenti magna est et universalis*). Antes de tudo é de *grande utilidade*, porque produz em nós vida espiritual agora, e sucessivamente a vida eterna. Sendo a Eucaristia o sacramento da paixão de Nosso Senhor (*sacramentum dominicae passionis*), contém em si Jesus Cristo que sofreu por nós. Portanto, tudo aquilo que é efeito da Paixão de Nosso Senhor, é também efeito desse sacramento, não sendo ele outra coisa senão a aplicação em nós da paixão do Senhor (*nihil aliud est hoc sacramentum quam applicatio dominicae passionis ad nos*) [...]. Em segundo lugar, é de *utilidade universal*, porque a vida que a Eucaristia traz é a vida não de um único homem, mas, por aquilo que depende da Eucaristia, é a vida de todo o mundo; porque para vivificar todo o mundo basta a paixão de Cristo (1Jo 2,2). Os outros sacramentos têm efeitos individuais; em vez disso, na imolação da Eucaristia o efeito é universal: não apenas o consegue o sacerdote, mas também aqueles pelos quais o sacerdote reza como também toda a Igreja: tanto vivos quanto defuntos. E a razão é que na Eucaristia está contida a causa universal de todos os sacramentos, isto é, Jesus Cristo" (*In Ioan.*, c. 6, lect. 6, nn. 963-964).

"A Eucaristia é ao mesmo tempo sacrifício e sacramento: tem a natureza de sacrifício enquanto se oferece, e natureza de sacramento enquanto se recebe". Como sacramento tem *diretamente* como efeito nutrir a alma, e não o de perdoar a pena dos pecados; *indiretamente*, porém, tem também esse efeito, proporcionalmente ao fervor da caridade que excita em nós. Em vez disso, como sacrifício, tem valor de satisfação em favor do oferente proporcionalmente à sua devoção (III, q. 79, a. 5). Sacramentalmente, mas sem o efeito espiritual, a Eucaristia pode ser recebida também pelo pecador, porque a presença real de Jesus na Eucaristia, até que durem as espécies, é sempre e para todos. Visto que a Eucaristia significa também o corpo místico de Cristo, isto é, a união dos fiéis — e, portanto, receber a Eucaristia significa professar estar unidos ao Cristo —, quem recebe esse sacramento em pecado mortal não peca somente contra Cristo, mas também contra a Igreja: de fato, comete uma falsidade e faz um sacrilégio (III, q. 80, aa. 3-4).

5. O ministro da Eucaristia

"A dignidade desse sacramento é tão grande, como já notamos, que ele não pode ser feito senão na pessoa de Cristo (*in persona Christi*). Quem, porém, faz algo em nome de outrem, precisa ter recebido o poder deste. Ora, assim como para o batizado é concedido por Cristo o poder de receber a Eucaristia, assim ao sacerdote é dado na ordenação o poder de consagrar este sacramento na pessoa de Cristo: de fato, com a ordenação alguém é colocado na classe daqueles aos quais o Senhor disse: 'Fazei isto em minha memória' (Lc 22,19). Portanto, é próprio dos sacerdotes consagrar este sacramento" (III, q. 82, a. 1). O sacerdote não consagra na própria pessoa, mas na pessoa de Cristo, e não cessa de ser sacerdote de Cristo quando é um mau sacerdote: portanto, mesmo um mau sacerdote consagra validamente. O sacerdote que consagra deve também consumir a Eucaristia, porque a Eucaristia não é apenas sacramento, mas também sacrifício, e quem oferece o sacrifício deve participar do sacrifício (ibid., aa. 4-5). Um sacerdote não pode sem pecado fazer outra coisa senão celebrar a Missa, porque cada um deve fazer uso das graças recebidas e o poder de consagrar é uma grande graça (ibid., a. 10).

Em suas linhas principais o ensinamento de Santo Tomás em torno do mistério eucarístico tornou-se próprio da Igreja. O Concílio de Florença (1439) e principalmente o Concílio de Trento (1545-1563) assumiram muitas de suas expressões verbais para definir a doutrina católica e defendê-la do erro.

(Cf. CRISTO, CRUZ, IGREJA, SACRAMENTO)
[Tradução: G. Frade]

Eudemonismo

Vem do grego *eudaimonia*, que significa felicidade. É uma doutrina ética que coloca o fim último da vida humana na obtenção da felicidade. Embora com nuances e significados diversos, o eudemonismo foi amplamente compartilhado, além dos filósofos gregos, pelos filósofos e teólogos da Idade Média e da época moderna. Obviamente, o sentido que se dá ao termo "felicidade" varia conforme a concepção que se tenha do ser humano: numa concepção platônica, a felicidade está essencialmente na contemplação da verdade (das Ideias); numa concepção aristotélica, a felicidade está numa "mistura dosada" da virtude com o prazer (e a virtude é principalmente contemplação); numa concepção cristã, que fornece para o ser humano um horizonte eterno, a felicidade está na participação da vida divina por meio da contemplação e do amor.

Santo Tomás, sem dúvida alguma, tem uma concepção eudemonística da moral: fim último do ser humano é a *beatitudo* (a felicidade) (cf. BEATITUDE). Esta, segundo a célebre definição de Boécio, "é um estado perfeito, em que se reúnem todos os bens". Ora, o único bem capaz de realizar plenamente o ser humano, realizando todas as suas capacidades, é Deus: *"In solo igitur Deo beatitudo hominis consistit"* (I-II, q. 2, a. 8). Santo Tomás, falando na qualidade de teólogo, distingue duas espécies de beatitude: *natural*, que o homem pode atingir com suas únicas forças, e que não pode ser senão uma beatitude "imperfeita"; e *sobrenatural*, que se realiza na vida eterna e se obtém exclusivamente com a ajuda da graça de Deus (cf. I-II, q. 62, a.1).

Assumindo todos os conteúdos do cristianismo, o eudemonismo em Santo Tomás sofre uma transformação substancial tanto no âmbito dos meios quanto no dos fins. No que diz respeito aos meios: para obter a felicidade já não bastam o empenho pessoal e a prática das virtudes, mas são necessários também, e principalmente, a graça de Deus, os dons do Espírito Santo e os sacramentos da Igreja. No que concerne ao horizonte final que traz a felicidade, este já não é colocado numa contemplação abstrata de Deus, acessível à pura razão, mas sim na participação direcionada à vida divina que a Trindade nos doa, graças ao sacrifício expiatório de Cristo, o Filho de Deus feito homem.

(Cf. BEATITUDE, CRISTO, ÉTICA, SALVAÇÃO)
[Tradução: G. Frade]

Eutanásia

Literalmente significa boa morte, do grego *eu* = bem e *thanatos* = morte. Com a palavra eutanásia "hoje não se pensa tanto no significado originário do termo; mas pensa-se principalmente na intervenção da medicina para atenuar as dores da doença ou da agonia, por vezes mesmo com risco de suprimir a vida prematuramente. Além disso, o termo está sendo utilizado num sentido mais particular, com o significado de 'causar a morte por compaixão', para eliminar radicalmente os sofrimentos extremos ou para evitar às crianças anormais, aos incuráveis ou aos doentes mentais o prolongamento de uma vida penosa, talvez por muitos anos, o que poderia vir a trazer encargos excessivamente pesados para as famílias ou para a sociedade" (*Declaração* da Congregação para a Doutrina da Fé sobre a eutanásia, 5 de maio de 1980, II). A eutanásia propriamente dita consiste numa ação ou numa omissão que por sua própria natureza, ou nas intenções de quem a realiza, busca a morte com a finalidade de eliminar toda dor.

Santo Tomás não enfrenta explicitamente o problema da eutanásia, que não existia no seu tempo; mas teria certamente condenado a eutanásia como um ato gravemente imoral, aduzindo os mesmos argumentos que alega contra o suicídio: "1º, A vida é um dom de Deus ao homem e permanece sempre dependente do poder daquele que 'faz morrer e faz viver'. Quem se priva da vida, peca, portanto, contra Deus; como aquele que mata um escravo alheio peca contra o senhor desse escravo; e como peca quem usurpa o julgamento sobre uma causa que não lhe foi confiada. Pois, só a Deus compete julgar da morte e da vida, como se diz no livro do Deuteronômio (32,39): 'Eu farei morrer e farei viver' […]. 2º, o homem é constituído senhor de si mesmo pelo livre-arbítrio. E, por isso, pode dispor de si mesmo, no que toca às coisas desta vida, que está submetida a seu livre-arbítrio. Mas a passagem desta vida a uma vida mais feliz (*transitus de hac vita ad aliam feliciorem*) não depende do livre-arbítrio, mas do poder divino. Logo, não é permitido ao homem matar-se (e os outros) para passar a uma vida mais feliz. 3º, igualmente não é lícito matar-se para escapar às misérias da vida presente, pois, como mostra o Filósofo, o 'último e o mais terrível dos males desta vida é a morte'. Dar-se (ou buscar) a morte para fugir das misérias desta vida é recorrer a um mal maior, para evitar um menor" (II-II, q. 64, a. 5 e ad 3).

Falta nesse texto de Santo Tomás um argumento importante: aquele do valor salvífico do sofrimento e da morte. O Doutor Angélico não o ignora de modo algum, mas é um argumento *teológico* que na sua articulação da *Suma Teológica* não encontra lugar na *Segunda Parte*, que é prevalentemente de índole ética. O valor salvífico da dor depende da Cruz de Cristo. E desta Santo Tomás trata na *Terceira Parte*.

(Cf. Decálogo, Homicídio, Vida)

[Tradução: M. Couto]

Evidência

Com esse termo na filosofia se entende aquela condição particular ou qualidade de um fato, ou mesmo de uma assertiva, que o torna particularmente claro à mente, a ponto de constrangê-la a reconhecê-lo como verdadeiro. Sobre aquilo que dá origem à evidência e lhe garante um fundamento seguro, não existe acordo entre os filósofos: para alguns é a visão das Ideias (Platão), para outros a iluminação divina (Agostinho, Boaventura), para outros a intrínseca irrefutabilidade (Aristóteles, Descartes, Kant), para outros, ainda, a verificação experimental (Comte, Carnap, Ayer), para outros, enfim, a práxis (Marx, James, Gramsci).

Segundo Santo Tomás, a evidência é propriedade da verdade, que é, por sua vez, propriedade do intelecto, mas na medida em que este é adequado às coisas, sendo a verdade, por definição, "a adequação da mente às coisas" (I, q. 17, a. 4). Portanto, a fonte última da evidência são as coisas e nas coisas o ser, que é aquilo que confere atualidade às coisas, sendo a *actualitas omnium actuum*. Portanto, por si mesmo, o grau de evidência de uma coisa é tanto maior quanto mais elevado é seu grau de ser. No entanto, Santo Tomás distingue verdades evidentes em si mesmas (*per se notae*) e verdades evidentes com respeito a nós (*quoad nos*). As primeiras ocorrem quando o predicado pertence essencialmente ao sujeito; as segundas são aquelas para as quais também à mente resulta imediatamente tal pertencimento (I-II, q. 94, a. 2). Com respeito a nós, "se dizem *per se notae* as coisas cujo conhecimento nos é naturalmente inato como, por exemplo, que o todo é maior do que a sua parte" (*I Sent.*, d. 3, q. 1, a. 2, ob. 1). "Aquelas coisas que são *per se notae* com respeito a nós tornam-se rapidamente manifestas mediante os sentidos, assim, por exemplo, visto o todo e a sua parte, conhecemos imediatamente que o todo é maior do que sua parte sem que seja necessária qualquer outra pesquisa" (ibid., *in cap.*). Mas é justamente por esse motivo que nosso intelecto conhece as coisas partindo da experiência dos sentidos, os quais não podem ter um conhecimento direto daquelas coisas amplamente evidentes em si mesmas. "Segundo o Filósofo, se diz dificilmente conhecível uma coisa de dois modos, ou em si mesma ou ainda com respeito a nós. Por isso, aquelas coisas cujo ser não está ligado à matéria, em si mesmas são maximamente evidentes (*sunt maxime nota*); mas com respeito a nós são difícilimas para conhecer-se; por isso o Filósofo diz que nosso intelecto com respeito às coisas maximamente manifestas em sua natureza se comporta como o olho da coruja em relação à luz do sol. E a razão se encontra no fato de que nosso intelecto possível está em potência com relação a todos os inteligíveis e antes de conhecer não se encontra em ato com respeito a alguns deles. Para que conheça em ato, é necessário que seja conduzido ao ato mediante as espécies assumidas pelos sentidos e iluminadas pela luz do intelecto agente; porque, como diz o filósofo, os fantasmas estão para o intelecto possível como as cores estão para a vista. E assim para nós é conatural proceder dos sentidos às ideias, dos efeitos às causas, daquilo que vem depois àquilo que vem antes, segundo nossa condição de passageiro. Outro será, ao invés, nosso modo de conhecer quando atingirmos a pátria (beata)" (*I Sent.*, d. 17, q. 1, a. 4).

(Cf. VERDADE)

[Tradução: M. Couto]

Excomunhão

Do latim *excommunicatio*, é uma censura eclesiástica pela qual se é excluído da comunhão dos fiéis e da participação nos sacramentos: "*Est excommunicatio, per quam a sacris arcetur*" (II-II, q. 99, a. 4).

Santo Tomás faz da excomunhão objeto de amplo tratado no *Comentário às Sentenças* (IV, d. 18, q. 2), onde aborda os seguintes quesitos: 1. O que é a excomunhão?; 2. Quem pode excomungar?; 3. Modalidade da excomunhão; 4. Relações com o excomungado; 5. Absolvição da excomunhão. Esse tratado foi retomado e reordenado no *Suplemento (da Suma Teológica)*, nas questões 21-24.

Examinadas as consequências da excomunhão (privação de comunicar com os fiéis na participação nos sacramentos, nas orações comuns e na convivência social), Santo Tomás conclui que a definição correta da excomunhão é a seguinte: "Separação da comunhão da Igreja, quanto ao fruto e aos sufrágios gerais (*excommuniatio est separatio a communione ecclesiae quoad fructum et suffragia generalia*)" (*Suppl.*, q. 21, a. 1).

Depois de ter esclarecido o conceito de excomunhão, Santo Tomás examina este segundo quesito: "Se a Igreja deve excomungar alguém". Eis sua resposta: "O juízo da Igreja deve ser conforme ao juízo de Deus. Ora, Deus pune de muitos modos os pecadores, para trazê-los ao bem: ou castigando-os com flagelos; ou abandonando-os a si próprios de maneira que, subtraindo-lhes os seus auxílios, que os livram de cair no mal, reconheçam suas fraquezas e voltem humildes ao Deus de que se afastaram na sua soberba. Ora, de ambos esses modos a Igreja, na sentença de excomunhão, imita o juízo divino. Assim, quando exclui alguém da comunhão dos fiéis, para que disso se envergonhe, imita o juízo divino, que castiga com os seus flagelos. E, quando exclui dos sufrágios e dos outros bens espirituais, imita o juízo divino pelo qual o homem é abandonado a si próprio, a fim de que, conhecendo-se a si mesmo com humildade, volte para Deus" (ibid., a. 2). Trata-se, portanto, de imitar a bondade divina, que aos culpados não deixa faltar a medicina amarga, mas eficaz da correção. Eis por que o Doutor Angélico aproxima o tratado da excomunhão às questões delicadas tanto da correção fraterna como da correção judiciária.

Entretanto, Santo Tomás acrescenta prontamente que, sendo a excomunhão uma pena gravíssima, que comporta a exclusão do Reino de Deus, é necessário reservá-la como medida extrema, isto é, depois de ter esgotado todos os outros meios (ibid., a. 3). Há mais: uma vez que a excomunhão não pode ser dada senão com base em um pecado mortal, e porque o pecado mortal existe nos indivíduos e não numa comunidade, sabiamente a Igreja dispôs que não se podem excomungar as comunidades (*Suppl.*, q. 22, a. 5).

O poder de excomungar é reservado aos Bispos e aos Prelados maiores porque só estes possuem jurisdição no foro externo da Igreja; mas, porque a excomunhão é um ato de jurisdição externa, e desta são capazes também aqueles que não são sacerdotes, por delegação também um não sacerdote pode excomungar (ibid., aa. 1-2).

Quanto às relações com o excomungado, Santo Tomás admite que possa haver relações com ele quando for para induzi-lo à penitência e é lícito tratar com ele também para servi-lo nas necessidades da vida, segundo o dever natural que, por exemplo, têm os parentes próximos (*Suppl.*, q. 23, a. 1).

O poder de absolver da excomunhão por si mesmo cabe somente a quem a infligiu ou a qualquer autoridade superior. Mas, por delegação, um sacerdote pode absolver da excomunhão seu penitente, quando tiver as devidas faculdades para tanto (*Suppl.*, q. 24, a. 1).

Hoje, quer na reflexão teológica, quer na práxis pastoral a excomunhão acabou quase inteiramente esvaziada de significado. E, no entanto, nos primeiros séculos da Igreja ela constituía uma das formas de penitência mais usuais. A excomunhão era o primeiro ato daquela penitência pública que estava reservada aos pecados mais graves e terminava com a reconciliação do pecador com Deus e com a Igreja. Santo Tomás no seu profundo estudo da excomunhão fornece as sólidas motivações teológicas dessa antiga práxis que hoje já não são aplicadas.

[Tradução: M. Couto]

Exegese (bíblica)

Termo tirado do grego *exegesis* = interpretação, indica a arte de descobrir e determinar com exatidão o significado de textos literários, históricos, jurídicos, bíblicos, religiosos etc. A exegese é um instrumento indispensável para chegar a uma compreensão profunda da mensagem religiosa da Sagrada Escritura e representa uma das principais funções da teologia.

A exegese bíblica tem suas origens na própria Sagrada Escritura. Em relação ao AT, em comparação aos seus autores mais antigos, um esforço exegético pode já ser constatado em alguns autores mais recentes. Assim, por exemplo, os Profetas e alguns Salmos explicam teologicamente a história de Israel transmitida pelos escritores anteriores. O mesmo fazem os autores do NT com os livros do AT, referindo eventos e promessas, em sentido escatológico e cristológico, à obra de salvação de Cristo e à Igreja entendida como verdadeiro Israel (cf. Sinóticos e São Paulo).

Entre os judeus, os rabinos eram especialistas na exegese bíblica. Eles geralmente realizavam uma exegese *histórico-literal* do texto. Um novo modo de fazer exegese foi introduzido por Fílon (25 a.C., aprox.–40 d.C.), que, à exegese literal, flanqueia uma rica *exegese alegórica*, disposta a descobrir todos os possíveis significados segundos que possam ser extraídos do texto, com a intenção entre outras coisas de harmonizar o ensinamento da Escritura com o ensinamento da filosofia grega estoico-platônica do seu tempo. A grande escola exegética de Alexandria (Clemente e Orígenes) depende diretamente de Fílon; ela, nos estudos do AT e do NT, dá amplo espaço à exegese alegórica, segundo a multiplicidade de sentidos já teorizada por Fílon. Desenvolve-se assim também entre os escritores cristãos um sistema exegético que prevê a pesquisa, em cada texto, de quatro sentidos principais: literal, alegórico, moral, anagógico, como quer o célebre dístico: *Littera gesta docet, quid credas allegoria, moralis quid agas, quo tendas anagogia*. Uma exposição orgânica das regras exegéticas que fez escola durante toda a Idade Média é a célebre obra de Agostinho, *A doutrina cristã*.

1. Atividade exegética de Santo Tomás

Santo Tomás é o astro mais fúlgido do firmamento cultural da Idade Média não só no campo da teologia, mas também no da exegese, quer profana (leiga), quer sagrada. À exegese profana pertencem seus sagazes comentários a Aristóteles; à exegese sagrada os comentários a quase todo o NT e a alguns livros do AT. Para a sua interpretação de Aristóteles, cf. ARISTÓTELES. Aqui nos ocuparemos exclusivamente da sua *exegese bíblica*.

O Doutor Angélico foi um assíduo frequentador e um profundo estudioso da Sagrada Escritura. Iniciou sua carreira acadêmica — na qualidade de bacharel — mantendo por dois anos consecutivos a *lectio* da Sagrada Escritura. Depois, ao se tornar *mestre* em teologia (1256), continuou seu ensinamento oficial com o comentário da Sacra Pagina que se tornou "a substância de todo o seu trabalho" (M. D. Chenu). Mais tarde, a atividade exegética de comentador da Escritura o viu empenhado não menos assídua e intensamente na atividade teológica. Do AT comentou os Salmos, o livro de Jó, o Cântico dos Cânticos, os profetas Isaías e Jeremias; do NT comentou os quatro evangelhos (*Catena aurea*), o evangelho de Mateus, o evangelho de João, e as Cartas de São Paulo.

O valor da sua obra de comentador da Sagrada Escritura, assim como o de comentador de Aristóteles, foi sempre universalmente reconhecido. Nele se apreciaram simultaneamente a fidelidade ao texto e a profundidade do pensamento, a penetração e a fineza. Segundo H. Denifle, Santo Tomás "é o mais penetrante, mais seguro, mais concreto de todos os outros comentadores da Idade Média".

Santo Tomás não compôs nenhum tratado de hermenêutica. Os princípios nos quais ele incessantemente se inspira são os que havia fixado Santo Agostinho em *A doutrina cristã*. Contudo, ele está consciente de que para o trabalho exegético ocorre uma preparação intelectual especial, que comporta muito estudo e uma intensa vida espiritual que deve ser continuamente alimentada pela meditação e oração.

2. Instrumentos hermenêuticos

Como ensina Agostinho, todo o mundo do saber pode ser colocado a serviço da Escritura: a gramática, a história, a geografia, a astronomia, a matemática, a filologia, a filosofia etc. Compartilhando essa indicação preciosa do pai da exegese bíblica latina, Santo Tomás buscou enriquecer continuamente sua bagagem de conhecimentos em todas as direções, avançando no conhecimento das línguas, do pensamento dos Padres, das ciências naturais, da filosofia etc., reservando, porém, especial atenção à filologia e à filosofia, os instrumentos que mais contam no trabalho exegético: a filologia para aprender o sentido literal, a filosofia para colher o sentido espiritual e teológico.

É conhecido que Santo Tomás não tinha uma grande propensão para o estudo das línguas originais dos textos bíblicos. No que se refere ao hebraico, ele não possuía senão as noções elementares, e, quanto ao grego, talvez só algo mais. No entanto, aonde não conseguia chegar sozinho, valia-se da ajuda de estudiosos competentes, como o confrade Guilherme de Moerbeke. Assim como outros grandes filósofos (por exemplo, Nietzsche e Heidegger), Santo Tomás tem o gosto pela *filologia* e, para todas as palavras, se preocupa antes de tudo em descobrir e indicar o significado original, etimológico do termo. Ademais Santo Tomás é sempre escrupuloso na verificação da correção do texto, e, ainda que seja verdade que no que se refere à crítica textual ele se contenta de reproduzir as observações tradicionais, é também verdadeiro, como notou C. Spicq, que seu intuito é extraordinariamente seguro.

3. Pluralidade dos sentidos

Santo Tomás distingue na Sagrada Escritura dois sentidos fundamentais, o *literal* e o *espiritual*. "A Sagrada Escritura foi divinamente ordenada para que se manifeste a nós a verdade necessária à salvação. Ora, a manifestação ou expressão da verdade pode ser efetuada de dois modos, ou com as palavras ou com as coisas, dado que as palavras significam coisas, e estas por sua vez podem significar outras coisas. Mas o autor das coisas (Deus) não só pode usar as palavras para significar algo, mas pode igualmente dispor as coisas de tal modo que faz delas uma imagem de uma outra. E, assim, na Sagrada Escritura se manifesta a verdade de dois modos. O primeiro modo segundo o qual as coisas são significadas pelas palavras, e isso é o *sentido literal*. O segundo modo pelo qual as próprias coisas simbolizam outras coisas, e nisso está o *sentido espiritual*. Assim, à Sagrada Escritura pertencem vários significados" (*Quodl.* VII, q. 6, a. 1).

O sentido literal está ligado à palavra, à *letra* e é o mais imediato, o mais óbvio e acessível de todos, visto que pertence ao domínio comum da linguagem. Em contrapartida, o sentido espiritual está ligado às coisas: é uma determinada coisa que se torna por sua vez sinal de outras coisas, passadas, presentes ou futuras. Ora, isso comporta um conhecimento dos eventos precedentes e sucessivos daquela coisa, um conhecimento que pertence somente a Deus. Por esse motivo o sentido espiritual é um sentido oculto, cuja verdade se torna clara somente graças à divina revelação.

O sentido espiritual, por sua vez, se subdivide em três: alegórico, espiritual, anagógico: "O sentido espiritual se divide em três sentidos diferentes. Com efeito, o Apóstolo diz na Carta aos Hebreus que a lei antiga é uma figura da lei nova; e a própria lei nova, acrescenta Dionísio, é uma figura da glória futura; além do mais, na lei nova o que se cumpriu na cabeça é figura do que devemos fazer. Por conseguinte, quando as realidades da lei antiga significam as da lei nova, temos o *sentido alegórico*, quando as coisas realizadas no Cristo, ou naquilo que Cristo representa, são o sinal do que devemos fazer, temos o *sentido moral*; enfim, quando estas mesmas coisas significam o que existe na glória eterna, temos o *sentido anagógico*" (I, q. 1, a. 10; cf. *Quodl.* VII, q. 6, a. 2).

Retomando uma regra que já havia sido estabelecida por Fílon de Alexandria, Santo Tomás esclarece que não se deve ter a pretensão de extrair o quádruplo sentido de todos os textos bíblicos. Todos certamente possuem o sentido literal, mas do espiritual, alguns podem ter somente uma ou duas aplicações. "Estes sentidos não se atribuem à Sagrada Escritura de modo que cada parte individual dela deva ser explicada segundo os quatro sentidos; mas ou segundo todos os quatro, ou segundo três, ou segundo dois, ou até segundo só um. De fato, na Sagrada Escritura ocorre que aquilo que deve seguir na ordem do tempo seja significado do que precede, e disso resulta que algumas vezes o que é dito em sentido literal daquilo que precede possa ser exposto em sentido espiritual do que segue, mas o inverso não é verdadeiro" (*Quodl.* VII, q. 6, a. 2, ad 5).

4. Exegese literal

Na base de todos os sentidos da Escritura, Santo Tomás coloca o sentido literal; todos os demais, por mais importantes que sejam, vêm sempre depois do literal. Contra um tipo de exegese muito difundida em seu tempo, que se satisfazia na pesquisa de sentidos alegóricos e moralistas, algumas vezes decididamente arbitrários, Santo Tomás reafirma o primado absoluto do sentido literal. Santo Tomás foi o primeiro a aplicar a exegese literal ao livro de Jó, "assinalando assim uma etapa decisiva na história da interpretação deste livro" (C. Spicq). O sentido literal, para Santo Tomás, é o único verdadeiramente demonstrativo: "*Spiritualis expositio semper debet habere fulcimentum ab aliqua litterali expositione sa-*

crae Scripturae (A explicação espiritual deve sempre ter como base a explicação literal da Sagrada Escritura)" (*Quodl*. VII, q. 6, a. 14, ad 3). As verdades de fé podem ser provadas, portanto, de modo rigoroso, somente baseando-se no sentido literal, e não existe nenhuma verdade de fé expressa pela Escritura segundo o sentido espiritual que não esteja também, em qualquer outro lugar da Escritura, expressa segundo o sentido literal (cf. I, q. 1, a. 10, ad 1).

5. Exegese espiritual

A afirmação do primado do sentido literal não impede de modo nenhum Santo Tomás de apreciar e cultivar os vários sentidos espirituais, de modo particular o alegórico. De fato, ao comentar a Escritura, ele tem sempre o costume de flanquear, à exegese literal, a espiritual. Assim, muito frequentemente, ele introduz o comentário de um texto com as expressões *ratio litteralis, ratio mystica, causa litteralis, causa mystica*. Por exemplo, na exposição de Jo 4,6 onde se diz que Jesus chega ao poço de Sicar na hora sexta, diz que para essa precisão (a *hora sexta*) se dá uma razão quer literal, quer mística (*ratio huius determinationis assignatur litteralis et mystica*). A razão literal é muito válida: meio-dia é a hora mais quente, e isso explica por que Jesus está cansado e decide fazer uma parada no poço. Mas não faltam também ótimas razões espirituais: Adão foi criado no sexto dia; Jesus Cristo encarnou-se na sexta idade da humanidade; Jesus foi concebido seis meses depois de João Batista etc. Ademais, a hora sexta é aquela em que o sol atinge o ponto mais alto de sua ascensão: isso significa que "Cristo veio quando a prosperidade do mundo tinha atingido o ponto mais alto e quando o coração humano lhe era mais apegado" (*In Ioan.* 4, 6, lect. 1, n. 565).

6. Exegese teológica

Enquanto a exegese literal e a espiritual apontam diretamente para o significado imediato e oculto do texto, a exegese teológica está atenta antes de tudo aos procedimentos da determinação do significado, procedimentos que pretendem ser absolutamente rigorosos. De fato, a finalidade da exegese teológica é fornecer uma explicação objetiva do texto bíblico analisado na sua formulação ou expressão linguística, na ordem interna dos seus conceitos e no desenvolvimento dos seus componentes. Recorrendo a todos os recursos da lógica aristotélica, Santo Tomás pratica a exegese teológica examinando com extremo cuidado, em todas as suas partes, o texto bíblico como se fosse um tratado de filosofia, supondo nele articulações lógicas e conceituais que nós modernos não nos sentimos confortáveis em subscrever. "Todo livro sagrado é tratado como um todo orgânico do mesmo tempo que um escrito de Aristóteles e assim deve possuir um plano doutrinal cuja estrutura será ordenada segundo todas as regras da lógica e o rigor da articulação racional. Proceder-se-á a enuclear as ideias-chave, depois a evidenciar a progressão do desenvolvimento, as passagens de um tema a outro, e finalmente a razão de ser de um versículo particular" (C. Spicq). Ainda há mais: supõe-se que o autor inspirado formule argumentações no sentido técnico do termo, que produza provas das deduções e elaborações. Assim, por exemplo, Santo Tomás, comentando Rm 8,5-6, encontra em São Paulo uma formulação silogística perfeita: "O Apóstolo demonstra o quanto disse acrescentando *dois silogismos*, um extraído da carne que é o seguinte: quem quer que siga a prudência da carne está sujeito à morte; mas todos os que são segundo a carne, seguem a prudência da carne; portanto todos os que são segundo a carne estão sujeitos à morte. O segundo silogismo está demonstrado pelo espírito, e é o seguinte: quem quer que siga a prudência do espírito consegue a vida e a paz; mas todos os que são segundo o espírito seguem a prudência do espírito, portanto todos os que são segundo o espírito seguem a vida e a paz" (*In Ep. ad Rom.* 8, 5-6, lect. VIII, n. 614). Insere-se nessa necessidade de analisar os textos bíblicos segundo uma esquematização lógica o esforço de encontrar uma ordem no interior das narrativas do NT; dessa forma, Santo Tomás se coloca quesitos deste teor: *Utrum annuntiatio fuerit convenienti ordine perfecta* (III, q. 30, a. 4); *Utrum convenienter genealogia Christi ab evangelistis texatur* (III, q. 31, a. 3); *Utrum nativitas Christi convenienter fuerit manifestata* (III, q. 36, a. 6); *Utrum fuerit conveniens ordo et modus tentationis* (III, q. 41, a. 4). A nós modernos tudo isso cheira a racionalismo excessivo. E esse é o limite mais visível da exegese teológica de Santo Tomás.

A aplicação rigorosa e sistemática dos procedimentos da lógica no estudo da Sagrada Escritura levou Santo Tomás a separar claramente a simples exegese da reflexão teológica. E, assim "o Doutor Angélico, quer com o espírito e o método dos seus comentários, quer com a perfeição da sua teologia, contribuiu mais do que qualquer outro para a dissociação dessas duas disciplinas. Mediante sua pesquisa constante e cuidadosa sobre o sentido literal, ele tende a constituir, e com Alberto Magno está entre os primeiros a fazê-lo, a exegese como disciplina autônoma, mas ao mesmo tempo distingue nitidamente a exploração racional desse dado revelado na ciência teológica; sendo esta derivada daquela. No século sucessivo essas duas correntes vão divergir cada vez mais uma da outra até chegar a uma cisão completa: Ptolomeu de Luca e Mestre Eckhart serão os representantes da teologia bíblica; ao passo que Nicolau de Lira será o principal expoente da exegese propriamente dita. Mas é interessante observar que todos os três autores dependem diretamente de Santo Tomás, frequentemente por eles transcrito *ad verbum*" (C. Spicq).

7. Analogia da fé

Um critério seguido constantemente por Santo Tomás na interpretação da Escritura é o de esclarecer a Bíblia mediante a Bíblia, isto é, fazendo amplo uso dos lugares paralelos. "Assim, a aproximação dos textos é fonte de clareza e de segurança para a exegese e, principalmente, enriquece a doutrina" (C. Spicq). Ao ler a Escritura ele se deixa sempre iluminar pela analogia da fé (cf. ANALOGIA FIDEI), portanto, parte do pressuposto que não pode haver contradição entre o que se diz num texto bíblico e o que se diz num outro. A absoluta inerrância da palavra de Deus torna uma semelhante contradição totalmente impossível. Daí segue que ele lê e interpreta os passos difíceis e obscuros à luz daqueles mais fáceis e claros. Diante do desacordo aparente entre vários textos, Santo Tomás tem o cuidado sempre de demolir as dificuldades. Isso ocorre principalmente quando se trata de harmonizar entre si os quatro evangelhos. O Doutor Angélico exclui também cada mínima inexatidão na Sagrada Escritura.

(Cf. BÍBLIA, TEOLOGIA)
[Tradução: M. Couto]

Existência

Na linguagem mais comum o termo denota simplesmente o fato de que alguma coisa é.

No que concerne a Santo Tomás, afirmou-se categoricamente que *"existentia"* "é um termo estranho à semântica da metafísica tomista" (C. Fabro). Mas essa afirmação é inexata, pois nas obras de juventude (*Comentário às Sentenças, Sobre a Verdade, Contra os Gentios*) a palavra *existentia* recorre muito frequentemente, e é usada para significar o pertencimento de algo ao mundo externo, ao mundo real, objetivo, e, portanto, para excluir que se trate simplesmente de uma ideia, ou de uma ficção da fantasia. Eis algumas passagens onde esse uso do termo *existentia* resulta bastante claro: "*Non potest autem efficax sumi testimonium veritatis per ea quae non in rei* existentia *sed solum in apparentia sunt* (Ora, não se pode tomar um testemunho eficaz da verdade das coisas que apenas em aparência aconteceram, e não na realidade concreta)" (*C. G.*, IV, c. 29, n. 3655; cf. ibid., n. 3651; ibid., c. 63, n. 4004). "*Quod per se habet operationem et per se* existentiam *habere potest* (o que opera por si mesmo pode ter existência própria)" (*C. G.*, c. 82, n. 1646; cf. I, q. 79, a. 6). "*Veritas quae in anima causatur a rebus, non sequitur aestimationem animae sed* existentiam rei (a verdade, produzida na inteligência pelas coisas criadas, não depende do julgamento da alma, e sim da própria *existência das coisas*)" (*De Ver.*, q. 1, a. 2, ad 3). Num importante texto do *Comentário à Metafísica* lemos: "*Logicus considerat modum praedicandi et non existentiam rei* [...]. *Sed philosophus* existentiam *quaerit rerum* (o lógico estuda o modo de predicar e non a *existência da coisa* [...]. Em vez disso, o metafísico busca a *existência da coisa*)" (*VII Met.*, lect. 17, n. 1658).

Dos textos citados resulta que Santo Tomás usa indubitavelmente o termo "*existentia*", mas não lhe confere o sentido forte, intensivo de *actus essendi*, mas sim o sentido fraco e comum de "realidade de fato" de "alguma coisa", de seu pertencimento ao mundo real e não àquele imaginário ou ao mundo das ideias; pertencimento que se pode reconhecer do mesmo modo às pedras, às nuvens, aos montes, à água, às plantas, ao homem, aos anjos, a Deus. Da existência, entendida como "fatualidade", não se dá uma gradualidade, portanto se trata de um conceito unívoco e não analógico (como são, ao contrário, os conceitos de ente, essência e ser).

(Cf. Ente, Essência, Ser)

[Tradução: M. Couto]

Experiência

Termo usado em filosofia e teologia (em particular, na teologia mística) para designar uma forma de conhecimento imediato da realidade, que se pode alcançar ou, ao menos, entrever mediante o aporte dos sentidos e da memória. Santo Tomás emprega os termos *experientia* e *experimentum* como sinônimos, tal como devia ser o uso da época, pois, na tradução latina da metafísica de Aristóteles, o termo grego *empeiria* é traduzido seja como *experientia*, seja como *experimentum* (cf. *Metafísica*, I, c. 1).

As melhores considerações de Santo Tomás relativas a este tema se encontram no primeiro capítulo do Livro Primeiro da *Metafísica*, no qual Aristóteles delineia de modo notável a diferença existente entre, de um lado, a experiência (*empeiria*) e, de outro, a arte (*techne*) e a ciência (*episteme*). A experiência, explica Aristóteles, embora resulte de várias percepções e muitas lembranças, permanece alicerçada no particular, pois ela não conhece o porquê das coisas, mas unicamente o fato. Ao contrário, tanto a arte quanto a ciência possuem a faculdade de alcançar o universal: "A experiência é cognição de particulares; enquanto a arte, dos universais". No que se refere à prática, Aristóteles observa: a experiência pode ser mais útil do que a ciência porque, "se se possui a ciência, mas não a experiência, se se conhece o universal, mas se ignoram os particulares, provavelmente se receitará o remédio errado, pois aquilo que se cura é o indivíduo" (*Metafísica*, I, c. 1, n. 981a, 21-22).

Em seu comentário, Santo Tomás segue literalmente o ensinamento do Estagirita, confirmando-o inteiramente: "A experiência (*experimentum*) se forma no homem por meio de várias recordações, e isso acontece do seguinte modo: mediante as muitas recordações de uma mesma coisa, o homem adquire experiência (*experimentum*) de algo e, graças a essa experiência, pode agir bem e com facilidade" (*I Met.*, lect. 1, n. 17). Na esteira de Aristóteles, Santo Tomás esclarece que a experiência se distingue da ciência pelo fato de esta alcançar o universal enquanto aquela alcança o particular. Santo Tomás reconhece ainda que "os *expertos* na prática são melhores do que os teóricos que conhecem as regras universais da arte, mas não possuem experiência" (ibid., n. 20).

Santo Tomás vincula o conceito de experiência à experiência sensitiva, não excluindo, porém, que se possa falar analogicamente de experiência em referência ao conhecimento intelectivo (I, q. 54, a. 5, ad 1). O Doutor Angélico fala ainda de uma *cognitio experimentalis*, que é claramente de índole intelectiva (e não sensitiva), não possuindo, contudo, caráter conceitual, mas antes *factual* (conhece o *quê*, mas não o *porquê*, como exige o conceito de *experientia*). É desse modo que, por meio de suas próprias operações, o homem adquire conhecimento de si mesmo: "aquilo que está por sua essência na alma é conhecido por um conhecimento experimental (*experimentali cognitione*), enquanto o homem experimenta por meio de seus atos os princípios internos, do mesmo modo que percebemos a vontade no ato de querer, e a vida nas operações da vida" (I-II, q. 112, a. 5, ad 1). Em outras palavras, quando queremos, temos consciência (experiência) da vontade, assim como temos conhecimento da vida quando vivemos.

(Cf. CIÊNCIA, CONHECIMENTO)
[Tradução: M. Ponte]

Expiação

Do latim *expiatio* = sacrifício realizado para aplacar a ira divina. Esse termo na linguagem religiosa geralmente significa o ato pelo qual o homem busca aplacar a ira divina determinada por um pecado, por uma ofensa, e propicia-se novamente o favor celeste, sujeitando-se a uma pena. O sentimento da culpa, acompanhado do temor da pena, e, portanto, o desejo de expiação se encontram em todos os povos e em todas as religiões. Israel conheceu desde os tempos antigos alguma cerimônia expiatória; atribuía-se às expiações muita importância principalmente depois das catástrofes que levaram o povo ao exílio: Zacarias (Zc 7,5) fala de jejuns celebrados no 5º e no 7º mês, e Ezequiel (Ez 45,18-25) prescreve para o 1º e 7º mês um ritual destinado à purificação do santuário. Mais tarde é introduzida também uma festa expressa — Dia das Expiações — a ser celebrada no 10º dia do 7º mês (Tishri). A festa consta de um duplo rito de purificação: o do templo e o do povo. Contaminado por causa das culpas rituais que tinham sido cometidas e pelos pecados voluntários e pelos pecados que os sacrifícios habituais não haviam expiado, o santuário era consagrado novamente no limiar de um novo ano. Na religião cristã o conceito de expiação entra na doutrina da *redenção*, especialmente em relação à paixão de Jesus e ao seu sacrifício cruento realizado na Cruz. São Paulo (Rm 3,25) insiste sobre o valor expiatório da morte e do sangue de Cristo, usando o termo técnico *ilasterion* (instrumento de expiação) para qualificar o sacrifício de Jesus. Também a tradição e a teologia patrística e escolástica são ricas de testemunhos que repetem essa verdade.

Santo Tomás trata explicitamente da expiação muito raramente, mas o faz reafirmando categoricamente a doutrina comum segundo a qual a expiação do pecado tem um único autor, Jesus Cristo; por esse motivo exclui que as cerimônias da Antiga Lei pudessem proporcionar a expiação dos pecados. "Da impureza, porém, da mente, que é a impureza da culpa, não tinham o poder de expiar. E isso porque a expiação dos pecados nunca pôde fazer-se a não ser por Cristo (*expiatio a peccatis nunquam fieri potuit nisi per Christum*), 'que tira o pecado do mundo', como se diz no Evangelho de João. E, porque o mistério da encarnação e da paixão de Cristo ainda não era realmente consumado, aquelas cerimônias da lei antiga não podiam conter em si realmente o poder que dimana de Cristo encarnado e sofredor (*virtutem profluentem a Christo incarnato et passo*), como contêm os sacramentos da lei nova. E desse modo não podiam purificar do pecado" (I-II, q. 103, a. 2).

(Cf. CRISTO, SALVAÇÃO)
[Tradução: M. Couto]

Êxtase

Do grego *ekstasis* = condição de quem se põe fora de si. Para muitas tradições filosóficas e religiosas, designa o estado de união e comunhão com o divino que se atinge mediante alguma forma de experiência mística.

Segundo Santo Tomás, o êxtase pode envolver, no ser humano, tanto a dimensão do conhecer quanto a dimensão do querer. "Diz-se que alguém sofre êxtase quando se põe fora de si (*cum extra se ponitur*). Isso acontece segundo a potência apreensiva e segundo a potência apetitiva. Segundo a potência apreensiva, diz-se que alguém se põe fora de si quando se põe fora do conhecimento que lhe é próprio, ou porque se eleva a um conhecimento superior, assim, se diz que um homem está em êxtase quando se eleva na compreensão de algumas coisas que ultrapassa o sentido e a razão, enquanto se põe fora da apreensão conatural da razão e do sentido; ou porque se rebaixa a coisas inferiores, por exemplo, quando alguém fica furioso ou demente, se diz que sofreu um êxtase. Segundo a parte apetitiva se diz que alguém sofre êxtase quando seu apetite tende para o outro, saindo de certo modo fora de si mesmo" (I-II, q. 28, a. 3).

(Cf. Arrebatamento)

[Tradução: M. Couto]

Falsidade

É o contrário de verdade. Ora, enquanto verdade indica conformidade entre a mente a as coisas, falsidade indica deformidade: "Falso é aquilo que se diz ou parece ser o que não é, ou não ser o que é. Como o verdadeiro estabelece um sentido adequado à coisa, assim o falso estabelece um sentido não adequado (*sicut verum ponit acceptionem adaequatam rei, ita falsum acceptionem rei non adaequatam*). Fica então claro que o verdadeiro e o falso são contrários" (I, q. 17, a. 4).

A estrutura do conceito de falsidade, segundo Santo Tomás, compreende de perto o de verdade (cf. VERDADE), porque se trata de contrários. A verdade se distingue, segundo Santo Tomás, em lógica e ontológica: a *lógica* é a conformidade (*adaequatio*) do intelecto às coisas; vice-versa, a *ontológica* é a conformidade das coisas ao intelecto. A mesma distinção vale para a falsidade: "Como o verdadeiro e o falso se opõem, e os termos opostos o são em referência à mesma coisa, é necessário buscar a falsidade, antes de mais nada, onde se encontra a verdade, a saber no intelecto. Nas coisas não há verdade ou falsidade, a não ser com relação ao intelecto" (ibid., a. 1).

Em Deus não pode haver nenhuma falsidade, nem lógica nem ontológica. De fato, "as coisas naturais dependem do intelecto divino como as artificiais dependem do intelecto humano. Por isso, as coisas artificiais são consideradas falsas, de modo absoluto e em si mesmas, na medida em que não estão de acordo quanto à forma da arte. Donde dizemos que um artífice fez uma obra falsa, quando não está de acordo com a realização da arte. Assim, nas coisas que dependem de Deus nada podemos encontrar de falso, se as consideramos em sua relação com o intelecto divino, pois tudo o que acontece nas coisas provém da ordenação do intelecto divino" (ibid.). Por isso, com respeito a Deus, que é a verdade que mede, não pode haver falsidade ontológica. Ainda menos pode haver nele falsidade lógica, porque ele conhece perfeita e adequadamente todas as coisas, uma vez que as cria, as ordena e as mantém continuamente no ser.

Em vez disso, no homem se dá falsidade quer lógica, quer ontológica: a primeira diz respeito ao intelecto quando erra (ibid., a. 3); a segundo diz respeito à vontade, quando se rebela e se afasta de Deus, e pode fazer isso por causa do poder da liberdade (ibid., a. 1). A falsidade lógica propriamente dita existe somente no intelecto. Os sentidos podem errar só materialmente, mas não formalmente, porque não têm consciência nem proclamam (como faz, em vez disso, o intelecto) a sua conformidade ou deformidade às coisas (ibid., a. 2; cf. *De Ver.* I, q. 1, a. 9).

(Cf. ERRO, VERDADE)
[Tradução: M. Couto]

Fama

Do latim *fari* = falar, significa reputação boa ou má amplamente difundida; sem qualificação se entende, frequentemente, como boa fama. Geralmente se usa distinguir a fama da *glória*, reservando este termo ao reconhecimento de uma excelência particular, acompanhada de louvor, enquanto o termo *fama* se aplica ao simples reconhecimento de algum apreço ou valor. Para Santo Tomás fama e glória são sinônimos, como se constata a partir de frases como as seguintes: "*Utrum beatitudo hominis consistat in* fama *sive* gloria"; "*impossibile est beatitudinem hominis in* fama *seu* gloria *humana consistere* (É impossível que a beatitude do homem consista na fama ou na glória humanas)" (I-II, q. 2, a. 3).

Tratando do bem supremo do homem e, portanto, de sua felicidade, Santo Tomás exclui, como já havia feito Aristóteles, que isso possa ser colocado na fama, e isso por duas razões: 1º, porque a fama é uma coisa muito aleatória; 2º, porque a beatitude do homem está na glória de Deus (ibid.). Mas isso não impede Santo Tomás de reconhecer que a fama é um bem bastante importante que deve ser tutelado com o próprio cuidado, antes com cuidado maior dos próprios bens materiais, porque se trata de um bem espiritual. Por isso, é necessário evitar todo e qualquer dano à fama do próximo, e devemos fazê-lo quer em consideração do direito que cada um tem de conservar a própria fama, quer em consideração dos danos que poderiam ocorrer também aos outros. Cada um tem direito de conservar a própria fama: 1º, porque uma boa fama entre os bens exteriores é o principal, e portanto, como pecaria aquele que sem necessidade trouxesse dano aos outros nas riquezas, do mesmo modo, e até muito mais, peca quem prejudica os outros na fama, divulgando sem necessidade o seu pecado; 2º, a preocupação de salvaguardar a própria fama frequentemente mantém o homem longe do pecado, ao passo que, uma vez perdida a fama, já lhe importa se pecar (*De Correct. Frat.*, a. 2). Sendo a fama necessária ao homem, não somente para si mesmo, mas também para a edificação do próximo, o desejá-la por amor do próximo é caridade, o desejá-la por amor-próprio é vanglória. Vice-versa, o desprezá-la por conta de si próprio é humildade, por conta do próximo é pusilanimidade e crueldade (*Quodl.* X, q. 6, a. 2).

Por isso prejudicar a fama do próximo mediante difamação ou detração é pecado bastante grave. Segundo Santo Tomás, "por sua natureza, a difamação é maior pecado do que o furto, menor, porém, do que o homicídio ou o adultério" (II-II, q. 73, a. 3). Contudo, esclarece o próprio Santo Tomás, "a gravidade do pecado é considerada em relação ao pecador. Este pecará mais gravemente se o fizer de propósito deliberado, do que por fraqueza ou inadvertência. Sob esse aspecto, os pecados em palavras podem facilmente se tornar leves, provindos de deslizes da língua, sem grande premeditação" (ibid.).

(Cf. Detração, Glória)
[Tradução: M. Couto]

Família

É o menor núcleo social: a célula da sociedade; é composta dos cônjuges e dos filhos e, eventualmente, dos ascendentes e colaterais que coabitam juntos. Nas sociedades em que existia a escravidão, faziam parte da família também os escravos, e, sobre eles, o chefe da família gozava de uma autoridade e de um poder ainda maior do que aqueles que tinha em relação aos outros membros da família.

O argumento "família" é apenas tocado de leve por Santo Tomás em duas obras: o *Comentário à Política de Aristóteles* e a *Suma Teológica*. Nesses dois escritos ele se preocupa em esclarecer duas coisas: a posição da família na sociedade e o detentor da autoridade no seio da família.

A família é a primeira forma de comunidade entre os homens e é "constituída pela natureza para as necessidades de cada dia, isto é, para os atos que são necessários cumprir cotidianamente" (*I Pol.*, lect. 1). "A família ocupa o meio entre uma pessoa individual e a cidade ou reino" (II-II, q. 50, a. 3). Ela não deduz sua origem por meio de alguma convenção social, mas da própria natureza, dos fins da geração e da educação da pessoa. Primeira na ordem da natureza, a família não é contudo a comunidade mais perfeita: esse título cabe ao Estado. "É pacífico que o Estado inclui todas as outras comunidades: a família, assim como a aldeia, é componente do Estado. Eis por que a comunidade política é aquela decididamente superior; é ela que se dirige em direção ao mais importante de todos os bens humanos: mira, de fato, o bem-comum, que é preferível e superior ao bem individual, como está escrito no início da *Ética*" (*I Pol.*, lect. 1).

Chefe da família é obviamente o pai, ao qual, segundo Santo Tomás, compete uma dupla autoridade: "despótica", quando comanda os servis, e "econômica", quando distribui o necessário a toda a família, à qual pertencem não só os servidores, mas também muitas pessoas livres" (ibid.). "Na família, o pai tem alguma semelhança com o poder do rei, como se lê em Aristóteles. Todavia, ele não possui o pleno poder de governo que o rei detém" (II-II, q. 50, a. 3, ad 3).

A educação dos filhos é atribuição principalmente da mãe (cf. *Suppl.*, q. 62, a. 4).

(Cf. EDUCAÇÃO, MULHER, POLÍTICA)

[Tradução: M. Couto]

Fantasia

E aquela capacidade de conhecimento graças à qual o homem (mas também muitos animais) reproduz e representa, quer fielmente, quer livre e criativamente, imagens de objetos sensíveis também quando estão ausentes ou não existem de fato. "A fantasia é um certo movimento causado pelo sentido em ato; e tal movimento, pois, não é sem sentido, nem pode inerir àquelas realidades que não têm sensação. De fato, se certo movimento produzido pelo sentido em ato é similar ao movimento do sentido, não se encontra que nada mais seja tal, senão a fantasia" (*In III De An.*, lect. 6, n. 659). "A fantasia ou imaginação que são uma mesma coisa. A fantasia ou imaginação é, com efeito, como um tesouro das formas percebidas pelos sentidos (*quasi theusaurus quidam formarum per sensum acceptarum*)" (I, q. 78, a. 4).

Enquanto a escola agostiniana, referindo-se a Platão e Agostinho, tendia a desvalorizar o papel da fantasia no âmbito do conhecimento humano, Santo Tomás, inspirando-se em Aristóteles, atribui à fantasia um papel essencial, fundamental: cabe, de fato, à fantasia propor ao intelecto agente o material sobre o qual este irradia sua luz para fazer emergir os inteligíveis (os conceitos). Segundo uma imagem que Santo Tomás gosta de lembrar com frequência: a fantasia está para o intelecto como a cor está para os sentidos, assim o intelecto vê os fantasmas e, iluminando-os, tira deles a ideia (o conceito). O que é importante notar na teoria tomista é que o olhar do intelecto é dirigido aos fantasmas continuamente e não a intervalos irregulares, isto é, não somente no momento da formação das ideias. "Sem os fantasmas a alma não conhece não somente no momento em que adquire um conceito, mas nem mesmo quando volta a considerar o que já conhece; porque os fantasmas são para o intelecto o que os objetos sensíveis são para os sentidos (*phantasmata se habent ad intellectuam sicut sensibilia ad sensum*)" (*III Sent.*, d. 31, q. 2, a. 4).

A colaboração entre o intelecto e a fantasia é constante: o conhecimento intelectivo está continuamente ligado aos dados da fantasia. Isso, segundo Santo Tomás, ocorre por dois motivos: "Em primeiro lugar porque a alma humana, nos graus do intelecto, ocupa naturalmente o último lugar; de modo que seu intelecto se comporta passivamente com respeito a todos os inteligíveis, assim como a matéria prima com relação a todas as formas sensíveis. Portanto, não pode passar ao ato antes de receber as imagens das coisas, e isso ocorre mediante os sentidos e a fantasia. Em segundo lugar, porque a alma é forma do corpo, e por isso tem necessidade que a sua operação seja uma operação de todo o homem; porém neste caso ela comunica com o corpo não como instrumento para agir, mas como aquilo que faz presente o objeto, isto é, o fantasma; e assim ocorre que a alma não pode conhecer sem fantasmas nem mesmo aquelas coisas que já conheceu precedentemente (*non potest intelligere sine phantasmate etiam ea quae prius novit*)" (*III Sent.*, d. 31, q. 2, a. 4).

Por causa da profunda solidariedade que une o intelecto à fantasia, é obvia a influência que esta pode exercer sobre o conhecimento intelectivo e sobre todas as outras atividades humanas em geral. A fantasia, portanto, pode ser tanto uma boa quanto uma má companhia. Por esse motivo é necessário exercer um controle atento sobre a fantasia, porque "todos os defeitos da alma são produzidos ou pela fantasia ou pelas paixões do apetite irascível e concupiscível" (*II Sent.*, d. 7, q. 2, a. 1, ad 1).

(Cf. CONHECIMENTO, INTELECTO)
[Tradução: M. Couto]

Favoritismo

É uma disposição de particular benevolência pela qual se favorece indevidamente uma pessoa, fazendo-a obter, frequentemente em detrimento de algum outro mais merecedor, alguma vantagem. Esse comportamento, na linguagem dos Padres e dos Escolásticos, é chamado *acceptio personarum* (preferência de pessoa).

Segundo Santo Tomás, o favoritismo (*acceptio personarum*) existe em todas aquelas circunstâncias "que não são um motivo para se obter direito àquela determinada vantagem: haveria favoritismo (*acceptio personae*), por exemplo, quando se promove alguém à prelatura ou ao magistério por ser rico ou parente. Pode, contudo, uma condição da pessoa torná-la digna de uma coisa e não de outra. Assim, o parentesco torna digno de ser instituído herdeiro do patrimônio e não de ser investido de uma prelatura eclesiástica. Portanto, a mesma condição pessoal, considerada em um caso, vem a ser discriminação de pessoa, e em outro não" (II-II, q. 63, a. 1). O favoritismo é pecado porque vai contra a justiça distributiva. Esse pecado pode ocorrer até mesmo nos atos de obséquio e de reverência, quando estes se dão somente pelo motivo das riquezas do próximo, quando de per si o honrar é dar testemunho das virtudes dos outros. O favoritismo é pecado também numa sentença do juiz, quando impede que haja um ato de justiça (ibid., aa. 3-4).

(Cf. JUSTIÇA)
[Tradução: M. Couto]

Fé

Segundo o uso comum, esse termo significa a disposição para acolher como verdadeiras as informações de que não se possuem provas pessoais, baseando-se na autoridade de outros (do padre, do professor, do amigo etc.). Passando da linguagem comum para a teologia, no cristianismo a fé é uma das três virtudes teologais; ela dispõe o fiel a se abandonar confiante nas mãos de Deus e a aceitar humildemente sua palavra.

1. O estudo de Santo Tomás

Santo Tomás tratou sobre a fé em muitas obras: no *Comentário às Sentenças*, III, dd. 23-25; no *De Veritate*, q. 14, aa. 1-12; na *Suma contra os Gentios*, I, c. 6; III, cc. 152, 154; no *Comentário ao De Trinitate de Boécio*, q. 3, a. 1; nos *Quodlibetales* II, q. 4, a. 1; VI, q. 4, a.u.; no *Comentário ao Evangelho de João*, cc. 4, 6, 7, 11, e no *Comentário à Carta aos Hebreus*, c. 11; e, finalmente, na *Suma Teológica*, II-II, qq. 1-16, que é certamente sua discussão mais amadurecida, mais orgânica e mais exaustiva. Segundo João de Santo Tomás, na *Suma Teológica* o Doutor Angélico "seguiu uma ordem excelsa e profunda". Na realidade, aqui encontramo-nos diante de uma construção doutrinal imponente, em que "o harmonioso desenvolvimento de todo o conjunto está perfeitamente integrado com a profundidade e a riqueza dos argumentos tratados" (D. Mongillo). Nota característica dessa vigorosa síntese doutrinal é a unificação de todos os problemas que dizem respeito à fé no âmbito de uma única discussão, ao longo da qual se desenvolvem aspectos dogmáticos, psicológicos, éticos, apologéticos. Aborda-se o estudo do objeto da fé, do seu ato, dos motivos de credibilidade (os *preambula fidei*), dos diferentes problemas concernentes à relação fé-Igreja etc. Essa concepção unitária permite valorizar as riquezas teologais da fé e colocá-la como fundamento e sustentáculo de toda a vida espiritual do fiel.

2. Definições da virtude da fé

Na definição da fé, o Doutor Angélico exalta a densidade fortemente "teológica" dessa virtude: ela procede de Deus (é um dom de Deus); tem como objeto Deus e possui ainda Deus como seu único fim. Por isso se diz *Credo Deum*, *Credo Deo* e *Credo in Deum* (cf. II-II, q. 2, a. 2).

Santo Tomás esclarece que Deus é tanto objeto material quanto objeto formal da fé: "Se considerarmos a *razão formal* do objeto, outra não é do que a verdade primeira (*nihil est aliud quam Veritas prima*): pois a fé da qual falamos não dá o seu assentimento a alguma coisa a não ser que seja revelada por Deus; daí se conclui que ela se apoia na verdade divina como meio. Se, porém, considerarmos *materialmente* os objetos aos quais a fé adere, eles incluem não só o próprio Deus, mas também muitas outras coisas. Estas, entretanto, não caem sob a adesão da fé, a não ser enquanto elas são efeitos da divindade que ajudam o homem a tender à fruição divina. Portanto, também por este lado, o objeto da fé é, de certo modo, a verdade primeira, enquanto nada está sob a fé, senão enquanto ordenado para Deus; como a saúde é objeto da medicina, porque de nada se ocupa a medicina, a não ser que tenha relação com a saúde" (II-II, q. 1, a. 1).

3. A fé como participação na ciência divina

Uma vez estabelecido que o objeto da fé é a Verdade primeira, isto é, Deus, e que a fé é, portanto, conhecimento dessa Verdade, Santo Tomás conclui de maneira lógica que a fé é uma participação no conhecimento que Deus possui de si próprio, ou seja, é uma participação na ciência divina. Obviamente se trata de uma participação muito imperfeita, já que nossa mente não compreende as verdades que considera como verdadeiras crendo: "No conhecimento da fé é imperfeitíssima a operação do intelecto, quanto àquilo que é da parte do intelecto" (*C. G.*, III, c. 40). Contudo, é uma participação estimulante, que induz no fiel o desejo da visão de Deus e da vida eterna. "No conhecimento da fé o desejo do homem permanece irrequieto. A fé, com efeito, é um conhecimento imperfeito: crê-se em verdades não evidentes, por isso permanece no fiel a tendência de ver perfeitamente as verdades que crê e a obter aquilo pelo qual seria possível ser introduzidos nessa verdade" (*Comp. Theol.*, II, c. 1). "O conhecimento da fé não aquieta o desejo, mas antes o acende, porque cada um deseja ver o que crê" (*C. G.*, III, c. 40). O fiel tem uma nostalgia profunda do céu, é um sedento de luz, porque a fé "causa o desejo da verdade crida" (*In Ioan.*, c. 4, lect. 5).

A partir da própria definição da fé e de sua caracterização como participação na ciência divina, já se deduz o caráter intelectivo dessa virtude, que Santo Tomás não se cansa nunca de sublinhar em seus escritos. A fé é eminentemente *ato do intelecto*: "Crer é imediatamente um ato do intelecto, porque o objeto desse ato é a verdade, que se refere propriamente ao intelecto. Portanto, é necessário que a fé, princípio próprio desse ato, resida no intelecto, como em seu sujeito" (II-II, q. 4, a. 2; cf. *De Ver.*, q. 14, a. 4). Propriamente é *um ato do juízo* (não da abstração ou do raciocínio). De fato, "os objetos conhecidos estão no sujeito cognoscente segundo o modo do sujeito. Ora, o modo próprio de conhecer do intelecto humano é compondo e dividindo (ou seja, julgando-o)" (II-II, q. 1, a. 2). Mas é um ato intelectivo peculiar que é designado com o termo *cogitar*. Esse termo, tomado em sentido estrito, explica Santo Tomás, indica "a aplicação do intelecto acompanhada de certa investigação (*consideratio intellectus quae est cum quam inquisitione*), antes de chegar à perfeição do intelecto pela certeza da visão [...]. Ora, o ato de crer tem firme adesão a uma das partes, no que o que crê coincide com quem tem a ciência e com quem tem o intelecto. Entretanto, o seu conhecimento não chega à perfeição da visão evidente (*non est perfecta per manifestam visionem*), no que coincide com o que duvida ou suspeita ou opina. Portanto, é próprio de quem crê cogitar com assentimento (*proprium est credentis ut cum assensu cogitet*). Por isso, o ato de crer distingue-se de todos os atos do intelecto relativos à verdade e à falsidade" (II-II, q. 2, a. 1).

4. A certeza da fé

Por mais que o objeto da fé (a Verdade divina) seja totalmente inevidente, por superar infinitamente os poderes da nossa razão, no que tange à firmeza do assentimento, ou seja em relação à certeza, não há nenhum outro conhecimento que possa superar a fé. De fato, o que caracteriza o ato de fé é o próprio assentimento: trata-se de um *assensus firmissimus*. A certeza da fé é firmíssima, pois vem de Deus: "A fé possui a certeza graças ao lume divinamente infundido" (*In Ioan.*, c. 4, lect. 5).

Aprofundando a natureza desse assentimento, Santo Tomás esclarece o grande peso que a vontade possui no ato de fé. "O intelecto de quem crê determina-se a um só objeto, não por ato da razão, mas da vontade. É, por isso, que o assentimento é tomado aqui como ato do intelecto, enquanto ele é determinado a um só objeto pela vontade (*assensus hic accipitur pro actu intellectus secundum quod a voluntate determinatur ad unum*)" (II-II, q. 2, a. 1, ad 3). A intervenção da vontade é necessária, esclarece Santo Tomás, não apenas para a moção geral que a vontade exerce sobre todas as faculdades operativas sujeitas ao domínio, mas também em função da verdade do objeto conhecido. Diferentemente do conhecimento imediato ou demonstrativo, em que a verdade se impõe por sua evidência ou pela demonstração e, por isso, determina para si própria o assentimento de quem a considera, no ato de fé é a vontade que leva à aceitação do conteúdo, dado que a verdade proposta é totalmente inevidente. "Por vezes o intelecto não pode ser determinado para o assentimento, nem imediatamente pela própria definição dos termos, como ocorre nos princípios, nem por força dos princípios, como ocorre nas conclusões demonstrativas; mas é determinado pela vontade, a qual decide mover o assentimento [...] para algo que é suficiente para mover a própria vontade, mas não o intelecto. E essa é a disposição daquele que crê" (*De Ver.*, q. 14, a. 1; cf. II-II, q. 2, a. 2). Na fé, portanto, é determinante o influxo da vontade, que, neste caso, tem uma tarefa decisiva: "Ora, no conhecimento da fé a vontade tem a principalidade, pois o intelecto assente pela fé àquelas coisas que a ele são propostas, porque quer, mas não movido necessariamente pela evidência da própria verdade" (*C. G.*, III, c. 40; cf. *De Ver.*, q. 14, a. 2, ad 10).

Concluindo, segundo Santo Tomás, o ato de fé pertence tanto ao intelecto quanto à vontade, mas não do mesmo modo: *formalmente* é ato do intelecto pois diz respeito à verdade (que é o objeto próprio do intelecto); *efetivamente* (ou seja, do ponto de vista da causalidade eficiente) é ato da vontade, pois é a vontade que move o intelecto para acolher os objetos (verdades) de fé, na medida em que eles superam o poder do intelecto, que, do contrário, rejeitaria acolhê-los, já que privados da necessária evidência, sem o impulso da vontade.

5. Necessidade da fé

Santo Tomás deduz a necessidade da fé a partir da meta que Deus quis fixar para a vida humana, uma meta que vai muito além dos poderes naturais da razão, e que, não obstante, ela não pode ignorar, se a obtenção da meta deve ocorrer não de maneira mecânica, mas condizente com as criaturas inteligentes. A meta sobrenatural que Deus preestabeleceu para o ser humano é a visão direta da Trindade e a participação em sua vida beatificante. "A perfeição da criatura racional não consiste apenas no que lhe convém segundo sua natureza, mas também pelo que lhe é atribuído por certa participação sobrenatural na bondade divina. Por isso, como foi dito acima, que a bem-aventurança última do homem consiste numa visão sobrenatural de Deus. A esta visão o homem não pode chegar a não ser aprendendo do Mestre, que é Deus, segundo diz o Evangelho de João: 'Todo aquele que ouve o Pai e recebe seu ensinamento, vem a mim' (Jo 6,46) [...]. Daí segue que, para chegar ao estado de visão perfeita da bem-aventurança, é preciso que o homem, antes, creia em Deus, como o discípulo crê no mestre que ensina" (II-II, q. 2, a. 3; cf. *De Ver.*, q. 14, a. 10).

De fato, as grandes verdades que Deus ensinou para a humanidade e que todos devem crer são duas; a primeira, na ordem temporal (embora na ordem lógica seja a segunda), é a *encarnação, paixão e morte do Filho de Deus*:

"Pertence própria e essencialmente ao objeto da fé, como foi dito, aquilo pelo qual o homem alcança a bem-aventurança. Ora, para os homens, o caminho para chegar à bem-aventurança é o mistério da Encarnação e Paixão de Cristo (*via autem hominibus veniendi ad beatitudinem est mysterium incarnationis et passionis Christi*), como dizem os Atos dos Apóstolos: 'Não foi dado aos homens outro nome pelo qual possamos ser salvos'. Portanto, em todos os tempos, todos deviam, de algum modo, crer no mistério da Encarnação de Cristo, embora diversamente, conforme a diversidade dos tempos e das pessoas" (II-II, q. 2, a. 7). A segunda verdade na ordem temporal (primeira, na ordem lógica) diz respeito ao próprio ser de Deus (que será o objeto da visão beatífica), é o *mistério trinitário*: "Não se pode crer explicitamente no mistério de Cristo, sem a fé na Trindade, pois esse mistério implica a Encarnação do Filho de Deus, que renovou o mundo pela graça do Espírito Santo e que foi concebido pelo mesmo Espírito Santo. Portanto, da mesma forma como, antes de Cristo, o mistério de Cristo foi crido de maneira explícita pelos maiores e implicitamente, quase na sombra, pelos menores, assim também o mistério da Trindade. Por isso, igualmente, depois que a graça foi difundida, todos estão obrigados a crer explicitamente no mistério da Trindade (*post tempus gratiae divulgatae tenentur omnes explicite credendum mysterium Trinitatis*)" (II-II, q. 2, a. 8).

6. Fé implícita e explícita

Ao trabalhar com a delicada questão da necessidade da fé, Santo Tomás introduz algumas distinções de importância capital: entre fé implícita e explícita, verdades primárias e secundárias, conhecimento dos doutos e conhecimento das pessoas simples. Uma vez colocadas essas distinções, o Doutor Angélico afirma que se pede indistintamente a todos uma fé explícita nos dois mistérios fundamentais da Encarnação e da Trindade. Para o resto, para as pessoas simples poderá bastar uma fé implícita; ao passo que para os doutos, exige-se fé explícita também no que diz respeito às verdades secundárias. "Nem todos são obrigados a crer *explicitamente* em todas as coisas que pertencem à fé, mas apenas aqueles que são chamados a se tornarem mestres da fé, como no caso dos prelados e daqueles que estão dedicados ao cuidado das almas [...]. No tempo da graça, tanto doutos quanto pessoas simples são obrigados a ter uma fé explícita na Trindade e no Redentor (*tempore gratiae omnes, maiores et minores, de Trinitate et de Redemptore tenentur explicitam fidem habere*). Contudo, as pessoas simples não são obrigadas a crer em tudo aquilo que pertence à fé na Trindade, mas o são somente as pessoas cultas. As pessoas simples, no entanto, são obrigadas a crer explicitamente nos artigos fundamentais da fé, como: que Deus é uno e trino, que o Filho de Deus se encarnou e morreu e ressuscitou, e outros artigos similares, que a Igreja celebra solenemente" (*De Ver.*, q. 14, a. 11).

Em outra passagem, Santo Tomás é menos categórico sobre a explicitação formal dos artigos de fé e admite que a fé implícita possa praticamente se estender aos próprios mistérios fundamentais, desde que exista a disponibilidade para a revelação divina que está implícita na fé na providência divina. Assim Santo Tomás pode admitir que foram salvos (e podem se salvar) muitos pagãos, embora obviamente se salvem todos graças ao único salvador, Jesus Cristo: "Entretanto, se alguns foram salvos sem receber a revelação, não o foram sem a fé no Mediador. Porque ainda que não tivessem a fé explícita, tiveram, porém, fé implícita na providência divina, crendo que Deus é o libertador dos homens da maneira que lhe apraz e segundo o que ele mesmo revelou a alguns que conheceram a verdade" (II-II, q. 2, a. 7, ad 3).

7. A fé e a Igreja

A fé é um dom dado primeiramente à Igreja; apenas nela nunca diminui; apenas nela a fé nunca é "informe", mas sim sempre "formada", isto é, viva e animada pela caridade (II-II, q. 1, a. 9, ad 3). Aqui a Igreja não é entendida por Santo Tomás principalmente como comunidade exterior e visível que "administra a doutrina a ser crida", mas como sujeito que crê e que professa a fé. Nesse sentido, envolve o mistério da santidade real possuída, e, consequentemente, se trata da Igreja como realidade mística. O fiel se encontra dentro dessa unidade viva, constituída por todos os "santos", isto é, por aqueles que pertencem à Igreja não só externamente, mas intimamente, não apenas numericamente, mas também efetivamente: "A profissão de fé é transmitida no símbolo, em nome de toda a Igreja, unida pela fé. Ora, a fé da Igreja é uma fé formada, como também o é a fé de todos que são membros da Igreja pelo número e pelo mérito (*qui sunt numero et merito de Ecclesia*). Por isso, o símbolo transmite a confissão de fé, conforme convém à fé formada, para que, havendo fiéis que não a possuam, esforcem-se por alcançá-la" (II-II, q. 1, a. 9, ad 3).

Em última análise, o problema da fé se torna o problema da Igreja. A verdadeira fé encontra-se na autêntica Igreja. Cada fiel deve se mensurar com a fé-matriz, não apenas no que diz respeito à doutrina-conteúdo, mas também no que tange à fé-atitude, à fé-docilidade, tensão rumo à visão, disponibilidade para Deus, amor e abandono ao amor.

As distinções colocadas por Santo Tomás entre fé implícita e explícita, entre verdades primárias e secundárias, entre fé "douta" e "simples", e seu ensinamento sobre o caráter essencialmente eclesial da fé, são pedras miliares que devem ser sempre consideradas por quem desenvolve uma atividade ecumênica, especialmente quando esta ocorre entre Igrejas cristãs, mas também quando os interlocutores pertencem a religiões diferentes.

[Tradução: M. Couto]

Fé e razão (Relações entre)

Desde os primeiros tempos do cristianismo, a questão das relações entre fé e razão — questão desconhecida para a filosofia grega — ensejou discussões acaloradas. O ponto era saber se com o surgimento da fé, com seu tesouro de verdades e infalibilidade, verdades que contam realmente na medida em que produzem a salvação, a razão conservou ainda alguma utilidade ou, pelo contrário, se tornou um perigo para quem crê. Para esse problema, já bem antes de Santo Tomás, haviam sido propostas, quer pelos pensadores cristãos, quer pelos árabes, três soluções: antinomia, estranheza e harmonia (cf. João Paulo II, *Fides et ratio*, 14 de setembro de 1998, nn. 36-42).

A tese da *antinomia* havia encontrado o favor dos primeiros Padres da Igreja (Taciano e Tertuliano em particular), que viam na filosofia um perigoso inimigo do cristianismo e punham em guarda os cristãos para que não mendigassem os favores da razão humana, dado que eles já possuíam a Verdade graças ao ensino do divino Mestre. A tese da *estranheza* havia sido avançada pelos discípulos de Averróis com a teoria da "dupla verdade": para eles fé e razão não tratam da mesma verdade, mas de verdades diferentes, estranhas uma à outra. Por isso não se coloca o problema de conciliá-las e harmonizá-las. A terceira solução, a da *harmonia*, já proposta por alguns Padres do século III (Justino, Clemente e Orígenes), aos poucos se tornou doutrina comum da Patrística e da Escolástica. Segundo essa solução, em princípio, não pode haver conflito entre fé e razão, uma vez que a fé não faz outra coisa senão consolidar, integrar, enriquecer o horizonte de verdade já acessível à razão. Fé e razão são dois canais que provêm da mesma fonte, Deus; são duas forças noéticas que trabalham para o mesmo objetivo, a posse da verdade.

Na opinião dos historiadores, o Doutor Angélico foi quem deu a formulação mais clara, exata e rigorosa da teoria da harmonia. Mas seus méritos não se reduzem a isso, pelo menos na perspectiva histórica. Em primeiro lugar porque, no seu tempo, a doutrina da harmonia já não era um dado adquirido: os averroístas, com a teoria da dupla verdade, a haviam colocado seriamente em dúvida. Em segundo lugar, porque na concepção agostiniana e anselmiana das relações entre fé e razão, a razão e a filosofia pagavam um tributo muito caro à fé e à teologia. Era imprescindível, portanto, repelir o ataque dos averroístas mas, ao mesmo tempo, era necessário reformular a doutrina a fim de salvaguardar os direitos da razão e a autonomia da pesquisa filosófica. "Ele (Santo Tomás) teve o grande mérito de colocar em primeiro lugar a harmonia que existe entre a razão e a fé. A luz da razão e a luz da fé provêm ambas de Deus: argumentava ele; por isso, não se podem contradizer entre si... Como a graça supõe a natureza e leva-a à perfeição, assim também a fé supõe e aperfeiçoa a razão. Esta, iluminada pela fé, fica liberta das fraquezas e limitações causadas pela desobediência do pecado, e recebe a força necessária para elevar-se até ao conhecimento do mistério de Deus Uno e Trino" (*Fides et ratio*, n. 43). Por outro lado, o Mestre dominicano afirma com precisão também o valor da racionabilidade da fé; ela é "de algum modo 'exercitação do pensamento'; a razão do homem não é anulada nem humilhada, quanto presta assentimento aos conteúdos da fé; é que estes são alcançados por decisão livre e consciente" (ibid.).

A primeira coisa a reconhecer — diz Tomás com insistência — é que fé e razão são procedimentos cognoscitivos diferentes: a razão acolhe uma verdade por força da sua evidência intrínseca (mediada ou imediata); a fé, ao contrário, aceita uma verdade na base da autoridade da Palavra de Deus. Por isso, ocorrem também dois tipos diversos de saber, o filosófico e o teológico. "Existem dois tipos de ciência. Algumas procedem de princípios que são conhecidos à luz natural do intelecto, como a aritmética, a geometria etc. Outras procedem de princípios conhecidos à luz de uma ciência superior... como a teologia" (I, q. 1, a. 2). Nas mesmas coisas que se referem a Deus, se registra uma dupla ordem de verdade: "Algumas são verdades referentes a Deus e que excedem toda capacidade da razão humana, como, por exemplo, Deus ser trino e uno. Outras são aquelas as quais a razão pode admitir, como, por exemplo, Deus ser, Deus ser uno, e outras semelhantes. Estas, os filósofos, conduzidos pela luz da razão natural, provaram, por via demonstrativa, poderem ser realmente atribuídas a Deus" (*C. G.*, I, c. 3 [14]).

Com essa distinção metodológica entre saber filosófico e científico de um lado e saber teológico de outro, e a afirmação implícita da autonomia da filosofia em relação à teologia, Tomás deu início ao processo de "secularização" do saber humano, que muito contribuirá ao desenvolvimento das ciências experimentais e das ciências humanas, embora se constate que o mesmo processo de secularização dará igualmente lugar a dolorosos desencontros entre filosofia e teologia, ou entre ciência e fé. Santo Tomás sabia muito bem que dois tipos de saber, que se referem à mesma verdade — como a filosofia e a teologia —, podem entrar em conflito, mas estava convencido que se tratava de conflitos acidentais e superáveis. Em primeiro lugar, porque Deus é a fonte primigênia de toda verdade, quer da fé, quer da razão. Em segundo lugar, porque, "Embora a supracitada verdade da fé cristã exceda a capacidade da razão humana, os princípios que a razão tem postos em si pela natureza não podem ser contrários àquela verdade. É certo que são veríssimos e que foram colocados na razão pela natureza, de modo que nem se pode cogitar que sejam falsos. Nem tampouco é permitido pensar ser falso o conteúdo da fé, já que com tanta evidência recebeu a confirmação divina. Ora, porque só o falso é contrário ao verdadeiro, o que se manifesta claramente ao se verificarem as definições de ambos, é impossível que a supracitada verdade da fé seja contrária aos princípios conhecidos naturalmente pela razão" (*C. G.*, I, c. 7 [42-43]). Portanto, se entre fé e razão, entre filosofia e teologia, aflora algum contraste, é sinal de que, ao menos de um lado, não se chegou à verdade, mas sim a conclusões falsas ou não necessárias.

Embora reconhecendo a autonomia da razão no estudo das coisas naturais e certa competência sua na esfera religiosa, Tomás exclui que ela esteja em condições, por si só, de penetrar nos mistérios de Deus, que é, na verdade, seu bem último. E a essas mesmas verdades religiosas, que por si mesmas a razão estaria em condições de obter sozinha, o acesso de fato é concedido somente a poucos privilegiados, e o caminho que conduz a isso não é destituído de erros. Por todos esses motivos é sumamente conveniente que o próprio Deus venha em socorro da razão com a revelação.

Sobre a necessidade da fé e a conveniência da revelação, Tomás se detém em muitas obras apresentando substancialmente os mesmos argumentos. Uma das exposições mais lúcidas e mais sintéticas é a que Santo Tomás faz nas primeiras páginas do seu *Comentário ao De Trinitate de Boécio*, e que, dada a brevidade do texto, vale a pena referir integralmente. "Embora o conhecimento de algumas verdades divinas — escreve Tomás — possa ser alcançado também pelo intelecto humano durante a vida presente, com apenas as forças da razão, de modo a adquirir uma verdadeira ciência (o que de fato, alguns conseguem), todavia é necessária a fé pelos cinco motivos apresentados por Maimônides: 1) Pela profundidade e sutileza do objeto, de modo que as realidades divinas estão ocultadas ao nosso intelecto. Ora, para que o homem não fosse completamente desprovido de toda cognição dessas realidades, foi providenciado que as conheça ao menos mediante a fé. 2) Pela fraqueza a que está sujeito o intelecto humano no início. De fato, este atinge a perfeição somente no final; mas a fim de que não haja jamais um tempo em que esteja privado da cognição de Deus, é necessária a fé mediante a qual perceba as realidades divinas desde seu início. 3) Pela quantidade dos precedentes que ocorrem para chegar ao conhecimento de Deus mediante a razão. Exige-se, de fato, um saber praticamente universal, porque o conhecimento de Deus está no final de tudo. Ora, são bem poucos aqueles que estão em condições de chegar até esse ponto. Portanto, o conhecimento de Deus é administrado pela fé, a fim de que a maior parte dos homens não seja privada dele. 4) Porque muitos, dada sua constituição física, são incapazes de atingir um perfeito conhecimento mediante a razão e só o conseguem mediante a fé. Por isso, a fim de que não fiquem privados dele (conhecimento de Deus), lhes é concedida a fé. 5) Devido às muitas ocupações que os homens devem atender. Elas tornam impossível para muitos a obtenção, por parte de Deus, da ciência necessária mediante a razão; por isso, foi colocada à sua disposição a via da fé para que aquelas coisas que são conhecidas por alguns, por outros sejam cridas" (*In De Trin.*, lect. I, q. 1, a. 1; cf. I, q. 1, a. 1; II-II, q. 2, a. 4; *De Ver.*, q. 14, a. 10).

Contudo, não é somente a fé que é ajuda válida para a razão. A seu modo e com seus meios, ainda que frágeis, também a razão pode fazer algo importante para a fé, e, de fato, segundo Santo Tomás, a razão pode oferecer à fé um tríplice serviço: "Demonstrar os preâmbulos da fé; explicar mediante semelhanças as verdades de fé; repelir as objeções que se levantam contra a fé (*ad demonstrandum ea quae sunt praeambula fidei; ad notificandum per aliquas similitudines ea quae sunt fidei; ad resistendum his quae contra fidem dicuntur*)" (*In De Trin.*, Proem. q. 2, a. 3).

Santo Tomás sustenta que a fé católica não pode ser absolutamente demonstrada, tratando-se de mistérios que nos são conhecidos somente graças à revelação divina, mas pode ser defendida contra quem não a aceita, demonstrando sua perfeita coerência com as premissas da razão natural que todos admitem. E cita a Sagrada Escritura (1Pd 3,15) em que se ensina que a fé não é "provada", mas mostrada na sua racionalidade em relação às verdades naturais; o que significa "dar razão da fé (*rationem fidei ostendere*)" (*De rationibus fidei contra Saracenos, Graecos et Armenos*, c. 2, n. 956). "Uma vez que o que procede da Verdade suprema não pode ser falso, não pode nem mesmo ser impugnado o que falso não é. Como nossa fé não pode ser provada com argumentos que constrinjam (*necessariis rationibus*), dado que ultrapassa os poderes da razão humana, semelhantemente não pode ser repelida com argumentos constrangedores por causa da sua verdade. Por isso, aquilo que o polemista cristão se deve propor em referência aos artigos da fé não é a demonstração, mas sim a defesa da fé. De fato, o bem-aventurado Pedro (1Pd 3,15) não disse: estai prontos para demonstrar, mas a dar satisfação (*satisfactionem*), de modo que resulte que não seja falso o que a fé católica professa" (ibid.).

Santo Tomás não é somente o grande teórico da doutrina da harmonia entre fé e razão, mas é também o seu realizador máximo. Toda a sua vastíssima construção teológica é um magnífico espetáculo de harmonia entre o que é oferecido ao homem pela maravilhosa luz da divina revelação e o que o homem consegue atingir com o lume da sua razão. Por um lado, o Doutor Angélico assinala no ser humano uma tal abertura para Deus, graças à sua *capacitas infiniti*, a ponto de propor-lhe o próprio Deus como fim último da sua existência natural, objeto supremo da contemplação e do amor; e fala de um desejo natural de conhecer plenamente a Verdade primeira e de uma fé implícita na divina revelação. Por outro lado, Santo Tomás é verdadeiramente ousado em sua insistente pesquisa pelos motivos de conveniência (frequentemente fala mesmo de *necessitas*) em todas as verdades de fé e em todos os grandes mistérios referentes quer à Santíssima Trindade, quer ao Verbo encarnado. No final das suas considerações penetrantes e lúcidas, tem-se a impressão de que desaparece completamente aquele abismo que separa a fé da razão e que os mistérios se tornam necessários e evidentes, tanto é grande sua racionalidade.

A base teorética que em Santo Tomás assegura uma extraordinária solidez à teoria da harmonia entre fé e razão é dupla: a filosofia do ser e o princípio da analogia. Com sua *filosofia do ser*, o Doutor Angélico pode afirmar que também o sobrenatural propriamente dito pertence ao domínio do ser, de outro modo seria não ser, isto é, nada. Assim, por exemplo, graças ao primado do ser, cuja causa única é Deus, Santo Tomás não acha difícil explicar a possibilidade da transubstanciação no mistério eucarístico: "Pelo poder do agente infinito cuja ação atinge todo o ser, tal conversão pode ser feita: pois ambas as formas e ambas as matérias pertencem à mesma natureza do ser. E o que há de ser em uma, pode o autor do ser converter naquilo que há de ser na outra, suprimindo o que as distinguia" (III, q. 75, a. 4, ad 3). Graças ao *princípio da analogia*, Santo Tomás pode aplicar tranquilamente toda a gramática conceitual da metafísica aristotélica e da sua filosofia do ser também na esfera sobrenatural.

(Cf. Filosofia, Razão, Revelação, Teologia)
[Tradução: M. Couto]

Felicidade cf. Beatitude

Filho (Unigênito de Deus)

Segunda Pessoa da Trindade; é o nome próprio, pessoal da segunda pessoa da Trindade. Além daquele de Filho, a segunda pessoa tem como nome próprio também o de Verbo, pois sua geração do Pai é intelectual: é o pensamento hipostasiado de Deus.

Ambos os nomes de Filho e de Verbo são de origem bíblica: os Sinóticos usam comumente o primeiro, São João o segundo. Clarear o mistério da Trindade e antes de tudo a posição do Filho com respeito ao Pai foi o objetivo principal da reflexão teológica dos primeiros séculos. À tentação de alguns heréticos de sublinhar o primado absoluto do Pai (*monarquismo*) e a posição subordinada do Filho (*subordinacionismo*) responderam os grandes Padres da Igreja: Atanásio, Basílio, Gregório de Nissa, Gregório de Nazianzo, Hilário, Ambrósio e Agostinho, afirmando a substancial identidade de todas as três Pessoas divinas, e portanto, antes de tudo a identidade do Pai e do Filho. Com o termo "consubstancial" o Concílio de Niceia (325) proclamou a divindade pessoal e distinta do Verbo-Filho em relação a Deus-Pai. Com seu imponente tratado sobre a Trindade (*De Trinitate*), Santo Agostinho deu uma contribuição decisiva para o aprofundamento do mistério da Trindade, introduzindo o conceito de *relação* e unindo a distinção das três Pessoas divinas às três relações pessoais da paternidade, da filiação e da doação (ou inspiração).

A Santo Tomás cabe o mérito de ter levado a termo o trabalho de reflexão iniciado pelos Padres gregos e prosseguido pelos Padres latinos, em particular por Santo Agostinho, valendo-se também dos instrumentos metodológicos e conceituais da filosofia aristotélica e da sua filosofia do ser. De Agostinho tira as delicadas análises da psicologia humana, dos aristotélicos apreende e aprimora os conceitos metafísicos de natureza, essência, pessoa, relação, que têm um papel importante na ilustração do dogma trinitário.

O modelo em que Santo Tomás se inspira para esclarecer o mistério trinitário é o da vida de nossa alma, a qual é dotada de duas operações, que são o conhecimento e o amor. Ambas as operações significam termos distintos: conhecimento e conhecido, amante e amado, que estão em relação de derivação ou de origem um do outro, na medida em que o pensado procede do pensante e o amado do amante. Desse modo se dão duas processões (*processiones*): das quais a primeira é a do pensar, de que nasce a ideia (*verbo mental*) e a segunda é a do querer, de que surge o amor que reveste o objeto bom e, de certo modo, se concretiza nele. Transportando esse esquema em Deus, Santo Tomás faz ver que Deus pensando a si mesmo produz, por inefável geração, o Verbo, imagem substancial de Deus pensante, e querendo-se ou amando-se emana o Amor que une os primeiros dois termos (Deus pensante e Deus pensado, isto é, o Verbo). Assim, a *processão do Verbo* ocorre segundo a operação do intelecto; enquanto a *processão do Amor* (o Espírito) ocorre segundo a operação da vontade (I, q. 27, a. 3). Em Deus a processão do Verbo se chama *geração*. Santo Tomás nota que esse termo pode ser usado em dois sentidos: "Ele se aplica, primeiramente, em um sentido geral a tudo o que se gera ou se corrompe. Neste caso, geração significa a mudança do não-ser para o ser. Usamos, em segundo lugar, e desta vez no sentido próprio a propósito dos seres vivos. Neste caso, geração significa a origem que um ser vivo tem de seu princípio vivo conjunto (*generatio significat originem alicuius viventis a principio vivente coniuncto*). Chama-se propriamente de *nascimento*". Ora, prossegue Santo Tomás, "É assim (segundo modo), portanto, que a processão do verbo em Deus realiza a razão de geração. O verbo, com efeito, procede pelo modo de atividade inteligível, que é uma operação de vida; e de um princípio conjunto, nós o vimos; e por razão de semelhança, porque a concepção do intelecto é a semelhança da coisa conhecida; e ele subsiste na mesma natureza, pois em Deus conhecer e ser é o mesmo, como acima foi demonstrado. Eis por que a processo do verbo, em Deus, chama-se geração, e o verbo que procede se chama Filho" (ibid., a. 2).

Esclarecida a origem do Filho do Pai por meio da geração intelectual (e a processão do Espírito Santo pela inspiração de recíproco amor entre o Pai e o Filho), Santo Tomás procede no aprofundamento do mistério, buscando individuar a razão ontológica que nos permite entender por que o Pai se distingue do Filho e do Espírito Santo, ou seja, a razão de sua identidade pessoa, e portanto de sua distinção, de modo que possam merecer efetivamente o título de "pessoa". O conceito de "pessoa", que Santo Tomás toma emprestado de Boécio, significa subsistência na ordem intelectual (ou racional, no caso do homem). Em que consiste a razão da subsistência do Pai, do Filho e do Espírito? Aqui Santo Tomás retoma o conceito de *relação* e faz ver que a subsistência dos três membros da Trindade não é uma subsistência de três naturezas (porque em tal caso haveria três deuses), mas sim de três relações, e rigorosamente da relação da paternidade, da filiação e da inspiração passiva.

Assegurada a base ontológica que individua e distingue as três pessoas divinas, Santo Tomás passa a estudar o que é próprio de cada uma. Tratando do Filho ele explica por que dele se diz propriamente que é mais do que Filho, também Verbo e Imagem. Diz-se *Verbo* porque procede do Pai mediante geração mental: "Em Deus, Verbo propriamente dito entende-se em sentido pessoal, e é nome próprio da pessoa do Filho. Com efeito, significa uma emanação do intelecto. Ora, em Deus, a pessoa que procede por emanação do intelecto chama-se Filho, e sua processão toma o nome de geração, como já se tratou. Segue-se que somente o Filho é dito propriamente Verbo, em Deus" (I, q. 34, a. 2). Enfim, do Filho e somente do Filho se diz propriamente que é *Imagem* (*imago*). Contra os Padres gregos que usavam atribuir o título de "imagem" também ao Espírito Santo, Santo Tomás faz ver que, propriamente falando, tal noção convém somente ao Filho. De fato, "por sua processão, o Espírito Santo recebe a natureza do Pai, como o Filho, sem que se diga *nascido*. Igualmente, embora receba a semelhança específica do Pai, não se diz imagem. É que o Filho procede como Verbo, de cuja razão é a semelhança específica com aquilo do qual procede, não, porém, da razão do amor, ainda que isso convenha ao amor que é o Espírito Santo, enquanto ele é Amor divino" (I, q. 35, a. 2).

(Cf. Trindade, Verbo)

[Tradução: M. Couto]

Filosofia

Do grego *philos* = amigo e *sophia* = sabedoria; portanto, literalmente significa "amigo da sabedoria" (etimologia recordada frequentemente também por Santo Tomás: cf. *I Met.*, lect. 3, n. 56; *C. G.*, II, c. 4). A filosofia é uma forma especial de saber que se distingue do saber comum ou ordinário, por ser sistemático e rigoroso; distingue-se também do saber científico ou experimental, porque é exaustivo, oniconclusivo e oniexplicativo; é fruto da pura razão e, por isso, exclui qualquer interferência da fé e da religião. A mais célebre de todas as definições da filosofia é a de Aristóteles: "A filosofia estuda as causas últimas de todas as coisas".

Para Santo Tomás, como para todos os outros pensadores antigos e medievais, que ignoravam a distinção entre filosofia e ciência, a filosofia abarca todo o saber racional e, como fruto da luz natural, se distingue especificamente da teologia, que em vez disso tem como objeto as verdades de fé. Eis como o Doutor Angélico explica claramente o que distingue a filosofia da teologia: "Por razões diversas, as criaturas são objeto daquela doutrina e da filosofia humana. Com efeito, a filosofia humana as considera enquanto tais. Donde as diversas partes da filosofia serem constituídas segundo os diversos gêneros das coisas. Mas a fé cristã não as considera enquanto tais (pois não considera, por exemplo, o fogo enquanto fogo), mas enquanto elas representam a transcendência divina, e enquanto de algum modo se ordenam para Deus [...]. O filósofo e o fiel consideram realidades diversas nas criaturas. O filósofo, com efeito, considera aquilo que a elas convém conforme a natureza própria, por exemplo, o fogo, enquanto sobe. O fiel, porém, considera nas criaturas somente aquilo que a elas convém enquanto estão relacionadas com Deus, como o serem criadas por Deus, serem sujeitas a Deus etc." (*C. G.*, II, c. 4). Recentemente João Paulo II, na carta encíclica *Fides et ratio*, dedicada às relações entre fé e razão, afirmou que "Santo Alberto Magno e Santo Tomás, embora admitindo uma ligação orgânica entre a filosofia e a teologia, foram os primeiros a reconhecer à filosofia e às ciências a autonomia de que precisavam para se debruçar eficazmente sobre os respectivos campos de investigação" (n. 45).

1. Divisões da filosofia

Santo Tomás propõe duas divisões da filosofia. Em uma delas toma como fundamento a *abstração*, à qual se dão três graus: abstração da matéria particular, abstração da matéria sensível e abstração da matéria inteligível. Com a primeira abstração se obtém a *filosofia natural* (ou física), com a segunda a *matemática*, com a terceira a *metafísica* (cf. Abstração). Em uma outra divisão, ele toma como fundamento a *ordem*, que é o objeto da sabedoria e que, portanto, é destinada às indagações do filósofo. Ora, dão-se três tipos de ordem: física, lógica e moral, que constituem respectivamente o objeto da *física*, da *lógica* e da *moral*. "Existe, de fato, uma ordem que a razão se limita a constatar, porque não é fruto de sua obra; essa é a ordem dos seres naturais. Há uma segunda ordem que a razão, ao considerar, realiza em seu ato próprio: por exemplo, quando ordena entre si os seus conceitos e os sinais dos conceitos, porque se trata de vozes significativas. A terceira é a ordem que a razão, refletindo, efetua nas ações voluntárias" (*I Ethic.*, lect. 1, n. 1).

2. A filosofia cristã de Santo Tomás

A filosofia de Santo Tomás pode ser dita cristã em todos os três sentidos dados a essa expressão: cultural, exigencial ou atitudinal, constitutivo ou formal.

Antes de tudo é fácil reconhecer que é cristã no sentido *cultural*. De fato, ela surgiu e se desenvolveu em âmbito europeu num momento exultante no qual o cristianismo vivia tão intensamente que foi possível permear todas as expressões culturais: política, arte, literatura, música, direito, moral e, obviamente, também a filosofia. Se culturalmente já se pode chamar de cristã a filosofia de Agostinho, que foi elaborada num ambiente cultural no qual havia traços profundos de paganismo, *a fortiori* merece ser chamada de cristã a filosofia de Santo Tomás, que amadureceu num ambiente no qual se respirava praticamente somente ar cristão.

A filosofia de Santo Tomás pode ser dita cristã também no sentido *exigencial*, porque o Doutor Angélico é consciente, como poucos outros, do fato de que a razão humana está em condições de atingir plenamente a verdade somente se for assistida pela Revelação. Nesse sentido lemos na *Suma contra os Gentios* que, sem a ajuda da Revelação, "poucos homens chegariam ao conhecimento de Deus. Muitos estariam impedidos de descobrir a verdade, que é fruto de assídua investigação, por três motivos. Alguns, devido à própria constituição natural defeituosa que os dispõe para o conhecimento; esses tais, por nenhum esforço poderiam alcançar o grau supremo do conhecimento humano, que consiste no conhecimento de Deus. Outros, devido aos cuidados necessários para o sustento da família. Convém, sem dúvida, que dentre os homens alguns se entreguem ao cuidado das coisas temporais. Estes, porém, não podem despender o tempo necessário para o fazer exigido pela investigação contemplativa para alcançar o máximo dessa investigação, que consiste justamente no conhecimento de Deus. Outros, por fim, são impedidos pela preguiça. Ora, para o conhecimento das verdades divinas investigáveis pela razão há necessidade de muitos conhecimentos prévios. Como o trabalho especulativo de toda a filosofia dirige-se para o conhecimento de Deus, a metafísica — que tem por objeto as verdades divinas — deve ser a última parte da filosofia a ser conhecida. Sendo assim, não se pode chegar — senão com grande esforço especulativo — à investigação das verdades supramencionadas. No entanto, poucos desejam dar-se a este trabalho por amor à ciência, apesar de ter Deus inserido na mente humana o desejo natural de conhecer aquelas verdades" (*C. G.*, I, c. 4, n. 23).

Contudo, também aqueles poucos que conseguem atingir com suas forças o conhecimento de Deus não chegam "a descobrir as verdades divinas... senão após diuturna investigação. Tal acontece devido às profundezas das mesmas, pois somente um longo trabalho torna o intelecto apto a compreendê-las por via da razão natural. Tal acontece também porque muitos conhecimentos prévios são exigidos, como dissemos acima. Finalmente, porque no período da juventude, quando a alma é agitada por impulsos de tantas paixões, o homem não está maduro para tão elevado conhecimento da verdade. Por isso é dito: *É na quietude que o homem se torna prudente e sábio* (*VII Física*, 3, 247b). Por isso, o gênero humano permaneceria nas maiores trevas de ignorância se apenas a via da razão lhe fosse aberta para o conhecimento de Deus, visto que poucos homens, e somente após longo tempo, chegariam a este conhecimento, que os faz ao máximo perfeitos e bons" (ibid., n. 24).

Exige-se, portanto, que a filosofia se abra à Palavra de Deus e se integre com a verdade revelada.

Mas a filosofia de Santo Tomás pode ser dita cristã também em sentido *constitutivo*, visto que o âmbito da reflexão filosófica do Doutor de Aquino é determinado quer subjetiva quer objetivamente pela fé cristã.

Não há dúvida que a fé deu sustentação a Santo Tomás em sua reflexão filosófica subjetivamente: o potencial que a virtude da fé dá à mente humana a ajuda a colher melhor, com mais lucidez, com maior segurança a verdade em todos os seus aspectos: cosmológico, antropológico e teológico. Isso vale para todos os cristãos, mas de modo particular para os santos como Santo Tomás.

A fé incidiu sobre a filosofia do Doutor Angélico também objetivamente: ampliou a esfera das verdades acessíveis ao procedimento racional.

Para convalidar essa tese, é preciso antes de tudo evocar o que a recente historiografia revelou a propósito da originalidade filosófica do Doutor de Aquino.

Até a *Aeterni Patris* e, em alguns ambientes, também muito mais tarde, se afirmava que, seguindo o exemplo de Agostinho, o qual havia "batizado" Platão, Santo Tomás havia conseguido "batizar" Aristóteles e incorporá-lo na teologia cristã. Seus méritos filosóficos se reduziam a isso. De propriamente seu, Santo Tomás não haveria produzido nada. Por isso a sua filosofia não apresentaria nenhuma originalidade.

Contudo, o estudo de Santo Tomás promovido pela *Aeterni Patris* levou a descobertas sensacionais: Masnovo, Roland-Gosselin, Marc, Forest, Raeymaeker, Fabro, Gilson, Maritain mostraram que o autor da célebre *Suma Teológica* não se havia contentado de comentar, ajustar e purificar com o banho do batismo a filosofia aristotélica, mas criou um sistema filosófico próprio, um sistema grandioso absolutamente original, que se apoia sobre dois grandes pilares: o absoluto primado do ser, e a distinção real entre o ato do ser e a essência nos entes finitos.

O Doutor Angélico, como se sabe, jamais desenvolveu uma elaboração orgânica do seu sistema filosófico, mas não é difícil localizar e juntar todos os pedaços da sua grandiosa e estupenda catedral em que se sublinham muito bem tanto o elemento filosófico quanto o elemento cristão.

3. O fundamento metafísico da filosofia cristã de Santo Tomás

Da exegese tomista recente resulta que a metafísica de Santo Tomás, como a de Platão, compreende dois momentos: um ascendente e outro descendente. No primeiro, partindo da percepção do ser como perfeição absoluta e da constatação de sua realização parcial e contingente nos entes, se remonta até Àquele que é somente ser, que é o *esse ipsum*, Deus. No segundo, depois de ter explorado a natureza do *esse ipsum* e ter determinado seus atributos, se redescende aos entes finitos, para entender melhor quer o ser, quer o operar, à luz do que já se conhece do *esse ipsum* (cf. METAFÍSICA).

As categorias e as proposições de partida do momento ascendente: as categorias "ser", "ente", "essência", "ato", "potência", "substância", "acidentes", "matéria", "forma" etc. e as proposições: "Entre todas as coisas o ser é a mais perfeita" (*De Pot.*, q. 7, a. 2, ad 9); "O ser é a atualidade de todo ato e, portanto, a perfeição de toda perfeição" (ibid.); "A nobreza de uma coisa depende de seu grau de ser" (*C. G.*, I, c. 28); "O ser é o que há de mais íntimo em cada coisa" (I, q. 8, a. 1); "A essência está para o ser como a potência para o ato" (I, q. 50, a. 2, ad 3); "Também na substância intelectual criada (os anjos) se encontram dois elementos, isto é a essência e o ser, o qual não se identifica com a dita essência" (*C. G.*, II, c. 53) etc., são ainda categorias e proposições excelentemente filosóficas sobre as quais o elemento cristão ainda não começou a incidir. Mas esse se faz sentir imediatamente quando o momento ascendente deságua na estrada de Deus e se busca evidenciar sua existência partindo ou da contingência do ser das criaturas, ou ainda de qualquer outro aspecto (tornar-se, ordem, participação etc.). Aqui a estrada se faz luminosa e o caminho se torna mais certo e seguro, porque o próprio Deus já falou ao homem por intermédio dos Pais, dos Profetas, de Jesus Cristo e dos Apóstolos. Na *Suma contra os Gentios* (I, c. 12) Santo Tomás refuta a tese de que "não se pode descobrir pela razão que Deus existe, mas isto somente é possível mediante a fé e a revelação" apelando não só para a práxis dos filósofos, "que buscaram provar a existência de Deus", mas também para o testemunho do apóstolo Paulo, que afirma que "a inteligência pode perceber as perfeições invisíveis de Deus, seu poder eterno e sua natureza divina, mediante suas obras" (Rm 1,20). Na *Suma Teológica*, ao expor as famosas "Cinco Vias", antepõe a categórica afirmação do Êxodo, em que Deus em pessoa declara: "Eu sou aquele que é".

As categorias e os princípios filosóficos adquirem uma inspiração cristã ainda mais manifesta quando, alcançado o vértice do momento ascendente, se constata que o *esse ipsum* do qual se provou a existência se identifica com Deus. Certamente trata-se de uma identificação que a mente humana já tem o direito e o dever de reconhecer com base em argumentos puramente racionais, porque, se Deus é a realidade suprema e última e o ser é por sua vez a perfeição máxima, "a perfeição de todas as perfeições" como atesta Santo Tomás (*De Pot.*, q. 7, a. 2, ad 9), é evidente que o *esse ipsum* e Deus não podem senão coincidir. E mesmo essa identificação passou despercebida até para os máximos expoentes da filosofia grega (Sócrates, Platão, Aristóteles, Plotino), nem tanto por uma inadequada ideia do ser (havia também isso, como evidenciou Heidegger) quanto por uma lacunosa e falsa ideia de Deus. Santo Tomás pode ao contrário tranquilamente afirmar a identidade entre o ser e Deus, antes de tudo porque deu-se conta melhor do que qualquer outro filósofo de que na base de qualquer realidade e de qualquer perfeição está o ser, mas em segundo lugar porque essa verdade encontra clara confirmação na Sagrada Escritura, quando o próprio Deus revela o seu nome a Moisés, dizendo: "Eu sou aquele que é". Partindo da Palavra de Deus, o Doutor de Aquino argumenta que "O nome *Aquele que é* é o nome mais próprio de Deus por três razões: 1. Por causa de sua significação, pois não designa uma forma, mas o próprio ser. Por isso, como o ser de Deus é sua mesma essência, o que não convém a nenhum outro como acima foi demonstrado, é evidente que entre todos os nomes, este nomeia Deus com a maior propriedade; porque cada coisa é nomeada por sua forma. 2. Por causa de sua universalidade: pois todos os outros nomes ou são menos comuns ou se se convertem entre si acrescentam algo segundo a razão. Por isso, o informam e o determinam de certa maneira […]. Ao passo que o nome *Aquele que é* não determina nenhum modo de ser; ele é sem determinação em todos os modos, e é por isso que o nomeia 'mar infinito de substância'. 3. Por causa de sua cossignificação. Pois este nome significa ser no presente, o que convém ao máximo a Deus, cujo ser não conhece nem passado, nem futuro, como afirma Agostinho" (I, q. 13, a. 11).

Enquanto o discurso metafísico se mantém no topo da fase ascendente e insiste em explorar a natureza de Deus e seus atributos, o elemento cristão é sempre considerável. Também quando sobre a natureza divina e seus atributos Santo Tomás faz afirmações que não ultrapassam os confins da pura razão, as acompanha sempre e as sufraga com o testemunho da Sagrada Escritura. Assim, quando exclui de Deus a corporeidade e afirma sua espiritualidade e simplicidade, o faz por força quer do argumento filosófico, segundo o qual "o primeiro ente tem de estar necessariamente em ato, de modo algum em potência", quer da asserção bíblica: "Deus é espírito" (I, q. 3, a. 1). Quando consigna a Deus o atributo da perfeição, se refere principalmente ao texto evangélico "Sede perfeitos como vosso Pai celeste é perfeito" (Mt 5,48) e depois acrescenta o argumento filosófico: Deus é sumamente perfeito, "na verdade, algo é dito perfeito enquanto está em ato", mas já foi provado que Deus é ato puro (I, q. 4, a. 1). Quando trata da bondade de Deus, Santo Tomás exibe como razão filosófica o fato de que Deus é a causa eficiente de todas as coisas e, por isso, é sumamente desejável, e como razão bíblica, o texto de Jeremias nas Lamentações (3,25): "O Senhor é bom para quem nele confia" (I, q. 6, a. 1, s.c.).

Análoga documentação pode ser facilmente encontrada em todos os outros atributos divinos. A expansão semântica dos conceitos e das proposições se nota principalmente no tratado de atributos como a unidade e a personalidade, com referência aos quais Jesus Cristo fez conhecer aspectos absolutamente inacessíveis à razão humana, a qual, depois da vinda de Cristo, também do ponto de vista filosófico, levou a pensar tais atributos com grande humildade, superando esquematismos muito rígidos. Interessantíssimo o caso do termo "pessoa", no qual se encontra melhor do que em outros termos a estrepitosa fecundidade do casamento entre razão filosófica e fé cristã. Sabemos que a filosofia grega, ignorando a grandeza do indivíduo, atribuía ao termo "pessoa" um significado banal (aquele de máscara), enquanto a Escritura não possuía um termo técnico para exprimir a verdade da nobreza do indivíduo ser racional. Foi graças às considerações perspicazes de Tertuliano, Atanásio, Agostinho, Boécio, que o termo "pessoa", pouco a pouco, passou a significar o conceito cristão do valor absoluto de todo indivíduo representante da espécie humana. Eis como o Doutor de Aquino justifica o uso da palavra grega "hipostasis" (equivalente à palavra latina "persona") para exprimir uma verdade bíblica, acessível também à razão, a verdade da grandeza, unicidade, não repetível de um ser racional: "Embora não se encontre o nome *pessoa* aplicado a Deus nas Escrituras do Antigo e do Novo Testamento, entretanto aí aparece muitas vezes afirmado de Deus o que este nome significa a saber, que Deus é ao máximo ente por si, e perfeitíssimamente inteligente. Se fosse preciso dizer de Deus só aquilo que, literalmente, a Sagrada Escritura aplica a Deus, nunca se poderia falar dele em outra língua senão naquela em que foi composta a Escritura do Antigo ou do Novo Testamento. Porém, fomos obrigados a encontrar nomes novos para exprimir a fé tradicional em relação a Deus, pela necessidade de disputar com os hereges. Nem se trata, aliás, de novidade a ser evitada, uma vez que não se trata de realidade profana, pois não se desvia do sentido das Escrituras" (I, q. 19, a. 3, ad 1). Por outro lado, a aplicação do termo "pessoa" a Deus é perfeitamente legítima, porque "pessoa significa o que há de mais perfeito em toda natureza, a saber, o que subsiste em uma natureza racional. Ora, tudo o que diz perfeição deve ser atribuído a Deus, pois sua essência contém em si toda perfeição. Convém, portanto, atribuir a Deus este nome pessoa. Não, porém, da mesma maneira como se atribui às criaturas. Será de maneira mais excelente. Como acontece na atribuição a Deus dos outros nomes dados por nós às criaturas" (I, q. 29, a. 3).

Não menos rico é o coeficiente cristão das teses filosóficas que Santo Tomás desenvolve na fase descendente da sua metafísica: quando trata da origem dos entes do ser subsistente e da sua incessante dependência dele. O *esse ipsum* já não é nem o simples demiurgo de Platão, nem o motor imóvel de Aristóteles, nem o uno inefável de Plotino, mas sim um ser pessoal, infinitamente inteligente e livre, onipotente e perfeito, bom e generoso, absolutamente único, mas também infinitamente comunicável. Santo Tomás, levando em conta a revelação cristã, explica racionalmente que tudo procede livremente dele sem o concurso de uma matéria preexistente ou de potências auxiliares. Também para Tomás, Deus é criador e pai do universo, como havia escrito Platão, mas num sentido mais pleno e radical do que havia pensado o autor do *Timeu*.

O conceito de *criação*, como o conceito de *pessoa*, tem origem bíblica, mas começou a fazer parte do patrimônio filosófico comum (ao menos da filosofia cristã), porque em ambos os casos se trata de verdades acessíveis à razão humana: ainda que de fato esta as tenha alcançado somente acompanhada pela Revelação. Santo Tomás insiste várias vezes sobre o caráter racional da verdade da *creatio ex nihilo*: *"Creationem non tantum fides tenet, sed etiam ratio demonstrat"*, declara no *Comentário às Sentenças* (*II Sent.*, d. 1, q. 1, a. 2). Na *Suma contra os Gentios* e na *Suma Teológica*, Santo Tomás cita o texto bíblico do Gênesis: "No princípio Deus criou o céu e a terra" só para reafirmar uma verdade que a razão pode provar com variados argumentos. Entre esses me agrada reportar o argumento construído sobre a participação dos entes finitos no ser. Ei-lo, na lúcida formulação do Doutor Angélico: "É preciso afirmar que tudo que de qualquer modo exista é feito por Deus. Se algo se encontra em outro por participação, é necessário que seja causado nele por aquele ao qual convém essencialmente. Por exemplo, o ferro se torna incandescente pelo fogo. Ora, já se demonstrou anteriormente, quando se tratou da simplicidade divina, que Deus é o próprio ser subsistente por si (*ipsum esse per se subsistens*). Demonstrou-se, também, que o ser subsistente não pode ser senão único. Por exemplo, se a brancura fosse subsistente não poderia ser senão única, porque a brancura se multiplica segundo os que a recebem. Resulta, portanto, que tudo o que é distinto de Deus não é seu ser, mas participa do ser. É necessário, por isso, que todas as coisas que se diversificam conforme participam diversamente do ser, sendo mais ou menos perfeitas, sejam causadas por um ente primeiro (*ab uno primo ente*), absolutamente perfeito" (I, q. 44, a. 1).

Descido no plano dos entes do qual havia iniciado sua investigação metafísica, a compreensão que o Doutor Angélico obtém, das suas propriedades transcendentais e das outras qualidades, torna-se naturalmente mais lúcida e mais profunda, tendo doravante colhido o seu fundamento último em Deus. E é obviamente uma compreensão que se enriquece de importantes contribuições bíblicas e cristãs, porque de Deus, como foi visto na razão exercitada e quase teleguiada pela revelação, se fez uma ideia mais verdadeira e completa.

Algumas propriedades transcendentais do ente, como a verdade, a bondade, a beleza, haviam já sido afirmadas pela filosofia grega, que, no entanto, concebera a verdade principalmente como função lógica, a bondade como atividade ética e a beleza como propriedade estética. Santo Tomás vai mais longe e evidencia o caráter ontológico dos transcendentais: são propriedades do ente como tal, graças à relação que este possui ou com o intelecto divino (verdade) ou com a vontade divina (bondade) ou com o amor de Deus (beleza).

Com respeito à verdade, Santo Tomás esclarece que, além do aspecto lógico da conformidade da mente humana com as coisas, ela assume também um aspecto mais profundo, ontológico, da conformidade das coisas com a mente divina. De fato, "porque todas as coisas se referem ao intelecto divino como os artefatos ao seu artífice, consequentemente cada coisa é dita verdadeira enquanto tem uma forma que imita a ideia de Deus [...]. Por isso o ente e o verdadeiro são conversíveis (*ens et verum convertuntur*) porque todas as coisas mediante sua forma se conformam à ideia de Deus" (*In I Periherm.*, lect. 3, n. 29).

Com respeito à bondade, o Doutor de Aquino faz ver que é uma propriedade universal, pertence a cada coisa, porque sendo criadas pela vontade divina as coisas não podem deixar de ter com ela uma relação de conveniência e de amabilidade. "Foi demonstrado acima que a vontade de Deus é causa de cada coisa; eis por que cada coisa só tem o ser ou algum bem na medida em que é querida por Deus. Logo, a tudo o que existe, Deus quer algum bem. Como amar não é senão querer o bem de alguém, é evidente que Deus ama tudo o que existe. No entanto, este amor não é como o nosso. Como nossa vontade não é causa da bondade das coisas, mas é por ela movida como por seu objeto, nosso amor, mediante o qual queremos para alguém o bem, não é causa de sua bondade; pelo contrário, sua bondade, verdadeira ou pressuposta, é que provoca o amor pelo qual queremos que lhe seja conservado o bem que possui; e que se acrescente o bem que ainda não possui; e agimos em função disto. O amor de Deus, ao contrário, infunde e cria a bondade nas coisas" (I, q. 20, a. 2).

Para além da metafísica, o fermento cristão faz sentir sua presença fecunda também em todos os outros campos da filosofia: na epistemologia, na antropologia, na cosmologia, na ética, na política etc. Aqui não será possível examinar todos esses aspectos; isso será feito somente para a antropologia. Esse é um campo vastíssimo e seria possível rastrear a presença do fermento cristão em quase todas as doutrinas filosóficas de Santo Tomás, em particular na doutrina do conhecimento intelectivo, da liberdade, da pessoa, da espiritualidade, da imortalidade da alma. Mas onde é percebido mais facilmente é na concepção do homem como imagem de Deus, *imago Dei*. Esta não é uma descoberta de Santo Tomás. Antes dele essa concepção fora ensinada por quase todos os Padres e os grandes Doutores da Igreja. Santo Tomás a repropõe trazendo razões quer filosóficas, quer bíblicas, deixando claramente entender que a doutrina filosófica adquiriu ulterior luz e valor graças à revelação cristã.

Do que foi dito torna-se claro e comprovado que a filosofia de Santo Tomás merece o nome de *cristã* não somente em sentido cultural e atitudinal (exigencial), mas também no sentido formal e constitutivo, visto que abarca todas as grandes verdades cristãs, suscetíveis de um rigor racional.

Contudo, como já observado precedentemente, o pensamento filosófico de Santo Tomás é grande e original, mais ainda do que por seus conteúdos cristãos, também e principalmente por sua própria índole filosófica, e isso graças à sólida base metafísica na qual estão fundamentados os próprios conteúdos cristãos: o conceito de ser entendido como perfeição plena e "oninclusiva", perfeição máxima e atuação de toda outra perfeição. Tomás não foi o primeiro a conceber o ser como perfeição prioritária com respeito a toda outra perfeição (já o haviam compreendido Parmênides entre os antigos e Maimônides e Guilherme de Auvergne entre os medievais), mas foi certamente o primeiro a colher todas as suas maravilhosas implicações, e a se valer delas para a solução de todos os mais árduos problemas da metafísica: desde o da contingência e da ordem das coisas, ao da existência e da natureza de Deus, ao da substancialidade e imortalidade da alma.

Desse modo Santo Tomás torna-se o artífice não de uma filosofia cristã qualquer, nem de um platonismo ou aristotelismo mais ou menos diluído, mas de uma filosofia cristã original (ainda que rica de elementos platônicos, neoplatônicos, aristotélicos e cristãos): *a filosofia cristã do ser*.

(Cf. Ciência, Metafísica, Razão, Teologia)
[Tradução: M. Couto]

Finalismo

Concepção filosófica que reconhece a presença de orientações ligadas a propósitos (fins) específicos, também em setores da realidade inferiores ao humano. Segundo Santo Tomás, qualquer agente, seja dotado de inteligência ou privado dela, age por um fim: "*Omne agens habet aliquam intentionem et desiderium finis*" (*I Sent.*, d. 35, q. 1, a. 1).

Na filosofia grega, o reconhecimento da importância do finalismo (isto é, da causa final) para uma explicação adequada do que ocorre no universo infrarracional é mérito de Aristóteles. Ele, na *Física*, elabora a teoria do finalismo como alternativa à hipótese de Empédocles, de uma evolução biológica guiada pelo acaso, e individua seu testemunho decisivo no fenômeno da permanência das espécies vivas. A finalidade, segundo Aristóteles, é a única alternativa ao acaso.

Com o cristianismo, a explicação do finalismo se torna mais completa na medida em que recebe um fundamento adequado na criação: obra de um Deus generoso e providente, que produz cada coisa para a obtenção do seu bem, ou seja, para que possa atingir a máxima perfeição, e isso vale tanto para as criaturas racionais quanto para as irracionais.

Com Santo Tomás, a concepção cristã do finalismo encontra sua sistematização definitiva, na qual tudo que havia de válido na filosofia de Aristóteles, dos neoplatônicos e dos Padres da Igreja é preservado cuidadosamente e fundido genialmente com a doutrina da criação livre da parte de Deus. No entanto, o Doutor Angélico não se contenta em repetir de forma eclética o ensino dos pensadores que o haviam precedido. Também para a doutrina do finalismo ele consegue dar um rosto novo, ao considerá-la pela perspectiva da sua nova concepção do ser, *actualitas omnium actuum et perfectio omnium perfectionum*. "O mérito da ontologia tomista, com respeito à de Aristóteles, é ter encontrado na estrutura profunda do ser a explicação do desejo. Discernindo mediante sua análise sutil o valor e as implicações do *esse*, Santo Tomás colocou em evidência o liame que faltava às essências do universo peripatético" (J. De Finance). De fato, fim último da atividade do ente, segundo Santo Tomás, não é a preservação da espécie, mas sim a obtenção plena do próprio ser. "Com efeito, todo ato, que se refere ao ato último, está em potência para ele, e este ato último é o próprio ser. Ora, como todo movimento é passagem de potência a ato, o último ato será aquele para o qual se dirige o movimento. Como o movimento natural tende para o que é naturalmente desejável, será também o ato último aquele que todas as coisas desejam, isto é, o ser" (*Comp. Theol.*, I, c. 11, n. 21). Mas qualquer ser criado, sendo um ser por participação, não pode conseguir seu último aperfeiçoamento senão regressando à sua origem, ou seja, ao *Esse ipsum subsistens*. O ser subsistente, que é a fonte primeira da realidade, da bondade, da verdade, da substancialidade, da atividade do ente, é também o termo último, o fim supremo para o qual tende o ente em seu último agir, no seu desenvolver-se, no seu tornar-se. "Porque Deus é princípio e fim de cada coisa, ele tem com as criaturas uma dupla relação: aquela segundo a qual todas as coisas chegam ao ser por sua causa, e aquela segundo a qual todas as coisas a ele se dirigem como seu fim último. Essa segunda relação (a finalística) se realiza de modo diferente nas criaturas irracionais e nas criaturas racionais: nas primeiras se realiza por semelhança; nas segundas, tanto por conhecimento da essência divina quanto por semelhança." (*De Ver.*, q. 20, a. 4). "Por esse motivo, fica ainda evidenciado que também as coisas sem conhecimento podem operar para o fim e desejar o bem por apetite natural, bem como a semelhança divina e a própria perfeição. Não há diversidade quer se trate de uma ou de outra coisa, pois tendendo para a própria perfeição tende para o bem, porque cada uma é boa, enquanto é perfeita. E, tendendo para a bondade, tende para a semelhança divina, porque a coisa assemelha-se a Deus enquanto é boa. Ora, este ou aquele bem particular é apetecível enquanto se assemelha à primeira bondade. E tende para o bem próprio porque tende para a semelhança divina, e não o contrário. Logo, é evidente que todas as coisas desejem a semelhança divina como fim último" (*C. G.*, III, c. 24, n. 2051).

Santo Tomás fundamenta a quinta via sobre o fenômeno do finalismo: a ordem maravilhosa que reina no universo exige a existência de um ordenador supremo, Deus (cf. I, q. 2, a. 3).

(Cf. Deus, Metafísica)
[Tradução: M. Couto]

Forma

É um dos conceitos fundamentais da metafísica aristotélica, que designa "a essência de cada coisa e a substância primeira", ou "o ato primeiro de um corpo". Segundo Aristóteles, todas as coisas materiais são constituídas de dois elementos ou princípios fundamentais: a matéria, que é princípio passivo, e a forma, que é o princípio ativo. A forma como ato da substância material pode assumir duas modalidades nitidamente distintas: uma modalidade permanente e fundamental que põe a substância dentro de uma determinada espécie, e então se trata de uma forma *substancial* (por exemplo, a alma para o homem ou para o cão); ou uma modalidade variável e transitória (por exemplo, a estatura, a cor, o peso, a posição etc.), e então se trata de uma forma *acidental*. Para Aristóteles é clara a prioridade da forma substancial sobre a acidental: de fato, é a forma substancial que torna inteligível uma substância. Segundo o Estagirita, a forma substancial é única: por exemplo, no homem que, além de racional, é também sensitivo e vivente, não há três formas mas apenas uma, a racional, que tem o poder de desenvolver as funções também das formas inferiores.

Santo Tomás retoma integralmente a doutrina aristotélica da forma e reafirma seu valor quanto a todos os pontos fundamentais, embora ele a adapte às novas exigência da sua filosofia do ser.

A forma é definida como ato da matéria: "*Forma nihil aliud est quam actus materiae*" (I, q. 105, a. 1); mas é esclarecido que não se trata de um ato qualquer, mas sim do ato primeiro, não dos atos segundos, que são aqueles das operações: "*Forma est actus primus, operatio est actus secundus, tanquam perfectio et finis operantis. Et hoc est verum tam in corporalibus quam in spiritualibus, puta in habitibus animae, et tam in naturalibus quam in artificialibus* (A forma é um ato primeiro, a operação um ato segundo como perfeição e fim do operante. E isso é verdadeiro tanto nas realidades corpóreas quanto nas espirituais, como por exemplo nos hábitos da alma, e quer nas realidades naturais, quer nas artificiais)" (*In II De Coel.*, lect. 4, n. 334).

Compete à forma fixar a substância num gênero ou numa espécie. "Toda coisa que tem essência, ou ela mesma é forma, ou tem alguma forma, pois é pela forma que a coisa é posta no gênero ou na espécie. Ora, a forma como tal tem razão de bondade, porque é princípio da ação, e fim para o qual tende todo agente, e ato (*actus*) segundo o qual o sujeito da forma é perfeito" (*C. G.*, III, c. 7, [6, 1916]). Todavia, nas coisas materiais a forma por si só não constitui a essência de uma coisa, mas somente em união com a matéria. "Nas substâncias compostas nota-se a forma e a matéria, como no homem a alma e o corpo. Não se pode, porém, dizer que apenas um deles seja denominado essência. De fato, que a matéria sozinha não seja a essência da coisa é patente, pois a coisa tanto é cognoscível como é classificada numa espécie ou num gênero pela sua essência; ora, nem a matéria é princípio de conhecimento, nem algo é fixado num gênero ou espécie graças a ela, mas graças àquilo que algo é em ato. Também a forma sozinha não pode ser denominada essência da substância composta, embora alguns se esforcem por afirmá-lo. Com efeito, pelo que foi dito, evidencia-se que a essência é aquilo que é significado pela definição da coisa. Ora, a definição das substâncias naturais contém, não apenas a forma, mas também a matéria; pois, de outro modo, as definições naturais e matemáticas não difeririam. Também não se pode dizer que a matéria é posta na definição da substância natural como um acréscimo à sua essência ou como um ente fora de sua essência, porque este tipo de definição é próprio aos acidentes que não têm uma essência perfeita; donde ser preciso que recebam na sua definição o sujeito que está fora do seu gênero. É claro, portanto, que a essência compreende a matéria e a forma" (*De ente*, c. 2 [10-13]).

Dois são os tipos de forma, *substanciais* e *acidentais*. Santo Tomás esclarece do seguinte modo o que as caracteriza e as distingue: "Entre forma substancial e forma acidental existem semelhanças e diferenças. Têm em comum que ambas são ato e por uma e outra as coisas estão de algum modo em ato. Mas diferem em duas coisas: 1. A forma substancial dá o ser absolutamente (*simpliciter*) e seu sujeito (isto é, a matéria) é o ente somente em potência. A forma acidental, por sua vez, não dá o ser absolutamente (*simpliciter*), mas dá qualidade ou quantidade, ou qualquer outra modalidade, e seu sujeito é o ente em ato. Por conseguinte, é evidente que a atualidade do ser se encontra na forma substancial e não em seu sujeito. E porque o que é primeiro em gênero é sempre causa, a forma substancial é a causa de que seu sujeito esteja em ato. Pelo contrário, a atualidade se encontra mais no sujeito da forma acidental que na forma acidental, razão por que a atualidade da forma acidental é causada pela atualidade do sujeito. Assim, o sujeito, enquanto está em potência, é receptivo da forma acidental, mas enquanto está em ato é causa dela. Isto afirmamos do acidente próprio e per se; com efeito, tratando-se de acidente de origem externa, o sujeito é apenas receptivo; o que o produz é um agente exterior. 2. A forma acidental e a forma substancial diferem ainda porque a matéria existe por causa da forma substancial, uma vez que o menos importante existe por causa do mais importante; ao contrário, a forma acidental existe por causa do aperfeiçoamento do sujeito" (I, q. 77, a. 6).

Contra alguns filósofos de seu tempo que ensinavam a teoria da pluralidade das formas (Roger Bacon e Boaventura), Santo Tomás insiste na doutrina aristotélica da unicidade da forma substancial. "Cada coisa tem uma única forma substancial. Mas o que dá o ser substancial é a forma substancial. Por isso uma única coisa não pode ter senão uma só forma substancial [...]. Para prová-lo deve-se considerar que uma forma substancial se distingue de uma forma acidental porque essa última não dá o ser de modo absoluto (*simpliciter*), mas tal ser. Por exemplo, o calor não dá a seu sujeito ser absolutamente, mas ser quente. Com efeito, quando sobrevém uma forma acidental, não se diz que algo foi feito ou gerado de maneira absoluta, mas que foi feito tal ou que se tem de certo modo. De modo semelhante, quando a forma acidental desaparece, não se diz que algo se corrompeu de maneira absoluta, mas sob determinado aspecto. A forma substancial, essa sim, dá o ser de modo absoluto. Em consequência, sua presença é causa de que algo seja gerado de maneira absoluta e seu desaparecimento é causa de que seja igualmente corrompido. [...] Portanto, se, além da alma intelectiva, preexistisse na matéria uma forma substancial qualquer, pela qual o sujeito da alma fosse ente em ato, resultaria que a alma não daria o ser de maneira absoluta; e consequentemente não seria uma forma substancial; nem haveria geração de maneira absoluta, por sua presença, tampouco corrupção absoluta, por seu desaparecimento, mas somente segundo determinado aspecto. Tudo isso é evidentemente falso. Deve-se, pois dizer que nenhuma outra forma substancial existe no homem, senão a alma intelectiva. E que ela, assim como virtualmente contém a alma sensitiva e a alma vegetativa, assim também contém todas as formas inferiores; e ela realiza por si só tudo o que as formas menos perfeitas realizam nos outros. Igualmente se deve dizer da alma sensitiva nos animais e da alma vegetativa nas plantas, e de modo geral de todas as formas superiores com respeito às inferiores" (I, q. 76, a. 4).

Entretanto, como foi dito, Santo Tomás torna adequada a teoria aristotélica às exigência da sua filosofia do ser. E o faz em dois pontos. Antes de tudo, na hierarquia dos atos (cf. ATO), em que a forma já não ocupa como na metafísica aristotélica o lugar supremo, mas o penúltimo lugar: o cume da filosofia de Santo Tomás é ocupado pelo ser (cf. SER), que se torna uma quase forma, ou melhor, uma superforma, como perfeição absoluta, *actualitas omnium actuum*. Em segundo lugar, colocado o ser como perfeição absoluta e radical, Santo Tomás pode conceber formas puras e não eternas (como, ao contrário, ensinava Aristóteles a respeito de todas as formas imateriais), mas também as possíveis e contingentes, uma vez que não se identificam com o ser, mas têm o ser por participação. Concebendo as formas imateriais como essências possíveis, Santo Tomás torna-se capaz de explicar a finitude dos anjos sem recorrer à teoria do hilemorfismo universal ao modo de Boaventura e Roger Bacon. A finitude dos anjos é explicada por Santo Tomás mediante a doutrina da distinção real entre essência e ato de ser (cf. ESSÊNCIA). "E assim, uma forma subsistente em si mesma torna-se partícipe do ser imediata e diretamente, em si mesma e não dentro de um sujeito [...]. Daí que resulta como difere a potência que se encontra nas substâncias espirituais da potência que se registra na matéria. De fato, a potência das substâncias espirituais se refere só e diretamente ao ser; ao invés, a potência da matéria se refere quer à forma quer ao ser. Se alguém quiser usar para ambos os casos (de potencialidade) a palavra 'matéria' é evidente que ele adota o termo 'matéria' de modo equívoco" (*De sub. sep.*, c. 8).

Santo Tomás faz amplo uso da teoria da forma em sua especulação filosófica e teológica; de modo particular, em cosmologia ele a utilizará para definir a estrutura (essência) das coisas materiais; em antropologia para explicar a relação da alma com o corpo (a alma é a forma do corpo); em teologia a utiliza para definir a natureza dos sacramentos: cada sacramento possui uma matéria própria e uma forma própria.

(Cf. ACIDENTE, ATO, ESSÊNCIA, MATÉRIA, POTÊNCIA, SACRAMENTO, SUBSTÂNCIA)

[Tradução: M. Couto]

Fornicação

Em sentido amplo, é a impureza em todas as suas manifestações. Esta palavra hoje é pouco usada, mas recorre frequentemente na Escritura e na teologia moral. Na Bíblia indica quer o adultério, quer a prostituição.

No AT os profetas usavam este termo também em sentido metafórico para aludir à infidelidade do povo para com Javé e condenar sua idolatria (Os 4,11). No NT o termo aparece principalmente em São Paulo e no Apocalipse. São Paulo condena o pecado de luxúria; coloca em guarda os cristãos contra os usos licenciosos dos pagãos e lhes recorda que eles pertencem a Cristo, também com o seu corpo (1Cor 5,17-20).

Segundo os moralistas, cada união sexual fora da lei do matrimônio é desordenada e constitui, por si mesma, pecado grave. Santo Tomás, no *De Malo*, q. 15, a. 2, diante da objeção de que a fornicação não é contrária ao amor de Deus, porque não é um pecado contra Deus e não é nem mesmo contrária à caridade para com o próximo, porque não se faz injúria a quem voluntariamente consente, replica que "a fornicação é um pecado não diretamente contra Deus, com intenção de ofender a Deus, mas é contra Deus como todos os outros pecados; e é um pecado contra o próximo, na medida em que é contra o bem da prole de gerar e educar; daí é manifesto que toda união sexual fora da lei natural... *é por si mesma desordenada*. Não se trata aqui de ver se o matrimônio deve limitar a união sexual a ter uma só mulher ou mais, de modo divisível ou indivisível, isso diz respeito à questão do matrimônio. Por ora fica estabelecido que qualquer união sexual fora do legítimo matrimônio é uma união desordenada e contrária à natureza [...]. Pode-se dizer que o ato de luxúria é contrário à natureza de dois modos. De modo absoluto, porque é contrário à natureza de todos os animais, não sendo conforme (*proportionatus*) às leis da geração [...]. De modo relativo porque vai contra a natureza humana, sendo próprio da natureza do homem ordenar o ato da geração para a educação da prole. Não importa se alguém puder prover de modo suficiente a educação dos filhos nascidos fora do matrimônio: aquilo que cai sob a determinação da lei se julga segundo o que pode ocorrer em qualquer caso" (*De Malo*, q. 15, a. 1 e ad 7; cf. II-II, q. 154, a. 1).

Segundo Santo Tomás, a fornicação não só é pecado grave, de fato "é pecado grave, que exclui do Reino de Deus; ora, o Apóstolo, depois de ter se referido à fornicação, junto com outros vícios, acrescenta: 'aqueles que fazem tais coisas não obterão o reino de Deus' (Gl 5,21)", mas é *pecado bastante grave* porque prejudica além do indivíduo também a espécie, uma vez que torna incertas a origem da prole e a sua educação (II-II, q. 154, aa. 2-3). Contudo, esclarece o mesmo Santo Tomás, quanto à gravidade a fornicação não é certamente o maior de todos os pecados; de fato é o menor dos pecados que são diretamente contra Deus e é menor do que o homicídio que é contra a vida de um homem já nascido: "*minus autem peccatis quae sunt directe contra Deum, et peccato quod est contra vitam hominis iam nati, sicut est homicidium*" (ibid., a. 3).

(Cf. LUXÚRIA)

[Tradução: M. Couto]

Fortaleza (virtude e dom)

É uma virtude moral que ocupa uma posição de grande relevo, quer na cultura clássica greco-romana, quer no mundo bíblico. Na cultura clássica, a fortaleza (*andreia*) entra, junto com a justiça, a prudência e a temperança, no quadrilátero que forma a base das virtudes morais. Platão a coloca entre as virtudes fundamentais quer da *polis*, quer da pessoa. Na *polis* é a virtude própria da classe dos guerreiros, na pessoa é a virtude da alma irascível: "Forte... chamamos cada um, quando a sua parte irascível conserva através das dores e dos prazeres aquilo que foi definido temível ou não pela razão" (*República* 442b). Aristóteles identifica a fortaleza com a coragem e a faz consistir no "justo meio entre a impetuosidade e a covardia" (*Etica Nic.*, 1115a, 6).

Na Sagrada Escritura o termo fortaleza tem uma gama semântica muito ampla, que abarca, entre outras coisas: a força física, a força moral que pode ser tanto a coragem quanto o suportar e a paciência, a força de Deus, a força do demônio, a força do homem, a força dos exércitos, a força do justo etc. Diferentemente do pensamento grego, para o qual a fortaleza é um princípio cósmico da natureza cega, a religiosidade hebraica coloca a fortaleza e cada princípio energético num Deus pessoal, Senhor da natureza e da história. Dessa visão nascem as doxologias que exaltam, junto com a misericórdia e a generosidade, a força incontida do braço de Deus: "Javé vosso Deus é o Deus dos deuses, o Deus dos senhores, o Deus grande, forte e terrível" (Dt 10,17; cf. 3,24; Ex 13,3.9 etc.). O "Deus forte", o "Forte de Israel" são nomes que se atribuem somente a ele.

No NT, a fortaleza, mais do que qualidade de Deus, se torna também propriedade de Cristo, o Filho de Deus feito carne. Isaías havia denominado o futuro Emanuel "Deus forte", sobre o qual teria descido "o espírito de fortaleza" (Is 9,5; 11,2). Tal fortaleza divina se manifesta em Jesus nos milagres que, na catequese primitiva e nos primeiros três Evangelhos, são designados como "forças" (*dynameis*) que dão testemunho da aprovação de Deus e são sinais da dignidade e dos poderes transcendentes ocultos no "Jesus Nazareno poderoso nas obras e nas palavras" (Lc 24,19). Jesus comunica sua fortaleza também aos seus seguidores, em particular aos Apóstolos. Assim, a ação plena de fortaleza dos Apóstolos na fidelidade à sua vocação e a conduta dos cristãos generosos irradiam a força do Evangelho, que é aquela da cruz de Cristo, força salvífica de Deus, do conforto da sua graça e do seu amor. Na Primeira Carta de João os cristãos são chamados *ischyroi*, "fortes", porque podem resistir ao Maligno e ao pecado por meio da palavra de Deus que habita neles.

Nos escritores cristãos do período patrístico e escolástico, a fortaleza é tratada quer como atributo de Deus, quer como virtude humana e cristã, quer como dom do Espírito Santo. Santo Agostinho define a fortaleza como "firmeza de ânimo" (*firmitas animi*) e a faz consistir na capacidade de suportar os males e as adversidades da vida presente em vista do gozo dos bens supremos (*De civ. Dei*, XIX, c. 4).

Segundo Santo Tomás, a fortaleza é a *virtude* que "submete à razão o movimento apetitivo nas coisas ligadas à morte e à vida (*appetitivum motum subdit rationi in his quae ad mortem et vitam pertinent*)" (I-II, q. 66, a. 4). Ela ocupa o primeiro lugar entre as virtudes morais que se referem às paixões, ainda que inferior à justiça. "Depois da fortaleza é a vez da *temperança*, que sujeita à razão o apetite daquelas coisas que se ordenam imediatamente à vida do indivíduo ou da espécie, a saber, as referentes à alimentação e à sexualidade" (ibid.). Todavia a fortaleza não é a maior das virtudes cardeais, porque a primeira é aquela que é constitutiva do bem racional, isto é, a *prudência*; segue aquela é que produtiva do bem que é reconhecido como certo pela prudência, isto é, a *justiça* (II-II, q. 123, a. 12).

Como esclarece o Doutor Angélico, há uma fortaleza *geral* e esta é condição de cada virtude, mas há também uma fortaleza *especial*, que consiste no enfrentar os perigos e no suportar as fadigas, e esta é uma *virtude especial*, e é nessa condição que a fortaleza é uma das quatro virtudes cardeais. A fortaleza se exerce quando o temor nos afasta das dificuldades ou quando a audácia nos levaria aos excessos: a fortaleza por isso é dita repressiva do temor e moderativa da audácia (ibid., aa. 2-3). Quem é forte, ao realizar um ato de fortaleza, faz uso da *paixão da ira*, que por sua natureza não é nem boa nem má, mas, como homem virtuoso, faz uso de uma ira moderada, e não de uma ira desregrada (ibid., a. 10). A fortaleza sustenta a vontade do bem diante dos males corporais até o maior deles, a morte; por isso a fortaleza é contra o temor dos *perigos mortais*. A fortaleza em particular é aquela que se mostra na batalha porque, então, diante da morte iminente a fortaleza sustenta a vontade do bem-comum a ser defendido com a guerra; no entanto, a fortaleza tem por objeto também outros perigos de morte (ibid., aa. 4-5).

Como *dom* do Espírito Santo a fortaleza infunde na alma certa confiança que exclui o temor oposto (*infundit quamdam fiduciam menti Spiritus Sactus, contrarium timorem excludens*) (II-II, q. 139, a. 1). A moção do Espírito Santo faz com que o homem atinja o fim de cada obra boa começada fugindo de todos os perigos iminentes, coisa que excede as forças da natureza humana, e é por isso efeito do dom da fortaleza. Ao dom da fortaleza corresponde a quarta bem-aventurança, porque, se a fortaleza se mostra nas coisas árduas, uma das coisas mais árduas é não somente cumprir as obras da justiça, mas ter delas um desejo insaciável, isto é a *fome e a sede* (ibid., a. 2).

[Tradução: M. Couto]

Fraude

Geralmente significa qualquer artifício ou engano capaz de induzir outros ao erro. Isso ocorre normalmente para conseguir com menor custo e trabalho um fim determinado: obter um compromisso, uma promessa, um objeto de alguém ou evitar uma pena. A fraude existiu desde o início da humanidade: ela é recordada no Gênesis desde as primeiras páginas, quando se fala da serpente que induz Adão e Eva a comer o fruto proibido (3,1-5), e de Caim quando decide matar o irmão Abel. A fraude é punida em todos os povos dos quais temos notícia histórica, especialmente no que diz respeito aos pesos e medidas do comércio. Ela é condenada pelo Decálogo, no sétimo e oitavo mandamentos.

Para Santo Tomás, a fraude é a esperteza da qual se torna culpado o comerciante que lesa os direitos dos outros ou vendendo *acima do preço*, ou comprando a *um preço menor*. A fraude é pecaminosa porque vai contra a justiça. Todavia, Santo Tomás admite que o comerciante possa majorar o preço se a cessão é também uma privação que lhe custa sacrifício (II-II, q. 77, a. 1). Há fraude também quando a *medida* não é justa, mas insuficiente; ou então a *qualidade* não é aquela devida, mas inferior.

Santo Tomás não aprova o *negociar* como tal, ou seja enquanto mira apenas o lucro do qual o homem é facilmente insaciável; todavia não o considera ilícito quando o lucro é moderado e ordenado a um fim honesto, como o sustento da família (ibid., a. 4).

(Cf. Justiça)

[Tradução: M. Couto]

Furto

Toda subtração injusta de coisas de outrem: "*occulta acceptio rei alienae*" (II-II, q. 66, a. 3). Três são os elementos indispensáveis para que se possa falar de furto: 1º, subtração material de bens de outrem; 2º, feita injustamente, ou seja, sem nenhuma razão objetiva que jurídica e moralmente a justifique; 3º, realizada com fim de lucro e não de simples dano (cf. ibid.).

O furto é explicitamente condenado pela Sagrada Escritura. No Decálogo é enumerado entre os pecados que ofendem gravemente a lei natural. São Paulo o coloca entre os pecados que excluem do Reino de Deus: "nem os ladrões, nem os avarentos possuirão o Reino de Deus" (1Cor 6,10).

Santo Tomás enquadra a questão do furto na do direito de propriedade, um direito que ele fundamenta em três razões principais: 1º, cada um é mais solícito na gestão do que lhe pertence como próprio do que no cuidado do que é comum a todos ou a muitos; 2º, as coisas humanas são tratadas com mais ordem quando o cuidado de cada coisa é confiado a uma pessoa determinada, ao passo que reina a confusão quando todos tratam indistintamente de tudo; 3º, a paz entre os homens é mais bem garantida se cada um está contente com o que é seu; daí, vemos surgirem frequentes litígios entre os que têm posses comuns e indivisas. Todavia — esclarece o mesmo Santo Tomás — a propriedade privada por si mesma não é um direito natural, porque este não concede posses privadas, as quais dependem de convenção humana. Porém, ainda que a propriedade privada não provenha do direito natural, não lhe é nem mesmo contrária, e é uma dedução da razão humana a qual descobre a conveniência desse instituto (II-II, q. 66, a. 2).

Acertado o direito à propriedade privada, Santo Tomás examina a malícia do furto e mostra que ele ofende quer a justiça, quer a caridade. Antes de mais nada ofende a *justiça*, quando com o furto uma pessoa se apropria ilegitimamente daquilo que pertence a outros. Mas ofende também a *caridade* porque prejudica o próximo, de modo que, se os homens roubassem uns aos outros, pereceria a sociedade humana: "*Si passim homines sibi invicem furarentur, periret humana societas*" (ibid., a. 6).

Não se torna culpável de furto quem por necessidade urgente e evidente se apropria, sem violência, do que lhe é necessário para a vida: "Se a necessidade é de tal modo evidente e urgente, que seja manifesto que se deva obviar à instante necessidade com os bens ao nosso alcance, quando por exemplo é iminente o perigo para a pessoa e não se pode salvá-la de outro modo, então alguém pode licitamente satisfazer à própria necessidade utilizando o bem de outrem, dele se apoderando manifesta ou ocultamente. E esse ato, em sua própria natureza, não é furto ou rapina" (ibid., a. 7).

[Tradução: M. Couto]

g

Ganância cf. Cobiça

Gáudio (júbilo, alegria)

É um sentimento de profunda e intensa alegria de tipo espiritual. "A palavra *gáudio* só se emprega para prazeres consecutivos à razão (*nomen gaudii non habet locum nisi in delectatione, quae consequitur rationem*)" (I-II, q. 31, a. 3). "Só o prazer causado por uma apreensão interior se chama *gáudio*" (I-II, q. 35, a. 2).

Segundo Santo Tomás, o gáudio é causado ou pela presença do bem amado ou pelo fato de que o bem-amado possui e defende o próprio bem. Esta última coisa pertence ao amor de benevolência, que nos faz gozar da prosperidade do amigo ainda que esteja ausente (II-II, q. 28, a. 1). O gáudio espiritual é efeito da caridade e por isso é devido à presença do Bem amado, isto é, à habitação de Deus em nós mediante a graça santificante. O gáudio não é uma virtude distinta da caridade, mas é um efeito da caridade (ibid., a. 4).

O gáudio pode ser associado acidentalmente à tristeza, quando deriva da percepção de que nem todos compartilham e participam do Bem divino. De qualquer modo, o gáudio não pode jamais ser completo senão na outra vida, porque somente lá não resta mais nada a desejar e o gáudio, portanto, é pleno (ibid., aa. 2-3). Essa situação de alegria mista com a tristeza é típica da devoção: "A devoção, por si mesma e sobretudo, causa a alegria da alma, mas por consequência e acidentalmente causa a tristeza... que é conforme Deus" (II-II, q. 82, a. 4).

[Tradução: M. Couto]

Gênero

Termo filosófico que indica uma categoria de objetos que têm em comum propriedades essenciais e diferem por propriedades não essenciais. Na lógica aristotélica o gênero é um dos cinco predicáveis (junto com a espécie, a diferença específica, o próprio e o acidente), e justamente, como escreve Aristóteles, "gênero é aquilo que se predica segundo a essência de muitos que diferem especificamente" (*Tópicos* 102a, 31 s).

Santo Tomás, excelente conhecedor da lógica aristotélica, retoma a noção e os princípios que o grande Estagirita já havia fixado para este conceito. Como definição, propõe a seguinte: "O gênero é o que se coloca em primeiro lugar na definição e na predicação de uma coisa, ao passo que as diferenças são suas qualidades; por exemplo, na definição de homem: primeiro se coloca *animal* e depois *bípede* ou *racional*, que é uma qualidade substancial do homem" (*V Met.*, lect. 22). Entre as várias propriedades do gênero, Santo Tomás recorda as seguintes: 1º, o gênero está contido na espécie e vice-versa (I-II, q. 28, a. 2, ad 1); 2º, o gênero contém potencialmente muitas diferenças, como se fosse uma matéria (I-II, q. 46, a. 1); 3º, o gênero pertence essencialmente à espécie e entra na sua definição (II-II, q. 58, a. 6); 4º, admite acréscimos de dois modos: "1º, o que, por si lhe pertence, e nele está contido virtualmente. Por exemplo, *racional* acrescenta-se a *animal*. Uma tal adição constitui as verdadeiras espécies de um gênero, como se vê nos livros VII e VIII da *Metafísica*; 2º, o que é como algo estranho à sua razão. Por exemplo, se *branco* se acrescenta a *animal*, ou algo semelhante. Tal adição não forma verdadeiras espécies do gênero, no sentido em que comumente se fala de gêneros e espécies" (I-II, q. 35, a. 8).

(Cf. Categoria)

[Tradução: M. Couto]

Glória

É o apreço atribuído a alguma pessoa por causa de seu valor intrínseco ou da excelência de suas ações.

Santo Tomás dá, na *Suma Teológica*, uma explicação muito interessante sobre o significado deste termo: "A glória significa um certo brilho (*claritatem quandam significat*). De onde Agostinho diz que ser glorificado é receber um brilho. O brilho tem uma certa beleza que se manifesta diante de todos (*decorem et manifestationem*). É a razão pela qual a palavra glória implica manifestação de alguma coisa que os homens acham bonita (*decorum videtur*), quer se trate de um bem corporal ou espiritual. Aquilo que é brilhante em si mesmo pode ser visto por muito e de muito longe. Por isto mesmo, se usa o termo glória para indicar que o bem de alguém se torna conhecido de muitos e recebe aprovação geral. Como diz Tito Lívio: 'Não existe glória de um indivíduo só'. Mas, tomando o termo glória num sentido mais amplo, o importante não é a quantidade de gente que toma conhecimento do bem praticado; pode ser uma multidão, poucas pessoas, ou uma pessoa só, ou então a própria pessoa, quando, por exemplo, alguém considera que sua obra boa merece um reconhecimento" (II-II, q. 132, a. 1)

Por isso "a glória é um efeito da honra e do louvor. Porque quando alguém é louvado, ou recebe alguma demonstração de reverência e admiração, se torna brilhante e conhecido dos outros" (ibid., a. 2).

Como transparece desses textos, ainda que o Doutor Angélico não tenha elaborado ulteriormente o tema, resulta que no seu pensamento a glória está estritamente ligada à beleza (cf. Beleza/Belo), de fato, tanto a *claritas* quanto o *decor* são propriedades fundamentais da beleza. Seria possível dizer, e Santo Tomás o deixa entender claramente, que a beleza conota mais o aspecto objetivo (como predicado transcendental do ente), enquanto a glória sublinha o aspecto subjetivo: "indica — como diz o Doutor Angélico — o fato de que o bem (belo) de uma pessoa (coisa) encontra o conhecimento e a aprovação de muitos" (ibid., a. 1).

Por si mesmo o desejo e a busca da glória é uma coisa perfeitamente legítima, desde que seja feita por uma das seguintes razões: 1. para louvar a Deus; 2. para edificar o próximo; 3. para ter um impulso mais forte nas próprias ações, "de fato, aquele que sabe que é louvado pelas próprias ações persiste nelas mais firmemente (*firmius in eis persistit*)" (*De Malo*, q. 9, a. 1).

Dá-se o nome de glória também àquele esplendor particular que caracteriza a condição dos bem-aventurados no paraíso. Esta glória é dita comumente *glória futura, glória final, glória perfeita* (cf. III, q. 45, a. 4; *C. G.*, IV, c. 91; *De Pot.*, q. 4, a. 2, ad 11). De tal glória fala frequentemente a Sagrada Escritura referindo-se à bem-aventurança celeste: "*beatitudo in sacra Scriptura frequentissime gloria nominatur*" (*C. G.*, III, c. 63).

(Cf. Beleza/Belo, Fama, Vanglória)

[Tradução: M. Couto]

Gnoseologia

Do grego *gnosis* = conhecimento, e *logos* = estudo. Indica a parte da filosofia que se dedica ao estudo do conhecimento. Geralmente é sinônimo de epistemologia (cf. Epistemologia); mas hoje a tendência é reservar o termo gnoseologia ao estudo geral do conhecimento (da sua origem, natureza e valor), e epistemologia ao estudo da ciência (ou seja, do conhecimento científico).

A questão gnoseológica é um dos problemas fundamentais do qual a filosofia tratou sempre: foi já discutido pelos pré-socráticos (Parmênides e Heráclito em particular), que se fundamentam em posições antitéticas na solução das questões atinentes à origem, ao valor e às relações entre conhecimento sensitivo e conhecimento racional. Mais tarde, durante o período clássico, quase todos os filósofos reconhecem a existência de ao menos duas ordens de conhecimento, a ordem dos sentidos e a do intelecto, mas, enquanto Platão e seus seguidores não dão nenhuma importância ao conhecimento sensitivo e reconhecem valor somente ao intelectivo que a alma adquire mediante a visão direta das Ideias, Aristóteles e seus discípulos veem no conhecimento sensitivo um instrumento indispensável para a elaboração do conhecimento intelectivo.

Santo Tomás nunca tratou sistematicamente do problema gnoseológico. Contudo, no dizer dos historiadores, também neste campo sua contribuição foi considerável e merece ser tomada em consideração quer na perspectiva histórica, quer na teorética. No que concerne à origem do conhecimento, o Doutor Angélico teve a coragem de abandonar a teoria agostiniana da iluminação, então em moda, e retomar a teoria aristotélica da abstração. Com relação ao problema do valor do conhecimento, ele não fundamenta a verdade do conhecer na certeza, ou seja, em uma disposição subjetiva, como havia feito Agostinho e fará Descartes, mas sim na evidência do ser, isto é, em uma condição objetiva.

1. Faculdade cognoscitiva

Ao definir o número das faculdades cognoscitivas e seus respectivos objetos, Santo Tomás repetiu o ensino tradicional que os dividiam em três grupos principais: sentidos externos (visão, audição, paladar, olfato e tato), sentidos internos (sentido comum, memória, fantasia e estimativa), e intelecto (cf. I, q. 78).

Os sentidos internos são comuns quer aos homens, quer aos animais. No entanto, segundo Santo Tomás, no que concerne à estimativa, se registra uma grande diferença: "Mas, quanto a essas intenções, há uma diferença (em referência à estimativa). Os animais as percebem apenas por um instinto natural; o homem também por uma espécie de comparação. Por isso, a potência que se denomina nos animais de *estimativa natural* é chamada no homem de *cogitativa*, porque descobre essas intenções por uma espécie de comparação. Chama-se, ainda, *razão particular*, e os médicos lhe destinam um órgão determinado, a parte mediana do cérebro. Reúne comparando as representações individuais, como a razão intelectiva compara as intenções universais" (I, q. 78, a. 4) (cf. COGITATIVA).

O Doutor Angélico argumenta a existência e a multiplicidade dos sentidos da multiplicidade dos objetos formais. Com o mesmo procedimento estabelece também a existência do intelecto. O intelecto existe, diz Tomás, porque nós possuímos tantos conhecimentos (ideias universais e abstratas, ideias de realidades espirituais, juízos, raciocínios, sistemas científicos etc.) que os animais, ainda que dotados dos sentidos como nós, não possuem e que por outro lado não são explicáveis mediante os sentidos, os quais são capazes de perceber somente qualidade, coisas, imagens particulares: "O sentido — escreve Tomás na *Suma contra os Gentios* — não conhece senão singulares, pois a potência sensitiva conhece mediante espécies individuais, ao receber as espécies das coisas nos órgãos corpóreos. Ora, o intelecto conhece os universais, como a experiência confirma. Logo, o intelecto é diferente do sentido. Além disso, o conhecimento do sentido não atinge senão coisas corpóreas. Isso se prova, porque as qualidades sensíveis, que são o objeto próprio dos sentidos não estão senão nos corpos. Sem elas, pois, os sentidos não conhecem coisa alguma. Ora, o intelecto conhece as coisas incorpóreas, como, por exemplo, a sabedoria, a verdade, as relações das coisas. Logo, o intelecto não se identifica com os sentidos. Além disso, nem o sentido conhece a si mesmo, nem a sua operação, pois, por exemplo, a vista não se vê, nem vê que está vendo, sendo isto operação de potência superior, como diz o Filósofo. Ora, o intelecto conhece a si mesmo, bem como à sua própria intelecção. Logo, o intelecto não se identifica com o sentido" (*C. G.*, II, c. 66 [1438-1440]).

2. Intencionalidade do conhecer

Nos sistemas dos racionalistas e dos idealistas, que têm em mira não tanto a realidade das coisas quanto a solidez da tessitura lógica do próprio sistema, a experiência não tem importância, os fatos não contam. Também quando se tenta definir um fenômeno complicado e complexo como o do conhecimento, não se examinam os fatos, não se analisa com paciência a experiência do conhecer para buscar afirmar sua natureza. Contentam-se apenas de encontrar uma definição que seja coerente com o resto do sistema.

O modo de proceder de Santo Tomás é completamente diverso daquele dos racionalistas. Sua intenção não é a de construir um sistema de ideias mantidas juntas por uma lógica impecável, mas sim de fornecer uma interpretação fiel e exaustiva dos fatos. Assim, examinando acuradamente o processo cognoscitivo, ele entende seu caráter admiravelmente *intencional*; o conhecer se apresenta como *abertura ao ser*, como possessão das coisas. O conhecer, quando não é sofisticado, mas espontâneo, não é consciência de ideias, como pretenderão depois os idealistas e certos empiristas, mas sim de coisas.

No entanto, o Doutor Angélico não se contenta em observar — fenomenologicamente — que o conhecer possui o caráter da intencionalidade, mas apresenta dois argumentos para provar que essa qualidade lhe pertence necessariamente. O primeiro é que, se o conhecer não fosse consciência e representação de objetos, mas simplesmente consciência e representação de estados mentais, não haveria nenhum sentido na pesquisa científica, a qual tem em vista as coisas reais fora de nós (*res quae sunt extra animam*) e não somente as espécies (imagens) que se encontram na alma. O segundo argumento é que, se se contesta ao conhecer o caráter intencional, é preciso dar razão àqueles filósofos que professam o relativismo e afirmam que "a verdade é o que parece a cada um". De fato, "se, com efeito, uma potência não conhece senão sua própria impressão, só dela julga. Ora, uma coisa parece ser de tal maneira, conforme a potência cognoscitiva está afetada desse ou daquele modo. Portanto, o julgamento da potência cognoscitiva terá por objeto aquilo mesmo que ela julga, a saber, sua própria impressão, segundo o que ela é; e assim todo julgamento será verdadeiro. Por exemplo, se o paladar não sente senão sua própria impressão, aquele que tem o paladar sadio julga que o mel é doce, mas expressará um juízo verdadeiro aquele que tem o paladar imperfeito e que julga o mel amargo. Um e outro julgam segundo é afetado o próprio paladar. Por conseguinte, toda opinião será igualmente verdadeira, e, de modo geral, toda significação" (I, q. 85, a. 2).

Estabelecida a intencionalidade do conhecer, Tomás chega à importante conclusão de que uma coisa é a ideia sob o aspecto psíquico e outra, sob o aspecto noético. No primeiro caso a ideia é indubitavelmente um estado mental, uma realidade interior; no segundo caso é um símbolo, isto é, um meio que refere à nossa mente um objeto distinto do próprio estado mental. Assim, Tomás distingue oportunamente entre *id quod* e *id quo*: o *id quod* é o que é conhecido, e o que é conhecido é o objeto "externo"; enquanto o *id quo* é o meio pelo qual o objeto é conhecido, e o meio é a ideia, a imagem. "De onde a semelhança da coisa visível é a forma segundo a qual a vista vê, e a semelhança da coisa conhecida, a saber, a espécie inteligível, é a forma segundo a qual o intelecto conhece" (ibid.).

A intencionalidade do conhecer e a distinção entre aspecto psíquico e aspecto noético da ideia consentem a Santo Tomás resolver o árduo problema da objetividade do conhecer sem cair no erro do ultrarrealismo platônico: o qual reclama para as coisas conhecidas a mesma propriedade das ideias, e, sendo estas dotadas de universalidade, pretende que também as coisas subsistam em condições de universalidade. Mas Santo Tomás observa com perspicácia que "deve-se dizer que quando se diz 'o inteligido em ato', duas coisas estão implicadas: a coisa que se conhece, e o ato mesmo de se conhecer. Da mesma forma, quando se diz *universal abstraído*, conhece-se tanto a natureza da coisa como a abstração ou a universalidade. Pois a mesma natureza, a que acontece ser conhecida, abstraída, ou universalizada, não existe senão nos singulares, mas o ato mesmo de ser conhecida, abstraída, universalizada, está no intelecto. Podemos ver isso por um exemplo tomado dos sentidos. A vista vê a cor da maçã, sem seu odor. Se, portanto, se pergunta onde está a cor que é vista sem o odor, é claro que é somente na maçã, mas que ela seja percebida sem o odor, isso acontece por parte da vista, porque há na vista a semelhança de cor e não do odor. Igualmente, a humanidade conhecida existe só em tal ou tal homem. Mas que a humanidade seja apreendida sem as condições individuais, no que está a abstração, da qual resulta a ideia universal, isso lhe acontece enquanto é percebida pelo intelecto, no qual se encontra a semelhança da natureza específica, e nao a dos princípios individuais" (ibid., ad 2).

Santo Tomás, pondo na base do seu filosofar o princípio de intencionalidade, é realista. Os historiadores o chamam "realista moderado" para distingui-lo de Platão, que, pela doutrina das Ideias universais subsistentes no hiperurânio, é chamado "ultrarrealista". O realismo moderado de Tomás tem sobre os demais realismos a vantagem de estar isento daquele dualismo que os idealistas justamente estigmatizaram com tanta força. O realismo tomista não comporta nenhum insanável desdobramento entre sujeito e objeto, entre pensamento e ser; não ergue diante do pensamento nenhuma barreira insuperável. Antes, segundo o Doutor Angélico, entre sujeito e objeto não se registra nenhum contraste, nenhuma oposição, nenhuma barreira. Na filosofia do ser de Santo Tomás, o pensamento não é condenado como Sísifo a impelir o rochedo do ser sobre a montanha do espírito sem jamais conseguir. Santo Tomás não concebe o ser como alienação, imobilização, esvaziamento do pensamento. Para ele, o ser e o pensamento são não duas realidades contraditórias — como para Sartre e outros filósofos modernos —, mas duas realidades amigas, ligadas por um profundo vínculo de parentesco. O conhecer ama o ser, busca-o ansiosamente em toda parte e toma posse dele onde o encontra. O encontro entre o ser e o conhecer tem sucesso vantajoso para ambas as partes: há uma sublimação do ser na espiritualidade do conhecer e há um enriquecimento do conhecer mediante o ser. De fato há uma tal convergência entre o ser e o conhecer, que faz pensar na existência de uma Realidade em que o ser e o conhecer formem uma só coisa (*C. G.*, IV, c. 11, n. 3471). Mas talvez estejamos antecipando muito um tema ao qual deveremos retornar mais adiante. Mencioná-lo era, no entanto, oportuno para deixar entrever em qual direção se move a filosofia do ser de Tomás de Aquino.

3. A abstração

É sabido que, até os inícios do século XIII, a doutrina corrente entre os Escolásticos para explicar a origem do conhecimento intelectivo era a da iluminação, teorizada por Santo Agostinho. Segundo tal doutrina, os conhecimentos que têm valor absoluto, ou seja, aqueles que Agostinho e os medievais chamavam "veritates aeternae" (as quais abarcam os princípios primeiros e tudo o que se pode saber de seguro com referência a Deus, à alma e ao mundo), não são fruto da busca humana, mas sim da iluminação divina, porque, segundo Agostinho e seus seguidores, a contingência das coisas e a fragilidade do intelecto humano não permitem à nossa mente atingir tais alturas com suas únicas forças.

Contudo, no século XIII, depois da redescoberta de Aristóteles e das suas doutrinas psicológicas, gnoseológicas e metafísicas, prospecta-se para os latinos um modo novo de conceber o conhecimento, que elimina qualquer intervenção divina e o faz depender exclusivamente da atividade da mente humana. Essa doutrina por certos aspectos podia ser julgada dessacralizadora, antirreligiosa, pagã. E, de fato, ela constituía uma das razões principais pela qual Aristóteles tinha sido repetidamente proscrito da universidade de Paris e das outras escolas filosóficas e teológicas da França, da Itália e da Inglaterra.

Tomás, ótimo conhecedor e comentador de Aristóteles, não tardou em perceber que na perspectiva estritamente teorética a teoria da abstração era muito mais sólida do que a da iluminação e tornou-se incansável defensor contra todos os ataques dos pensadores de direção agostiniana de seu tempo. Não se tratou de inovação de pouco valor, porque, como nota E. Gilson, "eliminando qualquer colaboração *especial* de um agente separado à produção do conhecimento da alma humana, Santo Tomás eliminava simultaneamente o *Dator formarum* de Avicena e um aspecto importante do Deus iluminador de Agostinho [...]. Esse fato é um dos maiores acontecimentos filosóficos de toda a Idade Média ocidental".

A posição de Santo Tomás para sustentar a doutrina da abstração está claramente delineada já no *Comentário às Sentenças* de Pedro Lombardo, que como sabemos é sua primeira obra. Segundo o Doutor Angélico, todo o conhecimento humano tem origem e se desenvolve a partir dos dados sensitivos: sem os "fantasmas", isto é, sem as imagens da fantasia, não temos nem conceitos nem juízos nem hipóteses científicas: "Na vida presente, como diz o Filósofo (no *De anima* III, c. 30), a alma sem 'fantasmas' não conhece nada: não só no momento em que adquire uma ciência, mas também quando considera as coisas que já conhece; porque os fantasmas estão no intelecto como os dados sensíveis no sentido (*phantasmata se habent ad intellectum sicut sensibilia ad sensum*)" (*III Sent.*, d. 31, q. 2, a. 4).

Esse modo de conhecer, segundo Santo Tomás, convém perfeitamente à natureza humana por duas razões. Em primeiro lugar, porque entre as naturezas dotadas de intelecto a do homem ocupa o degrau mais baixo, e por esse motivo possui um intelecto que se encontra em condição de possibilidade em relação a todas as ideias, do mesmo modo que a matéria prima se encontra em estado de possibilidade (potencialidade) em relação a todas as formas sensíveis. E assim, para passar da potência ao ato, o intelecto deve, antes de tudo, receber as imagens das coisas, e isso ocorre mediante os sentidos e a fantasia. Em segundo lugar, porque a alma é forma do corpo e é, portanto, oportuno que sua operação seja uma operação de todo o homem, compreendido o corpo. Isso, porém, concorre a essa operação não em qualidade de instrumento, mas sim de objeto, uma vez que fornece ao intelecto os fantasmas da imaginação (ibid.).

A essas duas razões em outras obras Tomás acrescenta uma terceira: a insustentabilidade intrínseca seja da teoria de Platão, segundo a qual as ideias se encontram inatas na nossa mente, seja da teoria agostiniana, segundo a qual as "verdades eternas" nos são comunicadas por iluminação. Tais posições são insustentáveis, "primeiro, porque, se a alma tem um conhecimento natural de todas as coisas, não parece possível que chegasse a esquecer esse conhecimento a ponto de ignorar que tenha tal ciência. Ninguém esquece o que conhece naturalmente, por exemplo, que o todo é maior que a parte, e coisas do mesmo gênero [...]. Segundo, a falsidade dessa opinião aparece claramente, porque, quando falta algum sentido, falta também o conhecimento das coisas que são apreendidas por aquele sentido. Assim, um cego de nascença não pode ter nenhuma notícia das cores, o que não aconteceria se a alma tivesse naturalmente inatas as razões de todos os inteligíveis" (I, q. 84, a. 3).

Mas como se realiza rigorosamente o processo abstrativo? Santo Tomás o explica assim: pondo em confronto a situação da mente antes da abstração das ideias com a situação que se registra depois da abstração. Antes da abstração, a mente está de posse de "fantasmas" de coisas particulares e da faculdade intelectiva capaz de acolher as ideias (que com Aristóteles denominamos *intelecto passivo ou possível*). Depois da abstração, a ideia é registrada e conservada pelo intelecto passivo. Ora, para que o fantasma se imponha no estado de ideia e por sua vez o intelecto passivo seja capaz de adquiri-la e conservá-la, é preciso fazer intervir uma operação que, como se viu, Tomás recusa atribuir a qualquer agente estranho à mente humana, seja ele o Deus iluminador de Agostinho ou o *Da-*

tor formarum de Avicena, e a atribui, assim como Aristóteles, ao *intelecto agente*. Portanto, escreve Tomás, "é necessário propor um intelecto agente. Para evidenciar este fato, há de se considerar que, visto que o intelecto possível está em potência para os inteligíveis, é então necessário que os inteligíveis movam o intelecto possível. Mas aquilo que não tem ser não pode mover algo. E o que é inteligível mediante o intelecto possível não é algo existente na natureza como inteligível; pois nosso intelecto possível inteligente algo como um em muito, ou um a partir de muitos, e isto não se encontra na natureza subsistente das coisas, como prova Aristóteles no livro VII da *Metafísica*. Portanto, se o intelecto possível deve ser movido por um inteligível, é necessário que tal inteligível seja feito por meio de um intelecto. E, como aquilo que está em potência a algo não pode produzir este algo, é necessário propor, além do intelecto possível, um intelecto agente, que produza os inteligíveis em ato que movam o intelecto possível. Ele os produz por abstração da matéria e das condições materiais, que são os princípios de individuação" (*De An.*, a. 4). "É, portanto, evidente — conclui Santo Tomás — que o intelecto agente constitui a causa principal que produz as representações das coisas no intelecto possível. Ao invés, os fantasmas que são recebidos pelas coisas externas constituem a causa instrumental. Quanto ao intelecto possível em relação às coisas de que adquire cognição, deve ser considerado um paciente que coopera com o agente" (*Quodl.* VIII, q. 2, a. 2).

Especificamente dotada de um intelecto que não intui, mas opera abstraindo dos dados da fantasia — os quais, como se viu, segundo Santo Tomás estão no intelecto como as qualidades dos objetos materiais estão nos sentidos —, a inteligência humana tem como objeto próprio as essências das realidades materiais. Esta não conhece jamais ideias puras, desencarnadas, mas ideias ligadas e imersas em fantasmas, ou seja, nos dados sensitivos, recebidos na memória e na fantasia. Consequentemente, o objeto próprio do intelecto humano é a essência das coisas materiais. A este não é dado conhecer imediatamente nem as essências espirituais (como a alma e Deus), nem as coisas materiais em sua particularidade, mas somente a essência das coisas materiais: cuja essência, por outro lado, não é recebida pelo intelecto humano de modo que esgote sua riqueza. A inteligência humana conhece a essência, mas não "por essência" (cf. Essência).

No entanto, a inteligência humana, sendo inquisitiva por natureza, não se contenta em observar o que a experiência imediatamente lhe oferece, mas busca escrutar a fundo o que a experiência lhe propõe, por um lado para agarrar os elementos constitutivos das coisas materiais e para descobrir sua origem, por outro para dissipar o mistério que envolve a natureza humana e sua origem. Insistindo nessa via do raciocínio paciente, o intelecto consegue ultrapassar os confins do objeto imediato e insistir para além das essências das coisas materiais, até entender a existência de um mundo espiritual interior (a alma) e de um mundo espiritual transcendente (Deus) (cf. *De An.*, a. 16). "E assim, mediante consideração de nosso intelecto, chegamos por dedução à cognição das substâncias separadas inteligíveis" (ibid.).

Aquilo que Santo Tomás ganhou pondo de lado a doutrina agostiniana da iluminação para substituí-la por aquela aristotélica da abstração teve um resultado considerável quer na perspectiva histórica, quer na teorética. Na perspectiva histórica, pois desse modo fornecia à filosofia cristã uma nova base gnoseológica de caráter aristotélico muito mais sólida do que a base tradicional, que era de caráter platônico. Na perspectiva teorética, porque a doutrina da abstração apresenta grandes vantagens sobre a doutrina da iluminação: exige a contribuição da experiência em todos os conhecimentos humanos; reconhece a estreita união que existe entre conhecimento sensitivo e conhecimento intelectivo; leva em conta a natureza do conhecer, que consiste numa convergência espontânea, numa abertura natural na direção do ser; enfim, leva em conta os limites do conhecimento humano.

Por todos esses motivos pareceria lógico que a decisão de Santo Tomás de substituir a doutrina da iluminação pela abstração encontraria a plena aprovação dos filósofos e teólogos de seu tempo. Não obstante, sabemos que ela foi combatida tenazmente por quase todos os seus contemporâneos. Por quê? Havia motivo. Em síntese, ele se reduzia a isto: a doutrina da abstração, como foi visto, implica a admissão de um intelecto agente, ou seja, de uma faculdade cognoscitiva que elabore os dados depositados pelos sentidos na memória e na fantasia, dados que se referem sempre a algo material e individual, para deduzir o conceito universal e imaterial. Ora, a doutrina de Aristóteles em torno ao intelecto agente não era nada clara. Ela podia ser interpretada também de modo que salvaguardasse a imortalidade pessoal da alma humana. Mas nos tempos de Tomás estava na moda a interpretação averroísta, segundo a qual o intelecto agente é um só para todos os homens. Ora, tal concepção do intelecto agente (e qualquer teoria da abstração construída sobre ela) leva inevitavelmente à negação da imortalidade da alma. Isso basta para explicar a oposição dos medievais à doutrina da abstração.

Para salvar essa doutrina era necessário libertá-la da nefasta hipoteca do averroísmo. É o que Tomás buscou fazer em muitas de suas obras, especialmente durante os últimos anos de sua vida. E daí ter mostrado de modo convincente que o intelecto agente é uma faculdade pessoal, individual, que pertence propriamente a cada homem e que consequentemente nem a doutrina da abstração nem a do intelecto agente comprometem de nenhum modo a doutrina da imortalidade da alma (cf. *De Spir. Creat.*, a. 10).

4. Valor do conhecimento

Santo Tomás trata do problema do valor do conhecimento em vários escritos, mas em particular no *Comentário ao IV Livro da Metafísica*, no *Sobre a Verdade* e em várias Distinções do *Comentário às Sentenças*. Em tais obras ele demonstra que o conhecimento humano tem valor, porque cumpre sua função, que é a de exibir uma representação das coisas que corresponde à sua efetiva realidade. Em outras palavras, o conhecimento tem valor porque a representação que dá das coisas é verdadeira.

Santo Tomás menciona várias definições da *verdade* (cf. *I Sent.*, d. 19, q. 5, a. 1; *De Ver.*, q. 1, a. 2), mas acha que para o aspecto gnoseológico a definição mais correta é a que diz que a verdade consiste essencialmente na correspondência entre as ideias e as coisas: "*Veritas est adaequatio rei ad intellectum*" (*I Sent.*, d. 19, q. 5, a. 1). Santo Tomás esclarece o sentido dessa definição indicando os casos em que não ocorre a correspondência que se exige para a verdade. Isso ocorre quer quando a mente acrescenta algum elemento que a coisa representada não possui, quer quando algum elemento que a coisa contém está omisso: "A verdade, de fato, consiste em certa igualdade entre o pensamento e a coisa. E, porque a igualdade é algo que está no meio entre o mais e o menos, se obtém que o bem da virtude intelectiva (que é a verdade) ocupe a posição intermédia entre o mais e o menos, e isto ocorre quando se pensa e se diz da coisa o que é. Se ao invés, se excede acrescentando algo a mais ou atribuindo algo de menos, se incorre no falso" (*III Sent.*, d. 33, q. 1, a. 3, sol. 3).

Segundo Santo Tomás, a verdade não é um luxo, mas sim uma exigência primária, fundamental da inteligência. É de fato o seu fim próprio e específico. Como o fim que satisfaz a vontade é o bem, assim o fim que satisfaz o intelecto é o verdadeiro: "*Bonum virtutum intellectualium consistit in hoc quod verum dicatur*" (ibid.). Ora, dado que a natureza não se realiza nunca menos quando se trata das finalidades próprias, essenciais de determinados entes e operações, pode-se legitimamente concluir que em condições normais o intelecto humano atinge a verdade. Ainda há mais; a razão é capaz não só de atingir a verdade, mas também de adquirir-lhe a consciência crítica. E segundo Santo Tomás, assim como também Aristóteles, pode-se falar efetivamente de verdade quando existe tal consciência, e, porque isso ocorre no juízo, deve-se concluir que o conhecimento da verdade não cabe nem aos sentidos nem à simples apreensão abstrata, mas sim ao juízo. "O intelecto que forma as quididades das coisas só possui uma imagem do objeto existente fora do espírito, como acontece com os sentidos, que apreendem as imagens das coisas sensíveis. No momento, porém, em que a inteligência começa a fazer um julgamento sobre a coisa apreendida, este julgamento constitui algo de próprio do intelecto, algo que não se encontra no próprio objeto. Quando aquilo que está na coisa extrínseca concorda com o julgamento da inteligência, diz-se que o julgamento é verdadeiro. Ora, o intelecto formula o seu julgamento sobre o objeto apreendido, no momento em que diz que alguma coisa é ou não é, sendo que esta é a função do intelecto sintetizante e analisante. Baseado nisto, o Filósofo afirma em sua *Metafísica* (livro VI, texto 8º) que a síntese e a análise estão na inteligência e não nas coisas. Daí que a verdade reside primariamente na atividade sintetizante e analisante da inteligência. Secundária e posteriormente, o verdadeiro se encontra no intelecto formulador de definições. Consequentemente, uma definição se diz verdadeira ou falsa, ocorrendo esta última quando se define uma coisa como sendo o que não é, como por exemplo quando se atribui ao triângulo a definição do círculo [...]. Do acima exposto evidencia-se o seguinte: o verdadeiro se predica antes de tudo em relação à atividade sintetizante ou analisante da inteligência; em seguida, das definições das coisas, conforme a síntese nelas contida for verdadeira ou falsa" (*De Ver.*, q. 1, a. 3; cf. *III Sent.*, d. 23, q. 2, a. 2, sol. 1; *VI Met.*, lect. 4) (cf. Juízo).

Ao considerar o juízo como lugar próprio da verdade, Santo Tomás parte da distinção, nas coisas, de dois princípios: a essência e o ser; da atribuição do primado ao ser com respeito à essência e da consideração de que, enquanto a essência é recebida pelo intelecto que abstrai, o ser é, ao contrário, expresso pelo intelecto que julga. Eis como Santo Tomás argumenta de modo claríssimo esse ponto capital da sua gnoseologia: "A verdade tem seu fundamento nas coisas, mas sua essência se realiza na mente, quando esta apreende as coisas assim como são [...]. Mas, uma vez que na coisa existem dois princípios: a essência e o ato de ser, a verdade se fundamenta mais sobre o ser do que na essência, do mesmo modo que a palavra ente tem origem do verbo ser. De fato, a relação de adequação na qual consiste a verdade, se realiza naquela operação do intelecto no qual recebe o ser da coisa mediante uma imagem do mesmo, ou seja, no juízo. Por isso afirmo que o próprio ser da coisa, mediante sua representação mental, é a causa da verdade; no entanto, a essência da verdade se encontra antes de tudo no intelecto e depois na coisa" (*I Sent.*, d. 19, q. 5, a. 1).

O aspecto mais interessante e original do conceito tomista de verdade diz respeito à atenção que se reserva ao ser. E isso se encontra em perfeita sintonia com a filosofia do Doutor Angélico, que é essencialmente filosofia do ser. O ser é, de fato, para Santo Tomás a *perfectio omnium perfectionum* e a *actualitas omnium actuum*, aquela perfeição totalmente inclusiva, aquele ato primeiríssimo e fundamental que permeia todas as coisas conferindo-lhes consistência e realidade. Por isso cada coisa é tal por força da sua participação no ser, e é tanto mais real quanto maior é sua participação no ser. Ora, dado que a verdade está na correspondência entre o pensamento e as coisas, Santo Tomás afirma logicamente que tal correspondência se realiza no momento em que o intelecto compreende o ser das coisas, e isso ocorre, como foi dito, no ato do juízo. Desse modo o Doutor Angélico obtém uma explicação mais profunda da tese aristotélica segundo a qual a verdade é propriedade do juízo.

Em conclusão, a inteligência humana, segundo Santo Tomás, é naturalmente levada a conhecer a verdade e a conhecer toda a verdade: a relativa ao mundo material como a relativa ao mundo espiritual, a especulativa como a prática, a que se refere à política, à moral, à religião etc. Mas a inteligência humana encontra em seu caminho inumeráveis obstáculos e impedimentos: as paixões, a pressa, a própria fantasia, a complexidade e sublimidade do objeto, que podem impedi-la de atingir a verdade (cf. *II Sent.*, d. 5, q. 1, a. 1, ad 4; II-II, q. 53, aa. 3-4). Isso ocorre principalmente no caso das verdades mais elevadas e importantes, as de ordem metafísica, moral e religiosa: verdades como a existência de Deus, a imortalidade da alma, a lei moral etc. Quanto a Deus, segundo Santo Tomás, a razão tem capacidade de conhecer que ele existe e que possui determinados atributos (unidade, simplicidade, sabedoria, bondade, poder, eternidade etc.). Contudo, um conhecimento sólido em torno de Deus, de fato, só poucas inteligências privilegiadas conseguem. Mas, observa o Doutor Angélico, o conhecimento de Deus é um conhecimento que possui suma importância para a vida humana porque esta, também de um ponto de vista meramente racional, tem como meta última Deus: "*Finis vitae humanae est cognitio Dei, etiam secundum philosophos*" (*III Sent.*, d. 24, q. 1, a. 3, sol. 1, ad 1). Isso explica por que o próprio Deus interveio para fornecer à humanidade um conhecimento mais claro do próprio ser: o fez de modo particular pela boca de Cristo, que é filho de Deus feito homem (cf. *In De Trin.*, lect. 1, q. 1, a. 1; I, q. 1, a. 1).

(Cf. Abstração, Ciência, Epistemologia, Erro, Fantasia, Fé, Juízo, Intelecto, Razão, Verdade)

[Tradução: M. Couto]

Graça

Do latim *gratia*, que corresponde ao grego *charis*. Em teologia designa quer o favor absolutamente gratuito com o qual Deus em Cristo chama o homem à comunhão consigo, quer os maravilhosos efeitos que essa benévola autocomunicação pessoal de Deus produz no homem que livremente a acolhe. Ao longo dos séculos o termo graça enriqueceu-se de uma vasta gama de significados e deu lugar a muitas distinções, algumas vezes importantes, outras vezes sutis. Antes de tudo, e sobretudo, graça indica, como foi dito, a condição de amizade entre Deus e o homem, condição de comunhão produzida pelo próprio Deus, mediante uma autodoação gratuita, e operada historicamente pela ação de Cristo e do Espírito Santo. Essa condição que transforma a alma do fiel tornando-a templo da Trindade e filha adotiva de Deus é chamada graça *santificante* ou *habitual*. A esta se flanqueia a graça *atual*, que é um influxo espiritual especial e transeunte de Deus na alma cada vez que esta cumpre um ato salutar; ela é um dom gratuito infundido na criatura racional em função da vida eterna.

No AT o conceito de graça se encontra presente em várias expressões hebraicas, principalmente em *hesed*, que na tradução dita dos Setenta foi traduzido por *eleos* ou *charis*. *Hesed* significa em geral um comportamento de lealdade serviçal, benevolência, fidelidade, favor e é regularmente usado para qualificar a relação de Javé com seu povo: na aliança de Javé com Israel, o atributo mais específico reconhecido a Deus é justamente *hesed*.

No NT a *charis* de Deus significa quase sempre a benevolência que se manifesta na sua obra de salvação por meio de Cristo. Maria, a Mãe de Jesus, é cheia de graça (Lc 1,28). Mas a graça abunda também nos corações de todos os seguidores de Jesus, transformando-os profundamente: "Com efeito, é pela graça que vós sois salvos por meio da fé; e isso não vem de vós, é dom de Deus. Isto não vem das obras, para que ninguém se orgulhe. Pois é ele quem nos fez; nós fomos criados em Jesus Cristo para as obras boas, que Deus preparou de antemão, a fim de que as praticássemos" (Ef 2,8-10).

A doutrina da graça recebeu seu primeiro grande aprofundamento por obra de Agostinho, durante a áspera polêmica contra os donatistas e os pelagianos. O Doutor de Hipona sublinha a absoluta gratuidade da graça: na natureza não existe nenhuma predisposição, nenhuma preparação, nenhuma exigência e, portanto, nenhum mérito em relação à graça. Ele define a graça como *adiutorium bene agendi adiunctum naturae* (uma ajuda para operar o bem acrescentado à natureza), uma *ajuda interior*, que geralmente ele identifica com a *caritas*.

A grande Escolástica (dos séculos XII e XIII) que começa a fazer amplo uso da linguagem da metafísica aristotélica se pergunta qual seria o conceito ontológico mais idôneo para designar e definir a graça: é uma *substantia*, um *accidens*, uma *forma*, uma *qualitas*, um *habitus*, um *actus* etc.? E em que relação ela se encontra com o Espírito Santo? Pode-se identificar a graça com o Espírito Santo ou ela é essencialmente distinta dele? E por quais motivos e para quais atividades a graça é necessária? Sem a graça existe algo de bom que o homem pode fazer?

Pedro Lombardo, nos seus famosos *Livros às Sentenças* (I, d. 17), se opõe a assimilar a graça ao Espírito Santo e diz que a graça é uma realidade criada e acidental no homem. Alexandre de Hales, na sua *Suma*, apresenta a graça como *forma animae*. A Escola bonaventuriana a entende mais, neoplatonicamente, como raio de luz ou como *caritas*.

O Doutor Angélico desenvolve seu estudo da graça no tratado *De homine*, que trata do movimento da criatura racional em direção a Deus (que corresponde à *Segunda Parte* da *Suma Teológica*: cf. I, q. 2, Prol. e I-II, Prol.), por isso a coloca junto com a justificação; enquanto da predestinação trata no *De Deo* (isto é, na *Primeira Parte*). O tratado se articula em seis questões (I-II, qq. 109-114), das quais as últimas duas são reservadas à *justificação*. Para nós aqui interessam somente as primeiras quatro, que analisam com grande fineza: a necessidade da graça (q. 109); sua essência (q. 110); a divisão da graça (q. 111) e a causa da graça (q. 112).

1. Necessidade da graça

Quanto à *necessidade* da graça, Santo Tomás distingue toda uma série de atividades e operações humanas que podem ter necessidade da graça, e estabelece para quais delas há necessidade de uma ajuda especial de Deus. A graça não é necessária para conhecer certas verdades científicas, filosóficas, metafísicas, éticas (q. 109, a. 1), nem para cumprir algumas operações eticamente boas (a. 2). Portanto, existe um horizonte natural dentro do qual o homem pode se comportar correta e honestamente também sem a ajuda da graça, mas se trata de um horizonte muito restrito. Em vez disso, a graça torna-se indispensável para merecer a vida eterna, porque se trata de "um fim que ultrapassa a medida da natureza humana" (a. 5); a própria graça (atual) é necessária para preparar para a graça (habitual), porque "a conversão do homem para Deus não pode realizar-se senão pela própria ação de Deus que o converte para ele. Ora, isto é justamente predispor-se para a graça: converter-se assim para Deus. O mesmo acontece com aquele cujos olhos olham ao oposto do sol. Este prepara-se para receber a luz do sol quando dirige seus olhos para ele. Daí se conclui que o homem não pode predispor-se para receber a luz da graça a não ser que um auxílio gratuito de Deus venha movê-lo interiormente" (a. 6). A graça é ainda indispensável para ressurgir do pecado, porque com o pecado o homem sofre um tríplice dano: a mancha, a corrupção natural do bem e o reato da pena. "É claro que a reparação de cada um desses três males requer necessariamente a intervenção de Deus. Dado que o brilho da graça vem da ilustração da luz divina, esse brilho não pode ser reparado na alma se, de novo, Deus não a ilumina. Para isso, é preciso o dom habitual, que é a luz da graça. Do mesmo modo, a ordem da natureza não pode ser reparada de modo que a vontade humana seja submissa a Deus, se Deus não a atrai a si, como foi dito. Portanto, para que o homem ressurja da morte do pecado é necessário o auxílio da graça, tanto sob a forma do dom habitual quanto da moção interior de Deus" (a. 7). Enfim, tem-se necessidade da graça também para perseverar no bem, até o final da vida. "E para obter tal perseverança, o homem constituído em graça não precisa, por certo, de nenhuma outra graça habitual. Mas precisa do auxílio divino, que o dirige e protege contra o ímpeto das tentações, conforme o artigo precedente. Portanto, quem está justificado pela graça, há necessariamente de pedir a Deus o dom da perseverança, a fim de que seja protegido do mal até o fim da vida. Pois, a muitos é dada a graça, aos quais não é dado nela perseverar" (a. 10).

2. Natureza da graça

Na q. 110 Santo Tomás aborda o problema da *essência da graça*. Esta se distingue quer da predestinação, quer da justificação. Enquanto a predestinação é o plano eterno programado por Deus para a salvação do homem, a graça é a execução de tal plano, mais precisamente "é um dom sobrenatural colocado por Deus no homem" (a. 1). Enquanto a justificação pertence à ordem do movimento (*motus*) e é a passagem do pecado à graça, a própria graça é um dom permanente, habitual. A prova é a seguinte: "às criaturas naturais ele (Deus) provê não só movendo-as aos atos naturais, mas também dando-lhes formas e virtudes que são princípios dos atos e assim por si mesmas se inclinam a esses movimentos. E assim, os impulsos que estas criaturas recebem de Deus tornam-se-lhes conaturais e fáceis, segundo a palavra da Sabedoria: 'Ele dispôs tudo suavemente'. Portanto, com mais razão infunde naqueles que move para conseguir o bem sobrenatural eterno, formas e qualidades sobrenaturais que lhes permitem receber sua moção divina, suave e prontamente, para a conquista do bem eterno. E é assim que o dom da graça é uma *qualidade*" (a. 2). Justamente porque a graça aperfeiçoa diretamente a alma e não uma faculdade qualquer, Santo Tomás exclui que se possa identificar com a virtude em geral ou com alguma virtude particular (por exemplo, a fé ou mesmo a caridade). Portanto "esta luz da graça que é uma participação à natureza divina é distinta das virtudes infusas que derivam desta luz e lhe são ordenadas" (a. 3). A graça "é a própria essência da alma. E, do mesmo modo que pela potência intelectual o homem participa do conhecimento divino pela virtude da fé, e que pela potência da virtude ele participa do amor divino pela caridade, assim pela natureza de sua alma ele participa, com uma certa semelhança, da natureza divina por uma espécie de geração ou de criação novas" (a. 4.).

Os *efeitos da graça* são múltiplos: antes de tudo a justificação, que é seu primeiro efeito; portanto, a participação na vida divina, participação que se explica por meio das virtudes teologais da fé, da esperança e da caridade.

3. Causa da graça

Autor da graça não pode ser senão Deus, o que significa que o homem (a vontade humana, o livre-arbítrio) não possui nenhum poder para se preparar para ela. Por isso "toda preparação que se possa encontrar no homem já vem do auxílio de Deus que move a alma para o bem. E este movimento bom do livre-arbítrio, pelo qual prepara-se para receber o dom da graça, é um ato do livre-arbítrio realizado sob a ação de Deus" (q. 112, a. 2).

Santo Tomás propõe e ilustra várias *divisões* da graça, das quais as principais são: graça *gratum faciens* (é a graça santificante que torna o homem agradável a Deus) e *gratis data* (é a graça mediante a qual um homem ajuda outro a voltar para Deus); graça *operante* e *cooperante*; graça *preveniente* e *subsequente*. Observou-se que entre as divisões elencadas por Santo Tomás falta aquela entre graça habitual e atual; de fato falta somente a expressão (*graça atual*), mas o conceito, Santo Tomás o tem bem presente (cf. q. 110, a. 2).

Quanto à *posse da graça*, Santo Tomás nega que seja possível verificá-la com absoluta certeza (faltando argumentos apodíticos para poder fazê-lo). Admite, ao invés, que se possa haver sólidos indícios, por exemplo, "alguém pode saber que possui a graça, enquanto constata que encontra sua felicidade em Deus e despreza os prazeres do mundo; e também que tem consciência de não ter nenhum pecado mortal" (q. 112, a. 5).

Como se vê, no estudo da graça, Santo Tomás nos oferece uma esplêndida fotografia "como que parado" (e não em movimento) da elevação do homem ao estado sobrenatural, pondo bem à mostra os mínimos detalhes. A única lacuna que se observa no tratado da graça (assim como naquele da predestinação e da justificação) é o "vazio cristológico". Em todo o discurso se faz sempre e somente referência a Deus e não há a mínima menção a Jesus Cristo. Trata-se de um vazio metodológico do qual Santo Tomás é bastante consciente e que será abundantemente compensado na *Terceira Parte* (*da Suma*), que é inteiramente dedicada a Cristo, causa meritória da graça, e aos sacramentos, causa instrumental.

O mesmo Santo Tomás, comentando as Cartas de São Paulo, declara que o tema constante destas é a graça de Cristo e todas juntas contêm a doutrina completa da graça de Cristo. "*Haec est doctrina tota de gratia Christi...*": Esta constitui toda a doutrina sobre a graça de Cristo. Primeiro, como ela se encontra na cabeça, isto é, em Cristo, e isso é exposto na Carta aos Hebreus. Segundo, como se encontra nos membros principais do corpo místico: e isso se explica nas epístolas pastorais (1 e 2 Timóteo e Tito). Terceiro, a graça do corpo místico que é a Igreja, e disso se tecem louvores nas epístolas dirigidas aos gentios, mas sob três pontos de vista diversos: em si mesma (Romanos), nos sacramentos (1 e 2 Coríntios e Gálatas) e finalmente na unidade que se produz na Igreja (Efésios, Filipenses, Colossenses, 1 e 2 Tessalonicenses).

De toda maneira, quer seja colocada em Deus ou em Jesus Cristo a fonte da graça, seu objetivo último é sempre o mesmo: a deificação do homem, ou seja, sua plena realização segundo as aspirações mais profundas do coração humano (o *desiderium naturale*). A esse respeito, eis um texto verdadeiramente muito eloquente de Santo Tomás : "*Gratia datur homini a Deo per quam homo perveniat ad suam ultimam et perfectam consummationem, idest ad beatitudinem ad quam habet naturale desiderium* (a graça é dada por Deus ao homem para que com ela o homem possa atingir a sua realização última e perfeita, ou seja, a bem-aventurança pela qual possui um desejo natural)" (*In II Cor.*, c. 13, lect. 2, n. 534).

(Cf. Cristo, Igreja, Justificação, Predestinação, Salvação, Sobrenatural)

[Tradução: M. Couto]

Gratidão

Do latim *gratitudo*. É uma virtude moral que consiste essencialmente em mostrar reconhecimento para com os benfeitores: "*gratia est per quam redditur debitum benefactoribus*" (I-II, q. 60, a. 3).

Já conhecida e estudada pelos pagãos, em particular por Aristóteles e Sêneca, a gratidão conquista um lugar de grande relevo no pensamento cristão. São Paulo a recomenda continuamente aos seus fiéis.

Para a gratidão, Santo Tomás solicita três elementos: "O primeiro é que o homem reconheça o benefício recebido; o segundo, consiste no louvor e na ação de graças; o terceiro, consiste em prestar a retribuição no lugar apropriado e no momento oportuno, de acordo com as posses de cada um" (II-II, q. 107, a. 2). O mesmo Santo Tomás esclarece que a virtude da gratidão se inspira mais na categoria do afeto do que na categoria quantitativa e aritmética do efeito: por isso também o pobre, diz o Doutor Angélico, que justamente por sua condição não pode certamente permitir-se um intercâmbio quantitativamente paritário e menos ainda superior, tem sempre a sua disposição uma forma eloquente e autêntica de gratidão: aquela de externar sua alegria, e a consequente admiração e estima por quem contribuiu para resolver um problema seu (econômico, social, político etc.) e para tirá-lo de qualquer dificuldade com um gesto de generosidade (II-II, q. 106, a. 3, ad 5). A gratidão será, portanto, exteriorizada em cada caso, mas é antes de tudo uma atitude interior do coração. Como virtude perfectiva da convivência humana, é lógico que a gratidão seja esperada de quem é seu destinatário, isto é, o benfeitor; mas este deve evitar fazer disso uma presunção ou prestar ajuda ao próximo para receber um agradecimento verbal ou material (ibid.).

Feitos esses esclarecimentos, é fácil compreender que Santo Tomás estenda a obrigação da gratidão a todos aqueles que de alguma forma recebem um dom ou uma ajuda qualquer, seja material ou psicológica, moral, cultural, religiosa, direta ou indireta (ibid.). No entanto, como em todas as coisas, também na prática da virtude da gratidão está vigente uma ordem bem rigorosa, que vê em primeiro lugar Deus, depois os genitores e a pátria, finalmente os superiores e os amigos. Santo Tomás esclarece que a gratidão para com Deus é uma obrigação maior tanto no pecador como no inocente: "O penitente se vê obrigado a dar mais ação de graças que o inocente: o dom que Deus lhe fez é mais gratuito, porque, ele, que merecia um castigo, acaba recebendo uma graça. Assim, embora o dom feito ao inocente seja maior em termos absolutos, o dom feito ao penitente é maior em relação a ele; da mesma forma que um pequeno dom feito a um pobre é maior do que um grande dom feito a um rico. Por outro lado, as ações se referem sempre aos casos particulares. Por isso mesmo, numa ação se considera muito mais o que é aqui e agora do que o que é absolutamente tal, como ensina o Filósofo, a respeito do voluntário e do involuntário" (II-II, q. 106, a. 2).

Quanto ao tempo devido que, como foi visto, é um dos três coeficientes da gratidão, Santo Tomás distingue o sentimento afetivo, que deve ser externado sempre imediatamente, da correspondência tangível e efetiva que deve sempre ser proporcional — na entidade e no valor — à natureza daquilo que se recebeu e às reais condições do beneficiado e do benfeitor. Deve-se sempre intercambiar algo muito útil, que deve constituir algo significativo, que seja apenas uma gratificação, para o destinatário (ibid., a. 4). Uma vez estabelecidas assim as coisas, Santo Tomás adverte que, não se tratando de um débito legal, para a gratidão não existe um prazo fixo; exclui, no entanto, que possa constituir uma genuína virtude a gratidão que se preocupa em restituir imediatamente, e acrescenta para sustentar a própria tese a autoridade de Sêneca: "Quem se apressa para retribuir não tem espírito de homem grato, mas sim de devedor" (*De beneficiis* 4, 40). O critério guia deve, portanto, ser aquele de um tempo (mesmo um tempo longo) "conveniente", que leve em conta todas as situações das duas partes (II-II, q. 106, a. 4).

[Tradução: M. Couto]

Guerra

Com este termo, em geral, se designa qualquer confronto armado e cruento ente grupos humanos organizados. Para que haja uma guerra, são necessárias três condições: a) conflito entre grupos políticos independentes *de jure* (como no caso de Estados soberanos), ou então *de facto* (por exemplo, forças partidárias); b) violência física intencionalmente usada para obter o fim desejado; c) organização, de modo que não se trata de algo esporádico, mas com duração. Conforme o tipo de beligerantes, haverá vários gêneros de guerra: internacional, interestadual, civil, revolucionária etc.

A guerra foi argumento de reiteradas discussões, principalmente a partir do século XVII, tanto na teologia (Suarez, Vitoria, Belarmino etc.) como na filosofia (Hobbes, Grotius, Locke, Rousseau, Kant etc.).

Santo Tomás trata expressamente e muito difusamente da guerra na q. 40 da *Secunda Secundae*. No artigo 1º ele formula, com a costumeira clareza e precisão, os princípios fundamentais que podem justificar esse flagelo terrível, determinando as condições da *guerra justa*. Uma guerra é justa somente se respeitar as seguintes condições: a) legítima autoridade da parte de quem a declara; b) causa justa; c) retidão de intenção. É necessário antes de tudo "a *autoridade do príncipe*, sob cuja ordem deve-se fazer a guerra. Não compete a uma pessoa privada declarar uma guerra, pois pode fazer valer seu direito no tribunal de seu superior; também porque convocar a multidão necessária para a guerra não compete a uma pessoa privada. Já que o cuidado dos negócios públicos foi confiado aos príncipes, a eles compete velar pelo bem público da cidade, do reino ou da província submetidos à sua autoridade". Em segundo lugar, é necessária uma *causa justa*, isto é, "uma culpa por parte daqueles contra os quais se faz a guerra". Finalmente, se requer "uma *reta intenção* naqueles que fazem a guerra: que se pretenda promover o bem ou evitar o mal [...]. Com efeito, mesmo se for legítima a autoridade daquele que declara a guerra e justa a sua causa, pode acontecer, contudo, que a guerra se torne ilícita por causa de uma intenção má. Escreve Agostinho a propósito: 'O desejo de prejudicar, a crueldade na vingança, a violência e a inflexibilidade do espírito, a selvageria no combate, a paixão de dominar e outras coisas semelhantes, são estas as coisas que na guerra são julgadas culpáveis pelo direito' (*Contra Faustum*, 1.22, c. 74)" (II-II, q. 40, a. 1).

O bem precioso que se busca com a guerra não é, portanto, nem a vingança nem a dominação, mas sim a *paz*: "Aqueles que fazem guerras justas possuem como objetivo a paz (*qui justa bella gerunt pacem intendunt*)" (ibid., ad 3).

No artigo 4º, Santo Tomás especifica que é lícito fazer a guerra também nos dias festivos: "A observância das festas não impede que se faça o que se ordena à salvação, mesmo corporal, do homem. Por isso o Senhor repreende os judeus dizendo no Evangelho de João: 'Vós vos irritais contra mim porque curei um homem inteiro no dia de sábado'. Daí que os médicos podem cuidar dos doentes num dia de festa. Com maior razão, mais do que pela saúde corporal de um só, é preciso cuidar da saúde pública, que impede a morte de muitos e inúmeros males, temporais e espirituais. Por isso, para a defesa do bem público dos fiéis, é permitido fazer guerras justas nos dias de festa, desde que a necessidade o peça. Com efeito, seria tentar a Deus querer abster-se de fazer a guerra diante de tamanha necessidade. Mas, não havendo necessidade, não é permitido guerrear nos dias de festa pelas razões dadas" (II-II, q. 40, a. 4).

No artigo 2º, Santo Tomás mostra que nem todos os cidadãos são obrigados a combater. Em particular, não podem pegar em armas os clérigos, pois essa é uma atividade incompatível com seu ministério. Quem foi incumbido de tratar do Sangue de Cristo não deve matar e derramar o sangue de outros, mas deve estar pronto a derramar o próprio sangue: "É por isso que o direito pune como irregulares aqueles que derramam sangue, mesmo sem pecado de sua parte".

Os princípios colocados por Santo Tomás, em linha de máxima, valem também hoje. Em sua aplicação devem-se, contudo, levar em consideração as mudanças radicais que ocorreram no século XX para o que diz respeito aos meios bélicos. De modo que hoje, mais do que nunca, antes de recorrer à guerra devem-se percorrer todas as estradas da diplomacia. A guerra moderna se vale, além das armas tradicionais, também de novas armas mortíferas (atômicas, bacteriológicas, químicas) que levam à destruição ou até aos extermínios, diante dos quais não subsiste razão alguma que justifique por parte de quem quer que seja o primeiro ato de guerra, que é, portanto, a agressão: esse fato, mesmo supondo que existam direitos justos a serem reivindicados, torna totalmente imoral e reprovável todo ato de agressão que leve à guerra.

(Cf. Paz)

[Tradução: G. Frade]

Guilherme (de Moerbeke)

Dominicano flamengo, nascido em Moerbeke, e falecido em Corinto em 1280. Ótimo conhecedor da língua grega e do pensamento de Aristóteles, deve sua celebridade às traduções, do grego para o latim, de numerosas obras do Estagirita e de outros autores.

Começou sua atividade de tradutor em Tebas e em Niceia: em 1260 traduziu a *Historia animalium* de Aristóteles e o comentário de Alexandre de Afrodísias aos *Meteorológicos*. No fim do mesmo ano foi convocado à corte pontifícia em Viterbo. Seu título era o de "penitenciário e capelão do papa", mas na realidade as suas funções continuaram as de tradutor. "Fontes históricas e medievais referem que Guilherme de Moerbeke fez suas traduções greco-latinas de Aristóteles a pedido (*ad istantiam*) de Santo Tomás de Aquino" (M. Grabmann). Apenas as teve à disposição, Santo Tomás valeu-se e aproveitou grandemente das novas traduções: o uso de uma tradução mais antiga ou da tradução moerbekiana pode às vezes ajudar a estabelecer a data de uma obra de Santo Tomás. Guilherme de Moerbeke prestou um precioso serviço a Santo Tomás não somente com as obras aristotélicas, mas também com alguns comentários gregos de Aristóteles, particularmente os comentários de Temístio e Amônio. Não se devem esquecer, enfim, as traduções de Proclo, especialmente a do *Elementatio theologica* (1268), que revelou a Santo Tomás a fonte neoplatônica do *Liber de causis*, até então atribuído a Aristóteles.

[Tradução: D. Zamagna]

Gula

É a ansiedade habitual e desordenada por comidas refinadas e apuradas ou, em geral, por determinadas comidas (ou mesmo bebidas). É um dos sete *vícios capitais*. A desordem que constitui o pecado da gula pode se referir ou ao prazer pela comida, ou ao desejo por esse prazer.

Como explica Santo Tomás (*De Malo*, q. 14), a desordem do desejo que tende ao prazer é semelhante à desordem que se encontra nos movimentos materiais: antes de tudo na tendência de se dirigir muito rapidamente à mesa, quando se pode tolerar um pouco de espera pela comida; depois, no unir-se exageradamente à meta, quando se come com muita ganância; enfim, no ultrapassar a meta, quando a pessoa não se contenta do suficiente para uma alimentação adequada, mas come além do necessário.

O prazer que se experimenta no comer, considerado em si mesmo, não é contrário nem ao amor de Deus nem ao amor do próximo; pode ser contrário ou não, por sua vez, o prazer desordenado. É contrário ao amor de Deus, que deve ser amado como fim último, quando se deseja esse prazer como fim último; não é contrário à caridade, quando se deseja comer ou beber demasiadamente, respeitando, porém, o fim último, isto é, sem querer transgredir os preceitos divinos pelo prazer à mesa. A gula, consistindo essencialmente no desejo exagerado de comer e beber, em si não é pecado mortal, mas pode ser pecado mortal ou venial na medida em que o desejo desordenado se oponha ou não ao fim último.

A gravidade do pecado da gula, para além da intrínseca moralidade desse hábito, é determinada pelas consequências danosas que provoca principalmente ao corpo cuja saúde é comprometida mais ou menos de modo grave e rapidamente, e consequentemente também a alma é comprometida. O uso de estupefacientes, bebidas alcoólicas, drogas etc. faz o corpo adquirir exigências incontroláveis, que destroem ou enfraquecem o poder da vontade, de modo que a pessoa que se viciou (no fumo, no álcool, na droga etc.) não está mais em condições de agir livremente. Então a alma, a quem cabe reger o corpo, permanece impedida em sua obra: 1) na razão, que se ressente da perturbação das forças inferiores e perde sua perspicácia; 2) na afetividade, que já não sendo governada pela razão, se comporta livremente ao seu prazer; 3) nas palavras, que já não sendo ponderadas pela razão, escapam descontroladas (*multiloquium*); 4) na atitude externa, que já não sendo composta pela razão, assume modos vulgares (cf. *De Malo*, q. 14).

[Tradução: M. Couto]

Hábito (Costume)

Como já em Aristóteles, também em Santo Tomás o termo *habitus* conhece duas acepções principais: a do décimo predicado, e, nesse caso, correspondente à "roupa", e a de comportamento voltado para o agir com agilidade de um determinado modo, e então correspondente a um hábito operativo, isto é, aos vícios e às virtudes (cf. I-II, q. 49, a. 1).

Entendido como hábito operativo, Santo Tomás o considera uma categoria fundamental da ética e o estuda com singular atenção no início do amplo tratado sobre os vícios e sobre as virtudes (cf. I-II, qq. 49-54).

O Doutor de Aquino retoma a definição aristotélica do hábito: "O hábito é uma disposição segundo a qual um é bem ou mal disposto, ou em si mesmo ou em relação a um outro, assim como é um hábito a saúde" (I-II, q. 49, a. 1). O hábito é algo intermediário entre a faculdade e o ato e facilita a passagem da faculdade ao ato. Portanto, o hábito se distingue da faculdade ou potência operativa. "Vistos em geral, entre o hábito e a potência há esta diferença: a potência é o que pelo qual podemos simplesmente fazer alguma coisa; assim o intelecto é o que pelo qual aprendemos; a ciência é o que pelo qual aprendemos bem; o apetite concupiscível é o que pelo qual desejamos algo; a temperança é desejar bem; a intemperança é desejar mal" (*IV Sent.*, d. 4, q. 1, a. 1). Portanto, "a potência é princípio do agir em absoluto; o hábito é princípio do agir rápido e facilmente (*potentia est principium agendi absolute; sed habitus est principium agendi prompte et faciliter*); assim um objeto visto simplesmente em relação ao ato, refere-se à potência; pelo contrário considerado em relação à facilidade do ato, concerne ao hábito" (*III Sent.*, d. 33, q. 1, a. 1, sol. 1).

Em geral, o hábito é uma qualidade (*qualitas*) estável e consolidada que acompanha uma faculdade humana e favorece o seu agir. O hábito pode ser bom ou ruim, conforme favoreça o agir na direção do bem ou do mal (I-II, q. 54, a. 3). Geralmente os hábitos se adquirem mediante a repetição do mesmo ato. Por exemplo: uma pessoa obtém o hábito da temperança fazendo muitos atos de temperança. Um só ato não basta para gerar o hábito de virtude na potência apetitiva, porque com um só ato não se vence a resistência passiva (I-II, q. 51, a. 2). Além dos hábitos *adquiridos*, Santo Tomás prevê também hábitos *naturais* e *infusos*. Hábito natural é o intelecto dos princípios (*intellectus principiorum*): por exemplo, vendo alguma coisa e vendo uma parte dessa coisa, naturalmente percebo o princípio de que o todo é maior do que a parte (I-II, q. 51, a. 1). *Infusos* são os hábitos sobrenaturais, com os quais Deus ajuda o homem a chegar ao último fim, dado que este excede as forças humanas (I-II, q. 51, a. 4).

Diferentemente do que se pode crer, o hábito não é em nada contrário à liberdade; antes, por ser adquirido, é um fruto da liberdade. De fato, "é necessário que concorram mais elementos para dispor o sujeito a um dos termos aos quais está em potência e que estes possam temperar-se a si mesmos em diversas maneiras, de modo a bem ou mal dispor o sujeito em relação à forma ou à operação" (I-II, q. 49, a. 4). Fruto da liberdade, o hábito reforça a própria liberdade no caso da virtude, enquanto a enfraquece no caso do vício. O hábito pode se tornar mais ou menos intenso, seja em si, seja na participação por parte do sujeito, e assim pode *crescer* ou *diminuir*. O crescimento não está na adição posterior do hábito, mas no aperfeiçoamento do sujeito em si; consequentemente, o crescer do hábito da ciência está também na extensão das cognições (I-II, q. 52, aa. 1-2).

Quanto às divisões dos hábitos, para além daquela entre bons e ruins, Santo Tomás os distingue também em *cognoscitivos*, os quais dizem respeito ao intelecto (por exemplo ciência e sabedoria), e *apetitivos*, que se referem à vontade (por exemplo justiça, fortaleza etc.). A ética trata especialmente destes últimos (I-II, q. 50, aa. 4-5).

Santo Tomás distingue os hábitos da simples *disposição*: esta é uma qualidade ainda imperfeita; contrariamente, o hábito é uma qualidade perfeita, plenamente consolidada: "Uma qualidade ou forma, que é ainda imperfeita, se diz disposição; mas, quando está completamente realizada (*consummata*) e transformada em algo natural (*quasi in naturam versa*), se chama hábito" (*III Sent.*, d. 23, q. 1, a. 1). Como resulta também do texto citado há pouco, o hábito, segundo Santo Tomás, tende a se tornar uma segunda natureza. Porém não goza da característica da inadmissibilidade, como, pelo contrário, cabe à natureza. O hábito, seja bom ou ruim, pode ser perdido. E isso pode ocorrer de dois modos: ou com o exercício de atos contrários a este ou com um enfraquecimento da potência em que se insere (I-II, q. 53, a. 1).

A obtenção de atos bons ou ruins é de suma importância para a vida moral e, consequentemente, para o próprio ser humano. Os hábitos bons o ajudam a conseguir a plena realização de si mesmo, e o conduzem à felicidade; por sua vez, os hábitos ruins fazem exatamente o contrário: o degradam e o conduzem para longe do sumo bem.

Nos tempos de Santo Tomás não havia a droga para fazer se dar conta de como um hábito pode degradar o ser humano e torná-lo incapaz de qualquer forma de autocontrole. Mas, para confirmar sua doutrina sobre os hábitos e costumes, a Santo Tomás bastava observar os efeitos perniciosos que produzem sobre a pessoa a luxúria, a avareza e outros vícios capitais.

O termo *habitudo* não é sinônimo de *habitus* e, portanto, não corresponde absolutamente ao que entendemos como *hábito*. Em Santo Tomás *habitudo* significa sempre *relacionamento*, *relação*. Assim fala de relacionamento entre duas quantidades (*habitudo unius quantitas ad alteram*) (I, q. 12, a. 1, ad 4) ou de relação de Cristo com o gênero humano (*habitudinem ipsius Christi ad genus humanum*) (III, q. 7, a. 1).

(Cf. Ato humano, Moral, Vício, Virtude)

[Tradução: A. Boccato]

Hedonismo

Concepção ética baseada sobre a identificação do bem com o prazer atual. Teorizado por Aristipo de Cirene, discípulo de Sócrates, torna-se elemento constitutivo da ética epicureia. O bem segundo Epicuro se identificava com o prazer, e por prazer se entende o sensível, do qual faz parte também o prazer espiritual ("os prazeres dos sons", os das "belas imagens", assim como aqueles do conhecimento). A consecução do prazer não é, porém, confiada ao instinto ou ao desejo, mas exige um cálculo dos prazeres, para não se reduzir a um gozo temporâneo que pode gerar paixão ou desejo, transformando-se em dor. Por isso o sábio deve buscar os prazeres naturais e necessários, moderar-se naqueles naturais mas não necessários, e vencer os não naturais com sabedoria.

Santo Tomás cita às vezes, mas muito raramente, o nome de Epicuro e diz que esse filósofo, mesmo quando recomenda a prática da virtude, o faz sempre e exclusivamente em vista do prazer (*C. G.*, III, c. 27). Por sua parte, o Doutor Angélico é absolutamente contrário à identificação do bem com o prazer. Admite que o prazer possa ser um elemento, acidental e não essencial, do bem, mas isso vale somente para os prazeres espirituais, não para os sensíveis. De fato, esses derivam do bem que é objeto dos sentidos. Trata-se, portanto, de bens corporais, "os quais não serão o perfeito bem do homem, mas é algo muito pequeno comparado ao bem da alma (*est mi-*

nimum quiddam in comparatione ad bonum animae)" (I-II, q. 2, a. 6).

(Cf. BEATITUDE, BEM (MORAL), ÉTICA)
[Tradução: M. Couto]

Heresia

Do grego *hairesis*, que significa escolha. Trata-se de qualquer doutrina que se oponha imediata, direta e contraditoriamente à verdade revelada por Deus e proposta de modo autorizado, oficial e autêntico como tal pela Igreja. Para ser heresia, além do erro intelectual, é preciso a obstinação da vontade e a recusa por parte desta de se submeter ao magistério eclesiástico. "A heresia — escreve Santo Tomás — acrescenta algo ao erro: por parte da matéria, porque se trata de um erro relativo a coisas que pertencem à fé; e por parte do que erra, enquanto exige a obstinação, indispensável para fazer de alguém um herético (*haeresis supra errorem addit aliquid et ex parte materiae, quia est error eorum quae ad fidem pertinent, et ex parte errantis, quia importat pertinaciam, quae sola facit haereticum*)" (*De Malo*, q. 8, a. 1, ad 7).

De desvios da fé, de cismas e de heresia fala já São Paulo em várias cartas, e convida os cristãos a serem vigilantes, mas sem intolerância, visto que se trata de um mal inevitável (1Cor 11,19). Mas, a partir do século II, se assiste a uma verdadeira e própria explosão de heresia: gnosticismo, maniqueísmo, marcionismo, arianismo, donatismo, pelagianismo, nestorianismo, monofisismo etc. Na luta contra as heresias a Igreja mobilizou todas as suas forças: convocou os bispos para se reunirem, primeiramente em Concílios provinciais, e depois em Concílios ecumênicos e, principalmente, se escorou na contribuição de seus melhores pensadores. Especialmente durante a época dos Padres, a literatura cristã é marcada por obras notáveis de escritores eclesiásticos nas quais de quando em quando são denunciadas e criticadas as várias heresias que ameaçavam poluir a pureza da fé cristã. Assim, contra o gnosticismo temos o *Adversus haereses* de Ireneu; contra o arianismo as *Tres orationes contra arianos* de Atanásio; contra o donatismo, o maniqueísmo e o pelagianismo, toda uma série de escritos de Santo Agostinho; contra a iconoclastia, o *De haeresibus* de João Damasceno.

Também Santo Tomás faz parte da fileira dos grandes defensores da pureza da fé católica do contágio da heresia. A obra na qual se empenhou mais diretamente nesse trabalho é a *Suma contra os Gentios*, que tem como subtítulo uma precisão muito significativa: *Liber de veritate catholicae fidei contra errores infidelium*. Mas, à crítica das heresias, em particular daquelas cristológicas e trinitárias, o Doutor Angélico dedica amplas seções também em outras obras, em particular no *Comentário às Sentenças*, na *Suma Teológica*, no *Compêndio de Teologia*, e nos *Comentários às Cartas aos Coríntios* e *a Tito*.

Da natureza e gravidade das heresias, o Doutor Angélico trata de modo particular na *Suma Teológica* (II-II, q. 11). Para haver heresia — explica Santo Tomás — não basta um erro qualquer, mas se requer um erro que corrompa a pureza da fé católica. "Não implica corrupção da fé, se alguém tem falsa opinião sobre coisas que não são da fé, por exemplo, em proposições geométricas ou outras do mesmo gênero, que de forma alguma podem pertencer à fé; mas só quando professa opinião falsa em matéria de fé. Mas, como já foi dito, uma doutrina pode ser de fé de duas maneiras: direta e principalmente, como os artigos de fé, ou indireta e secundariamente, como as coisas que acarretam a corrupção de algum desses artigos. Ora, de ambos esses modos pode haver heresia, como pode haver fé" (ibid., a. 2).

Segundo Santo Tomás, nenhum outro pecado causa maior dano do que a heresia, que por isso deve ser punida com penas externas. A heresia supera em gravidade os outros pecados porque perverte a fé, que é o fundamento de todos os bens e sem a qual nenhum bem permanece. Por isso a Igreja exclui da associação dos fiéis os heréticos, principalmente aqueles que corrompem os outros, para que não somente com a alma, mas também com o corpo, sejam segregados deles os simples, que facilmente podem ser corrompidos. No entanto, esclarece o Doutor Angélico, a Igreja usa misericórdia também para com os que erram. "Por isso, ela não condena imediatamente, mas só 'depois da primeira e segunda advertência', como ensina o Apóstolo. Se, porém, depois disso, o herege permanece ainda pertinaz, a Igreja, não esperando mais que ele se converta, provê à salvação dos outros, separando-o dela por uma sentença de excomunhão; e ulteriormente ela o abandona ao juízo secular para que seja excluído do mundo pela morte" (ibid., a. 3).

[Tradução: M. Couto]

Hermenêutica cf. Exegese

Hierarquia

Termo usado quer em filosofia, quer em teologia.

Em *filosofia* o utilizam principalmente os neoplatônicos (Plotino, Proclo, Dionísio, o Areopagita) para explicar a origem e a processão do múltiplo do Uno: processão que ocorre segundo uma *ordem* muito rigorosa (isto é, hierárquica), pela qual os vários graus de realidade estão estritamente ligados entre si pelo tríplice princípio: da imanência (do superior considerado em si mesmo), da saída (do inferior pelo superior) e do retorno (do inferior ao superior). Partindo da etimologia do termo, Santo Tomás dá à hierarquia a seguinte definição: "Hierarquia equivale a uma espécie de principado sagrado, como indicado pelos termos *hièron*, isto é, sagrado, e *archòn*, ou seja, príncipe". (*II Sent.*, d. 9, q. 1., a. 1). Em outra passagem, estando mais atento ao significado real do termo, o próprio Santo Tomás especifica que "hierarquia" pode significar tanto *ordem* como *grau*. "Segundo uma primeira acepção (genérica) indica toda a organização que abraça sob si graus; e, segundo essa acepção, diz-se que a hierarquia é uma ordem. A segunda indica apenas um único grau: e, segundo essa acepção, diz-se que existem mais ordens em uma mesma hierarquia" (I, q. 108, a. 2, ad 1).

Em *teologia* o termo hierarquia é adotado para os Anjos e para a Igreja. Com referência aos Anjos, hierarquia designa "a diversidade de graus ou ordens segundo as diferentes funções e atividades" (I, q. 108, a. 2, ad 2). Com referência à Igreja, hierarquia designa sua estrutura institucional e ministerial, que se articula em três graus: episcopado, presbiterado e diaconato.

Santo Tomás dedica uma ampla discussão à estrutura hierárquica do mundo angélico (cf. I, q. 108), ao passo que à estrutura hierárquica da Igreja dedica apenas dois artigos da questão 183 da II-II da *Suma Teológica* (aa. 2 e 3).

Para a justificação da hierarquia eclesiástica Santo Tomás apresenta três razões: a *perfeição*, a *ação* e o *decoro* da Igreja. "1º, para a perfeição da própria Igreja. Na ordem natural, a perfeição, que em Deus se encontra de maneira absoluta e uniforme, não pode realizar-se nas criaturas senão de formas diversas e múltiplas. Assim também a plenitude da graça, que está unificada em Cristo como na cabeça, se reparte diversamente em seus membros, para que o corpo da Igreja seja perfeito. E por isso, disse o Apóstolo: 'Ele a uns constituiu apóstolos, a outros profetas, a outros evangelistas, a outros pastores e doutores, para levar os santos à perfeição' (Ef 4,11-12); 2º, para a realização das atividades necessárias à Igreja. Pois ações diversas hão de ser praticadas por pessoas diferentes, para que tudo se faça o melhor possível e sem confusão [...]; 3º, porque essa diversidade é exigida pela dignidade e pela beleza da Igreja (*hoc pertinet ad dignitatem et pulchritudinem ecclesiae*), que consiste numa ordem" (II-II, q. 183, a. 2).

A hierarquia eclesiástica imita aproximadamente a celeste (I, q. 106, a. 3, ad 1) e cumpre de modo análogo, mas menos perfeito, as mesmas funções da hierarquia celeste, que são três: purificar, iluminar, aperfeiçoar (I, q. 108, a. 2, ad 3).

(Cf. Anjo/Angeologia, Igreja)

[Tradução: M. Couto]

Hilemorfismo

É a doutrina aristotélica que considera cada substância material como constituída de matéria (*hyle*) e forma (*morphe*). Aristóteles introduziu esta doutrina para explicar dois importantes fenômenos: o tornar-se (ou devir) e a identidade-diversidade dos indivíduos de uma mesma espécie. O tornar-se é devido ao permanecer da própria matéria (substrato) com o mudar da forma; a identidade-diversidade é devida à identidade específica derivada da forma e da multiplicação numérica causada pela matéria.

Alguns pensadores medievais (Avicebron, Alexandre de Hales, Boaventura) utilizaram esta doutrina para explicar a finitude das criaturas: esta seria causada pelo fato de que todas as criaturas, inclusive as angélicas, seriam compostas de matéria e forma, só Deus é sem matéria; puríssimo espírito.

Santo Tomás exclui a necessidade de estender o hilemorfismo ao mundo angélico para explicar a finitude dos anjos, porque essa finitude em sua filosofia é explicada excelentemente com a doutrina da distinção real entre essência e ato de ser nas criaturas. Conforme essa doutrina, é finito tudo aquilo em que o ser é distinto da essência, porque o que coloca limites à perfeição do ser é propriamente a essência: esta, em relação ao ser que é ato, antes *actualitas omnium actuum*, funciona como potência. Assim, nos anjos a finitude não é devida à matéria, mas sim à sua essência: é a própria essência que coloca limites ao ato do ser, que em si mesmo é infinito. Portanto, "depreende-se do exposto que nas substâncias intelectuais criadas há composição de ato e potência. Com efeito, em tudo em que há duas coisas das quais uma é complemento da outra, a proporção delas entre si é como a proporção do ato para a potência, porque nada se completa senão pelo seu ato próprio. Ora, há duas coisas na substância intelectual, a própria substância e o seu ser, que não se identifica com ela, como foi demonstrado. Ora, o ser é complemento da substância que existe, porque cada coisa está em ato porque tem ser. Resulta, pois, que em quaisquer das substâncias sobreditas há composição de ato e potência" (*C. G.*, II, c. 53 [1282 e 1283]).

(Cf. Anjo/Angeologia, Forma, Matéria)
[Tradução: M. Couto]

Hipocrisia

É uma simulação de virtude e em geral de bons sentimentos e de boa qualidade, para ganhar a estima e a simpatia de uma ou mais pessoas, enganando-as: "A hipocrisia é uma simulação; não, porém, uma simulação qualquer, mas só aquela em que alguém simula ser outra pessoa, como o pecador que quer se fazer passar por justo" (II-II, q. 111, a. 2).

Como explica excelentemente Santo Tomás, a hipocrisia pode ser pecado moral ou venial segundo os sentimentos dos quais deriva: "Na hipocrisia existem dois elementos: a falta de santidade e a simulação dela. Portanto, se qualificarmos de hipócrita aquele que busca intencionalmente este duplo fim, ou seja, que não se preocupa em adquirir a santidade, mas apenas em parecer santo, definição comum que a Sagrada Escritura reserva para o hipócrita, neste caso é evidente que há pecado mortal. Porque ninguém é totalmente privado de santidade a não ser pelo pecado mortal. Mas, se se chama de hipócrita aquele que simula intencionalmente a santidade da qual está afastado pelo pecado mortal, neste caso, apesar de seu estado de pecado mortal, de onde lhe vem a ausência de santidade em sua vida, sua simulação nem sempre será pecado mortal, podendo eventualmente ser apenas venial. Esta diferença procede do fim almejado. Se este fim for incompatível com a caridade para com Deus e para com o próximo, haverá então pecado mortal; por exemplo, quando alguém simula a santidade para disseminar falsas doutrinas, ou para obter uma dignidade eclesiástica que não merece, ou para alcançar quaisquer outros bens temporais que se tiver proposto com fim. Mas, se o fim almejado não for incompatível com a caridade, haverá pecado venial; por exemplo, aquele que se deleita apenas com a própria ficção e que, segundo Aristóteles, 'parece mais vão do que mau'" (ibid., a. 4).

[Tradução: M. Couto]

Hipóstase

Do grego *hypostasis*, termo introduzido pelos filósofos para significar a individuação última de uma essência substancial. O termo é retomado pelos autores cristãos, que fizeram amplo uso dele nas questões trinitárias e cristológicas. Os Padres Capadócios valeram-se dele para esclarecer o mistério trinitário, explicando que a Trindade é constituída de três hipóstases e de uma só natureza. Essa doutrina foi solenemente definida pelo Concílio de Constantinopla (381).

Santo Tomás tem familiaridade com este termo e o utiliza como sinônimo quer de pessoa, quer de substância individual. No primeiro caso, diz que *hypostasis* quer significar "um indivíduo de natureza racional (*sumitur pro individuo rationalis naturae*)" (I, q. 29, a. 2, ad 1; cf. *C. G.*, IV, cc. 38 e 39; *De Pot.*, q. 9, a. 1, ad 2). No segundo caso, explica que "é conveniente, portanto, dar aos indivíduos do gênero substância um nome especial: nós os chamamos de *hipóstases* ou *substâncias primeiras*" (I, q. 29, a. 1; cf. I, q. 39, a. 1, ad 3; q. 75, a. 4, ad 2; *C. G.*, IV, cc. 38 e 41; *De Pot.*, q. 8, a. 3).

[Tradução: M. Couto]

História/Historicidade

Estes dois termos possuem como referencial comum o decorrer temporal dos acontecimentos humanos, mas não são sinônimos, porque a história se refere ao aspecto objetivo, ao passo que a historicidade se refere muito mais ao aspecto subjetivo: a história é o conjunto inteiro dos acontecimentos em que o homem é o ator principal; enquanto a historicidade é a condição própria do homem de encontrar-se sujeito ao tempo não só no que concerne ao seu ser (coisa que tem em comum com todas as criaturas), mas também no seu pensar, na sua compreensão das coisas e, em geral, na sua cultura, com todos os elementos que a constituem (língua, costumes, técnicas, ideias, arte, filosofia, direito, religião etc.).

A história no sentido mencionado (conjunto de acontecimentos dos quais o ator principal é o homem) é um conceito excelentemente bíblico e cristão, ignorado pela filosofia grega, mesmo que como sequência de eventos o conceito já esteja presente nos historiadores gregos (Tucídides, Heródoto).

Em vez disso, a historicidade, entendida como tomada de consciência da espessura histórica da existência humana, é uma conquista recente. No mundo antigo, medieval e moderno, até Kant a história era vista *objetivamente* e se buscava distinguir nela os períodos, individuar as estruturas e sondar a fundo a origem e a meta do acontecer histórico. O sujeito de tal modo de pensar e de interpretar a história permanece, num certo sentido, fora da própria história: assume uma posição supra-histórica, da qual busca conceber e julgar a sucessão dos eventos; não reflete ainda sobre o condicionamento histórico de seu pensamento e da sua cultura. O próprio Vico, pai da filosofia da história, se move ainda dentro de uma perspectiva objetivista da história. A mudança na direção de uma compreensão subjetiva se registra com os idealistas, pelos quais o próprio Absoluto toma consciência de si no vir-a-ser histórico. Desde então a história se tornou um dos temas mais discutidos quer pelos filósofos, quer pelos teólogos. A tendência mais difundida hoje é servir-se da historicidade como cavalo de Troia para rechaçar qualquer certeza absoluta em todos os campos: da filosofia como da moral, da metafísica como da religião, incluída a própria teologia. A historicidade para muita gente tornou-se o famoso *panta rei os potamòs* de Heráclito: um tema decisivo na base do pensamento fraco e do niilismo.

Nos tempos de Santo Tomás a história e a historicidade não eram examinadas nem pelos filósofos nem pelos teólogos. E assim não podemos encontrar nos escritos do Doutor

Angélico um tratado explícito desses temas. Todavia, se prestarmos atenção, do conjunto do seu pensamento não é difícil extrair preciosos ensinamentos quer sobre o significado da história, quer sobre a importância da dimensão histórica do ser humano.

1. A dimensão histórica

A dimensão histórica (*historicidade*) encontra amplo reconhecimento no pensamento de Santo Tomás, que vê o homem marcado pela história em todos os níveis do seu ser: nível físico, gnoseológico, ético e teleológico.

a) Em *nível físico* a historicidade do homem é evidenciada pelo seu nascimento, pelo crescimento e, principalmente, pela morte. O homem é fatalmente um ser sujeito ao tempo, inexoravelmente ligado à história, que dispõe somente de um decurso limitado de anos (cinquenta, cem, ou pouco mais, no máximo) e depois é tolhido da cena da história e tragado pela morte (cf. MORTE).

b) Em *nível gnoseológico*, segundo Santo Tomás, o homem não nasce (como queriam Platão e Agostinho) com seu patrimônio de verdades eternas, mas deve conquistar o conhecimento de qualquer verdade com seu cérebro. E as verdades últimas, as que contam mais (Deus, a alma, o bem supremo), conseguem adquiri-las somente poucos, com grande fadiga, depois de um longo tempo e com a mistura de muitos erros (I, q. 1, a. 1). Numa carta ao abade de Montecassino, Santo Tomás escreve: "Sendo o homem sujeito à mudança e ao tempo, caracterizado por um 'antes' e um 'depois', ele conhece as coisas progressivamente". Nosso conhecimento procede por abstração, dos dados sensíveis ele ascende ao universal, e procede do imperfeito ao perfeito (I, q. 16, a. 7, ad 2). O condicionamento histórico do conhecer não o condena contudo, segundo Santo Tomás, ao historicismo. Ele afirma explicitamente que "o intelecto está acima do tempo, que se entende como o número do movimento das coisas corporais (*intellectus est supra tempus quod est numerus motus corporalium rerum*)" (I, q. 85, a. 4, ad 1), e isso porque "a alma humana, em razão de sua perfeição, não é forma imersa na matéria corporal, nem totalmente absorvida por ela (*anima non est forma in materia corporali immersa, vel ab ea totaliter comprehensa, propter suam perfectionem*)" (I, q. 76, a. 1, ad 4). Isso significa que o homem com a sua inteligência está em condições de resistir para além do tempo e da história, portanto de tomar consciência da sua historicidade e da historicidade dos seus próprios conhecimentos, de ver e reconhecer seus limites, e buscar, um pouco de cada vez, superá-los. O homem permanece profundamente livre de todos os determinismos que provenham de sua inserção no mundo, no tempo e numa determinada cultura e numa sociedade particular (cf. *C. G.*, III, cc. 72-73).

c) No *nível ético* — No campo moral o homem, quer como indivíduo, quer como ser social, está profundamente ligado à história. Para a aquisição das virtudes morais ele precisa de muito tempo e de uma severa disciplina (I-II, q. 95, a. 1; I-II, q. 99, a. 2). Na existência humana há, pois, eventos históricos que têm um peso decisivo no que diz respeito quer às relações do homem com Deus, quer às relações entre os próprios homens. Tais são principalmente os eventos da queda de Adão, pela qual todos os homens pecaram, e da paixão e morte de Cristo, pelas quais todos os homens foram redimidos e reconciliados com Deus.

d) No *nível teleológico* — A teleologia é o motor de toda existência: "*Omne agens habet aliquam intentionem et desiderium finis*" (*I Sent.*, d. 35, q. 1, a. 1). Todo ser é movido e guiado em cada ato seu por alguma finalidade. Aquilo que distingue o homem de todos os outros seres vivos e não vivos é que ele é patrão da própria teleologia; enquanto os outros seres agem por fins impostos pela sua natureza, o homem tem, ao contrário, o privilégio de escolher, ele mesmo, as motivações, os fins do próprio agir (*De Ver.*, q. 20, a. 4). Sob o domínio da liberdade, a teleologia, no homem, adquire logicamente uma espessura histórica: não é a teleologia natural, naturalística e mecanicista dos outros seres. Contudo, também na realidade humana está inscrita uma teleologia de fundo que tem uma trajetória meta-histórica, tendo em Deus quer o ponto de partida, quer o ponto de chegada. "Porque Deus é princípio e fim de todas as coisas, ele tem com as criaturas uma dupla relação: aquela segundo a qual todas as coisas chegam ao ser por sua causa, e aquela segundo a qual todas as coisas se dirigem a ele como fim último. Esta última relação (a teleológica) nas criaturas irracionais se realiza de modo diverso com respeito às criaturas racionais: nas primeiras se realiza mediante a semelhança; nas segundas mediante o conhecimento da essência divina mais do que mediante a semelhança" (ibid.). Segundo Santo Tomás, toda criatura vive na nostalgia das próprias origens (*In Div. Nom.*, c. I, lect. 3, n. 95), e isso vale para as criaturas irracionais como para as racionais. Cada coisa tende a tornar-se semelhante a Deus, porque deseja tornar-se mais perfeitamente si própria em Deus (*C. G.*, III, c. 19). Cada coisa anseia por voltar para onde já não se sente estrangeira, ao abrigo da hostilidade do nada que a envolve por toda parte. Por isso todo existente se encaminha para o próprio Princípio Final, que constitui a sua pátria (cf. PÁTRIA). Mas, para o homem, o retorno à pátria beata é coisa muito empenhadora: primeiro deve atravessar a selva escura e perigosa da história.

2. O sentido da história

Compreender o sentido da história é para a razão uma das coisas mais árduas, talvez impossíveis. É já difícil para a razão apreender com certeza o sentido da história individual, o sentido da existência pessoal, e os que conseguem chegar são poucos e sempre com alguma perplexidade (cf. I, q. 1, a. 1). Tanto mais árduo é o empreendimento de entender o sentido da história como caminho de toda a humanidade. Esse é um daqueles problemas diante dos quais a razão se descobre impotente e invoca o socorro da Revelação. Somente a Revelação nos assegura de que há um sentido para a história: o sentido que o próprio Deus escreveu nela, causa agente principal de todo o decorrer da história. O sentido profundo é a realização do Reino de Deus neste mundo: um reino que já plantou raízes seguras com Cristo e sua Igreja, mas que se expande penosamente e atingirá a plenitude somente no final dos tempos.

Esse sentido da história foi exposto com grande genialidade por Santo Agostinho no *De civitate Dei*. Nessa obra imortal ele mostra que graças à Escritura todas as grandes épocas da história — o passado, o presente e o futuro — adquiriram um sentido luminoso. O passado, tão cheio de males físicos e morais, de guerras e de ódio, é explicado pela Revelação com a queda original. O presente, que vive no embate entre as duas Cidades, a de Deus (a Igreja) e a dos homens (os impérios políticos), é todo iluminado pela luz do redentor, Jesus Cristo, única via de salvação para toda a humanidade: "Fora desta via que jamais faltou ao gênero humano, nem antes quando estes fatos eram esperados como futuros, nem depois quando se revelaram como passados, ninguém foi libertado, ninguém é libertado, ninguém será libertado" (*De civ. Dei*, X, 32, 2). Enfim, também o futuro da humanidade é iluminado pela Revelação, a qual nos faz conhecer que o futuro tem um ponto de chegada, que a estrada do tempo terá um termo: então ocorrerá a segunda vinda do Messias, o qual, então, não virá mais em veste de salvador, mas de juiz, para administrar a justiça e conceder aos bons a paz que buscaram em vão neste mundo: "Nossa paz é aqui, com Deus, mediante a fé e, eternamente, com ele mediante a visão" (*De civ. Dei*, XIX, 27).

Santo Tomás, embora discorde de Santo Agostinho em tantas outras questões, assume plenamente para si a concepção agostiniana da história. Também para o Doutor Angélico como para o de Hipona, Cristo é aquele que dá sentido à história: mais ainda, é ele próprio o sentido da história. Santo Tomás vê na Encarnação a realização daquilo que é dito figurativamente no Eclesiastes (1,7): "Todos os rios desembocam no mar (na fonte) e de lá correm sem cessar novamente". O Doutor Angélico aplica genialmente essa passagem à Encarnação do Verbo. Os rios da divina generosidade se recompõem em Cristo (nele e por ele retornam à fonte) para retroceder copiosamente enriquecidos, para a humanidade. "O lugar de onde surgem os rios é Deus [...]. Estes rios nas criaturas se encontram cindidos e divididos, no homem todos confluem, se recompõem e se reencontram como reunidos", mas o percurso permanece tortuoso e incerto. Todo o grande rio entra no leito seguro que conduz ao oceano divino graças à ação poderosa do Redentor (*III Sent.*, Prol.).

Assim, para o Doutor Angélico, Jesus Cristo não é somente o chefe da humanidade, mas também o príncipe, o senhor da história.

[Tradução: M. Couto]

Homem

É um ser complexo, dotado de inteligência e de livre iniciativa, graças às quais consegue distanciar-se do ambiente que o circunda, objetivando-o, instrumentalizando-o e dominando-o.

Desde sempre a filosofia abordou o homem como tema de seus estudos e pesquisas. Contudo, enquanto a filosofia clássica tratou o homem somente do ponto de vista da razão, a filosofia cristã estudou-o também do ponto de vista da fé. Por sua vez, a teologia considerou-o, principalmente, à luz da Palavra de Deus.

A reflexão filosófica e teológica de Santo Tomás sobre o homem está contida principalmente nas duas *Sumas* e no *Comentário às Sentenças*; mas não podem ser desconsiderados o *De anima*, comentário à obra homônima de Aristóteles, nem as *Quaestiones disputatae De Anima, De Malo, De Veritate, De Potentia, De Virtutibus*, nas quais a problemática antropológica se apresenta de modo muito relevante e significativo. A preocupação do Angélico pelo homem é constante. Ao voltar sua atenção para Deus e para Jesus Cristo, jamais desconsidera o homem: este é sempre o ponto de partida ou o de chegada de toda sua pesquisa. Ao realizar uma investigação metafísica pela chamada *via resolutionis*, ele parte, num movimento ascensional, do homem e chega a Deus; já quando reflete teologicamente, percorrendo a *via compositionis*, desce de Deus em direção ao homem. Santo Tomás teve uma visão do homem mais plena, completa e integral do que qualquer outro estudioso que o precedeu ou sucedeu, quer entre pensadores cristãos, quer entre os não cristãos: pode-se dizer que tudo o que pertence ao homem (alma e corpo, sentimentos, paixões, instintos, faculdades, vícios, virtudes, aspirações, alienações, necessidades, capacidades naturais e dons sobrenaturais) é valorizado e levado em consideração pelo Doutor Angélico. O homem é por ele estimado não somente na dimensão espiritual, que é certamente a mais importante, mas também na dimensão somática, tida como menos essencial ao homem; e isso não somente na esfera interior e privada, mas também naquela exterior, pública e social. O título de *humanista* não é exclusivo de pensadores leigos, pertencendo também por direito a pensadores cristãos, principalmente a Santo Tomás. "Na verdade, Santo Tomás merece este título por mais razões, tais como, particularmente: a afirmação da *dignidade da natureza humana*, tão nítida no Doutor Angélico; sua concepção do *restabelecimento e elevação do homem* a um nível superior de grandeza acontecido por força da Encarnação do Verbo; a exata formulação do *caráter perfectivo da graça*, princípio-chave para a compreensão do mundo e da ética dos valores humanos, tão bem desenvolvida na *Suma*; a importância atribuída pelo Angélico à *razão humana*, tendo em vista o conhecimento da verdade e o tratamento de questões morais e ético-sociais" (João Paulo II, *Aos participantes do IX Congresso Tomístico Internacional*, 29 de setembro de 1990).

De sua antropologia, tão rica e profunda, ainda mais por ela compreender tanto a filosofia quanto a teologia, não poderemos aqui expor senão algumas linhas essenciais. Obviamente, nos deteremos principalmente nas questões mais importantes e originais.

1. O homem na sua estrutura essencial

Santo Tomás examinou com o máximo empenho todos os problemas fundamentais da antropologia filosófica (O que é o homem? Quais são suas operações específicas? Qual a sua origem e o seu fim último? Que relação a alma mantém para com o corpo? O que permanece do corpo do homem depois de sua morte? Como o homem se encontra relacionado a Deus e a seus próprios semelhantes?), dando-lhes uma solução herdada apenas em parte da filosofia clássica e cristã. Mais rigorosamente, diante de alguns problemas, o Doutor de Aquino se utilizou de algumas soluções tradicionais, enquanto, em outros casos, ele apresentou soluções novas, de grande genialidade. Mesmo que venham afirmadas como argumentações originais, suas respostas aos problemas da liberdade, da imortalidade da alma, do primado do intelecto sobre a vontade são substancialmente tradicionais. Por outro lado, não são de nenhum modo tradicionais as soluções que ele propõe ao problema da pessoa e àquele das relações entre corpo e alma.

A principal novidade da antropologia de Santo Tomás diz respeito às relações entre corpo e alma. Sobre essa questão, seus contemporâneos e todos os filósofos e teólogos cristãos que o precederam, seguiram Platão — que identificara o homem à alma —, considerando acidental a união da alma com o corpo. Santo Agostinho, por exemplo, definira o homem como "uma alma racional que se serve de um corpo mortal". Na lógica de tal concepção das relações entre alma e corpo, o problema da imortalidade da alma já se encontrava resolvido de partida, não apresentando nenhuma dificuldade.

Apesar de cômoda, a solução platônica e agostiniana era, para Santo Tomás, muito discutível, pois contrastava com a própria experiência, que de nenhum modo parece se conformar àquela autonomia da alma em relação ao corpo afirmada por Platão. Com efeito, a experiência mais imediata nos diz que o homem é um corpo animado, e não o contrário.

Na sequela de Aristóteles, Santo Tomás ensina que o homem é composto de dois elementos essenciais, a alma e o corpo, relacionados um ao outro como forma e matéria: a alma cumprindo o papel de forma; o corpo, de matéria. Ele recusa categoricamente a tese platônica de que a alma intelectiva não se une ao corpo como a forma se une à matéria, mas tão somente como o motor ao móvel, dizendo que a alma está para o corpo "como o comandante para o navio". A esse respeito, o argumento mais decisivo de Santo Tomás parte do fato de que, no homem, existem atividades que não procedem exclusivamente do corpo ou da alma, mas de ambos, tratando-se, por excelência, de atividades psicofísicas. De fato, "ainda que a alma tenha alguma operação própria da qual o corpo não participa, como a intelecção, há, não obstante, algumas operações comuns a ela e ao corpo, como temer, irar-se, sentir etc. Ora, essas operações realizam-se segundo alguma mudança de determinada parte do corpo, donde se depreende que as operações da alma e do corpo são conjuntas. Logo, é necessário que da alma e do corpo se faça um todo uno, e que não sejam diversos quanto ao ser" (*C. G.*, II, c. 57), e isso porque a unidade no operar exige e pressupõe a unidade no ser.

A adesão à teoria hilemórfica de Aristóteles custou a Tomás acerbas lutas durante toda sua vida, tanto com o ambiente eclesiástico quanto com aquele secular. Naquele tempo, seguir Aristóteles significava praticamente negar a imortalidade da alma, pois esta era a interpretação que o grande comentador Averróis havia dado aos escritos aristotélicos. Porém Santo Tomás não se conformou em aceitar passivamente a versão averroísta de Aristóteles, preferindo verificar diretamente na fonte o estado efetivo da questão. Após ler e comentar quase todas as obras do Estagirita, ele saiu com a convicção de que a interpretação de Averróis era possível, mas não necessária. Se, por um lado, era verdade que Aristóteles não fora suficientemente claro, por outro, considerado o conjunto de seus escritos, não era lícito concluir, como pretendia Averróis, que ele negasse a imortalidade da alma individual. Em todo caso, restava o fato de que, se permanecesse entrincheirado em posições aristotélicas, Santo Tomás não poderia ter dado a este gravíssimo problema uma solução plenamente satisfatória, pois, se houvesse interpretado o homem apenas em chave hilemórfica, ele não teria sido capaz de compreender como a alma poderia continuar a existir mesmo depois da morte do corpo, dado o fato de que a forma não poderia existir senão na matéria que lhe fosse própria. Tomás, então, ultrapassa Aristóteles e põe em marcha a sua intuição fundamental, pedra de toque de toda a sua metafísica: a noção de *actus essendi*, considerada perfeição radical, pois perfeição de todas as perfeições (*perfectio omnium perfectionum*) e ato de todos os atos (*actualitas omnium actuum*). Como justamente observou Heidegger, Aristóteles se esquecera do ser, passando exclusivamente a se preocupar com a substância. Para explicar o devir das substâncias corpóreas, Aristóteles se viu na necessidade de admitir que sua essência era composta de dois elementos: matéria e forma. A corrupção das coisas materiais se dava pela intrínseca fragilidade do nexo que mantinha unidas a matéria e a forma. Santo Tomás retoma de Aristóteles a doutrina do hilemorfismo, fazendo da matéria e da forma a essência dos seres corpóreos, compreendido o homem. Isso, porém, sem se esquecer de que o ente não é constituído apenas de essência, mas da essência e do *actus essendi*, sendo este último o elemento de maior importância. Concentrando sua investigação antes no ato de ser do que na essência, o Doutor de Aquino consegue dar ao problema da relação entre alma e corpo e àquele da imortalidade uma solução sem dúvida alguma mais satisfatória do que aquela do Estagirita.

Alma e corpo, ensina Tomás, mantêm com o ser uma relação diversa daquela que comumente se apresenta entre matéria e forma (e, por isso, essas categorias somente podem ser aplicadas ao homem analogicamente). Em geral, matéria e forma possuem o ser somente no composto, no sínolo: nem a matéria nem a forma possuem o ser separadamente, mas somente juntas. O ser pertence à substância material. Assim, por exemplo, o bronze, por si só, sem nenhuma forma determinada, não possui o ser, assim como a esfera tampouco o possui. Tão somente juntos, como esfera de bronze, são dotados de ser. Contudo, no caso da alma e do corpo, as coisas se dão diversamente em razão da incomensurável superioridade da alma em relação ao corpo. Superioridade atestada por algumas atividades especificamente espirituais propriamente exclusivas da alma, tais como julgar, raciocinar, refletir, escolher livremente etc. Posto isso, o ser pertence antes de tudo à alma. Ele é propriedade da alma. De fato, "aquilo que possui operar próprio (*per se*) igualmente possui por conta própria o ser e a subsistência; enquanto aquilo que não possui operação própria tampouco possui seu próprio ser" (*In I De An.*, lect. 2, n. 20). "Tendo um ser independente da matéria, como atesta seu operar, a alma não recebe o ser da matéria; ao contrário, é o composto que recebe o ser da alma" (*In II Sent.*, d. 19, q. 1, a. 1, ad 3). Contudo, mesmo dotada de um *actus essendi* próprio, a alma necessita do auxílio do corpo para realizar suas atividades, tornando-o, assim, partícipe do próprio ato de ser. Desse modo, o Doutor de Aquino explicita de modo egrégio e original a unidade profunda e substancial que se estabelece entre alma e corpo, a qual se deve rigorosamente ao fato de ser único o ato de ser do homem e no homem. O mesmo ato de ser que, por prioridade ontológica, diz respeito à alma confere ao corpo atualidade: "O ser que por si mesmo pertence à alma torna-se igualmente o ser do composto; pois o ser do composto não é outra coisa senão o ser da sua forma" (*I Sent.*, d. 8, q. 5, a. 2, ad 2).

Concedendo à alma um ato próprio de ser, Santo Tomás estabelece igualmente as premissas para uma solução positiva do problema tão árduo e debatido da imortalidade da alma, ou seja, de sua sobrevivência após a morte do corpo. Com efeito, se, no profundo de seu ser, a alma não depende do corpo, as vicissitudes do corpo, em particular sua morte e corrupção, não podem comprometer sua existência. Eis como o Doutor de Aquino desenvolve na *Suma Teológica* esse argumento: "É necessário dizer que a alma humana, que chamamos de princípio intelectivo, é incorruptível. Ora, uma coisa se corrompe de duas maneiras: por si (*per se*) ou por acidente (*per accidens*). É impossível ao que é subsistente ser gerado ou corromper-se por acidente, isto é, por algo gerado ou corrompido. Assim compete a uma coisa ser gerada ou corrompida, como também o ser, o qual se recebe por geração e se perde por corrupção. Por isso aquilo que tem o ser por si não pode ser gerado ou corrompido senão por si. As coisas que não subsistem, como os acidentes e as formas materiais, são feitas ou se corrompem pela geração e corrupção do composto. Acima foi demonstrado que [...] a alma humana não pode se corromper a não ser que se corrompesse por si. Que isso aconteça é absolutamente impossível, não só para alma humana, como também para todo subsistente que é só forma" (I, q. 75, a. 6). Como se vê, ao solucionar o problema das relações entre alma e corpo, Tomás permanece aristotélico até certo ponto. Ele chega a afirmar que a união da alma e do corpo é de tal modo íntima que pode ser interpretada mediante as categorias de matéria e forma, mas, em seguida, abandona e supera Aristóteles (inclusive a ambiguidade da sua doutrina sobre a imortalidade da alma): ao enxertar as categorias de matéria e forma no ser, compreendido como perfeição e princípio de atualização, portanto, como fundamento de todo ser em ato e de toda perfeição, e ao adequá-las às exigências do caso específico da alma, considerada uma substância completa por si mesma porque dotada de um ato de ser próprio e, portanto, em condições de permanecer no ser mesmo depois de separada do corpo.

Ao investigar as condições ontológicas da alma, Santo Tomás passou também a colocar em questão o conceito fundamental de *pessoa*, previamente utilizado por Agostinho na discussão do Mistério Trinitário, e que recebera de Boécio uma definição exata, sem, no entanto, deixar de conservar um caráter antes essencialista do que existencial. Com efeito, Boécio compreende a pessoa como substância que se diferencia de outras substâncias porque dotada de racionalidade: "*Rationalis naturae individua substantia* [Substância individual de natureza racional]" (*Contra Eutichen et Nestorium*, c. 4). Santo Tomás leva a perfeição da pessoalidade a um nível mais elevado, para além daquele da substância, situando-a no âmbito da subsistência. Nesse sentido, qualquer subsistente na ordem racional ou intelectual é pessoa: "*Omne quod subsistit in intellectuali vel rationali natura, habet rationem personae*" ["Tudo que subsiste em uma natureza intelectual ou racional tem razão de pessoa". Trad. Odilão Moura. (N. do T.)] (*C. G.*, IV, c. 35, n. 3725). A pessoa é uma perfeição altíssima, a máxima das perfeições que se encontram no universo: "*Persona significat id quod est perfectissimum in tota natura, scilicet subsistens in natura rationali* [Pessoa significa o que há de mais perfeito em toda natureza, a saber, o que subsiste em uma natureza racional. (N. do T.)]" (I, q. 29, a. 3). Para Santo Tomás, pessoa é o homem, singular e concreto, em toda sua riqueza e complexidade, unicidade e inimitabilidade. A pessoa, como totalidade de seu ser individual, compreende os seguintes elementos: a matéria (o corpo), a forma substancial (a alma), as formas acidentais (todas as várias faculdades, sejam sensitivas, sejam intelectivas) e o ato de ser (o *actus essendi*). O elemento formal constitutivo da pessoa é dado por este último, pois o ato de ser é a perfeição máxima, é o que confere atualidade à substância e a todas as suas determinações. Por isso, "a personalidade pertence necessariamente à dignidade e perfeição de alguma coisa na medida em que pertence à sua dignidade e perfeição o existir por si, que é o que se entende pelo nome de pessoa" (III, q. 2, a. 2, ad 2). O ato de ser confere à pessoa a propriedade da incomunicabilidade: "*de ratione personae est quod sit incommunicabilis* [é da razão de pessoa ser incomunicável]" (I, q. 30, a. 4, ob. 2). Graças ao *actus essendi*, a realidade humana se torna em si mesma completa, ontologicamente fechada. A pessoa, esclarece Santo Tomás, goza de tríplice incomunicabilidade: "a da parte, pois, sendo um ser completo, o indivíduo que é pessoa não pode se comunicar com as outras coisas como parte; a do universal, porque a pessoa é um ser subsistente, não podendo se comunicar ao modo do universal em relação aos indivíduos singulares; enfim, a da capacidade de ser assumida, pois aquilo que é assumido passa à pessoalidade de quem assume, não havendo mais pessoalidade própria" (*III Sent.*, d. 5, q. 2, a. 1, ad 2). Pela incomunicabilidade, a pessoa claramente se distingue tanto da essência quanto da natureza. De fato, "o conceito de pessoa assinala um subsistente distinto, que compreende tudo o que há nessa realidade, enquanto a 'natureza' compreende somente os elementos essenciais" (ibid., d. 5, q. 1, a. 3, sol.). Obviamente, quando Tomás fala de incomunicabilidade da pessoa, ele não se refere à comunicação verbal, afetiva, espiritual, mas simplesmente à comunicação ontológica, àquilo de que nenhuma pessoa pode se privar, a saber, o próprio *actus essendi*. É o ato de ser que é incomunicável. Porém tal incomunicabilidade ontológica constitui o pressuposto de qualquer outra comunicação. A pessoa é sempre uma realidade espiritual *in toto* (anjos e Deus) ou em parte (o homem), e ser espírito significa ter aptidão máxima para entrar em comunicação com os outros. Por esse motivo, a definição ontológica de pessoa proposta por Santo Tomás não exclui definições mais modernas (e menos profundas), como aquelas dialógicas e psicológicas.

Tendo definido quem é o homem, Santo Tomás já pode encontrar respostas adequadas a duas outras questões fundamentais: a) o que o homem pode conhecer e quais são suas faculdades cognoscitivas?; b) o que o homem pode e deve fazer? As soluções que ele oferece a essas duas questões, objeto de apaixonadas discussões desde os tempos de Sócrates e dos Sofistas, encontram-se perfeitamente de acordo com sua concepção antropológica, que, como se viu, é substancialmente aristotélica. Com efeito, tanto na gnoseologia como na ética, o Doutor de Aquino assume para si a doutrina de Aristóteles, porém sem reproduzi-la literalmente. As inovações de Santo Tomás são notáveis e profundas, principalmente, no que concerne à segunda questão: o que o homem pode e deve fazer.

No campo cognoscitivo (*gnoseologia*), a grande inovação de Santo Tomás foi a de abandonar a célebre doutrina da *iluminação* — que foi utilizada por seus contemporâneos para explicar em chave platônico-agostiniana o conhecimento "das verdades eternas" (os primeiros princípios, os juízos necessários, as ideias transcendentais) —, substituindo-a pela doutrina aristotélica da *abstração*. Tratou-se certamente de uma operação muito ousada, pois a doutrina da abstração era considerada por muitas pessoas dessacralizante, antirreligiosa e pagã. Na verdade, esta era uma das razões pelas quais Aristóteles havia sido repetidamente proscrito pela universidade de Paris e por outras escolas filosóficas e teológicas da França, da Itália e da Inglaterra. Tomás, grande conhecedor e comentador de Aristóteles, não tardou em perceber que, no âmbito estritamente teórico, a doutrina da abstração era muito mais sólida do que aquela da iluminação. Por esse motivo, tornou-se ferrenho defensor de Aristóteles contra todos os ataques feitos por pensadores de orientação agostiniana de seu tempo. Não se trata aqui de uma inovação de pequena importância, pois, como nota Gilson, "ao eliminar toda e qualquer colaboração *especial* exercida por um agente externo à produção do conhecimento da alma humana, Santo Tomás eliminava simultaneamente o *Dator formarum* de Avicena e um importante aspecto do Deus iluminador de Agostinho [...]. Este fato é um dos maiores acontecimentos filosóficos de todo o medievo ocidental" (GILSON, E., "Pourquoi saint Thomas a critiqué saint Augustin", in: *Archives d'histoire doctrinale et littéraire du Moyen Âge*, vol. I, 1926-1927, p. 120). A posição de Santo Tomás a favor da teoria da abstração se encontra já claramente delineada no *Comentários às Sentenças*, que, como sabemos, é sua primeira obra. Na opinião do Doutor de Aquino, todo o conhecimento humano tem sua origem e se desenvolve a partir dos dados dos sentidos: sem os "fantasmas", isto é, sem as imagens da fantasia, não se podem originar nem conceitos nem juízos nem hipóteses científicas: "Na vida presente, como disse o Filósofo em *De anima* III, c. 30, a alma nada conhece sem os fantasmas, não apenas no momento em que adquire uma ciência, mas ainda quando considera as coisas que já conhece: pois os fantasmas estão para o intelecto como os dados sensíveis para o sentido" (*III Sent.*, d. 31, q. 2, a. 4). Para Santo Tomás, esse modo de conhecer condiz perfeitamente à natureza humana por duas razões. Em primeiro lugar, porque, entre as naturezas dotadas de intelecto, a do homem ocupa o degrau mais baixo e, por essa razão, possui um intelecto que se encontra em condições de possibilidade em relação a todas as ideias, ao mesmo tempo que a matéria prima se encontra em estado de possibilidade (potencialidade) em relação a todas as formas sensíveis. E, assim, para passar da potência ao ato, o intelecto deve, antes de tudo, receber as imagens das coisas, o que se dá mediante os sentidos e a fantasia. Em segundo lugar, pois a alma é forma do corpo, sendo, portanto, oportuno que a sua operação seja uma operação de todo o homem, compreendido o corpo. Contudo, esse fato concorre a tal operação não na qualidade de instrumento, mas antes de objeto, visto que fornece ao intelecto os fantasmas da imaginação. A essas duas razões, Tomás acrescenta uma terceira na *Suma Teológica*: a insustentabilidade intrínseca seja da teoria de Platão, segundo a qual as ideias se encontram inatas em nossa mente, seja da teoria agostiniana, segundo a qual as "verdades eternas" nos são comunicadas por iluminação. Tais posições são insustentáveis, "Primeiro, porque se a alma tem um conhecimento natural de todas as coisas, não parece possível que chegasse a esquecer esse conhecimento a ponto de ignorar que tenha tal ciência. Ninguém esquece o que conhece naturalmente; por exemplo, que o todo é maior que a parte, e coisas do mesmo gênero [...]. Segundo, a falsidade dessa opinião aparece claramente, porque quando falta algum sentido, falta também o conhecimento das coisas que são apreendidas por aquele sentido. Assim, um cego de nascença não pode ter nenhuma notícia das cores, o que não aconteceria se a alma tivesse naturalmente inatas as razões de todos os inteligíveis" (I, q. 84, a. 3). Para explicar o processo abstrativo, Santo Tomás recorre à célebre distinção aristotélica entre intelecto agente (ativo) e paciente (passivo). O primeiro tem a função de iluminar os fantasmas e captar as ideias; enquanto o segundo as recebe e as conserva (I, q. 79, aa. 1-5). Santo Tomás distingue três classes de ideias obtidas mediante abstração: físicas, matemáticas e metafísicas. Tais ideias são constituídas por três processos diferentes de abstração: no primeiro caso, deixa-se de fora somente a matéria individual; no segundo, a matéria sensível, mas não aquela inteligível; no terceiro, exclui-se toda e qualquer matéria. As ideias transcendentais e, obviamente, a ideia de Deus são obtidas pelo terceiro modo de abstração. A divisão das ciências se baseia igualmente nos três tipos de abstração: ciências físicas, matemáticas e metafísicas (*In De Trin.*, lect. II, q. 1, a. 1).

Mediante o conhecimento intelectivo, o homem supera infinitamente a condição animal e entra no mundo do espírito. Mas ele está igualmente em condições de permanecer no mundo animal mediante o uso da vontade. Essa é a faculdade do desejar, do escolher, do fazer, que conduz o homem para além da esfera da contemplação, inserindo-o naquela da ação. Diversamente dos animais, que agem por instinto e, portanto, são determinados pela ação da própria natureza, o homem pode escolher, agir deliberadamente e se autodeterminar. É comum tachar Santo Tomás de intelectualista, mas essa é uma acusação injusta. Basta ver com quanto vigor ele afirma a absoluta excelência da liberdade — atividade em que confluem tanto o intelecto como a vontade — para constatar que, de fato, ele não é um advogado do intelectualismo. Para o Doutor Angélico, o ato livre exige, antes de tudo, que se conheça aquilo que se deve fazer, o que implica um exame atento da ação que se pretende cumprir ou do objeto que se quer alcançar, pois é assim que normalmente procedemos. Se, por exemplo, vem-nos em mente a aquisição de uma enciclopédia, antes de tudo informamo-nos sobre o que ela é, se é boa, quanto custa etc. Adquiridas informações suficientes, avaliamos os prós e contras: se vale a pena ou não adquirir aquela enciclopédia. Mas mesmo uma avaliação positiva não implica *ipso facto* o cumprimento da ação ou a escolha do objeto, pois pode ser que ainda se trate de uma avaliação abstrata, a qual não nos interessa nesse determinado momento. Para que a ação se siga ao juízo é necessário que este seja prático e não simplesmente especulativo: isto é, deve se tratar de uma aquisição oportuna para nós nesse exato momento. Se o juízo assume tais características, então se emite o ato de volição. Portanto, o ato livre, consumado com a eleição, é um ato complexo que resulta de um diálogo entre o intelecto e a vontade. Com efeito, na eleição ou escolha "concorre algo da parte da potência cognoscitiva e algo da parte da potência apetitiva. Da parte da cognoscitiva requer-se o conselho pelo qual se julga o que deve ser preferido; da parte da apetitiva requer-se que, ao desejar, aceite o que o conselho (*consilium*) julga. Por isso, no livro VI da *Ética*, Aristóteles deixa em dúvida se a escolha pertence à potência apetitiva ou à cognoscitiva. Diz, com efeito, que a escolha é 'ou um intelecto que deseja, ou um desejo que julga'. Mas, no livro III da *Ética*, inclina-se mais para o segundo sentido" (I, q. 83, a. 3). Evidenciando a perplexidade de Aristóteles, Santo Tomás mostra que o ato livre, mesmo dependendo essencialmente do intelecto, concerne substancialmente à vontade: "o ato pelo qual a vontade tende para o que lhe é proposto como bem, visto que é ordenado para o fim pela razão, materialmente é da vontade, formalmente da razão. Em tal caso, a substância do ato refere-se materialmente à ordem que lhe é imposta pela potência superior. Donde a eleição substancialmente não ser ato da razão, mas da vontade, pois ela termina no movimento da alma para o bem que escolheu. Logo, é evidente que a eleição é ato da potência apetitiva" (I-II, q. 13, a. 1).

Conforme a análise perspicaz de Santo Tomás, o ato livre é assaz complexo e dinâmico, não se reduzindo de nenhum modo àquele estado de indiferença diante de alternativas opostas, como sustentavam alguns autores medievais e modernos. Ao contrário disso, o ato livre consiste na escolha responsável (*electio*) de uma das várias alternativas após um ponderado exame de todos os prós e contras (*deliberatio et judicium*). Mesmo sendo obtida mediante o concurso de duas faculdades, o intelecto e a vontade, a eleição constitui um ato único, uma única realidade. Com efeito, segundo a fina matização do Doutor de Aquino, podem-se distinguir nesse ato único um elemento substancial (material) e outro formal (específico): o primeiro pertence à vontade; o segundo ao intelecto. O ato livre tem sempre o homem como autor. Mesmo quando ajudado por outros atores, o homem permanece autor, pois ele não é nem um ser absoluto nem um ser isolado, mas essencialmente sociável. Sobre esse ponto, o Doutor Angélico é categórico. Na *Suma Teológica* (I, qq. 105-106) e no *De Veritate* (q. 22, aa. 8-9) ele demonstra que nem Deus nem os demônios nem os astros nem nenhum outro ser, mas a própria pessoa, é a causa do ato livre que ela cumpre. Não se pode voltar atrás nessa questão, assim como não se pode negar a afirmação de que o livre-arbítrio é um dom do homem. Indubitavelmente, um dom muito singular, único em todo o imenso universo da natureza. Somente o homem o possui, enquanto todas as outras coisas deste mundo estão privadas dele.

Situado no mundo do espírito por meio das faculdades do intelecto e da vontade, o homem é *capax infiniti* (II-II, q. 24, a. 7). Obviamente ele é infinito (isto é, sem confins espaçotemporais) somente em potência, não em ato. Toda a vida humana é um esforço incessante por traduzir em realidade essa imensa potencialidade, esforço gigantesco destinado miseravelmente ao fracasso, uma vez que, após o pecado original, o homem se encontra em uma situação de profunda alienação. Como observou Santo Agostinho e admite Santo Tomás, o homem é dotado de livre-arbítrio, e não de liberdade. Desse modo, o homem não pode alcançar a plena realização de si mesmo — e, com isso, chegar à perfeita felicidade — somente a partir de suas estruturas essenciais, por mais maravilhosas e ricas que sejam. Tal escopo, não obstante, foi-lhe tornado acessível pela bondade e misericórdia de Deus graças à obra de Jesus Cristo. Depois de ter delineado um quadro completo (que compreende igualmente um estudo detalhado e fascinante das paixões, das virtudes e dos vícios, do escopo da vida humana, da lei natural e da lei positiva) da antropologia filosófica à luz da revelação cristã, é o momento de Santo Tomás apresentar a imagem do homem novo, segundo as linhas da antropologia teológica.

2. O homem na história da salvação

Ao estudo do homem em suas estruturas essenciais, Santo Tomás, na *Suma Teológica*, faz seguir imediatamente o estudo sobre o homem no curso da história da salvação a partir de três grandes fases e suas respectivas condições: condição privilegiada, no paraíso terrestre; condição de afastamento de Deus, após o pecado; condição de reconciliação mediante a graça. Trata-se de uma vastíssima investigação que compreende as três últimas questões da *Prima Pars*, além da *Secunda Pars* em sua totalidade. Quanto à *Tertia*, a esta será reservado o estudo de Cristo, como Salvador, e dos Sacramentos, como meios de salvação. Esse modo de articular a antropologia sobrenatural foi objeto de críticas e de reservas por muitos teólogos contemporâneos, que pensam ser, no mínimo, ilógico pospor a abordagem do mistério de Cristo àquela da graça e das virtudes sobrenaturais (fé, esperança, caridade), das quais ele é a única fonte. Mas as críticas são injustificadas se se considera que a abordagem do Angélico não segue a ordem genético-histórica, mas aquela sistemático-metafísica, razão pela qual ele desenvolve aqui e acolá um discurso completo, filosófico-teológico, acerca do objeto em discussão. Por exemplo, quando ele fala sobre Deus na *Prima Pars*, trata dessa temática até exaustão, estudando Deus em todos os seus aspectos: Unidade e Trindade, perfeições e atributos, ações *ad intra* e *ad extra* (criação). Do mesmo modo ele procede para com o homem (últimas questões da *Prima* e toda a *Secunda*) e, na *Tertia*, para com Cristo. Segundo a perspectiva tomística, a ordem do tratado sobre a graça e da cristologia é perfeitamente lógico, articulando-se, como se sabe, em dois momentos: aquele do *exitus* das criaturas a partir de Deus, que se conclui com a criação do homem; e aquele do *reditus* que, partindo do homem, termina em Deus pela mediação de Cristo.

A condição do homem anterior ao pecado, isto é, quando sua natureza era ainda íntegra (*status naturae integrae*), é atentamente estudada pelo Angélico nas questões 91-102 da *Prima Pars*. A importante questão 93, que compreende nove artigos, é reservada ao estudo da semelhança do homem com Deus, a *imago Dei*, traço fundamental da antropologia cristã a respeito do qual sejam os Padres gregos como os latinos tanto insistiram. De acordo com a tradição, Santo Tomás reserva a qualidade de *imago* apenas à alma, de modo mais preciso, à mente, reservando ao corpo o título de vestígio: "Embora em todas as criaturas haja alguma semelhança de Deus, somente na criatura dotada de razão a semelhança de Deus se encontra a modo de imagem; nas outras criaturas ela se encontra a modo de vestígio. Ora, aquilo pelo que a criatura dotada de razão transcende as outras criaturas é o intelecto ou a mente. Donde resulta que, na criatura racional, a imagem de Deus se realiza apenas segundo a mente; nas outras partes, se essa criatura racional as possui, se verifica uma semelhança a modo de vestígio, como também nas outras coisas às quais se assemelha relativamente a essas partes" (I, q. 93, a. 6). Tomás distingue três níveis de semelhança, assinalando o nível máximo a todos os homens, justos ou pecadores: "Visto que é em virtude de sua natureza intelectual que se diz ser o homem à imagem de Deus, ele o é principalmente na medida em que a natureza intelectual pode imitá-lo ao máximo. Ora, a natureza intelectual imita Deus ao máximo, naquilo em que Deus se conhece e se ama. Por conseguinte, a imagem de Deus no homem poderá ser vista de três maneiras. Primeiramente, enquanto o homem tem uma aptidão natural para conhecer e amar a Deus, aptidão que reside na natureza da alma espiritual, comum a todos os homens. Segundo, enquanto o homem conhece e ama atual ou habitualmente a Deus, embora de maneira imperfeita. Trata-se então da imagem por conformidade de graça. Terceiro, enquanto o homem conhece e ama a Deus atual e perfeitamente. Tem-se então a imagem segundo a semelhança da glória. Por isso: […] A primeira dessas imagens encontra-se em todos os homens, a segunda nos justos, e a terceira somente entre os bem-aventurados" (I, q. 93, a. 4).

Adão e Eva, no paraíso terrestre, gozavam de privilégios especiais, particularmente de uma extraordinária sabedoria e de um elevado nível de santidade. Adão recebeu de Deus a ciência de todas as coisas necessárias para a vida: a ciência não apenas daquilo que se pode saber por via natural, mas também do que excede o conhecimento natural e que é necessário para chegar ao fim sobrenatural (I, q. 94, a. 3). Tão grande era a santidade de Adão que ela se destacava entre todas as virtudes: "O homem no estado de inocência possuía, de uma maneira ou de outra, todas as virtudes. […] Foi dito acima que era tal a retidão do primeiro estado que a razão estava submetida a Deus e as potências inferiores à razão. Ora, as virtudes não são mais que perfeições pelas quais a razão se ordena a Deus e as potências inferiores se dispõem segundo a regra da razão […]. Por conseguinte, a retidão do estado primitivo (*primi status*) exigia que o homem tivesse, de uma maneira ou de outra, todas as virtudes" (I, q. 95, a. 3).

Com o *pecado* — que, para Tomás, é essencialmente um ato de desordem, "*peccatum proprie nominat actum inordinatum* [o pecado propriamente designa o ato desordenado]" (I-II, q. 71, a. 1), e, especificamente, um distanciamento do sumo bem, que é Deus, concomitante a um voltar-se para os bens mutáveis, "*inordinata conversio ad commutabile bonum* [voltar-se desordenado para um bem mutável]" (I-II, q. 84, a. 1) —, Adão (o homem) não somente foi privado dos dons preternaturais, mas teve sua própria natureza modificada: do estado de natureza íntegra passou ao *status naturae corruptae*. Não se tratou, assim, de um acontecimento que prejudicou apenas ao culpado (Adão), mas, ao modificá-lo em sua própria condição (*status naturae corruptae*), derivou em consequências funestas e desastrosas para todos seus descendentes, que passaram necessariamente a encontrar-se em estado de corrupção e de pecado. O pecado original, que acompanha todos os descendentes de Adão, é como um novo hábito (*habitus*) que os inclina antes ao mal do que ao bem: "Neste sentido, o pecado original é um hábito. Com efeito, ele é uma certa disposição desordenada, provinda da ruptura da harmonia na qual consistia a razão de justiça original, do mesmo modo que a doença é uma disposição desregulada do corpo, a qual destrói o equilíbrio na qual consiste a razão de saúde. Por isso se diz que o pecado original é a 'languidez da natureza'" (I-II, q. 82, a. 1). Ao distanciar-se da tradição agostiniana que atribuía o pecado original à concupiscência, Santo Tomás o atribui à desordem da vontade. De fato, argumenta o Doutor de Aquino, "toda ordem da justiça original consiste em que a vontade humana era submissa a Deus. Esta submissão era, antes de tudo e principalmente, pela vontade porque é a ela que pertence mover para o seu fim todas as outras partes da alma. Assim, foi pelo afastamento da vontade de Deus (*ex aversione a Deo*) que se seguiu a desordem em todas as outras potências. Portanto, a privação desta justiça pela qual a vontade se submetia a Deus é o formal no pecado original. Toda outra desordem das potências da alma apresenta-se neste pecado como algo material. O que constitui a desordem das outras potências da alma é principalmente o fato de elas estarem voltadas desordenadamente para um bem mutável. Esta desordem pode ser chamada pelo nome comum de concupiscência" (ibid., a. 3). O pecado original é uma condição permanente (mais exatamente, um *status*) de afastamento de Deus e, por isso, uma condição permanente de pecado. No entanto, ao contrário de Agostinho, que na dura polêmica contra Pelágio sustentara que, em tal condição, o homem não estaria mais em condições de cumprir nenhuma ação moralmente boa e que as virtudes dos pagãos não passariam de vícios mascarados, Santo Tomás não considera tal condição como de uma inevitável pecaminosidade, pois, pela razão, o homem ainda pode conhecer o que é verdadeiro (I-II, q. 109, a. 1) e cumprir voluntariamente algumas ações boas: "o pecado não corrompeu totalmente a natureza humana a ponto de privá-la de todo bem que lhe é natural. Assim, mesmo neste estado de corrupção o homem pode ainda fazer, por sua potência natural, algum bem particular, como construir casas, plantar vinhas, e outros trabalhos do mesmo gênero. Mas ele não é capaz de realizar em sua totalidade o bem que lhe é conatural, sem alguma falha. Ele parece um enfermo que pode ainda executar sozinho alguns movimentos, mas não pode mover-se perfeitamente como alguém em boa saúde, enquanto não obtiver a cura com a ajuda da medicina" (ibid., a. 2).

Ao contrário do que destacam alguns estudiosos, a doutrina tomasiana do pecado, considerada em sua essência e em todas as suas expressões, não tem nada de fatalista, de fisicista ou de coisista. Antes, sua doutrina é formulada com as categorias do que há de melhor no personalismo. O pecado é apresentado como ruptura da relação do homem com Deus, em que as relações de correspondência, de amor e de obediência se transformam em relações de aversão, de ódio e de desobediência. Como medida e fim último de nossa vida, o pecado leva ao afastamento de Deus (*aversio a Deo*). O homem passa a contar exclusivamente com suas forças, aprisiona-se em si mesmo, fecha-se e se torna escravo do pecado do seguinte modo: cismando ser senhor, torna-se escravo de si mesmo. Todas aquelas energias que se nutrem do fim último, isto é, de Deus, para o qual o ser humano se encontra naturalmente inclinado e chamado, encontram-se agora desorientadas e se voltam para a própria pessoa, o novo Deus. Uma vez que o homem entra nessa situação, ele já não tem escapatória. Não podendo agir senão em vista de um fim último, um espírito que se afastou de Deus terminará por substituí-lo. É esta, rigorosamente, a medida de sua escravidão. No entanto, um espírito que já não se submete a Deus perde também o poder sobre outras forças humanas que, na condição originária, obedeciam espontaneamente a suas ordens. Agora, porém, elas se tornam independentes do poder da razão e seguem suas tendências (ibid., a. 8). Os sentidos se rebelam e somente com grande esforço a razão pode dominá-los. Essa desordem profunda é a pena necessária do pecado. Como manifestação empírica, ela se exprime no sofrimento. O Doutor de Aquino caracteriza a pena pelo pecado nos seguintes termos: "A principal pena do pecado original é que a natureza humana se encontra abandonada a si mesma (*natura humana sibi relinquitur*)" (I-II, q. 87, a. 7). Tal abandono é, ao mesmo tempo, consequência profunda e real do pecado, mas também pena que Deus inflige. O pecado reside no fato de que o homem refuta o amor e a graça daquele Deus que o chama a viver em comunhão com ele. Tendo seu amor refutado, Deus já não "perturba" o ser humano e o abandona à sua própria sorte. Deixado a sós, o homem se afunda cada vez mais.

Em virtude da desagregação radical causada pelo pecado em seu ser, o homem se vê impossibilitado de retomar a reta via por conta própria. Eis, então, que Deus vem em seu socorro enviando ao mundo seu único Filho, a fim de que o homem alcance plena realização e, assim, chegue à felicidade (bem-aventurança eterna). Jesus Cristo liberta o homem do pecado, isto é, da *aversio a Deo*, reconciliando-o com Deus e elevando-o a uma nova condição de vida, isto é, ao *status naturae risanatae*. Nesse estado, a *imago Dei*, que por causa do pecado fora enfraquecida e deturpada, mas não destruída, é novamente refeita e fortificada. Ela é, assim, elevada àquele segundo nível pelo qual pode conhecer e amar Deus de maneira atual, tornando igualmente possível chegar ao terceiro nível, no qual conhecerá e amará a Deus de modo perfeito. O efeito do restabelecimento da *imago* operado por Cristo é formulado (como já antes em Santo Agostinho) por meio da doutrina da graça santificante.

À luz da linguagem das Escrituras, a graça é, principalmente, definida como *lex nova*: "*Principaliter lex nova est ipsa gratia Spiritus Sancti, quae datur Christi fidelibus* [Principalmente a lei nova é a própria graça do Espírito Santo, que é dada aos fiéis de Cristo]" (I-II, q. 106, a. 1). Mas, em seguida, ao aprofundar a questão em âmbito filosófico, Tomás recorre à linguagem aristotélica, definindo a graça como *forma* ou *qualidade*. A graça seria, assim, uma nova forma ou qualidade que se torna, na alma, fonte de seu agir sobrenatural. Ela não seria simplesmente um impulso divino que nos leva a agir, permanecendo fora de nós, mas, antes, uma realidade posta por Deus dentro de nosso ser, transformando-o. Como prova, Santo Tomás faz uma analogia com o que acontece na ordem natural. De fato, na ordem das "criaturas naturais, Deus provê não só movendo-as aos atos naturais, mas também dando-lhes formas e virtudes que são princípios dos atos e assim por si mesmas se inclinam a esses movimentos. E assim, os impulsos que estas criaturas recebem de Deus tornam-se-lhes conaturais e fáceis, segundo a palavra da Sabedoria: 'Ele dispôs tudo suavemente'. Portanto, com mais razão infunde naqueles que move para conseguir o bem sobrenatural eterno, formas e qualidades sobrenaturais (*formas vel qualitates supernaturales*) que lhes permitem receber sua moção divina, suave e prontamente, para a conquista do bem eterno. E é assim que o dom da graça é uma qualidade" (I-II, q. 110, a. 2). A graça incide não apenas em um hábito ou faculdade da alma, mas diretamente em sua essência, fazendo com que esta participe da natureza divina: "como a graça é anterior à virtude, é preciso que seu sujeito seja anterior às potências, isto é, seja a própria essência da alma. E do mesmo modo que pela potência intelectual o homem participa do conhecimento divino pela virtude da fé, e que pela potência da virtude ele participa do amor divino pela caridade, assim pela natureza de sua alma, ele participa, com uma certa semelhança, da natureza divina por uma espécie de geração ou de criação novas" (ibid., a. 4).

Para explicar o que acontece no plano sobrenatural, Santo Tomás toma como modelo aquele natural. Ora, sabendo muito bem que, no plano natural, o homem não possui apenas uma forma substancial — a alma — mas também outras faculdades (as faculdades espirituais são três: memória, inteligência e vontade), o Doutor de Aquino analogamente considera necessário, no plano sobrenatural, dotar a alma não apenas de uma nova forma — a graça — mas também de três faculdades: fé, esperança e caridade, as quais incidem imediatamente nas três potências naturais, transformando-as e elevando-as de modo que as capacita a realizarem atos segundo a natureza divina, da qual a alma passa a participar por meio da graça. A *aversio a Deo* se torna, assim, radicalmente extirpada, ao passo que a *conversio ad Deum* começa a se realizar, embora não seja ainda definitiva. Para Santo Tomás, a participação na vida divina não é uma simples metáfora, mas estupenda realidade. Embora não diretamente ("face a face"), mas de modo especular, por meio da fé, da esperança e da caridade, quem foi regenerado por Cristo e professa a *nova lex* conhece Deus, possui-o e o ama, assim como Deus conhece, possui e ama a si mesmo (I-II, q. 110, a. 3). Devemos repetir aqui, a propósito da doutrina tomasiana da graça, aquilo que já observamos em referência à sua doutrina do pecado. Longe de compreender o mistério da graça segundo esquemas fisicalistas, extrinsecistas e coisistas, como alguns que lhe reprovam, o Doutor de Aquino o interpreta em sentido particularmente personalista. A graça atinge todo o ser do homem de modo real e profundo, tocando-o de tal maneira que o seu próprio agir se vê radicalmente transformado: mediante a *conversio ad Deum* e sua geração para a vida divina, ele entra novamente em relações de diálogo, de obediência, de amor e de piedade filial para com Deus. Relações novas com Deus exigem novas relações para com o próximo, que, por sua vez, se tornam relações de confiança, de diálogo, de solidariedade, de amor. O amor a Deus e ao próximo é expressão concreta da *nova lex* que Cristo deixou à humanidade. Assim se fecha o círculo do amor: o amor que partira de Deus para reconduzir o homem a si mesmo, regenerando-o em uma vida nova, retorna a Deus pelo homem, o qual, doravante, por participar da vida divina, pode amar a Deus como ele ama a si mesmo.

Seja no âmbito filosófico, seja naquele teológico, conseguimos traçar aqui apenas um esboço do pensamento de Santo Tomás sobre o homem, o que, porém, é já suficiente para estimarmos sua enorme riqueza. A tríplice condição — íntegra, corrupta e regenerada — que Santo Tomás nos oferece como figura do homem é uma das mais lúcidas e completas que já foram pensadas. É óbvio que a antropologia do Doutor Angélico não é perfeita, a exemplo de sua reduzida atenção às dimensões cultural e histórica do homem. Mas, ao menos nas intenções, a antropologia de Tomás é revestida de um *humanismo integral* que o distancia de todo reducionismo do homem, seja em âmbito somático (contra os platônicos), seja naquele espiritual (contra os materialistas). Seu humanismo, ademais, é otimista, pois confia no destino do homem. A propósito, Santo Tomás jamais partilharia daquelas visões angustiadas sobre o destino do homem defendidas por um ou outro teólogo protestante e pela maior parte dos existencialistas. Seu conceito sobre o homem é positivo; sabe que Deus jamais o abandona, acompanhando-o sempre com seu amor sem jamais cessar de oferecer-lhe sua ajuda a fim de que possa chegar à salvação: "o homem, após ter caído em pecado, permanece apto para ser dirigido para o bem, enquanto perdurar o atual estado da sua vida. E os sinais disto verificam-se no desejo do bem e na dor pelo mal que permanecem no homem mesmo após o pecado [...]. Pela potência divina, o homem pode ser reintegrado no bem. E, assim, pelo auxílio da graça, pode conseguir a remissão dos pecados" (*C. G.*, III, c. 156).

[Tradução: M. Ponte]

Homicídio

É o delito de quem suprime a vida humana. "Não matarás" (Ex 20,13) é o mandamento divino que sanciona a intangibilidade natural de todo ser humano. Deus ofereceu à humanidade o criado, mas ninguém foi colocado como "patrão" da humanidade, porque todo ser deve permanecer livre para a sua relação com Deus. Quem viola a intangibilidade humana ofende Deus, porque todo ser humano é sagrado, ou seja, reservado a Deus, porque carrega sua imagem e deve a ele orientar a própria vida. Por isso Deus criador se torna vingador do sangue derramado (Gn 9,5 s.) e pedirá contas também do sangue do culpado (Gn 4,15). Entretanto, é particularmente o sague do inocente que grita a Deus vingança contra o assassino (Gn 4,10; Ez 24,7).

Santo Tomás fundamenta o conceito da sacralidade da vida em três razões: 1º, a vida é um dom de Deus; 2º, a liberdade se estende às coisas deste mundo, mas não à passagem desta vida à vida futura; 3º, cabe a Deus fixar o termo da nossa prova terrena (cf. II-II, q. 64, a. 5, e ad 3).

A sacralidade da vida, assim bem argumentada, não impede, porém, a Santo Tomás aprovar a *pena de morte*; esta, porém, é um direito reservado à autoridade pública e que nenhuma pessoa privada pode arrogar-se. "Foi dito que matar um malfeitor é permitido enquanto esse ato se ordena à salvaguarda da sociedade. Portanto, praticá-lo incumbe somente a quem está encarregado da conservação dessa comunidade, assim como amputar um membro gangrenado compete ao médico, a quem está confiado o cuidado da saúde do corpo inteiro. Ora, o encargo do bem-comum é função dos príncipes que detêm a autoridade pública. Portanto, somente a eles, e não a

pessoas privadas, é licito matar os malfeitores" (II-II, q. 64, a. 3).
(Cf. Eutanásia, Mandamento, Vida)
[Tradução: M. Couto]

Homossexualidade

É a atração sexual por indivíduos do mesmo sexo. É dita também *sodomia*. "(Peca-se contra a natureza) se se mantém relação com o sexo indevido, por exemplo, homem com homem, ou mulher com mulher [...] e se chama *sodomia*" (II-II, q. 154, a. 11).

A homossexualidade é condenada explicitamente quer pelo AT, quer pelo NT. O Levítico condena toda forma de homossexualidade e ameaça a pena mais grave contra todos os que a praticam: "Se um homem se deitar com um homem como se faz com uma mulher, serão ambos condenados à morte, pois fizeram uma coisa abominável: seu sangue recairá sobre eles" (Lv 20,13). No NT são numerosos os textos que se referem à punição do pecado de homossexualidade (Mt 10,15; 11,23-24; Lc 10,12; 17,29). Mas o texto clássico de condenação da homossexualidade é Rm 1,18-32. Ele condena igualmente tanto a forma masculina quanto a feminina. O juízo de São Paulo se abate especialmente sobre os ambientes que exaltavam a homossexualidade: "Eles trocaram a verdade de Deus pela mentira".

Segundo Santo Tomás, a homossexualidade é o mais grave pecado de luxúria, porque não somente repugna à reta razão, mas vai também contra a ordem da natureza. "Em qualquer situação, a pior corrupção é a do princípio, do qual tudo o mais depende. Ora, os princípios da razão são os naturais, pois a razão, pressupostos os princípios definidos pela natureza, dispõe o resto de maneira a mais conveniente. O mesmo se dá tanto na ordem especulativa como na prática. Por isso, assim como, na ordem especulativa, um erro em matéria que o homem naturalmente conhece é sumamente grave e vergonhoso, assim também, na ordem prática, é muito grave e vergonhoso agir contra o que está determinado pela natureza. Assim, pois, como pelos vícios contra a natureza o homem transgride o que a própria natureza estabeleceu quanto à prática dos atos sexuais, segue-se daí que em tal matéria esse pecado é gravíssimo" (II-II, q. 154, a. 12).
(Cf. Luxúria)
[Tradução: M. Couto]

Humildade

Como conceito moral-religioso, é a tradução de *humilitas*, que segundo seu significado fundamental significa *abaixamento*. *Humilis* (tradução do grego *tapeinos*) deriva de *humus* e significa "pertencente à terra", "próximo à terra", "baixo", "desprezível". *Humilitas* contém o conceito de *ignobilitas* e *infirmitas*, entendidos como miséria, fraqueza, ausência de glória e também modéstia.

Somente no cristianismo a humildade ganha a auréola de rainha de todas as virtudes morais: é mais importante e mais luminosa do que a prudência, a justiça, a fortaleza e a temperança. Certamente a humildade não era inteiramente desconhecida no mundo pagão. A antiguidade clássica conhecia uma certa humildade da criatura, temia os males excessivos da arrogância e exigia a virtude da *sofrosyne* (temperança); Sócrates ensinava a "lealdade consigo mesmo" e se atinha ao moto do oráculo de Delfos: "Reconhece que és um homem e não um Deus". Em geral, no entanto, a antiguidade exalta a soberba autonomia do homem, que conquista por si mesmo a virtude e a perfeição.

No AT fala-se com insistência da humildade da criatura. Deus eleva os humildes e abaixa os orgulhosos (1Sm 2,7; Pr 3,34; Is 2,11); ajuda quem se humilha, quem se converte e cumpre obras de penitência (Lv 16,29; Is 58,3-7; Sr 19,25 ss.). Nos Salmos é frequente o conceito da humildade como abandono total em Deus (Sl 10,17; 22,27; 25,9 etc.). O conceito de humildade sofre uma reviravolta decisiva no NT, quando é apresentada não mais somente como disposição espiritual da criatura, mas como comportamento que

Deus quer assumir por amor dos homens. É o próprio verbo de Deus que exercita a humildade de modo superlativo, absolutamente imprevisível e incompreensível para a inteligência humana, quando decide esvaziar a si mesmo da sua glória, do seu divino esplendor e revestir-se das misérias e das fraquezas da carne humana: "Jesus Cristo, que é de condição divina, não considerou como uma presa a agarrar o ser igual a Deus. Mas ele se despojou, tomando a condição de servo, tornando-se semelhante aos homens; e por seu aspecto, ele era reconhecido como um homem; ele se abaixou, tornando-se obediente até à morte, e morte sobre uma cruz" (Fl 2,6-8). Jesus quando se propõe como mestre o faz como mestre de humildade: "Quanto a mim, estou no meio de vós no lugar daquele que serve" (Lc 22,27). Assim, o maior deve ser o servidor de todos, segundo o exemplo do mestre: "o Filho do homem veio, não para ser servido, mas para servir e dar a vida em resgate pela multidão" (Mc 10,45). No seu ministério prefere os pobres, os oprimidos, os pequenos deste mundo, os humildes, os simples. Jesus coloca a humildade como condição fundamental para entrar no reino dos Céus (Mt 18,3). O cristão deve imitar a humildade de Jesus (Rm 12,3): esta não se realiza somente em relação a Deus mas também ao próximo. Também seus discípulos devem realizar reciprocamente o serviço do "humilde lava-pés" (Jo 13,14-17); para segui-lo eles devem libertar-se de todos os desejos egoístas, renegar a si mesmos e realizar em tudo a vontade de Deus.

À virtude da humildade, Santo Tomás dedica a questão 161 da *Segunda Seção da Segunda Parte da Suma Teológica*, na qual coloca seis quesitos: 1. A humildade é uma virtude? 2. Está no apetite ou no juízo da razão? 3. Deve-se, por humildade, estar sujeito a todos? 4. É parte da modéstia ou da temperança? 5. Quais as suas relações com as outras virtudes? 6. Quais os seus graus?

O Doutor Angélico coloca o tratado da humildade entre as virtudes que moderam as paixões da ira e que servem, portanto, para controlar o apetite irascível, que tem por objeto o bem árduo. Ora — nota Santo Tomás —, "relativamente ao bem árduo, duas virtudes são necessárias. Uma que tempere e refreie a alma, para que não aspire, imoderadamente, a coisas elevadas, e aí entra a humildade; outra, que fortaleça o espírito contra o desânimo e o incentive a desejar grandes feitos, segundo a reta razão, e aí aparece a magnanimidade" (II-II, q. 161, a. 1).

Em outra parte, Santo Tomás define mais rigorosamente a humildade do seguinte modo: "a virtude da humildade consiste em manter-se o homem abaixo dos seus limites, não se elevando acima de si, mas submetendo-se ao superior (*virtus humilitatis in hoc consistit ut aliquis infra suos terminos se contineat, ad ea quae supra se sunt, non se extendens, sed superiori se subiciat*)" (C. G., IV, c. 55, n. 3950a).

Santo Tomás observa que não é qualquer rebaixamento de si mesmo que constitui um ato de humildade. De fato, "Isso, porém, acontece, às vezes, só por sinais externos, por fingimento, constituindo a 'falsa humildade', cognominada por Agostinho de 'grande soberba', porque, na verdade, pretende uma glória superior. Outras vezes, contudo, esse rebaixamento se funda no íntimo do coração e, desse modo, temos a verdadeira virtude da humildade, posto que a virtude não está em coisas exteriores, mas, principalmente, na decisão interior do espírito" (II-II, q. 161, a. 1, ad 2). Para poder falar de humildade, não basta o simples reconhecimento racional dos próprios limites, mas é preciso também a firme vontade de não ultrapassá-los, reconhecendo-os conforme as próprias capacidades: "É função própria da humildade refrear-nos para que não nos elevemos a coisas superiores a nós. Para tanto, importa que conheçamos o que nos falta, em comparação com o que excede a nossa capacidade. É próprio, pois, da humildade, como norma e diretriz do apetite, conhecer as próprias deficiências. Mas é no apetite mesmo que ela, essencialmente, reside. Por isso, deve-se dizer que a humildade tem como função própria dirigir e moderar os movimentos do apetite" (ibid., a. 2). Daquilo que está em nós, o que é bem vem de Deus, aquilo que é defeito vem de nós mesmos; por isso, cada um, ao colocar-se em relação com o próximo quanto ao bem que tem de Deus e quanto ao mal que tem em si mesmo, deve ter um comportamento de humildade em relação a todos (ibid., a. 3).

Segundo Santo Tomás, a humildade detém o primado entre as virtudes morais, mas vem depois das virtudes teologais e também depois das virtudes intelectuais que informam a própria razão ordenadora dos atos humanos em geral e depois da própria justiça. De fato, "essa ordenação (dos atos humanos) é feita, de maneira universal, pela justiça, máxime a justiça legal. Ora, é a humildade que faz o homem bem submisso, em todas as coisas, à ordem, de maneira universal, ao passo que qualquer outra virtude o faz em relação a uma matéria particular. Portanto, depois das virtudes teologais, depois também das virtudes intelectuais que visam à própria razão, e depois da justiça, principalmente a legal, vem a humildade, superior às outras virtudes" (ibid., a. 5).

Jesus Cristo, que é modelo de toda virtude, o é de modo particular da humildade. Numa bela página da *Suma contra os Gentios* Santo Tomás ilustra assim a humildade de Cristo: "Embora não pertença a Cristo a virtude da humildade, segundo a natureza divina (porque Deus não tem ninguém sobre si, enquanto ele está sobre todos), no entanto, segundo a natureza humana ela lhe compete. E a sua humildade torna-se ainda mais louvável por causa da divindade, pois a dignidade da pessoa aumenta o louvor da sua humildade, como, por exemplo, quando é necessário a alguém muito importante suportar coisas insignificantes devido a alguma necessidade. Ora, não há maior dignidade para um homem do que ser Deus. Por isso, manifesta-se louvável ao extremo a humildade do homem-Deus, quando suportou as ignomínias recebidas, visando à salvação dos homens. Ora, por causa da soberba os homens haviam se tornado amantes da glória mundana. Por conseguinte, para que se transportassem os espíritos dos homens do amor da glória mundana para o amor da glória divina, quis Cristo suportar, não uma morte qualquer, mas uma morte muito abjeta. Com efeito, há os que embora não temam a morte, têm horror de uma morte abjeta. E foi para desprezar também a esta que o Senhor animou os homens com a sua morte. Embora os homens viessem a conhecer a humildade instruídos pelas palavras divinas, como opinava a décima oitava objeção, contudo, os atos provocam mais para a ação do que as palavras, e tanto mais eficazmente quanto é mais certa a ideia a respeito da bondade daquilo que se vai fazer. Por isso, embora houvesse muitos exemplos de humildade praticada pelos outros homens, contudo, foi ao máximo conveniente que eles fossem provocados para ela pelo exemplo do homem-Deus, pois sabe-se que ele não podia errar e, além disso, tanto mais é louvável a humildade de uma pessoa, quanto mais é ela elevada em majestade" (*C. G.*, IV, c. 55, n. 3950b-c a 3951).

Na *Suma Teológica* Santo Tomás esclarece que "Cristo nos recomendou, sobretudo, a humildade, porque ela é o grande meio para se remover o obstáculo à nossa salvação, que consiste na busca dos bens celestiais e espirituais, de que ficamos privados, quando nos enredamos em grandezas terrenas. Por isso, o Senhor, para eliminar esse impedimento à nossa salvação, mostrou, com exemplos de humildade, que é preciso desprezar a exaltação exterior. Assim, a humildade é como uma disposição para o livre acesso do homem aos bens espirituais e divinos" (II-II, q. 161, a. 5, ad 4).
(Cf. SOBERBA)
[Tradução: M. Couto]

Ideia

Em sentido genérico significa qualquer representação da mente. No desenvolvimento do pensamento ocidental a ideia foi objeto quer da especulação metafísica, quer da gnoseologia, porque representa a limpidez, a unidade e a estabilidade da esfera inteligível, com respeito à multiplicidade, mutação e relatividade do mundo sensível. Em Platão a ideia não é só fundamento do conhecimento conceitual, mas assume uma consistência ontológica a ponto de constituir um mundo arquétipo subsistente, do qual o mundo natural é cópia. Aristóteles nega categoricamente a teoria platônica, porque coloca uma duplicata inútil da realidade que não ajuda a resolver aqueles problemas metafísicos e gnoseológicos que pretende afrontar. A ideia, segundo Aristóteles, é o resultado da ação do intelecto humano, mais precisamente do intelecto agente, que mediante o processo abstrativo dá origem aos conceitos universais, ou seja, às ideias.

Santo Tomás faz um uso bastante restrito do termo ideia e só em poucos casos o adota como sinônimo de conceito. Geralmente ele o utiliza para falar dos objetos da mente divina, na medida em que funcionam como princípios na produção das coisas. Fundamentalmente o conceito de Santo Tomás corresponde ao conceito platônico de *ideia arquetípica*, de exemplar modelo das coisas. Só que Santo Tomás ao invés de uma realidade subsistente concebe a ideia como pensamento da mente divina. É o que emerge claramente dos seguintes textos: "Platão afirmava as ideias como princípios do conhecimento das coisas e de sua geração. A ideia que se afirma haver na mente divina se refere a uma e outra função. Como princípio formador das coisas, pode-se dizer que é *modelo* (*exemplar*); e ela se refere ao conhecimento prático. Como princípio do conhecimento, propriamente se diz *razão* (*ratio*); e pode até mesmo fazer parte da ciência especulativa. Por conseguinte, como modelo, a ideia se refere a tudo aquilo que Deus realiza em algum tempo; mas, como princípio de conhecimento, se refere a todas as coisas conhecidas em nenhum tempo; e a todas as coisas conhecidas por Deus segundo sua razão própria, mesmo àquelas conhecidas de maneira especulativa" (I, q. 15, a. 3). "É necessário dizer que existem ideias na mente divina. 'Ideia', em grego, é o que se diz em latim 'forma'. Por ideias, portanto, se entendem as formas de todas as coisas que existem fora das coisas mesmas. Ora, a forma de uma coisa qualquer, que existe fora dela, pode ter duas funções: ou é o modelo daquilo do qual ela se diz ser a forma, ou é o princípio de conhecimento de si mesma, no sentido de que as formas dos cognoscíveis estão naquele que conhece. Em qualquer dos dois sentidos é necessário afirmar que existem ideias" (ibid., a. 1).

Uma vez feitos esses esclarecimentos, Santo Tomás passa a explicar de que modo as ideias se encontram em Deus e como se identificam com sua própria essência. As ideias se distinguiriam da essência divina se fossem *id quo*, como no caso do conhecimento humano que recebe as ideias (conceitos) das coisas e delas se serve como instrumentos para representá-lo e conhecê-lo. Mas não é este o caso do conhecimento divino: ele não recebe as ideias das coisas, mas ao contrário produz as coisas à luz das suas ideias, que são, por isso, os objetos do seu conhecer e não os instrumentos. As ideias divinas são os objetos colhidos na própria essência como imitações desta. "Isso se pode ver da seguinte maneira.

Ele (Deus) conhece perfeitamente sua essência. Conhece-a, portanto, de todas as maneiras em que é cognoscível. Ora, ela pode ser conhecida não apenas como é em si mesma, mas também enquanto pode ser participada, segundo algum modo de semelhança, pelas criaturas. Cada criatura, porém, tem sua representação (*speciem*) própria, segundo a qual de algum modo participa da semelhança da essência divina. Assim, quando Deus conhece sua própria essência como imitável de maneira determinada por tal criatura, ele a conhece como sendo a razão própria e a ideia dessa criatura, como também das outras. E assim fica evidente que Deus conhece muitas razões próprias de muitas coisas, o que são muitas ideias" (ibid., a. 2). Em outras palavras: "Deve-se dizer que a sabedoria e a arte significam aquilo pelo qual Deus conhece; a ideia, o que Deus conhece. Ora, Deus, no uno, conhece o múltiplo, não apenas em si mesmo, mas também segundo é conhecido; e nisto consiste o conhecer as múltiplas razões das coisas. Por exemplo, o artífice quando conhece a forma material da casa, dizemos que conhece a casa; quando conhece a forma da casa como algo em sua mente, porque conhece que a conhece, dizemos que conhece a ideia ou a razão da casa. Ora, Deus não somente conhece as coisas em sua essência, como também conhece que conhece o múltiplo em sua essência. E isso significa: conhecer as múltiplas razões das coisas, ou, ainda, conhece haver em seu intelecto muitas ideias como conhecidas" (ibid., a. 2, ad 2).

As ideias são o próprio Deus, o Verbo eterno: o ato com o qual dizendo si mesmo diz simultaneamente todas as possíveis e reais participações de si. "Em Deus se encontra o exemplar do mundo e de todas as coisas que estão no mundo; o Verbo incriado é o espelho que nos guia na cognição de todas as criaturas, porque por meio dele o Pai revela a si mesmo e todas as coisas; o Verbo não é a similitude das coisas, mas as coisas são a imitação do Verbo" (*De Ver.*, q. 3, a. 1).

(Cf. Conceito, Conhecimento)
[Tradução: M. Couto]

Identidade (Princípio de)

É o princípio que indica uma relação de perfeita, total coincidência e igualdade que um objeto, uma coisa ou mesmo um conceito mantém consigo mesmo. Como princípio (dito, por isso, "princípio de identidade"), está na base quer do conhecer (portanto, da lógica), quer do ser (portanto, da metafísica). Sua enunciação mais comum é a seguinte: "O que é, é; o que não é, não é". Essa formulação remonta a Aristóteles, que nos *Tópicos* apresenta esse princípio como pressuposto fundamental de qualquer raciocínio e de toda demonstração lógica.

Santo Tomás não fala jamais explicitamente do princípio de identidade, mas o supõe quando trata do princípio de não contradição, uma vez que tal princípio não faz outra coisa senão explicitar a impossibilidade da negação do princípio de identidade. De fato, de uma coisa não se pode ao mesmo tempo dizer que é e que não é, porque é idêntica a si mesma e, portanto, com o próprio ser ou com o próprio não ser.

(Cf. Contradição)
[Tradução: M. Couto]

Idolatria

Do grego *eidolon* = ídolo, *latreia* = culto. Em seu significado literal indica o culto dos ídolos. Em sentido próprio, a idolatria é a atribuição do culto supremo, devido a Deus, a uma falsa divindade, à sua imagem, ao seu símbolo. Em sentido mais amplo se pode entender também hoje por identidade todo culto vicioso prestado às criaturas, enquanto o culto cabe exclusivamente a Deus.

Segundo Santo Tomás, a idolatria não é somente pecado, mas um dos pecados mais graves (*gravissimum peccatorum*) porque significa prestar o culto — reservado somente a Deus — a quem não se deve, isto é, a qualquer criatura (I-II, q. 102, a. 3, ad 11).

A idolatria pode assumir muitas formas. Aqui Santo Tomás tira bons frutos de suas leituras clássicas e patrísticas para tratar dos diversos modos como o culto idolátrico foi compreendido O *ídolo* de fato, ou seja, a representação da criatura divinizada, é algumas vezes considerada algo divino em si mesmo e é por isso objeto direto do culto; outras vezes, ao contrário, o culto é dirigido às criaturas assim representadas. Essas criaturas podem ser homens (heróis) divinizados; ou mesmo o mundo no seu conjunto, não tanto em razão da massa corpórea, mas de sua "alma" presente nas suas diversas partes, como o céu, o ar, a água etc., às quais se referem os nomes de muitas divindades antigas. Outros, enfim, junto ao sumo Deus, admitiam a existência de substâncias espirituais, divinas por participação, e além disso almas dos corpos celestes e dos demônios (II-II, q. 94, a. 1; cf. *C. G.*, III, c. 120).

Quanto às causas da idolatria, Santo Tomás enumera entre as principais algumas de índole psicológica: o afeto e a estima excessiva (*inordinatione affectus*) por alguém que se distinguiu e a quem são tributadas honras divinas; a beleza de algumas criaturas e, portanto, a admiração por imagens — estátuas, pinturas — muito belas e expressivas; a ignorância do verdadeiro Deus. Outra causa sublinhada por Santo Tomás é o influxo dos demônios: "Outra causa da idolatria é a consumativa, da parte dos demônios. Estes se apresentaram aos homens ignorantes em forma de ídolos, manifestando coisas extraordinárias, respondendo-lhes às perguntas" (II-II, q. 94, a. 4).

Assim como para a origem da virtude de religião, do mesmo modo para o vício oposto, a idolatria, contribuem dois fatores principais, um de caráter gnoseológico (a ignorância do verdadeiro Deus) e outro de caráter ético (disposições morais, frequentemente condicionadas por causas extrínsecas). Em todo caso, como a religião não é a fé, mas sim uma sua *protestatio per aliqua exteriora signa*, por outro lado a idolatria supersticiosa é *protestatio* da *infidelitas*.

A idolatria não pode ser considerada uma única religião: ela é diversa nos diferentes povos, visto que são diversos os deuses aos quais é prestado o culto (*In De Trin.*, lect. 1, q. 1, a. 3, ad 4).

(Cf. Fé, Religião)

[Tradução: M. Couto]

Ignorância

Ausência de conhecimento num sujeito capaz de conhecer.

Nesse sentido estrito, a ignorância não consiste na simples falta de um conhecimento não obrigatório (o que propriamente é *não saber*), se bem que na falta de um conhecimento obrigatório: "*Ignorantia est privatio scientiae quae debet haberi pro tempore illo* [A ignorância é privação da ciência que se deve ter em um tempo dado (N. do T.)]" (I, q. 101, a. 1, ad 2).

Já estudada por Aristóteles na *Ética* (III, 1, 1110b 8-1111a 21) em relação ao voluntário, a ignorância foi sempre objeto de acurada pesquisa por parte dos moralistas que se preocupam em apurar se, e em que medida, a ignorância pode invalidar o ato livre e portanto escusar do pecado.

Santo Tomás trata difusamente da ignorância em três obras: *De Malo* (q. 3, aa. 6-8), *Comentário à Ética* (III, lect. 3), *Suma Teológica* (I-II, q. 76), e estuda atentamente suas variadas formas, tratando-se de uma circunstância fundamental para estabelecer a voluntariedade e, portanto, a culpabilidade de uma ação.

Santo Tomás apresenta várias divisões da ignorância, assumindo como fundamento ora a própria ignorância, ora sua relação com a ação realizada. Considerando-a em si mesma, ele distingue a ignorância direta e indiretamente voluntária: "Chamo ignorância diretamente voluntária a que se dirige ao ato da vontade, e indiretamente voluntária, por negligência, por alguém não querer saber o que deve saber [...]" (I-II, q. 19, a. 6). Nem uma nem outra escusam do pecado, ao contrário da ignorância inteiramente involuntária: "Quando diretamente se quer ignorar para não ser pela ciência dissuadido do pecado, a ignorância não escusa o pecado nem no todo nem em parte, antes, o aumenta: porque é sinal de grande amor para com o pecado o querer sofrer um dano na ciência para poder pecar livremente. Quando, ao contrário, indiretamente se quer ignorar, descuidando de aprender, ou também quando por acaso se quer a ignorância, querendo direta ou indiretamente o que leva consigo a ignorância, esta não torna inteiramente involuntário o ato que deriva dele: porque o ato, procedendo da ignorância voluntária é, de algum modo, voluntário. Contudo, o voluntário é diminuído; porque o ato derivado da tal ignorância é menos voluntário do que aquele que se cometeria se cientemente e sem qualquer ignorância fosse escolhido um tal ato; por isso tal ignorância escusa o ato seguinte não no todo, mas em parte [...]. Se, enfim, a ignorância não é voluntária segundo algum desses modos previstos e não é acompanhada de nenhuma desordem da vontade, então torna inteiramente involuntário o ato que daí deriva" (*De Malo*, q. 3, a. 8). Concretamente, esclarece Santo Tomás, é ignorância culpável a que diz respeito a conhecimentos indispensáveis para o cumprimento dos próprios deveres. "Assim, todos são obrigados a saber, em geral, as verdades da fé e os preceitos universais da lei. E cada um em particular, o que diz respeito ao seu estado e sua função. Ao contrário, há coisas que não se é obrigado a saber, se bem que seja natural sabê-las, por exemplo, os teoremas da geometria, e exceto em certos casos, os acontecimentos contingentes." (I-II, q. 76, a. 2).

Em relação ao ato realizado, a ignorância pode assumir três formas: pode ser precedente, concomitante ou consequente. No primeiro caso se trata de uma ignorância involuntária, "a qual escusa totalmente do pecado, eliminando completamente a voluntariedade: não diminui o pecado, mas o exclui" (ibid., a. 4). Nos outros dois casos a ignorância é ou direta ou indiretamente voluntária e, por isso, como se viu, não escusa o pecado mas o agrava (quando é diretamente voluntária) ou o alivia (quando é indiretamente voluntária) (ibid.; *De Malo*, q. 3, a. 8). Em suma, e concluindo, "deve-se dizer que, na verdade, a ignorância intelectual precede, às vezes, a inclinação do apetite e lhe é causa. Assim, quanto maior a ignorância, tanto mais diminui o pecado ou até o escusa por inteiro, na medida em que é involuntário. Outras vezes, ao contrário, a ignorância da razão é posterior à inclinação do apetite e, nesse caso, quanto maior a ignorância, mais grave é o pecado, porque é sinal de mais forte inclinação do apetite" (II-II, q. 156, a. 3, ad 1).

(Cf. Ato, Hábito, Paixão, Virtude)

[Tradução: M. Couto]

Igreja

É a comunidade (em grego *ekklesia* significa exatamente assembleia) dos seguidores de Cristo. Tal comunidade foi concebida por ele como realização do Reino de Deus entre os homens e como continuação da sua obra de salvação. A Igreja recebeu do próprio Cristo a sua forma essencial: com um número bem definido de ritos (os sacramentos), com um núcleo claro de doutrinas (Evangelho) e com uma estrutura hierárquica rigorosa (tendo Pedro como chefe). Portanto, a Igreja é a continuação e o prolongamento da encarnação do Verbo, o seu *corpo místico*.

O estudo da Igreja (que tem início já no período patrístico, por obra especialmente dos Padres latinos: Ireneu, Tertuliano, Cipriano, Agostinho) está sempre sujeito e condicionado quer à mobilidade do objeto sobre o qual o teólogo é chamado a refletir, quer à mobilidade dos instrumentos linguísticos e epistêmicos que lhe são oferecidos pelo conhecimento e pela descrição do seu objeto. A Igreja, de fato, não é uma entidade abstrata ou estática, mas uma realidade concreta, dinâmica, viva, rica de acontecimentos históricos quer internos, quer externos a ela. Também os instrumentos epistêmicos e linguísticos à disposição do teólogo não são sempre os mesmos, mas mudam com o variar das situações culturais, políticas e sociais.

O contexto sociopolítico em que atua Santo Tomás é o da *civitas christiana*, uma sociedade (*civitas*) que assimilou profundamente os valores, os costumes, as leis, a linguagem do Evangelho; uma *civitas* que goza de uma profunda unidade, porque seus membros são cidadãos que professam a mesma fé, têm os mesmos costumes, as mesmas leis e também os mesmos governantes, que são dois: o imperador para os objetivos temporais (o bem-estar e a paz), e o papa para os objetivos espirituais (a salvação eterna). Os conflitos que às vezes perturbam essa *civitas* especialíssima são relativamente poucos, ainda que um tanto insidiosos. Em nível externo, a *civitas christiana* deve se guardar dos repetidos assaltos dos árabes, de fé muçulmana; internamente, deve defender-se de alguns movimentos heréticos (cátaros e albigenses em particular) e, ademais, enfrentar de vez em quando atritos compreensíveis que, por razões de prioridades no vértice da própria *civitas*, ocorrem entre o papa e o imperador.

O contexto cultural do século XIII se caracteriza pela "volta de Aristóteles no Ocidente": evento decisivo para o trabalho filosófico e teológico do Doutor Angélico, que recorre à filosofia aristotélica para dar uma nova expressão a todos os mistérios da Fé, inclusive o mistério da Igreja. Para ilustrar e exprimir os vários aspectos de tal mistério (graça, sacramentos, poderes, ofícios etc.), o Doutor Angélico adotará os conceitos de ato e potência, matéria e forma, as quatro causas, a distinção entre causa principal e instrumental etc. De tal modo ele confere à doutrina da Igreja um rigor de formulação, jamais recebido antes, que será aperfeiçoado no correr dos séculos, principalmente pelos discípulos de Santo Tomás.

1. O trabalho eclesiológico de Santo Tomás

Nas obras de Santo Tomás não se encontra nenhum tratado inteiramente dedicado à Igreja. Seus ensinamentos eclesiológicos são colocados na Questão VIII da *Terceira Parte da Suma Teológica*, no interior da cristologia. A Questão leva um título bastante eloquente: "A graça de Cristo como cabeça da Igreja".

Todavia, se bem que de modo fragmentário, "os princípios de uma teologia da Igreja estão certamente presentes em Santo Tomás" (Y. Congar). Para uma reconstrução completa do seu pensamento é necessário, no entanto, ter presentes todos os textos que mais ou menos diretamente dizem respeito à Igreja, em particular: *III Sent.*, d. 13; *C. G.*, IV, c. 76; *De Reg.*, l. III, c. 10; *De Ver.*, q. 29, a. 4; *C. err. Graec.*, pars altera, cc. 32-38; *Expos. in Symb.*, artigos 9 e 10; *In Ad Ephesios* I, lect. 8; IV, lect. 1-6; *In Ad Col.* I, lect. 5; II, lect. 4; *In Ad I Cor.* XII, lect. 3; *In Ad Hebr.* III, lect. 1; *In II Ad Tim.* II, lect. 3; *In Matth.* VIII, lect. 3; XIII, lect. 2; XVI, lect. 2; *In Ioan.* I, lect. 8, n. 190; lect. 15, n. 306; II, lect. 1, n. 388; lect. 3, n. 404; VI, lect. 7, n. 972; XIV, lect. 1, nn. 1852-1853.

Segundo os historiadores da teologia, a eclesiologia de Santo Tomás não contém fortes marcas de originalidade, suas linhas fundamentais são as mesmas que se encontram em todos os grandes Doutores do século XIII: Alberto Magno, Alexandre de Hales, Boaventura e outros. Por isso, ela tem valor emblemático: é representativa da autoconsciência eclesial que havia amadurecido no seio da Igreja Católica na fase culminante da *civitas christiana*.

2. A Igreja corpo místico de Cristo

A imagem na qual Santo Tomás se inspira continuamente (cf. *De Ver.*, q. 29, a. 4; *Expos. in Symb.*, a. 9; *In I Cor*, c. 11, lect. 1; III, q. 8, a. 1) para explicitar o mistério da Igreja é a do corpo: "*Ex comparatione cum corpore naturali*". "Como vemos que no homem há uma alma e um corpo (*una anima et unum corpus*) e, não obstante, há diversidade de membros, assim na Igreja Católica há um só corpo e muitos membros diversos. A alma que vivifica esse corpo é o Espírito Santo" (*Expos. in Symb.*, a. 9). O modelo somático em todas as suas partes (*corpus, caput, anima*) é tomado como uma similitude, uma metáfora (*secundum metaphoram*), mais precisamente como uma analogia metafórica (*per transumptionem*), isto é, baseada no papel, no comportamento, no modo de agir e não no próprio ser dos sujeitos aos quais é aplicado. Sobre esse ponto, Santo Tomás é bastante explícito: "*In spiritualibus caput dicitur per transumptionem a capite corporis naturalis*" (*De Ver.*, q. 29, a. 4). "*Nomen capitis diversimode secundum metaphoram diversis attribuitur*" (ibid.). "*Ecclesia dicitur unum corpus mysticum per similitudinem ad naturale corpus hominis*" (III, q. 8, a. 1).

Santo Tomás faz ver que *Cristo*, quer com respeito à sua natureza humana (*secundum humanam naturam*), quer com respeito ao seu ser completo (*Christus totus secundum utramque naturam*), é, propriamente falando, *cabeça da Igreja*. Posto que a cabeça goza de uma tríplice prioridade sobre as outras partes do corpo: de ordem (*ordinem*), de perfeição (*perfectionem*) e de poder (*virtutem*), Santo Tomás constrói assim a sua argumentação: "Estas três funções pertencem espiritualmente (*spiritualiter*) a Cristo. Em primeiro lugar, de acordo com a proximidade (*secundum propinquitatem*) de Deus, sua graça é mais elevada e anterior, embora não na ordem do tempo, porque todos os outros receberam a graça em relação com a graça de Cristo, conforme está na Carta aos Romanos (Rm 8,29): 'Aqueles que ele de antemão conheceu também os predestinou a serem conformes à imagem de seu Filho, a fim de que este seja o primogênito de uma multidão de irmãos'. Em segundo lugar, a graça de Cristo tem a perfeição quanto à plenitude de todas as graças, segundo diz João no seu Evangelho (Jo 1,14): 'Nós o vimos cheio de graça e verdade', como acima foi demonstrado. Em terceiro lugar, Cristo tem o poder (*virtutem*) de causar a graça em todos os membros da Igreja, segundo o mesmo João (Jo 1,16): 'De sua plenitude todos nós recebemos'. Fica clara, assim, a conveniência de se designar Cristo como cabeça da Igreja" (III, q. 8, a. 1). No texto paralelo (muito significativo e articulado) do *De Ver.*, Santo Tomás fala até mesmo de uma tríplice prioridade de Cristo com respeito à Igreja, mas a qualifica como prioridade de dignidade (*dignitatis*), de governo (*gubernator*) e de influxo (*influentiae*) (*De Ver.*, q. 29, a. 4).

Sucessivamente Santo Tomás esclarece que Cristo é cabeça de todos os homens, mesmo daqueles que pertencem à Igreja só potencialmente. De fato, há diversidade entre o pertencimento ao corpo físico e o pertencimento ao corpo místico (*corpus ecclesiae mysticum*): "A diferença entre corpo natural do homem e o corpo místico da Igreja reside em que os membros do corpo natural estão todos juntos ao mesmo tempo, os membros do corpo místico não estão todos ao mesmo tempo. Nem quanto a seu ser natural, porque o corpo da Igreja é constituído por homens que existiram desde o princípio do mundo e que existirão até o fim. Nem quanto ao ser da graça, porque, daqueles que existem ao mesmo tempo, alguns não possuem a graça que depois terão, outros já a possuem. Por conseguinte, não se entendem como membros do corpo místico apenas os que o são em ato, mas também os que o são em potência. Alguns, porém, são em potência, mas nunca serão em ato, outros serão em ato, em algum tempo, segundo o tríplice grau seguinte: primeiro, pela fé, segundo pela caridade do caminho, terceiro pela fruição da pátria" (III, q. 8, a. 3).

3. Origem da Igreja a partir da Paixão de Cristo

A origem última da Igreja, ou seja, a sua causa eficiente principal é a Trindade: "Como *agente principal* compete somente a Deus comunicar a graça aos membros da Igreja (*sicut principale agens... solius Dei est influere gratiam in membra Ecclesiae*)" (*De Ver.*, q. 29, a. 4). Por sua vez, a causa próxima é Jesus Cristo, porque nele "as ações da humanidade estavam de tal modo unidas à divindade, a ponto de fazer da humanidade quase um órgão da divindade" (ibid.). Mas, uma vez que a Igreja é constituída pela humanidade pecadora e redimida, ela é imediatamente fruto da redenção de Cristo, ou seja, da sua paixão e morte. "Foi do lado do Cristo adormecido sobre a cruz que jorraram os sacramentos, a saber, o sangue e a água, pelos quais a Igreja foi instituída" (I, q. 92, a. 3). "É preciso que a força salvífica provenha da divindade de Cristo pela sua humanidade até os sacramentos. A graça sacramental parece visar principalmente a dois fins: tirar as faltas dos pecados pretéritos (pois, se já passaram como atos, permanece a culpabilidade), e aperfeiçoar a alma no que respeita ao culto a Deus conforme a religião cristã. Contudo, do quanto foi dito antes (III, qq. 48-49), é evidente que Cristo nos libertou dos pecados principalmente por sua paixão, não só devido à eficácia e méritos da mesma, mas também a seu valor expiatório. Do mesmo modo, também por sua paixão iniciou o sistema ritual da religião cristã (a Igreja), 'oferecendo-se a si mesmo a Deus como oblação e vítima', como está na Carta aos Efésios (Ef 5,2). É, pois, evidente que a força dos sacramentos da Igreja provém especialmente da paixão de Cristo; a recepção dos sacramentos, por sua vez, como que nos põe em comunicação com a força da paixão de Cristo. Como sinal dessa conexão, do lado de Cristo pendente na cruz fluíram água e sangue: a água se refere ao batismo, o sangue à eucaristia, que são os principais sacramentos" (III, q. 62, a. 5). A Igreja, expansão da humanidade de Cristo, vive na medida em que se nutre do corpo e do sangue de Cristo. Os sacramentos da Igreja são os canais da graça de Cristo, que fluem da sua paixão. A Igreja tira sua existência, sua vida de Cristo e de Cristo recebe a contínua sustentação. "A graça foi recebida na alma de Cristo de modo supereminente. Assim, cabe-lhe comunicar a graça aos outros a partir da supereminência da graça que recebeu. Mas essa comunicação pertence à razão de cabeça. Logo, segundo sua essência, a graça pessoal, pela qual a alma de Cristo foi justificada, é a mesma graça, segundo a qual é cabeça da Igreja, justificando os outros embora haja uma distinção de razão" (III, q. 8, a. 5).

4. As notas da Igreja

Santo Tomás ilustra brevemente as notas da Igreja na *Expositio in Symbolum*, do seguinte modo: "A Igreja, porém, é *una* [...]. A unidade da Igreja é resultante de três causas. Primeiro, da unidade de fé. Todos os cristãos que estão no corpo da Igreja creem nas mesmas verdades [...]. Segundo, da unidade de esperança, porque todos firmam-se numa só esperança de alcançar a vida eterna [...]. Terceiro, da unidade de caridade, porque todos estão congregados, no amor de Deus, e, entre si, pelo mútuo amor [...]. A Igreja de Cristo é *Santa*. Por três motivos os fiéis são santificados na Igreja. Primeiro porque, assim como a Igreja é consagrada e materialmente lavada, os fiéis são também purificados pelo sangue de Cristo [...]. Segundo, devido à unção. Assim como a Igreja é ungida, os fiéis são também ungidos pela unção espiritual, para serem santificados. Se não tivessem sido ungidos, não poderiam ser chamados de cristãos, porque Cristo quer dizer ungido. Terceiro, devido à habitação da Trindade, porque onde quer que Deus habite, este lugar é santo [...]. Acerca da terceira característica (*nota*) da Igreja, devemos saber que ela é *católica*, isto é, universal, por três motivos: o primeiro, refere-se ao lugar, porque ela está espalhada por todo o mundo [...]. A Igreja é Universal, em segundo lugar, devido à condição dos homens que dela fazem parte, porque nenhum deles é rejeitado: nem senhor, nem servo, nem homem, nem mulher [...]. Finalmente, a Igreja é universal com relação ao tempo [...]. Esta Igreja começou no tempo de Abel e durará até o fim dos séculos [...]. Quanto à quarta característica, sabemos que a Igreja é firme (*firmitas*). Uma casa é chamada de firme (*firma*) quando, antes de tudo, está sobre bons alicerces. Ora, o principal fundamento da Igreja é Cristo, conforme afirmam [...] os apóstolos e a doutrina deles [...]. Eis por que também se diz que a Igreja é *apostólica*" (*Exp. In Symb.*, a. 9) [*Exposição sobre o Credo*, trad. D. Odilão Moura, pp. 75-76 (N. do T.)].

Além das quatro notas principais, a Igreja goza de muitas outras propriedades (por exemplo: visibilidade, hierarquia, sacramentalidade, pneumaticidade, infalibilidade). Entre estas, Santo Tomás enfatiza a infalibilidade. "A Igreja Católica não pode errar (*ecclesia universalis non potest errare*), governada que é pelo Espírito Santo, que é o Espírito de verdade. Isso o Senhor prometeu aos discípulos, dizendo-lhes no Evangelho de João: 'Quando ele, o Espírito da verdade, vier, vos ensinará toda a verdade' (Jo 16,13)" (II-II, q. 1, a. 9, sed. c.; cf. *Suppl.*, q. 25, a. 1).

5. As estruturas da Igreja

Para merecer efetivamente o título de *corpo* de Cristo, a Igreja deve assumir concreta e visivelmente a figura do corpo; isto é, tem necessidade de um conjunto de estruturas e de organismos visíveis como o corpo humano. Esse aparato estrutural é constituído pelos sacramentos, pelos ministérios (ofícios) e pela hierarquia. Santo Tomás, como um finíssimo especulador que é, não se contenta de descrever essas partes da eclesiologia, mas fornece sua justificação, mostrando como a Igreja exige efetivamente a estrutura sacramental, a estrutura ministerial e a estrutura hierárquica.

Antes de tudo a Igreja tem necessidade da *estrutura sacramental*. De fato, o homem não se torna membro do corpo místico de Cristo senão pela graça; mas a graça lhe é comunicada pelos sacramentos (cf. III, q. 62, a. 1). "Os sacramentos são necessários à salvação humana enquanto sinais sensíveis das realidades invisíveis, pelas quais o homem é santificado. Ora, depois do pecado ninguém pode ser santificado a não ser por Cristo, 'que Deus destinou' para autor da expiação 'por seu sangue, por meio da fé, para mostrar o que era a justiça, a fim de ser justo e de justificar aquele que vive da fé em Jesus Cristo'. Por isso, já antes da vinda de Cristo convinha que houvesse sinais sensíveis, pelos quais o homem professasse sua fé na vinda futura do Salvador. Tais sinais se chamam sacramentos" (III, q. 61, a. 3). Os sacramentos significam e causam a nossa união com Cristo ou libertando-nos do pecado ou comunicando e incrementando a sua graça: de tal modo são os principais instrumentos da nossa santificação. Todos os sacramentos — esclarece Santo Tomás — estão ordenados à nossa santificação quer esta seja entendida na sua causalidade eficiente (a paixão de Cristo) ou na causalidade formal (a graça), ou na causalidade final (a vida eterna) (III, q. 60, a. 3). Santo Tomás esclarece admiravelmente a natureza da causalidade sacramental, introduzindo-a na categoria da causalidade instrumental. Aos sacramentos não compete o papel de causas principais da nossa santificação (porque esse papel cabe a Jesus Cristo), mas nem mesmo simplesmente o papel de causas ocasionais ou de puros sinais: os sacramentos são *causas instrumentais* que transmitem aos membros do corpo de Cristo a graça de sua cabeça (III, q. 62, a. 1).

Em segundo lugar a Igreja tem necessidade de ofícios (ministérios) e, portanto, de estados diversos: "A diversidade dos estados e dos ofícios na Igreja se explica por três razões: primeiro, para a perfeição da própria Igreja. Na ordem natural, a perfeição, que em Deus se encontra de maneira absoluta e uniforme, não pode realizar-se nas criaturas senão de formas diversas e múltiplas. Assim também a plenitude da graça, que está unificada em Cristo como na cabeça, se reparte diversamente em seus membros, para que o corpo da Igreja seja perfeito. E, por isso, disse o Apóstolo: 'Ele a uns constituiu apóstolos, a outros profetas, a outros evangelistas, a outros pastores e doutores, para levar os santos à perfeição'. Segundo, para a realização das atividades necessárias à Igreja. Pois ações diversas hão de ser praticadas por pessoas diferentes, para que tudo se faça o melhor possível e sem confusão […]. Terceiro, porque essa diversidade é exigida pela dignidade e beleza da Igreja, que consiste numa ordem" (II-II, q. 183, a. 2). Assim é demonstrado que a Igreja tem necessidade, além da estrutura sacramental (que é aquela que assegura os canais da graça), também da *estrutura ministerial* (que é aquela que provê a manutenção e o emprego de tais canais).

Enfim, ocorre também a *estrutura hierárquica*, que cuida do bom funcionamento dos ofícios. Santo Tomás o mostra em vários contextos, em particular tratando do *poder das chaves*, que é duplo, de ordem e de jurisdição. No poder de ordem a hierarquia se articula tendo no vértice a Santíssima Trindade e, depois, nos graus sucessivos: Jesus Cristo e, mais abaixo, os ministros da Igreja. Em vez disso, no poder de jurisdição, o poder pleno cabe ao sumo pontífice, e, depois dele, de modo limitado aos bispos e aos sacerdotes (cf. *Suppl.*, qq. 19 e 20). A propósito da autoridade do papa, eis o que escreve o Doutor Angélico no *Comentário às Sentenças* (II, d. 44, q. 2, a. 3, expos. textus): "Como na ordem natural a causa primeira influi sobre o efeito da causa segunda com maior força da própria causa segunda (como se lê no *Livro das Causas*), de modo semelhante se relaciona o poder de Deus a qualquer poder criado: do mesmo modo o poder do Imperador ao poder do procônsul. Assim se relaciona o poder do Papa a qualquer outro poder espiritual na Igreja; porque é do Papa que são dispostos e ordenados os diversos graus de dignidade na Igreja; por isso seu poder é de algum modo o fundamento da Igreja (como resulta de Mt 16). Portanto, em qualquer coisa temos que obedecer mais ao Papa do que aos Bispos ou aos Arcebispos, ou o monge ao Abade sem distinção alguma".

6. Relações da Igreja com o mundo

À categoria "mundo" pertence, além das realidades materiais, também a realidade humana, em particular a realidade política (o Estado) e a realidade religiosa (das várias religiões). Muita teologia contemporânea concentrou a atenção sobre as relações da Igreja com o mundo. O tema é apenas tocado por Santo Tomás de modo ocasional. Na obra *Do reino ou do governo dos príncipes ao Rei de Chipre* [*De Regimine Principium*] ele examina as relações da Igreja com a sociedade civil (o Estado) e põe em evidência a diversidade das funções das duas sociedades: o Estado provê ao bem-estar material, a Igreja ao espiritual. São, portanto, duas *sociedades perfeitas*, distintas e autônomas. Há, contudo, uma subordinação indireta do Estado à Igreja na medida em que o fim para o qual trabalha o Estado (o bem-estar material) é inferior ao fim para o qual atua a Igreja (o bem-estar espiritual) (cf. *De Reg.*, l, I, c. 15).

Na *respublica christiana* medieval, em que vivia Santo Tomás, além dos cristãos estavam presentes também, localmente, os muçulmanos e os judeus, os quais, geralmente, gozavam de estima e respeito e aos quais se garantiam os direitos civis fundamentais. Santo Tomás recomenda praticar para com eles a tolerância religiosa, mas não admite nenhuma tolerância doutrinal nem para com os judeus nem para com os maometanos, porque sua religião ou é mutilada (judaísmo) ou é falsa (islamismo). Com eles o teólogo cristão deve usar o método apologético ou polêmico: trata-se de *proceder contra erros*, ou seja, de *errores destruere*. O método será diverso segundo se trate de pessoas que "*conveniunt nobiscum in auctoritate alicuius Scripturae*" (judeus e heréticos), ou de outros para os quais é necessário "*ad naturalem rationem recurrere*" (e se trata de *Mahumatistae et pagani*). Santo Tomás recomenda como método melhor o de expor primeiro uma verdade e depois mostrar "*qui errores per eam excludantur*" (C. G., I, c. 2). Segundo o ensinamento de Santo Tomás, a Igreja não pode jamais recorrer à violência contra os *infiéis* (muçulmanos e judeus) porque não tem jurisdição espiritual sobre suas almas. A Igreja pode, em vez disso, proibir seus membros de comunicar com os infiéis: a interdição é oportuna "se se trata de fiéis que são firmes na fé, de tal maneira que a convivência com os infiéis mais faça esperar a conversão dos infiéis do que a perda da fé dos fiéis, não são proibidos de estar em comunhão com os infiéis, pagãos ou judeus, que ainda não receberam a fé, principalmente se a necessidade é urgente" (II-II, q. 10, a. 9).

(Cf. Chaves, Eclesiologia, Ministério/ Ministro, Papa, Sacramento)

[Tradução: M. Couto]

Iluminação

É a famosa teoria com a qual Santo Agostinho explica o conhecimento das "verdades eternas". Estas não seriam o resultado da busca da razão humana, mas sim da *iluminação divina*. Na razão Agostinho distingue duas funções, que chama inferior (*ratio inferior*) e superior (*ratio superior*). Objeto da razão inferior são as verdades mutáveis relativas a coisas mutáveis (do mundo material): o âmbito da razão inferior coincide com o da ciência. Por sua vez, objeto da razão superior são as verdades eternas, imutáveis: verdades que se situam num nível mais alto da própria razão, e que por isso ela não pode atingir com suas forças, mas pode somente receber do próprio Deus, mediante iluminação. O âmbito da razão superior é o da sabedoria, a qual é por sua vez um dom de Deus.

Cumprindo um passo revolucionário para o seu tempo, no qual quase todos os mestres de teologia e de filosofia das faculdades de Paris, Oxford, Nápoles, Colônia etc. eram constantemente apegados à tradição agostiniana, Santo Tomás decidiu deixar de lado a teoria da iluminação, e adotar a teoria da abstração (cf. ABSTRAÇÃO), do pagão Aristóteles. Havia duas razões que na opinião de Santo Tomás legitimavam esse passo: 1ª, a maior aderência aos fatos, à experiência da progressividade do conhecimento e do erro, da teoria da abstração; 2ª, um maior respeito pela dignidade humana, implícito na teoria da abstração, dado que atribui ao próprio homem o que certamente é a mais nobre de todas as atividades, o conhecimento da verdade.

Santo Tomás está de acordo com Agostinho e com seus seguidores, ao depositar o fundamento último quer no conhecimento, quer na verdade em Deus. De fato, nosso conhecer permanece sempre um conhecer participado, e também a verdade conhecida por nós permanece uma verdade participada. Ora, tal condição de participação exige que se remonte ao participado, vale dizer, ao intelecto absoluto e não participado e à verdade absoluta e não participada; em definitivo, portanto, ao próprio Deus, cuja essência se identifica quer com seu intelecto, quer com sua verdade. "Para prová-lo, deve-se considerar que é necessário afirmar, acima da alma intelectiva do homem, um intelecto superior que lhe dá a potência de conhecer. Tudo o que participa de alguma coisa, e que é móvel e imperfeito, pressupõe a existência de algo que é essencialmente essa coisa, e que é imóvel e perfeito. Ora, a alma humana é intelectiva, porque participa da potência intelectiva. O sinal disso está em que não é intelectiva inteiramente, mas apenas por uma parte de si mesma. Além disso, não chega ao conhecimento da verdade a não ser por movimentos discursivos, raciocinando. Enfim, tem uma inteligência imperfeita, pois não conhece tudo, e, mesmo naquilo que conhece, procede da potência ao ato. Deve, portanto, haver um intelecto superior que ajuda a alma a conhecer" (I, q. 79, a. 4). E essa inteligência mais alta é Deus. Mas, observa Santo Tomás, e aqui se afasta de Agostinho, Deus não se substituiria ao intelecto agente humano: Deus é quem dá ao homem o poder de iluminar o sensível (os fantasmas), e de tornar presente seu aspecto inteligível. À questão de saber se o homem conhece nas coisas as ideias divinas (*in rationibus aeternis*), ele responde que, se as ideias divinas são entendidas como *objeto* conhecido, o homem não conhece as coisas nas ideias divinas; se, porém, as ideias divinas são entendidas como o *princípio* do conhecimento, então é necessário dizer que o homem conhece tudo nas ideias divinas, pois "a luz intelectual que temos nada mais é que uma semelhança participada da luz incriada na qual as razões eternas estão contidas" (I, q. 84, a. 5, cf. *De Spir. Creat.*, a. 10).

No *De spiritualibus creaturis* (a. 10, ad 8), o Doutor Angélico esclarece ainda sua posição de frente à teoria da iluminação. A tese oposta é que há um único intelecto agente para todos os homens, e um argumento para justificar essa tese é deduzido de textos de Agostinho. O Doutor Angélico, na sua réplica, se propõe "escrutar mais profundamente o pensamento de Agostinho" e o coloca numa perspectiva histórica. Depois de ter falado da teoria platônica das ideias, diz: "Agostinho, que seguia Platão enquanto era compatível com a fé católica, não admitiu que as ideias fossem por si subsistentes, mas em lugar destas colocou as ideias das coisas na mente divina e afirmou que nós julgamos cada coisa com o intelecto iluminado pela luz divina [...]. Aristóteles, ao contrário, seguiu outra via. Em primeiro lugar, de fato, mostrou de muitos modos que nas coisas sensíveis há algo de estável. Em segundo lugar, mostrou que o juízo do sentido é verdadeiro em torno aos próprios sensíveis, podendo se enganar, ao invés, sobre os sensíveis comuns e ainda mais sobre os sensíveis *per accidens*. Em terceiro lugar, demonstrou que, além dos sentidos, há uma faculdade intelectiva que julga sobre a verdade não em virtude de objetos inteligíveis existentes separadamente, mas em virtude do intelecto agente que torna inteligível o objeto. Mas, no fundo, não há uma grande diferença (*non multum autem refert*) entre dizer que os objetos inteligíveis nos foram dados por Deus e dizer que nos foi dada a luz para tornar inteligíveis os objetos" (*De Spir. Creat.*, a. 10, ad 8).

A coisa mais curiosa desse texto é aquele *non multum autem refert* conclusivo, que foi interpretado por alguns como se, no final da áspera polêmica, Santo Tomás quisesse atrair as simpatias dos adversários, concedendo que, ao fim e ao cabo, a divergência era de pequena monta. Mas esse não pode ser o sentido do texto, porque apenas um ano mais tarde Santo Tomás voltou à cena, e ainda mais duramente, contra os negadores da individualidade do intelecto agente, com o ensaio *De unitate intellectus contra Averroistas*. A interpretação correta do *non multum autem refert* só pode ser a seguinte: quer a teoria da iluminação, quer a teoria da abstração podem ser seguidas por um católico, visto que não se mesclam com nenhuma verdade de fé.

(Cf. Abstração, Conhecimento, Intelecto, Verdade)

[Tradução: M. Couto]

Imagem (de Deus no homem)

O termo "imagem" (*imago* em latim, *eikon* em grego) na linguagem teológica conhece muitas aplicações importantes. Em seu núcleo semântico fundamental, o termo imagem indica a propriedade que alguma coisa possui de representar uma outra coisa, reproduzindo-a mais ou menos fielmente. As aplicações principais que se obtêm diretamente da Sagrada Escritura são três: a primeira se refere às imagens sagradas; a segunda se refere à propriedade do Verbo (a segunda pessoa da Trindade) de ser imagem do Pai; a terceira exprime a propriedade do homem, por ser homem, de ser imagem de Deus: "Deus criou o homem à sua imagem" (Gn 1,27). O conceito de "imagem" reveste capital importância para a antropologia teológica. Esta, de fato, não é outra coisa senão o estudo das três situações históricas nas quais se encontrou a *imago Dei*: a imagem originária, a imagem decaída (depois do pecado), a imagem restaurada (por obra de Jesus Cristo).

A antropologia dos Padres assumiu a categoria da *imago Dei* como instrumento hermenêutico basilar para entender a realidade humana na sua vasta e rica complexidade: esta não é vista tanto em si mesma, na sua constituição psicofísica (como havia feito Aristóteles), nem mesmo em relação a alguma ideia arquetípica do homem (como havia feito Platão), mas em relação a Deus: quer o Deus transcendente, que criou o homem à sua imagem e semelhança; quer o Deus encarnado, protótipo de toda criatura e modelo (exemplar) histórico e visível de toda a humanidade. Entre os grandes usuários da *imago Dei* do período patrístico figuram Clemente de Alexandria, Orígenes, Atanásio, Gregório de Nissa, Santo Agostinho. Este último realizou um esforço especulativo enorme e finíssimo para elaborar uma antropologia "trinitária", vendo o homem (na tríplice dimensão da *mens, amor, notitia*) como *imago Trinitatis*.

1. A *imago Dei* na *Suma Teológica*

O tratado mais conhecido de Santo Tomás no que concerne ao tema da imagem de Deus no homem é o da *Primeira Parte* da *Suma Teológica* (q. 93). A questão é intitulada: "O fim ou o termo da produção do homem" e se divide em nove artigos. O a. 1 se refere ao quesito fundamental: "No homem existe a imagem de Deus?". A resposta é afirmativa e diz: "Ora, é manifesto que se encontra no homem certa semelhança de Deus, semelhança que deriva de Deus como de seu modelo. No entanto, não é uma semelhança de igualdade, pois o modelo ultrapassa infinitamente o modelado. Assim, se deve dizer que há no homem imagem de Deus, não perfeita, mas imperfeita". Na resposta à 3ª objeção, Santo Tomás explica que essa semelhança constitui o fundamento para afirmar que entre Deus e o homem há uma certa unidade; depois continua esclarecendo essa expressão, recordando que há vários gêneros de unidade: genérica, específica, analógica e numérica: "Uma coisa pode ser una não só numericamente, ou segundo a espécie ou gênero, mas ainda por analogia ou proporção. Dessa maneira há unidade ou coincidência da criatura com Deus". No a. 4 se pergunta: "A imagem de Deus se encontra em todo homem?". O Doutor de Aquino responde: "Visto que é em virtude de sua natureza intelectual que se diz ser o homem à imagem de Deus, ele o é principalmente na medida em que a natureza intelectual pode imitá-lo ao máximo. Ora, a natureza intelectual imita Deus ao máximo, naquilo em que Deus se conhece e se ama. Por conseguinte, a imagem de Deus no homem poderá ser vista de três maneiras. Primeiramente, enquanto o homem tem uma aptidão natural para conhecer e amar a Deus, aptidão que reside na natureza da alma espiritual, comum a todos os homens. Segundo, enquanto o homem conhece e ama atual ou habitualmente a Deus, embora de maneira imperfeita. Trata-se então da imagem por conformidade de graça. Terceiro, enquanto o homem conhece e ama a Deus atual e perfeitamente. Tem-se então a imagem segundo a semelhança da glória [...]. A primeira dessas imagens se encontra em todos os homens, a segunda nos justos somente, e a terceira somente entre os bem-aventurados". À pergunta do a. 5, se "Há no homem a imagem de Deus quanto à Trindade das Pessoas?", Santo Tomás responde positivamente, porque no próprio Deus há uma natureza em três pessoas. No entanto, esclarece imediatamente que isso não nos pode autorizar a presumir que, apenas com o conhecimento natural, o homem possa conhecer a Trindade das pessoas divinas: este é um mistério imperscrutável da razão e acessível somente pela fé. "Mas, como diz Agostinho, infinita é a diferença entre essa trindade que está em nós e a Trindade divina. Por isso diz no mesmo lugar, 'a trindade que está em nós, nós mais a vemos do que nela acreditamos; pelo contrário, que Deus seja Trino, nós mais acreditamos do que vemos'" (ibid., ad 3). Nos sucessivos artigos Santo Tomás busca esclarecer os graus de semelhança que o homem tem com a Trindade. Sobre esse ponto ele é muito menos otimista que Santo Agostinho, que havia visto no homem toda uma série de imagens da Trindade. Santo Tomás, ao contrário, afirma que "é segundo os atos que se toma em primeiro lugar e a título principal a imagem de Deus na alma, na medida em que a partir do conhecimento que possuímos formamos, pensando, um verbo, e a partir daí prorrompe nosso amor. Mas, como os hábitos e potências são os princípios dos atos e como as coisas se encontram virtualmente em seu princípio, a imagem da Trindade na alma pode ser considerada a título secundário e como por via de consequência segundo as potências e sobretudo segundo os hábitos, uma vez que neles, os atos, existem virtualmente" (a. 7). Santo Tomás nessa ocasião não dá nenhum nome técnico à analogia que o homem tem com a Trindade e se limita à expressão genérica "analogia" ou "proporção". Do que ele disse parece, contudo, que se trata da analogia de proporcionalidade: de fato, a semelhança é colocada no fato de que as operações espirituais do homem (conhecimento e vontade) são semelhantes às operações divinas.

2. A semântica da *imago Dei*

A *imago Dei* não é estudada somente na *Suma Teológica*. Santo Tomás trata frequentemente desse tema, que lhe é caro, também em outras partes, desenvolvendo uma rica teoria da iconicidade divina do homem tanto do ponto de vista semântico quanto filosófico e teológico.

Santo Tomás efetua uma análise perspicaz e rigorosa dos conceitos de *imago* e de *exemplar*, que são os conceitos basilares de toda doutrina da *imago Dei*. Segundo o Doutor Angélico, propriedade fundamental da *imago* é a *similitudo*: "*De ratione imaginis est similitudo*" (*I Sent.*, d. 28, q. 2, a. 1); "*imago proprie dicitur quod procedit ad similitudinem alterius*" (I, q. 35, a. 1, ad 1). A semelhança (*similitudo*) é algo intermédio entre a diversidade e a igualdade total: "À noção de imagem não se exige uma igualdade de perfeita correspondência (*aequiparantiae*), porque a imagem de um homem grande pode ser expressa numa pintura pequena: se requer somente uma igualdade de proporção, de modo que se encontre a mesma proporção das partes entre si na imagem e naquilo que está representado" (*II Sent.*, d. 16, q. 1, a. 1, ad 4). A semelhança no caso da *imago* se situa na ordem da qualidade, não da quantidade, e deve-se tratar de qualidades que tocam à espécie e não simplesmente ao gênero. Por esse motivo, *imago* diz muito mais do que *vestigium*, que permanece no nível do gênero ou da simples analogia: "*Ad rationem imaginis exigitur imitatio in aliquo quod speciem exprimat et essentiam*" (ibid., a. 1; cf. *I Sent.*, d. 3, q. 3, a. 1; I, q. 35, a. 1). Outra propriedade essencial da *imago* é a imitação: ou seja, a relação de espelhamento em relação a outra coisa: se não há essa relação não há imagem; só o que imita é uma imagem: "*Imago proprie dicitur quod ad alterius imitatione est: nec tamen quaelibet imitatio rationem imaginis producit: sed ad rationem imaginis exigitur imitatio in aliquo quod speciem exprimat et essentia*" (*II Sent.*, d. 16, q. 1, a. 1). Um terceiro elemento essencial da imagem é a subordinação: a *imago* é posterior, subordinada e inferior ao modelo; participa da perfeição deste último, mas sem a igualar (*I Sent.*, d. 28, q. 2, a. 1).

Três são as propriedades fundamentais do *exemplar* (modelo): imitabilidade, prioridade e originalidade. Obviamente, só algo que seja imitável pode funcionar como modelo. Em segundo lugar, o modelo vem antes e é ontologicamente superior à imagem. Enfim, o modelo não pode ser uma imitação, uma cópia, mas é o original (cf. ibid.; *De Ver.*, q. 8, a. 8, ad 1; III, q. 56, a. 1, ad 3).

3. Deus, modelo supremo do homem

Deus é modelo supremo e único de todas as coisas, que por força do seu próprio ser não são senão os aspectos da imitabilidade da essência divina (cf. I, q. 15, a. 2). Deus é, porém, imitado e reproduzido pelas coisas em modos e graus bastante variados. Isso é devido a um princípio intrínseco às próprias coisas: é uma função que cabe à sua essência, a qual é uma possibilidade de participar do ser de Deus, que varia de uma coisa à outra, de ente a ente. Ora, quanto maior for o elemento da sua possibilidade (potencialidade) e menor o do ato de ser, tanto maior é a distância da cópia (*imago*) do modelo (*exemplar*), porque Deus é ato de ser puríssimo sem nenhuma infiltração e poluição por parte da potencialidade (cf. *C. G.*, I, c. 26, n. 239). Seguindo uma doutrina cara aos neoplatônicos, Santo Tomás faz coincidir a ordem da origem das coisas com aquela da exemplaridade: primeiro Deus cria as coisas que se lhe assemelham mais, e depois as demais: portanto cria primeiro os anjos e depois as coisas materiais e o homem: "A sabedoria divina, que é o modelo (*exemplar*) das coisas, produz a sua semelhança nas coisas segundo uma ordem: antes de tudo torna participantes da semelhança divina as criaturas superiores e depois as inferiores" (*I Sent.*, d. 8, q. 3, a. 1, ad 1).

Explorando a natureza da *imago Dei* no homem, Santo Tomás mostra que ela é essencialmente propriedade da alma, dado que essa possui faculdade espiritual, inteligência e vontade, que pertencem também à natureza divina. Essa tese, que já encontramos na *Suma Teológica*, Santo Tomás a tinha desenvolvido também no *Comentário às Sentenças*, insistindo que a raiz última da *imago* se encontra na faculdade cognoscitiva: "A imagem reside principalmente na faculdade cognoscitiva, dado que a vontade tem origem na memória e na inteligência; portanto, a inteira imagem se encontra na parte intelectiva como na sua raiz e, portanto, tudo aquilo que se adscreve ao homem com base na imagem, se refere primeiramente à faculdade intelectiva e secundariamente à faculdade apetitiva. Do resto é da parte intelectiva que deriva no homem a característica de ser homem; enquanto da parte apetitiva ele recebe a qualidade de ser bom ou mau" (*IV Sent.*, d. 4, q. 1, a. 3, sol. 3).

Os Padres da Igreja haviam notado razões de semelhança entre o homem e Deus para além das duas faculdades máximas do espírito humano, também em outros comportamentos seus, em particular na sua função de senhor e governador do mundo, ou na propriedade da alma de estar presente em toda parte do corpo. Também Santo Tomás leva em consideração esses aspectos, mas os julga secundários. Com Agostinho e Boaventura ele declara que própria e principalmente a *imago* tem origem na natureza intelectiva do homem (cf. *II Sent.*, d. 16, q. 1, a. 3; *III Sent.*, d. 1, q. 1, a. 1, sol. 1, ad 3).

Enquanto por um lado Santo Tomás sustenta com vigor o caráter icônico da realidade humana (a *imago Dei*), por outro é também rápido em determinar os limites dessa qualidade: a semelhança que o homem pode ter com Deus é bastante modesta, porque entre o homem e Deus se entrepõe uma distância infinita: "*Esse nostrum comparatum ad divinum quasinihil est, quia in infinitum ab eo distat*" (*I Sent.*, d. 8, q. 3, a. 3, *Expos. primae partis Textus*). A *imago Dei* é uma reprodução minúscula e sob muitos aspectos distorcida: no homem se encontram muitos limites e imperfeições, que no original divino não existem nem podem existir (cf. *I Sent.*, d. 44, q. 1, a. 3, ad 1; *II Sent.*, d. 23, q. 1, a. 1, ad 4). Para ilustrar a relação de semelhança vigente entre a *imago Dei* e o próprio Deus, Santo Tomás recorre a comparações bastante eloquentes, que deixam bem claro o fato de se tratar necessariamente de uma semelhança bastante exígua. Diz, por exemplo, que nós nos assemelhamos a Deus como a figura do rei impressa sobre uma moeda se assemelha ao rei, ou uma estátua se assemelha a um homem quando leva esculpida sua figura (cf. *I Sent.*, d. 3, q. 3, a. 1, ad ultimum; ibid., d. 28, q. 2, a. 1, ad 3; *II Sent.*, d. 16, q. 1, a. 1). De qualquer modo, chega até a afirmar que entre o homem e Deus (ou entre a bondade humana e a bondade divina, a justiça humana e a justiça divina etc.) existe a mesma proporção que há entre o ponto e a linha (*III Sent.*, d. 6, q. 2, a. 3, ad 1).

4. A *imago Dei* depois do pecado

Uma questão que os Padres haviam sempre debatido desde os tempos de Clemente e Orígenes, e que voltará a ser atual nos teólogos protestantes depois da Reforma, se refere à incidência do pecado sobre a *imago Dei*. Também Santo Tomás tem presente esse problema, e busca resolvê-lo em perfeita coerência com a sua doutrina em torno dos elementos constitutivos essenciais da imagem humana de Deus, que, como vimos, são dados das faculdades espirituais do conhecer e do querer. Eis o raciocínio do Doutor Angélico: as faculdades do conhecer e do querer, nas quais consiste a *imago Dei*, não foram canceladas pelo pecado; por isso, nem mesmo a *imago Dei* se perdeu (*I Sent.*, d. 3, q. 4, a. 1, ad 7).

No entanto, Santo Tomás esclarece que se pode falar de *imago Dei* no homem de três modos diversos: considerando-a em relação à criação (*imago creationis*), à Trindade (*imago similitudinis*) e à graça (*imago recreationis*). O primeiro tipo de imagem consiste preeminentemente na razão, por representar a sabedoria divina, e se diz imagem do mesmo modo que se pode chamar de imagem uma estátua de madeira ou de mármore. O segundo tipo, a *imago similitudinis*, consiste na distinção entre as faculdades da alma que representam a Trindade (memória, intelecto e vontade): essa imagem é comparada por Santo Tomás às imagens corporais que correspondem aos seus modelos na distribuição das partes. Enfim, a terceira imagem (*imago recreationis*) consiste na graça, nos hábitos e virtudes sobrenaturais. Dessa imagem, no que concerne à correspondência atinente às cores e a outros elementos decorativos, o Doutor de Aquino diz que se pode comparar às imagens corpóreas. Com base nessa distinção, o Doutor Angélico conclui que com o pecado original somente a terceira imagem foi perdida, a *imago recreationis*, enquanto permanecem salvas as outras duas, porque se fundamentam sobre propriedades que pertencem à própria natureza do homem (ibid., q. 5, a. 1, *Expos. secundae partis Textus*).

Concluindo, segundo Santo Tomás, entre o homem e Deus se dá uma efetiva relação de semelhança: uma semelhança que, mesmo deixando intacta a distância infinita que separa a criatura de Deus, conserva o valor de uma verdadeira e própria imitação e representação, e é, portanto, legítimo considerar o homem como ícone de Deus, *imago Dei*.

(Cf. ANTROPOLOGIA, HOMEM)
[Tradução: M. Couto]

Imaginação cf. Fantasia

Imanência/Imanentismo

Etimologicamente o termo significa "ficar dentro" e é usado para indicar o permanecer de uma ação no sujeito que a cumpre, visto que se volta para o seu aperfeiçoamento. Tais são, por exemplo, as ações do viver e do pensar.

Em filosofia esses termos conhecem dois usos principais: em gnoseologia qualificam uma doutrina do conhecimento que nega a intencionalidade e, assim, coloca como objeto do conhecer as próprias ideias em lugar das coisas; na metafísica significam uma concepção do mundo que recusa a Transcendência (e para essa teoria se adota mais comumente o termo *imanentismo*).

Santo Tomás ignora os dois termos "imanência" e "imanentismo", mas não ignora de modo algum a problemática: seja a gnoseológica, seja a metafísica. Em gnoseologia, à doutrina da imanência ele contrapõe a da intencionalidade (cf. INTENCIONALIDADE). Em metafísica, à teoria da imanência, contrapõe a doutrina da criação (cf. CRIAÇÃO).
[Tradução: M. Couto]

Imortalidade (da alma)

Negativamente o termo significa "ausência da morte"; positivamente qualifica a condição de vida perene da alma e da pessoa humana mesmo depois do trágico evento da morte: "*Immortalitas dicit potentiam quamdam ad semper vivendum et non moriendum*" (*II Sent.*, d. 19, q. 1, a. 5).

Para Platão, como também para Plotino e Agostinho, a imortalidade da alma não constitui um problema, já que a alma está unida ao corpo só acidentalmente; apresenta, porém, um problema para Aristóteles, que concebe a alma como unida substancialmente ao corpo. O pensamento do Estagirita sobre esse ponto não parece claro: defendendo a tese da união substancial, dá a impressão de condenar a alma à corrupção e salvaguardar somente a imortalidade do intelecto agente ao qual reconhece o caráter divino. As incertezas do mestre favoreceram as interpretações de Alexandro de Afrodisia e de Averróis que negavam a imortalidade da alma e, consequentemente, a imortalidade pessoal e salvaguardavam somente a imortalidade do intelecto agente.

Santo Tomás partilha na substância a visão antropológica de Aristóteles e faz ver que a alma racional está substancialmente unida ao corpo e, não obstante, defende ao mesmo tempo a doutrina platônica e cristã da imortalidade da alma. Ele não crê que essa combinação de platonismo e aristotelismo seja algo forçado ou incongruente porque, a seu juízo, o hilemorfismo não comporta necessariamente a renúncia da tese da imortalidade. Nesse ponto ele faz uma observação capital que havia passado despercebida para Aristóteles: nem todas as formas substanciais estão unidas ao corpo do mesmo modo. Algumas estão unidas ao corpo de modo tal que seu próprio ser depende da união, não sendo dotadas de um ato próprio de ser; outras, ao invés, não dependem do corpo quanto ao ser, porque possuem o ato de ser autonomamente e tornam o corpo sua parte. E esse é exatamente o caso da alma humana, que por força de sua própria condição ontológica, portanto, é imortal por direito. De fato, "pois o ser não pode ser separado de algo que o possui (*non separatur esse ab aliquo habente esse*), senão enquanto deste algo lhe seja separada a forma. Ora, se aquilo que possui o ser é a própria forma, é impossível que este lhe seja separado. Ora, evidentemente é este o caso a saber: que o princípio pelo qual o homem inteligue é uma forma que possui em si o ser, e não somente aquilo pelo qual algo existe [...]. Resta, portanto, que o princípio intelectivo pelo qual o homem inteligue seria uma forma possuidora de ser; donde é necessário que seja incorruptível" (*De An.*, a. 14). Com essas considerações penetrantes, o Doutor Angélico assegura à tese da imortalidade da alma um fundamento ontológico que não existia em Aristóteles.

Nesse ponto Santo Tomás pode recuperar também todos os tradicionais argumentos que a filosofia clássica e patrística havia acumulado para sustentar a imortalidade da alma. Em particular: 1º) o *argumento do desejo natural*: "É impossível que o apetite natural (*appetitum naturalem*) seja vão. Ora, o homem deseja naturalmente permanecer para sempre. E evidencia-se isso no fato de que o ser é desejado por todos; o homem por sua vez mediante o intelecto percebe o ser, não apenas em dado momento, a modo dos animais brutos, mas absolutamente. Logo, o homem alcança a perpetuidade segundo a alma (*consequitur perpetuitatem secundum animam*), pela qual apreende o ser absoluto e perpétuo" (*C. G.*, II, c. 79, 5 [1602]); 2º) o *argumento baseado nas atividades espirituais da alma*: "Além disso, o perfectivo próprio do homem segundo a alma é algo incorruptível, pois a operação própria do homem, enquanto homem, é o conhecimento intelectivo, segundo o qual ele se diferencia dos animais, das plantas e dos corpos inertes. Ora, o conhecimento intelectivo tem por objeto os universais e os incorruptíveis como tais. Como as perfeições de um ser são proporcionadas aos sujeitos perfectíveis, também a alma humana é incorruptível" (ibid., 4 [1601]). "A alma tendo um ser separado (*esse absolutum*) como resulta da sua operação não possui o ser através do ser do composto, mas vice-versa é o composto a ter o ser através do ser da alma. Portanto, com a corrupção do corpo não se corrompe acidentalmente também a alma como sucede para as outras formas" (*II Sent.*, d. 19, q. 1, a. 1, ad 3); 3º) o *argumento baseado diretamente na natureza intelectual da alma*: "Toda substância intelectual é incorruptível. Ora, foi também demonstrado que a alma humana é uma certa substância intelectual. Logo, necessariamente a alma humana é incorruptível" (*C. G.*, II, c. 79, 1 [1598]); 4º) o *argumento baseado no conhecimento da verdade*: "Qualquer potência que apreende a definição do conceito de algo (*rationem intentionis alicuius*) é necessariamente uma potência não ligada ao corpo (*obligata ad corpus*) nem dependente do corpo, dado que as faculdades cognoscitivas que estão impressas nos órgãos corpóreos, como no caso dos sentidos, não percebem a definição dos conceitos, como a definição de homem ou de cor, mas apreendem estas coisas somente como se encontram nos indivíduos. Mas a faculdade que não depende do corpo é incorruptível, e assim se prova que a alma intelectiva é imortal, pelo fato de que conhece a verdade" (*I Sent.*, d. 19, q. 5, a. 3, ad 3); 5º) *da proporção que intercorre entre o plano do agir e o do ser*: "O princípio intelectual, que se chama mente ou intelecto, opera por si sem participação do corpo (o conhecimento dos conceitos universais, da verdade etc.). Ora, nada pode operar por si, a não ser que subsista por si (*nihil autem potest per se operari, nisi quod per se subsistit*). Somente o ente em ato pode operar, e por isso uma coisa opera segundo o modo pelo qual é. Por isso não dizemos que o *calor* esquenta, mas que é *quente*. Conclui-se, portanto, que a alma humana, que é chamada de mente ou de intelecto, é incorpórea e subsistente" (I, q. 75, a. 2).

Na doutrina tomista da imortalidade da alma se revela mais uma vez a grande fecundidade da metafísica do ser. Tendo elevado a perfeição do ser à condição de perfeição suprema, perfeição absoluta e fundante com respeito a toda outra perfeição, fazendo, portanto, do ser a atualidade de todos os atos (*actualitas omnium actuum*) e por isso das próprias formas, Santo Tomás pode colocar formas realmente subsistentes, "absolutas" (*absolutae*), separadas, pois sustentadas por um ato próprio de ser. De tal modo, dotando a alma de um ato de ser próprio seu, ainda reconhecendo-lhe a função de forma do corpo, não a sujeita de modo algum ao destino do corpo (à sua corrupção: a morte): a alma é de direito subsistente, incorruptível, imortal.

(Cf. ALMA, HOMEM)

[Tradução: M. Couto]

Imprudência

Em sentido próprio significa a falta daquela prudência que cada um pode e deve ter e não simplesmente a inexistência da virtude de prudência: "*Imprudentia dicitur inquantum aliquis caret prudentia quam natus est et habere debet* [Há imprudência quando alguém carece de prudência que naturalmente devia ter (N. do T.)]" (II-II, q. 53, a. 1). A imprudência é pecado por causa da negligência, pela qual se descuida do empenho em adquirir a prudência. "E, se isso acontece por desvio das regras divinas, é pecado mortal, como quando alguém age precipitadamente desprezando e rechaçando os preceitos divinos. Mas agir à margem dessas regras, sem desprezá-las e sem prejuízo em coisas necessárias para a salvação, é pecado venial" (ibid.).

Sob a imprudência se abarcam diversas espécies de vícios, em particular a precipitação, a inconsideração e a inconstância. A *precipitação* é contrária à ponderação e é própria de quem se deixa levar pelos ímpetos da vontade e da paixão. A *inconsideração* é contrária ao bom senso e ao critério e é própria de quem deixa de lado e despreza os princípios gerais e as circunstâncias particulares, dos quais nasce o reto juízo. A *inconstância* é contrária à firmeza de propósito e é própria de quem muda as normas preceptivas que resultam na prudência (ibid., aa. 3-5).

(Cf. PRUDÊNCIA)

[Tradução: M. Couto]

Incesto

É a relação sexual realizada entre pessoas ligadas por um vínculo de parentesco: "*Incestus consistit in abusu mulierum consaguinitate vel affinitate junctarum* [O incesto consiste no abuso de uma mulher consanguínea ou afim (N. do T.)]" (II-II, q. 154, a. 1). O incesto é uma espécie de luxúria que acrescenta à simples fornicação (cf. FORNICAÇÃO) um grave pecado contra a piedade.

Como pecado especial é condenado quer pelo AT (Lv 18,6-18; 20,11-14; Dt 20,30), quer pelo NT. O texto fundamental do NT é de São Paulo na Primeira Carta aos Coríntios: "Ouve-se falar de imoralidade entre vós. E é de uma tal imoralidade, que não existe entre os pagãos. A ponto de que um de vós vive com a mulher de seu pai […]. Pois eu, ausente de corpo, mas presente em espírito, já julguei como se estivesse aí, quem fez uma ação destas. Em nome de nosso Senhor Jesus: entregai-o, então, a Satanás para a perdição da carne, a fim de que o espírito se salve no dia do Senhor" (1Cor 5,1-5).

Santo Tomás reputa o incesto como algo gravemente ilícito, pecaminoso e repugnante por várias razões. Antes de tudo, "porque devemos respeitar os pais de modo especial e, por consequência, os outros consanguíneos, que têm com eles parentesco próximo". Em segundo lugar, porque "é necessário que as pessoas unidas pelo sangue tenham convivência. Portanto, se os homens não forem dissuadidos desse relacionamento sexual, muitas oportunidades teriam de consumá-lo e acabariam espiritualmente enfraquecidos pela luxúria" (II-II, q. 154, a. 9).

A gravidade do incesto é medida segundo o grau de parentesco ou de afinidade. De fato, "na união carnal de parentes algo existe indecoroso em si mesmo e que repugna à razão natural, como, por exemplo, na união entre pais e filhos, cuja relação de consanguinidade é essencial e imediata, pois os filhos têm o dever natural de respeitar os pais [...]. Quanto às outras pessoas não ligadas diretamente entre si, mas só por intermédio dos pais, não ocorre aí inconveniência essencial em que se casem. Haverá conveniência ou não, conforme os costumes e a lei, seja esta divina ou humana, porque, como foi dito, a prática sexual, enquanto ordenada ao bem-comum, está subordinada à lei. Por isso, Agostinho escreveu que, 'se a união carnal entre irmãos e irmãs foi praticada antigamente, pela pressão da necessidade, depois, por proibição religiosa, passou a ser condenável'" (ibid., ad 3).

Por gravidade, entre os pecados de luxúria, o incesto vem imediatamente depois do pecado contra a natureza (ibid., a. 12).

(Cf. Fornicação, Luxúria)
[Tradução: M. Couto]

Inclinação cf. Apetite

Incognoscibilidade (de Deus)

É um dos problemas mais espinhosos da teologia natural, com respeito ao qual a especulação filosófica oscila entre a *teologia catafática* (de marca aristotélica), que tende a sublinhar a cognoscibilidade de Deus, e a *teologia apofática* (de caráter platônico), que, ao invés, sublinha a incognoscibilidade e em alguns autores desemboca na teologia do silêncio.

Sobre o problema da incognoscibilidade de Deus, Santo Tomás assume uma atitude abertamente dialética. Por um lado, reconhece e proclama que o homem está em condições de conhecer não só a existência de Deus mas também, parcialmente, sua natureza e seus atributos: "De Deus e das outras substâncias imateriais nós não poderíamos saber *que são*, se não soubéssemos ao mesmo tempo *aquilo que são*" (*In De Trin.*, q. 1, a. 2, ad 1). "Deus se subtrai ao nosso intelecto ultrapassando todas as formas do nosso intelecto, mas não a ponto de não resultar assimilável mediante alguma forma inteligível" (*De Pot.*, q. 7, a. 5, ad 13). Essa convicção encontra expressão no esforço colossal realizado pelo Doutor Angélico de sondar os profundos mistérios do ser divino.

No entanto, por outro lado, quando Santo Tomás perscruta o que o homem consegue colher efetivamente de Deus — até mesmo quando é socorrido pela Revelação —, reconhece amargamente que de fato se trata de bem pouca coisa. "Pelo fato de que nossa inteligência não conseguiria jamais se adequar à substância divina, esta permanece como excedente da nossa inteligência, e, portanto, como ignorada por nós; e, assim, o último passo do nosso conhecimento de Deus está no conhecer que não o conhecemos: porque nos damos conta de que aquilo que Deus é excede tudo o que dele podemos compreender (*illud est ultimum cognitionis humanae de Deo quod sciat se Deum nescire, in quantum cognoscit illud quod Deus est, omne ipsum quod de eo intelligimus, excedere*)" (ibid., ad 14). E ainda: "Acrescentado ao término do nosso conhecimento, nós conhecemos Deus como desconhecido (*Deum tamquam ignotum cognoscimus*), e o nosso espírito penetra de modo perfeitíssimo no conhecimento de Deus exatamente no momento em que conhece que a essência divina está acima do que ela pode adquirir no status da vida presente. De tal modo, o que Deus é em si mesmo nos permanece ignoto, e, contudo, sabemos que ele é" (*In De Trin.*, q. 1, a. 2, ad 1).

Santo Tomás dá plenamente conta dessa solução dialética do problema da incognoscibilidade de Deus com a doutrina da analogia (cf. Analogia), a qual, como explica a célebre definição do Concílio Lateranense IV, mais do que a semelhança do que o homem pensa e diz de Deus, sublinha a dessemelhança: "*Inter creatorem et creaturam non potest tanta similitudo notari, quin inter eos maior sit dissimilitudo notanda*". É exatamente a infinita diferença qualitativa que separa Deus das suas criaturas em todos os níveis (semântico, lógico, ontológico) que Santo Tomás pretende exprimir com a sua doutrina da analogia: explica a incognoscibilidade, salvaguardando um mínimo de conhecimento.

(Cf. ANALOGIA, CONHECIMENTO, DEUS)
[Tradução: M. Couto]

Incontinência

É a falta de continência (cf. CONTINÊNCIA), ou seja, a falta de controle de si mesmo, das próprias inclinações e paixões. Segundo a acepção mais usual e própria do termo, a incontinência diz respeito à paixão venérea. "Nesse sentido, ela tem como matéria o desejo dos prazeres do tato, como a temperança, conforme foi dito antes, ao falar da continência. Nesse caso, a incontinência é pecado por duas razões: primeiramente, porque o incontinente se afasta do que é racional; depois, porque se afunda em torpes prazeres" (II-II, q. 156, a. 2).

Segundo outra acepção menos própria e menos usual, o termo incontinência é usado para qualificar a conduta de quem se distancia da razão, mas não de modo absoluto: "Assim é, por exemplo, quando não se observa a medida racional no desejo das honras, das riquezas e de outras coisas semelhantes, que parecem boas em si mesmas e que não constituem a matéria da incontinência, senão relativamente (*secundum quid*). Nesse caso, a incontinência é pecado, não porque leve a pessoa a submergir nas concupiscências perversas, mas porque nos faz desprezar a devida ordem racional, mesmo quando desejamos coisas em si mesmas desejáveis" (ibid.).

Em relação à *intemperança*, a incontinência é menos grave, porque consiste na falta de freio em algum momento de paixão, enquanto a intemperança é uma inclinação habitualmente má. Em vez disso, em relação à *ira*, é pior não se conter na concupiscência do que na ira, porque no primeiro caso existe uma desordem mais grave contra a razão; mas, como efeitos, os da ira são mais graves porque causam dano ao próximo (ibid., aa. 3-4).

(Cf. CONTINÊNCIA, LUXÚRIA)
[Tradução: M. Couto]

Incorruptível/ Incorruptibilidade

Do latim *incorruptibilis, incorruptibilitas*: é a impossibilidade de que algo se corrompa e de que, portanto, sofra perda do próprio ser: "*Propriissime dicitur aliquid esse incorruptibile, quod non solum non potest corrumpi, sed nec etiam quocumque modo aliquando esse et postea non esse*" (*In I De Coelo*, lect. 25, n. 247).

Santo Tomás explica que em sentido estrito "a incorruptibilidade não pertence a nenhuma coisa que possa cessar de existir mediante corrupção [...]. Diz-se mais propriamente incorruptível não apenas ao que de fato existe, mas àquilo que seja impossível desvanecer corrompendo-se, de modo que antes é e depois não é mais, e consequentemente aconteça que, embora agora não esteja corrompido, sucessivamente se corrompa e cesse de existir" (ibid., lect. 24, n. 245).

Na linguagem tomista, "incorruptível/incorruptibilidade" são praticamente sinônimos de "imortal/imortalidade", como se pode com facilidade constatar lendo os cc. 79-82 do Segundo Livro da *Suma contra os Gentios*, dedicado à questão da imortalidade da alma, em que o Doutor Angélico alterna com desenvoltura os termos incorruptibilidade e imortalidade.

(Cf. IMORTALIDADE)
[Tradução: M. Couto]

Individuação (Princípio de)

É o que faz um ser possuir, além das marcas que caracterizam a espécie, também uma existência particular, concreta, determinada no tempo e no espaço, com características próprias e exclusivas. Em outras palavras, é o que faz de um ente um indivíduo. E por indivíduo se entende, como diz Santo Tomás, o que é indistinto em si mesmo e distinto de toda outra coisa: "*Individuum autem est, quod est in se indistinctum, ab aliis vero distinctum*" (I, q. 29, a. 4).

O princípio é de matriz aristotélica. Segundo o Estagirita, o que causa a multiplicação dos indivíduos de uma mesma espécie e, portanto, a sua individuação é a *matéria*. Santo Tomás assume para si a tese aristotélica mas a esclarece ulteriormente acrescentando à matéria a expressão *quantitate signata*. "Por isso, cumpre saber que a matéria é *princípio de individuação*, não tomada de qualquer maneira, mas apenas a matéria assinalada (*materia non quolibet modo accepta est individuationis principium sed solum materia signata*). Denomino matéria assinalada a que é considerada sob dimensões determinadas. Esta matéria, no entanto, não é posta na definição do homem na medida em que é homem, mas seria posta na definição de Sócrates, se Sócrates tivesse definição. A matéria não assinalada é posta, no entanto, na definição do homem; em tal definição não entra esta carne e este osso, mas carne e osso de maneira absoluta, os quais são a matéria não assinalada do homem" (*De ente*, c. 2, n. 7).

A designação da matéria (*signatio materiae*), ou a determinação, das dimensões (*dimensiones terminatae*), como a chama Santo Tomás em outro lugar (cf. *De natura materiae*, c. 4), é o modo em que se realiza a individuação nos seres materiais, quando então ocorre a multiplicação dos indivíduos de uma mesma espécie. Mas Santo Tomás sabe que o conceito de indivíduo não se aplica somente às coisas materiais, mas também aos anjos e a Deus, em que certamente a razão da individuação não pode mais ser a *materia quantitate signata*. Por esse motivo, no *Comentário ao Livro sobre as causas*, Santo Tomás diz que a individuação pode ocorrer de dois modos: o primeiro é o que já foi descrito, que comporta a recepção e limitação da forma por parte da matéria; o segundo, ao invés, se dá quando ocorre o contrário, isto é, quando "algo é por natureza inadaptado a encontrar-se em muitos sujeitos" e não pode ser nem recebido, nem participado, nem multiplicado. No caso dos anjos, a individuação é dada por sua essência espiritual, que alegoricamente pode também ser chamada de matéria (*hyle*) na medida em que executa o papel de potência com respeito ao ato de ser. "De fato a *inteligência* (angélica) possui *hyliatim*, isto é, algo de material, ou seja, que se comporta como a matéria. O termo *hyliatim*, de fato, deriva de *hyle*, que em grego significa matéria [...]. A quididade e a substância da inteligência (angélica) consistem numa forma subsistente imaterial; mas, como ela não é o seu próprio ser, mas sim subsiste no ser que é participado, tal forma subsistente está em relação ao ser que é participado como potencialidade ao ato, ou como matéria à forma" (*In De Causis*, prop. 9). Por sua vez, no caso de Deus a individuação é dada por seu próprio ser: é o identificar-se da sua essência com o *actus essendi*, prerrogativa exclusiva de Deus, que constitui a razão da sua individuação. "Próprio em tal modo ocorre a individuação na Causa primeira, que é o ser em si subsistente" (ibid.).

(Cf. Anjo/Angeologia, Matéria, Ser)

[Tradução: M. Couto]

Indulgência

Segundo a definição que dá o *Código de direito canônico* de 1983 (Can. 992), "é a remissão, diante de Deus, da pena temporal devida pelos pecados já perdoados quanto à culpa, que o fiel, devidamente disposto e em certas e determinadas condições, alcança por meio da Igreja, a qual, como dispensadora da redenção, distribui e aplica, com autoridade, o tesouro das satisfações de Cristo e dos Santos".

Santo Tomás dedica ao delicado assunto das indulgências uma ampla questão do *Comentário às Sentenças* (*IV Sent.*, d. 20, q. 1, aa. 3-5) que foi retomada e subdividida em três questões no Suplemento da *Suma Teológica* (*Suppl.*, qq. 25-27), as quais tratam respectivamente da natureza das indulgências, de quem pode concedê-las e de quem as pode lucrar.

Na seção dedicada à *natureza* da indulgência, Santo Tomás faz ver que ela não é de modo algum algo arbitrário ou utópico, mas se apoia em fundamentos sólidos. O primeiro é a autoridade da Sagrada Escritura: "O privilégio dado a Pedro, de que seja ligado nos céus o que ele ligar na terra: portanto, o perdão feito diante da Igreja vale também diante de Deus" (*IV Sent.*, d. 20, q. 1, a. 3, sol. 1). O segundo é a estrutura de comunhão da Igreja: "A unidade do corpo místico (*unitas corporis mystici*) no qual muitos fizeram obras de penitência para além das medidas de seus débitos e suportaram também muitas tribulações inocente e pacientemente, que poderiam ter servido de expiação para uma multidão de penas, se a eles tivessem sido impostas [...]. Pois bem, os santos nos quais se encontra uma superabundância de obras satisfatórias cumpriram essas obras não para determinada vantagem de quem tivesse necessidade de remissão (a qual, nesse caso, teria sido obtida sem necessidade de qualquer indulgência), mas as cumpriram para vantagem comum a toda a Igreja, como o Apóstolo (Cl 1,24), ao dizer que completa em seu corpo o que falta à paixão de Cristo para benefício da Igreja para a qual escreve. Portanto, tais méritos são comuns a toda a Igreja. Ora, as coisas comuns a toda uma multidão, são distribuídas a cada um dos indivíduos segundo a vontade daquele que preside à multidão: por isso como nós conseguiríamos a remissão da pena se um outro satisfizesse por nós, o mesmo nos ocorrerá se a satisfação de um outro for distribuída por quem tem o poder" (ibid.). Mas o último, decisivo fundamento é o valor da ação salvífica de Cristo, valor infinito que pode extinguir qualquer culpa e qualquer pena: "Os méritos de Cristo, longe de se esgotarem nos sacramentos, excedem com sua infinidade a eficácia exercida nos sacramentos" e podem, portanto, ser aplicados em vantagem dos pecadores até mesmo fora dos sacramentos (ibid.).

Resulta assim também esclarecido que a *causa* da remissão das penas merecidas com os pecados, remissão que se consegue com a indulgência, não são as obras boas (as ofertas, as peregrinações, os jejuns, as orações etc.), mas sim, os tesouros espirituais da Igreja: "Nas indulgências a causa da remissão da pena não é outra que a abundância dos méritos da Igreja (*abundantia meritorum ecclesiae*): abundância que é suficiente para expiar toda a pena. Por isso, a quantidade de remissão não é proporcionada nem à devoção de quem adquire a indulgência nem à causa extrínseca pela qual a indulgência foi concedida, mas aos méritos da Igreja que sempre superabundam. A remissão corresponde à aplicação que se faz dos méritos a uma determinada pessoa. Ora, para que se efetue tal aplicação são necessárias três coisas: a autoridade da parte de quem põe a mão na dispensa do tesouro; a caridade por parte de quem a recebe; o respeito da razão da dispensa: a honra de Deus e a utilidade do próximo, que é exatamente a finalidade para a qual agiram aqueles que realizaram obras meritórias" (ibid., sol. 2). Ainda que Santo Tomás exclua que as indulgências dependam das próprias obras, ele aconselha àqueles que ganham as indulgências "de não se abstenem por isto das obras impostas pela penitência, encontrando assim também nessas o remédio para evitar os pecados, ainda que se sejam imunes do débito de pena: tanto mais que às vezes se é devedores mais do que se crê" (ibid., sol. 1, ad 4).

Passando depois a tratar de quem pode conceder as indulgências, Santo Tomás mostra que toda a administração do tesouro dos méritos da igreja cabe somente a quem tem o governo da Igreja como um todo, isto é, ao papa. Os bispos podem conceder indulgências somente na medida que lhes é concedida pelo papa: "*Potestas faciendi indulgentias plene residet in Papa, quia potest facere quod vult, causa autem existente legitima; sed in episcopis est taxata secundum ordinationem Papae; et ideo possunt dare secundum quod eis taxatum est, et non amplius*" (ibid., a. 4, sol. 3).

No que concerne ao destinatário das indulgências, Santo Tomás, contra alguns teólogos que sustentavam que ela pode ser aplicada também a quem se encontra em estado de pecado, afirma que isso é impossível porque a função da indulgência não é a absolvição das culpas (que é o papel da confissão), mas a remissão das penas; ao pecador podem, contudo, ser aplicados os méritos da Igreja, os quais dispõem para a graça (ibid., a. 5, sol. 1). Pode ganhar a indulgência quem a concede, porque de outro modo estaria em condição pior do que os outros. Quem não cumpre as obras prescritas não pode ganhar as indulgências, porque estas são concedidas sob a condição de fazer tais obras (ibid., sol. 4).

Na distinção 20 do *Comentário às Sentenças*, Santo Tomás não inclui entre os destinatários das indulgências as almas do Purgatório. Mais adiante trata delas na distinção 45, em que aborda a questão dos sufrágios pelos defuntos. Depois de ter sublinhado a importância e a utilidade dos sufrágios, Santo Tomás, quanto às indulgências, esclarece que estas diretamente se aplicam somente a quem faz as obras impostas; mas estas, os defuntos não podem realizar, por isso as indulgências, não se aplicam diretamente para os defuntos; contudo, elas podem ser-lhes aplicadas indiretamente, se o conceder quem dispensa as indulgências; não está, portanto, em poder do superior eclesiástico liberar as almas do Purgatório, porque estão fora da sua jurisdição (*IV Sent.*, d. 45, q. 2, a. 1, sol. 2).

(Cf. Igreja, Purgatório)
[Tradução: M. Couto]

Inefabilidade (de Deus)

Com essa expressão se entende definir a relação de Deus com a nossa linguagem: sua absoluta transcendência com respeito a tudo o que a linguagem humana busca dizer sobre ele.

Do problema já se havia ocupado Plotino ao tratar do Uno, do qual havia dito que "se encontra para além de toda substância, de todo conceito e de todo nome". A seguir, a questão foi percebida e discutida vivamente por Santo Agostinho. Em *A Doutrina cristã*, o santo Doutor se pergunta: "Sinto não ter intentado outra coisa senão falar sobre Deus. Mas se o disse não era isso que quisera ter dito. Como o sei, senão porque Deus é inefável?". Sua resposta é que "tampouco por inefável podemos denominar Deus, porque já pronunciamos algo ao dizer isso. Não sei que contradição de termos (*pugna verborum*) existe aí, porque se é inefável o que não pode ser expresso, não seria inefável o que se pode chamar de inefável. Tal conteúdo de expressões, procuremos evitá-lo com o silêncio, mais do que nos servindo de palavras de consenso. Não obstante, ainda que não se possa dizer coisa alguma digna de Deus, ele admite o obséquio da voz humana e quer que nos rejubilemos com nossas próprias palavras ao louvá-lo" (*A Doutrina cristã* I, c. 6). Desse texto se deduz que segundo Santo Agostinho a linguagem humana não tem o poder de exprimir adequadamente a realidade de Deus: contudo ele a considera uma linguagem necessária, indispensável no uso doxológico (para dar glória a Deus) e em parte também inteligível no uso semântico.

Também o Pseudo-Dionísio, outro autor caro a Santo Tomás, tinha sublinhado a questão da inefabilidade de Deus. Na *Teologia mística* (c. 3) ele escreve: "Agora, pois, penetraremos na Treva que está além do Inteligível, e não haverá maior concisão ainda, mas, ao contrário, uma cessação total da palavra e do pensamento. Onde nosso discurso descia do superior ao inferior, à medida que se distanciava das alturas, seu volume aumentava. Agora que nós subimos do inferior ao transcendente, na própria medida que nos aproximamos do pico, o volume de nossas palavras se retrairá; no termo último da ascensão estaremos totalmente mudos e plenamente unidos ao Inefável".

Do problema da inefabilidade de Deus (assim como do problema da incognoscibilidade), Santo Tomás chega ao fundo com a doutrina da analogia; esta compreende três momentos: positivo (no qual se afirma algo de Deus, por exemplo, diz-se que Deus é sábio), negativo (em que se retira o que foi afirmado no primeiro momento e se diz, por exemplo, que Deus não é sábio do modo como são sábios os anjos ou os homens), eminentemente (em que se exalta para além de todo limite aquelas perfeições que se atribuem a Deus, e assim, por exemplo, se diz que

Deus é sapientíssimo, sobremodo sábio, infinitamente sábio). Os três momentos da analogia são chamados também *via positiva* (ou *catafática*), *via negativa* (ou *apofática*) e *via eminente* (ou *transcendental*). A inefabilidade de Deus coincide de fato com a via negativa ou apofática: via excelente que, também no parecer de Santo Tomás, é aquela que corresponde melhor à possibilidade da linguagem humana. Eis como o Doutor Angélico se exprime a esse propósito, comentando a Proposição 6 do *Livro das causas*: "A causa primeira é superior a toda narração". "Por *narração* se deve entender 'afirmação', porque qualquer que se faça sobre Deus, a ele não convém no mesmo sentido que tem para nós. De fato, os nomes que impomos designam as coisas segundo o modo próprio da nossa intelecção, e o ser divino transcende totalmente este modo". Assim, até mesmo o nome *Esse*, que segundo Santo Tomás é o nome mais próprio de Deus, não pode ser-lhe aplicado diretamente assim como é dito das criaturas, mas deve ser tratado com o filtro da via negativa, que coloca em relevo sua inefabilidade: "Antes de mais nada, do conceito de ser (*esse*) nós excluímos tudo o que é corpóreo; depois, tudo quanto é espiritual e mental, pelo menos no sentido em que este elemento se encontra nas criaturas vivas, como, por exemplo, bondade e sabedoria. Então resta em nossa mente somente a verdade que Deus é e nada mais. Enfim, eliminamos também a ideia do próprio ser, assim como tal ideia se encontra realizada nas criaturas. Chegados a este ponto, Deus permanece envolto na noite escura da ignorância, e é nesta ignorância que nós nos aproximamos de Deus durante a nossa vida, como diz Dionísio. De fato, nessa noite escura habita Deus" (*I Sent.*, d. 8, q. 1, a. 1, ad 4).

Com a via negativa e com a doutrina da inefabilidade, Santo Tomás põe em evidência a *infinita diferença qualitativa* que separa as nossas expressões linguísticas da sublime realidade de Deus. É essa diferença que impõe e exige a inefabilidade.

(Cf. ANALOGIA, DEUS, INCOGNOSCIBILIDADE)

[Tradução: M. Couto]

Infalibilidade
(da Igreja e do papa)

O termo significa "impossibilidade de errar". Este é antes de tudo um carisma e uma prerrogativa da Igreja, a qual, graças à assistência do Espírito Santo e à união indissolúvel com seu chefe, Jesus Cristo, no que concerne às verdades de ordem salvífica, não pode conduzir os seus membros no caminho do erro. A execução concreta, histórica, visível desse carisma, Cristo confiou ao chefe visível da Igreja, o papa e o Concílio ecumênico.

Ainda que a definição dogmática da infalibilidade do papa seja bem recente (Conc. Vaticano I, 1870), de fato essa era já abertamente reconhecida desde a época dos Padres, como resulta de testemunhos explícitos de Cipriano, Jerônimo, Agostinho, Ambrósio, João Crisóstomo, Gregório de Nazianzo e tantos outros ainda, pela práxis dos Concílios, tanto provinciais quanto ecumênicos, que, ao solicitar a ratificação das próprias decisões por parte do bispo de Roma, implicitamente reconheciam o caráter infalível de sua autoridade.

Santo Tomás, em apoio a esse ensinamento solidamente radicado na Tradição da Igreja, apresenta vários argumentos, dos quais os principais são:

— a vontade do fundador e chefe da Igreja, Jesus Cristo: "O principal fundamento da Igreja é Cristo, conforme afirma o Apóstolo: 'Ninguém pode fazer outro alicerce além do que foi colocado, que é Jesus Cristo' (1Cor 3,11). O fundamento secundário são os Apóstolos e sua doutrina. Por esse motivo ela é também firme. Está escrito no Livro do Apocalipse que a cidade tem doze fundamentos, e que neles estavam escritos os nomes dos doze Apóstolos (cf. Ap 21,14). Eis por que também se diz que a Igreja é *apostólica*" (*Expos. in Symb.*, c. 9, n. 985). "Portanto, Cristo é por si só o fundamento, os Apóstolos o são por sua concessão e por sua autoridade. Mas é sobretudo a casa de Pedro que é edificada sobre a rocha e não pode desmanchar-se" (*In Matth.*, c. 16, n. 1384);

— a promessa feita a Pedro e aos seus sucessores, concedendo-lhes o poder das Chaves, de que "as portas do inferno não prevalecerão": "isto foi dado imediatamente a Pedro; os outros o recebem de Pedro; por isso não se deve crer que somente de Pedro se diz: 'àqueles a quem perdoardes os pecados…'. Por este motivo o papa, que está no lugar de Pedro, tem o poder plenário, enquanto os outros o recebem dele" (ibid., n. 1393). "Portanto, a única Igreja de Pedro foi sempre firme na fé. Nas outras partes do mundo, ou não há a fé, ou ela está mesclada com muitos erros; mas a Igreja de Pedro tem o vigor da fé e está isenta de erros. As outras Igrejas foram contaminadas por heresias; mas a Igreja romana nunca, porque *fundada sobre a pedra*. Constantinopla foi tomada pela heresia, e o esforço dos Apóstolos ficou disperso: a única Igreja de Pedro permaneceu inviolada; pôde ser combatida, mas nunca derrotada. Não há de que se surpreender porque o Senhor disse a Pedro: 'Eu rezei por ti (Pedro), para que tua fé não desfaleça' (Lc 22,32). E essas palavras se referem não só à Igreja de Pedro, mas também à fé de Pedro e a toda a Igreja ocidental. Portanto, eu creio que os ocidentais devem a Pedro uma maior reverência que aos outros Apóstolos" (ibid., n. 1385);

— a assistência do Espírito Santo: "A Igreja Católica não pode errar (*ecclesia universalis non potest errare*), governada que é pelo Espírito Santo, que é o Espírito de verdade. Isso o Senhor prometeu aos discípulos, dizendo-lhes no Evangelho de João: 'Quando ele, o Espírito da verdade, vier, vos ensinará toda a verdade' (Jo 16,13)" (II-II, q. 1, a. 9).

Com o carisma da infalibilidade, Jesus Cristo, chefe invisível da Igreja, concede ao papa uma assistência constante que o mantém imune de todo erro e o ajuda a cumprir dignamente seu ofício de chefe visível do Corpo místico de Cristo.

(Cf. Carisma, Cristo, Igreja, Papa)
[Tradução: M. Couto]

Inferno

É a pena eterna infligida a quem se apresenta diante do tribunal de Deus (após a morte) num estado de desobediência grave aos seus mandamentos e de profunda hostilidade e ingratidão em relação a sua infinita misericórdia.

O tema do inferno ocupa um lugar importante na pregação de Jesus e muitas passagens do NT falam de maneira clara sobre o inferno. Especialmente no discurso escatológico reportado por Mateus, em que Jesus preanuncia que no juízo universal o Senhor separará os bons dos maus, e para estes dirá palavras terríveis: "Afastai-vos de mim, malditos, para o fogo eterno preparado para o Diabo e seus anjos! […]. Estes irão para o suplício eterno e os justos para a vida eterna" (Mt 25,41-46).

A existência do inferno e sua eternidade foram definidos algumas vezes pelo magistério eclesiástico: no símbolo *Quicumque* (DS 76) e no Concílio Lateranense IV (DS 801).

Os escritos em que Santo Tomás trabalha mais difusamente sobre o inferno são: o *Comentário às Sentenças* (*IV Sent.*, dd. 44-50) e a *Suma contra os Gentios* (III, cc. 142-145). A discussão feita no *Comentário às Sentenças* foi retomada e reorganizada no *Suplemento à Suma* (qq. 86, 94, 97-99).

1. Existência

Embora sendo uma verdade de fé, Santo Tomás elabora uma série de argumentos com os quais demonstra que é necessário reconhecer a existência do inferno. A demonstração se desenvolve ao longo dos seguintes passos: 1) *Todo pecado deve ser adequadamente punido*: "Como a justiça divina exige que, para guardar-se a igualdade nas coisas, sejam atribuídas penas para as culpas e prêmios para os atos bons, é necessário, se há grau nos atos virtuosos e nos pecados, como foi mostrado, que haja também grau de prêmios e de penas. Com efeito, de outra maneira não se guardaria a igualdade, se não se atribuísse ao que mais peca maior pena, ou ao que age melhor, maior prêmio, pois parece ser da mesma razão que se retribua diferentemente, segundo a diferença de bem e de mal, e segundo a diferença do bom e do melhor, ou do mal e do pior" (*C. G.*, III, c. 142); 2) *O pecado mortal deve ser punido mortalmente*: "Naquele, porém, que peca mortalmente, é desviada totalmente a intenção dirigida para o fim [...]. Portanto, àquele que peca mortalmente, é devida esta pena, de modo a ser totalmente excluído da consecução do fim" (ibid., c. 143). Ora, é exatamente nisso que consiste o castigo do inferno.

2. Eternidade

Contra Orígenes e seus discípulos, que haviam ensinado que a condenação ao inferno não seria eterna e que haveria a possibilidade para todos os danados (anjos e homens) de ser reabilitados mediante a apocatástase, Santo Tomás mostra que a punição deve ser eterna, e isso por dois motivos:

1) "Pela mesma razão de justiça, a pena é atribuída aos pecados, e o prêmio aos atos bons. Ora, o prêmio da virtude é a bem-aventurança. Essa é eterna, como foi mostrado (ibid., c. 140). Logo, também a pena, pela qual alguém é excluído da bem-aventurança, deve ser eterna" (ibid., c. 144).

2) "A equidade natural parece exigir que cada um seja privado do bem contra o qual age, pois com isso torna-se indigno dele. E daí é que, segundo a justiça civil, quem peca contra a nação é privado totalmente da sociedade da nação ou pela morte ou pelo exílio perpétuo, nem se atende a quanto de tempo se demorou pecando, mas àquilo contra o qual pecou. Ora, a mesma comparação se dá toda a vida presente com a nação terrena, e de toda a eternidade para a sociedade dos bem-aventurados, que, como foi mostrado gozam eternamente do fim último. Aquele, pois, que peca contra o fim último, e contra a caridade, pela qual existe a sociedade dos bem-aventurados e dos que tendem à beatitude, deve ser punido eternamente, embora tenha pecado por um breve lapso de tempo" (ibid.). Em outras palavras, a duração da pena se proporciona à disposição de ânimo de quem peca, e, assim como o traidor da pátria se tornou indigno para sua cidade, do mesmo modo quem ofende a Deus mortalmente se torna para sempre indigno de participar em sua mesma sorte; e quem despreza a vida eterna merece a morte eterna. Por outro lado, é impossível que intervenha alguma mudança ou na vontade de Deus, ou na dos danados. Concluída a fase de provação, tanto os homens como os demônios são para sempre obstinados no mal e não podem ser perdoados. Isso torna irreversível o decreto divino de sua condenação (cf. *Suppl.*, q. 99, aa. 2-3). Portanto, as penas dos danados não poderão jamais ter fim, como não há fim o prêmio dos bem-aventurados.

3. As penas

As penas não podem ter somente um caráter privativo: isto é, o inferno não pode simplesmente consistir na privação da bem-aventurança eterna; mas devem ter também um *caráter aflitivo*. Por isso "os que pecam contra Deus devem não apenas ser punidos pela exclusão da bem-aventurança perpétua, mas pela experiência de algo nocivo. [...] Além disso, assim como os bens são devidos aos que agem retamente, assim aos que agem perversamente são devidos males. Ora, os que agem retamente recebem a perfeição e a alegria no fim por eles intencionado. Ao contrário, portanto, deve-se aos que pecam a pena de modo que recebam aflição e dano daquelas coisas nas quais constituem o fim. Daí é que a Escritura divina ameaça os pecadores não só com a exclusão da glória, mas também com a aflição causadas por outras coisas. Com efeito, diz-se: 'Afastai-vos de mim, malditos, para o fogo eterno, que foi preparado para o diabo e seus Anjos' (Mt 25,41)" (*C. G.*, III, c. 145).

Entre as penas a que serão expostos os danados, Santo Tomás enumera, além do fogo, o choro e as trevas, para o que diz respeito ao corpo; a inveja e o ódio, para o que diz respeito à alma: os danados se entristecem pelo bem dos outros e desejariam que também os bons estivessem no inferno (cf. *Suppl.*, qq. 97-98).

4. O lugar

"Em que parte do mundo esteja situado o inferno, diz Santo Agostinho, não creio que alguém o possa sabê-lo, se o Espírito Santo não lho revelar". Contudo, Santo Tomás, baseado no que refere a Sagrada Escritura, considera que é possível afirmar que ele se encontra debaixo da terra; principalmente porque isso está indicado pelo próprio nome "inferno", isto é, a *parte inferior a nós*, e também porque esse é o lugar mais conveniente para os danados, como o céu é o lugar mais conveniente para os bem-aventurados (*Suppl.*, q. 97, a. 7).

(Cf. ESCATOLOGIA)
[Tradução: G. Frade]

Infidelidade

É a não fé, ou seja, a falta de fé. Pode-se entender, como explica Santo Tomás, que dedica a esse tema uma ampla questão da *Suma Teológica* (II-II, q. 10), de dois modos: em sentido lato se diz infidelidade de qualquer ausência de fé, até daquela inculpável; em sentido estrito é a ausência culpável, devida a uma recusa explícita à Palavra de Deus. Somente a segunda constitui pecado. A primeira "não é pecado, mas de pena, porque tal ignorância das coisas divinas é consequência do pecado do primeiro pai" (ibid., a. 1).

Segundo Santo Tomás, a infidelidade é *pecado gravíssimo*: "Todo pecado consiste formalmente na aversão a Deus, como já foi dito. Por isso, o pecado é tanto mais grave quanto por ele o homem mais se afasta de Deus. Ora, pela infidelidade o homem mais se afasta de Deus, porque não tem o verdadeiro conhecimento de Deus, e pelo falso conhecimento que tem não se aproxima dele, mas dele se afasta. Nem é possível que quem tem ideia falsa de Deus conheça algum aspecto de Deus, pois o que pensa ser Deus, não o é. Portanto, é claro que o pecado de infidelidade é o maior de todos os que acontecem por perversão de costumes" (ibid., a. 3).

Sobre o *valor das ações* dos infiéis — espinhosa e *vexata quaestio* desde os tempos de Agostinho, que na disputa ardente contra Pelágio chegou a dizer que todas as ações dos infiéis são más e que as próprias virtudes dos pagãos eram vícios dissimulados. Santo Tomás distingue entre valor sobrenatural e valor natural. Obviamente as ações não podem ter valor sobrenatural (salvífico) sendo os infiéis privados da graça; contudo, podem ter um valor natural, porque "o pecado mortal priva da graça santificante, mas não corrompe completamente o bem da natureza [...]. É claro que os infiéis não podem fazer boas obras que decorram da graça, isto é, obras meritórias; entretanto, podem, de algum modo, praticar boas obras para as quais basta o bem da natureza. Portanto, não pecam, necessariamente, em tudo o que fazem; mas, sempre que fazem alguma obra procedente da infidelidade, então pecam" (ibid., a. 4).

Santo Tomás distingue *três espécies* de infidelidade: a dos pagãos, que resistem à fé que jamais tiveram; a dos judeus, que resistem à fé tida em figura; a dos heréticos, que resistem à fé tida plenamente. Quanto à obstinação no resistir à fé, os heréticos são mais réus do que os judeus, e estes mais do que os pagãos; e, se bem que quanto à verdade da fé os pagãos errem mais do que os judeus e estes mais do que os heréticos, em termos absolutos a infidelidade pior é a dos heréticos (ibid., aa. 5-6).

No que concerne às *relações* com os infiéis, Santo Tomás distingue três níveis: privado, público e político. *Privadamente* pode-se tratar se não houver perigo de perversão, desde que não se trate de excomungados que devem ser evitados por preceito (ibid., a. 9). As *disputas públicas* com os infiéis podem ser feitas por quem é bem vigoroso na fé e o faz a título de exercício ou de apostolado; peca ao invés quem, não sendo firme na fé, o faz para ver se a fé é verdadeira; da mesma forma as disputas podem ser feitas diante dos fiéis que são cultos e forte na fé, mas não devem ser feitas diante de fiéis que são pessoas simples e cuja fé pode ser colocada em perigo, porque os infiéis e os malvados aproveitam da disputa e do contraditório para armar ciladas (ibid., a. 7). Enfim, no que concerne aos poderes públicos, Santo Tomás exclui qualquer forma de intolerância e de repressão.

O regime humano deve imitar o governo de Deus, que deixa ao mundo também os maus, por isso o culto dos infiéis pode ser *tolerado* para evitar males piores ou não impedir bens maiores, ou para qualquer bem particular, como seria o testemunho que é dado à fé do culto dos judeus. Os filhos dos infiéis, quando os pais são contrários, não podem ser batizados antes do uso da razão, e depois do uso da razão podem ser induzidos, mas não constrangidos ao batismo (ibid., aa. 11-12).

Na doutrina de Santo Tomás sobre a infidelidade se registra um notável progresso com respeito à posição de desprezo e hostilidade que se encontra nos Padres em relação ao paganismo e a religiões não cristãs em geral, posição historicamente compreensível, numa época de reiteradas perseguições ao cristianismo. Certamente, nem mesmo em Santo Tomás se encontra uma valorização positiva das religiões não cristãs, mas é já importante a sua defesa da tese da *tolerância religiosa*, uma tese que conseguirá atingir a época moderna somente depois de ferozes guerras de religião, por mérito principalmente de Locke e de Leibniz.

(Cf. Fé, Religião, Salvação)

[Tradução: M. Couto]

Infinito

O termo em geral significa algo que é sem limites (*apeiron* em grego; *infinitum* em latim): "*Dicitur enim infinitum ex eo quod non finitur*" (*Quodl.* III, q. 2, a. 3).

Ao longo dos séculos o infinito assumiu diversos valores semânticos. Para o pensamento grego clássico é um título de imperfeição, porquanto para os gregos a perfeição é dada por aquilo que é cumprido, completamente feito e que, portanto, tem uma *forma* bem definida, finita. Com os Padres da Igreja (e também com os neoplatônicos) a palavra infinito adquire um valor positivo; isso acontece despojando a divindade (o Uno para os neoplatônicos) de qualquer forma sensível, ou melhor, absolutamente de qualquer forma, e compreendendo que a perfeição de Deus, que é absoluta, está justamente no ser isento de qualquer limitação. E, visto que ser infinito é propriedade exclusiva de Deus, a expressão "Infinito" torna-se um dos nomes próprios de Deus.

Santo Tomás distingue duas formas de infinito: em ato e em potência. É infinito *em ato* aquilo que é realmente, de fato, por si próprio e absolutamente tal. Ao contrário, é infinito *em potência* aquilo que é suscetível sempre de posteriores atuações ou divisões; por exemplo "um pedaço de madeira é finito segundo sua forma, mas é infinito sob certo aspecto, enquanto está em potência (pelas mãos do artista) a uma infinidade de figuras" (I, q. 7, a. 2).

É *potencialmente infinita a matéria* uma vez que pode assumir sucessivamente infinitas formas: "A matéria enquanto está sob uma forma substancial permanece em potência a muitas formas acidentais" (ibid.). Nenhuma forma pode, ao contrário, ser infinita. Ainda admitindo a existência de formas espirituais (por exemplo, os anjos), Santo Tomás exclui que se possam considerar infinitas, sendo finito o seu ato de ser. No máximo podem ser ditas *infinitas em sentido relativo*, "enquanto (essas formas) não estão limitadas, restritas por qualquer matéria" (ibid.).

Somente Deus é *infinito em ato*, porque é o ser imparticipado, não recebido, que não sofre nenhuma limitação por parte da essência, mas o ser constitui sua própria essência. "Ora, aquilo que é o mais formal é o próprio (*quod est maxime formale omnium est ipsum esse*) [...]. Como o ser divino não é um ser recebido em algo, mas Deus é seu ser subsistente, como já se mostrou, fica claro que Deus é infinito e perfeito" (ibid., a. 1). Todas as perfeições divinas são atualmente infinitas: infinita a bondade, infinita a sabedoria, infinita a verdade, infinito o amor, infinito o poder, infinita a justiça etc., mas na *filosofia do ser* de Santo Tomás a raiz última da infinitude é o próprio ser, fonte de toda perfeição e de toda atualidade.

(Cf. Deus, Participação, Perfeição)

[Tradução: E. Uchôa]

Injustiça

É o contrário da justiça: "*Iniustitia iustitiae opponitur*" (II-II, q. 59, a. 1). E por isso no tratado de Santo Tomás se encontram, modificados, todos os elementos que entram no estudo da justiça: o objeto, o ato, a divisão, a malícia. "Como a igualdade nas coisas exteriores (*aliquid aequale in rebus exterioribus*) é o *objeto* da justiça, assim o objeto da injustiça, é a desigualdade, no sentido de atribuir a alguém mais ou menos do que convém" (ibid., a. 2): isto é, não se dá a cada um o seu como quer a justiça. Para que haja efetivamente um pecado de injustiça, devem ser válidas as condições gerais requeridas para o pecado, ou seja, percepção (e não ignorância) e consenso: "Portanto, praticar a injustiça, por intenção e livre escolha, é próprio do injusto, no sentido em que se diz que injusto é o que tem o hábito da injustiça". "Por isso, se alguém comete uma injustiça, sem visá-la intencionalmente, por ignorância, por exemplo, sem pensar fazer algo de injusto, não comete formal e propriamente injustiça, mas só por acidente fazendo materialmente o que é injusto" (ibid.).

Na *divisão* da injustiça, Santo Tomás recorda como tipos principais a injustiça *legal* (que, obviamente, se opõe à justiça legal) e a injustiça *comutativa*, "que consiste numa certa desigualdade em relação a outrem; enquanto, precisamente, se querem mais bens, como riquezas e honras, e menos males, como trabalhos e danos" (II-II, q. 59, a. 1).

Quanto à *malícia*, segundo são lesados grave ou levemente os direitos de outrem, pode ser grave ou leve. "Quem comete uma injustiça em pequenas coisas não realiza a injustiça de maneira perfeita, pois pode-se considerar que o seu ato não é absolutamente contrário à vontade de quem o sofre. É o caso, por exemplo, de se tirar de outrem um fruto apenas ou algo de equivalente, sendo provável que isso não o lesará nem lhe desagradará" (ibid., a. 4, ad 2). Se ao invés o dano é grave, então se comete pecado mortal, seja porque se ofende seriamente a caridade, seja porque se age contra um preceito da lei de Deus (ibid., a. 4).

(Cf. Justiça, Pecado, Vício)
[Tradução: M. Couto]

Instinto

Deriva de *instinguere* = incitar, estimular, e como resulta já da própria etimologia é, em sentido genérico, uma atividade que do interior, sem consciência reflexa e sem orientação da vontade, incita, estimula o indivíduo a cumprir determinadas atividades.

Santo Tomás conhece o termo *instinctus*, mas o usa raramente. Para denominar o impulso instintivo ele se vale geralmente das expressões: *aestimativa naturalis*, *potentia aestimativa*, *virtus aestimativa*. Ela é uma faculdade que pertence essencialmente à ordem sensitiva (não à intelectiva, em que as tarefas do instinto são absorvidas ou pela cogitativa ou pela razão). E é uma das quatro formas principais do conhecimento sensitivo produzida por órgãos internos; as outras são o sentido comum, a memória e a fantasia. O objeto específico do instinto (estimativa) é apreender as coisas sob o aspecto da utilidade ou da nocividade: esse aspecto "os animais o percebem apenas por um instinto natural; o homem também por uma espécie de comparação. Por isso, a potência que se denomina nos animais de *estimativa natural* é chamada no homem de *cogitativa*, porque descobre essas intenções por uma espécie de comparação" (I, q. 78, a. 4).

Na vertente dos apetites o que corresponde à estimativa é o apetite concupiscível, quando o que é proposto pela estimativa é um bem que se pode facilmente conseguir ou conservar, ou um mal que se pode facilmente exorcizar; ou o apetite irascível, quando ao invés se trata de um bem que é árduo defender ou um mal que é difícil repelir (cf. I-II, q. 23, aa. 1 e 2). Esses apetites, nos animais, operam instintivamente. "Eis o motivo disso: o apetite sensitivo nos animais move-se naturalmente pela potência estimativa (*appetitus sensitivus in aliis animalibus natus est moveri ab aes-*

timativa virtute). Por exemplo, a ovelha, julgando o lobo como seu inimigo, o teme [...]. Nos animais, com efeito, o movimento segue-se imediatamente ao apetite concupiscível e irascível. Assim, por exemplo, a ovelha que tem medo do lobo foge imediatamente" (I, q. 81, a. 3).

[Tradução: M. Couto]

Intelecto (dom)

É um dos sete dons do Espírito Santo: é aquela luz da mente pela qual se penetra nas considerações das coisas sobrenaturais, as quais a força natural da mente não pode atingir. "A luz natural da nossa inteligência tem potência limitada (*est finitae virtutis*) e, portanto, pode atingir alguma coisa até certos limites determinados. Por isso, o homem precisa de uma luz sobrenatural para chegar a certos conhecimentos que não pode obter pela luz natural. E essa luz sobrenatural dada ao homem chama-se dom da inteligência" (II-II, q. 8, a. 1). O dom do intelecto se distingue dos outros dons quer porque pertence mais à potência cognoscitiva do que à apetitiva, quer porque em dita potência cognoscitiva há uma função especial, o conhecimento mais íntimo, isto é, da verdade da fé (ibid., a. 6). Não é incompatível com a virtude da fé, porque se exercita em torno aos mistérios como a Trindade e a Encarnação, não para compreendê-los, mas para admirar a consistência dos argumentos diante da inanidade das objeções; ou ainda se exercita em torno a coisas que não são de fé, mas estão ordenadas à fé, como seria um conhecimento profundo da Sagrada Escritura (ibid., a. 2).

Todos os que possuem o dom do intelecto *têm a graça*, porque ninguém pode ser orientado perfeitamente ao bem sobrenatural sem a consideração desse bem, e justamente nessa consideração está o dom do intelecto; dom que, consequentemente, não pode ser encontrado, se não impropriamente, em quem não tem a graça santificante, porque não se pode dizer que alguém siga plenamente as moções que o Espírito Santo o faz sentir, se tem o coração distanciado do fim último (ibid., aa. 4-5).

O dom do intelecto não diz respeito somente à parte especulativa mas também à prática, de fato "o dom da inteligência aplica-se não somente ao que pertence à fé a título primário e principal, mas também a tudo aquilo que a ela se ordena. Ora, as boas ações (*operationes bonae*), de certo modo, se ordenam para a fé, pois a fé obra pela caridade (Gl 5,6), como diz o Apóstolo. Logo, o dom da inteligência se estende também a certas obras, não por versar principalmente sobre elas, mas enquanto no agir nos pautamos 'por razões eternas, às quais adere a razão superior' que é aperfeiçoada pelo dom da inteligência 'considerando-as e consultando-as', segundo Agostinho" (ibid., a. 3). "Deve-se dizer que cabe à dignidade do dom, que é a inteligência, considerar as realidades inteligíveis que são eternas ou necessárias, não somente como elas são em si mesmas, mas também enquanto elas são regras para os atos humanos, porque o conhecimento é tanto mais nobre quanto se estende a mais objetos" (ibid., ad 2).

(Cf. Conhecimento, Dons, Espírito Santo, Intelecto (humano))

[Tradução: M. Couto]

Intelecto (humano)

Do latim *intus-legere* = ler dentro. Na filosofia aristotélica, escolástica e também em grande parte da moderna, até Kant, este termo designa a faculdade de todo conhecimento universal (enquanto a fantasia e os sentidos são as faculdades dos conhecimentos particulares). À sua atividade pertencem a abstração das ideias, os juízos, os raciocínios. É também função do intelecto o conhecimento dos princípios primeiros. Para explicar a abstração das ideias, Aristóteles e seus seguidores distinguem dois intelectos: agente e passivo (ou também possível). O primeiro ilumina os *fantasmas* (isto é, as imagens da fantasia) e colhe desse modo o núcleo essencial, isto é, a ideia; o segundo recolhe e conserva a ideia elaborada pelo intelecto agente. Na filosofia kantiana e pós-kantiana a palavra intelecto está reservada à faculdade do juízo; enquanto o papel de formular os raciocínios é confiado à *razão*. A distinção kantiana deu origem a um uso diferente, que consiste em atribuir à razão o conhecimento do eterno e do absoluto, enquanto o intelecto se exercita sobre o que é empiricamente dado.

Aristóteles escreveu: "Enquanto o intelecto passivo torna-se todas as coisas, o intelecto agente produz todas as coisas [...]. E este intelecto é separado, impassível e sem mescla, porque a sua substância é o próprio ato" (*Sobre a alma* III, 5, 430a 10). Essa distinção aristotélica deu lugar a uma notável discrepância de interpretações e a vivas discussões entre seus comentadores. Por outro lado, não se tratava de disputa de pouca consideração, pois a questão do intelecto agente estava estritamente ligada ao problema da imortalidade da alma. De fato, se o intelecto agente é impessoal (como parece sugerir o texto aristotélico), parece que se deva negar a doutrina da imortalidade pessoal. As soluções mais conhecidas avançadas pelos comentadores de Aristóteles são as de Alexandre de Afrodísia, Temistio, Averróis e Tomás de Aquino. Alexandro de Afrodísia identifica o intelecto agente com Deus e nega a imortalidade pessoal; Temistio afirma que o intelecto agente é parte da alma humana, mas é um *intelecto material*, como é material a própria alma. Averróis retoma a interpretação de Alexandro de Afrodisia e faz do intelecto agente uma substância separada, enquanto reconhece para as almas particulares um intelecto *adquirido* que pode ser gerado e portanto também corruptível, cujas funções são as de exibir ao intelecto agente os fantasmas recebidos da fantasia, que o próprio intelecto agente transforma de inteligíveis em potência em inteligíveis em ato.

A questão do intelecto, de sua natureza, de suas funções e do seu objeto próprio é uma das questões que apaixonaram em grande medida Santo Tomás, que fez dela seu objeto de estudo preferido do início ao fim de sua carreira acadêmica. A essa questão ele dedica amplos tratados em muitas obras, em particular: no *Comentário às Sentenças* (II, d. 12, q. 2); na *Suma contra os Gentios* (II, cc. 73-78), na *Suma Teológica* (I, q. 76); no *Sobre a Alma* (aa. 3-5); no *De Spiritualibus creaturis* (aa. 9-10) *e no Sobre a unidade do intelecto contra os Averroístas.*

1. A individualidade do intelecto

Da questão do caráter pessoal ou impessoal do intelecto Santo Tomás trata já no *Comentário às Sentenças*. Num artigo intitulado "se o intelecto é uno em todos os homens", contesta a tese de Averróis e mostra que *"intellectum agentem esse in diversis diversum"*, dado que é absolutamente improvável que na alma racional não haja um princípio próprio graças ao qual possa desenvolver uma operação que é conatural, a operação do conhecimento intelectivo; o que ocorreria no caso de se supor que há um único intelecto para todos os homens, quer fosse identificado com Deus ou com uma inteligência separada (*sive dicatur Deus vel intelligentia*) (*II Sent.*, d. 17, q. 2, a. 1).

Na *Suma contra os Gentios*, Santo Tomás ataca novamente Averróis, acusando-o de haver falsificado o sentido genuíno dos textos aristotélicos, e recordando o princípio de que a alma é forma do corpo e de que o intelecto possível é faculdade essencial da alma, conclui que, sendo uma virtude da alma, é necessário que não seja uno em todos, mas que se multiplique como se multiplicam as almas, de fato "o homem se diferencia especificamente dos animais irracionais, porque possui intelecto" (*C. G.*, II, c. 59 [1368]).

Na *Suma Teológica* o Doutor Angélico refuta a doutrina averroísta de que o intelecto se une à alma simplesmente por meio dos fantasmas ou imagens; essa tese é insustentável por duas razões: antes de tudo porque não é verdade que os fantasmas sejam objeto do intelecto, mas são somente matéria da operação intelectiva; em segundo lugar porque, se fosse verdade que a distinção entre os homens individuais dependesse simplesmente da diversidade dos fantasmas, "não se distinguiriam entre si por algo estranho à sua essência", e assim, "se Sócrates e Platão são um só intelecto, seriam também um só homem" (I, q. 76, a. 2).

Quando em 1268 Santo Tomás foi chamado pela segunda vez para ocupar a cátedra de teologia da universidade de Paris, a questão da *unidade do intelecto* havia se tornado mais urgente do que nunca, por causa da presença naquela universidade de numerosos averroístas, capitaneados por Siger de Brabante. Assim, Santo Tomás voltou novamente à arena e no decorrer de três anos produziu três vigorosos ensaios, dedicados exclusivamente a este tema: o *Sobre a Alma*, o *Sobre as Criaturas Espirituais* e o *Sobre a unidade do intelecto contra os Averroístas*. Os argumentos que ele apresenta contra Averróis são substancialmente os mesmos, mas agora estão enriquecidos com considerações mais amplas e profundas. Alguns argumentos têm caráter *indutivo*, visto que da própria experiência do conhecer, que resulta ser algo absolutamente individual e pessoal:

1) "É, de fato, manifesto que as conclusões das ciências não são as mesmas para todos, pois alguns possuem conhecimentos de que outros carecem. Não obstante, parece impossível e inconveniente não haver a mesma perfeição segunda para todos os homens, se existe uma perfeição primeira para todos eles, assim como é impossível que um mesmo sujeito primeiro se encontre em ato e em potência com respeito à mesma forma, isto é, que, por exemplo, uma superfície seja simultaneamente branca em ato e em potência" (*De An.*, a. 3).

2) "Um homem particular — Sócrates ou Platão — faz quando quer as coisas inteligíveis em ato, abstraindo o universal das coisas particulares, quando distingue o que é comum a todos os indivíduos das coisas que são próprias dos indivíduos. Portanto, a ação do intelecto agente, que abstrai o universal, é ação deste homem, como também considerar ou julgar sobre a natureza comum que é a ação do intelecto possível. E cada agente tem formalmente em si mesmo a virtude que é princípio de tal ação. Por isso, como é necessário que o intelecto possível seja algo formalmente inerente ao homem, assim é necessário que o intelecto agente seja algo formalmente inerente ao homem" (*De Spir. Creat.*, a. 10).

Outros argumentos têm caráter dedutivo, e são tirados ou da natureza da alma, ou da própria natureza do agir, ou ainda das consequências perniciosas que seguem à negação da individualidade do intelecto: 1) É certo que existe um intelecto perfeito que é causa de todos os intelectos, mas aquilo com que a alma conhece não é o intelecto perfeito, mas sim o intelecto participado que lhe cabe como criatura espiritual: "A alma é a mais perfeita das criaturas inferiores. Por isso, além da virtude universal do intelecto superior, é necessário admitir a participação na alma de uma virtude particular adequada a esse determinado efeito, para que as coisas se tornem inteligíveis em ato" (ibid.); 2) "É necessário que em todo agente haja um princípio formal pelo qual ele opere formalmente, porque é impossível que um agente opere formalmente mediante algo que é separado dele segundo o ser. Em verdade, ainda que o separado seja apenas princípio motor da operação, não obstante seria necessário haver algo intrínseco pelo qual opere formalmente, seja este uma forma ou uma impressão de algum tipo. Logo, deve haver em nós um princípio formal pelo qual recebemos os inteligíveis, e outro pelo qual os abstraímos. E tais princípios se chamam intelecto possível e intelecto agente" (*De An.*, a. 5). "Se o intelecto de todos fosse um só, um só deveria ser também o sujeito que entende, e consequentemente o intelecto que quer [...] uma só vontade estaria em todos, o que é falso e destrói completamente a filosofia moral" (*De Unitat. Intell.*, a. 4).

2. Intelecto agente e possível

O argumento no qual Santo Tomás fundamenta a distinção na alma de dois intelectos, um possível e outro agente, é o seguinte. Enquanto o intelecto divino é totalmente em ato, ou seja, todos os inteligíveis estão eternamente sob seu olhar; vice-versa, o intelecto humano, no início, está totalmente em potência (é uma *tabula rasa*); nem aquilo que está em potência está em condições de passar ao ato por sua iniciativa (como a matéria não pode dar-se as formas): portanto, é necessário admitir na alma além da disposição passiva também um poder ativo, e este é exatamente o intelecto agente (cf. *II Sent.*, d. 17, q. 2, a. 1; I, q. 79, aa. 2-3; *De Spir. Creat.*, a. 10; *De An.*, a. 4). De que modo a mesma substância da alma pode ter os dois intelectos, possível e agente, Santo Tomás explica-o assim: "Pois não é impossível que algo esteja em potência e em ato com respeito à mesma coisa, se isto se dá sob aspectos diferentes. Assim, se consideramos os próprios fantasmas com respeito à alma humana, vemos que estão *em potência* na medida em que não estão abstraídos das condições individualizantes, mas podem vir a sê-lo; por outro lado, também com respeito à alma humana tais fantasmas se encontram *em ato*, na medida em que são semelhanças das coisas concretas. É necessário, pois, que resida em nossa alma uma potencialidade com respeito aos fantasmas enquanto são representativos das coisas concretas; e isto pertence ao intelecto possível, que em si está em potência pra todos os inteligíveis, mas é determinado para este ou aquele inteligível pela espécie abstraída dos fantasmas. Ademais, também é necessário que haja na alma uma potência ativa imaterial que abstraia os fantasmas de suas condições materiais, o que cabe ao intelecto agente, de maneira que este é como uma virtude participada de uma substância superior, a saber: Deus" (*De An.*, a. 5).

3. Espiritualidade e infinitude do intelecto

A faculdade intelectiva, faculdade principal da alma, é faculdade delicadamente espiritual, e o é em suas duas dimensões: tanto na possível quanto na agente. Santo Tomás se empenha frequentemente em vivos debates contra os averroístas, polemizando contra a tese destes, segundo a qual o único aspecto espiritual do conhecer humano é o que compete ao intelecto agente; enquanto negavam a espiritualidade do intelecto possível. Para o Doutor Angélico, essa tese é inadmissível não só porque contraria a fé, que ensina que "a vida eterna é conhecer o verdadeiro Deus" (Jo 17,7), mas também porque se opõe à razão, e isso por vários motivos: 1) "Porque a operação do intelecto tem como objeto todas as formas corpóreas, e isso exige que o princípio dessa operação prescinda de qualquer forma material, isto é, que seja imaterial" (*II Sent.*, d. 19, q. 1, a. 1, sol.); 2) "porque conhece os universais, ao passo que num órgão corpóreo só podem ser recebidas intenções particulares" (ibid.); 3) "porque o intelecto se autocompreende e isto não pode ocorrer em nenhuma faculdade cuja operação esteja ligada a um órgão corpóreo" (ibid.).

Interessantes são as observações feitas por Santo Tomás a propósito da *abertura infinita* de que é dotada a inteligência humana, abertura que reflete e confirma sua imaterialidade: "Aquela parte da alma que no seu agir não depende de um órgão corpóreo não permanece bloqueada (*non remanet determinata*), mas é de certo modo (*quodam modo*) infinita, sendo imaterial; e com a sua capacidade se estende ao que é comum a todos os entes (o ser)" (*De Ver.*, q. 15, a. 2). "Todas as coisas imateriais gozam de certa infinitude, enquanto abarcam tudo, ou porque se trata da essência de uma realidade espiritual que funciona como modelo e semelhança de tudo, como é o caso de Deus, ou então porque possui a semelhança de cada coisa, ou em ato (como nos anjos) ou em potência (como nas almas)" (*III Sent.*, d. 27, q. 1, a. 4).

4. Objeto do intelecto

No conhecimento intelectivo Santo Tomás distingue dois objetos, a saber: próprio e adequado. *Objeto próprio* são as essências das coisas materiais. E seu conhecimento se alcança mediante a abstração dos fantasmas: "Para o intelecto humano, que está unido a um corpo, o objeto próprio é a quididade ou natureza que existe em uma matéria corporal. E é pelas naturezas das coisas visíveis que se eleva a um certo conhecimento das realidades invisíveis [...]. Daí, para que o intelecto conheça em ato seu objeto próprio, é preciso que se volte para as representações imaginárias (*phantasmata*) a fim de considerar a natureza universal existente no particular" (I, q. 84, a. 7). Por sua vez, *objeto adequado* é o ser em toda a sua extensão e compreensão. E na perspectiva específica de Santo Tomás, o objeto adequado torna-se o ser compreendido intensivamente: a *actualitas omnium actuum*, a *perfectio omnium perfectionum*. Só o ser intensivo com sua perfeição e atualidade infinitas está em condições de completar, ao atuá-la, a infinita abertura da inteligência humana. E, uma vez que, do ponto de vista metafísico, o ser intensivo coincide, na sua plena atuação, com o *esse ipsum subsistens*, Santo Tomás conclui logicamente que somente Deus pode preencher plenamente a sede de verdade do intelecto humano; e, assim, quando o homem já não conhecer Deus *per speculum et in enigmate*, mas o vir face a face e o contemplar pelo êxtase, então atingirá a plenitude da bem-aventurança (I-II, q. 3, a. 4).

5. Intelecto especulativo e prático

A propósito da distinção já colocada por Aristóteles, entre intelecto especulativo e prático, Santo Tomás faz as seguintes considerações perspicazes e rigorosas. "Os intelectos especulativo e prático diferem nisto: o intelecto especulativo considera o verdadeiro em absoluto; enquanto o intelecto prático considera o verdadeiro em relação ao agir. Algumas vezes ocorre que o verdadeiro tomado em si mesmo não possa tornar-se regra do agir, e é precisamente o que ocorre nas matemáticas; para as quais o estudo não pode ter senão caráter especulativo. Outras vezes, ao invés, o verdadeiro tomado em si mesmo pode também tornar-se regra do agir: então o intelecto especulativo torna-se prático enquanto vem ampliado ao agir. Mas isso pode ser considerado de dois modos. 1º — O verdadeiro que é estudado recebe sua importância do fato de ser endereçado à ação. Neste caso, porque se aplica ao contingente, não possui uma verdade estável (*non habet fixam veritatem*): tal é o estudo sobre os atos da virtude. Embora esse estudo possa pertencer ao intelecto quer especulativo quer prático, diz respeito todavia principalmente ao intelecto prático. 2º — O verdadeiro estudado continua a ter sua importância também no caso de não estar ordenado à ação imediata, como no estudo das realidades divinas, cujo conhecimento, porém, dado que Deus constitui o fim último do agir, permite dirigir o operar. Neste segundo caso o estudo pertence primariamente ao intelecto especulativo e secundariamente ao prático" (*III Sent.*, d. 23, q. 2, a. 3, sol. 2).

(Cf. Abstração, Averróis, Averroísmo, Conhecimento, Iluminação)

[Tradução: M. Couto]

Intemperança

É o vício que consiste no uso excessivo de algo, em particular das coisas que dão prazer. Intemperança não equivale a busca do prazer, porque há uma busca do prazer que é totalmente natural. De fato, "a natureza ajuntou o prazer (*delectationem*) às atividades necessárias à vida do homem. Por isso, a ordem natural exige que ele desfrute esses prazeres, enquanto indispensáveis à sua saúde, quer quanto à conservação individual, quer quanto à da espécie. Portanto, pecaria quem evitasse os prazeres sensíveis a ponto de desprezar o que é necessário à conservação da natureza, contrariando assim a ordem natural" (II-II, q. 142, a. 1).

Existe intemperança quando se faz um uso excessivo das coisas que causam prazer. Segundo Santo Tomás, a intemperança é um vício sumamente vergonhoso (*maxime exprobrabile*), e isso por dois motivos. "Primeiro, porque é sumamente contrária à excelência humana, pois seu objeto são os prazeres que temos em comum com os brutos [...]. Em segundo lugar, porque é o que mais se opõe ao brilho e à beleza do homem, pois é nos prazeres, que constituem o objeto da intemperança, que menos aparece a luz da razão, donde vem toda a beleza e esplendor da virtude (*in delectationibus circa quas est intemperantia, minus apparet de lumine rationis, ex qua est tota claritas et pulchritudo virtutis*). Por isso, tais prazeres são considerados os mais servis" (ibid., a. 4).

(Cf. Prazer, Temperança)
[Tradução: M. Couto]

Intenção

Segundo o significado etimológico, significa "tender para algo": "*Intentio, sicut ipsum nomen sonat, significat in aliquid tendere*" (I-II, q. 12, a. 1). Termo bastante usado por Santo Tomás, que lhe atribui vários significados. Não raramente o emprega, como sinônimo de *atenção*; este, um uso de clara proveniência agostiniana. Mas os dois significados principais sobre os quais Santo Tomás se detém propositadamente e repetidas vezes para fixar seu sentido preciso são os de *intentio*, num sentido que podemos chamar *gnoseológico*, como objeto de pensamento, e nesse caso se torna sinônimo de *species, similitudo, forma intelligibilis* etc., e de *intentio*, num sentido que podemos chamar *ético*, como ato da vontade, e nesse caso se torna sinônimo de *finis, propositum*.

1. A intenção em sentido gnoseológico

É a representação, imagem, ideia, a *species* que está presente na mente (nos sentidos, no intelecto) graças à qual esta adquire conhecimento de algo: por exemplo, é a imagem da pedra presente na pupila (*II Sent.*, d. 19, q. 1, a. 3, ad 1); é o modo de ser de uma coisa na alma, que não pode ser aquele material (não é a pedra na sua materialidade que está presente na pupila ou no intelecto), mas segundo um modo de ser "espiritual" (cf. ibid.). "Chamo de *intenção inteligida* aquilo que o intelecto concebe em si mesmo, quanto à coisa concebida. Isto, em nós, não é a coisa de que temos intelecção, nem é a própria essência do intelecto, mas é uma certa semelhança da coisa conhecida concebida no intelecto, significada pelas palavras exteriores" (*C. G.*, IV, c. 11, n. 3466).

Na *intentio* Santo Tomás distingue dois aspectos: noético e psicológico. Psicologicamente é um evento mental particular e individual (mesmo quando se trata de ideias universais); enquanto sob o aspecto noético, quando se refere à essência das coisas, tem um valor universal. "A *species intellecta* (ou *intentio intellecta*) pode ser considerada sob dois aspectos: segundo o ser que está na mente, e neste caso é particular; ou então, por ser a representação (*similitudo*) da coisa conhecida e conduzir ao seu conhecimento; e deste ponto de vista é dotada de universalidade (*habet universalitatem*), pois não é a representação dessa coisa por ser essa coisa, mas sim segundo a natureza em que convém com outras coisas da mesma espécie" (*II Sent.*, d. 17, q. 2, a. 1, ad 3; cf. *II Sent.*, d. 3, q. 1, a. 2, ad 3; *C. G.*, I, c. 53).

Uma divisão importante da intenção sob o aspecto gnoseológico é aquela entre *primeira* e *segunda* intenção. A primeira tem como objeto realidades extramentais, a segunda tem por objeto realidades mentais. Assim, a ideia de cão, homem, pedra, mão etc. são *primeiras intenções*; por sua vez, a ideia de conceito, de definição, juízo, divisão, predicável etc. são *segundas intenções*. O campo das segundas intenções é reservado à lógica; enquanto o campo das primeiras intenções corresponde aos outros setores da filosofia e da ciência.

2. A intenção em sentido ético

Em sentido ético Santo Tomás diz que "o nome *intenção* designa o ato da vontade, pressuposta a ordenação da razão, que ordena algo para o fim" (I-II, q. 12, a. 1, ad 3). É elemento fundamental para julgar da moralidade de um ato, porque, segundo Santo Tomás, a intenção constitui o aspecto formal do ato moral.

(Cf. Ato humano, Lógica)
[Tradução: M. Couto]

Intencionalidade

É a propriedade que o conhecimento tem de remeter a algo de distinto de si e, portanto, de não estar fechado em, e sobre, si mesmo. É uma propriedade reconhecida por todos os filósofos que concebem o conhecimento como representação de objetos e não como criação dos objetos em si. Já afirmada por Aristóteles, por Santo Tomás e por vários outros autores (inclusive os empiristas ingleses, os positivistas e os marxistas), a intencionalidade foi deixada de lado por muitos filósofos modernos e abertamente negada pelos idealistas e psicologistas. Ela foi novamente reconhecida e vigorosamente defendida por Brentano, Husserl e pela escola fenomenológica.

O termo intencionalidade é estranho ao vocabulário de Santo Tomás, mas não se dá o mesmo com a teoria, da qual, antes, o Doutor Angélico é um dos mais francos e determinados defensores. Ele critica a concepção subjetivista e imanentista do conhecimento, segundo a qual no evento cognoscitivo o homem estaria consciente somente das próprias impressões (sensações, ideias) e não das coisas. Conforme seu juízo, "essa opinião é evidentemente falsa, por duas razões. Primeira: porque é o mesmo o que conhecemos e aquilo de que trata as ciências. Se, pois, aquilo que conhecemos fosse somente as espécies que estão na alma, todas as ciências não seriam de coisas que estão fora da alma, mas somente das espécies inteligíveis que estão na alma. [...] Segunda razão: porque se chegaria ao erro dos antigos que diziam que 'tudo o que parece é verdadeiro', e assim afirmações contraditórias seriam ao mesmo tempo verdadeiras. Se, com efeito, uma potência não conhece senão sua própria impressão, só dela julga. Ora, uma coisa parece ser de tal maneira, conforme a potência cognoscitiva está afetada desse ou daquele modo. Portanto, o julgamento da potência cognoscitiva terá por objeto aquilo mesmo que ela julga, a saber, sua própria impressão, segundo o que ela é; e assim todo julgamento será verdadeiro" (I, q. 85, a. 2).

Para explicar como intenções (impressões, ideias), que embora se encontrem dentro de nós (na alma), nos permitem conhecer objetos externos a nós (existentes fora de nossa alma), Santo Tomás distingue nas intenções em si um duplo aspecto, psíquico e noético: psiquicamente são entidades que estão dentro de nós; do ponto de vista noético, são instrumentos que nos levam para fora de nós mesmos, nas coisas. "A *species intellecta* (ou *intentio intellecta*) pode ser considerada sob dois aspectos: segundo o ser que está na mente, e neste caso é particular; ou então, por ser a representação (*similitudo*) da coisa conhecida e conduzir ao seu conhecimento; e deste ponto de vista é dotada de universalidade (*habet universalitatem*), pois não é a representação dessa coisa por ser essa coisa, mas sim segundo a natureza em que convém com outras coisas da mesma espécie" (*II Sent.*, d. 17, q. 2, a. 1, ad 3; cf. *II Sent.*, d. 3, q. 1, a. 2, ad 3; *C. G.* I, c. 53; *De Ver.*, q. 10, a. 9). Portanto, "a semelhança da coisa visível é a forma segundo a qual a vista vê, e a semelhança da coisa conhecida, a saber, a espécie inteligível (*species intelligibilis*), é a forma que o intelecto conhece" (I, q. 85, a. 2).

Uma vez esclarecidos os dois aspectos da ideia, Santo Tomás explica como a mente chega a tomar consciência deles: isso ocorre mediante a reflexão (*per quandam reditionem*). De fato, a ideia (*intentio, species intelligibilis* etc.) imediatamente nos conduz ao objeto e nos torna conscientes daquilo que está fora de nós. Sucessivamente, refletindo sobre o fato de que o objeto não pode estar presente em nós materialmente (o cachorro, o elefante, o Coliseu etc. permanecem fora de nós), a inteligência se dá conta de possuir uma representação do objeto. "Toda potência da alma está voltada, antes de tudo, para seu objeto; por isso também sua ação primariamente e principalmente tende ao objeto (*primo et principaliter in obiectum tendit*). Em vez disso, àquilo com que se tende ao objeto, se chega somente mediante certo retorno (*per quandam reditionem*) sobre si mesma. Assim constatamos que a vista se dirige antes de tudo para a cor, e ao ato de ver não se chega senão voltando-se para si mesma, isto é, enquanto vê a cor se dá conta de ver. Contudo, no sentido, essa reflexão (*reditio*) ocorre de modo incompleto; ao invés, no intelecto, ela ocorre de modo completo, e graças a uma reflexão completa (*reditione completa*) chega a conhecer a essência da alma" (*De Ver.*, q. 10, a. 9).

A partir do texto citado resulta que a intencionalidade diz respeito principalmente ao conhecimento, contudo não é sua propriedade exclusiva, mas acompanha todas as faculdades da alma: "*Toda potência da alma está voltada, antes de tudo, para seu objeto*". Portanto, nas devidas proporções, a teoria da intencionalidade se aplica também à vontade, ao desejo, às paixões, aos sentimentos etc. Graças à doutrina da intencionalidade, Santo Tomás pode elaborar uma concepção *realista*, além da gnoseologia, também da moral, da política, da arte, do direito, da religião.

(Cf. Conhecimento, Gnoseologia, Intenção)
[Tradução: G. Frade]

Interpretação cf. Exegese

Intuição

É o conhecimento direto e imediato de um objeto do pensamento atualmente presente na mente e colhido em sua realidade individual (por exemplo, a vista da casa, do livro etc.).

O termo "*intuitio*" é estranho à linguagem de Santo Tomás. As expressões que mais se aproximam são *intuitus* e *visio*, mas nenhuma das duas é sinônimo de *intuitio*. De fato, *intuitus* é definido como "uma presença inteligível no intelecto realizada em qualquer modo (*praesentia intelligibilis ad intellectum quocumque modo*)" (*I Sent.*, d. 3, q. 4, a. 5). Uma vez que diz respeito a *qualquer tipo de presença mental*, o *intuitus* pode ser referido quer ao conhecimento intuitivo, quer ao conhecimento abstrato e racional: não é, pois, sinônimo de intuição. Quanto à *visio*, Santo Tomás diz que "propriamente falando é o ato do sentido da vista, todavia, por motivo da nobreza desse sentido, o termo foi transferido também aos atos das outras faculdades cognoscitivas, pela semelhança que têm com o sentido da vista" (*III Sent.*, d. 24, q. 1, a. 2, sol. 1). No sentido metafórico, o termo "visão" poderia tornar-se sinônimo de *intuitio*.

Contudo, se nos perguntam quais são os conhecimentos aos quais Santo Tomás reconhece um caráter intuitivo, a resposta não admitirá dúvida: para Santo Tomás os únicos conhecimentos intuitivos, que estão em contato direto com a realidade conhecida, são os dos sentidos. Todos os outros conhecimentos, inclusive os dos princípios primeiros, são de índole abstrata, devem passar através do filtro dos fantasmas: porque o objeto do qual o intelecto abstrai as ideias e nas quais opera também a leitura dos primeiros princípios são os fantasmas.

(Cf. Abstração, Princípio)
[Tradução: M. Couto]

Inveja

É uma tristeza motivada pelo bem de outrem, considerado mal pessoal na medida em que diminui nossa glória ou excelência: "*Bonum alterius aestimatur ut malum proprium inquantum est diminutivum propriae gloriae vel excellentiae*" (II-II, q. 36, a. 1). A inveja nasce da soberba e é como ela um dos sete vícios capitais. São Paulo a condena como fonte de divisões que destroem a comunidade (Fl 1,15; 2Cor 12,20).

Santo Tomás esclarece que a inveja é pecado quando é um ficar triste porque o próximo se destaca no bem, porque isso é contra o amor ao próximo; não é pecado se o motivo de ficar triste é porque o próximo é indigno daquele bem ou porque há o temor de que ele abuse do seu uso contra nós; se, no entanto, o motivo não for que o próximo possua aquele bem, mas que nós fomos privados dele, então não há inveja, mas emulação.

A inveja é contrária à caridade e, por si mesma, é pecado mortal, se não for imposta simplesmente pela paixão do apetite concupiscível, mas for compartilhada pela razão e pela vontade. "O movimento de inveja, enquanto paixão da sensualidade, é um ato imperfeito no gênero dos atos humanos, cujo princípio é a razão. Esta inveja não é pecado mortal" (ibid., a. 3, ad 1).

A inveja é pecado capital, porque é princípio de outros pecados, tais como o murmúrio, a detração, a exultação pela desgraça do próximo e a dor pelo seu sucesso, o ódio (II-II, q. 35, a. 4).

[Tradução: M. Couto]

Involuntário

É um ato que não é causado pela vontade, mas pela constrição ou pela ignorância. Como observa Aristóteles, esse tema é de capital importância para a ética, que tem como objeto o estudo da virtude. De fato, "posto que a virtude se relaciona com paixões e ações, e apenas as paixões e ações voluntárias são louvadas ou censuradas, ao passo que as involuntárias recebem perdão e às vezes inspiram compaixão, parece necessária a quem estuda a natureza da virtude a distinção entre o voluntário e o involuntário. Tal distinção também será útil ao legislador com respeito à atribuição de honras e aplicação de castigos" (*Ética a Nicômaco* III, 1, 1109b, 30).

Sobre a voluntariedade e a involuntariedade em geral (*utrum violentia voluntati possit inferri*), Santo Tomás faz a capital observação de que diretamente não se pode jamais fazer violência à vontade; pode-se lhe fazer violência somente indiretamente. Eis a explicação perspicaz: "O ato da vontade é duplo: um, que lhe é imediato, como emanado dela, querer; outro, que é por ela imperado e exercido por outra potência, como andar, falar, que são imperados pela vontade, mas exercidos por uma potência motora. Quanto aos atos imperados pela vontade, ela pode sofrer violência, enquanto os membros exteriores podem ser impedidos de exercerem o império da vontade. Mas, quanto ao próprio ato da vontade, ela não pode sofrer violência alguma (*quantum ad ipsum proprium actum voluntatis, non potest ei violentiam inferri*). A razão disto está em que o ato da vontade nada mais é que certa inclinação procedente de princípio interior que conhece, como o apetite natural é uma certa inclinação de um princípio sem conhecimento. O que é coagido ou violentado vem de um princípio exterior. Por isso, é contra a razão do mesmo ato da vontade ser coagido ou violentado, como também é contra a razão da inclinação natural ou do movimento" (I-II, q. 6, a. 4).

Sucessivamente, seguindo Aristóteles, o Doutor Angélico passa em revista vários fatores que podem ser causa de involuntariedade, mais precisamente a violência, o temor, a concupiscência e a ignorância. Quanto à *violência*, insiste que ela não pode causar involuntariedade nos atos emitidos diretamente pela vontade; produz, ao invés, involuntariedade com respeito aos atos imperados (ibid., a. 5 e ad 1). Quanto ao *medo*, não basta para causar involuntariedade, porque também os atos dependentes do medo procedem do princípio interno com conhecimento do fim; porém, dado que, se não houvesse o medo, não se realizariam, são sim voluntários, mas sob certo aspecto são involuntários (ibid., a. 6). Nem mesmo a *concupiscência* causa involuntariedade, a menos que impeça o uso da razão (ibid., a. 7). Ao contrário, os atos dependentes da *ignorância* antecedente, não culpável, são involuntários, porque são sim por princípio interno, não porém com conhecimento do fim; não assim se a ignorância é desejada ou concomitante (ibid., a. 8).

(Cf. Arbítrio, Ato humano, Concupiscência, Ética, Ignorância, Vontade)

[Tradução: M. Couto]

Ira

É o ímpeto da alma para o desafogo e a vingança a fim de se restabelecer de alguma injúria sofrida: "*ira sit appetitus vindictae*" (*De Malo*, q. 12, a. 1). Pode ser encontrada quer no apetite sensitivo, quer no apetite intelectivo (vontade). A ira pode ser justa e injusta: buscar a vingança segundo a devida ordem de justiça é virtude; é pecado buscá-la desordenadamente, quando for buscada fora da ordem legal ou quando, mais que ao desaparecimento do pecado, mira ao extermínio do pecador (I-II, q. 46, a. 7).

1. Causas da ira

A causa da ira é sempre algo feito contra quem se enfurece; esse algo, por sua vez, se resume sempre em ser uma *falta do respeito devido*. Tal falta é mais sentida por quem se encontra em um estado mais excelente, mas também por quem se encontra num estado de maior enfermidade. A inferioridade, pois, de quem provoca é causa de uma ira mais fácil e maior, como quando ocorre com um rico insultado pelo pobre (I-II, q. 47, aa. 1-4).

2. Efeitos da ira

A ira com o pensamento e a esperança da vingança busca satisfação. Porém, sobre todas as paixões, a ira é aquela que mais *impede o uso da razão*: porque mais do que tudo perturba o coração e subverte o organismo; e a subversão é às vezes de tal monta que a língua permanece impedida de falar e então a ira é causa de taciturnidade (I-II, q. 48, aa. 1-4).

[Tradução: M. Couto]

Irascível

É uma das duas formas do apetite sensitivo. Como Aristóteles, também Santo Tomás distingue no apetite sensitivo duas diferentes pulsões ou potências, que chama respectivamente *concupiscível* e *irascível*. A primeira é orientada à obtenção de um bem sensível, a segunda se refere à defesa de um bem sensível possuído. "A segunda, pela qual o animal resiste aos atacantes que combatem o que lhes convém e causam dano, é irascível. Em consequência, se diz que seu objeto é 'aquilo que é *árduo*', pois sua tendência a leva a superar e a prevalecer sobre as adversidades" (I, q. 81, a. 2). O irascível vem logicamente depois do concupiscível e é, de certo modo, colocado a seu serviço. "Fica claro também que a potência irascível é uma espécie de combatente defensor da concupiscível, insurgindo-se contra aquilo que impede o que é conveniente que a concupiscível deseja, e contra aquilo que causa dano do qual essa última foge. Por conseguinte, todas as paixões irascíveis têm origem nas paixões concupiscíveis, e nelas terminam" (ibid.).

Todos os animais estão dotados do apetite irascível, quer aqueles que possuem a razão (o homem), quer aqueles que são privados dela (os brutos); mas com a grande diferença de que, enquanto o homem pode controlar sua irascibilidade, sendo dotado de vontade, a qual pode exercitar o seu império também sobre os apetites e suas paixões, os animais, ao contrário, são escravos da irascibilidade, e a seguem impulsiva e instintivamente. "Nos animais, com efeito, o movimento segue-se imediatamente ao apetite concupiscível e irascível. Assim, por exemplo, a ovelha que tem medo do lobo foge imediatamente, pois não há neles apetite superior que se oponha a isso. Mas o homem não se move logo ao apetite irascível ou concupiscível, mas espera a ordem do apetite superior, a vontade. Com efeito, em todas as potências motoras ordenadas, a segunda não move senão em virtude da primeira; por isso, o apetite inferior não pode mover se o apetite superior (vontade) não consente nisso" (I, q. 81, a. 3).

No apetite irascível estão radicadas as seguintes paixões: a esperança, a audácia, o temor, a ira, o desespero (cf. I-II, q. 23, a. 4).

(Cf. Apetite, Concupiscível, Vontade)

[Tradução: M. Couto]

Ironia

É uma atitude de crítica de si mesmo ou de qualquer outra coisa, em que são sublinhados os pontos fracos, os aspectos negativos ou cômicos. Segundo Aristóteles, que foi o primeiro a propor uma definição exata deste sentimento, a ironia é o contrário da jactância: enquanto esta exagera os próprios méritos, a ironia os diminui; porém, se o faz de modo exagerado ou para obter mérito ou lucro, é sinal de maior jactância e vanglória. Ao contrário, aqueles que como Sócrates se diminuem com moderação e quase por pudor da própria excelência se mostram "mais simpáticos" (cf. *Ética a Nicômaco* II, 7, 1108a, 19 ss.; IV, 13, 1127b, 22 ss.).

Santo Tomás retoma a definição aristotélica de ironia e avalia mais acuradamente sua malícia do ponto de vista moral. Enquanto é contrária à verdade, por si mesma, a ironia é *pecado*. Contudo, a zombaria de si mesmo é menos grave do que a ostentação, porque esta procede de sentimentos mais baixos, como a avidez pelo lucro e pelas honras; "enquanto a ironia leva uma pessoa a evitar ser pesada aos outros pela pretensão" (II-II, q. 113, a. 2).

[Tradução: M. Couto]

Jejum

É a abstenção temporária ou continuada do alimento, que uma pessoa se autoimpõe por motivos higiênicos, morais ou religiosos. Na Bíblia existem muitas menções ao jejum. Os judeus jejuavam no décimo dia do sétimo mês. O jejum era praticado também por ocasião de lutos ou calamidades. Jesus, antes de iniciar a pregação, jejuou por quarenta dias (Mt 4,2). Recomendou também aos seus discípulos evitarem a ostentação e a hipocrisia quando jejuassem. O jejum era praticado igualmente pelos Apóstolos (At 13,2-3) e São Paulo o considerava um instrumento importante de perfeição espiritual (2Cor 6,5). A Igreja desde os primeiros séculos regulamentou a sua práxis, impondo aos fiéis o jejum durante todo o período quaresmal e em algumas outras circunstâncias.

Santo Tomás trata do jejum em vários escritos (*IV Sent.*, d. 15, q. 3; *De perf. vitae spir.*, c. 9; II-II, q. 147, aa. 1-8): a discussão mais completa e mais madura é a da *Suma Teológica*. Santo Tomás esclarece que as finalidades do jejum são três: reprimir a concupiscência, elevar a mente e fazer penitência dos pecados (II-II, q. 147, a. 1); e, haja vista que esses são objetivos que a razão pode já compreender também sozinha, o jejum é de *direito natural* e cada um é a ele obrigado, na medida em que for necessário para a obtenção das finalidades acima mencionadas. Porém sua determinação prática é de direito positivo e cabe à Igreja (ibid., a. 3). Todos estão obrigados ao jejum, exceto aqueles que tem um impedimento especial; com efeito, o legislador olha para a multidão e para a generalidade, mas não pretende obrigar a quem esteja razoavelmente impedido de observar o preceito. Foi também convenientemente fixado o jejum para aqueles tempos em que há uma razão particular para purgar os pecados e elevar a mente para Deus, como no tempo de quaresma, nas "têmporas" e nas vigílias (ibid., aa. 4-5). Para quem jejua foi oportunamente interditado comer carne, ovos e alguns laticínios, já que principalmente estes são deliciosos e instigantes para a gula (ibid., a. 8).

[Tradução: G. Frade]

Jesus Cristo cf. Cristo

João Batista

Último dos profetas e precursor de Jesus, figura religiosa de primeiro plano na Palestina. Dele se fala, além do Evangelho, também nos escritos de Flávio Josefo.

Em suas obras, Santo Tomás tem ocasião de fazer referência, aqui e ali, a todos os acontecimentos particulares que caracterizam a existência de João Batista, mas sua atenção o leva a valorizar principalmente o significado de seu *batismo* (cf. III, qq. 38-39).

No batismo de João Batista, Santo Tomás distingue a *instituição* que era divina, isto é, inspirada pelo Espírito Santo, do *efeito*, que era humano, porque era uma ablução externa, se bem que simbólica (III, q. 38, a. 2). Por isso o batismo de João Batista não conferia a graça, mas dispunha à graça enquanto preparava à fé, tornava o batismo de Cristo habitual e induzia à penitência para recebê-lo com proveito (ibid., a. 3). O batismo de João Batista foi oportuno, pois permitiu o batismo e a manifestação de Cristo e também porque preparava as pessoas para o batismo de Cristo e mediante a penitência as tornava dignas de recebê-lo (ibid., a. 1). Jesus quis receber o batismo não para ser santificado pela água, mas para santificá-la; para santificar, não em si mesmo, mas nos outros, a natureza humana assumida por ele; para nos dar exemplo de submissão ao que ele havia predisposto não para si, mas para os outros. Cristo recebeu o batismo de João Batista para aprová-lo e santificá-lo; mas não recebeu o seu batismo por não ter necessidade dele (ibid., q. 39, aa. 1-2). Uma vez que o batismo de João Batista preparava os homens ao batismo de Cristo, não era necessário que cessasse quando Cristo começou a batizar, tanto mais que sua interrupção poderia ter parecido efeito de inveja, e, além disso, os discípulos de João Batista continuando a batizar remetiam seus ouvintes a Cristo (III, q. 38, a. 5).

[Tradução: M. Couto]

Jogo

Com este termo se entende uma atividade dirigida à distração, ao divertimento, à distensão, à alegria, à realização de si mesmos. O jogo é uma atividade típica do homem; ainda que seja praticada também pelos animais, de formas mais elementares.

Muitos pensadores da antiguidade (platônicos, estoicos, maniqueus) e em geral os fundadores das ordens religiosas e autores de tratados de ascética e de espiritualidade viram no jogo uma sedução do espírito, uma falta de controle de si mesmo, e por isso buscaram limitar ao máximo o seu exercício.

O valor positivo do jogo já tinha sido amplamente reconhecido pela cultura grega e em nível de reflexão filosófica por Aristóteles e seus discípulos, e isso graças a uma concepção antropológica diferente, que já não identifica a realidade humana com a alma (como haviam feito Platão e seus discípulos), mas considera o homem como essencialmente constituído de alma e corpo. Ora, é da natureza do corpo cansar-se e isso ocorre não somente quando desenvolve trabalhos pesados, mas também quando se dedica a atividades da mente: também aí há tensões e gasto de energia para que, depois de algumas horas, se seja tomado de cansaço. Com o jogo se permite sobretudo à mente distender-se, repousar-se, e assim deixá-la novamente em condição de desenvolver eficazmente o próprio trabalho.

Santo Tomás, ao tornar própria a antropologia aristotélica, compartilha seus princípios também no que concerne ao valor positivo do jogo. Eis como ele mesmo formula esse ponto de vista na *Suma Teológica*: "Assim como o homem precisa de repouso para refazer as forças do corpo, que não pode trabalhar sem parar, pois tem resistência limitada, proporcional a determinadas tarefas, assim também a alma, cuja capacidade também é limitada e proporcional a determinadas operações. Portanto, quando realiza certas atividades superiores à sua capacidade, ela se desgasta e se cansa, principalmente porque nessas atividades o corpo se consome juntamente, pois a própria alma intelectiva se utiliza de potências que operam por meio dos órgãos corporais. Ora, os bens sensíveis são conaturais ao homem. Por isso, quando a alma se eleva sobre o sensível para se dedicar a atividades racionais, gera-se aí certa fadiga psíquica, seja nas atividades da razão prática, seja nas da razão especulativa. Mas a fadiga é maior quando o homem se entrega à atividade contemplativa, porque é assim que ele se eleva ainda mais sobre as coisas sensíveis, embora em certas ações exteriores da razão prática possa haver, talvez, um cansaço físico maior. Em ambos os casos, porém, ocorre o cansaço da alma, tanto maior quanto mais se entrega às atividades da razão. Ora, assim como a fadiga corporal desaparece pelo repouso do corpo, assim também é preciso que o cansaço mental se dissipe pelo repouso mental. O repouso da mente é o prazer, como acima se explanou ao se falar das paixões. Daí a necessidade de buscar remédio à fadiga da alma em algum prazer, afrouxando o esforço do labor mental. Nesse sentido, lê-se, nas 'Conferências dos Padres', que João Evangelista, quando alguém se escandalizou de o ver jogando com os discípulos, mandou um deles de arco na mão que disparasse uma seta. Depois que ele repetiu isso muitas vezes, perguntou-se se poderia fazê-lo sem parar, ao que o outro respondeu que, se assim procedesse, o arco se quebraria. Então o santo observou que, da mesma forma, a alma se romperia se permanecesse sempre tensa" (II-II, q. 168, a. 2). Porém, esclarece Santo Tomás, o conforto não deve ser buscado nas coisas torpes e em detrimento da própria dignidade ou prestígio, mas sempre de modo conveniente às circunstâncias do tempo, lugar e pessoas. Como o excesso é contra a razão, assim é contra a razão e pecaminoso o defeito no jogo, que consiste no mau humor ou na selvageria (ibid., a. 4).

(Cf. Esporte)

[Tradução: M. Couto]

José (São)

É o pai putativo de Cristo. Nas raras ocasiões em que Santo Tomás trata da figura do pai putativo de Cristo, ele exalta as virtudes particulares desse *homem justo*. Antes de tudo a *sabedoria* e a *clemência*. Essas duas virtudes resplandecem nas decisões de São José de enviar secretamente Maria para sua família, quando descobre que estava grávida. Santo Tomás, seguindo Orígenes e Jerônimo, considera que essa decisão não era ditada pela dúvida de que Maria tivesse sido manchada pela infidelidade. De fato, "era bem conhecida a pudicícia de Maria, e sabia muito bem, por tê-lo lido na Escritura (Is 7,11) que uma virgem da estirpe de Davi conceberia, e sabia que Maria descendia da estirpe de Davi. Por isso estava muito mais disposto a crer que nela fosse realizada a profecia, muito mais do que supô-la culpável de infidelidade, e reputando-se indigno de morar junto com uma tão grande santidade, quis ocultamente distanciar-se [...]. O Evangelho, com aquelas palavras 'enquanto ele pensava nisso', faz o elogio da sabedoria e da clemência de São José. Sabedoria no deliberar antes de agir, clemência e piedade no não propagar o fato, como fazem muitos, que jogam logo ao público o que têm no coração. Portanto, mereceu ele ser consolado por quem estava consciente da virgindade preservada de Maria. Apareceu-lhe um anjo: o mesmo anjo que fora mandado a Maria (Lc 1), assim se crê, foi também mandado a José, para libertar Maria da infâmia e para não deixar José na perturbação" (*In Matth.*, 1, nn. 117, 119, 120).

Mas a virtude que Santo Tomás mais sublinha em São José é a *obediência*: ele se submete solícita e perfeitamente à vontade de Deus que lhe é notificada de tempo em tempo pelas aparições do Anjo do Senhor. "Quatro são as coisas necessárias à obediência: 1º, seja *ordenada*, isto é, que se deixe antes de tudo o vício e depois se ouça a virtude; por isso se diz que São José acordou do sono, ou seja, da inatividade e da dúvida; 2º, seja *solícita*, por isso se diz que São José fez imediatamente aquilo que lhe fora ordenado; 3º, seja *perfeita*, que se faça não somente o que lhe foi ordenado, mas também que se faça do modo como foi ordenado: por isso se diz que São José fez como lhe havia ordenado o anjo; 4º, seja *discreta*, isto é, se obedeça a quem devemos obedecer e nas coisas em que devemos obedecer: por isso se diz que São José obedeceu àquilo que lhe havia ordenado, não um anjo mau, mas o anjo do Senhor" (ibid., n. 152).

Sobre a questão "se entre Maria e José houve um verdadeiro matrimônio", Santo Tomás responde positivamente: "porque as núpcias não consistem em privar-se da virgindade mas no jurar comunhão de vida", e confirma essa tese citando a sentença de Agostinho: "Todo o bem do matrimônio se realizou nos pais de Cristo: o filho, a fidelidade e o sacramento. Reconhecemos o filho no próprio Senhor Jesus; a fidelidade, porque não houve nenhum adultério, e o sacramento, porque não houve separação. A única coisa que não houve foi a união carnal" (III, q. 29, a. 2).

A dignidade de São José foi eminente, mais do que por suas virtudes pessoais, também e sobretudo pela função singular para a qual foi chamado pela divina Providência: o papel de esposo da Mãe do Filho de Deus e o papel de pai legal do Filho de Deus. Segundo Santo Tomás, São José podia ser chamado num certo sentido pai de Cristo, "da mesma maneira que é tido por esposo de Maria, sem comércio carnal, mas pelo vínculo do matrimônio; e assim esteve unido muito mais estreitamente a Cristo do que se o tivesse adotado de outra forma" (III, q. 28, a. 1, ad 1).

[Tradução: M. Couto]

Júbilo cf. Gáudio

Judaísmo (Judeus)

Nome dado à religião do povo judeu e ao conjunto de sua cultura.

Nos tempos de Santo Tomás, as relações entre cristãos e judeus não eram efetivamente cordiais. Em geral, os judeus eram malvistos, odiados e, por vezes, perseguidos. Privados do direito de possuir terrenos, obrigados, por esse motivo, à vida miserável de usurários ligada à concessão de empréstimos aos estrangeiros, viam se insurgir contra eles a inveja das populações que se consideravam exploradas. Por outro lado, os cristãos se consideravam desprezados e odiados pelos judeus, que, por sua vez, não se furtavam, sempre que se apresentava a situação, a perseguir os fiéis que, por razões de trabalho, lhes eram submissos. Inocêncio III, promotor da quarta cruzada, numa carta endereçada aos bispos de Sens e Paris, com palavras amargas reprovava aos judeus sua ingratidão em relação aos cristãos.

Nos ambientes universitários de Paris, Nápoles, Bolonha e Salerno, graças a alguns grandes expoentes do pensamento filosófico e teológico, particularmente Avicebron e Maimônides, os judeus encontravam normalmente uma maior compreensão. Não havia Mestre que não estudasse as suas obras e não apreciasse algumas das suas doutrinas.

Santo Tomás teve pelos judeus uma atitude prática e benévola, como demonstram algumas de suas respostas aos oito quesitos de natureza moral e política que lhe foram propostos pela duquesa de Brabante. Esses escritos formam o opúsculo *Sobre o governo dos Judeus* (*De regimine Judaeorum ad ducissam Brabantiae*). Santo Tomás recomenda não tratar duramente os judeus, "porque é necessário que nos comportemos honestamente também com aqueles que estão fora". E, consequentemente, aconselha não exigir dos judeus taxas forçadas, como costumeiramente se fazia no passado, para não causar perturbações em seus ânimos.

No âmbito da teologia, Santo Tomás sublinha a grande predileção que Deus demonstrou ao povo eleito, por meio de toda a economia especial que ele lhe reservara durante o AT, até o advento do Messias. No tempo da graça Deus exaltou o povo judeu: 1) *secundum carnis assumptionem*; 2) *per personalem praedicationem*; 3) *per suam conversationem*; 4) *per miraculorum operationem*; 5) *per discipulorum praedicationem*. Mas os judeus desprezam Cristo, rejeitam sua doutrina, criticam sua vida, dão uma falsa interpretação dos milagres, matam os discípulos (*In Is.*, c. 1, lect. 2). Quanto à condição atual dos descendentes de Abraão, Santo Tomás crê que sua defecção não é nem inútil nem irreparável: é útil porque Cristo e a Igreja recebem dos livros dos judeus dispersos pelo mundo o testemunho da fé cristã, no sentido de que os gentios podem se dar conta que os cristãos não inventaram as profecias sobre Cristo contidas justamente nesses livros (*In Ep. ad Rom.*, c. 11, lect. 2).

[Tradução: G. Frade]

Juízo (atividade intelectiva)

É a segunda operação do intelecto. Isso se realiza quer compondo, quer separando os conceitos. No primeiro caso, dá-se o juízo afirmativo, no segundo, negativo. "Como afirma o Filósofo (no II Livro do *De Anima*), a operação do intelecto é tríplice: uma é chamada 'apreensão' dos inteligíveis (*simplex apprehensio*). Mediante esta operação se apreende a essência mesma das coisas. A outra operação pertence ao intelecto enquanto une ou divide. Há ainda uma terceira operação, aquela do raciocinar. Mediante essa operação a razão procede partindo de coisas conhecidas em busca de coisas desconhecidas. A primeira das três operações está ordenada à segunda, pelo fato de que não pode haver unificação e separação senão de ideias simples. A segunda é ordenada à terceira, porque o intelecto deve proceder de algo verdadeiramente conhecido, ao qual deu seu assentimento, para poder adquirir certeza de uma coisa conhecida" (*In I Periherm.*, Prooem.). Como explica Santo Tomás de maneira excelente nesse texto, a atividade do juízo consiste exatamente no *julgar*, ou seja, no afirmar ou no negar algo (uma qualidade, uma propriedade) com respeito a uma determinada coisa (sujeito). Portanto, o juízo procede por meio de unificação ou separação de ideias. E vem logicamente em segundo lugar entre as atividades do intelecto, porque já pressupõe a apreensão (abstração) das ideias.

No juízo, Santo Tomás sublinha duas funções: uma que diz respeito ao plano lógico e é a *enunciação da verdade*; a outra diz respeito ao plano ontológico e é a *significação do ser*. Cabe ao juízo atestar a correspondência ou não correspondência entre dois conceitos e não à abstração, que se limita a colher a essência de alguma coisa. "A operação do nosso intelecto é dupla, segundo o Filósofo no livro *Sobre a alma*. Uma, que forma as simples quididades das coisas, como 'o que é homem', ou 'o que é animal', na qual pela operação, de fato, não se encontram por si o verdadeiro e o falso, como tampouco nas palavras isoladas. Outra operação se dá segundo a qual o intelecto compõe e divide, afirmando ou negando. E nessa já se encontram o verdadeiro e o falso (*invenitur verum et falsum*)" (*De Ver.*, q. 14, a. 1).

Ligada diretamente à primeira função está a segunda: a significação do ser. A segunda operação, de fato, consiste no transportar a mente do plano das puras essências ao plano real dos existentes, atestando seu ser ou o não ser, ou a existência ou não existência de uma qualidade num determinado sujeito. "A primeira operação diz respeito à essência da coisa (*respicit quidditatem rei*); a segunda diz respeito ao seu ser (*respicit esse ipsius*). E, porque o conceito de verdade se fundamenta no ser e não na essência, resulta que sua verdade e falsidade propriamente dita se encontra na segunda operação" (*I Sent.*, d. 19, q. 5, a. 1, ad 7).

Para além do âmbito especulativo, no pensamento de Santo Tomás o juízo ocupa um lugar de grande relevo também no âmbito prático: no exercício do ato livre. Este compreende sempre dois elementos, um propriamente intelectivo e outro volitivo. Aquele volitivo é constituído pela escolha (*electio*); enquanto o intelectivo é constituído pelo juízo prático (*judicium*, que frequentemente também se diz *consilium*) (cf. Arbítrio).

(Cf. Abstração, Conhecimento, Ser, Verdade)

[Tradução: M. Couto]

Juízo (escatológico)

É uma das verdades fundamentais da escatologia cristã, a qual compreende quatro realidades: morte, juízo, inferno e paraíso. A fé cristã ensina que o primeiro evento que ocorre logo depois da morte é o juízo. Deixado o corpo, a alma se encontra imediatamente com seu Redentor, o Cristo glorificado, que naquele momento assume o papel de Juiz. São Paulo afirma: os cristãos defuntos vão "a Jesus" e depois estão "junto do Senhor" (2Cor 4,14; Fl 1,23). Em outro lugar acrescenta: "Porque todos nós devemos comparecer diante do tribunal de Cristo, para que cada um receba a recompensa das obras realizadas quando estava no corpo, quer boas, quer más" (2Cor 5,10). Mais do que um *juízo particular*, a Sagrada Escritura fala também (e com maior insistência e clareza) de um *juízo final, universal*. Jesus preanuncia aos seus discípulos que um dia voltará a julgar os vivos e os mortos e então "o Filho do homem se sentará em seu trono glorioso [...] e dirá aos que estiverem à sua direita: 'Vinde, benditos de meu Pai! Recebei em herança o Reino que vos está preparado desde a criação do mundo' [...] Em seguida, ele dirá aos que estiverem à sua esquerda: 'Afastai-vos de mim, malditos, para o fogo eterno preparado para o Diabo e seus anjos'" (Mt 25,31.34.41).

Na reflexão dos Padres (Ireneu, Orígenes, Agostinho etc.), o interesse se concentrou principalmente no juízo universal, como momento culminante e decisivo da segunda vinda de Cristo (a *Parusia*), vinda que levaria ao cumprimento da longa parábola da história da salvação. Em vez disso, a partir do século XIII a atenção dos escolásticos começa a privilegiar o juízo particular. Já no período patrístico o helenismo caminhava para uma individualização cada vez maior da escatologia, referindo-se à sorte da alma individual, à sua sobrevivência, ao juízo pessoal. Mas o empurrão maior em favor do juízo particular veio provavelmente da luta contra o averroísmo latino, que negava a individualidade do intelecto agente e desse modo comprometia a imortalidade da alma individual. A polêmica contra os averroístas levou os defensores da imortalidade pessoal e da integridade da pessoa humana na sua constituição psicofísica a acentuar a exigência de um prêmio e de um castigo imediatamente depois da morte. No entanto, não parece que Santo Tomás se tenha deixado influenciar por esse "novo caminho". De fato, ele não dedica nenhum debate explícito ao juízo particular, ao contrário reserva um amplo estudo ao juízo universal.

O *juízo particular* surge implicitamente atestado no seguinte trecho da *Suma Teológica*: "Como os corpos são dotados de peso ou de leveza, que os fazem entrar nos seus lugares, que é o fim do movimento deles, assim também têm as almas o seu mérito e o seu demérito, pelos quais alcançam o prêmio ou a pena, fins das ações delas. Por onde, assim como, a menos de um obstáculo, a gravidade ou a leveza faz os corpos imediatamente ocuparem o seu lugar, assim imediatamente as almas, dissoluto o vínculo da carne, que as prendia até a esta vida, recebem o prêmio ou a pena, se nada o impedir" (*Suppl.*, q. 69, a. 2).

Contudo, é possível encontrar no *Comentário às Sentenças* uma afirmação explícita do juízo particular. Àqueles que objetam que não há necessidade de nenhum juízo universal no final dos tempos, dado que Deus julga cada alma imediatamente depois da morte, o Doutor Angélico replica: "Cada homem é uma pessoa em si e é ao mesmo tempo parte de todo o gênero humano; por isso, cabe-lhe um *duplo juízo*: um *particular*, depois da sua morte, quando receberá segundo o que fez em vida, se bem que não inteiramente, porque receberá não quanto ao corpo, mas somente quanto à alma; mas um outro juízo deverá existir pelo fato de sermos parte do gênero humano: o *juízo universal* de todo o gênero humano, por meio da universal separação dos bons e dos maus" (*IV Sent.*, d. 47, q. 1, a. 1, sol. 1, ad 1).

O tema do *juízo universal* no *Comentário às Sentenças* é desenvolvido em duas distinções (*IV Sent.*, dd. 47-48) e no *Suplemento à Suma* em seis questões (*Suppl.*, qq. 73, 87-91), nas quais se trata respectivamente dos sinais premonitórios, dos méritos e deméritos, do tempo e do lugar, do juiz e dos julgados, da vinda do juiz e do mundo depois do juízo.

A descrição do juízo universal também no Doutor Angélico é fortemente influenciada pela mentalidade "mitológica" dos medievais, que faziam muitas concessões à fantasia na formulação dos mistérios relativos aos eventos escatológicos e à vida futura. Deve-se lamentar que tudo que temos à nossa disposição não seja o pensamento mais maduro de Santo Tomás sobre esse "terrível" e obscuro mistério, mas sim uma rude reconstrução do seu escrito juvenil sobre as *Sentenças*. Aqui não entraremos nos detalhes do texto, mas nos limitaremos a expor alguns pontos mais importantes.

O *juízo final* é reservado a Jesus Cristo Filho do Homem; a autoridade judiciária cabe a Cristo por sua humilhação na Paixão: naquele momento ele padeceu por todos; todos, portanto, comparecerão diante dele no juízo (*Suppl.*, q. 89, a. 5). Cristo assistirá ao juízo em sua natureza humana, e, porque o julgar é ato de autoridade e de glória, por isso aparecerá de forma gloriosa (*Suppl.*, q. 90, aa. 1-2). O juízo comporta duas coisas: a consideração dos méritos e a sentença de prêmio ou de pena (cf. *Suppl.*, q. 89, aa. 6-7).

[Tradução: M. Couto]

Juramento

Do latim *jusjurandum*: em sentido estrito, é a invocação de Deus como testemunha do que vem afirmado (juramento assertório) ou prometido (juramento promissório). Em sentido lato, significa uma forma particularmente solene e comprometida de afirmar qualquer coisa, sem apelar para o próprio Deus. A lei bíblica deuteronômica exige que o juramento seja feito só em nome de Deus (Dt 6,13) e tomando Deus como testemunha (Gn 21,23; Gl 1,20; Rm 1,9; 2Cor 1,18.23; Fl 1,8; 1Ts 2,5.10).

Segundo a definição que lhe dá Santo Tomás, "Jurar consiste em assumir Deus por testemunha (*assumere Deum in testem dicitur jurare*), porque nos é como um direito (*pro jure*) ter por verdadeiro aquilo que se diz ao se pedir o testemunho de Deus" (II-II, q. 89, a. 1). Tendo esclarecido o conceito de juramento, Santo Tomás explica sua origem, sua liceidade, seus requisitos, sua obrigatoriedade, e a qual virtude pertence.

Invocar Deus para sustentar as próprias afirmações é coisa lícita e se justifica porque Deus é a única testemunha absolutamente veraz e infalível. "O testemunho do homem não será suficiente para confirmá-los, por dupla razão. A primeira procede das falhas da veracidade dos homens, já que muitos apelam para mentiras, como diz o Salmista: 'Suas bocas falam mentiras'. A segunda, por causa do próprio conhecimento humano, que é limitado, porque o homem desconhece o futuro, o que está oculto nos corações e as coisas ausentes. Contudo, o homem fala dessas coisas e é necessário que de tudo isso ele tenha algum conhecimento certo. Foi, pois, necessário recorrer ao testemunho divino, já que Deus não pode mentir, nem coisa alguma lhe está oculta" (ibid.).

Se bem que lícito em si mesmo, o juramento pode tornar-se um mal para alguém, pelo fato de usá-lo mal, isto é sem necessidade e sem as devidas cautelas: "Parece ter pouca reverência a Deus quem o invoca como testemunha numa causa leve. Aliás, para fatos desses, não se pediria o testemunho nem de um homem honesto. Haveria ainda o perigo do perjuro porque o homem peca com facilidade pela palavra, segundo a Escritura: 'O homem que não ofende por palavra é perfeito' e 'Não te acostumes a jurar, porque isso é causa de muitas quedas'" (II-II, q. 89, a. 2).

"Já foi dito que temos dois tipos de juramento: assertório e promissório. O juramento *promissório* diz respeito às coisas que, jurando, nos empenhamos em fazer pessoalmente ou por meio de outros. O juramento *assertório* é aquele que se faz para confirmar uma verdade presente, passada ou futura, também quando essa verdade não depende de nós. Portanto, no juramento assertório há uma só obrigação: a de ser culpado de pecado, se não é verdadeiro o que se jura. Em vez disso, a obrigação do juramento promissório é dupla: 1º, obrigar-se a fazer o que se promete com juramento; 2º, obrigar-se sob pena de pecado, se não o fizer. Isso posto, uma vez que nem toda asserção é digna de ser confirmada com juramento, do mesmo modo nem toda promessa é digna disso, mas somente aquelas que contêm alguma utilidade. Portanto, se a promessa confirmada com juramento é de matéria contrária à saúde ou à perfeição, o juramento, só por esse fato, se torna indébito, sendo indébita sua matéria" (*III Sent.*, d. 39, q. 1, a. 3, sol. 1).

O juramento é um ato de religião ou de latria: "Como foi dito, quem jura invoca o testemunho divino para confirmar o que disse. Nada, no entanto, é confirmado senão por algo mais certo e mais firme. Por isso, quando jura por Deus, o homem confessa que ele é mais firme, já que suas palavras são verdadeiras e que Deus conhece todas as coisas. Assim, de algum modo está prestando reverência a Deus" (II-II, q. 89, a. 4).

(Cf. Religião)

[Tradução: M. Couto]

Justiça

É o conceito de um comportamento ético que se encontra presente em todas as culturas, mas cuja extensão e aplicações concretas variam de povo a povo e de época a época.

No AT o termo justiça qualifica antes de tudo e sobretudo a ação de Deus, que é o justo por excelência. A justiça de Deus se manifesta na sua fidelidade à Aliança, isto é, no ajudar o seu povo e em conceder-lhe a salvação. A expressão "justiça de Deus" perde, então, o caráter jurídico que a palavra tinha no início e se torna quase sinônimo de misericórdia, clemência e salvação (Gn 18,25; Dt 32,4). O termo justiça conserva o mesmo significado no NT, contudo é principalmente São Paulo quem irá teorizar a doutrina da justiça fundada sobre a bondade de Deus, sobre sua misericórdia e sobre a fé, contra a doutrina da justiça fundada na lei (cf. Rm 4,6; 5,17; Gl 5,5).

No pensamento grego, quer antigo quer clássico, a justiça não é uma qualificação que se refere somente ao homem ou à convivência em geral: a justiça é obedecer a uma ordem universal, graças à qual todas as coisas ocupam um lugar e desenvolvem uma tarefa determinada. Mas já com Platão a justiça é concebida como virtude humana, quer social quer pessoal: em nível social ela busca manter na própria ordem as classes sociais (governantes, guerreiros, artesãos), dando a cada um o seu; em nível pessoal ela salvaguarda a ordem nas relações entre três "almas" (concupiscível, irascível, racional) que constituem o ser humano. Aristóteles aperfeiçoou e esclareceu definitivamente o conceito de justiça social, distinguindo três formas principais de *dar a cada um o seu*: distributiva, comutativa e legal. Na *justiça distributiva* o ônus de dar a cada um o seu cabe ao Estado em relação aos cidadãos; na *justiça comutativa* o ônus cabe aos cidadãos nas relações recíprocas; na *justiça legal* o ônus cabe aos cidadãos para com o Estado e consiste na observância das suas leis.

Santo Tomás aceita a tese de Aristóteles sobre a condição do homem, político por sua natureza (*animal politicum*), dotado de linguagem, aberto à totalidade graças à mente e à ação, insuficiente por si mesmo e chamado a viver na família e no Estado; assim como Aristóteles, também Santo Tomás sublinha o papel capital que desempenha a virtude da justiça na convivência social. "Assim como o moderar das paixões é fazê-las corresponder à regra da razão, do mesmo modo o moderar as ações externas com respeito aos outros é adequá-las em relação aos outros, dando a cada um o que se deve e na medida que se deve. Lá onde essa adequação se encontra de modo perfeito, se tem a virtude especial da justiça: e todas as virtudes que contêm esta adequação são partes subjetivas da justiça. Onde, ao invés, esta adequação está contida somente de modo relativo, se há uma parte potencial da justiça" (*III Sent.*, d. 33, q. 3, a. 4).

Santo Tomás define a justiça como "firme e constante vontade de dar a cada um o que lhe é devido (*habitus secundum quem aliquis constanti et perpetua voluntate jus suum unicuique tribuit*)" (II-II, q. 58, a. 1). A justiça é a virtude que ordena o homem para o *outro* e que o leva a respeitar sempre tal alteridade porque todo homem é um outro, uma pessoa. O outro (*cada um*) abarca também a comunidade. Portanto, a indicação "dar a cada um o seu" contempla quer o dever do indivíduo de contribuir ao bem-comum, quer o dever da comunidade de dar o seu aos cidadãos individualmente.

1. Divisão da justiça

Assim como Aristóteles, também Santo Tomás distingue três formas principais de justiça: comutativa, legal e distributiva. A primeira se refere aos deveres de justiça entre pessoas privadas; a segunda, os dos indivíduos para com a comunidade; a terceira, os da comunidade para com os indivíduos. "Uma parte comporta uma dupla relação. Uma, de parte a parte, a qual corresponde a relação de uma pessoa privada a outra. Tal relação é dirigida pela justiça *comutativa*, que visa o intercâmbio mútuo entre duas pessoas" (II-II, q. 61, a. 1). "A parte, por tudo o que ela é, pertence ao todo e qualquer bem da parte deve se ordenar ao bem do todo. Assim o bem de cada virtude, quer ordene o homem para consigo mesmo, quer o ordene a outras pessoas, comporta uma referência ao bem-comum, ao qual orienta a justiça. Dessa maneira, os atos de todas as virtudes podem pertencer à justiça, na medida em que ela orienta o homem ao bem-comum. Nesse sentido, a justiça é uma virtude geral. E como compete à lei ordenar o homem ao bem-comum, como já foi dito, essa justiça geral é chamada *legal*; pois, na verdade, por ela, o homem se submete à lei que orienta ao bem-comum os atos de todas as virtudes" (II-II, q. 58, a. 5). "A outra relação é do todo às partes; a ela se assemelha a relação entre o que é comum e cada uma das pessoas. A essa segunda relação se refere a justiça *distributiva*, que reparte o que é comum de maneira proporcional" (II-II, q. 61, a. 1).

A tarefa da distribuição do bem-comum aos indivíduos — ou seja, o ônus da justiça distributiva — pertence a quem preside à comunidade: "A repartição dos bens-comuns compete somente a quem tem o encargo deles. Contudo, a justiça distributiva se encontra também nos súditos a quem se distribuem, enquanto se mostram contentes com uma justa distribuição" (ibid., ad 3). Justa distribuição se considera aquela que se pratica de maneira proporcional: "Na justiça distributiva, se dá algo a uma pessoa privada enquanto o que é do todo é devido à parte. Essa dívida será tanto maior, quanto maior for a preeminência (*maiorem principalitatem*) dessa mesma parte no todo. Eis por que, em justiça distributiva, se dá a alguém tanto mais dos bens-comuns, quanto maior for sua preeminência na comunidade" (II-II, q. 61, a. 2).

Das três formas de justiça, a mais eminente segundo Santo Tomás não é nem a justiça distributiva nem a comutativa, mas sim a justiça legal. "Se falamos da justiça *legal*, é manifesto que excede em valor todas as virtudes morais; pois o bem-comum tem a preeminência sobre o bem particular de uma pessoa. Por isso, declara o Filósofo: 'A justiça resplandece como a mais preclara das virtudes. Nem a estrela da tarde nem a estrela da manhã são tão admiráveis'" (II-II, q. 58, a. 12).

2. Justiça social

Na linguagem de Santo Tomás não figura jamais uma expressão muito cara aos modernos, a de "justiça social". Mas se trata de uma carência meramente lexical, porque de fato todos os três tipos de justiça estudados por Santo Tomás pertencem à justiça social: trata-se sempre do dever para com os outros (particulares ou comunidade), salvaguardando certa igualdade de relações, porque "o ato de justiça consiste precisamente em dar a cada um o que é seu" (II-II, q. 58, a. 11). A justiça social, portanto, não anula as exigências das três formas de justiça, "mas leva a uma aplicação mais conforme e completa. Ela tem em mira o atingir um modelo superior de equidade, que estabeleça o direito dos outros, mais ainda que sobre a consideração daquilo que lhe é rigorosamente devido no plano quantitativo, com base nas necessidades que jorram da sua dignidade de pessoas humanas. Por isso ela dá naturalmente a cada um o seu, segundo o que estabelece a justiça legal, comutativa e distributiva, mas tem como ponto de partida o reconhecimento dos direitos inalienáveis, próprios de cada pessoa, que ela deve ajudar em sua afirmação e em seu desenvolvimento" (V. O. Benetollo).

(Cf. Política, Sociedade, Virtude)
[Tradução: M. Couto]

Justiça (original)

Com esta expressão é designado o *estado de inocência* dos progenitores, um estado caracterizado, mais do que pela comunhão com Deus, também por outros privilégios especiais que consentiam a Adão ter uma relação de profunda harmonia quer consigo mesmo, quer com o mundo.

Santo Tomás dedica um amplo estudo à justiça original (I, qq. 94-102), no qual examina acuradamente, acompanhado pela Sagrada Escritura e pelos Padres, o que ela comportava para o intelecto, para a vontade, para o corpo, para o domínio das coisas externas, para a conservação da espécie, para a prole e para o ambiente no qual vivia o homem.

No que concerne à relação com Deus, Santo Tomás exclui que a justiça original consentisse a Adão ver Deus tal como ele é em si mesmo, a menos que entrasse num estado de êxtase. "A razão disso é que, como a essência divina é a própria bem-aventurança, o intelecto daquele que a vê está na mesma situação com relação a Deus em que está qualquer homem em relação à bem-aventurança. Ora, é evidente que nenhum homem pode por sua vontade desviar-se da bem-aventurança. É, com efeito, por um movimento natural e de modo necessário que o homem quer a felicidade e foge da miséria. Por conseguinte, ninguém, vendo Deus em sua essência, pode por vontade própria afastar-se de Deus, o que seria pecar. Eis por que todos aqueles que veem Deus em sua essência estão de tal sorte fixados no amor de Deus que jamais podem pecar. Portanto, dado que Adão pecou, é evidente que não via Deus em sua essência" (I, q. 94, a. 1). Porém Adão tinha um conhecimento de Deus mais perfeito do que o nosso. As criaturas são espelho de Deus e tanto melhor se vê Deus quanto mais limpo for o espelho e quanto mais sadio for o olho que vê dentro do espelho seu reflexo. Para Adão, antes que pecasse, as criaturas eram espelho claríssimo e seu intelecto não se via impedido pelas coisas exteriores de contemplar, com a clareza e estabilidade do olhar (ibid.).

Adão foi instituído por Deus de tal maneira que tivesse a ciência de todas as coisas nas quais o homem deveria ser instruído, a saber, tudo o que o homem pode naturalmente conhecer, mas também daquelas coisas que excedem o conhecimento natural e que são necessárias para atingir o fim sobrenatural (I, q. 94, a. 3). Ainda mais notável foi o dom da santidade. A santidade de Adão atingia tal nível que excedia em todas as virtudes: "O homem no estado de inocência possuía, de uma maneira ou de outra, todas as virtudes. É algo que resulta de tudo o que precede. Foi dito acima que era tal a retidão do primeiro estado que a razão estava submetida a Deus e as potências inferiores à razão. Ora, as virtudes não são mais que perfeições pelas quais a razão se ordena a Deus e as potências inferiores se dispõem segundo a regra da razão. [...] Por conseguinte, a retidão do estado primitivo (*primi status*) exigia que o homem tivesse, de uma maneira ou de outra, todas as virtudes" (I, q. 95, a. 3).

Contudo, mais do que sobre os privilégios preternaturais, Santo Tomás insiste no dom sobrenatural da graça (*supernaturale donum gratiae*), que Deus concedeu aos progenitores desde o momento da criação: "a primeira submissão (*prima*), a da razão a Deus, não era somente natural, mas um dom sobrenatural da graça; não é possível que o efeito seja superior à causa" (ibid., a. 1). A justiça *original* consistia essencialmente nessa retidão (*rectitudo*), por força da qual "a razão estava submetida a Deus, as forças inferiores à razão, e o corpo à alma" (ibid.).

Singular privilégio da justiça original era a *imortalidade*. Esta era concedida ao homem não por natureza, mas por graça. De fato, "o corpo de Adão não estava indissolúvel por uma virtude de imortalidade nele existente, a alma é que possuía uma força dada sobrenaturalmente por Deus, graças à qual podia preservar o corpo de toda corrupção, enquanto permanecesse ela mesma submetida a Deus. Isso foi feito com razão. Dado que a alma racional excede a matéria corporal, como já se disse, convinha que no começo lhe fosse dada uma potência pela qual podia conservar o corpo além da natureza da matéria corporal" (I, q. 97, a. 1).

Atendo-se fielmente à tradição, Santo Tomás ensina que os mesmos dons e privilégios de que gozavam os progenitores teriam sido compartilhados também com seus descendentes, desde que estes tivessem vindo à luz no estado de justiça original. As *crianças* teriam nascido na justiça original, sendo esta então um dom da natureza; tal justiça original não seria, no entanto, transmitida pelos genitores, mas teriam sido dadas por Deus a cada novo sujeito que surgisse na natureza humana. Todavia as crianças não teriam sido confirmadas na graça, mas teriam ficado na possibilidade de pecar como os genitores (I, q. 100, aa. 1-2).

Bastante sóbrias, em relação às extravagantes elucubrações de outros teólogos medievais, são as teses de Santo Tomás atinentes ao lugar no qual foi posto o homem no estado de justiça original. Segundo o Doutor Angélico, o paraíso terrestre teria sido um lugar real, de outro modo a Escritura não teria feito dele uma narração histórica, e um lugar conveniente ao homem inocente, que era, por graça, imortal. Adão foi posto no paraíso terrestre para cuidar dele e trabalhá-lo com um trabalho não cansativo, mas prazeroso. O homem foi posto no paraíso "a fim de que trabalhasse e guardasse o paraíso. Esse trabalho, no entanto, não seria laborioso como depois do pecado, mas prazeroso por causa da experiência de sua força natural. Também a guarda não seria contra um invasor, estava para que o homem guardasse para si mesmo o paraíso, evitando perdê-lo pelo pecado. E tudo isso resultaria em bem para o homem, e assim era o paraíso que se ordenava ao bem do homem e não o inverso" (I, q. 102, a. 3).

(Cf. ANTROPOLOGIA, GRAÇA, HOMEM)

[Tradução: M. Couto]

Justificação

Do latim *justificare* que significa *tornar justo*.

Em teologia o termo é usado para indicar a ação especial com a qual Deus, por meio de Jesus Cristo, torna justos os homens, livrando-os do pecado e concedendo-lhes a graça, que é certa participação na vida divina. A justificação é ação exclusiva de Deus: é obra do seu amor misericordioso, pelo qual o homem não pode absolutamente invocar nenhum mérito.

A primeira formulação explícita e orgânica da doutrina da justificação se encontra em São Paulo (especialmente nas Cartas aos Romanos e aos Gálatas). Os pontos fundamentais da doutrina paulina a respeito deste insondável mistério são três: 1º, a *incapacidade do homem* de obter a justiça com suas próprias forças. Desse modo ele só pode sucumbir ao pecado, que não consiste tanto na violação da lei (mosaica ou natural) mas na pretensão de autojustificar-se (Rm 2,12 ss.); 2º, a *misericórdia de Deus*, que ao justificar o homem não se baseia sobre o que pode encontrar nele (obras boas, observância da lei etc.), mas exclusivamente sobre sua ilimitada bondade; 3º, a *ação de Cristo*, que é o momento essencial da justificação: "Todos pecaram, e estão privados da glória de Deus, mas são gratuitamente justificados por sua graça, em virtude da redenção realizada em Jesus Cristo" (Rm 3,23-24). Jesus Cristo por seu sangue derramado por nós tornou-se "o instrumento de expiação" dos nossos pecados (Rm 3,25). A atuação histórica da salvação da humanidade passa pela justificação e a justificação passa por Cristo. Assim, é o próprio Cristo quem revela a vida nova escolhida por Deus para conduzir a humanidade à deificação: é Cristo morto e ressuscitado. Ser justificados significa tornar-se participantes da sua morte e ressurreição. É o que ocorre simbolicamente por meio do batismo.

Esses são também os pontos sobre os quais mais insiste Santo Agostinho, o maior teólogo da justificação, na sua inflamada polêmica contra Pelágio. A única causa da justificação — insiste Agostinho — é Deus, não a boa vontade, as boas obras, a prática da virtude. Causa efetiva da justificação é Jesus Cristo. "A Igreja universal, que deve vigiar contra todas as novidades profanas, considera que cada homem está separado de Deus até quando pela mediação de Cristo não for reconciliado com ele; e ninguém pode ser separado de Deus se não por causa de pecados que o tenham afastado dele, e pode ser reconciliado somente com a remissão dos pecados, em virtude da única graça do misericordiosíssimo Salvador, em virtude da única vítima oferecida pelo verdadeiro sacerdote" (*De peccatorum meritis et remissione*, 1, 28, 35). A obra de Cristo em nosso favor contém dois aspectos, um negativo (a libertação do pecado) e outro positivo (divinização do homem mediante a participação na vida divina). Falando da "justiça de Deus que se manifestou", Agostinho explica que não se trata da justiça com a qual é justo o próprio Deus, mas aquela com a qual Deus nos torna justos: "A justiça de Deus é aquela pela qual nos tornamos justos pela sua graça, e a salvação do Senhor é aquela com a qual ele nos salva, e a fé de Jesus Cristo é aquela com a qual Jesus nos torna fiéis. Esta é a justiça de Deus, que ele não só nos ensina com os preceitos da sua lei, mas nos oferece ainda com o dom do seu Espírito" (*De spiritu et littera*, 32, 56).

Quando Santo Tomás realiza sua reflexão sobre o mistério da justificação, a heresia de Pelágio desaparecera havia muito, e o campo teológico aparece substancialmente tranquilo.

Todavia, mesmo com a ausência de heresias particulares, graças àquele olhar universalista (católico) que o contradistingue, Santo Tomás consegue traçar um quadro preciso dos erros que podem ser cometidos em referência à justificação. No *Comentário à Carta aos Filipenses*, interpretando o versículo "É Deus mesmo, em seu desígnio de amor, quem realiza em vós tanto o querer como o agir", Santo Tomás escreve o que segue: "Assim dizendo, o Apóstolo exclui quatro falsas opiniões. A primeira é a daqueles que pensam que o homem se possa salvar com o livre-arbítrio, sem a ajuda de Deus… A segunda é daqueles que negam completamente o livre-arbítrio, dizendo que o homem necessita do destino ou da divina Providência… A terceira, que pertence aos pelagianos, como a primeira, diz que a escolha depende de nós, mas o coroamento da obra cabe a Deus… A quarta admite que Deus realiza em nós todo bem, porém por causa dos nossos méritos. O que está excluído pela frase: 'pro bona voluntate', isto é, por boa vontade sua, não nossa. Ou seja, não pelos nossos méritos; porque antes da graça de Deus não existe em nós nenhum mérito de bem" (*In Ep. ad Philipp.*, c. 2, lect. 3). É relativamente fácil denominar os quatro erros elencados por Santo Tomás. Além disso, ele mesmo o fez para o primeiro e terceiro, atribuindo-os a Pelágio; mais precisamente é de Pelágio o primeiro (a pretensão de que o homem se salve com seu livre-arbítrio); enquanto o terceiro (que atribui à vontade humana o início da justificação) é o erro dos semipelagianos. O segundo erro (que nega a própria existência do livre-arbítrio) é o erro dos maniqueus (e, mais tarde, de Lutero com o *De Libertate christiana* de 1520 e o *De servo arbitrio* de 1525, e sucessivamente de Zwinglio e Calvino); o quarto (que faz depender a salvação dos méritos) é novamente um erro dos semipelagianos.

Mas, como foi dito, Santo Tomás não elabora sua doutrina da justificação em polêmica com alguém, mas sim de maneira especulativa sistemática.

Toda a doutrina tomista da justificação gira em torno da clara definição que Santo Tomás dá deste mistério: "A justificação do ímpio é um movimento no qual a alma humana, sob a moção divina, passa do estado de pecado para o estado de justiça (*justificatio impii est quidam motus quo humana mens movetur a Deo a statu peccati in statum justitiae*)" (I-II, q. 113, a. 5).

Portanto, a justificação é essencialmente a correção daquelas relações com Deus que o pecado havia comprometido e desviado. Com o pecado — como bem explica Santo Tomás ao tratar da predestinação — se instaura uma profunda desordem nas relações entre o homem e Deus, entre o homem e o mundo e no interior do próprio homem, entre corpo e alma, entre vontade e paixões. Com a supressão do pecado, a justificação põe as coisas novamente em ordem: o espírito se submete novamente a Deus, isto é, se orienta de novo para ele como seu próprio fundamento, fim e norma, retoma o controle dos sentidos e do corpo, e de tal modo que eles, os sentidos, em vez de impedi-lo, favorecem e explicitam o vínculo que o liga a Deus.

Também Santo Tomás, assim como São Paulo e Santo Agostinho já antes dele, sublinha a origem divina da justificação: realizar a inversão de rumo, do pecado à justiça, principalmente restabelecer na justiça quem havia dela se afastado, só Deus pode realizá-lo. E, mesmo que em absoluto a justificação não represente a maior ação de Deus (de fato, ela se coloca depois da criação e da glorificação), contudo é certamente uma ação grandiosa e maravilhosa. Eis os belos esclarecimentos fornecidos na *Suma Teológica* a esse respeito:

"De dois modos pode-se dizer que uma obra é grande. Quanto ao modo de agir e então a maior obra é a da criação, em que algo foi feito do nada. Ou quanto à grandeza da obra. E, nesse sentido, maior obra é a justificação do ímpio, que termina no bem eterno da participação divina, do que a criação do céu e da terra, que termina no bem da natureza mutável [...]. Tanto a justificação do ímpio como a criação do mundo e, universalmente, todas as obras que só a Deus cabe fazer podem chamar-se milagrosas. Em segundo lugar, em certas obras milagrosas, se dá que a forma impressa é superior ao poder natural de tal matéria. Assim, na ressurreição de um morto, a vida excede o poder natural do corpo ressurreto. E, a esse respeito, a justificação do ímpio não é milagrosa, por ser naturalmente a alma capaz da graça" (ibid., aa. 9 e 10).

Mesmo tendo Deus como autor exclusivo (o homem não tem nenhum poder de autojustificar-se), contudo Santo Tomás está muito atento a não transformar essa ação num procedimento mecânico, tratando-se de uma transformação não de algo inanimado ou animalesco, mas sim de uma pessoa, dotada de inteligência e de livre-arbítrio. Por isso a justificação, insiste Santo Tomás, age sobre a inteligência e a vontade, contudo respeitando a natureza peculiar destas. Age sobre a inteligência causando na alma um movimento de conversão para Deus. "Mas a primeira conversão para Deus opera-se pela fé, segundo a Carta aos Hebreus: 'Aquele que se aproxima de Deus deve crer que ele existe'. Logo, o ato de fé é requerido para a justificação do ímpio" (ibid., a. 4). Atos análogos são requeridos por parte da vontade: "A alma humana, no momento da justificação, afasta-se do pecado por um ato do livre-arbítrio e encaminha-se para a justiça. Mas afastamento e aproximação no ato do livre-arbítrio entende-se como a detestação e o desejo. Agostinho no comentário de João escreve: 'Os movimentos de nossas almas são nossos afetos. A alegria é dilatação da alma. O temor é sua fuga. Aproxima-se quando deseja. Foge-se quando teme'. É preciso, portanto, que na justificação do ímpio haja um duplo movimento do livre-arbítrio: um que pelo desejo tende para a justiça de Deus e o outro que o faz detestar o pecado" (ibid., a. 5).

Mesmo reconhecendo que se trata de um processo que pode ter longas fases preliminares de preparação, Santo Tomás sustenta logicamente que a justificação como retorno na condição de justiça diante de Deus é um evento instantâneo. "Ora, segundo já foi dito, Deus, para infundir a graça na alma, não exige outra disposição senão a que ele mesmo produz. Mas essa disposição, suficiente à recepção da graça, ele a opera, ora subitamente, ora paulatina e sucessivamente, como já se disse. Pois, que um agente natural não possa dispor a matéria subitamente, isso acontece porque há alguma desproporção entre a resistência da matéria e a virtude do agente. E, por isso, vemos que, quanto mais forte for a virtude do agente, tanto mais prontamente se dispõe a matéria. Ora, o poder divino é infinito. Pode, pois, dispor subitamente para a forma qualquer matéria criada; e com maior razão o livre-arbítrio do homem, cuja moção pode, por natureza, ser instantânea. Por isso, a justificação do ímpio, Deus a opera instantaneamente" (ibid., a. 7).

A justificação é algo admiravelmente pessoal: é uma relação que ocorre entre duas pessoas; não é uma relação de domínio (uma relação "de coisa", diria Buber), mas de abnegação, de amor: é uma conversão da alma a Deus, que ocorre por meio da iniciativa, da solicitação, da delicadeza, da "vocação", do chamado de Deus. Não é a conquista de um tesouro perdido, mas o retorno do filho pródigo ao pai. A justificação requer e opera uma profunda transformação na alma; por isso, não se trata de modo algum de uma "justificação forense", isto é, meramente externa, como teria sustentado depois Lutero.

A análise de Santo Tomás do mistério da justificação é exemplar pela clareza e ordem. Os elementos essenciais e específicos deste mistério (a necessidade da ação divina, a identificação da pessoa com suas faculdades cognoscitivas e afetivas, a efetiva e profunda transformação do pecador) são extraordinariamente ilustrados. O único senão que se pode notar nessa exposição é a ausência de toda referência a Cristo. Mas sabemos que se trata de uma lacuna somente metodológica (sendo o argumento colocado na Segunda Parte da *Suma*), que Santo Tomás preencherá adequadamente na Terceira Parte, em que Cristo será apresentado como o autor da nossa justificação.

[Tradução: M. Couto]

Lei (antiga)

É a lei mosaica, eixo da Antiga Aliança, contida nos livros do Pentateuco e que constitui o código moral, religioso e legal do povo de Israel. Ao estudo dessa lei — chamada de Antiga em contraposição à Nova (o Evangelho) — Santo Tomás dedica uma ampla seção da *Suma Teológica*, em que examina antes de tudo a lei de Moisés em geral, e sucessivamente os preceitos morais, cerimoniais e judiciais em particular (II-II, qq. 98-105).

Na composição desse tratado, o Doutor Angélico se inspirou certamente em estudos precedentes, em particular, como mostrou D. O. Lottin, teve presente o *De legibus et praeceptis* de Alexandre de Hales, do qual repete praticamente a disposição da matéria; mas o vigor especulativo com o qual o Doutor Angélico adentra nas finalidades e no valor da legislação mosaica lhe é bastante superior.

1. Necessidade da lei divina

A lei mosaica é a lei que o próprio Deus consignou diretamente a Moisés: é, portanto, uma lei que tem uma origem sobrenatural, divina. Dessa lei — explica Santo Tomás — a humanidade tinha necessidade, porque a lei natural havia se tornado incerta e insegura: as consciências não a reconheciam mais por causa do obscurecimento da inteligência, da ignorância, dos erros e dos vícios. "Era conveniente à lei divina que não só provesse ao homem naquelas coisas em relação às quais não pode a razão, mas também naquelas acerca das quais acontece ser impedida a razão do homem. A razão do homem acerca dos preceitos morais, quanto aos mesmos comuníssimos preceitos da lei da natureza, não poderia errar no universal, mas, por causa do hábito de pecar, se obscurecia nos casos particulares do agente. A respeito, porém, dos outros preceitos morais, que são como conclusões deduzidas dos princípios comuns da lei da natureza, a razão de muitos errava, de modo que algumas coisas que são em si más, a razão de muitos julgava lícitas. Por isso foi necessário que contra um e outro defeito a autoridade da lei divina socorresse o homem. Assim, entre as coisas que se devem crer são-nos propostas não só aquelas que a razão não pode atingir, como ser Deus trino; mas também aquelas coisas a que a reta razão pode chegar, como ser Deus uno, para excluir o erro da razão humana, que acontecia em muitos" (I-II, q. 99, a. 2, ad 2).

2. Origem da lei antiga

Santo Tomás explica por que Deus deu a lei antiga no tempo de Moisés, trazendo dois ótimos motivos: domar os soberbos e ajudar os bons. 1º) "Foi conveniente, pois, que a lei antiga fosse dada em tal tempo, para vencer a soberba dos homens. De duas coisas, com efeito, o homem se ensoberbecia: a saber, da ciência e do poder. Da ciência, como se a razão natural lhe pudesse ser suficiente para a salvação. E assim para que fosse sua soberba vencida nisso, foi entregue o homem ao regime de sua razão, sem o auxílio da lei escrita; e pela experiência o homem pôde aprender que sofria a deficiência da razão, por isso caíram os homens, nos tempos de Abraão, na idolatria e em vícios torpíssimos. E assim após esses tempos tornou-se necessário que a lei escrita fosse dada como remédio à ignorância humana, pois 'pela lei dá-se o conhecimento do pecado', como se diz na Carta aos Romanos (3,20). Ora, depois que o homem foi instruído pela lei, sua soberba foi vencida pela fraqueza, enquanto não pôde realizar aquilo que conheceu. E assim, como conclui o Apóstolo, o que era impossível à lei, na qual se debilitava pela carne, enviou Deus seu Filho, para que a justificação da lei fosse realizada em nós". 2º) "Da parte, porém, dos bons, a lei foi dada em auxílio. O que, certamente, foi maximamente necessário ao povo, quando a lei natural começou a obscurecer-se por causa da proliferação dos pecados. Era necessário, pois, que tal auxílio fosse dado, em alguma ordem, para que mediante as coisas imperfeitas fossem conduzidos à perfeição. E assim, entre a lei da natureza e a lei da graça, foi necessário que a lei antiga fosse dada" (I-II, q. 98, a. 6).

3. Divisão da lei antiga

Segundo um esquema amplamente aceito e que se encontra já em Agostinho e em outros Padres da Igreja, também Santo Tomás subdivide os preceitos da lei antiga em três grandes grupos: o primeiro compreende os preceitos *morais*, entre os quais primam os preceitos do Decálogo (cf. DECÁLOGO, MANDAMENTO); o segundo grupo abarca os preceitos *cerimoniais*; o terceiro, os preceitos *judiciais*. Introduzindo o estudo de cada grupo particular, Santo Tomás dá as razões pelas quais Deus quis estabelecer para o homem tais preceitos. As razões dos preceitos morais já foram mencionadas falando da necessidade da lei divina em geral: a razão fundamental é a de restituir clareza e vigor à lei natural. Para a instituição dos preceitos cerimoniais Santo Tomás apresenta como motivo que, enquanto as leis humanas, sendo principalmente instituídas para regular as relações recíprocas entre os homens, não cuidaram de prover o culto divino, "A lei divina, inversamente, ordenou os homens uns para os outros, segundo convinha à ordem que é para Deus, ao qual principalmente visava. Ordenava-se o homem para Deus não só por meio dos atos interiores da mente, que são crer, esperar e amar, mas também por meio de algumas obras exteriores nas quais o homem professa sua dependência de Deus. E essas obras se consideram pertencer ao culto de Deus. E esse culto se chama 'cerimônia' [...]. Assim, pois, aqueles preceitos que na lei pertencem ao culto de Deus dizem-se especialmente cerimoniais" (I-II, q. 99, a. 3). Enfim, para sustentar a instituição dos preceitos judiciais, Santo Tomás apresenta a óbvia razão de que era necessário assegurar um sólido ponto de referência para a justiça: "Assim como a determinação do preceito comum sobre o culto divino se faz por meio dos preceitos cerimoniais, assim também a determinação do preceito comum de observar a justiça entre os homens é determinada por meio dos preceitos judiciais" (ibid., a. 4). Fornecidas as razões da instituição dos três tipos de preceitos, Santo Tomás pode legitimamente concluir que "é necessário afirmar três preceitos da lei antiga, a saber, 'os morais', que são a respeito do ditame da lei da natureza; 'os cerimoniais', que são determinações do culto divino; e 'os judiciais', que são determinações da justiça a ser observadas entre os homens" (ibid.).

4. Valor salvífico da lei antiga

Ao quesito sobre se a lei antiga é suficiente para salvar-se, ou seja, para conseguir a vida eterna, Santo Tomás responde negativamente, pela razão seguinte: para conseguir a vida eterna é preciso a graça, que é dom do Espírito Santo. "Tal graça, a lei antiga não pode conferir; reserva-se isso a Cristo, porque, como é dito na Primeira Carta de João (Jo 1,17): 'A lei foi dada por Moisés; a graça e a verdade foram feitas por Jesus Cristo'. E daí é que a lei antiga é certamente boa, mas imperfeita, segundo a Carta aos Hebreus: 'A lei não levou nada à perfeição' (Hb 7,19)" (I-II, q. 98, a. 1). Todavia, o próprio Santo Tomás esclarece mais adiante que também os israelitas, "mediante a fé no Mediador", observando a Lei, se dispunham à graça e podiam ser justificados (I-II, q. 100, a. 12).

Quanto à obrigação, todos os três gêneros da lei antiga eram vinculantes para os judeus; em vez disso, para os cristãos conservam valor somente as leis morais: os preceitos cerimoniais e legais cessam de ter vigor com a vinda de Cristo naquilo que tinham de figurativo do próprio Cristo (cf. I-II, q. 103, a. 3; q. 104, a. 3).

5. Significado literal e simbólico da lei antiga

Já os autores do NT (Mateus e Paulo em particular) haviam percebido na lei antiga, além de um significado literal, também um significado simbólico: ela prefigurava Jesus Cristo, o novo povo de Deus, a Igreja, e a nova lei, o Evangelho. A exemplo dos escritores neotestamentários, os Padres da Igreja e os Escolásticos desenvolveram uma dupla exegese da lei antiga, literal e alegórica; mas muitos, a partir de Orígenes, se deixaram seduzir pela tentação do alegorismo e assim, para além da letra que acabava sendo quase ignorada, satisfaziam seus próprios caprichos inventando símbolos e alegorias sem fim. Joaquim de Fiore (†1205, aprox.), cuja memória era ainda bastante viva no tempo de Santo Tomás, condescendente com um alegorismo exagerado, dissolvia tanto o AT quanto o NT.

Santo Tomás, coerente com os princípios gerais da sua exegese bíblica, que afirmam o primado absoluto do sentido literal sobre o alegórico, na sua interpretação da lei antiga, presta, antes de tudo, atenção à letra, mas, depois, dá grande relevo também aos vários sentidos figurados, principalmente no estudo dos preceitos cerimoniais. Invocando a autoridade de São Jerônimo, Santo Tomás afirma a contemporaneidade nos preceitos cerimoniais das *rationes litterales*, que tinham um valor histórico, temporal e vigente segundo as finalidades do momento, e as *figurales et mysticae*, quanto a Cristo, à Igreja, à conduta dos fiéis e à glória futura. "É duplo o fim dos preceitos cerimoniais: ordenavam-se, com efeito, ao culto de Deus para aquele tempo, e para serem figuras do Cristo, assim como as palavras dos profetas referiam-se ao tempo presente de tal modo que eram ditas também como figura do futuro, como diz Jerônimo. Assim, pois, as razões dos preceitos cerimoniais da lei antiga podem ser entendidas de duplo modo. De um, pela razão do culto divino, que devia ser observado para aquele tempo. E essas razões são literais, quer pertençam ao culto de idolatria a ser evitado, quer para relembrar alguns benefícios de Deus, quer para designar a disposição da mente, que então era requerida nos que cultuavam Deus. De outro modo, as razões dos preceitos podem ser assinaladas segundo se ordenam para serem figuras de Cristo (*rationes assignari possunt secundum quod ordinantur ad figurandum Christum*). E assim têm razões figurativas e místicas (*rationes figurales et mysticas*), quer sejam entendidas pelo mesmo Cristo e Igreja, o que pertence à alegoria; quer em relação aos costumes do povo cristão, o que pertence à moralidade; quer em relação ao estado da glória futura, enquanto nela somos introduzidos por Cristo, o que pertence à anagogia" (I-II, q. 102, a. 2).

A interpretação alegórica da lei antiga realizada por Santo Tomás se caracteriza como eminentemente cristocêntrica. Todo o material figurativo da lei antiga está coordenado em torno a um único ponto (que se torna a chave de leitura geral), Jesus Cristo: "*Rationes assignari possunt secundum quod ordinantur ad figurandum Christum*". Os estudiosos que acusam Santo Tomás de carência de cristocentrismo deveriam ler as questões 101-104 da *Primeira Seção da Segunda Parte da Suma Teológica* para mudar de opinião. Um texto emblemático sobre esse assunto — no qual, entre outras coisas, se pode admirar a habilidade alegorizante do Doutor Angélico — é aquele em que explica as razões "místicas" do Tabernáculo, que são razões essencialmente cristológicas. "A razão figurativa (mística), contudo, de todas essas coisas pode assinalar-se pela relação do tabernáculo com o Cristo, que era figurado. Deve-se considerar que, para designar a imperfeição das figuras legais, instituíram-se diversas figuras no templo, para significar o Cristo. Esse, com efeito, é significado pelo propiciatório, pois 'o mesmo é a propiciação por nossos pecados', como se diz na Primeira Carta de João (1Jo 2,2) [...]. O mesmo é significado pela arca, pois, como a arca fora construída de madeiras de acácia, assim o corpo de Cristo constava de membros puríssimos. Era também dourada, pois Cristo foi pleno de sabedoria e de caridade, que são significadas pelo ouro. Dentro da arca havia uma urna áurea, isto é, a santa alma; tendo o maná, isto é, 'toda a plenitude da divindade' (Cl 2,9). Havia também na arca a vara, isto é, o poder sacerdotal, pois ele 'foi feito sacerdote para sempre'. Havia também aí as tábuas do testamento, para designar que o próprio Cristo é o legislador. O mesmo Cristo é significado pelo candelabro, porque ele diz: 'Eu sou a luz do mundo'; pelas sete lâmpadas, os sete dons do Espírito Santo. Ele é também significado pela mesa, pois é o alimento espiritual, segundo o Evangelho de João (Jo 6,41): 'Eu sou o pão vivo'; os doze pães significam os doze Apóstolos, ou sua doutrina. Ou pelo candelabro e pela mesa pode ser significada a doutrina e a fé da Igreja, que também ilumina e refaz espiritualmente. O mesmo Cristo também é significado pelo duplo altar dos holocaustos e do perfume. Porque, por ele, é necessário que ofereçamos a Deus todas as obras das virtudes, quer aquelas pelas quais mortificamos a carne, que são oferecidas como no altar dos holocaustos; quer aquelas que, em razão da perfeição maior da mente, são oferecidas pelos desejos espirituais dos perfeitos, a Deus em Cristo, como no altar do perfume, segundo a Carta aos Hebreus: 'Por ele, pois, ofereçamos sempre a Deus a vítima de louvor' (Hb 13,15)" (I-II, q. 102, a. 4, ad 6).

(Cf. Exegese, Lei (natural e positiva), (Sentidos (da Sagrada Escritura))

[Tradução: M. Couto]

Lei (eterna)

Segundo a definição clássica que dá Santo Agostinho "a lei eterna é a razão e a vontade de Deus que manda observar a ordem natural e proíbe perturbá-la".

Santo Tomás estuda essa questão na *Suma contra os Gentios* (III, cc. 111-118) e na *Suma Teológica* (I-II, q. 93). A fonte principal do Doutor Angélico para sua doutrina e suas razões teológicas sobre a lei eterna são alguns escritos de Santo Agostinho, em particular o *Sobre o livre-arbítrio* (I, c. 6), o *A verdadeira religião* (c. 31) e o *Contra Fausto* (XXII, c. 27).

1. Existência da lei eterna

Na quádrupla repartição da lei: eterna, natural, humana e revelada, a lei eterna ocupa obviamente o primeiro lugar, sendo o analogado principal de toda outra lei; todas as outras leis (humana, natural, revelada) são participações imperfeitas da lei eterna. Eis por que Santo Tomás situa em primeiro lugar o estudo da lei eterna.

Para justificar sua existência, o Doutor Angélico aduz um argumento primorosamente metafísico, que segue de perto os argumentos análogos da existência do Ser, do Bem, da Verdade: é a existência da lei natural e da lei positiva, leis finitas e participadas, que em si mesmas são carentes de um fundamento adequado e que por isso remetem a uma Lei suprema, absoluta (e não participada), eterna e não mutável. "Portanto, como a lei eterna é a razão de governo no governante supremo, é necessário que todas as razões de governo que estão nos governantes inferiores derivem da lei eterna. Donde todas as leis, enquanto participam da razão reta, nessa medida derivam da lei eterna. E em razão disso afirma Agostinho que 'na lei temporal nada é justo e legítimo que os homens não tenham derivado para si da lei eterna' (*De lib. Arb.* I, q. 6)" (I-II, q. 93, a. 3).

Um segundo argumento em favor da lei eterna é tirado da necessidade de que Deus, sendo o criador de todo o universo, seja também o legislador universal: "Deus por sua sabedoria é criador de todas as coisas, às quais se compara como o artista aos artefatos (como se mostrou na *Primeira Parte*, q. 14, a. 8). Portanto, assim como a razão da divina sabedoria, enquanto por ela foram todas as coisas criadas, tem razão de arte ou exemplar ou ideia, assim também a razão da divina sabedoria, ao mover todas as coisas para o devido fim, obtém a razão de lei. E, segundo isso, a lei eterna nada é senão a razão da divina sabedoria, segundo é diretiva de todos os atos e movimentos" (ibid., a. 1).

No intelecto divino não existem somente as ideias arquetípicas das essências das coisas, que são as várias possíveis imitações e participações da infinita perfeição de Deus; existe também o plano da ordem universal, que Deus realiza com a dupla ação da criação e da providência, e existe, enfim, a lei eterna, como norma da ordem das coisas, de toda ação e movimento. Como esclarece Santo Tomás no *De Veritate* (q. 5, a. 1, ad 6), há distinção entre a providência divina e a lei eterna, como há distinção entre o concreto e o abstrato, ou a conclusão e seus princípios. A lei eterna é de fato o plano (*ratio*) abstrato da ordem universal das coisas ao fim; a providência é o plano concreto da ordem particular de toda coisa particular ao fim (cf. I, q. 22, a. 2).

2. Âmbito da lei eterna

A lei eterna é regra universal para toda forma de agir: quer do agir instintivo das criaturas irracionais, quer do agir livre das criaturas dotadas de razão (inteligência). No entanto, sua relação com essas duas ordens de criaturas é diversa: às criaturas privadas de razão impõe-se necessariamente e se realiza, portanto, infalivelmente; às criaturas dotadas de razão se impõe por meio do conhecimento e da livre aceitação; e assim estas podem desviar da lei eterna e fazer o mal. Nos maus "tanto a inclinação natural para a virtude é depravada pelo hábito vicioso, quanto também o mesmo conhecimento natural é neles obscurecido pelas paixões e hábitos de pecados [...]. Assim, pois, os bons se sujeitam perfeitamente à lei eterna, enquanto agem sempre segundo ela. Os maus sujeitam-se certamente à lei eterna, mas imperfeitamente quanto às ações dos mesmos, enquanto imperfeitamente conhecem e imperfeitamente se inclinam para o bem; entretanto, quanto falta da parte da ação é suprido pela parte da paixão, a saber, quanto mais faltam em praticar o que convém à lei eterna, tanto mais padecem o que a lei eterna determina sobre eles" (I-II, q. 93, a. 6).

3. Conhecimento da lei eterna

Segundo o AT, nenhum homem pode obter um conhecimento direto da lei eterna, como não pode adquirir um conhecimento direto da Bondade, Verdade, Beleza, Poder etc. de Deus. É sempre a partir dos efeitos que a nossa inteligência pode fazer uma ideia de Deus, da sua natureza e dos seus atributos. Isso vale também para a lei eterna: ela pode ser conhecida por meio de suas participações ou irradiações, particularmente por meio da lei natural e da lei positiva. "Ninguém pode conhecer a lei eterna segundo é em si mesma, a não ser os bem-aventurados, que veem a essência de Deus. Mas toda criatura racional conhece-a segundo uma irradiação dela, ou maior ou menor. Todo conhecimento da verdade, com efeito, é uma irradiação e participação da lei eterna, que é a verdade imutável, como diz Agostinho. Todos conhecem, de algum modo, a verdade, ao menos quanto aos princípios comuns da lei natural. Em outras coisas, alguns mais, alguns menos, participam do conhecimento da verdade, e de acordo com isso também conhecem mais ou menos a lei eterna" (I-II, q. 93, a. 2).

(Cf. Deus, Lei (natural e positiva), Ordem)

[Tradução: M. Couto]

Lei (natural e positiva)

Em geral o termo "lei" significa qualquer gênero de norma ou de comportamento regular, e se aplica a uma infinidade de campos: à física, à matemática, à lógica, à moral, ao direito etc. E assim se fala de leis físicas, matemáticas, lógicas, econômicas, morais etc. De capital interesse para a ética é a questão da lei natural. Da sua existência, do seu âmbito e do seu valor trataram filósofos e teólogos de todos os tempos. A questão é muito viva e debatida também em nossos dias.

Santo Tomás tratou da lei em geral e da lei natural em particular em numerosos escritos: no *Comentário às Sentenças* (III, d. 37, q. 1), em que fala da lei natural e divina positiva a propósito dos preceitos do Decálogo; na *Suma contra os Gentios* (III, cc. 111-118), em que trata da lei divina quer eterna quer positiva; mas principalmente na *Suma Teológica* (I-II, qq. 90-108), que é um dos tratados mais profundos, completos e sistemáticos desse tema; Santo Tomás o estuda primeiro em geral, examinando os constitutivos essenciais da lei, e depois em todas as suas principais ramificações: lei eterna, lei natural, lei antiga e lei nova. Da lei natural e positiva trata nas questões 94-98.

1. Definição geral da lei

Santo Tomás no início do seu tratado (q. 90) efetua uma pesquisa acuradíssima da definição da lei, recapitulando ao final seu pensamento numa fórmula que se tornou clássica: "*Quaedam rationis ordinatio ad bonum commune, ab eo qui curam communitatis habet promulgata* (uma ordenação da razão para o bem-comum, promulgada por aquele que tem o cuidado da comunidade)" (I-II, q. 90, a. 4). Trata-se de uma definição excelente, porque na sua sobriedade contém todos os elementos necessários. Ao dizer que é uma *ordenação da razão* temos a essência ou a causa formal; o *bem-comum* exprime o fim ao qual a lei está ordenada (causa final); *aquele que tem o cuidado da comunidade* é sua causa eficiente; e a *promulgação* constitui o elemento necessário para a aplicação da lei. Primeiramente e por si mesma esta noção se aplica à lei humana positiva (lei civil) da qual Santo Tomás partiu para sua definição; proporcionalmente, no entanto, vale também para a lei natural e eterna.

Em sua definição, Santo Tomás dá grande relevo a duas características fundamentais da lei: a racionalidade e a universalidade. 1) *Racionalidade*: a lei, insiste Santo Tomás, é obra da razão (*rationis ordinatio*). De fato a lei é uma *regra*, uma norma diretiva do agir humano em vista do fim do homem. Ora, para dirigir as ações humanas, que constituem meios com respeito ao fim do homem, é necessário conhecer o fim e a relação dos meios com o fim, para escolher os mais adaptados e estabelecer o melhor plano de execução. E isso é tarefa própria da razão, como faculdade cognoscitiva espiritual do homem. Na razão se encontra, portanto, a regra geral do agir humano. A lei é uma regra determinada; ela pertence, por consequência, à razão. 2) *Universalidade*: a lei deve ter em vista o *bem-comum* e por isso deve possuir caráter universal. Por bem-comum se entende um bem que é compartilhado por muitos (cf. BEM-COMUM); em consequência, é o bem do todo e não de uma parte apenas; o bem da comunidade e não de um indivíduo ou de uma classe somente; o bem que representa a perfeição específica do homem e não o interesse particular do indivíduo. O bem-comum, como fim da lei, é a sua própria razão de ser. Isso deve, portanto, animar toda ordenação legislativa; toda norma ou preceito que não esteja ordenado ao bem-comum não tem razão de lei.

2. Lei moral natural

Diz-se lei moral natural aquela que contém as normas, os critérios do agir humano diretamente da natureza específica do homem. Deve ser imediatamente esclarecido que aqui "natural" não significa algo imposto pela natureza, porque a lei moral supõe sempre, por definição, a mediação da razão; mas sim algo conforme às exigências da natureza humana. É a razão que, estudando, mais exatamente compreendendo (intuitivamente, por conaturalidade) as exigências fundamentais, naturais do homem, estabelece e prescreve o que lhe convém fazer ou não fazer para realizar plenamente a si mesmo.

O conceito de lei moral natural já está presente nos grandes filósofos gregos, Platão, Aristóteles, Zenão. Os seus conteúdos, no entanto, variam nesses autores, segundo o ideal de felicidade que eles propõem ao homem: alguns são os preceitos da moral platônica, outros da moral aristotélica e da moral estoica. Os inícios da reflexão moral cristã se unificam antes com as categorias estoicas e sucessivamente (com Ambrósio e Agostinho) com as dos platônicos e neoplatônicos. Todos os Padres da Igreja fazem amplo uso do conceito de lei natural. Para Justino, Clemente de Alexandria, Ambrósio, Gregório de Nissa, a lei natural é revelação natural, mas sempre revelação. A natureza do homem e das coisas é criada por Deus, e com as suas leis e tendências indica ao homem a vontade de Deus. Deus é criador e ordenador, e a lei natural tende justamente a manter a ordem das coisas. Agostinho atribui o conhecimento da lei natural à *ratio superior*, que é aquela dimensão da razão sobre a qual age a iluminação divina, fazendo assim conhecer à mente humana de modo infalível as *veritates aeternae*.

Mas o grande teórico da lei moral natural é Santo Tomás. Ele nos oferece uma exposição exemplar pela clareza e profundidade na *Primeira Seção da Segunda Parte da Suma Teológica* (qq. 94-95). Santo Tomás distingue nitidamente entre lei natural e lei humana. A segunda é a lei positiva, imposta pelos homens (e por isso é dita humana); enquanto a primeira é aquela que se encontra inscrita naturalmente na mente e no coração do homem. Santo Tomás define a lei como "*regula et mensura actuum* (regra e medida dos atos humanos)" (I-II, q. 90, a. 1), regra e medida determinada pela razão" (ibid.). A lei natural é aquela regulamentação dos atos humanos que a razão tira diretamente da natureza humana, examinando aquilo pelo qual o homem tem uma inclinação natural e que, consequentemente, deduz como bom e transforma em ação (*ratio apprehendit ut bona et per consequens ut opere prosequenda*) (I-II, q. 94, a. 2). Ora, segundo Tomás, existem três níveis de inclinações naturais fundamentais que guiam a razão para deduzir a lei natural: aquelas que o homem tem em comum com todos os existentes (perseverar no ser), aquelas que tem em comum com os animais (conservar a espécie), aquelas que são específicas suas (conhecer a verdade). A lei natural prescreve o que corresponde a tais inclinações (ibid.). A lei natural, que tem como princípio supremo: "Faze o bem e evita o mal", representa para a ética o que os primeiros princípios representam para a metafísica: é o fundamento de toda outra norma moral (ibid.). Nela encontra seu fundamento e sua justificação também a lei humana: "Toda lei humanamente imposta (*humanitus posita*) tem tanto de razão de lei quanto deriva da lei da natureza. Se, contudo, em algo discorda da lei natural, já não será lei, mas corrupção de lei" (I-II, q. 95, a. 2). A lei natural é principalmente conforme ao homem, dado que lhe fornece uma orientação segura nas próprias escolhas e lhe ensina o caminho para realizar a si mesmo e conseguir o fim que lhe é próprio. É uma lei que não vem de fora (não é heterônoma, diria Kant) mas sim de dentro (e nesse sentido é autônoma: é a lei que a própria razão dá ao homem); não é fruto de árduas e obscuras especulações, mas a sua percepção é tão ágil que parece quase intuitiva. A sua sede específica, segundo Santo Tomás, é a sindérese: "enquanto é hábito que contém os preceitos da lei natural, os quais são os primeiros princípios das obras humanas" (I-II, q. 94, a. 1, ad 2).

Já minada pelo voluntarismo de Escoto e Ockham, no final da Idade Média a doutrina da lei natural foi colocada fora das preocupações. Conhece uma considerável retomada no século XVII por mérito dos "jusnaturalistas" (Grotius, Pufendorf etc.), mas com bases um tanto precárias por causa da secularização que pretende excluir Deus de qualquer discurso ético, jurídico e político. Em seguida, com a decadência do conceito de natureza humana por obra de Hume, Kant, Hegel, Comte, Nietzsche, Freud e outros, o conceito já bastante desautorado de lei natural é sistematicamente criticado e definitivamente rejeitado. Não existem leis naturais, mas apenas leis positivas: queridas pela sociedade e impostas pelo Estado.

No entanto, a defesa dos direitos universais do homem e a afirmação do valor absoluto da pessoa humana depois da Segunda Guerra Mundial levaram a recolocar em circulação o conceito de lei natural. Ele aparece, de fato, irrenunciável caso se queira dar um fundamento sólido aos direitos universais e manter a fé no valor absoluto da pessoa. Alguns estudiosos católicos (Maritain, De Finance, Derisi) mostraram que a lei natural não é algo estático, mas dinâmico: tendo um nexo estrito com a cultura, a própria consciência da lei natural varia com a evolução da cultura. E tanto isso é verdadeiro que a situação atual o confirma: a crise grave e profunda que está atravessando a cultura em muitas consciências pôs em crise e ofuscou a lei natural.

3. Lei humana ou positiva

Como foi dito, Santo Tomás chama de lei humana a lei positiva estabelecida por uma autoridade humana: "*Istae particulares dispositiones adinventae secundum rationem humanam, dicuntur leges humanae* [E essas disposições particulares descobertas segundo a razão humana dizem-se leis humanas (N. do T.)]" (I-II, q. 91, a. 3).

a) *Existência da lei humana* — Para justificar a existência da lei humana, Santo Tomás apresenta quatro razões. *Primeira*, a *índole social do homem*: este é por natureza um ser social, porque sem a sociedade não pode atingir o seu fim, sua perfeição de homem; é, portanto, a própria natureza que o leva a unir-se em sociedade assim como o inclina à virtude. Daí a necessidade de leis adequadas — leis positivas — que regulamentem a vida social (*I Pol.*, lect. 1). *Segunda*, a *educação*: o homem tem necessidade de educação (*disciplina*) para aprender a ciência e a virtude; ora, para ter autoridade, a educação tem necessidade de ser apoiada e protegida pela lei. "Porque a perfeição da virtude consiste principalmente em afastar o homem dos prazeres indevidos, aos quais os homens são inclinados principal e maximamente os jovens em relação aos quais a disciplina é mais eficaz. E assim é necessário que os homens obtenham tal disciplina por outro, por meio da qual se chega à virtude. E certamente quanto àqueles jovens inclinados aos atos das virtudes em razão de uma boa disposição da natureza, do costume ou, mais ainda, do dom divino, é suficiente a disciplina paterna, que se faz mediante os conselhos. Mas, porque se encontram alguns impudentes e inclinados ao vício, os quais não podem ser movidos facilmente com palavras, foi necessário que pela força e pelo medo fossem coibidos do mal, de modo que, ao menos desistindo assim de fazer o mal, aos outros tornassem tranquila a vida, e os mesmos, por fim, por força de tal costume, fossem conduzidos a fazer voluntariamente o que antes cumpriam por medo, e assim se tornassem virtuosos. Tal disciplina, obrigando por medo da pena, é a disciplina das leis. Portanto, foi necessário que as leis fossem impostas para a paz dos homens e a virtude" (I-II, q. 95, a. 1). O mesmo conceito é reforçado mais adiante por Santo Tomás ao tratar das propriedades da lei: uma das propriedades principais que deve ter a lei humana é ser justa, mas, para ser tal, deve ser conforme às exigências da educação: "A disciplina, com efeito, deve ser conveniente a cada qual segundo sua possibilidade, observa também a possibilidade da natureza (com efeito, não se deve impor às crianças as mesmas coisas que aos homens adultos); e segundo o costume humano" (ibid., a. 3). *Terceira*, a *insuficiência da lei natural*, a qual se limita aos princípios primeiros e não fornece normas detalhadas para as várias situações. "[...] assim também dos preceitos da lei natural, como de alguns princípios comuns e indemonstráveis, é necessário que a razão humana proceda para dispor mais particularmente algumas coisas. E estas disposições particulares descobertas segundo a razão humana, dizem-se leis humanas" (I-II, q. 91, a. 3). *Quarta*, a *não fiabilidade de um juiz* que decida caso por caso o que é fazer bem, como queria Platão com a sua teoria do filósofo-rei. "Como diz o Filósofo, 'é melhor que todas as coisas se ordenem pela lei do que deixar ao arbítrio dos juízes'. E isso por três razões. Em primeiro lugar, porque mais fácil é achar poucos sábios, que bastem para estabelecer leis retas, do que muitos, que seriam requeridos para julgar retamente cada caso. Em segundo, porque aqueles que estabelecem as leis, já de muito tempo consideram o que deve ser estabelecido por lei, mas os juízes sobre fatos singulares fazem-se a partir de casos subitamente aparecidos. Mais facilmente um homem pode ver o que é reto a partir da consideração de muitos casos, do que a partir de um fato único. Em terceiro lugar, porque os legisladores julgam no universal e sobre coisas futuras, mas os homens que presidem aos julgamentos julgam sobre coisas presentes, em relação às quais são afetados por amor, por ódio ou por alguma cobiça, e assim se deprava o julgamento. Uma vez que a justiça viva do juiz não se encontra em muitos e é flexível, assim foi necessário que, em todos os casos em que era possível, a lei determinasse o que devia ser julgado, e deixasse pouquíssimas coisas ao arbítrio dos homens" (I-II, q. 95, a. 1, ad 2).

Como resulta das razões adotadas pelo Doutor Angélico para justificar a lei positiva, nem esta tem caráter heterônomo. De fato, ela não é outra coisa além de uma explicitação da lei eterna e da lei natural e tem em mira o mesmo fim: ajudar a pessoa a praticar a virtude e desse modo realizar a si mesma.

b) *Propriedade da lei positiva* — Para a lei positiva, Santo Tomás repropõe as mesmas qualidades que já havia fixado para a lei em geral: a *racionalidade* (que provém da sua conformidade com a lei divina e a lei natural) e a *universalidade*: deve ter em mira o bem-comum, isto é "adequada ao bem do homem" como tal. A essas duas qualidades, o Doutor Angélico acrescenta outras três que especificam melhor a finalidade da lei: o bem-comum. Para consegui-lo a lei deve possuir a qualidade da *justiça*, isto é, deve ser regulada a partir da capacidade dos sujeitos; a qualidade da *utilidade*: deve ser adequada para a obtenção do bem; e enfim, a qualidade da *clareza*, excluindo qualquer ambiguidade (ibid., a. 3).

c) *Âmbito da lei positiva* — O âmbito é determinado pelo seu fim, que é o bem-comum. Este, no entanto, esclarece Santo Tomás, não deve ser considerado em abstrato, mas segundo as exigências e as efetivas possibilidades da maioria: "A lei humana (positiva) é imposta à multidão dos homens (*lex autem humana ponitur multidunini hominum*), e nessa a maior parte é de homens não perfeitos na virtude. E assim pela lei humana não são proibidos todos os vícios, dos quais se abstêm os virtuosos, mas tão só os mais graves, dos quais é possível à maior parte dos homens se abster; e principalmente aqueles que são em prejuízo dos outros, sem cuja proibição a sociedade humana não pode conservar-se; assim são proibidos pela lei humana os homicídios, os furtos, e coisas semelhantes" (I-II, q. 96, a. 2). Ainda com referência ao âmbito e ao conteúdo da lei positiva, Santo Tomás faz uma distinção fundamental. Alguns dos seus preceitos são *conclusões necessárias* dos princípios da lei natural, deduzidas segundo um procedimento científico. Nesses casos proibindo, por exemplo, o homicídio, o furto etc. A autoridade civil não faz senão sancionar e reforçar a lei natural. E, portanto, tais conclusões tiram seu vigor desta, ainda antes e para além da autoridade civil. Essas conclusões constituem o *ius gentium* dos antigos. Outros preceitos da lei positiva são, por sua vez, *determinações particulares* da lei natural, que é assim aplicada a situações e circunstâncias particulares. E este é o campo específico e principal da lei positiva, campo bastante mais vasto e complexo do que o precedente, e justifica a multiplicação dos preceitos, em proporção à variedade das necessidades concretas de uma comunidade ou de uma nação (I-II, q. 95, a. 4).

d) *Obrigação da lei positiva* — A lei positiva, segundo Santo Tomás, obriga em consciência, seja ela considerada por seu fundamento (direto ou indireto), que é a lei natural e eterna, ou por sua causa eficiente, que é a autoridade pública. Esta, de fato, sendo necessária à sociedade, procede de Deus, como a própria natureza social do homem. Por isso, deve ter o poder de obrigar moralmente os cidadãos. Uma lei positiva que se opusesse à lei natural ou fosse contra o bem-comum, em vantagem do bem particular de um indivíduo ou de uma classe, ou que não emanasse da autoridade competente e legítima, não seria propriamente uma lei, mas um abuso dela. Por isso, Santo Tomás tem o cuidado de esclarecer as várias condições com base nas quais uma lei é justa ou injusta (cf. I-II, q. 96, a. 4). Uma lei injusta não pode obrigar em consciência, contudo, em vista do bem-comum pode-se obedecer também a uma lei injusta (ibid.). No caso de abuso de poder, isto é, no caso do tirano que legisla por interesse pessoal, ou que viola os direitos naturais, é permitida a resistência quer passiva quer ativa, mas somente com a condição de não causar um mal maior e de estar fundamentada na esperança ou certeza moral de sucesso (II-II, q. 42, a. 23).

Como última coisa, Santo Tomás examina a questão da mudança das leis (*de mutatione legum*), à qual dedica toda a questão 97. Tratando-se de uma lei humana, esta está sujeita à mutabilidade e à perfectibilidade do homem, e é, portanto, suscetível de mudanças. Com a mudança dos tempos, das condições, das exigências de um povo, e diante de um maior aprofundamento no conhecimento de certas situações, pode ocorrer que algumas leis se revelem já não adequadas e funcionais e devam ser ou aperfeiçoadas ou substituídas por outras. Cada mudança, no entanto, deve ser dirigida pela prudência política e motivada por uma melhor e mais segura realização do bem-comum, que compense o perigo inerente numa mudança de leis: o de diminuir o respeito da autoridade, rachando a estabilidade da ordem social. "E assim nunca se deve mudar a lei humana, a não ser que se recompense a salvação comum tanto quanto a mudança lhe subtraiu. O que certamente acontece ou porque alguma máxima e evidentíssima utilidade provém do novo estatuto, ou porque há máxima necessidade em razão de que a lei costumeira ou contém manifesta iniquidade, ou sua observância é muito nociva" (I-II, q. 97, a. 2).

Construindo sua doutrina da lei positiva sobre sólidas bases da sua visão metafísica e antropológica, Santo Tomás conseguiu assegurar à lei positiva uma função educativa e moral, um peso axiológico e um caráter manifestamente humanístico (de realização da pessoa) que poucos outros filósofos souberam conferir-lhe.

(Cf. Direito, Ética, Lei (eterna))
[Tradução: M. Couto]

Lei (nova)

Com esta expressão geralmente se entendem os preceitos evangélicos, que fixam as normas de vida a que o cristão deve se ater.

Na *Suma Teológica*, ao estudo da lei antiga Santo Tomás faz seguir imediatamente o estudo da lei nova. O tema está subdividido em três pontos: definição da lei nova, confronto com a lei antiga e conteúdo da lei nova. Como foi acentuado por muitos estudiosos, esse breve tratado apresenta pouca originalidade. Nenhuma das teses expostas se distingue da doutrina comumente aceita na Idade Média. "Santo Tomás não faz senão repisar as pegadas de São Paulo, de Santo Agostinho e as daqueles Padres dos quais tinha conhecimento. O que surpreende é a concisão e a exatidão das fórmulas nas quais sintetiza o pensamento tradicional, ousadamente tirando delas todas as conclusões mais interessantes, superando as falsas interpretações dos antinomianos de todos os tempos" (T. Centi).

1. Definição da lei nova

Surpreendentemente, ao definir a lei nova, Santo Tomás releva a *novidade ontológica* mais do que enfatiza a ética e a jurídica. A novidade, para Santo Tomás, não se dá tanto pela emanação de um novo código de leis (que é também admitido) quanto da comunicação de um novo gênero de vida ao homem: a participação na vida divina mediante a graça infundida pelo Espírito Santo. Assim, Santo Tomás pode afirmar que "a lei nova é a própria graça do Espírito Santo, que é dada aos fiéis de Cristo. E isso aparece manifestamente pelo Apóstolo que […] chama a própria graça da fé de 'lei'. […] A lei nova tem, contudo, algumas [leis] como disposições para a graça do Espírito Santo, e pertinentes ao uso dessa graça, as quais são como secundárias na lei nova, de que é necessário instruir os fiéis de Cristo por palavras e escritos, tanto acerca do que se deve crer, quanto do que se deve praticar. E assim deve-se dizer que principalmente a lei nova é lei infusa, secundariamente, porém, é lei escrita" (I-II, q. 106, a. 1).

Da mesma definição resulta o *caráter interior* da lei nova, que diversamente da lei antiga não é escrita sobre tábuas de pedra, mas sim no ser profundo do cristão, em sua alma: "Deus deu a lei nova e a antiga, mas de modo diferente. Deu, com efeito, a lei antiga escrita nas tábuas de pedra. Já a lei nova deu escrita 'nas tábuas carnais do coração', como diz o Apóstolo" (ibid., a. 2, ad 3).

Autor e promulgador da lei nova imediata e diretamente é Jesus Cristo; mas a lei nova como ação *ad extra* é obra também do Pai e do Espírito Santo: "A lei antiga não foi só do Pai, mas também do Filho, pois o Cristo era figurado na lei antiga. Donde dizer o Senhor, no Evangelho de João (1,46): 'Se vós crêsseis em Moisés, com mais razão creríeis em mim; ele, com efeito, sobre mim escreveu'. Semelhantemente também a lei nova não só é de Cristo, mas também do Espírito Santo, segundo a Carta aos Romanos (8,2): 'A lei do Espírito da vida em Cristo Jesus' etc. Donde não deve ser esperada outra lei que seja do Espírito Santo" (ibid., a. 4, ad 3).

2. Comparação com a lei antiga

Colocando em comparação a lei nova com a antiga, Santo Tomás sublinha tanto os aspectos divergentes quanto os convergentes. A divergência fundamental está no caráter exterior e opressivo da lei antiga, e no caráter interior e livre da lei nova. A antiga era lei da escravidão e do temor; a nova é lei do amor e da liberdade. A antiga era alienante e em suma heterônoma; a nova purifica, eleva e enobrece o ser daquele que a acolhe. "E assim a lei antiga, que era dada aos imperfeitos, isto é, aos que ainda não haviam conseguido a graça espiritual, era chamada 'lei do temor', enquanto induzia à observância dos preceitos pela cominação de algumas penas. Dela se diz que tinha algumas promessas temporalmente [...]. E assim a lei nova, cuja principalidade consiste na própria graça espiritual infusa nos corações, é dita *lei do amor*. Dela se diz que tem as promessas espirituais e eternas, que são objetos da virtude, principalmente da caridade" (I-II, q. 107, a. 1, ad 2). No entanto, Santo Tomás acrescenta muito oportunamente a seguinte observação: "Existiram, porém, alguns, no estado do Antigo Testamento, que tiveram a caridade e a graça do Espírito Santo, os quais principalmente esperavam as promessas espirituais e eternas. E segundo isso pertenciam à lei nova. Semelhantemente também no Novo Testamento existem alguns carnais que ainda não alcançaram a perfeição da lei nova, os quais foi necessário também no Novo Testamento que fossem induzidos às obras da virtude pelo temor das penas e por algumas promessas temporais" (ibid.).

A convergência entre as duas leis consiste no fato de que a lei antiga funciona como pedagogo da nova e sob muitos aspectos a prefigura e prepara (ibid., aa. 2-3).

3. Os preceitos da lei nova

O objetivo de Santo Tomás na questão dedicada a este tema (I-II, q. 108) não é o de fazer uma exposição detalhada dos preceitos da lei nova, mas simplesmente de fornecer as justificações de fundo. Como primeira coisa, ele mostra que na lei nova não devem faltar preceitos relativos aos atos externos de sacramentos que devem ser recebidos, de virtudes a serem praticadas, para cooperar com a graça de Jesus Cristo que opera em nosso interior (a. 1). Como segunda coisa, mostra que as disposições comunicadas por Cristo nas Bem-aventuranças e nos Conselhos evangélicos são suficientes para a vida do cristão, dado que regulam quer seus sentimentos internos, quer seus impulsos externos. De fato, no discurso sobre as Bem-aventuranças o Senhor, "primeiro, ordena a vontade do homem segundo os diversos preceitos da lei, a saber, para que se abstenha alguém não só das obras exteriores, que são em si mesmas más, mas também das interiores, e das ocasiões dos males. Em seguida, ordena a intenção do homem, ensinando que, nas boas ações que praticamos, não procuremos a glória humana, nem as riquezas mundanas, que é entesourar na terra. Ordena, a seguir, o movimento interior do homem quanto ao próximo, a saber, que não o julguemos temerária ou injusta, ou presunçosamente, nem sejamos de tal modo negligentes junto ao próximo que lhes confiemos coisas sagradas, se são indignos. Por último, ensina o modo de cumprir a doutrina evangélica, a saber, implorando o auxílio divino, e empregando o esforço para entrar pela porta estreita da virtude perfeita, e empregando a cautela para não sermos corrompidos pelos sedutores. E que a observância dos mandamentos dele é necessária para a virtude: não basta, com efeito, apenas a confissão da fé, ou a prática de milagres, ou só o ouvir" (I-II, q. 108, a. 3).

[Tradução: M. Couto]

Liberalidade

Virtude moral que regula o uso do dinheiro e das riquezas em geral, tomando uma via mediana entre a prodigalidade (excesso) e a avareza (defeito). Aristóteles trata disso na *Ética a Nicômaco* (1119b) e a coloca em confronto com a magnificência, que é uma virtude que diz respeito ao dinheiro. O que distingue a magnificência da liberalidade é a quantidade de dinheiro: a magnificência diz respeito somente às grandes despesas. Portanto, a liberalidade está incluída na magnificência, mas não vice-versa.

Segundo Santo Tomás, a liberalidade consiste no não se deixar vencer pelo apego desordenado das riquezas e no fazer bom uso delas. Podendo servir-se das riquezas em nossa vantagem e na vantagem dos outros, é próprio da liberalidade o não deixar que o amor desordenado ao dinheiro nos impeça de fazer as despesas convenientes em nossa vantagem e de fazer dons convenientes em vantagem de outros. Porém, observa Santo Tomás, "a liberalidade não leva a dispersar as riquezas de tal forma que nada sobre para o próprio sustento, ou para praticar obras virtuosas capazes de levar à felicidade" (II-II, q. 117, a. 1, ad 2).

Pertence à liberalidade não só o empregar o dinheiro, mas também o prepará-lo e conservá-lo para que tudo isso seja feito tendo como objetivo sua distribuição aos outros, porque a liberalidade consiste justamente nisto: "usar o dinheiro para dá-lo aos outros" (II-II, q. 117, a. 4).

[Tradução: M. Couto]

Liberdade cf. Arbítrio (livre)

Limbo

"Lugar" ou "condição" em que passam a vida eterna as almas inocentes (quer adultas, quer infantis) mortas sem batismo. Ainda que seja uma doutrina que tenha pouco fundamento bíblico, o limbo possui uma sólida tradição que remonta aos primeiros tempos da Igreja.

Santo Tomás fala raramente do limbo, e o faz usando três expressões: para além do termo "limbo", adota os termos "seio de Abraão" e "inferno". Quanto ao inferno, Santo Tomás distingue duas zonas: uma inferior e mais profunda, que é aquela ocupada pelos danados, e uma zona superior, que é a ocupada pelos antigos justos antes da descida de Cristo aos infernos [= mansão dos mortos] e das crianças (ou adultos) não batizados (*IV Sent.*, d. 45, q. 1, a. 2, sol. 2).

Segundo Santo Tomás, em referência ao limbo duas coisas são certas:

1) que as crianças não batizadas não entram no paraíso nem vão ao inferno (profundo), mas são destinadas a uma zona intermédia, que é o limbo. O motivo é que, "como ao pecado atual se deve a pena temporal no purgatório (se for venial) e a pena eterna no inferno (se for mortal), assim ao pecado original caberia a pena do limbo, pena temporal para os justos antigos, pena eterna para as crianças" (ibid., sol. 3).

2) que o limbo das crianças coincide apenas "localmente" com aquele dos justos antigos: "Os lugares em que se encontram as almas depois da morte podem ser distinguidos segundo a posição e segundo a qualidade. Se consideramos o limbo dos justos antigos e o das crianças segundo a qualidade, isto é, segundo os prêmios e as penas que as almas recebem, não há dúvida que diferem entre si [...] porque para as crianças não há esperança da vida beata, que havia ao contrário para os justos antigos no limbo, sobre os quais além da esperança refulgia o lume da fé e da graça

(*in quibus etiam lumen fidei et gratiae refulgebat*). Mas, quanto à posição, é provável que o lugar fosse o mesmo para uns e outros: salvo que o repouso dos justos antigos se encontrava num lugar superior àquele do limbo das crianças (*requies beatorum (patrum) adhuc erat in superiori loco quam limbus puerorum*)" (ibid., sol. 2 e 3).

(Cf. Escatologia, Inferno)
[Tradução: M. Couto]

Linguagem

É aquela atividade com a qual o homem (e de modo mais elementar também os animais) mediante sinais vocais ou escritos se coloca em comunicação com os próprios similares para exprimir os próprios sentimentos, os próprios desejos ou as próprias ideias.

A linguagem foi objeto de reflexão filosófica desde os tempos de Sócrates e dos Sofistas. Fundamentais foram as contribuições de Platão, de Aristóteles e sucessivamente de Santo Agostinho, no que tange à origem, à natureza e às funções da linguagem.

Em nenhuma de suas numerosas obras Santo Tomás abordou direta e sistematicamente o problema da linguagem. No entanto, sobre algumas questões de filosofia da linguagem ele tomou aberta e formalmente posição, formulando teses de absoluto valor. Referimo-nos de modo particular às questões do significado da linguagem teológica (a linguagem usada para falar de Deus), da função pedagógica da linguagem, e do sentido (ou melhor, dos sentidos) da linguagem bíblica.

1. Significado da linguagem teológica

Santo Tomás declara que a questão da linguagem teológica é de capital importância para a teologia "*quia ad salutem consequendam non solum est necessaria fides de veritate rerum, sed etiam vocalis confessio per nomina*" (*I Sent.*, d. 22, q. 1, a. 4, expos. textus). Graças a essa convicção, ele voltou com insistência ao argumento da linguagem teológica — que para os medievais se identifica com "a questão dos nomes de Deus" (*quaestio de nominibus Dei*) — em todas suas obras principais: vejam-se, além do *Comentário* ao *De divinis nominibus*: *I Sent.*, d. 19, q. 5, a. 2, ad 1; d. 22; *De Potentia* q. 7, aa. 5-7; *Suma contra os Gentios* I, cc. 30-35; *Suma Teológica* I, q. 13; *Compêndio de Teologia* cc. 24-27. A solução que ele apresenta é a da analogia (cf. Analogia). A linguagem que o homem usa falando de Deus não pode ter nem um sentido unívoco nem um sentido equívoco com respeito ao uso que fazemos dela ao falarmos das criaturas, porque no primeiro caso não se salva a infinita diferença qualitativa que separa Deus das suas criaturas, enquanto no segundo caso não se poderia jamais dizer algo de sensato com respeito a Deus. Assim Santo Tomás propõe a solução da analogia, a qual no seu significado mais elementar diz que os termos (os nomes) que adotamos para Deus têm um sentido que é em parte similar e em parte dissimilar ao sentido que a eles conferimos ao falarmos das criaturas. Contudo, ao propor o critério da analogia, Santo Tomás não se limita à simples enunciação geral, mas examina com grande perspicácia a dupla consequência da analogia, a da semelhança e a da dessemelhança, sublinhando muito mais a segunda do que a primeira, de modo que coloca em segurança a verdade da substancial inefabilidade de Deus (cf. Inefabilidade).

2. Função pedagógica da linguagem

Na questão XI do *De Veritate* dedicada ao Mestre (*De Magistro*), Santo Tomás discute sobre a importância da linguagem no ensino, uma atividade que tem seu principal instrumento na linguagem (falada, escrita e hoje também por meio audiovisual). A questão havia sido amplamente debatida por Santo Agostinho no célebre diálogo *De Magistro*. Também Santo Tomás se refere a essa obra e nas soluções permanece substancialmente fiel a Agostinho, se bem que se distancie do Doutor de Hipona no que tange ao modo de conceber o conhecimento da verdade: este ocorre mediante o lume do intelecto e não mediante a iluminação divina (como ensinava Santo Agostinho).

Santo Tomás insiste, como já havia feito Santo Agostinho, que a apreensão nasce de dentro e não de fora; o intelecto não é uma potência passiva mas ativa e possui já, desde o início (mediante o primeiro impacto com a experiência), o conhecimento dos primeiros princípios (cf. Princípio), dos quais desenvolve o resto do conhecimento. O mestre com seu ensino — valendo-se da linguagem — contribui somente para facilitar tal desenvolvimento. "O processo da razão para atingir o conhecimento do ignorado consiste em aplicar a determinadas matérias os princípios comuns evidentes por si mesmos, e em proceder a partir daí a algumas conclusões particulares, e indo destas a outras; de onde, e por esse aspecto, se diz que quem ensina a outro enquanto lhe expõe através dos sinais o mesmo procedimento da razão, que realiza por si mesmo com sua razão natural, e portanto a razão natural do discípulo atinge o conhecimento daquilo que não sabe por meio de tais sinais que lhe são propostos por meio dos instrumentos" (*De Ver.*, q. 11, a. 1). "O professor propõe ao discípulo sinais das coisas inteligíveis das quais o intelecto agente percebe as formas inteligíveis, e as imprime no intelecto possível. Por isso as próprias palavras do mestre, ouvidas ou vistas por escrito, têm o mesmo efeito, para originar a ciência do intelecto, das coisas externas à alma, pois que de ambas o intelecto tira as formas inteligíveis, se bem que as palavras do mestre tenham um efeito mais imediato para originar a ciência, que os objetos sensíveis existentes fora da alma, porque são sinais das formas inteligíveis" (ibid., ad 11). Portanto, as palavras pronunciadas pelo mestre tomam o lugar das coisas, para suscitar na mente as ideias, mas é a mente que produz as ideias, não as coisas, e muito menos as palavras. Portanto, no aprendizado a linguagem desenvolve sim um papel bastante importante, mas em última análise permanece sempre um papel de causa eficiente instrumental e jamais de causa eficiente principal.

3. Os sentidos da linguagem bíblica

Para um teólogo, a questão dos sentidos da linguagem bíblica é de suma importância. Desde os tempos de Clemente e de Orígenes (e já antes, no tempo de Fílon de Alexandria) era universalmente admitido que a Sagrada Escritura possuía além de um significado literal, também diversos significados alegóricos. Progressivamente foi construída a teoria dos quatro sentidos: literal, alegórico, moral e anagógico. Santo Tomás assume para si essa teoria dos quatro sentidos da Escritura, mas contra a tendência dos alegoristas, que havia chegado a um ponto extremo com Joaquim de Fiore, Santo Tomás não cansa de afirmar o primado absoluto do sentido literal, e admite as várias interpretações alegóricas (e algumas vezes ele próprio se exibe em grandes voos alegóricos), mas somente num segundo momento, depois que foi explicado o sentido literal.

(Cf. Analogia, Exegese, Hermenêutica, Sentidos (da Sagrada Escritura))

[Tradução: M. Couto]

Liturgia

Do grego *leitourgia* (derivado de *laos* = povo, e *ergon* = ação): etimologicamente significa "ação do povo", isto é, ação pública. De fato, a liturgia é o conjunto de atos (símbolos, ritos, orações) com que a Igreja, por meio de ministros exclusivamente designados, oferece a Deus a homenagem de oblação, adoração e louvor, e comunica às almas os dons divinos e sobrenaturais da graça.

O termo *liturgia* não aparece na linguagem de Santo Tomás. Aquilo que hoje se exprime com esse termo era indicado pelo Angélico por meio dos termos *religio*, *cultus*, *ritus*, *caerimonia*, de modo que para reconstruir sua doutrina sobre a liturgia é necessário verificar o que ele ensina quando trata da religião, do culto, dos ritos e das sagradas cerimônias.

1. Justificação antropológica da liturgia

Santo Tomás, a partir da liturgia como conjunto de ritos, símbolos, orações com que se atua o culto divino e se pratica exteriormente a virtude da religião, apresenta uma profunda justificação antropológica:

a constituição psicofísica do homem. Este, sendo conaturalmente impregnado de inteligibilidade e sensibilidade, tem necessidade de ritos e imagens sensíveis mesmo em sua relação com Deus. "Uma vez que o homem é composto de alma e corpo, um e outro devem ser aplicados a cultuar a Deus, a saber, que a alma culte por um culto interior, e o corpo por um exterior; donde se diz no livro dos Salmos (83,3): 'Meu coração e a minha carne exultaram no Deus vivo'. E, como o corpo se ordena a Deus por intermédio da alma, assim o culto exterior se ordena ao culto interior" (I-II, q. 101, a. 2). "O nosso espírito, para se unir com Deus, necessita ser conduzido pelas coisas sensíveis, porque 'as coisas invisíveis de Deus são conhecidas por intermédio das criaturas' (Rm 1,20). Logo, o culto divino precisa usar de coisas corpóreas para que por elas, que são como sinais, a mente humana desperte para atos espirituais, mediante os quais nos unimos com Deus. Logo, a religião possui atos interiores que lhe pertencem, essencial e principalmente, e atos exteriores, que são secundários e ordenados para os atos interiores" (II-II, q. 81, a. 7).

2. Centralidade cristológica

Santo Tomás sublinha vigorosamente a centralidade cristológica do culto cristão; tudo na liturgia está orientado para o Cristo: ritos, símbolos, orações. Cristo é "a via que conduz àquela verdade da Pátria" (I-II, q. 101, a. 2), que introduz "mais plenamente ao culto espiritual" (ibid., ad 4), que se centra em sua Paixão, na qual "o mistério da redenção do gênero humano foi completado" (I-II, q. 103, a. 3, ad 2). "Todo rito da religião cristã decorre do sacerdócio de Cristo (*totus ritus christianae religionis derivatur a sacerdotio Christi*)" (III, q. 63, a. 3). Ele é o autor e a causa eficiente principal dos sacramentos, e assim os efeitos salutares que os sacramentos produzem são produzidos por Cristo: "*tota sacramentorum sanctificatio a Christo derivatur*" (III, q. 72, a. 3). Cristo está presente na Eucaristia, que é o sacramento por excelência (cf. EUCARISTIA), substancial e eficientemente (cf. III, q. 76, a. 1, ad 3), e de maneira instrumental, mas sempre eficientemente, nas outras ações sacramentais e litúrgicas (cf. III, q. 62, a. 5 e ad 1). Os sacramentos produzem no fiel uma conformação mística com o Cristo: "*Per omnia sacramenta ecclesiae homo Christo conformatur, qui est sacramentorum autor*" (III, q. 72, a. 1, ob. 4).

Cristo é o fulcro não apenas dos ritos da Nova Aliança, mas também da Antiga. De fato, "é duplo o fim dos preceitos cerimoniais (da Antiga Lei): ordenavam-se, com efeito, ao culto de Deus para aquele tempo, e para serem figuras do Cristo, assim como as palavras dos profetas referiam-se ao tempo presente de tal modo que eram ditas também como figura do futuro, como diz São Jerônimo. Assim, pois, as razões dos preceitos cerimoniais da lei antiga podem ser entendidas de duplo modo. De um, pela razão do culto divino, que devia ser observado para aquele tempo. E essas razões são literais [...]. De outro modo, as razões dos preceitos podem ser assinaladas segundo se ordenam para serem figuras de Cristo (*secundum quod ordinantur ad figurandum Christum*). E assim têm razões figurativas e místicas (*rationes figurales et mysticas*), quer sejam entendidas pelo mesmo Cristo e Igreja, o que pertence à alegoria; quer em relação aos costumes do povo cristão, o que pertence à moralidade; quer em relação ao estado da glória futura, enquanto nela somos introduzidos por Cristo, o que pertence à anagogia" (I-II, q. 102, a. 2).

Utilizando em larga escala o duplo registro da interpretação literal e alegórica, no estudo dos preceitos cerimoniais e dos ritos da Antiga Aliança, Santo Tomás elabora "uma admirável teologia ritual do Antigo Testamento" (M. D. Chenu), em que domina prepotentemente a figura de Cristo (ainda que entre símbolos e alegorias de todo gênero), e mostra adequadamente que a liturgia da Antiga Aliança era uma antecipação concreta, clara e real da liturgia da Nova Aliança, ou seja, da liturgia de Cristo.

(Cf. CRISTO, IGREJA, LEI (ANTIGA), SACRAMENTO)
[Tradução: G. Frade]

Livre-arbítrio cf. Arbítrio (livre)

Lógica

Em seu uso mais comum, este termo indica a parte da filosofia que fixa as regras para o bem pensar e raciocinar. O pai da lógica foi Aristóteles; seu mérito principal nesse campo é ter fixado com grande precisão as regras da argumentação na forma do silogismo. "A ciência lógica foi descoberta pelos gregos. Isso não significa que antes deles não tenha havido pensamento lógico: este, de fato, é tão antigo quanto o pensamento, porque toda ideação fértil é controlada pelas regras da lógica. Mas uma coisa é aplicar tais regras inconscientemente nas operações do pensamento prático, e outra é formulá-las explicitamente, sistematizando-as sob a forma de uma teoria. Cabe a Aristóteles o mérito de ter iniciado o estudo orgânico das regras lógicas" (H. Reichenbach). A famosa obra na qual foram recolhidos os escritos lógicos de Aristóteles se intitula *Organon*. Ela compreende cinco tratados: as *Categorias*, a *Interpretação*, os *Analíticos Primeiros* e *Segundos*, os *Tópicos*.

A lógica de Santo Tomás, assim como toda a lógica medieval, descende de Aristóteles. Pode-se deduzir isso do fato de que a maior parte das obras lógicas do Doutor Angélico e dos outros escolásticos não passa de comentários de um ou de outro dos cinco tratados lógicos de Aristóteles. O estudo dessa obra teve enorme importância nos séculos XI e XII, quando o interesse especulativo dos Escolásticos se havia concentrado principalmente nos problemas lógico-gnoseológicos, em particular no problema dos universais. No século XIII, com a chegada no Ocidente da *Metafísica*, *Física*, *Ética*, *Política* e de outras obras de Aristóteles, os estudos filosóficos, principalmente por mérito de Guilherme d'Auvergne, Siger de Brabante e de Santo Tomás, abandonaram a orientação lógica para assumir outra mais destacadamente metafísica.

No campo da lógica, Aristóteles havia dito quase tudo e de modo claro, preciso e ordenado, o que lhe era próprio. Assim, a contribuição de Santo Tomás nesse campo apresenta pouca originalidade, apesar de tê-lo cultivado com grande esmero, e isso não somente nos comentários à *Interpretação* (*In libros Peri Hermeneias expositio*) e aos *Segundos analíticos* (*In libros posteriorum Analyticorum expositio*), mas também no *De Veritate* e alhures. Todavia, ainda que sem muita originalidade, a contribuição de Santo Tomás à lógica conserva grande importância para quem quer conhecer por inteiro sua obra e seu pensamento e para quem quer entender as razões pelas quais ele sustenta certas posições e refuta outras sobre determinados problemas, por exemplo, no problema dos universais, na questão da analogia, e no debate sobre a teologia negativa.

1. Definição da lógica

Santo Tomás, para definir a lógica, parte do conceito de *arte*, entendida como responsável da direção das nossas ações para atingir o devido fim: "*Nihil enim aliud ars esse videtur, quam certa ordinatio rationis quomodo per determinata media ad debitum finem actus humani perveniant*" (I *Anal.*, Proem.). A lógica é uma arte porque se propõe guiar as operações da mente para atingir a verdade, que é o fim de todo conhecimento. No entanto, Santo Tomás nota que essa definição não é ainda bastante precisa. De fato, enquanto a arte trata de realidades materiais, a lógica tem a ver com realidades espirituais: as ideias, os juízos, os raciocínios. Por isso, para definir mais exatamente a lógica, é preciso partir não do conceito de arte, mas sim do conceito de ciência. Por ciência Santo Tomás entende, como já Aristóteles antes dele, "*rei cognitio per propriam causam* (o conhecimento de algo por meio de suas causas)" (*C. G.*, I, c. 94, n. 793). E se deve tratar de conhecimento certo não questionável: "*Scientia est cognitio certa rei* [...] *per certitudinem* [...] *quod non possit aliter se habere*" (I *Anal.*, lect. 4, n. 32). Retomando a divisão aristotélica das ciências, Santo Tomás diz que estas são de dois gêneros, especulativas ou teóricas e práticas: as primeiras têm por finalidade o conhecer, as segundas têm por finalidade o fazer e o agir (*III Sent.*, d. 23, q. 2, a. 3, sol. 2). A lógica, tendo como fim o direcionamento das operações do intelecto, que são operações cognoscíveis, por um lado pode ser considerada ciência prática, porque desenvolve a função de guia; enquanto, por outro lado, pode ser classificada como ciência especulativa na medida em que trata das faculdades cognoscitivas. Santo Tomás tem tendência para a segunda solução. No entanto, mais do que uma verdadeira ciência, a lógica é uma introdução à ciência. De fato, não é estudada por si mesma, mas para facilitar a aprendizagem das outras ciências: "*Res autem de quibus est logica non quaeruntur ad cognoscendum propter seipsas, sed ut adminiculum quoddam ad alias scientias*" (*In De Trin.*, lect. II, q. 1, a. 1, ad 2). Mais do que uma ciência, a lógica é uma propedêutica geral a todas as ciências. Por esse motivo, não obstante sua dificuldade, ela é estudada em primeiro lugar (cf. ibid., q. 2, a. 1, sol. 2, ad 3).

2. Divisão da lógica

Seguindo Aristóteles, Santo Tomás fundamenta a divisão da lógica em três operações da mente: apreensão, juízo e raciocínio. Assim são obtidos os três ramos principais desta ciência: lógica da apreensão, lógica do juízo, lógica do raciocínio. "Três são os atos da razão, dos quais os dois primeiros pertencem à razão enquanto intelecto. Um primeiro ato do intelecto é o conhecimento dos indivisíveis ou incomplexos, com os quais concebe a ideia da essência das coisas […]. E ao estudo desta operação está ordenada a obra de Aristóteles: as *Categorias*. A segunda operação do intelecto é a composição e divisão do intelecto, no qual se dá o verdadeiro e o falso. E deste ato da razão Aristóteles trata no livro intitulado *Peri Hermeneias*. O terceiro ato da razão diz respeito ao que é especificamente próprio da razão, ou seja, discorrer de uma coisa à outra, de modo tal que chega ao conhecimento do ignorado através do conhecido. E deste ato tratam os outros livros do *Organon*" (*I Anal.*, 1, Proem., n. 4).

Outra divisão referida frequentemente por Santo Tomás é a entre *logica docens* e *logica utens*, ou seja, entre lógica pura e lógica aplicada. A primeira estuda as intenções lógicas (o pensado enquanto pensado) e suas relações; a segunda faz uso dos princípios estabelecidos pela lógica pura. Somente a lógica pura merece o nome de ciência filosófica; a lógica aplicada pertente mais à arte (*IV Met.*, lect. 4, n. 577).

3. Objeto da lógica

Estabelecer qual é o objeto próprio da lógica não é coisa fácil. De fato, diversamente das outras ciências que têm objetos reais, extramentais, de domínio público, a lógica trata de realidades mentais: isto é, de atos da nossa mente considerados, além disso, não como entidades psíquicas mas sim entes de razão. É um objeto transitório e impalpável difícil de compreender e localizar. "*Logica habet maximam difficultatem, cum sit de secundo intellectis*" (*In De Trin.*, lect. II, q. 2, a. 1, sol. 2, ad 3). Para definir o objeto da lógica, Santo Tomás recorre a uma das seguintes expressões: *Ens rationis, intentio secunda, relatio rationis*.

O *ens rationis* se distingue do *ens reale* porque, enquanto o segundo é *extra animam secundum esse totum completum*, por exemplo, o homem ou mesmo a pedra, o primeiro não pode jamais se encontrar nas coisas direta e imediatamente, mas somente indireta e fundamentalmente. "*Quaedam autem sunt quae habent fundamentum in re extra animam, sed complementum rationis eorum quantum ad id quod est formale per operationem animae, ut patet in universali*" (*I Sent.*, d. 19, q. 5, a. 1). No entanto, esclarece Santo Tomás, nem todas as coisas pensadas pela mente e que não tenham um correspondente na realidade externa são entes de razão: algumas são criações da fantasia. O Doutor Angélico distingue as criações da fantasia dos entes de razão, afirmando que, enquanto as primeiras não têm nenhum *fundamentum in re*, os segundos o têm. "*Quaedam sunt quae nihil habent extra animam, sicut somnia et imaginatio chimerae. Quaedam autem sunt quae habent fundamentum in re extra animam... ut patet in universali*" (ibid.). Objeto da lógica é somente o ente de razão *cum fundamento in re* e não as criações da fantasia.

Santo Tomás distingue dois gêneros de intenções (*intentiones*) (cf. INTENÇÃO): primeiras e segundas. As primeiras têm como termo intencional a coisa; as segundas, a ideia da própria coisa, o pensamento: "A referida intenção não é em nós a coisa de que temos intelecção, depreende-se que uma coisa é conhecer o objeto real da intelecção na realidade exterior, e outra coisa é conhecer a intenção inteligida (*intentionem intellectam*), que é produzida pelo intelecto enquanto reflete sobre a sua obra. Por isso, umas são as ciências das coisas, e outras, as ciências das intenções inteligidas (*aliae scientiae sunt de rebus, et aliae de intentionibus intellectis*)" (C. G., IV, c. 11, n. 3466). As primeiras intenções formam o objeto da física, as segundas da lógica. Como exemplos de *intentio secunda* ou *intentio intellecta* (o pensamento pensado), Santo Tomás gosta de citar o gênero e a espécie, que se trata evidentemente de algo que não existe de fato fora da mente, baseando-se sobre as coisas (cf. *I Sent.*, d. 2, q. 1, a. 3, sol.; d. 19, q. 5, a. 1; *De Pot.*, q. 1, a. 1, ad 10).

Quando recorre à expressão *relatio rationis* para definir o objeto da lógica, Santo Tomás distingue três gêneros de relações, e isso depende do fato de que a relação inclui necessariamente dois termos. Ora, a relação entre os dois termos pode ser real de ambas as partes, ou pode ser mental por parte de ambas, ou ainda é real de uma parte e mental de outra. "Deve-se saber que, como a relação exige dois extremos, é de três maneiras diferentes que ela pode ser real ou de razão. 1. Às vezes, é de razão dos dois lados, quando só existe entre os dois termos uma ordem ou relação segundo a apreensão da razão (*res rationis tantum*), por exemplo quando dizemos que o mesmo é idêntico ao mesmo [...]. O mesmo se deve dizer de todas as relações que resultam de um ato da razão, como entre gênero e espécie etc. 2. Certas relações são algo real em seus dois extremos: o que acontece quando há relação entre dois termos em razão de algo que convém realmente a um e a outro. Isto é claro com todas as relações resultantes da quantidade, como entre grande e pequeno, duplo e metade etc., pois a quantidade está em um e outro dos dois extremos. O mesmo acontece com as relações que resultam da ação e da paixão, como entre motor e móvel, pai e filho etc. 3. Às vezes, no entanto, a relação é algo real em um dos extremos, e no outro somente de razão. Isso acontece cada vez que os dois extremos não são da mesma ordem" (I, q. 13, a. 7). Pertencem ao campo da lógica as relações do primeiro gênero: as relações que são puros entes de razão (*res rationis tantum*), entes como o gênero, a espécie, a relação de identidade de uma coisa consigo mesma, que não se encontram nas coisas, mas são concebidas pela mente. As outras relações, mistas ou reais, são estudadas pela física ou pela matemática.

Em algumas ocasiões, para esclarecer o objeto da lógica o Doutor Angélico o contrapõe ao objeto da psicologia. Também ela estuda os atos da mente, mas não como entes de razão, mas sim segundo o ser real que possuem na mente do que conhece (cf. *De Ver.*, q. 10, a. 4; q. 2, a. 5, ad 17). Além disso, a psicologia estuda a forma inteligível enquanto aperfeiçoa o intelecto; ao passo que a lógica estuda as propriedades que a forma inteligível assume enquanto se tornou inteligível. No primeiro caso o sujeito é a mente, e a forma inteligível constitui seu acidente; no segundo caso o sujeito é a forma inteligível, enquanto as propriedades que esta assume como consequência formam o objeto da lógica: "A dialética e a sofística (que são partes da lógica) estudam os acidentes dos entes, ou seja, as intenções, por exemplo as noções de gênero e espécie e outras coisas semelhantes" (*XI Met.*, lect. 3, n. 2204).

Concluindo, segundo Santo Tomás, "a determinante própria, o aspecto formal sob o qual a lógica considera as coisas é o ente de razão, que *não* pode existir *fora* do intelecto. O ser do lógico difere, portanto, daquele do metafísico pelo fato de que o primeiro é considerado como existente no espírito e enquanto pode existir somente no espírito [...]. Aquilo que o lógico entende formalmente é a função do ser no conhecimento, isto, é suas funções de razão. Pode-se, portanto, chamar o ser do lógico um ser reflexo, ou ser *desrealizado*. Aparece claro que, se desgraçadamente esse ser da lógica for assumido como objeto de uma ciência real, esta, então, cairá necessariamente no vazio, no próprio vácuo, porque por definição nenhuma das funções reais do ser (mas somente as suas funções de razão) é objeto próprio e direto da pesquisa do lógico" (J. Maritain).

4. Utilidade da lógica

Ao tratar da utilidade da lógica, frequentemente Santo Tomás a faz consistir na sua função de guia dos atos da mente, a fim de que ela possa pensar e raciocinar retamente: "*Ars quaedam necessaria est, quae sit directiva ipsius actus rationis, per quam scilicet homo in ipso actu rationis ordinate, faciliter et sine errore procedat. Et haec ars est Logica*" (I Anal., Proem.). Mas esse não é o único serviço que a lógica presta ao filósofo e ao cientista em geral. Ela pode servir como *foice* para limpar o campo do pensamento de supostas entidades reais e que, ao invés, são puros entes de razão. Assim, seguindo Aristóteles, Santo Tomás pode refutar a teoria platônica das Ideias, entendida como realidades subsistentes fora da mente, ao passo que como entidades universais efetivamente existem somente na mente (são entes de razão).

A contribuição mais significativa de Santo Tomás no campo da lógica diz respeito à analogia. É mérito do Doutor Angélico ter refinado com perspicácia esse conceito, a ponto de torná-lo um instrumento indispensável para entender o significado dos "nomes divinos" e para garantir a exatidão dos raciocínios e das conclusões teológicas (cf. Analogia).

Santo Tomás tem uma concepção da lógica análoga àquela que ele assume para os universais (cf. Universal): é uma concepção intermédia entre o ultrarrealismo e o puro formalismo (conceitualismo, nominalismo), concepção que pode ser chamada de "realismo moderado". De fato, o objeto da lógica não são conceitos vazios ou meras extravagâncias, nem mesmo entidades extramentais, mas conceitos fundamentados sobre as coisas. "E, se bem que as entidades lógicas estudadas sejam formas ou estruturas de pensamento, a lógica de Santo Tomás não é puramente 'formal' no sentido de que ela estuda formas vazias da mente, sem conteúdo. As formas do pensamento são construídas e agregadas às formas das coisas já existentes na mente" (R. W. Schmidt).

[Tradução: M. Couto]

Luxúria

Este termo compreende a impudicícia, a prostituição, a fornicação, o adultério, o incesto, a sodomia, a masturbação. Todos esses vícios são condenados na Sagrada Escritura. São Paulo diz que todos esses vícios impedem a entrada no reino dos céus (Gl 5,19-21).

A luxúria é o terceiro dos *vícios capitais* e consiste no apetite desordenado pelo prazer venéreo; é vício capital porque, a partir dele, pululam muitos outros vícios e pecados, como a cegueira da mente, a precipitação desconsiderada no agir, a inconstância, o amor egoísta de si e o ódio a Deus e ao próximo, o apego angustiante à vida presente e um horror cego pela vida futura. Santo Tomás mostra que a luxúria, ao criar uma veemente excitação dos sentidos, produz consequências funestas, quer sobre a razão, quer sobre a vontade. "Quando as potências inferiores são fortemente tomadas por seus objetos, é natural que as potências superiores se vejam tolhidas e desordenadas na sua ação. Ora, pelo vício da luxúria, sobretudo o apetite inferior, isto é, o concupiscível, se volta de forma veemente para o seu objeto próprio, o desejável, por causa da violência do prazer. E vem daí que, pela luxúria, sobretudo as potências superiores, ou seja, a razão e a vontade, ficam desordenadas" (II-II, q. 153, a. 5). O pecado de luxúria é como um terreno escorregadio;

uma vez que se põe o pé, é bem difícil retirá-lo. Começa pelo olhar, do olhar vai ao pensamento, do pensamento ao prazer, do prazer ao consentimento. Uma vez que se tenha tocado o primeiro grau interno, que é o pensamento, é muito difícil não se deixar levar pelo prazer e pelo consentimento. É preciso, portanto, se abster dos olhares que induzem à concupiscência. Santo Tomás observa que, enquanto os demais vícios são vencidos resistindo, porque, quanto mais os consideramos e os tratamos em particular, tanto menos encontramos neles prazer, antes, tanto mais permanecemos preocupados e desgostosos, o vício da luxúria não se vence resistindo, porque, quanto mais nele se pensa em particular, tanto mais se desperta a chama do desejo. Por isso se vence fugindo, ou seja, evitando totalmente os pensamentos impuros e todas as ocasiões.

Certos pecados de luxúria têm consequências negativas também para o corpo. Frequentemente se considera que é possível opor-se a esses inconvenientes (como por exemplo a transmissão de algumas terríveis doenças) intervindo só com remédios materiais, que porém não curam o coração do homem. O modo eficaz não pode ser um remédio externo, que concerne somente ao corpo, mas deve ser interno, isto é, algo que sana o espírito: é a *continência*, que não é algo que vá contra a natureza humana, mas lhe é plenamente conforme e lhe consagra a nobreza, dado que o homem é um ser moral, e portanto responsável e dono de seus próprios atos; sua nobreza é proporcional ao autocontrole. Concluindo, para vencer a AIDS, a sífilis e outras doenças frequentemente consequências de um comportamento moralmente desordenado, não bastarão nem os fármacos nem os preservativos; é necessário aprender a gerir humanamente, isto é, soberanamente, a própria sexualidade; porque ser livre significa exatamente isto, como ensina Aristóteles na *Ética a Nicômaco* (1. III, c. 4): exercitar a soberania da mente sobre o corpo.

(Cf. Castidade, Continência)
[Tradução: M. Couto]

Luz

É um termo que designa, principalmente, o fenômeno físico que torna visíveis e luminosas as coisas, mas que, em diferentes experiências religiosas e doutrinas filosóficas, designa um elemento simbólico fundamental. A religião iraniana do deus solar Mitra é considerada a forma mais antiga de culto à luz. Também nas religiões pré-colombianas do continente americano o culto ao sol e à luz ocupava um lugar relevante. A contraposição entre luz e trevas, presente já no relato do Gênesis, adquire no cristianismo novo significado, visto que referida pelos Padres da Igreja à figura de Cristo: ele, tendo feito dissipar as trevas do pecado, e mostrado ao homem a verdade evangélica, foi chamado de "fotóforo", isto é — do grego —, "portador de luz". Na filosofia antiga, Aristóteles atribui à luz a característica de ser o quinto elemento, o *éter*, composto de matéria fluida e sutil, que circunda e compreende o universo dos entes compostos dos quatro elementos primordiais (água, terra, fogo, ar). Na filosofia neoplatônica a luz é, ao contrário, considerada a manifestação própria do divino, por meio da qual o Uno se comunica, por irradiação, às inteligências celestes e, daí, ao mundo sensível.

Santo Tomás dedica toda a questão 67 da *Prima Pars* da *Suma Teológica* ao estudo da luz. Ele explica primeiramente que o termo pode ser tomado em dois sentidos: literal, e nesse caso se refere ao fenômeno físico da luz, ou simbólico, e então significa "tudo aquilo que faz claros os objetos de qualquer conhecimento" (I, q. 67, a. 1). Quanto à natureza da luz física, Santo Tomás assume uma posição intermediária entre os materialistas, que fazem da luz um corpo, e os "idealistas", que reduzem a luz a uma mera impressão subjetiva. Segundo o Angélico, a luz não pode ser um corpo, porque se fosse um corpo sua coexistência com os outros corpos iria contra a lei da impenetrabilidade; a rapidez da sua difusão iria contra a lentidão do moto local próprio dos corpos; sua cessação ocorreria por corrupção. Mas nem por isso ela pode ser reduzida a uma mera impressão subjetiva, porque os raios da luz aquecem, as nossas sensações não. É necessário, portanto, concluir que, "assim como o calor, é uma qualidade ativa resultante da forma substancial do fogo, também a luz é qualidade ativa, resultante da forma substancial do sol, ou de qualquer outro corpo com luz própria, se houver algum outro" (ibid., a. 3).

Assumindo o termo "luz" em sua acepção simbólica, Santo Tomás dele se vale para descrever o conhecimento intelectivo, seja aquele natural, dito *lumen naturale rationis*, seja aquele sobrenatural, chamado *lumen gratiae*. Essas duas luzes são participações da luz divina (cf. I-II, q. 68, a. 1, ad 2; I-II, q. 91, a. 2). O conhecimento intelectivo dos princípios primeiros e das verdades eternas não advém mediante iluminação divina, como ensinava Agostinho, mas mediante aquele lume natural que Deus doa ao homem como criatura racional. (cf. Iluminação).

[Tradução: E. Uchôa]

Magistério

De *magister* = professor. É o poder que Cristo conferiu à Igreja de ensinar e interpretar com autoridade e com certeza sua mensagem: por isso foi definido como *carisma veritatis certum*. Dever do magistério é antes de tudo guardar e transmitir íntegra a verdade que a Igreja recebeu de seu Chefe e Mestre: "Toma cuidado de ti mesmo e do teu ensino. Persevera em tal desempenho e salvarás a ti e aos que te ouvem" (1Tm 4,16). "O que aprendeste de mim, em presença de tantas testemunhas, comunica a homens de confiança, capazes de ensiná-lo também aos outros" (2Tm 2,2).

Os bispos, detentores principais do ofício e do carisma do magistério, são pastores das Igrejas locais e, além de uma responsabilidade plena e pessoal com respeito à própria Igreja, têm uma responsabilidade colegial pela proclamação, transmissão (tradição), preservação e definição da "verdade de salvação" (*veritas salutaris*) em referência à Igreja universal. Uma responsabilidade singular e uma assistência especial no exercício do ofício magisterial em relação a toda a Igreja compete ao bispo de Roma, na sua qualidade de chefe da Igreja universal.

O magistério é um ofício estritamente ligado aos bispos, legítimos sucessores dos Apóstolos, a quem Cristo confiou a missão de andar pelo mundo inteiro a pregar seu Evangelho a todas as criaturas, batizando-as em nome do Pai, do Filho e do Espírito Santo (Mt 28,19). Eles são os fiéis guardiães e mestres competentes da Verdade. Daí a importância que os primeiros escritores eclesiásticos (Inácio de Antioquia, Ireneu, Tertuliano, Cipriano) deram ao princípio da "sucessão apostólica". Na busca da verdadeira doutrina considera-se normativo o que é ensinado pelas Igrejas, que estão em condições de mostrar uma linha ininterrupta de bispos que se liga aos apóstolos. A práxis dos Concílios ecumênicos, reunidos para dar uma solução autêntica às controvérsias cristológicas e trinitárias que agitaram a Igreja durante os primeiros cinco séculos, segue claramente a linha que vê no episcopado o órgão autorizado da Verdade cristã.

Característico da idade patrística, ou, ainda, de quase todo o primeiro milênio, é o fato de que o tema primário do ministério sacerdotal (o bispo) é ao mesmo tempo sujeito do ministério do ensino tanto como anúncio pastoral quanto como elaboração teórica (teologia). Este foi sem dúvida um dos motivos pelos quais durante aquele período a relação entre magistério e teologia não foi percebida como problema, e por isso não se impôs a necessidade de uma reflexão explícita sobre o magistério. Mas nem mesmo a constituição da teologia como ciência por obra da Escolástica e o perfilar-se da figura do teólogo levaram a elaborar uma doutrina sobre o magistério.

Da mesma forma, também em Santo Tomás não se encontra nenhum tratado sobre a questão do magistério. De seus escritos se pode extrair bem pouco sobre esse tema. Essa lacuna em Santo Tomás depende também do fato de que ele nunca se preocupou em escrever um tratado sobre a Igreja (cf. ECLESIOLOGIA). Há apenas um ponto importante sobre o qual Santo Tomás se expressou claramente: diz respeito ao caráter hierárquico desse ofício, de modo que também na custódia da verdade, como no governo da Igreja, existe uma autoridade suprema, e esta compete ao Sumo Pontífice, o bispo de Roma (cf. *Suppl.*, q. 40, a. 6). Assim, Santo Tomás, a propósito da formulação de novos símbolos, em resposta ao surgimento de erros, escreve: "Uma publicação nova do Símbolo é necessária para evitar erros que surgem. Tem autoridade para fazê-lo quem pode determinar em última instância o que é de fé, para que todos possam a ela aderir de maneira inabalável. Isto, porém, é da alçada do Sumo Pontífice *a quem são deferidas as maiores e mais difíceis questões da Igreja*, como se diz nos *Decretos* de Graciano. Por isso, o Senhor, no Evangelho de Lucas, disse a Pedro, a quem constituiu Sumo Pontífice: 'Eu rezei por ti, para que tua fé não desfaleça; e tu, depois de convertido, confirma os teus irmãos'. E a razão disso é que toda a Igreja deve ter a mesma fé, seguindo a recomendação da Primeira Carta aos Coríntios: 'Dizei todos as mesmas coisas e não haja divisões entre vós'. Ora, isto não poderia ser observado, se uma questão sobre a fé não fosse resolvida por quem governa toda a Igreja, de tal modo que sua sentença seja aceita firmemente por toda a Igreja. Eis por que somente o Sumo Pontífice tem autoridade para uma nova publicação do Símbolo como sobre todas as coisas que dizem respeito a toda a Igreja, como reunir um concílio geral etc." (II-II, q. 1, a. 10).

No exercício do magistério eclesiástico só o Sumo Pontífice goza do carisma da infalibilidade. Por esse motivo, "enquanto as outras Igrejas foram contaminadas pelas heresias, a Igreja romana de Pedro nunca foi infestada [...]. A única Igreja de Pedro permaneceu inviolada; pôde ser combatida, mas jamais abatida" (*In Matth.*, c. 16, n. 1385).

Mas o pensamento de Santo Tomás sobre o magistério, mais do que aquilo que diz explicitamente (*in actu signato*), pode ser deduzido a partir do que ele reconhece de fato (*in actu exercito*) em seu trabalho de teólogo. Ora, em seu trabalho é possível notar que ele trata as testemunhas do magistério eclesiástico — a "autoridade" dos Pontífices e os "documentos" dos Concílios — como "lugares teológicos" de primeira importância, e certamente não faz isso por amor à erudição, mas por uma razão teológica bem precisa, que é a seguinte: quando o fiel adere à verdade de fé, dá seu assentimento "por causa de um meio, isto é, por causa da verdade primeira que nos é proposta nas Escrituras, retamente entendida, segundo a doutrina da Igreja" (II-II, q. 5, a. 3, ad 2). Em virtude desse princípio, o Doutor Angélico está duplamente atento — como fiel e como teólogo — para escutar a voz da Igreja, que com seu magistério é a intérprete competente do ensino revelado e o critério justo para obter seu sentido preciso. Ademais, ele sabe que somente assim o pensamento teológico do fiel está em harmonia com a doutrina revelada (II-II, q. 11, a. 2, ad 2), e não ignora que aqueles que com cautelosa solicitude buscam a verdade devem estar atentos às determinações "da autoridade da Igreja universal, [...] que reside principalmente no Sumo pontífice" que decide "as questões maiores e difíceis" (ibid., ad 3). "Assim ele cita os nomes de quarenta papas, cujos documentos são distribuídos desde os primeiros séculos da Igreja até o século XIII [...]. São mesmo citados mais de vinte Concílios, entre os quais os Concílios ecumênicos de Niceia, Constantinopla, Éfeso e Calcedônia. Santo Tomás estudou também as Decretais de Gregório IX, as quais utilizou na II-II e em alguns artigos da III Parte" (A. Legendre).

Em conclusão, o magistério da Igreja para Santo Tomás, mais do que uma "fonte, é *uma norma viva* do pensamento, que, com o sentido da doutrina, orienta e guia em tudo o que está em harmonia com ela. Com essa regra da harmonia, que extrai da função magisterial da Igreja, ele procede com segurança e corajosamente em busca dos elementos adaptados à sua síntese científica" (C. Pera).

(Cf. Igreja, Infalibilidade, Papa)

[Tradução: M. Couto]

Magnanimidade

Do latim *magnanimitas*, literalmente significa grandeza de espírito. É uma virtude moral muito apreciada pelos gregos. É tratada amplamente por Aristóteles na *Ética a Nicômaco* (IV, cc. 7-9). A magnanimidade segundo o Estagirita é parte integrante da virtude cardeal da fortaleza, que inclina o homem a realizar, com medida, guiado pela razão, grandes e excelsas coisas, dignas de honra. A honra é, portanto, a matéria da magnanimidade; mas não se trata de uma honra qualquer, medíocre, que é matéria de uma outra virtude distinta, mas sim de uma honra inteiramente particular, proporcionada ao fim próprio da virtude de magnanimidade, que é a atuação de coisas grandes mediante o cumprimento de grandes ações.

Também segundo Santo Tomás, objeto específico da magnanimidade é, imediatamente, a *honra*. De fato, "A *magnanimidade*, como o próprio nome indica, significa uma alma que tende à grandeza; [...] Mas o ato grande, de modo absoluto, é aquele que consiste no emprego excelente de um bem superior. Ora, as coisas que estão disponíveis para o uso do homem são os bens exteriores, dos quais certamente o mais elevado absolutamente é a honra [...]. Segue-se, portanto, que a magnanimidade tem por objeto as honras" (II-II, q. 129, a. 1). E, como o próprio nome sugere, a magnanimidade não diz respeito às honras comuns, mas às *grandes honras*, como algo bom e difícil, para as quais é preciso maior virtude (ibid., a. 2).

A magnanimidade, explica Santo Tomás, tem afinidade com várias virtudes, em particular com a fortaleza, a confiança e a segurança. Há afinidade principalmente com a *fortaleza*, porque, como a fortaleza torna firme diante do perigo da vida, assim a magnanimidade torna firme diante dos máximos bens a esperar e conseguir. Há afinidade com a *confiança*, que é força da esperança, derivada de alguma consideração que dá grande opinião do bem a ser alcançado. Há, enfim, afinidade com a *segurança*, que comporta repouso d'alma, porque, embora pertença à fortaleza por afastar o temor, todavia, por manter longe o desespero, tem afinidade com a magnanimidade (ibid., aa. 5-7).

Santo Tomás observa que a magnanimidade é uma virtude que muito frequentemente se encontra condicionada pelos bens da riqueza: de fato a magnanimidade tende às honras grandes e estas só podem ser alcançadas operando algo grande, e a isso contribuem muito, além da força e da amizade, também os bens da riqueza (ibid., a. 8).

(Cf. FORTALEZA)

[Tradução: M. Couto]

Maimônides

Nome latinizado de Mosheh ben Maimon (Córdoba, 1131–Cairo, 1204), filósofo, teólogo e médico, o maior expoente do pensamento judaico durante a Idade Média. Exerceu grande influência sobre os pensadores cristãos, inclusive Santo Tomás. Escreveu vários livros de exegese, mas sua obra mais conhecida é o *Guia dos Perplexos* (*Moreh Nebukin*). A obra se articula em três partes. Na primeira parte Maimônides trata de Deus, dos seus nomes, dos seus atributos, da sua essência, segundo as Escrituras, a *Kalam* (teologia muçulmana) e os filósofos (Aristóteles e Avicena em particular). Na segunda parte, após longo prólogo sobre a existência de Deus e as provas adotadas pelos filósofos, Maimônides discute os problemas da criação *ex nihilo*, da revelação e da profecia. Na terceira parte trata do homem, da sua natureza (alma e corpo), faculdades, virtudes, deveres, prêmios e castigos. O principal objetivo a que o autor se propõe nessa obra é o de descobrir um acordo entre fé e razão, entre revelação e filosofia, para libertar das dúvidas e perplexidades os fiéis que "estão perplexos e confusos por causa das expressões ambíguas e figuradas usadas pela Sagrada Escritura". Maimônides está convencido de que, sobre os problemas de fundo, não pode haver contraste entre filosofia e revelação, porque a única e última fonte é Deus.

Santo Tomás nutre por Maimônides "o respeito que todo grande teólogo dedica a outro grande teólogo" (É. Gilson). Santo Tomás certamente pôde ler a tradução latina da *Guida perplexorum* e tinha respeitável familiaridade com o pensamento de Maimônides, citado frequentemente em todas as suas obras teológicas. Os tratados dos quais o Angélico mais retira inspiração de Maimônides são aqueles sobre as relações entre fé e razão, a revelação, a existência de Deus, os nomes divinos, as virtudes e a Lei Antiga.

[Tradução: D. Zamagna]

Mal

Conceito presente em todas as culturas de todos os tempos e que qualifica qualquer coisa ou ação que seja considerada danosa ao homem. No mundo clássico, o único filósofo que enfrentou seriamente o problema do mal foi Plotino, que tem o mérito de ter formulado um conceito preciso desse fenômeno, definindo-o como "privação, ausência de bem". A causa da carência de bem, segundo Plotino, é a matéria. Daí a configuração da ascética plotiniana, que visa principalmente a separação da alma da matéria, e por isso do corpo.

Santo Agostinho, que entre os pensadores de todos os tempos é aquele que mais se dedicou ao problema do mal, assumiu o conceito plotiniano do mal, entendido como *privatio boni*; mas recusou identificar o mal com a matéria, porque também esta foi criada por Deus e, portanto, é necessariamente, intrinsecamente boa, porque Deus, sumo bem, não pode criar senão coisas boas. Assim, aprofundando a natureza do mal, Agostinho ressalta que não pode ser uma substância, porque "o ser, ainda que em pequena medida, é um bem por si". O mal consiste essencialmente na desordem, ou seja, no afastamento de Deus, na *aversio a Deo* e na *conversio ad creaturas*: afastamento do sumo bem para apegar-se a bens inferiores. A causa exclusiva de tal desordem é o *libero arbitrio*. A montante de todo mal, segundo Santo Agostinho, está a desordem moral da vontade: da desordem moral provém também a desordem material, o mal físico.

Em relação a Santo Agostinho, Santo Tomás viveu com menos angústia o obscuro e atormentado problema do mal; contudo, ele o escrutou atentamente em todos os seus aspectos, propondo soluções nas quais ecoam fortemente as teses de Agostinho. Santo Tomás se arrisca com o problema do mal em três contextos principais: existência de Deus, providência divina, liberdade humana. Em todos os três casos, ele explica o mal subordinando-o ao bem, e interpretando-o na mesma situação de outros fenômenos "metafísicos" análogos: os fenômenos do erro (que não é uma realidade em si, mas é uma privação da verdade), da feiura (que não tem uma realidade própria, mas é privação da beleza), do nada (que não tem nenhuma consistência ontológica, mas é simples e radicalmente ausência de ser). Portanto, o mal, como tinha ensinado Agostinho, não é uma realidade positiva: é uma privação, é a falta de algo que deveria ser, como a cegueira é a falta de algo no olho e a surdez é a falta de algo no ouvido.

O mal — ensina Santo Tomás, seguindo Agostinho — pode se apresentar sob duas formas: como falta de um elemento natural (físico) ou como falta de ordem para o fim próprio, livremente escolhida por uma criatura racional. No segundo caso existe a culpa (*malum culpae*), o mal moral — que é o mal mais grave (I, q. 48, a. 6); no primeiro há o *malum penae*, porque o mal físico em todas as suas formas (corrupção, dor, morte) é consequência da culpa, do pecado.

1. O mal e a existência de Deus

Segundo o Doutor Angélico, o mal não pode ser tomado seriamente como argumento contra a existência de Deus, como pretende o primeiro argumento alegado para sustentar o *Videtur quod Deus non sit*. O argumento soa assim: "Se um é infinito, o outro deixa de existir totalmente. Ora, é isso que se entende com o nome de *Deus*, isto é, que se trata de um bem infinito. Assim, se Deus existisse não haveria nenhum mal. Ora, encontra-se o mal no mundo. Logo, Deus não existe" (I, q. 2, a. 3, ob. 1). Santo Tomás replica brevemente, citando Santo Agostinho: "Deus, soberanamente bom, não permitiria de modo algum a existência de qualquer mal em suas obras, se não fosse poderoso e bom a tal ponto de poder fazer o bem a partir do próprio mal" (ibid., ad 1). Mas a resposta de Santo Tomás não se esgota aqui. Mais adiante, falando da Divina Providência e da liberdade humana, ele busca mostrar como efetivamente também o mal pode fazer parte da ordem universal das coisas.

2. O mal e a providência divina

Para Santo Tomás é conveniente que existam graus inferiores de criaturas, nos quais as perfeições criadas estão contidas mais limitadamente, só por um período de tempo ou com a possibilidade de não atingir sua devida plenitude. É errado pensar que Deus deveria ter feito só os graus mais perfeitos do ser, dando, por exemplo, aos mortais a imortalidade, aos imperfeitos a perfeição, aos móveis a imobilidade. "Nada vincula a Providência de Deus a conceder para um ente particular tanta bondade como a todo o universo, ou a dar a uma coisa situada num grau inferior a perfeição própria de um grau superior" (*In Div. Nom.*, IV, lect. 23). "Deus, a natureza e qualquer agente fazem o que é melhor considerando o todo, mas não o que é melhor considerando cada parte, a não ser ordenada ao todo, como foi dito acima [...]. Ora, o todo, que é a universalidade das coisas, é melhor e mais perfeito se houver nele algumas coisas que possam deixar de ser boas, e que às vezes de fato deixam de ser, sem que Deus as impeça. Isso porque é próprio da Providência não destruir a natureza, mas salvá-la" (I, q. 48, a. 2, ad 3). Um universo ideal sem corrupções naturais, com corpos imortais, no qual os animais não morressem nem lutassem entre si, no qual não houvesse convulsões naturais, seria teoricamente possível, mas não seria efetivamente o melhor universo, porque incluiria, absolutamente falando, menos perfeições do que um universo que contempla também a presença de imperfeições. De fato, a presença de seres corruptíveis, além da presença de puros espíritos, confere ao universo maior riqueza de conteúdo do que a que haveria se existissem só anjos. "Um universo no qual não existisse nenhum mal não conteria tanta bondade como este universo, porque não existiram nele tantas naturezas boas como neste, no qual existem algumas naturezas boas às quais não chega o mal, e outras às quais chega. E é melhor que existam ambas as criaturas do que uma só delas" (*I Sent.*, d. 44, q. 1, a. 2, ad 5). Em sintonia com Santo Agostinho, Santo Tomás afirma que, "se se subtraísse o mal de algumas partes do universo, diminuiria muito a perfeição do universo, uma vez que a sua beleza se mostra pela reunião ordenada de males e de bens. Embora os males provenham dos bens deficientes, entretanto pela prudência do governador se alcançam alguns bens dos males; por exemplo, o canto se faz suave também pela interposição do silêncio" (*C. G.*, III, c. 71).

Essa perspectiva na qual o plano universal, do qual fazem parte tanto o bem quanto o mal, é querido por Deus não implica a ideia de que o próprio Deus seja a causa do mal. De fato, explica o Doutor Angélico, uma causa pode dar origem ao mal ou porque é causa por sua vez defeituosa (o doente caminha mal, ou seja, manca, porque tem um defeito, uma carência), ou porque dispõe de uma matéria defeituosa (como quando uma casa vem abaixo por defeito de material), ou porque é capaz de extrair de um defeito (mal) parcial um bem maior. A causa primeira, Deus, pode-se dizer causa do mal somente no terceiro sentido, porque no seu operar não pressupõe nenhuma matéria nem tem em si defeito algum, porque é a plenitude do ser (I, q. 49, aa. 1-2).

3. O mal e a liberdade

É prerrogativa da liberdade finita ser falível: justamente porque é finita pode decair do horizonte do bem absoluto e infinito e pode deixar-se capturar e isolar-se dentro dos confins dos bens finitos (do próprio ser ou de outras coisas). E justamente nisto consiste o *mal moral*: no preferir bens particulares ao Bem universal. No que se refere à providência divina e à ordem universal, a explicação que Santo Tomás fornece desse mal segue o exemplo próximo do que já havia dado para o mal físico. Nem mesmo o mal moral, por mais grave que seja, descompõe e infringe a ordem universal. De fato, no ato moralmente mau, também nos casos em que se age formalmente contra o bem divino, nunca se chega a uma oposição frontal à *ordo universalis*, porque nesse caso a vontade seria má por natureza e tenderia ao mal em si mesmo, e assim se transformaria no contrário de Deus e no mal por essência: o que é absolutamente impossível. De fato, "sendo que a vontade tende naturalmente para o bem conhecido pelo intelecto, como para seu objeto próprio e seu fim, é impossível que uma substância intelectual tenha vontade naturalmente má, a não ser que o intelecto erre naturalmente quanto a um juízo sobre o bem [...]. Logo, é impossível haver um intelecto que erre por natureza no conhecimento da verdade. Por conseguinte, nem a vontade pode por sua natureza falhar quanto ao bem (*neque igitur possibile est quod sit aliqua substantia intellectualis habens naturaliter malam voluntatem*)" (*C. G.*, III, c. 107 [2828-2829]).

O mal moral se constitui, portanto, não na natureza da vontade que é naturalmente boa, mas sim no ato da escolha, isto é, no livre-arbítrio (cf. ARBÍTRIO). O pecado, ou seja, o mal moral, nada mais é do que colocar a própria felicidade (bem-aventurança) em algo que não pode dar a verdadeira felicidade; é uma forma de "idolatria", um colocar algum bem finito no lugar de Deus, como se fosse Deus. Uma tal deficiência da vontade, impossível em *universali*, é infelizmente possível em *particulari*, como sublinha Santo Tomás : "Toda mente racional apetece a felicidade indeterminadamente e no universal, e acerca disso não pode falhar; mas no particular não se dá um determinado movimento da vontade da criatura para buscar a felicidade nisto ou naquilo. E assim alguém pode pecar ao apetecer a felicidade, se a busca onde não deve buscar, como quem busca a felicidade nas coisas voluptuosas. E assim ocorre em relação a todos os bens" (*De Ver.*, q. 24, a. 7, ad 6).

Quando a criatura peca, perde a bem-aventurança (cf. BEATITUDE) que consiste na união com Deus, e assim entra em colapso a plena realização da sua capacidade infinita, mas não perde nem o próprio ser nem uma parcial realização de si. Perdendo a união eletiva com o fim último, diminui a plenitude de sua bondade e permanece unida a Deus somente como uma coisa natural, sem que sua vontade participe ativamente nessa relação. Todo mal é uma diminuição indevida do bem, como uma restrição de um bem que deveria ter sido mais total. No pecado (cf. PECADO) a restrição constitui uma passagem da união finita ao Bem infinito, que a criatura racional deveria operar de maneira eletiva, na união com um bem finito que não pode preencher a vontade. Mas a razão última a que Santo Tomás recorre para fazer o mal entrar no *ordo universalis* não é tanto que o mal não é nunca totalmente mal mas antes um bem diminuído, e sim o princípio pelo qual "tudo o que sucede no mundo, ainda sendo mal, retorna num bem para o universo" (*In Ep. ad Rom.*, VIII, lect. 6, n. 696). O mal permanece assim não supresso, mas reintegrado na harmonia do universo. Seguindo os sulcos estabelecidos na ordem cósmica, os males terminam por confluir no bem da totalidade do universo e no bem pessoal das criaturas espirituais. "A providência de Deus faz bom uso dos males, às vezes para utilidade daqueles mesmos que o sofrem, como quando por obra de Deus as enfermidades corporais ou mesmo espirituais caem em vantagem daqueles que a sofrem; outras vezes em vantagem de outros, num duplo modo: ou em vantagem particular de alguém, como quando, para a penalização de um, um outro se emenda, ou pela utilidade de todos, como a punição dos delinquentes está ordenada à paz social" (*In Div. Nom.*, IV, lect. 23).

Segundo Santo Tomás, tudo o que sucede no universo termina sempre por contribuir ao bem dos justos, isto é, daqueles que lutam para salvaguardar a ordem moral em cada ação sua, pois que todos e cada um deles constituem as partes mais essenciais do universo (cf. *De Ver.*, q. 5, a. 7). "Tudo o que ocorre a eles ou às outras coisas redunda em seu bem" (*In Ep. ad Rom.*, VIII, lect. 6). As aparências desta vida suscitam a impressão de que os bens e os males estão distribuídos indiferentemente, quase casualmente, tanto para os bons quanto para os maus, até mesmo com uma preferência para os segundos. Mas, observa o Doutor Angélico, nosso conhecimento dos detalhes do plano providencial é muito superficial, e não nos é fácil julgar se algo é para o bem ou para o mal, se um acontecimento adverso finalmente foi mais conveniente ou, ao contrário, um sucesso estrondoso tenha no fundo preparado uma desgraça (cf. *De Ver.*, q. 5, a. 5, ad 6). A ordem profunda dos acontecimentos, em particular dos acontecimentos históricos, escapa aos poderes da razão humana, mas esta realiza algo sábio se recoloca sua confiança na sabedoria infinita da providência de Deus.

Santo Tomás tratou ocasionalmente do problema do mal nos seguintes escritos: *Comentário às Sentenças* (I, d. 46, q. 1; II, d. 34, q. 1); *Suma contra os Gentios* (III, cc. 4-15); *Sobre a Verdade* (q. 3, a. 4); *Suma Teológica* (I, qq. 48-49); *Compêndio de Teologia* (c. 114-122). Mas abordou esse tema de modo sistemático numa obra monumental, a *Questão disputada sobre o Mal*. A obra é composta de 16 questões, que tratam respectivamente da natureza do mal (q. 1); da natureza e causa do pecado (qq. 2-3); do pecado original e de seus efeitos (qq. 4-5); do livre-arbítrio (q. 6), do pecado venial (q. 7); dos vícios capitais (qq. 8-15); dos demônios (q. 16).

(Cf. Arbítrio, Beatitude, Ordem, Pecado, Providência)

[Tradução: M. Couto]

Maledicência cf. Detração

Mandamento (Dez Mandamentos)

Na linguagem cristã o termo mandamento, em geral, designa uma injunção, um preceito que vale para todos os fiéis, e que se fundamenta diretamente na autoridade de Deus. A lista mais importante de mandamentos é aquela dada por Moisés a Israel, por vontade direta de Javé: são os famosos "dez mandamentos": 1) Não adorarás outro Deus; 2) Não farás imagem alguma de Deus; 3) Não tomarás o nome de Deus em vão; 4) Não trabalharás no sábado; 5) Não maldirás teu pai e tua mãe; 6) Não matarás; 7) Não cometerás adultério; 8) Não furtarás o teu próximo; 9) Não testemunharás falso contra o teu próximo; 10) Não desejarás a casa e os pertences do teu próximo. Os dez mandamentos constituem o núcleo essencial da lei não só para o povo judeu (o povo da Antiga Aliança), mas também para o povo cristão (o povo da Nova Aliança). Jesus, no entanto, sem suprimir os dez mandamentos, os simplifica reduzindo-os a dois: "Amarás o Senhor teu Deus, de todo o teu coração, com toda a tua alma e com toda a tua mente […]. Amarás o próximo como a ti mesmo" (Mt 7,12).

Aos dez mandamentos, nos quais se sintetiza toda a Lei Antiga, Santo Tomás dedica uma ampla Questão (q. 100) que faz parte do tratado da Lei Antiga (*De lege veteri*) (I-II, qq. 98-105). Segundo Santo Tomás, os dez mandamentos têm um alto valor, porque reúnem em síntese todos os preceitos morais, sejam aqueles de primeira evidência, sejam aqueles que podem ser fruto de reflexão filosófica. O Doutor Angélico distingue três categorias de preceitos morais: 1) os *primeiros princípios*, que são conhecidos imediatamente, logo ao se aprenderem os termos (a obrigação fundamental, por exemplo, do amor de Deus e do próximo); 2) os *preceitos deduzidos imediatamente* e com facilidade dos princípios primeiros, e esse é o caso dos mandamentos do decálogo. Esses são propostos implicitamente por Deus nos primeiros princípios e a mente humana os descobre com muita facilidade pela própria capacidade intelectual; 3) os *preceitos apreendidos depois de diligente pesquisa* e com uma certa dificuldade, conhecidos diretamente somente pelas pessoas sábias e prudentes e, mediante o seu ensino, pelo povo. Os preceitos do primeiro e do terceiro tipos não são enunciados nos dez mandamentos, contudo são orientados para eles: assim, podemos dizer que no decálogo os primeiros princípios estão contidos nas suas conclusões próximas; enquanto os preceitos da terceira categoria, quase uma dedução remota, estão implícitos nas dez normas fundamentais de que derivam. "Pertencem ao decálogo aqueles preceitos, cujo conhecimento tem o homem, por si mesmo, de Deus. Tais são aqueles que imediatamente podem ser conhecidos a partir dos primeiros princípios comuns, em pequena consideração (*statim ex principiis communibus primis cognosci possunt modica consideratione*): E em segundo lugar aqueles que imediatamente, por fé divinamente infusa, são conhecidos. Entre os preceitos do decálogo, pois, não se contam dois gêneros de preceitos: a saber, aqueles que são primeiros e comuns, dos quais não é necessário haver outra publicação a não ser que estejam escritos na razão natural, como evidentes por si mesmos. Por exemplo, o homem não deve fazer o mal a ninguém, e outros semelhantes. Os outros são aqueles que por diligente inquisição dos sábios são tidos de convir à razão, esses, com efeito, provêm de Deus para o povo, mediante o ensino (*disciplina*) dos sábios. Uns e outros desses preceitos, contudo, estão contidos nos preceitos do decálogo, mas de modo diverso. Aqueles, com efeito, que são primeiros e comuns, estão contidos como os princípios nas conclusões próximas; os que são conhecidos pelos sábios, porém, estão contidos como as conclusões dos princípios" (I-II, q. 100, a. 3).

A excelência dos dez mandamentos resulta do fato de que eles colocam o homem na devida relação com Deus e com o próximo, vetando toda ofensa com obras, palavras e sentimentos, quer em relação a Deus, quer em relação aos próximos aparentados ou não aparentados. Ademais, resulta da disposição destes: eles estão dispostos na devida ordem, pois começam por aquilo que é mais grave prescrevendo fidelidade, reverência e culto a Deus, e vetando em seguida todo dano à pessoa, às coisas e à honra do próximo (I-II, q. 100, aa. 5-6).

Dos dez mandamentos, porque representam a rigorosa intenção do legislador, não se pode dispensar; pode-se dispensar somente a respeito da concreta determinação deles.

Das considerações precedentes, Santo Tomás chega à conclusão de que os dez mandamentos, radicando-se direta e imediatamente na lei natural, têm valor permanente e absoluto: duram para sempre e valem para todos. Por isso eles não vinculam somente o povo de Israel, mas também o novo povo de Deus (a Igreja) e, indiretamente, todos os homens; sem admitir dispensas ou isenções, porque são um código de leis absolutamente indispensáveis para todos: "*praecepta decalogi sunt omnino indispensabilia*" (ibid., a. 8).

Poucos anos depois da morte de Santo Tomás, Ockham vai operar uma separação nítida entre lei natural e lei divina e ensinará que os preceitos do decálogo são imposições arbitrárias da vontade de Deus, o qual teria podido decidir também diversamente. Santo Tomás, que entende que também em Deus todo ato da vontade é precedido e é sustentado pela luz do intelecto, teria considerado essa hipótese absurda. Na visão tomista os preceitos do decálogo não são a expressão de uma vontade despótica e caprichosa, mas sim de um querer que conhece perfeitamente as exigências das próprias criaturas, de modo particular as exigências das criaturas racionais, e, por isso, prescreve somente preceitos que lhes servem de guia na realização de si mesmos e para atingir o fim último.

(Cf. DECÁLOGO, LEI)

[Tradução: M. Couto]

Mansidão

Do latim *mansuetudo*, é a virtude moral que consiste em moderar a ira segundo a reta razão (*mansuetudo secundum rectam rationem moderatur iras*) (II-II, q. 157, a. 2). Coincide parcialmente com a clemência (cf. CLEMÊNCIA), na medida em que a clemência também tem por objeto a ira. "No entanto, elas são virtudes distintas, pois a clemência modera o castigo exterior e a mansidão tem por função própria amainar a paixão da ira" (ibid., a. 1).

Segundo Santo Tomás, a mansidão e a clemência, embora sejam inferiores às virtudes teologais, possuem, todavia, uma excelência especial, pois a mansidão refreia a ira, que de outro modo impediria o livre julgar da verdade, e a clemência está próxima da caridade, que é a maior das virtudes.

[Tradução: M. Couto]

Maria (mãe de Jesus)

As informações que os Evangelhos nos dão de Maria são muito sóbrias e enxutas: sua descendência da família de Davi; o casamento com um hebreu chamado José (Lc 1,26-27); a aceitação de tornar-se "mãe de Deus" por obra do Espírito Santo (Lc 1,38); a visita à sua prima Isabel (Lc 1,39 ss.), o cântico do *Magnificat* (Lc 1,46-55); o nascimento do seu único filho, Jesus, em condições extremamente desconfortáveis em Belém (Lc 2,1-7); a fuga para o Egito com o menino e José para escapar da perseguição de Herodes (Mt 2,13-15); a longa residência em Nazaré durante a adolescência e a juventude de Jesus (Mt 3,23); a discreta participação na vida pública do Filho; a assistência muda na morte atroz do Filho no Gólgota; a presença também silenciosa no seio da primeira comunidade cristã nas suas origens; a presença na efusão do Espírito Santo e nas primeiras perseguições. A tradição pós-evangélica recorda, enfim, sua casa em Jerusalém, seu trânsito em meio aos discípulos de Jesus e sua assunção ao céu.

1. A reflexão mariológica antes de Santo Tomás

Os inícios da reflexão mariológica estão conectados com as disputas cristológicas e convergem todos em torno da ideia de *Maria verdadeira mãe de Deus*. A primeira percepção consciente e refletida da Igreja a respeito de Maria é que ela é Mãe de Jesus. O ato de fé precede a especulação teológica: Inácio, Ireneu, Justino, Aristides falam simplesmente de Maria como Mãe de Jesus. No entanto, a partir do Concílio de Niceia o termo *theotokos* (Mãe de Deus) começa a difundir-se cada vez mais, até adquirir o valor de fórmula dogmática no Concílio de Éfeso (431). O raciocínio dos Padres em Éfeso era o seguinte: já não se pode duvidar da voz da tradição que chama a Virgem "Mãe de Deus"; por isso a pessoa (hipóstase) que Maria carregou em seu seio é divina e não humana. No sucessivo Concílio de Calcedônia (451) se recorre à mesma tradição: afirmando que, se Maria é verdadeiramente "Mãe de Deus", então o único Cristo, nascido na eternidade do Pai e no tempo, de Maria, não pode ter uma única natureza, mas duas naturezas distintas. Junto com o aprofundamento do mistério da maternidade divina de Maria caminhou o aprofundamento dos seus outros máximos privilégios: a virgindade e a santificação. Com respeito à virgindade, se registrou imediatamente um consenso universal naquilo que se refere ao aspecto mais importante, a virgindade na concepção de Jesus; sobre a virgindade antes e depois do parto houve disputas bastante acaloradas por alguns séculos, mas, no tempo de Santo Tomás, a tese da virgindade antes, durante e depois do parto já era aceita por todos. Quanto à santificação da Virgem, se ela teria ocorrido antes ou depois da concepção, isto é, se Maria teria nascido com ou sem o pecado original, se registrava, ao contrário, um profundo dissenso. Muitos seguiam a opinião de Agostinho, que, na disputa contra os pelagianos, tinha sustentado que uma só criatura nasceu inocente: Jesus; porque só ele foi concebido virginalmente e fora da relação carnal. Sua Mãe, Maria, não foi concebida virginalmente e, portanto, contraiu o pecado original, mas depois foi purificada, antes do nascimento, a fim de poder ser virginal o nascimento de seu filho, Jesus. Outros, seguindo João Damasceno, afirmavam o contrário: que Maria havia sido concebida sem pecado.

2. As fontes da mariologia de Santo Tomás

No século XIII a mariologia se apresentava já bastante desenvolvida, mas não constituía ainda um tratado à parte na teologia: era antes apenas um momento, uma parte da exposição referente ao Verbo Encarnado. Isso vale também para Santo Tomás, que coloca regularmente o estudo de Maria dentro do estudo de Jesus Cristo e o conecta imediatamente ao mistério da Encarnação. A fonte principal do Doutor Angélico é o livro das *Sentenças* de Pedro Lombardo, que já continha um veio rico de opiniões (sentenças) e de teses também sobre o tema mariológico, assim como sobre todos os outros temas fundamentais da teologia. Pedro Lombardo, no Segundo Livro, dedicado a Cristo e aos seus mistérios, tinha dividido seu estudo sobre a Encarnação em duas partes: a primeira (distinções 1-5) tratava da própria encarnação de Deus, isto é, da pessoa divina que assume a natureza humana (d. 1), da natureza humana assumida (dd. 2-4) e da união hipostática (d. 5). Por sua vez, a segunda parte se referia às condições da encarnação divina (dd. 2-22). Por isso, à mariologia eram dedicadas as distinções 3-5, que abordavam — depois de uma premissa sobre a santificação — o problema de Maria e a geração do Cristo (d. 3), sua concepção como obra do Espírito Santo (d. 4) e a união hipostática (d. 5). Além de Pedro Lombardo, Santo Tomás se utiliza de muitas outras fontes; em particular ele recorre, mais do que todos os outros Escolásticos que o haviam precedido, aos Padres gregos, servindo-se de traduções latinas recentíssimas. Embora se possa dizer que o Doutor Angélico tenha dado às afirmações dos Padres "uma forma rigorosa e metódica, um desenvolvimento maior e uma base firme [...], [ele] está como que na extremidade da Idade Média, sintetizando em si o passado e assinalando as vias do futuro" (H. Morgott).

O estudo mariológico mais orgânico e mais completo de Santo Tomás é o da *Suma Teológica* (III, qq. 27-35). Outros escritos nos quais o argumento mariológico é expressamente tratado são: o *Comentário às Sentenças* (III, dd. 3-5); a *Suma contra os Gentios* (IV, cc. 44-49); o *Compêndio de Teologia* (cc. 221-225); os *Comentários ao Evangelho de Mateus* (c. 1) e *de João* (c. 2, lect. 1).

Santo Tomás segue na mariologia a mesma elaboração da cristologia (cf. Cristologia): assim como para esta, assume como princípio arquitetônico — mistério-chave — a encarnação; da mesma forma, na mariologia, assume a maternidade: todos os outros privilégios de Maria, santidade e virgindade em particular, são lidos à luz da maternidade.

3. A santidade de Maria

Para Santo Tomás, como para todos os teólogos que o haviam precedido, não há dúvida que Maria nasceu com o privilégio de uma santidade especial. "Com efeito, existem boas razões para crer que aquela que gerou 'o Filho unigênito do Pai, cheio de graça e de verdade' (Jo 1,14) tenha recebido privilégios de graça superiores aos dos outros homens. Eis por que, segundo o Evangelho de Lucas, o anjo lhe diz: 'Salve, cheia de graça'. Sabemos também que a outros foi concedido o privilégio da santificação no seio materno: Jeremias, por exemplo, a quem é dito: 'Eu te conheci antes de te formar no seio materno', ou João Batista, de quem se diz: 'Estará cheio do Espírito Santo ainda no seio materno'. É, pois, razoável crer que a bem-aventurada Virgem Maria foi santificada no seio materno antes de nascer" (III, q. 27, a. 1). Mas, segundo Santo Tomás, isso não significa que Maria tenha sido concebida sem pecado. Retomando Santo Agostinho, o Doutor Angélico considera que a tese da "imaculada conceição" contrasta com duas verdades bíblicas fundamentais:

1) que Cristo é o único salvador de todos; ora, se "antes de receber a alma, a Bem-aventurada Virgem tivesse sido santificada, não teria incorrido nunca na mancha do pecado original; e, como consequência, não teria tido necessidade da redenção e da salvação trazidas por Cristo" (ibid., a. 2);

2) que todos os homens, em Adão, pecaram, como ensina São Paulo. Por isso, conclui Santo Tomás, a santificação de Maria ocorre depois da infusão da alma no corpo (animação). Aliás, insiste ainda Santo Tomás, "se a alma da Bem-aventurada Virgem não tivesse sido nunca manchada pela transmissão do pecado original, seria uma diminuição da dignidade de Cristo, que é o Salvador universal de todos. Por isso, a pureza da Bem-aven-

turada Virgem foi a maior de todas, abaixo de Cristo, que não tinha necessidade de ser salvo por ser o salvador universal. Porque Cristo não contraiu, de modo algum, o pecado original, mas foi santo em sua própria concepção, como nos diz o Evangelho de Lucas: 'O que nascer de ti será santo, e será chamado Filho de Deus' (Lc 1,35). A Bem-aventurada Virgem, porém, contraiu o pecado original, mas foi purificada dele antes de nascer do seio materno" (III, q. 27, a. 2, ad 2).

4. A virgindade de Maria

Dos vários aspectos da virgindade de Maria, antes, durante e depois do parto, o que conta principalmente e que é requerido necessariamente pela encarnação é o primeiro: isto é, a virgindade na concepção de Jesus. Sua concepção ocorre, de fato, por obra do Espírito Santo e não *"per virtutem virilis seminis"* (*Comp. Theol.*, I, c. 221, n. 450). "É absolutamente necessário confessar que a mãe de Cristo concebeu virgem. O contrário é a heresia dos ebionitas e de Cerinto, que julgavam Cristo um homem ordinário e pensavam ter ele nascido da união dos sexos" (III, q. 28, a. 1). Para sustentar esse dogma, definido e repetido por vários Concílios, Santo Tomás apresenta quatro argumentos de conveniência. "*Primeiro*, para salvaguardar a dignidade do Pai que o envia. Pois, dado que Cristo é verdadeiro Filho de Deus por natureza, não convinha que tivesse outro Pai fora de Deus, para não transferir a outrem a dignidade de Deus. *Segundo*, isso convinha ao que é próprio do Filho enviado. Pois ele é o Verbo de Deus. Ora, o Verbo é concebido sem nenhuma corrupção do coração; mais ainda, a corrupção do coração é incompatível com a concepção de um verbo perfeito. Dado, pois, que a carne foi assumida pelo Verbo de Deus para ser carne do Verbo de Deus, convinha também que ela mesma fosse concebida sem a corrupção da mãe. *Terceiro*, isso convinha à dignidade da humanidade de Cristo, na qual não podia haver lugar para o pecado, pois por ela seria tirado o pecado do mundo [...]. Pela finalidade mesma da encarnação de Cristo que se destinava a fazer renascer os homens como filhos de Deus, 'não pela vontade da carne, nem pela vontade do varão, mas de Deus', isto é, pelo poder de Deus. O modelo deste renascimento tinha de manifestar-se na própria concepção de Cristo" (ibid.).

Entretanto, também os outros aspectos da virgindade de Maria são importantes, e Santo Tomás os afirma categoricamente. Era, de fato, necessário que Maria, na sua qualidade de esposa do Espírito Santo, conservasse sempre intacta a sua virgindade: "Convinha também que não só a alma fosse livre de pecado, mas que o corpo igualmente fosse imune de toda corrupção carnal. Por esse motivo, a Mãe de Deus não teve experiência de união carnal, não só na concepção do seu Filho, bem como nem antes nem depois" (*Comp. Theol.*, I, c. 221, n. 451 — *Compêndio de Teologia*, p. 249).

5. A maternidade divina de Maria

Como haviam bem compreendido os Padres, a verdade da maternidade divina de Maria está estritamente ligada à verdade da unicidade da pessoa do Verbo encarnado: por isso a negação de uma implica necessariamente a negação da outra. Nos tempos de Santo Tomás, depois das solenes definições de Éfeso e de Calcedônia, sobre a existência dessas duas verdades, não podia mais subsistir nenhuma dúvida. A única contribuição da teologia podia dizer respeito ao aprofundamento do mistério para esclarecer o como: o como da encarnação, o como da maternidade divina; e aqui a contribuição de Santo Tomás é indubitavelmente significativa, graças à profundidade do conceito de pessoa que a sua filosofia do ser lhe permitiu adquirir.

Para esclarecer a verdade da maternidade divina de Maria, Santo Tomás apresenta dois argumentos. *Primeiro*, baseando-se na analogia do que ocorre na geração de um ser humano, em que a contribuição dos genitores se limita ao corpo, mas que não impede que eles se digam genitores de todo o filho; do mesmo modo se deve dizer de Maria com referência ao Cristo, ainda que sua contribuição esteja limitada à carne. "Se alguém, entretanto, quiser dizer que a Beata Virgem não deve ser chamada de Mãe de Deus porque dela não foi assumida a divindade, mas só a carne, como afirmava Nestório, revela simplesmente que não sabe o que diz. Com efeito, uma mulher não é chamada mãe de um homem porque tudo que nele existe tenha se originado dela. Sabemos que o homem é constituído de alma e corpo, e nele é mais próprio do homem aquilo que se refere à alma, do que aquilo que se refere ao corpo. Ora, a alma de homem algum é assumida da mãe, mas, ou é imediatamente criada por Deus [...]. Portanto, como a mulher é chamada de mãe de qualquer homem porque o corpo deste foi dela assumido, assim também a Santa Virgem Maria deve ser chamada de Mãe de Deus se dela foi assumido o corpo de Deus" (*Comp. Theol.*, I, c. 222, n. 454 — *Compêndio de Teologia*, pp. 250-251).

Segundo, considerando o conceito de pessoa. De fato, observa Santo Tomás, "ser concebido e nascer é algo que se atribui à pessoa ou à hipóstase em virtude da natureza na qual é concebida e nasce. Ora, a natureza humana foi assumida pela pessoa divina no início da concepção, como já foi dito. Por conseguinte, pode-se dizer com toda verdade que Deus foi concebido e nasceu da Virgem, portanto, a razão pela qual uma mulher é mãe de alguém é por tê-lo concebido e gerado. Donde se segue que a Bem-aventurada Virgem pode ser chamada com propriedade Mãe de Deus" (III, q. 35, a. 4).

6. Importância e limites da mariologia de Santo Tomás

A mariologia de Santo Tomás parte de uma perspectiva bem específica — o papel de Maria em relação à encarnação —, perspectiva fundamental, mas necessariamente limitada, que por si só não basta para desenvolver um discurso mariológico exaustivo. Também por esse motivo, mais do que por razões históricas, a mariologia de Santo Tomás está longe de ser completa. No tratado de Santo Tomás nada se encontra sobre alguns problemas mariológicos capitais, como a Assunção, a Corredenção, a Mediação universal, a Realeza, a relação entre Maria e a Igreja, da qual é Mãe. Mas, não obstante esses limites, a contribuição de Santo Tomás ao discurso mariológico é considerável: ele assinala um dos momentos mais importantes na história da mariologia e constitui um raro exemplo de equilibrada síntese entre Bíblia, tradição patrística e esforço especulativo. Eis por que "seus princípios se tornaram colunas sobre as quais santos como Antonino de Florença, Bernardino de Sena, Afonso de Ligório e outros; e teólogos como Dionísio o Cartuxo, São Pedro Canísio, Suarez, De Vega, Cartagena, Petávio, Novato e muitos outros edificaram suas especulações particulares em torno da dignidade e privilégios da beatíssima Virgem e publicaram obras maravilhosas..." (H. Morgott).
(Cf. Cristo, Encarnação)
[Tradução: M. Couto]

Martírio

Do grego *martyrion* = testemunho. Na linguagem cristã significa o testemunho dado a Cristo com o derramamento do próprio sangue. O martírio implica uma morte violenta infligida ao confessor, por ódio à fé e à virtude cristã: tal morte é aceita por ele conscientemente e com inabalável paciência, por amor da religião.

Segundo Santo Tomás, o martírio é o maior ato de virtude, porque é a expressão do maior amor, que é a máxima das virtudes. O martírio é ao mesmo tempo ato de fé, fortaleza e caridade. A *fé* é o fim pelo qual sofre o mártir. Mas o ato do martírio inclina para a *caridade*, como motivo primeiro e principal. E, "entre todos os atos de virtude, o martírio é aquele que manifesta no mais alto grau a perfeição da caridade. Porque, tanto mais se manifesta que alguém ama alguma coisa, quanto por ela despreza uma coisa amada e abraça um sofrimento. É evidente que entre todos os bens da vida presente aquele que o homem mais preza é a vida e, ao contrário, aquilo que ele mais odeia é a morte, principalmente quando vem acompanhada de torturas e suplícios por medo dos quais 'até os próprios animais ferozes se afastam dos prazeres mais desejáveis', como diz Agostinho. Deste ponto de vista, é evidente que o martírio é, por natureza, o mais perfeito dos atos humanos, enquanto sinal do mais alto grau de amor, segundo a palavra da Escritura: 'Não existe maior prova de amor do que dar a vida por seus amigos'" (II-II, q. 124, a. 3). Mas, *especificamente*, o martírio é ato que pertence principalmente à virtude da *fortaleza*. De fato, "a caridade inclina ao ato do martírio como seu motivo primeiro e principal, pelo modo de virtude imperante (*ad actum martyrii inclinat quidem caritas sicut primum et principale motivum, per modum virtutis imperantis*), mas a fortaleza inclina ao martírio como sendo seu *motivo próprio*, sendo a virtude que o produz. E por aí se vê que o martírio é ato da caridade, como a que o impera, e da fortaleza, como a que o realiza. Portanto, o martírio manifesta essas duas virtudes. É pela caridade que este ato fica sendo meritório, como todo ato de virtude. Por isso, sem a caridade nada valeria" (ibid., a. 2, ad 2).

Para poder falar propriamente de martírio se requer a morte sofrida por amor de Cristo. De fato, "pertence, pois, ao martírio que o homem dê testemunho de sua fé, mostrando por fatos que despreza as coisas presentes para alcançar os bens futuros invisíveis. Ora, enquanto o homem conserva a vida do corpo, não mostra ainda, pelos fatos, que despreza todas as realidades corporais, pois os homens costumam, para conservarem a vida, menosprezar os parentes e as riquezas, e até mesmo a suportar os sofrimentos físicos. De onde aquela insinuação de Satanás contra Jó: 'Pele por pele! E tudo aquilo que o homem possui, ele o dará por sua alma' (Jó 2,4), quer dizer, por sua vida corporal. Portanto, para a perfeição da razão de martírio é necessário morrer por Cristo" (ibid., a. 4).

(Cf. FORTALEZA)

[Tradução: M. Couto]

Matéria

Segundo o significado mais comum, é o conjunto dos corpos difusos.

No significado técnico de origem aristotélica e escolástica, denota o que num ser representa o elemento potencial, indeterminado, em oposição à forma que, ao invés, representa o elemento da determinação e atuação. No uso moderno, matéria se opõe quer à forma, quer ao espírito.

A matéria, não em seu aspecto óbvio de entidade experimentável pelos sentidos ou pelos instrumentos científicos, mas sim como constitutivo substancial de toda realidade física, natural, é uma das máximas conquistas do gênio filosófico de Aristóteles. Ele trata disso amplamente tanto na *Física* quanto na *Metafísica* e a apresenta como elemento essencial para a explicação do fenômeno do tornar-se (devir), fenômeno sobre o qual tanto polemizaram os filósofos que o haviam precedido, em particular Parmênides e Heráclito. Se se quiser entender esse fenômeno, segundo Aristóteles, é preciso admitir um princípio potencial, que funciona como material de tudo aquilo que se torna. De fato, "em todas as mutações que sucedem entre dois termos opostos se deve encontrar um sujeito permanente através da mutação, como, por exemplo, nas mutações de lugar, algo que seja primeiro aqui e depois ali; e nas mutações quantitativas algo que seja ora de uma certa grandeza e depois de uma grandeza superior ou inferior; e nas mutações qualitativas algo que seja, por exemplo, ora sadio e depois doente. Do mesmo modo também nas mutações substanciais se deverá admitir algo que esteja presente quer no processo de geração, quer no processo de corrupção" (*Metaf.* 1042a, 30 ss.). "De modo que se pode afirmar que não é possível o tornar-se (devir) se daquilo que se torna não existe nada que preexista: isto é, é evidente que, daquilo que se torna, algo devia já ser, e essa coisa é a *matéria* (*hyle*) que é, como parte daquilo que se torna, sujeito próprio da mutação" (*Metaf.* 1032b, 15 ss.). Além do papel de substrato permanente de toda mutação, de potência receptiva de qualquer forma, na filosofia aristotélica a matéria desenvolve também o papel de princípio de individuação (enquanto à forma cabe o de especificação): o que distingue os indivíduos de uma mesma espécie não é a forma mas uma certa quantidade de matéria (por exemplo: Sócrates é baixo, corcunda e feio por causa da matéria). Ainda segundo Aristóteles, a matéria (como também a forma) não se produz nem se corrompe: o que se produz e se corrompe é a substância, isto é, o composto de matéria e forma, que Aristóteles chama *sínolo*.

Santo Tomás, no que diz respeito à substância, assume o ensino de Aristóteles sobre a matéria, porém ao mesmo tempo retoca e aperfeiçoa a doutrina aristotélica em três pontos importantes, relativos à origem da matéria (por criação) e ao seu papel na individuação das coisas materiais e na limitação do ser e das formas. Mas vejamos antes de tudo o pensamento de Santo Tomás sobre a matéria em geral.

1. Definição e divisão

Santo Tomás, seguindo Aristóteles, define a matéria como potência: "Pode-se dizer matéria tudo o que está em potência" (*De princ. nat.*, c. 1, n. 340); ou como "aquilo de que se faz alguma coisa (*materia est ex qua aliquid fit*)" (I, q. 92, a. 2, ad 2), e mais precisamente: "Chamamos matéria o primeiro sujeito (*primum subiectum*) do qual algo é produzido absolutamente (*per se*) e não acidentalmente (*secundum accidens*)" (*I Phys.*, lect. 15).

Partindo quer do conceito de potência, quer do conceito de sujeito, Santo Tomás distingue dois gêneros de matéria: primeira e segunda. A matéria primeira é a potência ao ser substancial; a matéria segunda é a potência ao ser acidental (*De princ. nat.*, c. 1, n. 338). Matéria primeira, em sentido absoluto, é aquela considerada sem nenhuma determinação, privada de toda forma e em potência a todas elas: "Aquela matéria que se concebe sem qualquer forma e privação, mas sujeito de toda forma e privação se diz *materia prima*, porque não existe outra matéria primeira além dessa, e tal matéria, em grego, se diz *hyle*" (ibid., c. 2, n. 346). Mas se fala de matéria também em sentido menos próprio, e então se pode chamar de matéria também a substância com respeito a formas acidentais: "Assim o bronze, que é matéria com respeito à estátua, é composto de matéria e forma, e por isso o bronze não se diz matéria primeira, justamente porque tem uma forma", mas se diz *matéria segunda* (ibid.).

Com respeito à cognoscibilidade da matéria primeira, Santo Tomás retoma a doutrina de Aristóteles, o qual tinha sustentado que a matéria primeira é incognoscível: "*Assim como toda definição e conhecimento existe por meio da forma, a matéria primeira não pode ser definida ou conhecida por si mesma, mas só com referência à forma*" (ibid.).

A matéria junto com a forma é um dos dois elementos constitutivos da essência das coisas materiais, e portanto "entra na constituição de qualquer realidade material" (*II Phys.*, lect. 2). Matéria e forma constituem as causas intrínsecas de uma coisa, as quais porém sozinhas não bastam para explicar a existência de uma coisa; são necessárias também duas causas extrínsecas: o agente e o fim. "É necessário, portanto, que, além da matéria e da forma, haja algum outro princípio que aja, e este é dito causa eficiente ou movente ou *agente*, ou princípio do movimento. E, uma vez que, como diz Aristóteles na *Metafísica*, todo agente opera enquanto tende a alguma coisa, é necessário que haja um quarto princípio: aquele a que visa quem opera, e este se diz fim" (*De princ. nat.*, c. 3, nn. 350-351).

As coisas materiais são as coisas que se geram e se corrompem; portanto a matéria cumpre uma função insubstituível na explicação do tornar-se (devir): de fato, existe o tornar-se próprio porque há um substrato permanente, a matéria, que se gera e se corrompe (cf. Devir).

Santo Tomás utiliza o conceito de matéria na determinação dos graus de abstração (cf. Abstração). De fato, os graus de abstração se baseiam sobre o gênero de matéria que se exclui: no primeiro grau, que é o das ciências físicas, se exclui a matéria sensível particular; no segundo grau, que é o da matemática, se exclui a matéria sensível mas não aquela inteligível; no terceiro grau, que é o da metafísica, se exclui qualquer matéria, seja sensível, seja inteligível (cf. *In De Trin.*, lect. II, q. 1, a. 1).

2. As inovações de Santo Tomás

Em tudo que expusemos até aqui, Santo Tomás nada mais faz do que repetir a doutrina aristotélica. Mas, como dissemos, existem alguns pontos significativos nos quais Santo Tomás corrige ou aperfeiçoa o pensamento do Estagirita. Antes de tudo, em benefício do conceito cristão de criação (ainda que não excluindo a hipótese da eternidade do mundo), Santo Tomás nega a eternidade da matéria: também esta foi criada por Deus e de fato foi criada no tempo (cf. Criação). Em segundo lugar, aperfeiçoa a tese aristotélica relativa ao princípio de individuação (cf. Individuação), esclarecendo que não é a matéria *qua talis* a desenvolver o papel da individuação das formas, mas a matéria *quantitate signata*, isto é, dotada de quantidade, mais exatamente uma matéria já quantificada segundo uma determinada medida. Enfim, refuta a tese de muitos contemporâneos que, seguindo Avicebron, pretendiam consignar à matéria o papel de potência universal e, portanto, fazê-la funcionar como princípio de limitação do ser também nos anjos, professando de tal modo a teoria do hilemorfismo universal (cf. Hilemorfismo). Segundo Santo Tomás, esse papel de limitação da perfeição do ser não compete à matéria, mas sim à essência, e, por consequência, os anjos não são finitos por causa de algum elemento material, mas devido à sua própria essência (cf. Anjo/Angeologia). Os anjos são puros espíritos, totalmente imunes à matéria, mas são espíritos finitos, porque a sua essência não se identifica com o ser, mas é somente uma participação da perfeição do ser. Portanto, Santo Tomás pode sustentar que não há somente um número ilimitado de substâncias materiais, mas também de substâncias espirituais. Deus nos circunda não só de um vastíssimo universo de coisas materiais, mas também de um universo ainda maior de seres espirituais, do qual, graças à alma, fazem parte também os homens.

(Cf. Anjo/Angeologia, Forma, Hilemorfismo, Potência, Substância)

[Tradução: M. Couto]

Matrimônio

É a união física, moral e legal do homem (marido) e da mulher (esposa) em completa comunidade de vida, com a finalidade de fundar a família e perpetuar a espécie, além de realizarem-se mais plenamente como pessoas. Matrimônio e família são duas instituições inseparáveis, na medida em que a segunda tem origem na primeira e sobre ela se baseia constantemente. Para os cristãos o matrimônio, mais do que um contrato jurídico, é uma qualidade de relação que se eleva a valor sacramental. Jesus Cristo, elevando o matrimônio à dignidade de sacramento na nova aliança, faz participar o amor do homem e da mulher no mistério da graça que transcorre dele para a Igreja. Apoiados nos textos evangélicos, entre os quais particularmente o episódio das núpcias de Caná, e nas cartas de São Paulo, os Padres da Igreja repetidamente destacaram que a inserção vital dos esposos cristãos no "esponsalício" celebrado entre Cristo e a Igreja constitui o fundamento do amor novo entre os cônjuges, chamados a se querer bem do mesmo modo como Cristo amou a Igreja, pela qual deu a si próprio (Ef 5,25).

Santo Tomás dedicou ao matrimônio um amplo e detalhado estudo no *Comentário às Sentenças* (IV, dd. 26-42), que foi retomado e reordenado no *Supplementum* (qq. 41-68). Ocasionalmente também tratou do matrimônio na *Suma contra os Gentios* (III, cc. 123-126, 137; IV, c. 78). A fonte imediata da doutrina do Angélico sobre o matrimônio é Pedro Lombardo; mas a fonte remota principal é Santo Agostinho, do qual, dentre outras coisas, o próprio Lombardo é fiel relator.

1. Definição do matrimônio

Ao desejar dar uma definição do matrimônio, Santo Tomás se preocupa antes de tudo em esclarecer o sentido etimológico do termo, avaliando algumas etimologias possíveis de *matrimonium*, que, obviamente, deriva de *mater* para o que diz respeito à primeira parte do termo; ao passo que para a segunda parte (*monium*) há várias possibilidades. "Matrimônio pode derivar de *matris munium*, o ofício de mãe, pois especialmente sobre a mulher recai o dever (*officium*) de educar a prole. Ou então de *matrem monens*, quase que uma advertência à mãe, para não deixar o marido por outro homem. É possível derivar também (do grego) de *materia unius*, a matéria de um só, já que no matrimônio há uma união para a procriação material de uma única prole: de modo que matrimônio derivaria de *monos* e *materia*. Finalmente, Santo Isidoro o faz derivar de *mater* e *nato*: pois com o matrimônio a mulher se torna mãe de um nascido" (*Suppl.*, q. 44, a. 2). Como definição real do matrimônio, o Doutor Angélico propõe a seguinte: é a união marital legítima de um homem e de uma mulher feita para um uso indissolúvel por toda a vida (ibid., a. 3), ou, então, mais brevemente, é a união de um homem e de uma mulher com a finalidade de gerar e educar a prole (*C. G.*, IV, c. 78).

2. Instituição natural, sacramental e civil

O matrimônio é visto por Santo Tomás sob três aspectos: como instituição natural, como sacramento e como instituto civil.

Santo Tomás concebe o matrimônio como uma instituição natural, ligada ao dever natural (*officium naturae*) que a humanidade tem de gerar e de se multiplicar. Ele esclarece que esse dever dá lugar a uma instituição natural não no sentido de se tratar de uma necessidade física ou fisiológica, mas sim de uma finalidade ditada por uma inclinação natural. De fato, "uma coisa pode ser natural de dois modos. Primeiro, porque produzida necessariamente por causas naturais [...]. Segundo, pode-se dizer natural uma coisa cuja natureza possui uma inclinação, mas que é realizada mediante o livre-arbítrio: são naturais, nesse sentido, os atos de virtude. E, desse modo, o matrimônio é natural" (*Suppl.*, q. 41, a. 1). Justamente porque a inclinação ao matrimônio no homem subjaz ao livre-arbítrio, ela difere da dos animais: "A natureza colocou no homem duas séries de inclinações. Algumas dizem respeito a coisas que convêm à natureza em seu gênero: e estas são comuns a todos os animais. Outras dizem respeito a coisas que convêm à natureza em sua diferença, isto é, enquanto a espécie humana, porque racional, é superior ao gênero: como ocorre para os atos de prudência e de temperança. E, como a natureza do gênero, embora sendo única em todos os animais, todavia não tem em si o mesmo grau, assim não inclina do mesmo modo, mas da maneira que convém a cada um. Ora, a *natureza humana inclina para o matrimônio* por força de seu elemento diferencial (a razão)" (ibid., ad 1).

Santo Tomás aduz vários argumentos como apoio à existência de uma inclinação natural no ser humano para o matrimônio: o primeiro e mais importante é tirado da criação e da educação da prole, às quais a mulher sozinha não pode fazer frente. "Ora, é manifesto que, na espécie humana, a fêmea sozinha não seria suficiente para a educação da prole, pois a necessidade da vida humana requer muitas coisas que não podem ser alcançadas por um só. Portanto, é conveniente, segundo a natureza humana, que o homem permaneça junto com a mulher, após o coito, e não se afaste imediatamente, aproximando-se indiferentemente de qualquer uma, como acontece entre os fornicadores [...]. Por outro lado. Deve-se considerar que na espécie humana a prole não necessita só da nutrição quanto ao corpo, como nos outros animais, mas também da instrução quanto à alma. Com efeito, os outros animais têm naturalmente suas artes, pelas quais podem cuidar de si, mas o homem vive de razão, que necessita de um longo tempo para chegar à prudência (*homo autem ratione vivit, quam per longi temporis experimentum ad prudentiam per-*

venire oportet); donde, é necessário que os filhos sejam instruídos pelos pais, já experimentados. Nem são capazes dessa instrução (*instructionis*) os apenas gerados, mas após um longo tempo, e, principalmente, quando chegam aos anos da discrição. Também para essa instrução requer-se um longo tempo. E mesmo então, por causa do impulso das paixões, aqueles em que se corrompe o juízo da prudência precisam não apenas de instrução, mas também de repressão (*non solum instructione, sed etiam repressione*). Ora, para essas coisas mulher sozinha não basta, antes nisso mais se requer a ação do marido, no qual há razão mais perfeita para instruir, e virtude mais forte para castigar. É necessário, portanto, na espécie humana, não demorar por pouco tempo no acompanhamento da prole, como nas aves, mas por grande espaço de vida. Donde, como é necessário que o macho permaneça junto à fêmea, em todos os animais, até quando a ação do pai é necessária à prole, é natural ao homem que tenha, não por pouco tempo, mas diuturna sociedade com determinada mulher. Ora, tal sociedade chamamos *matrimônio*. Portanto, o matrimônio é *natural ao homem*" (*C. G.*, III, c. 122). O segundo argumento é tirado do amor singular que deve reinar entre aqueles que se unem em matrimônio, o qual representa a mais alta forma de amizade (cf. AMIZADE). Ora, a amizade requer estabilidade e continuidade: "Quanto maior a amizade, mais firme e duradoura. Ora, entre o homem e a mulher parece haver máxima amizade, pois unem-se não só no ato da cópula carnal, que também produz entre os animais uma sociedade suave, mas também para o consórcio de toda a convivência doméstica; donde, em sinal disso, o homem, por causa da esposa, abandona o pai e a mãe, como se diz no Gênesis (2,24). Portanto, é conveniente que o matrimônio seja totalmente indissolúvel" (*C. G.*, III, c. 123).

Mesmo se tratando de um *dever* natural, Santo Tomás esclarece que é um dever que não vincula todos os indivíduos, mas somente a humanidade em geral, porque se trata de uma necessidade social e não individual. De fato, nas necessidades sociais, o indivíduo não é obrigado a satisfazê-las todas sozinho, "d'outro modo cada um seria obrigado a se tornar camponês, pedreiro e todas as outras profissões necessárias para a convivência humana: mas se dá satisfação à inclinação natural pelo fato de que várias pessoas exercem as várias profissões. Ora, porque para a perfeição da sociedade humana é necessário que alguns se dediquem à vida contemplativa, a qual encontra o máximo obstáculo no matrimônio, este último, no dizer também dos filósofos, não pode obrigar sob preceito" (*Suppl.*, q. 41, a. 2).

Além de ser instituição natural, por querer e bondade de Jesus Cristo, o matrimônio se tornou uma *instituição sobrenatural*: um *sacramento*. Como instituição natural, o matrimônio está orientado para a perpetuação da raça humana; como sacramento, "ordena-se à perpetuidade da Igreja, que consiste na congregação dos fiéis" (*C. G.*, IV, c. 78). "É um sacramento da Igreja, enquanto é a união do homem e da mulher com a intenção de gerar e educar a prole para o culto de Deus. Por isso, é costume que os ministros da Igreja os abençoem de algum modo. Assim como nos outros sacramentos, nos quais os gestos exteriores representam algo espiritual, assim, neste sacramento, a união de Cristo e da Igreja é representada pela união do homem e da mulher, segundo o Apóstolo: 'Este sacramento é grande, falo em referência a Cristo e à Igreja' (Ef 5,32). E porque os sacramentos realizam o que representam, deve-se crer que este sacramento confere aos noivos a graça pela qual participam da união de Cristo e da Igreja. E isto é de máxima necessidade, para que eles procurem as coisas carnais e terrenas de tal modo que não se afastem de Cristo e da Igreja" (*C. G.*, IV, c. 78).

Àqueles que afirmam que o matrimônio de modo algum é causa de graça, mas somente sinal, Santo Tomás replica que "isso não pode ser, porque segundo essa asserção o matrimônio não iria diferir em nada dos sacramentos da antiga lei, portanto não haveria razão alguma para contá-lo entre os sacramentos da nova lei" (*IV Sent.*, d. 26, q. 2, a. 3).

Santo Tomás refuta também a sentença daqueles que limitam a graça do matrimônio à legitimação de um ato (a união sexual) que de outro modo, sem o matrimônio, seria pecado. "Isto é demasiado pouco, pois também na antiga lei havia essa vantagem" (ibid.). E assim Santo Tomás conclui que "o matrimônio contraído na fé cristã confere a graça que ajuda a realizar os deveres relativos a esse estado [...]. Portanto, no matrimônio, dando-se ao homem, por instituição divina, a faculdade de dispor da mulher para a procriação da prole, dá-se ao mesmo tempo a graça de poder fazer isso de modo conveniente" (ibid.).

Como sacramento, o matrimônio se submete à *legislação canônica*; em contrapartida, como instituição natural ele se submete à *legislação civil*. Eis como o Doutor Angélico argumenta de modo convincente sobre esse ponto. "Como a lei é instituída para o bem-comum, o que pertence à geração, é necessário que, antes de tudo, seja ordenado pelas leis tanto divinas quanto humanas. Ora, é necessário que as leis positivas procedam do instinto natural, se são humanas (isto é, civis), como também nas ciências demonstrativas toda invenção humana toma início dos princípios conhecidos naturalmente. [...] Entretanto, porque é necessário que todas as coisas sejam ordenadas para aquilo que é o melhor no homem, a união do homem e da mulher não só é ordenada pelas leis enquanto diz respeito à geração da prole, como é nos outros animais, mas também enquanto convém aos bons costumes, que a reta razão dispõe ou quanto ao homem em si mesmo, ou enquanto o homem é parte da família doméstica ou da sociedade civil. A esses bons costumes pertence a conjunção indivisível do homem e da mulher. Assim, com efeito, será mais fiel o amor de um para com o outro enquanto se conhecem unidos indivisivelmente. Será também mais solícito o cuidado de um e de outro nas coisas domésticas, enquanto se consideram perpetuamente unidos na posse daquelas coisas. Afastam-se, também, as origens das discórdias, que é necessário acontecer, se o marido abandonasse a esposa, entre ele e os próximos da esposa, e se torna mais firme o amor entre os parentes..." (*C. G.*, III, c. 123).

3. Essência do matrimônio

Desejando esclarecer com a linguagem da metafísica a essência do matrimônio, Santo Tomás não tem dificuldade em ver que se trata de uma relação (*relatio*). Aquilo que é colocado em ato com o matrimônio não é uma substância, nem uma quantidade, nem uma qualidade etc., mas sim uma nova relação: a relação pessoal fundamentada no amor recíproco entre os dois esposos. O vínculo jurídico determinado pela lei civil vem num segundo momento e está subordinado ao vínculo natural baseado no amor. Eis por que entre os bens do matrimônio a indivisibilidade real e afetiva entre os cônjuges é o bem mais essencial. "A indissolubilidade que está implícita no sacramento pertence ao matrimônio em si mesmo, porque, justamente do fato de com o contrato matrimonial os esposos se concederem perpetuamente o domínio recíproco, segue que não se possam separar. E eis por que o matrimônio não pode nunca ser disjunto pela inseparabilidade: pelo contrário, poderá se encontrar privado de fidelidade e de prole, porque o ser ou a existência de uma coisa não depende do seu uso. E, nessa perspectiva, o bem do sacramento é mais essencial ao matrimônio que a fidelidade e a prole" (*Suppl.*, q. 49, a. 3).

4. Fins do matrimônio

Sendo o matrimônio tanto uma instituição natural (e civil) quanto um sacramento, Santo Tomás ao determinar seus fins leva em consideração ambos aspectos. Mas, quer considerando o matrimônio como instituição natural (e civil), quer percebendo-o como sacramento, para Santo Tomás resulta como algo óbvio (e isso é confirmado pelos textos já aqui referidos) que o fim principal do matrimônio é a prole: tanto sua geração quanto sua educação. E não há dúvida que se um casal, ao se unir, exclui essa finalidade, este cometeria um pecado contra a natureza, pois mortificaria a inclinação natural da qual nasce o matrimônio. Aqui vale a pena notar com que vigor

Santo Tomás sublinha a finalidade pedagógica do matrimônio: ela entra como elemento fundamental, essencial, principal do *bonum prolis*. E merece ser aqui igualmente sublinhada a grande relevância que Santo Tomás confere ao papel do pai na educação dos filhos.

Subordinada ao fim principal, está a ajuda entre os cônjuges: "A prole é a coisa mais essencial no matrimônio, em seguida vem a fidelidade, por fim, o sacramento" (*IV Sent.*, d. 31, q. 1, a. 3); entretanto, considerando que o amor é o fundamento último sobre o qual se apoia o matrimônio, a amizade entre os cônjuges, a conservação, e o crescimento dessa amizade cabem indubitavelmente entre as finalidades principais do matrimônio (*C. G.*, III, c. 123). Contudo, se se olha para o matrimônio a partir do ponto de vista sobrenatural, então, o primeiro lugar espera ao sacramento. Eis aqui o raciocínio de Santo Tomás: "Dentre as propriedades de uma coisa, uma pode ser dita superior à outra, ou porque é mais essencial, ou porque é mais excelente. Quanto à excelência, o sacramento é o principal dos bens (fins) do matrimônio, pois lhe pertence na medida em que o próprio matrimônio é um sacramento da graça. Em vez disso, os outros dois bens (fins) pertencem-lhe na medida em que é um dever natural (*naturae officium*). Ora, a perfeição da graça é mais excelente do que aquela da natureza" (*Suppl.*, q. 49, a. 3).

Esclarecidos a natureza e o fim do matrimônio, Santo Tomás passa a examinar os vários impedimentos canônicos que podem tornar inválidos ou ilícitos tanto o contrato quanto o sacramento do matrimônio: o erro, a consanguinidade, a afinidade, a ordem sacra, os votos solenes, a disparidade de culto, o conjugicídio etc. (ibid., qq. 50-62). No final trata de alguns pecados que ofendem gravemente o matrimônio: a poligamia e a bigamia particularmente (ibid., qq. 65-66). Essa longa e minuciosa discussão, de pouco interesse filosófico e teológico, resulta claramente obsoleta já que ligada a uma legislação canônica amplamente superada. Todavia, para o que concerne à doutrina de fundo de Santo Tomás sobre o matrimônio, deve-se reconhecer que ela se baseia em princípios muito sólidos: sólidos são os princípios que explicam a origem natural do matrimônio; igualmente sólidos são os princípios que fixam a hierarquia das várias finalidades do matrimônio.

Muitas vezes se diz que Santo Tomás possui uma concepção naturalista e não personalista do matrimônio. Mas isso significa usar o termo "personalismo" em sentido redutivo e egoísta, ignorando que também a prole faz parte do horizonte personalista, e nós vimos que Santo Tomás se preocupa muitíssimo com a educação da prole. Ademais, se esquece que o Angélico ensina que um matrimônio infecundo, estéril, não é inválido, pois permite ainda atingir alguns fins essenciais do matrimônio: o aperfeiçoamento espiritual dos cônjuges e a participação no mistério da Igreja esponsal.

O ensinamento de Santo Tomás sobre o matrimônio permanece substancialmente válido, ainda que aqui e ali ele sofra de uma visão demasiado machista, de uma concepção demasiadamente moralista da sexualidade e de informações biológicas e fisiológicas que nos dias de hoje parecem rudimentares. De fato, Santo Tomás "contribuiu mais do que muitos outros, nem tanto para fixar a doutrina católica do matrimônio, mas muito mais para explicá-la e justificá-la, a ponto de muitos dos argumentos por ele aduzidos terem se tornado clássicos" (H. Durand).

(Cf. Educação, Família, Sacramento)
[Tradução: G. Frade]

Memória

É a capacidade do homem de considerar e evocar conhecimentos e experiências que teve no passado. Essa capacidade lhe permite acrescentar e enriquecer a própria bagagem cognoscitiva salvaguardando sua unidade essencial.

Na filosofia clássica ocuparam-se da memória tanto Platão quanto Aristóteles. Segundo Platão, o conhecimento atual da verdade é essencialmente lembrança (*anamnesis*) de conhecimentos que a alma já teve num estágio precedente, quando pôde contemplar o mundo das Ideias. Segundo Aristóteles, a memória é um órgão importante que predispõe o material necessário ao intelecto para a abstração dos conceitos universais. Mas o mais apaixonado cultor da memória, e o mais convencido do seu valor, é Agostinho: na memória, segundo o Doutor de Hipona, se concentra toda a alma; a memória garante a presença habitual da alma a si mesma; na memória estão enraizados os próprios atos do intelecto e da vontade. Por esse motivo, na imagem trinitária que Agostinho extrai das faculdades da alma (memória, intelecto e vontade) a memória se refere ao Pai (enquanto o intelecto se refere ao Filho e a vontade ao Espírito Santo). À memória, segundo Agostinho, compete também o papel de salvaguardar a realidade do passado.

Santo Tomás define a memória como conhecimento do passado: "*Memoria secundum communem usum loquentium accipitur pro notitia praeteritorum*" (*De Ver.*, q. 10, a. 2). Segundo o Doutor Angélico, ocorre tanto uma memória sensitiva como uma memória intelectiva. A primeira era universalmente admitida; ao passo que a segunda era negada por Avicena. Eis por que Santo Tomás se preocupa em demonstrar, exatamente contra Avicena, a existência também da memória intelectiva. Remetendo-se a Aristóteles, o Doutor Angélico faz ver que a memória entendida em sentido lato, isto é, como poder de conservar as espécies intencionais, pertence também ao intelecto e não somente ao sentido. "Tudo o que é recebido em algo o é à maneira do receptor. Ora, o intelecto é de uma natureza mais estável e permanente do que a matéria corporal. Se, portanto, a matéria corporal conserva as formas que recebe, não só quando é posta em ato por elas, mas ainda quando essa atividade cessou, o intelecto receberá de uma maneira bem mais estável e invariável as imagens inteligíveis, quer provenham dos sentidos, ou mesmo emanem de um intelecto superior. Portanto, se se toma a memória somente como uma potência de guardar imagens, deve-se admitir que exista na parte intelectiva" (I, q. 79, a. 6). Mas pertence ao intelecto também a memória entendida como poder de reter o passado como passado, se isso não vier a se referir aos objetos (porque os objetos apreendidos pelo intelecto são universais, ao passo que o passado como dimensão temporal permanece particular), mas se refere aos atos intelectivos: "O intelecto conhece o homem enquanto tal; mas ao homem enquanto tal é acidental estar no presente, no passado ou no futuro. Todavia, no que se refere ao ato de conhecer, a condição de passado pode encontrar-se por si tanto no intelecto como nos sentidos. Pois o conhecer de nossa alma é um ato particular, que se realiza em tal ou qual momento, e em conformidade com isso se diz que o homem conhece agora, ontem ou amanhã. E isso não vai contra a natureza do intelecto, porque esse ato de conhecer, embora particular, é contudo um ato imaterial, como foi dito acima a respeito do intelecto. Em consequência, como o intelecto se conhece a si mesmo, embora seja um intelecto singular, da mesma forma conhece sua intelecção, que é um ato singular, ou no passado, ou no presente ou no futuro. Assim fica salva a razão da memória, com relação aos atos passados, no intelecto, enquanto conhece que conheceu anteriormente, mas não enquanto conhece o passado, em determinado tempo, aqui e agora" (ibid., ad 2).

Diversamente de Santo Agostinho, que considerava a memória como potência distinta do intelecto e da vontade (contudo, Santo Agostinho não faz a distinção entre intelecto agente e intelecto passivo), Santo Tomás a considera uma função especial do intelecto passivo, ao qual compete tanto a função de receber as espécies inteligíveis quanto a de conservá-las (I, q. 79, a. 7).

(Cf. Conhecimento, Intelecto, Sentido (faculdade cognoscitiva))

[Tradução: M. Couto]

Mentira

É o enunciado de uma coisa falsa com a finalidade de enganar. "*Est autem mendacium cum aliquis exterius significat contrarium veritati* (Consiste a mentira em contradizer com sinais externos a verdade)" (II-II, q. 93, a. 1).

Na Bíblia, a mentira está ligada à justiça. O conteúdo do oitavo mandamento se refere ao falso testemunho direcionado a causar danos para o próximo (Pr 12,17; Ex 20,16; Dt 5,20). São Paulo recomenda aos primeiros cristãos fugir da mentira (Ef 4,25; Cl 3,9; Tt 1,12).

Segundo Santo Tomás, os *elementos constitutivos* essenciais da mentira são três: que seja falso o enunciado (*dictum falsum*), que haja a vontade de enunciar o falso (*voluntas falsum enunciandi*) e que haja também a intenção de enganar (*voluntas decipiendi*) (II-II, q. 110, a. 1). Santo Tomás distingue ainda três gêneros de mentira: *danosa*, *oficiosa* e *jocosa*. A primeira tem como objeto o dano aos outros; a segunda mira uma vantagem própria; a terceira é feita para a diversão (II-II, q. 110, a. 2).

Na mentira há sempre uma desordem, porque se usa a palavra contrariamente ao fim pelo qual nos foi dada pelo Criador, o de exprimir aquilo que pensamos. Por isso toda mentira é *pecado*. A gravidade do pecado deve ser deduzida a partir da intenção de quem a profere e que pode ter em mira ou o dano ao outro ou uma vantagem ao menos negativa, ou seja a remoção de um dano, ou um divertimento. Com isso, a mentira se divide em nociva, oficiosa e jocosa. Na mentira *danosa* o pecado é mortal, se o dano causado ao próximo for grave. Em vez disso, não são pecado mortal a mentira *jocosa* e a *oficiosa*, quando não lesam gravemente a caridade (cf. II-II, q. 110, a. 4).

(Cf. Justiça, Verdade)

[Tradução: E. Quirino]

Mérito

É o direito a um prêmio adquirido ao fazer uma ação moralmente boa: "*Meritum et merces* […] *dicitur quod alicui recompensatur pro retributione operis vel laboris* (Mérito e recompensa […] [é] o que se dá a alguém em retribuição por sua obra ou trabalho)" (I-II, q. 114, a. 1). A doutrina do mérito é comum a muitas religiões: além do cristianismo, está presente também no judaísmo, islamismo, hinduísmo, budismo. Na teologia católica se fundamenta na justiça de Deus, na liberdade humana e na comunhão dos santos.

A questão do mérito não é de pouca monta, mas sim de importância capital, pois diz respeito às possibilidades efetivas do homem em relação ao seu fim último, que, de fato (historicamente), é um fim sobrenatural: a vida eterna como participação na vida divina, um fim que o homem, com suas forças apenas, não só não pode alcançar, como também não pode sequer conhecer. A doutrina do mérito busca explicar o que o homem poderia fazer por si mesmo e para os outros quanto à salvação, seja no estado de natureza, seja no estado de graça.

Santo Tomás tratou da questão do mérito em muitas obras: no *Comentário às Sentenças* (II, d. 27, q. 1, aa. 3-6; III, d. 18, q. 1, aa. 3-5; d. 30, q. 1); no *Comentário ao Evangelho de João* (c. 10, lect. 4) e no *Comentário à Carta aos Romanos* (c. 4, lect. 1; c. 6, lect. 4; c. 8, lect. 2); no *De Potentia* (q. 6, a. 9); no *De Veritate* (q. 22, a. 7; q. 26, aa. 6-7; q. 29, aa. 6-8); na *Suma contra os Gentios* (III, c. 149) e na *Suma Teológica* (I-II, q. 114). A discussão mais orgânica e exaustiva sobre o argumento se encontra na *Suma Teológica*. A questão que o Doutor Angélico dedica ao tema possui 10 artigos, nos quais se estabelece, em primeiro lugar, a existência do mérito (a. 1); em seguida, se esclarecem a dimensão e a eficácia do mérito em relação a vários objetos: a graça, a vida eterna, a conversão, o aumento da graça etc.

1. Existência do mérito

À primeira vista (como nota a primeira objeção do artigo 1), parece impossível que o homem possa adquirir méritos em relação a Deus, pois tudo o que o homem possui deve a Deus; ora, "ninguém parece merecer recompensa por pagar o que deve". A essa dificuldade Santo Tomás responde dizendo que é verdade que o homem não pode reivindicar méritos junto de Deus a título de justiça, pois só se pode falar propriamente de justiça entre iguais. "Ora, é claro que entre Deus e o homem existe a máxima desigualdade: o infinito os separa (*in infinitum enim distant*). Além do mais, em sua totalidade, o bem do homem vem de Deus. Portanto, da parte do homem em relação a Deus não se pode falar de justiça segundo o seu modo próprio, mas de uma justiça proporcional; na medida em que cada um age segundo o seu modo próprio" (I-II, q. 114, a. 1). Ora, é justamente no modo de agir de Deus, que prevê a colaboração do homem, como ser livre, no âmbito da salvação, que a categoria de mérito encontra espaço. "É por isso que não pode haver mérito para o homem junto de Deus de tal modo que o homem por sua ação obtenha de Deus, a título de recompensa, os bens em vista dos quais Deus lhe concedeu este poder para agir" (ibid.). Esse conceito é esclarecido ainda mais no artigo 3, distinguindo entre aquilo que o homem pode fazer mediante seu livre-arbítrio e o que pode fazer mediante a graça: "A obra meritória do homem pode ser vista de duas maneiras. De um modo, segundo procede do livre-arbítrio. De outro modo, segundo procede da graça do Espírito Santo. Se considera segundo a substância da obra e segundo procede do livre-arbítrio, não pode haver pleno direito (*non potest ibi esse condignitas*), por motivo de extrema desigualdade. Há entretanto um mérito de côngruo (*congruitas*), por causa de uma certa igualdade proporcional. Com efeito, parece congruente que, quando o homem age segundo a sua capacidade, Deus o recompense segundo a excelência de seu poder" (ibid., a. 3).

2. Objeto do mérito

Ao fixar o âmbito daquilo que o homem pode merecer, Santo Tomás distingue entre a situação do homem no estado natural e no estado sobrenatural.

No *estado natural*, tanto antes como depois do pecado, é impossível que o homem possa merecer a *primeira graça*, pois esta é dom absolutamente gratuito que depende exclusivamente da infinita bondade de Deus. Nem pode merecer a *vida eterna*, porque também ela supera as forças naturais e para ela é necessário um movimento, um impulso superior (ibid., aa. 2 e 5).

Em vez disso, quem já foi elevado ao *estado sobrenatural* e se encontra na graça pode adquirir mérito, quer para si, quer para os demais. Para si pode merecer o aumento da graça segundo justiça (*ex condigno*), e a vida eterna apenas segundo conveniência (*de congruo*). Para os demais pode merecer também a primeira graça, mas somente segundo conveniência. Somente Jesus Cristo pôde merecer segundo justiça a primeira graça para todos, "como cabeça da Igreja e autor da salvação humana" (ibid., a. 6).

Cai totalmente fora do âmbito do mérito (tanto *de congruo* como *ex condigno*) a perseverança final. Eis aqui a razão profunda que conduz Santo Tomás: "Tendo o homem naturalmente o livre-arbítrio, capaz de tender (*flexibile*) para o bem e para o mal, de dois modos pode ele obter de Deus a perseverança no bem. De um modo, porque, com o auxílio da graça consumada, o livre-arbítrio é determinado no bem, o que se dará na glória. De outro modo, por influência da moção divina, que inclina o homem ao bem, até o fim. Pois, como resulta claro do sobredito, pode-se merecer humanamente o que está como um termo para o ato do livre-arbítrio, movido diretamente por Deus; não porém o que está para esse ato como princípio. Portanto, é claro que a perseverança da glória, termo do referido movimento, pode ser merecida. Mas a perseverança, nesta vida, não pode ser merecida por depender somente da moção divina, princípio de todo mérito. Mas aqueles a quem Deus concede o benefício dessa perseverança a recebem gratuitamente (*Deus gratis perseverantiae bonum largitur, cuicumque illud largitur*)" (ibid., a. 9).

(Cf. Comunhão dos santos, Cristo, Graça, Igreja, Indulgência)

[Tradução: G. Frade]

Metafísica

Este termo, que em grego significa "o que vem depois da física" (*tà metà tà phy-*

sikà), teve uma origem acidental, e no início não significava de modo algum o conteúdo de uma determinada disciplina filosófica, mas sim a simples colocação de uma série de opúsculos, que, na biblioteca de Andrônico de Rodes, curador da edição completa das obras aristotélicas, foram colocados rigorosamente depois de oito livros da *Física*: tratava-se de um grupo de opúsculos muito importantes que se referiam ao que Aristóteles havia chamado de "filosofia primeira", mas para a qual não se havia dado uma denominação comum. De outra forma, o nome, originado de modo tão casual, correspondia efetivamente à substância: já que nesses opúsculos se discutia sobre realidade, qualidade, propriedade e princípios que não se restringem apenas ao mundo físico, material, mas que vão além, portanto, "metafísicos".

Assim, propriamente falando, por metafísica se entende aquela parte eminente da filosofia que se propõe descobrir uma explicação exaustiva e conclusiva do mundo: a metafísica estuda a razão última do ente, os princípios primeiros do real; ela busca um fundamento sólido de tudo o que dele está privado, e privado de fundamento aparece o mundo, aparece o homem, aparece a história. Segundo a célebre definição aristotélica, a metafísica é "a ciência que estuda o ente como tal e as propriedades que o acompanham necessariamente".

A história da metafísica coincide substancialmente com a história da filosofia ocidental, porque a preocupação primeira e máxima de todos os filósofos antigos, medievais e modernos foi sempre a de fornecer uma explicação conclusiva e exaustiva dos fenômenos que nos circundam, descobrindo a causa suprema, a razão última do ser. O intento metafísico está já claramente presente nos filósofos jônicos: é a causa última que eles buscam, ainda que depois, de fato, a situem num dos quatro elementos constitutivos da matéria: a água, o ar, a terra e o fogo.

Com Parmênides, a metafísica já não é uma simples aspiração, mas torna-se uma autêntica realidade. De fato, apontando o ser como princípio único e supremo de cada coisa, ele introduz a metafísica no âmbito que lhe é próprio e que assim permanecerá para sempre.

Platão aprofunda a pesquisa do ser, distinguindo entre o que realmente é e aquilo que é somente de modo aparente. Aquilo que realmente é, o identifica com o mundo das Ideias: este é criado, eterno, incorruptível; enquanto aquilo que simplesmente aparece, o identifica com o mundo material: este é finito, mutável, contingente e corruptível. Obviamente, para Platão o mundo ideal é o fundamento, a causa do mundo material: o segundo é uma participação e imitação do primeiro.

Entretanto, qual é a relação efetiva que ocorre entre o mundo material e o mundo ideal? Platão jamais chegou a uma solução definitiva sobre esse ponto. Ele formulou duas hipóteses: a da participação das coisas materiais nas ideias, e aquela da imitação das ideias por parte das coisas. Mas ambas apresentavam grandes dificuldades e isso o impediu de atribuir certeza absoluta às suas hipóteses metafísicas.

Aristóteles, como sabemos, define a metafísica como "estudo do ente como tal e das propriedades que o acompanham necessariamente. Esta não se identifica com nenhuma das ciências particulares porque nenhuma delas trata do ente como tal, mas de alguma determinada parte do ente, do qual estuda aspectos particulares, como fazem as matemáticas" (*Metaf.* 1003a, 21-26). Ele identifica tal estudo com aquele das quatro causas: material, formal, eficiente, final. Mas as quatro causas de que coisa? Obviamente, do mundo material que nos circunda. É descobrindo os princípios fundamentais que sustentam este mundo que se descobre o mistério do ser. Por outro lado, quando se trata de determinar a natureza específica das coisas materiais, Aristóteles recusa a teoria platônica das Ideias considerando-a algo puramente fantástico e totalmente supérfluo (uma duplicata inútil). A essência das coisas, segundo ele, não está fora das coisas, mas sim nas próprias coisas. No interior das próprias coisas Aristóteles busca também a razão do seu devir. E é em função do devir que ele tem as suas intuições mais geniais: as célebres distinções entre ato e potência, entre matéria e forma, entre substância e acidentes. Estas lhe servem para fornecer uma explicação do devir, mantendo sua realidade a salvo, mas sem cair na concepção de Heráclito que tornava inútil o ser. Do devir Aristóteles dá a célebre definição: "É o ato de um ente em potência como tal" (*Metaf.* 1069b). "O movimento (devir) — explica Aristóteles — se apresenta como uma espécie de ato: um ato imperfeito porque não chegou a termo. Daí a dificuldade de definir a natureza do movimento [...]. Permanece, portanto, o que foi dito: ato e, contudo, não ato no sentido pleno: difícil sem dúvida de ser concebido, mas nem por isso menos real" (*Metaf.* 1066a, 17 ss.). O devir é passagem da potência ao ato: tal passagem comporta a permanência de um substrato (a matéria) e a nucleação de uma nova forma. Isso vale para todas as substâncias materiais, que são as que vêm a ser. Enquanto as substâncias imateriais são imutáveis, puros atos, puras formas. Ato puríssimo, imóvel, perfeito, plena consciência de si mesmo e razão, limite último (causa final) de todo devir (mas não criador do mundo), segundo Aristóteles, é Deus, motor imóvel. Deus é o movente supremo que, atraindo a si cada coisa, determina a evolução do mundo.

Os pensadores cristãos até Santo Tomás, no aprofundamento dos mistérios da fé, utilizaram quase que exclusivamente a metafísica platônica (Santo Agostinho repete com insistência que pertence à "seita dos platônicos"), trazendo aqui e ali significativos retoques, em particular reabsorvendo o mundo das Ideias em Deus, o qual, assim, pode tornar-se princípio supremo e único de todas as coisas.

1. A originalidade de Santo Tomás

É mérito admirável da exegese tomista do século XX, graças sobretudo aos estudos de E. Gilson, C. Fabro, J. Maritain, A. Masnovo, J. De Finance, L. De Raeymaeker, ter trazido à luz tanto a originalidade quanto a grandeza do pensamento metafísico de Santo Tomás. A coisa havia sempre escapado aos historiadores e aos próprios comentadores do Doutor de Aquino, que tinham sempre identificado a metafísica de Santo Tomás com aquela de Aristóteles. A razão desse grandíssimo erro se encontra no fato de que o Doutor Angélico jamais compôs um tratado de metafísica. Certamente o opúsculo *De ente et essentia* é um vigoroso ensaio de metafísica, mas de fato aborda somente a questão das relações entre essência e ser. A vasta temática que faz parte da metafísica, Santo Tomás a examinou somente ocasionalmente, em diversas obras e, entre outras coisas, sem nenhuma pretensão de elaborar uma teoria metafísica nova. Assim, foi muito mais fácil para os estudiosos de Santo Tomás interpretar seu pensamento metafísico à luz de Aristóteles (como fizeram Cajetano e muitíssimos outros tomistas até o século XX), em vez de se dar ao trabalho de recolher e reconstruir de modo sistemático a visão metafísica do Doutor Angélico. Como foi dito, o mérito desse importantíssimo e fecundo trabalho coube sobretudo a alguns estudiosos do nosso século, profundos conhecedores do pensamento medieval e em particular do pensamento do Doutor de Aquino.

2. Definição da metafísica

Da metafísica o Doutor Angélico dá a mesma definição do Estagirita: "A metafísica estuda o ente e aquilo que o acompanha necessariamente (*metaphysica considerat ens et ea quae consequuntur ipsum*)" (*I Met.*, Proem.). Esse acordo sobre a definição geral da metafísica não deve levar ao engano: isto é, não deve ser confundido com um acordo substancial, de fundo e de conteúdo, entre a metafísica aristotélica e a tomista; trata-se de fato simplesmente de um acordo sobre uma definição preliminar, que implica um acordo de orientação e não de conteúdo. Para falar de acordo de fundo será preciso primeiro examinar atentamente como são entendidos o objeto, o método e os princípios da metafísica de Aristóteles, de uma parte, e de Santo Tomás, de outra. Só então se poderá constatar que as visões do maior metafísico da antiguidade e do maior metafísico medieval sobre esses três pontos não coincidem de modo algum.

3. Objeto da metafísica

O objeto material da metafísica é o mesmo tanto para Aristóteles quanto para Santo Tomás: é o ente. Aparentemente também o objeto formal é o mesmo: é o ente *como ente*. Mas sobre o modo de entender a expressão "como ente", o Doutor Angélico se afasta decididamente de Aristóteles. Para este o que constitui o ente como ente é a substância, porque só ela possui a entidade de modo autônomo. E, assim, toda a pesquisa metafísica de Aristóteles se dirige à substância. Enquanto, para Santo Tomás, o que constitui o ente como ente é o ser, uma vez que, por definição, o ente não é outra coisa senão aquilo que possui o ser, e mais exatamente ainda "o ente é aquilo que participa do ser" (*De sub. sep.*, c. 8). Mas com esse aperfeiçoamento nem tudo fica esclarecido. Porque é justamente sobre o conceito de ser que se registra a grande novidade e a absoluta originalidade de Santo Tomás, uma novidade que lhe permite renovar do começo ao fim todo o edifício metafísico aristotélico.

Sobre o ser, como repete frequentemente Santo Tomás, podem ser dados dois conceitos, um conceito genérico e um conceito intensivo: o primeiro ele o chama *esse commune*; o segundo, *esse absolutum* ou *esse divinum*. O primeiro é o mais amplo de todos os conceitos e por isso não entra dentro dos confins de nenhum gênero, mas é paupérrimo de conteúdo, porque não inclui mas prescinde de todas as outras perfeições (vida, verdade, bondade, beleza, conhecimento etc.). Ao contrário, o segundo é riquíssimo de conteúdo, porque abarca todas as perfeições: "O ser é, entre todas as coisas, perfeitíssimo" (*De Pot.*, q. 7, a. 2, ad 9 [*Deus Uno e Trino*, p. 36. [N. do T.]]; "o ser é a atualidade de todos os atos e, por isso, é a perfeição de todas as perfeições" (*ibid.*) (cf. Ser).

Dos dois conceitos, o genérico constitui o ponto de partida da metafísica, mas não pode constituir o seu objeto adequado. De fato, com o conceito comum de ser não é possível fornecer nenhuma explicação da realidade. E, se um filósofo não possui o conceito intensivo, então, para explicar a realidade recorre a outros conceitos: à substância (Aristóteles), à unidade (Plotino), à verdade (Agostinho) etc. Ao contrário, Santo Tomás insiste sobre o ser, porque fora do ser não se pode encontrar senão o nada. E assim chega a um novo conceito de ser, um conceito infinitamente mais rico, o conceito do ser absoluto, e o assume como objeto adequado da sua metafísica, que se torna, portanto, a metafísica do ser por excelência.

Portanto, para Santo Tomás, a metafísica é a pesquisa em torno ao ser do ente ou, o que dá na mesma, a pesquisa em torno ao ente como ser. Mas o ser concebido não de modo comum, e sim de modo exclusivo, como "a mais perfeita de todas as coisas" (*De Pot.*, q. 7, a. 2, ad 9); como "aquilo do qual depende a nobreza de cada coisa" (*C. G.*, I, c. 28); como a fonte da qual irradia e na qual se consuma toda realidade e toda perfeição (*De sub. sep.*, c. 9, n. 97).

Obviamente, a metafísica não se contenta em falar apenas do ser do ente. Ela deve tratar também de tudo aquilo que está implicado numa resposta exaustiva à pergunta: "O que é o ser do ente?". Mas, como esclarece o Doutor de Aquino, nem tudo pertence ao discurso metafísico da mesma maneira. O ser do ente constitui o objeto formal (o *subiectum*, como o chama Santo Tomás); o resto entra na metafísica como ponto de chegada. E, portanto, se para explicar o ser do ente será preciso falar também de Deus, este não entrará na metafísica como objeto formal, mas sim como ponto final, como ponto de chegada. "Ora, dado que o sujeito dessa ciência é o ente comum, diz-se, pois, de tudo que é separado da matéria, segundo o ser e a razão. Na verdade, dizem-se separadas segundo o ser e a razão não só aquelas coisas que nunca podem existir na matéria, como Deus e as substâncias intelectuais, mas também aquelas que podem existir sem a matéria, tal como o ente comum. Entretanto, isto não aconteceria se dependessem da matéria segundo o ser" (*I Met.*,

Proem. — *Comentário à Metafísica de Aristóteles I-IV*, v. 1, p. 25 [Proem., 7]).

Portanto, na concepção tomista da metafísica, o objeto próprio da rainha de todas as ciências é o ser; mas para deduzir o ser é preciso passar pelo ente porque a residência, o receptáculo do ser é o ente; note-se bem, não o ente tomado em abstrato — porque a metafísica é ciência do concreto — mas sim o ente que faz parte da nossa experiência: qualquer ente (uma planta, um animal, um homem etc.), ente que se apresenta imediatamente como finito, participado, contingente.

Atribuindo à metafísica como objeto próprio o ser, Santo Tomás a reconduz, depois de séculos de esquecimento, à tarefa que lhe havia já sido assinalada por seu fundador, Parmênides.

4. O método da metafísica: resolução-composição

Para o estudo do próprio objeto cada ciência dispõe de um método próprio. Qual é o método da metafísica?

Santo Tomás trata expressamente do método da metafísica no comentário ao *De Trinitate* de Boécio. Ali ele distingue dois métodos: *resolutivo* e *compositivo*. O primeiro pratica a via ascendente: dos eventos particulares remonta às causas universais, ou das causas menos universais àquelas mais universais; remonta das determinações concretas ao próprio ser, ou do conteúdo de uma coisa aos seus pressupostos necessários; e, de tal modo, *explica* os efeitos nas causas, os participantes no participado, o contingente no absoluto. O segundo, o método compositivo, procede em sentido inverso e, portanto, pratica a via descendente: desce das causas universais aos efeitos particulares, do participado aos participantes, do absoluto ao contingente etc., desenvolvendo as implicações contidas na causa suprema. Desses dois métodos, o primeiro é aquele que convém melhor à metafísica, enquanto o segundo é o método próprio da teologia. Mas, na própria metafísica, depois de ter praticado a *resolução* pode-se fazer uso também da *composição* (*compositio*), que poderia chamar-se também *re-composição*. Eis como se exprime o próprio Santo Tomás a esse respeito: "O processo raciocinativo pode assumir duas orientações: *compositivo*, quando procede das formas mais universais àquelas menos universais (ou particulares); *resolutivo*, quando procede em sentido inverso. De fato, aquilo que é mais universal é mais simples. Ora, é universalíssimo aquilo que pertence a todo ente. E, por isso, o termo último do processo resolutivo nesta vida é o estudo do ente e de tudo aquilo que lhe pertence enquanto ente. E estas são as coisas de que trata a ciência divina (ou metafísica), ou seja, as substâncias separadas e tudo quanto é comum a todos os entes. Disso resulta que a pesquisa metafísica é principalmente especulativa" (*In De Trin.*, lect. II, q. 2, a. 1, sol. 3; cf. q. 1, a. 4).

Afirmando que o método próprio da metafísica é aquele resolutivo-compositivo, Santo Tomás não entende por outro lado excluir que a metafísica possa servir-se também de outros procedimentos, como a definição, a divisão, a comparação, a analogia, a metáfora, o argumento de conveniência etc.

De fato, ele mesmo utiliza com grande maestria e assiduidade esses procedimentos. Essa riqueza e complexidade da metodologia, de que faz uso o Doutor Angélico na pesquisa metafísica, deve ser constantemente considerada ao ler seus escritos, se se quiser perceber o alcance exato das suas argumentações.

5. Os princípios da metafísica

Como já havia feito Aristóteles, também Santo Tomás põe na base da pesquisa metafísica os princípios de identidade (cf. IDENTIDADE) e de não contradição (cf. CONTRADIÇÃO). Mas esses dois princípios, que poderiam ser suficientes para disciplinas abstratas como a lógica e a matemática, não podem certamente bastar para a metafísica, que é ciência do real e que, como sabemos, se vale do método da resolução, que está essencialmente ligado ao princípio de causalidade, porque a resolução consiste exatamente no reconduzir os efeitos às causas.

Santo Tomás, que desconhece as críticas de Hume e de Kant ao princípio de causalidade (cf. CAUSALIDADE), não se preocupa em tomar sua defesa, e, se tivesse feito, teria seguido o mesmo procedimento indireto do qual se vale, como Aristóteles, na defesa do princípio de não contradição. De fato, o Doutor Angélico trata o princípio de causalidade como um princípio primeiro, isto é, um princípio de primeira evidência, porque não tem sentido falar de efeito senão com referência a uma causa: "É necessário que o efeito dependa da sua causa. Com efeito, isso é da natureza do efeito e da causa, pois, de fato, é o que manifestamente aparece nas causas formais e materiais. De fato, se subtrairmos o princípio material ou formal de algo, em qualquer situação, ele imediatamente deixa de existir, já que tais princípios são inerentes à sua essência. Ora, é necessário ter o mesmo juízo sobre causas eficientes e formais ou materiais" (*De Pot.*, q. 5, a. 1 — *A criação, a conservação e o governo do mundo*, p. 113).

Estritamente conectado com o princípio de causalidade estão outros dois princípios que desenvolvem um papel capital na metafísica de Santo Tomás: o princípio de participação e o princípio de semelhança. Na verdade esses dois princípios não passam de simples extrapolações de duas propriedades da causalidade.

O princípio de participação diz, de fato, que tudo aquilo que existe por participação é necessariamente causado. Não causado é somente aquilo que existe por essência (cf. PARTICIPAÇÃO). "Quando alguma coisa recebe de modo parcial aquilo que pertence a outros de modo total, se diz que participa dela; [...] semelhantemente se diz que o efeito participa na causa, principalmente quando não ajusta seu poder; um exemplo dessa participação ocorre quando se diz que o ar participa da luz do sol" (*In De Hebd.*, lect. II, n. 24).

O princípio de semelhança diz que a causa, comunicando alguma coisa de si mesma ao efeito, não pode não instaurar uma certa semelhança entre si e o efeito: "A causa produz sempre alguma coisa semelhante a si (*omne agens agit simile sibi*)" (*C. G.*, II, c. 20; *De Pot.*, q. 7, a. 5; *III Sent.*, d. 33, q. 1, a. 2, sol. 2). Santo Tomás recorrerá continuamente a esse princípio quando quiser provar que o homem não só conhece a existência de Deus (para isso basta o princípio de causalidade), mas também alguma coisa da sua natureza. "Com efeito — escreve o Doutor Angélico —, como todo *agente pretende introduzir no efeito a sua semelhança*, na medida em que o efeito a possa receber, tanto mais perfeita é a ação, quanto mais perfeito é o agente. Vê-se, por exemplo, que quanto mais uma coisa é quente, tanto mais perfeita é a forma que introduz na obra. Ora, Deus é o agente perfeitíssimo. Por isso, caiba-lhe introduzir nas coisas criadas de modo perfeitíssimo a sua semelhança, conforme a conveniência da coisa criada" (*C. G.*, II, c. 45, 1220).

6. O momento resolutivo

Fixados e assegurados os princípios da metafísica, Santo Tomás pode aplicar tranquilamente o método resolutivo para efetuar seu plano de reconduzir todas as coisas a um único fundamento supremo percorrendo o caminho do ser. Ora, a resolução (*resolutio*) que percorre o caminho do ser tem como itinerário obrigatório a *resolução do ente* no ser. Por isso, o ponto de partida é necessariamente o estudo do ente com respeito ao ser, estudo conduzido sempre à luz do ser concebido intensivamente, ou seja, como perfeição absoluta, radical, princípio de toda perfeição, realização de todas as perfeições.

A reflexão sobre o ente, conduzida à luz do ser, permite a Santo Tomás estabelecer duas verdades de capital importância: a distinção real entre essência e ato do ser (*actus essendi*) no ente, e o papel potencial, receptivo da essência com respeito ao ser. Essas duas penetrantes observações, junto com a intuição preliminar do conceito intensivo do ser, constituem praticamente todo o grande, mas simplicíssimo palco da metafísica tomista. A metafísica de Santo Tomás, mais do que qualquer outra metafísica, vai diretamente ao essencial. Olhando a realidade, percebe que de propriamente essencial ela tem somente isto: a) o ente na sua indigência como possessão limitada do ser, realidade composta e, portanto, imperfeita; b) o ser, oceano infinito de toda perfeição. Dentro desse simples mas sólido arcabouço se move a pesquisa *resolutiva* de Santo Tomás que reconduz o ente ao ser, evidenciando ao mesmo tempo a subsistência do ser e a razão de ser do ente.

a) *A distinção real entre essência e ato de ser no ente*. Desta distinção se fala já difusamente nos verbetes Ente, Essência e Ser. Aqui cabe sublinhar antes de tudo a importância que tal distinção implica na metafísica de Santo Tomás. A distinção real entre essência e ato de ser é, de fato, uma das grandes balizas da metafísica tomista. Ainda que no correr dos séculos tenha havido uma notável variedade de opiniões sobre o modo de entender tal distinção, é inegável que todo o edifício metafísico de Santo Tomás se baseia nesta distinção (junto com o conceito intensivo do ser). E aqueles discípulos do Doutor de Aquino que não perceberam o significado do conceito intensivo do ser não conseguiram nem mesmo entender o sentido autêntico da distinção entre a essência e o ato de ser no ente.

A distinção real é a primeira observação perspicaz que Santo Tomás faz quando examina o ente: todos os entes que se enquadram na nossa experiência direta são entes cujo ser não se identifica jamais com a sua essência: uma coisa é a essência, outra (no próprio ente) é o ser. Eis um texto iluminador a esse respeito: "O ser está presente em todas as coisas, em algumas de modo mais perfeito, em outras de modo menos perfeito, porém não está jamais presente de modo tão perfeito a ponto de identificar-se com a sua essência; o que é evidentemente falso, já que a essência de qualquer coisa é concebível também prescindindo do ser" (*II Sent.*, d. 1, q. 1, a. 1). "Há duas coisas na substância intelectual, a própria substância e o seu ser (*substantia ipsa et esse eius*), que não se identifica com ela, como foi demonstrado. Ora, o ser é complemento da substância que existe, porque cada coisa está em ato porque tem ser. Resulta, pois, que em quaisquer das substâncias sobreditas há composição de ato e potência" (*C. G.*, II, c. 53, 1283).

b) *O papel receptivo, potencial da essência com respeito ao ser*. A essência e o ato de ser, explica lucidamente Santo Tomás, são entre si realmente distintos e todavia formam uma única realidade; não são suas substâncias, mas são dois elementos do mesmo e único ente. E a sua união não é acidental, mas sim substancial, porque o papel que o ser desenvolve com respeito à essência não é o dos acidentes, mas antes o da forma com respeito à matéria, e como não ocorre matéria sem forma assim não ocorre essência sem ato do ser. Santo Tomás critica a teoria de Avicena que considerava o ser um acidente. "Não parece que Avicena tenha percebido corretamente. De fato, mesmo sendo o ser da coisa diversa da sua essência, todavia não se deve conceber como algo acrescido por acidente, mas como algo que de certo modo é constituído mediante os princípios da essência" (*IV Met.*, lect. 2, n. 558). "O ser da substância, sendo ato da essência, não pode ser chamado propriamente acidente, como se fizesse parte da categoria dos acidentes, mas somente por analogia, dado que o ser, como o acidente, não faz parte da essência" (*De Pot.*, q. 5, a. 4, ad 3). A relação entre essência e ser no ente se entende, portanto, como relação de potência e ato: a essência funciona como potência, e o ser funciona como ato. E a essência no seu papel de potência recebe e limita o ato do ser. As essências, explica Santo Tomás, são como recipientes e contêm tanto do ser quanto comporta dele a sua capacidade; vice-versa, o ser se encontra nos entes segundo a medida da sua capacidade. "Além disso, ser absolutamente considerado é infinito, porque infinitas coisas podem participar dele de infinitos modos. Ora, se o ser de alguma coisa é infinito, convém que seja limitado por outra coisa que, de certo modo, será causa do seu ser" (*C. G.*, I, c. 43, 363). Tal é o papel da essência. Por outro lado, as coisas não podem ser distintas uma das outras em razão do ser que é comum a todas. Por isso "as coisas não se distinguem entre si segundo possuem o ser, porque o ser convém a todas elas. Se elas diferenciam-se umas das outras convém ou que o próprio ser seja especificado por diferenças que lhe são acrescentadas, de modo a haver, nas coisas diversas, ser especificamente diversificado, ou que elas se diferenciem porque o ser atribui-se a naturezas especificamente diversificadas. A primeira suposição é impossível porque ao ser não se pode acrescentar algo conforme o modo pelo qual a diferença acrescenta-se ao gênero, segundo foi dito. Portanto, resta que as coisas diferenciem-se por possuírem naturezas diversas, pelas quais o ser é recebido diversamente" (ibid., c. 26, 239).

c) *A demonstração da existência do próprio ser (esse ipsum)*. Depois da acurada exploração daquela que é a condição ontológica efetiva do ente, que é condição assinalada claramente pela *diferença ontológica* entre essência e ato do ser, e além disso pela limitação da perfeição do ser por parte da essência, Santo Tomás está finalmente em condições de cumprir o passo decisivo e conclusivo da *resolutio* do ente no ser, isto é, do efeito da sua causa, provando a existência do *esse ipsum*.

Os argumentos principais aos quais o Doutor Angélico confia essa importantíssima operação são três: o primeiro é tirado da diferença ontológica, o segundo da participação e o terceiro da graduação da perfeição do ser nos entes.

Argumento da diferença ontológica: partindo da verdade de que o ser não pertence à essência de nenhum ente finito, e é desta realmente distinto, Santo Tomás estabelece a resolução do ente no ser como segue: "Tudo, porém, que cabe a algo, ou é causado pelos princípios de sua natureza, como a capacidade de rir no homem, ou advém de algum princípio extrínseco, como a luminosidade no ar pela influência do Sol. Ora, não pode ser que o próprio ser seja causado pela própria forma ou quididade da coisa, quero dizer, como causa eficiente; pois, assim, alguma coisa seria causa de si mesma, e alguma coisa levaria a si mesma a ser, o que é impossível. Portanto, é preciso que toda coisa tal que seu ser é outro que sua natureza, tenha o ser a partir de outro.

E, como tudo que é por outro reduz-se ao que é por si, como a uma causa primeira, é preciso que haja alguma coisa que seja causa de ser para todas as coisas, por isto que ela própria é apenas ser; de outro modo, ir-se-ia ao infinito nas causas, pois toda coisa, que não é apenas ser (*ipsa est esse tantum*), tem causa do seu ser, como foi dito" (*De ente*, c. 4, n. 27 — *O ente e a essência*, trad. Carlos Arthur do Nascimento, 7ª ed., Petrópolis: Vozes, p. 34, n. 54-55).

Argumento da participação: assumindo como ponto de partida o fenômeno da participação, Santo Tomás opera deste modo a resolução do ente no ser: "Tudo aquilo que é algo por participação remete a um outro que é a mesma coisa por essência, como a seu princípio supremo. Por exemplo, todas as coisas quentes por participação se reduzem ao fogo, que é quente por essência. Ora, dado que todas as coisas que são participam no ser e são entes por participação, é preciso que acima de todas as coisas haja algo que seja ser em virtude da sua própria essência (*necesse est esse aliquid in cacumine omnium rerum, quod sit ipsum esse per essentiam*), ou seja, que a sua essência seja o próprio ser. Essa coisa é Deus, que é causa suficientíssima, digníssima e perfeitíssima de todas as coisas: dele todas as coisas que existem participam no ser" (*In Ioan.*, Prol. n. 5).

Argumento da graduação da perfeição do ser nos entes: este argumento assume como ponto de partida a gradualidade da perfeição do ser nos entes. Com base em tal fenômeno Santo Tomás opera a resolução do seguinte modo: "O ser está presente em todas as coisas, em algumas de modo mais perfeito e em outras de modo menos perfeito; no entanto, não está jamais presente de modo tão perfeito a ponto de identificar-se com a sua essência, de outro modo o ser faria parte da definição da essência de cada coisa, o que é evidentemente falso, já que a essência de qualquer coisa é concebível também prescindindo do ser. Portanto, deve-se concluir que as coisas recebem o ser de outras e, retrocedendo na série das causas, é necessário que se chegue a alguma coisa cuja essência seja constituída do próprio ser (*oportet devenire ad aliquid cuius natura sit ipsum suum esse*), de outro modo se deveria regredir ao infinito" (*II Sent.*, d. 1, q. 1, a. 1).

7. O momento compositivo

O método resolutivo permitiu a Santo Tomás apreender o ser e atingir o cume (o *cacumen*, como o chama Santo Tomás) de cada coisa que é o ser por essência (*esse per essentiam*), isto é, o próprio ser subsistente (*esse ipsum subsistens*).

Depois da trabalhosa subida e de alcançar o cume, a ânsia da pesquisa ainda não foi satisfeita; antes, chegou o momento mais interessante e fascinante, que é o do estudo dos mistérios que se ocultam dentro do oceano do ser. É o momento da *composição*, que é o estudo do ser em si mesmo e como causa de todos os entes.

O momento compositivo pode seguir duas vias diferentes: a *via teológica* e a *via ontológica*. No primeiro caso, o que se encontra são as propriedades do *esse ipsum* entendido como Deus. Se percorremos essa via, buscamos compreender a natureza de Deus, os seus atributos e suas operações. Então a metafísica assume o rosto e as tarefas da *teologia natural*. No segundo caso, o que se encontra são as propriedades fundamentais e transcendentais do ser. Então a metafísica se torna *ontologia*.

Santo Tomás normalmente, no momento compositivo, percorre a via teológica e, assim, desenvolve uma riquíssima doutrina sobre Deus (cf. Deus), estudando sua natureza, seus atributos (simplicidade, perfeição, infinitude, imutabilidade, eternidade, bondade, verdade, justiça etc.) e operações (criação, providência, concurso, predestinação). Mas o Doutor de Aquino não ignora a via ontológica, e, quando a percorre, aprofunda, em linha rigorosamente ontológica, a doutrina dos transcendentais (cf. Transcendental), em particular da unidade, da verdade, da bondade e da beleza (cf. Beleza/Belo, Bem (ontológico), Unidade/Uno, Verdade).

8. Conclusão

Numa rápida síntese, esta é a metafísica do ser de Santo Tomás: uma metafísica substancialmente nova, porque novo é o conceito de ser que a anima e ilumina do início ao fim. No edifício metafísico de Santo Tomás há muito material oriundo de Aristóteles (cerca de dois terços: a partir da definição da metafísica, do objeto, dos princípios e do método, à teoria do ato e potência, das quatro causas, das categorias etc.) e de Platão (aproximadamente um terço: os dois grandes princípios de participação e de semelhança). Mas Santo Tomás faz um uso totalmente novo do antigo material aristotélico e platônico, adaptando-o ao seu projeto originalíssimo de uma metafísica do ser (que é nitidamente diferente da metafísica das ideias de Platão e da metafísica das substâncias de Aristóteles).

A teoria de Santo Tomás é uma metafísica, não uma gnose e muito menos uma ideologia. Não é uma ideologia porque o único objetivo do Doutor Angélico é a descoberta da verdade: a verdade do ente (isto é, de todos os inumeráveis entes que nos circundam) e a verdade do ser. Mas não é nem mesmo uma gnose, uma revelação esotérica de algum recôndito mistério reservada a poucos privilegiados: é uma pesquisa especulativa aberta a todos, que parte do exame dos fenômenos objetivos acessíveis a todos, e que segue como toda pesquisa científica autêntica, antes de tudo pelo procedimento indutivo. É uma pesquisa que realiza uma profunda hermenêutica do real, considerado como ente, que deve toda a sua realidade ao ser. E é, enfim, uma pesquisa excelentemente ontológica porque, do início ao fim, se move exclusivamente no interior do horizonte do ser.

(Cf. Acidente, Ato, Causa, Deus, Ente, Essência, Forma, Matéria, Método, Potência, Princípio, Ser, Substância, Transcendental)

[Tradução: M. Couto]

Método

Este termo (proveniente do grego *methodos*, que significa literalmente "caminho a percorrer") indica qualquer procedimento preciso, rigoroso, sistemático na conduta de uma pesquisa científica.

Guilherme de Tocco, o primeiro biógrafo de Santo Tomás, falando da originalidade e grandeza do seu gênio, sublinha de modo particular a novidade do seu modo de proceder e argumentar: "Frei Tomás — escreve Guilherme de Tocco — propunha nas suas lições *problemas novos*, descobria *métodos novos*, empregava *novas concatenações de provas* e ao ouvi-lo explicar, porque propunha uma *nova doutrina* com *novos argumentos*, não se poderia duvidar que Deus, pelo irradiar desta *nova luz* e pela *novidade desta inspiração*, lhe houvesse dado o dom do ensinamento, em palavras e escritos, de uma *nova doutrina*" (*Vita Sancti Thomae Aquinatis*).

Santo Tomás é um pensador e escritor sumamente metódico: é um verdadeiro modelo de sistematicidade. Todos os seus escritos (as *Sumas*, os *Comentários*, as *Questões disputadas*, os *Opúsculos*) são construídos com um rigor metodológico extraordinário, que revela uma lucidez de pensamento excepcional. Muitos séculos antes de Descartes estabelecer como regra fundamental do método a divisão e a ordem, Santo Tomás já as havia colocado exemplarmente em prática.

O Doutor Angélico sabe muito bem que toda disciplina exige e dispõe de um método próprio. Por isso, não só a matemática e a física têm um método próprio, mas também a filosofia, a exegese bíblica e a teologia.

A exegese bíblia já desde os tempos de Agostinho dispunha de regras detalhadas e rigorosas. Santo Tomás vale-se delas constantemente dando a precedência à interpretação literal sobre alegórica, mas sem subestimar a importância desta última (cf. Exegese).

1. O método da filosofia

Santo Tomás primeiramente traçou uma linha clara de demarcação entre filosofia e teologia, esclarecendo os respectivos métodos dessas ciências. Enquanto a filosofia se vale prevalentemente do método da resolução, a teologia recorre ao método da composição. O método da resolução (*resolutio*) vai dos efeitos às causas, das consequências aos princípios; remonta das determinações concretas, isto é, dos fenômenos ao próprio ser. O método da composição (*compositio*) procede em sentido inverso: desce das causas universais, dos primeiros princípios às causas particulares e aos efeitos. Eis como se exprime o próprio Santo Tomás a esse propósito: "O processo raciocinativo pode assumir duas orientações: *compositivo*, quando procede das formas mais universais àquelas menos universais (particulares); *resolutivo*, quando procede em sentido inverso. De fato, o que é mais universal é mais simples. Ora, é universalíssimo o que pertence a todo ente. E, por isso, o termo último nesta vida é o estudo do ente e de tudo o que lhe pertence enquanto ente. E estas são as coisas de que trata a ciência divina (ou metafísica), ou seja, as substâncias separadas e tudo quanto é comum a todos os entes. Daí resulta que a investigação metafísica é sumamente especulativa" (*In De Trin.*, lect. II, q. 2, a. 1, sol. 3). Praticando o método resolutivo e valendo-se do princípio de causalidade, o Doutor Angélico constrói sua metafísica do ser. Esta, no momento culminante, efetua uma resolução global de tudo o que é por participação naquilo que é por essência e de tudo o que está em devir no ser (cf. *De sub. sep.*, c. 9, n. 94).

2. O método da teologia

A Santo Tomás cabe o mérito não só de ter distinguido a filosofia da teologia, mas também de ter demonstrado que o título de ciência cabe por direito à teologia, sendo também ela uma *cognitio rei per causas* — que é exatamente o que se entende por ciência, segundo a definição clássica que Aristóteles havia dado à ciência. Como foi visto, Santo Tomás distingue dois procedimentos raciocinativos: o resolutivo e o compositivo. O segundo é aquele próprio da teologia. "Toda investigação deve começar por algum princípio. Se este, porém, é primeiro no conhecimento, e também primeiro no existir (*prius in esse*), não haverá então processo resolutório, mas, antes, um processo comparativo. Proceder das causas para os efeitos é um processo compositivo, porque as causas são mais simples que os efeitos" (I-II, q. 14, a. 5). Tal é, justamente, o método da teologia.

Os princípios dos quais o teólogo parte em sua argumentação não são obviamente os primeiros princípios da metafísica, mas sim os grandes mistérios da Revelação, ou seja, os *artigos de fé*. Estes já não são entendidos por Santo Tomás como a matéria, o sujeito da exposição e da pesquisa teológica, como na sagrada doutrina do século XII, mas constituem os pontos dos quais parte a reflexão teológica, a qual conduz o seu trabalho segundo todas as leis e exigências da *demonstratio* aristotélica: "Assim o que retemos por fé funciona para nós como princípios desta ciência, enquanto o resto lhe pertence como conclusão" (*In De Trin.*, Proem., q. 2, a. 2). Na teologia, portanto, o fiel, nas condições de "viajante" (*in statu viae*), busca alguma inteligência dos mistérios sobrenaturais enquanto, sobre o fundamento inabalável da fé, que é uma "participação" da ciência de Deus e dos bem-aventurados, procede a conhecimentos ulteriores: "*Venimus in cognitionem aliorum secundum modum nostrum, scilicet discurrendo de principiis ad conclusionem*" (ibid.).

A teologia obtém o caráter de ciência na medida em que Santo Tomás lhe aplica a teoria aristotélica da "subordinação" das ciências: enquanto algumas ciências têm princípios imediatamente evidentes, outras partem de princípios que são provados por outra ciência superior: "Existem dois tipos de ciência. Algumas procedem de princípios que são conhecidos à luz natural do intelecto, como a aritmética, a geometria etc. Outras procedem de princípios conhecidos à luz de uma ciência superior: tais como a perspectiva, que se apoia nos princípios tomados à geometria; e a música, nos princípios elucidados pela aritmética. É desse modo que a doutrina sagrada é ciência; ela procede de princípios conhecidos à luz de uma ciência superior, a saber, da ciência de Deus e dos bem-aventurados" (I, q. 1, a. 2). A teologia, por isso, tem sua certeza dessa sua dependência, mediante a fé, da *scientia Dei et beatorum*.

Portanto, o método da teologia é principalmente o recurso à fé, isto é, o argumento de *autoridade*, que é antes de tudo a *auctoritas* da Sagrada Escritura; depois vem a *auctoritas* dos Concílios e dos Padres, enquanto a *auctoritas* dos filósofos em teologia conta bem pouco (cf. AUTORIDADE). Santo Tomás define claramente qual é o papel da filosofia na doutrina da fé: trata-se de um papel subordinado e instrumental. A filosofia pode demonstrar os *preambula fidei*, mas não os *articuli fidei*. Ela pode somente indicar certas conveniências dos fatos da fé, buscar uma explicação limitada pelo intelecto humano e demonstrar assim a conexão dos *articuli*. A filosofia tem, além disso, uma importante tarefa negativa: demonstrar que os argumentos contra a fé são falsos ou não conclusivos (cf. *In De Trin.*, Proem., q. II, a. 3).

3. A ordem das ciências

A ordem das ciências recomendada por Santo Tomás coincide de fato com a ordem que estava vigente no ensino durante a época medieval. Compreende as artes liberais e supõe que o curso filosófico seja coroado pela teologia, como era o caso nas universidades do seu tempo. Entre as matérias filosóficas, Santo Tomás recomenda que se estude antes de tudo a *lógica*: "*Debet prius addiscere logicam quam alias scientias, quia logica tradit communem modum procedendi in omnibus aliis scientiis*" (*II Met.*, lect. 5). Em segundo lugar vem a filosofia natural, que requer muito tempo, porque baseada na experiência. Em seguida vem a filosofia moral, que exige uma maturidade de experiência e uma *anima a passionibus libera*. O último lugar é ocupado pela ciência "divina", a metafísica, que estuda as causas primeiras. Tal objeto transcende a imaginação e requer um *validus intellectus* e pressupõe ademais muitas outras ciências: "A ciência que tem a tarefa de demonstrar que Deus existe e outras teses referentes a Deus é a última na ordem didática (*ultimo hominibus addiscenda proponitur*), pressupondo muitas outras" (II-II, q. 2, a. 4). A teologia vem como última etapa, depois da filosofia (cf. I, q. 1, a. 1).

(Cf. FILOSOFIA, LÓGICA, METAFÍSICA, TEOLOGIA)
[Tradução: M. Couto]

Milagre

Do latim *miror* = maravilho-me; em sentido lato significa uma coisa extraordinária, que por isso chama a atenção e provoca maravilha; enquanto em sentido rigorosamente teológico "considera-se milagre o que se faz para além da ordem da natureza criada inteira. Ora, isso só pode ser feito por Deus (*ex hoc ergo aliquid dicitur esse miraculum, quod fit praeter ordinem totius naturae creatae. Hoc autem non potest facere nisi Deus*)" (I, q. 110, a. 4).

A questão do milagre é abordada por Santo Tomás em várias obras, em particular: no *Questões Disputadas sobre o poder de Deus* (q. 6), que é o tratado mais sistemático e exaustivo; na *Suma contra os Gentios* (III, cc. 98-103); no *Compêndio de Teologia* (c. 136); no *Comentário ao Evangelho de São João* (c. 10, lect. 5) e na *Suma Teológica* (I, q. 110, a. 4; II-II, q. 178; III, qq. 43-44). Do milagre o Doutor Angélico estuda todos os aspectos principais: natureza, possibilidade, finalidade, causas, enquanto reserva especial atenção aos milagres de Cristo.

1. Natureza

Para se poder falar propriamente de milagre não basta nos encontrarmos diante de algo que suscita maravilha, porque sua causa passa despercebida ao nosso conhecimento; é preciso a absoluta certeza de que a única causa do evento é o próprio Deus, porque por definição milagre é "o que só Deus pode fazer" (I, q. 110, a. 4). Milagre é o maravilhoso em sentido absoluto, não em sentido relativo (com respeito a nós). Ora, "o termo milagre (quer dizer) o que por si mesmo é capaz de causar admiração a todos. Ora, a causa simplesmente (*simpliciter*) oculta é Deus, pois, como acima foi provado, nenhum homem, no estado da vida presente, pode apreendê-lo pelo intelecto. Por isso devem ser ditos propriamente milagres os fatos acontecidos fora da ordem comum que se vê nas coisas" (*C. G.*, III, c. 101). "Por isso, aquelas coisas que só o poder divino faz nas coisas nas quais há ordem natural para o efeito contrário ou para o modo contrário de fazer, são ditas propriamente milagrosas. Contudo, aquelas coisas que a natureza faz, oculta a nós ou a um de nós, ou que também Deus faz, que não seriam feitas de outro modo senão por Deus, não podem ser ditas milagrosas, mas só surpreendentes ou admiráveis (*mirabilia*). E, por isso, na definição de milagre se coloca algo que excede à ordem da natureza, em que se diz que está *acima da capacidade da natureza*, por parte da coisa milagrosa, corresponde ao que se chama *difícil*. E se coloca também algo que excede o nosso conhecimento, no qual se diz *além da esperança de quem vê com admiração*" (*Questões Disputadas sobre o poder de Deus*, q. 6, a. 2).

Santo Tomás distingue três gêneros de milagre com base na distância entre as possibilidades da natureza e a intervenção divina. Há, antes de tudo, os milagres nos quais Deus realiza algo, que a natureza não pode jamais fazer, por exemplo, que o sol retroceda ou pare. Vêm depois os milagres nos quais Deus faz algo que pode ser feito também pela natureza, mas não na mesma ordem. Por exemplo, é obra da natureza que um animal viva, veja, caminhe; mas não entra no poder da natureza fazê-lo viver depois da morte, ver depois da cegueira, caminhar depois da paralisia. Enfim, há o gênero de milagres em que Deus faz o que costuma fazer também a natureza, mas sem servir-se dos elementos da natureza, por exemplo, a cura da febre (cf. *C. G.*, III, c. 101).

2. Possibilidade

A possibilidade do milagre, Santo Tomás deduz diretamente da natureza de Deus, ser infinito, onipotente, livre e providente. "Deus é causa do ser nas coisas naturais, e que tem um conhecimento próprio e uma providência para cada uma, e que não age por necessidade da natureza, segue-se que pode fazer algo para além do curso da natureza nos efeitos particulares, ou quanto ao ser, enquanto induz uma nova forma às coisas naturais que a natureza não pode induzir" (*Questões Disputadas sobre o poder de Deus*, q. 6, a. 1). "Sem qualquer dúvida, Deus pode operar algo nas criaturas para além das causas criadas, assim como também o mesmo opera em todas as coisas criadas, como foi mostrado em outro lugar; e operando para além das causas criadas, pode operar nos mesmos efeitos nos quais ele opera por intermediário e na mesma ordem, ou também em outros, e em outra ordem. E, assim, pode fazer algo contra o curso comum e habitual da natureza" (ibid.).

Portanto, está nas prerrogativas de Deus o poder de fazer milagres, e é um poder que lhe pertence de modo exclusivo, como de resto prescreve a própria definição de milagre que o qualifica como evento que transgride todos os poderes da natureza e de qualquer criatura. Em todas as obras em que trata do milagre, Santo Tomás insiste que deste poder não podem usufruir nem os anjos, nem os demônios, nem sequer os santos. Deus, no entanto, pode se servir tanto dos anjos quanto dos santos para realizar milagres, mas nesse caso os anjos e os santos não agem como causa principal, mas somente como causa instrumental: a causa principal do milagre é sempre e somente Deus. "Deus opera milagres pelo seu poder. Porém, vemos que o poder divino atinge os espíritos racionais inferiores, a saber, os humanos, mediante os superiores, a saber, os anjos, como aparece na transmissão da lei antiga; e, por esse modo, o poder divino pode atingir pelos espíritos angélicos ou humanos as criaturas corpóreas, de tal modo que por eles, de algum modo, o preceito divino esteja presente na natureza; e assim, de certo modo, os espíritos humanos e angélicos agem como instrumentos do poder divino para a realização dos milagres. Eles podem fazer milagres, não como algo que permanece habitualmente neles, ou de graça ou naturalmente, porque, assim, sempre que quisessem, poderiam fazer milagres em ato [...]. E tal poder pode ser entendido como dom da graça dada de graça, que é de poder e de curar; de modo que esta graça que é dada para operar sobrenaturalmente seja semelhante à graça de profecia, que é dada para conhecer sobrenaturalmente, pela qual o profeta não pode sempre querer profetizar, mas só quando o espírito de profecia tocar seu coração" (*Questões Disputadas sobre o poder de Deus*, q. 6, a. 4).

3. Finalidade

Santo Tomás atribui ao milagre duas finalidades principais: sustentar a fé do fiel e ratificar a verdade anunciada pelo texto. Isso pode ser constatado facilmente no milagre da ressurreição de Jesus: por um lado isso se torna o argumento decisivo para sustentar a fé dos discípulos; por outro isso se torna uma ratificação importante da verdade dos títulos de Cristo e de sua mensagem.

Antes de tudo o milagre exercita a função de sustentação da fé do fiel. "E, assim como o homem, guiado pela razão natural, pode chegar a um certo conhecimento de Deus por meio dos efeitos naturais, assim também, por meio de certos efeitos sobrenaturais, chamados milagres, ele será levado a um certo conhecimento sobrenatural das coisas da fé" (II-II, q. 178, a. 1).

A outra função fundamental do milagre é confirmar a verdade daquilo que alguém ensina e a sua autoridade para fazê-lo. "Pelo poder divino é concedido ao homem fazer milagres por duas razões: primeiro, e principalmente, para confirmar a verdade que alguém ensina. As coisas que pertencem à fé são superiores à razão humana e por isso não se podem provar com razões humanas; é preciso que se provem com demonstrações do poder divino. Deste modo, quando a pessoa realiza obras que só Deus pode realizar, pode-se crer que o que diz vem de Deus; como quando alguém apresenta um documento com o sigilo do rei, pode-se crer que o que no documento está contido provém da vontade do rei. Em segundo lugar, para mostrar a presença de Deus no homem pela graça do Espírito Santo. Quando a pessoa faz as obras de Deus, pode-se crer que Deus nela habita pela graça" (III, q. 43, a. 1).

Como resulta das finalidades atribuídas por Santo Tomás ao milagre, este não tem somente uma função apologética — indubitavelmente importantíssima — mas também uma propriamente "teológica": porque conduz a inteligência nas profundidades dos mistérios da fé e a ajuda a "atingir um certo conhecimento sobrenatural das verdades de fé" (II-II, q. 178, a. 1).

4. Os milagres de Cristo

Com base nas finalidades e funções do milagre, o Doutor Angélico pode legitimamente concluir que era sumamente conveniente (*convenientissimum*) que Deus concedesse a Cristo o poder de fazer milagres, e isso tanto para provar a divindade da sua pessoa (*quod Deus esset in eo per gratiam non adoptionis sed unionis*) como "para provar que seu ensinamento sobrenatural provinha de Deus" (III, q. 43, a. 1). De fato, pois os milagres realizados por Cristo estão em condições de provar tanto uma quanto outra coisa. Provam sua divindade porque suas obras miraculosas "superavam toda capacidade humana, e portanto não podiam ser realizadas senão pela virtude de Deus" (ibid., a. 4); provam a verdade da sua doutrina, por meio da qual declarava ser Deus, "Se este ensinamento não fosse verdadeiro, não poderia ter sido confirmado por milagres feitos pelo poder divino" (ibid.).

Fixado o princípio de que era sumamente conveniente que Cristo realizasse milagres, Santo Tomás não se preocupa de compilar um elenco dos milagres de Jesus e menos ainda de estudá-los individualmente. O único milagre sobre o qual se detém diversamente é o das núpcias de Caná, que é o primeiro referido pelos Evangelhos, e o faz exclusivamente para provar que não teria sido oportuno que Jesus cumprisse milagres antes da hora, porque não serviriam para provar a verdade da sua doutrina (uma vez que sua pregação ainda não tinha sido iniciada), ao passo que poderiam ter ofuscado a realidade da sua natureza humana (III, q. 43, a. 3).

Tratando dos milagres em geral, Santo Tomás observa, enfim, que era oportuno que eles se referissem a todas as criaturas: às celestes (os demônios) como às terrestres, às do mar como às da terra: de tal modo Cristo mostrava a amplidão do seu domínio e da sua ação salvífica. "Os milagres de Cristo, como foi dito, tinham por fim dar a conhecer o poder de sua divindade, para a salvação dos homens. Ora, pertence ao poder da divindade que toda criatura lhe esteja sujeita. Por conseguinte era conveniente que Cristo fizesse milagres em relação a todos os gêneros de criaturas, portanto não só em relação aos homens, mas também em relação às criaturas irracionais" (III, q. 44, a. 4).

[Tradução: M. Couto]

Ministério/Ministro

É um ofício (ou aquele que o exercita) munido de poderes especiais, desejado por Jesus Cristo para o bem da sua Igreja. Desde a época apostólica, encontram-se especificados e operantes os *diáconos*, os *presbíteros* ou anciãos, e os *episkopoi* ou bispos: são ofícios com encargos e poderes distintos, que têm caráter permanente e se apresentam como essenciais para a própria vida da Igreja. Eles são conferidos mediante a oração e a imposição das mãos.

Santo Tomás não dedicou nenhum tratado explícito à questão do ministério sagrado. Contudo, seu pensamento sobre esse tema pode ser encontrado a partir daquilo que ele diz sobre a Ordem sacra em geral, e sobre as ordens particulares, em especial do sacerdócio e do episcopado. Os pontos fundamentais da sua doutrina sobre o ministério são as seguintes:

— *instituição divina*: "Os ministros da Igreja foram instituídos na Igreja divinamente fundada. Por isso a instituição da Igreja é pressuposta às obras dos ministros; assim como a obra da criação o foi à da natureza" (*Suppl.*, q. 6, a. 6);

— *caráter instrumental e cristológico*: "Os ministros da Igreja causam a salvação nos sacramentos somente em virtude de Cristo, enquanto Cristo a causa em virtude própria" (*De Ver.*, q. 29, a. 4, ad 2). "Os ministros da Igreja, em tudo o que fazem, têm como único protótipo (*typum*) Jesus Cristo, o qual constitui o modelo de todos os ofícios na Igreja" (*IV Sent.*, d. 24, q. 3, a. 2, sol. 1, ad 3);

— *função sacramental*: "E como 'do lado de Cristo morto na cruz manaram os sacramentos, pelos quais foi a Igreja instituída' (Agostinho), por isso nos sacramentos da Igreja permanece a eficácia da paixão. Por onde, foi conferido também aos ministros da Igreja, que são os dispensadores dos sacramentos, um certo poder de remover o referido obstáculo (o pecado), não por virtude própria, mas por virtude divina e da paixão de Cristo. E esse poder se chama metaforicamente poder das chaves da Igreja, que é o do *ministério das chaves*" (*Suppl.*, q. 17, a. 1);

— *função eminentemente espiritual*: esta parece uma verdade tanto mais óbvia porque aos ministros são conferidos poderes espirituais em vista do bem espiritual do povo de Deus; mas é uma verdade para a qual Santo Tomás gosta de chamar a atenção, porque é fácil ceder à tentação de obterem-se ganhos temporais. "Os ministros da Igreja devem dedicar-se mais em promover o bem espiritual do povo do que em receber os bens temporais. Por esse motivo, Paulo não quis usar da permissão que o Senhor lhe dava para receber daqueles a quem pregava alguma recompensa para sua manutenção, a fim de que não houvesse empecilho na sua pregação do Evangelho de Cristo" (II-II, q. 87, a. 1, ad 5).

— *hierarquia*: os ministros são ordenados segundo uma rigorosa linha hierárquica, que tem no vértice o sumo sacerdócio de Cristo, do qual derivam todos os outros ofícios e poderes, aos quais seguem os ministros maiores e, depois, aqueles menores. "Assim como as perfeições de todas as coisas naturais preexistem exemplarmente em Deus, assim Cristo foi o exemplar de todos os ofícios eclesiásticos (*Christus fuit exemplar omnium officiorum ecclesiasticorum*). Por onde, *cada ministro da Igreja de certo modo representa a pessoa de Cristo*, como diz a letra do Mestre (*Livro das Sentenças*, 4, d. 24, c. 1); e contudo aquele é superior, que representa Cristo mais plenamente. Ora, o sacerdote representa a Cristo enquanto por si mesmo exercer um determinado ministério; o bispo, de seu lado, o representa enquanto instituidor dos outros ministros e fundador da Igreja. Por isso ao bispo pertence atribuir certas coisas ao ofício divino, estabelecendo por assim dizer o culto divino à semelhança de Cristo. E também por isso é chamado como Cristo, esposo da Igreja" (*Suppl.*, q. 40, a. 4, ad 3).

(Cf. Carisma, Cristo, Episcopado, Hierarquia, Igreja, Ordem, Sacerdócio, Sacramento)

[Tradução: M. Couto]

Misericórdia

É o sentimento de compaixão que se percebe em relação a quem está em necessidade, e que induz uma pessoa a prestar socorro: "Ser *misericordioso* é ter de algum modo um mísero coração (*misericors dicitur aliquis quasi habens miserum cors*), isto é, atingido pela tristeza à vista da miséria de outrem, como se fosse a sua própria. Segue-se então que se busca fazer cessar a miséria do próximo como se fosse a sua própria: esse é o efeito da misericórdia" (I, q. 21, a. 3).

Na Sagrada Escritura fala-se frequentemente da misericórdia de Deus, tanto no Antigo como no Novo Testamento, e é o sentimento que nele mais se aprecia; a ele pertence em sumo grau. O fato da libertação da escravidão do Egito é um grande gesto da misericórdia de Deus (Ex 3,7 ss.). O Salmista várias vezes invoca a misericórdia de Deus e o agradece (Sl 4,2; 6,3; 9,14; 25,16; 107,1). Por ser sentimento de piedade, Deus é misericordioso ao conceder o perdão para o pecador (Rm 11,30-32). Deus é, portanto, "o pai das misericórdias" (2Cor 1,3; Tg 5,11). A misericórdia de Deus tomou um rosto humano com a vinda de Jesus Cristo. O Evangelho de Lucas, particularmente, ressalta a misericórdia de Jesus, seja em suas obras, seja em seu ensinamento (parábolas da misericórdia).

Santo Tomás trata sempre a questão da misericórdia em conjunção com a questão da justiça. De fato, o próprio conceito da misericórdia parece estar intimamente ligado ao conceito de justiça: a justiça, com efeito, impõe o dever de dar a cada um aquilo que, por direito, lhe cabe. Em vez disso, a misericórdia dá também a quem é indigno. Mas há também uma razão histórica pela qual Santo Tomás liga sempre a misericórdia à justiça: é a tese de Cassiodoro, segundo a qual todas as obras de Deus se reduzem a duas: a justiça e a misericórdia.

Colocando em confronto a misericórdia com a justiça, desde o *Comentário às Sentenças* Santo Tomás mostra que o horizonte da misericórdia é mais vasto do que o da justiça. Já a criação é um ato de misericórdia e não de justiça, na medida em que Deus dá à criatura aquilo sobre o que ela não pode reivindicar nenhum direito, estando em máxima dívida, o ser: "A justiça está na retribuição dos méritos e por isso na criação não se pode falar de justiça [...]. Pelo contrário, na obra da criação se pode falar de misericórdia pois, criando, Deus tira o maior de todos os defeitos, ou seja, o de não ser (*quia maximum defectum Deus creando removit, scilicet non esse*): e isso o faz por querer totalmente gratuito e não forçado por alguma dívida" (*IV Sent.*, d. 46, q. 2, a. 2, sol. 2, ad 1). Por outro lado, "quando quem dá é superior a quem recebe, convém que o dom seja por sua vez superior numa medida proporcional a quem recebe: sendo Deus, por abundância da sua bondade, excelentíssimo dador (*excellentissimus dator*), convém que seus dons ultrapassem sempre a medida proporcionada a nós, que recebemos. Por isso Deus nos dá sempre bens a mais daquilo que nós merecemos, e sempre menos daquilo que merecemos, ele nos castiga: 'ele não nos trata segundo as nossas faltas, nem nos pagou segundo nossas culpas' (Sl 102,10); 'é próprio de Deus ter sempre misericórdia e o perdão', como diz a Igreja numa oração sua" (*IV Sent.*, d. 46, q. 2, a. 2, sol. 2).

A mesma tese é reafirmada num esplêndido artigo da *Suma Teológica* que vale a pena reportar amplamente: "A obra da justiça divina pressupõe sempre uma obra de misericórdia e se funda sobre ela. Pois nada é devido à criatura, a não ser em razão de algo preexistente ou pressuposto; se também isso é devido à criatura, será por algo ainda anterior. Não podendo remontar até o infinito, deve-se chegar a algo que depende da única bondade da vontade divina, que é o fim último (de todas as coisas) [...]. Assim, em toda a obra de Deus aparece, como sua raiz primeira, a misericórdia (*in quolibet opere Dei apparet misericordia, quantum ad primam radicem eius*). A força desse princípio se encontra em tudo o que dele deriva; e, mesmo aí, ela age mais fortemente, como a causa primeira atua mais fortemente que a causa segunda. Por essa mesma razão, quando se trata do que é devido a uma criatura, Deus, em sua superabundante bondade, dispensa-lhe bens, mais do que o exige a devida proporção" (I, q. 21, a. 4).

Contudo, a amplitude desmensurada da misericórdia divina se manifesta principalmente na obra da redenção. É certo também, que na redenção está bem presente a justiça divina, pois trata-se, de fato, de uma *satisfactio vicaria*: Cristo mediante sua paixão e morte paga pelas nossas faltas (cf. CRISTO). Mas também aqui a misericórdia ultrapassa amplamente os limites da justiça. A justiça divina não somente é superada pela sua misericórdia, mas sempre, e de todo modo, a pressupõe: "No modo como Deus quis que mediante a satisfação o homem fosse reparado se mostra admiravelmente sua misericórdia; pois não quis apenas que fosse removida a culpa, mas quis também reconduzir integralmente à dignidade originária a natureza humana" (*III Sent.*, d. 20, q. 1, a. 1, sol. 2, ad 2). Certamente a *satisfactio* do Filho corresponde às exigências da justiça de Deus; entretanto, já o dom dessa *satisfactio* é ato de misericórdia; e além do mais, então, com esse dom, a misericórdia transcendeu a justiça, elevando a natureza humana a uma dignidade em muito superior à apenas "misericordiosa" remissão do pecado, e nunca alcançável se Deus a tivesse tornado unicamente objeto de uma "justa" pena e punição (cf. III, q. 46, a.1, ad 3).

Em perfeita coerência com o que já havia afirmado no *Comentário às Sentenças* e na *Suma Teológica*, no *Comentário à Carta aos Efésios*, Santo Tomás não se contenta em declarar que a misericórdia precede a justiça; ele chega a sustentar que a misericórdia supera até mesmo a caridade. Em primeiro lugar ele diz que a *caritas* em Deus é a causa eficiente (*causa efficiens*) de todos os benefícios oferecidos ao homem, a começar da criação (*quia nos in esse produxit*) até a redenção (*quia pro salute nostra Filium proprium dedit*) (*In Ep. ad Ephes.* 2, lect. 2, n. 85). Logo depois esclarece que a misericórdia em Deus é a *radix* da própria *caritas*, demonstrando-se nisso a diferença abissal entre o homem e Deus. De fato, "porque o amor do homem é causado pela bondade daquele que é amado, o homem que ama, ama por dever de justiça (*ex justitia*), pois é justo que ame. Ao invés, quando é o amor a causar a bondade do amado, então o amor procede da misericórdia (*ex misericordia*). Ora, o amor com que Deus nos ama causa em nós a bondade, e assim a misericórdia vem a ser quase a raiz (*radix*) do amor divino" (ibid., n. 86).

Portanto, segundo o Doutor Angélico, não só a misericórdia excede a justiça e está à frente de todo o agir de Deus, como também é a manifestação mais excelente do seu próprio amor, sendo este último sempre e em todo caso amor misericordioso, e esse amor misericordioso é a revelação mais genuína da onipotência, ou melhor, da própria natureza de Deus (cf. II-II, q. 30, a. 4).

A propósito da natureza da misericórdia divina, Santo Tomás, com a finalidade de evitar antropomorfismos perigosos, tem o cuidado de esclarecer que a misericórdia se predica de Deus analogicamente e, portanto, tem em comum com nosso conceito de misericórdia apenas a perfeição predicada e não o *modus praedicandi*. Portanto, em Deus a misericórdia não deve ser entendida como paixão (assim como ocorre em nós), mas como puro ato. "Portanto, em Deus há misericórdia não segundo a paixão, mas segundo o efeito, e esse efeito procede da afeição da vontade, a qual, por sua vez, não é uma paixão, mas um simples ato da vontade" (*IV Sent.*, d. 46, q. 2, a. 1, sol. 1).

Além de ser atributo de Deus, a misericórdia é também uma *virtude moral*. Sob esse aspecto, Santo Tomás a trata na *Secunda Secundae* (q. 30), e, porque a misericórdia é o coração da caridade, coloca o seu estudo logo depois do estudo sobre essa virtude. O Doutor Angélico explica que a misericórdia consiste essencialmente na *compaixão cordial com a miséria de outrem*. Por isso, a razão da misericórdia é sempre a falta de algo no próximo, que suscita no ânimo a solidariedade e a participação. A misericórdia é virtude quando é um movimento do ânimo, regulado pela reta razão. No homem a misericórdia é superior à caridade quando se refere ao próximo. Por sua vez, quando a referência é Deus, porque Deus não pode ser objeto de misericórdia, a primazia cabe à caridade. "Em si mesma, a misericórdia é a maior das virtudes, porque é próprio dela repartir-se com os outros e, o que é mais, socorrer-lhes as deficiências [...]. Em relação ao que a possui, a misericórdia não é a maior das virtudes, salvo se ele for o maior, não havendo ninguém acima dele, e todos lhe sendo submissos [...]. Eis por que, para o homem, que tem Deus como superior, a caridade que o une a Deus é maior que a misericórdia, pela qual se suprem as deficiências dos próximos" (II-II, q. 30, a. 4). Em outras palavras, a caridade teologal está indubitavelmente acima da misericórdia, que pode ser somente uma virtude moral, não obstante represente o compêndio de toda a religião cristã, "*Summa religionis christianae in misericordia consistit*" (ibid., ad 2), e seja o sacrifício a Deus mais aceito: "*Est sacrificium ei magis acceptum*" (ibid., ad 1). De fato, "Entre todas as virtudes relativas ao próximo, a mais excelente é a misericórdia, e o seu ato é o melhor; pois suprir as deficiências de outrem enquanto tal é próprio do superior e do melhor" (ibid., a. 4).

Em suas relações com o próximo, o homem, especialmente o cristão, se deve deixar guiar, portanto, muito mais pela misericórdia do que pela justiça, já que a misericórdia assegura um fundamento sólido para a própria justiça.

(Cf. CARIDADE, JUSTIÇA)
[Tradução: G. Frade]

Missa

É a celebração do sacramento da Eucaristia (cf. EUCARISTIA), o ato supremo de culto da religião cristã: é a *reedição* daquele ato de culto sublime e perfeito que o Filho de Deus feito homem prestou ao Pai imolando a si mesmo na cruz, sacrifício com o qual conseguiu a salvação da humanidade (o perdão dos pecados e a participação à vida divina): a Missa é, pois, o próprio sacrifício da cruz, que se repete incessantemente na Igreja de modo incruento até a segunda vinda de Cristo.

Da santa Missa, Santo Tomás trata somente em duas obras: no *Comentário às Sentenças* (IV, dd. 11-13) e na *Suma Teológica* (III, q. 83), e o faz, em ambos os casos, dando amplo espaço tanto ao aspecto teológico quanto ao litúrgico. As duas obras apresentam uma substancial identidade de ponto de vista, que todavia na *Suma Teológica* recebe uma exposição mais orgânica e completa. A Questão da *Suma Teológica* examina seis argumentos: 1. Se Cristo é imolado na celebração desse mistério; 2. O tempo da celebração; 3. O lugar e todo o conjunto material dessa celebração; 4. As palavras da celebração desse mistério; 5. As ações que acompanham a celebração desse mistério; 6. Os defeitos que ocorrem na celebração desse sacramento.

1. Definição

A Missa é o sacramento da *imolação* de Cristo na cruz. Segundo Santo Tomás, a Missa é chamada justamente imolação de Cristo por dois motivos. Primeiro, porque a celebração desse sacramento "é uma imagem representativa da paixão de Cristo, que é uma verdadeira imolação". Segundo, "diz respeito ao efeito da paixão: por este sacramento tornamo-nos participantes do fruto da paixão do Senhor" (III, q. 83, a. 1).

Os elementos essenciais da celebração do sacramento eucarístico (a Missa) são dois, as palavras e os ritos (como em todos os outros sacramentos): tanto as palavras quanto os ritos têm um duplo significado, dado que se referem quer a Jesus Cristo, quer ao seu Corpo místico (a Igreja): "na celebração deste sacramento as palavras significam realidades da paixão de Cristo que é nele representada; ou elas também se referem ao corpo místico, que é significado neste sacramento [...]. Daí se segue que na celebração deste sacramento algumas ações têm a finalidade de representar a paixão de Cristo ou também a organização do corpo místico (*quaedam aguntur ad repraesentandum passionem Christi, vel etiam dispositionem corporis mystici*)" (III, q. 83, a. 5).

2. Motivos da celebração da Missa

A Igreja, na sua qualidade de corpo místico de Cristo, deve manter-se em constante união com sua Cabeça, e o instrumento mais eficaz para fazê-lo é sem dúvida a Eucaristia, que, por isso, é justamente chamada *comunhão*. Por esse motivo a Igreja deve celebrar assiduamente o mistério eucarístico. "Porque necessitamos todos os dias do fruto da paixão do Senhor por causa de nossas faltas diárias, é comum na Igreja oferecer-se este sacramento todos os dias" (III, q. 83, a. 2).

3. O rito

No artigo 4, Santo Tomás apresenta uma estupenda síntese de todas as fases da celebração da Missa, destacando eficazmente seu significado. Eis, um tanto abreviado, o texto do Doutor Angélico: "...a celebração deste mistério é precedida, primeiro, por certa preparação para realizar dignamente o que vai seguir. A primeira parte desta preparação é um louvor a Deus, que se faz no '*introito*' [...]. A segunda parte da preparação comporta uma lembrança da miséria presente, e pede-se a misericórdia de Deus, rezando o '*Senhor tende piedade*' três vezes a Deus [...]. Esta invocação se diz contra a tríplice miséria da ignorância, da culpa e da pena [...]. A terceira parte da preparação comemora a glória celeste para onde tendemos depois da miséria presente, dizendo: '*Glória a Deus nas alturas*'. O glória é cantado nos dias de festa, nos quais se recorda a glória celeste. Ele é omitido nos ofícios de luto, que rememoram a nossa miséria. A quarta parte da preparação contém a '*oração*', que o sacerdote recita pelos fiéis, para que possam dignamente celebrar estes mistérios. Em segundo lugar, antecede à celebração uma instrução dos fiéis, pois este sacramento é um 'mistério da fé'. Esta parte de ensinamento se faz de uma maneira preparatória pela doutrina dos Profetas e dos Apóstolos, que é lida na igreja pelos leitores e subdiáconos [...]. Os fiéis são instruídos de maneira perfeita pelos ensinamentos de Cristo contidos no Evangelho, que é lido pelos ministros de ordens maiores, isto é, pelos diáconos [...]. Assim, portanto, o povo, preparado e instruído, aproxima-se da celebração do mistério. Este é oferecido enquanto sacrifício, consagrado e consumido enquanto sacramento. Com efeito, em primeiro lugar, realiza-se a oblação; em segundo, a consagração da matéria oferecida; em terceiro a sua recepção [...]. Em continuação, trata-se da 'recepção' do sacramento: 1º, Antes de tudo, prepara-se o povo para recebê-lo. Isso se faz primeiramente pela oração comum de todo o povo, que é o *pai-nosso*, no qual pedimos 'o pão nosso de cada dia nos dai hoje'; e também pela oração particular que o sacerdote recita pelos fiéis, ao dizer: 'Livrai-nos, Senhor'. 2º, Esta preparação acontece também por meio da paz, que se dá dizendo: 'Cordeiro de Deus'. Com efeito, este é o sacramento da unidade e da paz [...]. Dando continuação, segue-se a recepção do sacramento. 1º, comunga o sacerdote. Depois ele distribui para os outros, porque, como diz Dionísio, quem distribui aos outros os mistérios divinos, deve antes participar deles. Finalmente, toda a celebração da Missa termina com a 'ação de graças'. Os fiéis exultam pela recepção do mistério, o que se exprime pela antífona da comunhão. O sacerdote o faz pela oração depois da comunhão, assim como Cristo, tendo celebrado a Ceia com os discípulos, 'cantou os salmos' (Mt 26,30)" (III, q. 83, a. 4).

4. Devoção

Com belas palavras, que refletem a alma de uma pessoa que celebra a Missa com singular fervor, Santo Tomás sublinha a grande devoção com a qual sacerdotes e fiéis devem celebrar o sacramento eucarístico: "Este sacramento requer mais devoção que os outros, já que nele está contido o Cristo inteiro (*in hoc sacramento maior devotio requiritur quam in aliis sacramentis, propter hoc quod in hoc sacramento totus Christus continetur*). Exige também uma devoção mais comunitária, uma vez que requer uma devoção de todo o povo pelo qual se oferece o sacrifício e não somente dos que recebem o sacramento, como nos outros sacramentos" (III, q. 83, a. 4, ad 5).

(Cf. Cristo, Eucaristia, Igreja, Sacramento)

[Tradução: M. Couto]

Missão (das Pessoas divinas)

A ação por meio da qual a Trindade envia uma pessoa divina a este mundo, com o escopo de produzir determinados efeitos nas criaturas inteligentes. Segundo Santo Tomás, o conceito de missão "implica uma dupla relação: do enviado com quem envia, e do enviado com o fim para o qual é enviado" (I, q. 43, a. 1). Essa dupla relação não é inconveniente às pessoas divinas, de modo que se pode corretamente falar de missão em referência a certas manifestações do Filho e do Espírito Santo na história da salvação: "Assim, pois, a missão pode convir a uma Pessoa divina, na medida em que implica, de uma parte, a processão de origem em relação ao que envia; de outra, um novo modo de existir em algo. Assim, diz-se do Filho que ele foi enviado a este mundo pelo Pai, enquanto começou a estar visivelmente neste mundo pelo corpo que assumiu" (ibid.).

Santo Tomás distingue dois gêneros de missão: visível e invisível. *Visível* é a encarnação do Verbo e a descida do Espírito Santo sobre os apóstolos, no cenáculo, na forma de línguas de fogo. *Invisível* é a missão do Verbo e do Espírito Santo nas almas, por meio da infusão da graça santificante (I, q. 43, aa. 2-3).

Não cabe ao Pai, que não procede de pessoa alguma, ser mandado. Por conseguinte, mesmo que pela ação da graça santificante toda a Trindade se faça presente na alma, a missão invisível permanece própria do Filho e do Espírito Santo (I, q. 43, aa. 4-5).

(Cf. TRINDADE)

[Tradução: M. Ponte]

Mistério

Termo que provém do grego *mysterion*, em que tem o significado de coisa arcana, secreta, particularmente sagrada, habitualmente inacessível à inteligência humana. É esse o sentido que dá também Santo Tomás ao termo mistério: *"Mysteria, id est, secreta, a mystim quod est secretum"* (*In Is.*, lect. 2).

No NT o termo mistério quer significar especialmente a obra salvífica de Deus, culminada no Cristo e acessível somente a quem está disposto a acolher a palavra de Deus (Mc 4,11; Cl 2,2; 1Cor 2,7-16).

Santo Tomás apresenta vários argumentos para sustentar a existência dos mistérios:

1º — Eles favorecem que se consiga um melhor conhecimento de Deus. "Com efeito, só conhecemos verdadeiramente Deus quando cremos que ele está acima de tudo aquilo que é possível ser pensado a respeito de Deus pelo homem, dado que a substância divina eleva-se acima do conhecimento natural do homem [...]. Por isso, pelo fato de que são propostas ao homem verdades a respeito de Deus que excedem a razão, firma-se no homem a opinião de que Deus é algo acima de tudo aquilo que se possa pensar" (*C. G.*, I, c. 5, n. 30).

2º — Eles põem um freio à presunção que é mãe de tantos erros. "Há muitos, de fato, tão presunçosos da sua capacidade mental que julgam abarcar toda a natureza das coisas pelo seu intelecto, e pensam que tudo o que veem é verdadeiro e falso o que não veem. Para que, pois, o espírito humano, libertado desta presunção, se aproximasse da modesta investigação da verdade, necessário foi proporem-se ao homem algumas verdades divinas que lhe excedessem o intelecto" (ibid., n. 31).

3º — Eles foram e continuam sendo um fortíssimo argumento em favor da verdade do cristianismo. Sua eficácia corroborada pelas obras visíveis (os milagres) foi de tal modo grande que "uma enorme multidão de homens, não só os rudes como também os sábios, acorreu para a fé cristã. Assim o fizeram, não premidos pela violência das armas, nem pela promessa de prazer, mas também — o que é maravilhoso — sofrendo a perseguição dos tiranos. Além disso, na fé cristã, são expostas as virtudes que excedem todo o intelecto humano, os prazeres são reprimidos e se ensina o desprezo das coisas do mundo. Ora, terem os espíritos humanos concordado com tudo isto é ainda maior milagre e claro efeito da inspiração divina" (*C. G.*, I, c. 6, n. 37).

Se bem que ultrapassem os poderes da razão, os mistérios não agridem essa faculdade. Sobre este ponto Santo Tomás é categórico: "Embora a supracitada verdade da fé cristã exceda a capacidade da razão humana, os princípios que a razão tem postos em si pela natureza não podem ser contrários àquela verdade (*haec tamen, quae ratio naturaliter indita habet, huic veritati contraria esse non possunt*)" (ibid., c. 7, n. 42). O motivo é bastante simples: tanto as verdades de fé quanto aquelas da razão florescem da mesma única fonte, a sabedoria divina, que, obviamente, não pode contradizer-se. "As verdades recebidas pela revelação divina não podem ser contrárias ao conhecimento natural" (ibid., n. 44).

Com essa tese Santo Tomás rechaça a posição dos averroístas que buscavam conciliar supostos contrastes entre os ensinamentos da revelação e os da filosofia com a teoria da dupla verdade: verdade de razão por uma parte e verdade de fé por outra. Santo Tomás considera essa teoria absolutamente inaceitável porque verdade só pode haver uma. Assim, os contrastes, se existem, dizem respeito ou a maus raciocínios dos filósofos ou más interpretações dos teólogos. "De todos esses raciocínios conclui-se que quaisquer razões que possam ser apresentadas contra as verdades ensinadas pela fé não procedem corretamente dos primeiros princípios conhecidos por si mesmos e vindos da própria natureza. Donde não possuírem força demonstrativa, pois não passam de razões prováveis ou sofísticas, que por si mesmas dão motivo para serem destruídas" (ibid., n. 47c).

(Cf. Averróis, Averroísmo, Verdade)
[Tradução: M. Couto]

Mística

Em sentido lato este termo denota qualquer experiência de Deus ou do Sagrado; em sentido estrito significa uma experiência religiosa bem caracterizada e qualificada, que, por definição, não é fruto de iniciativa humana, mas de um dom especial, extraordinário, de Deus. A experiência mística, diferentemente do conhecimento teológico, implica um forte envolvimento de todo o ser do homem, de todas as suas faculdades, sejam cognitivas, sejam volitivas e afetivas. É todo o homem que na experiência mística é tomado pelo mistério de Deus. Os traços distintivos da experiência mística são: origem sobrenatural (essa se tem somente quando Deus se doa ao homem); é imediata, ou seja, não se obtém mediante conceitos, mas por uma espécie de identificação conatural. Tem por objeto o próprio Deus, que é passivamente experienciado mais na dimensão do amor e, portanto, na união afetiva do que na dimensão do conhecimento mediante uma união conceitual.

Santo Tomás praticamente ignora o termo mística, mas não sua realidade. Aquilo que ele diz quando trata da *ratio superior* e do dom da *sapientia* refere-se justamente à mística.

A união mística com Deus faz parte do momento mais alto da *ratio superior*: então a mente se concentra toda sobre as realidades divinas e as contempla com alegria (*De Ver.*, q. 15, a. 2). "Essa contemplação será perfeita na vida futura, quando virmos Deus 'face a face'; e, então, ela nos fará perfeitamente bem-aventurados. Agora, porém, a nossa contemplação da verdade divina é imperfeita, como 'por um espelho, em enigmas'. E isso nos dá apenas um começo de bem-aventurança, que, iniciada nesta vida, só será perfeita na outra" (II-II, q. 180, a. 4).

Ainda mais rigorosas são as considerações atinentes à mística que o Doutor Angélico nos oferece falando do dom da sabedoria. Nesse dom se encontram todos os traços típicos da experiência mística: não é fruto da busca humana, tem lugar por conaturalidade e envolve antes de tudo a vontade, mediante a caridade e, a seguir, o intelecto. Eis o texto muito sóbrio, mas exemplarmente claro, no qual o Angélico desenvolve esses conceitos: "Assim, portanto, no que diz respeito às realidades divinas, ter um julgamento correto em virtude de uma inquirição da razão pertence à sabedoria, que é uma virtude intelectual. Mas julgar bem as coisas divinas por modo de conaturalidade (*secundum quandam connaturalitatem*) pertence à sabedoria enquanto é um dom do Espírito Santo [...]. Esta simpatia ou conaturalidade com o divino nos é dada pela caridade que nos une a Deus, segundo Paulo: 'Aquele que se une a Deus é com ele um só espírito' (1Cor 6,17). Assim, portanto, a sabedoria que é um dom tem como causa a caridade, que reside na vontade; mas tem sua essência no intelecto" (II-II, q. 45, a. 2).

(Cf. Contemplação, Teologia)
[Tradução: E. Uchôa]

Modéstia

É a virtude que modera a vida exterior do homem, no modo de caminhar, de vestir etc.: "*Moderatur exteriorem hominis vitam, puta in incessu vel habitu, vel aliis huiusmodi*" (II-II, q. 120, a. 2, ad 3). É uma subespécie da temperança: enquanto essa exerce seu controle sobre coisas mais difíceis de serem moderadas, ou seja, sobre a concupiscência relativa aos prazeres carnais, a modéstia modera os sentimentos não muito difíceis. "Portanto, a temperança é necessária nas paixões veementes e a modéstia, nas paixões médias" (II-II, q. 160, a. 1, ad 2).

Segundo Santo Tomás, quatro são as coisas que devem ser moderadas pela modéstia: 1, o movimento da alma para atingir algum prestígio ou louvor; 2, o desejo de aprender que é moderado por aquela espécie de modéstia que se opõe à curiosidade; 3, os movimentos e ações do corpo, desde que se façam de modo decente e honesto; 4, tudo o que diz respeito ao aparato externo, como o modo de vestir e outras coisas similares (ibid., a. 2).

Quanto à modéstia no vestir, Santo Tomás observa que as coisas exteriores que o homem utiliza não possuem em si mesmas nenhum vício: o vício existe por parte de quem delas se serve sem moderação ou indo contra o hábito dos homens com os quais vive, ou servindo-se delas com afeto desordenado. Com respeito aos adornos femininos, Santo Tomás nota que isso pode provocar os homens à lascívia. Isso não impede, contudo, que a mulher possa empenhar-se em agradar o próprio marido, para evitar infidelidades por causa da sua negligência. "Portanto, se a mulher casada se enfeita para agradar ao marido, pode fazê-lo sem pecado. Mas as que não têm marido nem os querem ter e vivem em celibato, não podem, sem pecado, querer agradar aos olhos dos homens, para lhes excitar a concupiscência, porque isso seria incentivá-los a pecar. Se, pois, se enfeitarem com essa intenção de provocar os outros à concupiscência, pecam mortalmente. Se o fizerem, porém, por leviandade, ou mesmo por um desejo vaidoso de aparecer, nem sempre será pecado mortal, mas às vezes venial" (II-II, q. 169, a. 2).

(Cf. TEMPERANÇA)
[Tradução: M. Couto]

Moral

Este termo é substancialmente sinônimo de ética, do qual difere simplesmente por razões etimológicas; de fato, enquanto "ética" é termo de origem grega (de *ethos* = costume, comportamento), "moral" é termo de origem latina (de *mos* = costume, comportamento, conduta), mas significam originariamente a mesma coisa, de fato: comportamento, costume, conduta. E, realmente, para a maior parte dos estudiosos antigos e modernos ética e moral designam a mesma ciência: aquela que ensina ao homem como escolher bem para conseguir uma plena realização de si mesmo. Por exemplo, segundo Wolff, *"philosophia moralis sive Ethica est scientia practica, docens modum quo homo libere actiones suas ad legem naturae componere potest"* (*Ethica* I, 1).

Há alguns estudiosos, contudo, que, usando os termos mais tecnicamente, dão à moral uma função descritiva (estuda o conjunto das regras de conduta admitidas numa determinada época ou por um grupo social); enquanto à ética atribuem uma função especulativa (assegura um fundamento, uma justificação racional às normas do agir humano). Santo Tomás ignorava essa distinção e atribui à ética ou moral ambas as funções, tanto aquela crítica ou de fundamento, quanto aquela descritiva.

(Cf. ÉTICA)
[Tradução: M. Couto]

Morte

É a cessação do processo vital num organismo vivo.

Falando do homem, geralmente se diz que a morte é a separação da alma do corpo: *"Per mortem separatur anima a corpore"* (*1 Gen.*, lect. 15).

À luz da razão a morte é um não senso, é violência contra o instinto primigênio de todo ser vivo, racional ou não, de amor e salvaguarda da própria vida e da própria corporeidade. A revelação bíblica lança sobre a morte uma luz de compreensibilidade: evento originariamente natural no ciclo de perfeição da criatura e sinal do seu limite, a morte foi impregnada de medo e violência por causa do pecado, do qual se tornou terrível punição (cf. Rm 5,12 ss.). A vitória de Cristo sobre a morte, com a ressurreição gloriosa do corpo, é a manifestação concreta e explícita da sua vitória sobre o mal e sobre o pecado. A ressurreição de Cristo tornou-se também o penhor seguro da nossa vitória sobre a morte no final dos tempos: "O último inimigo que será destruído é a morte, pois ele colocou tudo debaixo dos seus pés" (1Cor 15,26).

Santo Tomás trata da morte em todos os seus aspectos principais: como condição natural, como consequência do pecado, como momento importante da vitória de Cristo sobre o mal.

1. A morte como condição natural

Por si mesma a morte, por mais odiosa e dolorosa que seja, não é um evento não natural, mas é uma consequência natural da constituição psicofísica do ser humano. Este não é dotado somente de uma alma intelectiva, espiritual, que é de direito incorruptível e imortal, mas também de um corpo, sujeito à criação e à corrupção, e portanto sujeito à degeneração e à morte. "Nesse sentido, a corrupção e as deficiências são naturais às coisas, não segundo a tendência da forma, que é princípio de existência e de perfeição, mas segundo a tendência da matéria, a qual é atribuída proporcionalmente a tal forma segundo a distribuição do agente universal (Deus). Embora toda forma procure, enquanto pode, existir perpetuamente, nenhuma forma de algo corruptível pode conseguir a sua perpetuidade, exceto a alma racional, porque ela não é totalmente submetida como as outras formas à matéria corporal. Ela tem como próprio, ao contrário, uma ação imaterial [...]. Daí resulta que a não corrupção é mais natural ao homem, em razão de sua forma, do que às outras realidades corruptíveis. Mas, porque esta forma tem uma matéria composta de elementos contrários, a tendência da matéria leva à corruptibilidade do todo. Segundo isso, o homem é naturalmente corruptível segundo a natureza de uma matéria entregue a si mesma, não, porém, segundo a natureza da forma" (I-II, q. 85, a. 6).

2. A morte como consequência do pecado

A corruptibilidade do corpo e, portanto a morte, graças a um dom especial, haviam sido removidas nos progenitores. "Deus, a quem toda natureza está sujeita, supriu na instituição do homem a deficiência da natureza e deu ao corpo pelo dom da justiça original uma certa incorruptibilidade [...]. É por isso que se diz que Deus não fez a morte e que ela é pena do pecado" (ibid.). Então, por causa do pecado, coube ao corpo a necessidade de morrer segundo as exigências da natureza: como quando se arranca uma coluna se remove também a pedra sobreposta. "É desta maneira que o pecado do primeiro pai é causa da morte e de todas as deficiências na natureza humana. Eis como: o pecado do primeiro pai suprimiu a justiça original, pela qual não somente as potências inferiores da alma estavam contidas sob a razão sem qualquer desordem, mas todo o corpo estava contido sob a alma sem nenhuma deficiência, como foi dito na *I Parte* (q. 97, a. 1). Uma vez suprimida esta justiça original pelo pecado do primeiro pai, assim como a natureza humana foi ferida, quanto à alma, pela desordem das potências, assim também se tornou corruptível pela desordem do mesmo corpo. A perda da justiça original, como a da graça, tem a razão de uma pena. Por conseguinte, a morte e todas as consequentes deficiências do corpo são, também elas, a pena do pecado original" (ibid., a. 5).

3. A vitória de Cristo sobre a morte

Jesus Cristo com sua ressurreição não triunfou somente sobre a morte, mas forneceu também uma garantia segura e uma maravilhosa antecipação daquela vitória que a todos nós será concedido alcançar no final dos tempos: "A ressurreição de Jesus Cristo é também a causa eficiente da nossa ressurreição: porque tudo o que foi feito por ele não só foi feito segundo a virtude da sua humanidade, mas também em virtude da sua divindade unida a ele. E como o seu contato, qual instrumento da divindade, curava a lepra: assim a ressurreição do corpo de Jesus Cristo unido com o Verbo da vida é causa da nossa ressurreição.

À ressurreição de todos concorre, portanto, como causa principal a virtude da divindade, como causa instrumental a virtude da humanidade de Jesus Cristo, e, além disso, como causa quase ministerial a virtude dos Anjos. Os Anjos, de fato, recolherão os resíduos dos corpos; enquanto Jesus integrará os corpos e os unirá com sua alma" (*In I Thess.*, 4, lect. 2).

(Cf. ALMA, HOMEM, IMORTALIDADE)

[Tradução: M. Couto]

Mortificação

É a repressão dos apetites e impulsos inferiores por motivos superiores, tendentes a afirmar no homem a racionalidade sobre a animalidade, o espírito sobre a matéria, e, no cristianismo, o homem novo sobre o homem velho.

O termo mortificação raramente é usado por Santo Tomás e nem mesmo a doutrina da mortificação é por ele estudada com especial interesse. Mais do que diretamente, Santo Tomás dela se ocupará indiretamente, ao tratar das virtudes da temperança, da castidade, da pobreza, da contemplação, cujo exercício implica sempre determinadas formas de renúncia (aos prazeres dos sentidos, às coisas materiais etc.). Mais explicitamente trata da mortificação falando do jejum, que é uma de suas formas mais emblemáticas.

Santo Tomás recomenda vivamente a mortificação dos sentidos, quer para torná-los mais serviçais à razão e não colocar obstáculos ao seu caminho para Deus, quer para conformar-se principalmente às exigências da vida cristã, que é essencialmente seguimento da vida de Cristo. Comentando o texto paulino "Fazei, pois, morrer o que em vós pertence à terra", o Doutor Angélico escreve: "Morre-se para a culpa vivendo para a graça, que nos restaura quanto à alma, mas não inteiramente quanto ao corpo [...]. Mortos ao pecado quanto à alma, mortificamos também a concupiscência quanto ao corpo, [...], não deixando-nos arrastar nem para os pecados carnais, [...] para os quais maciçamente inclina a concupiscência, nem a pecados carnais, [...] aos quais maximamente inclina a concupiscência, nem a pecados como a avareza que, embora, realizando-se num prazer espiritual, têm por objeto uma coisa corporal" (*In Ep. ad Col.* 3, lect. 1).

Outra razão pela qual o cristão é chamado à mortificação é o seu ser *templo do Espírito Santo*. "Nosso corpo é 'templo do Espírito Santo' (1Cor 3,16). É templo a casa de Deus: o Espírito Santo é Deus, templo de Deus será em qualquer lugar que habitar. Habita principalmente o Espírito Santo em nossos corações, difundindo o amor de Deus: habita secundariamente também nos nossos membros corporais que exercitam obras de amor divino. Porque nosso corpo é templo de Deus, nada deve aparecer nele que não pertença à glória de Deus. Nós não somos nossos, somos servos de Deus, e nosso corpo deve carregar Deus, como o cavalo carrega seu patrão. Devemos, portanto, evitar no nosso corpo tudo o que é contra a glória de Deus e contra o serviço que nosso corpo deve a Deus (*sic ergo homo debet vitare ne in corpus suum peccet fornicando, quod est contra gloriam Dei, et contra ministerium quod corpus nostrum debet Deo*)" (*In I Cor*, c. 6, lect. 3).

(Cf. JEJUM)

[Tradução: M. Couto]

Movimento cf. Devir

Mulher

O termo indica biologicamente o ser adulto feminino da espécie humana. Etimologicamente deriva do latim *mulier*. [No original italiano a expressão para mulher é "donna"; em português, embora com outro significado, há também a palavra "dona", ambas provêm do latim *domina* (senhora, patroa), que exprime prestígio e autoridade. (N. do E.)]

Segundo a Bíblia, a mulher, ainda que retirada da costela de Adão, foi criada diretamente por Deus igualmente como o homem, e leva o seu próprio nome (o homem e a mulher são chamados em aramaico antigo de *ish* e *isshah*: única raiz, única realidade). Em toda a história da salvação, depois da queda que envolve a responsabilidade de ambos (Gn 3), a mulher e o homem são ambos cooperadores do resgate e da libertação: Miriam junto a Moisés e Aarão, Ester junto a Mardoqueu etc. Por meio de uma mulher, Maria, esposa do Espírito Santo e Mãe do Filho de Deus, a história da salvação se cumpre. Jesus respeita profundamente a mulher: convida a adúltera a levantar-se diante dele, dialoga com Maria na casa de Betânia, reconhece à pecadora arrependida a sua grande capacidade de amar, aparece a uma mulher em primeiro lugar para torná-la comunicadora de sua ressurreição (Jo 20,14-18). E em toda a história da Igreja a presença e a contribuição da mulher ao crescimento e à expansão do Corpo místico de Cristo não foram menos importantes e influentes do que a contribuição do homem.

O pensamento de Santo Tomás sobre a mulher é aquele no qual se evidencia amplamente sua sujeição aos preconceitos da cultura de seu tempo, uma cultura pesadamente machista. Filho de seu tempo, o Doutor Angélico vê a mulher numa posição fortemente subalterna ao homem. Para Santo Tomás, como para todos os pensadores de sua época, não existe paridade dos sexos: na concepção, no nascimento, na educação, na vida privada e na vida pública, no Estado e na Igreja a mulher vem sempre depois do homem. Influenciado pelo nível de conhecimento da biologia antiga e medieval, também Santo Tomás vê na mulher um *macho malogrado*: "Considerando a natureza em particular, a mulher é deficiente e falha, pois a potência ativa que se encontra no sêmen do macho visa produzir alguma coisa que lhe seja semelhante em perfeição segundo o sexo masculino; mas, se for gerada uma mulher, isso resulta de uma fraqueza da potência ativa ou de alguma má disposição da matéria, ou ainda de alguma mudança proveniente de fora, por exemplo dos ventos do sul, que são úmidos, como está escrito no livro da *Geração dos animais* [de Aristóteles]" (I, q. 92, a. 1, ad 1). O limite da visão que o Doutor Angélico tem do sexo não se limita somente à função biológica da mulher, que é uma função meramente passiva, pertencendo ao homem o germe vital e gerador, mas se estende à sua qualificação propriamente humana: "O homem é ordenado à mais nobre atividade vital, o conhecimento intelectual... Mas há outra sujeição, a econômica ou civil, quando o senhor dispõe dos súditos para a utilidade e o bem deles. Essa sujeição teria existido antes do pecado, com efeito, faltaria à multidão humana esse bem que é a ordem, se alguns não fossem governados por outros mais sábios. É assim que a mulher é, por natureza, submetida ao homem, pois o homem possui, por natureza, maior discernimento de razão" (I, q. 92, a. 1 e ad 2). "A mulher é submissa ao homem pela fraqueza de sua natureza, quer com respeito ao vigor da alma, quer com respeito à força física" (*Suppl.*, q. 81, a. 3, ad 2). Santo Tomás tira coerentemente também as conclusões éticas de tais percepções antropológicas e está disposto a conceder grandes atenuantes à culpa da mulher por causa de sua natural fragilidade, que a torna mais condescendente à concupiscência (II-II, q. 149, a. 4).

No âmbito teológico Santo Tomás chega a sustentar que, se somente Eva tivesse caído, não se teria dado a transmissão do pecado original, que está vinculada ao sêmen masculino, constituinte do princípio ativo da geração: "Ora, é claro, segundo dizem os filósofos, que na geração o princípio ativo é do pai e que a mãe fornece a matéria, e é por isso que não se contrai o pecado original pela mãe mas pelo pai. De maneira que, se Eva tivesse pecado e Adão não, os filhos não contrairiam o pecado original, mas seria o contrário se Adão tivesse pecado e Eva não" (I-II, q. 81, a. 5). Seguindo a Tradição, Santo Tomás exclui que a mulher possa ter acesso às ordens sacras (*Suppl.*, q. 39, a. 1) e considera que deve também ser excluída da pregação porque não condiz com a mulher o ensino público, e isso por três motivos: "Em primeiro lugar e principalmente, por sua condição de mulher, ela deve ser submissa ao homem, como fica claro no livro do Gênesis. Ora, ensinar e persuadir publicamente, na assembleia, convém não aos súditos mas aos prelados [...]. Em segundo lugar, para que não se desperte a concupiscência do homem [...]. Em terceiro lugar, porque geralmente as mulheres não alcançam a perfeição da sabedoria, para que seja possível confiar-lhes convenientemente o ensino em público" (II-II, q. 177, a. 2).

Todavia, não se devem exagerar as concessões que Santo Tomás faz à cultura de seu tempo. Segundo o Doutor Angélico, a mulher, em tudo o que pertence à essência da natureza humana e da graça divina, goza da mesma dignidade e dos mesmos direitos do homem. Assim, por exemplo, tem direito de pedir o divórcio não só o homem, mas também a mulher. Em caso de infidelidade "marido e mulher são julgados igualmente, no sentido de que as mesmas coisas são lícitas ou ilícitas tanto para um como para a outra" (*Suppl.*, q. 62, a. 4).

(Cf. ANTROPOLOGIA, HOMEM, MATRIMÔNIO)
[Tradução: M. Couto]

Mundo

Usualmente compreende somente a realidade material (o universo físico), e dessa realidade ocuparam-se no passado a cosmologia (já a partir dos filósofos gregos) e a teologia das realidades materiais ou terrestres.

Na Sagrada Escritura o termo mundo assume vários significados; normalmente quer indicar o conjunto do universo criado, o qual compreende "os céus e a terra" (Gn 1,1). Esse é o sentido que possuem os termos *mundus* e *universum* em Santo Tomás: "*Omnes res, prout sunt in suo complemento, dicuntur unus mundus vel unum universum*" (*II Sent.*, d. 12, q. 1, a. 1, ad 2). O universo ou mundo é o conjunto ordenado das criaturas.

1. Fundamento da unidade do mundo

Apesar de estar constituído por uma impressionante multiplicidade e diversidade de entes, o mundo, contudo, forma um todo único, uma totalidade, uma unidade. Os entes, na multiplicidade de suas diversas naturezas, têm em comum a mesma perfeição radical, e essa para Santo Tomás não é a bondade como para Platão, nem a unidade como para Plotino, nem a beleza como para o Pseudo-Dionísio, nem a verdade como para Santo Agostinho, nem a substância como para Espinosa, nem o pensamento como para Hegel; mas sim a perfeição do ser, que é a *perfectio omnium perfectionum* e a *actualitas omnium actuum*. Mesmo sendo as coisas diversas umas das outras por sua essência elas se unificam no ser, e, porque a perfeição do ser se encontra nos entes de modo participado, contingente e graduado, ela deve provir de um ente que possua tal perfeição de modo pleno, total e absoluto, e que seja capaz de comunicá-la a todos os outros. Em outras palavras, a graduação, a contingência e a participação no ser remetem a um princípio separado que seja capaz de explicar a multiplicidade e a finitude dos entes que constituem o mundo: e tal pode ser somente o *esse ipsum subsistens* (*De ente*, c. 4, n. 27; *De Pot.*, q. 3, a. 5). Em conclusão, a unidade do mundo está radicada na sua unidade intrínseca no ser (todas as coisas são *entes*), e na consequente unidade a partir de um princípio causal transcendente (todas as coisas são *criaturas*).

Sob o aspecto formal, a unidade do mundo é assegurada pela perfeição do ser; por sua vez, sob o aspecto etiológico a unidade é garantida pela sua gênese por um único princípio. Também Plotino havia reconduzido o universo a um único princípio, o Uno; mas o Uno era o princípio do múltiplo por um processo emanativo de progressiva degradação. Do Uno procedia, por emanação, um primeiro ente, porque dele não podia surgir imediatamente senão uma coisa só, o *nous*, que devia imitá-lo em sumo grau. Deste primeiro ente procediam pouco a pouco os outros, sempre mais multiplicados e divididos, assim como de um mesmo ponto procedem linhas divergentes, que progressivamente se separam umas das outras. Santo Tomás recusa a teoria plotiniana da emanação e assume a doutrina bíblica da criação do nada. Deus é, portanto, o artífice único e imediato do mundo e de tudo o que nele se encontra. Sendo sumamente inteligente e livre, Deus criou o mundo livremente (cf. CRIAÇÃO); e o criou unicamente para comunicar sua bondade às suas criaturas. "Deus produziu as coisas no ser para comunicar sua bondade às criaturas, bondade que elas devem representar. Como uma única criatura não seria capaz de representá-la suficientemente, ele produziu criaturas múltiplas e diversas, a fim de que o que falta a uma para representar a bondade divina seja suprido por outra. Assim, a bondade que está em Deus de modo absoluto e uniforme está nas criaturas de forma múltipla e distinta. Consequentemente, o universo inteiro participa da bondade divina e a representa mais perfeitamente que uma criatura, qualquer que seja ela" (I, q. 47, a. 1). O mundo inteiro no seu conjunto dá uma ideia mais perfeita da perfeição simples do seu Autor do que uma das suas partes tomada isoladamente. Nenhum ente participado pode refletir toda a perfeição do *Esse ipsum*: "Mas a perfeita semelhança (com Deus) as coisas criadas não podem conseguir em uma só espécie de criatura" (*C. G.*, II, c. 45, [1220]). Ao contrário, "quanto mais uma coisa é semelhante a Deus em muitos aspectos, tanto mais ela se aproxima da perfeição de Deus. Ora, em Deus há bondade e difusão da bondade nas outras coisas. Por isso, uma coisa criada mais perfeitamente se aproxima da semelhança de Deus, se não só é boa, mas também pode produzir a sua bondade nas outras, não absorvendo a bondade em si mesma. Por exemplo: é mais semelhante ao sol aquilo que tem luz e ilumina do que aquilo que só tem luz. Ora, se não houvesse pluralidade e desigualdade nas coisas criadas, não poderia uma coisa levar a bondade às outras" (ibid., [1222]).

2. A ordem do mundo

O mundo é um *cosmo*, ou seja, uma multiplicidade ordenada. Santo Tomás, comentando Aristóteles, afirma: "Aqueles que sustentam que as naturezas das coisas não estão ligadas entre si incorrem em grave dificuldade [...]. De fato, de tal modo elas fazem da essência do universo algo desconexo, sem ordem, a ponto de pensar que uma parte disso não teria nenhuma relevância para a outra [...]. Mas essa tese é insustentável, porque os entes não foram feitos maus. Os entes naturais se dispõem no melhor modo possível. Ora, se observamos que todo ente particular está disposto otimamente na sua natureza, com maior razão devemos considerar que o mesmo se verifica também em todo o universo" (*XII Met.*, lect. 12). Santo Tomás se compraz em citar a esse propósito a autoridade da Sagrada Escritura, que afirma que *ea quae sunt, a Deo ordinata sunt*, tudo o que é, está estabelecido por Deus (Rm 13,1; cf. I, q. 109, a. 2; *De Spir. Creat.*, a. 8). "No universo nada está desordenado" (*I Sent.*, d. 44, q. 1, a. 2); "as partes do universo estão ordenadas entre si, de tal forma que uma age sobre a outra, e é fim e modelo da outra" (I, q. 48, a. 1, ad 5). "Todas as coisas que existem no universo estão de algum modo ordenadas, ainda que nem todas tenham a mesma ordem, como é a dos animais marinhos, a dos pássaros ou a das plantas. Mas, ainda que não estejam ordenadas do mesmo modo, não ocorre nunca que uma delas não contenha uma referência a alguma outra. Existe, de fato, certa afinidade e uma ordem de algumas coisas para outras, assim como as plantas são para os animais e os animais para os homens" (*XII Met.*, lect. 12). Resulta disso que "um só universo foi constituído de criaturas corporais e espirituais (*ex creaturis corporalibus et spiritualibus unum universum constituitur*)" (I, q. 61, a. 4). O mundo dos anjos não é um universo separado: "Os anjos são uma parte do universo, e por si mesmos não constituem um só universo, pois tanto eles como a criatura corpórea se reúnem na composição de um só universo" (ibid., a. 3).

Depois de ter definido as causas materiais, eficientes e formais da unidade do cosmo, Santo Tomás completa sua reflexão em torno ao mundo determinando-lhe a causa final. O fim último do mundo coincide com sua origem primeira, Deus. Santo Tomás faz a argumentação em muitos escritos, em particular no *Comentário à Metafísica*, na *Suma Teológica* e no *Sobre a Verdade*. No *Comentário à Metafísica*, Santo Tomás compartilha da tese de Aristóteles, que havia ensinado que o bem máximo a que aspira o universo não consiste simplesmente na ordem das suas partes, mas consiste em algo separado de si, o Motor imóvel. De fato, "existe um Bem separado, o Primeiro Motor, do qual dependem o céu e toda a natureza, a modo de fim e de bem desejados. E, uma vez que todas as coisas que têm um fim comum convergem necessariamente para esse fim, assim entre todas as partes do universo deverá existir uma ordem recíproca. De tal modo o universo tem um Bem separado e um bem (imanente) de ordem. Igual a um exército, em que o bem está na própria ordem armada, e além disso no comandante que guia o exército" (*XII Met.*, lect. 12). Na *Suma Teológica* Santo Tomás insiste na tese de que o mundo tem uma dupla finalidade: imanente e transcendente. "O fim do universo é um bem existente em si mesmo, ou seja, a ordem do universo. Este bem não é, porém, o fim último, mas se ordena a um bem extrínseco como a seu fim supremo" (I, q. 103, a. 2, ad 3). O mesmo conceito é expresso no *Sobre a Verdade*: a harmonia interna não esgota o significado radical do universo; sem a ordenação a Deus não existiria ordem alguma, assim como, "sem ordem no chefe, não haveria ordem recíproca entre as partes do exército" (*Sobre a Verdade*, q. 5, a. 3). Por outro lado, a mesma ordem imanente no universo tem como razão última ser a ordem transcendente. "De todas as criaturas está composto o universo, como um todo de suas partes. Ora, se quisermos indicar o fim de um todo e de suas partes, em primeiro lugar encontraremos que cada uma delas existe para seus atos; por exemplo, os olhos para ver. Em segundo lugar; o que é menos nobre existe para o que é mais nobre; por exemplo, os sentidos para o intelecto e os pulmões para o coração. Em terceiro lugar, que todas as partes são para a perfeição do todo [...]. Finalmente, que todo homem existe para um fim extrínseco; por exemplo, para fruir de Deus" (I, q. 65, a. 2). Se estendemos esse modelo ao cosmo, resulta que "cada criatura existe para seu ato e para sua própria perfeição. Além disso, as criaturas menos nobres existem para as mais nobres; por exemplo, as criaturas inferiores ao homem existem para ele. E também elas existem para a perfeição de todo o universo. Mais ainda: todo o universo e cada uma dessas suas partes ordenam-se para Deus, como para o fim" (ibid.).

3. A questão da eternidade do mundo

A Sagrada Escritura ensina que o mundo não é eterno, mas teve início no tempo (Gn 1,1 ss.). Santo Tomás não pode duvidar que isso seja a verdade no que tange à efetiva origem do mundo. Mas Aristóteles, o filósofo pelo qual Santo Tomás e seu mestre Alberto Magno nutriam imensa admiração, tinha ensinado que o mundo é eterno. Isso dava o que pensar. E Santo Tomás, então, se perguntou se a tese do Estagirita, por mais incompatível que fosse de fato com a revelação bíblica, não poderia em princípio ser sustentada na perspectiva da pura razão. Estudando atentamente o problema, o Doutor Angélico chegou a uma conclusão que contrastava nitidamente com a posição oficial seguida até então por todos os escolásticos, segundo os quais a eternidade do mundo é uma tese absurda além de herética. Ao contrário, segundo Santo Tomás, não há nada da parte de Deus nem da parte da criatura que se oponha à eternidade do mundo. De fato, Deus tem, da eternidade, o poder de criar e nada veta que ele tenha podido exercitá-lo sempre. Nem da parte da criatura existe nenhuma contraindicação à eternidade do mundo, porque para a criatura ser criada significa simplesmente a sua total dependência de Deus quanto ao ser. O que se deve ver — observa com perspicácia Santo Tomás — é se há contradição entre essas duas afirmações: que algo seja criado por Deus e que, entretanto, seja desde sempre. E o Doutor Angélico faz ver que de fato não se dá nenhuma contradição: o ser criado por Deus *é compatível* com o não ter início na duração (no tempo). Haveria contradição se fosse necessário que a causa agente precedesse na duração o seu efeito, ou que o não ser precedesse o ser. Mas nenhuma dessas duas hipóteses é admissível. Não a primeira, porque a causa agente em questão é Deus; "mas Deus age por vontade e ele pode querer e fazer que exista sempre o que é causado por ele" (*De aet. mundi c. murmur.*, n. 5). Não a segunda, porque o nada não é dotado de entidade própria e, portanto, não pode constituir o ponto de partida da criação. "Para poder dizer que a criatura existe depois do nada, não é necessário que ela, em relação ao tempo antes, tenha sido nada e depois tenha sido algo, mas basta que em relação à natureza ela seja nada antes de ser ente" (ibid., n. 7).

Esclarecida a possibilidade teorética da eternidade do mundo, Santo Tomás se preocupa em esclarecer em que sentido se deve entender essa tese tão debatida. Antes de tudo, é claro que o mundo mutável não pode ser, em sentido próprio, coeterno a Deus imutável. Ainda que criado *ab aeterno*, o mundo não é coeterno a Deus em sentido unívoco; evidentemente a eternidade do mundo não pode ser a eternidade de Deus: Deus é ato puro absoluto, atualidade perene, eterno presente, "total e simultânea presença de uma vida interminável", como diz Boécio; o mundo, ao contrário, é ato potencial, contingente, em contínuo devir, eterna sucessiva duração (ibid., n. 11). A quem objeta que se o mundo fosse eterno haveria um número infinito de almas, Santo Tomás replica que Deus poderia ter criado o mundo *ab aeterno* e as almas no tempo, mas depois conclui afirmando: "não foi ainda demonstrado que Deus não possa fazer que hajam infinitas coisas em ato (*adhuc non est demonstratum, quod Deus non possit facere ut sint infinita actu*)" (ibid., n. 12).

Dada a validade teorética — ainda que hipotética — de uma criação do mundo *ab aeterno*, Santo Tomás adverte os teólogos cristãos contra a tentação de transformar uma verdade de fé numa verdade de razão: "deve-se estar muito atento a não fornecer demonstrações para as verdade de fé, e isto por dois motivos: 1º, porque de tal modo se priva a excelência da fé, cuja verdade ultrapassa qualquer poder da razão [...]; 2º, porque na maior parte dos casos se trata de argumentações frívolas, que expõem nossa fé ao escárnio dos infiéis, os quais julgam que nós baseamos sobre tais argumentos nossa fé" (*Quodl.* III, q. 14, a. 2).

(Cf. Criação, Deus, Ordem)
[Tradução: M. Couto]

Murmuração cf. Detração

Nada

Designa aquilo que não existe seja em sentido absoluto, seja com referência a qualquer determinação particular. Assim se distingue um nada absoluto (ausência completa de qualquer realidade) e um nada relativo (que é aquele próprio da matéria referida à forma ou da potência referida ao ato). Quando na criação se fala de "produção a partir do nada", se compreende seja o nada absoluto, seja o nada relativo.

Ao conceito de nada se dedicaram muitos filósofos. O primeiro a ocupar-se dele explicitamente é Parmênides, que o concebe como o contrário do ser. Platão o entende do mesmo modo, ou seja, como contrário do ser, mas esclarece que isso pode acontecer de dois modos: como privação relativa ou como privação absoluta. No primeiro caso, se quer dizer que está ausente esta ou aquela propriedade em uma determinada coisa. No segundo caso, há a ausência total de ser (cf. *Sofista*, 256-258).

Santo Tomás trata do problema do nada principalmente abordando a criação, que é, por definição, "*productio rei ex* nihilo *sui et subiecti*". A própria definição de criação esclarece que o nada de que se fala não é uma simples privação (de uma forma particular), mas ausência total de qualquer realidade, também do *subiectum*, que significa "matéria". Com efeito, "*idem est nihil quod nullum ens*" (o nada é a mesma coisa que nenhum ente); e a ausência total de ser, de qualquer ente imaginável, é o ponto de partida da ação de Deus quando cria. "Como a geração de um homem parte daquele não ente que é o não homem, assim a criação, que é a emanação de todo o ser, parte daquele não ente que é o nada" (I, q. 45, a. 1).

Contudo, Santo Tomás adverte para não se deixar seduzir pela fantasia, que é tentada a entificar o nada fazendo deste o polo negativo, o contrário do ser. Também opor uma distância infinita entre o ser e o nada procede da mesma ilusão da fantasia: a suposição de que entre o nada e o ser haja o infinito "nasce do fato de que se fala da criação como se fosse uma passagem de um termo ao outro" (I, q. 45, a. 2, ad 4).

O proceder da não existência à existência é a razão última pela qual todos os seres criados são contingentes: ainda que necessários na ordem da essência (como no caso dos anjos, que são dotados de essências incorruptíveis), eles permanecem ontologicamente frágeis, sempre expostos ao perigo do não ser, do nada. Também a razão última das imperfeições das criaturas deve ser buscada na sua origem a partir do nada; de fato as suas imperfeições não provêm nem de Deus nem da matéria, "*sed in quantum creatura est ex nihilo*" (*De Pot.*, q. 3, a. 1, ad 14).

(Cf. Matéria, Ser)
[Tradução: E. Uchôa]

Natureza

No significado mais comum e usual, este termo designa todo o conjunto do mundo físico, antes e independentemente da intervenção do homem, ou seja, tudo o que não é cultura. Em sentido mais técnico, em Aristóteles e na filosofia escolástica, natureza indica a essência de uma coisa vista como princípio de ação.

São quatro os grandes nós que devem ser desatados quando se fala de natureza: 1) o que é a natureza entendida como cosmo; 2) o que é a natureza entendida como essência; 3) quais são as relações da natureza com a graça; 4) quais são as consequências do pecado sobre a natureza humana. De todos esses problemas Santo Tomás tratou amplamente nos seus escritos, fornecendo clarificações e soluções que por alguns aspectos resultaram decisivos.

1. Natureza como cosmo

A natureza como globalidade de todas as coisas criadas é obra de Deus, que não é apenas o seu artífice na medida em que a chamou ao ser com seu poderoso ato criador, mas é também aquele que a conserva e a governa; de modo que nada do que ocorre na natureza escapa à ação de Deus. "Deus é a causa da ação de qualquer coisa, enquanto concede o poder de operar, e enquanto conserva o mesmo, e enquanto o aplica à ação e enquanto pode atuar completamente no outro. E acrescentando a isso que Deus seja o seu poder que está no interior de qualquer coisa, não como parte de sua essência, mas como a segurando no seu ser, se segue que o mesmo opera em qualquer coisa que atua, sem excluir a operação da vontade e da natureza" (*O Poder de Deus: Questões Disputadas sobre o poder de Deus*, q. 3, a. 7).

Mesmo afirmando o primado absoluto de Deus como causa principal de tudo que a natureza produz, Santo Tomás defende, contra as posições de Agostinho e de Avicena, que reservavam a causalidade eficiente ou a Deus ou às criaturas espirituais, a eficácia das causas segundas que operam na natureza. "Que Deus opera em tudo o que opera, alguns assim compreenderam: Deus, sozinho, opera imediatamente tudo, enquanto as potências criadas nada operam nas coisas. Por exemplo, o fogo não aqueceria, mas seria Deus no fogo e assim por diante. Ora, isso é impossível. Em primeiro lugar, porque dessa forma se estaria retirando da criação a ordem da causa e do causado, o que seria atribuído a uma impotência do criador, porquanto é a potência do agente que dá a seu efeito a potência de agir. Em segundo lugar, porque as virtudes operativas que se encontram nas coisas lhes teriam sido atribuídas em vão, se por elas nada seria produzido. Mais ainda: todas as coisas criadas pareceriam existir de certa maneira em vão, caso fossem destituídas de sua própria operação, uma vez que toda coisa existe por causa de sua operação. O imperfeito é sempre por causa do mais perfeito: assim também a matéria é por causa da forma, e assim a forma, ato primeiro, é por causa de sua operação, ato segundo; assim, a operação é o fim da coisa criada. É necessário pois entender que Deus age nas coisas de tal maneira que elas tenham sua própria operação" (I, q. 105, a. 5).

2. A natureza como princípio intrínseco do ente

Falando da estrutura essencial do ente, Santo Tomás recorda que os filósofos, já a partir de Aristóteles, deram ao termo natureza significados variados: "*Quandoque natura dicitur forma, quandoque vero materia*" (III, q. 2, a. 1). No comentário ao capítulo quarto do livro quinto da *Metafísica*, Santo Tomás elucida seis significados do termo natureza: 1) em geral, natureza é a geração das coisas ou, mais propriamente, segundo o que nota o próprio Aristóteles, natureza é a geração dos viventes — dos vegetais e dos animais —, os únicos entes de que se pode dizer que nascem em sentido verdadeiro e próprio; 2) natureza é o princípio intrínseco da geração, imanente à coisa de que tem início o processo de geração; 3) natureza é o princípio intrínseco do movimento, que pertence às coisas em virtude de sua essência; 4) o quarto significado de natureza deriva do terceiro: se natureza é princípio intrínseco do movimento dos corpos, já que a alguns filósofos pareceu que tal princípio seja a matéria, eles definiram a natureza como o princípio material do vir-a-ser. A matéria informe é por isso dita natureza uma vez que é princípio do ser e do vir-a-ser das coisas, enquanto, sempre segundo aqueles filósofos, não se poderia dizer que a forma é natureza porque as formas se sucedem uma à outra, e por isso a introdução de uma nova forma comporta a expulsão da outra; 5) seguindo um raciocínio análogo, outros filósofos concluíram que natureza das coisas é a forma ou "a mesma substância", ou seja a forma das coisas naturalmente existentes. A tal conclusão se chega mediante estas considerações: de cada coisa que existe ou se torna naturalmente se diz que possui uma natureza, visto que tem uma espécie própria e uma forma própria das quais recebe as determinações específicas; mas o termo "espécie" é usado no lugar do termo "forma" e este por sua vez no lugar da figura que a espécie recebe e é seu sinal. Ora, se a forma é a natureza e se se pode dizer que algo tem uma natureza somente quando possui a forma, segue-se que é dito natureza o composto de matéria e forma: os compostos animais, por exemplo, e suas partes; 6) enfim, por extensão, natureza é dita de toda substância, porque qualquer natureza que funcione como termo da geração é uma certa substância.

No final de sua ampla resenha dos vários significados atribuídos ao termo natureza pelos filósofos, fazendo um balanço conclusivo Santo Tomás afirma com Aristóteles que no seu sentido mais próprio e genuíno natureza é a substância: "*Primo et proprie natura dicitur substantia*" e mais precisamente a forma daquelas coisas que têm em si mesmas o princípio do próprio agir (*V Met.*, lect. 5, n. 826). E é assim, de fato, que Santo Tomás usa geralmente o termo natureza. Por esse motivo, em O Ente e a Essência ele propõe a seguinte definição: "O nome de natureza tomada deste modo parece significar a essência da coisa na medida em que está ordenada à operação própria da coisa, uma vez que nenhuma coisa é destituída de operação própria (*nomen autem naturae hoc modo sumptae videtur significare essentiam rei, secundum quod habet ordinem vel ordinationem ad propriam operationem rei, cum nulla res propria destituatur operatione)*" (*O Ente e a Essência*, c. 1 [6]). Como esclarece Santo Tomás nessa mesma obra, o termo natureza não se identifica semanticamente nem com quididade, nem com essência, nem com substância; porque, enquanto natureza designa a essência em relação à geração e à ação, a essência exprime uma coisa na medida em que, por ela e nela, o ente tem o ser; a quididade indica a definição de uma coisa, a substância designa a coisa na sua função de sujeito dos acidentes (ibid.).

3. Natureza e graça

Sobre a espinhosa questão das relações entre natureza e graça, que tanto havia angustiado Santo Agostinho na sua áspera luta contra o pelagianismo, Santo Tomás assume uma solução que já se havia tornado doutrina comum em seu tempo: a de considerar a natureza uma capacidade passiva e não ativa, uma mera *potentia oboedientialis* em elevação ao estado sobrenatural, e, em consequência, a graça como um dom absolutamente gratuito, um *adiutorium bene agendi adiunctum naturae*, uma participação na vida divina que ultrapassa toda possibilidade na natureza humana (cf. I-II, q. 110, a. 4). Ultrapassando os poderes da natureza humana, a graça supera também as capacidades da razão; assim, a graça é um dom que se pode conhecer somente mediante revelação divina: "Mediante a razão natural se pode conhecer o sumo bem na medida em que este se comunica naturalmente, não na medida em que se comunica sobrenaturalmente; para o sumo bem, como se comunica sobrenaturalmente, é necessário possuir a fé, dado que à razão isso resulta inacessível" (*III Sent.*, d. 24, q. 1, a. 3, sol. 1, ad 2).

Todavia, a graça, embora superior a toda capacidade da natureza, encontra-se do mesmo modo na trajetória do desejo natural do homem de atingir a plena realização de si mesmo e a perfeita felicidade: "*Gratia datur homini a Deo per quam homo perveniat ad suam ultimam et perfectam consummationem, id est ad beatitudinem ad quam habet naturale desiderium*" (*In Ep. II ad Cor.*, c. 13, lect. 2, n. 534).

4. Consequências do pecado sobre a natureza

Santo Agostinho em sua dura polêmica com os pelagianos tinha calcado excessivamente a mão nas consequências do pecado original, a ponto de tornar a natureza humana completamente incapaz de operar o bem: todas as escolhas do livre-arbítrio vão inevitavelmente para o mal. Santo Tomás recusa uma visão tão fortemente pessimista da natureza humana: a seu juízo ela permaneceu substancialmente íntegra também depois do pecado de Adão. Por isso, as perfeições essenciais, porque constitutivas da natureza humana, não foram perdidas; mas, na medida em que tinham sido adequadas às exigências do fim sobrenatural, sofreram um enfraquecimento. Interessante a justificação que Santo Tomás apresenta em favor da tese da integridade da natureza depois do pecado: "A ordem natural das coisas é tal que, tolhendo aquilo que ocorre depois, permanece intacto o que precede (*iste est ordo naturalis in rebus ut posteriori remoto, id quod prius est remanet*)... Ora, a bondade natural existe antes de qualquer outra bondade, quer adquirida, quer conferida pela graça. Portanto, perdida aquela bondade que Deus havia distribuído generosa e gratuitamente à natureza humana, vale dizer a justiça original, não convém à ordem natural estabelecida pela divina sabedoria que venha modificado o que pertence à natural bondade de um ser; levando também em consideração o fato de que permanece na natureza a capacidade de recuperar quanto havia sido perdido ou algo de mais excelente" (*II Sent.*, d. 32, q. 2, a. 2, sol.). Permanece, contudo, excluído que a natureza possa reintegrar a si mesma aquilo que ultrapassa seus limites: "Quando a natureza é íntegra, por si mesma pode voltar para o estado que lhe é conveniente e proporcionado. Mas, para aquilo que está muito acima de sua proporção, não pode restabelecer-se sem um auxílio exterior. Assim, a natureza humana, tendo decaído pelo ato do pecado, não permanece íntegra, mas corrompida, como foi dito. Portanto, ela não pode por si mesma restabelecer-se nem mesmo quanto ao bem conatural e ainda menos quanto ao bem da justiça sobrenatural" (I-II, q. 109, a. 7, ad 3). Quanto ao bem natural, esclarece o Doutor Angélico, depois do pecado o homem pode realizá-lo só parcialmente. "No estado de integridade, com respeito à capacidade da potência operativa, o homem podia com suas forças naturais querer e fazer o bem proporcionado à sua natureza, como é o bem da virtude adquirida, mas não um bem que a ultrapassa, como é o bem da virtude infusa. No estado de corrupção, o homem falha naquilo que lhe é possível pela sua natureza, a tal ponto que ele não pode mais por suas forças naturais realizar totalmente o bem proporcionado à sua natureza. Entretanto, o pecado não corrompeu totalmente a natureza humana a ponto de privá-la de todo bem que lhe é natural. Assim, mesmo neste estado de corrupção o homem pode ainda fazer, por sua potência natural, algum bem particular, como construir casas, plantar vinhas, e outros trabalhos do mesmo gênero. Mas ele não é capaz de realizar em sua totalidade o bem que lhe é conatural, sem alguma falha" (ibid., a. 2).

(Cf. ENTE, ESSÊNCIA, GRAÇA, MUNDO, PECADO)
[Tradução: M. Couto]

Negligência

É um hábito mau de quem não cumpre os deveres inerentes ao seu ofício com o cuidado e a solicitude necessários. Santo Tomás a enumera entre os vícios contrários à prudência.

Segundo o Doutor Angélico a negligência é um pecado especial, porque é caracterizado pela falta da devida solicitude, a qual é um ato especial da razão; antes, dado que a solicitude correta pertence à prudência, a negligência, que é falta de retidão, é contrária à prudência. Se a negligência diz respeito a coisas necessárias para a salvação eterna, é pecado mortal. "De outro modo, se a negligência consistir na omissão de um ato ou circunstância não necessários para a salvação, e isso não proceder do desprezo, mas da falta de fervor, que é impedido, às vezes, por um pecado venial, a negligência não é pecado mortal, mas venial" (II-II, q. 54, a. 3).
[Tradução: M. Couto]

Neoplatonismo

Com este nome se quer indicar um vasto movimento de pensamento que abraça todas as escolas platônicas que se desenvolveram entre o século III d.C. (fundação da escola de Alexandria por iniciativa de Amônio Sacas) e o século VI (fechamento da escola de Atenas por parte do imperador Justiniano), mas faz referência de maneira especial à escola de Plotino (205–270), que no neoplatonismo é sem dúvida sua principal expoente. Os grandes pilares da filosofia religiosa que Plotino desenvolve em suas célebres *Enéadas* são a simplicidade, a transcendência e a inefabilidade do Uno, e também a derivação de todas as coisas do Uno mediante o processo de emanação. A ordem das emanações segundo Plotino é a seguinte: em primeiro lugar procede a Inteligência ou *Nous*, que é a única realidade a ter origem imediata a partir do Uno; da Inteligência procede a Vida; da Vida a Alma universal e da Alma universal as almas de todos os indivíduos. A última emanação do Uno é a matéria, que de tal modo se encontra no extremo oposto do Uno e do Bem, e por isso se identifica com o mal. Ao processo de emanação (*exitus*) corresponde um processo de retorno (*reditus*) e reabsorção das coisas pelo Uno. A atuação do *reditus* cabe ao homem, que o realiza percorrendo três etapas: *ascética* (mediante o exercício da escada das virtudes); *contemplação* (conhecimento do Uno mediante a filosofia) e *êxtase* (união mística, imediata com o Uno).

Muitos Padre da Igreja, particularmente Agostinho, e o Pseudo-Dionísio, foram influenciados fortemente pelo pensamento neoplatônico, e, graças a eles, o neoplatonismo marcou profundamente também a especulação filosófica e teológica dos escolásticos.

Santo Tomás, do neoplatonismo — que ele conhece principalmente por meio de Macróbio e do *Liber de Causis* —, acolhe e absorve o grande esquema metafísico do *exitus* e do *reditus*. Ele se utiliza desse esquema nas duas *Sumas* para conferir ordem ao vasto universo da verdade que o cristão possui sobre Deus, o mundo, o homem, Jesus Cristo, os sacramentos. Ele faz isso com grande liberdade e absoluto domínio, evitando todo compromisso nocivo com princípios inaceitáveis, como, por exemplo, o princípio da emanação. Santo Tomás toma também do neoplatonismo a "escada das virtudes", inserindo-a na síntese moral cristã.

[Tradução: G. Frade]

Nomes divinos

São todas aquelas expressões que o homem utiliza para falar de Deus, expressões como "pai", "criador", "potente", "sapiente", "substância", "causa", "infinito", "bom" etc. Qual é o significado de tais nomes — se próprio ou metafórico, se unívoco, equívoco ou mesmo análogo — é um dos problemas mais árduos da teologia filosófica, que empenhou todos os pensadores religiosos desde os tempos de Fílon, Clemente e Orígenes.

A configuração mais célebre da questão foi dada pelo Pseudo-Dionísio no seu *De divinis nominibus*, uma das obras mais lidas e comentadas pelos escolásticos. Nesse escrito, o autor aborda claramente a doutrina da analogia, que se articula em três momentos: positivo, negativo e eminente. No primeiro momento, um determinado nome, como pai, criador, bom, sapiente etc., é afirmado de Deus; no segundo momento esse nome é negado; no terceiro ele é atribuído a Deus de modo excelente, eminente. Por exemplo, se diz que Deus é sumamente bom, sapiente, pai etc.

A questão dos "nomes divinos" é tratada por Santo Tomás em muitas de suas obras, particularmente na *Suma Teológica* (I, q. 13), escrito em que o Doutor Angélico retoma e aperfeiçoa a doutrina da analogia, a um ponto tal que acabou lhe conferindo o título de "pai da analogia".

(Cf. ANALOGIA)

[Tradução: G. Frade]

Norma

Em filosofia moral equivale a critério de moralidade.

"Norma" em latim quer dizer esquadro, que é o instrumento para verificar a exatidão das linhas que deveriam formar um ângulo reto. Metaforicamente a palavra significa linha de conduta, tipo ideal ou regra em relação aos quais são fundados os juízos de valor. A norma da moralidade é, portanto, o que mede a retidão dos juízos práticos e das ações, exatamente como o princípio de não contradição pode ser dito a norma dos nossos juízos teoréticos. A ação conforme à norma será boa; a ação contrária à norma será má. Alguns autores distinguem entre *norma constitutiva* e *norma manifestativa*. Outros consideram essa distinção injustificada, porque, não sendo a norma nada mais que o princípio que dirige a atividade, lhe é essencial ser o sinal que faz conhecer a retidão do ato.

Geralmente se considera que a norma é dada pela lei ou pela consciência. No primeiro caso, a norma parece ter caráter heterônomo; no segundo, autônomo. Mas, se atentarmos bem, sendo a norma um guia dado ao homem para que possa agir corretamente, ela não é concebida de modo extrínseco (heterônomo), mas sim de modo personalista. A norma é finalizada em vista da plena realização do projeto-homem e do seu valor.

O termo "norma", ainda que usado no latim clássico, era pouco familiar aos medievais, e Santo Tomás o ignora completamente. O termo equivalente que será mais utilizado com maior frequência por ele é *regula* ou mesmo *mensura*.

Segundo o Doutor Angélico, a função da regra é fornecer critérios de validação daquilo que é bem e daquilo que é mal: "O bem de tudo o que é medido e regulado está em conformar-se à sua regra, como o bem nas obras artísticas está em seguir as regras da arte. Consequentemente, nesses casos, o mal está, ao contrário, no desacordo de uma coisa com a sua regra ou medida" (I-II, q. 64, a. 1).

No que concerne aos atos morais, Santo Tomás distingue duas regras, próxima e remota. Regra próxima é a razão; regra remota é a lei eterna. Obviamente, das duas a que conta mais é a segunda. De fato, "nas causas ordenadas, o efeito depende mais da causa primeira do que da causa segunda, porque a causa segunda não age senão em virtude da causa primeira. Que a razão humana seja a regra da vontade humana, pela qual sua bondade é medida, procede essa regra da lei eterna, que é a razão divina [...]. Por isso, é evidente que muito mais depende a bondade da vontade humana da lei eterna do que da razão humana, e, quando falha a razão humana, é necessário recorrer à lei eterna (*ubi deficit humana ratio, oportet ad rationem aeternam recurrere*)" (I-II, q. 19, a. 4).

Esclarecidos os critérios supremos da moralidade, Santo Tomás pode deduzir a seguinte conclusão: "Para os que agem pela vontade, a regra próxima é a razão humana e a regra suprema, a lei eterna. Logo, quando o ato humano se ordena para o fim segundo a ordenação da razão e da lei eterna, será reto; quando, porém, se desvia dessa retidão, se diz que há pecado. Dessas premissas evidentemente se conclui que todo ato voluntário é mau porque se afasta da ordenação da razão e da lei eterna e que todo ato bom concorda com a razão e a lei eterna" (I-II, q. 21, a. 1).

[Tradução: M. Couto]

Número

Cada um dos entes abstratos que constituem uma sucessão ordenada e que, feito corresponder cada um a cada objeto tomado em consideração, servem para indicar a quantidade dos objetos constituídos num conjunto.

No plano filosófico os gregos conceberam sempre o número como elemento constitutivo da realidade. Ainda que sob formas muito diversas, essa tese foi compartilhada: pelos pitagóricos (para os quais o número é a essência de todas as coisas); por Platão, que concebe o número como princípio de ordem e que, na última fase do seu pensamento, teria elaborado, segundo alguns, a bastante discutida doutrina das ideias-números; e por Aristóteles, que define o número "uma pluralidade medida ou uma pluralidade de medida".

Santo Tomás, retomando Aristóteles, define o número como "*multitudo mensurata per unum*" (I, q. 7, a. 4) ou como "*aggregatio unitatum*" (*VII Phys.*, lect. 8). Ele distingue dois gêneros de números: os primeiros, que são aqueles divisíveis somente pela unidade; os compostos, que podem ser divididos em outros números, por exemplo o 12, que pode ser dividido por 2, por 3, por 4 e por 6 (*V Met.*, lect. 16). Os números, quer pares ou ímpares, são infinitos e, contudo, os pares e os ímpares somados juntos são em número maior do que apenas os números pares (III, q. 10, a. 3, ad 3).

[Tradução: M. Couto]

Núpcias cf. Matrimônio

Obediência

É a virtude moral que regula as relações do inferior para com seu superior; graças à obediência, o inferior está disposto a fazer a vontade do superior, a acolher e seguir suas ordens. A obediência era reconhecida como virtude especial já na classificação antiga de origem estoica (cf. Cícero, *De inventione*, I. II); sua doutrina se desenvolve amplamente no pensamento cristão, principalmente pelo lugar que a obediência vem a ocupar na vida monástica e religiosa, que comporta sempre o voto de obediência, pelo menos.

No AT e no NT a obediência regula antes de tudo as relações do homem para com Deus: é o comportamento existencial do homem em relação a Deus, a relação de escuta de sua Palavra, na qual reconhece uma chamada para a realização de um determinado projeto de humanidade. A história do homem, na Bíblia, é inteiramente registrada sobre a relação dialética entre a obediência à qual Deus o chama e a desobediência à qual é tentado na busca de uma falsa autonomia e liberdade. O desígnio divino de salvação do homem é a "reconstrução misericordiosa da obediência violada". Tal desígnio primordial se revela plenamente, se cumpre e se realiza em Cristo, o qual, filho obediente do Pai, cumpre plenamente a vontade divina (Jo 6,38), entregando-se à obediência até a morte (Fl 2,8; Hb 5,8). Por tal oblação expiadora do pecado do homem, a humanidade inteira é redimida, e em Jesus, e por Jesus, nasce a humanidade nova, o povo obediente que tem como lei o mandamento do amor e como chefe o próprio Filho de Deus que se fez homem para redimi-la. Mas da virtude da obediência a Escritura não fala somente em referência a Deus, mas é também recomendada, praticamente, a todos os inferiores para com os seus superiores: aos filhos para os pais (está, além do mais, implícita no quarto mandamento: honra o pai e a mãe), aos discípulos para com os mestres, aos escravos para com os patrões, aos cidadãos para com as autoridades: "Seja todo homem submisso às autoridades que exercem o poder, pois não há autoridade a não ser por Deus e as que existem são estabelecidas por ele. Assim, aquele que se opõe à autoridade se revolta contra a ordem querida por Deus, e os rebeldes atrairão a condenação sobre si mesmos" (Rm 13,1-2).

Segundo Santo Tomás, a obediência é uma virtude especial distinta tanto da justiça quanto da piedade. "Pois, como os inferiores têm muitos deveres a prestar a seus superiores, entre outros este é um especial, que é o de obedecer aos preceitos deles. Portanto, a obediência é uma virtude especial tendo por objeto especial um preceito expresso ou tácito. Pois a vontade do superior, de qualquer maneira como ela se manifeste, é uma ordem tácita; e a obediência se mostrará tanto mais solícita quanto mais obediente se antecipar à expressão do preceito, compreendida a vontade do superior" (II-II, q. 104, a. 2). Para Santo Tomás, como de resto para todo o pensamento cristão, a autoridade legítima deve seu poder e sua superioridade não às contingências mais ou menos discutíveis que possam designar a pessoa que foi investida dela, mas a uma participação nos próprios poderes divinos. Por isso, o direito de comandar não deriva de um contrato social e da investidura daqueles mesmos que depois devem obedecer, como buscam explicar certos teóricos modernos, que não percebem a própria insustentável contradição; mas deriva da disposição hierárquica querida por Deus na instituição do universo. Nessa concepção teocêntrica a obediência não corre nenhum risco de cair no servilismo, porque todas as autoridades humanas valem na medida em que estão sujeitas à autoridade suprema de Deus e a representam. Quando esta não é respeitada, o comando do homem contrastando com o querer divino não merece outra resposta senão a rebelião, para manter fé somente àquela autoridade à qual não se pode jamais desobedecer, a autoridade de Deus. "Por dois motivos pode acontecer que o súdito não seja obrigado a obedecer em tudo a seu superior. 1º, por causa da ordem de uma autoridade maior [...]. Por conseguinte, se o imperador dá uma ordem e Deus outra, deverás desprezar o imperador e obedecer a Deus. 2º, o inferior não está obrigado a obedecer a seu superior quando este lhe dá uma ordem num assunto em que não lhe está sujeito [...]. É por isso que, naquilo que concerne ao movimento interior da vontade, não se é obrigado a obedecer aos homens, mas somente a Deus. O homem é obrigado a obedecer a outro homem no que se refere aos atos exteriores do corpo. Entretanto, mesmo neste plano, segundo aquilo que diz respeito à própria natureza do corpo, o homem não é obrigado a obedecer a outro homem, mas somente a Deus, porque todos os homens são iguais pela natureza, por exemplo, naquilo que concerne à alimentação e à reprodução da espécie. Desta forma, os servos não estão obrigados a obedecer a seus senhores, nem os filhos aos pais, para contrair núpcias, guardar ou não a virgindade, ou em outros assuntos semelhantes" (II-II, q. 104, a. 5).

(Cf. AUTORIDADE)

[Tradução: M. Couto]

Objeto

Do latim *objectum* = que está posto contra, diante. Na linguagem filosófica este termo significa, em geral, a realidade no aspecto pelo qual se contrapõe ao pensamento que a conhece. A questão das relações entre sujeito que conhece e realidade conhecida (objeto) está já presente na filosofia grega (especialmente em Platão e Aristóteles), mas cabe à escolástica o mérito de ter-lhe dado uma configuração clara, distinguindo entre objeto intencional e objeto em si.

Santo Tomás vê na ideia (*species*) o meio com o qual se conhece uma coisa (*id quo cognoscitur*), e não o que é conhecido (*id quod cognoscitur*): o que é conhecido mediante a *species* é a própria realidade, o objeto. Santo Tomás critica vivamente a concepção subjetivista do conhecimento, pela qual no conhecer se teria consciência somente das próprias impressões e não das coisas, os objetos. A seu juízo, "essa opinião é evidentemente falsa, por duas razões. Primeira: porque é o mesmo o que conhecemos e aquilo de que tratam as ciências. Se, pois, aquilo que conhecemos fosse somente as espécies que estão na alma, todas as ciências não seriam de coisas que estão fora da alma, mas somente das espécies inteligíveis que estão na alma [...]. Segunda razão: porque se chegaria ao erro dos antigos, que diziam que *tudo o que parece é verdadeiro*, e assim afirmações contraditórias seriam ao mesmo tempo verdadeiras. Se, com efeito, uma potência não conhece senão sua própria impressão, só dela julga [...]. Por conseguinte, toda opinião será igualmente verdadeira, e, de modo geral, toda significação. Deve-se, portanto, dizer que a espécie inteligível está para o intelecto como aquilo pelo qual ele conhece (*species intelligibilis se habet ad intellectum ut quo intellectus intelligit*) [...]. De onde, a semelhança da coisa visível é a forma segundo a qual a vista vê, e a semelhança da coisa conhecida, a saber, a espécie inteligível, é a forma segundo a qual o intelecto conhece" (I, q. 85, a. 2).

Estabelecendo essa clara distinção entre o aspecto psicológico (*obiectum quo*) e o aspecto intencional (*obiectum quod*) das ideias, Santo Tomás assegura ao conhecimento o caráter objetivo que o liberta de todo risco de subjetivismo, imanentismo e relativismo, e o coloca em condição de atingir a verdade das coisas.

(Cf. EVIDÊNCIA, VERDADE)

[Tradução: M. Couto]

Obras de misericórdia

É um grupo de boas obras com que se socorre às necessidades do próximo. Estão subdivididas em duas séries de sete cada uma:

1) — *Obras de misericórdia corporais*: dar de comer aos famintos, dar de beber aos sedentos, vestir quem está nu, acolher os peregrinos, visitar os doentes, redimir os prisioneiros, sepultar os mortos.

2) — *Obras de misericórdia espirituais*: ensinar os ignorantes, aconselhar os duvidosos, consolar os aflitos, corrigir os pecadores, perdoar as ofensas, suportar as pessoas que molestam, rezar pelos vivos e pelos defuntos. Para facilitar a memória, os escolásticos inventaram dois versos: 1) "*Visito, poto, cibo, redimo, tego, colligo, condo* (Eu visito, sacio, alimento, resgato, visto, curo, enterro)", para as obras corporais; 2) "*Consule, castiga, solare, remitte, fer, ora* (Eu aconselho, repreendo, ensino, consolo, perdoo, suporto, rezo)", para as obras espirituais.

As obras de misericórdia possuem seu fundamento teológico no evangelho e são a expressão icônica da moral cristã, que é a *caridade* entre os filhos do mesmo Pai, e entre os que foram redimidos pelo mesmo sangue de Cristo.

Santo Tomás trata explicitamente das obras de misericórdia numa questão ampla da *Suma Teológica* (II-II, q. 32) dedicada à *esmola*. De fato, o Doutor Angélico considera que o duplo elenco septenário não faz outra coisa senão descrever os principais tipos de misericórdia. De modo que ele se preocupa, em primeiro lugar, em mostrar que o elenco tradicional das obras de misericórdia é exauriente. Eis o raciocínio do Doutor Angélico: "A referida distinção entre os gêneros de esmolas está fundada com razão sobre a diversidade das deficiências (*defectus*) do próximo. Algumas delas provêm da alma, e a essas se ordenam as esmolas espirituais. As outras provêm do corpo, e a elas se ordenam as esmolas corporais. As deficiências corporais podem ser produzidas durante a vida, ou depois dela. Se não durante a vida: ou é uma necessidade geral, relativa a coisas de que todos precisam; ou é uma necessidade especial, que advém por acidente. No primeiro caso, esta necessidade é interior ou exterior. A interior tem duas formas: uma, a que se socorre com alimento sólido, como é a fome; em relação a ela é que se diz '*dar de comer a quem tem fome*', a outra é a que se socorre com alimento líquido, como é a sede, à qual corresponde a palavra '*dar de beber a quem tem sede*'. — A necessidade geral do auxílio exterior é também dupla: uma a respeito das roupas, para a qual se prescreve '*vestir os nus*', outra quanto à habitação, cujo preceito é '*acolher os peregrinos*' — Do mesmo modo, a necessidade especial provém de uma causa interior, por exemplo, a doença, e assim se entende o '*visitar os enfermos*'; ou de uma causa exterior, em relação à qual se diz '*redimir os cativos*'. Enfim, após a vida, é preciso '*enterrar os mortos*'. — De modo semelhante, as necessidades espirituais são supridas de dois modos. Primeiro, pedindo o socorro de Deus, isto é, pela *oração*, que nos faz orar pelos outros. — Segundo, prestando o auxílio humano, que visa três coisas: uma deficiência da inteligência, que se remedeia pelo *ensino*, quando se trata do intelecto especulativo, ou pelo *conselho*, quando se trata do intelecto prático. — Uma deficiência afetando a potência apetitiva: a maior, neste caso, é a tristeza, que se remedeia com a *consolação*. — Uma deficiência proveniente de um ato desordenado, o qual, por sua vez, pode ser analisado sob um tríplice ponto de vista; 1º) daquele que peca, desde que o ato proceda de sua vontade desordenada, cujo remédio apropriado é a *correção*; 2º) daquele contra quem se peca; quando se trata de nós, nós remediamos com o *perdão* das ofensas, mas quando se trata de Deus e do próximo, como diz Jerônimo, 'o perdão não está em nosso arbítrio'; 3º) das consequências do próprio ato desordenado que, mesmo sem a intenção dos pecadores, afetam gravemente os que convivem com eles; o remédio, então, consiste em *suportar* principalmente os que pecam por fraqueza, segundo a Carta aos Romanos: 'Nós, os fortes, devemos suportar as fragilidades dos outros' (Rm 15,1)" (II-II, q. 32, a. 2).

Evidentemente, as obras de misericórdia espirituais são superiores às corporais: "1º) Porque o que é dado tem mais valor, isto é, um dom espiritual é superior a um dom corporal [...]. 2º) Em razão da condição daquele a quem se socorre, isto é, o espírito, que é mais nobre que o corpo. Assim, do mesmo modo que o homem deve cuidar mais de sua alma do que de seu corpo, deve também ele fazer por seu próximo, que deve amar como a si mesmo. 3º) Em razão das ações com as quais auxilia o próximo; com efeito, os atos espirituais são mais nobres que os corporais, sempre marcados por certo caráter servil" (II-II, q. 32, a. 3). Contudo, por vezes as obras de misericórdia corporais são mais urgentes e, nesse caso, prevalecem sobre as espirituais: "Assim, a quem está morrendo de fome, é preferível dar de comer do que ensinar" (ibid.).

(Cf. Caridade, Esmola, Misericórdia)

[Tradução: G. Frade]

Obrigação

É o conceito fundamental da filosofia moral. A obrigação é o caráter essencial da lei. Também Santo Tomás vê na obrigação uma propriedade fundamental da lei: "*Est proprium legis*" (I-II, q. 90, a. 4). De fato, a lei é tal visto que cria um vínculo, visto que liga necessariamente, mesmo que se trate de uma ligação moral e não física.

Condição fundamental para que uma lei obrigue é que seja promulgada, ou que seja manifestada exteriormente (oralmente ou por escrito) à comunidade por parte da autoridade. De fato, "a lei se impõe a outros por modo de regra e de medida. E a regra e a medida se impõem enquanto se aplicam naquelas coisas que são reguladas e medidas. Donde, para que a lei obtenha a força de obrigar, que é próprio dela, é necessário que se aplique aos homens que segundo ela devem ser regulados. Tal aplicação se faz enquanto é levada ao conhecimento deles pela própria promulgação. Portanto, a promulgação é necessária para que a lei tenha sua força" (I-II, q. 90, a. 4). A quem objeta que a lei natural tem em grau supremo natureza de lei e, contudo, não há necessidade de promulgação para ser vinculante, Santo Tomás replica: "a promulgação da lei natural é pelo fato mesmo que Deus a inseriu nas mentes dos homens para ser conhecida naturalmente" (ibid., ad 1). Já que, porém, qualquer lei para obrigar passa através do filtro da consciência, que é a fonte próxima da moralidade, deve-se perguntar se e até que ponto uma consciência errônea é vinculante. A essa dificuldade o Doutor Angélico responde que, sendo a vontade condicionada pela representação da razão e não dispondo de outros critérios de moralidade, "deve-se dizer, de modo absoluto, que toda vontade que discorda da razão, seja reta, ou errônea, é sempre má (*dicendum est simpliciter quod omnis voluntas discordans a ratione, sive recta sive errante, semper est mala*)" (I-II, q. 19, a. 5).

A obrigação é prerrogativa, além da lei, também da promessa e do voto. "De acordo com a honestidade, a pessoa fica comprometida com outra pela promessa feita, obrigação esta que é de direito natural" (II-II, q. 88, a. 3, ad 1). "Pertence à fidelidade humana cumprir o que se prometeu [...]. Ora, o homem deve ao máximo fidelidade a Deus, quer por causa dos benefícios, quer por causa do seu domínio sobre as coisas. Consequentemente, está o homem máxime obrigado a cumprir os votos feitos a Deus, pois tal pertence à fidelidade devida a ele, e quebrar um voto é uma espécie de infidelidade" (II-II, q. 88, a. 3).

(Cf. Lei, Norma, Voto)

[Tradução: M. Couto]

Ódio

É o contrário do amor, e, como o objeto do amor é o bem, assim o objeto do ódio é o mal: "*Odium contrariatur amori. Sed obiectum amoris est bonum. Ergo obiectum odii est malum*" (I-II, q. 29, a. 1).

Na história da filosofia e da teologia, o ódio é geralmente entendido em sentido psicológico, como paixão oposta ao amor. Mas na antiguidade houve filósofos que entenderam o ódio como princípio metafísico. Assim, para Empédocles o ódio (mais propriamente a Discórdia) é a força cósmica que separa e afasta os elementos unidos pelo Amor.

Santo Tomás trata do ódio quer sob a forma de paixão, quer sob a forma de vício. Sob a forma de *paixão*, o ódio é entendido como aversão natural, instintiva, por tudo o que de algum modo pode danificar o próprio ser e o ser das pessoas caras. "Assim como cada um tem consonância ou aptidão natural ao que lhe é conveniente, e isso é o amor natural, assim também ao que é contrário e nocivo tem dissonância natural e isso é o ódio natural. De igual modo também no apetite animal ou no intelectivo, o amor é uma certa consonância do apetite com o que se apreende como conveniente, e o ódio é uma dissonância do apetite com o que se apreende como contrário ou nocivo. Mas, como tudo que é conveniente, enquanto tal, tem razão de bem, do mesmo modo, tudo que é repugnante, enquanto tal, tem natureza de mal. Portanto, assim como o bem é objeto do amor, do mesmo modo o mal é objeto do ódio" (ibid.).

Como *vício*, o ódio é a disposição pecaminosa da vontade pela qual recusa o amor a Deus e/ou ao próximo. Em ambos os casos é pecado gravíssimo, porque vai contra os dois preceitos fundamentais do cristianismo: o amor a Deus e o amor ao próximo. O ódio a Deus, assim como representa a total e explícita aversão ao Sumo Bem, é o pecado maior. "Nos outros pecados, como, por exemplo, na fornicação, não há um afastamento direto de Deus, e sim um afastamento indireto, na medida em que o apetite se inclina para um prazer desordenado, que leva consigo a aversão de Deus. Na verdade, o que é por si tem sempre mais importância do que o que é por outro. Daí que, entre todos os pecados, o ódio a Deus é o mais grave" (II-II, q. 34, a. 2).

Também o ódio contra o próximo é pecado gravíssimo. Antes, quanto ao afeto de quem peca, o ódio é o pecado mais grave que se pode cometer contra o próximo; mas, quanto ao dano ao próximo, os pecados externos são mais graves (ibid., a. 4). Mas nesse ponto Santo Tomás faz uma precisão oportuna: o próximo deve ser amado em Deus e por isso na natureza e na graça, não na malícia ou no pecado. Com isso não se quer dizer que se deva odiar a pessoa má: deve-se odiar o pecado no irmão mas não o irmão. "Odiar no irmão a culpa e as deficiências do bem faz parte do amor ao próximo, pois uma só e mesma é a razão pela qual queremos o bem de alguém e odiamos o mal que há nele. Assim pois, considerado de maneira absoluta, o ódio ao irmão é sempre acompanhado de pecado" (ibid., a. 3).
(Cf. Amor, Caridade)
[Tradução: M. Couto]

Onipresença

Atributo divino pelo qual Deus está presente em todo lugar criado. Para embasar esta propriedade que todas as religiões e filosofias religiosas reconhecem a Deus, Santo Tomás aduz dois argumentos principais:

1) *A própria natureza de Deus*. Deus está presente em toda parte por força da sua natureza espiritual infinita: por isso não pode haver nenhuma realidade espiritual ou material que escape à sua presença. "Ora, se houvesse corpos de quantidade dimensiva infinita, ele deveria estar em toda parte. Por conseguinte, se há uma coisa incorpórea de infinita virtude, deve também estar em toda parte. Ora, foi demonstrado acima que Deus é de infinita virtude. Logo, Deus está em toda parte" (*Contra os Gentios*, III, c. 68 [2424]).

2) *A causalidade divina*: "Assim como a causa particular está para o efeito particular, está também a causa universal para o efeito universal. Ora, é necessário que a causa particular seja simultânea ao seu efeito particular. Por exemplo: o fogo, que por sua essência aquece, e a alma, que por sua essência dá vida ao corpo. Por conseguinte, sendo Deus a causa universal de todo ser, como acima foi demonstrado, é necessário que onde quer que se encontre o ser esteja também aí a presença divina (*cum igitur Deus sit causa universalis*

totius esse, oportet quod in quocumque est invenire esse, ei adsit divina praesentia)" (*Suma contra os Gentios*, III, c. 68 [2425]).

Também na demonstração deste atributo de Deus, como geralmente nas demonstrações dos outros atributos, Santo Tomás não deixa escapar a oportunidade de ressaltar sua grande intuição metafísica: o conceito intensivo do ser. É o que faz no segundo argumento há pouco referido. Dada a premissa de que Deus é a plenitude do ser que comunica e mantém no ser qualquer outra realidade (*causa universalis totius esse*), é necessário reconhecer que sua presença em todas as coisas é extremamente íntima, porque o ser é o que há de mais íntimo em toda coisa: "*Intimius ergo ad rem ipsam est ipsum esse eius*" (*De nat. acc.*, 1). Contudo, Santo Tomás tem o cuidado de esclarecer que "não se há de pensar que esteja nas coisas com elas misturado, pois foi demonstrado acima que Deus não é matéria nem forma de coisa alguma. Mas está em todas elas como causa agente" (*C. G.*, III, c. 68 [2430b]).

Deus está presente em todas as coisas com todo o seu ser: com sua essência, com sua potência e com seu conhecimento: "Deus está em tudo por seu poder, porque tudo está submetido a seu domínio. Ele está em tudo por sua presença, porque tudo está descoberto e à mostra de seus olhos. Ele está em tudo por sua essência, porque está presente em todas as coisas como causa do ser de todas elas" (I, q. 8, a. 3).

(Cf. Deus)
[Tradução: M. Couto]

Onisciência

É o atributo divino pelo qual Deus sabe tudo. Deus está presente em toda parte além do seu ser, também com seu conhecer. Está presente antes de tudo e principalmente em si mesmo: Deus é perfeita autoconsciência, que não tem necessidade de sair de si mesma para depois retornar a si, como afirmarão os idealistas. Segundo Santo Tomás, "Como Deus nada tem de potencial, pois é ato puro, é necessário que nele o intelecto e o objeto conhecido sejam plenamente idênticos, de tal modo que nem esteja desprovido de representação inteligível, como o nosso intelecto quando conhece em potência; nem a representação inteligível seja distinta da própria substância do intelecto divino, como acontece com nosso intelecto quando conhece em ato. Assim, a representação inteligível é o próprio intelecto divino. *Deus, portanto, por si mesmo conhece a si mesmo*" (I, q. 14, a. 2). E há mais: Deus conhece a si mesmo perfeitamente. Como apoio a essa tese, Santo Tomás invoca seu conceito intensivo do ser: "Ora, é manifesto que Deus conhece a si mesmo tão perfeitamente quanto é cognoscível. Cada um é cognoscível segundo o modo de seu ato; pois não se conhece algo enquanto está em potência, mas enquanto está em ato, como se prova no livro IX da *Metafísica*. Ora, tão grande é o poder cognoscitivo de Deus quanta é sua atualidade em existir, porque pelo fato de estar em ato, e separado de toda matéria e potência, Deus é alguém que conhece, como já foi demonstrado. Fica então evidente: Deus conhece a si mesmo tanto quanto é cognoscível. Portanto, compreende a si mesmo perfeitamente" (I, q. 14, a. 3).

Deus se pensa, se vê, se contempla, se autocompreende e, na sua puríssima essência, ele pensa, vê, contempla, compreende também toda outra coisa, toda outra realidade. Cada coisa se torna esta ou aquela coisa, só porque assim vem pensada pela mente divina. O pensamento divino concebe a ordem do universo nos mínimos detalhes. Eis como se exprime Santo Tomás sobre esse tema: "A ordem do universo é propriamente pretendida por Deus, e não o resultado acidental das ações de agentes sucessivos, como disseram alguns. Eles disseram que Deus criou apenas uma primeira criatura, esta, uma segunda, e assim sucessivamente, até chegar a tão grande multiplicidade de coisas. Segundo essa opinião, Deus teria ideia apenas do primeiro ser criado. Mas, se a ordem do mundo foi por si criada e pretendida por Deus, é preciso que ele tenha a ideia da ordem universal. Ora, não se pode ter a razão de um todo sem ter a razão exata dos elementos que o constituem. Por exemplo, um construtor não poderia conceber uma representação da casa, se não tivesse em si a razão exata de cada uma de suas partes. É necessário, portanto, que na mente divina se encontrem as razões próprias de todas as coisas. É o que leva Agostinho a dizer: 'Cada coisa foi criada por Deus com suas próprias razões'. Segue-se que existem na mente divina muitas ideias" (I, q. 15, a. 2).

Em Deus existe perfeita correspondência entre seu pensamento e seu ser. E, além do mais, se dá ainda perfeita paridade entre suas ideias e as coisas, porque são suas ideias que dão a exata medida da verdade das coisas. Cada coisa tem uma medida, isto é, uma quantidade bem definida do ser, e a medida, a quantidade lhe é dada pelo pensamento divino. Escreve excelentemente o Doutor Angélico: "A verdade se encontra no intelecto segundo apreende uma coisa tal qual é, e encontra-se na coisa, segundo tem o ser que pode se conformar ao intelecto. Ora, isso se encontra ao máximo em Deus. Pois não apenas seu ser é conforme a seu intelecto. Ele é sua própria intelecção, e esta é a medida e a causa de qualquer outro ser e de qualquer outro intelecto. Ele próprio é seu ser e sua intelecção. Segue-se que não somente a verdade está nele, mas que ele próprio é a suprema e primeira verdade" (I, q. 16, a. 5).

(Cf. Deus)

[Tradução: M. Couto]

Ontologia/Ontológico

O termo significa "estudo do ser" (do grego *logos* = estudo e *on* = ente, ser) e denomina a parte principal da metafísica, a que diz respeito ao estudo do ser em geral e de todas as suas propriedades transcendentais: unidade, bondade, verdade, beleza, valor etc. É uma disciplina fundamental na medida em que aborda o problema de todos os problemas, o problema primeiro da pesquisa filosófica. É disciplina importante também para a teologia porque a inteligência da fé (que é o objetivo da teologia) se opera no máximo nível quando se recorre ao mais alto grau de inteligibilidade, e esse é justamente o ontológico ou metafísico.

Para Santo Tomás, como também já para Aristóteles, a metafísica é essencialmente ontologia: é estudo do ente/ser como ente/ser, e das suas propriedades essenciais. Por esse motivo, seu edifício metafísico é todo ontológico: do início ao fim é discurso sobre o ente e sobre o ser. Mas a ontologia de Santo Tomás se distingue nitidamente de qualquer outra ontologia porque não tem por objeto, como nos outros filósofos, o conceito comum de ser (*esse commune*), mas o conceito intensivo, que vê no ser a *perfectio omnium perfectionum* e a *actualitas omnium actuum*. Assumindo como conceito guia da sua especulação ontológica o ser maximamente atual, Santo Tomás entende de modo novo quer as relações entre o ente e o ser, quer a estrutura interna do ente. O ente é o que tem o ser, o que participa no ser, é uma atuação finita do ser, é fenômeno, epifania do ser. O ente é estruturalmente composto de essência e de ato do ser. A essência é o que "define" o ente pondo limites ao ato do ser. No ente, a essência é a potência, o recipiente do ser. Colocados em foco esses conceitos fundamentais da sua ontologia, Santo Tomás efetua sua ascensão ontológica que conduz dos entes, que são objeto da nossa experiência, ao próprio ser com passagens muito rápidas. Os entes, com sua finitude, composição e hierarquia, atestam sua condição de precariedade ontológica e invocam uma causa do próprio ser, a qual, em definitivo, não pode ser senão o próprio ser subsistente, o *esse ipsum subsistens*. O estudo do ente real conduz, portanto, à afirmação e ao reconhecimento da substância do ser absoluto, que se torna obviamente aquela realidade à qual se dá, religiosamente, o nome de Deus. O *esse ipsum*, além de absoluto e infinito, simplicíssimo e maximamente perfeito, contém em si todas as perfeições simples que estão presentes nos entes.

Aprofundando a natureza do ser (e do ente), Santo Tomás demonstra a doutrina dos transcendentais, que são aquelas propriedades que pertencem ao ser (e ao ente) necessariamente. Tais são a unidade, a verdade, a bondade, a beleza. No plano do agir, o ser é a causa última na qual têm origem, não por emanação mas sim por criação, todos os entes. E o ser, segundo Santo Tomás, constitui também o fim último ao qual aspiram e para o qual se movem todos os entes.

Santo Tomás nunca expôs sistematicamente sua ontologia, mas o que recordamos em brevíssima síntese corresponde aos pontos fundamentais e à ordem lógica do seu pensamento metafísico. Para documentação textual de cada afirmação particular relativa à ontologia do Doutor Angélico, ver os verbetes: Ato, Ente, Entidade, Essência, Metafísica, Potência e Ser.

[Tradução: M. Couto]

Opinião

Estado da mente que aceita uma tese mesmo admitindo a possibilidade de que a contrária seja verdadeira e, portanto, admitindo a possibilidade de estar materialmente no erro: "*Opinio significat actum intellectus qui fertur in unam partem contradictionis cum formidine alterius* (a opinião é um ato do intelecto que se inclina para um dos termos da contradição, com o temor do outro)" (I, q. 79, a. 9, ad 4; cf. *III Sent.*, d. 23, q. 2, a. 2, sol. 1; *De Ver.*, q. 14, a. 1).

A opinião ocupa a posição intermédia entre a dúvida e a certeza. De fato, na dúvida se permanece equidistante das duas teses opostas e não se aceita nem uma nem outra; ao contrário, na certeza se dá plena adesão a uma proposição sem medo de que a contraditória possa ser verdadeira (cf. *III Sent.*, d. 23, q. 2, a. 2, sol. 1).

Santo Tomás distingue dois gêneros de opinião: comum (*opinio communis*) e estranha, extravagante (*opinio extranea*). A opinião comum é uma opinião amplamente compartilhada e, por esse motivo, é considerada *válida* porque é inconcebível que todos caiam no erro: "*Quod ab omnibus communiter dicitur, impossibile est totaliter esse falsum. Falsa enim opinio infirmitas intellectus est*" (C. G., I, c. 34). A opinião extravagante, bizarra (*extranea*) é, ao contrário, decididamente rechaçada, porque destrói os fundamentos da metafísica, da moral ou de qualquer outra ciência. Assim, por exemplo, Santo Tomás rechaça como opinião *extranea* a que nega o livre-arbítrio, porque faz demolir os próprios fundamentos da moral. "A opinião (de quem nega o livre-arbítrio) deve ser incluída entre as estranhas (*extraneas*) à filosofia, porque não é só contrária à fé, mas subverte também todos os princípios da filosofia moral. De fato, no caso em que se parta para a ação necessariamente, suprimem-se a deliberação, a exortação, o comando, o louvor e a censura, que são as coisas para as quais existe a filosofia moral. Tais opiniões que destroem os princípios de qualquer parte da filosofia são ditas posições estranhas (*positiones extraneae*), como a afirmação de que nada se move, que faz cair por terra os fundamentos da ciência natural" (*De Malo*, a. 6).

(Cf. Certeza, Dúvida)

[Tradução: M. Couto]

Oração

Segundo a definição mais comum, é uma elevação da alma a Deus para exprimir-lhe os próprios sentimentos e os próprios desejos: "*Oratio est ascensus mentis in Deum*" (*In Ep. ad Col.*, c. 1, lect. 3, n. 18). É um ato que envolve toda a pessoa: os seus sentimentos, sua mente, seu coração, sua vontade; mas o envolvimento afetivo varia naturalmente muitas vezes segundo o tipo de oração que se realiza (de louvor, de agradecimento, de propiciação, de súplica etc.).

Segundo Santo Tomás, a oração pertence à virtude da *religião*. Esta, de fato, inclina o homem a dar a Deus a reverência e a honra que lhes são devidas, e isso se faz, ao menos em parte, com a oração (II-II, q. 83, a. 3).

1. Necessidade da oração

"É preciso rezar sempre e nunca desanimar" (Lc 18,1). Comentando esse versículo evangélico, Santo Tomás faz ver que a oração é necessariamente um preceito e não simplesmente um conselho. "Esse preceito obriga de modo determinado aqueles que, como os ministros da Igreja, têm como ofício constituído ministros intermediários entre Deus e o povo a algumas orações, e por isso, pelo seu ofício, são obrigados a orar a Deus na pessoa de toda a Igreja. Mas cada um é obrigado de modo indeterminado à oração, porque cada um é obrigado a buscar os bens espirituais que só Deus pode nos dar e que ele nos dá somente se nós o pedirmos; e também porque cada um é obrigado pelo preceito da caridade a amar o próximo como a si mesmo e ser-lhe benéfico nas necessidades, não só com esmolas corporais, mas também com as espirituais das quais uma delas é a oração. Também àqueles que não exercem nenhum ministério eclesiástico, a Igreja estabeleceu um tempo determinado para a oração, obrigando-os a intervir nos dias festivos aos ofícios divinos, para conformar as suas intenções àquela dos ministros que oram pelo povo" (*IV Sent.*, d. 15, q. 4, a. 1, sol. 3).

A quem objeta que a oração é inútil, pois não se poderia constranger Deus a mudar seus planos, Santo Tomás replica muito bem que "não oramos para mudar o que foi disposto pela providência divina, mas para que façamos o que Deus dispôs para ser realizado devido à oração dos santos" (II-II, q. 83, a. 2). "Muitas coisas Deus concede por liberdade mesmo que não pedidas. Mas, quando nos concede o que lhe pedimos, o faz para nossa utilidade, a saber, para que consigamos a confiança para recorrer a Deus e tenhamos o reconhecimento de que ele é o autor dos nossos bens" (ibid., ad 3).

2. Como rezar

Comentando o versículo de João: "Se pedirdes alguma coisa a meu Pai em meu nome, ele vos dará" (Jo 16,23), Santo Tomás fixa sete condições para uma boa oração: 1) Pedir antes de tudo bens espirituais e secundariamente bens materiais; 2) rezar com perseverança; 3) rezar em comunhão com os outros; 4) rezar com afeto filial; 5) rezar com humildade; 6) rezar com confiança "sem se desencorajar, caso não tenhamos recebido a graça pedida"; 7) rezar também por si mesmo e não somente pelos outros (*In Ioan.*, c. 16, lect. 6).

3. A oração perfeita: o pai-nosso

A oração *dominical* — o pai-nosso — é perfeitíssima (*Oratio dominica perfectissima est*), pois nela não só são pedidas todas as coisas que podemos retamente desejar, mas também na ordem em que deveríamos desejar; de fato, começa-se com a finalidade de nosso desejo, que é Deus, e prossegue-se primeiramente com as coisas que a ele nos conduzem, e depois com as coisas que dele nos afastam (II-II, q. 83, a. 9).

4. Modos de rezar

Há várias formas de oração: há a oração pública e a oração privada; há a oração mental e a vocal. "A oração coletiva (pública) é a que é oferecida a Deus pelos ministros da Igreja em nome de todo o povo fiel. Assim sendo, é necessário que ela seja conhecida por todo o povo, em cujo nome é proferida, o que é possível pela oração vocal. Por isso, com razão foi instituído que os ministros da Igreja pronunciem essa oração também em voz elevada, para que ela possa ser ouvida por todos. A oração particular (privada) é a que é oferecida por uma pessoa singular, quer na intenção de si mesma, quer na de outros. E não é necessário que a oração particular seja vocal" (ibid., a. 12). Mas Santo Tomás encontra quatro boas razões para acompanhar com a voz também a oração privada: "1º, para que o homem seja estimulado com as palavras a rezar devotamente; 2º, para precaver-se das distrações; de fato, fica-se mais concentrado ao se acompanhar com as palavras os próprios sentimentos; 3º, o ímpeto da devoção desemboca naturalmente na palavra, porque o movimento das potências superiores redunda sobre as inferiores quando é muito forte, e por este motivo, quando a mente do que reza é incendiada pela devoção, deflagra gemidos, suspiros, alegrias e vozes desconsideradas; 4º, para satisfazer nosso débito de justiça para com Deus, dado que a ele devemos não só reverência com a mente, mas também o serviço do nosso corpo" (*IV Sent.*, d. 15, q. 4, a. 2, sol. 1).

As partes da oração são quatro: a *oração* com a elevação da mente a Deus; o *agradecimento* dos benefícios passados, o *voto* ou desejo relativo aos bens futuros; a *súplica* feita por Jesus Cristo nosso Senhor (II-II, q. 87, a. 17).

5. Efeitos da oração

Segundo Santo Tomás, três são os efeitos principais da oração: produz méritos, realiza a impetração, dá alimento para a alma. Para que a oração seja eficaz, deve ser feita com atenção. "É ainda de se saber que há três atenções, sem as quais a oração vocal não será possível. A primeira, é estar atento às palavras, para que nela não se cometa erro; a segunda, é prestar atenção no sentido das palavras; a terceira, que é a máxima necessária, consiste em considerar o fim da oração, isto é, a Deus, e ao objeto da oração. Esta intenção todos podem conservar na oração, mesmo os menos capazes. Às vezes, como diz Hugo de São Vitor, é tão forte a atenção à presença de Deus, que a mente se esquece de tudo o mais" (II-II, q. 83, a. 13).

[Tradução: M. Couto]

Ordem

Conceito filosófico que designa uma relação entre várias coisas de natureza diversa. É "o termo mais frequentemente usado e ao mesmo tempo o mais complicado da linguagem tomista" (A. Krempel).

1. Noção

No vocabulário tomista encontramos muitos sinônimos do termo *ordo*: *relatio, habitudo, respectus, comparatio, proportio, intentio* etc. (*IV Sent.*, d. 24, q. 1, a. 1, sol. 2, ad 4; *De Pot.*, q. 7, a. 10; ibid., q. 7, a. 9, ad 7). A ordem consiste essencialmente numa relação. Portanto, existe uma estreita equiparação entre os dois conceitos e, assim, "dado que a relação existente nas coisas consiste na ordem que vai de uma a outra, existirão tantos tipos de relações quanto são os modos nos quais uma coisa pode ser ordenada a uma outra" (*V Met.*, lect. 17). Em outra parte Santo Tomás esclarece que o conceito de ordem compreende três elementos: "A noção de ordem inclui três coisas. Em primeiro lugar o binômio *prioridade* e *posterioridade*: em tal sentido se deve dizer que há ordem entre diversos segundo todos os modos em que alguma coisa se diz previamente a alguma outra, por exemplo, a respeito do tempo, do lugar etc. A ordem implica em segundo lugar a *distinção*, porque não há ordem senão entre coisas distintas; mas isso, mais do que significado, é pressuposto no conceito. Em terceiro lugar, ordem significa a mesma razão da ordem (*ratio ordinis*) em virtude da qual ela se contrai numa espécie determinada: ordem segundo o lugar, segundo a importância, segundo a origem, e, de modo semelhante, segundo outros aspectos" (*I Sent.*, d. 20, q. 1, a. 3, sol. 1). Uma vez que o terceiro elemento (a *ratio ordinis*) não é elemento essencial da ordem como tal, mas sim a matéria específica de um tipo particular de ordem (local, temporal, de dignidade, social, político etc.), deve-se arguir que os fatores essenciais da ordem são dois: a distinção e a subordinação (ou seja, a prioridade e a posterioridade). Implicitamente, porém, a noção de ordem implica sempre um terceiro coeficiente: a referência a um princípio; de fato, a subordinação (de prioridade e posterioridade) é dita sempre com respeito a um primeiro, que funciona como princípio: "Anterior e posterior dizem respeito a um princípio. Ora, a ordem inclui em si um certo modo de anterioridade e posterioridade. Por conseguinte, é necessário que onde quer que haja um princípio haja também uma ordem" (II-II, q. 26, a. 1). Ordenar é, portanto, colocar em relação o múltiplo com um único princípio unificador. Se a *ordo ad principium* é idêntica em todos os ordenados, instauram-se entre esses relações de semelhança, em que as diferenças são somente materiais. Se, ao contrário, a ordem é de tipo proporcional, então entre os ordenados se instaura uma relação de analogia: de maneira que a *ratio* não se reproduzirá do mesmo modo neles, mas sim num sentido analógico ou proporcional; nascem assim as relações de prioridade e posterioridade, quer numéricas, quer hierárquicas (*X Met.*, lect. 4).

A ordem segundo Santo Tomás faz parte da própria natureza das coisas e não é um artifício acrescentado de fora ou uma invenção mais ou menos caprichosa da fantasia: "Nenhuma coisa natural, nem nada do que naturalmente convém às coisas pode existir sem ordem, porque a causa do ordenamento é a natureza. Observamos que em todas as suas obras a natureza procede com ordem, de uma coisa à outra (*de uno in aliud*); consequentemente, o que não tem nenhuma ordem não age segundo a natureza, nem se pode assumir como princípio" (*VIII Phys.*, lect. 6). A desordem é antinatural uma vez que contrasta com o modo de agir dos fenômenos naturais. "O fato de que uma coisa é desordenada não significa outra coisa senão que é estranha aos processos naturais (*praeter naturam*). Nas coisas sensíveis é óbvio que a ordem tem as suas raízes na natureza própria das coisas, porque é em virtude da natureza que cada coisa tende a um fim determinado. Tal inclinação constitui precisamente a ordem das coisas sensíveis; ao contrário, dizemos que algo age ou se move desordenadamente quando o faz em contraste com o impulso da própria natureza" (*In III De Caelo*, lect. 3). Também a desordem moral ou a desordem no exercício de uma arte ou de uma técnica são antinaturais, dado que o agir do homem encontra na natureza seu fundamento. "O pecado, o erro, a negligência do artista no seu trabalho se opõem à tendência da natureza" (ibid.). Mesmo não constituindo o ser de uma coisa, a ordem é tão necessária que, quando se sai da ordem, o seu ser sofre e pode desaparecer.

2. Deus, princípio primeiro da ordem do universo

No universo reina uma ordem maravilhosa, e, porque a ordem quer dizer sempre relação a um princípio, a ordem do universo não pode ter como princípio primeiro outro senão Deus. Isso é o núcleo da quinta via (cf. Deus). Santo Tomás explica que Deus estabeleceu a ordem do universo para sua glória. Criando as coisas para fazer refulgir nelas a sua glória, Deus não podia criá-las todas iguais, porque somente multiplicando-as e diferenciando-as podia oferecer um quadro mais vasto e mais rico da própria perfeição. "A diversidade das coisas provém portanto da intenção principal da Causa primeira" (*C. G.*, II, c. 44). Deus faz sempre suas obras cuidando da visão de conjunto. "O que Deus cuida sobretudo com muita atenção nas coisas criadas é a ordem do universo" (ibid., III, c. 64). Porque é a coisa mais importante querida pelo Criador, na sua mente divina deve preexistir a ideia da ordem completa, o desígnio detalhado da obra completa. "A ordem do universo é propriamente pretendida por Deus, e não o resultado acidental das ações de agentes sucessivos, como disseram alguns. Eles disseram que Deus criou apenas uma primeira criatura, esta, uma segunda, e assim sucessivamente, até chegar a tão grande multiplicidade de coisas. Segundo essa opinião, Deus teria ideia apenas do primeiro ser criado. Mas, se a ordem do mundo foi por si criada e pretendida por Deus, é preciso que ele tenha a ideia da ordem universal" (I, q. 15, a. 2). A ordem cósmica deve ser para Deus quase a mais conhecida e a mais amada das coisas. A mais conhecida, porque, "Se Deus conhece outras coisas fora de si mesmo, conhecerá sobretudo o que é ótimo, isto é, a ordem universal, à qual estão ordenados todos os bens particulares do mundo" (*C. G.*, I, c. 71). A mais amada, porque "Deus quer mais o bem universal dos seus efeitos do que um certo bem particular, porque há naquele mais perfeita semelhança de sua bondade" (ibid., c. 85). O mal é essencialmente desordem (cf. Mal), porque Deus não pode tê-lo querido diretamente. Todavia, Deus não o exclui do seu desígnio mas o coloca numa ordem ontológica superior. Por isso Santo Tomás afirma, com Santo Agostinho, que "um universo no qual não houvesse mal algum não teria tanta bondade quanto há no universo realmente existente, porque nele não existiriam tantas naturezas boas como há neste; neste existem naturezas boas às quais o mal não pode se unir, e outras às quais mal se une; e é melhor que existam ambos os tipos de natureza do que uma só" (*I Sent.*, d. 44, q. 1, a. 2, ad 5).

O universo constitui uma grande totalidade dinâmica compreendendo todas as ordens particulares, com seus princípios próprios dispostos em escala hierárquica. "Deve-se considerar que de todas as criaturas está composto o universo, como um todo de suas partes. Ora, se quisermos indicar o fim de um todo e de suas partes, em primeiro lugar encontraremos que cada uma delas existe para seus atos; por exemplo, os olhos para ver. Em segundo lugar, o que é menos nobre existe para o que é mais nobre; por exemplo, os sentidos para o intelecto e os pulmões para o coração. Em terceiro lugar, que todas as partes são para a perfeição do todo [...]. Finalmente, que todo homem existe para um fim extrínseco; por exemplo, para fruir de Deus" (I, q. 65, a. 2). Se estendemos esse modelo ao cosmo, resulta que "cada criatura existe para seu ato e para sua própria perfeição. Além disso, as criaturas menos nobres existem para as mais nobres; por exemplo, as criaturas inferiores ao homem existem para ele. E também elas existem para a perfeição de todo o universo. Mais ainda: todo o universo e cada uma dessas suas partes ordenam-se para Deus, como para o fim" (ibid.). Cada seção do universo tem seu valor intrínseco, prescindindo do fato de que seja ordenado a realidades superiores; mas no seu conjunto o universo inteiro tem um único fim: Deus.

(Cf. Analogia, Deus, Hierarquia, Mal, Proporção)

[Tradução: M. Couto]

Ordem sacra

É um dos sete sacramentos. Quem dele está investido se torna ministro da Igreja, habilitado a exercer oficialmente os três grandes ofícios messiânicos dos quais o único verdadeiro e direto titular é Jesus Cristo, ou seja, os ofícios de sacerdote, profeta e rei. Esses três ofícios, Jesus os confiou aos Apóstolos (Mt 28,19-20), que por sua vez os transmitiram aos seus discípulos.

Na época subapostólica (séculos II e III) a missão e os poderes dos ministros estão já intimamente ligados ao fato da *ordenação*, por meio da qual é dada a graça do Espírito Santo junto com a autoridade de chefes do povo. Bispos, padres e diáconos consagrados por meio da imposição das mãos e da oração formam a estrutura hierárquica da Igreja local, mas é a graça que envolve o eleito num *ordo*, ao passo que a designação do eleito ocorre por meio da comunidade (cf. *Traditio apostolica*, 2 e 8).

Isidoro de Sevilha, no *De ecclesiasticis officiis*, elaborou a primeira sistematização orgânica do sacramento da Ordem, subdividindo-o em sete graus (dos quais exclui o episcopado): presbíteros, diáconos, subdiáconos, leitores, exorcistas, acólitos e hostiários. Para Isidoro, os termos "bispo" e "presbítero" são equivalentes; portanto são idênticas também as respectivas funções. O presbítero, assim como o bispo, possui a mesma potestade de consagrar, de ensinar e de governar. Apenas num ponto o poder dos presbíteros é limitado em relação ao poder dos bispos, sendo reservada somente para estes a faculdade de ordenar e consagrar. Para o resto, os presbíteros, da mesma forma que o bispo, possuem a tríplice função de santificar, ensinar e governar o povo de Deus, exercida, porém, em colaboração com o bispo.

1. Definição e divisão

A primeira definição adequada para a Ordem é a de Pedro Lombardo. Esta soa assim: "A ordem é um sinal (*signaculum*), isto é, algo sacro mediante o qual é conferido ao ordenado um poder espiritual (*spiritualis potestas traditur ordinato*) e um ofício. É, portanto, chamado de ordem ou grau o caráter espiritual (*character spiritualis*) que implica a entrega do poder. As ordens são, portanto, chamadas de sacramentos porque em sua recepção é conferida uma realidade sagrada, isto é, a graça, representada por aquilo que naquele momento se faz" (*Sententiae* IV, d. 24).

Santo Tomás, comentando Pedro Lombardo, efetua uma sistematização mais completa e rigorosa de toda a doutrina tradicional que diz respeito à Ordem sacra. Ao definir a Ordem, ele esclarece que os elementos essenciais são dois; um genérico: é uma *potestas spiritualis* (a Ordem confere um poder espiritual); e um específico: a *potestas spiritualis* que diz respeito à Eucaristia. Como todos os teólogos medievais, também Santo Tomás considera a Ordem a partir de uma perspectiva saborosamente eucarística; assim, também sua divisão da Ordem em sete graus tem como fundamento a relação com a Eucaristia. "O sacramento da ordem está orientado ao sacramento da Eucaristia (*ordinis sacramentum ad sacramentum Eucharistiae ordinatur*), o qual, conforme a expressão de Dionísio, é 'o sacramento dos sacramentos'. De fato, assim como o templo, o altar, os vasos sacros e as vestes orientadas à Eucaristia têm necessidade de consagração, do mesmo modo também os ministros: e essa consagração é o sacramento da Ordem. Por isso também a divisão da ordem deve ser presumida em relação à Eucaristia. De fato, o poder da Ordem (*potestas ordinis*) tem por objeto, ou a consagração da Eucaristia, ou então alguma função orientada para esta. No primeiro caso há a Ordem dos *sacerdotes*. Eis por que quando estes são ordenados recebem o cálice com o vinho e a patena com o pão, recebendo o poder de consagrar o corpo e o sangue de Cristo. Por sua vez, a cooperação dos ministros está orientada ou ao próprio sacramento ou àqueles que o devem receber. No primeiro caso se apresenta sob três formas. Primeiro, sob a forma de cooperação no próprio sacramento, isto é, em relação à distribuição, não à consagração, que é reservada ao sacerdote. E é a tarefa do *diácono*... Segundo, há um ministério ordenado para preparar a matéria do sacramento nos vasos sagrados destinados a contê-lo. E isso cabe aos *subdiáconos*... Terceiro, há um ministério ordenado para apresentar a matéria do sacramento. E isso cabe ao *acólito*... Em seguida, as funções ordenadas para preparar a recepção do sacramento não podem ser exercidas senão sobre os impuros"; esses são os infiéis, os catecúmenos e os obsessos; sobre eles se exercem os poderes das outras três ordens: *hostiários, leitores* e *exorcistas* (*Suppl.*, q. 37, a. 2).

Mesmo subdividida em sete graus, a Ordem permanece um único sacramento, que possui a propriedade do *todo potencial*. "A divisão da ordem não é aquela de um todo integral em suas partes, e nem mesmo a de um todo universal, mas a de um todo potencial. E a natureza deste todo é tal que este se encontra completo numa só parte, enquanto nas outras há alguma participação dele. Desse modo neste caso. De fato, a plenitude total deste sacramento se tem numa única ordem, isto é, no sacerdócio; enquanto nos outros há uma participação na ordem" (ibid., a. 1, ad 2) (cf. Todo).

Assumindo a perspectiva eucarística, Santo Tomás é induzido a acolher a tradicional equiparação entre presbiterado e episcopado (cf. Episcopado). Seguindo Hugo de São Vítor, Pedro Lombardo e Alberto Magno, ele nega que o episcopado seja superior ao presbiterado em relação ao sacramento e à Ordem; a superioridade do episcopado diz respeito somente à dignidade e à jurisdição.

Os elementos essenciais da Ordem são três: o rito externo (o *signum tantum*), a graça (a *res tantum*) e o caráter (*res et signum*). Os efeitos da Ordem são dois: a graça e o caráter. Quanto à graça, haja vista que quem recebe a Ordem já a deve possuir, a ordenação comunica um dom de graça mais abundante, um aumento de graça que o torna apto para as várias tarefas ministeriais (*IV Sent.*, d. 24, q. 1, a. 2, sol. 1). Quanto ao caráter, ele consiste no poder sobre o Corpo de Cristo. Daí deriva que a impressão do caráter se tem no sinal que exprime essa atribuição de poder. Ora, entre os tantos sinais rituais da ordenação sacerdotal, aquele que melhor exprime a transmissão desse poder é, segundo Santo Tomás, a entrega da patena e do cálice (os instrumentos); ao passo que a imposição das mãos exprime mais a transmissão da graça para o exercício do poder sacerdotal. Outro efeito do sacramento da Ordem é a intensificação dos dons do Espírito Santo (*IV Sent.*, d. 24, q. 2, a. 1, sol. 2).

Ministro da Ordem é o bispo: somente o bispo pode conferir o diaconato e o sacerdócio. Isso encontra, segundo Santo Tomás, sua justificação no fato de que a transmissão dessas ordens requer a plenitude do poder hierárquico que apenas o bispo possui, pois cabe justamente ao bispo prover o bem-comum do povo de Deus (ibid., d. 25, q. 1, a. 1). As sacras ordenações são válidas também quando são efetuadas por bispos heréticos ou cismáticos: "Eles conferem verdadeiros sacramentos, mesmo que neles não seja administrada a graça; não pela ineficácia dos sacramentos, mas pelo pecado de quem os recebe contra a proibição da Igreja" (*IV Sent.*, d. 25, q. 1, a. 2).

2. Sujeito da ordem

Tratando do sujeito do sacramento da Ordem, Santo Tomás exclui que ele possa ser dado às mulheres, alinhando-se nisso com a tradicional práxis da Igreja, que constantemente reservou a Ordem para sujeitos do sexo masculino. A exclusão da mulher das Ordens é fundamentada biblicamente na passagem paulina que proíbe às mulheres ensinar e exercitar um poder sobre o homem (1Tm 2,12). A motivação teológica adotada por Santo Tomás como sustentação do dado tradicional evidencia a coerência da posição da Igreja. Sendo a Ordem um sacramento, os elementos que a compõem não devem somente produzir a graça, mas exprimi-la por meio dos sinais sacramentais. Ora, a Ordem confere a quem a recebe uma autoridade, um poder espiritual, uma certa superioridade hierárquica; portanto, se requer no sujeito uma capacidade natural para exprimir essa realidade espiritual. Mas o sexo feminino não pode exprimir nenhuma eminência de grau, sendo a mulher dependente do homem; a mulher, portanto, não pode receber o sacramento da Ordem. Consequentemente, para o Doutor Angélico, a mulher não pode ser sujeito do sacramento da Ordem tendo que se submeter ao homem nas coisas espirituais. Embora reconheça que no âmbito civil algumas mulheres gozem de certa autoridade, isso não vale no âmbito religioso, em que a mulher está submetida ao homem (*IV Sent.*, d. 25, q. 2, a. 1, sol. 1).

Outro impedimento à Ordem é a falta de uso da razão. A Ordem, observa Santo Tomás, consistindo na administração de um poder espiritual, de per si não requer um ato de aceitação por parte do sujeito, mas apenas seu exercício. Portanto a idade (infância) ou os defeitos que impeçam o uso da razão não invalidam de per si o sacramento da Ordem. Contudo, Santo Tomás faz alguns oportunos esclarecimentos. Para as Ordens menores não é necessária a idade da discrição para a validade do sacramento, mas sim para a sua licitude, visto que é uma exigência da lei eclesiástica. Pelo contrário, para as Ordens maiores (subdiaconato, diaconato, sacerdócio) o uso da razão é necessário tanto para a validade quanto para a licitude do sacramento. Isso vale de modo particular para o episcopado, no qual se recebe o poder sobre o corpo místico de Cristo (a Igreja). É a própria natureza da consagração episcopal a exigir do candidato o uso da razão, sendo necessário o ato de aceitação no assumir o cuidado pastoral da Igreja (ibid., qc. 2).

Definitivamente recebe validamente a Ordem o batizado do sexo masculino que possui o uso da razão (para as Ordens maiores). Recebe também licitamente desde que não esteja marcado por impedimentos externos (ibid., a. 2).

Colocada em confronto com as precedentes elaborações da doutrina da Ordem, a exposição de Santo Tomás se caracteriza por uma maior sistematização e profundidade. Partindo da definição de Pedro Lombardo sobre a Ordem, o Doutor Angélico esclarece ulteriormente o conceito de Ordem e oferece uma contribuição importante na determinação da natureza da Ordem como sacramento e dos seus efeitos sacramentais (caráter e graça). A ideia central que domina toda a especulação tomista é a do sacramento como sinal eficaz de uma realidade espiritual.

Essa realidade espiritual significada e comunicada pelo sacramento da Ordem é o poder espiritual concernente à Eucaristia e a tudo aquilo que possui relação com ela. A plenitude do poder da Ordem é dada, portanto, no sacerdócio que comunica a potestade de consagrar o corpo de Cristo, em conformidade à explícita vontade de Cristo manifestada aos apóstolos. Todo outro poder é visto em relação com o sacramento eucarístico.

(Cf. Episcopado, Igreja, Sacerdócio de Cristo, Sacramento)

[Tradução: G. Frade]

Ostentação

É o comportamento de quem age a fim de se fazer notar e de contar vantagem indevidamente pelos próprios méritos ou pelas próprias ações. A esse vício se dá também o nome de *jactância* ou *exibicionismo*. Segundo a fina definição que lhe dá Santo Tomás, a ostentação (*jactantia*) "parece dar a entender que o homem se exalte em palavras [...] acima do que realmente é. O que pode acontecer de duas maneiras. Primeiro, quando alguém fala de si próprio, não além daquilo que é, mas além daquilo que as pessoas reconhecem nele [...]. Segundo, quando alguém se exalta por palavras, colocando-se bem acima do que realmente é" (II-II, q. 112, a. 1).

A ostentação, segundo Santo Tomás, é *pecado mortal* quando se chega a apropriar-se da glória de Deus ou a ofender com desprezo a caridade do próximo; senão é *pecado venial*, se não constituir um grave ato de soberba ou de engano (ibid., a. 2).

(Cf. Soberba)

[Tradução: M. Couto]

Paciência

É uma virtude moral que modera a tristeza proveniente de um mal presente, de modo que a vontade, mediante esta, não retroceda no propósito de alcançar o bem, mas, antes, lhe dê seu assentimento com maior firmeza. Santo Tomás, numa ampla questão da *Suma Teológica* (II-II, q. 136) dedicada a esta virtude, coloca as seguintes questões: 1. A paciência é uma virtude?; 2. É a maior das virtudes?; 3. Pode existir sem a graça?; 4. É parte da fortaleza?; 5. É a mesma coisa que a longanimidade?

As suas respostas são as seguintes: é preciso uma virtude moral apropriada para governar a paixão da amargura e da tristeza causada por algum mal. Essa tarefa cabe à paciência, que nos faz suportar as enfermidades com ânimo sereno (a. 1). A paciência não é a maior das virtudes, porque, em comparação com as outras virtudes que ordenam o homem para o bem, ela é impeditiva daquilo que desvia o homem do bem, e, além do mais, menos do que o fazem a fortaleza e temperança (a. 2). A paciência, como virtude, não pode existir sem a ajuda da graça, porque, enquanto a alma tem horror natural à dor, o estar dispostos a todas as dores, ainda que seja para não perder o bem da graça, pode ser somente efeito da caridade (a. 3). Cabe à paciência aturar, com igualdade de alma, os males que vêm de fora: o maior deles é a morte, e este mal é do domínio da fortaleza: por isso a paciência vem se anexar à fortaleza como uma virtude secundária (a. 4). A paciência, enfim, concorda com a longanimidade no sentido de que a paciência é tolerância de um mal; a longanimidade, porém, concorda mais com a magnificência no sentido de que esta se dirige a um bem maior, e aquela a um bem longínquo (a. 5).
(Cf. Fortaleza)
[Tradução: M. Couto]

Padres da Igreja

Propriamente falando, são aqueles autores eclesiásticos dos primeiros sete séculos da era cristã que demonstraram excelência na doutrina, na ortodoxia e na santidade da vida e, como tais, são proclamados e venerados pela Igreja. Os demais autores eclesiásticos desse período, carentes na ortodoxia ou na santidade (Orígenes, Tertuliano etc.), são considerados simplesmente escritores.

Normalmente se dividem os Padres da Igreja em orientais e ocidentais (ou menos propriamente em gregos e latinos). Por sua vez, os Padres dos primeiros dois séculos são subdivididos em apostólicos (se, como Pápias e Inácio, conheceram os apóstolos) e apologistas (se o caráter dos escritos, como em Atenágoras, Justino e Taciano, for de defesa da verdade cristã contra as críticas dos pagãos).

Depois da Sagrada Escritura, para Santo Tomás os Padres da Igreja representam o principal foco de sua pesquisa teológica. Ele reconhece um valor enorme à autoridade deles, mesmo que absolutamente inferior ao valor da Escritura, já que apenas nela estão contidos os artigos da fé, que são os princípios primeiros da reflexão teológica (cf. I, q. 1, a. 8, ad 2) (cf. Autoridade). "Tomás de Aquino bebeu abundantemente nesse tesouro da Tradição eclesiástica, e, embora esteja escondida na *Síntese especulativa*, essa parte documental *positiva* é real e tem o lugar que lhe cabe" (C. Pera).

Santo Tomás possuía um ótimo conhecimento da patrística, tanto grega quanto latina. Para o que diz respeito aos Padres Gregos, ele foi um dos primeiros a poder dispor de novas coleções que haviam sido traduzidas havia pouco tempo do grego para o latim. Todos os principais escritores, sejam orientais, sejam ocidentais, aparecem com certa frequência em suas citações, que, especialmente *na Tertia pars* da *Suma Teológica*, são abundantes. Contudo, dois Padres se destacam em relação a todos os demais: Santo Agostinho e o Pseudo-Dionísio, que são, sem dúvida, suas duas fontes patrísticas principais. Para cada doutrina tomada individualmente, Santo Tomás bebe mais de Santo Agostinho; em vez disso, para o conjunto geral das suas obras sistemáticas, ele se inspira no Pseudo-Dionísio. Ele cita praticamente todas as obras de Santo Agostinho, mas particularmente as seguintes: *De civitate Dei, De Trinitate, De genesi ad litteram, Confessiones, Sermones, Epistolae, De vera religione* e *De libero arbitrio*. Santo Agostinho é o seu autor predileto e mais citado; pode-se certamente afirmar com Cayré que Santo Tomás é "o maior e mais ilustre discípulo de Agostinho". Contudo, o Doutor Angélico tinha uma veneração muito grande também por aquele que ele considerava um autêntico discípulo de São Paulo, Dionísio, chamado de o Areopagita. Dos estudos de P. Cordier conclui-se que "o Doutor Angélico hauriu quase que toda a doutrina teológica da fonte pura de Dionísio, não havendo quase período do qual ele, qual industriosa abelha, não tenha absorvido o néctar teológico, recolhendo na *Suma* como numa colmeia, dividida em várias questões e artigos, como tantos são os alvéolos, para aí conservar o mel teológico". Quão grande era a luz de sabedoria que o Doutor Angélico encontrava em Dionísio está testemunhado particularmente em seu comentário ao *De divinis nominibus*, que é o máximo resultado especulativo, por vezes assinalado pela inspiração mística, saído da pena de Santo Tomás.

[Tradução: G. Frade]

Pai (paternidade em Deus)

Este nome se aplica a Deus de dois modos: pessoal e atributivo. Como nome pessoal, designa a primeira pessoa da Trindade e se justifica pelo fato de a segunda pessoa, o Filho, proceder por geração intelectual (por esse motivo o Filho se chama também Verbo, Logos). Como nome atributivo, tanto o AT quanto o NT o aplicam muito frequentemente à divindade. É um uso analógico do termo que se justifica graças às relações de criação e de providência que Deus tem com o mundo e com os homens, em particular com o povo eleito, Israel, as quais são relações similares àquelas que um pai tem com os próprios filhos. O nome pai adquire seu pleno significado no NT: aqui Deus é sobretudo o Pai de Jesus Cristo, que fala de Deus como de "Deus pai". Jesus é sua revelação mais autêntica: "Eu estou no Pai e o Pai está em mim" (Jo 14,11). Jesus, no entanto, faz conhecer aos seus discípulos, além do rosto do Pai e do Filho, também a figura do Espírito, e de tal modo revela-lhes o rosto trinitário de Deus.

Para os primeiros cristãos formarem uma ideia correta da Trindade foi bastante árduo, e eles caíram facilmente em vários erros, que tocaram mais ou menos diretamente todas as Pessoas da Trindade; mas os erros dos três primeiros séculos se referiram mais à figura do Pai. O influxo do monoteísmo hebraico, por um lado, e a preocupação de exorcizar o perigo do politeísmo, por outro, induziram muitos pensadores a dar ao Pai uma prioridade não de simples origem com respeito às outras pessoas divinas, mas também uma prioridade de dignidade e valor. Nasceram assim os erros de Práxeas, de Noeto, de Paulo de Samósata etc. Os dois primeiros negavam quaisquer distinções reais entre o Pai, o Filho e o Espírito, e afirmavam que há um só princípio de tudo, isto é, o Pai, que criou, se encarnou e morreu e ressuscitou. Daí o nome de monarquianismo e de patripassianismo dados às suas heresias. Quanto a Paulo de Samósata, ele negava (como fará mais tarde também Ário) a divindade de Jesus Cristo e o considerava não como filho natural, mas como filho adotivo de Deus; a essa heresia se deu o nome de subordinacionismo.

Somente nos Concílios de Niceia, Éfeso e Calcedônia é que se conseguiram encontrar as fórmulas apropriadas para dar expressão à doutrina trinitária ortodoxa, e se esclareceu a absoluta identidade da natureza (essência, substância) das três Pessoas divinas, enquanto a sua distinção diz respeito às pessoas (hipóstases). O máximo aprofundamento do mistério trinitário foi obra de Agostinho (no seu célebre e monumental *De Trinitate*). O Doutor de Hipona, dado por certo o dogma da unicidade da natureza e da trindade das Pessoas, identificava as diferenças pessoais com as relações exclusivas entre os membros da Trindade, que são exatamente três, a paternidade, a filiação e a inspiração passiva. Assim o Pai se torna a subsistência da paternidade, o Filho a subsistência da filiação e o Espírito Santo a subsistência da espiração passiva.

Santo Tomás leva a termo a obra de Agostinho, ligando as relações às processões divinas: a relação do Filho com o Pai corresponde à processão do Verbo da Mente divina; e a relação do Espírito Santo com o Pai e com o Filho corresponde à processão (fluxo) de amor entre o Pai e o Filho. Numa questão da *Suma Teológica* (I, q. 33) dedicada inteiramente ao Pai, Santo Tomás explica que são dois os nomes divinos que pertencem exclusivamente a esta pessoa: princípio e pai. Ao Pai compete o nome de *Princípio* (= aquilo do qual procede algo) porque dele procede o Filho. Santo Tomás em seguida anota que nós latinos adotamos a palavra princípio (*principium*) com maior precisão que os gregos, que usam indiferentemente as palavras causa e princípio. Quanto ao nome *Pai*, Santo Tomás explica que é *nome próprio* da primeira Pessoa, porque é o nome que a distingue das outras. "O nome próprio de uma pessoa significa o que a distingue de todas as outras. Com efeito, assim como a alma e o corpo estão na razão de homem, no dizer do livro VII da *Metafísica*, na compreensão deste homem estão também esta alma e este corpo; a saber: aquilo pelo qual este homem se distingue de todos os outros. Ora, o que distingue das outras a pessoa do Pai é a paternidade. O nome próprio desta pessoa é, portanto, Pai, que significa a paternidade" (I, q. 33, a. 2).

O nome Pai compete à Primeira Pessoa mais por ser é princípio do Filho do que por ser princípio das criaturas, por isso lhe compete mais como pessoa divina do que como Deus. O Pai é princípio: isto implica que dele outros procedam e exclui que ele proceda de outros. "Enquanto princípio que não tem princípio se torna conhecido por não existir por um outro; o que pertence à propriedade de inascibilidade, o que o nome ingênito significa (*quod pertinet ad proprietatem innascibilitatis quam significat hoc nomen ingenitus*)" (ibid., a. 4).

(Cf. Deus, Trindade)
[Tradução: M. Couto]

Paixão

Em geral significa uma inclinação veemente, um sentimento forte, uma pulsão prepotente, dificilmente controlável. Não obstante uma certa conotação negativa, a paixão pode ser boa ou má: é boa se for dirigida a um fim, um objetivo moralmente bom; é má em caso contrário. As paixões más se transformam em vícios; enquanto as boas se tornam virtudes. As paixões foram argumento de estudo de muitíssimos filósofos, em particular de Platão, Aristóteles, Tomás de Aquino, Descartes, Espinosa, Hume, Kant, Schopenhauer, Nietzsche, Freud, que teorizaram modos diversos de defini-las, classificá-las e avaliá-las.

Aristóteles na *Metafísica* (1022b) distingue quatro sentidos de *pathos*, dos quais, porém, nenhum convém ao caso das paixões da alma. Estas são, por sua vez, definidas em outro lugar como "alterações ligadas à dimensão orgânica". Em seguida este conceito é retomado pela patrística e pela escolástica. Na *Suma Teológica* e em outras obras, Santo Tomás reserva amplo espaço ao estudo das paixões. Ele distingue três significados do termo *passio*: comum, próprio e figurado. No significado comum, quer dizer sofrer, receber (*receptio*); naquele próprio, significa alteração (isto é, mudança qualitativa), e naquele figurado, impedimento. Feitos esses esclarecimentos resolve a questão sobre se e em que sentido se pode falar de paixão da alma. "Portanto, tomada a paixão do primeiro modo, encontra-se tanto na alma como em qualquer outra criatura, pois toda criatura tem potencialidade para a mescla, razão pela qual toda criatura subsistente é receptiva de algo. A paixão, porém, considerada do segundo modo, não se encontra senão onde estão o movimento e a contrariedade. Contudo, o movimento não se encontra senão nos corpos, e a contrariedade das formas ou das qualidades só se encontra nas realidades geráveis e corruptíveis. Por isso, só desses tipos se pode dizer que padecem propriamente desse modo. Por isso, a alma, por ser incorpórea, não pode sofrer desse modo. E ainda que também receba algo, porém isso não se faz por transmutação de contrário a contrário, mas por simples influxo do agente, como o ar é iluminado pelo Sol. Há, porém, um terceiro modo em que se considera o nome paixão, ou seja, em sentido figurado, a alma pode padecer por esse modo, pela qual sua operação pode ser impedida" (*De Ver.*, q. 26, a. 1 — *As paixões da alma*, pp. 45-46). Propriamente, portanto, também para Santo Tomás como para Aristóteles as paixões são movimentos (alterações) do apetite sensitivo. Daí ele tira também a sua divisão das paixões. Uma vez que o apetite sensitivo é de dois tipos, concupiscível e irascível, as paixões se dividem em dois grandes grupos. No grupo do apetite concupiscível temos: amor, desejo e prazer, que são pulsões para um bem sensível prazeroso; ódio, fuga e tristeza, que são reações diante de males sensíveis. No grupo do apetite irascível temos: esperança e audácia, que são disposições para um bem de difícil consecução; desespero e temor, que são reações diante de um mal difícil de vencer; e ademais a ira (ou cólera), que é o motor do irascível que surge com respeito a um mal já infligido (I-II, q. 23, a. 4).

Grande parte do empenho moral do homem consiste em dominar as próprias paixões e em canalizar essas poderosas mas perigosas energias psíquica para o bem. As virtudes morais que Santo Tomás estuda com tanta fineza na Segunda Parte da *Suma Teológica* são essencialmente movidas pelo apetite sensitivo (isto é, as paixões) endereçadas habitualmente ao bem.

Infelizmente, depois do pecado original essa operação, isto é, de endereçar as paixões para o bem e transformá-las em virtude, tornou-se coisa bastante árdua e laboriosa. De fato, em consequência do pecado original "todas as potências da alma permanecem de certo modo destituídas da própria ordem pela qual se ordenam naturalmente à virtude. É esta destituição que se diz ferida da natureza. Ora, há na alma quatro potências que podem ser, como se disse, sujeitos das virtudes, a saber: a *razão*, na qual está a prudência; a *vontade*, na qual está a justiça; o *irascível*, no qual está a força; e o *concupiscível*, no qual está a temperança. Por conseguinte, quando a razão é destituída de sua ordem à verdade, há a ferida da ignorância; quando a vontade é destituída da ordem ao bem, há a ferida da malícia; quando o irascível é destituído de sua ordem ao que é árduo, há a ferida da fraqueza; quando o concupiscível é destituído da ordem ao prazer moderado pela razão, há a ferida da concupiscência" (I-II, q. 85, a. 3). Em particular, depois do pecado original as paixões do apetite sensitivo tendem a seguir os próprios impulsos e a subtrair-se ao império da vontade.

No entanto, observa Santo Tomás, as paixões do apetite sensitivo não agem diretamente sobre a vontade, porque esta é uma faculdade imaterial da alma, mas *agem indiretamente*, e isso, de dois modos: distraindo-a ou impedindo o reto juízo da razão. A vontade tende sempre ao que é bem ou que a razão lhe apresenta como bem; mas a razão pode ser dominada pela paixão, que ou distrai ou contraria a razão ou comove e conturba o organismo, a ponto de alguém poder até enlouquecer por ira ou por amor (I-II, q. 77, aa. 1-2).

Quanto à moralidade dos atos realizados sob o impulso da paixão, Santo Tomás distingue se a paixão precede a intervenção da vontade ou se a segue. No primeiro caso, isto é, quando, precede a vontade e, portanto, o ato é causado exclusivamente pela paixão, porque o ato não é livre, pode até não ser realmente pecaminoso e, pelo menos, o pecado se torna menos grave pela paixão. No segundo caso, quando a paixão é consequente ao ato voluntário, o pecado não é de modo algum diminuído, mas antes agravado. Em outras palavras, as paixões, quando tolhem o uso da razão, escusam do pecado, desde que, porém, não sejam voluntárias. Todavia, o pecado, mesmo no caso que provenha das paixões, pode ser mortal se a razão, ainda que podendo e devendo, não resiste em tempo à paixão. (I-II, q. 77, aa. 6-8; *De Ver.*, q. 26, aa. 7-8).

(Cf. ARBÍTRIO, ATO HUMANO, ÉTICA)
[Tradução: M. Couto]

Paixão (de Cristo)

Seis são os grandes mistérios que Santo Tomás leva em consideração no seu vasto tratado cristológico: encarnação, vida privada e pública, ressurreição, descida aos infernos e ascensão ao céu. Mas detém longamente a atenção sobre dois deles: a encarnação, mistério que se refere principalmente à pessoa do Cristo, e a paixão, mistério em que culmina a sua ação salvífica. Ao estudo do mistério da paixão o Doutor Angélico dedica cinco amplas questões da *Terceira Parte da Suma Teológica* (qq. 46-50).

Também o estudo da paixão, assim como o da encarnação, é enfocado a partir de duas interrogações. Na encarnação as interrogações eram: *por quê?* (as razões da encarnação) e *como?*; agora as interrogações são: *quem padeceu?* e *por que padeceu?*

A resposta à primeira interrogação — *quem padeceu?* — está já implícita na doutrina da união hipostática. Obviamente o sujeito imediato da paixão é a natureza humana, pois somente a natureza humana pode ser condenada, torturada, flagelada, ultrajada, crucificada. Mas o sujeito último, isto é, a *pessoa* que sofre a paixão, é o Verbo divino, pois a pessoa de Jesus é a segunda Pessoa da Trindade. "Como já dissemos, a união das naturezas humana e divina foi feita na pessoa, na hipóstase, no supósito, permanecendo, porém, a distinção das naturezas. Ou seja, é a mesma pessoa e hipóstase das naturezas divina e humana, permanecendo, porém, as propriedades de ambas as naturezas. Portanto, como acima dito, a paixão deve ser atribuída ao supósito da natureza divina, não em razão da natureza divina, que é impassível, mas em razão da natureza humana. Por isso, diz Cirilo: 'Se alguém não confessar que o Verbo de Deus sofreu na carne e foi crucificado na carne, que seja anátema'. Portanto, a paixão de Cristo é própria do supósito da natureza divina, em razão da natureza passível que foi assumida; mas não em razão da natureza divina, que é impassível" (III, q. 46, a. 12). Na *Exposição sobre o Credo* o Doutor Angélico ilustra esta doutrina com três exemplos: "*Hoc patet per tria exempla*". "O primeiro exemplo encontramos em nós mesmos. Sabe-se que quando um homem morre, na separação que há entre a alma e o corpo, a alma não morre, mas somente o corpo, a carne. Assim também na morte de Cristo não morreu a divindade, mas a natureza humana" (*Exposição sobre o Credo*, a. 4, n. 911). O segundo exemplo é tirado da veste real. Se alguém sujasse as vestes usadas pelo rei, ofenderia o próprio rei: "Assim também os judeus. Como não puderam matar Deus, matando a natureza humana assumida por Cristo eles mereceram severa punição, como se tivessem assassinado a própria divindade" (ibid., n. 912). O terceiro exemplo é tirado dos costumes diplomáticos. Se alguém rasga a carta do soberano, comete um delito contra o próprio soberano. "Ora, o Verbo de Deus Encarnado é como a carta do soberano escrita sobre papel [...] Por isso os judeus pecaram tão gravemente como se tivessem matado o Verbo de Deus" (ibid.).

A resposta à segunda questão — *por que padeceu?* — é dada por Santo Tomás, ao enumerar uma longa série de motivos de conveniência, e a conveniência diz respeito a todos os aspectos e momentos da paixão. Todavia, todas as razões podem ser resumidas a duas: Cristo padeceu antes de tudo para reparar nossas culpas; em segundo lugar para dar aos homens, principalmente àqueles que sofrem, um bom exemplo. Antes de tudo, "deve-se dizer que foi conveniente tanto à misericórdia como à justiça divina ser o homem libertado pela paixão de Cristo. À justiça porque, por sua paixão, Cristo deu satisfação pelo pecado do gênero humano e assim o homem, pela justiça de Cristo, foi libertado. À misericórdia porque, não podendo o homem, com suas forças, dar satisfação pelo pecado de toda natureza humana, como se disse acima, Deus lhe deu seu Filho para cumprir essa satisfação [...]. O que se tornou uma misericórdia mais abundante do que se tivesse perdoado os pecados sem satisfação" (III, q. 46, a. 1, ad 3). Em segundo lugar: "O fato de o homem ter sido libertado pela paixão de Cristo teve muitas consequências apropriadas à sua salvação, além da libertação do pecado. Primeiro, o homem conhece, por esse fato, quanto Deus o ama, sendo assim incentivado a amá-lo também, e é aí que está a perfeição da salvação humana [...]. Segundo, deu-nos exemplo de obediência, de humildade, de constância, de justiça e das demais virtudes que demonstrou na paixão de Cristo, necessárias todas para a salvação humana" (ibid., a. 3; cf. *Exposição sobre o Credo*, a. 4, nn. 913-924).

Com os motivos da paixão, o Doutor Angélico exibe uma confirmação ulterior de uma tese que lhe é cara: a tese segundo a qual a razão principal da encarnação (a vinda de Deus a este mundo) não foi a automanifestação de Deus na história, mas o amor de Deus pela humanidade decaída, dilacerada, extraviada: de fato, tanto a encarnação quanto a paixão constituem um grandioso, impressionante atestado do amor misericordioso de Deus para com a humanidade.

A paixão, máxima ação de Deus na história, produziu toda uma série de maravilhosos *efeitos*, que Santo Tomás evoca e sublinha com admiração e comoção. Os principais são os seguintes: 1) — o primeiro e principal efeito é a *libertação do homem do pecado*, e essa libertação, como explica admiravelmente o Doutor Angélico, foi possível pelo fato de que nós constituímos com Cristo uma pessoa mística, da qual ele é o chefe e nós o corpo: "A paixão de Cristo causa a remissão dos pecados por redenção. Uma vez que ele próprio é nossa cabeça, por sua paixão, que suportou com amor e obediência, ele nos libertou dos pecados, a nós que somos seus membros, como que pelo preço de sua paixão, do mesmo modo que um homem, por alguma boa obra feita com suas mãos, redimir-se-ia de um pecado que tivesse cometido com os pés. Pois, assim como o corpo natural é um só, formado pela diversidade dos membros, também toda a Igreja, que é o corpo místico de Cristo, é considerada como uma só pessoa com sua cabeça, que é Cristo [...]. Com sua paixão, Cristo nos libertou de modo causal, ou seja, estabeleceu a causa de nossa libertação, causa pela qual pudessem ser remidos em qualquer momento todos os pecados, passados, presentes e futuros; como um médico que preparasse um remédio com o qual pudesse sarar qualquer doença, mesmo no futuro" (III, q. 49, a. 1 e ad 3). 2) — O segundo efeito é a *libertação da escravidão do demônio*: "Deve-se dizer que o diabo, ainda hoje, se Deus o permitir, pode tentar os homens em relação à alma e importuná-los em relação ao corpo; contudo, pela paixão de Cristo foi preparado para o homem um remédio com o qual pode se prevenir contra os ataques do inimigo para não ser arrastado à destruição da morte eterna. E os que, antes da paixão, resistiam ao diabo podiam fazê-lo pela fé na paixão de Cristo, embora, por não ter acontecido ainda a paixão, ninguém, em certo sentido, pudesse escapar às mãos do diabo, ou seja, deixar de descer à mansão dos mortos, da qual, depois da paixão de Cristo e por sua força, os homens podem se defender" (ibid., a. 2, ad 2). 3) — O terceiro efeito é a *reconciliação com Deus*: "A paixão de Cristo é, de dois modos, causa de nossa reconciliação com Deus.

Primeiro, por remover o pecado, pelo qual os homens se tornam inimigos de Deus [...]. Segundo, por ser um sacrifício muito aceito por Deus. Ora, o efeito próprio do sacrifício é aplacar a Deus; como o homem que perdoa uma ofensa pessoal por causa de algum ato de atenção que se lhe presta. Por isso, diz o livro dos Reis (ver o atual texto de 1Sm 26,19): 'Se o Senhor te incita contra mim, receba o cheiro do sacrifício'. E, de modo semelhante, o sofrimento voluntário de Cristo foi um ato tão bom que, devido a esse bem encontrado na natureza humana, Deus se aplacou diante de todas as ofensas do gênero humano, com referência àqueles que se unem a Cristo sofredor do modo apontado" (III, q. 49, a. 4). 4) — O quarto efeito é o *livre acesso à vida eterna*, dado que o Cristo com a sua paixão nos abriu as portas do céu: "Ora, pela paixão de Cristo somos libertados não só do pecado comum a toda a natureza humana, em relação à culpa e em relação à dívida da pena, uma vez que ele pagou por nós o preço, mas também dos pecados próprios de cada um dos que participam da paixão dele pela fé, pelo amor, e pelos sacramentos da fé. Consequentemente, pela paixão de Cristo foi-nos aberta a porta do reino celeste" (ibid., a. 5).

Estudando o mistério da encarnação, Santo Tomás percebe principalmente o fascínio da inacessível altura especulativa de tal mistério (de que modo, de fato, entender e explicar o milagre da união hipostática, a união entre duas naturezas assim abissalmente distantes entre si, como a natureza humana e a natureza divina?); meditando sobre o mistério da paixão ele se sente estremecido e atravessado pela incomensurável bondade de Deus, pelos indizíveis sofrimentos que o Filho seu quis sofrer por nós, e ademais pela maldade do delito perpetrado pela humanidade. Santo Tomás não esquece jamais que a encarnação é já causa da nossa salvação e que a salvação poderia ter-se realizado mesmo sem a paixão: "desde o início de sua concepção, Cristo nos mereceu a salvação eterna. Mas, de nossa parte, havia alguns impedimentos que não nos deixavam conseguir o efeito dos méritos anteriores. Por isso, para remover esses impedimentos, 'foi necessário que Cristo sofresse', como dito acima" (III, q. 48, a. 1, ad 2). Contudo, ele leva em conta o fato inegável de que a salvação se realizou deste modo terrível e incompreensível (*nullo modo cadit in intellectu nostro*). Assim, para o Doutor Angélico, a paixão se torna o mistério central e principal da nossa fé e da nossa salvação. Todos os instrumentos da nossa salvação jorram do costado ferido de Cristo: a Igreja, os sacramentos, as virtudes, os dons, as indulgências etc. Portanto, não é por razões românticas que Santo Tomás não se cansa jamais de falar da paixão de Cristo: o faz por motivos extraordinariamente teológicos. Graças ao primado que ocupa o mistério da cruz e da paixão na sua teologia, esta pode ser corretamente chamada *teologia da paixão de Cristo*, e a sua cristologia merece o título de *cristologia estaurológica* ou *estaurocêntrica*.

(Cf. CRISTO, CRISTOLOGIA)
[Tradução: M. Couto]

Palavra cf. Verbo

Panteísmo

Termo de origem grega (*pan* = tudo; *theos* = Deus), que designa uma teoria que afirma que tudo é Deus e, consequentemente, identifica o mundo (quer o natural, quer o histórico) com o próprio Deus. O termo foi introduzido pelos filósofos ingleses J. Toland e J. Fay no início do século XVIII. Toland intitulou *Pantheisticon* seu último livro (1720); enquanto o termo "panteísmo" (*pantheism*) se encontra pela primeira vez na *Defensio religionis* do seu opositor J. Fay.

Ainda que ignorando o termo panteísmo, Santo Tomás tinha certamente familiaridade com a teoria que havia encontrado alguns defensores também entre os pensadores medievais, em particular Escoto Erígena e David de Dinant. A questão "*Utrum Deus sit esse omnium rerum*" (sobre se Deus é o ser de todas as coisas) é tratada abertamente por Santo Tomás no *Comentário às Sentenças* (I, d. 8, q. 1, a. 2). A resposta do Doutor Angélico é clara e rigorosa, como sempre: "*Deus est esse omnium non essentiale sed causale*" (Deus é o ser de todas as coisas não essencialmente mas de modo causal). E o prova distinguindo três tipos de causalidade eficiente: unívoca, equívoca e análoga. No primeiro caso, entre causa e efeito há semelhança específica (como entre pai e filho); no segundo caso, não há nenhuma semelhança (como entre o sol e a pedra aquecida pelo sol); no terceiro caso há certa semelhança, não no mesmo nível, mas sim segundo prioridade e posterioridade. Ora, o terceiro caso é exatamente o que se registra na relação de causalidade entre Deus e as criaturas: "Deus com sua sabedoria nos faz sábios, mas de tal modo que nossa sabedoria é sempre carente com respeito ao conceito de sabedoria, como o acidente é carente com respeito ao conceito de ente que compete plenamente somente à substância. Daí resulta que o ser divino produz o ser das criaturas segundo uma semelhança imperfeita consigo mesmo. Portanto, o ser divino se diz o ser de todas as coisas, visto que de tal ser procede efetivamente e exemplarmente o ser de cada criatura" (*I Sent.*, d. 8, q. 1, a. 2).

À mesma conclusão chega Santo Tomás na *Suma contra os Gentios*, ao tratar da onipresença divina. Demonstrado que Deus está certamente presente em todas as criaturas com a sua potência, com a sua sabedoria e com seu amor, Santo Tomás tem o cuidado de esclarecer que "Deus não está nas coisas como misturado a elas. Deus não é nem matéria nem forma de coisa alguma. Mas está em todas elas como causa agente" (C. G., III, c. 68 [2430b]). Tendo Deus como causa e modelo, todas as coisas e o homem de modo muito particular se podem dizer divinos, não por essência, mas sim por imitação e participação (cf. I, q. 45, a. 7; I, q. 91, a. 4).

(Cf. ANALOGIA, DEUS, IMAGEM, ONIPRESENÇA)
[Tradução: M. Couto]

Papa

Do grego *papas* = pai. É o título que a tradição reservou para o bispo de Roma, sucessor de Pedro e chefe supremo e universal de toda a Igreja. Já a partir do final do primeiro século há testemunhos respeitáveis que mostram como se reconhecia ao sucessor de Pedro em Roma uma posição e um carisma singulares.

Na eclesiologia ainda em fase germinal de Santo Tomás, surpreende encontrar o grande desenvolvimento que nela já tem a doutrina sobre a figura do sumo pontífice de Roma, uma doutrina completa em todos os pontos fundamentais, que antecipa com grande lucidez o que o magistério eclesiástico definirá solenemente somente muitos séculos depois.

1. O papa, chefe de toda a Igreja

Num belo capítulo da *Suma contra os Gentios* dedicado às relações entre os bispos e o sumo pontífice, Santo Tomás aduz toda uma série de argumentos para provar que a Igreja, além de possuir um chefe invisível (Jesus Cristo), possui também um chefe visível: o papa. Antes de tudo, isso é exigido pela *unidade da fé*. De fato, "a unidade da Igreja requer que todos os fiéis convenham na fé. Ora, acontece que são movidas questões sobre aquilo que é de fé. A diversidade de sentenças dividiria a Igreja, se a sentença de um só não a conservasse unida. Requer-se, portanto, para que a unidade da Igreja seja conservada, que seja um só que presida toda Igreja" (C. G., IV, c. 76). Em segundo lugar, isso é exigido pelo *governo da Igreja*: "Não há dúvida alguma de que o governo da Igreja é otimamente ordenado, uma vez que é disposto 'por aquele por quem reinam os reis e os grandes estabelecem justos decretos' (Pr 8,15). Ora, o melhor governo de uma multidão é aquele que é regido por um só. O que é claro dada a finalidade do governo, que é a paz. Com efeito, a paz e a unidade dos súditos é a finalidade de quem governa; e a causa mais adequada da unidade está em que um governe, e não em que muitos governem. Por isso, o governo da Igreja é assim disposto que um só preside toda a Igreja" (ibid.). Em terceiro lugar, isso pode ser percebido a partir da própria vontade de Jesus Cristo, que quis estar presente em sua Igreja não somente por meio dos sacramentos, particularmente da Eucaristia, "por cujo poder o seu corpo se consagra diariamente no altar", mas também por meio de uma autoridade visível. Por isso "foi necessário que encarregasse a alguém que, em seu lugar, governasse a Igreja universal: 'Apascenta minhas ovelhas' (Jo 21,17), e antes da Paixão: 'Tu, uma vez convertido, confirma os teus irmãos' (Lc 22,32), e somente a ele prometeu: 'Eu te darei as chaves do reino dos céus' (Mt 16,14). Demonstrou, com isso, que o poder das chaves devia ser transmitido por ele aos outros, a fim de conservar a unidade da Igreja. Não se pode dizer que, embora tenha dado esta dignidade a Pedro, entretanto, que não poderia ser transmitida a outros. É evidente, pois, que Cristo instituiu essa Igreja de tal modo que durasse até o fim dos séculos [...]. É evidente, portanto, que os ministros que então viviam foram constituídos de tal maneira que o poder deles se transmitiria aos sucessores até o fim dos séculos para a utilidade da Igreja, e, sobretudo porque Ele dissera: 'Eu estarei convosco até a consumação dos séculos' (Mt 28,20)" (ibid.).

2. A autoridade do papa

A autoridade do papa é suprema e universal no que diz respeito ao poder de jurisdição, não ao poder da ordem. No poder da ordem a hierarquia se articula tendo como cume a Santíssima Trindade, depois, nos degraus sucessivos, Jesus Cristo, e mais abaixo os ministros da Igreja. Ao contrário, no poder de jurisdição, o poder pleno cabe ao sumo pontífice: "A ele pertence o cuidado do fim último (espiritual) e a ele devem se submeter e deixar guiar pelo seu governo aqueles que possuem o cuidado pelos fins intermediários (os bispos e os sacerdotes)" (*De Reg.*, l. I, c. 15); depois do papa, de modo limitado, participam do poder de jurisdição também os bispos e os sacerdotes (cf. *Suppl.*, qq. 19 e 20). A propósito da autoridade do papa, eis o que escreve o Doutor Angélico no *Comentário às Sentenças* (II, d. 44, expos. textus): "Assim como na ordem natural a causa primeira influi sobre o efeito da causa segunda com maior vigor que a própria causa segunda (como se lê no *Livro das Causas*); igualmente o poder de Deus se relaciona a qualquer poder criado; e, do mesmo modo, do poder do imperador ao poder do procônsul. Assim se relaciona o poder do papa a qualquer outro poder espiritual na Igreja; pois é a partir do papa que estão dispostos e ordenados os diferentes graus de dignidade na Igreja; de modo que seu poder é de certo modo o fundamento da Igreja (como resulta de Mt 16). Portanto, em toda e qualquer coisa se está obrigado a obedecer mais ao papa que aos bispos ou aos arcebispos, ou o monge ao abade, sem alguma distinção".

3. Infalibilidade do papa

Como apoio a um ensinamento já enraizado solidamente na tradição, segundo o qual o papa goza de uma assistência especial do Espírito Santo que torna infalível seu magistério solene, Santo Tomás aduz os seguintes argumentos: 1) *A promessa feita a Pedro* e aos seus sucessores, concedendo-lhes o poder das chaves, de que "as portas do inferno não prevalecerão": "Isto, Cristo o deu imediatamente a Pedro; os demais o recebem de Pedro; por isso não se deve crer que é somente de Pedro que se diz: 'Aqueles aos quais perdoardes os pecados...'. Por esse motivo o papa, que está no lugar de Pedro, possui o poder pleno, ao passo que os demais o recebem dele" (*In Matth.*, c. 16, n. 1393). "Portanto, foi apenas a Igreja de Pedro a estar sempre firme na fé. Em outras partes do mundo, ou não há a fé ou ela existe misturada com muitos erros. As outras igrejas foram contaminadas por heresias; mas a Igreja romana nunca, pois está *fundada sobre a pedra*. Constantinopla foi tomada pela heresia e os muitos trabalhos dos apóstolos foram dispersados: apenas a Igreja de Pedro permaneceu inviolada; pôde ser combatida, mas nunca conquistada. Nem se deve maravilhar que o Senhor tenha dito a Pedro: 'Eu rezei por ti, para que tua fé não desfaleça' (Lc 22,32). E essas palavras se referem não apenas à Igreja de Pedro, mas também à fé de Pedro e a toda a Igreja ocidental. Portanto, eu creio que os ocidentais devam uma reverência maior a Pedro que aos demais Apóstolos" (ibid., n. 1385). 2) *A assistência do Espírito Santo*: "A Igreja Católica não pode errar (*ecclesia universali non potest errare*), governada que é pelo Espírito Santo, que é o Espírito de verdade. Isso o Senhor prometeu aos discípulos, dizendo-lhes no Evangelho de João: 'Quando ele, o Espírito da verdade, vier, vos ensinará toda a verdade' (Jo 16,13)" (II-II, q. 1, a. 9).

4. Contra os erros dos gregos

No opúsculo *Contra errores graecorum*, Santo Tomás sintetiza admiravelmente as teses fundamentais relativas à posição e às funções do papa na Igreja, corroborando-a com a autoridade acima de qualquer suspeita dos Padres orientais (Cirilo de Alexandria, Cirilo de Jerusalém, João Crisóstomo, Máximo, o Confessor etc.) e dos Concílios Ecumênicos. Trata-se das seguintes teses: 1º, O pontífice romano é o primeiro e máximo dentre todos os bispos; 2º, o pontífice romano goza de um primado universal (*universalem praelationem*) sobre a Igreja de Cristo; 3º, o papa possui a plenitude de potestade na Igreja; 4º, ao sucessor de Pedro compete a mesma potestade que foi conferida a Pedro; 5º, a ele compete a autoridade de definir aquilo que diz respeito à fé (*C. err. Graec.*, II, cc. 32-36).

Ainda que os historiadores tenham contestado a autoridade de alguns textos patrísticos citados pelo Doutor Angélico, a doutrina sobre o primado do romano pontífice exposta por ele no opúsculo *Contra errores graecorum* constitui uma aquisição importante para a eclesiologia católica de todos os tempos.

5. O magistério pontifício como lugar teológico

Para conhecer e ter uma ideia correta e completa do pensamento de Santo Tomás sobre o papel do papa na Igreja, é necessário ter presente, além de suas citações explícitas, também o uso que ele faz do magistério pontifício. Santo Tomás coloca a autoridade dos papas logo depois da autoridade da Sagrada Escritura, no mesmo patamar da autoridade dos Concílios. Para o Doutor Angélico, os testemunhos do Magistério eclesiástico — "autoridade" dos Pontífices e "documentos" dos Concílios — são os "lugares" onde se encontra o critério normativo teológico. Ele tinha à sua disposição a *Concordia discordantium canonum* composta pelo monge camaldulense Graciano entre 1139 e 1150; ali ele encontrava os ensinamentos dos papas e as decisões dos Concílios organizados de maneira orgânica. "Assim ele cita os nomes de quarenta papas, cujos documentos estão distribuídos desde os primeiros séculos da Igreja, até o século XIII. A maior parte está representada por uma ou duas citações, com exceção dos papas Gelásio, Nicolau e, principalmente, Inocêncio III, mencionados com maior frequência" (A. Legendre). Também isso é uma forte confirmação da grande veneração, estima, respeito e confiança que Santo Tomás nutria em relação ao Vigário de Cristo na terra.

(Cf. Autoridade, Eclesiologia, Igreja, Infalibilidade, Ordem)

[Tradução: G. Frade]

Paraíso

Do grego *paradeisos* = horto, jardim. A Sagrada Escritura usa este termo para indicar quer o lugar privilegiado no qual foram colocados os progenitores antes da queda, quer o "lugar" que Deus reserva às almas dos justos depois da vida presente. Para distinguir entre os dois paraísos, ao primeiro se dá o nome de *terrestre*, ao segundo de *celeste*. Este último, mais do que um lugar, é um *estado* no qual os beatos todos juntos (comunhão dos santos) gozam da visão e do amor inefável da Trindade.

Dos dois paraísos, terrestre e celeste, Santo Tomás apresenta amplas e detalhadas descrições, que aqui recapitulamos mais sucintamente, mesmo porque se trata de descrições pelas quais o próprio Doutor Angélico se deixou levar pela fantasia e curiosidade dos seus contemporâneos.

1. Paraíso terrestre

Segundo Santo Tomás, o paraíso terrestre foi um lugar real, de outro modo a Escritura não teria feito uma narração histórica. Foi um lugar conveniente ao homem inocente, que era por graça imortal. De fato, a causa interna de morte se elimina com comida e no paraíso havia a árvore da vida; causa externa de morte é um clima pérfido e no paraíso terrestre havia um clima sadio e pacífico. Deus colocou o homem no paraíso "a fim de que o homem trabalhasse e guardasse o paraíso. Esse trabalho, no entanto, não seria laborioso como depois do pecado, mas prazeroso por causa da experiência de sua força natural. Também a guarda não seria contra um invasor, estava para que o homem guardasse para si mesmo o paraíso, evitando perdê-lo pelo pecado" (I, q. 102, a. 3).

2. Visão beatífica

O que caracteriza o paraíso celeste é a perfeita beatitude, que, segundo Santo Tomás, consiste essencialmente na visão beatífica. Numa antropologia como a do Doutor Angélico, que afirma o primado absoluto do intelecto com respeito à vontade, é lógico que se faça consistir a beatitude essencialmente no conhecimento direto, imediato, pessoal de Deus. "Por isso, a visão imediata de Deus nos é prometida na Primeira Carta aos Coríntios: *Vemos agora como por um espelho, obscuramente; então, face a face* (1Cor 13,12). Isso não deve ser entendido de um modo material, como se imaginássemos uma face corporal na divindade, pois já foi demonstrado acima que Deus é incorpóreo. Nem é tampouco possível que vejamos a Deus pela nossa face corpórea, pois a visão corpórea facial só pode referir-se a coisas corpóreas. Por conseguinte, veremos a Deus face a face, porque é uma visão imediata, como a que temos de um homem que vemos face a face. Segundo essa visão, assemelhamo-nos ao máximo com Deus, participamos da sua beatitude, pois Deus conhece a sua substância pela sua essência; e nisto consiste sua felicidade" (*Suma contra os Gentios*, III, c. 51 [2288-2289a]). Nem mesmo depois da ressurreição os beatos verão Deus com os olhos corporais, porque estes percebem somente cores e dimensões, que em Deus não existem. Dos olhos corporais os beatos poderão servir-se para ver as belezas do mundo renovado que anunciam Deus, e para ver a humanidade de Cristo (*Suppl.*, q. 92, a. 2).

Mesmo vendo Deus, os santos não podem ver tudo o que vê Deus, que conhece todas as realidades com a ciência de visão e conhece todos os possíveis com a ciência de simples inteligência. Os beatos não podem conhecer todos os possíveis, porque para isso é preciso um intelecto que iguale a infinita potência de Deus, enquanto o seu intelecto permanece sempre um intelecto finito; não conhecem todas as realidades se bem vejam Deus, porque conhecer a causa não quer dizer conhecer todos os efeitos: a ciência dos beatos varia por isso segundo o grau do lume de glória com o qual veem a divina essência (ibid., a. 3).

3. O dom dos beatos

Falando do prêmio que os beatos recebem no paraíso, Santo Tomás distingue três dons e auréolas. O *dom* que é ser esposo de Cristo é comum a todos e consiste essencialmente em três dons: ver a Deus, conhecê-lo como bem presente, saber que tal bem presente é possuído por nós; isso corresponde às três virtudes teologais da fé, esperança e caridade (*Suppl.*, q. 95, a. 5). Por sua vez, a *auréola* é um esplendor especial que cinge a alma dos beatos e varia segundo as virtudes em que cada um se tornou eminente na própria vida. Três são as batalhas que incumbem a cada homem: contra a carne, contra o mundo e contra o diabo; três as vitórias privilegiadas que se podem obter; três, por consequência, os privilégios ou auréolas correspondentes, isto é, a auréola das virgens, dos mártires e dos doutores. O prêmio é proporcional ao mérito, e este pode ser maior ou menor; maior ou menor por isso pode ser também o prêmio acidental, isto é, a auréola: alguém pode ter uma auréola mais fúlgida do que um outro (ibid., q. 96, aa. 11 e 13).

(Cf. BEATITUDE)

[Tradução: M. Couto]

Participação

Conceito importante em vários sistemas filosóficos, em particular nos de Platão e dos neoplatônicos. Platão adota o termo participação para explicar as relações entre mundo sensível e mundo ideal e considera as coisas sensíveis participação de certos paradigmas ideais; por exemplo, as coisas belas participam na beleza, as coisas boas na bondade, os homens na humanidade etc. Mas no *Parmênides* o próprio Platão adverte sobre as dificuldades inerentes ao conceito de participação, que parece comprometer a simplicidades das Ideias. De Platão o conceito de participação passou aos neoplatônicos (Plotino, Proclo, Avicena), que fizeram dele uma das pedras angulares do seu sistema.

Também na metafísica de Santo Tomás o conceito de participação tem um papel de capital importância. Como demonstrou C. Fabro, "é esta noção que confere ao tomismo o caráter de síntese definitiva do pensamento clássico e do pensamento cristão e o coloca em condição de satisfazer a todas as exigências de intimidade entre o finito e o infinito apresentadas pelo pensamento moderno".

Participação é o nome que Santo Tomás dá ao princípio de causalidade: o participado é a causa, o participante é o efeito. "Quando uma coisa recebe de modo parcial o que pertence a outros de modo total, se diz que participa dele. Por exemplo, se diz que o homem participa da animalidade, porque não esgota o conceito de animalidade em toda sua extensão; pela mesma razão se diz que Sócrates participa da humanidade; do mesmo modo se diz que a substância participa do acidente e a matéria da forma enquanto a forma, substancial ou acidental, que, considerada em si mesma, é comum a muitos, é determinada neste ou naquele objeto particular; do mesmo modo se diz que o efeito participa da causa, principalmente quando não se adequa ao poder; um exemplo desta participação ocorre quando se diz que o ar participa da luz do sol" (*In De Hebd.*, lect. 2, n. 24).

Mas explicar a causalidade com o conceito de participação não significa simplesmente usar uma expressão platônica, e não aristotélica: é conceber de modo novo as relações entre causa e efeito, instaurando entre ambos um nexo muito mais íntimo e mais profundo do que aquele que dá imediatamente a entender o conceito aristotélico de causalidade. O conceito de participação evidencia ao mesmo tempo a semelhança entre causa e efeito, dado que o efeito possui a mesma qualidade da causa, e a diferença, visto que da realidade da causa o efeito pode possuir somente uma parte, "de fato, quando alguma coisa recebe em parte aquilo que pertence universalmente a um outro se diz que participa dele" (ibid.). A participação funda, portanto, também a doutrina da analogia, que sublinha ao mesmo tempo a semelhança e a dessemelhança entre causa e efeito, entre Deus e as criaturas (cf. ANALOGIA).

Ao conceito neoplatônico de participação, o Doutor Angélico confere uma nova e mais robusta tonalidade, enquadrando-o na sua filosofia do ser, na qual os participantes são antes de tudo e sobretudo os entes. Todos os entes que experimentamos não são o ser por essência, mas somente por participação do ser. O ser, como perfeição de todas as perfeições (*perfectio omnium perfectionum*) e atualidade de todos os atos (*actualitas omnium actuum*), é de direito infinito e por isso não pode jamais se comportar como um participante (porque os participantes são sempre finitos e se encontram em condição de potencialidade e receptividade com respeito ao participado). "O ser pode ser participado por outras coisas, mas não pode ele mesmo participar a coisa nenhuma. Ao contrário, aquilo que é, ou seja, o ente, participa no ser, não como o mais comum participa no menos comum, mas participa no ser como o concreto participa no abstrato" (ibid.).

Aquilo que coloca limites ao ser e fixa o grau de participação de um ente no ser é a essência. "As coisas — explica Santo Tomás — não se distinguem entre si segundo possuem o ser, porque o ser convém a todas elas. Se elas diferenciam-se umas das outras, convém ou que o próprio ser seja especificado por diferenças que lhe são acrescentadas, de modo a haver, nas coisas diversas, ser especificamente diversificado, ou que elas se diferenciem porque o ser atribui-se a naturezas especificamente diversificadas. A primeira suposição é impossível porque ao ser não se pode acrescentar algo conforme o modo pelo qual a diferença acrescenta-se ao gênero, segundo foi dito. Portanto, resta que as coisas diferenciem-se por possuírem naturezas diversas, pelas quais o ser é recebido diversamente" (*C. G.*, I, c. 26, n. 239).

Existem, no entanto, entes materiais (que são compostos de matéria e forma) e entes imateriais (como os anjos, que são puras formas). A sua participação no ser não ocorre do mesmo modo. "Deve-se considerar que toda realidade participa no ser segundo a relação que a liga ao primeiro princípio do ser. Ora, uma coisa composta de matéria e forma tem o ser somente em consequência da sua forma, portanto, é através da sua forma que ela está em relação com o primeiro princípio do ser. Mas, uma vez que numa coisa gerada a matéria preexiste à forma do ponto de vista cronológico, disso deriva que aquela dada coisa não se encontra sempre na referida relação com o princípio primeiro do ser; e não se encontra em tal relação nem mesmo em concomitância com o seu ser matéria, mas somente depois, ao ser-lhe acrescentada a forma" (*In De Causis*, prop. 25). No entanto, é também firmemente acertado que, "uma vez que todas as formas limitam o ser, nenhuma delas se identifica com o ser [...]. Cada forma enquanto se distingue das outras, é um modo particular de participar no ser" (*In De Hebd.*, lect. 2, n. 34).

Sobre estas três grandes pilastras: o princípio de participação, o conceito intensivo do ser, e o ente fenomenologicamente "intuído" como "aquilo que possui o ser" (*id quod habet esse*) se apoia a sólida metafísica de Santo Tomás. Esta lhe consente operar a "resolução" (recorrendo ao método da *resolutio* dos efeitos em sua causa) dos entes no ser, passando pela participação. Eis como o próprio Santo Tomás formula essa resolução original, que constitui o coração da sua metafísica do ser. "Tudo aquilo que é algo por participação remete a um outro que é a mesma coisa por essência, como a seu princípio supremo. Por exemplo, todas as coisas quentes por participação se reduzem ao fogo, que é quente por essência. Ora, dado que todas as coisas que são participam no ser e são entes por participação, é preciso que acima de todas as coisas haja algo que seja ser em virtude da sua própria essência, ou seja, que a sua essência seja o próprio ser. Essa coisa é Deus, que é causa suficientíssima, digníssima e perfeitíssima de todas as coisas: dele todas as coisas que existem participam no ser" (*In Ioan.*, Prol. n. 5; cf. *De Pot.*, q. 3, a. 5).

Concluindo, pode-se certamente definir a metafísica do Doutor Angélico como *metafísica da participação*. Para nós esta parece ser a definição mais apropriada da sua filosofia.

(Cf. Causalidade, Ente, Essência, Metafísica, Ser)

[Tradução: M. Couto]

Páscoa

Termo que deriva do hebraico *Pesach* ou do aramaico *Paschah*, e, segundo o significado etimológico, quer dizer "saltar", "ultrapassar".

Para os judeus é o nome de uma das três máximas solenidades litúrgicas (junto com Pentecostes e a festa dos Tabernáculos). Ela comemora a *passagem* do Senhor, durante a escravidão dos hebreus no Egito, quando então havia poupado seus primogênitos graças ao sangue do Cordeiro aspergido sobre as portas de suas casas (Ex 12,13; 23; 27).

Para os cristãos a Páscoa designa o dia da ressurreição de Cristo e, mais globalmente, a instituição da Eucaristia, a paixão, morte e ressurreição de Cristo (por isso se fala de tríduo pascal): é o verdadeiro epicentro da história da salvação, visto que Cristo, vertendo seu sangue pela humanidade, a poupou da danação, a chamou para uma nova vida e a tornou participante da sua ressurreição e da vida eterna.

Em Santo Tomás se encontram poucas menções a esta solenidade litúrgica, contudo nelas são esclarecidas duas coisas: o significado do termo e o sentido da solenidade.

Quanto ao significado do termo *páscoa*, Santo Tomás explica que isso varia segundo se derive do grego ou do hebraico. "Segundo alguns, provém do grego *paschin*, que em latim equivale a sofrer (*latine est passio*). Segundo outros, do hebraico *phase*, que quer dizer trânsito (*transitus*). Neste caso se representa o fato de que Cristo com a sua paixão foi-se deste mundo" (*In Ep. ad Hebr.*, c. 11, lect. 6).

Quanto ao sentido da solenidade pascal, este é dado pela morte e ressurreição de Cristo, da qual é a mística celebração (I-II, q. 103, a. 3, ad 4).

Na Páscoa cristã são seguidos de perto os ritos da páscoa hebraica. Eis como Santo Tomás pontua a particular correspondência entre as duas solenidades. "A razão literal do banquete pascal foi a comemoração do benefício pelo qual Deus tirou-os do Egito [...]. Já a razão figurativa é evidente. Porque pela imolação do cordeiro pascal significava-se a imolação de Cristo, segundo a Primeira Carta aos Coríntios: 'Cristo, nossa Páscoa, foi imolado' (1Cor 5,7). O sangue do cordeiro, libertando do exterminador, tintas as vergas das casas, significa a fé da paixão de Cristo no coração e na boca dos fiéis, pela qual somos libertados do pecado e da morte, segundo a Primeira Carta de Pedro: 'Fostes redimidos pelo precioso sangue do Cordeiro imaculado' (1Pd 1,18). Eram comidas aquelas carnes para significar a manducação do corpo de Cristo no Sacramento. Eram assadas ao fogo, para significar a paixão, ou a caridade de Cristo. Eram comidas com pães ázimos, para significar a pura conversão dos fiéis que tomam o corpo de Cristo [...]. Preceitua-se também que em uma só casa coma-se o cordeiro pascal, isto, na Igreja dos Católicos, não nos conventículos dos hereges" (I-II, q. 102, a. 5, ad 2).

(Cf. Cristo, Liturgia, Paixão)
[Tradução: M. Couto]

Pátria

Do latim *patria* = o país do pai. É a sociedade política à qual uma pessoa está naturalmente ligada desde o nascimento por múltiplos vínculos espirituais, culturais e cívicos, que determinam um conjunto de direitos e deveres.

Para além do sentido profano, para designar a pátria terrena, o termo é usado em sentido sagrado, para indicar o lugar da felicidade eterna. Em Santo Tomás esse uso é muito frequente; assim ele fala de *beatitudo patriae* (I-II, q. 69, a. 4); de *claritas patriae* (III *Sent.*, d. 16, q. 2, a. 1, ad 4); de *cognitio patriae* (I, q. 94, a. 1; II-II, q. 174, a. 2, ad 3; *De Ver.*, q. 13, a. 2) etc. O Doutor Angélico não se cansa nunca de contrapor a vida presente, o *status viae*, à vida *in patria*, em que finalmente Deus já não será conhecido *per speculum et in enigmate*, nem esperado com trépida esperança, mas contemplado estaticamente e com gozo beatificante. Contudo, Santo Tomás não deixa de dar importância à pátria terrena, da qual tem um conceito altíssimo e à qual reconhece uma sacralidade especial e uma absoluta inviolabilidade. A relação que ele requer da parte de todo cidadão para com a pátria é a mesma que ele exige para os pais: é a virtude da *pietas*, da qual dá a seguinte definição: "A piedade é uma virtude especial que tem por objeto quem é por natureza causa ou princípio da nossa existência, quer dizer que cabem a ela o culto e o serviço a serem prestados aos pais, à pátria, e a todos os que estão relacionados a isso (*parentibus et patriae, et his qui ad haec ordinantur, officium et cultum impendit*)"

(II-II, q. 101, a. 3). As formas de que a piedade se reveste são múltiplas: honra e respeito, mas também serviço e sacrifício. O dever no qual se fundamenta a piedade para com a pátria é de *direito natural* por ser originariamente divina a tensão generativa, formativa e protetiva dada por Deus aos pais, aos parentes, aos componentes da pátria; trata-se dos "princípios do nosso ser" (ibid., a. 1, ad 3). Segundo o Doutor Angélico, "a piedade para com a pátria não é nem um sentimentalismo pessoal ou opcional, relativo às diversas sensibilidades individuais; nem mesmo um produto da nossa fantasia, nem criação arbitrária e discutível de alguma moral positiva, sujeita à usura do tempo e às evoluções históricas da civilização em progresso. Ela é uma *realidade natural*, objetivamente fundada sobre a concretude inegável do que é e significa ser gerado para a vida e crescido numa determinada terra, com seu clima, seu húmus de uso, comida, cultura" (L. Perotto).

(Cf. PIEDADE)

[Tradução: M. Couto]

Paz

É aquela *tranquillitas ordinis* (tranquilidade da ordem), uma disposição harmônica e pacífica, de que goza a sociedade quando tudo funciona bem no seu interior e não teme perigos do exterior. Duas são, portanto, as principais expressões da paz: internacional e social. A paz *internacional* diz respeito às relações de um Estado com os outros, enquanto a paz *social* se refere às relações entre as classes e os indivíduos de um mesmo Estado (nação). Há, no entanto, uma terceira forma de paz, a *pessoal* ou interior, que é aquela da qual alguém goza dentro de si quando está em paz com a própria consciência e com Deus.

No pensamento antigo menciona-se a paz ao tratar do seu oposto, a guerra, e em geral quando se fala (Platão, os Estoicos, Plotino) da tranquilidade da alma e da concórdia entre as almas como condição de uma república ideal. No pensamento cristão, em que a paz assume um valor eminentemente moral e tem como último fundamento Deus e a união com ele, o tema é aprofundado principalmente por Agostinho e Tomás. Agostinho é, entre outros, o autor da mais célebre definição da paz: "*Est tranquillitas ordinis*" (*De civ. Dei*, XIX, 13, 1): um estado, portanto, "no qual não existe nenhuma contradição, nada resiste e nada lhe é adverso" (*Enarrat. in ps.* 84, 10). Na paz, explica Agostinho, está a perfeição; portanto os pacíficos, compostos todos os motos de seu ânimo no campo da razão, formam o reino de Deus, "no qual todas as coisas estão de modo tal ordenadas que tudo quanto existe no homem de mais importante e excelente sem que encontre relutância, comanda aquilo que permanece em nós e que temos em comum com os brutos; e aquilo que é excelente no homem, ou seja, a mente e a razão, por sua vez se submete ao que é melhor: à própria Verdade, isto é, ao unigênito Filho de Deus" (*De sermone Domini in monte* I, 9).

Segundo Santo Tomás, a paz é um valor buscado por todas as criaturas. Todas as coisas buscam ter paz consigo si mesmas e unir-se a si mesmas, querendo que permaneçam imutáveis e sem queda a própria natureza e tudo o que lhe pertence. É o desejo da paz derivado de Deus. Toda coisa deseja e ama o que lhe é conforme, foge daquilo que lhe é contrário; toda coisa ama, por isso, a paz, ou seja, deseja atingir tranquilamente e sem impedimento o objeto desejado. Mas a paz é um valor fundamental buscado principalmente pelo homem, e é essencial para sua felicidade. No homem a paz, sendo tranquilidade da ordem, registra três níveis de atuação, porque nela há uma tríplice ordem: a ordem do homem para consigo mesmo, a ordem do homem para com Deus, a ordem do homem para com o próximo. E assim no homem há uma tríplice paz: uma paz interior para consigo mesmo, com a calma dos seus impulsos, uma paz para com o próximo e uma paz para com Deus, com a total submissão ao seu querer. Entretanto, observa Santo Tomás, assim como o homem pode desejar um bem real e um bem aparente, assim pode haver para o homem uma paz real e uma paz aparente. "A verdadeira paz não pode existir senão com o desejo de um bem verdadeiro, porque todo mal, mesmo sob a aparência de bem pelo qual satisfaz parcialmente o apetite, encerra muitas deficiências, e por causa delas o apetite permanece inquieto e perturbado. A verdadeira paz, portanto, só pode existir no bem e entre os bons. Logo, a paz dos maus é aparente e não verdadeira. É o que declara o livro da Sabedoria: 'Vivem em grande guerra de ignorância, dando a males tão grandes o nome de paz' (Sb 14,22)" (II-II, q. 29, a. 2, ad 3).

A paz, explica Santo Tomás, implica duas coisas: "que não sejamos perturbados pelas coisas externas e que os nossos desejos descansem num só objeto (*haec duo importat pax: scilicet ut neque ab exterioribus perturbemur, et ut desideria nostra conquiescant in uno*)" (I-II, q. 70, a. 3). De fato, não há paz para quem, molestado por perturbações externas, não pode gozar do bem-amado. Mas também não se pode gozar a paz quando o desejo não é inteiramente atendido por causa da insuficiência do bem gozado: "*Non enim perfecte gaudet de aliquo, cui non sufficit id de quo gaudet*" (ibid.). E, uma vez que essas duas condições não são jamais plenamente realizáveis neste mundo, resulta que para o homem, quer individual quer socialmente, não será jamais consentido atingir nesta vida a paz perfeita (II-II, q. 29, a. 2, ad 4).

A paz, mais do que uma conquista do homem, é um dom: dom de Deus e dom de Jesus Cristo.

Antes de tudo a paz é *dom de Deus*: "Deus, a causa primeira que une pacificamente as criaturas, faz participantes da divina paz os Anjos, dando a cada um uma inteligência própria, unindo-os entre si com uma ordem e fazendo-os ascender até a juntar-se com as coisas divinas que são colocadas sobre toda mente [...]. Deus demonstra o efeito da sua paz em todo o universo, com um complexo harmônico, ordenado e indissolúvel de todas as coisas. Nada há de tão infinito que não participe de algum dom divino; nada que desta participação não tenha uma amizade conatural para com as outras criaturas e não seja ordenado a Deus como ao fim último. A tudo se estende a paz divina, porque a tudo se dá com a sua semelhança, segundo a propriedade de cada coisa: mas de tudo está acima na abundância da sua pacífica fecundidade porque em Deus há mais virtude para dar paz do que nas coisas a recebê-la. A emanação, portanto, da paz de Deus é superior a toda capacidade receptiva das coisas, permanece imóvel em si mesma e soberanamente unida toda em si mesma, porque Deus é simples e essencialmente uno" (*In Div. Nom.*, c. 11, lect. 2).

Em segundo lugar a paz é dom de Jesus Cristo, "príncipe da paz". "Deus na sua bondade difundiu a paz no mundo por meio de Jesus Cristo. Esta é a paz pela qual, libertos do pecado, aprendemos pela doutrina e pelo exemplo de Jesus e pela inspiração interna do Espírito Santo a não mais fazer a guerra contra nós, pecando e colocando-nos em contraste com os santos Anjos. Por meio desta paz, nós operamos segundo nossa capacidade junto com os santos Anjos, as coisas de Deus: e isto segundo a providência e a graça de Jesus que opera tudo em todos e que faz aquela inefável paz que foi predestinada desde a eternidade. Por meio desta paz nós somos reconciliados com Cristo no Espírito Santo, que é Espírito de amor e de paz, pelo mesmo Cristo: e no mesmo Cristo somos juntos reconciliados com Deus pai" (ibid., lect. 3).

Três coisas constituem a paz na vida presente: o desprezo das riquezas materiais, a sujeição da concupiscência, a contemplação da divina sabedoria. Três coisas constituem a paz na vida futura: a riqueza dos bens eternos, a segurança contra todo mal e a estabilidade. Tudo isso é prometido por Cristo aos seus seguidores: "Uma e outra paz nos promete o Senhor. Promete-nos a primeira, dizendo: 'Eu vos deixo a paz', e a deixa neste mundo, para que vençamos o inimigo e nos amemos uns aos outros. É como o testamento que Jesus mandou manter [...]. O Senhor nos promete a segunda paz dizendo: 'Dou-vos a paz', isto é, no futuro" (ibid., lect. 7).

Por último, Santo Tomás esclarece que a paz não é uma virtude, mas sim o fruto mais excelente da rainha das virtudes, a caridade: "sendo a paz causada pela caridade, segundo a própria razão do amor de Deus e do próximo, como já foi mostrado, não há outra virtude de que a paz seja o ato próprio senão a caridade" (II-II, q. 29, a. 4). A paz "é afirmada entre as bem-aventuranças, que são os atos de uma virtude perfeita, como já foi dito. Ela é também afirmada entre os frutos por ser um bem final repleto de doçura espiritual" (ibid., ad 1).

(Cf. CARIDADE)

[Tradução: M. Couto]

Pecado (em geral)

É o ato humano com que a criatura racional se desvia e se afasta do objetivo de atingir o fim, e isso normalmente ocorre mediante a transgressão de uma lei que o homem é obrigado a observar.

No AT o pecado é geralmente entendido como um desvio da reta relação do homem com Deus, uma diminuição da Aliança que liga Israel a Deus (Os 2,3-15), como um comportamento de desobediência ou de esquecimento de Deus (Sr 15,14-17). No lugar de Deus são escolhidos ídolos, realidades vazias. O pecado leva à morte, entendida como castigo de Deus (Gn 3,19). Deus, garante da vida e da felicidade do homem, não pode deixar impune o desvio do homem.

No NT, a realidade do pecado já não é sublinhada em relação a Deus doador da Lei, e portanto como transgressão, mas em relação a Deus, pai amoroso e misericordioso, que oferece ao homem o seu perdão. O pecado é denunciado, portanto, como recusa de Deus, do Cristo e da Trindade e como recusa do próximo e da Igreja. O NT, além disso, anuncia Cristo como vencedor do pecado e da morte. O mistério pascal é o centro dessa vitória: um triunfo que vai até onde não deveria existir nenhum perdão: a maldade do homem, a dureza do seu coração, a cegueira da sua mente que levam à morte o próprio Filho de Deus são todavia vencidas pelo seu amor ilimitado. Jesus é aquele "no qual temos a libertação, o perdão dos nossos pecados" (Cl 1,14), é "o cordeiro que tira o pecado do mundo" (Jo 1,29), isto é, que vence aquele poder hostil a Deus que se exprime no pecado.

Na literatura cristã da idade apostólica e subapostólica o tema do pecado está presente em termos que retomam substancialmente o ensino bíblico. A *Didaqué* configura sua doutrina moral à luz da imagem dos "dois caminhos": o da morte, ou seja, do pecado; e o da vida, ou seja, da virtude; ela apresenta, além disso, um elenco de pecados agrupados em torno das categorias do homicídio, da impureza, da avareza e da mentira.

Importância capital possui a contribuição de Agostinho para a reflexão teológica sobre o pecado. As próprias definições mais em uso não somente durante a Idade Média, mas também posteriormente, são obra dele. Uma delas diz que o pecado é *factum vel dictum vel concupitum aliquid contra legem aeternam*; outra, que é *aversio a Deo et conversio ad creatura*. Para Agostinho o pecado não é obra da carne ou do demônio mas sim do livre-arbítrio, e consiste essencialmente na *soberba*, pela qual o homem pretende ser mais do que aquilo que é, e na *avareza*, pela qual reclama uma posse maior do que tem direito de ter. Em definitivo, isso consiste na escolha de si mesmo em vez da escolha de Deus. Com essas considerações, Agostinho contribuiu para uma concepção profunda do pecado: este não é determinado antes de tudo pelo comportamento exterior, mas sim pela escolha interior contra Deus. Agostinho, grande metafísico da interioridade, utilizou essa chave de leitura para entender a realidade do pecado em suas raízes mais profundas. Com Santo Agostinho torna-se clara também a distinção capital entre pecado *pessoal* e pecado *original*: o primeiro é o realizado pela livre vontade dos indivíduos particulares; o segundo é o cometido por Adão e transmitido aos seus descendentes como estado-condição, e por esse motivo é também chamado de pecado *de natureza*. Essas linhas traçadas por Agostinho foram seguidas por grande parte da especulação da Escolástica.

Santo Tomás dedica amplas e profundas discussões ao tema do pecado em três obras: *Comentário às Sentenças* (II, dd. 34-37 e IV, d. 16); *De Malo* (qq. 2-3) e *Suma Teológica* (I-II, qq. 71-89). Mesmo partindo de premissas antropológicas e metafísicas bastante distantes daquelas de Agostinho, Santo Tomás comunga substancialmente com as teses do grande Doutor de Hipona sobre todos os pontos fundamentais, aperfeiçoando-as e esclarecendo-as em alguns pontos particulares.

1. Natureza do pecado

O pecado é essencialmente um ato desordenado (*peccatum proprie nominat actum inordinatum*) (I-II, q. 71, a. 1): é um afastamento do fim último e do bem supremo, para dar preferência a bens mutáveis: "*est inordinata conversio ad commutabile bonum*" (I-II, q. 84, a. 1). Mais precisamente, o pecado é um *ato mau*, e isso é verdade quer para o pecado de omissão, quer para o pecado de transgressão. "De fato, se alguém não faz o que deveria fazer, deve haver uma causa. Se a causa é inteiramente extrínseca, a omissão não tem razão de pecado; como, por exemplo, se alguém, atingido por uma pedra, não vai à igreja, ou roubado por ladrões não dá esmola. A omissão é imputada ao pecado somente quando existe uma causa interna, não simplesmente externa, ou seja, uma causa voluntária. Portanto, para que a omissão seja pecado é necessário que a omissão seja causada por um ato voluntário" (*De Malo*, q. 2, a. 1).

A razão da maldade é dada pelo fato de um determinado ato humano se afastar da devida medida (*caret debita commensuratione*): "Toda medida de uma coisa se toma por comparação a uma regra, da qual, se ela se afasta, será sem medida. Para a vontade humana há duas regras. Uma, bem próxima e homogênea, que é a própria razão humana. A outra, que serve de regra suprema, é a lei eterna, de certo modo a razão de Deus" (I-II, q. 71, a. 6). Isso pode ocorrer com atos, palavras e desejos.

O pecado, sendo um ato humano, isto é, voluntário, tem como *sujeito próprio a vontade*. No entanto, porque além dos atos "elícitos" [= aliciados] da vontade existem também os atos "imperados" das potências que dela dependem, por isso sujeito do pecado não é somente a vontade; também a sensualidade, ou seja, o movimento do apetite sensitivo, pode depender da vontade, por isso também na sensualidade pode haver pecado. Somente a razão poderá alcançar o fim último e não a sensualidade, por isso pecado mortal, ou seja, desordem relativa ao fim último, cabe só à razão, não à sensualidade, na medida em que esta é apenas apetite sensitivo (I-II, q. 74, aa. 1-4; *De Malo*, q. 1, aa. 2-3).

No pecado, Santo Tomás distingue dois componentes principais: a culpa e a pena. A *culpa* é a ofensa feita a Deus. A *pena* é a privação causada pelo pecado e o débito que o homem deve pagar para reparar a culpa. Dos dois elementos, a prioridade cabe à culpa. De fato, a pena entra mais entre as consequências do pecado do que na substância do pecado. E, com efeito, da pena pode-se também dizer que a causa é Deus; enquanto não se pode dizê-lo de modo algum da culpa (*De Malo*, q. 1, a. 4).

Múltiplas são as *divisões* que se podem fazer do pecado, conforme se assuma como fundamento o sujeito ou o objeto. Se se examina o prazer do sujeito, então se distinguem os pecados em espirituais e carnais; se se examina o objeto, em prazer espiritual ou corporal (I-II, q. 72, a. 2). Se forem consideradas as pessoas a quem se faz a ofensa, então se distinguem os pecados em três grupos: contra Deus, contra o próximo e contra si mesmo (ibid., a. 4). A distinção em pecado de pensamento, palavras e obras é justa; mas não é tanto distinção de espécie quanto de grau (ibid., a. 7). Fundamental para Santo Tomás é a distinção entre pecado mortal, que é o afastamento voluntário do fim último, e pecado venial, que é simplesmente uma "distração" do fim (*De Malo*, q. 7, aa. 1 e 2).

2. Causa do pecado

Uma vez que se verificou que o pecado, essencialmente, é afastamento do fim último e transgressão da lei, natural e eterna, se torna fácil para Santo Tomás demonstrar que causa do pecado não pode ser nem Deus nem o demônio, mas somente o homem.

Deus não pode ser causa do pecado, como não pode ser causa do mal (do qual o pecado é uma subespécie) (cf. *De Malo*, q. 1, a. 5). Deus, suma bondade e fim último de todas as coisas, atrai tudo para si e é impossível que afaste de si alguém fazendo-o cometer o pecado. É impossível que seja autor do pecado quem castiga o pecado; é impossível que seja autor do pecado quem odeia o pecado (Sb 14,9). Os pecados não provêm da inclinação do irascível ou do concupiscível posto que foram instituídos por Deus, mas porque o irascível e o concupiscível falham na ordem de sua instituição. Foram instituídos por Deus, para que permanecessem sujeitos à razão: não depende, portanto, de Deus se fora da razão eles inclinam o homem ao pecado. "Sendo Deus o primeiro princípio do movimento universal, também as criaturas que se movem a si mesmas com o livre-arbítrio são movidas por Deus. Se se encontram na devida disposição e na devida ordem para receber o movimento de Deus, seguem-se boas ações, que inteiramente se remetem a Deus como sua causa. Se, ao contrário, faltam à devida ordem, segue-se a ação desordenada, isto é, o ato do pecado: e então tudo o que há de ação se reduz a Deus como em causa; mas tudo o que há de desordem e de deformidade não tem Deus por causa, mas somente o livre-arbítrio. É de Deus a ação do pecado: não é de Deus o pecado (*et sic id quod est ibi de actione, reducitur in Deum sicut in causam; quod autem est ibi de inordinatione vel deformitate, non habet Deum causam, sed solum liberum arbitrium. Et propter hoc dicitur quod actio peccati est a Deo, sed peccatum non est a Deo*)" (*De Malo*, q. 3, a. 2).

O demônio pode ser somente causa indireta do pecado, dispondo ou persuadindo internamente ou externamente, ou ainda comandando aqueles que se deixam sujeitar a ele como súditos; mas jamais pode ser a causa direta que leva necessariamente a vontade a cometer o pecado (*De Malo*, q. 3, a. 3).

Causa efetiva do pecado é a vontade humana: esta, sendo dotada de liberdade, pode agir em conformidade com a norma, mas pode também escolher rebelar-se contra a norma. "Uma vez que nenhuma persuasão de outro pode nos levar necessariamente a agir, segue-se que a causa eficiente e própria do ato voluntário é somente um princípio interno da nossa operação. Ora, este princípio interno só pode ser a própria vontade como causa secundária, e Deus como causa primeira; mas Deus não é causa do pecado (mas somente da ação). Portanto, nada além da vontade é causa direta do pecado humano" (*De Malo*, q. 3, a. 3). Causa *interna próxima* do pecado são a razão e a vontade, causa *remota* a imaginação e o apetite sensitivo. *Causa externa* podem ser as coisas mundanas, os homens e o demônio. Mas, como se viu, a causa externa é indireta e vale por mover a razão e o apetite sensitivo: pode, portanto, somente mover, mas não obrigar ao pecado (I-II, q. 75, aa. 2-3).

3. Efeitos do pecado

Consequências do pecado são a privação e os débitos que o homem deve pagar pelas próprias culpas. Eis como o Doutor Angélico argumenta sobre a necessidade de tais sanções: "Passa das coisas naturais para as humanas que aquilo que se insurge contra algo, sofra dano por parte dele. Vemos na natureza que um contrário age com mais violência ao se encontrar com outro contrário. É por isso que a água esquentada congela mais, como está dito no livro I da *Meteorologia*. Na humanidade, encontra-se esta inclinação natural que faz com que cada um reprima o que se insurge contra ele. Está claro que tudo o que está contido em uma ordem é de algum modo uma só coisa em relação com o princípio desta ordem. Portanto, tudo o que se insurge contra uma ordem consequentemente será reprimido pela mesma ordem ou pelo que a preside. Como o pecado é um ato desordenado, é claro que todo aquele que peca age contra uma ordem. É por isso que consequentemente é reprimido pela própria ordem. Esta repressão é a *pena*. Segundo as três ordens às quais está submetida a vontade humana pode-se punir o homem com uma tríplice pena. Com efeito, a natureza humana é primeiramente subordinada à ordem da própria razão. Segundo, está subordinada à ordem daqueles que exteriormente governam, no espiritual ou no temporal, no político ou no econômico. Terceiro, está submetida à ordem universal do governo divino. Ora, todas estas ordens são pervertidas pelo pecado. Pois aquele que peca age contra a razão, contra a lei humana e contra a lei divina. Por isso, incorre em uma tríplice pena: uma lhe vem dele mesmo, o remorso de consciência; uma outra dos homens; uma terceira, de Deus" (I-II, q. 87, a. 1).

As consequências (penas) mais graves e dolorosas, que Santo Tomás examina atentamente, são: a perda da amizade divina, a mancha da alma (*macula in anima*), a "perversão da natureza", a desordem interior das faculdades humanas, a desordem social etc. Quanto à "desordem da natureza", Santo Tomás faz alguns esclarecimentos oportunos que contribuem claramente num ponto em que Santo Agostinho havia suscitado grande perplexidade. "O bem da natureza pode significar três coisas. Primeiro, os princípios constitutivos da natureza com as propriedades que daí decorrem, como as potências da alma, e outras semelhantes. Segundo, o homem tem, por natureza, a inclinação para a virtude, como acima foi estabelecido; esta inclinação para a virtude é um bem da natureza. Terceiro, pode-se chamar bem da natureza o dom da justiça original que foi dado à humanidade toda no primeiro homem. Assim, destes bens da natureza, o primeiro não é nem tirado e nem diminuído pelo pecado. O terceiro, ao contrário, foi totalmente tirado pelo pecado do primeiro pai. O do meio, ou a inclinação natural para a virtude, é diminuído pelo pecado. Pois pelos atos humanos se gera uma inclinação para atos semelhantes, como foi dito. Mas, pelo fato de que alguma se incline a um dos contrários, necessariamente diminui a sua inclinação para o outro. Por conseguinte, o pecado sendo contrário à virtude, pelo fato mesmo do homem pecar, este bem da natureza que é a inclinação para a virtude diminui" (I-II, q. 85, a. 1).

4. Gravidade dos pecados

A gravidade dos pecados pode ser medida por duas coisas: da parte do ato e da parte do agente. *Da parte do ato*, o pecado é mais ou menos grave conforme se oponha a um bem maior ou menor de virtude: e, consistindo o bem da virtude na ordem do amor e devendo nós amarmos a Deus sobre todas as coisas, devem ser considerados mais graves entre os pecados aqueles que são cometidos contra Deus, como a idolatria, a blasfêmia e semelhantes. Entre os pecados que são contra o próximo, tanto maior será a gravidade quanto maior for o bem do próximo ao qual se opõem. Ora, o maior bem do próximo é a própria vida do homem ao qual se opõe o pecado de homicídio que tira a vida humana em ato, e o pecado de luxúria que tira a vida humana em potência. Por isso, entre os pecados contra o próximo, o mais grave é o homicídio: depois do homicídio vêm o adultério, a fornicação e os outros pecados carnais; depois destes vêm o furto, a rapina e os outros pecados que danificam o próximo nos bens externos. *Da parte do agente*, o pecado será mais ou menos grave conforme for mais ou menos voluntário o ato do pecado: tanto menos se peca quanto mais forte for o impulso passional para o pecado. Por esse motivo, há menos gravidade nos pecados carnais que nos espirituais. De fato, os pecados carnais têm uma capacidade de atração muito mais forte que os pecado espirituais: têm a concupiscência inata em nós (cf. *De Malo*, q. 2, a. 10).

(Cf. Graça, Paixão, Pecado original, Virtude)

[Tradução: M. Couto]

Pecado original

É o pecado cometido pelo pai fundador da família humana (Adão) e transmitido aos seus descendentes. É dito também "queda original" porque supõe a elevação do homem à ordem da graça e a concessão de um conjunto de privilégios ou "dons de integridade" possuídos num estado primitivo de inocência. Considerado nos progenitores, o pecado original é dito "pessoal-originante", e em seus descendentes, "original-originado".

É dogma fundamental da fé católica, já definido no XV Concílio de Cartago (418) e no II Concílio de Orange (529) contra os pelagianos (e que será reafirmado em seguida pelo Concílio de Trento, em 1546, contra os protestantes). É, entre as verdades de fé, ao mesmo tempo uma das mais obscuras e mais claras: obscura na sua origem, claríssima nos seus efeitos.

A doutrina do pecado original ocupava um lugar importante na catequese cristã desde os tempos de Ireneu, Tertuliano, Orígenes, mas, até Pelágio contestar sua autenticidade sustentando que "o pecado de Adão causou dano só a ele e não a todo o gênero humano", ninguém se havia preocupado de dar a esta doutrina uma sistematização teológica profunda. Pensou nisso finalmente o grande Doutor de Hipona, que para provar a existência do pecado original invocou três argumentos principais: 1) o ensino da Sagrada Escritura (Gênesis e São Paulo em particular); 2) a práxis litúrgica do batismo das crianças, práxis indubitavelmente baseada na convicção de que elas não vêm ao mundo em estado de inocência, mas de pecado); 3) a experiência universal do mal e da dor supõem claramente uma culpa comum da qual cada homem se tornou corresponsável. Sobre a natureza do pecado original o mesmo Agostinho confessa que não há nada de mais obscuro a compreender (*nihil ad intelligendum secretius*) e se limita à seguinte definição: *Concupiscentia cum reatu*, dando ao termo *concupiscentia* o significado de inclinação da alma a desprezar os bens eternos em favor dos bens temporais, e ao termo *reato* o significado de privação da vida divina, privação culpável por causa do vínculo ontológico que une todos os homens ao pai fundador da humanidade, Adão (*omnes ille sumus*).

A elaboração agostiniana da doutrina do pecado original tornou-se um dos pontos fortes da teologia católica. Santo Tomás a retoma e a assume em sua substância, enquadrando-a, contudo, numa nova perspectiva antropológica e metafísica, uma perspectiva que o faz reconhecer toda a dignidade da criatura, a eficácia das causas segundas, a relativa autonomia do homem que se torna inteiramente responsável pelas próprias decisões. Graças a tal perspectiva filosófica, Santo Tomás pode arraigar melhor no próprio homem e não em algum poder exterior (o demônio) a causa do pecado original.

1. Natureza do pecado original

Tratando-se de uma qualidade negativa, que não tem sentido em si mesma, mas somente em relação àquela qualidade que vem a faltar por causa do pecado, este é definido por Santo Tomás em relação à "justiça original" (*originalis justitia*), e esta por sua vez é assim definida: "A justiça original consiste na submissão do homem a Deus e na submissão das criaturas inferiores ao homem" (*Comp. Theol.*, I, c. 187). Eis, portanto, a fórmula exata com a qual Santo Tomás fixa o conceito de pecado original: "é uma certa disposição desordenada, provinda da ruptura da harmonia na qual consistia a razão de justiça original (*est quaedam inordinata dispositio proveniens ex dissolutione harmoniae in qua consistebat ratio originalis justitiae*)" (I-II, q. 82, a. 1). Santo Tomás se apressa, porém, em esclarecer que não se trata de uma simples privação, mas sim de uma disposição (*habitus*) corrompida, que comporta, além da privação da justiça original, também uma grave desordem na alma (ibid., ad 1). De um outro ponto de vista, valendo-se das categorias aristotélicas, Santo Tomás pode dizer que o elemento formal do pecado original é a perda da justiça original, enquanto a desordem das faculdades, em particular a concupiscência, representa o elemento material. "Toda ordem da justiça original consiste em que a vontade humana era submissa a Deus. Esta submissão era, antes de tudo e principalmente, pela vontade porque é a ela que pertence mover para o seu fim todas as outras partes da alma. Assim, foi pelo afastamento da vontade de Deus que se seguiu a desordem em todas as outras potências. Portanto, a privação desta justiça pela qual a vontade se submetia a Deus é o formal no pecado original. Toda outra desordem das potências da alma apresenta-se neste pecado como algo material. O que constitui a desordem das outras potências da alma é sobretudo que elas estão voltadas desordenadamente para um bem mutável. Esta desordem pode ser chamada pelo nome comum de *concupiscência*. Assim, o pecado original é materialmente a concupiscência, mas formalmente é a falta (*defectus*) de justiça original" (ibid., a. 3).

A precisão de Santo Tomás relativa ao papel e ao significado da concupiscência (reduzida a elemento material) é muito importante: ela elimina aquela ambiguidade que há em alguns textos de Agostinho, que parecem sugerir uma identificação do pecado original com a concupiscência.

O pecado original, como sublinha com insistência o Doutor Angélico, investe no homem todo, não só a alma ou só o corpo; mas golpeia antes de tudo a alma (porque procede de um ato da vontade) e secundariamente o corpo. "O sujeito de um pecado é principalmente aquela parte da alma à qual se refere a causa motora daquele pecado. Por exemplo, se esta causa é o prazer dos sentidos, que pertence à potência concupiscível como seu objeto próprio, segue-se que essa potência é o sujeito próprio deste pecado. Ora, é claro que a causa do pecado original é a geração. Por isso, o sujeito primeiro do pecado original é a parte da alma que é a primeira atingida pela geração humana. Ora, no termo da geração a origem atinge a alma enquanto esta é a forma do corpo [...]. Portanto, é em sua essência que a alma é o sujeito primeiro do pecado original" (I-II, q. 83, a. 2).

O pecado original é um pecado gravíssimo, tanto que se pode dizer infinito "*Primo ex infinitate divinae maiestatis, inquantum offensa fuerat per contemptum inobediaentiae: quanto enum maior est in quem peccatur, tanto est gravior culpa. Secundo ex bono quod per peccatum auferebatur, quod est infinitum, idest ipse Deus, cuius participatione fiunt homines beati. Tertio ex ipsa natura quae corrupta erat, quae quidam infinitatem quamdam habet, inquantum in ea possunt supposito in infinitum muliplicari*" (*III Sent.*, d. 20, q. 1, a. 2). A malícia do pecado original consiste na revolta do homem contra Deus, na ambição de assemelhar-se a ele, na louca pretensão de ser suficiente a si mesmo…, portanto na recusa do seu primado, do seu amor, da sua amizade. E eis a "ruptura" como posição antitética à precedente: à *subordinação* da vontade humana a Deus sucede a *insubordinação*, que no homem segue a revolta das faculdades inferiores; portanto, a concupiscência como impulso desordenado aos bens criados (I-II, q. 82, a. 3).

Paralelamente a Santo Agostinho, que havia distinguido várias formas de ofensa a Deus no pecado original (soberba, avareza, concupiscência, desobediência, infidelidade etc.), também Santo Tomás diz que o pecado original é múltiplo (*peccatum multiplex*). Tratando do pecado de Eva, ele distingue cinco aspectos principais: "Eva, cometeu cinco pecados: 1º, de soberba, pela qual ela desejou, de modo desordenado, a própria elevação; 2º, de curiosidade, pela qual quis ter ciência, além dos limites prefixados; 3º, de gula, pela qual, tentada pela suavidade, foi levada a comer do fruto; 4º, de infidelidade, pela falsa consideração de Deus; 5º, de desobediência, transgredindo o preceito de Deus" (*Compêndio de Teologia*, I, c. 190).

Outro esclarecimento importantíssimo que acrescenta Santo Tomás é que o pecado original é um pecado da natureza (é a natureza que foi transmitida de forma corrupta, e por isso se trata de uma pena mais do que de uma culpa) e não um pecado pessoal: "Ora, a privação da justiça original é pecado da natureza, enquanto deriva da vontade desordenada do primeiro princípio, que foi, na natureza humana, o primeiro pai, e, assim, é voluntário com relação à natureza, isto é, com relação ao primeiro princípio da natureza. O pecado passa, pois, para todos os que receberem dele a natureza humana como se fossem seus membros e, por este motivo, chama-se *pecado original*, isto é, porque tendo origem no primeiro pai é transmitido aos descendentes. Daí referir-se esse pecado diretamente à natureza, enquanto os outros pecados atuais referem-se imediatamente à pessoa do pecador. O primeiro pai, com efeito, corrompeu a natureza humana pelo seu pecado, e esta natureza corrompida corrompeu as pessoas dos filhos, que a receberam do primeiro pai" (ibid., c. 196).

Santo Tomás explica de modo suficientemente claro e credível como foi possível que o pecado dos progenitores tenha se propagado a todos os descendentes: ele reflete sobre o fato de que Adão, como chefe da família humana, não pôde deixar de tornar essa família "virtualmente" partícipe do seu ato de revolta. Todos os homens formam com ele *uma só pessoa*: como todos, quanto à natureza, estavam potencialmente pré-contidos nele como primeira origem da vida; assim, a vontade de todos estava num certo sentido moralmente incluída e operante na sua. Em outros termos: todos os homens, se não são responsáveis pela privação da justiça original por vontade pessoal própria, o são por aquela do pai fundador que os representa diante de Deus. Por isso, à *continuidade física* devida ao processo generativo do qual depende a unidade da espécie é associada a *continuidade moral* devida à solidariedade que liga todos os indivíduos humanos a Adão, como outros membros ao seu chefe comum.

As consequências do pecado original tocam direta e imediatamente os dois elementos constitutivos da "*justiça original*": diminui a submissão do homem a Deus e ao mesmo tempo diminui também a submissão das criaturas inferiores ao homem, como também a submissão do corpo à alma, das paixões à vontade. Essa desordem não tem lugar somente nos progenitores, mas também em todos os seus descendentes, pois eles vêm à luz num estado que não é o que Deus havia previsto para eles, o estado de elevação à ordem sobrenatural.

"Porque essa tão ordenada integridade era toda causada pela sujeição da vontade humana a Deus, a consequência do pecado foi que, tendo sido a vontade humana desviada da sujeição a Deus, desaparecesse aquela perfeita sujeição das forças inferiores à razão, e, do corpo, à alma. Seguiu-se, então, que o homem sentisse, no apetite sensitivo inferior, movimentos desordenados de concupiscência, de ira e de paixões, não conforme a ordem da razão, mas muito mais a repelindo e obscurecendo. Essa é a repugnância da carne para o espírito, da qual as Escrituras falam. Porque, com efeito, o apetite e as demais forças sensitivas operam por meio de um instrumento corpóreo, mas a razão, sem órgão algum corpóreo, é conveniente que aquilo que pertence ao apetite sensitivo seja imputado à carne. O que pertence, porém, à razão, é atribuído ao espírito, de modo a serem chamadas de substâncias espirituais aquelas que são separadas dos corpos. Seguiu-se também ao pecado que o homem sentisse no corpo o mal da corrupção, e, assim, ficasse incurso na necessidade de morrer, como se a alma não mais fosse capaz de conter para sempre o corpo, dando-lhe a vida. Daí tornar-se o homem passível e mortal, não apenas sendo capaz de sofrer e morrer como antes, mas devendo sofrer e morrer por necessidade" (ibid., cc. 192-193).

Para aqueles que objetam que não parece justo que os descendentes de Adão sejam punidos pela culpa que não cometeram, Santo Tomás replica que "o supracitado bem da justiça original foi concedido divinamente ao primeiro pai em vista do gênero humano, de modo que, dele, fosse estendido aos descendentes. Ora, sabemos que, sendo removida a causa, o é também o efeito. Logo, tendo sido, devido ao pecado próprio, o primeiro homem privado daquele bem, todos os descendentes deveriam sê-lo também. Assim é que, após o pecado do primeiro pai, todos os homens nasceram sem a justiça original, e com os defeitos dela derivados. Tal fato, entretanto, não é contra a ordem da justiça, como se Deus punisse, nos filhos, o delito do primeiro pai. Não o é, porque a pena em vista não consistiu senão em tirar deles os dons que foram concedidos sobrenaturalmente ao primeiro homem e que dele passariam para os outros. Por isso, aos outros, esses dons não lhes eram devidos. Eles o seriam apenas enquanto transmitidos pelo primeiro pai. Fato semelhante aconteceria, se um rei desse um feudo a um militar, que seria, por meio deste, transmitido aos seus herdeiros. Ora, se aquele militar ofendesse de tal modo ao rei que merecesse ser destituído do feudo, este não poderia mais passar para os herdeiros. Por isso, os descendentes são, com justiça, privados de um bem, por culpa do pai" (ibid., c. 195).

Santo Tomás esclarece que, embora enfraquecida espiritual, moral e fisicamente, a natureza humana conserva contudo uma certa integridade ontológica, de modo que salvaguarda sua dignidade de pessoa. Mesmo depois do pecado o homem permanece sempre homem e não é reduzido a um animal ou a um pedaço de madeira. De fato, ele se encontra ainda capaz de realizar aquelas ações que são próprias do homem: pode ainda pensar, querer, trabalhar, escrever, pintar, produzir obras artísticas e literárias, cultivar a terra etc. (I-II, q. 109, a. 2).

Com base nessas afirmações houve quem acusasse Santo Tomás de injustificado "otimismo" em relação à "natureza corrompida". Mas, se atentarmos ao que concerne ao fim último (a realização da *imago Dei* em si mesmo), Santo Tomás não se deixa tomar pelo otimismo. Ele não cessa de repetir que depois do pecado original o homem é *totalmente impotente em relação ao fim último*: não tem nenhuma possibilidade de conseguir aquelas virtudes "teologais" (fé, esperança, caridade) necessárias à salvação; no mais, poderá evitar graves pecados por algum breve período, mas não por muito tempo, e resistirá a esse ou àquele pecado, neste ou naquele caso demonstrando realmente a própria responsabilidade, não sendo, contudo, capaz de evitar as tentações de cometer novos e mais graves pecados (*C. G.*, cc. 159-160).

O instrumento da transmissão do pecado permanece também para Santo Tomás, como já para Agostinho, a geração. Ora, porque — segundo a genética do seu tempo, que era a de Aristóteles — princípio ativo da geração é o homem, enquanto a mulher funciona como princípio passivo, o Doutor Angélico atribui exclusivamente ao sêmen masculino a transmissão do pecado original. Para ele esta é uma verdade de tal modo óbvia a ser afirmada que, na eventualidade de que só Eva tivesse pecado, não teria havido nenhuma transmissão do seu pecado. De fato, "segundo dizem os filósofos, na geração o princípio ativo é do pai e a mãe fornece a matéria, e é por isso que não se contrai o pecado original pela mãe mas pelo pai. De maneira que, se Eva tivesse pecado e Adão não, os filhos não contrairiam o pecado original, mas seria o contrário se Adão tivesse pecado e Eva não" (I-II, q. 81, a. 5).

Nas suas linhas essenciais, a formulação tomista da doutrina do pecado original pareceu tão perfeita a ponto de passar, por meio do Concílio de Trento que a fez sua, para a tradição comum dos teólogos católicos. É uma formulação muito "moderna" também tanto na linguagem como nos conceitos. Quanto aos conceitos, a essência do pecado original não consiste na violação de alguma lei particular ou na satisfação de algum prazer da carne, mas num comportamento subjacente do homem diante de Deus, um comportamento de independência, de autonomia, de "vontade de poder": uma "vontade desordenada" (*disordinata voluntas*) que vai na direção da pretensão de construir para si um projeto de humanidade (e portanto de felicidade e de salvação) sem Deus, ou melhor, contra o seu querer. Os efeitos nefastos do pecado original subvertem toda a ordem do universo: causam um dilaceramento interior da pessoa nas suas relações com Deus, um dilaceramento psíquico nas relações entre as faculdades sensitivas e intelectivas, e causam ademais um dilaceramento exterior nas relações com o próximo e com o mundo da natureza.

Há somente um senão na formulação tomista: a atribuição exclusiva da transmissão do pecado original ao homem, como princípio ativo da geração. Infelizmente este é o tributo que Santo Tomás pagou aos conhecimentos científicos de seu tempo e a uma cultura marcadamente machista, então imperante, na Igreja e na sociedade civil.

[Tradução: M. Couto]

Pedagogia

Palavra de origem grega, significa "arte de guiar a criança" (de *pais* = criança, *agoghe* = guia), e é geralmente usada como sinônimo de "ciência da educação". O problema filosófico fundamental da pedagogia versa sobre a seguinte questão: como é possível transmitir a outro determinados saberes e atitudes, e em particular a ciência, no sentido estrito e rigoroso de "conhecimento certo mediante as causas"? A ciência e as virtudes são estritamente pessoais: como, então, é possível transmiti-las a outros?

A educação existe desde que o mundo é mundo. Trata-se, com efeito, de uma exigência fundamental do homem, que nasce com ilimitadas possibilidades de ação, mas sem a capacidade de exercê-las. Para adquirir habilidade, ele deve ser cuidado, educado, instruído. Somente mediante a educação ele aprende a desenvolver suas capacidades: nutrir-se, caminhar, falar, ler, escrever etc.

A reflexão filosófica começou a se interessar pelos problemas da educação desde os tempos de Sócrates e dos Sofistas, que sobre este problema, assim como sobre muitos outros, avançaram teses antitéticas: enquanto os sofistas concebiam prevalentemente a educação como obra do mestre, na forma de uma transmissão mecânica de seus conhecimentos ao aluno, Sócrates via a educação como um processo no qual o mestre exerce apenas uma ação instrumental, estimulando no aluno suas capacidades inatas. Não obstante suas perspectivas metafísicas profundamente diversas, Platão e Aristóteles também se orientam na linha de Sócrates.

Embora não aceitando a doutrina platônica da preexistência das almas, Santo Agostinho, em sua importante obra *De Magistro*, reduz a função do mestre ao papel daquele que tão somente ajuda a ouvir a voz do único Mestre interior, que é Deus. Com efeito, é impossível, diz Agostinho, que o mestre exterior possa comunicar sua ciência ao aluno, pois ele deve fazer uso de sinais sensíveis, tais como as palavras, que, por sua vez, não podem ser entendidas se o aluno não sabe previamente o que elas significam. E como pode o mestre ensinar aos alunos os significados das palavras senão usando outras palavras? Cai-se, assim, em um círculo infinito. Portanto, não a palavra exterior, mas somente aquela interior — que Deus pronuncia na alma, iluminando-a — é capaz de favorecer a aquisição da ciência àquele que aprende. Diferente foi a solução proposta por Averróis. Ele afirmava a existência de um único intelecto para todos os homens. Consequentemente, seu parecer era o de que havia também uma única ciência — numericamente única — em todos os indivíduos. A diferença entre indivíduos não residia, portanto, no intelecto, concebido como único, mas nas faculdades sensíveis — em particular na fantasia —, que são numericamente distintas nos vários indivíduos. Sendo assim, a educação consistiria em estimular o aluno a ordenar os fantasmas de modo que os dispusesse a refletir a luz do único intelecto, determinando desse modo a apreensão da ciência.

Em vários escritos de Santo Tomás se encontram referências ao problema da educação, mas duas são as obras em que a temática é tratada direta e explicitamente: a questão XI do *De Veritate*, intitulada "De Magistro", e a questão 117 da Primeira Parte da *Suma Teológica*. Os problemas principais que o Doutor Angélico aborda nessas obras são dois: 1) se o homem pode ensinar e chamar-se de mestre, ou se isso é reservado exclusivamente a Deus; 2) se alguém pode se autoafirmar mestre de si mesmo. O próprio modo de expor a dificuldade já demonstra a posição polêmica de Santo Tomás, que criticará tanto Agostinho quanto Averróis pelo fato de minimizarem o papel da educação, confiando-a principalmente a um agente exterior ao homem. Para

Santo Tomás a educação é uma atividade de suprema importância e necessidade, trata-se de uma atividade especificamente humana, que tem o discípulo como agente principal e o mestre como agente instrumental.

1. Necessidade da Educação

Santo Tomás é muito cônscio de que o homem é um *ser cultural*, aparelhado pela natureza com instrumentos apropriados — razão e mãos — para que possa reger a si mesmo e a sua vida, procurando alimento, vestido, habitação etc. Porém a criança precisa ser instruída para adquirir o domínio e o uso de tais instrumentos. "O homem recorre a alguma indústria em suas necessidades, por exemplo, no alimento e no vestir, cujos inícios tem ele pela natureza, a saber, a razão e as mãos, mas não o próprio complemento, como os demais animais, aos quais a natureza deu suficientemente cobertura e alimento. Para essa *disciplina*, porém, o homem não se acha por si mesmo suficiente, com facilidade [...]. E assim é necessário que os homens obtenham tal *disciplina* por outro, por meio da qual se chega à virtude" (I-II, q. 95, a. 1). Note-se bem que, por *disciplina*, Santo Tomás compreende exatamente o *ensinamento*: "*Disciplina autem est receptio cognitionis ab alio* [Disciplina é a recepção de conhecimento (transmitido) por outro (N. do T.)]" (*I Anal.*, lect. 1). Esses mesmos conceitos se encontram em uma página da *Suma contra os Gentios*: "na espécie humana, a prole não necessita somente da nutrição corporal, como acontece nos outros animais, mas também de instrução espiritual (*sed etiam instructione quantum ad animam*). Com efeito, os demais animais recebem da natureza a orientação pela qual podem cuidar de si. O homem, porém, vive segundo a razão e só se põe sob sua orientação após longo tempo de experiência. Por isso, é necessário que os filhos sejam orientados pelos pais que já tiveram experiência. Além disso, os filhos não são capazes de receber instrução logo após o nascimento, mas só após longo tempo, quando atingem o uso da razão, e também esta instrução exige longo tempo. Ainda mais, por causa dos impulsos passionais que corrompem o juízo da prudência, necessitam eles não só de instrução, como também de repreensão (*indigent non solum instructione sed etiam repressione*)" (*C. G.*, III, c. 122).

2. Crítica da doutrina de Averróis

Santo Tomás rechaça a doutrina de Averróis tanto no âmbito antropológico como naquele pedagógico. Em âmbito antropológico, nega que o intelecto seja uma potência externa ao homem, pois este, ao contrário, é aquela faculdade que especifica o homem e, portanto, lhe compete de modo categoricamente essencial: o intelecto não é uma faculdade impessoal, como defendia Averróis, mas pessoal. "Que o intelecto seja um só de todos os homens é de todo impossível. E essa afirmação é evidente se, de acordo com a doutrina de Platão, o homem é seu intelecto. Resultaria daí que, se Sócrates e Platão são um só intelecto, seriam também um só homem; e não se distinguiriam um do outro senão por aquilo que é exterior à essência de ambos. Assim, não haveria maior diferença entre Sócrates e Platão do que entre um homem vestido de túnica ou de toga. Isso é totalmente absurdo. E ainda é evidente a impossibilidade dessa afirmação se, segundo a doutrina de Aristóteles, o intelecto é afirmado como parte, ou potência, da alma que é a forma do corpo. É impossível que haja uma única forma de várias coisas, numericamente distintas. Como é impossível que tenham um só ser, porque o princípio de ser é a forma" (I, q. 76, a. 2; cf. *C. G.*, II, cc. 73-75; *De Spir. Creat.*, a. 9; *De Anima*, a. 3; *Comp. Theol.*, I, c. 85; *De Un. Intell.*, per tot.). Por consequência, a tese de Averróis torna-se inaceitável também em âmbito pedagógico: "Averróis afirmou a existência de um único intelecto possível em todos os homens, como foi dito acima. Consequentemente as mesmas espécies inteligíveis estão em todos os homens. Daí afirmava que um homem, ensinando, só causa em outro a ciência que ele próprio possui. Comunica assim ao outro a ciência que ele mesmo tem movendo-o a dispor as representações imaginárias em sua alma, a fim de que estejam dispostas convenientemente para a apreensão inteligível. — Quanto a isso, essa opinião é verdadeira, porquanto é a mesma ciência no discípulo e no mestre, se se considera a identidade segundo a unidade da coisa conhecida. De fato, a mesma verdade da coisa conhecem o discípulo e o mestre. Mas, quanto à afirmação de que existe um único intelecto possível em todos os homens, e que as espécies inteligíveis são as mesmas, diferindo apenas pela diversidade das representações imaginárias, é falsa a sua opinião, como acima se tratou" (I, q. 117, a. 1).

3. A ação instrumental do mestre

Segundo Santo Tomás, o agente principal da aprendizagem é antes o discípulo que o mestre. Ao mestre compete a função de causa instrumental, ajudando o discípulo não apenas a desenvolver suas próprias faculdades (que são, obviamente, faculdades do discípulo, e não do mestre), mas também suas cognições, cujos primeiros princípios o discípulo já possui. "A respeito da aquisição da ciência, vale dizer que preexistem em nós alguns germes de conhecimento ou noções prévias do intelecto, as quais são logo conhecidas pelo lume do intelecto mediante as espécies abstraídas das coisas sensíveis, sejam estas complexas, como os axiomas, ou simples, como os conceitos de ente, de uno e outros semelhantes, apreendidos imediatamente pelo intelecto. Como de razões seminais, destes princípios universais derivam todos os outros princípios. Portanto, quando a partir desses conhecimentos universais a mente é levada a conhecer em ato as coisas particulares — que antes conhecia em potência e, por assim dizer, genericamente —, então se diz que alguém adquire saber […]. Logo, a ciência preexiste em potência no discente, não de modo puramente passivo, mas ativo; caso contrário, o homem não poderia adquirir conhecimento" (*De Ver.*, q. 11, a. 1). Para Santo Tomás, o mestre é causa eficiente instrumental do processo educativo, uma vez que, sob sua orientação, o aluno adquire "ciência daquelas coisas que não conhecia, procedendo das coisas conhecidas àquelas ignotas" (ibid.). A relação mestre-discípulo é comparada por Santo Tomás à relação médico-doente: como o médico ajuda o doente a encontrar na natureza os remédios para o seu mal e a força para a cura, do mesmo modo o mestre ajuda o discípulo a encontrar em si mesmo os elementos necessários para a edificação do próprio saber. Esse saber preexiste em potência no aluno, o que é provado pelo fato de que o homem tem a possibilidade de aprender sozinho (*inventio*); porém apenas se aprende de fato quando alguém, desde o exterior, intervém mediante o ensinamento (*doctrina*).

O saber transmitido pelo mestre é o mesmo saber que o indivíduo pode alcançar com seus recursos naturais. Porém, ainda assim, o ensinamento (*doctrina*) é mais importante, pois pressupõe um nível mais elevado de saber a ser adquirido e a presença de um mestre que já o tenha alcançado. De fato, aquele que aprende por suas próprias capacidades segue ao encontro de erros e dúvidas. Como afirma Santo Tomás: "Por mais que a aquisição de conhecimento pela via da invenção (*inventio*) seja mais perfeita — por se tratar de um modo mais condizente ao conhecer — do que aquela que se dá no aprendizado, ainda assim, da parte de quem promove o conhecimento (*scientiam*), há maior perfeição na via do ensinamento; pois o docente, estando já em posse do conhecimento, pode levar alguém ao saber com muito mais facilidade do que esta pessoa conseguiria por conta própria, dado que ela tão somente conheceria os princípios do saber de modo preliminar e genérico" (*De Ver.*, q. 11, a. 2, ad 4).

Outro importante argumento que sustenta a tese da função meramente instrumental do ensinamento se infere do fato de que ele somente se efetiva por meio de sinais (palavras, imagens etc.). Ora, "causa próxima da ciência não são os sinais, mas antes a razão, que parte dos princípios para chegar às conclusões" (ibid., a. 1, ad 4). "Em nós, o conhecimento das coisas não se produz através dos sinais, mas mediante o conhecimento de outras coisas mais seguras, a saber, os princípios, que nos advêm pelos sinais e se aplicam a realidades que antes nos eram desconhecidas, embora percebidas sob certos aspectos. Portanto, é o conhecimento dos princípios, e não o dos sinais, aquilo que em nós produz saber" (ibid., ad 2).

4. Se alguém pode dizer-se mestre de si mesmo

Mesmo admitindo que a causa principal do aprendizado resida no aluno e que, embora sem o magistério, alguém possa chegar com o auxílio da própria razão ao conhecimento de realidades ignotas, sendo "...de certo modo, causa de seu próprio saber"; ainda assim, Santo Tomás esclarece que "não é por essa razão que alguém passa a ser mestre de si mesmo ou a ensinar a si mesmo". Com efeito, apenas o mestre é o *agente perfeito* da *doutrina* do aluno, porque somente ele possui explícita e perfeitamente a ciência que pretende causar no outro. O *aluno*, por sua vez, possui apenas as bases potenciais da ciência e, por essa razão, é *agente imperfeito*. Portanto, todo indivíduo é mestre de si mesmo somente de modo imperfeito, pois verdadeiro mestre é apenas aquele que já possui a ciência em ato. Sendo assim, a *autoeducação* se dá apenas no âmbito da *inventio*, e não da *doctrina*. Isso porque, pelo princípio de não contradição, o homem não pode ser, ao mesmo tempo, "conhecedor" (mestre) e ignorante (aluno). E pelo mesmo princípio não pode ter, ao mesmo tempo, a ciência em ato e em potência (*De Ver.*, q. 11, a. 2).

Concluindo, podemos dizer que Santo Tomás conservou o essencial da tese agostiniana ao afirmar, em primeiro lugar, a superioridade e prioridade do magistério divino, e, em segundo lugar, a autonomia de quem aprende, dado que a causa verdadeira da ciência é o próprio intelecto do aluno. Se, por um lado, vem de Deus o lume intelectual; por outro, a passagem da potência ao ato já não procede por intervenção da Causa Primeira, mas por intermédio da causa segunda, que, neste caso concreto, é dupla: o aluno, como causa principal; o mestre, como causa instrumental. Além disso, ao conciliar a dignidade do aluno àquela do mestre, Santo Tomás resolveu igualmente o problema agostiniano da linguagem e da função do mestre humano. A linguagem do docente estimula ativamente a inteligência do estudante, propondo-lhe sinais (palavras, imagens) ou, ainda melhor, um material simbólico capaz de suscitar nele a formação de ideias: "O mestre não produz a luz inteligível em seu discípulo, nem lhe comunica diretamente as formas inteligíveis; mediante seu ensino, ele leva seu discípulo a formar por si mesmo, pela força de seu espírito, as concepções inteligíveis, das quais o mestre lhe propõe os sinais externos" (I, q. 117, a. 1, ad 3).

A pedagogia de Santo Tomás se alinha perfeitamente à sua concepção de homem como pessoa: o homem é um subsistente na ordem do espírito (como afirma a definição de pessoa: *Subsistens rationale vel intellectuale* [Subsistente racional ou intelectual (N. do T.)]). Ele é um núcleo ontológico espiritual (encarnado no corpo), fonte de energias espirituais, capaz de, por si mesmo, escolher e levar adiante um projeto de humanidade. Não obstante, ele é, ao mesmo tempo, um ser sociável e imperfeito, que necessita da ajuda dos outros, especialmente de seus pais e mestres, para escolher um bom projeto e realizá-lo do melhor modo. O papel da educação é, portanto, uma tarefa essencialmente humanizante e personalista.

(Cf. Cultura, Educação)
[Tradução: M. Ponte]

Pena

Consiste na privação ou na diminuição de um ou mais bens por causa, ou como correspondente, de um delito ou da violação de uma lei. É da razão da pena que seja contrária à vontade e que faça sofrer, e que seja infligida por alguma culpa: "*Est autem de ratione poenae quod sit contraria voluntati, et quod sit afflictiva, et quod pro aliqua culpa inferatur*" (I-II, q. 46, a. 6, ad 2).

Santo Tomás atribui à pena uma dupla função: *retributiva* e *medicinal*. No primeiro caso se tem em vista o restabelecimento da ordem violada e se insere no âmbito da *justiça retributiva*. Entendida como retribuição (punição), a pena pode ser infligida somente a quem é réu de alguma culpa. "Assim considerada, a pena é devida somente ao pecado, porque ela restaura a igualdade da justiça, na medida em que aquele que, pecando, seguiu indevidamente sua própria vontade, sofre alguma coisa contrária a esta vontade. Como todo pecado é voluntário, até mesmo o pecado original, como se demonstrou anteriormente, segue-se que ninguém pode ser punido desse modo a não ser por um ato voluntário" (II-II, q. 108, a. 4). No segundo caso se tem em vista o progresso espiritual da pessoa à qual é infligida a pena: "Sob esse aspecto, alguém pode alguma vez ser punido sem culpa; mas não sem causa (*punitur sine culpa: non tamen sine causa*). Convém notar, entretanto, que um remédio jamais poderia danificar um bem maior para promover um bem menor; por exemplo, seria inconcebível um remédio corporal que cegasse um olho para curar um calcanhar. Mas, às vezes, se sacrifica o que tem menos valor para ajudar a promover um bem maior. Nesta escala, os bens espirituais têm um valor máximo, enquanto os bens temporais têm um valor mínimo. Por isso, quando alguém sem culpa é punido em seus bens espirituais, trata-se, no mais das vezes, de penas da vida presente impostas por Deus para humilhar ou submeter à provação. Mas ninguém jamais será punido em seus bens espirituais se não tiver cometido uma falta pessoal, nem aqui na vida presente, nem na futura, porque então as penas não serão mais remédios e sim consequência de uma condenação espiritual" (ibid.).

Visto da parte de quem inflige a pena (os pais, os mestres, os juízes etc.) o punir é secundar e aperfeiçoar a natural inclinação de prevenir e de remover o que prejudica o indivíduo e a sociedade, e é, portanto, *coisa lícita e virtuosa* quando visa frear os maus; o que se obtém tirando dos que não são amantes da virtude as coisas que lhes são mais caras e que os levam a pecar, como por exemplo, a vida, os haveres, a liberdade etc. (II-II, q. 108, a. 4).

(Cf. CULPA, PECADO)
[Tradução: M. Couto]

Penitência (sacramento)
cf. Confissão

Pensamento

Este termo designa quer a faculdade de pensar (a atividade psíquica pela qual o homem adquire conhecimento de si e do mundo em que vive e, além disso, elabora conceitos, ideias, teorias, juízos etc.), quer os atos mentais particulares: cada uma das representações que nascem na mente do homem e por meio das quais ele adquire conhecimento de fatos que ocorrem em torno a ele. Quando se fala de pensamento nos referimos sempre ao conhecimento intelectivo, não ao sensitivo (dos sentidos externos ou da fantasia e da memória).

Em Santo Tomás o termo que mais se aproxima de pensamento é *cogitatio*, mas à mesma área semântica pertencem também *mens*, *species intelligibilis*, *intellectus*, *sententia* etc.

São dois os problemas maiores que dizem respeito ao pensamento: sua origem e seu valor. Sobre esses problemas disputaram filósofos de todos os tempos, assumindo frequentemente posições antitéticas: Parmênides contra Heráclito; Sócrates contra os Sofistas; Aristóteles contra Platão; Agostinho contra os Acadêmicos etc.

Com respeito à *origem* do pensamento, Santo Tomás se fez defensor de uma tese muito corajosa para o seu tempo: a tese que afirma que o pensamento tem origem no próprio homem, não na iluminação divina (tese compartilhada por todos os filósofos de perspectiva agostiniana) ou em algum intelecto separado (tese sustentada pelos averroístas). O autor das próprias ideias, dos próprios pensamentos, juízos, raciocínios, teorias etc. é o próprio homem, não algum ser superior a ele. Reivindicando para o homem a operação mais nobre, aquela que o distingue principalmente dos animais e o situa no limiar do mundo angélico, Santo Tomás pretendeu defender a legítima autonomia das criaturas inteligentes, sem por outro lado nada diminuir do primado ontológico da Causa Primeira, Deus.

Quanto ao *valor* do pensamento, o Doutor Angélico considera que o pensamento humano está em condições de atingir a verdade: e isso com certeza quando se trata de fenômenos do mundo físico e do mundo humano; somente com probabilidade e perplexidade quando se trata do mundo divino. Por isso para as verdades que dizem respeito a Deus e também à alma o pensamento humano tem necessidade da intervenção da revelação divina.

(Cf. Conhecimento, Ideia, Intelecto, Razão, Revelação, Verdade)

[Tradução: M. Couto]

Perdão

Categoria teológica fundamental: antes de tudo, ela caracteriza as relações de Deus com os seres humanos (relações que ele interpreta não tanto em termos de justiça, mas muito mais de misericórdia e perdão); no cristianismo caracteriza também as relações entre os seres humanos, em favor do preceito evangélico: "Amai os vossos inimigos" (Mt 5,44).

Já no AT, Deus assume para com os seres humanos uma atitude de paciência, de indulgência, de misericórdia, de perdão: Deus "esquece", "joga para atrás de si a recordação do pecado", "perdoa a ofensa", "não imputa a culpa". No NT, Jesus se apresenta como "o cordeiro que tira os pecados do mundo", e, de fato, mediante o sacrifício de sua vida no patíbulo da cruz, ele obteve o perdão de todos os pecados da humanidade. Jesus perdoa e ensina aos seus discípulos a perdoar qualquer ofensa recebida. Diz que se deve perdoar a todos até "setenta vezes sete". Por fim, instituiu o sacramento do perdão, transmitindo aos Apóstolos o poder de perdoar os pecados: "Aqueles a quem perdoardes os pecados, serão perdoados; aqueles a quem retiverdes, serão retidos" (Jo 20,23).

Santo Tomás fala do perdão em dois contextos diversos: tratando da caridade e da confissão. Com efeito, é necessário distinguir dois gêneros de perdão, o perdão das ofensas recebidas e o perdão dos pecados.

1. Perdão das ofensas

Este é um dever que se estende a todos os cristãos e faz parte do preceito que Cristo deu aos seus discípulos, de "amar também os vossos inimigos" (Mt 5,44). "O amor dos inimigos é exigência da caridade, pois quem ama a Deus e ao próximo não deve excluir seus inimigos de seu amor universal. [...] Isso é exigência da caridade, como disposição da alma, a saber, que se tenha o espírito disposto para amar um inimigo em particular, se necessário. Mas, mesmo não sendo o caso de necessidade, pertence à perfeição da caridade que se ame efetivamente um inimigo. Pois quando a caridade faz amar ao próximo, por amor a Deus, quanto maior for o amor a Deus tanto mais testemunhará o amor ao próximo, apesar de qualquer inimizade. Assim acontece quando se tem um grande amor por uma pessoa em particular: por causa desse amor, amará os seus filhos, mesmo que os tenha por inimigos" (II-II, q. 25, a. 8). Em outra passagem, Santo Tomás esclarece que nós somos sempre obrigados a perdoar as ofensas que foram feitas contra nós; mas não aquelas que atingem Deus ou o próximo (II-II, q. 11, a. 4, ad 2).

2. Perdão dos pecados

Haja vista que o pecado é uma ofensa feita a Deus, somente Deus pode conceder o perdão dessa ofensa. E, sendo infinitamente magnânimo e generoso, "um Deus rico de misericórdia" (*Dives in misericordia*, Ef 2,4), não só quis conceder aos seres humanos o perdão de seus pecados, como também preenchê-los com sua graça e torná-los participantes da vida divina. Ele fez essa obra grandiosa de perdão por meio de Jesus Cristo, o Filho de Deus feito homem. E, assim, de nenhum pecado se pode obter o perdão senão mediante a paixão de Cristo. ("*Nullius peccati remissio fieri potest nisi per virtutem passionis Christi*") (III, q. 69, a. 1, ad 2). Contudo, Jesus Cristo transmitiu o poder de perdoar os pecados também aos apóstolos e a seus sucessores: assim os bispos e os sacerdotes se tornaram os "ministros do perdão" (cf. III, q. 84, aa. 4 e 7).

(Cf. Caridade, Confissão, Misericórdia)

[Tradução: G. Frade]

Perfeição

Do latim, *perfectio* = completo, inteiramente feito. Etimologicamente, "perfeito" significa terminado, concluído, "feito", dado que é conclusão de um *tornar-se*. Também passou a designar realidades que se encontram completamente em ato, mesmo sem um *tornar-se* precedente (cf. *C. G.*, I, c. 28). Essencialmente, "a perfeição de uma coisa consiste no fato de que nada lhe falta" (*III Sent.*, d. 27, q. 3, a. 4), "uma coisa é perfeita quando não lhe falta nada daquilo que lhe compete" (*De Spir. Creat.*, a. 8). Outra característica da perfeição é a autossuficiência, relativa ou absoluta, posto que ter necessidade de algo implica uma potencialidade ainda não realizada, ao passo que a posse do fim acarreta a cessação desse tipo de necessidade. "Aquilo que é perfeito nada necessita de externo, pois tudo contém em sua perfeição" (*X Met.*, lect. 5). Baseando-se nessas explanações, Santo Tomás elabora a seguinte definição: "É perfeito aquilo que é terminado e absoluto, independente de outro, não privado, mas em posse de tudo o que lhe convém conforme seu gênero (*perfectum autem est terminatum et absolutum, non dependens ab alio, et non privatum sed habens ea quae sibi secundum suum genus competunt*)" (*V Met.*, lect. 19). Em última análise, a perfeição se refere ao ato: "Perfeito é aquilo que possui forma" (ibid., lect. 21). Uma vez que indica a ocorrência da forma devida de um ente e que a forma, em Santo Tomás, é mediadora do ser (cf. Forma), perfeição designa, ao mesmo tempo, a riqueza ontológica de um ente. Mas, na filosofia do Doutor Angélico, aquilo que confere riqueza ontológica ao ente não é a bondade ou a verdade ou a beleza ou a substância, mas antes o ser, pois o "ser é a mais perfeita de todas as coisas [...], é a perfeição de todas as perfeições" (*De Pot.*, q. 7, a. 2, ad 9). Com efeito, "assim como toda perfeição e nobreza inere a uma coisa enquanto ela é, assim também todo defeito é-lhe inerente enquanto de algum modo não é" (*C. G.*, I, c. 28). Portanto, um ente será tanto mais perfeito quanto maior for sua participação no ser. Deus é sumamente perfeito justamente porque o *ser* (*esse*) constitui sua própria essência. "As perfeições de todas as coisas estão em *Deus*. Eis por que se diz universalmente perfeito, pois não lhe falta nenhuma das perfeições que se encontram em algum gênero, como afirma o Comentador no livro V da *Metafísica*. E isso pode ser considerado [...] pelo que ficou demonstrado, a saber, que Deus é o ser subsistente por si mesmo. Por conseguinte, deve conter em si toda a perfeição do ser. É claro, com efeito, que se um corpo quente não tem toda a perfeição do calor: isso se deve a que o calor não é participado em plenitude; mas se o calor subsistisse por si mesmo nada lhe poderia faltar da energia do calor. Portanto, sendo Deus o ser subsistente, segue-se que nada lhe pode faltar da perfeição do ser. Ora, as perfeições de todos os seres dependem da perfeição do ser; pois algo é perfeito na medida em que tem o ser. Assim, não falta em Deus a perfeição de coisa alguma" (I, q. 4, a. 2).

Entre as várias diferenciações que se podem fazer da perfeição, vale recordar aquela entre perfeição *simples* e *mista*. São ditas simples as perfeições que podem prescindir do espaço, do tempo e da matéria, por exemplo as perfeições da bondade, da beleza, da verdade, do ser etc. Ao contrário, são perfeições mistas aquelas que podem se efetivar somente na matéria, no espaço e no tempo, tais como o caminhar, o falar, o sentir etc. Santo Tomás utiliza essa distinção para resolver o problema dos nomes divinos. De Deus, podem-se predicar com propriedade somente nomes de perfeições simples (verdade, bondade, beleza, ser, pessoa, causa etc.), enquanto as perfeições mistas podem lhe ser predicadas apenas metaforicamente. Mas mesmo nas perfeições simples é necessário distinguir o *modus praedicandi* da *res praedicata*. Somente a *res praedicata* é afirmada propriamente de Deus. Por sua vez, o *modus praedicandi* se aplica propriamente às criaturas e apenas metaforicamente a Deus (cf. ANALOGIA).

No Comentário ao *De Divinis Nominibus* (c. 13, lect. 1), Santo Tomás distingue a perfeição de Deus de todos os possíveis modos em que as criaturas se dizem "perfeitas": "...Uma criatura se diz 'perfeita' pelo fato de atingir o termo de sua natureza [...]. Deus, ao contrário, se diz perfeito não como se tivesse um termo, mas por se estender (como afirma Diógenes) *para além de todo termo*, pois dele deriva toda determinação" (c. 13, lect. 1, n. 964). Por essa razão, Deus é definido oportunamente como *superperfectus* (ibid., n. 962). Essa "superperfeição" se comprova por sua efusão universal nas criaturas: "A sua prodigalidade é extravasante, de tal modo que não pode ser separada da abundância de sua efusão. Conforme a esta prodigalidade, ele *aperfeiçoa tudo aquilo que é perfeito*, no sentido de que o plenifica à semelhança de sua própria perfeição" (ibid., n. 968).

(Cf. ANALOGIA, DEUS)
[Tradução: M. Ponte]

Perfeição cristã

Além de uma ampla questão da *Suma Teológica* (II-II, q. 184), Santo Tomás dedicou ao tema da perfeição cristã um valioso opúsculo: *De perfectione vitae spiritualis*. Esse opúsculo, de 1269, retoma e reitera as teses expostas na *Suma Teológica*, adequando-as, porém, às exigências da polêmica referente à defesa do ideal de vida religiosa professada pelas recentes Ordens Mendicantes contra os duros ataques que lhes tinham desferido os ambientes tradicionalistas da universidade de Paris.

"Em relação ao antigo *ordo monasticus*, as ordens medicantes representavam uma inovação profunda que incidia em todos os âmbitos da regra da vida cristã (e não somente em suas variantes jurídicas, talvez consideradas artificiosas pelas costumeiras invejas). Apesar da comprovada validade do novo estado religioso, a reação vivaz dos 'conservadores' não pôde deixar de se manifestar seja no âmbito do pensamento, seja naquele das instituições, o que mostra a grandeza, mas não menos a exasperação das polêmicas que se desenvolveram naquele tempo" (M. D. Chenu).

O opúsculo é subdividido em capítulos, nos quais Santo Tomás diz ter pretensão de tratar sobre quatro coisas: 1ª, o que significa ser perfeito; 2ª, qual seria a perfeição alcançável; 3ª, qual seria o estado de perfeição; 4ª, quais são as obrigações de quem alcança o estado de perfeição. A questão da *Suma Teológica* é, por sua vez, subdividida em oito artigos. Porém os mais significativos são os quatro primeiros: 1º, se a perfeição é mensurada pela caridade; 2º, se a perfeição pode se dar nesta vida; 3º, se a perfeição da vida consiste principalmente nos conselhos ou nos preceitos; 4º, se todos os perfeitos se encontram em estado de perfeição.

1. A essência da perfeição cristã consiste na caridade

De modo extremamente conciso, Santo Tomás argumenta: "Cada um é considerado perfeito quando atinge seu fim próprio, que é a sua última perfeição. Ora, pela caridade nós nos unimos a Deus, fim último da alma humana, pois 'quem permanece na caridade, permanece em Deus e Deus nele' (1Jo 4,16). Logo, é especialmente pela caridade que se define a perfeição da vida cristã" (II-II, q. 184, a. 1). Porém, no mesmo artigo, ao afirmar que "a perfeição da vida cristã não consiste unicamente na caridade, mas também nas outras virtudes", Santo Tomás se apressa para explicitar que é possível considerar a perfeição de dois modos: em sentido absoluto e relativo. O primeiro caso se refere somente àquilo que faz parte da própria natureza da coisa.

Quanto ao segundo, incluem-se também os elementos acidentais que acompanham a natureza de tal coisa. E, assim, conclui: "a perfeição da vida cristã, entendida no sentido absoluto, se define pela caridade e, no sentido relativo, pelas outras virtudes (*secundum caritatem simpliciter attenditur perfectio christianae vitae, sed secundum alias virtutes secundum quid*)" (ibid., ad 2).

2. A perfeição cristã consiste essencialmente nos preceitos

Contra uma tentação na qual caíram com frequência e de prontamente muitos pensadores cristãos — em particular, os gnósticos, que acreditavam que podiam e deviam reservar a perfeição a poucos privilegiados —, Santo Tomás afirma categoricamente que a consecução da perfeição cristã é possível a todos e um dever de todos, pois, essencialmente, ela não consiste na prática dos conselhos evangélicos, mas naquela dos preceitos comuns. "Secundária e instrumentalmente, porém, a perfeição reside na observância dos conselhos. Tal como os preceitos, os conselhos se ordenam todos para a caridade, mas de maneira diferente. Os preceitos que não os da caridade, se ordenam a afastar as coisas que são contrárias à caridade, isto é, com as quais ela não pode subsistir. Ao passo que os conselhos se ordenam a remover os obstáculos ao ato de caridade, embora eles não a contrariem, como o matrimônio, a ocupação com os negócios seculares e coisas semelhantes" (ibid., a. 3).

3. O estado de perfeição

Tendo presente que a expressão "estado" (*status*) diz respeito a uma condição de vida que se vincula de modo permanente a um compromisso solene — e não simplesmente esporádico, como seria a condição de uma vida não vinculada a obrigações especiais —, Santo Tomás especifica: "alguém propriamente se acha no estado de perfeição, não porque exerce um ato de caridade perfeita, mas por obrigar-se para sempre e com certa solenidade às coisas que dizem respeito à perfeição. Acontece, porém, que, depois de ter prometido, uns não cumprem sua promessa; ao passo que outros fazem aquilo que não prometeram [...]. Portanto, nada impede que alguns sejam perfeitos, sem estarem no estado de perfeição, e que outros estejam no estado de perfeição, sem serem perfeitos" (ibid., a. 4).

Com efeito, somente dois são os estados de perfeição, aquele dos consagrados à vida religiosa e aquele dos consagrados à vida sacerdotal: "Como dissemos, o estado de perfeição requer a obrigação perpétua às coisas que dizem respeito à perfeição, acompanhada de certa solenidade. Ora, uma e outra condição se verificam no caso dos religiosos e dos bispos. Os religiosos se obrigam a abster-se das coisas seculares, que poderiam licitamente usar, para entregar-se com mais liberdade a Deus. E nisso consiste a perfeição da vida presente [...] Por outro lado, a obrigação que eles assumem vai acompanhada de certa solenidade de profissão e bênção [...] Do mesmo modo, os bispos também se obrigam a uma vida de perfeição, ao assumir o ofício pastoral, pois isso implica em que 'o pastor dê sua vida por suas ovelhas'. É o que faz dizer ao Apóstolo: 'Fizeste a bela profissão diante de um grande número de testemunhas' (1Tm 6,12), quer dizer, segundo a *Glosa*, 'por ocasião da tua ordenação'. E a essa perfeição acrescenta-se a solenidade da consagração" (ibid., a. 5).

Entre os dois estados, o religioso e o sacerdotal, tem primazia o sacerdotal, pois o agir é superior ao padecer. Como diz Santo Agostinho: "O agente é sempre superior ao paciente". Ora, em matéria de perfeição, os bispos são os "aperfeiçoadores", enquanto os religiosos são os "aperfeiçoados". "Logo, é manifesto que o estado de perfeição é mais excelente nos bispos que nos religiosos" (ibid., a. 7).

4. As vias da perfeição

Santo Tomás apresenta como via à perfeição tudo aquilo que, de um lado, remove os obstáculos e, de outro, contribui na incrementação da caridade, do amor a Deus e ao próximo. "É evidente que o coração do homem se inclina tanto mais intensamente em direção a um único objeto quanto mais se distancia do múltiplo. De modo que o ânimo humano, quanto mais é retido pelo amor das coisas temporais, tanto mais é induzido a amar Deus. Por isso, Santo Agostinho diz que o veneno da caridade é a esperança de acumular ou de conservar coisas temporais, cujo aumento pode até diminuir a avidez, mas a perfeição está na ausência de toda cobiça (*perfectio vero nulla cupiditas*). Portanto, todos os conselhos, pelo quais somos solicitados à perfeição, miram ao desprendimento da alma humana do afeto pelas coisas temporais a fim de que a mente tenda mais livremente a Deus, contemplando, amando e fazendo sua vontade" (*De perf. vitae spir.*, c. 6, n. 569). Portanto, as três vias mestras da perfeição são: a da pobreza, mediante a renúncia das coisas materiais; a da castidade, mediante a renúncia dos prazeres do corpo; a da obediência, mediante a renúncia da própria liberdade (ibid., cc. 7-10).

5. Os três gêneros de vida espiritual: *contemplativa, ativa* e *mista*

Santo Tomás dedica três questões da *Suma Teológica* ao estudo dos vários gêneros de vida espiritual, explicando em que eles consistem e esclarecendo as vantagens específicas de cada gênero.

A *vida contemplativa* consiste principalmente na contemplação da verdade. Portanto, em primeiro lugar, na contemplação de Deus. Mas, de modo secundário, ela consiste também na contemplação dos efeitos divinos, pois é a partir das realidades visíveis que conhecemos aquelas invisíveis de Deus. Pelo fato de passar necessariamente pela mediação das coisas visíveis, a contemplação de Deus na vida presente não chega à visão de sua essência, o que só ocorreria em um caso de arrebatamento, como aquele de São Paulo. Alcança-se a contemplação perfeita quando se unificam, apenas pela contemplação da verdade, todas as operações da alma; quando se se eleva das coisas sensíveis exteriores às coisas intelectuais; enfim, quando se raciocina baseando-se nos lumes celestes. Perfazem-se, assim, três movimentos distintos da alma: circular, reto e oblíquo (II-II, q. 180, aa. 4-6). Para Santo Tomás, a vida contemplativa é a mais feliz de todas, seja, porque consiste na mais alta operação da alma seja porque tem suas raízes no divino amor (ibid., a. 7).

A *vida ativa* consiste no desenvolvimento de atividades externas (*exteriores occupationes*) e é presidida pelo intelecto prático. As figuras bíblicas que a inspiram são Lia e Marta; enquanto Raquel e Maria inspiram a vida contemplativa (II-II, q. 179, a. 2, s.c.).

Ao falar sobre o ensinamento, Santo Tomás relaciona-o em parte à vida ativa e em parte à vida contemplativa: à primeira, pertence a obra do mestre; à segunda, a obra do pupilo (ibid., q. 181, a. 3).

Ao confrontar os dois gêneros de vida espiritual, o Angélico deixa claro que a vida contemplativa é absolutamente melhor que a ativa, pois ela se orienta do melhor modo, e com as melhores faculdades, na direção do melhor objeto: Deus. A vida contemplativa, por si mesma, tem mais mérito do que a vida ativa, pois ela se refere diretamente ao amor de Deus, ao passo que a vida ativa se encontra diretamente orientada ao amor do próximo, menos excelente que o primeiro, salvo o caso de alguém se dedicar à vida ativa por superabundância de amor divino (ibid., q. 182, a. 2). Mesmo no âmbito da natureza a vida contemplativa tem a primazia por converter-se em razão de ser da vida ativa. Porém, na ordem temporal, a vida ativa tem a primazia, pois conduz à disposição para a vida contemplativa. Quando absorvida por ocupações externas, a vida ativa constitui um estorvo à vida contemplativa, sendo-lhe, ao contrário, de grande proveito quando consegue moderar as paixões internas da alma que impedem a contemplação (ibid., aa. 3-4).

A insistência de Santo Tomás em afirmar o primado da vida contemplativa pode, talvez, deixar entrever um aspecto de seu intelectualismo. Não se pense, porém, que tal intelectualismo obscurecesse o Doutor Angélico a ponto de impedi-lo de notar a importância das virtudes morais. Ao contrário, como há pouco se viu, na ordem genética ele as põe em primeiro lugar: elas constituem as primeiras disposições indispensáveis para a vida contemplativa. Santo Tomás observa que a contemplação, mesmo sendo uma atividade formalmente intelectual, por causa da intenção que a suscita e sustenta, "pertence à vontade, que move todas as outras faculdades, inclusive o intelecto, para os seus atos" (II-II, q. 180, a. 1).

O terceiro gênero de vida cristã é aquele *misto*, que combina vida contemplativa e ativa. Santo Tomás identifica esse gênero de vida com aquele vivido pela Ordem dominicana, a Ordem dos Frades Pregadores. Com efeito, a *pregação* pressupõe a contemplação, dado que consiste em transmitir aos outros aquele conhecimento da verdade que se alcança na contemplação: "*contemplari et contemplata aliis tradere* [contemplar, e o contemplado, a outros transmitir (N. do T.)]" é a célebre sentença com a qual Santo Tomás define a pregação (II-II, q. 180, a. 6). Pertencem ao momento contemplativo os seguintes atos: orar, aprender, ler e meditar (II-II, q. 180, a. 3, ad 4). Santo Tomás sublinha a importância do estudo para quem é chamado à pregação: "O estudo das letras é necessário às vidas religiosas fundadas em vista da pregação dos ministérios análogos" (cf. II-II, q. 188, a. 5). Mas o Angélico é bem cônscio de que o esforço humano é insuficiente para desenvolver aquela que é a mais nobre de todas as atividades práticas: é necessária especial assistência do Espírito Santo, não somente porque é ele quem toma a iniciativa no chamado à fé e ao apostolado, mas também porque é ele quem generosamente distribui seus dons e carismas. Os dois carismas mais eficazes para o pregador do Evangelho são aqueles que São Paulo chama de *sermo sapientiae* e *sermo scientiae*, cujo fundamento e disposição se encontram no "carisma da fé" (I-II, q. 111, a. 4). Particularmente, Santo Tomás se detém na consideração do carisma da palavra. A propósito, o Doutor de Aquino descreve com exatidão as tarefas específicas da pregação: a primeira delas é aquela de "instruir o intelecto [...] [a segunda], a de mover o afeto, de maneira que se faça escutar com gosto a palavra de Deus; o que sucede quando alguém fala tão bem que 'deleita' os ouvintes. Mas isto não se deve buscar para a sua própria vantagem, mas para atrair os homens a ouvirem a palavra de Deus; [a terceira é aquela de fazer com] que os ouvintes amem o que as palavras significam e o queiram realizar; o que sucede quando alguém fala de tal modo que dobre os ouvintes" (II-II, q. 177, a. 1). Para alcançar tais objetivos, mesmo que imperfeitamente, seria possível o auxílio de meios humanos concernentes à arte da oratória (ibid., ad 1). Mas a eficácia da pregação sacra se veria comprometida se se confiasse naqueles meios sem contar com a ação do Espírito Santo (ibid., ad 2). Além disso, o pregador deve sempre ter presente como modelo Jesus Cristo: "*doctrinae et fidei primus et principalis doctor* [O principal doutor da doutrina e da fé (N. do T.)]" (III, q. 7, a. 7).

Em conclusão, para Santo Tomás, a vida do pregador é o gênero mais elevado de vida espiritual, pois contém em si os momentos mais nobres da vida ativa e contemplativa. Desta, por compreender o momento da contemplação da verdade revelada; daquela, por colocar em prática a maior obra de misericórdia espiritual: fazer com os outros conheçam a verdade.

[Tradução: M. Ponte]

Perjúrio

Do latim *periurium*. É a violação do juramento. A este pecado Santo Tomás dedica a questão 98 da *Segunda Seção da Segunda Parte da Suma Teológica*, onde se colocam quatro quesitos: 1. Requer-se a falsidade para o perjúrio? 2. É sempre pecado? 3. É sempre pecado mortal? 4. É pecado impor o juramento a um perjuro?

O perjúrio é, por definição, "uma mentira confirmada com juramento". É, portanto óbvio que o perjúrio implica a mentira. De fato, "a falsidade especifica a perversidade do juramento que é chamado perjúrio (*a falsitate praecipue specificatur pervesitas juramenti, quae periurium dicitur*)" (II-II, q. 98, a. 1).

Santo Tomás classifica o perjúrio entre os pecados *contra a religião*, pela seguinte razão: "Como acima foi dito (II-II, q. 89, a. 1), jurar é invocar Deus como testemunha. Será irreverência a Deus invocá-lo para testemunhar uma falsidade, porque há de se pensar que Deus desconheça a verdade ou que deseje testemunhar uma falsidade. Logo, o perjúrio é manifestamente pecado contrário à virtude de religião, cujo objeto é reverenciar Deus" (II-II, q. 98, a. 2). No perjúrio, segundo o Doutor Angélico, a matéria é sempre grave: é sempre pecado grave, porque o perjúrio não é só irreverência mas também desprezo de Deus; ora, tudo o que é desprezo de Deus é pecado mortal (ibid., a. 3). Enfim, ao falar daquele que exige de outros o juramento, Santo Tomás distingue entre pessoa privada e pessoa pública. Ao privado não é consentido fazê-lo, porque é constranger alguém a cair em pecado. Ao contrário, a pessoa pública pode fazê-lo, se a lei o requer (ibid., a. 4).

(Cf. Juramento)

[Tradução: M. Couto]

Perseguições

Vexações sistemáticas de uma pessoa física ou jurídica, colocadas em ato injustamente e com abuso de autoridade da parte dos poderes públicos. São tristemente famosas as perseguições contra o cristianismo, especialmente as dez perseguições realizadas por alguns imperadores romanos, de Nero a Maximiliano.

Santo Tomás, no comentário ao Evangelho de João, se interroga sobre o porquê das perseguições dos bons (santos) por parte dos maus e individualiza três razões principais: "Antes de tudo por diversidade de condição, estando o mundo na morte e os santos no estado de vida: 'Irmãos, não estranheis, se o mundo vos odeia. Nós sabemos que passamos da morte para a vida porque amamos nossos irmãos'" (1Jo 3,13). Outra razão é o desprazer de serem censurados, porque os homens santos são por suas palavras e seus fatos uma injúria para o mundo: 'O mundo me odeia porque eu dou testemunho de que suas obras são más' (Jo 7,7). Uma terceira razão é a inveja que provam os malvados ao ver os homens justos crescerem e se multiplicarem na bondade e na santidade: assim os egípcios, vendo aumentar os filhos de Israel, começaram a odiá-los e persegui-los; assim os irmãos odiaram José, porque era o mais amado de todos. À inveja dos malvados se acrescenta a inveja do demônio. Este, invejoso da glória de Deus e da salvação humana, busca impedir uma e outra, valendo-se dos seus ministros para perseguir os ministros do Senhor" (*In Ioan.*, c. 15, lect. 4).

[Tradução: M. Couto]

Perseverança

É uma virtude e uma graça especial que confere ao cristão o poder de permanecer fiel à própria vocação: vocação comum à vida eterna mediante o seguimento de Cristo, ou vocação especial num estado de perfeição sacerdotal ou ainda religioso. A perseverança, como qualquer outra virtude infusa, tem necessidade do dom da graça habitual; o ato perseverante no bem até a morte tem necessidade não só da graça habitual, mas também da ajuda gratuita de Deus para conservar o homem no bem até o final da vida. O homem pode passar do mal ao bem e do bem ao mal; para permanecer inalterável no bem tem necessidade de se fixar na ajuda divina.

Na Sagrada Escritura encontram-se muitas orações para pedir a Deus a perseverança: "Meus passos seguem firmes tuas trilhas; não vacilam meus pés na tua estrada" (Sl 17,5); "Que o próprio nosso Senhor Jesus Cristo, e Deus, nosso Pai, que nos amou e nos concedeu, por sua bondade, consolação eterna e feliz esperança, consolem os vossos corações e os tornem fortes para que possais fazer e dizer tudo o que é bom" (2Ts 2,16-17). Isso se diz principalmente na oração dominical, sobretudo dizendo *Adveniat regnum tuum*; o reino de Deus não virá de fato a nós, se não formos perseverantes no bem até o fim.

Santo Tomás (II-II, qq. 137-138) esclarece que, como para perseverar no bem não basta o livre-arbítrio sem a ajuda divina, assim não basta nenhum hábito infuso em nós, mas ocorre uma graça extraordinária. De fato os hábitos que Deus infunde em nós no estado da vida presente não tolhem totalmente do livre-arbítrio a mobilidade para o mal, embora estabeleçam até certo ponto o livre-arbítrio no bem. Por isso quando dizemos que o homem tem necessidade da ajuda da graça para a perseverança final, não entendemos que sobre a graça habitual infusa primeiramente para operar o bem se infunda uma outra para perseverar; mas, entendemos que, mesmo tendo todos os hábitos infusos por graça, o homem tem ainda necessidade da ajuda da divina providência para sustentá-lo e subtraí-lo da tentação do momento decisivo da passagem deste mundo ao outro.

A razão pela qual é necessária uma graça especial é tirada da instabilidade do livre-arbítrio, que na vida presente não é jamais de tal modo confirmado no bem a ponto de se ter certeza de não nos afastarmos mais dele. "Como o livre-arbítrio é por si volúvel, e isso não é corrigido pela graça habitual, nesta vida, não está no poder do livre-arbítrio, mesmo restaurado pela graça, ficar imutavelmente no bem, embora esteja em seu poder fazer esta escolha. Ocorre frequentemente, com efeito, que a escolha esteja em nosso poder, mas não a execução" (II-II, q. 137, a. 4).

A perseverança faz parte da virtude da *fortaleza*. Eis a razão: "A fortaleza é uma virtude principal porque guarda a firmeza naqueles domínios onde é muito difícil resistir firme, quais sejam os perigos mortais (*firmitatem servat in his in quibus difficillimum est firmiter persistere, scilict in periculis mortis*). É a razão pela qual se faz necessário acrescentar à fortaleza, como virtude secundária, toda virtude cujo mérito consiste em garantir a firmeza diante do difícil" (ibid., a. 2). Ora, a perseverança é posta à prova com o mais tremendo de todos os perigos, a morte. Eis por que faz parte da fortaleza.

(Cf. FORTALEZA)

[Tradução: M. Couto]

Pessoa

Como o próprio Santo Tomás explica, o termo provém de *personare*, que significa "fazer ressoar", "proclamar em alta voz": "*Sumptum est nomen personae a personando eo quod in tragoediis et comediis recitatores sibi ponebant quandam larvam ad repraesentandum illum, cuius gesta narrabant decantando* (O nome pessoa vem de *personare*, pois nas tragédias e nas comédias os atores usavam uma máscara para representar o personagem cujos gestos narravam cantando)" (*I Sent.*, d. 23, q. 1, a. 1).

De acordo com o uso corrente, "pessoa" designa a realidade humana, o indivíduo particular, em sua inteireza e concretude: é todo o ser do homem em sua individualidade o que se visa exprimir com este termo.

Historicamente, a palavra pessoa assinala uma linha de demarcação entre as culturas pagã e cristã. Até o advento do cristianismo não existia, nem em grego nem em latim, uma palavra que expressasse o conceito de pessoa. Tal conceito não existia na cultura clássica, que, definitivamente, não valorizava o indivíduo como tal, fazendo essencialmente depender o seu valor da classe, da renda e da raça. "O cristianismo forjou uma nova dimensão do homem: aquela da pessoa. Tal noção era tão estranha ao racionalismo clássico, que os padres gregos não foram capazes de encontrar na filosofia grega categorias e palavras para exprimir essa nova realidade" (R. Gauraudy). A singularidade da pessoa, única e inimitável, a substancial igualdade em nobreza e dignidade de cada membro da espécie humana, o seu valor absoluto, tudo isso constitui uma verdade sustentada, afirmada e difundida pelo cristianismo, que, como poucas na história, exerceu um poder "subversivo". Abrindo caminho gradualmente, ela conseguiu adentrar na cultura pagã, transformou-a profunda e substancialmente e deu origem a uma nova cultura e sociedade: a cultura e a sociedade que ganharam forma na *respublica christiana* do medievo.

Como se disse, o conceito de pessoa, na medida em que afirma o sujeito, no indivíduo, no concreto, é estranho ao pensamento grego, que apenas reconhece e dá importância ao universal, ao ideal, ao abstrato, considerando o indivíduo tão somente como momentânea fenomenização da espécie, do universal ou como átimo transitório do grande ciclo onicompreensivo da história. O conceito de pessoa é uma conquista do pensamento cristão alcançado pela meditação e reflexão sobre a história da salvação. Esta, por sua vez, não é a história da espécie humana, da coletividade, do universal, mas história de pessoas singulares, concretas, particulares. É a história dos vários Abraões, Isaacs, Jacós, Davis, Isaías etc. Uma história que exalta o valor infinito de cada representante do gênero humano, pelo fato de todo homem ser condecorado com o título de Filho de Deus e de irmão de Jesus Cristo.

No cristianismo, o conceito de pessoa não foi relegado a um simples dado de fé, mas antes se tornou tema de profunda meditação filosófica e teológica. Durante a patrística e a escolástica, foi submetido a uma cuidadosa e rigorosa reflexão que lhe permitiu adquirir uma sólida densidade filosófica. Tal aprofundamento se deu por ocasião das disputas teológicas sobre os grandes mistérios da Trindade e da Encarnação, cuja solução decisivamente contribuiu para a formulação rigorosa do conceito de pessoa. O primeiro exame aprofundado deste conceito foi realizado por Agostinho, em *De Trinitate*. Seu objetivo nessa incomparável obra teológica era o de encontrar um termo que se aplicasse distintamente ao Pai, ao Filho e ao Espírito, sem incorrer, por um lado, no perigo de torná-los três divindades, e, por outro lado, no perigo de dissolver suas individualidades. Agostinho evidencia que os termos "essência" e "substância" não possuem essa dupla qualidade, dado que se referem a aspectos comuns a todos os três membros da Trindade, à qual corresponde, ao contrário, o termo grego "hypostasis" e seu equivalente latino "pessoa", que "não significa uma espécie, mas algo singular e individual" (*De Trinitate* VII, c. 6, 11). O termo pessoa se aplica não apenas a Deus, mas também, analogicamente, ao homem: "*Singulus quisque homo... una persona est* [Cada homem individual [...] é uma pessoa (N. do T.)]" (ibid., XV, c. 7, 11). Portanto, para Agostinho, pessoa significa o sujeito, o indivíduo, atestando que, no século IV d.C., a palavra pessoa já havia adquirido um significado profundamente diverso daquele que tivera na latinidade clássica: já não designa uma máscara, porém um homem, um indivíduo da espécie humana.

Coube a Severino Boécio (cf. BOÉCIO) o mérito de ter elaborado uma definição adequada do conceito de pessoa. Em um de seus opúsculos teológicos ele escreve: "A pessoa é uma substância individual de natureza racional (*persona est rationalis naturarae individua substantia*)" (*Contra Eutichen et Nestorium*, c. 4). Resulta da definição de Boécio que pessoa não significa simplesmente individualidade singular nem simplesmente natureza nem apenas substância. De fato, a individualidade singular pode pertencer também ao acidente (todos os acidentes concretos são individuais). Tampouco bastam a natureza e a substância, que podem ser referidas a elementos genéricos, não constituindo necessariamente uma pessoa. Mas nem mesmo a união de individualidade, natureza e substância satisfaz o conceito de pessoa, pois esses elementos se encontram também tanto em uma pedra quanto em um gato, que não são pessoas. Com efeito, esses elementos se enquadram no gênero próximo de pessoa, sendo ainda necessário, para uma adequada definição, acrescentar-lhes a diferença específica que distingue os homens dos animais, a saber, a racionalidade. Desse modo, obter-se-ia exatamente o que escreveu Boécio: *rationalis naturae individua substantia*. "Esta célebre definição foi vivamente discutida nos séculos XII e XIII. Ricardo de São Victor a repropôs, não conseguindo, porém, suplantá-la. Em algumas ocasiões Santo Tomás cita uma terceira definição (cf. I, q. 29, a. 3, ad 2), dita *dos mestres*, muito em voga desde Alain de Lille (†1202). Porém, desde o início de seu ensinamento, ele optou por se apropriar da definição de Boécio, aperfeiçoando-a com importantes observações" (H. F. Dondaine).

Santo Tomás tem um conceito altíssimo de pessoa. A seu ver, ela é aquilo que de mais perfeito existe no universo: "*Persona significat id quod est perfectissimum in tota natura, scilicet subsistens in natura rationali* [Pessoa significa o que há de mais perfeito em toda natureza, a saber, o que subsiste em uma natureza racional (N. do T.)]" (I, q. 29, a. 3). Santo Tomás considera a pessoa desde o *ponto de vista ontológico*, compreendendo-a, portanto, como uma *modalidade do ser*, ou seja, daquela perfeição que na sua filosofia é *perfectio omnium perfectionum* (perfeição de todas as perfeições) e *actualitas omnium actuum* (ato de todos os atos). É propriamente por causa dessa perfeição que a pessoa ocupa o mais alto patamar: o ser encontra na pessoa sua atuação mais plena, mais excelente, mais completa. Por essa razão, todos os entes que ostentam o título de pessoa são entes que gozam de uma dignidade infinita, de um valor absoluto: seja Deus, sejam os anjos ou os homens. O conceito de pessoa é analógico: não se predica do mesmo modo, isto é, univocamente, de Deus, dos anjos e do homem, mas segundo uma ordem de prioridade e posterioridade (*secundum prius et posterius*). No entanto, ele designa sempre a mesma perfeição fundamental: é pessoa o subsistente (suposto) de natureza intelectual. Como afirma Santo Tomás com seu estilo sóbrio e preciso: "*nam omne quod subsistit in intellectuali vel rationali natura, habet rationem personae* [uma vez que tudo que subsiste na natureza intelectual ou racional tem razão de pessoa (N. do T.)]" (*C. G.*, IV, c. 35).

Convicto da bondade da definição boeciana de pessoa, ele a defende das objeções de quem a contestava, esclarecendo o sentido dos quatro termos que a compõem (*rationalis, natura, individua, substantia*) e fazendo ver que, se compreendidos no sentido exato, todos esses termos são indispensáveis para ter um conceito adequado de pessoa.

A propósito do termo *substantia*, Santo Tomás recorda que ele pode significar seja a substância segunda (a essência universal), seja aquela primeira (o sujeito singular). Ora, na definição de pessoa o termo substância é usado no sentido de *substância primeira*, pois a pessoa é sempre um subsistente singular, e não no sentido de substância segunda. "Substância tem dois sentidos. O primeiro é a *quididade da coisa*, que se exprime na definição. Por isso, dizemos que a definição significa a substância da coisa. Os gregos chamam tal substância de *ousia*, que podemos traduzir por *essência*. Em um segundo sentido, chama-se substância ao sujeito ou ao supósito que subsiste no gênero substância" (I, q. 29, a. 2). Ora, é no sentido de substância primeira ou supósito que se emprega o termo substância na definição de pessoa, e não simplesmente no sentido de essência universal.

Quanto ao termo *indivíduo*, o Angélico reconhece que pode ser predicado tanto da substância como dos acidentes, mas observa, com Aristóteles, que primária e propriamente se diz da substância. "O indivíduo se encontra no gênero substância. A substância, com efeito, é individuada por si mesma. Mas os acidentes o são pelo sujeito, isto é, pela substância: diz-se por exemplo esta brancura, enquanto está neste sujeito. É conveniente, portanto, dar aos indivíduos do gênero substância um nome especial: nós os chamamos de *hipóstases* ou *substâncias primeiras*. O particular e o indivíduo realizam-se de maneira ainda mais especial e perfeita nas substâncias racionais que têm o domínio de seus atos e não são apenas movidas na ação como as outras, mas agem por si mesmas. Ora, as ações estão nos singulares. Por isso, entre as outras substâncias, os indivíduos de natureza racional têm o nome especial de *pessoa*. E eis por que, na definição acima, diz-se a substância individual, para significar o singular no gênero substância. E acrescenta-se 'de natureza racional', para significar o singular nas substâncias racionais" (ibid., a. 1). Mais adiante, Santo Tomás exprime o mesmo conceito do seguinte modo: com efeito, "a pessoa em geral significa, como se disse, a substância individual da natureza racional. Ora, o indivíduo é o que é indiviso em si e distinto dos outros. Portanto a pessoa, em qualquer natureza, significa o que é distinto nessa natureza. Por exemplo, na natureza humana, significa estas carnes, estes ossos e esta alma, que são os princípios individualizantes do homem. Se tais elementos não entram na significação de pessoa, eles entram na significação de 'pessoa humana' (*quae quidem, licet non sint de significatione personae, sunt tamen de significatione personae humanae*)" (ibid., a. 4). O termo *indivíduo* indica, portanto, a realidade pessoal em toda a sua concretude. Não aquilo que pertence de modo genérico à humanidade ou de modo específico a um anjo, mas aquilo que é próprio de Pedro, de Sócrates, de Davi ou do anjo Gabriel.

Contra quem pensa que teria sido preferível o emprego do termo *essência* àquele de *natureza*, Santo Tomás replica afirmando que Boécio fez bem em dar preferência à natureza, pois a "*essência* deriva de *ser*, isto é, do que há de mais comum (*quod est communissimum*)" (ibid., a. 1), enquanto o termo natureza, como o compreende Boécio, designa "'a diferença específica que informa cada coisa'. Pois é a diferença específica que completa a definição, e que se toma da forma própria da coisa. Era mais conveniente, portanto, para definir a pessoa, que é o indivíduo de um gênero determinado, empregar o termo *natureza* em vez de *essência*" (ibid.).

Enfim, quanto ao termo *rationalis*, Santo Tomás afirma que ele é perfeitamente adequado à definição de pessoa concernente ao homem, pois é justamente graças à racionalidade que o homem entra no âmbito do espírito, âmbito ao qual pertencem as pessoas. Mas se se almeja uma definição de pessoa mais abrangente, que se aplique igualmente a todos os outros seres espirituais (Deus e os anjos), então se faz necessário acrescentar a *rationalis* o termo *intellectualis*. Por isso, Santo Tomás reformula do seguinte modo a definição boeciana: "*nam omne quod subsistit in intellectuali vel rationali natura, habet rationem personae* [uma vez que tudo que subsiste na natureza intelectual ou racional tem razão de pessoa (N. do T.)]" (*C. G.*, IV, c. 35). Inserindo na definição de pessoa os termos *rationalis* ou *intellectualis*, Santo Tomás confere implicitamente à pessoa todas aquelas propriedades sobre as quais insistirão os filósofos modernos e contemporâneos quando falam de pessoa: a autoconsciência, a liberdade, a comunicação, a coexistência, a vocação etc., já que todas essas qualidades encontram suas raízes na razão ou na inteligência. Ou seja, a razão (a inteligência) encerra em si a autoconsciência, a liberdade, a comunicação, a coexistência, a vocação, a participação, a solidariedade etc.

Ao definir sistematicamente a pessoa como *subsistens in natura rationali vel intellectuali*, Santo Tomás indica os dois aspectos essenciais e indispensáveis do conceito de pessoa: o aspecto ontológico (com *subsistens*) e o psicológico (com *rationalis* ou *intellectualis*). Por mais perfeita que seja, uma racionalidade ou uma inteligência não pode ser pessoa sem a subsistência. Tanto é verdade, que a natureza humana de Cristo, não sendo subsistente, não constitui uma pessoa. Não é necessário que a racionalidade ou a inteligência estejam presentes como operação em ato, basta que sejam faculdades: desse modo, é pessoa tanto aquele que dorme como aquele que está em coma e quem ainda é feto. Qualquer ser racional ou inteligente dotado de *actus essendi* é pessoa. Estes dois aspectos da pessoa — subsistência e natureza espiritual — estão estreitamente ligados entre si. De fato, porque a forma substancial do homem (a alma) tem o ser por si e não por causa de sua união com a matéria, essa forma é espiritual. Justamente porque a alma humana tem *per se* (mesmo que não para si) o ato de ser, pode operar *per se*, já que o operar segue o ser e o modo de operar segue o modo de ser: operar *per se* é ter o domínio sobre as próprias ações, ou seja, ter liberdade. E, de fato, é por esse modo de agir que se manifesta aquilo que há de mais característico da pessoa. Com efeito, a subsistência, característica essencial da pessoa, "se encontra na sua forma particular e individual de modo mais especial e perfeito nas substâncias racionais, que possuem o *domínio de seu agir* e não são apenas objetos passivos, como outras substâncias, mas agem por si mesmas: pois somente os seres singulares podem agir, e, entre todas as outras substâncias, certos indivíduos têm um nome especial: este nome é o de pessoa, pois são de natureza racional" (I, q. 29, a. 1).

No homem, entendido como totalidade do ser individual, o conceito de pessoa compreende: a matéria, a forma substancial (a alma), as formas acidentais e o ato de ser (*actus essendi*). O constitutivo formal da pessoa é dado por este último elemento, pois o ato de ser é a perfeição máxima e é aquilo que confere atualidade à substância e a todas as suas determinações. Por isso, "a personalidade pertence necessariamente à dignidade e perfeição de alguma coisa na medida em que pertence à sua dignidade e perfeição o existir por si, que é o que se entende pelo nome de pessoa" (III, q. 2, a. 2, ad 2).

O *actus essendi* confere à pessoa a propriedade da *incomunicabilidade*: "*De ratione personae est quod sit incommunicabilis* [É da razão de pessoa ser incomunicável (N. do T.)]" (I, q. 30, a. 4, ob. 2). Graças ao ato de ser, a pessoa se torna completa em si mesma, ontologicamente fechada. A pessoa, esclarece Santo Tomás, goza de *tríplice incomunicabilidade*: "da parte, enquanto é um ser completo; do universal, enquanto é um ser subsistente; da capacidade de ser assumida, enquanto aquilo que é assumido se passa na pessoalidade de outro e não há pessoalidade própria. A comunicabilidade de quem assume, por outro lado, não está em contradição com o conceito de pessoa" (*III Sent.*, d. 5, q. 2, a. 1, ad 2). Por causa da incomunicabilidade, a pessoa se distingue nitidamente tanto da essência quanto da natureza. Com efeito, "o conceito de pessoa é algo de subsistente, de distinto, compreendendo tudo aquilo que se encontra na coisa, enquanto o conceito de natureza compreende apenas seus elementos essenciais" (ibid., q. 1, a. 3, sol.).

Por isso, não a razão abstrata ou a natureza humana em geral, mas a razão e a natureza de um ser concreto — subsistente por um *actus essendi* — garante a dignidade irredutível da pessoa humana, que possui "*has carnes et haec ossa et hanc animam, quae sunt principia individuantia hominem* [estas carnes, estes ossos e esta alma, que são os princípios individualizantes do homem (N. do T.)]" (I, q. 29, a. 4). Assim, Santo Tomás pode legitimamente concluir com a afirmação de que "o modo de existir que condiz à pessoa é o mais digno de todos, sendo aquilo que existe por si (*modus existendi quem importat persona est dignissimus, ut scilicet aliquid per se existens*)" (*De Pot.*, q. 9, a. 3).

O homem, como singular "indivíduo", está para a totalidade do universo e da humanidade "assim como a parte está para o todo (*sicut pars ad totum*)" (cf. II-II, q. 64, a. 2). No cosmo, o indivíduo é algo aparentemente insignificante, que pode ser dispensado a qualquer instante. Mas, como *pessoa*, ele goza de uma independência dominadora. Como indivíduo, o homem está sujeito aos astros, mas como pessoa pode dominá-los. Analogamente, como indivíduo o homem é membro da humanidade à qual está submetido, mas como pessoa não se subordina à comunidade política, no sentido de que é esta que encontra na pessoa sua razão última de ser: de fato, a sociedade se constitui a fim de que o homem cresça na liberdade e realize plenamente a si mesmo (cf. I-II, q. 21, a. 4, ad 3). Pelo fato de subsistir como pessoa, o homem pode realizar sua racionalidade peculiar feita de inteligência e vontade. A autoconsciência e a autodeterminação, títulos máximos de grandeza do homem, se enraízam e se efetuam tendo como base o seguinte fundamento: que a pessoa, à qual pertencem como privilégio incomparável, subsista, isto é, exista em si e para si. Mas essa subsistência e completude ontológica não isola a pessoa e não a fecha em si mesma. Graças à racionalidade, ela dispõe de uma grandíssima abertura, que se expande em direção ao infinito e goza de uma enorme capacidade de comunicação com os outros. Assim, a própria inalienabilidade do "subsistir" consente ao homem, como pessoa, realizar-se na intersubjetividade e na intercomunhão.

Como já observado anteriormente, para Santo Tomás o conceito de pessoa é *analógico*: "*non univoce nec aequivoce sed secundum analogiam* [nem unívoco nem equívoco, mas analógico (N. do T.)]" (*I Sent.*, d. 25, q. 1, a. 2; cf. I, q. 29, a. 4, ad 4). Ele se aplica a Deus e às criaturas conforme um sentido que não é nem perfeitamente idêntico nem totalmente diverso, mas em parte igual e em parte diferente.

Mas, neste caso, a não perfeita identidade do conceito não se dá, como em outros conceitos analógicos, simplesmente pelo fato de que pessoa se predica primeiramente (plena e perfeitamente) de Deus, e, de modo secundário (parcial e imperfeitamente), das criaturas. Isto é, visto que Deus é seu próprio *actus essendi* e possui uma subsistência absoluta, as criaturas inteligentes recebem o *actus essendi* e possuem uma subsistência relativa. Outra importante razão que conduz à afirmação do caráter analógico do conceito de pessoa reside no fato de que a individuação se realiza de modo diferente em Deus e nas criaturas. Nas criaturas, a individuação diz respeito à substância e, portanto, a pessoa se realiza no *esse ad se*; ao contrário, nas pessoas divinas, a individuação diz respeito às relações exclusivas (da paternidade, da filiação e da expiração divina), realizando-se, portanto, no *esse ad alium* (isto é, na relação). Contudo, como nota Santo Tomás, o modo diverso em que se dá a individuação não compromete a unidade do conceito de pessoa, e não o torna equívoco, dado que ele permanece sendo usado "pelo seu significado" (*ex significatione sua*), pois, apesar de ter sido originariamente usado somente para os absolutos (*esse ad se*), mais tarde, "por adaptação de significado, o termo *pessoa* foi aplicado para significar o relativo (*esse ad*)" (I, q. 29, a. 4). Exatamente como subsistentes relativos, o Pai, o Filho e o Espírito Santo se dizem pessoa. De fato, "em Deus, como foi explicado, só há distinção em razão das relações de origem (*distinctio autem in divinis non fit nisi per relationes originis*). Por outro lado, a relação em Deus não é como um acidente que existe num sujeito; ela é a própria essência divina. Por conseguinte, é subsistente como a essência divina. Portanto, assim como a deidade é Deus, do mesmo modo também a paternidade divina é Deus Pai, isto é, uma pessoa divina. Assim, pessoa divina significa a relação enquanto subsistente (*persona igitur divina significat relationem ut subsistentem*). E isso significa a relação por modo de substância, isto é, a hipóstase subsistente na natureza divina, se bem que o que subsiste na natureza divina não é outra coisa que a natureza divina" (ibid.).

A definição de pessoa em chave ontológica, tal como elaborada por Boécio e, posteriormente, aperfeiçoada por Santo Tomás com sua doutrina do *actus essendi*, foi definitivamente uma conquista que constitui ainda hoje um ponto de referência seguro para todos aqueles que buscam compreender por que é justo afirmar que o ser humano é pessoa desde o momento da concepção. De fato, por sua natureza ontológica, a dignidade da pessoa não depende de convenções sociais ou de qualquer código jurídico, constituindo antes uma qualidade originária, intangível e perene. Quem é pessoa é pessoa desde sempre e para sempre, porque o ser pessoa faz parte de sua própria constituição ontológica.

(Cf. Alma, Antropologia, Homem, Individuação, Relação, Substância)
[Tradução: M. Ponte]

Piedade

Em seu significado clássico, é aquele sentimento de veneração que se nutre em relação aos os pais, à pátria e à divindade.

Santo Tomás dá a seguinte definição da piedade: "A piedade é uma virtude especial […] que tem por objeto uma dívida especial para com aquele que é o princípio conatural do existir e do governo. Ora, é esse princípio que é o objeto da piedade, na medida em que cabem a ela o culto e o serviço a serem prestados aos pais, à pátria e a todos os que estão relacionados a isto (*parentibus et patriae, et his qui ad haec ordinantur, officium et cultum impendit*)" (II-II, q. 101, a. 3). Com base em tal definição, o Doutor Angélico distingue a *pietas* da *religio*, que é a virtude do culto a Deus. No entanto, com isso Santo Tomás não pretende de maneira alguma contrapor a religião à piedade, porque são ambas virtudes e não se excluem mutuamente, quase como se fossem opostas entre si como virtude e vício: ambas devem ser praticadas nos devidos limites; por isso se a piedade não impede a religião, devem ser cumpridos também os deveres de piedade; não será assim se a piedade impedir a religião, porque não se deve abandonar Deus pelos homens: por exemplo, não se deve desistir da própria conversão para não desagradar aos pais (ibid., a. 4). O dever da piedade por si está em honrar, mas acidentalmente consiste também em prestar socorro (ibid., a. 2).

No cristianismo a piedade, além de virtude moral, é também um dom do Espírito Santo. Por ser dom, explica Santo Tomás, ela não tem mais como objeto os pais e a pátria, mas o próprio Deus: "*Pietas quae exhibet patri carnali officium et cultum, est virtus; sed pietas quae est donum, hoc exhibet Deo ut Patri* [A piedade que presta culto e submissão ao pai carnal é uma virtude. Mas a piedade que é dom do Espírito Santo presta este culto e submissão a Deus como Pai (N. do T.)]" (II-II, q. 121, a. 1, ad 1). Não se limita, porém, somente a Deus, mas se estende também à Virgem e aos Santos. "Assim como pela virtude da piedade prestamos culto e submissão não apenas ao pai carnal, mas também a todos aqueles que são do mesmo sangue, porque se referem ao pai. E por este motivo cabe ao dom da piedade honrar os santos" (ibid., a. 1, ad 3).

(Cf. Religião)
[Tradução: M. Couto]

Platão

É um dos dois maiores filósofos da antiguidade (junto com Aristóteles) e um dos maiores pensadores de todos os tempos. E é o autor de uma proposta de interpretação da realidade que nunca deixou de acolher consensos em qualquer época, quer na cultura pagã, quer na cultura cristã, até mesmo nas épocas moderna e pós-moderna. Nasceu em Atenas em 427 a.C. e morreu na mesma cidade em 347 a.C. Fundador da escola da Academia, escreveu uma longa série de diálogos, dentre os quais os mais importantes são: *Protágoras*, *Górgias*, *Fédon*, o *Banquete*, *Fedro*, a *República*, *Teeteto*, *Leis* e *Timeu*.

Com suas doutrinas sobre as Ideias, a criação por obra do Demiurgo, a espiritualidade e imortalidade da alma, a participação e o exemplarismo, Platão prestava-se, muito mais do que Aristóteles, à inculturação do cristianismo mediante a filosofia grega. E, assim, Platão encontrou uma acolhida muito favorável entre todos os pensadores cristãos do primeiro milênio em diante. Dizem pertencer, como de fato pertenceram, à sua "seita" (escola), Clemente Alexandrino, Orígenes, Atanásio, Gregório de Nissa, Dionísio, o Areopagita, Máximo, o Confessor, Santo Agostinho, Boécio e tantos outros. De fato, todos utilizaram sua filosofia para dar uma veste racional às verdades cristãs.

Santo Tomás foi dos primeiros, depois do "retorno de Aristóteles para o Ocidente", a deixar de lado Platão e a beber em grande medida na filosofia do Estagirita em todas suas partes: metafísica, antropologia, gnosiologia, cosmologia, ética e política. Contudo, por mais que sua adesão a Aristóteles fosse ampla, Santo Tomás não é apenas um simples repetidor do filósofo, mas um artista de grande habilidade capaz de utilizar ao máximo o pensamento aristotélico na construção de um novo edifício filosófico: o sistema da *filosofia do ser*. Mas há ainda mais: ao construir seu edifício metafísico, o Doutor Angélico utiliza, além dos muitos elementos tomados de Aristóteles, também alguns importantes princípios tirados de Platão, particularmente os princípios de participação, exemplaridade, transcendência. Desse modo, a filosofia de Santo Tomás não é nem platônica nem aristotélica, mas sim uma concepção global da realidade, nova e original, que possui como eixo principal um novo conceito de ser: o ser entendido num sentido forte, intensivo, como *perfectio omnium perfectionum*, como *actualitas omnium actuum*. Mas na filosofia tomista do ser estão presentes tanto Aristóteles como Platão: nos detalhes é mais marcada a presença de Aristóteles, ao passo que na estrutura geral é mais evidente a presença de Platão.

O mérito de ter posto em foco o papel de Platão na metafísica de Santo Tomás cabe principalmente a C. Fabro (*La nozione metafisica di partecipazione*) e A. Hayen (*La communication de l'être d'après saint Thomas d'Aquin*).

(Cf. Analogia, Metafísica, Participação)

[Tradução: G. Frade]

Plotino cf. Neoplatonismo

Pneumatologia cf. Espírito Santo

Pobreza

É a condição de quem "não possui". Geralmente o termo é usado quer para designar o estado de fato de quem está privado de bens necessários para levar uma vida tranquila sem preocupações, quer para indicar a virtude de quem renuncia voluntariamente à posse das coisas materiais. A nós aqui interessa somente a pobreza voluntária.

A pobreza como desapego afetivo e efetivo aos bens materiais é virtude fundamental da vida cristã. Ela foi praticada por Jesus tanto como homem quanto como Filho de Deus. De fato, como homem nasce pobre, vive pobre, morre pobre. Como Filho de Deus, "sendo rico, se fez pobre por vossa causa, para vos enriquecer com sua pobreza" (2Cor 8,9).

A pobreza é recomendada por Jesus a todos aqueles que querem tornar-se seus discípulos e é condição essencial para entrar no Reino dos Céus (Mt 19,23-24).

Junto com a castidade e a obediência, a pobreza faz parte das três renúncias de quem se coloca inteiramente ao seguimento de Cristo, abraçando o estado religioso: e é um dos três votos que o cristão deve emitir abraçando a vida religiosa.

Segundo Santo Tomás, absolutamente falando, a pobreza é uma disposição sobre a qual podem ser expressas diversas valorizações, segundo as obrigações e ofícios que alguém é chamado a realizar. O Doutor Angélico era bem consciente das inumeráveis objeções que eram levantadas em relação às Ordens mendicantes, principalmente por causa da pobreza (cf. *C. G.*, III, c. 132). Uma das mais pungentes era a seguinte: "Um tal modo de viver (mendigando) parece ser prejudicial aos outros. Com efeito, há os que devem ser sustentados pelo auxílio alheio e não podem se sustentar por causa da pobreza vinda de doença. Ora, os auxílios para estes devem ser diminuídos, se os que assumem voluntariamente a pobreza devem ser sustentados com aquilo que deve ser dado aos outros, pois não há muitos homens que venham em auxílio de grande número [...] Por conseguinte, é inconveniente que as pessoas que escolheram a pobreza assumam tal maneira de viver" (ibid., n. 3053). Santo Tomás replica: "É louvável aquela pobreza na qual o homem, por ela libertado das ocupações terrenas, mais livremente se entrega às coisas divinas e espirituais, de modo que permaneça com ela a possibilidade de o homem sustentar-se de maneira lícita, para o que não se requerem muitas coisas. E, quanto menos cuidado exige o modo de vida de pobreza, tanto mais louvável ela é; mas não quanto maior for a pobreza. Pois a pobreza não é boa em si mesma, mas enquanto liberta o homem daquelas coisas que o impedem de buscar as coisas espirituais. Por isso, mede-se a bondade da pobreza pelo modo segundo o qual o homem fica livre dos supraditos impedimentos. E isto vale para todas as coisas exteriores, porque são boas na medida em que favorecem a virtude, não enquanto consideradas em si mesmas" (ibid., c. 133, n. 3067a).

De qualquer modo, em si, como conselho evangélico a pobreza voluntária é coisa excelente, não só porque corresponde ao ensino e exemplo de Jesus, mas também porque favorece aquele desapego das coisas deste mundo que é indispensável para quem quer abraçar o estado religioso. De fato, "o estado religioso é um aprendizado e um exercício para alcançar a perfeição da caridade. Para isso é necessário eliminar totalmente o apego às coisas do mundo [...]. Por isso, para alcançar a perfeição da caridade, o fundamento primeiro é a pobreza voluntária, de modo que se viva sem nada possuir. O próprio Senhor o disse: 'Se queres ser perfeito, vai, vende os teus bens e dá aos pobres. Depois, vem e segue-me' (Mt 19,21)" (II-II, q. 186, a. 3).

(Cf. VOCAÇÃO, VOTO)
[Tradução: M. Couto]

Poligamia

Do grego *polys* = muito e *gamein* = esposar. Etimologicamente quer dizer liame matrimonial múltiplo: ou de um homem com mais mulheres (*poliginia*) ou de uma mulher com mais homens (*poliandria*). Diz-se *simultânea* se os vários vínculos coexistem contemporaneamente; *sucessiva* se se verificam sucessivamente, um depois da dissolução do outro.

Segundo Santo Tomás a poligamia é ilícita e pecaminosa, uma vez que se contrapõe a duas das finalidades principais do matrimônio, a recíproca fidelidade dos cônjuges e a conformidade com o que o sacramento do matrimônio significa: a união entre Cristo e a Igreja. A poligamia não exclui e nem mesmo impede o primeiro dos fins do matrimônio, que é o que diz respeito ao *bem da prole*, "um homem basta a fecundar várias mulheres e a criar os filhos delas nascidos. Mas o fim secundário (a *fidelidade*), embora não o exclua totalmente, contudo, grandemente o impede, porque não pode haver paz numa família em que um homem está unido a várias mulheres. Pois, além de não poder um só homem satisfazer aos desejos de várias mulheres, a participação de vários no desempenho de uma mesma função causa as disputas [...]. Quanto ao terceiro fim (de representar a união entre Cristo e a Igreja), totalmente o exclui, porque assim como Cristo é um só, assim também uma só é a Igreja" (*Suppl.*, q. 65, a. 1).

Ainda mais ilícita e pecaminosa do ponto de vista moral é a união com uma mulher com a qual não se uniu em matrimônio, mas que é somente uma *concubina*: servindo não ao fim primário do matrimônio, mas à paixão má; isso é contra a lei natural. Tal pecado é mortal, não somente porque é uma grave desordem, mas também pela autoridade da Escritura, que condena severamente o concubinato. A desordem de tal pecado consiste em ser contrário aos primeiros preceitos da natureza, que não admitem nunca dispensa: por isso as *concubinas dos Patriarcas*, de que fala a Escritura, não eram verdadeiras concubinas, mas antes mulheres de segundo grau (ibid., aa. 3-5).

(Cf. MATRIMÔNIO)
[Tradução: M. Couto]

Política

O termo designa quer o exercício da atividade política quer o estudo do fenômeno político. Esse estudo diz respeito principalmente à origem e ao fundamento do Estado, sua organização e sua autoridade, a natureza da ação política, suas relações com a moral e a religião; e também a relação entre Estado e Igreja. Quase todos esses problemas foram objeto de estudo dos grandes pensadores gregos, em particular Platão e Aristóteles. Exemplar pela sistematicidade e equilíbrio das soluções, a discussão que lhe dedicou Aristóteles na sua *Política*. Segundo Aristóteles, o Estado tem origem natural e não convencional: funda-se na natureza social e política do homem. A finalidade do Estado é facilitar a completa realização das faculdades humanas. Aristóteles reconhece três formas justas de governo (monarquia, aristocracia, república), e três formas injustas (tirania, oligarquia e democracia). No mundo cristão a especulação sobre a política encontrou em Agostinho o pensador mais profundo e original. Este, com sua teoria da *civitas terrena* — uma *civitas* que tem origem no pecado e que, mesmo correspondendo a necessidades primárias do ser humano, contudo permanece sempre contaminada pelo pecado, e, portanto, dialeticamente em conflito com a *civitas coelestis* —, exerceu uma enorme influência não só sobre a cultura e a sociedade medieval, mas também sobre o pensamento político da idade moderna.

Santo Tomás dedicou especificamente aos problemas da política o opúsculo *Do Governo dos Príncipes* e os comentários à *Política* e à *Ética* de Aristóteles. Mas importantes considerações atinentes à política se encontram também alhures, em particular no *Comentário às Sentenças* e na *Suma Teológica*. Em nossa exposição do pensamento político de Santo Tomás levaremos em conta todos esses escritos.

1. Definição da política

Santo Tomás tem um conceito de política mais restrito do que aquele que nós temos hoje. Ele não pensa tanto no Estado, nas instituições, nos organismos administrativos etc., mas muito mais no governo de uma cidade ou de uma nação. Para Santo Tomás a política é "ciência do governo". É uma ciência "prática" e não especulativa, que trata do bem do homem como ser sociável e tem a tarefa de guiá-lo para adquirir o maior bem terreno. É a ciência principalmente "arquitetônica" porque rege, coordena e dá significado a todas as outras ciências práticas terrenas: "Colocado, pois, o critério segundo o qual há mais valor na ação que tem um objeto mais nobre e mais elevado, é necessário admitir que entre todas as ciências práticas a política ocupa o primeiro lugar, e tem uma função ordenadora que visa atingir o bem último e perfeito nas realidades humanas" (*I Pol.*, Proem., n. 7).

O *objeto* da ciência política segundo Santo Tomás é o seguinte: "analisando os princípios e as partes do Estado, a política lhe dá a noção, ilustrando seus elementos, as qualidades e os encargos; e, além disso, tratando-se de uma disciplina prática, a política indica até mesmo as vias da realização, requisito indispensável de toda ciência prática" (ibid., n. 8).

2. Origem natural do Estado

Enquanto Santo Agostinho se inclina a crer que a origem do Estado não seja devida à natureza, mas sim ao pecado dos progenitores da humanidade, Santo Tomás reafirma a origem natural do Estado: este tem origem na natureza social do homem e dos limites dos indivíduos particulares. "É, todavia, o homem, por natureza, animal social e político, vivendo em multidão, ainda mais que todos os outros animais, o que se evidencia pela natural necessidade. Realmente, às mais animálias preparou a natureza o alimento, a vestimenta dos pelos, a defesa, tal como os dentes, os chifres, as unhas ou, pelo menos, a velocidade para a fuga. Foi, porém, o homem criado sem a preparação de nada disso pela (própria) natureza, e, em lugar de tudo, coube-lhe a *razão*, pela qual pudesse granjear, com as próprias mãos, todas essas coisas, para o que é insuficiente um homem só. Por cuja causa não poderia um só homem levar suficientemente a vida por si. Logo, é natural ao homem viver na sociedade de muitos [...]. Isto se patenteia com muita evidência no ser próprio do homem usar da linguagem, pela qual pode exprimir totalmente a outrem o seu conceito, enquanto os outros animais expressam mutuamente as suas emoções em geral, como o cão a ira pelo latido, e os mais animais as exprimem de diversos modos. É, pois, o homem mais comunicativo que qualquer outro animal gregário, como o grou, a formiga, e a abelha" (*Do Governo dos Príncipes ao Rei de Chipre*, I, c. 1).

A sociedade tem origem, portanto, na natureza sociável do homem. Essa natureza é definida por Santo Tomás como *adunatio hominum ad unum aliquid communiter agendum* (*C. impugn.*, c. 3). Trata-se de um conceito analógico. De fato, existe uma sociabilidade natural entre os homens, mas há também uma sociabilidade sobrenatural do povo de Deus, que se concentra em torno da pessoa de Cristo. Há ainda uma sociabilidade divina, aquela da Santíssima Trindade, na qual não existem partes mas cada Pessoa é toda a Divindade. Além disso, há sociedades artificiais, que nascem de uma livre convenção dos homens. As sociedades naturais fundamentais são duas: a sociedade doméstica, isto é, a *família*; e a sociedade civil, isto é, o Estado.

3. Necessidade da autoridade e das leis

Contrariamente ao que costumam fazer os filósofos políticos modernos, que derivam a autoridade do Estado, Santo Tomás põe a autoridade como fundamento do próprio Estado. Como vimos, Santo Tomás tira a origem do Estado da própria natureza do homem, das suas necessidades; mas, antes mesmo, ele deduz a origem do Estado da necessidade que o homem tem de uma autoridade que o guie e governe conduzindo-o àquele fim último ao qual Deus o destinou. Eis como se exprime Santo Tomás sobre esse tema: "Tem o homem um fim, para o qual se ordenam toda a sua vida e ação, porquanto age pelo intelecto, que opera manifestamente em vista do fim. Acontece, porém, que os homens agem de modos diversos em vista do fim, o que a própria diversidade das intenções e atos humanos patenteia. Portanto, precisa o homem de um dirigente para o fim [...]. E, logo, se é natural ao homem o viver em sociedade de muitos, que haja, entre os homens, alguém por quem seja governada a multidão. Se houvesse muitos homens e tratasse cada um do que lhe conviesse, a multidão se dispersaria em diversidade, caso também não houvesse alguém cuidando do que pertence a ela; assim como se corromperia o corpo do homem e de qualquer animal, se não existisse alguma potência regedora comum, que visasse ao bem-comum de todos os membros" (*Do Governo dos Príncipes ao Rei de Chipre*, I, c. 1).

Para Santo Tomás, dizer Estado, autoridade e governo é praticamente a mesma coisa; mas entre os três conceitos há uma ordem lógica: primeiro vem a autoridade dado que o homem quer como indivíduo, quer como ser social tem necessidade de alguém que o guie; depois vem o governo porque a autoridade compete a quem governa; em seguida vem o Estado porque governo possui quem é o chefe do Estado.

Aquilo que desenvolve concretamente o papel de guia para o homem são as normas, as leis. E é exatamente mediante as leis que quem governa busca conduzir os cidadãos de modo que possam atingir o bem-comum: isto é, o bem de todos os cidadãos. As leis emanadas do Estado são chamadas por Santo Tomás *leis humanas*, ou seja, leis emanadas do homem (não pela natureza ou por Deus). Elas correspondem àquelas que chamamos de *leis positivas*. Elas devem sempre fundar-se sobre a lei natural, que por sua vez é um reflexo da lei eterna (cf. I-II, q. 95, a. 2). As leis positivas não fazem senão definir e esclarecer o conteúdo da lei natural: ou tirando conclusões particulares de princípios gerais, ou mesmo determinando o que a lei natural prescreve de modo apenas genérico. Se a lei civil obedece a esses requisitos ela, então, vincula a consciência do cidadão. Se, ao invés, a lei civil for contra a lei natural, ela não obrigaria mais em consciência. Aliás, segundo Santo Tomás, propriamente falando não seria nem mesmo uma lei, mas antes uma corrupção da lei (cf. Lei).

4. Finalidade do Estado: o bem-comum

A finalidade da moral é o bem pessoal, ou seja, a realização da bondade do indivíduo: a moral diz ao homem que coisa deve fazer para tornar-se plenamente homem; o fim da política, ao contrário, é o *bem-comum*, ou seja, a plena realização do homem como cidadão. Ela tem em mira mais o bem de todos — o *bem viver* da comunidade — do que o interesse particular de cada indivíduo: "*Bonum particulare ordinatur ad bonum totius sicut ad finem, ut imperfectum ad perfec-*

tum" (*C. G.*, I, c. 86). O bem-comum é o bem de uma comunidade de pessoas e é, portanto, relativo à natureza da comunidade à qual se refere. O bem-comum da sociedade política é mais perfeito e abrangente do que aquele das comunidades particulares justamente porque na sociedade política estas encontram o seu sustento e complemento (cf. BEM-COMUM).

O bem-comum não é a mera soma do bem dos indivíduos membros da sociedade: não é o bem das partes particulares mas do todo. Com muita sabedoria Santo Tomás traz um exemplo do primado do bem-comum, quando cita (II-II, q. 47, a. 10, ad 2) o dito de Valério Máximo segundo o qual os antigos romanos "preferiam ser pobres em um império rico a serem ricos em um império pobre". Assim se compreende que a riqueza, o lucro, a saúde, a cultura etc. são todos bens particulares a serem ordenados ao bem da coletividade para que, com o intercâmbio e a "comunicação" entre eles, esta promova e assegure o *bem viver* de todos. Segundo Santo Tomás, a "comunicação" dos bens pertence à própria essência da sociedade organizada politicamente: "*Civitas est communitas perfecta [...] illa erit perfecta communitas quae ordinatur ad hoc quod homo habeat sufficienter quicquid est necessarium ad vitam; talis autem communitas et civitas*" (*I Pol.*, lect. 1).

O bem-comum obviamente compreende uma hierarquia de valores. O ponto alto dessa hierarquia consiste na relação com Deus, ao qual tudo está subordinado: "*Totum quod homo est et quod habet ordinandum est ad Deum* [Mas, tudo o que o homem é, pode e tem, deve ser ordenado para Deus (N. do T.)]" (I-II, q. 21, a. 4, ad 3). Explica-se assim que também a política, segundo o Doutor Angélico, tem essa finalidade transcendente e teológica: "Existe para o homem, até que viva sobre a terra, um outro bem exterior, isto é, a última felicidade, que está prometida após a morte, que consiste na fruição divina [...]. Daí se conclui que o fim supremo do grupo reunido em sociedade não é (simplesmente) de viver segundo a virtude, mas segundo uma vida virtuosa, atingir a fruição divina. Por isso, se fosse possível atingir tal fim com apenas os meios da natureza humana assim como ela é, seria necessariamente tarefa do soberano conduzir os homens para alcançar esta meta: e isto porque com o termo 'soberano' se quer designar aquela pessoa a quem é confiado o poder supremo no âmbito da vida humana [...]. A fruição divina, porém, representa um fim que o homem não pode atingir com apenas suas forças, mas tem necessidade da ajuda de Deus, como ensina São Paulo (Rm 6,23): 'A graça de Deus é a vida eterna'; portanto a tarefa de conduzir para atingir essa meta não cabe ao poder humano, mas ao divino. Por isso tal tarefa compete àquele rei que não somente é homem mas também Deus, isto é, nosso Senhor Jesus Cristo, que, tornando os homens filhos de Deus, abriu-lhes a porta da glória celeste" (*De Reg.*, I, c. 15).

A Deus, bem-comum transcendente, atingível somente graças à obra salvífica de Jesus Cristo e à ação sacramental da Igreja, está subordinado o bem-comum imanente à cidade terrena, que por isso permanece aberta ao infinito; e o homem — como pessoa, isto é, subsistente na ordem do espírito —, graças ao seu pertencimento à cidade celeste, se livra do totalitarismo da cidade terrena e conserva ou readquire sempre seu primado sobre a comunidade política. Por esse motivo, como foi visto, o cidadão não é obrigado a obedecer ao Estado quando este promulga leis injustas, que ofendem sua consciência.

Esse respeito profundo pela dignidade e liberdade da pessoa humana constitui uma coluna fundamental da doutrina política de Santo Tomás. Ele exclui toda concepção totalitária que reduza a sociedade a um amálgama de indivíduos considerados e tratados como simples partes do Estado, e também toda concepção tecnocrática que subordine a sua presença na sociedade, o seu trabalho, a sua própria existência às exigências da produção, da eficiência. "Tampouco basta um Estado simplesmente administrativo e burocrático para encarnar a ideia da sociedade que deriva daquele primado do homem em sua dignidade e liberdade de pessoa. Será, ao contrário, necessário organizar a sociedade de modo tal que nela se realize uma convivência ordenada de homens livres que, sob o impulso natural da sociabilidade, se unam para ajudar-se mutuamente para realizar o *bene esse*, isto é, o máximo desenvolvimento de suas capacidades pessoais, naquelas formas de cultura e de civilização que, nos vários tempos e lugares, constituem o bem-comum" (R. Spiazzi).

5. Formas de governo

Exigência fundamental do Estado, como corpo social, é o governo, e um bom governo. De fato: "O que é próprio divide, e o comum une. Aos diversos correspondem causas diversas. Assim, importa existir, além do que move ao bem particular de cada um, o que mova ao bem-comum de muitos. Pelo que, em todas as coisas ordenadas a um todo, acha-se algo diretivo a ele. E, no mundo dos corpos, um só corpo, isto é, o celeste, dirige os demais, por certa ordem da divina Providência, e a todos os rege a criatura racional. Igualmente, no homem a alma rege o corpo, e, entre as partes da alma, o irascível e o concupiscível são dirigidos pela razão. Também, entre os membros do corpo, um é o principal, que todos move, como o coração, ou a cabeça. Cumpre, por conseguinte, que, em toda multidão, haja um regente" (*Do Governo dos Príncipes ao Rei de Chipre*, I, c. 1).

Quanto à melhor forma de governo, no *Governo dos Príncipes ao Rei de Chipre*, Santo Tomás manifesta uma clara preferência pelo regime monárquico (isto é, unificado nas mãos de um único chefe), enquanto em outras obras, e especialmente na *Suma Teológica*, ele se orienta em direção de um regime misto, no qual estejam compreendidas e ajustadas nos seus valores positivos as três formas clássicas de governo: monarquia, aristocracia e democracia: "Duas coisas devem ser consideradas acerca da boa ordenação dos príncipes numa cidade ou povo. Umas das quais é que todos tenham alguma parte no principado. Com efeito, por meio disso conserva-se a paz do povo e todos amam e guardam tal ordenação, como se diz no livro II da *Política*. Outra coisa é o que considera segundo a espécie de regime ou de ordenação dos príncipes […]. Donde a melhor ordenação dos príncipes numa cidade ou reino é aquela na qual um é posto como chefe com poder, o qual a todos preside; e sob o mesmo estão todos os que governam com poder; e assim tal principado pertence a todos, quer porque podem ser escolhidos dentre todos, quer porque também são escolhidos por todos. Tal é, com efeito, o melhor governo, bem combinado: de reino, enquanto um só preside; de aristocracia, enquanto muitos governam" (I-II, q. 105, a. 1).

Esse texto deixa transparecer claramente a convicção de Santo Tomás de que o regime perfeito não existe, que não há uma forma de regime definitiva e válida para todo tempo e lugar, e que as ordenações jurídico-políticas não são concebidas de modo abstrato, mas em relação com as situações concretas, as qualidades dos povos, o grau de seu desenvolvimento sociocultural, e portanto, realizadas com um sentido muito vivo de concretude, sem prejuízo dos princípios fundamentais de toda ordenação.

No *Do Governo dos Príncipes ao Rei de Chipre*, mesmo declarando-se em favor da monarquia como melhor governo, Santo Tomás se apressa em acrescentar que isso deve ser organizado de modo que impeça ao príncipe — na medida do humana e politicamente possível — as ocasiões de se transformar em tirano. E, na eventualidade de isso ocorrer, isto é, de o regime monárquico se transformar numa tirania moderada (*remissa*), Santo Tomás pensa que mais convém tolerá-la *ad tempus* do que correr o risco de males bem mais graves da mesma tirania aos quais se exporia com a rebelião: a exacerbação da própria tirania se a ação para livrar-se dela não tem sucesso; a guerra civil quer no momento da rebelião, quer depois; uma nova e pior tirania por parte de quem expulsou o tirano precedente, pelo medo que ele tem de ser afastado (*De Reg.*, I, c. 7).

Para julgar da bondade de um regime, segundo Santo Tomás, há só um critério: o bem-comum: "Quando se trata de uma sociedade de homens livres, se aquele que a governa a ordena ao bem-comum de todos, teremos um governo reto e justo, o qual convém a homens livres; ao contrário, se o governo é ordenado não ao bem-comum da sociedade, mas aos interesses privados daquele que comanda, estaremos diante de um regime injusto e corrupto" (ibid., c. 2).

A realização do bem-comum se obtém de três modos:

1) procurando que todo o povo *tenha uma vida boa*, isto é, aja segundo as virtudes: a virtude, de fato é aquilo pelo qual se vive bem. "O soberano deve desencorajar o mal e encorajar o agir virtuoso dos seus súditos recorrendo a leis e decretos, a castigos e prêmios: tome o exemplo de Deus que instituiu uma lei para os homens, premiando quem a observa e castigando os transgressores" (ibid., c. 16).

2) *Salvaguardando a paz*: "Uma comunidade humana à qual falte a paz, que sofre por lutas, não tem a possibilidade de viver bem". Por esse motivo, "incumbe ao soberano a obrigação de garantir a segurança dos súditos contra os inimigos: de fato nada ajudaria evitar os perigos que vêm de dentro, se não se for capazes de se defender daqueles que vêm de fora" (ibid.).

3) *Garantindo* a todos a quantidade suficiente de bens materiais, cujo uso é indispensável para a ação virtuosa (ibid.).

6. A propriedade privada

Como foi visto, entre os deveres principais do soberano está o de tutelar a propriedade privada, na medida em que esta é necessária para que o cidadão possa levar uma vida virtuosa. Segundo Santo Tomás, os bens da terra estão à disposição de todo o gênero humano. Mas para que tais bens venham a ser usados convenientemente pelo homem é lícito e até mesmo necessário que haja propriedade privada. De fato, diz Santo Tomás, seguindo nisso Aristóteles: 1) o indivíduo é levado naturalmente a cuidar mais do bem próprio do que do bem-comum; 2) tudo procede com mais ordem se cada um trata da sua propriedade particular; 3) conserva-se melhor a paz social se cada um possui algo próprio (II-II, q. 66, a. 2). Cada um tem, pois, o direito de possuir como seus certos bens. Mas esta propriedade não deve fazer esquecer a destinação fundamental e universal dos próprios bens. Isso significa que, ainda que a propriedade seja privada, o uso dos bens deve estar aberto às necessidades dos outros. Cada um pode ter e usar livremente os bens necessários a ele e à sua família segundo a própria condição social, mas aquilo que vai além do necessário, isto é, o supérfluo, deve ser empregado em favor dos mais necessitados (beneficência) ou da sociedade. Isso é um dever de justiça: "alguém é obrigado por dívida legal (isto é, por dever de justiça) a distribuir seus bens aos pobres, seja em situação de emergência, seja pelo fato de possuir riquezas em excesso" (II-II, q. 118, a. 4, ad 2). Santo Tomás, ao enfatizar este uso dos bens, chega a afirmar que, em caso de extrema necessidade, é lícito, para quem estiver na necessidade, apropriar-se das coisas de outrem, porque o direito à vida prevalece sobre o direito de propriedade: "A extrema necessidade tornou seu aquilo de que ele se apodera para sustento de sua própria vida" (II-II, q. 66, a. 7, ad 2).

7. As virtudes do soberano: justiça e prudência

Segundo Santo Tomás, duas são as virtudes que devem brilhar principalmente em quem detém o poder político: a justiça e a prudência.

A justiça se divide em *comutativa* (que se refere aos deveres entre as pessoas privadas), *legal* (que se refere aos deveres dos indivíduos para com a comunidade), *distributiva* (que se refere aos deveres da comunidade para com os cidadãos). A justiça distributiva "reparte o que é comum de maneira proporcional" (II-II, q. 61, a. 1). Essa justiça é virtude específica de quem governa a comunidade. De fato, a tarefa de distribuir o bem-comum aos indivíduos pertence a quem preside à comunidade: "a repartição dos bens-comuns compete somente a quem tem o encargo deles. Contudo, a justiça distributiva se encontra também nos súditos a quem se distribuem, enquanto se mostram contentes com uma justa distribuição" (ibid., a. 1, ad 3). Por justa distribuição se compreende aquela que se pratica de maneira proporcional: "Na justiça distributiva, se dá algo a uma pessoa privada enquanto o que é do todo é devido à parte. Essa dívida será tanto maior, quanto maior for a preeminência (*maiorem principalitatem*) dessa mesma parte no todo. Eis por que, em justiça distributiva, se dá a alguém tanto mais dos bens-comuns, quanto maior for sua preeminência na comunidade" (ibid., a. 2).

Quem detém o poder político deve ter a virtude de prudência principalmente quando se trata de preparar as leis consideradas oportunas para prover ao bem-comum: leis propostas para favorecer o bem viver, ou seja, para seus cidadãos viverem virtuosamente. "Compete à prudência deliberar acertadamente, julgar e preceituar naquilo por que se chega ao fim devido, está claro que a prudência visa não somente o bem particular de um só, mas também o bem-comum da multidão" (II-II, q. 47, a. 10). Santo Tomás pede aos governantes uma prudência especial que ele chama *real* (régia) ou "*política* por sua ordenação ao bem-comum" (ibid., a. 11, ad 1). Os soberanos devem legislar e comandar retamente em vista do bem-comum de modo que favoreça, praticando a justiça, uma sociedade de homens virtuosos, ou seja, de homens que realizam plenamente a si mesmos na dimensão que conta, que é a dimensão moral e espiritual.

8. Relações entre Estado e Igreja

Entre a sociedade civil — o Estado (*civitas mundi*) — e a sociedade religiosa — a Igreja (*civitas Dei*) —, na concepção de Santo Tomás não existe aquela conflitualidade insanável teorizada por Agostinho no *A Cidade de Deus*, mas mesmo na distinção dos fins e dos âmbitos ambas são chamadas à colaboração e à recíproca integração. Ambas de fato tratam das mesmas pessoas, dos mesmos objetos, e têm a tarefa de assistir os homens, instruí-los, educá-los para colocá-los em condição de realizar seu verdadeiro bem, um bem que terá seu cumprimento somente na vida futura, a vida eterna.

Segundo Santo Tomás, não somente a Igreja, mas também o Estado são sociedades perfeitas; ou seja, dispõem de um fim próprio, o bem-comum, e possuem os meios suficientes para realizá-lo: o Estado tem os meios suficientes, mediante um governo prudente e justo, para realizar um regime de vida que possa permitir a todos os cidadãos ter o necessário para viver uma vida boa de homens justos.

Sobre a questão, então fortemente debatida, das relações entre Estado e Igreja, o Doutor Angélico propõe uma solução que é bastante menos teocrática do que aquela proposta por Inocêncio III e Bonifácio VIII (que sustentavam que o Estado está diretamente subordinado à Igreja, na medida em que "ambas as espadas" — a do poder temporal e a do poder espiritual — teriam sido a ela confiadas). Ele diz que o Estado, sendo em seu âmbito uma sociedade perfeita, goza de completa autonomia; mas, dado que o fim da Igreja, o *bonum supernaturale*, é superior ao do Estado (que é simplesmente o *bonum commune* neste mundo), a Igreja é uma sociedade mais perfeita do que o Estado. Portanto, o Estado deve estar subordinado à Igreja em tudo aquilo que concerne ao fim sobrenatural do homem. "É assim que aqueles que têm a responsabilidade de atingir as finalidades que estão antes do fim último devem ser subordinados àquele que tem a incumbência de conseguir a meta final, e devem ser guiados pelo seu comando [...]. Este foi confiado ao Vigário de Cristo, o Romano Pontífice: a ele todos os soberanos do mundo cristão devem submeter-se, como ao próprio Senhor Jesus Cristo" (*De Reg.*, I, c. 15).

Pode-se facilmente observar que, na concepção das relações entre Estado e Igreja, Santo Tomás segue de perto a sua teoria das relações entre fé e razão, entre teologia e filosofia: o Estado é subordinado à Igreja como a razão à fé, a filosofia à teologia, mas no seu campo goza plena autonomia, assim como gozam nos seus âmbitos uma completa autonomia seja a razão, seja a filosofia.

Em todo lugar, Santo Tomás é um convicto e decidido defensor das competências específicas e das autonomias. Santo Tomás ama a ordem, mas a ordem comporta diversificação dos entes e dos agentes (cf. Ordem). E os entes e agentes contribuem à ordem universal na medida em que cada um deles presta a própria contribuição específica. O Estado possui uma contribuição fundamental e importantíssima a dar: a promoção do homem como ser social, a promoção de cada homem e não somente de algum privilegiado. "A política é uma dimensão essencial do ser humano. Não é um mal necessário nem um mal menor, como pensava Santo Agostinho, mas pertence à própria estrutura da criatura racional e ao plano geral da criação. E assim, como a política, não são um mal nem mesmo os legisladores e os governantes, isto é, os políticos. Desde que desempenhem bem, ajudados pelos cidadãos, sua missão" (O. Benetollo).

Na doutrina política de Santo Tomás há limites bastante óbvios. O primeiro é a escassa atenção que o Doutor Angélico reservou a um campo tão vasto e complexo como o da política. Pouco é o espaço da sua prodigiosa obra dedicado aos problemas da política. O segundo é a dependência de Aristóteles em algumas questões políticas, e a consequente ambivalência do seu pensamento, que não se separa totalmente da doutrina aristotélica quando trata da condição da mulher e dos servos, não obstante a clareza dos princípios cristãos sobre a dignidade de cada homem.

Apesar desses limites, a Santo Tomás cabe um lugar de relevo entre os escritores políticos: "O marco tomista para a compreensão do homem, prévio à atividade política, resulta definitivo na história do pensamento" (A. Lobato).

(Cf. Bem-comum, Igreja, Justiça, Lei, Mulher, Pessoa, Prudência, Sociedade)

[Tradução: M. Couto]

Pontífice cf. Papa

Porfírio

Filósofo grego (Tiro 234–Roma 305 d.C.). Aluno de Orígenes de Cesareia e discípulo de Plotino em Roma, tornando-se o mais ilustre dos seus discípulos. Seu mérito principal é o de ter feito a sistematização definitiva dos escritos de Plotino ordenando-os em seis *Enéadas* (seis grupos de nove tratados cada um). Além disso, de Porfírio se recorda um *Estudo sobre as categorias* (*Eisagoghé*) de Aristóteles, em que completa o quadro dos predicáveis, acrescentando ao gênero, à diferença específica, ao próprio e ao acidente também a *espécie*. Atacou violentamente o cristianismo no *Livro contra os cristãos*, obra que provocou as réplicas de Metódio, Eusébio de Cesareia, Apolinário de Laodiceia e que em 448 foi queimada em público por ordem do imperador.

Porfírio é citado diversas vezes por Santo Tomás. A obra *Preparação para a vida intelectual* é implicitamente citada por meio das referências de Macróbio sobre a "escada das virtudes". Na *Suma contra os Gentios*, III, c. 106, Santo Tomás cita a carta de Porfírio *a Anebo* segundo a informação de Santo Agostinho (cf. *A Cidade de Deus*, X, 11).

Das escassas citações, no mais das vezes indiretas, pode-se arguir que a influência de Porfírio sobre o Doutor Angélico foi mínima e nada há de específico; ele entra mais no patrimônio neoplatônico comum que chegou a Santo Tomás principalmente por meio de Avicena, do *Livro das Causas*, e dos escritos do Pseudo-Dionísio.

[Tradução: M. Couto]

Potência (de Deus)

É uma propriedade de Deus, do qual se diz não só que é potente, mas que é *onipotente*.

Além de ser dito em sentido passivo (como correlativo de ato), o termo potência se diz também em sentido ativo: nesse caso significa a capacidade de fazer algo. É uma capacidade proporcionada ao grau de ser ou à dignidade que alguém possui. Quanto mais alto se encontra alguém na hierarquia do ser, e quanto maior for sua dignidade, tanto maior é a sua potência. À luz dessas considerações elementares é fácil arguir que o poder de Deus é sem limites, é sem fronteiras: Deus é onipotente.

Deus é onipotente porque "pode todas as coisas que são possíveis". Como esclarece o Doutor Angélico, o termo "possível" é entendido não tanto com referência aos objetos a serem produzidos (certo que também isso conta, porque não se podem produzir coisas absurdas), mas quanto ao sujeito que age. Ora, tratando-se de Deus, como se argumenta sua onipotência? Partindo de qual de suas propriedades: da ciência que sabe tudo ou da liberdade que pode querer tudo?

Santo Tomás, quando prova a onipotência de Deus, vai mais a fundo e, em perfeita sintonia com sua filosofia do ser (isto é, com seu *conceito intensivo de ser*), enraíza a onipotência no próprio ser de Deus: porque é no ser que se encontra o fundamento de tudo o que é possível. "Ora, o ser divino sobre o qual se funda a razão de potência divina é um ser infinito, e não limitado por qualquer gênero do ser, pois pré-contém em si a perfeição de todo ser. Por conseguinte, tudo o que pode ter a razão de ente se encontra contido nos possíveis absolutos, em relação aos quais Deus é chamado onipotente. Ora, nada se opõe à razão de ente, senão o não ente. Logo, o que é incompatível com a razão de possível absoluto, sujeito à onipotência divina, é o que implica em si mesmo simultaneamente o ser e o não-ser. Isto não está sujeito à onipotência divina, não em razão de uma deficiência dela, mas porque não pode ter a razão de factível nem de possível. Assim, todas as coisas que não implicam contradição estão compreendidas entre as possíveis em relação às quais Deus é chamado onipotente. Quanto às coisas que implicam contradição, não estão compreendidas na onipotência divina, pois não comportam a razão de possíveis. Por conseguinte, convém mais dizer delas que não podem ser feitas, do que dizer: Deus não pode fazê-las" (I, q. 25, a. 3).

Argumento análogo a favor da onipotência de Deus é tratado por Santo Tomás levando em consideração a virtude (*virtus* = capacidade) e ato. "Toda *virtude* perfeita estende-se a tudo para o que pode estender-se o seu efeito próprio e por si mesmo [...]. Ora, a virtude divina é por si mesma a causa do ser, e o ser é o seu efeito próprio, como se depreende do que acima foi dito. Logo, ela se estende a tudo o que não repugna à noção (*ratio*) de ente, pois, se a virtude divina fosse limitada a determinado efeito, não seria por si mesma (*per se*) a causa do ente enquanto ente, mas de determinado ente. Ora, repugna à noção de ente o oposto de ente, que é o não ente. Por conseguinte, Deus tem potência para fazer todas as coisas que não incluem em si mesmas a razão de não ente. Tais coisas são as que implicam contradição. Resulta, pois, que tudo aquilo que não implica contradição Deus pode fazer. Além disso, todo agente opera enquanto é *ato*. Por conseguinte, segundo o modo de ato (*actus*) de cada agente é o modo da sua virtude ao operar, como, por exemplo, o homem que gera o homem e o fogo que gera o fogo. Ora, Deus é ato perfeito e que tem em si a perfeição de todas as coisas, como foi acima demonstrado. Por conseguinte, a sua virtude é perfeita, estendendo-se a tudo o que não repugna à sua natureza, que é ser em ato. Ora, só o que implica contradição a ela repugna. Logo, Deus, fora disto, tudo pode" (*C. G.*, II, c. 22, nn. 983-984).

A potência de Deus é inexaurível; ela é de tal modo grande que ultrapassa todas as suas obras: nenhuma esgota a potência divina. Segundo Santo Tomás, não existe "o mundo melhor dos possíveis", que representaria a última, extrema possibilidade para Deus. Há certamente um limite também para Deus quando se trata da realização das coisas particulares: a sua potência está de certo modo vinculada à sua essência. "Cada coisa tem uma dupla bondade — observa Santo Tomás. — Uma pertence a sua essência. Por exemplo, ser racional é da essência do homem. Quanto a este bem (perfeição), Deus não pode fazer nenhuma coisa melhor do que ela própria, ainda que possa fazer outra melhor do que ela. Assim, Deus não pode fazer o número 4 maior, porque se fosse maior não mais seria o número 4, e sim outro número […]. A outra bondade é exterior à essência da coisa. Por exemplo, é um bem do homem ser virtuoso e sábio. E de acordo com este bem Deus pode fazer melhores as coisas que fez. No entanto, absolutamente falando, qualquer que tenha sido a coisa feita, Deus pode fazer outra melhor" (I, q. 25, a. 6).

As criaturas podem participar na potência de Deus, como participam em todos os outros atributos; mas não podem igualar a sua potência: nenhuma criatura é onipotente, nem mesmo o mais perfeito dos anjos. Se bem que sejam substâncias separadas da matéria, os anjos são sempre inteligências criadas e de virtude finita, se se faz o confronto com a virtude divina: e somente se diz infinita confrontando-a com as coisas inferiores. Tudo o que de perfeição existe na criatura é uma cópia da perfeição divina: mas em Deus se encontra mais perfeitamente do que na criatura, e na criatura não pode encontrar-se do mesmo modo em que se encontra em Deus. Cada nome, portanto, que designa uma perfeição divina de modo absoluto, sem referir-se a alguma modalidade, é comunicável à criatura: como a potência, a sabedoria, a bondade e coisas semelhantes. Ao contrário, cada nome que se refere à modalidade com que uma perfeição se encontra em Deus, não pode ser comunicado à criatura, como ser o sumo bem, o onipotente, o onisciente e coisas semelhantes (cf. *I Sent.*, d. 43, q. 1, a. 2).

O poder de Deus não tem limites. Enquanto o poder humano, mesmo o dos artistas maiores e mais geniais, é sempre um poder limitado e condicionado (pela cultura, pela sociedade, pela matéria), o poder de Deus não conhece nenhum limite. O poder maior e mais impressionante da potência de Deus é o ato criativo, que é o poder de tirar as coisas do nada e levá-las à luz do ser. O homem é sempre e somente um manipulador, um plasmador mais ou menos hábil; em absoluto ele não é autor de nada. É necessário um poder infinito para transpor a barreira do nada. Isso significa ser onipotente. Esse é o poder de Deus. Por esse motivo, Santo Tomás nega que a obra da criação possa ser delegada a alguma criatura (cf. CRIAÇÃO).

Entre as várias questões "curiosas", atinentes à potência divina, que Santo Tomás aborda no *Sobre o Poder de Deus* e nos *Quodlibetalia*, especialmente interessante é a que pergunta sobre se é possível que Deus faça existir uma infinidade de coisas em ato: *Utrum Deus possit facere infinita in actu*. A resposta de Santo Tomás é substancialmente negativa: *Cum ergo quaeritur utrum sit possibile Deo facere aliquid infinitum in actu, dicendum quod non*. Todavia, depois acrescenta que absolutamente falando: se levarmos em conta somente a potência de Deus e não da sua sabedoria, deve-se conceder que, dado que a coisa não implica contradição, por parte do agente essa possibilidade existe. Ao contrário, se levarmos em consideração a divina sabedoria, compreende-se que isso é impossível. "De fato, Deus age mediante o intelecto e o Verbo, que é o que confere a forma a cada coisa; por isso é necessário que tudo aquilo que ele faz seja 'formado'. Ao contrário, *infinita* aqui (no mundo das criaturas) pode ser somente a matéria sem forma: de fato, o infinito se dá somente por parte da matéria. Portanto, se Deus fizesse isso, resultaria que sua obra seria algo informe; mas isso repugna ao seu modo de agir; porque ele age sempre mediante o Verbo, por meio do qual são formadas todas as coisas" (*Quodl.* XII, a. 2; cf. *Sobre o Poder de Deus*, q. 5, a. 3; *Sobre a Verdade*, q. 2, a. 2, ad 5).

(Cf. DEUS, MATÉRIA)

[Tradução: M. Couto]

Potência (e ato)

Em seu significado mais comum, indica a capacidade e habilidade de realizar algum fato, alguma ação. Denota, portanto, a ideia de atividade e de eficiência. Ao contrário, na metafísica aristotélica e escolástica, potência se opõe a ato e significa a condição de passividade, a possibilidade de produzir o que não está ainda realizado. É este segundo conceito de potência que nos interessa agora ver como foi entendido e usado por Santo Tomás.

1. O conceito de potência em Aristóteles

A doutrina do ato e potência foi a grande descoberta de Aristóteles (cf. ATO), que fez amplo uso dela, principalmente para explicar as relações entre matéria e forma, entre substância e acidente, entre causa e efeito e para resolver muitos intrincados problemas metafísicos, em particular o problema do devir. Por potência, Aristóteles entende tudo o que é indeterminado e suscetível de determinações ulteriores: "A potência é no próprio paciente o princípio de uma mutação passiva provocada por um outro ou por si enquanto outro" (*Metaf.* 1046a, 11-12). Por sua vez, o *ato* é qualquer realização de uma perfeição. O ato tem prioridade ontológica sobre a potência. De fato, a potência, também quando existe cronologicamente antes do ato ao qual está ordenada como potência, adquire esse ato somente graças a algo que já está em ato. A potência recebe o ato e o multiplica. De fato, o ato não se multiplica se não for recebido na potência correlativa. Assim, "cada homem difere quanto ao conjunto de todos os outros, mas quanto à espécie não difere, porque tais diferenças não dizem respeito à forma (ato), que é um princípio último e indivisível, mas à matéria (potência)" (*Metaf.* 1058b, 8-10). Potência e ato são princípios correlativos, por isso são mencionados sempre simultaneamente e formam um todo único. A potência fornece ao ato um sujeito a ser determinado, ao passo que, por sua vez, o ato comunica à potência a própria perfeição e com a própria perfeição das características bem definidas: "Mediante a forma (ato), a matéria (potência) se torna uma coisa bem determinada" (*Metaf.* 1041b, 8-9). Por serem princípios correlativos, o ato e a potência não podem subsistir cada um por conta própria. Por outro lado, mesmo devendo coexistir no mesmo sujeito, são realmente distintos: "O ato e a potência mesmo existindo no mesmo sujeito não são a mesma coisa" (*Física* III, 3). De fato a potência é o que é determinável, enquanto o ato é o que determina.

2. O conceito de potência em Santo Tomás

Santo Tomás retoma integralmente a doutrina aristotélica da potência (e ato), mas amplia notavelmente seu horizonte de aplicação: essa doutrina já não compreende somente a matéria (com respeito à forma) e a substância (com respeito aos acidentes) mas inclui também a essência; esta já não se identifica com o ato, como havia ensinado Aristóteles, mas com respeito ao ser é potência. Portanto, retomando a doutrina aristotélica do ato e da potência, Santo Tomás traz duas importantes modificações, exigidas por sua descoberta do conceito intensivo do ser, isto é, como *perfectio omnium perfectionum* e *actualitas omnium actuum*: que dizem respeito, 1) à tese de Aristóteles segundo a qual o ato desenvolve a função de determinar a potência, 2) a outra tese aristotélica, segundo a qual o ato é por sua natureza finito. A essas teses Santo Tomás contrapõe estas: 1) sobre a infinidade do ato considerado em si mesmo; 2) sobre a função da potência de limitar o ato que nela é recebido. Em todo caso, Santo Tomás esclarece que a composição que se instaura dentro do ente por meio da essência e do ser possui sinais característicos bem diversos daqueles da composição de matéria e forma (cf. *C. G.*, II, c. 54; *De sub. sep.*, c. 7). Enquanto, de fato, nos anjos ocorre somente a composição de essência e de ato de ser (*actus essendi*), em todas as coisas materiais ocorre uma dupla composição, antes de tudo a de matéria e forma (que dão origem à essência), e, depois, a de essência e ato de ser. "Nas substâncias compostas de matéria e forma há dupla composição de ato e potência; uma, é a da própria substância, que se compõe de matéria e forma; outra, da própria substância (que já é composta) e ser, composição que também pode ser expressa assim: *o que é* e *ser*, ou *o que é* e *pelo qual é*.

Fica, assim, esclarecido que a composição de ato e potência existe em maior número de coisas do que a composição de matéria e forma. Por isso, a matéria e a forma dividem a substância natural (física); a potência e o ato dividem o ente comum (*ens commune*)" (*C. G.*, II, c. 54 [1295-1296]).

O ganho mais notável que Santo Tomás obtém com sua revisão do conceito de potência diz respeito à angeologia (cf. Anjo/Angeologia). Concebendo a essência como potência, que exerce a função de limite com respeito ao ato do ser, ele já não tem necessidade de atribuir um elemento material às naturezas angélicas, como faziam Boaventura e grande parte dos seus contemporâneos. "Nas substâncias intelectuais criadas (ou seja, os anjos) há composição de ato e potência (só Deus é ato puro). Com efeito, em tudo em que há duas coisas das quais uma é complemento da outra, a proporção delas entre si é como a proporção do ato para a potência, porque nada se completa senão pelo seu ato próprio. Ora, há duas coisas na substância intelectual, a própria *substância* e o seu ser, que não se identifica com ela, como foi demonstrado. Ora, o ser é complemento da substância que existe, porque cada coisa está em ato porque tem ser. Resulta, pois, que em quaisquer das substâncias sobreditas há composição de ato e potência" (*C. G.*, III, c. 53, nn. 1282-1283).

Um gênero especial de potência é a que Santo Tomás chama "potência obediencial". Ela se distingue da potência natural, porque, enquanto esta entra nas possibilidades normais da natureza e cabe à própria natureza executá-la, a obediencial depende exclusivamente da vontade de Deus e somente Deus pode realizá-la. "A capacidade (*capacitas*) de uma natureza pode ser entendida de dois modos: ou segundo a potência natural (*secundum potentiam naturalem*) que pertence à razão seminal, e essa capacidade da criatura geralmente Deus não deixa jamais vazia (*vacua*), a menos que em casos particulares intervenha algum impedimento; ou segundo a potência obediencial (*secundum potentiam oboedientiae*), graças à qual Deus pode tirar de uma criatura tudo o que quer; deste gênero é a capacidade que a natureza humana possui de ser assumida na unidade da natureza divina. Nem é necessário que Deus realize essa capacidade, como não é necessário que Deus faça tudo o que pode, mas somente o que corresponde à ordem da sua divina sabedoria" (*III Sent.*, d. 1, q. 1, a. 3, ad 4).

Como resulta do exemplo adotado por Santo Tomás, que é o da Encarnação (a assunção da natureza humana da parte da Pessoa do Verbo), a potência obediencial não supõe na criatura (natureza) nenhuma atitude, nenhuma disposição, nenhuma aspiração, nenhum desejo. Mesmo que o homem não tenha realmente o poder de obter a graça, pois esta é dom absolutamente gratuito, todavia, segundo o Doutor Angélico, ele carrega em sua própria natureza uma atitude obediencial. "Na natureza que recebe, não há uma ordem natural para a recepção da graça e da glória, mas somente uma potência obediencial (*in natura recipiente non sit ordo naturalis ad illius susceptionem sed solum potentia obedientiae ad Deum*)" (*IV Sent.*, d. 17, q. 1, a. 5, sol. 1). Enquanto a potência obediencial é baseada exclusivamente na potência absoluta de Deus, independentemente das qualidades congênitas nas criaturas, a graça, ao contrário, está perfeitamente alinhada às aspirações mais profundas da natureza humana e ao fim último ao qual se sente intimamente orientada, a visão de Deus: "A natureza humana está ordenada à beatitude desde o momento mesmo de sua instituição, não como a um fim devido (*non quasi in finem debitum homini*) segundo sua natureza, mas apenas pela liberalidade divina" (*A Fé, Quaestiones Disputatae De Veritate*, q. 14, a. 10, ad 2).

No plano da potencialidade, graça e encarnação não podem ser equiparadas: a graça, ainda que propriamente falando não se possa dizer que entra na *potentia naturalis*, aproxima-se mais ao conceito de potência natural; enquanto a encarnação se aproxima mais da pura *potentia oboedientialis*. De fato, ambas, graça e encarnação, supõem no homem certa capacidade (uma *potentia*), mas a graça entra na ordem providencial geral: *ab ipsa prima institutione humana natura est ordinata in finem beatitudinis* (ibid.); enquanto a encarnação faz parte de uma ordem histórica especialíssima: a da economia da salvação. De fato, o dom da graça é programado para todos os homens; o da encarnação é reservado a um só, Jesus Cristo.

(Cf. Anjo/Angeologia, Ato, Essência, Metafísica)

[Tradução: M. Couto]

Potência obediencial
cf. Potência (e ato)

Prazer

Diz-se de qualquer *gozo ligado aos sentidos*, mas, por analogia, se fala também de prazeres espirituais. Sempre foi objeto de disputa entre os filósofos o lugar que deveria ser atribuído ao prazer numa vida autenticamente humana, em vista da felicidade. Na antropologia dualista de Platão, ainda que insistindo sobre a necessidade de assumir um comportamento ascético em relação ao prazer, se reconhece que ao homem convém uma vida "mista" de inteligência e de prazer. Na antropologia unitária de Aristóteles o prazer é considerado elemento essencial à vida humana, junto com a virtude. Na antropologia materialista dos epicuristas o prazer é identificado com a felicidade e, portanto, constitui o objetivo principal e constante a ser buscado na própria vida.

Santo Tomás coloca uma nítida distinção entre prazeres (*voluptates*) sensíveis e carnais e prazeres espirituais, e exclui que os primeiros possam constituir o bem supremo do homem, enquanto os segundos podem figurar no bem, como elemento integrativo.

Segundo o Doutor Angélico, "É impossível que a felicidade humana consista nos prazeres corpóreos, dos quais são principais os dos alimentos e os do sexo" (*Suma contra os Gentios*, III, c. 27 [2093]). Para sustentar essa tese, ele traz uma longa série de argumentos, dos quais os mais persuasivos são os seguintes:

1) "A felicidade é um certo bem próprio do homem, pois os animais não podem ser ditos felizes, a não ser impropriamente. Ora, os deleites mencionados acima são comuns aos homens e aos animais. Logo, neles não se pode colocar a felicidade" (ibid.).

2) "O fim último é o que de mais elevado pertence à coisa, pois pela sua natureza ele é excelente. Ora, os deleites mencionados não convêm ao homem segundo o que de mais elevado há no homem, que é o intelecto, mas lhe convêm segundo os sentidos. Logo, não se pode pôr a felicidade em tais deleites" (ibid.).

3) "Além disso, não pode a suma perfeição do homem consistir na sua união com as coisas inferiores, mas naquilo que o une a algo mais elevado, pois o fim é melhor do que aquilo que é para o fim. Ora, os supraditos deleites consistem em que o homem pelos sentidos se una a algumas coisas inferiores a si, como são as sensíveis. Logo, não se pode pôr a felicidade em tais deleites" (ibid.).

4) "Além disso, o fim último de qualquer coisa é Deus, como se depreende do que acima foi dito. Por conseguinte, se deve pôr o fim último do homem naquilo pelo qual ele ao máximo se aproxima de Deus. Ora, pelos mencionados deleites, o homem fica impedido da máxima proximidade de Deus, que consiste na contemplação. Pois eles a impedem ao máximo, porque mergulham totalmente o homem nas coisas sensíveis e, por consequência, o retraem das coisas inteligíveis. Logo, não se pode pôr a felicidade do homem nos deleites corporais" (ibid.).

Com isso Santo Tomás não entende excluir o prazer da vida humana; antes, ele reconhece abertamente que existem prazeres que a própria natureza previu para o homem para o desenvolvimento de certas atividades, indispensáveis para sua existência. "A natureza ajuntou o prazer às atividades necessárias à vida do homem. Por isso, a ordem natural exige que ele desfrute esses prazeres, enquanto indispensáveis à sua saúde, quer quanto à conservação individual, quer quanto à da espécie. Portanto, pecaria quem evitasse os prazeres sensíveis a ponto de desprezar o que é necessário à conservação da natureza, contrariando assim a ordem natural. Nisso consiste o vício da insensibilidade. Entretanto, é preciso levar em conta que, às vezes, é louvável e até necessário abstermo-nos, em vista de algum fim, dos prazeres oriundos dessas atividades. Alguns, por isso, privam-se de certos prazeres da comida, da bebida e do sexo, atendendo à saúde física. Outros assim agem também em função de alguma tarefa, como atletas e soldados, que precisam privar-se de muitos prazeres, para alcançarem melhor desempenho. Da mesma forma, os penitentes, para recuperarem a saúde da alma, praticam a abstinência de tais prazeres, como se estivessem fazendo regime. E os que almejam dedicar-se à contemplação e às coisas de Deus devem abster-se, sobretudo, dos prazeres carnais" (II-II, q. 142, a. 1).

Numa concepção unitária do homem como a que possui Santo Tomás, em que alma e corpo, sensibilidade e razão se encontram firmemente ligadas entre si, o uso do prazer pode ter uma ulterior justificação: pode favorecer a ação da própria razão. De fato, "como não pode o homem usar a razão sem recorrer às potências sensitivas, que precisam de órgãos corpóreos, conforme se estabeleceu na I Parte, segue-se daí a necessidade de que ele sustente o seu corpo, para poder se servir da razão. Ora, esse sustento realiza-se mediante ações que proporcionam prazer. Não pode então existir o bem da razão no homem, se ele se abstiver de todos os prazeres. Contudo, já que ele não precisa, para executar atos racionais, fazer uso, sempre na mesma medida, de todas as faculdades corporais, então deverá também desfrutar, em maior ou menor medida, dos prazeres corporais. Por isso, os que assumiram o compromisso de se dar à contemplação e de transmitir aos outros o bem do espírito, por uma como propagação espiritual, se abstêm de muitos prazeres e nisso merecem aplauso. Ao contrário, essa atitude não seria elogiável naqueles cujo dever é dedicar-se às atividades corporais e à procriação" (ibid., ad 2).

No entanto, Santo Tomás, que tem uma grandíssima estima e sensibilidade para com as coisas do espírito, sabe bem quanto os prazeres, sobretudo os venéreos, são nocivos às atividades espirituais: eles causam um grave ofuscamento da razão e da consciência, cegando-a a tal ponto que lhe impedem o conhecimento da verdade: "é nos prazeres, que constituem o objeto da intemperança, que menos aparece a luz da razão, donde vem toda a beleza e esplendor da virtude (*in delectationibus circa quae est intemperantia, minus apparet de lumine rationis, in quae est tota claritas et pulchritudo virtutis*)" (II-II, q. 142, a. 4; cf. *De Reg.* l. II, c. 4).

(Cf. Beatitude, Bem, Felicidade, Hedonismo, Temperança)

[Tradução: M. Couto]

Preceito cf. Mandamento

Predestinação

Em geral significa ordenar uma coisa a um fim.

Propriamente, segundo a doutrina católica, a predestinação é a livre e eterna decisão da vontade divina em referência à meta última sobrenatural da criatura humana. Assim a apresenta São Paulo: antes da criação Deus "nos predestinou para sermos seus filhos adotivos por Jesus Cristo. Este foi o plano deliberado de sua benevolência" (Ef 1,5).

Na sua elaboração do mistério da predestinação, Santo Tomás recolhe os frutos das reflexões de muitos teólogos ilustres que o haviam precedido (Gotescalco, Anselmo, Bernardo, Boaventura e outros); mas ele não se contenta de repetir seus ensinamentos: os revê e os adapta segundo uma linha de pensamento que é perfeitamente coerente, por um lado, com as outras verdades fundamentais da fé e, por outro, com as exigências elementares da razão. Assim, na exposição do Doutor Angélico desaparecem aquelas asperezas doutrinais e incertezas que se encontram em

Santo Agostinho. O Doutor de Aquino usa uma linguagem mais rigorosa: já não fala de uma predestinação à danação, à morte eterna. A predestinação é vista somente de modo positivo: "a predestinação é parte da providência para aqueles que por Deus estão ordenados à salvação eterna" (I, q. 23, a. 3). A danação não procede da predestinação, mas sim da reprovação, que é definida como "a vontade (da parte de Deus) de permitir que alguém caia em culpa e de infligir a pena da condenação por esta culpa" (ibid.).

A predestinação, explica lucidamente Santo Tomás, é obra exclusiva de Deus, paralelamente à criação. A razão disso é muito simples, mas é também muito profunda: como para quem é levado à luz do ser (criação) não existe nenhum outro movente fora da vontade do criador; por outro lado, para quem é elevado à vida divina (predestinação) não existe nenhuma outra causa fora do amor de Deus para o homem. Um outro argumento para sustentar essa mesma verdade, Santo Tomás o busca no exame dos fins a que pode aspirar o homem na vida presente. Ora, existem fins proporcionados às suas capacidades (a felicidade terrena) e fins que ultrapassam absolutamente todas as suas capacidades (como a vida eterna); atingir este fim último é possível somente pela bondade infinita de Deus, o qual, mediante a predestinação, a transformou em objetivo efetivo da vida humana. De fato, "o que não se pode alcançar com o poder de sua natureza, é necessário que seja transmitido por um outro: como a flecha é lançada para o alvo pelo arqueiro. Por isso, para falar com exatidão, a criatura racional, que é capaz da vida eterna, é para ela conduzida (*transmissionis*) como que transportada por Deus. E a razão dessa ação divina preexiste em Deus, assim como existe nele a razão da ordem de todas as coisas ao fim, que chamamos de providência. Ora, a razão de algo a fazer existente na mente de seu autor é uma espécie de preexistência nele desta coisa a fazer. Eis por que a razão de conduzir a criatura racional ao fim, à vida eterna, é chamada predestinação; pois *destinar* é *enviar*" (ibid., a. 1).

A predestinação é obra exclusiva de Deus porque diz respeito a um fim — a vida eterna mediante a visão beatífica — que ultrapassa todas as forças humanas. Santo Tomás considera verdade que o homem tenha uma capacidade para a vida eterna (*capax vitae aeternae*), mas se trata de uma capacidade totalmente ineficaz. Por isso, com respeito à predestinação o homem possui somente uma capacidade passiva. "É a execução dessa ordenação que se encontra passivamente (*passive*) nos predestinados, e ativamente (*active*) em Deus" (ibid., a. 2).

Santo Tomás fala de uma dupla predestinação: uma universal e uma particular. A primeira é a predestinação à graça (que tem em mira todos os homens; todos são chamados à graça); a segunda é a predestinação à glória (que está reservada somente a alguns) (ibid., a. 3, ad 2). O homem não pode oferecer nenhuma contribuição à predestinação à graça; por isso não existe um *initium fidei* ligado às boas disposições da vontade humana. Deus no início age sozinho; o mérito não existe; a sua misericórdia está estabelecida antes do nosso ser natural e sobrenatural, dela, aliás, tudo é gerado. Também a predestinação à glória substancialmente tem sua razão de ser somente na bondade e misericórdia de Deus; mas relativamente depende, isso sim, da contribuição da correspondência humana, isto é, dos méritos. Aqui Santo Tomás distingue entre predestinação tomada parcialmente, e nesse caso, sob certos aspectos, pode-se dizer que ela é causada (meritoriamente) também pelo homem, e predestinação tomada globalmente, sendo então totalmente obra de Deus.

"É preciso dizer que o efeito da predestinação pode ser considerado por nós de dois modos. De modo particular: nada impede que um efeito da predestinação seja a causa e o motivo de outro. Um efeito posterior será causa de um efeito anterior na ordem das causas finais; um efeito anterior será causa de um efeito posterior na ordem das causas de mérito, que se reduz a uma disposição da matéria. Como se disséssemos que Deus preordenou dar a alguém a glória por causa de seus méritos, e preordenou dar a alguém a graça a fim de que mereça a glória. Pode-se considerar o efeito da predestinação, de outro modo: em geral. Assim, é impossível que o efeito total da predestinação em geral tenha uma causa de nossa parte. Porque, seja o que for que se encontre no homem e que o ordene à salvação, tudo está compreendido sob o efeito da predestinação, até mesmo a preparação à graça, pois esta certamente se dá em virtude do auxílio divino" (I, q. 23, a. 5).

Diversamente do que ocorre em Agostinho e em muitos outros teólogos, Santo Tomás não encontra nenhuma dificuldade em conciliar a predestinação divina com a liberdade humana, porque é próprio da providência divina governar todas as criaturas segundo sua natureza, e por isso também quando as eleva à ordem sobrenatural o faz salvaguardando suas propriedades essenciais. A ação de Deus, executora do desígnio preconcebido e querido (predestinação), não se insere na ordem criada para subvertê-la e falsificá-la, mas está presente em cada ponto do processo para que se realize assim como a mente a concebeu, levando em conta a liberdade humana e sua resposta à vocação divina (cf. I, q. 22, a. 2 e respostas às objeções). Deus "move todas as coisas segundo as condições das mesmas, de modo que das coisas necessárias por moção divina seguem-se os efeitos necessariamente, e, das causas contingentes, seguem-se efeitos de modo contingente. Como a vontade é princípio ativo não determinado para uma só coisa, mas indiferentemente se refere a muitas, Deus a move, não a determinando para uma só coisa, mas permanecendo o seu movimento contingente e não necessário, a não ser nas coisas para as quais é movida naturalmente" (I-II, q. 10, a. 4).

O primado da causalidade divina não diminui nem mesmo na ação livre do homem: a fonte última de cada ser como de cada agir permanece sempre Deus, o *Esse ipsum subsistens*, que é a fonte intensiva e total de tudo o que existe por participação. Por isso "a vontade tem domínio de seus atos não por exclusão da causa primeira, mas porque a causa primeira não atua assim na vontade até o ponto de determiná-la por necessidade a uma só coisa, ao modo como determina a natureza; por isso, a determinação de um ato fica no poder da razão e da vontade" (*O Poder de Deus (De Pot.)*, q. 3, a. 7, ad 13).

Isso vale para qualquer intervenção de Deus no agir humano, quer quando ele opera na ordem natural, quer quando age sob o influxo da graça: trata-se sempre de intervenções que não ofendem a vontade ainda que possam influenciá-la. Santo Tomás distingue entre influenciar (*immutare*) e constranger (*cogere*) e exclui que Deus possa constranger a vontade, enquanto reconhece que pode influenciá-la com sua graça, potencializando-a ou dirigindo-a para outros objetos. Deus "muda a vontade de dois modos. De um modo, apenas movendo, a saber, quando a vontade move-se a querer algo sem que imprima alguma forma (*formam*) na vontade, por exemplo, sem aposição de algum hábito, quando faz com que o homem queira isso que antes não queria. De outro modo, porém, imprimindo alguma forma (*formam*) na própria vontade, pois, assim como a vontade se inclina a querer algo pela própria natureza que Deus lhe deu, como ficou claro pelo dito, assim, por algo acrescentado, como é a graça ou a virtude, a alma se inclina agora a querer algo a que antes não estava determinada pela inclinação natural" (*O apetite do bem e a vontade (De Ver.)*, q. 22, a. 8).

Três são as grandes conquistas da doutrina tomista da predestinação com respeito às formulações precedentes, e se referem respectivamente à predestinação, à liberdade e aos méritos. Quanto à predestinação, ela tem por único autor Deus; é um maravilhoso projeto (conseguir a vida eterna por parte do homem) projetado e querido por Deus. Quanto à liberdade, ela permanece íntegra, de tal modo íntegra que pode até tornar inútil o desígnio de Deus, e então se torna digna de reprovação (*reprobatio*) e danação. Enfim, quanto aos méritos, há lugar também para eles no plano da predestinação à glória. Mesmo que a causa primeira e principal da predestinação permaneça sempre Deus, este ao modelar o desígnio conclusivo do homem "deificado" leva certamente em conta a acolhida do projeto divino e da cooperação humana.

O limite mais grave que se encontra na formulação de Santo Tomás é a falta de qualquer referência a Jesus Cristo no tratado desse mistério (quando vimos, ao contrário, que em São Paulo a referência a Cristo é fundamental e constante). Essa falta é devida em parte à localização do tratado que na *Suma Teológica* se encontra no início da *Primeira Parte*, aquela dedicada a Deus e aos seus atributos, e assim a predestinação é tratada como um aspecto, uma parte da providência divina, enquanto de Cristo se fala somente na *Terceira Parte*. Mas a razão mais profunda é que Santo Tomás não trabalha com o esquema cristocêntrico (como fará Escoto), mas sim com o teocêntrico, e vê Deus designar o projeto da predestinação não no modelo de Cristo, mas dando atenção direta e imediatamente a si mesmo e ao homem, que Deus cria à sua imagem e semelhança, não à imagem e semelhança de Cristo. Assim, para Santo Tomás o primeiro destinado não é Jesus Cristo, mas Adão e seus descendentes. Cristo não é visto como causa exemplar, mas como causa eficiente da predestinação (cf. III, q. 24, a. 4).

Não obstante esses limites de elaboração, no essencial a doutrina de Santo Tomás resultou tão equilibrada e segura a ponto de obter em seguida (no Concílio de Trento) a aprovação oficial da Igreja Católica.

[Tradução: M. Couto]

Predicação

É o ato com o qual a mente aplica um predicado a um sujeito. Santo Tomás dá a seguinte definição da predicação: "A predicação é algo que se completa pela ação do intelecto que compõe e divide, tendo fundamento na própria coisa, a unidade daqueles dos quais um é dito do outro (*predicatio enim est quoddam, quod completur per actionem intellectus componentis et dividentis, habens tamen fundamentum in re, ipsam unitatem eorum quorum unum de altero dicitur*)" (*O Ente e a Essência (De ente)*, c. 3, n. 42).

Diferentes divisões da predicação podem ser dadas. A mais importante é aquela mencionada por Santo Tomás no *Comentário ao Livro das causas* que divide a predicação em causal, essencial e participativa: "Três são os modos nos quais se predica algo de algum outro: ou de modo *causal* — como o calor para o sol — ou de modo *essencial*, ou seja, próprio da natureza — como o calor pelo fogo — ou ainda de um terceiro modo: 'como um tipo de possessão derivada', isto é, de modo sucessivo, a saber, *por participação*. Este último modo é o que se determina quando não se possui algo em toda sua plenitude, mas de modo particular e derivado, assim como nos corpos compostos de elementos o calor não se encontra nunca com a mesma plenitude que tem no fogo. De tal modo, portanto, isto que é por essência no primeiro de tais princípios se encontra por participação no segundo e no terceiro; o que é por essência no segundo se encontra no primeiro de modo causal, e no último de modo participativo; enfim, o que é por essência no terceiro se encontra de modo causal no primeiro e no segundo. É esse o modo em que tudo está em todos" (*In De Causis*, prop. 12, n. 279).

A distinção entre predicação por essência e por participação serve a Santo Tomás principalmente na doutrina dos nomes divinos: de fato todos os nomes que se predicam propriamente de Deus e das criaturas (como ser, bem, uno, causa, substância etc.) não se predicam do mesmo modo; mas de Deus se predicam por essência enquanto das criaturas se predicam por participação.

(Cf. ANALOGIA)
[Tradução: M. Couto]

Predicamento cf. Categoria

Pregação

É uma das tarefas fundamentais dos ministros de Deus, por força do mandato de

Cristo: "Ide ao mundo inteiro, proclamai o Evangelho a todas as criaturas. Quem crer e for batizado será salvo. Quem não crer será condenado" (Mc 16,15-16). O dever da pregação incumbe em particular aos bispos e aos sacerdotes (cf. II-II, q. 187, a. 4, ad 2).

Segundo Santo Tomás, as tarefas específicas da pregação são três: iluminar a inteligência, mover os afetos, levar à deliberação. "1º, para instruir o intelecto; [...] 2º, para mover o afeto, de maneira que se faça escutar com gosto a palavra de Deus; o que sucede quando alguém fala tão bem que 'deleita' os ouvintes. Mas isto não se deve buscar para a sua própria vantagem, mas para atrair os homens a ouvirem a palavra de Deus; 3º, para que os ouvintes amem o que as palavras significam e o queiram realizar; o que sucede quando alguém fala de tal modo que dobre os ouvintes" (II-II, q. 177, a. 1). Para atingir essas finalidades, mesmo de modo imperfeito, existem também meios humanos, que fazem parte da arte oratória (ibid., ad 1). No entanto, comprometeria a eficácia da pregação sagrada quem confiasse nesses meios sem contar com a obra do Espírito Santo (ibid., ad 2).

A pregação pressupõe a *contemplação*, pois se propõe transmitir aos outros o conhecimento da verdade que se atingiu na contemplação: *contemplari et contemplata aliis tradere* é a célebre fórmula com a qual o Doutor Angélico define a pregação. Pertencem ao momento contemplativo os atos seguintes: pregar, ouvir, ler e meditar (II-II, q. 180, a. 3, ad 4).

Santo Tomás sublinha a importância do estudo para quem é chamado à pregação: "Para os religiosos que são instituídos para pregar, o estudo é meio necessário" (II-II, q. 188, a. 5), indispensável. Mas o Doutor Angélico está bem consciente de que a habilidade humana é insuficiente para desenvolver aquilo que em seu parecer é a mais nobre de todas as atividades práticas: é necessária uma assistência especial do Espírito Santo, não só porque é ele quem toma a iniciativa do chamado à fé e ao apostolado, mas porque ele reserva para si a distribuição generosa de seus dons e carismas. Os dois carismas mais eficazes para o anunciador do Evangelho são os que São Paulo chama *sermo scientiae* e *sermo sapientiae*. Esses dois carismas "comportam uma certa abundância de ciência e de sabedoria que permite ao homem não somente possuir por si mesmo justas noções das coisas divinas, mas ainda instruir os outros" (I-II, q. 111, a. 4, ad 4).

[Tradução: M. Couto]

Presciência

É a prerrogativa que Deus tem de conhecer tudo o que ocorrerá no futuro. Deus, de fato, porque onisciente, conhece cada coisa: o seu conhecimento abrange simultaneamente o passado, o presente e o futuro. Na medida em que conhece o futuro se diz que Deus tem dele a presciência.

Mas esta prerrogativa de Deus parece entrar em conflito com a liberdade humana. O problema já tinha sido tratado por Agostinho e Boécio, que o haviam resolvido traçando uma nítida distinção entre presciência e predeterminação, e mostrando que pode haver muito bem presciência sem haver predeterminação.

Santo Tomás retoma as explicações de Agostinho e Boécio, assumindo-as; ele mostra que a ciência, como tal, não é causa das coisas, mas apenas a ciência acompanhada da vontade divina: "É necessário dizer que sua ciência é a causa das coisas, conjuntamente com sua vontade. Eis por que a ciência de Deus, enquanto é causa das coisas, é comumente chamada *ciência de aprovação*" (I, q. 14, a. 8). No que se refere, pois, à vontade de Deus, esta é respeitosa da causalidade das criaturas. Assim, tudo o que entra no âmbito do futuro, Deus o conhece segundo a espessura ontológica e segundo a ordem causal que lhe compete. Isso significa que aquilo que ocorre no futuro, Deus o conhece porque ocorre. Portanto, "quando, porém, diz que Deus prevê tais coisas porque vão acontecer, é preciso entender este 'porque' como causalidade de consequência, não de existência. Portanto, se tal coisa vai acontecer, é verdade que Deus a previu; as realidades futuras, porém, não são a causa de que Deus conheça" (ibid., ad 1).

Deus conhece todos os eventos futuros, também os *futuros livres*, ou seja, contingentes. De fato, a Deus eterno, tudo é presente. Assim, do alto de um observatório colocado no início de uma rua é possível ver contemporaneamente todos os passantes, os quais, ao contrário, aos olhos de quem está embaixo, na rua, posicionado numa janela, são parte passado, parte presente, parte ainda futuro. Também aquilo que será, mas que não tem necessidade de existir, isto é, o *futuro contingente*, porque será, para Deus é como presente; ademais, este é conhecido por Deus infalivelmente, porque conhecido em suas causas e também em si, ao passo que para nós é somente conjecturável. "E ainda que os contingentes passem a existir em ato sucessivamente, Deus não os conhece sucessivamente conforme estão em seu ser como nós, mas simultaneamente, pois seu conhecimento, bem como seu próprio ser, tem como medida a eternidade; ora, a eternidade, que é totalmente simultânea, engloba a totalidade de tempo, como acima foi dito. Assim, tudo o que está no tempo está desde toda eternidade (*ab aeterno*) presente a Deus; não apenas porque Deus tem presentes as razões de todas as coisas, como alguns o pretendem, mas porque seu olhar recai desde toda eternidade sobre todas as coisas, como estão em sua presença. Portanto, é claro que, por sua presença, os contingentes são conhecidos por Deus, infalivelmente, na medida em que caem sob o olhar divino; no entanto, em relação às suas causas (próximas), são futuros contingentes" (I, q. 14, a. 13).

(Cf. Deus, Onisciência, Predestinação, Providência)

[Tradução: M. Couto]

Presunção

Significa confiar excessivamente em si mesmo, nas próprias capacidades e nas próprias forças: "O vício da presunção consiste em se tender para um bem que não é possível, como se fosse possível (*vitium praesumptionis consistit in hoc quod aliquis tendit in aliquod bonum quod non est possibile, quasi possibile*)" (II-II, q. 21, a. 4, ob. 3). Santo Tomás diz que é um vício porque viola a ordem natural, que exige que todo ato seja adequado à virtude da causa agente, "e nenhum agente natural tenta ir além de sua própria capacidade. Desta forma, é vicioso e pecado, quase contra a ordem natural existente, que alguém procure fazer algo que ultrapasse sua própria capacidade [...]. De onde se vê claramente que a presunção é pecado" (II-II, q. 130, a. 1).

Além de vício, a presunção pode tornar-se também um pecado contra o Espírito Santo, quando o que se presume é a salvação da própria alma, pondo excessiva confiança em Deus: como a presunção de quem se abandona a uma vida de pecado crendo que no final Deus não levará isso em conta, dada sua infinita bondade.

Esta presunção implica uma esperança desregulada e se fundamenta como desespero a partir de um conceito equivocado de Deus. "Como é falso dizer que Deus não perdoa aos que se arrependem ou que não converte os pecadores à penitência, e igualmente falso que concede o perdão aos obstinados e que concede a sua glória aos que cessam de fazer o bem. É de conformidade com esta última opinião que se realiza o movimento de presunção. Por isso, a presunção é pecado. Menor, porém, que o desespero, e isso na medida em que é mais próprio de Deus ser misericordioso e perdoar do que punir, por causa de sua infinita bondade. Ser misericordioso convém a Deus por natureza; punir lhe convém por causa de nossos pecados" (II-II, q. 21, a. 2).

(Cf. Esperança, Misericórdia, Perdão)

[Tradução: M. Couto]

Primado cf. Papa

Princípio

Em geral significa início, ponto de partida, origem, fundamento. É um dos termos mais frequentes da linguagem filosófica, dado que a filosofia, por definição, trata dos princípios primeiros em toda ordem de coisas, e portanto dos princípios primeiros do ser, do conhecer, do agir, do fazer, do valorizar etc. Santo Tomás define o princípio em geral como "aquilo do qual procede algo (*id a quo aliquid procedit*)": "O termo *princípio* (*principium*) nada mais significa do que aquilo do qual alguma coisa procede. Tudo aquilo do qual um outro procede de algum modo dizemos que é princípio, e reciprocamente" (I, q. 33, a. 1). O mesmo Santo Tomás esclarece que a noção de princípio implica *precedência*, mas nem sempre prioridade: por exemplo, o 2 precede o 3, mas não há prioridade com respeito ao 3. "Embora o termo *princípio*, quanto àquilo pelo qual é dado significar, pareça ter sido tomado de prioridade, entretanto, não significa prioridade, mas *origem*" (ibid., ad 3).

Princípio não é sinônimo de *causa*, ainda que nem todos tenham o cuidado de evitar confundi-los. De fato "o termo *princípio* é mais geral do que *causa*, e causa é mais geral que *elemento*. O primeiro termo ou mesmo a primeira parte de uma coisa chama-se princípio, não causa" (I, q. 33, a. 1, ad 1).

Entre as várias *divisões* dos princípios mencionadas por Santo Tomás, a mais importante é aquela que ele distingue em princípios primeiros do ser, do agir e do conhecer, que correspondem aos princípios primeiros da metafísica, da moral e da lógica: "*Dicitur principium illud quod est primum aut in esse rei, sicut prima pars rei dicitur principium, aut in fieri rei, sicut primum movens dicitur principium, aut in rei cognitione*" (*V Met.*, lect. 1).

Os princípios primeiros do conhecimento (*princípios lógicos*) podem ser *comuns* ou *próprios*. Estes são princípios de uma determinada ciência (por exemplo, os princípios da física); aqueles dizem respeito a todas as ciências (por exemplo, o princípio de não contradição). Os princípios primeiros da metafísica (*princípios ontológicos*) podem ser *extrínsecos* ao principiado, como a causa eficiente e final, ou *intrínsecos* e então se trata dos constitutivos essenciais de uma coisa (matéria e forma, essência e ato do ser etc.) (cf. *I Anal.*, lect. 5). Os princípios primeiros da moral são os que estão na base da lei natural.

Contra todas as formas de relativismo e subjetivismo ético, Santo Tomás sustenta com insistência que existem princípios primeiros não somente pela razão especulativa, mas também pela razão prática: "Como a razão especulativa argumenta a partir de alguns princípios evidentes em si mesmos (*per se notis*); de outro modo é necessário que a razão prática (*ratio practica*) argumente com base em princípios evidentes em si mesmos, como, por exemplo, 'não fazer o mal', 'obedecer aos preceitos de Deus' etc." (*II Sent.*, d. 24, q. 2, a. 3, sol.; cf. *De Ver.*, q. 16, a. 1).

Um ponto não de todo claro no pensamento de Santo Tomás é como ele concebe o conhecimento dos princípios primeiros. Ele exclui que sejam conhecidos mediante um processo abstrativo, dado que não se trata de substâncias. Tanto menos podem ser fruto do raciocínio: porque estão no início e na base de qualquer raciocínio (especulativo e prático). As expressões que ele usa para explicar o conhecimento dos princípios primeiros parecem sugerir uma espécie de teoria de ideias inatas. De fato Santo Tomás declara que "os princípios primeiros são conhecidos naturalmente (*sunt naturaliter cognita*)" (*II Sent.*, d. 39, q. 2, a. 2, ad 4); "*naturaliter nota sunt*" (*I Sent.*, d. 17, q. 1, a. 3). "São conhecidos imediatamente sem necessidade de pesquisa (*homo prima principia sine inquisitione statim cognoscit*)" (*II Sent.*, d. 3, q. 1, a. 6, ad 2). "Ocorre que na própria natureza humana há certa incoação do bem que é proporcional à natureza, pois preexistem nela os princípios das demonstrações evidentes por si mesmos, que são certas sementes da contemplação da sabedoria, e os princípios do direito natural, que são sementes das virtudes morais" (*A Fé (De Ver.)*, q. 14, a. 2).

No entanto essa teoria das ideias inatas de Santo Tomás não é a de Santo Agostinho, ou seja, de tipo "iluminista"; mas sim de caráter aristotélico, que prevê também para o conhecimento dos princípios primeiros a contribuição dos sentidos: "Para a inteligência dos princípios é necessário que o conhecimento seja determinado (estimulado) pelo sentido" (*III Sent.*, d. 23, q. 3, a. 2, ad 1). Mas parece que se trata de uma contribuição diversa daquela que os sentidos prestam na formação das ideias universais. Enquanto as ideias são extraídas dos dados sensitivos por abstração, e portanto nesse caso os sentidos oferecem o material do qual a mente extrai as ideias, no caso do conhecimento dos princípios primeiros, ao invés, os sentidos submetem ao intelecto dados nos quais ele colhe a aplicação e a verificação concreta dos princípios: "O conhecimento determinado dos princípios de demonstração se obtém a partir dos sentidos e, portanto, para o conhecimento destes não há necessidade de ensino; e nestes princípios o homem possui desde o início um conhecimento implícito de todas as verdades derivadas" (*III Sent.*, d. 25, q. 2, a. 1, sol. 4, ad 1; cf. *III Sent.*, d. 27, q. 1, a. 1).

Em conclusão, segundo Santo Tomás, os princípios primeiros não são fruto nem da experiência, nem da iluminação, nem da intuição: eles estão presentes germinalmente no intelecto (*scientiarum semina*) antes mesmo de qualquer experiência, mas a mente toma consciência deles somente no impacto com a experiência sensitiva.

(Cf. Abstração, Conhecimento, Intelecto, Intuição)

[Tradução: M. Couto]

Privação

É a falta de uma qualidade que é requerida pela natureza de uma coisa. Em filosofia o termo privação (*steresis*) surge com Aristóteles, que o define em relação à posse (*exis*), para designar a ausência num sujeito de algum atributo, e em relação à negação (*apophasis*), que nega de modo absoluto o que uma coisa é. A *apophasis* é a negação absoluta, o não ser absoluto de uma coisa, enquanto a *steresis* é uma negação que se refere ao que uma coisa deveria ser e não é de fato (*Metaf.* IV, 1004a 9-16).

Segundo Aristóteles, a privação é uma *condição* indispensável de todo devir: este, de fato, consiste na passagem de uma forma a uma outra, contudo a assunção de uma nova forma exige a privação da forma precedente; entretanto, porque a privação não é elemento constitutivo da coisa que se torna (sendo os elementos constitutivos somente a matéria e a forma), geralmente Aristóteles diz que somente a matéria e a forma são os princípios ou causas do devir (cf. *Metaf.* XII, 1069b). Aristóteles traça um longo elenco de tipos de privação. Os principais são: 1) qualquer ausência do que um ente por natureza deveria ser; 2) ausência também parcial de uma qualidade; 3) violenta subtração de algo (*Metaf.* V, 1022b, 22-26; 1023a, 1-6).

Santo Tomás retoma e assume o ensino do Estagirita sobre a privação: o conceito, a divisão e o papel que esta desenvolve no fenômeno do devir. Em geral a privação é entendida como "ausência de uma forma que por natureza uma coisa deveria possuir (*privatio nihil aliud est quam absentia formae, quae est nata inesse*)" (*In I De Coelo*, lect. 6). "Para o conceito de privação se exige que se trate de algo que por natureza um sujeito estaria apto a possuir, mas que de fato não possui (*ad rationem privationis exigitur quod aliquid sit aptum natum habere, quod non habet*)" (*I Sent.*, d. 13, q. 1, a. 4).

O conceito de privação, segundo Santo Tomás, se entende de três modos: próprio, comum e comuníssimo. "De um modo, propriamente (*próprio*), quando é removido de algo aquilo que algo nasceu para tê-lo e no qual está desde o seu nascimento, como carecer da visão é a privação da visão no homem. De outro modo comumente (*comum*), quando é removido de algo aquilo que o próprio algo não deveria ter por natureza, mas sim seu gênero, por exemplo, se fosse dito que o não ver fosse privação da visão na toupeira. De um terceiro modo, muitíssimo comum (*comuníssimo*), quando é removido de algo aquilo que qualquer outro nasceu para ter, mas não ele mesmo, nem outro do seu gênero, como se fosse dito que o não ver fosse a privação da visão na planta" (*De Pot.*, q. 9, a. 7, ad 11) [*Deus Uno e Trino*. Campinas: Ecclesiae, 2018, p. 237. (N. do T.)].

Santo Tomás, seguindo Aristóteles, distingue a privação da negação. A *negação* é exclusão de algo em absoluto e não com referência a um determinado sujeito. "Ao contrário, a privação não se diz senão de um determinado sujeito que por natureza deve ter um certo hábito (qualidade): por exemplo, a cegueira não se diz senão daqueles seres que nasceram para ver" (*De princ. nat.*, c. 2, n. 344).

Também Santo Tomás coloca a privação como elemento constitutivo do devir (geração): "A fim de que ocorra a geração são requeridas três coisas: o ente em potência que é a *matéria*; a falta do ser atual, que é a *privação*, e aquilo pelo qual o ente em potência se torna ato, que é a *forma* […]. São pois três princípios da natureza: a matéria, a forma e a privação. A forma é aquilo do qual a geração tem início. Quanto à matéria e à privação, são a mesma coisa com respeito à substância, mas diferem no conceito. De fato, a mesma coisa é bronze e é sem figura, antes de sobrevir da forma, mas por uma razão se diz bronze, por uma outra se diz sem figura. E assim a privação é dita princípio não por si, mas acidentalmente, enquanto coincide (substancialmente) com a matéria" (ibid., cc. 1-2, nn. 342-343).

(Cf. Devir, Forma, Matéria)

[Tradução: M. Couto]

Proclo

É um filósofo grego (Constantinopla 410/422–Atenas 485) e maior expoente da escola ateniense do neoplatonismo e última grande figura do pensamento antigo. Foi chamado "o Hegel da antiguidade" por causa de seu esforço poderoso de integrar toda a filosofia precedente no quadro de uma sistematização muito precisa e de uma classificação de conceitos muito rigorosa. Seu esquema permanece o da metafísica emanatista de Plotino, mas alimentado por novas tríades e mediações. Em geral, o ser se manifesta em três momentos dialéticos: o permanecer em si (*mone*), o sair fora de si (*proodos*) mediante a produção de determinados efeitos, e o retornar a si (*epistrophe*), como fim ao qual todas as coisas tendem. É esse ritmo dialético que explica a formação e a morte de todas as coisas e a unidade essencial do universo, apesar de sua enorme variedade.

Além dos comentários a alguns diálogos platônicos, de Proclo se recordam principalmente duas obras teoréticas: *Elementos de teologia* (do qual se compendiou o famoso *Liber de Causis*, que exerceu grande influência no pensamento medieval) e *Teologia platônica*.

Os vínculos de Santo Tomás com Proclo são fortes e profundos. Entre os escolásticos, ele é aquele que melhor conhece seu pensamento, ainda que este se limite ao *De Causis*, do qual o Angélico foi o primeiro a descobrir a efetiva paternidade, e à *Elementatio*. O *De Causis* é, como já se disse, um extrato dos *Elementos de teologia*, composto por um filósofo árabe desconhecido do século X e traduzido em latim apenas no final do século XII. Até Santo Tomás, a obra havia sido sempre atribuída a Aristóteles e, no ensino, a essa obra se juntava a *Metafísica* do Estagirita. Foi justamente Santo Tomás que se deu conta do erro, no momento em que estava para escrever o seu comentário sobre o *Liber de Causis*. No prólogo do comentário, o Doutor Angélico faz a seguinte confissão: "[…] A intenção dos filósofos sempre consistiu principalmente em atingir, por meio de tudo aquilo que examinavam nas coisas, o conhecimento das causas primeiras. Por isso, propunham a ciência das causas primeiras como fim último, e a essa contemplação reservavam o último período de suas vidas […]. Há, portanto, alguns escritos sobre os princípios primeiros divididos em proposições, quase como se considerassem verdades, uma por uma. Nessa forma existe em grego o livro do platônico Proclo, que contém 211 proposições e se intitula *Elementos de teologia*. Por sua vez, existe em árabe este livro que estamos para comentar, o qual, entre os latinos, vai sob o título de *Das Causas* (*De causis*). Dele se sabe que foi traduzido do árabe e que em grego não existe mais. Por isso se deve concluir que é um extrato do já citado livro de Proclo por obra de um filósofo árabe, principalmente ao se considerar o fato de que tudo aquilo que este livro contém encontra-se de modo muito mais completo e estendido no livro de Proclo" (*In De Causis*, Proem.).

O comentário ao *Liber de Causis* e a identificação de seu genuíno autor pertencem à última fase da breve mas intensa atividade literária do Doutor de Aquino. O ano da composição foi individuado como sendo 1272. A existência de um *exemplar* parisiense demonstra que ele foi composto na primeira metade do ano, pois depois da Páscoa Santo Tomás deixou Paris para ir a Nápoles.

A intenção do Doutor Angélico em seu comentário é dupla: esclarecer o sentido tanto global quanto de cada parte do texto, e esboçar um confronto sistemático, sobre todos os pontos fundamentais, entre o neoplatonismo do pagão Proclo e o neoplatonismo do cristão Dionísio, o Areopagita, que era de fato o mesmo neoplatonismo amplamente emendado que Santo Tomás tinha assumido para si como arcabouço geral da sua filosofia do ser. Essa filosofia é o resultado da feliz combinação de três elementos fundamentais: o conceito intensivo do ser (*actualitas omnium actuum et perfectio omnium perfectionum*), que é a alma de todo o edifício; o arcabouço geral, que é dado pela tríade *immanentia, egressus, regressus*; os "tijolos" do edifício, que correspondem aos grandes conceitos de ato e potência, matéria e forma, substância e acidentes, causa e efeito etc. O primeiro elemento é fruto do gênio de Santo Tomás, o segundo é tirado do neoplatonismo, o terceiro é tomado de Aristóteles.

Santo Tomás tinha já bem claras as linhas fundamentais de seu sistema filosófico desde os primeiros anos de sua atividade de ensino, como resulta de uma leitura atenta do seu monumental comentário às *Sentenças* de Pedro Lombardo. Sua filosofia sempre foi, do início ao fim da sua vida, uma filosofia materialmente aristotélica, estruturalmente platônica mas formalmente tomista graças ao conceito intensivo do ser.

O *De Causis* de Proclo influenciou positivamente, e decididamente, na formação do pensamento metafísico de Santo Tomás, e, como já se disse, mais para o que diz respeito à estrutura geral que às doutrinas particulares, embora entre as doutrinas particulares seja necessário assinalar a noção platônica de participação, que ocupa um lugar de grande importância na metafísica tomista. A influência do *De Causis* foi constante do início ao fim da imponente atividade literária do Doutor de Aquino. No comentário às *Sentenças* encontram-se cerca de 70 citações do *Liber*, que é já citado como autoridade distinta de Aristóteles. Por exemplo, o *Liber* é colocado ao lado de Aristóteles e Avicena, como terceiro e independente testemunho da origem não corpórea da alma (*II Sent.*, d. 18, q. 2). Em outra passagem, Santo Tomás indica explicitamente a afinidade do *Liber* com a doutrina platônica, mesmo quando refuta ambas, como, por exemplo, no caso da tese da criação da alma por parte das Inteligências (*II Sent.*, d. 1, q. 1, a. 3, qc. 1). No *De Veritate*, o *De Causis* aparece junto de Santo Agostinho e Boécio, a propósito de temas que a tradição já consolidada dos doxógrafos atribuía aos "platônicos" (*De Ver.*, q. 21, a. 5).

Pode-se observar ao longo de toda a obra do Doutor de Aquino uma simpatia substancial pelo sistema metafísico geral do neoplatônico Proclo, junto com a individuação clara de alguns aspectos inconciliáveis com a doutrina cristã da criação. O influxo de Proclo foi percebido principalmente na própria estrutura da *Suma Teológica*, em cujo "esquema formal" se reconheceu o mesmo princípio que guia do *De Causis*: "Generalidades sobre a causalidade, com insistência no papel da causa primeira. Distinção das causas, que corres-

ponde, mais ou menos, à seção da *I Pars* sobre os seres criados. Coordenação e dependência das causas, que corresponde aos desenvolvimentos da *Suma Teológica* sobre a mútua influência dos seres e sobre o governo divino" (G. Lafont).
(Cf. NEOPLATONISMO)
[Tradução: G. Frade]

Prodigalidade

É um vício contra a virtude da liberalidade. Esta é uma virtude anexa (ou parte potencial da justiça) que modera o amor para com as coisas externas, principalmente para com a riqueza, inclinando o homem a desapegar-se dela em vantagem dos outros (II-II, q. 117). A liberalidade tem dois vícios opostos: um por defeito, a avareza (q. 118); e outro por excesso (q. 119).

Segundo o Doutor Angélico, a prodigalidade é contrária à avareza, na medida em que o pródigo se comporta no extremo oposto do avaro no uso do dinheiro: o pródigo excede ao gastá-lo, ao passo que é faltoso quanto ao adquiri-lo e conservá-lo; ao contrário, o avaro é faltoso no gastá-lo e excede no adquiri-lo e conservá-lo (a. 1).

A prodigalidade, portanto, sendo o extremo oposto da avareza, não mantém, nem mesmo ela, o meio justo no uso do dinheiro e por isso é pecado; mas é pecado menos grave do que a avareza, "e isto, por três razões. 1º A avareza fica mais distante da virtude oposta (liberalidade). Porque é mais próprio do liberal dar, o que o pródigo faz em excesso, do que receber ou guardar, o que constitui o excesso do avarento. 2º 'O pródigo presta serviço a muita gente, àqueles a quem dá; o avarento não é útil a ninguém, nem a ele mesmo', como diz Aristóteles. 3º A prodigalidade se cura facilmente. Pela inclinação da velhice que lhe é contrária. Depois, porque acaba levando facilmente à pobreza, como resultado de muitos gastos inúteis. E, uma vez pobre, o pródigo não pode mais se exceder nos dons. E, finalmente, porque a prodigalida-de conduz facilmente à virtude que a ela se assemelha" (a. 3).
(Cf. AVAREZA)
[Tradução: M. Couto]

Profecia

Do grego *propheteia*, que significa predição (do futuro) ou também "falar em lugar de outro". Assim, *profeta* é aquele que fala em nome de Deus, é o portador de suas mensagens, o intérprete por meio do qual Deus comunica ao povo o seu querer, as suas verdades, principalmente em relação ao futuro.

Na linguagem bíblica o termo "profeta" está reservado a um grupo particular de autores sagrados, que viveram do século VIII ao VI a.C. Nesse atormentado período da história do povo eleito, eles receberam de Deus o encargo de guiá-lo com mensagens especiais e promessas consoladoras. Os profetas se distinguem em dois grupos, com base na amplidão dos seus escritos: *maiores* (Isaías, Jeremias, Ezequiel, Daniel) e *menores* (todos os outros, que são doze).

No NT, São Paulo, em sua longa lista de carismas do Espírito Santo, coloca a profecia no segundo lugar logo depois do *apostolado* (1Cor 12,28). Na Carta aos Efésios ele diz que os fiéis são "o edifício construído sobre o fundamento que são os Apóstolos e os Profetas, sendo o próprio Cristo Jesus a pedra angular" (Ef 2,20).

Ao tema da profecia, Santo Tomás dedica um amplo tratado que compreende quatro questões na *Segunda Parte da Suma Teológica* (qq. 171-174), que estudam respectivamente a natureza, as causas, os meios e vários gêneros de profecia.

O Doutor Angélico dá a seguinte definição da profecia: "A profecia, em primeiro lugar e principalmente, é um ato de conhecimento. De fato, os profetas conhecem as realidades que escapam ao conhecimento comum dos homens. Por conseguinte, pode-se dizer que a palavra 'profeta' vem da palavra grega *fanos*, que significa 'aparição', pois os profetas veem aparecer as coisas que estão longe (*Prophetia primo et principaliter consistit in cognitione: quia videlicet cognoscunt quaedam quae sunt procul remota ab hominum cognitione. Unde possunt dici prophetae a phanos, quod est apparitio: quia scilicet eis aliqua quae sunt procul, apparent*)" (II-II, q. 171, a. 1; cf. *De Ver.*, q. 12, a. 1). O elemento essencial da profecia é, portanto, segundo Santo Tomás, o elemento noético, e ele destaca continuamente esse elemento ao falar das causas e dos meios da profecia. Contudo, não haveria efetivamente profecia se aquilo que o profeta teve a graça de conhecer não pudesse manifestar aos outros. A profecia exige, pois, como segundo elemento a enunciação: "A profecia é secundariamente um discurso (*consistit in locutione*)… que os profetas, instruídos por Deus, conhecem, eles anunciam aos outros, a fim de edificá-los" (ibid.).

O conhecimento é comunicado ao profeta mediante uma *luz divina especial* que supera a inteligência comum e lhe consente ver o que a ninguém pode ser conhecido senão a Deus, quais são os futuros eventos humanos, e isso é propriamente o que se chama profecia (II-II, q. 171, a. 3). Portanto, dependendo exclusivamente da revelação divina, não existe predisposição natural para a verdadeira profecia; e Deus ao fazer a revelação pode infundir a necessária disposição e também criar seu sujeito (II-II, q. 172, a. 3). A profecia não exige nem mesmo como predisposição a santidade; porque esta pertence à vontade, enquanto a profecia diz respeito ao intelecto: no entanto, a maldade pode ser um obstáculo ao dom da profecia (ibid., a. 4).

A visão profética às vezes se cumpre por influxo da luz divina sobre noções já possuídas, às vezes com a infusão de noções novas, e algumas outras vezes com uma nova disposição das noções precedentes; e não ocorre sempre com êxtase ou abstração dos sentidos, antes, quando se realiza em meio a alguma representação sensível, como a sarça de Moisés, é necessário que se realize sem a abstração dos sentidos (II-II, q. 173, aa. 2-3). A profecia propriamente dita, sendo visão dos eventos humanos futuros em si mesmos, o que é próprio e exclusivo do intelecto divino, o demônio não a pode dar; portanto, ainda que ele tenha um intelecto perspicaz, não poderá criar senão falsos profetas (II-II, q. 172, a. 5).

A profecia pode ser ou visão direta da verdade, ou mesmo visão por meio de imagens da verdade: a primeira é superior à segunda, porque se aproxima mais da visão beatífica e porque, nesse caso, o profeta mostra uma altura de mente superior (II-II, q. 174, a. 2).

Santo Tomás distingue diversos *graus na profecia*, dos quais os principais são: o sonho, a visão durante a vigília, a audição de palavras, a aparição de símbolos, a aparição do personagem que fala com aspecto angélico e ainda a aparição do personagem em aspecto divino (ibid., a. 3).

Igualmente, Santo Tomás distingue várias fases no *desenvolvimento da profecia* ao longo dos séculos: a profecia que se refere à fé em Deus teve um desenvolvimento que vai dos Patriarcas, passa por Moisés e vai até Jesus Cristo. A profecia que se refere ao advento do Cristo também registrou um desenvolvimento à medida que o mistério se aproxima e se realiza. Ao contrário, a profecia que se refere ao agir dos homens é maior ou menor segundo as necessidades dos tempos (ibid., a. 6).

O Doutor Angélico tratou amplamente da profecia também na questão XII do *De Veritate*, onde é possível ler, entre outras, dois importantes esclarecimentos: um se refere à finalidade da profecia, e o outro à distinção entre o carisma profético e a profecia "natural".

Finalidade da profecia é, como em todos os outros carismas, o bem da Igreja e não do vidente: "O dom da profecia foi dado para a utilidade da Igreja (1Cor 12,10); por isso, tudo o que possa ser útil, e deva ser conhecido para a salvação, é matéria de profecia: as coisas passadas, as futuras, as necessárias, as contingentes; as coisas que não se referem à salvação eterna são estranhas à profecia. Também muitas coisas demonstradas pela ciência podem ser úteis à instrução na fé e na educação dos costumes: e não é supérfluo que também estas coisas nos sejam reveladas mediante a luz profética, para que possamos mais firmemente aderir com a fé às palavras dos profetas do que às demonstrações da ciência. E também nisto se manifesta a graça de Deus, ao dar-nos de si mesmo uma ciência profética" (*De Ver.*, q. 12, a. 2 e ad 3).

O carisma profético *se distingue da profecia natural* em três coisas: a origem, a extensão e a certeza; enquanto o carisma tem origem sobrenatural, a profecia natural é fruto da habilidade de alguma inteligência particularmente dotada; o carisma pode abarcar toda espécie de eventos e de verdade, a profecia natural se estende "somente àquelas coisas futuras que têm uma causa determinada"; enfim, o carisma profético goza de segura infalibilidade; em vez disso, a profecia natural é facilmente exposta ao erro: "A profecia natural não prevê de modo infalível, mas se predicam aquelas coisas que se verificam na maioria dos casos. Ao contrário, a profecia sobrenatural apreende imediatamente de Deus, operando em virtude do bem divino; não tem limites e prevê infalivelmente" (ibid., a. 3).

Fazendo eco a uma tese comum de seu tempo, Santo Tomás, quer na *Suma Teológica*, quer no *De Veritate*, afirma que *Moisés foi o maior profeta*, aduzindo as seguintes razões: 1) foi excelente nele a visão intelectual, de modo que mereceu tanto a ponto de ser elevado para ver a própria essência de Deus; 2) foi excelente o anúncio da profecia: "Moisés foi o primeiro a falar da parte do Senhor (*haec dicit Dominus*) e não a uma só família mas a todo o povo [...]; o anúncio feito pelos profetas anteriores foi a preparação à lei de Moisés, e a lei de Moisés foi como que o fundamento para o anúncio dos profetas que vieram depois" (ibid., a. 14). 3) "Foi o profeta mais eminente pelos milagres realizados, não para vantagem de alguma pessoa ou para atividades especiais, como fizeram os outros profetas, mas sim para a conversão e instrução de todo o povo [...], milagres extraordinários feitos no Egito na presença do Faraó e de todos os seus servos e milagres realizados na presença de todo Israel. Extraordinário foi, enfim, o atrevimento, em que Moisés com apenas uma vara desceu até o Egito, não somente para anunciar a palavra do Senhor, mas para flagelar aquela terra e para libertar o povo de Deus" (ibid.; cf. II-II, q. 174, a. 4)

(Cf. CARISMA)

[Tradução: M. Couto]

Progresso (desenvolvimento)

Os termos "progresso" e "desenvolvimento" não são exatamente sinônimos. "Progresso" designa um avanço, um melhoramento em qualquer campo (econômico, cultural, científico, tecnológico), enquanto "desenvolvimento" foi usado principalmente para denominar o melhoramento ou avanço econômico. No entanto, as questões de fundo que tocam o progresso são também as questões que dizem respeito ao desenvolvimento. Por esse motivo os estudiosos, e a Igreja nos documentos do Magistério, tendem a apresentar progresso e desenvolvimento num único tratado.

Em filosofia se tende a atribuir ao termo "progresso" uma conotação positiva e o termo é adotado principalmente na discussão do problema da história universal. Segundo a visão iluminista (de Fontenelle, Voltaire, Condorcet etc.), a história da humanidade se caracteriza por um contínuo e irrefreável progresso, isto é, por um avanço contínuo e linear, no qual as aquisições se acumulam e concorrem ao melhoramento ilimitado das condições materiais e morais do gênero humano. Foram porta-vozes dessas teses, sucessivamente, Kant, Hegel, Comte, Spencer (ou seja: os idealistas e os positivistas). Mas a partir do início do século XX a tese do progresso ilimitado da história humana tornou-se objeto de duros ataques e de severas críticas por parte de inumeráveis filósofos. Alguns a rechaçaram em nome da história (Spengler, Dilthey, Toymbee), evidenciando como essa visão está sujeita a fases de progresso e de regresso, de crescimento e de decadência; alguns em nome da cultura (Dawson, Husserl, Lévi-Strauss), mostrando que toda cultura tem uma história própria e, portanto, tem uma existência própria, com as próprias fases de desenvolvimento e de decadência; outros, enfim, em nome dos valores (Del Noce, Guardini, Maritain), sendo que estes ressaltaram que é necessário realizar uma nítida distinção entre valores instrumentais e valores absolutos e mostraram que o progresso é cumulativo somente com respeito aos primeiros, enquanto não o é de modo algum com respeito aos segundos. No que se refere à bondade, à honestidade, à justiça, à verdade, à paz, ao amor etc., a humanidade muito frequentemente deve partir novamente do zero, ou quase. Isso significa que se repete em nível de história universal (ou nacional) o que se registra na história individual, na qual se verifica não raramente que uma pessoa progride nos vários campos da ciência, da tecnologia e da arte, enquanto regride na virtude (bondade, verdade, justiça, amor etc.).

Na fase pós-conciliar entre as várias teologias novas, por um breve tempo houve também uma modesta tentativa de elaborar uma *teologia do progresso*, inspirando-se em algumas teses de Teilhard de Chardin. A tentação era a de aceitar a perspectiva iluminista de um progresso ilimitado; coisa que não é de modo algum confirmada pela palavra da Escritura, a qual, para a história da humanidade em seu conjunto, registra somente as seguintes fases: criação, com o pacto originário entre Deus e a humanidade, queda e expulsão do paraíso terrestre; pacto com o antigo Israel; salvação da humanidade por obra de Cristo (a Igreja); restauração final. Na visão cristã da história há uma certa ideia de progresso, contudo essa ideia ilumina somente o acontecimento espiritual da humanidade, que diz respeito às suas relações com Deus: relações que na restauração final haverão de se tornar perfeitas, com a participação da humanidade na própria vida de Deus; mas, no que se refere aos outros planos da história (bem-estar, paz, justiça, saber, tecnologia etc.), quanto ao desenvolvimento destes, a Palavra de Deus não faz previsões, ainda que forneça aos fiéis princípios e valores que o favoreçam.

Santo Tomás, vivendo numa sociedade que tinha uma concepção substancialmente estática das coisas, que ignorava as mudanças profundas que as descobertas da ciência e as invenções da técnica haveriam de produzir quer no mundo físico, quer no espiritual, uma sociedade que tinha, além disso, uma escassa consciência histórica, não estava certamente em condições de propor uma doutrina articulada em torno do progresso humano. Contudo, na concepção que Tomás tem do mundo e do homem e no seu modo de entender a história da salvação, é possível encontrar "blocos" muito úteis para construir uma sólida teoria do progresso. Os blocos principais são: a doutrina da criação: o mundo é fruto de um princípio bom (o amor de Deus) e não de um princípio mau; o pecado original não alterou a intrínseca bondade das coisas materiais; a destinação universal dos bens materiais; a concepção unitária (e não dualista) do homem, constituído essencialmente de alma e corpo; o valor absoluto da pessoa, à qual estão ordenadas e subordinadas todas as coisas materiais; o pertencimento dos homens a uma única família; a caracterização do homem como ser livre e cultural, dotado de mente e de braços para poder prover a si mesmo, à própria subsistência, ao próprio bem-estar, ao próprio desenvolvimento; o Reino de Deus anunciado por Cristo não é um reino deste mundo, mas é um reino de Deus sobre o homem e faz parte dele quem se incorpora a Cristo; todo progresso humano é intrinsecamente ambíguo e frágil, dada a mutabilidade e fragilidade do querer humano, de modo que, se é possível contar com uma certa continuidade no que se refere à ordem material, o mesmo não é possível com respeito à ordem moral e espiritual; as coisas materiais servem a duas finalidades principais: ao sustento do corpo e ao progresso no conhecimento de Deus (*ad profectum cognitionis divinae*) (*Suppl.*, q. 91, a. 1), e o segundo objetivo é certamente muito mais importante do que o primeiro; mas o progresso material não produz automaticamente nenhum progresso espiritual, mas antes, como a história demonstra

(Torre de Babel), pode suceder o contrário; por ser feito de matéria, o mundo está sujeito a uma intrínseca caducidade, que mais do que um progresso ilimitado o leva para um irrefreável esgotamento: "*Sic oportet quod generatio non in perpetuum duret*" (ibid., a. 2).

[Tradução: M. Couto]

Proporção

Em geral é a relação de clara correspondência entre duas ou mais coisas. Na língua grega inicialmente foi usado em matemática para significar quer a relação recíproca entre dois números (o duplo, a metade, o triplo etc.), quer a igualdade de relação entre duas ou mais relações numéricas (proporcionalidade). Euclides define a proporção como "medida certa entre duas quantidades do mesmo gênero". Sucessivamente, do âmbito matemático o termo proporção passou também para os demais âmbitos do saber (lógica, física, fisiologia, ética, metafísica etc.), em que serviu para designar, além das relações exatas e rigorosas de tipo quantitativo, também qualquer semelhança ou *analogia*, da qual tornou-se um dos principais sinônimos. Mesmo na língua latina, proporção possui um duplo valor, *stricto* (de relação quantitativa exata) e *lato* (de semelhança mais ou menos marcada).

Santo Tomás conhece muito bem esse duplo uso do termo e serve-se dele para definir o conceito de analogia. No *Comentário às Sentenças*, àqueles que objetam que o intelecto humano não pode conhecer Deus, porque não há proporção entre finito e infinito, Santo Tomás replica: "*Proportio*, segundo o uso inicial do termo, significa a relação de uma quantidade a outra quantidade segundo um excesso bem determinado ou a relação de adequação; contudo, depois, o termo foi levado a significar qualquer relação de uma coisa a uma outra; e, assim, dizemos que a matéria deve ser proporcionada à forma; entendido assim, nada impede que nosso intelecto, se bem que finito, possa ser dito proporcionado a ver a essência divina (de Deus)" (*IV Sent.*, d. 49, q. 2, a. 1, ad 6). A analogia entre as criaturas e Deus, entre o que nossas palavras dizem da criatura e de Deus devem ser entendidas como proporção em sentido lato e jamais como uma relação quantitativa exatamente definível e mensurável. Santo Tomás afirma que a *proportio*, assim entendida, não exige *commensuratio* ou adequação fixa entre grandezas dos termos da proporção. Consequentemente, pode-se admitir nesse sentido uma proporção entre Deus e as criaturas: "O intelecto está proporcionado para conhecer a Deus, não segundo uma medida ajustada a uma proporção, mas enquanto proporção significa qualquer relação de uma coisa para outra, como da matéria para a forma, ou da causa para o efeito" (*C. G.*, III, c. 54 [2317].

Um caso particular de proporções numérica é a *proporcionalidade*, já estudada por Aristóteles e muito empregada por Santo Tomás. A proporcionalidade matemática é igualdade de proporção, que se produz "quando a proporção entre dois termos é igual à proporção entre outros dois termos" (*V Ethic.*, lect. 5). Nela se dão, portanto, quatro termos, como quando dizemos que 8:4 é igual a 6:3, em que a relação "dupla" se repete no antecedente e no consequente. Frequentemente Santo Tomás define a proporcionalidade como *similitudo proportionum*, mesmo que na ordem matemática essa semelhança constitua uma autêntica igualdade. Mas, até para a proporcionalidade, como para a proporção além de um sentido estrito (de quantidades rigorosamente definidas), se dá um sentido lato (de simples semelhança de relações que superam toda proporção estrita). E é nesse segundo sentido que Santo Tomás emprega a proporcionalidade para explicar a analogia entre Deus e as criaturas (cf. *De Ver.*, q. 2, a. 3, ad 4; q. 22, a. 11).

Num célebre texto do *De Veritate* em que explica como o termo "ciência" é dito de Deus e do homem, Santo Tomás exclui que isso possa ocorrer segundo a analogia de proporção, enquanto admite que possa ser feito segundo a analogia de proporcionalidade. No entanto, pelo que diz o próprio Santo Tomás, resulta que a proporção que se exclui é a de tipo quantitativo, a qual designa "uma distância mútua, determinada ou qualquer outra relação (bem definida) entre coisas, como dois é proporcionado a um, sendo o duplo de um" (*De Ver.*, q. 2, a. 11). De fato, "nas coisas predicadas analogicamente da primeira maneira (proporção) deve haver alguma relação determinada entre entidades às quais um termo é comum por analogia. É por isso impossível que algo se predique de Deus e das criaturas, segundo este modo de analogia. Porque nenhuma criatura tem uma relação a Deus com que a perfeição divina possa ser determinada" (ibid.).

(Cf. ANALOGIA)

[Tradução: M. Couto]

Proposição

Indica um dos conteúdos fundamentais da lógica desde suas origens, ou seja, a unidade de significado a que corresponde o valor de verdade (ou de falsidade). Aristóteles no *Sobre a interpretação* (16b, 26 ss.) usa a expressão *logos apophantikos* (apofântico) para designar uma frase significante por convenção, dividida em várias partes, por sua vez, significantes, ou seja, os *termos* (nome e verbo), que ela une ou divide com a atribuição recíproca ou com a negação da atribuição.

No uso do termo proposição (*propositio*), Santo Tomás distingue um sentido lato e um sentido próprio. Em sentido lato é sinônimo de enunciação (*enuntiatio*). Nesse caso, "indica a conjunção de um predicado com o sujeito" (I, q. 3, a. 4, ad 2). Em sentido próprio é a premissa de um silogismo.

Entre as muitas espécies de proposição, aquelas que Santo Tomás recorda com frequência são as seguintes: afirmativa e negativa, contingente e necessária, simples e modal, disjuntiva e copulativa, *per se nota* (evidente em si mesma, dado que o predicado está incluído no sujeito) e *nota quoad nos* (que resulta evidente também para nós).

(Cf. JUÍZO, SILOGISMO)

[Tradução: M. Couto]

Propriedade (posse)

A posse (propriedade) de bens materiais é uma exigência primária da natureza humana. Não sendo um puro espírito, mas um espírito encarnado, o homem tem necessidade de um número conspícuo de bens materiais para viver, sustentar-se, defender-se das intempéries do clima e das insídias dos animais; portanto, tem necessidade de alimento, vestimenta, de uma casa, de um território. Mas, ao passo que em princípio existe um vasto consenso acerca do direito de possuir — chegando a ser classificado entre os direitos fundamentais da pessoa humana —, há, ao contrário, disparidade de pareceres com referência à propriedade privada de alguns bens materiais (principalmente de certas matérias-primas e de alguns meios de produção). De resto, a história ensina que a propriedade privada dos bens, e em particular da terra e dos instrumentos de trabalho, foi precedida nas sociedades primitivas por formas comunitárias (uso comum), ainda vigentes em algumas culturas contemporâneas; enquanto nas sociedades de regime coletivista mais evoluído, a propriedade privada subsiste, mas limitadamente, e sempre acompanhada pela propriedade pública dos grandes meios de produção.

No AT o direito à propriedade dos bens materiais é proclamado desde o início nas narrativas da criação. Deus, ao criar o homem à sua imagem e semelhança, confia-lhe o domínio da terra, dando ordens para povoá-la e submetê-la (Gn 1,28). A privação dos bens elementares necessários à vida é considerada no AT, como se percebe a partir das reprimendas proféticas, um escândalo e uma situação pecaminosa em contraste aberto ao querer de Deus; por isso a lei antiga previa instrumentos idôneos para prevenir e superar a privação desses bens. Não permitia a alienação perpétua das posses, prescrevendo que depois de um certo tempo retornassem aos antigos proprietários; condenava o comércio fraudulento, os excessos fiscais e a escravidão; com a instituição do ano jubilar, permitia a todos voltar a ser livres, e aos deserdados retomar a posse dos seus bens.

O ensino do NT em matéria de propriedade é mais complexo. Enquanto, de um lado, não se pronuncia sobre os ordenamentos humanos, de outro dá conselhos claros e precisos àqueles que querem fazer parte do novo povo de Deus, a Igreja. Aos seus discípulos Jesus recomenda o abandono dos bens materiais e a prática da pobreza, mas, no que concerne às instituições humanas, ele não se pronuncia explicitamente: em matéria de propriedade, ele não condena nem canoniza as ordenações sociais do tempo. Quando Jesus pronuncia palavras duras de condenação em relação aos ricos, o que ele quer atingir não é tanto a riqueza, mas o egoísmo, a cobiça, a avareza, a ausência de amor para com o próximo; e pretende por outro lado insistir na importância do amor que leva ao compartilhar e à solidariedade. Atentos à lição de Jesus, os primeiros cristãos renunciavam espontaneamente ao uso exclusivo das riquezas "para não haver entre eles necessitados" (At 4,34).

Santo Tomás trata da propriedade na I-II (q. 100, a. 8, ad 3) e na II-II (qq. 66, 118, 119). Em primeiro lugar, ele afirma a destinação universal dos bens da terra: esses estão ordenados a satisfazer às necessidades de todos os homens. A subdivisão dos bens é um fenômeno posterior e encontra sua justificação não na lei natural, mas sim num direito positivo acrescentado, que todavia não contrasta com a lei natural; esta, no entanto, permanece primária, e, consequentemente, o direito positivo à propriedade deve dar lugar à lei natural da destinação universal dos bens, quando se apresentam situações de extrema indigência: situações que tornam lícita a apropriação dos bens de outrem, que, nesse caso, não é indébita e não tem, portanto, o caráter de furto (II-II, q. 66, a. 7).

Para sustentar o direito da propriedade privada, Santo Tomás aduz três razões: "1) porque cada um é mais solícito na gestão do que lhe pertence como próprio, do que no cuidado do que é comum a todos ou a muitos. Pois, nesse caso, cada qual, fugindo do trabalho, deixa a outrem a tarefa comum, como acontece quando há uma quantidade de criados na casa; 2) as coisas humanas são tratadas com mais ordem, quando o cuidado de cada coisa é confiado a uma pessoa determinada, ao passo que reina a confusão quando todos tratam indistintamente de tudo; 3) a paz entre os homens é mais bem garantida, se cada um está contente com o que é seu; daí, vermos surgirem frequentes litígios entre os que têm posses comuns e indivisas" (II-II, q. 66, a. 2). No entanto, observa o Doutor de Aquino, uma propriedade privada é legítima somente se foi adquirida honestamente. A aquisição é desonesta e, portanto, ilegítima a propriedade, se for obtida por meio de furto, de rapina, de usura, de simonia, ou de outros meios ilícitos (ibid., a. 4).

De capital importância na concepção tomista da propriedade privada é a distinção que o Doutor Angélico coloca entre *direito de propriedade* e *uso dos bens*: o primeiro não justifica de modo exclusivo o segundo. Mesmo permanecendo salva a propriedade privada, deve-se fazer com que o seu uso não se volte em proveito exclusivo do proprietário, mas sirva a todos os que possam ter necessidade dela, respeitando desse modo a vontade de Deus, que quer que os bens da terra sejam em benefício de todos. Por isso os bens temporais que Deus nos confere são nossos quanto à propriedade, mas quanto ao uso não são somente nossos: são também dos indigentes que podem ser socorridos por nós com o supérfluo. Aquilo que é de direito divino ou natural não pode ser revogado por aquilo que é de direito humano. Ora, segundo a ordem natural, foi estabelecido pela divina providência que as coisas inferiores servissem às necessidades humanas: portanto, a repartição que se fez da propriedade por direito humano não anula a obrigação de prover com os nossos bens às necessidades do próximo; portanto, o supérfluo é devido por direito natural à sustentação dos pobres (II-II, q. 32, aa. 5 e 6).

Nos documentos sobre as questões sociais os Sumos Pontífices, a partir de Leão XIII até João Paulo II, sempre recorreram aos lúcidos princípios de Santo Tomás relativos à propriedade privada, ao seu direito e ao seu uso, adaptando-os, contudo, às mudanças das condições históricas e sociais, e fazendo desses princípios um constante ponto de referência também na solução dos problemas das relações entre países ricos e países pobres.

[Tradução: M. Couto]

Prova cf. Demonstração

Providência

Consiste na solicitude paterna e amorosa com que Deus segue as sortes das criaturas individuais e de todo o universo e na assistência constante que lhes presta para que possam atingir aquela plena realização do próprio ser (felicidade) a que são chamadas. "Como Deus é causa das coisas por seu intelecto, a razão de seus efeitos tem de preexistir nele, como ficou esclarecido: assim, é necessário que a razão segundo a qual as coisas são ordenadas ao fim preexista na mente divina. Ora, a razão do que tem de ser ordenado a um fim é precisamente a providência (*ratio ordinandorum in finem, proprie providentia est*)" (I, q. 22, a. 1).

A providência divina flanqueia a criação e, de algum modo, a completa. Enquanto a criação leva ao ser tudo o que nele falta, a providência intervém para dar uma ordem às criaturas e para conservar a própria ordem. Com a criação, Deus situa na órbita do ser as criaturas, com a providência as acompanha e assiste para que possam realizar aquele grandioso plano que a mente divina designa para o universo cósmico, para o universo espiritual e para o universo humano. Por isso o termo "providência" não indica somente a cooperação, o concurso, a ação continuada com que Deus mantém no ser as próprias criaturas, mas implica também a razão de fim, de projeto: é o concurso de Deus atento para realizar aquele projeto que ele mesmo predispôs quer para as criaturas individuais, quer para o universo inteiro.

Que Deus, além de criador, seja também providente, é uma convicção amplamente aceita não só por todas as grandes religiões mas também por muitas filosofias. Há um conceito de providência até mesmo nas filosofias pagãs dos estoicos e dos neoplatônicos que chegavam a ignorar a doutrina da criação. Só os deístas do século XVIII começarão a dissociar a ideia de providência daquela de criação, considerando assim Deus ao abrigo dos problemas do mal e da liberdade.

A providência divina, como a criação, é antes de tudo verdade de fé que os homens aprenderam do próprio Deus por meio da história da salvação; mas, depois, adquiriu também uma profundidade racional sólida e robusta graças à especulação assídua e profunda dos Padres da Igreja e dos Escolásticos. Verdade basilar da revelação bíblica, a providência tornou-se logicamente tema constante da filosofia cristã, que aos poucos lhe foi dando uma dose racional de indiscutível valor. Trataram sobre a providência principalmente os Padres da Igreja, em particular Clemente de Alexandria, Orígenes, Gregório de Nissa, Ambrósio, Agostinho, Boécio. O estudo da providência foi depois retomado e ulteriormente aprofundado pelos grandes mestres da Escolástica: São Bernardo, Santo Alberto Magno, São Boaventura e Santo Tomás.

O Doutor Angélico, no pleno fulgor da Escolástica, oferece um tratado completo do "mistério" da providência, explorando atentamente todos os seus aspectos: da existência à natureza, da extensão ao modo, dando o justo peso às várias objeções que se possam apresentar contra ela, em particular às objeções do mal, do acaso e da liberdade. Na questão 22 da *Primeira Parte da Suma Teológica*, que é inteiramente dedicada à providência (*De providentia Dei*), o Doutor Angélico aborda as seguintes questões: 1. A providência convém a Deus?; 2. Todas as coisas estão sujeitas à providência divina?; 3. A providência divina se estende imediatamente a todas as coisas?;

4. A providência divina impõe necessidade às coisas que lhe estão submetidas?

Segundo Santo Tomás, Deus, sendo criador, é também providente. De fato, porque Deus é causa de todas as coisas mediante sua inteligência, é necessário que preexista na mente divina a razão da ordem das coisas destinadas ao seu fim: é nisso que consiste a providência. Esta compreende duas coisas: a *razão da ordem*, que é a providência propriamente dita, e a *execução da ordem*, que é o governo das coisas. Deus prove todas as coisas sem distinção, concedendo a cada uma aquela assistência que é conforme à sua natureza. "Deus imediatamente provê todas as coisas. Porque em seu intelecto tem a razão de todas as coisas, mesmo das menores; e aquelas causas que preestabeleceu a alguns efeitos, deu-lhes o poder de produzi-los" (I, q. 22, a. 3). "A causalidade de Deus, o agente primeiro, se estende a todos entes, não apenas quanto a seus princípios específicos como também quanto a seus princípios individuais; tanto aos das coisas incorruptíveis quanto aos das corruptíveis. É necessário, portanto, que todas as coisas, de qualquer maneira que sejam, estejam ordenadas por Deus a um fim" (ibid., a. 2). E nem por isso desaparece do mundo o fortuito e o casual, estando no próprio desígnio de Deus que alguns efeitos sejam fortuitos com respeito às suas causas próximas. A providência não elimina o fortuito ou casual, mas o faz ser nas coisas com a eficácia da sua causalidade. É também esse um modo de ser, e portanto vem da fonte primeira do ser.

Com grande lucidez e rigor Santo Tomás mostra a inconsistência das objeções que recorrem ao mal e à liberdade para pôr em discussão a providência. O mal, recorda o Doutor Angélico, não é um modo de ser, mas privação de entidade e de ordem ao fim. E, contudo, entra nos desígnios da providência universal por uma soma maior de bem no criado. É feito para servir a uma ordem superior mesmo sendo desordem. "Ainda que o mal, enquanto procede de um agente próprio, esteja desordenado, e por isso se define como privação de ordem, porém, nada impede que esteja ordenado por um agente superior, e assim cai sob a providência" (*De Ver.*, q. 5, a. 4, ad 3) [*A Providência*, São Paulo: Edipro, 2016, p. 77. (N. do T.)].

Ainda menos constitui um argumento contra a providência a liberdade humana, porque quanto ao ser também ela depende totalmente de Deus, que, porém, assiste o homem sem causar violência à sua liberdade. É próprio da providência divina governar todas as criaturas segundo sua natureza conforme o desígnio preconcebido. Há no universo efeitos necessários, porque Deus quis e pôs no ser causas necessárias; e há efeitos livres, pois Deus quis e pôs no ser causas que operam livremente. "O efeito da providência divina não é unicamente que algo aconteça de qualquer modo, mas que aconteça, seja de modo necessário, seja de modo contingente. Por isso, um acontecimento se realiza infalível e necessariamente quando a providência divina assim o dispõe; e acontece de modo contingente aquilo que a razão da providência divina determina que assim aconteça" (I, q. 22, a. 4, ad 1). A ordem da providência é certa e infalível, mas essa certeza e infalibilidade próprias do ser de Deus não afetam minimamente as condições próprias e as qualificações específicas das várias criaturas que podem ser tanto necessárias como contingentes (livres). A ordem da providência é certa e imóvel, para que as coisas caiam sob ela não somente segundo o seu ser substancial, mas, além disso, segundo o seu próprio modo de ser. Ora, contingente e necessário são dois modos de ser consequentes ao ser criado; portanto, as coisas caem sob a ordem da providência e segundo um ou outro modo; assim, "as coisas que estão sob sua providência acontecem como por ela foram providenciadas, ou de modo necessário ou contingente" (ibid., ad 2).

É necessário recordar que a ordem incriada, isto é a ordem propriamente providencial, não entra em composição com a ordem criada. Portanto, ela permanece aquilo que é, na sua consistência, ente por participação, inteiramente plasmada segundo as ideias divinas e incessantemente ligada à ação do criador, mas sem que nenhum elemento divino entre para constituí-la. Tem todas e somente as propriedades que convêm à sua natureza de ente por participação, colocado num modo de ser e de operar ou contingente ou necessário, segundo o que a causa primeira concebeu e quis que fosse. O ser de Deus, o *esse ipsum subsistens*, perfeitíssimo e infinito é determinado e imutável. Em vez disso, o universo, criado segundo a ciência e o querer de Deus, constitui o mundo da indeterminação, da contingência, da mutabilidade, da falibilidade. Esses dois mundos são distintos, separados, incomensuráveis. Não se pode confundi-los. O segundo depende inteiramente do primeiro e do primeiro tem tudo o que tem, necessidade ou contingência. A proposição: "Se Deus quis que algo ocorra, ocorrerá necessariamente", para que não seja uma abstração deve ser completada assim: "Se Deus quis que algo ocorra como efeito de necessidade, necessariamente ocorrerá desse modo; se Deus quis que algo ocorra como efeito de contingência ou de liberdade, necessariamente ocorrerá desse modo". Contingente e necessário são modos consequentes do ser criado: Deus, querendo seres particulares e individuais, quer um ou outro desses modos de ser; e, como quer, assim o é.

Santo Tomás insiste justamente sobre a causalidade universal da ciência e da vontade de Deus porque isso é perfeitamente conforme ao seu conceito de Deus, o qual, como sabemos, se identifica com a esseidade: é o próprio Ser subsistente, fonte única e exclusiva de tudo o que é dotado de realidade. O Ser por si subsistente é causa criadora do ente por participação, isto é, de cada coisa distinta dele. O Ser subsistente, além de causa criadora, é também providente: Ele acompanha e sustenta incessantemente o ente por participação também em toda sua ação.

Assim, mediante aplicações felizes e oportunas do seu riquíssimo conceito de ser (*actualitas omnium actuum*), Santo Tomás confere uma maior inteligibilidade àquele maravilhoso e inefável mistério que é a divina providência.

(Cf. Arbítrio, Criação, Deus, Mal, Predestinação)

[Tradução: M. Couto]

Prudência

É uma das quatro virtudes cardeais (as outras são a justiça, a fortaleza e a temperança). Platão lhe concede o primeiro lugar e faz dela a virtude própria dos chefes da *polis*. Aristóteles lhe reserva um amplo tratado na sua *Ética a Nicômaco* (livro VI), no qual esclarece seu conceito distinguindo a prudência (*phronesis*) da ciência e da arte. A prudência — segundo Aristóteles — é o reto discernimento em torno do bem e do mal (enquanto o discernimento em torno do verdadeiro e do falso cabe à sabedoria e à ciência). Da prudência — sempre segundo o Estagirita — temos três tipos principais: a *política*, que se refere ao Estado, a *econômica*, que se refere à família, a *moral*, que concerne à conduta pessoal.

Santo Tomás retoma substancialmente a doutrina aristotélica, aperfeiçoando-a e aprofundando alguns de seus aspectos, mesmo à luz da Revelação. Nas várias definições que ele propõe da prudência, o elemento comum é "aptidão para escolher os meios adequados para atingir o fim". A prudência não se refere ao fim último, que é objeto da sabedoria, mas sim aos meios para obtê-lo. "A prudência não trata das coisas a serem feitas necessariamente, mas sim das contingentes [...]. A prudência encaminha corretamente o homem para a escolha do que (dos meios) conduz ao fim" (*C. G.*, III, c. 35).

Enquanto a sabedoria é a principal dentre as virtudes dianoéticas (especulativas), a prudência é a principal das virtudes éticas (morais). "A prudência é a virtude mais necessária à vida humana, pois viver bem consiste em agir bem. Ora, para agir bem é preciso não só fazer alguma coisa, mas fazê-lo também do modo certo, ou seja, por uma escolha correta e não por impulso ou paixão". E isso requer "haver na razão alguma virtude intelectual que a aperfeiçoe, para ela proceder com acerto em relação com os meios" (I-II, q. 57, a. 5).

No âmbito da vida ativa a prudência é a virtude principal: "*Prudentia est auriga virtutum*" (*II Sent.*, d. 41, q. 1, a. 1, ob. 3) e, portanto, relativamente a essa esfera (não em absoluto) constitui a felicidade humana: "A felicidade especulativa é atribuída à sabedoria que, enquanto tomada como hábito principal, compreende em si os demais hábitos especulativos. Por isso, a felicidade ativa — isto é, aquela em conformidade com as operações das virtudes morais — é atribuída à prudência: a virtude que aperfeiçoa todas as outras virtudes morais" (*X Ethic.*, 8, lect. 12, n. 2111) [*Sobre os prazeres*. Comentário ao Décimo Livro da *Ética* de Aristóteles, p. 99. (N. do T.)].

Como observa perspicazmente Santo Tomás, a prudência não exige somente o conhecimento dos casos particulares, mas também dos princípios universais: "Ora, ninguém pode aplicar convenientemente uma coisa à outra sem conhecer ambas: o que é necessário aplicar, e aquilo ao que se deve aplicar. As ações, porém, acontecem nos singulares. Por isso, é necessário que o prudente conheça tanto os princípios universais da razão como os singulares, que são o objeto das ações" (II-II, q. 47, a. 3).

Todos os homens têm necessidade da prudência para caminhar na reta via que conduz à meta da perfeita felicidade, da paz beatífica. Mas essa virtude Santo Tomás a exige principalmente para uma categoria de pessoas, a categoria dos homens políticos, isto é, daqueles que têm a responsabilidade de prover ao bem-comum, isto é, à felicidade de todos.

Aos governantes Santo Tomás pede uma prudência especial, que ele chama *real* [de realeza] ou *política* "enquanto está ordenada ao bem-comum" (ibid., a. 11). Quem exercita o poder político deve possuir a virtude da prudência principalmente quando representa leis e quando comanda. As leis que promulga devem favorecer o bem viver, ou seja, o viver virtuoso dos cidadãos. "Compete à razão deliberar acertadamente, julgar e preceituar naquilo por que se chega ao fim devido, está claro que a prudência visa não somente o bem particular de um só, mas também o bem-comum da multidão" (ibid., a. 10). As ordens devem ser judiciosas, e devem ser dadas depois que se deliberou e valorizou sabiamente o que é mais oportuno fazer (ibid., a. 8).

Essa prudência *política*, que deve guiar todo governante, torna efetivamente participante todo cidadão da ação governativa da comunidade. Ora, "essa perspectiva de *participação* pessoal e cotidiana de todos na coisa pública — frequentemente sublinhada pelo Doutor Angélico — é um princípio tão fecundo que resulta ser mais rico e moderno do que as teorias hodiernas sobre a democracia" (O. Benetollo).

Disso deriva uma conclusão também mais geral: é próprio da prudência elevar o homem à altura da sua dignidade (junto com a outra virtude principal que é a sabedoria). Por isso o humanismo autêntico é aquele que deriva dessa virtude, rainha da razão prática. Nas suas ações o homem não é chamado a concretizar impulsos irracionais, ou vagos sentimentalismos, como gostariam os favorecedores de sistemas morais autônomos; mas é chamado sim a se inserir na realidade concreta, conhecida possivelmente até nos últimos detalhes e nos seus desenvolvimentos atuais. É essa, rigorosamente, a tarefa da prudência. Perante um empreendimento tão complexo e desafiador o homem não é abandonado às suas forças: além da prudência adquirida e natural, existe, de fato, também a prudência infusa, de ordem sobrenatural. Esta corresponde aquele dom do Espírito Santo que se chama Conselho.

Na práxis, como também na reflexão filosófica e teológica dos nossos tempos se fala muito de justiça e de fortaleza e algumas vezes também de temperança; enquanto reina um silêncio quase total no que concerne à prudência, da qual se desconhece tanto o valor como o significado.

Hoje, como nunca, a grande lição de Santo Tomás e do próprio Aristóteles sobre esta virtude mereceria ser ouvida com grande atenção.

[Tradução: M. Couto]

Psicologia

Este termo, que significa literalmente "estudo da alma" (do grego *psyche* = alma, e *logos* = estudo), remonta ao século XVI, mas entrou no uso comum somente no século XVIII, depois da publicação de duas obras de Ch. Wolff intituladas respectivamente *Psychologia empirica* e *Psychologia rationalis* (1732-1734).

Como ciência positiva ou empírica, a psicologia foi construída a partir do final do século XIX. Entretanto, como disciplina filosófica, foi cultivada desde a aurora da civilização helênica, em particular por mérito de Pitágoras, Parmênides, Heráclito, Anaxágoras, Empédocles, obtendo o máximo desenvolvimento com Sócrates, Platão e Aristóteles.

Como disciplina filosófica, a psicologia representa um dos três grandes ramos da metafísica especial (os outros dois são a cosmologia e a teodiceia). Seu objeto de pesquisa é a alma, sua natureza, origem, operações, propriedade, e suas relações com o corpo.

Platão e Aristóteles, no âmbito da psicologia, bem como em todos os outros campos da filosofia, haviam assumido duas posições antitéticas. Platão havia identificado a alma com o próprio homem; desse modo ele havia resolvido facilmente o problema da imortalidade da alma, mas havia comprometido de modo irreparável a solução da questão das suas relações com o corpo. Aristóteles havia concebido o homem como realidade psicofísica, essencialmente constituída de alma e corpo, e havia atribuído à alma o papel de forma e ao corpo o papel de matéria. Com essa teoria ele havia resolvido de modo excelente o problema das relações entre alma e corpo, mas havia comprometido gravemente a solução da questão da imortalidade da alma.

Os contemporâneos de Santo Tomás e todos os filósofos cristãos que o haviam precedido tinham adotado a teoria de Platão: isto é, identificavam, em suma, o homem com a alma e consideravam acidental a sua união com o corpo. Assim, por exemplo, Santo Agostinho dava a seguinte definição do homem: "É uma alma racional que se serve de um corpo mortal". Para Santo Tomás, a teoria platônica pareceu imediatamente inaceitável pois estava em contraste com a experiência, que não confirma de modo algum aquela autonomia da alma com respeito ao corpo, assegurada por Platão. "Platão e os seus sequazes afirmaram que a alma intelectiva não se une ao corpo como a forma à matéria, mas só como o motor ao móvel, dizendo que *a alma está no corpo como o marinheiro no navio*. Sendo assim, a união da alma e corpo não se daria senão por contato virtual... Vê-se, porém, ser isto inconveniente, pois, segundo aquele contato, não se constitui algo simplesmente uno, como foi também demonstrado. Ora, o homem resulta da união da alma com o corpo. Restaria, pois, que o homem não seria simplesmente uno e, consequentemente, nem simplesmente ente, mas ente por acidente. Para evitar isso, Platão afirmou que o homem não é composto de alma e corpo, mas que ele é a alma que se serve do corpo... Ora, é evidente que isto é impossível... Que a alma se une ao corpo como forma própria, prova-se pelo argumento seguinte: aquilo pelo qual a coisa se reduz de ente em potência a ente em ato é a sua forma e o seu ato. Ora, o corpo é reduzido a ente a partir da potência, pois viver é o ser do vivente, mas o sêmen, antes de receber a alma, é só vivente em potência, porque é pela alma que se torna vivente atual. Logo, a alma é a forma do corpo animado" (*C. G.*, II, c. 57 [1327-1330; 1339]).

Portanto, segundo Santo Tomás, é muito mais próxima aos fatos a solução aristotélica, segundo a qual o homem é essencialmente composto de alma e corpo, que se encontram referidos entre si segundo o esquema matéria/forma: o corpo é a matéria, a alma a forma. Assim, sem deixar-se amedrontar pelos riscos que essa teoria comportava para a solução do problema da imortalidade da alma, o Doutor Angélico abandonou a companhia dos seus contemporâneos e de Platão, e se alinhou abertamente com Aristóteles, pois a posição aristotélica lhe parecia muito mais conforme à experiência. Essa escolha lhe custou lutas ásperas durante toda sua vida tanto com o ambiente eclesiástico quanto com o ambiente laico, porque naqueles tempos seguir Aristóteles equivalia a negar a imortalidade pessoal da alma, porque essa era a interpretação que havia dado Averróis do ensino de Aristóteles sobre esse ponto. Mas Santo Tomás não se resignou à versão averroísta de Aristóteles e quis verificar pessoalmente como eram as coisas. Leu e comentou quase todas as obras do Estagirita e chegou à convicção de que a interpretação de Averróis, se bem que possível, não era necessária. Aristóteles certamente não tinha sido tão claro como seria desejável. Todavia, do conjunto dos seus escritos não era nem mesmo lícito concluir, como havia feito Averróis, e Alexandre de Afrodísia muito antes dele, que Aristóteles tivesse negado a imortalidade pessoal da alma. Era, em todo caso, verdadeiro que, ao permanecer firme nas posições de Aristóteles, não era nada fácil dar a esse problema uma solução plenamente satisfatória, porque lendo o homem em chave estritamente hilemorfística não é compreensível como a alma pode continuar a existir também depois da morte do corpo, não podendo a forma ter existência senão na matéria que lhe é própria.

Santo Tomás, embora defendendo substancialmente a psicologia aristotélica, saiu do grave impasse causado pelo hilemorfismo recorrendo à sua intuição fundamental, o conceito intensivo do ser, entendido como *actualitas omnium actuum et perfectio omnium perfectionum*. Esse novo conceito havia levado Santo Tomás a reconhecer nos entes materiais, além de sua composição de matéria e forma, também a composição de essência e ato de ser. Concentrando sua atenção no ato de ser, que é próprio da alma, Santo Tomás conseguiu encontrar uma nova solução para o problema das suas relações com o corpo e notar o caráter inteiramente singular, único da sua substancialidade (cf. ALMA). Enquanto nos entes puramente materiais, matéria e forma têm o ser somente no composto (o *sínolo*) — nem a matéria nem a forma têm o ser separadamente, mas o têm somente juntas —, no caso da alma e do corpo as coisas são diferentes. Graças à incomensurável superioridade da alma humana (alma intelectiva) com respeito ao corpo, superioridade atestada por algumas atividades excelentemente espirituais, como o refletir, o julgar, o raciocinar, a livre escolha, a consciência etc., o ser (o *actus essendi*) pertence antes de tudo à alma. De fato, "o que tem uma operação por conta própria (*per se*) tem também o ser e a subsistência por conta própria; enquanto o que não tem uma operação própria não tem nem mesmo um próprio ser" (*In I De Anima*, lect. 2, n. 20). Portanto, é necessário que "o princípio da operação do intelecto, que é a alma humana, é um princípio incorpóreo e subsistente" (I, q. 75, a. 2; cf. *De Pot.*, q. 3, a. 9; *C. G.*, II, c. 87; *Comp. Theol.*, c. 84; *Quodl.* X, q. 3, a. 2).

Todavia, mesmo sendo substância (visto que lhe compete o ser em si e por si), a alma tem necessidade do corpo para explicar suas atividades, e assim torna partícipe do próprio ato de ser também o corpo. De fato, "na alma existem operações e paixões que requerem o corpo ou como instrumento ou como objeto. Por exemplo, o ver requer o corpo como objeto, porque a cor que é o objeto da vista se encontra nos corpos; ademais, requer o corpo também como instrumento, porque a vista, ainda que procedendo da alma, não age senão por meio de um órgão, ou seja, a pupila, a qual funciona como instrumento" (*In De Anima*, lect. 2, n. 19). E assim, mediante a comunicação por parte da alma do próprio ato de ser ao corpo, se constitui aquele todo substancial que se chama homem. No entanto, por causa da prioridade de pertencimento do *actus essendi* da alma, é fácil ver como é possível a sua imortalidade: tendo o ser propriamente, a alma não está sujeita aos destinos do corpo; o corpo pode perecer sem arrastar a alma na sua destruição. E é justamente este o argumento novo e original (alcançado pela rica maneira da sua filosofia do ser) adotado por Santo Tomás para sustentar a imortalidade da alma. "A alma humana não pode se corromper a não ser que se corrompesse por si. Que isso aconteça é absolutamente impossível, não só para a alma humana, como também para todo subsistente que é só forma. Com efeito, é claro que aquilo que por si convém a uma coisa é inseparável dela. Ora, ser por si convém à forma, que é ato. Por isso a matéria recebe o ser em ato ao receber a forma, e, assim, acontece que ela se corrompe ao se separar dela a forma. Ademais, é impossível que a forma se separe de si mesma. Por isso é impossível que a forma subsistente cesse de ser" (I, q. 75, a. 6; cf. *II Sent.*, d. 19, q. 1, a. 1; *IV Sent.*, d. 50, q. 1, a. 1; *C. G.*, II, c. 79 ss.; *De An.*, a. 14).

Portanto, na solução do difícil problema das relações entre alma e corpo, Santo Tomás permaneceu até certo ponto aristotélico, ou seja, até quando se tratava de afirmar que a sua união é tão íntima que pode ser interpretada mediante as categorias da matéria e forma; depois, entretanto, supera Aristóteles (e as ambiguidades da sua doutrina em torno da imortalidade da alma), enxertando as categorias da matéria e forma nas categorias de essência e do ato de ser (*actus essendi*) e adaptando-as às exigências do caso, ou seja, considerando a alma como forma subsistente, e portanto como substância espiritual, dado que a ela compete o ser propriamente; mas considerando também que a alma por sua natureza exige unir-se substancialmente ao corpo e só em união com ele constitui um suposto, isto é, uma substância completa (também relativamente à espécie) e incomunicável.

É nas questões de índole distintamente metafísica que se registram o grande vigor e a considerável originalidade da psicologia tomista. Mas a contribuição de Santo Tomás é notável também no estudo do agir humano. Aquilo que o Doutor Angélico escreveu sobre o conhecimento intelectivo, sobre a liberdade, sobre as relações entre razão especulativa e razão prática é o que há de melhor que se pode encontrar na história da filosofia. Vastíssimo e profundo como poucos outros é, pois, seu estudo das paixões, das virtudes e dos vícios. A massa enorme de informações que o Doutor Angélico ostenta na *Segunda Parte da Suma* (que trata desses temas) continua a surpreender também psicólogos e psicanalistas dos nossos dias.

Um grande especialista nesta matéria como Karl Jaspers escreveu: "Ainda hoje vale a pena interessar-se pela psicologia de Santo Tomás. É um modelo e realização de tipo altíssimo: suas classificações merecem ser ainda consideradas".

(Cf. Alma, Antropologia, Homem, Imortalidade)
[Tradução: M. Couto]

Purgatório

É o "lugar", ou melhor, o estado provisório no qual se encontrarão as almas que no momento da morte não são tão puras e perfeitas para poderem ser admitidas imediatamente à visão beatífica da Santíssima Trindade, nem são tão culpadas e hostis a Deus para merecerem uma condenação eterna.

A doutrina do purgatório se fundamenta em bases bíblicas (em particular em 2Mc 12,43-46) e faz parte do ensino ordinário e solene do Magistério eclesiástico.

Santo Agostinho, no *De civitate Dei* (I., XXI, c. 26) e em outras obras, fala de almas que devem passar através de um fogo purificador (*ignis purgatorius*) antes de poder gozar da visão beatífica de Deus. Santo Agostinho jamais fala de um lugar onde as almas estariam "estacionadas" com vistas a uma completa purificação.

Foram os leitores de Agostinho e os pregadores medievais que construíram uma teoria bastante fantasiosa e muito barroca sobre o purgatório, sobre sua localização, a variedade das penas, a duração etc.

A única obra em que Santo Tomás trata muito difusamente do purgatório é o *Comentário às Sentenças* (IV, d. 21, q. 1). No tempo de Santo Tomás, a doutrina do purgatório tinha se tornado um dogma, e quem a negasse era taxado de herege.

Para sustentar a *existência* do purgatório, Santo Tomás apresenta dois argumentos, um de fé e outro de razão. 1) A Sagrada Escritura recomenda rezar pelos defuntos (2Mc 12,43-46): "Mas não há por que rezar pelos defuntos que estão no paraíso, pois eles não têm nenhuma necessidade; e tampouco por aqueles que estão no inferno, porque não podem ser absolvidos de seus pecados. Existem, pois, após esta vida, alguns que não foram ainda absolvidos de seus pecados e que podem ser absolvidos. Estes possuem a caridade sem a qual não se obtém o perdão dos pecados: por isso não irão para a morte eterna (Jo 11,26), mas não podem ser conduzidos à glória sem antes serem purificados, porque nada de sórdido pode aí entrar (Ap 22,15). Por isso, permanece ainda uma purgação depois desta vida" (*IV Sent.*, d. 21, q. 1, a. 1, qc. 1, s.c.). 2) É necessário um período de purificação se alguém no momento da morte tem a alma ainda manchada por alguma culpa venial ou não tenha ainda expiado inteiramente as próprias culpas: "Se pela contrição, depois de ter sido anulada a culpa, não é tirado inteiramente o delito de pena, e nem sempre são tirados os pecados veniais depois do perdão dos pecados mortais, e se a justiça de Deus exige que se repare com um castigo a desordem produzida pelo pecado: segue-se que quem morre contrito e absolvido, antes da devida satisfação, deve ser punido depois desta vida. Por isso quem nega o purgatório diz coisa contrária à justiça de Deus e contrária à fé [...]. Portanto, quem nega sua existência vai contra a autoridade da Igreja e incorre em heresia (*ecclesiae auctoritate quicumque resistit, haeresim incurrit*)" (ibid., sol. 1).

Com respeito ao lugar, Santo Tomás diz que ninguém pode dizer com exatidão onde se encontra o purgatório; contudo ele arrisca a hipótese, comum em seu tempo, de que se encontra ou nas margens do inferno ou em sua parte superior. "Os Santos Padres antes da vinda de Cristo se encontravam num lugar mais digno daquele no qual se purgam as almas depois da morte; mas também aquele lugar era anexo aos infernos ou eram os próprios infernos: de outro modo não se diria que Cristo desceu aos infernos" (ibid., qc. 2, s.c. 2; cf. III, q. 52, a. 8).

As penas do purgatório são de dois gêneros, pena do dano e pena do sentido: "*A pena do dano* retarda a visão beatífica; *a pena do sentido* atormenta a alma com fogo". Quanto ao dano e quanto ao sentido, "a menor pena do purgatório supera qualquer pena desta vida (*poena purgatorii minima excedit maximam poenam huius vitae*)" (ibid., sol. 3). O rigor da pena corresponde à quantidade da culpa; a duração corresponde ao enraizamento da culpa em quem a cometeu. "No purgatório alguns são mantidos mais longamente do que outros para se purificarem, porque alguns pecados veniais possuem maior aderência do que outros, atraindo mais a aflição e retendo-a mais fortemente: por isso requerem um maior tempo de purificação" (ibid., a. 3, sol. 3).

[Tradução: A. Boccato]

Pusilanimidade

Do latim *pusillanimitas*; é o oposto da magnanimidade e é o vício contrário à presunção: enquanto com respeito à magnanimidade a presunção peca por excesso, a pusilanimidade peca por falta. "Assim como a presunção leva uma pessoa a exceder a capacidade de sua potência visando alvos grandes demais, assim também o pusilânime permanece abaixo da capacidade de sua potência, porquanto se recusa a visar o que é proporcionado a ela. E, assim como a presunção é pecado, a pusilanimidade também o é. É a razão pela qual o servo que enterrou o dinheiro que seu senhor lhe confiou e que não quis fazer render por uma espécie de temor pusilânime, é por ele punido (Mt 25,14 ss.)" (II-II, q. 133, a. 1).

Não obstante as aparências, a pusilanimidade pode ser causada também pela soberba; e isso ocorre "quando alguém se apoiando demais na própria opinião, se julga incapaz de certas ações para as quais se encontra capacitado" (ibid., ad 3). "A pusilanimidade, segundo sua própria espécie, é um pecado mais grave que a presunção porque por ela se afasta do bem, e isso é péssimo, conforme diz Aristóteles. Mas a presunção é considerada péssima em razão da soberba, da qual procede" (ibid., a. 2, ad 4).

(Cf. MAGNANIMIDADE, PRESUNÇÃO)

[Tradução: M. Couto]

Qualidade

Indica uma determinação qualquer de um objeto.

Aristóteles inclui a qualidade entre as dez categorias fundamentais do ente e a coloca no segundo lugar, logo depois da substância. Pertence à classe dos acidentes, ainda que o próprio Aristóteles diga que pode haver qualidades essenciais além das acidentais. A qualidade assume variados aspectos, dos quais os principais, segundo Aristóteles, são: as disposições ou hábitos (*Metaf.* V, 16, 1020a, 8-12), as potências, as formas, as figuras, as cores (*Categ.* 8, 9a; *Metaf.* V, 14, 1020a). Enquanto a quantidade tem como sujeito imediato a matéria, a qualidade tem como sujeito imediato a forma.

Santo Tomás retoma quase que à letra o ensino de Aristóteles em torno da qualidade, mas serve-se dela também no estudo de alguns importantes problemas teológicos, como a graça e os sacramentos. Segundo o Doutor Angélico, em sentido próprio a qualidade é uma disposição (*habitus*) ou uma modalidade (*modus*) da substância: "*Proprie enim qualitas importat quendam modum substantiae*" (I-II, q. 49, a. 2). Santo Tomás distingue dois gêneros principais de qualidade: as qualidades essenciais (que correspondem à diferença específica) e as qualidades acidentais (que serão ulteriormente subdivididas em próprias e meramente acidentais). Assim a qualidade cobre um horizonte vastíssimo e, além disso, abarca as formas, as figuras, as faculdades, os hábitos, as virtudes, as operações, os vícios etc.

A presença de qualidades essenciais e próprias não implica um enriquecimento ulterior ou uma transformação em direção de um estado novo, mas é devida ao desdobramento natural da riqueza e determinação da substância: "Os acidentes próprios emanam de seu sujeito não por uma mudança qualquer, mas por um resultado natural, como naturalmente um resulta de outro" (I, q. 77, a. 6, ad 3).

Além das qualidades naturais, pode haver também qualidade infusas, sobrenaturais. Tais são a graça, os dons do Espírito Santo, as virtudes teologais etc. (cf. I-II, q. 110, a. 2).

[Tradução: M. Couto]

Quantidade

É uma das categorias fundamentais do ente segundo Aristóteles: é o segundo dos nove acidentes e tem como fundamento direto a matéria, que, propriamente falando, é a única realidade quantificável com precisão. A quantidade caracteriza a matéria como divisível e mensurável: "Esta se atribui ao que é divisível em duas ou mais partes constitutivas suas, cada uma das quais é de sua natureza algo único e determinado" (*Metaf.* V, 13, 1020a).

Santo Tomás aceita a concepção aristotélica da quantidade, da qual dá a seguinte definição: "*Quantitas dicitur mensura substantiae*" (I, q. 28, a. 2). Seguindo Aristóteles, ele afirma que a quantidade é realmente distinta da substância corpórea; de fato, a quantidade de um corpo pode variar enquanto a substância do mesmo corpo permanece sem mudar (III, q. 76, a. 1, ad 3). Ele afirma, além disso, que a relação entre substância e quantidade é uma relação de emanação ou de natural resultado, como para todos os acidentes próprios, isto é, inseparáveis da substância (I, q. 77, a. 6, ad 3). Uma importante função da quantidade, segundo o Doutor Angélico, é ser condição essencial, na matéria, para que esta seja princípio de individuação (cf. INDIVIDUAÇÃO). Em epistemologia Santo Tomás fundamenta sua divisão das ciências na relação do objeto estudado com a matéria: a física trata das coisas dotadas de matéria sensível, a matemática e a geometria das coisas dotadas de matéria inteligível; a metafísica das realidades que prescindem ou podem prescindir completamente da matéria (cf. *In De Trin.*, lect. II, q. 1, a. 1).

(Cf. MATÉRIA)

[Tradução: M. Couto]

Questão

Em latim *quaestio* é o termo que indica o método praticado pelos escolásticos e de modo especial pelo próprio Santo Tomás. Este método consiste em propor sistematicamente os argumentos a favor e contra uma determinada tese, com a intenção de descobrir a verdade. Segundo a definição que lhe dá Gilberto de la Porrée: "A questão consiste numa afirmação e na sua negação [...] existe a questão quando ambas as parte parecem ter razões de verdade" (*In Boethii de Trinitate*, PL 64, 1253, 1258).

Até o século XII o teólogo se limitava à *lectio*, que era uma leitura mais ou menos parafraseada dos textos sagrados, e ao comentário. Depois começa a praticar o método da *disputatio* ou *quaestio*. Isso supõe obviamente a *lectio*, mas integrada na discussão: busca aprofundar determinados argumentos, tratando-os separadamente um por um, examinando as várias interpretações e posições. Simão de Tournai, em 1165, foi o primeiro a propor a *disputatio* ou *quaestio* como exercício especial que, depois, triunfa na segunda metade do século XII. A partir de então a teologia não se elabora mais como comentário textual, mas assume para si o método epistemológico das outras ciências. Cabe a Santo Tomás o mérito de ter definido claramente o estatuto epistemológico da teologia, enquadrando-a no esquema da concepção aristotélica da ciência. Modelo incomparável de como se pode ordenar todo o imensurável campo do saber teológico valendo-se da *Quaestio* é a monumental *Suma Teológica* de Santo Tomás.

Quaestiones disputatae é também o título de uma série de importantíssimos tratados que Santo Tomás escreveu sobre alguns dos assuntos mais difíceis da pesquisa filosófica e teológica. A série compreende os seguintes escritos: *De Veritate* (Sobre a Verdade), *De potentia* (Sobre o Poder de Deus), *De anima* (Sobre a Alma), *De spiritualibus creaturis* (Sobre as criaturas espirituais), *De unione Verbi incarnati* (Sobre a União do Verbo Encarnado), *De malo* (Sobre o Mal), *De virtutibus in comuni* (Sobre as virtudes comuns), *De caritate* (Sobre a caridade), *De correctione fraterna* (Sobre a correção fraterna), *De spe* (Sobre a esperança), *De virtutibus cardinalibus* (Sobre as virtudes cardeais).

(Cf. MÉTODO, TEOLOGIA)

[Tradução: M. Couto]

Quididade

Do latim *quidditas*, é sinônimo de essência; de fato ela representa a resposta à pergunta *quid est?* (o que é?), que é claramente a descoberta da essência de uma coisa. "E, visto que aquilo pelo que a coisa é estabelecida no próprio gênero ou espécie é isto que é significado pela definição indicando o que a coisa é, daí vem que o nome de essência é transformado pelos filósofos no nome de quididade" (*nomen essentiae a philosophis in nomen quidditatis mutatur*)" (*O ente e a essência*, I, 5).

A quididade (como a essência) é fruto da abstração (cf. ABSTRAÇÃO) e vem expressa mediante a definição lógica (cf. DEFINIÇÃO), que, se realmente é essencial, abarca somente o gênero e a diferença específica.

(Cf. ESSÊNCIA)

[Tradução: M. Couto]

Raciocínio

Assim se define qualquer operação discursiva com a qual partindo de uma ou mais premissas se deduz uma conclusão, que pode ser verdadeira ou falsa, certa ou provável, conforme a natureza das premissas. O raciocínio se subdivide em dois tipos principais: dedutivo (quando ao menos uma das premissas é universal), ou indutivo (quando a premissa é um elenco mais ou menos extenso de dados particulares). A forma mais perfeita do raciocínio dedutivo é o silogismo. No *Organon*, Aristóteles foi o primeiro a estudar e fixar a estrutura e as regras do raciocínio.

Santo Tomás assume inteiramente a teoria aristotélica do raciocínio, do qual dá uma definição categórica nos seguintes termos: "Raciocinar é ir de um objeto conhecido a um outro, em vista de conhecer a verdade inteligível (*ratiocinari est procedere de uno intellecto ad aliud, ad veritatem intelligibilem cognoscendam*) [...]. O raciocínio humano procede, pelo método de pesquisa ou de invenção, de alguns conhecimentos tidos de modo absoluto, os primeiros princípios; depois pelo método de dedução, volta a esses primeiros princípios, à luz dos quais examina o que descobriu" (I, q. 79, a. 8).

Especial atenção reserva Santo Tomás ao *raciocínio prático*, por causa da sua grande relevância para a moral, à qual cabe fornecer indicações claras sobre o que é bem e o que é mal, o que é lícito ou ilícito, o que é obrigatório e o que não o é. A moral deve dizer a um indivíduo, sem ambiguidade, o que ele deve fazer num caso concreto particular, e não simplesmente fornecer elencos de princípios universais abstratos. O homem prudente, que segundo Santo Tomás é o autêntico moralista, é exatamente aquele que sabe o que é justo fazer no caso particular e decide retamente (cf. *III Sent.*, d. 33, q. 3, a. 1, sol. 3). Mas como se passa dos princípios universais ao caso concreto? Isso se faz por meio do raciocínio (silogismo) prático. Como exemplo desse tipo de raciocínio, Santo Tomás cita um caso de adultério. Pode-se demonstrar a sua malícia raciocinando assim: qualquer mal deve ser evitado. Mas o adultério é mal porque é proibido por Deus (ou porque é injusto ou desonesto). Portanto, esse adultério deve ser evitado porque é mau. Santo Tomás esclarece que o raciocínio prático está mais exposto ao erro do que o raciocínio especulativo, e isso não tanto porque frequentemente se deve recorrer a princípios que não são naturalmente evidentes (*per se nota naturaliter*), mas principalmente porque aí podem facilmente interferir as paixões "que amarram o juízo da razão naquele caso particular" (*II Sent.*, d. 24, q. 2, a. 4; d. 24, q. 3, a. 3; d. 39, q. 3, a. 2 e ad 5).
(Cf. Método)
[Tradução: M. Couto]

Razão

Comumente significa a faculdade cognoscitiva própria do homem e da qual só ele é dotado. O termo latino *ratio*, ligado provavelmente à mesma raiz de *ratus* (= pensado, estabelecido, fixado), tinha na origem sobretudo o significado, conservado também posteriormente, de "cálculo" (presente ainda hoje no termo italiano "ragioniere" [contador] para indicar aquele que faz os cálculos). Na linguagem filosófica latina foi introduzido por Lucrécio e Cícero para traduzir *logos* e *dianoia* e, pouco a pouco, assumiu um tríplice significado: a faculdade humana de conhecer discursivamente, a racionalidade geral do universo, o fundamento pelo qual uma coisa é ou se faz. Esses três significados se encontram também na linguagem dos escritores cristãos latinos, que, porém, identificam a racionalidade universal com a *ratio divina* e fazem da *ratio* o traço distintivo do ser humano: o poder que o distingue dos animais. "Aquilo pelo qual o homem supera em excelência os animais irracionais é a razão, ou a mente ou ainda inteligência ou o que quer que se a denomine" (Agostinho, *De genesi ad litteram* III, 20, 30). Santo Agostinho distingue no homem dois níveis de racionalidade: o superior da *ratio superior*, que tem por objeto o eterno e o imutável, e o inferior da *ratio inferior*, que se refere à razão contingente sujeita ao tempo e ao devir.

Em Santo Tomás, o alcance semântico do termo razão é vastíssimo: além do significado mais comum de faculdade cognoscitiva própria e específica do homem, outros significados frequentes são: conceito, noção, essência, definição, procedimento especulativo, princípio etc.

Santo Tomás estabelece uma nítida distinção entre *ratio* e *intellectus*: "Mesmo que o intelecto e a razão não sejam potências diferentes, no entanto, tomam seu nome de atos diferentes. Com efeito, a palavra inteligência se toma da íntima penetração da verdade; e o nome de razão é tomado da pesquisa discursiva" (II-II, q. 49, a. 5, ad 3). "Conhecer é simplesmente apreender a verdade inteligível. Raciocinar é ir de um objeto conhecido a um outro, em vista de conhecer a verdade inteligível [...]. O raciocínio está, portanto, para a intelecção como o movimento está para o repouso, ou a aquisição para a posse; desses, um é próprio do que é perfeito, outro do imperfeito" (I, q. 79, a. 8). Os anjos conhecem tudo mediante o intelecto; por sua vez, o homem pode captar com o intelecto somente os primeiros princípios; todos os outros conhecimentos são adquiridos mediante a razão. Em particular a razão se refere à dedução das conclusões a partir dos princípios. Propriamente falando, a razão não pode ser atribuída a Deus, de quem todavia "pode-se dizer que [...] é de *natureza racional*, na medida em que razão não implica um raciocínio discursivo, mas a natureza intelectual em geral" (I, q. 29, a. 3, ad 4).

Santo Tomás toma de Agostinho a distinção entre *ratio superior* e *inferior* — a primeira, voltada para contemplar as coisas eternas, da qual extrai também normas de ação; a segunda, voltada para as coisas temporais — e nega que devam ser entendidas como duas potências diversas, dado que a via para conhecer as coisas eternas, para nós, passa pelo conhecimento das coisas temporais: "As coisas temporais e eternas estão para o nosso conhecimento como sendo uma delas um meio de conhecer a outra. No método de pesquisa, chegamos ao conhecimento das coisas eternas pelas coisas temporais, como diz o Apóstolo na Carta aos Romanos: 'As perfeições invisíveis de Deus se tornaram visíveis à inteligência por meio de suas obras' (Rm 1,20). Mas, no método de dedução (*in via iudicii*), julgamos as coisas temporais pelas eternas já conhecidas, e segundo estas ordenamos as temporais (*secundum rationes aeternorum temporalia disponimus*)" (I, q. 79, a. 9; cf. *II Sent.*, d. 24, q. 2, a. 4; *III Sent.*, d. 15, q. 2, a. 3, sol. 2; *III Sent.*, d. 17, q. 1, a. 2, sol. 1; *De Ver.*, q. 15, aa. 2 e 3).

Aos dois grandes setores da realidade correspondem também duas modalidades distintas da razão: o setor do ser é objeto da *razão especulativa*, que se exprime por meio da ciência (estuda a física) e da sabedoria (estuda a metafísica); enquanto o setor do agir é objeto da *razão prática* (*ratio practica*). O âmbito da razão prática vem ulteriormente subdividido em duas grandes áreas: a da produção de coisas ou de instrumentos e a da formação de si mesma. A primeira é a área dos *factibilia* e pertence à arte; a segunda é a área dos *agibilia* e pertence à moral. Num texto exemplar do *Comentário às Sentenças*, Santo Tomás esclarece notavelmente esses conceitos. Escreve o Doutor Angélico: "O conhecer é duplo: um especulativo que tem por fim a verdade, como escreve o Filósofo (*Metaf.* II, 3). O outro tem por fim a operação, que é causa e regra do que é feito pelo homem. Ora, daquilo que ocorre por obra do homem, algumas coisas são ditas factíveis (*factibilia*): são as que ocorrem mediante a transformação de algum material externo, como se dá nas obras da arte mecânica. Ao invés, em outros casos, não se tem nenhum transformação de material externo, mas a moderação das próprias paixões e operações. Em ambos os casos quem preside é a razão prática (*practica cognitio*). Para a vida ativa não se exige qualquer forma de conhecimento prático, mas somente aquele que nas coisas factíveis (*in agibilibus*) dirige as obras próprias da virtude moral. Esse conhecimento é necessário para a escolha, que é o que de que se trata a virtude moral" (*III Sent.*, d. 35, q. 1, a. 3, sol. 2).

Em conclusão, a razão prática guia o homem em todos os campos do agir, mas de modo particular no campo da moral, que tem por fim não o conhecimento, mas a ação: "*In scientiis moralibus finis non est cognitio sed opus*" (ibid.).

A razão especulativa tem como virtude soberana a sabedoria; por sua vez, a razão prática tem como soberana a prudência.

(Cf. INTELECTO, PRUDÊNCIA, SABEDORIA)
[Tradução: M. Couto]

Razão e fé cf. Fé e razão

Realidade

Do latim *res* = coisa. Em sentido estrito designa todo objeto de experiência; em sentido lato, tudo o que de qualquer maneira existe ou pode existir. No significado de realidade está implícita uma contraposição a algo considerado como "irreal", isto é, a algo que podemos ainda pensar, mas ao qual não podemos atribuir realidade, no significado restrito que damos à palavra.

Escrutando, como é seu hábito, o significado etimológico do termo, Santo Tomás explica que "absolutamente falando se diz *coisa* (*res*) o que no mundo da natureza possui o ser de modo válido e seguro (*habet esse ratum et firmum*) e, assumindo o nome *res* neste sentido, se quer indicar a quididade ou essência de uma coisa, enquanto o nome *ens* designa o que possui o ser" (*II Sent.*, d. 37, q. 1, a. 1).

Santo Tomás inclui a realidade (*res*) entre os transcendentais (junto com a unidade, a bondade, a verdade): "*Hoc nomem res est de transcendentibus*" (I, q. 39, a. 3, ad 3). De fato, se pode predicar de todos os entes, enquanto não existe nenhum ente que não seja dotado de uma essência ou natureza; ora, "o nome de coisa exprime a quididade ou essência do ente" (*De Ver.*, q. 1, a. 1).

Na teologia sacramentária o termo *res* é usado para indicar a matéria, e assim todos os sacramentos requerem coisas e palavras (cf. *Suppl.*, q. 29, a. 7; q. 34, a. 5).

(Cf. ENTE, ESSÊNCIA, TRANSCENDENTAL)
[Tradução: M. Couto]

Realismo

É aquela posição filosófica que reconhece valor objetivo ao conhecimento humano: contrapõe-se, portanto, a qualquer forma de subjetivismo (fenomenismo, idealismo, criticismo etc.). Distingue-se em realismo "espontâneo" ou ingênuo e realismo "filosófico" ou reflexo. Espontânea é a posição do senso comum; filosófica é a posição de uma reflexão que argumente diretamente ou indiretamente o valor objetivo do conhecimento humano.

A posição noética de Santo Tomás é sem dúvida a do realismo: é a posição que ele defende expressamente quando mostra que nosso conhecimento tem caráter intencional, ou seja, tem sempre em mira os objetos e não é simplesmente um espelho de si mesmo. Santo Tomás crítica vivamente a concepção subjetivista do conhecimento, para a qual no ato do conhecer haveria consciência somente das próprias impressões. A seu juízo, "essa opinião é evidentemente falsa, por duas razões. Primeira: porque é o mesmo o que conhecemos e aquilo de que trata as ciências. Se, pois, aquilo que conhecemos fosse somente as espécies que estão na alma, todas as ciências não seriam de coisas que estão fora da alma, mas somente das espécies inteligíveis que estão na alma. Por exemplo, para os platônicos não há ciência senão das ideias, que, segundo eles, são conhecidas em ato. Segunda razão: porque se chegaria ao erro dos antigos, que diziam que *tudo o que parece é verdadeiro*, e assim afirmações contraditórias seriam ao mesmo tempo verdadeiras" (I, q. 85, a. 2).

No realismo tomista a realidade e a verdade do objeto se impõem desde o primeiro momento, porque o conhecimento não é senão conhecimento do objeto, conhecimento do ser. Na gnoseologia de Santo Tomás não há nenhum contraste e nem mesmo nenhuma barreira entre o conhecer e o ser. Ao contrário, conhecer não é outra coisa senão abertura para o ser: e o verbo mental é o próprio ser concebido pela mente. O ser é o pão do conhecer. Sem o ser o conhecer se extingue e morre. Assim, Santo Tomás não sente nenhuma necessidade de construir uma ponte entre o sujeito e o objeto: aquela ponte que se tornou a espinha dorsal de toda a filosofia moderna, porque, na sua concepção, sujeito e objeto se encontram separados somente num segundo momento, aquele da reflexão. Somente refletindo sobre a natureza do conhecer se toma consciência de que uma coisa é o conhecer e outra o ser. Mas é uma distinção que ocorre depois da unidade, e não o contrário, como vão fazer-nos crer Descartes e todos os seus inumeráveis discípulos. "Na noética de Santo Tomás, tudo se fundamenta na experiência elementar de que as coisas podem existir de dois modos: primeiro, em si mesmas; segundo, em nós e para nós (isto é, na medida em que estamos conscientes de sua existência e temos conhecimento de sua natureza). Isso não precisa ser demonstrado: é um fato irredutível, que tem, na filosofia de Santo Tomás, a *função de um princípio*. E o reconhecimento daquilo que domina toda a teoria do conhecimento, que pode ser sintetizada nestas poucas palavras: toda cognição de um objeto diverso por nós é uma relação real entre nosso ser e um outro ente. Longe de imaginar um mundo de coisas em si de uma parte e um mundo de conhecimentos de outra, Santo Tomás considera essas duas ordens como sempre dadas, juntas e inseparavelmente, entre uma única e particular experiência. Não há modo de justificar esse fato primitivo" (E. Gilson).
(Cf. CONHECIMENTO)
[Tradução: M. Couto]

Reato

Do latim *reus* = acusado, culpável. Em geral significa qualquer ação contrária à lei e, portanto, passível de punição. É sinônimo de crime, delito, culpa.

No *De Malo* Santo Tomás dá a seguinte definição de reato: "Reato, ou seja obrigação à punição, é um efeito que acompanha o pecado; por isso, quando se diz que o pecado passa como ato, mas permanece como reato, equivale a dizer que passa na sua essência, mas permanece nos seus efeitos" (*De Malo*, q. 2, a. 2, ad 14). Uma formulação mais completa nos é proposta no *Comentário às Sentenças*: "Diz-se reato quando alguém é réu de pena, e portanto propriamente reato outra coisa não é senão a obrigação à pena, e porque esta obrigação é algo de intermédio entre a culpa e a pena, dado que é por causa da culpa que se está obrigado à pena, o nome do que está no meio é transferido também aos extremos, e, por isso, algumas vezes se diz reato quer à culpa, quer à pena" (*II Sent.*, d. 42, q. 1, a. 2).

Tratando do "reato da pena", na *Suma Teológica* Santo Tomás explica que a pena, como efeito do pecado, é devida à compensação da justiça divina, para que aquele que foi mais indulgente do que devia com sua vontade sofra espontaneamente algo contra sua vontade; e mesmo quando o homem volta a unir-se a Deus por meio da caridade pode permanecer, por razões de justiça, o *reato da pena* para ser satisfeito (I-II, q. 87, a. 6).
(Cf. CULPA, PECADO, PENA)
[Tradução: M. Couto]

Redenção

Do latim *redimere* = recomprar. Antigamente significava o resgate de um escravo ou de uma coisa mediante o pagamento de uma soma em dinheiro ou pela troca de alguma coisa ou pessoa. Em linguagem teológica, redenção significa a ação pela qual Cristo, com sua paixão e morte, obteve para a humanidade a libertação do pecado, do jugo da lei e do demônio.

A redenção plena operada por Cristo já havia sido claramente antecipada e prefigurada no evento veterotestamentário do Êxodo (redenção dos israelitas da escravidão do Faraó). Além disso, o fato decisivo da redenção cristã, a saber, a morte de Jesus na cruz, fora predito pelos profetas (cf. as profecias do Servo de Javé). Se, por um lado, a realização da redenção se dá com a morte de Cristo, por outro, ela se realiza nos fiéis mediante a fé em Jesus Cristo e pelo seu ingresso no povo de Deus mediante o batismo. A redenção (*sotería*) dos nossos pecados tem como autor Jesus Cristo, que nos redimiu pelo sacrifício da cruz. Cristo "morreu pelos nossos pecados, segundo as Escrituras" (1Cor 15,3). Por essa razão, os cristãos não esperam a salvação nem da sabedoria nem da observação da lei (o que anularia ou esvaziaria a cruz de Cristo: Gl 5,11; 1Cor 1,17), mas do fato de serem "justificados gratuitamente pela graça em virtude da redenção realizada por Cristo Jesus" (Rm 3,24). Quem recebe a graça da redenção se torna membro do corpo de Cristo, que é a Igreja, comunidade dos redimidos, dos salvos.

Sobre esses conceitos, tanto os Padres quanto os teólogos escolásticos elaboraram teorias muito complexas e articuladas, colocando em marcha a *ratio theologica*. Santo Anselmo, em seu *Cur Deus homo*, partindo de uma análise excessivamente objetiva do pecado, visto como desonra a Deus, chega à afirmação de uma necessidade inevitável de reparação, que se pode dar apenas por duas vias: o castigo ou a reparação voluntária. Não podendo o homem dar a Deus uma satisfação equivalente à honra que lhe havia sido retirada com o pecado, foi necessário que o Filho de Deus se encarnasse. Ele, graças à união hipostática da natureza humana com a divindade, ao oferecer livremente sua vida ao Pai, pôde satisfazer a justiça divina de modo abundante e, assim, adquirir méritos infinitos em benefício dos homens culpados, tornando-os dignos da vida eterna. O jurisdicismo assaz acentuado de Anselmo foi corrigido mais tarde por Bernardo, por Boaventura e, principalmente, por Santo Tomás.

1. Crítica da teoria da justiça vingativa

Santo Tomás rechaça a teoria segundo a qual Jesus Cristo teria sido morto a título de justiça vingativa. O Angélico observa que seria injusto e cruel punir um inocente no lugar de um culpado. "Não pareceria de todo iníquo se alguém procurasse fazer o mal a outrem que lhe fizera mal; mas, se se tratasse de alguém que nada fizera, seria o cúmulo da iniquidade" (*In Psalm.* 34,5). Ora, Cristo, sendo o Verbo encarnado, não somente é inocente, mas é a inocência em si. Logo, Cristo não podia sofrer nem morrer a título de justiça vingativa. "Cristo não merecia morrer por não ter nenhum pecado" (III, q. 49, a. 2).

2. Redenção voluntária por amor

Para Santo Tomás, a explicação última da paixão e morte de Cristo não deve ser buscada tanto na justiça divina nem na misericórdia, mas na economia da salvação, que, segundo o Doutor Angélico, subordina a si a própria justiça, servindo-se da misericórdia (cf. Misericórdia) como instrumento. Jesus morreu vítima de seu amor misericordioso. Em sentido estrito, a causa da morte de Cristo não é o pecado: nem o seu (pois inexistente), nem o nosso. A causa de sua morte advém, antes, de seu amor filial ao Pai e de seu amor misericordioso para conosco, em remissão de nossos pecados (cf. *In Ioan.*, c. 14, lect. 8, nn. 1974-1976).

Posto isso, Santo Tomás se pergunta sobre o sentido do termo "entregar-se", frequentemente usado pelas Escrituras quando se fala da morte de Cristo. À pergunta se "Deus Pai entregou Cristo à paixão (*Utrum Deus Pater tradiderit Christum passioni*)" (III, q. 47, a. 3), o doutor Angélico responde: "foi por amor que o Pai entregou Cristo, e o próprio Cristo se entregou; por isso, ambos são louvados. Judas, porém, o entregou por cobiça. Os judeus, por inveja. E Pilatos, por temor mundano, porque temia a César. Por isso, são todos eles censurados" (III, q. 47, a. 3, ad 3). Não obstante sua morte voluntária, Cristo não se matou, foram os judeus que o mataram. De fato, os judeus foram culpados daquele homicídio (na verdade, um deicídio), pois fizeram aquilo que era necessário para matar o Salvador. "Estava, com efeito, no poder de Cristo, enquanto quisesse, fazer que a natureza cedesse à causa que a devia corromper, ou que resistisse a ela. Assim sendo, conclui-se que o próprio Cristo morreu voluntariamente, e que também os judeus mataram-no" (*Comp. Theol.*, I, c. 230). Que o Pai tenha entregue seu Filho à paixão, continua Santo Tomás, pode-se explicar de três modos: "Primeiro, porque, conforme sua eterna vontade, determinou a paixão de Cristo para a libertação do gênero humano, de acordo com o que diz Isaías: 'O Senhor fez recair sobre ele a iniquidade de todos nós' (Is 53,10) [...] Segundo, porque lhe inspirou a vontade de sofrer por nós, ao lhe infundir o amor. E na mesma passagem se lê: 'Ofereceu-se porque quis' (Is 53,7). Terceiro, por não livrá-lo da paixão, expondo-o a seus perseguidores" (III, q. 47, a. 3).

Àqueles que se inclinam a atribuir a paixão de Cristo antes à sua caridade que à sua obediência, Santo Tomás responde: "deve-se dizer que pela mesma razão Cristo sofreu por amor e por obediência, pois só por obediência cumpriu os preceitos do amor e, por amor, foi obediente às ordens do Pai" (III, q. 47, a. 2, ad 3).

3. Satisfação vicária

Santo Tomás explica claramente que Cristo satisfez e reparou realmente nossos pecados: "Se falamos da pena infligida pelo pecado, que tem a razão de pena, então, cada um é punido unicamente por seu pecado, porque o ato de pecado é algo pessoal", e isso por questão de justiça, mas, "se falamos da pena satisfatória, a que é assumida voluntariamente, pode se dar que alguém a suporte por um outro" (I-II, q. 87, a. 8): aquele que se oferece realiza, então, um ato de caridade ao qual não está obrigado. Considere-se o caso do benfeitor que paga a multa de um pobre. De nenhum modo a lei poderia constrangê-lo, mas, ainda assim, ele satisfaz a justiça apenas por amor ao pobre. Há satisfação pelo pecado de outrem quando se suporta voluntariamente a pena devida por esse pecado (III, q. 14, a. 1). Na satisfação vicária, as penas suportadas lhe são matéria e o *amor de misericórdia* lhe é o princípio, do qual recebe toda a sua eficácia (ibid., ad 1). Por amor, o Filho de Deus se sacrificou por nós pecadores. Ele não devia fazê-lo, mas podia e o quis. Ao fazê-lo, porém, não pôde deixar de se dar de modo superabundante, na superabundância de sua misericórdia. "Deve-se dizer que foi conveniente tanto à misericórdia como à justiça divina ser o homem libertado pela paixão de Cristo. À justiça porque, por sua paixão, Cristo deu satisfação pelo pecado do gênero humano e assim o homem, pela justiça de Cristo, foi libertado. À misericórdia porque, não podendo o homem, com suas forças, dar satisfação pelo pecado de toda natureza humana, como se disse acima, Deus lhe deu seu Filho para cumprir essa satisfação (Rm 3,24) [...]. O que se tornou uma misericórdia mais abundante do que se tivesse perdoado os pecados sem satisfação. Por isso, diz também a Carta aos Efésios: 'Deus é rico em misericórdia; por causa do grande amor com que nos amou, quando estávamos mortos, deu-nos a vida com Cristo' (Ef 2,4-5)" (III, q. 46, a. 1, ad 3).

4. A redenção fruto da paixão, ressurreição e ascensão

Contra a tentação um tanto difundida de reduzir a redenção apenas ao mistério da cruz, Santo Tomás observa que ela é igualmente fruto de outros dois mistérios da vida de Cristo: a ressurreição e a ascensão. De fato, com a sua ressurreição, Cristo venceu a morte física e, para nós, a morte do pecado. "Como Cristo ressuscitou dos mortos por meio da glória do Pai, assim também nós podemos caminhar em uma vida nova" (Rm 6,4). Pela ressurreição, Cristo foi constituído nossa justiça e nossa paz, em outras palavras, nossa salvação e nossa redenção. Santo Tomás insiste de bom grado sobre essa questão. Para ele, trata-se de um aspecto fundamental em vista da ressurreição dos corpos e, principalmente, da ressurreição das almas mortas por causa do pecado (III, q. 56, aa. 1-2). De modo lúcido e sintético, o Angélico nos apresenta seu pensamento no seguinte texto: "Deve-se dizer que duas coisas concorrem para a justificação das almas, ou seja, a remissão da culpa e a novidade de vida pela graça. Em relação, pois, à eficiência, que se dá pelo poder divino, tanto a paixão de Cristo quanto a ressurreição são causas da justificação sob ambos os aspectos. Mas, quanto à exemplaridade, propriamente falando, a paixão e a morte de Cristo são a causa da remissão da culpa, pela qual morremos para o pecado, mas a ressurreição de Cristo é causa da novidade de vida, que se dá pela graça ou justiça. Por isso, diz a Carta aos Romanos que 'foi entregue', ou seja, entregue à morte, 'por nossas faltas', ou seja, para que fossem tiradas, e 'foi ressuscitado para nossa justificação'. Mas a paixão de Cristo é também meritória, como foi dito" (III, q. 56, a. 2, ad 4). Santo Tomás aplica proporcionalmente ao mistério da ascensão aquilo que ensina da ressurreição de Cristo nosso Senhor (III, q. 57, a. 6, ad 2 e ad 3; cf. *Expos. in Symb.*, a. 6).

Na equilibrada e profunda elaboração de Santo Tomás, encontra-se já contida a resposta à concepção luterana segundo a qual a redenção se reduziria a mera *substituição vicária*; evento, portanto, totalmente extrínseco, que não tangeria sequer minimamente ao pecador, o qual permaneceria, mesmo após a redenção, tal e qual (*simul justus et peccator*: "ao mesmo tempo justo e pecador"). Ao retomar a doutrina de Santo Tomás, o Concílio de Trento (sessões V e VI) solenemente definirá, contra as teses luteranas, os marcos fundamentais da doutrina católica sobre a redenção.

(Cf. CRISTO, CRISTOLOGIA, JUSTIFICAÇÃO)
[Tradução: M. Ponte]

Reencarnação

Teoria segundo a qual uma alma depois da separação do corpo (morte) torna a reencarnar-se num outro corpo que pode ser ou humano ou animal. O conceito de reencarnação se encontra também no pensamento clássico (em Pitágoras, Platão, Plotino etc.), mas a reencarnação é doutrina típica do hinduísmo e do budismo. Para esses dois sistemas filosófico-religiosos o elemento central é a procura de libertação da situação presente em que o homem se encontra vivendo, situação de sofrimento e de ilusão. Dado que uma só vida não é suficiente para realizar a libertação, é necessário um longo caminhar de transmigrações e reencarnações. Essa sucessão de existências humanas é precedida — ou mediada (para aqueles que viveram mal) — por inúmeras existências subumanas.

Em suas obras, Santo Tomás nunca fala de reencarnação. Há somente um texto da *Suma contra os Gentios* em que faz menção às *fábulas de Pitágoras* (*pythagoricas fabulas*), o qual ensinava que qualquer alma pode entrar em qualquer corpo (C. G., II, c. 44, n. 1209). Mas no mesmo capítulo, que tem por título: "A diversidade das coisas não provém dos méritos ou deméritos", criticando a teoria de Orígenes — que sustentava que Deus criou só espíritos, todos livres e todos iguais, e que foi somente por causa de um mau uso da liberdade por parte dos próprios espíritos que alguns deles entraram nos corpos e que dos corpos podem ser libertados somente por meio dos méritos com boas obras —, Santo Tomás apresenta alguns argumentos que provam claramente a insustentabilidade da teoria da reencarnação.

1) Se essa hipótese fosse verdadeira não haveria união substancial, mas somente acidental entre a alma e o corpo. "Se a uma subs-

tância racional não é necessário unir-se a determinado corpo, enquanto é racional, mas antes enquanto é assim devido aos méritos, o unir-se a este corpo não lhe é essencial (*per se*), mas acidental. Ora, de coisas que se unem acidentalmente não resulta uma espécie, porque não é constituída uma unidade por si mesma, pois, por exemplo, o *homem branco* e o *homem vestido* não constituem uma espécie. Resulta que o homem não é uma determinada espécie, nem o sol, nem a lua, nem outras coisas semelhantes" (ibid., n. 1208).

2) A tese da reencarnação não é conforme nem à razão nem à fé. "Por isso, se a alma humana recebe determinado corpo devido ao mérito ou ao demérito precedentes, segue-se que poderá unir-se novamente a outro corpo e que ela não só recebe outro corpo humano, mas que também às vezes assume um corpo astral, porque, segundo as fábulas pitagóricas, qualquer alma pode ser introduzida em qualquer corpo. Verifica-se, no entanto, que isso é errôneo segundo a Filosofia, conforme a qual determinadas formas e determinados agentes são desiguais para determinadas matérias e para determinados corpos móveis. Ademais, segundo a fé é herético, pois ela ensina que, na ressurreição, o mesmo corpo que foi deixado será reassumido" (ibid., n. 1209).

3) Na tese da reencarnação está implícita uma visão maniqueísta do corpo e da matéria em geral. De fato, "se a criatura espiritual não merece descer (na matéria) senão pelo pecado, desceu então da sua elevação, na qual era indivisível, porque uniu-se aos corpos visíveis, donde ser manifesto que os corpos visíveis uniram-se a ela por causa do pecado. Ora, isso parece aproximar-se do erro dos maniqueus que afirmavam que estas coisas que vemos vieram de um princípio mau" (ibid., n. 1215).

Além disso, toda a antropologia de Santo Tomás é implicitamente uma refutação da teoria da reencarnação. Numa antropologia como a sua, que se recusa a identificar o homem com a alma e estabelece uma união substancial entre a alma e o corpo, não há lugar nem para a reencarnação nem para a transmigração das almas. Está excluída a transmigração em corpos de natureza inferior porque "a alma racional se une exclusivamente com o corpo humano" (ibid., c. 90); e assim até a reencarnação, porque, se é verdade que a alma sem o corpo se encontra em uma situação não natural (cf. I, q. 89, a. 1; q. 118, a. 3; *C. G.*, IV, c. 79; *De Ver.*, q. 10, a. 1; *De An.*, a. 8), é também verdade que a recuperação do corpo não pode ocorrer por algum mérito ou demérito da alma, mas somente como dom de Deus, mediante a ressurreição da carne (*C. G.*, IV, c. 81; *IV Sent.*, d. 43, q. 1, a. 2; *In 1Cor* 15, lect. 5).

A ressurreição — insiste Santo Tomás — restitui à alma o seu próprio corpo, não um outro. Por isso quem ressurge é o mesmo homem. "Ora, nenhum princípio essencial do homem volta, pela morte, totalmente ao nada, pois a alma racional, que é a forma do homem, permanece após a morte [...]. E também a matéria, que esteve assumida por esta forma, permanece sob as mesmas dimensões que possuía para ser uma matéria individual. Logo, o homem será refeito com a alma numericamente a mesma e com a matéria numericamente a mesma" (*C. G.*, IV, c. 81, n. 4151).

(Cf. ALMA, HOMEM, RESSURREIÇÃO)
[Tradução: M. Couto]

Reflexão cf. Autoconhecimento

Reino de Deus

Expressão-chave da mensagem de Jesus, o qual se apresenta ao povo como o "profeta do Reino", aquele que anuncia e realiza seu advento: "O Reino de Deus está em meio a vós". Essa expressão, que se encontra especialmente nos Evangelhos sinóticos, deve ser compreendida à luz das duas principais concepções que o povo judeu tinha dessa expressão. Uma via Javé já como rei no tempo presente (Sl 103,19); a outra, no futuro, não podendo o reino de Deus se realizar completamente neste mundo (Is 52,7). Os Evangelhos sinóticos falam, portanto, da expectativa escatológica por esse Reino que está próximo e, em parte, já se realizou com a pregação de Jesus (Mc 1,15; Mt 4,17).

Na perspectiva de Jesus, o reino do qual anuncia o advento é um reino no qual é chamada a tomar parte toda a humanidade, a partir do povo eleito, Israel. Contudo, a condição primeira para o advento do Reino de Deus e para a participação nele é o reconhecimento de Jesus como Filho de Deus e Messias. E assim, em suas parábolas do Reino, Jesus já dá a compreender que muitos não farão parte do Reino; que a instauração será lenta e difícil; que frequentemente será assediado pelas forças do inimigo do Reino (Satanás), que no âmbito da história estará sempre manchado por membros que efetivamente não lhe pertencem. As parábolas do Reino são prefigurações da realidade e das vicissitudes da Igreja.

Em Santo Tomás não se encontra nenhuma discussão orgânica sobre o Reino de Deus. É possível, no entanto, encontrar cerca de meia dúzia de textos que fornecem uma ideia bastante justa sobre o uso que ele faz dessa importante categoria bíblica.

Segundo o Angélico, a expressão Reino dos céus pode ser usada de quatro maneiras: para falar respectivamente de Cristo, da Sagrada Escritura, da Igreja militante e da Igreja triunfante: "*Reino dos céus* na Escritura pode ser tomado de quatro modos. Primeiro: se diz de *Cristo* que habita em meio a nós; por exemplo, em Lc 16,21: '*O reino de Deus está em meio a vós*'. E se diz reino dos céus, pois por meio da graça santificante inicia em nós a via do reino celeste. Segundo: diz-se da *Sagrada Escritura*, como em Mt 21,43, onde se diz que '*o reino de Deus vos será tirado*'. Terceiro: se diz da Igreja militante, como em Mt 13,47: '*O reino dos céus é similar a uma rede lançada ao mar e que recolhe todo tipo de peixes*' etc. Quarto: reino dos céus se diz também da cúria (Igreja) celeste; assim, por exemplo, em Mt 8,11: '*Virão do oriente e do ocidente e repousarão com Abraão, Isaac e Jacó no reino dos céus*'" (*In Mat*. III, lect. 1, n. 250). Em outra passagem, Santo Tomás observa que por antonomásia a expressão Reino dos céus se refere à Igreja militante e triunfante (*IV Sent.*, d. 49, q. 1, a. 2, sol. 5). Condição primeira e principal para entrar no Reino dos céus é o batismo: as portas do Reino celeste se abrem somente a quem recebe esse sacramento. De fato, "abrir as portas do reino dos céus é remover os obstáculos que impedem de entrar nele. Tais são a culpa e o reato da pena. Ora, pelo batismo suprime-se completamente toda culpa e também todo reato da pena. Por conseguinte, o batismo tem como efeito abrir as portas do reino dos céus" (III, q. 69, a. 7).

(Cf. Igreja)

[Tradução: G. Frade]

Relação

E substancialmente sinônimo de relação: indica a referência de um ente — ou um objeto em geral — a um outro, segundo um determinado modo.

Já estudado por Platão o conceito de relação é aperfeiçoado definitivamente por Aristóteles. A relação é para o Estagirita uma das categorias, isto é, um dos predicados gerais com o qual se pode determinar o ente. A linguagem aristotélica não tem ainda um substantivo abstrato para designar a relação, mas a designa com a locução adverbial *pros tì* (*Cat. Aurea* 5, 1, 6a), "em relação a": dizer que *pros tì* é uma categoria significa dizer que uma coisa qualquer pode ser considerada *em relação a* qualquer outra coisa. Isso pressupõe que existam coisas, entre as quais a relação pode ser considerada; portanto, a categoria de relação, como todas as outras, de resto, pressupõe a categoria de "substância", que designa o que é em si mesmo. Mas, entre as várias categorias (quantidade, qualidade, ação, paixão etc.), a relação é a que está mais afastada da substância; ou seja, o que ela atribui à substância é, entre os primeiros caracteres que podem ser predicados, o menos entitativo, o que tem em si menor consistência: "Indício de que a relação implica o mínimo de entidade substancial é que ela não tem nem gênese, nem corrupção, nem movimento como, por exemplo, o aumento e a diminuição pela quantidade, a alteração pela qualidade, o movimento pelo lugar, a gênese ou a corrupção em sentido absoluto para a substância"; esse devir não existe na relação, pois, "de fato, mesmo sem ter sofrido mudança, um dos termos da relação pode se tornar às vezes maior, às vezes menor ou igual, desde que o outro termo tenha sofrido uma mudança segundo a quantidade" (*Metaf.* XIV, 1, 1088a, 30-35).

Por mais fina e acurada que fosse, a análise aristotélica da relação resultou incompleta aos pensadores cristãos, que, no mistério da Trindade, se encontraram diante de um tipo de relação absolutamente singular, porque nele assume uma dignidade ontológica de primeiríssimo plano, cessa de ser a categoria ontológica mais fraca para se tornar, ao contrário, a mais forte.

Santo Agostinho, explorando o mistério da Trindade, compreendeu que o único modo de torná-lo inteligível era recorrer à categoria da relação: de fato, a individuação das Pessoas divinas não pode ser dada nem pela substância, nem por nenhuma qualidade absoluta, porque estas são comuns a todas as Pessoas. Somente a relação pode funcionar como princípio para hipostasiar as três pessoas divinas. E assim o Pai se torna a subsistência da relação da paternidade; o Filho, a subsistência da relação da filiação; o Espírito Santo, a subsistência da relação da espiração passiva (cf. *De Trin.*, V, q. 5, a. 6).

Em seu estudo sobre a relação, Santo Tomás se inspira tanto em Aristóteles quanto em Agostinho, mas completa ambos os ensinamentos com alguns importantes esclarecimentos, principalmente no que diz respeito aos vários tipos de relações e suas aplicações nos vários campos da filosofia e da teologia.

1. Definição e divisão da relação

Santo Tomás define a relação como ordem (*ordo, respectus*), relação (*habitudo*) de uma coisa a outra. "Os predicados relativos significam pela própria razão apenas relação ao outro (*significant secundum propriam rationem solum respectum ad aliud*)" (I, q. 28, a. 1). "A própria relação não é outra coisa do que a ordem entre uma criatura com outra (*relatio nihil est aliud quam ordo unius creaturae ad aliam*)" (*De Pot.*, q. 7, a. 9, ad 7 — *Deus Uno e Trino*, p. 97). Quatro são os elementos constitutivos da relação: 1) o *sujeito*, que é a pessoa ou a coisa à qual está ligada a relação; 2) o *termo* com o qual o sujeito é posto em relação; 3) um *fundamento* da relação entre as duas realidades; 4) a própria *relação* ou vínculo que liga uma coisa a uma outra. Por exemplo, na paternidade, o sujeito é o pai, o termo é o filho, o fundamento é a geração, a relação é o vínculo de parentela que une o pai ao filho e vice-versa. Quanto ao ser da relação, Santo Tomás distingue entre o *esse in* e o *esse ad*: o primeiro indica o ser próprio da relação em si mesma (que normalmente pertence à categoria do *inesse*, isto é, do estar ligado a uma substância, enquanto é um *ser subsistente* no caso das Pessoas divinas); por sua vez, o segundo, o *esse ad*, indica a específica "relação ao termo", que é justamente expressa no conceito de relação. Somente a relação é essencial ao seu conceito, ao passo que o *esse in* poderá talvez não ser, pelo menos com respeito a um dos termos.

Com base na própria estrutura da relação, que comporta dois termos e um fundamento, Santo Tomás argumenta que podem ocorrer três tipos de relação: real, lógica e mista. São *reais* quando são reais os termos, e o vínculo é real em ambas as partes. Por exemplo, a relação de amor: "Em ambos os relacionados — o amante e o amado — há uma disposição que liga um ao outro [...] e, portanto, a relação é real de ambas as partes (*utrobique relatio realis est*)". São puramente *lógicas* quando um dos dois termos (ou ambos) não existe. Tal é a relação entre o ser e o não ser: "*Quando referatur ens ad non ens*". São *mistas* as relações que são reais somente com respeito a um termo e de razão com respeito ao outro. Por exemplo, a relação entre ciência e objeto conhecido: é real da parte da ciência, de razão da parte do objeto: "*Relatio realis est in scientia et non in scibili*" (*I Sent.*, d. 30, q. 1, a. 3, ad 3; I, q. 13, a. 7).

2. As relações mistas

Como foi dito, a relação é mista quando num de seus extremos é entidade real e no outro, apenas entidade de razão. Santo Tomás esclarece que isso ocorre sempre que os dois extremos não são da mesma ordem ontológica. "O sentido e o entendimento se referem ao sensível e ao cognoscível, que, na medida em que são algo existente no ser natural, estão fora da ordem do ser sensível e inteligível. Eis por que existe na verdade uma relação real entre o entendimento e o sentido, um e outro ordenados a conhecer e sentir as coisas. Essas coisas, porém, consideradas em si mesmas, estão fora de tais ordens, por isso, nelas, não existe uma relação real com o entendimento e com o sentido, mas somente de razão, dado que o intelecto apreende essas coisas como termos das relações do conhecimento e da sensação" (I, q. 13, a. 7).

O conceito de relação mista (real por uma parte e lógica por outra) é muito importante para a teologia natural. Santo Tomás serve-se dela para esclarecer as relações entre Deus e as criaturas: as relações de criação, de providência, de governo etc.; aqui nos encontramos sempre diante de relações mistas, de fato são relações que não colocam nada de real em Deus, mas somente nas criaturas. "Como Deus está fora de toda ordem das criaturas, e todas as criaturas se ordenam a ele sem que a recíproca seja verdadeira, é evidente que as criaturas têm uma relação real com Deus. Em Deus, porém, não existe uma relação real com as criaturas, apenas uma relação de razão, uma vez que as criaturas são a ele referidas" (ibid.).

3. As relações trinitárias

No próprio Deus há somente relações reais porque é idêntica a dignidade das três Pessoas divinas. Tais são a paternidade, a filiação, a espiração passiva e a processão; as primeiras três são chamadas *propriedades pessoais*, constituindo as pessoas: a paternidade é a pessoa do Pai, a filiação é a pessoa do Filho, a processão é a pessoa do Espírito Santo" (I, q. 30, a. 2, ad 1). Aquilo que é absolutamente peculiar das relações trinitárias é que, diversamente do que ocorre nas criaturas, elas não pressupõem a distinção dos termos entre os quais intercorrem, como se lhes fossem acidentais, mas a constituem: não pelas hipóstases nascem as relações, mas nas relações se fundam as hipóstases (I, q. 40, a. 2, ad 4). As relações trinitárias florescem diretamente da essência ou natureza divina, com a qual realmente se identificam ainda que conceitualmente impliquem distinção. "Não se deve entender a distinção das pessoas divinas como a divisão de algo comum, porque a essência comum permanece indivisa. É preciso que aquelas coisas que distinguem permaneçam realidades distintas. Ora, rigorosamente as relações ou propriedades distinguem ou constituem as hipóstases, ou pessoas, na medida em que são elas mesmas pessoas subsistentes. Assim, a paternidade é o Pai, a filiação é o Filho, pois em Deus não se distinguem o abstrato e o concreto" (I, q. 40, a. 2; cf. *I Sent.*, d. 26, q. 2, a. 1).

(Cf. ACIDENTE, SUBSTÂNCIA)
[Tradução: M. Couto]

Religião

É o conjunto de crenças (textos sagrados, símbolos, narrativas), dos ritos (orações, ações, sacrifícios) e das normas (mandamentos, preceitos, regras) com as quais os seres humanos exprimem e realizam sua relação com o sagrado e com a divindade.

Santo Tomás dedica à religião, um amplo e profundo tratado na *Suma Teológica* (II-II, qq. 80-100) que se estende por vinte questões, das quais uma (q. 81) estuda a essência da religião em geral, enquanto as questões sucessivas tratam ou dos vários atos de religião (devoção, oração, adoração, sacrifício etc.) (qq. 82-91), ou dos vícios contrários à religião (superstição, idolatria, perjúrio, sacrilégio etc.) (qq. 92-100). Outros escritos nos quais o Doutor Angélico dedica certa atenção à questão da religião são: o *Comentário às Sentenças* (*III Sent.*, d. 9, q. 1, a. 3, sol. 3; d. 33, q. 3, a. 4, qc. 1); a *Suma contra os Gentios* (III, cc. 119-120); o opúsculo *Contra impugnantes Dei cultum et religionem* (c. 1); o *Comentário ao De Trinitate* de Boécio (q. 3, a. 2).

1. Definição etimológica e real da religião

Valendo-se das etimologias correntes em seu tempo, Santo Tomás deriva o termo religião quer de *relegere*, quer de *religare*. A primeira fora sugerida por Cícero, a segunda por Santo Agostinho. Se a derivamos de *relegere*, então a religião "parece dizer reler aquilo que pertence ao culto divino, porque isto deve ser frequentemente refletido no coração, segundo se lê no livro dos Provérbios (3,6): 'Em todos os teus caminhos, pensa n'Ele'" (II-II, q. 81, a. 1). Pelo contrário, se derivamos o termo religião de *religare*, que significa "religação", então quer dizer restabelecer uma forte ligação com Deus. No opúsculo *Contra impugnantes Dei cultum*, Santo Tomás cita somente a segunda etimologia e a utiliza para fornecer uma profunda explicação ontológica da *religatio*: esta serve para religar com Deus o que a criação, pondo as criaturas fora dele, havia separado. É um texto especial extremamente sugestivo, plenamente conforme àquela visão do *exitus* e do *reditus*, que se encontra na base de todo o edifício metafísico e teológico do Doutor de Aquino. "Diz-se propriamente *ligari* (estar ligado) — escreve o Doutor Angélico — quem está de tal modo ligado a alguém a ponto de ser privado da liberdade de dirigir-se ao outro. Ao contrário, *religatio* comporta uma ligação reiterada (*iteratam ligationem*), e portanto significa que se está ligado a alguém a quem se estava já precedentemente unido e do qual se havia sucessivamente desvinculado. Ora, toda criatura existe antes em Deus que em si mesma (*prius in Deo existit quam in seipsa*); portanto, procedendo de Deus, começa num certo sentido a encontrar-se longe dele, no momento da criação. Portanto, a criatura racional deve-se religar (*religari*) com Deus, ao qual estava unida antes de existir, para que todos os rios retornem à fonte da qual jorraram" (*C. impugn.*, c. 1).

Entretanto, seja qual for o modo como se entenda a etimologia do termo, quando Santo Tomás passa à *definição real* da religião, diz que ela "implica orientação para Deus (*proprie importat ordinem ad Deum*). A ele principalmente nos devemos ligar, como a infalível princípio. A quem também a nossa atenta eleição se deve dirigir, como para o último fim do qual nos desviamos pelo pecado e, crendo e protestando a fé, deveremos a ele voltar" (II-II, q. 81, a. 1).

2. A religião, virtude moral

Santo Tomás coloca o tratado da religião logo depois do estudo da justiça, e valida essa escolha mostrando que a religião é uma parte potencial da virtude da justiça (cf. II-II, q. 81, a. 1). E, uma vez que a justiça é virtude moral, segue-se que também a religião é uma virtude moral. Santo Tomás insiste oportunamente sobre esse ponto, distinguindo a religião tanto da teologia (que é virtude teorética) quanto da fé (que é virtude teologal). "Como a magnanimidade é uma virtude especial, ainda que se utilize dos atos de todas as outras virtudes segundo o aspecto especial do próprio objeto, que consiste em propor-se grandes coisas no exercício de todas as virtudes; assim também a *religião é uma virtude especial*, considerando nos atos de todas as outras virtudes o aspecto específico do próprio objeto, isto é, o aspecto de coisa devida a Deus; e de tal modo é rigorosamente parte da justiça. No entanto, à religião são atribuídos de modo particular aqueles atos que não pertencem a nenhuma outra virtude, como as prostrações e coisas similares, nas quais secundariamente consiste a religião. Disso resulta também evidente que o ato de fé pertence materialmente à religião, como os atos das outras virtudes [...], mas formalmente é distinto da religião, tendo por objeto uma outra razão formal. A religião se relaciona com a fé também de um outro modo, dado que a fé é causa e princípio da religião. De fato, ninguém decidiria render culto a Deus se não acreditasse por fé que Deus é criador, governador e remunerador dos atos humanos. Não obstante, a religião não é uma virtude teológica (*religio non est virtus theologica*), porque tem por matéria quase todos os atos, quer da fé quer das outras virtudes, que no entanto ela oferece a Deus como coisas devidas; e tem ao invés Deus por fim. Prestar, de fato, culto a Deus consiste em oferecer a ele estes atos como devidos" (*In De Trin.*, lect. I, q. 1, a. 2; cf. II-II, q. 81, a. 5).

Como virtude moral, na ordem lógica a religião se encontra subordinada quer à justiça, quer à prudência (que é a guia de todas as virtudes éticas); mas, na ordem axiológica, a religião é superior a quaisquer outras virtudes, porque tem por fim o próprio Deus.

3. Os atos da religião

Como virtude moral, a religião ordena a Deus todo o agir humano. De fato, o homem está obrigado a religar-se com Deus com todo o seu ser, quer interior quer exteriormente, quer individual quer socialmente. Antes de tudo com a parte mais nobre de si, isto é, a alma, e depois com aquela menos nobre, o corpo. A união interior com Deus se realiza principalmente com as virtudes teologais (fé, esperança, caridade), e depois com a oração, a meditação etc. Exteriormente toma corpo com as prostrações, as mortificações, os sacrifícios etc. "Em nós há três tipos de bens: espirituais, corporais e bens externos. E, porque todos os três provêm de Deus, devemos com os três prestar o culto de latria (que é o culto devido somente a Deus). Com o espírito lhe oferecemos o devido amor; com o corpo, as prostrações e o canto; com os bens externos lhe oferecemos sacrifícios, velas, lâmpadas e outros dons semelhantes: estas coisas oferecemos a Deus não porque ele tenha necessidade delas, mas em reconhecimento do fato que tudo temos dele e reconhecendo-o com todos os bens, com todos o honramos" (*III Sent.*, d. 9, q. 1, a. 3, qc. 3; cf. *C. impugn.*, c. 1; II-II, q. 81, a. 7). "A religião consta de duas ações: umas, próprias e imediatas, produzidas pelo homem, mediante as quais ele se orienta somente para Deus, como sacrificar, adorar e coisas semelhantes. Outras constam de atos produzidos pelas virtudes sobre as quais impera a religião, ordenando-as à reverência divina. Pois a virtude à qual pertence o fim impera sobre as virtudes às quais pertence tudo aquilo que é orientado ao fim. Assim sendo, o ato da religião exige 'visitar os órfãos e as viúvas nas suas tribulações', que são obras de misericórdia. 'Guardar-se do mundo para não se manchar' é ato imperado pela religião, e praticado pela temperança ou por outra virtude semelhante" (II-II, q. 81, a. 1, ad 1).

Entre os atos interiores que são "*quasi principales et per se ad religionem pertinentes*", Santo Tomás examina a *devotio* e a *oratio*. A consideração da *devotio* nos parece particularmente interessante para rebater a acusação, frequentemente endereçada ao Doutor de Aquino, de intelectualismo também no campo religioso, porque "a devoção nada mais é do que a vontade pronta para se entregar a tudo que pertence ao serviço de Deus" (II-II, q. 82, a. 1). O equilíbrio do pensamento do Doutor Angélico se manifesta até mesmo na resposta às objeções sobre a questão de saber se a devoção seria provocada em nós pela contemplação dos divinos mistérios. Santo Tomás observa que a devoção é suscitada principalmente pela consideração da paixão de Cristo e em geral pela humanidade do Filho de Deus, mais do que pelas grandezas de Deus que realmente requerem um mais alto grau de contemplação, e isso pelo simples motivo de que o homem tem necessidade de uma *manuductio per aliqua sensibilia* para chegar ao conhecimento das coisas divinas. "Logo, o culto divino precisa usar de coisas corpóreas para que por elas, que são como sinais, a mente humana desperte para atos espirituais, mediante os quais nos unimos com Deus. Logo, a religião possui atos interiores que lhe pertencem, essencial e principalmente, e atos exteriores, que são secundários e ordenados para os atos interiores" (II-II, q. 81, a. 7).

Muitas outras observações que o Doutor Angélico faz a propósito da oração (*oratio*) são bastante pertinentes para definir a religião. A oração pertence à essência da religião porque aquele que reza professa a própria reverência a Deus, submetendo-se a ele e mostrando desse modo ter necessidade dele como do autor de todos os próprios bens (II-II, q. 83, a. 2); (cf. ORAÇÃO).

Entre os atos externos, o primeiro lugar cabe ao sacrifício (*sacrificium*); enquanto, de fato, os outros atos externos de culto, como prostrações e genuflexões, podem ser prestados a outros e não apenas a Deus, "o sacrifício é reservado somente a Deus" (II-II, q. 85, a. 2). É pela lei natural e não por força de alguma instituição religiosa particular que o homem é obrigado a oferecer sacrifícios a Deus: "O homem, seguindo a razão natural, oferece coisas sensíveis a Deus, para significar a sua submissão e reverência. Aliás, assim age em semelhança aos que oferecem aos seus superiores alguma coisa significativa do reconhecimento ao domínio deste. Ora, isso se refere à razão do sacrifício. Logo, oferecer sacrifício é de lei natural (*oblatio sacrificii pertinet ad jus naturale*)" (ibid., a. 1). O exercício deste dever pode variar segundo os tempos, os lugares e as culturas; mas o dever de oferecer sacrifícios a Deus é universal e imutável. De fato, observa o Doutor Angélico, "algumas determinações do direito natural são estabelecidas de maneira geral, mas que devem ser aplicadas em particular segundo o direito positivo. Por isso, os criminosos devem ser punidos por preceito da lei natural, mas a determinação da pena é do direito positivo divino ou humano. Assim também a determinação geral de oferecer sacrifício é da lei natural e todos aceitam essa explicação. Mas a determinação de qual seja o sacrifício para isto ou para aquilo é da instituição divina ou humana, razão por que diferenciam-se os sacrifícios" (ibid., ad 1).

4. A religião natural

Como virtude moral, a religião é uma disposição (*habitus*) natural: é aquela relação natural que une o ser inteligente e livre a Deus. Dessa disposição natural nasce aquela instituição humana à qual se dá o nome de *religião natural*. Que uma instituição como essa exista, para Santo Tomás parece coisa óbvia e necessária. "Os antigos ofereciam tais oblações, sacrifícios e holocaustos, antes da lei, por alguma devoção da própria vontade, enquanto lhes parecia conveniente que nas coisas que haviam recebido de Deus, que ofereciam em reverência divina, afirmassem cultuar a Deus, que é de todas as coisas princípio e fim. Também instituíram algumas coisas sagradas, porque lhes parecia conveniente que para a reverência divina houvesse alguns lugares distintos de outros, destinados ao culto divino" (I-II, q. 103, a. 1, ad 1 e 2).

Santo Tomás formula um juízo altamente positivo sobre a religião natural em si mesma: não é uma invenção dos sacerdotes, arbitrária e interessada, nem uma sedução do demônio, como ensinarão muitos filósofos e teólogos da época moderna; mas é a legítima e necessária expressão daquele dever natural que obriga o homem a render culto a Deus. E o próprio Deus, segundo Santo Tomás, ainda antes de Moisés, dos Profetas e de Jesus Cristo, pode ter vindo ao encontro de "homens dotados de espírito profético" para ajudar a humanidade "a exercer um culto para com Deus que fosse conforme ao culto interior e apto a representar os mistérios de Cristo". "E assim como entre os homens, em geral, havia alguns preceitos judiciais, não, porém, instituídos pela autoridade da lei divina, mas ordenados pela razão humana, assim também havia algumas cerimônias, não certamente determinadas pela autoridade de alguma lei, mas só segundo a vontade e a devoção dos homens de cultuar a Deus. Ora, porque também antes da lei houve alguns homens superiores dotados de espírito profético, deve-se crer que, por instinto divino, como uma lei privada, fossem induzidos a algum determinado modo de cultuar a Deus, que fosse conveniente ao culto interior, e também fosse adequado para significar os mistérios de Cristo" (I-II, q. 103, a. 1).

Segundo Santo Tomás, a religião natural é já caminho de salvação, ainda que não o seja em virtude das obras do homem, mas somente em virtude de Cristo. Ela tem um valor intrinsecamente positivo: por isso, não será suplantada nem destruída, mas sim corrigida e aperfeiçoada pelo cristianismo.

(Cf. Deus, Infidelidade, Justiça)
[Tradução: M. Couto]

Religioso (estado)

É o estado de quem se dedica à vida religiosa de modo especial; em outras palavras, é o estado de quem "se especializa" na virtude da "religião". De fato, explica Santo Tomás, "embora religiosos possam ser chamados todos aqueles que prestam culto a Deus, especialmente assim são designados os que dedicam toda a vida ao culto divino, afastando-se dos negócios mundanos (*religiosi dicuntur qui totam vitam suam divino cultui dedicant, a mundanis negotiis se abstrahentes*). Também são chamados de contemplativos nao aqueles que contemplam, mas que dedicam toda a vida à contemplação" (II-II, q. 81, a. 1, ad 5).

Tratando da religião, Santo Tomás distingue entre a acepção originária e própria desse termo e a acepção derivada. Segundo a acepção originária se designa aquela virtude especial com a qual o homem se liga a Deus como ao princípio primeiro e para o qual dirige toda sua ação como ao fim último. Ao contrário, segundo a acepção derivada, por religião se entende a condição de quem "se obriga a algumas obras de caridade, com as quais serve a Deus de modo especial, renunciando às ocupações mundanas" (*C. impugn.* I, c. 1, n. 7). Chama-se, portanto, *religioso* quem pratica a religião nesse sentido mais restrito, e não simplesmente no sentido primário e mais geral.

1. Natureza do estado religioso

Querendo definir o que é o estado religioso, o Doutor Angélico parte, como é seu costume, do significado etimológico do termo. *Estado* deriva do latim *stare* = estar em pé: ora, quem está em pé, em posição ereta, é firme, estável, imóvel; por isso "o termo *estado* implica imobilidade" (II-II, q. 183, a. 1, obb. 1 e 2). Passando em seguida à definição real do conceito de estado, Santo Tomás explica que "*Estado*, propriamente falando, significa uma posição particular conforme a natureza e com certa imobilidade. Ora, é natural ao homem ter a cabeça erguida para o alto, os pés apoiados no solo e os membros intermediários em sua ordem conveniente. O que não se verifica se o homem está deitado, sentado ou recostado, mas só quando está de pé. E tampouco se diz que ele está de pé se caminha, mas se está em repouso. Por isso, de modo semelhante no campo das ações humanas (isto é, em sociedade) se diz de qualquer negócio que está estabilizado, levando em conta a ordem da própria disposição e, ao mesmo tempo, quando possui uma certa imobilidade ou um certo repouso. Por conseguinte, o que entre os homens varia facilmente ou lhes é exterior não constitui um estado. Por exemplo, o fato de alguém ser rico ou pobre, constituído em dignidade ou de condição humilde, ou coisa semelhante. É por isso que o Direito civil determina que quem for excluído do senado é privado de uma dignidade, mas não de um estado. Parece, pois, que só faz parte do estado do homem o que se refere à obrigação da própria pessoa (*solum id videtur ad statum hominis pertinere quod respicit obligationem personae hominis*), enquanto é dona de si mesma ou depende de outra. Mais ainda, se requer que dependa não de uma causa leve ou facilmente mutável, e, sim, de algo permanente. Ora, isto se refere à razão de liberdade ou de servidão. O estado, portanto, se refere propriamente à liberdade ou à servidão, tanto na ordem espiritual quanto na ordem civil" (ibid., a. 1).

Em conclusão, segundo Santo Tomás, que nesta matéria assume para si o conceito jurídico vigente, o estado qualifica a posição (condição) de liberdade ou de escravidão (servidão) da pessoa no seio da sociedade civil ou no seio da Igreja. Como na sociedade civil existem em definitivo livres e escravos; assim também na Igreja: existe o estado dos seculares, que não têm nenhum vínculo religioso especial, pelo qual podem ser ditos livres; e existe o estado de quem renuncia à própria liberdade para servir mais perfeitamente Deus: esse é o *estado de perfeição*. A esse pertencem duas categorias de pessoas: os religiosos e os bispos; uns e outros se empenham em servir Deus plenamente com ato jurídico solene e perpétuo: os bispos com a consagração episcopal, os religiosos com a profissão perpétua (II-II, q. 184, a. 4).

Os *bispos*, encarregados do cuidado pastoral de uma igreja particular, com a consagração episcopal se obrigam de modo perpétuo com ela, como pastores, santificadores e mestres, mediante o exercício da caridade, que representa a quinta-essência da vida cristã, até o ponto de estarem prontos a dar a vida por ela em caso de necessidade (ibid., a. 5). O seu empenho, no entanto, não é já o de tender à perfeição, mas sim de exercitá-la; por isso seu estado é justamente dito *estado de perfeição adquirida* (cf. Episcopado, Perfeição).

Mas o empenho da perfeição se refere de modo especial também ao *estado religioso*. De fato, os religiosos com o voto solene se obrigam por toda a vida à prática dos conselhos evangélicos: isto é, a renunciar àqueles bens do mundo que poderiam usar licitamente, para entregar-se a Deus com mais liberdade. Seu voto — diferentemente do empenho do bispo — não os obriga ao exercício da perfeição, mas a tender para ela. Por isso seu estado é chamado *estado de perfeição em processo de aquisição* (ibid., a. 5 e ad 2). Coerente com suas premissas, Santo Tomás insiste que uma condição de vida pode ser chamada *estado de perfeição* somente se o empenho for perene e tomado mediante um ato jurídico solene: "Alguém se acha no estado de perfeição não porque exerce um ato de caridade perfeita, mas por obrigar-se para sempre e com certa solenidade às coisas que dizem respeito à perfeição" (ibid., a. 4).

Graças ao pertencimento a um estado de perfeição, a vida religiosa — segundo o Doutor Angélico —, mesmo permanecendo inferior à vida do bispo — a respeito do qual os religiosos são *aperfeiçoados* em relação ao *aperfeiçoador* (ibid., a. 7) —, é, pelo contrário, superior, pelo menos sob este aspecto, à vida do clero diocesano, cujos membros, não obstante a dignidade da Ordem sacra e os outros ofícios administrativos e pastorais de que possam vir a ser encarregados, não pertencem ao estado de perfeição mas sim ao secular.

2. Deveres do estado religioso

Ainda que o nome de religioso possa ser dado a todos os que praticam a virtude de religião, no entanto — nota Santo Tomás — "se chamarão por antonomásia 'religiosos' os que se consagram totalmente ao serviço de Deus e que, por assim dizer, se oferecem em holocausto a ele" (II-II, q. 186, a. 1). Eles, de fato, abraçando o estado religioso, se obrigam com voto solene e perpétuo a renunciar a si mesmos e a todas as coisas próprias para colocar-se totalmente a serviço de Deus, e portanto "estão mortos para o mundo, embora vivos para Deus" (II-II, q. 88, a. 11, ad 1). Já consagrados a Deus pelo batismo mediante o caráter sacramental que os tornou incumbidos do culto divino, os religiosos realizam assim do modo mais perfeito aquela consagração e participação, oferecendo a Deus a si mesmos como uma oferta que por sua totalidade e perenidade resulta o sacrifício humano maior que uma criatura pode oferecer-lhe, mais precioso ainda do que o holocausto, no qual a vítima era consumida inteiramente em honra de Deus e para o culto divino (*De perf. vitae spir.*, c. 11; *C. G.*, III, c. 130).

Para a perfeição cristã basta a prática da caridade, na dupla forma de amor de Deus e do próximo; não necessita formalmente a *prática dos conselhos evangélicos* relativos à pobreza, castidade e obediência, e tanto menos ser imposta por voto porque se trata somente de meios úteis que facilitam alcançar a perfeição da caridade (II-II, q. 184, a. 3). De fato, no entanto, os conselhos evangélicos são instrumentos bastante eficazes do amor divino, porque afastam o coração de todo o criado e o concentram em Deus. A razão, portanto, que induz o religioso a fazer voto de renúncia aos bens externos (pobreza), aos bens corporais (castidade), e aos bens da alma (obediência) é seu desejo de tender à perfeição, renunciando a bens que são obstáculo para atingi-la (II-II, q. 186, aa. 2-6).

A prática dos votos encontra uma ajuda válida na *observância das regras* da própria Ordem religiosa. De fato, "todos os atos das observâncias das vidas religiosas se ordenam aos três votos principais. Pois, se algumas foram instituídas com o fim de obter o alimento, como o trabalho, a mendicância e outros semelhantes, essas se referem à pobreza, para cuja observância os religiosos buscam o seu alimento, por esses modos. Outras, com que maceram o corpo, como as vigílias, os jejuns e outras semelhantes, diretamente se ordenam à observância do voto de continência. Outras ainda, relativas aos atos humanos, que ordenam o religioso ao fim da vida religiosa, isto é, ao amor de Deus e do próximo, por exemplo, a leitura, a oração, a visita aos doentes e outras semelhantes, compreendem-se no voto de obediência, que diz respeito à vontade, pela qual ordena os seus atos para o fim, conforme a disposição de outro. A vestição do hábito diz respeito aos três votos, como o sinal da obrigação. Por isso, o hábito regular é dado ou bento simultaneamente com a profissão" (ibid., a. 7, ad 2).

A *violação da regra* constitui sempre pecado, mais ou menos grave, segundo a matéria. E por si mesma a culpa do religioso é mais grave do que aquela do mesmo gênero cometida por um leigo, quando se trata de infração em matéria de votos ou quando lhe fosse acrescentado o desprezo ou fosse motivo de escândalo. Todavia, esclarece o Doutor Angélico, a violação da regra comporta consequências menos perniciosas, porque se é venial vem submersa na multidão de boas obras que o religioso cumpre, e se mortal, pode ser mais facilmente perdoada porque o religioso tem à sua disposição mais meios para se erguer prontamente. Por isso o estado religioso resulta, também nesse sentido, o estado em que a perfeição é mais facilmente atingível (ibid., a. 10).

3. Classificação das ordens religiosas

Santo Tomás divide as Ordens religiosas em três grandes categorias: Ordens de vida contemplativa pura, de vida ativa, e de vida eminentemente contemplativa, mas com interesse também pela vida ativa. As primeiras são as que se empenham especificamente no amor a Deus (oração, contemplação, meditação, estudo da Escritura, canto litúrgico etc.). As segundas são as que se empenham especificamente no amor ao próximo (obras de misericórdia corporais). As terceiras são as que se empenham em atividades, como a pregação e o ensino, que têm caráter eminentemente contemplativo naquilo que se refere a Deus (oração, estudo, meditação etc.), mas buscam uma finalidade contemplativa também na parte ativa: fazer conhecer e amar Deus. Idealmente falando, segundo o Doutor Angélico, as Ordens da terceira categoria são as mais perfeitas porque superiores não só às de vida ativa, mas também às de vida contemplativa pura, na medida em que abraçam um número maior de bens: "Assim como é mais perfeito iluminar do que apenas brilhar, assim também mais perfeito comunicar aos outros o que se contemplou do que somente contemplar" (II-II, q. 188, a. 6).

(Cf. Perfeição cristã, Voto)

[Tradução: M. Couto]

Reminiscência

Em geral tem o significado de uma recordação indistinta e longínqua, até inconsciente, que se registra em obras artísticas e literárias.

Na história da filosofia a reminiscência (*anamnesis*) assumiu uma função essencial em Platão, como momento do processo cognoscitivo: a reminiscência corresponde à ação com a qual a mente, estimulada pela experiência, retoma consciência das Ideias. Em Aristóteles é referida à "recordação voluntária".

Para Santo Tomás, que depende de Aristóteles, a memória, além da atividade espontânea e ordinária, tem também uma atividade de pesquisa provocada e continuada, a *reminiscentia*: esta é um despertar de conhecimentos mediante uma espécie de processo de raciocínio (*quasi syllogistice inquirendo*) (I, q. 78, a. 4). "A causa pela qual somente ao homem convém a reminiscência é que recordar tem semelhança com o silogismo (*quodammodo syllogizat*), pois, assim como chegamos à conclusão por alguns dos princípios, também, na reminiscência, de algum modo alguém raciocina se viu aquilo antes, ou se percebeu de outro modo, a partir de certo princípio ao qual chegou. E a reminiscência é como uma investigação, porque não é por acaso que passa de uma recordação para outra, mas procede com intenção de chegar a alguma memória" (*In De Mem.*, lect. 8, n. 399; *Comentário sobre "A memória e a reminiscência" de Aristóteles*; lição 8, n. 2, pp. 119-120).

Como a cogitativa (cf. Cogitativa), também a reminiscência funciona como ponte entre o conhecimento sensitivo e o intelectivo: "O grau de excelência que a cogitativa e a memória têm no homem não se deve ao que é próprio da parte sensitiva, mas à sua afinidade e proximidade com a razão universal, segundo certo transbordamento (*per aliquam affinitatem et propinquitatem ad rationem universalem, secundum quandam refluentiam*)" (I, q. 78, a. 4, ad 5).

(Cf. Conhecimento, Memória)
[Tradução: M. Couto]

Remissão (dos pecados)
cf. Confissão

Reprovação
cf. Justificação, Predestinação

Resolução

Do latim *resolutio*, é um dos dois grandes momentos do método de pesquisa utilizado por Santo Tomás; o outro momento é dado pela composição (*compositio*). A resolução parte dos efeitos e vai até as causas; parte dos fatos e vai aos princípios: para resolver os efeitos nas causas, os fatos nos princípios, os entes no ser. A composição, ao invés, pratica a via oposta: descende dos princípios universais, das causas, rumo aos eventos particulares, os efeitos. "O processo raciocinativo — escreve Santo Tomás — pode assumir duas orientações: *compositio*, quando procede das formas mais universais e vai para as menos universais (particulares); *resolutivo*, quando procede no sentido inverso. De fato, o que é mais universal é mais simples. Ora, é universalíssimo o que pertence a todo ente. E por isso o termo último do processo resolutivo nesta vida é o estudo do ente e de tudo o que lhe pertence enquanto ente. E estas são as coisas de que trata a ciência divina (ou metafísica), ou seja, as substâncias separadas e tudo quanto é comum a todos os entes" (*In De Trin.*, lect. II, q. 2, a. 1, sol. 3).

Como resulta do texto supracitado, o método resolutivo (*resolutio*) é o da metafísica, cujo objetivo é — como diz Santo Tomás — resolver todos os entes "naquilo que é mais universal e mais simples", isto é, o *esse ipsum subsistens*. Santo Tomás, na sua filosofia do ser, opera a resolução recorrendo a três argumentos: o da composição real de essência e ato de ser em todos os entes criados, o da participação e o da graduação do ser. Por sua vez, a teologia pratica o método da composição (*compositio*): assumindo como princípios as verdades reveladas, traz novas conclusões.

(Cf. Metafísica, Método)
[Tradução: M. Couto]

Ressurreição (de Cristo)
cf. Cristo

Ressurreição final

É uma das verdades fundamentais do cristianismo, o qual ensina que a separação da alma do corpo operada pela morte não é definitiva: cada corpo será restituído à própria alma no momento da segunda vinda de Cristo. Então nosso corpo será ressuscitado e transfigurado como foi ressuscitado e transfigurado o corpo de Cristo no dia da Páscoa. Com sua ressurreição, Cristo já adquiriu a forma da condição humana prevista e almejada por Deus desde o início da criação: a forma do homem celeste, plenamente plasmado e determinado pelo Espírito de Deus. "Assim é também na ressurreição dos mortos: semeado na podridão, o corpo ressuscita incorruptível. Semeado na humilhação, ele ressuscita glorioso. Semeado frágil, ressuscita forte. E, semeado um corpo animal, ressuscita um corpo espiritual [...]. O primeiro homem, vindo da terra, é terrestre; o segundo homem vem do céu. Assim como foi o terrestre, assim vão ser também os terrestres. Como é o celeste, assim vão ser também os celestes [...]. Eu vos revelo um mistério: não morreremos todos, mas todos seremos transformados, num instante, de repente, quando tocar a trombeta final; porque ela soará, e os mortos ressuscitarão indestrutíveis, e nós seremos transformados. Portanto, é preciso que este corpo destrutível receba a indestrutibilidade, e que este corpo mortal se revista de imortalidade" (1Cor 15,42-53).

O núcleo essencial do dogma da "ressurreição da carne" consiste nisto: que, graças à ação onipotente de Deus, toda a pessoa — alma e corpo — entra no reino da eternidade, quer se trate do reino da bem-aventurança, da alegria, da realização perfeita, quer se trate do reino da desolação, da devastação interior, da falência total.

Santo Tomás trata amplamente da ressurreição final na *Suma contra os Gentios* (IV, cc. 79-89) e no *Comentário às Sentenças* (IV, dd. 43-44). O material do *Comentário* foi retomado e ordenado no *Suplemento à Suma Teológica* (qq. 75-86).

1. Conveniência da ressurreição final

A ressurreição final é verdade de fé e deve ser antes de tudo crida. Sua *certeza* de fato repousa exclusivamente na Palavra de Deus. Por esse motivo, para dar suporte à ressurreição final, o Doutor Angélico invoca em primeiro lugar a autoridade da Sagrada Escritura, principalmente o célebre texto do capítulo 15 da Primeira Carta aos Coríntios, mas também os textos evangélicos de São João (Jo 5,25 ss.).

A ressurreição final é, ademais, uma verdade que corresponde às mais íntimas expectativas do homem e às instâncias irrenunciáveis da razão. De fato, segundo o Doutor Angélico, existem pelo menos três argumentos que levam a razão a admitir a ressurreição futura dos corpos: 1) "Acima foi demonstrado, que as almas humanas são imortais (livro II, c. 79), permanecendo, depois dos corpos, libertadas dos corpos. Depreende-se também do que no mesmo livro está escrito (livro II, cc. 83, 84) que a alma se une naturalmente ao corpo, pois é essencialmente forma do corpo. Por conseguinte, é contrário à natureza da alma estar fora do corpo. Ora, nada do que é contra a natureza pode perpetuar-se. Logo, as almas não ficarão para sempre sem os corpos. Por conseguinte, permanecendo elas para sempre, devem unir-se novamente aos corpos. E nisto consiste a ressurreição. Por isso, parece que a imortalidade da alma exige a futura ressurreição dos corpos" (*C. G.*, IV, c. 79 [4135]). 2) "Além disso, foi acima demonstrado (livro III, c. 25) que é natural ao homem o desejo de buscar a felicidade. Ora, a felicidade última consiste na perfeição de quem é feliz. Por isso, a quem falte algo da perfeição, ainda não possui a felicidade perfeita, porque o seu desejo ainda não está plenamente satisfeito, e tudo que está imperfeito deseja naturalmente possuir a perfeição (que lhe falta). Ora, separada do corpo, a alma está de certo modo imperfeita, como também é imperfeita a parte fora do seu todo, e a alma é naturalmente parte da natureza humana. Por isso, o homem não pode conseguir a última felicidade senão quando de novo se unir ao corpo, principalmente porque, como foi acima demonstrado, o homem nesta vida não pode alcançar a felicidade última" (ibid. [4136]). 3) "Além disso, como acima foi demonstrado (livro III, c. 140), a providência divina exige penas para os pecadores e dá prêmios aos que agem bem. Ora, nesta vida, na qual os homens são compostos de alma e corpo, eles pecam ou agem bem. Por isso, lhes é devido, segundo a alma ou segundo o corpo, o prêmio ou castigo. Ora, sabemos que nesta vida o homem não pode conseguir o prêmio da felicidade última, como se depreende do que acima foi dito. Além disso, os pecados muitas vezes não são punidos nesta vida, mas antes, como diz Jó: *Aqui os maus vivem reforçados e elevados pelas riquezas* (Jó 21,7). Logo, é necessário ser admitida a segunda união da alma com o corpo, para que o homem seja premiado e punido na alma e no corpo" (ibid. [4137]).

Como se pode ver, em Santo Tomás não se registra nenhuma ruptura entre imortalidade da alma e ressurreição do corpo e ainda menos uma resolução da imortalidade na ressurreição, como ao invés tentam fazer muitos teólogos — sobretudo protestantes, mas também católicos — do nosso tempo. Para o Doutor Angélico a ressurreição final é indubitavelmente um dom absolutamente gratuito de Deus, fruto da sua bondade e da sua misericórdia; não é nem um direito nem uma conquista do homem. No entanto, não é um dom dado a um estranho ou uma pérola "lançada aos porcos", mas é uma graça concedida a uma alma esfomeada e ferida. A ressurreição final é a cura de uma profunda e dolorosíssima ferida, não simplesmente uma capa mais ou menos preciosa jogada sobre as costas da alma.

2. Tempo e modalidade da ressurreição final

Assegurada a verdade do dogma da ressurreição final, o Doutor Angélico, como todos os seus contemporâneos, se dedica a individuar as causas, os tempos, os lugares do portentoso evento, e as qualidades dos corpos ressuscitados.

Causa principal da nossa ressurreição é indubitavelmente Jesus Cristo. Ele não é simplesmente o modelo, protótipo dos ressuscitados, mas é a causa eficiente da nossa ressurreição. Cristo, mediador entre Deus e os homens, nos libertou da morte: a ele se deve a nossa ressurreição. E "deste modo a ressurreição de Cristo é a causa da nossa ressurreição. Porque a mesma virtude da divindade de Cristo, que lhe é comum com o Pai, e que é a causa da ressurreição de Cristo, contribui também para a nossa ressurreição, da qual é a causa eficiente unívoca. Donde o dito do Apóstolo (Rm 8,11): *Aquele que ressuscitou dos mortos a Jesus Cristo dará também vida aos vossos corpos mortais*. Ora, a ressurreição mesma de Cristo, causada pelo poder divino inerente a Cristo, é a quase causa instrumental da nossa ressurreição. Pois Cristo enquanto Deus atuava mediante o seu corpo como instrumento" (*Suppl.*, q. 76, a. 1). Causas auxiliares da ressurreição final podem ser também os anjos. Assim como agora no governo do mundo Deus se utiliza do ministério dos anjos, do mesmo modo na ressurreição universal Deus se valerá do ministério dos anjos para recolher os elementos materiais; ao contrário, a reunião da alma ao corpo será obra imediata de Deus, como ora é obra imediata de Deus a criação da alma e a sua infusão no corpo (ibid., a. 3).

Quanto ao *tempo* da ressurreição final, o Doutor Angélico é categórico ao excluir que seja dado a alguém conhecê-lo. O Senhor disse que não o sabem nem mesmo os anjos; muito menos, portanto, podem conhecê-lo os homens, e efetivamente as previsões feitas até agora estiveram erradas. Ao contrário, Santo Tomás ousa indicar a hora da ressurreição final: é provável que essa ocorra pela manhã, porque nessa hora se realizou a ressurreição de Cristo, que é o modelo da nossa ressurreição (*Suppl.*, q. 77, aa. 2-3).

Na ressurreição final toda alma retomará o próprio corpo, ou seja, o mesmo corpo que tinha nesta vida, de outro modo não se dá propriamente ressurreição, mas assunção de um novo corpo; no entanto, nesse caso não seria mais a mesma pessoa. Mas, observa ainda Santo Tomás, se quem ressurge não fosse o mesmo e idêntico homem de antes, mas um outro, a ressurreição seria inútil ao fim último, que é alcançar a perfeita realização da pessoa (ibid., q. 79, aa. 1-2). Ressurge tudo o que pertence necessariamente à natureza humana, ou seja, tudo o que é informado pela alma racional, porque é rigorosamente pela alma racional que o corpo está ordenado à ressurreição. Aqui Santo Tomás esclarece que ressurgirão também os cabelos e as unhas, porque até esses pertencem à perfeição humana, ao menos em segunda ordem: são, de fato, para proteção dos membros que pertencem à perfeição humana da primeira ordem (ibid., q. 80, a. 2). Cada um ressurgirá no próprio sexo (ibid., q. 81, a. 3).

Na ressurreição o corpo adquire qualidades novas que por um lado impedem que ele seja novamente sujeitado à corrupção (impassibilidade) (ibid., q. 82) e por outro lado o tornam instrumento e companheiro mais dócil da alma (sutileza, agilidade etc.) (ibid., qq. 83-84).

Todos os ressuscitados serão reunidos num único lugar, o vale de Josafá, onde se realizará o Juízo final (ibid., q. 88, a. 4).

Depois do Juízo final os bons serão levados ao céu para gozar da bem-aventurança celeste, enquanto os maus serão expulsos para o inferno para expiar com penas inenarráveis as próprias culpas (ibid., qq. 92-98).

3. Conclusão

A descrição detalhada e bastante prolixa de um evento tão misterioso como o da ressurreição final e da condição em que se encontrarão os ressuscitados no momento do juízo universal, ao leitor moderno resulta decididamente desagradável e irritante. E é indubitavelmente a parte mais caduca de todo o pensamento de Santo Tomás. A nós faz sorrir a preocupação do Doutor Angélico de saber com exatidão quais partes do corpo serão recuperadas na ressurreição; como faz sorrir Platão quando se pergunta se existe uma unha e um chapéu ideal no Hiperurânio. Em todo este discurso Santo Tomás paga uma taxa excessiva à mentalidade dos seus contemporâneos. Até quando localiza geograficamente o inferno, o limbo, o purgatório e o paraíso, ele cede muito incautamente à cosmologia que era então patrimônio comum.

Contudo, feita a devida revisão que, ao menos em parte, teria efetuado o próprio Santo Tomás se tivesse levado a termo sua *Suma Teológica*, a substância da sua lição sobre a escatologia cristã continua válida. O Magistério da Igreja a consagrou muitas vezes solenemente.

(Cf. ESCATOLOGIA)
[Tradução: M. Couto]

Restituição

É dar a alguém o que lhe foi injustamente roubado: "*Restituere nihil aliud esse videtur quam iterato aliquem statuere in possessionem vel dominium rei suae* (Restituir não é mais do que restabelecer alguém na posse ou no domínio do que é seu)" (II-II, q. 62, a. 1).

Santo Tomás trata do dever da restituição, quer no *Comentário às Sentenças* (IV, d. 15, q. 1, a. 5), quer na *Suma Teológica* (II-II, q. 62).

Antes de tudo, Santo Tomás faz ver que nos pecados contra a justiça não basta o arrependimento, mas há que ter também o dever da restituição. De fato, a satisfação do pecado "quer que nós nos reconciliemos com Deus e com o próximo. A reconciliação, pois, não é outra coisa senão a reparação da amizade. Ora, até que permaneça a causa da dissolução da amizade, esta não pode ser reparada, se a causa foi justamente a desigualdade derivada de ter tomado ou retido injustamente a coisa de outrem: por isso não é possível satisfazer e reconciliar-se com Deus, a não ser que se restitua a coisa roubada ou retida injustamente. Deve-se saber, entretanto, que a amizade não requer sempre o igual, mas o possível. Portanto, se não se puder restituir inteiramente o roubado, basta a vontade de restituir, acompanhada da porção de restituição do quanto for possível, segundo o juízo de homens probos" (*IV Sent.*, d. 15, q. 1, a. 5, sol. 2). Mais precisamente, cada um está obrigado a restituir aquilo que privou de um outro; se a privação for daquilo que o outro realmente tinha, a restituição deve ser feita totalmente, como quer a justiça comutativa; mas, se a privação é daquilo que uma pessoa não possuía ainda e era algo que estava em vias de obter, não se está obrigado ao todo, mas somente a uma compensação proporcionada à condição das pessoas e dos negócios (II-II, q. 62, a. 4).

Sucessivamente Santo Tomás passa a explicar sobre quem tem a obrigação da restituição. Estão obrigados não só aqueles que tomaram a coisa do outro, mas também todos aqueles que concorreram direta ou indiretamente quer com ação positiva quer negativa. Portanto, está obrigado à restituição também: 1) quem ordenou causar dano; 2) quem permitiu ao ladrão roubar; 3) o receptador e o defensor do ladrão; 4) o sócio no furto e na posse dos despojos; 5) quem, devendo por ofício e podendo impedir o furto, não o impediu (*IV Sent.*, d. 15, q. 1, a. 5).

Assim como o tomar, também o possuir as coisas de outrem coloca em estado de pecado, de que se deve escapar: por isso a restituição deve ser feita imediatamente, tanto quanto possível (II-II, q. 62, a. 8).

(Cf. Furto, Justiça)
[Tradução: M. Couto]

Revelação

Do latim *revelare* = tirar o véu, manifestar. Na linguagem teológica significa o conjunto de atos com os quais Deus, por meio dos profetas, de Jesus Cristo, dos apóstolos, manifestou a si mesmo, a sua vontade, o seu plano de salvação aos homens. "Revelação" significa ao mesmo tempo a condição para a possibilidade da fé (em Deus e em Jesus Cristo) e a totalidade da fé cristã, e pode ser entendido justamente como "conceito teológico transcendental" (H. Fries).

Para os cristãos a revelação abarca duas grandes fases: a do antigo Pacto (Aliança) e a do novo. No antigo Pacto, Deus se revela ao povo eleito, Israel. O seu núcleo principal é constituído pela Lei e pelos Profetas: a Lei com a qual o povo eleito conhece os próprios deveres para com Javé; os Profetas que admoestaram Israel para permanecer em sua fidelidade a Deus e preanunciaram o advento do Messias. No novo Pacto a revelação de Deus se torna completa, enquanto ele mesmo, assumindo em Jesus de Nazaré a forma humana, se torna pessoalmente manifesto. Sendo Deus, Cristo é autenticamente o Revelador. Ele não é somente o anunciador profético da Palavra de Deus, mas é a própria "Palavra de Deus" (encarnada) (Cl 1,25-27; Jo 1,1-18), e toda sua história é a história do "sim" irrevocável de Deus à humanidade (2Cor 1,19). Ele não é somente aquele que realiza sinais e milagres, mas o próprio "sinal da salvação" de Deus (Lc 2,34), ou o "mistério de Deus" escondido, que agora foi revelado (Cl 1,24-29; Ef 1,8-12); não é somente o mestre de sabedoria, mas a própria "Sabedoria de Deus" (Mt 11,16-19; 1Cor 21.24.30).

A primeira reflexão teológica em torno ao conceito de revelação existe já em Ireneu, Clemente de Alexandria e Orígenes. Contra o gnosticismo que opõe AT a NT, Ireneu sublinha a unidade da história da salvação. Consequentemente o tema da revelação se religa ao tema mais amplo da ação do Verbo de Deus, ao mesmo tempo criador e salvador. O próprio Deus realiza, no seu único Verbo, um só plano de salvação, da criação à visão. Sob a orientação do Verbo a humanidade nasce, cresce e morre até a plenitude dos tempos (*Adversus Haereses* IV, 38, 3). Clemente de Alexandria constrói seu imponente sistema de pensamento sobre o Logos salvador e revelador. "A face do Pai é o Logos no qual Deus se faz luz e é revelado" (*Pedagogo* I, 57; *Stromati* VII, 58, 3-4). Dois são os canais que prepararam a plena revelação do Logos, a filosofia para os gentios e a lei mosaica para os judeus: "Aquilo que a lei foi para os judeus, a filosofia o foi por sua vez para os gentios até a vinda de Cristo" (*Stromati* VI, 17). Com o advento do Logos em pessoa tanto a lei como a filosofia passam ao serviço da fé. Ora, é o Logos encarnado que nos ensina que o homem pode tornar-se filho de Deus; é ele o Pedagogo universal que reúne lei, profetas e filosofia. Doravante "nos tornamos alunos de Deus: é seu próprio Filho que nos dá uma instrução verdadeiramente santa" (*Stromati* I, 98). Também Orígenes elabora uma reflexão sobre a revelação a partir do Logos, imagem fiel do Pai. "Vemos no Verbo que é Deus e imagem de Deus invisível o Pai que o gerou" (*Comen-*

tário a João 32, 29). A revelação se cumpre porque o Verbo se encarna e, mediante a encarnação, isto é, na carne do corpo e das Escrituras, nos permite ver o Pai invisível e espiritual. A encarnação do Logos inaugura uma nova forma de conhecimento que ultrapassa o plano das imagens, das sombras, da letra e atinge o plano da realidade, da verdade, do espírito. Nessa passagem Orígenes sublinha a ação do Espírito. É o Espírito que conduz do evangelho temporal ao evangelho eterno.

O momento interior da revelação, já sublinhado por Orígenes, é sistematicamente teorizado por Santo Agostinho. O que conta principalmente na revelação não é o verbo exterior mas o Verbo interior. Receber as palavras de Cristo, observa Agostinho, não quer dizer somente escutar exteriormente "com os ouvidos do corpo, mas do fundo do coração" como os apóstolos (*Joan. tract.* 106, 6). Agostinho insiste: a palavra escutada exteriormente não é nada se o Espírito de Cristo não agir interiormente para fazermos reconhecer, como palavra dirigida a nós pessoalmente, a palavra escutada: "Jesus Cristo é nosso mestre e sua unção nos instrui. Se esta inspiração e esta unção forem defeituosas, em vão as palavras ressoarão em nossos ouvidos" (*In epist. Joan.* 3, 13). Essa graça é ao mesmo tempo atração e luz. Atração que solicita as faculdades do desejo, luz que faz ver em Cristo a verdade em pessoa. O homem recebe de Deus um duplo dom: o do evangelho e o da graça para aderir a ele na fé (*De gratia Christi* I, 10, 11). De modo mais universal, Cristo, como Verbo de Deus, é a única luz do homem, o princípio de todo conhecimento, quer natural quer sobrenatural, e é a única via de salvação. "Fora desta via que jamais faltou ao gênero humano, ou preanunciada no futuro, ou anunciada na realização, ninguém jamais alcançou a libertação, jamais a alcança ou a alcançará" (*De civitate Dei*, 10, 32).

No seu estudo sobre a revelação, Santo Tomás recolhe os frutos de toda a especulação precedente, dos Padres gregos e latinos, e dos Escolásticos, mas situa a problemática no novo contexto cultural: o encontro do cristianismo com o mundo árabe (islâmico) e com a filosofia aristotélica, que justamente sobre a questão da revelação andava suscitando novas e espinhosas interrogações.

1. Conceito de revelação

Santo Tomás dá ao termo "*revelatio*" um significado em que domina o fator cognoscitivo: é uma nova luz — gratuita, sobrenatural, dada pelo Espírito Santo — que toca imediatamente a razão (a faculdade cognoscitiva, não os sentimentos, o coração, a fantasia etc.), que escancara o horizonte de novas e insuspeitáveis verdades, que podem ser de ordem tanto natural quanto sobrenatural. A revelação não é uma nova faculdade nem um novo *habitus* que venha flanquear-se às faculdades e aos *habitus* que o homem já naturalmente possui; nem mesmo é simplesmente uma operação divina, mas sim o efeito de uma ação especial de Deus, que Santo Tomás compara continuamente com a *ação do sol*: assim como o sol com sua luz torna visíveis as coisas materiais, do mesmo modo Deus, doando ao intelecto esta luz, lhe escancara a visão de verdades que antes lhe eram inacessíveis e invisíveis. "O sol corporal — escreve o Doutor Angélico — ilumina de fora. Mas o sol inteligível, que é Deus, ilumina interiormente. Assim, a luz natural infusa na alma é uma iluminação de Deus pela qual nos ilumina no conhecimento de verdades da ordem natural. Para isso não se necessita de outra iluminação, mas somente para aquelas realidades que excedem o conhecimento natural [...]. O intelecto humano tem uma forma determinada, isto é, a luz inteligível (*intelligibile lumen*), que por si só é suficiente para conhecer algumas coisas inteligíveis (verdades), aquelas que podemos adquirir a partir das percepções sensíveis. Mas, quando se trata de conhecimentos de uma ordem superior, o intelecto humano não pode conhecer se não for reforçado por uma luz mais alta (*fortiori lumine*), a luz da fé, ou da profecia (*lumine fidei vel prophetiae*); é isto que se chama de luz da graça (*lumen gratiae*), porque é acrescentada à natureza" (I-II, q. 109, a. 1, ad 2). Como já se pode notar no texto que acaba de ser mencionado, Santo Tomás, para designar o efeito da ação especial com a qual o sol de Deus desvela à mente novas verdades, recorre a várias expressões que, no entanto, têm sempre em comum o termo *lumen*: luz mais forte (*fortius lumen*), luz da fé (*lumen fidei*), luz da graça (*lumen gratiae*), luz da revelação (*lumen revelationis*), luz gratuita (*lumen gratuitum*) (cf., além da I-II, q. 109, a. 1; I, q. 1, a. 1, ad 2; I, q. 88, a. 3, ad 1; *De Ver.*, q. 14, a. 10).

Por *lumen* (luz) Santo Tomás entende "o que torna manifesto o que antes estava oculto e invisível" (I, q. 67, a. 1). Ora, enquanto já com a luz natural (*lumen rationis*) o homem pode atingir um amplo horizonte de verdades, com a nova luz o olhar de sua mente pode ser ampliado para muito mais além: para o futuro (e então se tem propriamente o *lumen prophetiae*) ou em profundidade (e então se tem o *lumen fidei*). O efeito do *lumen revelationis* é, portanto, sempre o de desvelar novas realidades e novas verdades.

Do que foi exposto resulta que a revelação — segundo o conceito tomista — se refere antes de tudo à dimensão subjetiva: é o potenciar da faculdade cognoscitiva, o potenciar do seu olhar: é um ver novo que faz ver objetos novos. É, como bem diz o Doutor Angélico, não tanto a oferta de novos objetos ou de novas verdades, mas sim uma ajuda extraordinária, uma graça concedida ao intelecto; "a luz de nosso intelecto não é por si objeto, mas meio de conhecimento (*ipsum lumen intellectus nostri non se habet ad intellectum nostrum sicut quod intelligitur, sed sicut quo intelligitur*)" (I, q. 88, a. 3, ad 1).

A revelação é eminentemente ação de Deus e o é de modo especialíssimo. De fato, mesmo pertencendo a Deus a iniciativa (e a causa principal) de tudo que ocorre neste mundo e de tudo que sucede no correr da história, todavia, a revelação lhe pertence de modo singularíssimo porque faz parte de um plano especial, extraordinário, o plano da graça, que é o plano da história da salvação. Portanto, a revelação é ação especial do Espírito Santo (I-II, q. 109, a. 1, ad 1). Considerada em sua *vertente ativa*, a revelação é a ação com a qual Deus, livre e gratuitamente, oferece ao homem as verdades necessárias e úteis para conseguir a salvação sobrenatural. Pertencem ao revelado (*revelatum*) os conhecimentos sobre Deus inacessíveis à razão e que por consequência podem ser conhecidos somente por meio da revelação. Pertencem ao revelável (*revelabile*) os conhecimentos que por si mesmos não ultrapassam a capacidade da razão, mas que Deus revelou por serem úteis à obra da salvação, e porque a maior parte dos homens, deixados a sua sorte, não conseguiria jamais conhecê-los: de fato, também estas verdades fazem parte do corpo da revelação. (cf. I, q. 1, a. 3, ad 2).

2. Necessidade da revelação

A revelação é obviamente necessária para a ordem sobrenatural, porque essa ordem é, por definição, aquela ordem que o homem pode reconhecer e que pode alcançar somente por dom absoluto e totalmente gratuito de Deus. Mas, segundo Santo Tomás, que sobre esse ponto retoma o ensino de Santo Agostinho e também do judeu Moisés Maimônides, a revelação é necessária igualmente para dar maior solidez à ordem natural. Sobre esse argumento Santo Tomás se expressou clara e firmemente em numerosas ocasiões. Aqui pode bastar só uma citação tomada da II-II, q. 2, a. 4. Ao quesito: "É necessário crer o que a razão natural pode alcançar?", o Doutor Angélico dá a seguinte resposta: "É necessário que o homem receba, pela fé, não só aquilo que supera a razão, mas também o que pode ser conhecido pela razão. E isso por três motivos: 1. A fim de que o homem chegue mais rapidamente ao conhecimento da verdade divina. Com efeito, à ciência cabe provar que Deus existe e outras coisas a ele referentes, mas ela é o último objeto a cujo conhecimento chega o homem por pressupor muitos outros conhecimentos anteriores. Assim, só depois de muitos anos de vida o homem chegaria ao conhecimento de Deus. 2. Para que o conhecimento de Deus seja mais generalizado. De fato, muitos não podem avançar no estudo das ciências ou por incapacidade mental ou porque estão envolvidos por outras ocupações e pelas necessidades da vida temporal ou ainda porque não têm o desejo de se instruir. Ora, essas pessoas ficariam privadas do conhecimento de Deus, se as verdades divinas não lhes fossem propostas pela fé. 3. Por causa da certeza. A razão humana é muito deficiente no conhecimento das realidades divinas. É o que se depreende da experiência dos filósofos, que perscrutaram as coisas humanas, e erraram sobre muitos pontos mantendo opiniões opostas. Portanto, para que haja entre os homens um conhecimento de Deus que seja indubitável e certo, foi necessário que as verdades divinas fossem transmitidas pela fé, como sendo ditadas por Deus (*quasi a Deo dicta*), que não pode mentir" (cf. também I, q. 1, a. 1; *I Sent.*, Prol., q. 1, a. 1; *III Sent.*, d. 24, q. 1, a. 3, sol. 1; *C. G.*, I, c. 4; *De Ver.*, q. 14, a. 10; *In De Trin.*, lect. I, q. 1, a. 1).

Como foi dito, esse segundo grupo de verdades reveladas, que por si mesmas já são acessíveis à razão, não fazem parte do *revelatum*, mas do *revelabile*. No *Comentário às Sentenças* Santo Tomás diz que as primeiras pertencem à fé *per se* (essencialmente), as segundas *per accidens* (acidentalmente). "A fé se refere a algo de dois modos, *per se* ou *per accidens*. No primeiro caso (*per se*) se trata de verdades que pertencem à fé sempre e em toda parte (*semper et ubique*). No segundo caso (*per accidens*) pertencem à fé de determinadas pessoas. Portanto, verdades relativas a Deus que superam absolutamente a capacidade do intelecto humano e que nos foram reveladas pertencem essencialmente (*per se*) à fé; ao invés, o que supera somente a inteligência desta ou daquela pessoa, mas não de todos os homens, não pertence à fé de modo essencial, mas somente acidentalmente" (*III Sent.*, d. 24, q. 1, a. 2, sol. 2).

3. As grandes etapas da história da revelação

A revelação divina ocorreu por sucessivas intervenções de Deus, mediante as quais tornou-se cada vez mais explícita quer a doutrina sobre a própria divindade, quer o seu desígnio salvífico, que deveria atingir o momento conclusivo com a encarnação do Verbo de Deus. Santo Tomás, tomando como ponto de referência o limite final da revelação, a Encarnação, apresenta a própria história da revelação em três grandes épocas: a época antes do pecado, a época da Antiga Aliança e a época da Nova Aliança. "Ora, para os homens, o caminho para chegar à bem-aventurança é o mistério da Encarnação e Paixão de Cristo, como dizem os Atos dos Apóstolos: 'Não foi dado aos homens outro nome pelo qual possamos ser salvos' (At 4,12). Portanto, em todos os tempos, todos deviam, de algum modo, crer no mistério da Encarnação de Cristo, embora diversamente, conforme a diversidade dos tempos e das pessoas. 1. Com efeito, antes do estado de pecado, o homem teve fé explícita na Encarnação de Cristo, enquanto ordenada à consumação da glória, mas não enquanto era ordenada à libertação do pecado, pela paixão e pela ressurreição, porque o homem não tinha presciência do pecado futuro [...]. 2. Depois do pecado, porém, o mistério de Cristo foi crido explicitamente não somente quanto à Encarnação, mas também quanto à Paixão e Ressurreição, pelas quais o gênero humano foi libertado do pecado e da morte. Do contrário, não teria sido figurada a Paixão de Cristo por certos sacrifícios, antes da Lei e sob o regime dela. Estes sacrifícios tinham um significado que os maiores explicitamente conheciam, os menores, porém, tinham de certo modo um conhecimento velado, acreditando que, sob o véu desses sacrifícios, havia um plano divino referente a Cristo que deveria vir. E, como dissemos acima, os mistérios de Cristo foram conhecidos tanto mais distintamente quanto mais próximos a ele os homens estavam. 3. Mas, a partir de quando a graça foi revelada, tanto os maiores (doutos) quanto os menores estão obrigados a ter fé explícita nos mistérios de Cristo, especialmente naqueles que comumente a Igreja soleniza e propõe publicamente, como são os artigos sobre a Encarnação de que se falou acima" (II-II, q. 2, a. 7; cf. I-II, q. 103, a. 3).

Segundo Santo Tomás, nas etapas particulares a mais perfeita manifestação divina foi a que se verificou naquela que a inaugurou: "Em cada uma dessas etapas, a primeira revelação foi a mais excelente" (II-II, q. 174, a. 6). A revelação se desenvolveu segundo uma economia descendente e hierárquica, que tem origem nas hierarquias celestes e descende até os profetas e apóstolos e, por meio deles, a todos os outros homens (II-II, q. 2, a. 6). No entanto, como foi dito, o progresso da revelação não ocorreu homogeneamente no suceder dos tempos: de fato, o mistério de Deus se revelou, sim, de modo substancialmente progressivo, porém sempre mais plenamente naquele no qual Deus inaugurava uma nova era de salvação: Abraão, Moisés, Jesus Cristo. "Antes da Lei, foi feita a Abraão, em cujo tempo os homens começaram a se desviar da fé num só Deus, descambando para a idolatria [...]. A revelação feita a Isaac foi inferior, pois era como que fundada sobre a de Abraão [...]. Do mesmo modo, no tempo da Lei, a primeira revelação, feita a Moisés, foi mais excelente (*fuit excellentior*), e sobre ela se funda toda a revelação dos profetas. E, assim, também, no tempo da graça, toda a fé da Igreja se apoia na revelação feita aos Apóstolos, sobre a fé na unidade e na trindade [...]. Quanto à fé na encarnação de Cristo, é manifesto que os que estiveram mais próximos dele foram, em geral, quer antes, quer depois, mais instruídos sobre esse mistério. Contudo, os que vieram depois o foram mais, como diz o Apóstolo aos Efésios" (II-II, q. 174, a. 6).

A revelação de Cristo é a última, a perfeita no sentido pleno da palavra. Não haverá na ordem da revelação explicitações ulteriores por meio de outras intervenções divinas (ibid., ad 3); haverá somente um aprofundamento e explicitação por parte da Igreja (II-II, q. 1, a. 10). Santo Tomás salienta muito frequentemente o fato de que a plenitude da revelação ocorreu no Cristo. Ele é a própria Luz (*lumen*) que resplende nas trevas e torna manifesta a verdade: "*Christus est ipsum lumen comprehendens, immo ipsum lumen existens. Et ideo Christus perfecte testimonium perhibet et perfecte manifestat veritatem*" (*In Ioan.*, c. 1, lect. 4). Ele deu testemunho da verdade, com sua humanidade, com suas obras (III, q. 40, a. 1), com as ações da sua vida que manifestam os vários aspectos do mistério da salvação (cf. III, q. 36, a. 3, ad 1; q. 44, a. 3, ad 1; q. 45, a. 4, ad 2; q. 53, a. 1). Sabedoria eterna de Deus, ele é o princípio da nossa sabedoria (*In Ioan.*, c. 1, lect. 1); a raiz e a fonte de todo conhecimento (ibid., c. 17, lect. 6). Ele é o primeiro e principal Doutor da fé (*primus et principalis doctor fidei*) (III, q. 7, a. 7), o Doutor dos doutores (*doctor doctorum*). Diferentemente dos outros mestres humanos, ele ensina tanto de fora quanto no interior do espírito. No correr de sua vida, antes de confiar aos Apóstolos a missão de evangelizar o mundo, ele os instruiu (III, q. 42, a. 1, ad 1 e 2); a eles deu o seu espírito (*In Ioan.*, c. 17, lect. 6), que lhes manifestou o sentido da sua doutrina, de modo que pudessem por sua vez iluminar os outros homens (ibid., c. 12, lect. 8).

O conjunto das verdades que Deus nos revelou por meio de Cristo e dos Apóstolos é "a instrução segundo a revelação divina" (I, q. 1, a. 1). Sua custódia é confiada à Igreja. A maior parte dos homens tem acesso à revelação somente de modo mediato, por meio da pregação da Igreja. Deus nos ajuda a crer com uma tríplice intervenção: com a *pregação* exterior, com os *milagres* que conferem *credibilidade* a essa pregação e também "com uma *atração* interior que não é outra coisa senão uma inspiração do Espírito mediante a qual o homem é levado a dar o seu consenso ao que é objeto de fé [...]. Esta atração é necessária, porque nosso coração não se voltaria a Deus se o próprio Deus não nos atraísse a ele" (*In Ep. ad Rom.*, c. 8, lect. 6; cf. II-II, q. 2, a. 9). O apelo interior da graça é o "testemunho" da "verdade primeira que ilumina e instrui o homem interiormente" (*Quodl.* II, q. 4, a. 1, ad 3). Portanto, ao homem é dado um duplo dom: o dom da doutrina da salvação, mediante a revelação, e o dom da graça para acolhê-lo na fé.

4. Revelação e teologia

Tudo o que Deus tornou conhecido ao homem mediante a revelação forma o objeto da teologia. Esta não tem outro objeto senão aquilo que foi desvelado à inteligência mediante o *lumen revelationis*. Graças a esse objeto, a teologia se distingue não só de maneira específica mas também genericamente (ou seja, pertence a um ramo do saber totalmente diverso) de qualquer outra ciência, compreendida a teologia filosófica. De fato, "a diversidade de razões no conhecer determina a diversidade das ciências. Tanto o astrônomo como o físico chegam à mesma conclusão: a terra é redonda. Mas o primeiro se utiliza de um raciocínio matemático, que prescinde da matéria; ao passo que o físico, por um raciocínio que leva em conta a matéria. Nada impede que as mesmas coisas de que as disciplinas filosóficas tratam, enquanto são conhecíveis à luz da razão natural (*cognoscibilia lumine naturalis rationis*), sejam tratadas por outra ciência, como conhecidas à luz da revelação divina (*quae cognoscuntur lumine divinae revelationis*). A teologia, portanto, que pertence à doutrina sagrada (*theologia quae ad sacram doctrinam pertinet*) diferem em gênero (*differt secundum genus*) daquela que é considerada parte da filosofia" (I, q. 1, a. 1, ad 2).

A revelação não é somente o objeto e, por isso, a fonte principal, substancial e fundamental da ciência teológica, mas é também a autoridade primária e suprema à qual recorre em toda sua argumentação "É muito próprio desta doutrina (*doctrina*) usar argumentos de autoridade, pois os princípios da doutrina sagrada vêm da revelação (*principia huius doctrinae per revelationem habentur*). Assim, deve-se acreditar na autoridade daqueles pelos quais a revelação se realizou. Isso, porém, não derroga sua dignidade, porque, se o argumento de autoridade fundado sobre a razão humana é o mais fraco de todos, o que está fundado sobre a revelação divina é o mais eficaz de todos (*locus tamen ab auctoritate quae fundatur super revelatione divina, est efficacissimus*)" (I, q. 1, a. 8, ad 2).

R. Latourelle, grande autoridade no tema específico da revelação, formula o seguinte juízo a propósito da doutrina de Santo Tomás neste campo: "Na época medieval Tomás representa o ponto de maturidade da grande escolástica na sua reflexão a propósito do tema da revelação. Depois dele não encontramos em outros teólogos perspectivas mais amplas do que aquelas que ele desenvolveu, mesmo que não se possa pretender encontrar nele uma teologia da revelação no sentido atual do termo. Nos séculos sucessivos, até nossos dias, a terminologia se fará mais rigorosa, mais técnica, mas a reflexão não ganhará maior profundidade".

(Cf. Fé, Profecia, Religião, Salvação, Teologia)

[Tradução: M. Couto]

Roubo cf. Furto

Sabedoria

Na linguagem da filosofia e da teologia este termo designa a disposição (virtude, hábito) da mente para conhecer a Verdade: isto é, as verdades fundamentais e não aquelas parciais, as verdades metafísicas e não aquelas científicas, as verdades relacionadas com a Realidade suprema e última e não as realidades contingentes e relativas.

O povo grego, povo especulativo por excelência, colocava o conhecimento da Verdade no ponto mais alto da sua hierarquia dos valores, mais alto que as honrarias, que as riquezas, que os prazeres, que a força, que a potência, que a própria beleza; portanto a finalidade da vida é adquirir a sabedoria. Em Pitágoras, Heráclito, Parmênides, Sócrates e Platão já se encontram traços desse conceito de sabedoria. Mas o esclarecimento teorético mais maduro se encontra em Aristóteles. Ele relaciona a sabedoria diretamente com o conhecimento dos primeiros princípios e das primeiras causas (*potrai aitiai kai arkai*) e faz da sabedoria o saber unificador tanto do ser como do devir, do pensar como do agir; a sabedoria é o saber que descobre e indaga os fundamentos. Qual uma "filosofia primeira", ela pertence à dimensão de uma compreensão científica e sistematizadora da existência. Na *Ética a Nicômaco*, Aristóteles distingue a sabedoria *secundum quid*, como a habilidade em determinadas artes, da sabedoria *simpliciter*, que, ocupando-se contemporaneamente dos princípios e das conclusões, se situa junto com o intelecto e a ciência: todavia não é uma ciência qualquer, mas a ciência das coisas mais honoráveis e divinas, e é como a cabeça de todas as ciências. Distinguindo-a, além disso, da prudência (*phronesis*), acentua suas características de completo desinteresse e de universalidade, enquanto a prudência se volta para o cuidado das coisas úteis e particulares.

Com os Padres da Igreja (Clemente, Orígenes, Agostinho) o conceito de sabedoria sofre uma transvaloração no sentido cristão. Não se nega cada valor da sabedoria dos pagãos, mas a ela é atribuído um papel servil, de prolegômeno à única verdadeira sabedoria, que é aquela que procede do Cristo. "A verdade helênica — escreve Clemente —, mesmo trazendo o mesmo nome, se distingue da nossa, seja por extensão do saber, pela segurança da demonstração, pelo poder divino e outras características similares. De fato, fomos ensinados por Deus, que por meio de seu Filho nos instruiu realmente nas Escrituras Sagradas" (*Stromati* I, 20). Agostinho, por sua vez, traça uma linha de demarcação muito nítida entre ciência e sabedoria. A ciência abarca toda a vasta ordem das criaturas, o universo do contingente, do mutável, do transitório. O homem, que é peregrino rumo à eternidade, não deve considerar este mundo das criaturas como sua última morada, mas deve usá-lo (*uti*) para chegar à pátria bem-aventurada: é o campo da ação e não da contemplação. "Por isto, todo este vasto âmbito que se refere à prudência, à justiça, à fortaleza e à temperança pertence àquela ciência ou regra de conduta (*scientiam vel disciplinam*) que guia a nossa ação para evitar o mal e para desejar o bem" (*De Trinitate*, 12, 14). A sabedoria, ao contrário, tem por objeto as realidades eternas, por isso "nem as coisas passadas, nem aquelas futuras, porém as coisas sempre presentes" (ibid.). Também isso explica por que somente na *sapientia*, que é a contemplação daquele ser eterno e imutável que é Deus, reside a alegria intelectual que é própria da *vita beata*. A esfera do *frui* (do deleite) não pertence à filosofia mas à teologia, mais exatamente àquela seção da teologia que trata de Deus e da Trindade, porque são as únicas realidades que merecem ser buscadas por si mesmas e que são a fonte autêntica e plena de vida bem-aventurada para quem as contempla e as ama: "A coisa da qual se deve alegrar, o Pai, o Filho, o Espírito Santo, isto é, a própria Trindade, é a maior de todas as coisas (*summa res*) e é comum a todos aqueles que a podem apreciar" (*De doctrina christiana*, 1, 5, 5).

Santo Tomás, que reúne a herança filosófica de Aristóteles e o rico patrimônio teológico de Santo Agostinho, trata da sabedoria tanto como virtude humana quanto como dom do Espírito Santo.

1. A virtude da sabedoria

Seguindo Aristóteles, Santo Tomás ensina que duas são as virtudes régias que guiam o ser humano à consecução do fim último, o bem supremo, a felicidade: a sabedoria e a prudência. A sabedoria é a rainha do mundo do saber (*caput scientiarum*) e tem como objeto as coisas mais elevadas, que são as realidades divinas: "*mens nostra perficitur in cognitione altissimorum et huiusmodi sunt divina*" (*C. G.*, IV, c. 12). "No que diz respeito às realidades divinas, ter um julgamento correto em virtude de uma inquirição da razão pertence à sabedoria, que é uma virtude intelectual" (II-II, q. 45, a. 2). Essa qualificação pertence de modo particular à teologia: "esta doutrina (a teologia) — escreve o Doutor Angélico — é, por excelência (*maxime sapientia est*), uma sabedoria, entre todas as sabedorias humanas. E isto não apenas num gênero particular, mas de modo absoluto. Compete ao sábio ordenar e julgar; o julgamento de coisas inferiores se faz mediante uma causa mais elevada; assim, sábio em qualquer gênero é aquele que toma em consideração a causa suprema desse gênero [...]. Por conseguinte, quem considera simplesmente a causa suprema de todo o universo, que é Deus, merece por excelência o nome de sábio. Eis por que, como se vê em Agostinho, a sabedoria é chamada o conhecimento das coisas divinas" (I, q. 1, a. 6).

2. O dom da sabedoria

Enquanto a sabedoria como virtude intelectual "se obtém pelo esforço humano", o dom da sabedoria "desce do alto" (II-II, q. 45, a. 1, ad 2). O dom se distingue da virtude não só por sua origem diversa, mas também pelo modo de operar: as conclusões da virtude são fruto do raciocínio; ao contrário, as conclusões do dom são devidas a certa conaturalidade. "Assim, portanto, no que diz respeito às realidades divinas, ter um julgamento correto em virtude de uma inquirição da razão pertence à sabedoria, que é uma virtude intelectual. Mas julgar bem as coisas divinas por modo de conaturalidade pertence à sabedoria enquanto é um dom do Espírito Santo" (ibid., a. 2).

O dom da sabedoria não se identifica com a fé: de fato, "a fé dá seu assentimento à verdade divina considerada em si mesma, mas o julgamento que é conforme à verdade divina pertence ao dom de sabedoria. Por isso, o dom de sabedoria pressupõe a fé" (ibid., a. 1, ad 2).

Mesmo sendo essencialmente uma virtude teorética, a sabedoria, seja como virtude, seja como dom, não desenvolve somente funções especulativas, mas também práticas. "Segundo Agostinho, a parte superior da razão é consagrada à sabedoria e sua parte inferior, à ciência. Ora, a razão superior, sempre segundo Agostinho, põe sua atenção nas razões supremas 'para *considerá-las* e *consultá-las*'. Para *considerá-las*, enquanto contempla o divino em si mesmo; para *consultá-las*, enquanto, a partir do divino julga as atividades humanas que ela dirige segundo as regras divinas. Portanto, a sabedoria como dom não é somente especulativa, mas também prática" (ibid., a. 3). "Como foi dito, é próprio da sabedoria que é dom não somente contemplar o divino, mas também regular os atos humanos. Nesta regulação, vem, em primeiro lugar, o afastamento dos males que são contrários à sabedoria. Por isso se diz que o temor é 'o início da sabedoria', porque nos faz fugir dos males. Por último, como fim, tudo é levado à ordem que convém, o que é próprio da razão da paz" (ibid., a. 6, ad 3).

(Cf. Ciência, Conhecimento, Fé, Intelecto)
[Tradução: A. Bogaz]

Sacerdócio (sacramento)
cf. Ordem sacra

Sacerdócio de Cristo

É um dos três grandes ofícios messiânicos exercidos e desempenhados por Jesus Cristo. Os outros dois são os ofícios de profeta e de rei.

A Carta aos Hebreus oferece uma exposição maravilhosa do sacerdócio de Cristo; nela, entre outras coisas, se lê: "Tendo, pois, um grande sumo sacerdote, que atravessou os céus, Jesus, o Filho de Deus [...]. É ele que, nos dias da sua vida na terra, dirigiu petições e súplicas, veementes clamores e lágrimas, a Deus que o podia libertar da morte. E foi ouvido por causa da sua piedade" (Hb 4,14; 5,7). "Mas este, pelo fato de permanecer para sempre, tem um sacerdócio imutável. Eis por que ele pode salvar, agora e sempre, os que por seu intermédio se aproximam de Deus, pois está sempre vivo para interceder por eles. Sim, precisamente é tal o sumo sacerdote de que precisávamos, santo, inocente, imaculado, separado dos pecadores e elevado acima dos céus. Ele não é como os outros sumos sacerdotes: não precisa oferecer a cada dia sacrifícios, primeiramente pelos seus próprios pecados e depois pelos do povo. Pois ele ofereceu um sacrifício uma vez por todas, quando se ofereceu a si mesmo" (Hb 7,24-27).

Os Santos Padres se contentaram praticamente em repetir as belas fórmulas de São Paulo, e nem mesmo os grandes expoentes da Escolástica dos séculos XII e XIII fizeram muito para aprofundar na dimensão especulativa este mistério. Deve-se a Santo Tomás o mérito de ter configurado os quesitos essenciais sobre este tema, propondo o sacerdócio de Cristo à pesquisa dos teólogos posteriores. A exposição mais completa se encontra na questão 22 da *Terceira Parte da Suma Teológica*. A questão abarca seis artigos, que abordam os seguintes quesitos: 1. Convinha a Cristo ser sacerdote? 2. Qual é a vítima deste sacerdócio? 3. Qual é o efeito deste sacerdócio? 4. O efeito de seu sacerdócio concerne a Cristo ou somente aos outros? 5. É eterno o seu sacerdócio? 6. Cristo deve ser chamado sacerdote segundo a ordem de Melquisedec?

1. Definição do sacerdócio de Cristo

Para definir o sacerdócio de Cristo, Santo Tomás recorre à categoria da mediação, que é a categoria que se usa para definir o sacerdócio em geral. De fato, o sacerdote é, por definição, o mediador entre Deus e os homens. Ora, porque não só Jesus Cristo é mediador entre Deus e os homens, mas é também a única pessoa que realiza adequadamente essa função, é evidente que a ele compete eminentemente o título e o ofício de sacerdote. "Por meio dele são conferidos aos homens, os dons [...]. Cristo, também, reconciliou o gênero humano com Deus, como diz a Carta aos Colossenses: 'Foi do agrado de Deus que toda plenitude habitasse nele (isto é, no Cristo), e também, por meio de Cristo, reconciliar consigo tudo o que há, tanto nos céus como na terra' (Cl 1,19). Portanto, convinha a Cristo de forma eminente ser sacerdote" (III, q. 22, a. 1).

O papel de sacerdote, esclarece o Doutor Angélico, não compete a Jesus Cristo como Deus (porque como Deus não podia servir de mediador), mas como homem, e todavia sua ação de mediador (sacerdote) adquire valor infinito porque tem como sujeito (pessoa) o Verbo, ou seja, o próprio Deus. "Enquanto homem (Cristo) era superior aos outros homens pela plenitude da graça e pela união (hipostática), e inferior a Deus pela natureza criada elevada. Por isso, propriamente falando, ele é mediador por força da natureza humana" (*III Sent.*, d. 19, q. 1, a. 5, sol. 2).

2. Ações do sacerdócio de Cristo

As ações principais reservadas ao sacerdote são duas, rezar e oferecer sacrifícios.

"Como é ofício do sacerdote rezar, assim o é também oferecer sacrifícios" (*III Sent.*, d. 17, q. 1, a. 3, qc. 2, arg. 1): Cristo realizou ambos os ofícios sacerdotais. A oração é um dos seus compromissos fundamentais. Como notam os Evangelhos, todas as decisões importantes da sua vida são precedidas pela oração. E, como narra o evangelista João, ele quis fazer preceder a imolação cruenta do Calvário pela longa oração sacerdotal do cenáculo e do horto das oliveiras. E São Paulo, como já recordamos, ilustrando a doutrina referente ao sacerdócio de Cristo, escreve: "Ele é que, nos dias de sua vida na terra, dirigiu petições e súplicas, com veementes clamores e lágrimas a Deus que o podia libertar da morte. E foi ouvido por causa da sua piedade" (Hb 5,7). O Doutor Angélico comenta: "Ato do seu sacerdócio foi a oferenda de orações e de súplicas, isto é, o sacrifício espiritual que Cristo ofereceu" (*In Ep. ad Hebr.*, c. 5, lect. 1).

Não menos peculiar no desenvolvimento do ofício sacerdotal é o sacrifício realizado por Jesus Cristo; o seu caso é o único em que o sacerdote se identifica com a vítima: "Cristo, enquanto homem, não só foi sacerdote, mas também vítima perfeita, sendo ao mesmo tempo vítima pelo pecado, vítima pacífica e holocausto (*Ipse Christus, inquantum homo, non solum fuit sacerdos, sed etiam hostia perfecta, simul existens hostia pro peccato et hostia pacificorum et holocaustum*)" (III, q. 22, a. 2). O sacerdócio de Cristo é realização perfeita da sua paixão: "*Sacerdotium Christi et eius regnum praecipue consummatum est in eius passione* (Mas o sacerdócio de Cristo e o seu reino se realizaram principalmente em sua paixão)" (III, q. 35, a. 7, ad 1).

3. Efeitos do sacerdócio de Cristo

Três são, segundo o Doutor Angélico, os efeitos principais da ação sacerdotal de Cristo: a remissão dos pecados, o dom da graça e a perfeição da glória (III, q. 22, a. 2). Quanto ao perdão dos pecados, escreve: "Duas coisas são necessárias para a perfeita purificação dos pecados, segundo os dois aspectos do pecado, ou seja, a mancha da culpa e o reato da pena. A mancha da culpa se apaga pela graça que faz voltar a Deus o coração do pecador, o reato da pena é tirado totalmente pela satisfação que o homem apresenta a Deus. Ora, o sacerdócio de Cristo produz estes dois efeitos. Pois, em virtude do mesmo nos é dada a graça pela qual os nossos corações se voltam para Deus [...]. Além disso, ele satisfez plenamente por nós pois 'suportou nossas doenças e carregou as nossas dores'. Resulta, pois, claro que o sacerdócio de Cristo tem pleno poder para expiar os pecados" (ibid., a. 3).

4. Prerrogativas do sacerdócio de Cristo

Duas são as prerrogativas do sacerdócio de Cristo sobre as quais mais insiste Santo Tomás: 1) seu caráter fontal: é o sacerdócio do qual tem origem todo outro sacerdócio. "O agente primeiro, em qualquer gênero de coisas, influi de tal modo que não é receptor nesse mesmo gênero. Por exemplo, o sol ilumina, mas não é iluminado; o fogo aquece, mas não é aquecido. Ora, Cristo é a fonte de todo sacerdócio (*Christus est fons totius sacerdotii*) porque o sacerdote da antiga lei era a figura de Cristo; e o sacerdote da nova lei age na pessoa de Cristo" (III, q. 22, a. 4). 2) A qualidade de ser eterno e universal, visto que abarca a humanidade de todos os tempos e lugares. E assim, "ainda que a paixão e a morte de Cristo não hajam de se repetir, a virtude daquela vítima permanece para sempre" (ibid., a. 5, ad 2).

(Cf. Cristo, Redenção, Salvação)
[Tradução: M. Couto]

Sacramento

Do latim *sacramentum* = juramento sagrado. É o símbolo de uma realidade espiritual que é produzida em quem a recebe. Por exemplo, o Batismo é um banho do corpo que simboliza uma ação análoga que a graça produz na alma. O sacramento, porém, não é simplesmente símbolo, mas também causa eficaz — embora instrumental — daquilo que significa. É, portanto, um sinal que realmente contém aquilo que representa.

Como resulta do testemunho dos Evangelhos, Jesus, aquele que atua a nossa salvação, instituiu alguns ritos adequados a testemunhar e produzir sua ação salvífica naqueles que acolhem seu Evangelho e entram para fazer parte da sua Igreja. No Evangelho há indicações precisas para a instituição dos seguintes ritos: memória da ceia pascal (Mt 26,26-28; Mc 14,22-24; 1Cor 11,24-25); remissão dos pecados (Mt 16,18-19; Jo 20,22-23); batismo (Mt 28,19). Na Carta de Tiago se fala de um rito para os enfermos em uso desde as primeiras décadas do cristianismo (Tg 5,14-15). Do próprio ensinamento de Jesus resulta que o sacramento compreende sempre dois elementos (que em seguida a teologia chamará de material e formal): uma matéria (a água, o pão, o vinho etc.) e uma forma ("Eu te batizo…"; "Este é o meu corpo…").

Durante o período patrístico, aos poucos se distinguiu tanto aquilo que é necessário para que um rito tenha o seu valor (por exemplo, a água e a fórmula trinitária para o batismo), quanto a diferença entre os ritos que nós chamamos sacramentais e outros de menor importância. Assim, a *Tradição apostólica* de Hipólito (início do século III) indica a diferença entre a Eucaristia e a refeição religiosa dos cristãos, ou, de um lado, entre a ordenação do bispo ou do diácono, e do outro, a instituição de outros ministros. Sucessivamente foram se esclarecendo alguns pontos importantes, em particular dois: que alguns sacramentos não podem ser repetidos e que a sacramentalidade da Igreja não se esgota nos sete sacramentos. Os sacramentos que não podem ser repetidos são o Batismo, a Confirmação e a Ordem, por causa de sua relação particular com o Reino: eles conferem ao fiel um sinal especial de seu pertencimento ao Reino que se chama *caráter sacramental*. Para qualificar mais exatamente os elementos constitutivos essenciais do sacramentos os escolásticos a partir do século XII se valeram da linguagem aristotélica de "matéria" (a coisa e o gesto) e "forma" (as palavras).

Santo Tomás faz uma síntese completa e definitiva de todo o enorme trabalho precedentemente feito pelo Padres e pelos Escolásticos. "Ela se constitui como o paradigma dos desenvolvimentos a que chegou a teologia sacramental da grande escolástica, isso sem falar do influxo que ela exerceu sobre a história da sacramentária e sobres as próprias formulações do magistério da Igreja" (C. Rocchetta). A doutrina sobre os sacramentos é tratada pelo Angélico em várias obras: *Comentário às Sentenças* (*IV Sent.*, d. 1, q. 1; d. 2, q. 1; d. 4, q. 1; d. 5, qq. 1-2); *Suma contra os Gentios* (IV, cc. 56-58); *De Veritate*, q. 27, aa. 4 e 7; *Quodl.* XII, qq. 10-12). Mas a sistematização conclusiva é a que ele realizou na *Tertia Pars* da *Suma Teológica*. Sua localização é significativa, encontra-se ao final da *Suma Teológica*, logo depois do *De Verbo incarnato*: os sacramentos são, com efeito, o prolongamento da sua humanidade, a extensão e a aplicação da sua graça, o sangue e a água que saem do lado de Cristo e realizam a salvação dos homens, levando assim a cumprimento o seu *reditus* definitivo em Deus. Escreve o próprio Santo Tomás, explicando a razão da colocação desse tratado sobre os sacramentos: "Depois de estudar os mistérios do Verbo encarnado, devemos tratar dos sacramentos da Igreja, pois têm sua eficácia do Verbo encarnado. Primeiro se considerarão os sacramentos de forma geral; depois, cada sacramento em particular" (III, q. 60). A discussão dos sacramentos em geral está subdividida em cinco pontos: 1. O que é o sacramento? (q. 60); 2. A necessidade dos sacramentos (q. 61); 3. Os efeitos dos sacramentos (qq. 62-63); 4. A sua causa (q. 64); 5. O seu número (q. 65).

1. A essência do sacramento

Tornando própria a noção de "sinal" proposta por Santo Agostinho no *De doctrina christiana* e caracterizando-a ulteriormente, Santo Tomás define o sacramento como "sinal de uma realidade sagrada enquanto santifica os homens (*signum rei sacrae in quantum este sanctificans homines*)" (III, q. 60, a. 2). O sacramento, desse modo, é situado na categoria do sinal (*in genere signis*): trata-se de um rito-sinal que aponta para outra realidade. Essa definição vale para todos os sacramentos, inclusive os da Antiga Aliança, ainda que de modo diferente no que diz respeito à sua relação diversa com o evento pascal de Cristo. É esse evento, de fato, que fundamenta o conteúdo próprio dos sacramentos: "O sacramento em sentido próprio — explica o Doutor Angélico — se ordena a significar nossa santificação. Podem-se considerar três aspectos de nossa santificação: sua causa, que é a paixão de Cristo; sua forma, que consiste na graça e nas virtudes; seu fim último, que é a vida eterna. Os sacramentos significam esses três aspectos. O sacramento é, pois, um sinal rememorativo do que o precedeu, a paixão de Cristo (*signum, rememorativum eius quod praecessit scilicet passionis Christi*); demonstrativo do efeito da paixão de Cristo em nós (*demostrativum eius quod in nobis efficitur per Christi passionem, scilicet gratiae*); prognóstico ou prenunciador da glória futura (*prognosticum, idest praenuntiativum futurae gloriae*)" (ibid., a. 3).

Os sacramentos são "mistérios" de salvação pois manifestam e conferem *per modum signi et causae* (não apenas como sinal mas também como causa-instrumental) a graça de Cristo. Sua eficácia salvífica não pode ser outra senão aquela realizada por Jesus Cristo por meio de sua morte e ressurreição. Daqui emerge a diferença entre os sacramentos da Antiga e da Nova Aliança: os primeiros significavam a fé na paixão futura de Cristo e apenas como tais eram salvíficos, os segundos significam a fé no Salvador que veio e conferem a graça que conquistou em si (III, q. 61, a. 3).

Os elementos constitutivos essenciais do sacramentos são dois: em sintonia com Pedro Lombardo e com a opinião comum, Santo Tomás os qualifica como *res et verba* (a coisa e as palavras): a *res* corresponde à matéria, enquanto os *verba* correspondem à forma. A leitura do fenômeno sacramental em chave hilemorfista é feita claramente em sentido analógico: é um *per modum materiae et formae* (III, q. 60, a. 6, ad 2). O paralelismo *res-verba*/matéria-forma se apresenta mais como uma comparação teológica que tem por finalidade afirmar a unidade do sinal e da sua significação (com a rejeição da ideia de uma união simplesmente extrínseca ou acidental), do que como definição do sacramento em si. Por outro lado, aquilo que os sacramentos da Nova Aliança significam deriva não da virtude da realidade ou das palavras tomadas em si mesmas, mas de uma disposição divina (*ex institutione divina*): é em virtude dessa disposição que uma realidade natural se torna "veículo" de um evento sobrenatural (ibid., a. 5).

2. Necessidade do sacramento

São três as razões principais nas quais Santo Tomás fundamenta a necessidade dos sacramentos. "A *primeira* provém da condição da natureza humana. É-lhe próprio proceder do corporal e sensível ao espiritual e inteligível. Ora, cabe à divina providência prover a cada um segundo sua condição e modo próprios. A sabedoria divina age, pois, harmoniosamente quando atribui ao homem os auxílios necessários à salvação sob sinais corporais e sensíveis que se chamam sacramentos. A *segunda* razão é tomada do estado em que de fato se encontra o homem: tendo pecado, submeteu-se às realidades corporais, pondo nelas seu afeto. Ora, aplica-se o remédio no lugar onde se sofre a doença. Era, pois, conveniente que Deus se servisse de sinais corporais para administrar ao homem um remédio espiritual que, proposto de maneira puramente espiritual, seria inacessível a seu espírito, entregue às realidades corporais. A *terceira* razão se propõe tendo em vista que a ação humana se desenvolve predominantemente no âmbito da realidade corporal. Seria demasiadamente duro para o homem renunciar totalmente às ocupações corporais. Por isso, nos sacramentos foram-lhe propostas atividades corporais que o habituam salutarmente a evitar que se entregue a atividades supersticiosas — o culto aos demônios —, ou a qualquer ação nociva como são os atos pecaminosos" (III, q. 61, a. 1).

No entanto, como observa mais vezes Santo Tomás, os sacramentos não produzem a salvação automaticamente, não são feitiços mágicos. Para que se tornem instrumentos eficazes da graça, é preciso a fé. "O poder do Cristo se alcança mediante a fé […] e por isso o poder dos sacramentos, orientado a tirar os pecados, vem principalmente da fé na paixão de Cristo" (III, q. 62, a. 5, ad 2). A própria forma do sacramento é determinada em última análise pelo *verbum fidei* (III, q. 60, a. 7, ad 1). Fé e sacramentos são, portanto, correlativos. "Os sacramentos — já havia escrito Santo Tomás no *Comentário às Sentenças* — são profissões de fé. Eis por que se requer que sejam proporcionais à fé. Ora, a fé transcende o conhecimento da razão natural; assim também os sacramentos se colocam acima da razão; eles não são de direito natural mas de direito divino" (*IV Sent.*, d. 17, q. 3, a. 1, sol. 2). Essa fé implica a adesão da pessoa humana inteira, corpo e espírito, ao desígnio de Deus, incluídos os atos externos (II-II, q. 124, a. 5).

3. Efeitos do sacramento

Os efeitos principais são dois: a graça e o caráter. Antes de tudo, os sacramentos são causa instrumental produtiva da *graça*. Essa graça é entendida como dom que "aperfeiçoa a essência da alma, comunicando-lhe certa semelhança com o ser divino. Como da essência da alma fluem suas potências, assim da graça fluem para as potências da alma certas perfeições que se chamam virtudes e dons. Estes aperfeiçoam as potências em vista de seus atos. Os sacramentos visam a certos efeitos especiais necessários na vida cristã: o batismo visa à regeneração espiritual, pela qual o homem morre para os vícios e se torna membro de Cristo. Esse efeito é algo especial, diferente dos atos das potências da alma. O mesmo argumento vale para os outros sacramentos. Como as virtudes e os dons acrescentam à graça tomada em geral certa perfeição que visa especificamente aos atos das potências, assim a graça sacramental acrescenta à graça tomada em geral e às virtudes e dons um auxílio divino para alcançar o fim do sacramento" (III, q. 62, a. 2).

O segundo efeito é o caráter. A questão do caráter é amplamente tratada na *Suma Teológica*, tanto para o que diz respeito à sua existência e à referência aos três sacramentos que o conferem (III, q. 63, aa. 1 e 6), quanto para o que diz respeito à sua natureza (ibid., aa. 2-3) e o sujeito ao qual diz respeito (ibid., aa. 4 e 5) (cf. CARÁTER SACRAMENTAL). A recepção do caráter (*signum et res*) não depende da fé do sujeito (III, q. 68, a. 8); em razão disso, o sacramento pode reviver em seus efeitos de graça.

Que alguns sacramentos (Batismo, Crisma e Ordem) confiram uma marca especial (o caráter) sobre quem os recebe depende do fato de que graças a estes se adquire uma posição especial na Igreja: por meio do Batismo, se é inserido, incorporado na Igreja; por meio da Confirmação se torna membro militante e não simplesmente membro passivo; por meio da Ordem sacra se torna ministro. Para Santo Tomás o caráter representa a deputação ontológica para participar no culto da Igreja: um culto que consiste em receber os bens divinos e em comunicá-los aos outros (III, q. 63, a. 2).

4. A causa do sacramento

A causa eficiente principal de nossa salvação é Deus; a causa eficiente instrumental é a humanidade de Cristo e, em dependência desta, o ministro humano e os sacramentos. "A causa eficiente principal da salvação humana é Deus. Mas, como a humanidade de Cristo é instrumento da divindade, como dito antes, todas as ações e sofrimentos de Cristo, consequentemente, operam de modo instrumental, pela virtude da divindade para a salvação dos homens. Assim, a paixão de Cristo causa a salvação humana de modo eficiente" (III, q. 48, a. 6). Disso segue que apenas Deus pode ser *sacramentorum institutor* (III, q. 64, a. 2). Quanto ao poder de Cristo, é preciso distinguir: como Deus, ele atua nos sacramentos como causa suprema; como homem, produz os efeitos dos sacramentos "como causa meritória e eficiente instrumental". "Com efeito, a paixão de Cristo que ele sofreu em sua natureza humana é a causa de nossa justificação por ela merecida e realizada efetivamente, não como agente principal ou autor soberano, mas à maneira de instrumento, enquanto sua humanidade é instrumento de sua divindade. Contudo, por ser instrumento unido à divindade na unidade de uma só pessoa, sua humanidade goza de um primado e é causa com relação aos instrumentos exteriores que são os ministros da Igreja e os próprios sacramentos. Por isso, como Cristo, enquanto Deus, tem poder de *autoridade* sobre os sacramentos, assim, enquanto homem, tem poder de ministro principal ou poder de *excelência*" (III, q. 64, a. 3).

Alinhado com a tradição dos Padres, Santo Tomás liga a economia sacramental da Igreja aos atos redentores realizados por Jesus Cristo. Os *"mysteria carnis Christi"*, da encarnação à circuncisão, à apresentação no templo, ao batismo, às tentações, à vida pública, até à paixão, morte e ressurreição, representam o fundamento e a fonte dos sacramentos da Igreja e da graça doada neles. O mistério da cruz, no qual se compendia toda a obra salvífica de Cristo, representa o fundamento da eficácia salvífica dos sacramentos. Escreve o Angélico: "com sua paixão, Cristo nos libertou de modo causal, ou seja, estabeleceu a causa de nossa libertação, causa pela qual pudessem ser remidos em qualquer momento todos os pecados, passados, presentes e futuros" (III, q. 49, a. 1, ad 3).

Tudo o que o Redentor realizou por toda a humanidade e adquiriu de uma vez por todas em si se desdobra no espaço e no tempo e se comunica a todo homem nos sacramentos; neles se tornam como que contemporâneos a cada geração os atos redentores de Cristo e se torna possível participar em sua virtude salvífica. É o evento da Páscoa de Cristo que fundamenta o conteúdo dos sacramentos; eles possuem uma força especial derivada da paixão de Cristo (III, q. 62, a. 45). Nessa visão os sacramentos não são simplesmente uma causa dispositiva, mas causa instrumental produtiva da graça: são *causas instrumentais* que atualizam o mistério salvífico da Páscoa (III, q. 60, aa. 1 e 3-5). "A doutrina tomista sobre a eficácia sacramental se situa assim no contexto de uma concepção simbólico-objetiva do sacramento que o subtrai a todo subjetivismo sacramental e leva a referir a causalidade dos sacramentos antes à ação de Deus que à ação do homem" (C. Rocchetta).

5. O número dos sacramentos

Santo Tomás, que está sempre muito atento em encontrar as razões plausíveis mesmo para aquilo que pode parecer meramente casual, mostra que não é efetivamente por acaso que os sacramentos sejam sete, nem mais nem menos: de fato, há motivos rigorosos, que derivam da necessidade do homem de ser aperfeiçoado naquilo que cabe ao culto de Deus e, em segundo lugar, da situação de pecado em que ele se encontra. Para determinar quais são de fato as exigências espirituais do homem, Santo Tomás se remete às necessidades que se encontram na vida física. "A vida espiritual tem alguma semelhança com a vida corporal, como aliás também as demais realidades corporais têm certa semelhança com as espirituais. A vida corporal comporta dois modos de aperfeiçoamento: um pessoal, outro em relação a toda a comunidade social em que se vive, porque o homem é por natureza um animal social". Para o que diz respeito à vida física, sob o *aspecto individual* o homem nasce, cresce, se alimenta e, se fica doente, sara e se liberta também de todos os resíduos da doença, e sob o *aspecto social* se habilita ao governo dos outros e se torna apto para a natural propagação da espécie. Assim, guardadas as devidas proporções, na vida espiritual há primeiro cinco sacramentos de ordem individual: Batismo, Crisma, Eucaristia, Penitência e Unção dos enfermos; em seguida outros dois, isto é, a Ordem sacra e o Matrimônio, ambos de ordem social (III, q. 65, a. 1).

Contudo, adiciona o Angélico, é possível justificar o número sete também partindo do pecado e considerando os sacramentos como remédios contra as misérias do pecado. "De fato, o Batismo é contra a ausência da vida espiritual; a Crisma contra a debilidade espiritual que se encontra nos neófitos; a Eucaristia contra a inconstância do ânimo em relação ao pecado; a Penitência contra o pecado atual cometido depois do Batismo; a extrema Unção contra as escórias dos pecados não totalmente tiradas pela Penitência ou pelo descuido ou pela ignorância; a Ordem contra a dissolução da coletividade; o Matrimônio contra concupiscência pessoal e contra os vazios que a morte abre na sociedade" (ibid.).

Disso resulta claramente que não somente o número dos sacramentos é sete, mas também que a sua disposição é ordenada e racional (ibid., a. 2).

Do ponto de vista da *dignidade*, Santo Tomás explica que a Eucaristia é o maior de todos os sacramentos, e isso por três razões: 1. porque contém o próprio autor dos sacramentos; 2. porque é o centro de todos os sacramentos; 3. porque na Eucaristia se completam os outros sacramentos (ibid., a. 3).

Quanto à necessidade dos sacramentos, Santo Tomás distingue entre necessidade absoluta (ou de meio) e relativa (ou de preceito). São *absolutamente necessários*: o Batismo para todos, a Penitência para quem tem pecados graves atuais e a Ordem para quem desempenha determinados ministérios na Igreja. Os outros sacramentos são necessários por necessidade de preceito (ibid., a. 4).

(Cf. Caráter sacramental, Cristo, Graça, Igreja)

[Tradução: G. Frade]

Sacrifício de Cristo

O NT apresenta Jesus Cristo como aquele que sacrifica a si mesmo pela redenção de todos os homens (Mc 10,45) e põe fim a todos os sacrifícios precedentes. São Paulo chama Jesus Cristo de a "nossa Páscoa", que foi imolada para nos libertar da escravidão do pecado (1Cor 5,7) e que selou a Nova Aliança com seu sangue (1Cor 11,25). A Carta aos Hebreus fala diversas vezes da morte de Jesus como um sacrifício que supera todos aqueles da Antiga Aliança, e sublinha seu caráter expiatório (Hb 7,27; 9,14.28). Como São Paulo, também São João apresenta Cristo como *vítima propiciatória*, como *hóstia*, como *cordeiro imolado* (Jo 19,36; 1Jo 4,10). Ao sacrifício de Cristo na cruz está intimamente ligado o "sacrifício da Missa", que é seu "memorial" (Lc 22,19; 1Cor 11,25), nova ação mística.

Santo Tomás trata do sacrifício de Cristo ao falar do sacerdócio do Senhor (cf. Sacerdócio de Cristo). Duas são as funções principais do sacerdote: rezar e oferecer sacrifícios, e Jesus Cristo assumiu ambas de modo perfeito. Absolutamente original, ou melhor, único, é o modo como Cristo desenvolve a ação sacrificial: é o único caso em que o sacerdote se identifica com a vítima: "Cristo, enquanto homem, não só foi sacerdote, mas também vítima perfeita, sendo ao mesmo tempo vítima pelo pecado, vítima pacífica e holocausto" (III, q. 22, a. 2). O sacrifício de Cristo é realizado perfeitamente em sua paixão "*Sacerdotium Christi et eius regnum praecipue consummatum est in eius passione* (Mas o sacerdócio de Cristo e o seu reino se realizaram principalmente em sua paixão)" (III, q. 35, a. 7, ad 1).

Quanto à Eucaristia, Santo Tomás afirma claramente seu valor não de simples comemoração ou representação da paixão de Cristo, mas sim de verdadeiro e próprio sacrifício. De fato, a Eucaristia contém o Cristo imolado (*Christum passum*) não só como sinal e figura, mas de modo real (*in rei veritate*) (III, q. 75, a. 1). Esta é, ao mesmo tempo, sacramento e sacrifício, até o ponto de possuir um valor satisfatório (III, q. 79, a. 5). Na Eucaristia Cristo se oferece em sacrifício como na cruz, e isso não só porque a Eucaristia é um mistério representativo do sacrifício da Cruz, mas também porque por este sacramento tornamo-nos participantes dos frutos e méritos da paixão de Cristo (III, q. 83, a. 1).

Retomando o ensino de Santo Tomás, o Concílio de Trento (seção XXII) reafirmará contra Lutero e seus seguidores que a Santa Missa é um verdadeiro e próprio sacrifício.

(Cf. Cristo, Eucaristia, Sacerdócio)

[Tradução: G. Frade]

Sacrilégio

Do latim *sacra legere* = roubar coisas sagradas. É a violação de uma coisa sagrada:

"*Omne illud quod ad irreverentiam rerum sacrarum pertinet... habet sacrilegii rationem* (Por isso, toda irreverência às coisas sagradas será injúria feita a Deus e terá a razão de sacrilégio)" (II-II, q. 99, a. 1). Por coisa sagrada se entende tudo o que é consagrado ao culto divino: pessoas, lugares, coisas.

Santo Tomás trata do sacrilégio na questão 99 da *Segunda Seção da Segunda Parte da Suma Teológica*, onde examina quatro argumentos: 1. O que é sacrilégio? 2. É um pecado especial? 3. Espécies de sacrilégio; 4. A pena do sacrilégio.

Santo Tomás esclarece antes de tudo que uma coisa é sagrada porque está destinada ao culto divino e que "porque uma coisa é destinada para o culto divino torna-se de certo modo divina, e a ela será prestada a reverência que se refere a Deus. Por isso, toda irreverência às coisas sagradas será injúria feita a Deus e terá a razão de sacrilégio" (ibid.). Em seguida passa a demonstrar que é um pecado contra a religião especificamente distinto dos outros. De fato, "também aquele que viola uma coisa sagrada, neste mesmo ato faz irreverência a Deus e peca contra a virtude de religião (*per irreligiositatem peccat*)" (ibid., a. 2). Enfim, distingue três espécies de sacrilégios, com base na distinção das coisas sagradas. De fato, o que é sagrado e que é objeto do sacrilégio se distingue em pessoas, lugares e coisas sagradas; portanto, há três espécies de sacrilégios, isto é, *pessoal, local* e *real*, e a gravidade cresce quanto maior for a santidade daquilo contra o qual se peca (ibid., a. 3).

Quanto às penas, Santo Tomás afirma que neste caso elas têm caráter de remédio e que, por isso, se não basta a excomunhão, contra os sacrílegos devem ser adotadas também *penas temporais* (ibid., a. 4).

(Cf. Religião)

[Tradução: M. Couto]

Salvação

O conceito de salvação já se encontra marcadamente presente no AT, mas com características próprias que apenas parcialmente preludiam aquela noção de salvação que se manifestará com a vinda ao mundo do Salvador dos homens. No AT, a salvação diz respeito a uma libertação coletiva e nacional, vinculada às circunstâncias políticas da história de Israel. Raramente evidencia-se a noção de uma salvação pessoal e interior (Sl 51,14).

No NT, a noção de salvação passa por uma profunda transformação, ganhando um sentido marcadamente interior, espiritual, pessoal e escatológico (sem que se elimine, contudo, o sentido exterior, temporal, social e histórico). O evento emblemático que fundamenta a visão da salvação no NT já não é um acontecimento coletivo, político, nacional (como no Êxodo), mas antes um evento estritamente pessoal, religioso e, visto de modo geral, privado. A saber, é o evento da *Páscoa*, da morte e ressurreição de Cristo. Com sua morte e ressurreição, Cristo coloca em cena uma salvação que é de todos, universal, e não mais apenas de um povo. Mesmo que iniciada no tempo, é escatológica: seus efeitos se registram mais no âmbito da eternidade do que naquele da história. Seguidores de Cristo são aqueles cônscios de que "a nós foi enviada esta palavra de salvação" (At 13,20), aqueles que "são salvos mediante a sua vida" (Rm 5,10). O anúncio dos Apóstolo é essencialmente "o Evangelho [...] da salvação" (Ef 1,13). Este é "poder de Deus para a salvação de quem crê, primeiro do judeu, depois do grego" (Rm 1,16). Jesus Cristo é aquele no qual se realiza aquele misterioso e maravilhoso desígnio de salvação concebido por Deus desde toda a eternidade. "Deus, rico em misericórdia, pelo grande amor com que nos amou, de mortos que éramos por causa de nossos pecados, fez-nos reviver com Cristo: de fato, por graça fostes salvos. Com ele nos ressuscitou e nos fez sentar nos céus, em Cristo Jesus, para mostrar pelos séculos futuros a extraordinária riqueza de sua graça mediante a sua bondade para conosco em Cristo Jesus" (Ef 2,4-7).

A boa nova da salvação, que de Cristo e dos Apóstolos se disseminou por todo o mundo, adquiriu durante os séculos diversas formulações e explicações em razão da variedade dos horizontes culturais com os quais o cristianismo se confrontava de quando em quando. Enquanto na Idade Média, principalmente a partir das sínteses escolásticas, pode-se observar certa homogeneidade de concepções no âmbito da teologia cristã ocidental; nos primeiros séculos, ao contrário, constata-se uma maior variedade de interpretações: a salvação é conhecimento ou luz, é vida ou imortalidade, é divinização, é libertação do domínio do mal e do pecado.

Entre os Padres gregos (Inácio, Ireneu, Clemente de Alexandria, Orígenes etc.) a salvação era concebida como divinização, no sentido de uma elevação da natureza humana ao âmbito divino. Essa doutrina pode ser resumida na seguinte formulação atribuída a Atanásio: "O Filho de Deus tornou-se homem para que os filhos dos homens, isto é, de Adão, se tornassem filhos de Deus [...]. Portanto, ele é Filho de Deus por natureza, e nós o somos por graça" (*De incarnatione Verbi*, 89).

Por sua vez, entre os Padres latinos, a salvação é concebida, principalmente, como libertação do pecado, mas também do demônio e da morte. Na áspera polêmica contra Pelágio, Santo Agostinho considera a redenção uma restauração de uma ordem primitiva irremediavelmente perdida. Inspirando-se em Agostinho, Santo Anselmo apresentou uma síntese harmônica e sugestiva da ação redentora de Cristo, síntese que marcará por muito tempo a orientação soteriológica. No opúsculo *Cur Deus homo*, partindo de uma análise excessivamente objetiva do pecado, visto como desonra a Deus, Anselmo chega à afirmação de uma inelutável necessidade de reparação, que se pode dar apenas por duas vias: o castigo ou a reparação voluntária. Não podendo o homem dar a Deus uma satisfação equivalente à honra que lhe foi retirada com o pecado, foi necessário que o Filho de Deus se encarnasse, o qual, graças à união hipostática da natureza humana com a divindade, oferecendo livremente sua vida ao Pai, pôde satisfazer a justiça divina de modo abundante e, assim, adquirir méritos infinitos que se voltaram em benefício dos homens culpados, tornando-os dignos da vida eterna. O "juridicismo" assaz acentuado de Anselmo foi corrigido mais tarde por Bernardo, por Boaventura e, principalmente, por Santo Tomás.

O Doutor Angélico não escreveu nenhum tratado de soteriologia, mas em sua monumental cristologia (III, qq. 1-59), abordou mais ou menos explicitamente todos os problemas atinentes à soteriologia, uma vez que todos os mistérios de Cristo bem como todos os eventos da sua vida terrena são vistos desde a perspectiva soteriológica. Retomaremos brevemente aqui apenas os pontos essenciais de seu pensamento, remetendo, para uma compreensão completa de sua soteriologia, aos verbetes Cristo, Graça, Igreja, Predestinação, Redenção, Sacramento.

1. Causa da salvação

Jesus Cristo é a causa eficiente, principal e única da salvação do homem. O homem não tem possibilidade alguma de reparar o próprio pecado e reconciliar-se com Deus. O único salvador é Jesus Cristo: "*Nullus salvatur nisi per intercessionem Christi* (Ninguém é salvo senão pela intercessão de Cristo)" (*In Ioan.*, c. 17, lect. 5). Para Santo Tomás, a própria encarnação de Cristo tem como único objetivo a nossa salvação: se o homem não houvesse pecado não haveria encarnação (III, q. 1, a. 3). Tudo o que fez Cristo em sua vida, do silêncio de Nazaré às viagens apostólicas pela Galileia e pela Judeia, teve como único objetivo a nossa salvação, mas é sobretudo com sua paixão e morte que Cristo efetua nossa salvação. Na paixão, explica Santo Tomás, o Cristo é causa da salvação tanto como Deus quanto como homem, mas o é diversamente: como Deus, ele efetua a salvação como causa principal; como homem, como causa instrumental. "É dupla a causa eficiente: a principal e a instrumental. A causa eficiente principal da salvação humana é Deus (*efficiens principale humanae salutis Deus est*). Mas, como a humanidade de Cristo é 'instrumento da divindade', como dito antes (q. 2, a. 6; q. 13, a. 2, ad 3), todas as ações e sofrimentos de Cristo, consequentemente, operam de modo instrumental, pela virtude da divindade para a salvação dos homens. Assim, a paixão de Cristo causa a salvação humana de modo eficiente" (III, q. 48, a. 6). Pela nobreza de sua vida, que era vida do homem Deus por ele mesmo oferecida como satisfação, pela universalidade de seus sofrimentos, pela grandeza de sua dor e pela imensa caridade com que aceitou sofrer em nosso lugar: "a paixão de Cristo foi uma satisfação pelos pecados humanos não só suficiente, mas também superabundante" (ibid., a. 2). "Deve-se dizer que foi maior o amor de Cristo, ao sofrer, do que a malícia dos que o crucificaram. Portanto, foi mais forte a satisfação de Cristo em sua paixão do que a ofensa dos que o crucificaram e mataram. Tanto que a paixão de Cristo foi suficiente e superabundante para dar satisfação pelos pecados dos que o crucificaram" (ibid., ad 2).

2. Os efeitos da salvação

Tratando da paixão — causa eficiente de nossa salvação —, Santo Tomás também examina os seus maravilhosos efeitos nos quais se resume a salvação: a libertação do pecado e de suas consequências (isto é, libertação do poder do demônio, dos castigos, da inimizade com Deus), a reconciliação com Deus e a entrada no Reino dos céus (III, q. 49). Eis a explicação dada pelo Angélico sobre a libertação do pecado: "A paixão de Cristo causa a remissão dos pecados por redenção. Uma vez que ele próprio é nossa cabeça, por sua paixão, que suportou com amor e obediência, ele nos libertou dos pecados, a nós que somos seus membros, como que pelo preço de sua paixão, do mesmo modo que um homem, por alguma boa obra feita com suas mãos, redimir-se-ia de um pecado que tivesse cometido com os pés. Pois, assim como o corpo natural é um só, formado pela diversidade dos membros, também toda a Igreja, que é o corpo místico de Cristo, é considerada como uma só pessoa com sua cabeça, que é Cristo" (ibid., a. 1).

A salvação operada por Cristo não produz apenas efeitos externos — como se poderia concluir a partir do elenco precedente —, mas causa uma transformação profunda no homem operada pela concessão da *graça*. Esta "é um dom sobrenatural posto por Deus no homem" (I-II, q. 110, a. 1). "É uma participação da natureza divina" (ibid., a. 3). A graça reside na "essência da alma. E do mesmo modo que pela potência intelectual o homem participa do conhecimento divino pela virtude da fé, e que pela potência da virtude ele participa do amor divino pela caridade, assim pela natureza de sua alma, ele participa, com uma certa semelhança, da natureza divina por uma espécie de geração ou de criação novas" (ibid., a. 4).

Como se pode ver, para ilustrar o mistério da salvação, o Angélico utiliza seja o tema da libertação, caro à patrística latina, seja o tema da divinização, mormente congenial à patrística grega. Em todo caso, trata-se de uma síntese viável, uma vez que ambos os temas se completam mutuamente. De fato, não poderia haver divinização sem libertação, assim como não haveria terra prometida sem Êxodo.

3. Os meios da salvação

A salvação, que tem Jesus Cristo como principal agente e o homem como único destinatário, exige várias mediações. A questão das mediações e dos mediadores se acirrará no século XVI, quando Lutero, invocando o princípio do único mediador (Jesus Cristo), exigirá a eliminação completa de todos os intermediários (hierarquia, sacramentos, indulgências, penitências, boas obras etc.).

Santo Tomás vê as coisas de modo muito diverso e, como sempre, assume uma posição bastante equilibrada, distanciando-se, ao mesmo tempo, do extremismo de Pelágio e daquele vindouro de Lutero. Contra Pelágio, que confia na autossalvação do homem, o Angélico afirma com Santo Agostinho: "*Nullus salvator nisi per intercessionem Christi* (Ninguém é salvo senão pela intercessão de Cristo)" (*In Ioan.*, c. 17, lect. 5). Já contra aquela concepção *desumana* da salvação que será ensinada por Lutero — concepção que exclui qualquer forma de mediação e cooperação —, Santo Tomás sublinha a importância de todos os canais da salvação e da graça queridos e predispostos pelo próprio Jesus a fim de que a salvação não constitua um evento exterior e quase estranho ao homem, mas que o interpele e o envolva incessantemente.

Por esse motivo, Santo Tomás não se limita a afirmar a *necessidade da fé* em Jesus Cristo, condição sem dúvidas essencial para a salvação (cf. II-II, q. 2, aa. 5-8; q. 3, a. 2). Com igual vigor, ele insiste que também os sacramentos são indispensáveis para a salvação, e não apenas o sacramento do Batismo, mas igualmente aqueles da Eucaristia e da Penitência. É a própria condição do homem — ser composto de alma e de corpo — a exigir que a salvação lhe seja oferecida de forma sensível. De fato, "cabe à divina providência prover a cada um segundo sua condição e modo próprios. A sabedoria divina age, pois, harmoniosamente quando atribui ao homem os auxílios necessários à salvação (*auxilia salutis*) sob sinais corporais e sensíveis que se chamam sacramentos [...] deve-se dizer que a graça de Deus é causa suficiente da salvação humana. Mas Deus dá a graça aos homens segundo o modo adaptado à sua natureza. Por isso os sacramentos são necessários para obter a graça" (III, q. 61, a. 1 e ad 2). As considerações de Santo Tomás a propósito da necessidade específica e distinta dos sacramentos da Eucaristia e do Batismo são excelentes. Em resposta aos que sustentavam que o Batismo e a Eucaristia eram necessários à salvação de modo equivalente, o Angélico observa que se devem considerar duas coisas: o sacramento em si mesmo e seu efeito. Ora, quanto ao efeito, também a Eucaristia é indispensável para a salvação. De fato, o efeito (realidade, *res*) deste sacramento "é a unidade do corpo místico, sem a qual não pode haver salvação, porque ninguém tem acesso à salvação fora da Igreja, como tampouco no dilúvio houve salvação fora da arca de Noé, que significa a Igreja, como ensina São Pedro (1Pd 3,20). Mas também se disse (q. 68, a. 2) que a realidade de um sacramento pode ser obtida antes da recepção do sacramento, pelo desejo de receber o sacramento. Portanto, antes da recepção deste sacramento, o homem pode ter a salvação pelo desejo de recebê-lo, como antes do Batismo, por seu desejo. Mas há uma diferença em dois pontos: 1) o Batismo é o princípio da vida espiritual e 'a porta dos sacramentos', enquanto a Eucaristia é como 'a consumação' da vida espiritual e 'a meta de todos os sacramentos'. A santificação obtida nos demais sacramentos é preparação para receber ou consagrar a Eucaristia. Assim, receber o Batismo é necessário para iniciar a vida espiritual, enquanto receber a Eucaristia é necessário para levá-la a termo, não para tê-la simplesmente; para tanto, basta tê-la em desejo, pois no desejo e na intenção está presente a meta. 2) Outra diferença está em que pelo batismo o homem é orientado à Eucaristia. Assim, pelo fato mesmo de serem batizadas, as crianças são orientadas pela Igreja para a Eucaristia [...] [mas] não podem receber a realidade do Batismo sem que recebam o próprio Batismo. Por conseguinte, a Eucaristia não é necessária à salvação como o Batismo" (III, q. 73, a. 3).

Por fim, Santo Tomás não concebe a salvação de modo individualista e intimista, como fizeram os gnósticos e como farão, a seguir, Lutero e seus sequazes. A salvação não é individualista, pois Cristo, o Salvador, assume para si toda a humanidade, que se torna seu corpo místico. Além disso, aqueles que foram salvos participam da salvação na medida em que se tornam sacramentos de salvação para os outros. Ademais, a salvação não concerne somente à dimensão espiritual, interior, mas compreende, como libertação do pecado e do poder do demônio, todo o ser humano — alma e corpo, intelecto e vontade, sentimentos e paixões —, extrapolando, por fim, o próprio homem ao restabelecer toda as criaturas à sua justa ordenação. Assim como o pecado teve consequências cósmicas, a salvação tem efeitos cósmicos. Cristo, o Salvador, é aquele que torna possível o retorno (*reditus*) de todos os homens e de todas as criaturas à pátria beata.

Uma última nota quanto à vontade salvífica de Deus. Segundo o Angélico, o projeto de salvação que Deus opera por meio de Jesus Cristo tem caráter universal: Deus quer salvar todos os homens: "Deus, enquanto tal, estende a todos sua mão para atraí-los a si e, como se não bastasse, não só toma para si a mão de quem lhe acolhe, mas também faz voltar a si aqueles que dele estão distantes. Logo, Deus está disposto a dar a todos sua graça, está disposto a arrastar todos a si. Portanto, se há alguém que não aceita sua ajuda, não a ele deve ser imputada a culpa, mas a quem o refuta" (*In Ioan.*, c. 6, lect. 5).

(Cf. CRISTO, GRAÇA, IGREJA, PREDESTINAÇÃO, REDENÇÃO, SACRAMENTO)

[Tradução: M. Ponte]

Santidade

Este termo significa pureza, inviolabilidade, pertencimento ao sagrado: "*Sanctitas vero illis rebus attribuitur, quae in Deum ordinantur*" (I, q. 36, a. 1).

"A santidade — explica Santo Tomás — considera-se de duas maneiras: a primeira como pureza (*munditiam*). Neste sentido, corresponde ao termo grego: de fato *ághios*, quase no seu sentido etimológico de *sem terra*. A segunda, como firmeza (*firmitatem*). Por isso, para os antigos, *santas* eram as coisas estabelecidas por leis que não podiam ser violadas; por isso se diz *sancionado* o que está estabelecido por lei. Entre os latinos, *santo* implica pureza, significando este nome 'tinto por sangue' (*sanguine tinctus*), porque antigamente os que desejavam purificar-se eram tintos no sangue das vítimas, segundo Isidoro. Esses dois sentidos aplicam-se aos que se dedicam ao culto divino, de modo que não só os homens, mas também os templos, os vasos sagrados etc., são ditos santos, porque são dedicados ao culto divino (*sanctificari dicantur ex hoc quod cultui divino applicantur*)" (II-II, q. 81, a. 8)

Como resulta do texto acima citado, Santo Tomás tem da santidade um conceito diverso daquele que nós temos hoje. Para nós, a santidade é antes de tudo e sobretudo uma propriedade de Deus: ao contrário, Santo Tomás nunca dá a Deus o nome de santo, e a razão é muito simples: enquanto nós damos à santidade um significado eminentemente ontológico, pelo qual Deus é santo antes de tudo no seu ser, Santo Tomás dá à santidade um sentido exclusivamente moral. Para Santo Tomás a santidade é essencialmente *uma virtude*: é a virtude específica do homem religioso: "Assim, pela santidade, o espírito humano se entrega com os seus atos a Deus (*mens hominis seipsam et suos actus applicat Deo*)" (ibid.). É virtude estritamente ligada à religião, a qual por sua vez é entendida por Santo Tomás não como um conjunto de ritos e mitos com os quais o ser humano se relaciona com Deus, mas antes como virtude moral: aquela parte da justiça pela qual se dá a Deus aquilo que lhe é devido. "Essencialmente, religião e santidade não se distinguem. Distinguem-se por distinção de razão. Religião é prestar a Deus a devida servidão quanto ao que especificamente pertence ao culto divino, como são os sacrifícios, as oblações e coisas semelhantes. Santidade é, porém, referir a Deus não só esses atos, mas os atos das outras virtudes, ou fazer com que a pessoa, mediante boas obras, se disponha ao culto divino" (ibid.).

A santidade é uma virtude que Jesus Cristo possui em grau máximo (*In Is.*, c. 11, princ.; III, q. 83, a. 3, ad 2); a Igreja de modo indefectível (*Expos. in Symb.*, a. 9) e de modo defectível os fiéis. Estes perdem a santidade caindo em pecado mortal (II-II, q. 111, a. 4). Por outro lado, crescem na virtude da santidade com a penitência, a devoção e a piedade (*In Psalm.*, 34, med.).

(Cf. PERFEIÇÃO CRISTÃ, RELIGIÃO)

[Tradução: A. Bogaz]

Sedição

É qualquer revolta contra o poder constituído. Segundo Isidoro de Sevilha, "sedicioso é aquele que produz dissenso entre as pessoas e gera discórdias".

Santo Tomás dedica ao estudo da sedição a questão 42 da *Segunda Seção da Segunda*

Parte da Suma Teológica e mostra que é um pecado especial contra a caridade, distinto tanto da guerra quanto da rixa, por dois motivos. "Primeiro, porque a guerra e a rixa implicam um ataque recíproco, em ato. Mas sedição pode-se chamar tanto um ataque como esse, em ato, quanto sua preparação [...]. Segundo, porque a guerra propriamente dita se faz contra os inimigos de fora, como de muitos contra muitos. A rixa, por sua vez, se faz de um particular contra outro particular, ou de poucos contra poucos. A sedição, ao contrário, se produz entre as parte de uma mesma multidão que não se entendem mais; quando uma parte da cidade, por exemplo, se subleva contra outra. É por isso que a sedição é um pecado especial, por se opor a um bem especial, isto é, à unidade e à paz da multidão" (II-II, q. 42, a. 1)

[Tradução: M. Couto]

Segredo Sacramental

É a obrigação grave que tem o sacerdote de não revelar os pecados ouvidos em confissão; é dito também "sigilo da confissão" (*sigillum confessionis*).

A lei do segredo sacramental remonta aos primeiros tempos da Igreja. Afraates, o Sírio (séc. IV) adverte assim os sacerdotes: "Exortai a quem se envergonhasse de desvelar a sua enfermidade para não escondê-la a vós; quando, pois, a tiver manifestado, não a reveleis a outros". O Concílio de Cartago XVII, na seção de 30 de maio de 419, estabeleceu que, se um bispo conheceu um dado crime em confissão e aquele que o cometeu o nega em foro externo, recusando-se a se submeter à penitência, o bispo não pode excomungar aquele pecador; se o faz, o próprio bispo deve ser excomungado. Em outros termos, o chefe da comunidade não pode tomar medidas disciplinares com base no que ouviu em confissão.

Santo Tomás trata bastante difusamente do segredo sacramental no *Comentário às Sentenças* (IV, d. 21, q. 3). Esse material foi retomado e reordenado, no Suplemento da *Suma Teológica*, na questão 11, onde se abordam os seguintes quesitos: 1. Se em qualquer caso o sacerdote está obrigado a ocultar os pecados que ouviu sob o sigilo da confissão; 2. Se o sigilo da confissão abrange também o que não se ouviu nela; 3. Se só o sacerdote está obrigado ao sigilo da confissão; 4. Se com licença do confitente pode o sacerdote revelar a outrem o pecado ouvido sob o sigilo da confissão; 5. Se o que sabemos por confissão, e também de qualquer outro modo, podemos revelar.

Segundo o Doutor Angélico, o segredo sacramental tem valor absoluto e universal; por isso ele vincula não só o confessor mas também outras pessoas que possam ter ouvido o que o penitente estava confessando. Em si é ao sacerdote que cabe tanto o poder das chaves, ou seja, o de absolver, quanto o dever do sigilo, isto é, o de calar; acidentalmente, porém, pode haver algum outro que, escutando, é participante do uso das chaves feito pelo sacerdote, por isso participa também do dever do sigilo (*Suppl.*, q. 11, aa. 1 e 3). Sob o segredo caem diretamente todos os pecados e indiretamente todas as coisas que poderiam tornar manifesto o pecador: por isso também outras coisas além dos pecados caem sob o segredo (ibid., a. 2).

Com a permissão do penitente o sacerdote pode revelar a outros um seu pecado conhecido sob sigilo, porque a permissão do penitente faz sim que o confessor saiba também como homem e de ciência comunicável o que antes sabia pela ciência incomunicável. O segredo sacramental se refere a todas e somente àquelas coisas que se venham a saber em confissão e cuja revelação provoca dano ao penitente; mas, se aquelas coisas o confessor as conhece também fora da confissão, e por isso pela ciência comunicável, pode em si falar delas; no entanto, por temor do escândalo e por respeito ao sacramento, deve fazê-lo somente em caso de necessidade e de modo que faça compreender que fala não como de coisas sabidas em confissão (*Suppl.*, q. 11, aa. 4 e 5).

(Cf. CONFISSÃO)

[Tradução: M. Couto]

Sensação

Do latim *sensatio*, termo usado raramente por Santo Tomás para indicar a atividade com a qual o homem (e também o animal), utilizando um ou outro de seus sentidos externos (vista, gosto, audição, olfato e tato) e internos (memória, instinto, sentido comum e fantasia), adquire conhecimento de determinados aspectos do mundo que o circunda.

A história do pensamento filosófico deve a Aristóteles a primeira análise sistemática da sensação (*De anima; De sensu et sensibilibus*) e o reconhecimento (contra a desvalorização feita por Platão) da sua importância e necessidade para a própria formação do conhecimento intelectual: de fato, segundo Aristóteles, ela se obtém mediante a abstração dos dados fornecidos pela sensação. Aristóteles distingue entre os dados sensitivos, o "sensível próprio", que é o conteúdo específico de cada um dos cinco sentidos (cheiro, cor, sabor etc.) e o "sensível comum" (o que é informado por dois ou mais sentidos, como o movimento, o número, a figura e a grandeza).

Na sua teoria sobre a sensação, o Doutor Angélico imita praticamente à letra o ensino de Aristóteles: compartilha com ele não só a definição e a classificação, mas também a avaliação.

Santo Tomás atribui uma importância capital ao conhecimento sensitivo. Não só o considera instrumento essencial do conhecimento intelectivo: o intelecto opera levando constantemente o olhar para os "fantasmas" (as imagens da fantasia); mas vê nesse próprio conhecimento sensitivo o horizonte no qual se move aquele intelectiva, que é capaz de formar conceitos adequados somente dos objetos já acessíveis à sensação. O objeto próprio do conhecimento intelectivo, para Santo Tomás, são as essências das coisas materiais. De todas as outras realidades (Deus, os anjos, a vida eterna etc.) o homem poderá ter um verdadeiro conhecimento, mas na verdade sempre partindo das realidades sensíveis.

(Cf. Abstração, Conhecimento, Intelecto, Sentido (faculdade cognoscitiva))

[Tradução: M. Couto]

Sensualidade

Do latim *sensualitas*. Segundo o uso corrente, designa uma tendência para os prazeres materiais, carnais, e tem, portanto, um significado prevalentemente ético. Não obstante isso, Santo Tomás dá a este termo um significado exclusivamente psicológico. Para ele a sensualidade é a inclinação (apetite) que acompanha o conhecimento sensitivo, assim como a vontade é a inclinação (apetite) que acompanha o conhecimento intelectivo. "Assim a sensibilidade é o nome do apetite sensitivo (*et sic sensualitas est nomen appetitus sensitivi*)" (I, q. 81, a. 1). "O apetite sensitivo é uma potência genérica que se chama sensibilidade, mas se divide em duas potências que são suas espécies, a irascível e a concupiscível" (ibid., a. 2). O apetite irascível é o que persegue um bem árduo, ou foge de um mal ao qual é difícil subtrair-se, o apetite concupiscível, ao invés, é o que se move para um bem de fácil aquisição (ibid.). A sensualidade (o apetite concupiscível e irascível) nos animais é guiada exclusivamente pelo instinto, enquanto no homem é guiada quer pela razão (que lhe propõe bens, valores de ordem superior), quer pela vontade, que é soberana também com respeito aos impulsos da sensualidade: "Com efeito, em todas as potências motoras ordenadas (*in omnibus potentiis motivis ordinatis*), a segunda não move senão em virtude da primeira; por isso, o apetite inferior não pode mover se o apetite superior não consente nisso […]. É dessa maneira, portanto, que as potências irascível e concupiscível obedecem à razão" (I, q. 81, a. 3).

(Cf. Apetite, Arbítrio, Concupiscível, Irascível, Paixão, Vontade)

[Tradução: M. Couto]

Sentido (faculdade cognoscitiva)

Entendido como poder cognoscitivo, o sentido é a capacidade com a qual o homem (e também os animais) adquire cognição de aspectos particulares do mundo material:

"*Sensus est vis apprehensiva per quam judicamus singularia*" (*In Ep. ad Ephes.* 4, 6). É faculdade essencialmente ligada a determinados órgãos: "*Quaedam cognoscitiva virtus est actus organi corporalis, scilicet sensus*" (I, q. 85, a. 1).

Aristóteles, no *De Anima* e no *De sensu et sensibilibus*, foi o primeiro a realizar um exame acurado e sistemático do conhecimento sensitivo, individuando com precisão os cinco sentidos externos (visão, audição, paladar, olfato e tato) e os quatro sentidos internos (sentido comum, instinto, memória e fantasia), determinando o objeto próprio de cada um deles e do conhecimento sensitivo em geral.

Santo Tomás retoma à letra todo o ensino de Aristóteles sobre este tema. E, como Aristóteles, ele não se contenta em fazer um árido elenco das várias funções cognoscitivas exercidas pelos sentidos, mas quer descobrir também o porquê: por que cinco sentidos externos e por que quatro sentidos internos? O pensamento moderno, caracterizado pelo subjetivismo e fenomenismo, nos tornou céticos sobre nossa capacidade de descobrir o porquê das coisas e abalou nossa confiança no princípio de que para cada coisa deve haver uma causa e uma razão suficiente. Santo Tomás, ao contrário, não duvida de modo algum que para cada coisa há um porquê e está também certo de que a razão humana é capaz de descobri-lo.

Quanto aos sentidos externos, Santo Tomás reconhece que são cinco. Mas como consegue distinguir esses cinco sentidos? "Alguns — escreve o Doutor Angélico — quiseram entender a razão da distinção e do número dos sentidos externos a partir dos órgãos […]. Outros a partir do meio, que é ou anexo ou exterior ao sentido, a saber, o ar, a água etc. Outros, enfim, a partir da natureza das diversas qualidades sensíveis, quer seja a qualidade de um corpo simples ou a qualidade resultante de uma combinação" (I, q. 78, a. 3). Mas, segundo Santo Tomás, nenhum desses critérios é correto: "As potências não existem para os órgãos, mas os órgãos para as potências. Por isso, a diversidade das faculdades não provém da diversidade dos órgãos, mas a natureza instituiu órgãos diferentes para corresponder à diversidade das potências. Do mesmo modo, ela atribuiu diversos meios aos diversos sentidos para corresponder à diversidade de potências" (ibid.). Portanto, acrescenta Santo Tomás, é preciso deduzir o fundamento do número e da distinção dos sentidos externos daquilo que própria e essencialmente pertence ao sentido, que é uma potência passiva, isto é, feita para ser transmutada pelas coisas sensíveis exteriores e para colher algumas de suas propriedades particulares. E assim o Doutor Angélico pode concluir que o que é percebido pelos sentidos são os objetos externos, a razão da diversidade e multiplicidade dos sentidos deve ser buscada na multiplicidade e na diversidade das qualidades externas, que os sentidos são levados a perceber: a cor e a figura para a visão, o odor para o olfato, o som para a audição, a temperatura e a solidez para o tato, o sabor para o paladar (ibid.).

Também para estabelecer o número dos sentidos internos, o procedimento de Santo Tomás é mais argumentativo que descritivo. Ele mostra que é preciso um *sentido comum* para unificar as qualidades que os sentidos externos percebem isoladamente: por exemplo, que a mesma coisa é num momento branca, doce e poeirenta ou sólida (isto é, o açúcar); é preciso além disso uma *memória* para conservar o registro preciso do momento em que houve determinadas percepções; a *fantasia*, para compor ou descompor as imagens conservadas na memória, e enfim a *estimativa* para avaliar a utilidade ou o dano de determinados objetos percebidos. (I, q. 78, a. 4).

Tanto os sentidos internos quanto os externos são comuns aos homens e animais. No entanto, segundo Santo Tomás, no que concerne à *estimativa* se registra uma diferença: "Mas, quanto a essas intenções, há uma diferença. Os animais as percebem apenas por um instinto natural; o homem também por uma espécie de comparação. Por isso, a potência que se denomina nos animais de *estimativa natural* é chamada no homem de *cogitativa*, porque descobre essas intenções por uma espécie de comparação. Chama-se, ainda, *razão particular*, e os médicos lhe destinam um órgão determinado, a parte mediana do cérebro. Reúne comparando as representações individuais, como a razão intelectiva compara as intenções universais. Quanto à memorativa, o homem não só possui a memória, como os animais, com a qual se lembra imediatamente dos fatos passados, mas também possui a *reminiscência*, com a qual, de uma maneira quase silogística, investiga a memória desses fatos, enquanto são intenções individuais" (ibid.).

Dois são os problemas mais importantes que se referem aos sentidos como faculdade cognoscitiva: 1º, o caráter intencional das suas percepções; 2º, a veracidade do conhecimento sensitivo em geral. Para o primeiro problema, veja-se o verbete INTENCIONALIDADE; para o segundo, o verbete ERRO. Sobre a importância do conhecimento cognoscitivo, veja-se o verbete SENSAÇÃO.

(Cf. COGITATIVA, CONHECIMENTO, INTELECTO)
[Tradução: M. Couto]

Sentidos
(da Sagrada Escritura)

A atribuição de uma pluralidade de sentidos à Sagrada Escritura já se encontra em Fílon de Alexandria, reconhecido pai da interpretação alegórica da Bíblia. O ensino de Fílon foi retomado e desenvolvido pelos grandes mestres cristãos da escola de Alexandria, Clemente e Orígenes. Entre os Padres latinos, o maior teórico da pluralidade de sentidos da Escritura foi Santo Agostinho, com o tratado de exegese *De doctrina christiana*, que se tornou o clássico com o qual se formaram todos os pensadores medievais.

Na Idade Média, a leitura da Escritura à luz de quatro significados fundamentais (histórico, alegórico, moral e anagógico) torna-se sistemática segundo a conhecida fórmula: "*Littera gesta docet, quid credas alegoria; moralis quid agas; quo tendas anagogia*".

Santo Tomás elabora sua teoria da pluralidade dos sentidos bíblicos, mas acentuando o papel que diz respeito à razão e à filosofia no trabalho hermenêutico, fazendo valer também na exegese bíblica os grandes princípios e as preciosas verdades da filosofia do ser.

A Sagrada Escritura, observa o Angélico, tem uma pluralidade de significados que ultrapassa no âmbito linguístico e se estende ao âmbito das coisas. Numa página exemplar do *Quodlibet* VII ele sintetiza notavelmente sua doutrina sobre os sentidos da Sagrada Escritura. É uma página que merece ser transcrita integralmente, sendo impossível dizer melhor e mais concisamente do que fez Santo Tomás: "Deus nos concedeu a Sagrada Escritura a fim de que por ela seja-nos manifestada a verdade necessária para a salvação. Ora, a verdade se manifesta seja com as palavras, seja com as coisas: as palavras significam as coisas, e uma coisa pode ser figura de uma outra. Deus, autor das coisas, não só pode adaptar as palavras a algum significado, mas pode também dispor as coisas de modo a prefigurarem outras coisas (*etiam res potest disponere in figuram alterius*). Por isso, na Sagrada Escritura a verdade se manifesta de *duas maneiras*: por meio de coisas significadas por palavras, e então dá-se o sentido literal (*sensus litteralis*) ou então por meio de coisas representando outras coisas, quando se dá o sentido espiritual (*sensus spiritualis*). O sentido espiritual é sempre fundado sobre o sentido literal, do qual procede [...]. Assim podem-se distinguir os quatro sentidos. Como foi dito, a Sagrada Escritura nos manifesta de dois modos a verdade que nos ensina: com as palavras e com as representações das coisas. A manifestação com as palavras constitui o sentido *histórico* ou *literal* [...]. Quanto à verdade que a Sagrada Escritura nos ensina com representações de coisas (*sentido espiritual*), essa pode ser ordenada ou ao crer retamente ou ao operar retamente. Se a verdade é ordenada ao operar retamente, temos o sentido moral ou tropológico (*sensus moralis vel tropologicus*). Se for ordenada ao crer retamente, é preciso distinguir segundo a ordem das coisas críveis: pois, como disse Dionísio (*Hierarch.* 4), o estado (*status*) da Igreja está no meio entre o estado da Sinagoga e o da Igreja triunfante. O AT foi a figura do NT, o Antigo e o Novo juntos são a figura das coisas celestes. Por isso, o sentido espiritual, ordenado ao crer retamente, pode fundar-se sobre o modo de representação pelo qual o AT figura o NT: e assim temos o sentido alegórico ou típico (*allegoricus sensos vel typicus*) na exposição de Cristo e da Igreja sobre o que acontece no AT; ou pode fundar-se sobre o modo de representação pelo qual o AT e o NT juntos significam a Igreja triunfante, e então temos o sentido anagógico (*sensus anagogicus*)" (*Quodl.* VII, q. 6, aa. 1 e 2).

Nos seus comentários aos livros do AT e do NT, o Doutor Angélico dá sempre prioridade absoluta ao sentido literal (histórico), mas em seguida se estende percorrendo os outros sentidos, segundo uma clássica ordem: primeiro o sentido alegórico, depois o moral e enfim o anagógico. Tanto em Santo Tomás quanto em outros mestres precedentes, o simbolismo do sentido espiritual é parte integrante da Sagrada Escritura e da *doctrina sacra* que dela emana. Não se trata de uma ilustração extrínseca ao seu objeto, uma divagação literária, uma interpretação piedosa, mas um princípio construtor, que deriva de um valor maior do sentido ínsito no texto de uma história divina. Com efeito, para o Doutor Angélico o sentido espiritual é uma necessidade da Sagrada Escritura. Assim praticada, a exegese espiritual é fonte necessária e insubstituível de aprofundamento da Palavra de Deus.

(Cf. Bíblia, Exegese, Método, Teologia)

[Tradução: D. Zamagna]

Ser

Termo fundamental de toda metafísica, é ao mesmo tempo um termo bastante flexível que pode variar de um mínimo de compreensão — quando se limita a significar a presença ou *posição* de uma coisa — até a uma compreensão sem limites que abarca todas as perfeições e todos os modos de ser.

A metafísica de Santo Tomás é essencialmente metafísica do ser (cf. Metafísica), não metafísica das Ideias (Platão), das formas e das substâncias (Aristóteles), do Uno (Plotino), da Verdade (Agostinho), do Bem (Pseudo-Dionísio) etc. Mas a metafísica do ser de Santo Tomás não é uma simples reedição da metafísica de Parmênides, o grande filósofo do ser, e isso porque o conceito que o Doutor de Aquino tem do ser é *toto coelo*, diferente daquele do filósofo de Eleia. Parmênides tem do ser um conceito unívoco e monístico (que exclui o vir-a-ser e a participação). Ao contrário, Santo Tomás tem um conceito analógico e pluralista do ser, que permite justificar racionalmente as noções de criação e participação.

Santo Tomás nunca desenvolveu um discurso sistemático e exaustivo em torno à sua concepção do ser, mas não é difícil reconstruir de modo articulado os pontos fundamentais da sua doutrina. É o que nos propomos fazer neste verbete.

1. O uso do termo em Santo Tomás

Santo Tomás observa, como já havia feito Aristóteles muito antes dele, que o termo ser é plurissemântico: "O termo 'ser' tem vários significados. *Em primeiro lugar*, se chama ser a essência mesma da coisa. *Em segundo lugar* o termo 'ser' se emprega para exprimir o ato da essência (*actus essentiae*); assim como 'viver', que é o ser próprio dos viventes, se emprega para exprimir o ato da alma (não o ato segundo, que é uma operação, mas o ato primeiro). *Em terceiro lugar* o termo exprime a verdade da síntese proposicional; de modo que o ser (nesse contexto) se chama cópula. Este tipo de ser tem sua sede no intelecto que faz a composição e a divisão, mas se fundamenta no ser da coisa, ou seja, no ato da essência" (*I Sent.*, d. 33, q. 1, a. 1, ad 1). Em outras classificações do significado do termo "esse", Santo Tomás suprime o primeiro *esse = essentia* e conserva os outros dois: *esse = actus essentiae* (ou *actus entis*), que é o ser em *sentido ontológico*, e *esse = actus judicii*, que tem sua sede no intelecto que faz a composição e a divisão, e corresponde, portanto, ao *sentido lógico* (cf. *III Sent.*, d. 6, q. 2, a. 2; *C. G.*, I, c. 12; *De ente*, 3, nn. 18-19; I, q. 3, a. 4, ad 2). De fato, o Doutor Angélico, pelo menos nas obras de sua juventude, usa o termo "ser" (*esse*) como sinônimo de *essentia*, mas também como sinônimo de *ens* = ente (cf. ENTE).

Porém, no mesmo *esse* entendido como *actus entis* ou *actus essentiae* (que é a segunda das três acepções do termo recordado no *Comentário às Sentenças*), Santo Tomás estabelece uma distinção, que na sua metafísica exerce um papel capital: é a distinção entre *esse commune* ou *esse universale* e *esse absolutum* ou *esse divinum*. No primeiro sentido designa um mínimo de realidade, aquele mínimo indispensável a todas as coisas para sair das trevas do nada e pertencer à ordem dos entes. No segundo sentido exprime a intensidade máxima de realidade, intensidade tal, pela qual cada perfeição está contida nela. Eis alguns textos nos quais o Doutor Angélico propõe essa distinção fundamental. A ocasião lhe é quase sempre dada por aqueles que lhe fazem a objeção de que não é correto definir Deus como ser e, portanto, identificar sua essência com o ser. Santo Tomás replica que há dois conceitos de ser: o ser comum, que é o conceito mais abstrato de todos, que é indiferente a todos os acréscimos, mas é suscetível a qualquer acréscimo, e o ser especialíssimo, que já inclui todas as determinações e, portanto, exclui quaisquer acréscimos. Ora, é no segundo sentido que se define Deus como ser e nele se identifica a essência com o ser. "Deve-se afirmar que *aquilo ao qual nada se acrescenta* pode ser entendido em dois sentidos: ou porque é de sua noção excluir qualquer adição, como da noção de animal irracional é que seja sem 'razão'. Ou, então, porque não é de sua noção que se lhe faça acréscimo: como o animal em geral não possui razão, pois não pertence à sua noção ser dotado de razão; mas também não é próprio de sua noção não possuí-la. No primeiro caso, o ser sem acréscimo é o ser divino; no segundo caso, o ser sem acréscimo é o ser em geral ou comum (*primo igitur modo, esse sine additione, est esse divinum; secundo modo, esse sine additione, est esse commune*)" (I, q. 3, a. 4, ad 1; esse texto retoma quase ao pé da letra *I Sent.*, d. 8, q. 4, a. 1, ad 1). Ao passo que o *esse commune* é uma abstração, a máxima de todas as abstrações, que se refere àquele mínimo de realidade que é comum a todas as coisas, o *esse divinum*, ao contrário, dito também *esse ipsum*, é concreto e individualíssimo, visto que abarca todas as determinações: "O que é comum a muitas coisas não é algo fora delas, a não ser por distinção de razão [...]. Consequentemente, fora das coisas existentes, não é nada o ser comum que está tão somente no intelecto. Mas foi demonstrado (cap. 13) que Deus é algo não só no intelecto, como também na natureza. Donde não ser Deus o ser comum de todas as coisas (*non est igitur Deus ipsum esse commune omnium*)" (*C. G.*, I, c. 26, n. 241). Ao contrário, "o ser divino é determinado (*divinum esse est determinatum*)" (*I Sent.*, d. 8, q. 4, a. 1, ad 1); "Deus é algo determinado em si mesmo, de outro modo não se poderiam excluir dele as condições dos outros entes" (*I Sent.*, d. 24, q. 1, a. 1, ad 3). "O nome de Deus 'aquele que é' (*Qui est*) designa o ser absoluto (*esse absolutum*) [...] e significa uma espécie de oceano infinito da substância, como se fosse sem limites" (*I Sent.*, d. 8, q. 1, a. 1, ad 4).

2. Divisão

Ao estudar o uso do termo *esse*, já registramos algumas importantes divisões deste conceito, em particular a divisão entre ser lógico e ser real, e a divisão entre ser comum e ser absoluto (divino). Mas Santo Tomás ocasionalmente menciona muitas outras divisões, que coincidem quase sempre com as divisões do ente, a divisão entre ser substancial e acidental: "*Est autem in re duplex esse considerare: scilicet* esse *quod est ipsius secundum se, quod est* esse *primum et* substantiale; *et esse quod est secundum et* accidentale" (*II Sent.*, d. 40, q. 1, a. 4); divisão em ser por essência e ser por participação: "*Cum ergo omnia quae sunt*, participent esse *et sint per participationem* entia, necesse est esse aliquid in cacumine omnium rerum quod sit ipsum esse per suam essentiam" (*In Ioan.*, Prol. n. 5); a divisão em ser absoluto (*simpliciter*) e ser relativo (*secundum quid*) (I, q. 5, a. 1, ad 1; q. 45, a. 5 ss.); a divisão em ser em ato e ser em potência (*C. G.*, I, c. 13; I, q. 2, a. 3); a divisão em ser infinito e finito (*I Sent.*, d. 8, q. 5, a. 1; *C. G.*, II, c. 21 ss.); a divisão em ser de natureza (*esse naturae*) e ser de graça (*esse gratiae*): "Há um duplo ser: o ser de natureza (*esse naturae*) e o ser de graça (*esse gratiae*). A primeira criação ocorreu quando as criaturas foram produzidas *ex nihilo* por Deus em seu *esse naturae*. A criatura era então nova, mas envelheceu pelo pecado […]. Foi, portanto, necessária uma nova criação pela qual as criaturas teriam sido produzidas em seu *esse gratiae*, e também esta é uma criação *ex nihilo*" (*In Ep. II ad Cor.*, 5, 17, lect. 4). Paramos por aqui, ainda que Santo Tomás formule muitas outras divisões, que são no entanto de menor importância.

3. Analogia

Santo Tomás diz explicitamente que a realidade do ser é uma realidade análoga. "O criador e a criatura são conduzidos à unidade, não com a comunhão da univocidade, mas da *analogia*. Mas essa comunhão pode ser dupla. Ou porque algumas coisas participam do mesmo elemento segundo uma ordem de prioridade e posterioridade como, por exemplo, a potência e o ato participam do conceito de ente e similarmente a substância e o acidente, ou, então, porque uma coisa recebe de outra seja o ser, seja a definição (*esse et rationem ab altero recipit*). A analogia entre a criatura e o Criador é deste segundo tipo. De fato, a criatura não possui o ser (*non habet esse*) senão porque provém do primeiro ente, e não é chamada ente senão porque imita o primeiro ente. Do mesmo modo ocorre para os nomes de sabedoria e de toda outra coisa que for dita das criaturas" (*I Sent.*, q. 1, a. 2, ad 2). Na mesma obra (*I Sent.*, d. 19, q. 5, a. 2, ad 1), Santo Tomás afirma que "há três modos segundo os quais uma coisa pode ser dita por analogia. *O primeiro modo*, segundo a intenção e não segundo o ser (*secundum intentionem et non secundum esse*) […]. *O segundo modo*, segundo o ser e não segundo a intenção (*secundum esse et non secundum intentionem*) […]. *O terceiro modo*, tanto segundo a intenção quanto segundo o ser (*secundum intentionem et secundum esse*)". Para o primeiro caso Santo Tomás aduz o exemplo de "são/sadio"; para o segundo, o de "corpo"; para o terceiro, o de "ente". Como resulta desse célebre texto, que foi utilizado por Cajetano para a sua reconstrução da doutrina tomista da analogia, a *analogia do ser pode ser realizada de dois modos distintos*, ou em nível exclusivamente ontológico (é o caso de *corpo*, que em nível lógico é unívoco enquanto é analógico em nível ontológico, dada a diferença existente entre os corpos vivos e os não vivos, os corpos celestes e os corpos terrestres); ou tanto em nível ontológico quanto em nível lógico (*secundum esse et secundum rationem*): é o caso do ser que é análogo, ou seja, similar e não idêntico tanto no conceito quanto na realidade (cf. Analogia).

4. O conceito intensivo

Como foi notado, a originalidade metafísica de Santo Tomás está toda na sua descoberta do conceito intensivo de ser: do ser entendido não como perfeição comum, mas sim como perfeição absoluta; não como perfeição mínima à qual se podem acrescentar todas as outras perfeições, e nem mesmo simplesmente como suma perfeição (como Platão podia conceber a beleza, Plotino a unidade, Dionísio, o Areopagita a bondade), mas sim como perfeição plena e intensíssima que reúne todas as outras. Para definir este novo conceito de ser, Santo Tomás se vale de frases vigorosas e eficazes nas quais põe à luz três verdades fundamentais: a) o primado absoluto do ato do ser; b) a riqueza particularíssima do ser; c) a intimidade do ser.

a) *Primado absoluto do ato do ser* — Diversamente da forma, que certamente é ato, mas que não pode jamais subsistir por conta própria, nem mesmo nas substâncias separadas, os anjos, que são formas puras, o ato do ser é particularíssimo, visto que pode subsistir por conta própria; esse é o ato por essência e não por participação. "O ato primeiro é o ser subsistente por conta própria (*primus autem actus est esse subsistens per se*). Por isso, cada coisa recebe o último acabamento mediante a participação no ser. Portanto, o ser é o acabamento de toda forma. De fato, a forma chega ao acabamento somente quando tem o ser, e tem o ser somente quando está em ato. Uma vez que não existe nenhuma forma senão mediante o ser. Por isso afirmo que o ser substancial de uma coisa não é um acidente, mas é a atualidade de toda forma existente (*actualitas cuiuslibet formae existentis*) tanto dotada quanto privada de matéria" (*Quodl.* XII, q. 5, a. 1). Primeiro na ordem da atualidade, o ser se torna, portanto, também a fonte de tudo o que, de algum modo, está em ato, e portanto a fonte e a causa de todos os entes, que participam no ato do ser: "O ser é o que há de mais perfeito entre todas as coisas (*ipsum esse est perfectissimum omnium*), pois a todas se refere como ato. E nada tem atualidade senão enquanto é; o ser é, portanto, a atualidade de todas as coisas, até das formas (*ipsum esse est actualitas omnium rerum, et etiam ipsarum formarum*)" (I, q. 4, a. 1, ad 3).

b) *Riqueza particularíssima de significados do ser* — O ser não é somente suma perfeição, mas é também o receptáculo de todas as perfeições, por isso todas as miríades de perfeições que preenchem o universo não passam de irradiações da mesma e única perfeição do ser. "O ser é, entre todas as coisas, perfeitíssimo (*esse est inter omnia perfectissimum*). Fica evidente porque o ato é sempre mais perfeito do que a potência. Contudo, qualquer forma designada não é compreendida em ato senão pelo fato de que o ser é posto. De fato, a humanidade ou a igneidade podem ser consideradas como existentes na potência da matéria, ou como no poder do agente, ou também como no intelecto. Isso, porém, que tem o ser, torna-se existente em ato. Por isso, é evidente que aquilo que chamo de *ser* é a atualidade de todos os atos e, por isso, é a perfeição de todas as perfeições (*esse est actualitas omnium actuum et propter hoc est perfectio omnium perfectionum*)" (*De Pot.*, q. 7, a. 2, ad 9 — *Deus Uno e Trino*, p. 36). "Com efeito, a nobreza de uma coisa lhe cabe conforme o ser (*omnis nobilitas cuiuslibet rei est sibi secundum esse*), pois fica evidenciado que o homem não teria nobreza alguma pela sua sabedoria se não fosse por ela tornado sábio, e tal se dá nas demais coisas. Por conseguinte, o modo da nobreza de uma coisa corresponde ao modo de ela ter o ser (*secundum modum quo res habet esse, est suus modus in nobilitate*), pois, conforme a coisa restringe o seu ser a um maior ou menor grau de nobreza, ela é dita de maior ou menor nobreza. Por isso, se há algo a que convenha toda a virtude do ser, a tal coisa não lhe pode faltar nenhuma nobreza que possa convir a outra qualquer" (*C. G.*, I, c. 28, n. 260). "O ser é mais nobre de qualquer outro elemento que o acompanhe. Por isso, em absoluto, o ser é mais nobre também que o conhecer, suposto que se possa pensar o conhecer fazendo abstração do ser. E, portanto, o que é mais perfeito no ser do ponto de vista absoluto é mais nobre do que qualquer outra coisa que seja mais perfeita somente em relação a qualquer outro aspecto que acompanha o ser" (*I Sent.*, d. 17, q. 1, a. 2, ad 3). Portanto, o ser é realmente, como prova Santo Tomás, a perfeição absoluta e a raiz de toda outra perfeição. O ser é o que existe de mais perfeito na realidade, antes é o acabamento de todas as outras perfeições que assim não se tornam senão aspectos do ser, e é a fonte de todos os entes, que não passam de participações do ser. A excelência do ser resulta justamente do fato de que, enquanto nenhuma outra perfeição e nenhum ente é concebível sem que participe do ser, este se pode pensar em absoluta autonomia, como distinto dos outros, como subsistente, como solitário sem perder nada de sua riqueza, de sua plenitude, de sua intensidade.

c) *Intimidade do ser* — Uma terceira propriedade que Santo Tomás sublinha no ser é a sua intimidade; o ser é aquilo que nas coisas existe de mais íntimo e de mais profundo: o ser penetra nas coisas até tocar as zonas mais recônditas, até atingir as fibras mais secretas. Toda a trama constitutiva do ente, todo o seu desenvolvimento e a sua expansão provêm do ser e vai em direção ao ser. "Entre todas as coisas, o que mais imediatamente e mais intimamente lhes convém é o ser (*immediatius et intimius convenit rebus*), como se diz no *Livro sobre as Causas*. Portanto, ao ter a matéria seu ser em ato mediante a forma, é necessário que a forma que dá o ser à matéria lhe advenha antes de qualquer outra coisa" (*De An.*, a. 9 — *Questões disputadas sobre a alma*, p. 193). "Portanto, no ente o elemento mais íntimo é o ser; depois do ser (em ordem de intimidade) vem a forma, por cuja mediação a coisa está de posse do ser; enfim, vem a matéria, que, mesmo constituindo o fundamento da coisa, encontra-se mais distante do ser da coisa que qualquer outro elemento" (*De nat. acc.*, c. 1, n. 468).

Algumas vezes Santo Tomás deduz a excelência do ser também do fato de que não somente ele representa a fonte de todos os entes, mas também a sua meta final: o ser é o fim último de toda ação. "Toda ação e todo movimento parecem estar de algum modo ordenados para o ser, quer para conservá-lo na espécie ou no indivíduo, quer para que seja adquirido novamente" (*C. G.*, III, c. 3, n. 1881). "Com efeito, todo ato, que se refere ao ato último, está em potência para ele, e este ato último é o próprio ser. Ora, como todo movimento é passagem de potência a ato, o último ato será aquele para o qual se dirige todo o movimento. Como o movimento natural tende para o que é naturalmente desejável, será também o ato último aquele que todas as coisas desejam, isto é, o ser" (*Comp. Theol.*, I, c. 11, n. 21 — *Compêndio de Teologia*, pp. 31-32).

5. A descoberta do ser

A descoberta do conceito intensivo de ser foi o resultado de um longo processo filosófico. O próprio Santo Tomás em várias ocasiões indica, de modo bastante sintético, suas etapas mais significativas, que são três:

a) A *primeira* é a dos pré-socráticos: "Sendo ainda rudes, só julgavam que eram entes os corpos perceptíveis pelos sentidos. Aqueles que reconheciam neles o movimento não o consideravam senão segundo alguns acidentes como a sutileza e a densidade, a atração e a repulsão. Como supunham que a substância dos corpos era incriada, atribuíam diversas causas a essas transformações acidentais, como por exemplo a amizade, a discórdia, o intelecto etc." (I, q. 44, a. 2).

b) A *segunda* etapa é aquela marcada por Platão e Aristóteles: "Avançando um pouco mais, estabeleceram, pelo intelecto, a distinção entre a forma substancial e a matéria, que afirmavam incriada, e perceberam que as modificações dos corpos se fazem pelas formas essenciais. Atribuíram a elas causas mais universais, como o círculo oblíquo, conforme Aristóteles, ou as ideias, conforme Platão [...]. Tanto os primeiros filósofos como os seguintes consideraram o ente sob um ângulo particular (*utrique igitur consideraverunt ens particulari quadam consideratione*) seja enquanto é *este ente*, seja enquanto é *tal ente*. Dessa forma atribuíram às coisas causas eficientes particulares" (ibid.).

c) A *terceira* etapa é aquela percorrida pelo próprio Santo Tomás (o qual, no entanto, presta atenção para não se atribuir esse mérito): é a etapa que concerne à descoberta do princípio único e universal de todas as coisas, o *próprio ser*. "Sendo necessário que exista um primeiro princípio simplicíssimo, o seu modo de ser não é concebido como algo que participe do ser, mas sim como aquele do próprio ser subsistente (*quasi ipsum esse existens*). E, porque o ser subsistente não pode ser senão um, daí deriva que todas as outras coisas que têm origem nele existam como participantes do ser. Ocorre, portanto, uma resolução comum para todas as formas de vir-a-ser (acidental, substancial, existencial), dado que todas implicam em seu conceito dois elementos, a essência e o ser. E portanto, além do modo de vir-a-ser da matéria com o sobrevir da forma, é preciso reconhecer em precedência uma outra origem das coisas, graças à qual o ser é dado a todo o universo real do ente primeiro, que se identifica com o ser" (*De sub. sep.*, c. 7, n. 49).

A singularidade do conceito de ser havia já sido observada por Santo Agostinho quando havia notado que Deus o havia escolhido como seu nome próprio, mas na especulação do Doutor de Hipona não havia ainda a descoberta da densidade semântica do *esse* e muito menos de uma filosofia do ser. Esse passo foi realizado pelo Doutor de Aquino escrutando o ente não somente sob algum aspecto particular (as suas relações com a essência, com a substância, com os acidentes, com a matéria, com a forma etc.), mas justamente como ente, ou seja, como partícipe da perfeição do ser (sendo o ente aquilo que tem o ser). Foi justamente nesse momento que ele captou o valor particularíssimo do ser: que é somente o ser que faz do ente algo real, atual; que somente o ser confere atualidade, nobreza, perfeição, dinamismo ao ente. Em conclusão, foi uma mais atenta e mais acurada pesquisa do ente em direção do ser a conduzir Santo Tomás à descoberta do conceito intensivo de ser e a colocá-lo na base do seu edifício metafísico.

6. O conhecimento do ser

Sabemos que Santo Tomás distingue dois conceitos de ser, o comum, que é o conceito mais abstrato e mais genérico, e o intensivo, que é o conceito mais concreto e mais determinado uma vez que abarca todas as determinações (todas as determinações em absoluto quando se trata do *esse per essentiam*; todas as determinações de um ente particular, quando se trata de um *esse per participationem*).

O conceito comum, genérico, está na base de todo o conhecimento e entra na apreensão de toda outra ideia; mas, embora primário e imediato, nem mesmo o conceito de *esse commune*, na gnoseologia de Santo Tomás, pode ser tomado intuitivamente, porque o Doutor de Aquino exclui no conhecimento humano qualquer forma de intuição intelectiva: todo o conhecimento intelectivo deve passar através das "configurações", que por sua vez recolhem os dados dos sentidos externos; por isso, tudo o que o intelecto conhece, mesmo a ideia elementaríssima de ser e de ente, é o resultado do procedimento abstrativo. Com certeza, no caso do *esse commune* e do *ens*, se trata de uma abstração peculiar que é chamada *abstração precisiva* dado que não exclui ulteriores determinações, mas somente prescinde delas.

Mas ao conceito intensivo de ser que é mais rico, mais denso, mais elevado que todos os outros conceitos, como se chega? Por ser um conceito que é extraído dos entes, mas que ao mesmo tempo ultrapassa todas as limitações e determinações dos próprios entes, deve-se dizer que é o fruto quer de um processo abstrativo, quer de um processo reflexivo, em outras palavras, de um processo altamente especulativo. Refletindo sobre os entes, sobre aquilo que os constitui como entes, mas que não se deixa jamais capturar pelos entes, porque todas as essências são receptáculos muito pequenos para abarcá-lo inteiramente, é necessário deixar à parte os entes (suas qualidades, sua substância, sua forma, sua essência) e ir além dos próprios entes: em direção do *esse* na plenitude e na riqueza do seu infinito domínio. "O caminho a seguir aqui é caracterizado por um aprofundamento progressivo de ato em ato, do ato acidental ao ato substancial, e do ato formal ao *esse* autêntico que é o *actus essendi*, ato último" (C. Fabro). Trata-se daquele processo abstrativo-resolutivo que corresponde ao terceiro grau de abstração (cf. ABSTRAÇÃO), que é o procedimento próprio da metafísica.

Que seja essa a trajetória que segue a nossa inteligência quando vai à conquista do conceito intensivo do ser, Santo Tomás jamais o diz explicitamente, e isso justifica a notável variedade de opiniões entre os tomistas sobre esse tema. Todavia, pode-se deduzir de alguns textos que seja esse o ensinamento do Doutor Angélico, como os seguintes: "O intelecto humano não obtém desde a primeira apreensão o conhecimento perfeito de uma coisa; mas conhece primeiramente algo dela, por exemplo, sua quididade, que é o objeto primeiro e próprio do intelecto; depois conhece as propriedades, os acidentes, os modos de ser, que têm relação com a essência da coisa. Desse modo, deve compor os elementos apreendidos ou dividi-los, e em seguida passar de uma composição ou divisão a outra, o que é raciocinar" (I, q. 85, a. 5). Quando buscamos fazer uma ideia de Deus, "antes de tudo excluímos dele tudo aquilo que é corpóreo; depois tudo o que é espiritual ou mental, ao menos no sentido em que este elemento se encontra nas criaturas vivas, como, por exemplo, bondade e sabedoria. Então resta em nossa mente somente a verdade que Deus é, e nada mais. Enfim, eliminamos também a ideia do próprio ser, assim como essa ideia se encontra nas criaturas" (*I Sent.*, d. 8, q. 1, a. 1, ad 4).

Portanto o ser em sentido intensivo não é o resultado de uma intuição (como quer Maritain), e tampouco de um juízo (como sustenta Gilson), mas sim de um laborioso processo especulativo que implica sem dúvida tanto juízos quanto raciocínios. O processo se conclui com a aquisição de um "conceito" singular para o qual pode ser válida a denominação de *conceito reflexivo* (ao passo que aquele do ser comum é um conceito de precisão).

Muitos estudiosos de Santo Tomás sustentam que o *esse* é objeto do juízo e para apoiar essa tese apresentam numerosos textos do Doutor Angélico, nos quais se repete regularmente que o objeto da primeira operação da mente (a apreensão) é a essência ou quididade da coisa; enquanto o objeto da segunda (o juízo) é o ser da coisa (*esse rei*): "*Prima quidem operatio respicit ipsam naturam rei* [...]. *Secunda operatio respicit ipsum esse rei*" (*In De Trin.*. lect. 2, q. 1, a. 3; cf. *I Sent.*, d. 38, q. 1, a. 3; *De Ver.*, q. 1, a. 9; I, q. 14, a. 2, ad 1).

Mas, em nossa opinião, é necessário distinguir entre a expressão do ser e sua apreensão. Certamente, a expressão geralmente ocorre no juízo: é o juízo que espelha o *actus essendi*, e não a definição. Mas a elaboração do conceito intensivo do ser não é fruto do juízo, mas de uma longa e laboriosa reflexão comparativa e resolutiva.

7. Relação do ser com a essência

O ser em sentido intensivo, por si mesmo, quer dizer perfeição absoluta, sem restrições nem delimitações; o ser intensivo é de direito ser subsistente, ilimitado, infinito. Mas, então, a que se deve que o *actus essendi* dos entes seja, ao invés, sempre limitado, finito, participado? Santo Tomás resolve esse problema atribuindo à essência o papel e a função de potência, ou seja, de receptáculo que, recebendo-o, delimita e circunscreve o ser. As essências, explica Santo Tomás, são como recipientes e contêm tanto de ser quanto comporta sua capacidade: "Se absolutamente considerado, é infinito, porque pode participar do ser por infinitos modos. Ora, se o ser de algo é finito, convém que seja limitado por outro algo que, de certo modo, será causa do seu ser" (*C. G.*, I, c. 43, n. 363). Esse é o papel da essência (cf. Essência). Obviamente no caso em que o ser não sofre nenhuma restrição, nenhuma limitação, mas se realiza na sua infinita perfeição, então sua essência é simplesmente a de ser subsistente: o ser é a sua essência. É exatamente o que sucede em Deus: "*In solo Deo suum esse est sua quidditas vel natura; in omnibus autem aliis esse est praeter quidditatem, cui esse acquiritur*" (*II Sent.*, d. 3, q. 1, a. 1 sol.).

8. Resolução do ser participado no ser subsistente

A reflexão sobre a natureza do ente revela sua participação na perfeição do ser. Esta é uma evidência mais de ordem lógica que ontológica, que conduz à elaboração do conceito intensivo do ser, mas não à demonstração da sua subsistência.

Para provar a subsistência efetiva do ser é preciso partir do ente real e não de conceitos: de aspectos (fenômenos) reais de entes reais. É exatamente o que faz Santo Tomás. São três aspectos de contingência nos entes que existem de fato, e que nós experimentamos cotidianamente, que o induzem, depois da descoberta do conceito intensivo do ser, a provar a sua subsistência efetiva, isto é, a existência do *esse ipsum*. Os três aspectos (fenômenos) da contingência do ente são: a participação, a composição real (entre essência e ato de ser) e a graduação da perfeição do ser nos entes. Eis as três argumentações de Santo Tomás expostas de maneira bastante sintética.

a) *Do fenômeno da participação*: "Tudo o que é algo por participação remete a um outro que seja a mesma coisa por essência, como a seu princípio supremo [...]. Ora, dado que todas as coisas que são participam no ser e são *entes por participação*, é preciso que acima de todas as coisas haja algo que seja *ser em virtude da sua própria essência*, ou seja, que a sua essência seja o próprio ser" (*In Ioan.*, Prol. n. 5; o mesmo argumento se encontra, *in nuce*, em *II Sent.*, d. 1, q. 1, a. 2).

b) *Do fenômeno da distinção (composição) real entre essência e ser*: "...É necessário que cada coisa em que o *ser é diverso de sua natureza* (essência) tenha o ser de outro. E, porque tudo aquilo que é, em virtude de um outro, exige como causa primeira aquilo que é por si, deve haver algo que seja a causa do ser para todas as outras coisas, justamente, pois ela é apenas ser; de outro modo se iria ao infinito nas causas, tendo toda coisa que não é apenas ser causa do seu ser" (*De ente*, c. 4, 27).

c) *Da gradualidade da perfeição do ser nos entes*: "O ser está presente em todas as coisas, em algumas de *modo mais perfeito*, em outras de *modo menos perfeito*; mas não está jamais presente de modo tão perfeito a ponto de se identificar com a sua essência, de outro modo o ser faria parte da definição da essência de toda coisa, o que é evidentemente falso, já que a essência de qualquer coisa é concebível também prescindindo do ser. Portanto, é preciso concluir que as coisas recebem o ser de outros e (retrocedendo na série das causas) é necessário que se chegue a alguma coisa cuja *essência seja constituída do próprio ser*, de outro modo se deveria retroceder ao infinito" (*II Sent.*, d. 1, q. 1, a. 1).

Do que expusemos até aqui resulta claramente que o ser concebido intensivamente é indubitavelmente o eixo fundamental de toda a metafísica de Santo Tomás. Partindo desse conceito ele opera aquela *resolução* de toda a realidade contingente (no vir-a-ser) no seu último seguro, solidíssimo fundamento, o ser: aquela resolução por ele invocada o opúsculo *De substantiis separatis* (c. 9, n. 94): "*Oportet igitur communem quamdam resolutionem in omnibus huiusmodi fieri* (é necessária uma resolução universal de tudo aquilo que é sujeito ao vir-a-ser)". Trata-se, seguramente, de uma resolução metafísica e não simplesmente lógica, porque para remontar ao *Esse ipsum* se toma a via de um fenômeno concreto, realíssimo: a condição de contingência do ser nos entes.

E, uma vez que aquele *esse ipsum subsistens* é também o nome mais próprio de Deus (cf. I, q. 13, a. 11), todas as resoluções do ser participado no ser subsistente tornam-se outros argumentos, outras vias da existência de Deus. Estas são vias novas, pessoais, em perfeita sintonia com a metafísica do ser, que Santo Tomás propôs como provas da existência de Deus. E é aqui, no remontar dos entes ao ser — não nas famosas "cinco vias", que ele toma de Platão, Aristóteles, Avicena, Maimônides —, que o Doutor Angélico deu uma importante e decisiva contribuição também à teologia natural.

(Cf. Ato, Deus, Ente, Essência, Existência, Potência)

[Tradução: M. Couto]

Ser e Ter cf. Ter e Ser

Sexualidade

É a característica própria dos seres vivos em geral e do ser humano em particular de possuir uma individuação sexual, isto é, de distinguir-se em macho e fêmea. Trata-se de uma característica primária que acompanha a pessoa durante toda sua existência. A sexualidade reveste integralmente o homem: da estrutura das suas células, em virtude de sua configuração orgânica, até sua vida psíquica e espiritual. Homem e mulher, de fato, não só *têm sexo diferente*, mas *são homem e mulher* em toda a estrutura do seu ser. O ser humano vive continuamente numa atmosfera de sexualidade, que é a atmosfera de comunicação, de diálogo, de ajuda recíproca, de assistência mútua. E entre as finalidades primárias da sexualidade há não somente a da continuação da espécie, mas também a da realização da pessoa.

Em geral, quer pela filosofia, quer pela religião, a sexualidade foi vista com muita desconfiança e quase com hostilidade. Para os Pitagóricos, Platônicos, Estoicos, Neoplatônicos, a sexualidade é uma baixeza à qual está sujeita a alma decaída, subjugada pela "vida carnal". Para transportar a alma ao mundo das Ideias, ao Logos ou ao Uno, é preciso libertá-la do corpo, e portanto da sexualidade. Segundo Fílon de Alexandria, o homem ideal é assexuado. Também Aristóteles, que esposa uma concepção do homem mais favorável ao corpo considerando-o um elemento essencial da natureza humana, mostra pouco apreço pela sexualidade. Em geral nem os teólogos cristão assumiram uma posição de maior apreço em relação à sexualidade. Santo Agostinho vê nela a fonte principal da concupiscência, que para ele constitui a essência do pecado original. Sobre este ponto, como em geral em toda a sua antropologia, Santo Tomás toma distância do Doutor de Hipona e desenvolve um conceito substancialmente positivo da sexualidade.

Santo Tomás exclui que a sexualidade em si mesma possa ser algo mau; muito pelo contrário: uma vez que foi querida por Deus, que criou o homem macho e fêmea — "E Deus criou o Homem à sua imagem; à imagem de Deus ele o criou; homem e mulher ele os criou" (Gn 1,27) —, não pode ser senão coisa boa. Por outro lado, "aquilo sem o qual uma coisa não pode ser boa ou ótima não é mau em si. Ora, a perpetuidade da espécie não se conserva nos animais sem a geração que se origina da união carnal. Logo, é impossível que a união carnal seja má em si" (*C. G.*, III, c. 126 [2990]). Enfim, "sendo os membros do corpo instrumentos da alma, o fim de cada membro, como o de qualquer instrumento, está no seu uso. Ora, na união carnal está o fim de alguns membros corpóreos, que, portanto, existem em função dessa união. Ora, o que é fim das coisas naturais não pode ser mau em si, porque o que é natural está ordenado pela providência divina para o fim, como se depreende do que dito acima. Logo, é impossível que a união carnal seja má em si mesma" (ibid.).

Segundo Santo Tomás, a dimensão sexual é de tal modo essencial ao homem que não lhe será tirada nem mesmo na vida eterna. "Não se deve pensar que não haverá nos ressuscitados o sexo feminino, como alguns opinaram. Ora, sendo reparados pela ressurreição os defeitos da natureza, nada será tirado dos corpos ressuscitados que pertença à perfeição natural. E como os demais membros pertencem à integridade do corpo humano, também a ele pertencem os que servem à geração, quer no homem, quer na mulher. Por isso esses membros ressurgirão nuns e noutros. Nem se opõe a isso o fato de que esses membros não terão uso, como acima foi demonstrado. Se por esse motivo tais membros deixarem de existir, então nem os órgãos que servem à alimentação existirão nos ressuscitados, já que após a ressurreição também não se alimentarão. Assim, nem haveria a maior parte dos membros do corpo ressuscitado. No entanto, embora sem uso, todos os membros existirão para que a integridade do corpo natural seja restituída. Por isso, aqueles membros não serão inúteis" (*C. G.*, IV, c. 88 [4227-4228]).

A sexualidade é intrinsecamente boa quer como função, quer como atividade, contudo seu exercício torna-se legítimo somente na medida em que se conforma às finalidades previstas pela natureza para a própria sexualidade. Ora, todas as faculdades e os órgãos foram dados ao homem com finalidades bem precisas: as pernas para caminhar, os olhos para ver, a boca para respirar, comer, falar etc. A finalidade primária da sexualidade é indubitavelmente a procriação dos filhos. Portanto, o uso da sexualidade está ordenado a esse fim. E, uma vez que a procriação legítima ocorre somente no matrimônio, para Santo Tomás resulta coisa óbvia que é só no matrimônio que se pode fazer uso legítimo da sexualidade. Todo outro uso da sexualidade torna-se pecado de luxúria (cf. LUXÚRIA). Tanto o matrimônio quanto a sexualidade têm como *bonum* principal e primário a procriação dos filhos, que, contudo, não é o único. Existem outros dois bens muito importantes: a fidelidade entre os cônjuges (*bonum fidei*) e o remédio à concupiscência (*remedium concupiscentiae*). Esses valem também como bens autônomos, que podem ser alcançados mesmo quando não é possível atingir o primeiro (*Suppl.*, q. 49) (cf. MATRIMÔNIO).

Na existência humana e cristã Santo Tomás reconhece um papel importante e legítimo à sexualidade. Ela faz parte dos deveres fundamentais da vida matrimonial. Todavia, mesmo sendo uma dimensão antropológica fundamental, necessária para a conservação do gênero humano e instrumento de autorrealização, Santo Tomás está profundamente convencido de que a sexualidade representa um obstáculo para a vida espiritual e sabe muito bem que Jesus Cristo recomendou a virgindade a quem quiser segui-lo mais de perto. De fato, a vida religiosa, que é estado de perfeição (cf. PERFEIÇÃO CRISTÃ, RELIGIOSO), como vida de perfeito seguimento de Cristo comporta sempre o voto de castidade. A renúncia ao uso da sexualidade, e portanto aos prazeres carnais, é a segunda grande renúncia que deve fazer quem quiser ser perfeito: a primeira é a renúncia à posse das coisas externas (pobreza); a terceira é a renúncia à própria vontade (obediência). "Aqueles que tendem à perfeição — escreve o Doutor Angélico — devem evitar sobretudo o vínculo conjugal, porque este enreda tremendamente o homem nos assuntos seculares [...]. E, além disso, porque, entre as paixões, a concupiscência da carne e o uso das partes venéreas são as que absorvem mais. Portanto, o caminho da continência é extremamente necessário para quem quer conseguir a perfeição" (*De perf. vitae spir.*, c. 8, nn. 579-580).

(Cf. CASTIDADE, LUXÚRIA, MATRIMÔNIO, RELIGIOSO)

[Tradução: M. Couto]

Significado

Em geral este termo indica o sentido de uma palavra, de uma frase, de uma proposição, de um texto. Segundo Santo Tomás, o significado (*significatio*) de um termo se obtém daquilo que as pessoas pretendem geralmente dizer com aquele termo: "*Significatio autem nominis accipienda est ab eo, quod intendunt communiter loquentes per illud nomen significare*" (*I Anal.*, 4). Segundo a teoria aristotélica que Santo Tomás assume, aquilo que as palavras significam imediatamente é a essência de uma coisa; assim, por exemplo, a palavra "homem" significa a essência (ou seja, o núcleo central que pertente a todos) da realidade humana: "*Hoc nomen homo exprimit sua significatione essentiam hominis*" (I, q. 13, a. 1).

Santo Tomás ocasionalmente menciona várias divisões dos significados dos termos: 1) a divisão entre significado *próprio* e *figurado*: o significado próprio é o significado originário que o termo assume no início da sua vida histórica; o significado figurado, por sua vez, é o significado "transferido" a um campo diferente daquele a que se aplicava originariamente, e pode, algumas vezes, se implica uma imagem, tornar-se significado *metafórico* (cf. III, q. 16, a. 1). 2) A divisão entre significado *próprio* e *impróprio*, que substancialmente equivale à divisão precedente. 3) A divisão entre significado *estrito* e *lato*, que é uma subdistinção do significado próprio.

De capital importância é a divisão dos significados na exegese bíblica. Aqui o Doutor Angélico retoma a clássica divisão em quatro significados: literal (histórico), alegórico, moral e anagógico (cf. SENTIDOS (DA SAGRADA ESCRITURA)). Nos seus comentários aos livros do AT e NT o Doutor Angélico aplica escrupulosa e sistematicamente a teoria do quádruplo significado da Palavra de Deus. Eis, por exemplo, como ele interpreta o rito da circuncisão: "A circuncisão (além do significado literal) teve também um significado moral, enquanto sinal da preservação da castidade; um significado alegórico, enquanto queria significar a futura purificação operada por Cristo; e um significado anagógico, enquanto significava o abandono da corrupção da carne e do sangue mediante a ressurreição" (*IV Sent.*, d. 1, q. 2, a. 1, sol. 1).

(Cf. EXEGESE)

[Tradução: M. Couto]

Silogismo

Do grego *syllogismos* = raciocínio. É a forma típica do raciocínio. Aristóteles, a quem cabe o mérito de ter dado uma definição exata desta operação lógica e de ter fixado as regras que a governam, diz que o silogismo é "um discurso no qual, postas algumas premissas, se obtém necessariamente algo diverso das premissas, pelo simples fato que estas são" (*Anal. pr.* 24b). Na forma mais simples e elementar, o silogismo consta de três proposições, das quais duas funcionam como premissas e a última como conclusão. Deve incluir somente três termos, um dos quais funciona de *meio* (é o que recorre duas vezes na premissa e está ausente na conclusão) e as outras duas de extremos (e se chamam respectivamente *maior*, que é o predicado da conclusão, e *menor*, que é o sujeito da conclusão). Por exemplo: O homem é racional; Pedro é um homem, portanto Pedro é racional. Aqui temos: "homem" como termo médio; "Pedro" como termo menor, e "racional" como maior. A teoria de Aristóteles resultou tão perfeita que à posteridade restou bem pouco a acrescentar.

No seu comentário aos *Analíticos posteriores* Santo Tomás repropõe integralmente a teoria aristotélica do silogismo, repetindo a definição, os princípios, as regras, as divisões. Em particular o Doutor Angélico sublinha a impossibilidade de que no silogismo se possa proceder ao infinito na série dos termos, quer do termo médio, quer dos extremos (cf. *In I Anal.*, lect. 33-34).

Santo Tomás tem uma confiança ilimitada no procedimento silogístico. Nisto ele reconhece o procedimento próprio da *razão*, que não é uma faculdade intuitiva mas sim raciocinativa, e raciocinar significa proceder dedutivamente: isto é, extrair novos conhecimentos de conhecimentos prévios. E os novos conhecimentos são válidos na medida em que são sólidos os princípios de que são retirados. O silogismo, segundo Santo Tomás, é o procedimento próprio da ciência (cf. Ciência).

Todo o esforço de Santo Tomás em seu trabalho teológico é conduzido a dar uma estrutura científica aos mistérios da fé e à Palavra de Deus, e, para ele, dar estrutura científica significa dar estrutura argumentativa, ou seja, silogística. Essa sua convicção no valor infalível do silogismo explica aquele esforço, para nós indubitavelmente excessivo e algumas vezes fastidioso, de representar de forma silogística qualquer afirmação da Sagrada Escritura (cf. Exegese).

(Cf. Lógica)

[Tradução: M. Couto]

Símbolo

Do grego *symballo* = arranjo, colocado junto. O termo é adotado para significar tudo o que se liga intencionalmente com qualquer outra coisa e por isso serve para evocá-la. Em geral é considerado sinônimo de sinal. Na linguagem eclesiástica a palavra símbolo foi adotada desde as origens para indicar uma *fórmula de fé* oficial, que serve como carteira de identidade e de ortodoxia, como sinal de pertencimento à verdadeira Igreja. Santo Tomás observa: "Em cada um dos concílios instituiu-se um *símbolo* por causa de algum erro que no concílio se condenava. O concílio seguinte não compunha, portanto, um símbolo diferente do precedente, mas o que implicitamente estava contido no símbolo anterior era explicado com alguns acréscimos contra os hereges que apareciam" (I, q. 36, a. 2, ad 2).

Muito interessantes as razões que Santo Tomás alega como justificação da introdução dos símbolos: "Foi necessário reunir em um todo a verdade da fé para que ela possa ser proposta mais facilmente, a fim de que ninguém fique privado da verdade da fé, por ignorância. Esta coleção de verdades da fé recebeu o nome de *símbolo*" (II-II, q. 1, a. 9).

Santo Tomás menciona todos os grandes símbolos da Igreja antiga: o símbolo dos Apóstolos (I, q. 36, a. 2, ad 2; II-II, q. 1, a. 9, ad 4 e 6); o símbolo de Atanásio (*I Sent.*, d. 9, q. 1, a. 2); o símbolo de Calcedônia (II-II, q. 1, a. 10, ob. 2, ob. 2 e 4); o símbolo constantinopolitano (I, q. 36, a. 2, ob. 2; *De Pot.*, q. 10, a. 4, ad 13).

(Cf. Fé)

[Tradução: M. Couto]

Simonia

Chama-se assim o pecado em que incorre quem faz deliberadamente comércio com as coisas espirituais ou com o que está anexo às coisas, às funções, ao bem espiritual. O termo deriva de Simão o Mago, que — segundo o que referem os Atos dos Apóstolos 8,12-24 — pediu a Pedro para vender-lhe, por meio de uma compensação em dinheiro, a capacidade de fazer descer o Espírito Santo sobre quem quisesse.

O Doutor Angélico trata do pecado de simonia na questão 100 da *Segunda Seção da Segunda Parte da Suma Teológica*, em que aborda os seguintes quesitos: 1. O que é simonia?; 2. É lícito receber dinheiro pelos sacramentos? 3. É lícito receber dinheiro pelos atos espirituais? 4. É lícito vender o que está anexo às coisas espirituais? 5. Só uma recompensa material caracteriza o simoníaco ou também recompensa verbal ou de favor? 6. A pena do simoníaco.

Segundo Santo Tomás, três são as razões pelas quais quem faz comércio das coisas espirituais comete pecado: 1) porque nenhuma compensação terrena é suficiente; 2) porque os prelados são dispensadores das coisas espirituais e não patrões; 3) porque na origem são gratuito dom de Deus: por isso quem quiser fazer comércio com eles faz irreverência a Deus e às coisas divinas e comete um *pecado de irreligiosidade* (a. 1). A malícia, contudo, varia segundo as coisas espirituais que são comercializadas e a entidade da compensação requerida. As coisas mais espirituais são os sacramentos, que produzem a graça espiritual, à qual não há ouro que possa se igualar; por isso, não se pode receber dinheiro ou coisa equivalente em remuneração dos sacramentos; não é, porém, simonia oferecer alguma coisa para o sustento dos ministros dos sacramentos. Para os outros atos do ministério eclesiástico que têm efeitos espirituais é dito que não se podem contratar, mas que se pode receber aquilo que segundo os costumes aprovados pela Igreja é oferecido para o sustento dos ministros do Senhor; antes, realizados aqueles atos, as *ofertas podem ser pedidas e exigidas* (aa. 2 e 3).

Quanto às penas, Santo Tomás afirma que, para além das penas espirituais, os simoníacos estão sujeitos à privação daquilo que é fruto da simonia por parte dos vendedores, dos compradores e dos mediadores, porque não se pode ficar com aquilo que foi adquirido contra a vontade do Patrão, isto é de Deus, que disse: "Recebestes de graça, dai de graça" (Mt 10,8) (a. 6).

(Cf. Religião)

[Tradução: M. Couto]

Simulação cf. Hipocrisia

Sinal

Tudo o que tem o poder de chamar a atenção para si mesmo e também para uma outra coisa; e é chamado de sinal justamente graças a essa segunda intencionalidade.

Em campo religioso, por sinal deve ser entendido qualquer fato com uma forte caracterização simbólica, pronto para revelar uma intervenção de Deus. No uso comum o termo sinal é considerado sinônimo de símbolo; mas, segundo alguns autores, o sinal tem um valor semântico menor do que o símbolo, enquanto no símbolo haveria sempre uma participação na coisa que está simbolizada; ao passo que essa propriedade estaria ausente no sinal. Talvez seja mais justo dizer que nem todos os sinais são símbolos, mas somente aqueles sinais que possuam uma significação mais rica, graças à sua participação na coisa à qual remete. Assim, enquanto as indicações de trânsito são apenas sinais, as bandeiras são símbolos.

Quando se fala de sinal na Sagrada Escritura, trata-se de manifestações especiais do poder de Deus. No AT são fatos prodigiosos que querem significar uma advertência de Javé para a salvação do seu povo (Gn 9,12; Ez 12,13; Is 7,14). No NT o termo sinal é usado para falar dos milagres de Jesus (Jo 6,30 ss.; 10,31 ss.), aludindo assim à sua função de revelar o seu "poder messiânico". De fato, os milagres (*signa*) levam a reconhecer nele o enviado de Deus, o profeta, o Cristo. O termo sinal aparece, além disso, na expressão "sinal dos tempos", com a qual Jesus indica os acontecimentos que os homens deveriam saber discernir como reveladores da vinda do Messias (Mt 24,3; Jo 2,18).

A definição mais clássica de sinal é a que dá Santo Agostinho no *A Doutrina Cristã* (II, 1, 1): "O sinal é uma coisa que, além da imagem que imprime nos sentidos, faz vir à mente algo diverso de si mesmo (*Signum est enim res, praeter speciem quam ingerit sensibus aliquid aliud a se faciens in cogitationem venire*)". Santo Agostinho realiza uma clara classificação dos sinais (naturais e convencionais, escritos e falados etc.). Da categoria do sinal ele se vale também para realizar uma importante repartição de todo o mundo do saber. Este é dividido em três grandes âmbitos: o âmbito das *res* (coisas), o dos *signa* (sinais) e o dos *res et signa* (coisas que são também sinais).

Santo Tomás define o sinal mais simplesmente: "sinal é o meio de chegar ao conhecimento de outra coisa (*Signum autem est, per quod aliquis devenit in cognitionem alterius*)" (III, q. 60, a. 4). "*Signum enim est, quod est institutum ad aliquid significandum*" (I *Sent.*, d. 1, expos.). Santo Tomás se vale da categoria do sinal sobretudo para definir o sacramento. Este, na célebre definição que lhe dá o Doutor Angélico, "é sinal de uma realidade sagrada enquanto santifica os homens (*signum rei sacrae in quantum est sanctificans homines*)" (ibid., a. 2). Segundo Santo Tomás, também os milagres têm um valor simbólico. Todavia milagres e sinais não são a mesma coisa. "Nos milagres — escreve o Doutor Angélico — podem-se considerar duas coisas. Uma, a obra que se realiza, que certamente é algo que excede às forças naturais. Neste sentido, os milagres se chamam 'virtudes'. A outra, é o motivo pelo qual os milagres se realizam, que é a manifestação de alguma realidade sobrenatural. E, neste sentido, se chamam comumente 'sinais'. Mas, por causa da sua existência, se denomina 'portentos' ou 'prodígios', enquanto eles mostram algo como de longe" (II-II, q. 178, a. 1, ad 3).

(Cf. Linguagem, Milagre, Sacramento)
[Tradução: M. Couto]

Sindérese

O temo provém do grego *synteresis* = conservação, ou observância. É usado pelos escolásticos para indicar o hábito natural dos princípios primeiros da lei moral, que notifica ao conhecimento como deve agir para fazer o bem e evitar o mal. Segundo Santo Tomás, "os primeiros princípios da ordem especulativa, de que somos dotados naturalmente, não pertencem a uma potência especial, mas a um *habitus* especial que é chamado no livro VI da *Ética* de *intelecto dos princípios*. Por conseguinte, os princípios da ordem da ação, de que somos dotados naturalmente, não pertencem a uma potência especial, mas a um hábito natural especial, que chamamos *sindérese*. Por isso se diz que a sindérese incita ao bem, e condena o mal, na medida em que nós, mediante os primeiros princípios, buscamos descobrir e julgamos o que encontramos. A sindérese não é pois uma potência, mas um *habitus* natural" (I, q. 79, a. 12).

Como resulta desse texto, segundo Santo Tomás a razão é iluminada por princípios primeiros quer na sua função especulativa, quer naquela prática (moral). Trata-se de princípios não adquiridos mediante o processo de abstração, mas naturalmente conhecidos (*naturaliter nota*) e não pertencem a uma potência especial, mas formam um *habitus* especial que se chama "intelecto dos princípios", se possuem caráter especulativo; ao passo que se chamam "sindérese", se possuem caráter prático.

(Cf. Princípio)
[Tradução: M. Couto]

Soberba

Do latim *superbia*; é, junto com a avareza, um dos vícios que contaminam mais difusa e profundamente o coração do homem. Enquanto na avareza se pretende *ter mais* do que é lícito possuir, na soberba se pretende *ser mais* do que é lícito desejar ser: em outras palavras, ser mais do que aquilo que se é e que é concedido ser a uma criatura.

Na Sagrada Escritura a soberba é condenada severa e repetidamente. Já existe uma condenação implícita da soberba na narrativa dos terríveis sofrimentos e desventuras em que a humanidade é envolvida por causa do seu pecado de soberba e do duríssimo resgate que foi pago por Cristo para repará-lo. Mas há também muitas denúncias explícitas. No livro de Jó se diz do soberbo que o "Embora sua arrogância se eleve aos céus, e toque as nuvens sua cabeça; tal qual seu próprio esterco, ele perecerá para sempre. Perguntarão os que o viam: 'Onde está ele?'. Como um sonho, voará e ninguém o encontrará: desaparecerá qual visão noturna" (Jó 20,6-8). Jesus se lança contra os fariseus e contra a sua soberba (Mt 23). São Paulo é muito duro com respeito à soberba (Rm 1,30; 11,20; 1Cor 5,2 etc.) e recomenda aos ministros do Evangelho se manterem distantes.

Santo Tomás ao pecado da soberba dedica a questão 162 da *Segunda Seção da Segunda Parte da Suma Teológica*, onde trata dos seguintes quesitos: 1. A soberba é um pecado? 2. É um vício especial? 3. Qual o seu sujeito? 4. Quais as suas espécies? 5. É um pecado mortal? 6. É o mais grave de todos os pecados? 7. Quais as suas relações com os outros pecados? 8. Deve a soberba ser vista como pecado capital?

A soberba, segundo a bela definição que lhe dá o Doutor Angélico, é "buscar a excelência, excedendo aquilo que é da reta razão (*superbia appetit excellentiam in excessu ad rationem rectam*)" (II-II, q. 162, a. 1, ad 2); e é obviamente pecado porque este consiste sempre em alguma ofensa à reta razão, que prescreve que a vontade de cada um tenda ao que lhe é proporcional (ibid.). Objeto da soberba é algo árduo, e o árduo é o objeto próprio do apetite irascível. O irascível, entendido em sentido estrito, é apetite sensitivo, mas, entendido em sentido amplo, pode se referir também à vontade. Por isso o objeto da soberba pode ser algo da ordem quer sensível quer espiritual (ibid., a. 3).

Em si mesma, a soberba é pecado mortal, porque "A raiz da soberba está em o homem, de alguma maneira, não se submeter a Deus e à sua regra. Ora, é claro que o não se submeter a Deus é pecado mortal, porque é afastar-se dele. Consequentemente, a soberba é, em si mesma, pecado mortal. Entretanto, como em outras matérias que são, em si mesmas, pecado mortal, como a fornicação e o adultério, há movimentos que são pecados veniais, pela sua imperfeição, porque anteriores ao julgamento da razão e sem consentimento, o mesmo se dá com a soberba, cujos movimentos, às vezes, são pecados leves, porque praticados sem o consentimento da razão" (ibid., a. 5).

Segundo Santo Tomás, há quatro gêneros de soberba: 1) crer-se autor do próprio bem; 2) reputar os dons do céu como devidos aos próprios méritos; 3) vangloriar-se daquilo que não se tem; 4) desprezar os outros para parecer superiores naquilo que se possui.

Ainda segundo o Doutor Angélico, a soberba não só é vício capital, mas mãe de todos os vícios, porque todos os pecados derivam dela ou direta ou indiretamente. "Primeiramente, de um modo direto, ou seja, enquanto os outros pecados se ordenam ao fim da soberba, que é a própria excelência, à qual se pode ordenar tudo quanto, desordenadamente, se deseja. Depois, indiretamente, e como que por acidente, pela supressão do obstáculo ao pecado, enquanto, pela soberba, o homem despreza a lei divina que proíbe pecar" (ibid., a. 2). Portanto, a soberba tem uma prioridade absoluta sobre todos os outros pecados, e "é o princípio de todos os pecados, como foi dito ao tratar das causas do pecado, quanto à aversão, que é o elemento principal do pecado" (ibid., a. 7).

(Cf. Humildade, Vício)

[Tradução: M. Couto]

Sobrenatural

Indica tudo o que transcende, na ordem do ser e do agir, a natureza criada. O sobrenatural é antes de tudo intrínseca, originária e absolutamente Deus (Trindade). Mas, por bondade de Deus, é sobrenatural também o que ele concede ao homem para além do que lhe é devido por força da sua constituição natural, para tornar o homem partícipe da vida divina. Esse dom pode se referir quer ao plano operativo (as virtudes teologais e os dons do Espírito Santo), quer ao ontológico, do ser (a graça santificante).

A relação entre natural e sobrenatural foi esclarecida explicitamente durante o século XX. De fato, porém, essa relação sempre foi objeto de animadas discussões na teologia cristã e desde sempre subsistiram duas tendências: a de contrapor o sobrenatural ao natural (Tertuliano, Agostinho) e a de afirmar sua profunda unidade (Clemente, Orígenes, Atanásio, Pseudo-Dionísio).

Santo Tomás segue uma linha de clara distinção, que, contudo, não está voltada para contrapor o sobrenatural ao natural, mas sim para uni-los intimamente, com base no princípio "*gratia non tollit naturam sed perficit*" (I, q. 1, a. 8, ad 2).

Santo Tomás define o sobrenatural como aquilo que ultrapassa todo poder da natureza (cf. *In Div. Nom.*, c. XI, lect. 4). É sobrenatural qualquer intervenção extraordinária de Deus na história da salvação. Assim, o Doutor Angélico pode falar de *lumen* sobrenatural (= a fé), de *finis* sobrenatural (= a visão beatífica), de *donum* sobrenatural (= a graça), de *signa* sobrenaturais (= os milagres), de *cognitio* sobrenatural (= a fé); de *res, perfectio, operatio, principium* etc., sobrenaturais. A teologia tem como objeto próprio o estudo dos "mistérios sobrenaturais (*de supernaturalibus mysteriis*)" (I, q. 54, a. 4, ad 2).

Sobrenatural por excelência é a graça, a participação na vida divina. Trata-se, de fato, de algo que, por definição, o homem não pode ganhar para si mediante suas forças e seus recursos, mas recebe exclusivamente da bondade de Deus: "*Duo ad rationem gratiae pertinent…, quorum primum est, ut id, quod est per gratiam, non insit homini per seipsum vel a seipso, sed ex dono Dei… Secundo pernitet ad rationem gratiae ut non sit ex operibus praecedentibus*" (*In Ep. ad Ephes.*, c. 2, lect. 3).

Os pontos-chave firmes da doutrina de Santo Tomás sobre as relações entre natural e sobrenatural (graça) podem ser reduzidos a três: 1) Entre natural e sobrenatural não há nenhuma oposição. O sobrenatural, no seu próprio conceito, exige a natureza humana e não a destrói, mas ao contrário a aperfeiçoa. 2) Entre a natureza criada e o sobrenatural há uma absoluta distinção, que se funda sobre sua diferença entitativa, como consequência da transcendência e gratuidade do sobrenatural. 3) Na natureza humana existe a capacidade de receber o sobrenatural e de ser elevado ao estado e à atividade da ordem sobrenatural. (Cf. Graça, Natureza, Potência (e ato))
[Tradução: M. Couto]

Sobriedade

Do latim *sobrietas*; é uma parte especial da virtude da temperança e consiste exatamente em saber controlar-se no uso das bebidas inebriantes, assumindo-as com discrição (medida). Segundo Santo Tomás "a sobriedade se apropria, especificamente, de uma matéria em que é sumamente louvável observar a medida, como é o caso das bebidas que podem embriagar. Na verdade, o uso moderado da bebida é bastante benéfico, mas um pequeno excesso já é muito nocivo, porque impede o uso da razão, mais até do que o comer exagerado. Daí a palavra do livro do Eclesiástico [Sirácida] (31,27-28): "O vinho bebido sabiamente é a saúde da alma e do corpo, bebido em demasia causa irritação e ira e muitas ruínas". Essa é a razão por que a sobriedade tem como objeto, especialmente, a bebida, não qualquer bebida, mas aquela que, por seus vapores, pode perturbar a mente, como são o vinho e todas as demais bebidas embriagadoras. Se tomarmos, porém, o termo 'sobriedade' em sentido genérico, pode ser aplicado a qualquer matéria" (II-II, q. 149, a. 1). O vinho, esclarece Santo Tomás, não é ilícito em si, mas pode tornar-se ilícito *per accidens* quando quem o bebe é fraco de estômago ou está ligado a um voto, ou excede na medida ou dá escândalo. À medida, pois, do perigo do vinho e da condição das pessoas, se requer uma *maior sobriedade* dos jovens, por si mesmos já ardentes; das mulheres, muito fracas; dos velhos, para que não lhes diminua a sensatez; dos prelados, pela gravidade de seu ofício (ibid., aa. 3 e 4).

(Cf. Temperança)
[Tradução: M. Couto]

Sociabilidade

Significa, em geral, convivência social. Em sentido restrito, designa seja o conjunto das relações que surgem entre os indivíduos que fazem parte de uma sociedade ou de um ambiente determinado, seja a consciência geral e individual dessas relações e dos direitos, bem como dos deveres, que elas implicam.

Tal estrutura é já claramente afirmada por Aristóteles quando ele considera ser o homem essencialmente um "animal político" (*zoon politikon*). Tendo necessidade de unir-se com seus semelhantes para satisfazer suas necessidades vitais, culturais e espirituais, o homem só pode realizar sua natureza e alcançar seus próprios fins na cidade (*polis*), pois apenas na *polis* as possibilidades implícitas a seu intelecto se cumprem plenamente (cf. *Política*, 1253).

Santo Tomás adota integralmente a doutrina de Aristóteles sobre a sociabilidade. Com Aristóteles, ele reafirma a origem natural do Estado, cujo surgimento advém da natureza sociável do homem e da incompletude do simples indivíduo. "O homem — escreve o Angélico — é por natureza um animal social e político que vive junto aos outros ainda mais que os outros animais, o que se demonstra pela necessidade da natureza. De fato, aos outros animais a natureza proveu de alimento, de vestimenta (pelos), mas não menos de meios de defesa, como os dentes, os chifres, as unhas ou, pelo menos, a velocidade para fugir. O homem, porém, em nada foi provido de todos esses auxílios da natureza, recebendo, em troca, a *razão* para que providencie por suas próprias mãos todas essas coisas. Não obstante, o indivíduo não tem condições de prover todas essas coisas a sós. Sozinho, o homem não conseguiria sobreviver. Por isso, ele sente naturalmente a necessidade de conviver com os outros [...]. Isto se evidencia pelo fato de ser próprio do homem fazer uso da linguagem, pela qual ele pode comunicar integralmente seu pensamento a outrem, ao contrário de outros animais que somente podem expressar mutuamente as suas sensações de modo genérico, como o cão, por exemplo, exprime sua ira latindo, e assim os demais animais de outros modos. Logo, entre os animais que vivem em grupo, a exemplo do grou, da formiga e da abelha, o homem é o mais sociável" (*De Reg.*, l. 1, c. 1).

Portanto, em razão de sua natureza sociável, o homem dá origem à sociedade, que é definida pelo Angélico como "*adunatio hominum ad unum aliquid communiter agendum* (reunião de homens que, em comum, agem em prol de uma única coisa)" (*C. impugn.*, c. 3). Trata-se de um conceito analógico. De fato, existe uma sociabilidade natural entre os homens, mas também existe uma sociabilidade sobrenatural do povo de Deus, reunido em torno da pessoa de Cristo. Existe ainda uma sociabilidade divina, a Santíssima Trindade, que não tem partes, pois cada pessoa é toda a Divindade. Há, por fim, incontáveis sociedades artificiais ou convencionais, que nascem do livre acordo entre as pessoas que as integram.

(Cf. Sociedade)
[Tradução: M. Ponte]

Sociedade

Do latim *societas*. Já presente na cultura grega e latina, este termo indica tanto o conjunto das relações interpessoais, caracterizadas pela comunicação, quanto o grupo que vive essas relações de modo definitivo e determinado.

Na cultura grega, Estado e sociedade praticamente coincidem e estão presentes no conceito de *Polis*. Essa distinção só ocorrerá com o cosmopolitismo e com os estoicos, sendo posteriormente assumida no mundo latino por Cícero, que ressaltará (como já havia feito Aristóteles) o caráter natural da sociedade.

O Angélico dá a seguinte definição de sociedade: "*Est adunatio hominum ad unum aliquid communiter agendum* (reunião de homens que, em comum, agem em prol de uma única coisa)" (*C. impugn.*, c. 3). Trata-se obviamente de um conceito analógico. De fato, existe uma sociedade natural (família, Estado), mas também há uma sociedade sobrenatural (a Igreja).

Um dos problemas mais debatidos é aquele que se refere às relações entre indivíduo e sociedade. Contra as soluções de caráter individualista (o liberalismo) e aquelas marcadas pelo coletivismo (comunismo, totalitarismo) — que respectivamente acentuam a importância da pessoa em detrimento da sociedade e, contrariamente, o papel da sociedade em detrimento da pessoa —, Santo Tomás adota uma solução intermediária que, em certos aspectos, assinala o primado à pessoa e, em outros, à sociedade. Santo Tomás distingue entre aquilo que pertence ao fim último da pessoa, o qual, ademais, é um fim sobrenatural (a vida eterna), e aquilo que pertence aos fins intermediários, os quais contribuem para a realização do bem-comum. No que concerne ao fim último, a pessoa é superior à sociedade (família, Estado). Quando esse fim (a vida eterna) se vê ameaçado, a pessoa tem o direito-dever de rebelar-se contra as imposições (leis) da sociedade. Em todos os outros casos, a pessoa deve se submeter à sociedade.

(Cf. Pessoa, Política)
[Tradução: M. Ponte]

Sofrimento cf. Dor

Solidariedade

É a dimensão da sociabilidade que se torna virtude. Em outras palavras, é um compromisso para com a sociabilidade, a fim de convertê-la em empenho firme e perseverante pelo bem-comum. Não é "um sentimento de vaga compaixão ou uma comoção superficial" (João Paulo II), mas uma virtude moral que deita raízes nas estruturas da sociabilidade, da coexistência e da proximidade. A essa virtude dá-se oportunamente o nome de "amizade política".

Já na Sagrada Escritura se pode inferir uma rica doutrina sobre a solidariedade, pois nela se exalta, sobretudo, a solidariedade de Deus para com a humanidade. O Senhor, o Vivente, o Deus único e pessoal oferece sua comunhão e comunicação aos homens. Ele age sempre, sistematicamente, por sua exclusiva iniciativa, que, como tal, é sempre prévia, concomitante e conseguinte a toda e qualquer operação e reação dos homens. Porém esse mesmo Senhor exige que os homens, chamados à sua comunhão, sejam "solidários" entre si mesmos. Melhor ainda, ele originariamente os cria como "já solidários", ainda que esse resultado dependa do livre-arbítrio dos homens, que podem considerar total ou parcialmente a iniciativa divina, ignorá-la, ou, até mesmo, voltar-se contra ela. A solidariedade entre os homens tem como único critério o amor. Um amor incondicionado, como quer o preceito: "Ama teu próximo como a ti mesmo". Aqueles homens que por uma escolha imperscrutável de Deus formam um povo — antes, o povo de Israel e, após, o novo povo de Deus, a Igreja —, são colocados a serviço de todos os povos, com os quais devem formar uma mais ampla "solidariedade". A solidariedade de Deus com a humanidade alcança seu ponto culminante na encarnação, paixão e morte do Filho de Deus. Ele, ao despojar-se de sua condição divina, assumiu a condição humana e tomou sobre si nossas culpas e iniquidades, conseguindo, desse modo, nossa libertação do pecado, do demônio, da morte, e a nossa participação na vida divina. Com a Eucaristia, essa maravilhosa e "incrível" solidariedade de Deus para com a humanidade continua de modo místico. A própria Igreja, corpo místico de Cristo, torna-se organismo portador da solidariedade sobrenatural (a caridade) que Deus quer fazer circular entre os homens.

Santo Tomás jamais trata explicitamente sobre a virtude da solidariedade. Porém algumas de suas doutrinas a implicam necessariamente, tais como: 1) a doutrina da dimensão sociopolítica do ser humano: um ser feito para viver com os outros e comunicar-se com os outros. "Por isso, não basta sua inclinação a prover-se a si mesmo, igualmente lhe é necessário prover aos outros" (*I Ethic.*, lect. 9); 2) a doutrina da função social dos bens, que, antes dos indivíduos, devem servir à comunidade; 3) a doutrina da comunhão dos santos (*communio sanctorum*), que prevê uma partilha também dos bens espirituais; 4) a doutrina da justiça comutativa, que exige que seja dado a cada um o que é seu; 5) e, sobretudo, a doutrina da *amizade política*.

Santo Tomás distingue quatro tipos de amizade: natural, doméstica, civil e divina (*III Sent.*, d. 27, q. 2, a. 2). As amizades doméstica e civil (ou política) são indispensáveis para a convivência social. O termo *amicitia politica* é usado pelo Angélico como sinônimo de *concórdia*: "A amizade política, seja entre os cidadãos de uma mesma cidade, seja entre várias cidades, parece ser a mesma coisa que concórdia" (*IX Ethic.*, lect. 6).

A amizade política (solidariedade) não comporta uniformidade de ideias. "A concórdia pertence ao gênero da amizade [...]; portanto, parece que a concórdia não é uniformidade de ideias (*homodoxia*), o que somente significaria uniformidade de opinião. De fato, pode acontecer que sejam da mesma opinião pessoas que nem se conheçam e entre as quais não haja concórdia alguma nem amizade" (ibid.).

A solidariedade é requerida por Santo Tomás não por motivos extrínsecos, como os interesses comuns dos grupos sociais, mas por motivos intrínsecos à própria sociabilidade, ou seja, primariamente pelo bem-comum. Isso se constata pelo fato de que, quando não há orientação ao bem ou às virtudes morais e políticas, não pode haver verdadeira amizade política. Com efeito, os grupos cuja solidariedade é só aparente e transitória, pois fundada no *bonum utile* e não no *bonum honestum*, facilmente se desfazem. "A razão pela qual não podem concordar — observa Santo Tomás — é porque cada um, em qual seja trabalho compartilhado, deseja ser recompensado em abundância, para além do que lhe é devido, mas não deseja participar das fadigas do grupo, delas se esquivando [...]. Não se observa, assim, o bem-comum que é a justiça, desfazendo-se a concórdia entre eles. Nascem, desse modo, as lites, e cada um constringe o outro a fazer o que serve a seus próprios interesses" (ibid.). Portanto, as "gangues", os "grupos mafiosos", ou simplesmente os grupos que não se fundam na justiça, não podem ter amizade política e pecam gravemente contra a solidariedade. A consequência disso, por um lado, é que a solidariedade deve ser considerada entre as partes da justiça (cf. II-II, q. 80), por outro, que não há justiça sem amor, isto é, sem solidariedade.

Eis até aqui a breve reconstrução do discurso filosófico de Santo Tomás sobre a solidariedade. Mas, para o Doutor Angélico, é evidente que a noção de solidariedade só resplandece plenamente à luz da Revelação. De fato, a plenitude da solidariedade resplende onde há uma tendência real a efetivar aquela participação na solidariedade sobrenatural manifestada na Igreja, *societas credentium* (comunidade dos que creem), na qual a solidariedade é caridade, ou, ainda, participação habitual, infundida pelo próprio Deus, no Amor com que ele nos ama em Cristo, seu Filho. A amizade política é certamente uma noção inteligível que não precisa recorrer à Palavra de Deus e à Fé; porém trata-se de uma inteligibilidade parcial e incompleta, pois é na caridade eclesial que a solidariedade humana é levada à perfeição.

(Cf. Amizade, Caridade, Justiça, Política, Sociabilidade)

[Tradução: M. Ponte]

Sorte cf. Destino

Subsistência

Do latim *subsistentia*; é uma propriedade da substância o fato de não ser em qualquer outra coisa, mas sim em si mesma: é o ser em si da substância, propriedade que não têm nem a matéria, nem os acidentes.

Santo Tomás especifica que "subsistência" tem dois significados, na medida em que pode se referir à forma ou então ao ser. No primeiro caso existe a subsistência de um ser que não tem necessidade da matéria para existir, e este, segundo o Doutor Angélico, é o caso dos anjos e da alma humana. No segundo caso, há a subsistência de quem não depende de nenhuma causa para existir, e isso se pode dizer somente de Deus. "Portanto, se se diz 'subsistente por si mesmo' daquilo que não depende de um agente superior, nesse sentido o subsistir por si mesmo se refere somente a Deus, causa primeira agente da qual dependem todas as causas segundas. Se, porém, com 'subsistente por si mesmo' se entende aquilo que não é formado por outra coisa qualquer, mas pelo contrário é em si mesmo forma, então nesse sentido o 'subsistir por si mesmo' se refere a todas as substâncias imateriais" (*In De Causis*, prop. 26).
(Cf. Substância)
[Tradução: A. Bogaz]

Substância

Do latim *substantia*; é um termo que em filosofia e teologia tem um significado técnico específico; segundo a definição clássica que nos deu Aristóteles, a substância "é aquilo que é em si e não numa outra coisa" (*Metaf.* 1406a, 26). Nisto está a singularidade da substância: o existir em si mesma, e não em qualquer outro sujeito, como ao contrário ocorre com o acidente.

A discussão sobre a substância já tinha sido iniciada com os pré-socráticos e com Platão, mas o grande teórico da substância é Aristóteles. A sua é essencialmente uma metafísica da substância; de fato, mesmo definindo a metafísica como estudo do ente como ente e das suas propriedades transcendentais, na verdade esse estudo se resolve no estudo da substância, porque ente autêntico, ente no sentido pleno do termo é somente a substância. Esta, segundo Aristóteles, goza de uma prioridade absoluta sobre todas as outras categorias. Ela é a primeira na ordem lógica, uma vez que o conceito de substância está implicado no conceito das outras categorias. É anterior na ordem gnoseológica, pois de fato nós acreditamos conhecer algo muito melhor quando o conhecemos, seja o que for esse algo, do que quando conhecemos somente suas qualidades ou sua quantidade ou seu lugar (por exemplo, do homem ou do fogo). É anterior também na ordem cronológica, porque o ser da substância precede o ser dos acidentes; e é, portanto, anterior na ordem ontológica, porque o ser dos acidentes depende do ser da substância (*Metaf.* 1028a). A substância é essência (*ousia*) porque é distinta de todo elemento integrado, de todo acidente (*symbebekos*), constitui o ser próprio de uma realidade, o ser pelo qual necessariamente uma coisa é aquilo que é (ibid., 1007a. 21-27). Uma vez que atua como sujeito (substrato) dos acidentes, a substância é tida também como *hypokeimenon*. Como, pois, é "princípio primeiro do movimento e da quietude", a substância é tida melhor como "*physis*" (= natureza) (*Física* 192b, 20 ss.). Propriamente falando, substância é somente o indivíduo: não a matéria ou a forma, que são partes da substância. O indivíduo é denominado também substância primeira; enquanto os gêneros e as espécies são somente "substâncias segundas (*deuterai ousiai*)" (*Categ.* 5, 2b).

Os latinos traduziram o termo *ousia* por *substantia*; entre os escritores cristãos, Tertuliano é o primeiro a fazer uso deste termo. Na sua doutrina trinitária, Tertuliano distingue entre *substantia* ou *natura* e *persona* (pessoa). A mesma linguagem é retomada por Santo Agostinho, que fala também de *essentia*, para destacar tudo que é comum às três pessoas divinas. Boécio utiliza-se do conceito de substância para definir a pessoa: "*Persona est rationalis naturae individua substantia*".

Santo Tomás acolhe, no essencial, o conceito aristotélico de substância. Em geral, a substância é aquilo que está sob, é o fundamento, o suporte. O termo substância se explica partindo do verbo *substare*: "*Nomen enim substantiae imponitur a substando*" (I Sent., d. 8, q. 4, a. 2, sc. 2). Os vários sentidos com os quais este termo pode ser usado são indicados expressamente por Santo Tomás na *Suma Teológica*: "Segundo o Filósofo, no livro V da *Metafísica*, substância tem dois sentidos. O primeiro é a *quididade da coisa* (*quidditas rei*), que se exprime na definição. Por isso, dizemos que a *definição significa a substância da coisa*. Os gregos chamam essa substância de *ousia*, que podemos traduzir por *essência* (*essentiam*). Em um segundo sentido, chama-se substância ao *sujeito* ou ao *supósito que subsiste no gênero substância* (*subiectum vel suppositum quod subsistit in genere substantiae*). E tomando-a em sentido geral pode ser nomeada também pelo termo que expressa a intenção lógica: e, assim, é chamada supósito. Costuma-se dar-lhe também três nomes que expressam a realidade: *ser da natureza, subsistência e hipóstase* (*res naturae, subsistentia et hypostasis*), correspondentes aos três aspectos da substância tomada nesse segundo sentido. Enquanto existe em si e não em outro, chama-se *subsistência* (*secundum quod per se existit et non in alio, vocatur subsistentia*), pois subsistir se diz do que existe em si mesmo e não em outra realidade. Enquanto ela é o sujeito de uma natureza comum, chama-se *ser da natureza* (*res naturae*): por exemplo, *este homem* (*hic homo*) é um ser da natureza humana. Enquanto ela é o sujeito dos acidentes, chama-se *hipóstase* ou *substância* (*hypostasis vel substantia*). O que estes três nomes significam em geral para todo o gênero das substâncias, o termo pessoa (*persona*) significa para o gênero das substâncias racionais" (I, q. 29, a. 2).

A autonomia da substância — explica o Doutor Angélico — é caracterizada mais precisamente a partir do ser por si (*esse per se*). Por isso, Santo Tomás diz que com o termo *substantia* se deve entender a *essentia cui competit per se esse*, na qual o *esse* não é a própria *essentia* (I, q. 3, a. 5, ad 1). *Substantia prima* é o indivíduo como realmente existe (*individuum in genere substantiae*) (I Sent., d. 25, q. 1, a. 1, ad 7); *substantia secunda*, ao contrário, é a categoria em sentido lógico, a qual exprime a presença universal no mesmo existente.

As mais importantes *divisões* da substância são: *substantia prima* e *secunda*; *particulares* (*singularis*) e *universalis*; *completa* e *incompleta* (a alma humana é uma *substantia incompleta* mesmo possuindo um ato próprio de ser); *composita* (de matéria e forma) e *simplex*; *corporalis* e *spiritualis*. Comentando Aristóteles, Santo Tomás formula a distinção entre as substâncias do seguinte modo: "As substâncias são de três tipos. Uma é aquela sensível que se divide em dois gêneros: de fato, algumas substâncias sensíveis são sempiternas; isto é, os corpos celestes; outras ao contrário são corruptíveis [...]. O terceiro gênero é aquele da substância imóvel, que não é sensível [...]. Entre estes três gêneros de substâncias, a diferença é que as substâncias sensíveis, sejam corruptíveis ou perpétuas, são objetos da filosofia natural (física)... Ao contrário, a substância separável e imóvel é objeto de uma outra ciência (a metafísica)" (*XII Met*., lect 2).

A constituição metafísica do ser individual é dada, por Aristóteles, pela matéria e forma, ou pelo ato e potência; para Santo Tomás, também por *essentia* e *actus essendi*. De fato, depois da descoberta do *actus essendi* (e do conceito intensivo do ser), Santo Tomás se vê obrigado a completar o discurso de Aristóteles sobre esse ponto: o ente substancial concreto exige, além da *essentia* (que nos entes materiais compreende dois elementos: a matéria e a forma), também o *actus essendi*. A diferença entre a doutrina aristotélica e a tomista da substância se nota no fato de que em Santo Tomás o *esse* se torna determinante. A substância existe porque existe o *esse*. Uma essência é *in actu* porque é atualizada pelo ser.

A substância deve ser portanto esclarecida, mais que a partir da essência, partindo do ser. Desse modo, a metafísica de Santo Tomás esclarece ulteriormente a doutrina aristotélica da substância.

Sendo correlativo a acidente, o termo substância propriamente não se pode aplicar a Deus (porque em Deus não existem acidentes), mas, se for despojado do aspecto da correlação e restringido o seu significado ao que é amplamente positivo (autonomia do ser, consistência ontológica), o termo se aplica também a Deus: "*Substantia convenit Deo secundum quod significat existere per se*" (I, q. 29, a. 3, ad 4). Além disso, Santo Tomás coloca explicitamente em destaque que Deus não se submete ao predicativo da substância, "*non est in genere substantiae*" (I, q. 3, a. 5, ad 1), e retornando ao Pseudo-Dionísio fala da *essentia divina* como da *substantia supersubstantialis* (*In Div. Nom.*, c. 1, lect. 1; c. 5, lect. 1). Também aqui está claro que o Doutor Angélico desenvolveu ulteriormente a doutrina aristotélica, mostrando que o ser substancial finito depende totalmente do puro ser infinito de Deus.

(Cf. ARISTÓTELES, CATEGORIA, METAFÍSICA)
[Tradução: A. Bogaz]

Sufrágio

Do latim *suffragium*; é a ajuda cristã aos defuntos aplicando às almas santas do purgatório os méritos que os vivos podem lucrar com obras de caridade ou de piedade cristã.

O princípio geral sobre o qual Santo Tomás funda a doutrina do sufrágio é o dogma da Comunhão dos santos (*communio sanctorum*): segundo esse dogma, a Igreja é uma grande família na qual as perdas e os ganhos dos indivíduos servem de vantagem ou dano para todos. Assim, as obras boas de quem está na graça de Deus podem valer de algum modo para os outros não só como oração, mas também como mérito por efeito da caridade (*IV Sent.*, d. 45, q. 2, a. 1, sol. 1), e, uma vez que a caridade abraça não apenas os vivos mas também os defuntos que saíram desta vida na graça de Deus, as obras boas dos vivos valem também para os defuntos. "A caridade, que é o vínculo que une os membros da Igreja, não só se estende aos vivos, mas também aos mortos, que na caridade partiram deste mundo. De fato, a caridade não termina com a vida do corpo: 'a caridade não morre' (1Cor 13,8). Semelhantemente também na memória dos homens vivos continuam a viver assim os mortos: por isso, a eles pode ser dirigida a intenção dos vivos; e, assim, os sufrágios dos vivos beneficiam por um duplo motivo os defuntos, não de modo diferente daquele como beneficiam os vivos: seja pela união da caridade, seja pela intenção a eles dirigida. Não se deve, no entanto, acreditar que os sufrágios dos vivos possam valer a ponto de fazer mudar aos mortos o estado de miséria naquele de felicidade: valem somente pela diminuição da pena ou de alguma outra vantagem que não mude o estado do defunto" (*IV Sent.*, d. 45, q. 2, a. 1, sol. 2).

Os sufrágios dos vivos beneficiam os defuntos uma vez que estão unidos aos vivos que rezam na caridade e que a intenção se volta para eles; por isso beneficiam as obras da caridade e *antes de todas a Eucaristia*, que é o vínculo da caridade cristã; depois a esmola, que é fruto da caridade; beneficiam, enfim, as orações, enquanto representam a intenção dos vivos voltada para os defuntos. Os sufrágios, quando provêm da caridade, beneficiam *todas as almas do purgatório*, porque todas estão unidas na caridade; mas, quando provêm da intenção de quem as faz, beneficiam somente a alma à qual é dirigida, como aqui na terra o dinheiro que se paga pelo débito de uma pessoa é computado em favor daquela pessoa e não de outra. Por isso as almas do purgatório se beneficiam mais *dos sufrágios especiais* do que dos sufrágios comuns. O sufrágio beneficia também quem o faz porque, como obra boa feita em estado de graça, é sempre meritória de vida eterna; mas, como obra expiatória, beneficia somente a alma à qual se presta o sufrágio (*IV Sent.*, d. 45, q. 2, aa. 3 e 4).

Santo Tomás trata dos sufrágios numa ampla questão do *Comentário às Sentenças* (*IV Sent.*, d. 45, q. 2) que foi resumida no *Suplemento da Suma Teológica*, na questão 71.

(Cf. Indulgência, Purgatório)

[Tradução: M. Couto]

Suicídio

É matar-se a si mesmo. Os antigos filósofos quase sempre haviam recusado energicamente o suicídio (assim Sócrates, Platão e Aristóteles); mas o suicídio obteve o favor dos Estoicos. Alguns Padres da Igreja (Santo Ambrósio e São Jerônimo) concordavam que em alguns casos excepcionalíssimos fosse lícito tirar a própria vida; mas, após uma exposição mais aprofundada feita por Santo Agostinho, o valor absoluto da proibição tornou-se certeza na Igreja e na sua doutrina moral. Escreve o grande bispo de Hipona no *De civitate Dei* (I, c. 20): "O preceito 'não matarás' se refere ao homem enquanto tal. E isto é não matar nem os outros nem a si mesmo. De fato, quem mata a si mesmo não faz outro coisa senão matar um homem".

Santo Tomás trata o tema com grande perspicácia num artigo da *Suma Teológica* (II-II, q. 64, a. 5), no qual se pergunta: "É permitido matar-se a si mesmo?" (*Utrum alicui liceat seipsum occidere*). A resposta do Doutor Angélico é peremptoriamente negativa, e para sustentar essa tese aduz três razões que se tornaram clássicas: "1º, Todo ser se ama naturalmente a si mesmo. Por isso é que se conserva na existência e resiste, quanto pode, ao que poderia destruí-lo. Portanto, quem se mata vai contra a tendência da natureza e *contra a caridade, pela qual cada um deve amar-se a si mesmo*. Assim, o suicídio será sempre pecado mortal, enquanto se opõe à lei natural e à caridade. 2º, A parte, pelo que ela é, pertence ao todo. Ora, *cada homem é parte da comunidade*; o que ele é pertence à comunidade. Por isso, matando-se, comete injustiça contra a comunidade, como o mostra o Filósofo. 3º, A *vida é um dom de Deus* ao homem (*vita est quoddam donum divinitus homini attributum*) e permanece sempre dependente do poder daquele que 'faz morrer e faz viver'. Quem se priva da vida, peca, portanto, contra Deus; como aquele que mata um escravo alheio peca contra o senhor desse escravo; e como peca quem usurpa o julgamento sobre uma causa que não lhe foi confiada. Pois só a Deus compete julgar da morte e da vida, como se diz no livro do *Deuteronômio*: 'Eu farei morrer e farei viver' (Dt 32,39)" (ibid.).

Às várias razões requintadas que podem ser invocadas para justificar o suicídio, Santo Tomás responde pontual e eficazmente.

1) A quem sustenta que o poder da liberdade, da qual o homem é dotado, se estende também ao dom da vida, o Doutor Angélico replica: "o homem é constituído senhor de si mesmo pelo livre-arbítrio. E, por isso, pode dispor de si mesmo, no que toca às coisas desta vida, que está submetida a seu livre-arbítrio. Mas a passagem desta vida a uma vida mais feliz não depende do livre-arbítrio, mas do poder divino. Logo, não é permitido ao homem matar-se, para passar a uma vida mais feliz" (ibid., ad 3).

2) A quem invoca o exemplo de alguns mártires que teriam preferido tirar sua vida a que renegar a própria fé ou de virgens que teriam feito o mesmo para defender a própria virtude, Santo Tomás explica que "não é permitido, à mulher, matar-se para não ser manchada por outrem. Pois não deve cometer contra si mesma o maior dos crimes, dando-se a morte, para evitar um menor crime alheio. Com efeito, não há crime na mulher a quem se fez violência, se não houve consentimento; pois 'o corpo não se mancha, se o espírito não consente', como proclama Santa Lúcia [...]. Enfim, a ninguém é lícito matar-se por temor de consentir no pecado. Pois, segundo São Paulo, de fato, 'não se há de praticar o mal, para obter o bem', ou para se evitar males, sobretudo menores e menos certos" (ibid., ad 3).

3) A quem considera lícito o suicídio quando os sofrimentos desta vida se tornam insuportáveis, Santo Tomás responde: "Não

é lícito o suicídio para fugir de qualquer miséria da vida presente. Porque, segundo o Filósofo, a morte 'é o último e mais tremendo' entre os males da vida presente; assim que dar-se a morte para fugir às outras misérias desta vida equivale a afrontar um mal maior para esconjurar um menor". Tirar a própria vida para subtrair-se ao sofrimento não é um ato de coragem mas de covardia. "É um ato da virtude de fortaleza, se alguém, para o bem da virtude e para evitar o pecado, não foge à morte que lhe é infligida por outrem. Mas matar-se para escapar ao castigo é uma aparência de fortaleza. Assim, alguns se mataram, acreditando agir com coragem [...]. Mas não se trata de verdadeira fortaleza, e, sim, de uma fraqueza de alma, incapaz de suportar o sofrimento. É o que mostraram o Filósofo e Agostinho" (ibid., ad 5).

Hoje, o argumento da intolerabilidade do peso da vida, mais do que na razão da dor baseia-se na razão do não sentido: a muita gente a vida resulta talvez insensata, a um ponto em que não vale mais a pena vivê-la. Mas também este permanece sempre um argumento "artificial", que não pode tolher valor aos motivos levantados por Santo Tomás contra o suicídio e que evidenciam a absoluta imoralidade deste gesto dramático. Certamente, quando a vida é somente sexo ou sucesso ou dinheiro ou divertimento, a queda desses ideais determina o desabar dos motivos da existência; mas é aos poucos que se chega ao ancorar-se unicamente nos ideais terrenos. "Contra a extensão da chaga do suicídio, portanto, o remédio mais eficaz consiste na concepção religiosa da vida, na educação para carregar seus pesos, descobrindo, nestes, meios de purificação e de elevação a Deus" (L. Rossi). Somente assim se aprende a apreciar o dom da vida e talvez também o valor do sofrimento. Mas, para colher plenamente o sentido da vida e o valor do sofrimento, é necessário voltar o olhar para Cristo, que com sua paixão e morte não só nos ensinou como sofrer, mas deu ao próprio sofrimento um valor infinito.

(Cf. Dor, Homicídio)
[Tradução: M. Couto]

Sujeito

Em geral, significa algo a que se atribuem determinadas qualidades. Com o termo *subiectum*, os latinos traduziram o grego *hypokeimenon*, isto é, aquilo ao qual se atribuem qualidades ou acidentes. Se as qualidades atribuídas são concebidas como predicados que o discurso confere a alguma coisa, tem-se o *sujeito lógico* (a coisa de que se fala). Se, ao contrário, as qualidades atribuídas ao sujeito são concebidas como reais, tem-se o *sujeito ontológico* (como substância ou substrato dos acidentes). Entre todos os sujeitos ontológicos, assume particular importância o sujeito portador de qualidades conscientes, que, justamente por isso, é chamado *sujeito psíquico*. Deve-se notar que a predicação lógica não é outra coisa senão a expressão, desde um ponto de vista ontológico, de um equivalente estado de coisas.

Santo Tomás utiliza-se de todos esses três usos do termo sujeito. Existem, porém, dois usos especiais aos quais o leitor de seus escritos deve estar atento para não incorrer em erro: 1) aquele denominado pela linguagem atual como *objeto* de uma ciência, o qual Santo Tomás geralmente designa como *subiectum*, donde as expressões: *subiectum* da teologia, da física, da matemática (cf. I, q. 1, a. 7; *I Phys.*, lect. 1); 2) aquele que concerne à matéria, à qual, com certa frequência, Santo Tomás dá o nome de *subiectum* (cf. *V Phys.*, lect. 2; *In II De anima*, lect. 1), ainda que, geralmente, o reserve à substância.

(Cf. Matéria, Substância)
[Tradução: M. Ponte]

Superstição

Do latim *superstitio*; designa etimologicamente algo que se acrescenta à religião (*super-stare*), exagerando algum dos seus elementos. Portanto, em geral, superstição designa qualquer ato de culto feito ou a alguém, ou a uma coisa que não cabe (como plantas, animais, homens, astros etc.), ou a quem cabe (santos, anjos, Nossa Senhora etc.) mas de modo indevido.

Santo Tomás diz que a superstição é um pecado contra a religião por excesso, não porque supere no culto divino a verdadeira religião, porque não pode haver supérfluo no culto divino, mas porque atribui um culto divino ou a quem não cabe ou numa forma não devida: "Mas, se alguma coisa em si mesma não se refere à glória de Deus, não conduz o homem a Deus e não serve para refrear com moderação a concupiscência; ou mesmo contrarie o que foi instituído por Deus e pela Igreja, e os bons costumes sociais (pois estes, segundo Agostinho 'devem ser considerados como lei'), tudo isso deverá ser tido como supérfluo e supersticioso, porque se limita a exterioridades e não pertence ao culto divino" (II-II, q. 93, a. 2).

As formas de superstição que Santo Tomás examina em três questões distintas são a idolatria, a adivinhação, a arte notória e a magia. A *idolatria*, como sugere a palavra, é a adoração dos ídolos: imagens materiais de falsas divindades (Júpiter, Juno, Mercúrio, o Sol etc.) (II-II, q. 94). A *adivinhação* é a arte de predizer o futuro ou de conhecer coisas ocultas com meios não estabelecidos por Deus, os quais mais ou menos explicitamente implicam a invocação da intervenção diabólica (II-II, q. 95). A *arte notória* é o uso de meios desproporcionais para obter um determinado efeito, por exemplo a consideração de determinadas figuras (cartas), a recitação de palavras desconhecidas e outras coisas do gênero (II-II, q. 96, a. 1). Uma espécie de prática supersticiosa é a *magia*, que é a arte de operar efeitos espantosos por meio de causas misteriosas e desproporcionadas (ibid., a. 2).

Para julgar os comportamentos que possam ter alguma afinidade com a superstição, como princípio geral, pode valer o seguinte critério: "Deve-se dizer que servir-se das forças naturais para produzir um efeito que se supõe não ultrapassar os limites da sua capacidade não será ilícito nem supersticioso. Não obstante, sê-lo-á quando a ele se juntarem inscrições, fórmulas e outras práticas, sabendo-se que não possuem eficácia alguma natural" (ibid., ad 1).

(Cf. Adivinhação, Culto, Idolatria, Religião)

[Tradução: M. Couto]

Suposição

Do latim *suppositio*; o termo é usado por Santo Tomás e outros autores medievais para indicar o valor semântico de um termo num determinado contexto, ou seja, segundo o significado pelo qual ele é tomado. Por exemplo, a *suppositio* de "filosofia" nas duas proposições: "Filosofia é palavra derivada do grego"; "Filosofia é o estudo das causas últimas", não é a mesma; no primeiro caso se refere à palavra, no segundo caso a um conceito. A primeira se diz "suposição material", a segunda "suposição formal". A suposição formal pode ser determinada ou confusa (cf. I, q. 36, a. 4, ad 4). Ademais, pode ser quer pessoal, quer geral; por exemplo, "o nome *homem* por si pode designar a pessoa (*nomen homo per se habet supponere pro persona*), mas em razão de um adjunto pode estar por natureza humana" (I, q. 39, a. 6, ad 1).

[Tradução: M. Couto]

Técnica/Tecnologia

Ambos os termos são de origem grega: "técnica" provém de *techne* (= arte, produção mecânica), enquanto "tecnologia" provém de *techne* e *logos* (estudo). Na linguagem comum e também na de muitos estudiosos, os dois termos são usados como sinônimos e indicam o conjunto dos procedimentos e dos instrumentos imaginados pelo homem para dominar a natureza e submetê-la às suas próprias necessidades. No entanto, seria mais correto, como sugere A. Lalande, manter distintos os dois termos e reservar "técnica" para designar o conjunto dos instrumentos e procedimentos que servem para realizar algum trabalho, e "tecnologia" para definir o estudo das técnicas (como sugere a própria etimologia desse termo).

A técnica é ao mesmo tempo propriedade fundamental do homem e dimensão essencial da cultura. É antes de tudo propriedade fundamental do homem, porque este, diversamente dos animais, não se contenta em recolher da natureza o que esta coloca à sua disposição, mas inventa instrumentos de trabalho para submeter a própria natureza e obrigá-la a lhe fornecer tudo o que pode beneficiá-lo ou ser necessário, para o alimento, o vestir, a habitação, o movimento etc. Mas, além de característica específica do homem, a técnica é também um elemento, uma dimensão essencial da cultura, entendendo por cultura a forma espiritual de um povo, aquela forma espiritual que o distingue dos outros povos (por exemplo, o que distingue o povo francês do povo italiano, alemão, russo, chinês). De fato, a cultura abarca, além da língua, dos costumes, das instituições e dos valores, também a técnica. Todas as sociedades humanas (dos pequenos grupos às grandes populações) imaginam técnicas para se comunicar com a natureza, assim como inventam uma língua para se comunicar com os seres humanos.

A tecnologia é um estudo que se desenvolveu somente na época moderna. O próprio termo foi introduzido durante o século XVII. Mas seu triunfo atingiu o ponto alto com a publicação da *Encyclopédie* na segunda metade do século XVIII. Não foi por acaso, porém, que o termo nasceu no século XVII e se difundiu no século XVIII, porque aqueles eram os séculos no qual a técnica deu passos gigantescos, levando a humanidade a sair da época artesanal e introduzindo-a na fase industrial.

O Doutor Angélico não trata da tecnologia, mas não ignora a técnica, na qual ele vê justamente uma das qualidades específicas do ser humano. Àqueles que afirmam que não haveria necessidade de cultura porque o homem já estaria munido pela própria natureza de tudo o que lhe é necessário, o Doutor Angélico replica: "Está presente no homem, naturalmente, a aptidão para a virtude; ora, é necessário que a própria perfeição da virtude sobrevenha ao homem por meio de alguma disciplina (cultura). Assim como vemos que o homem recorre a alguma indústria em suas necessidades, por exemplo, no alimento e no vestir, cujos inícios tem ele pela natureza, a saber, a razão e as mãos, mas não o próprio complemento, como os demais animais, aos quais a natureza deu suficientemente cobertura e alimento. Para essa disciplina, porém, o homem não se acha por si mesmo suficiente, com facilidade [...]. E assim é necessário que os homens obtenham tal disciplina por outro, por meio da qual se chega à virtude" (I-II, q. 95, a. 1). O trabalho e, portanto, a técnica são vistos por Santo Tomás não como atividades alienantes e como dolorosas consequências do pecado de Adão, mas sim como aspectos próprios da natureza humana, e portanto como atividades que contribuem à realização e ao aperfeiçoamento do homem. O homem realiza a si mesmo cultivando e sujeitando com sua inventividade, com sua razão, com seu poder, com suas mãos, com seus instrumentos de trabalho, com variadas técnicas a natureza que é seu domínio, e da qual faz um mundo novo, um mundo humano.

(Cf. ARTE, CIVILIZAÇÃO, CULTURA, PROGRESSO)
[Tradução: M. Couto]

Teleologia cf. Finalismo

Temeridade cf. Audácia

Temor

Do latim *timor*; o uso que a Sagrada Escritura faz deste termo não coincide com o da teologia: na Escritura ele designa quase sempre uma virtude; em vez disso, na teologia, assim como também na filosofia, ele pode se referir quer a uma paixão, quer a uma virtude.

No AT fala-se do *temor de Deus* como um comportamento característico do homem diante de Deus (Jz 13,22), e que é o sentimento que mantém o homem afastado do mal (Gn 20,11; Ex 20,20; Pr 8,13). Segundo Provérbios 1,7, ele é o início da sabedoria. No NT é o equivalente da piedade (Lc 23,40; Ef 5,21; Cl 3,22). Trata-se para o cristão de um temor reverencial, de um sentimento filial pleno de respeito (Fl 2,12; 2Cor 5,11).

Santo Tomás trata do temor quer como paixão, quer como dom do Espírito Santo.

1. A paixão do temor

Entendido como paixão, o temor designa aquele sentimento particular que se nota diante de um mal futuro ao qual é difícil subtrair-se: "*Timor est de futuro malo, quod excedit potestatem timentis, ut scilicet ei resisti non possit*" (I-II, q. 41, a. 4). Segundo Santo Tomás, é uma paixão especial, porque o seu objeto, isto é, um mal futuro difícil de ser evitado, é um objeto especial. O bem é objeto indireto do temor, na medida em que se teme sua privação: *objeto direto é o mal* (I-II, q. 42, a. 1). As coisas repentinas são mais temidas, porque faltam os remédios imediatos. Por sua vez, as coisas contra as quais não há remédio são as que mais se temem, porque são reputadas mais duradouras (ibid., aa. 5 e 6).

Entre as causas do temor, Santo Tomás elenca antes de tudo a força do objeto que pode prejudicar, uma força à qual é difícil opor-se; outra causa é o amor do bem do qual se teme a perda. Entre as causas do temor estão ainda a fragilidade e fraqueza do sujeito, que pode deixar-se intimidar também por meros fantasmas (I-II, q. 43, aa. 1 e 2).

Santo Tomás mostra que os efeitos do temor são tanto físicos quanto psíquicos: 1) *físicos*: o temor aperta o coração e faz deter a respiração, faz tremer e empalidecer, tira até as forças do corpo; 2) *psíquicos*: pode tornar o sujeito reflexivo, embora, como toda paixão, impeça de refletir bem; por isso, quanto às forças da alma, se não for excessivo, solicita-as (I-II, q. 44, aa. 1-4).

2. O dom do temor

Santo Tomás explica que o temor *de Deus* que faz parte dos dons do Espírito Santo não é o temor servil (que leva a realizar uma ação para esconjurar os males que dela derivariam caso fosse omitida), mas sim o temor *filial* e casto, fruto da caridade perfeita. De fato "os dons do Espírito Santo são perfeições habituais das potências da alma, que as tornam capazes de receber a moção do Espírito Santo, assim como, pelas virtudes morais, as potências apetitivas tornam-se capazes de receber a moção da razão. Ora, para que alguma coisa seja movida por um motor, requer-se primeiramente que lhe seja sujeita e sem resistência, porque a resistência do móvel ao motor impede o movimento. Ora, esta submissão sem resistência, o temor filial ou casto a produz, fazendo-nos reverenciar a Deus e evitar nos separarmos dele. Razão pela qual o temor filial tem quase o primeiro lugar, na ordem crescente, entre os dons do Espírito Santo, mas o último na ordem descendente" (II-II, q. 19, a. 9).

(Cf. Dons (do Espírito Santo), Paixão)

[Tradução: M. Couto]

Temperança

Em grego *sophrosyne*, em latim *temperantia*, é uma das quatro virtudes cardeais. Ela controla, como explica Platão na *República*, o apetite concupiscível e consiste essencialmente (como esclarece Aristóteles na *Ética a Nicômaco*) numa moderação dos prazeres sensíveis conforme às exigências da "reta razão".

Da temperança trata frequentemente a Sagrada Escritura. Contra o desregramento no comer e no beber, no jogo e no divertimento, lança severas sentenças o Eclesiastes (2,3 ss.). Muito insiste sobre a temperança São Paulo em suas cartas. Aos Romanos recomenda o controle da própria carne (Rm 1); aos Coríntios, serem temperantes nas comidas e bebidas (1Cor 6,19). Na Carta a Tito e nas duas Cartas a Timóteo ele trata longamente da necessidade de que todos na comunidade cristã sejam sóbrios e temperantes, de modo que a Igreja seja constituída de pessoas que vivam no amor e na temperança. (Tt 2,2-6; 1Tm 3,2; 2Tm 1,7).

Santo Tomás dedica uma ampla questão à temperança na *Segunda Seção da Segunda Parte da Suma Teológica* (q. 141) em que coloca oito quesitos: 1. A temperança é uma virtude? 2. Uma virtude especial? 3. Ocupa-se apenas com os desejos e os prazeres? 4. Ocupa-se apenas com os prazeres do tato? 5. Ocupa-se com os prazeres do gosto como tal, ou só enquanto é uma forma de tato? 6. Qual é a norma da temperança? 7. É a temperança uma virtude cardeal ou principal? 8. É a mais importante das virtudes?

Segundo o Doutor Angélico, "O termo 'temperança' pode ter dois sentidos. Primeiro, a acepção mais comum. Nesse caso, a temperança não é uma virtude especial, mas geral, pois a palavra 'temperança' indica certa moderação (*temperies*) ou comedimento imposto pela razão às ações e paixões humanas, o que é comum a todas as virtudes morais […]. Se, porém, considerarmos a temperança por antonomásia, enquanto nos refreia o desejo do que mais fortemente nos atrai, então ela é uma virtude especial, por ter matéria especial, como a fortaleza" (II-II, q. 141, a. 2). "Assim também a temperança, que implica certa moderação, ocupa-se, prioritariamente, com as paixões tendentes aos bens sensíveis, a saber, os desejos e os prazeres e, consequentemente, com as tristezas decorrentes de ausência desses bens. Com efeito, como a audácia pressupõe a superação de terríveis dificuldades, assim também essa tristeza provém da falta daqueles prazeres" (ibid., a. 3). A temperança não leva a anular os prazeres, mas sim a moderar o seu uso, colocando neles uma justa medida ou regra, conforme a reta razão, de modo tal que também os prazeres sejam finalizados para a realização daquele projeto de plena humanidade ao qual toda pessoa aspira e para o qual deve canalizar todos os recursos do próprio ser, incluídos os prazeres sensíveis (ibid., a. 6). A temperança é uma *virtude cardeal* porque a moderação, que é a regra comum das virtudes, é grandemente estimada na temperança daqueles prazeres para os quais, uma vez que estes provêm de operações que são as mais naturais e de objetos que são os mais necessários à vida, é mais difícil a abstenção e o freio (ibid., a. 7).

Santo Tomás mostra que a temperança é inferior à justiça, porque, enquanto esta tem seu foco no bem-comum, aquela tem por objeto somente o bem privado. "Segundo o Filósofo, 'o bem da multidão é mais divino que o bem do indivíduo' (*Ética a Nicômaco*, I, c. 2). Razão por que tanto melhor será uma virtude quanto mais contribuir ao bem da multidão. Ora, a justiça e a fortaleza estão mais ligadas ao bem da multidão do que a temperança, porque a justiça visa às relações com o outro, e a fortaleza tem por objeto os perigos da guerra, que são afrontados pelo bem-comum. A temperança, ao contrário, modera apenas as concupiscências e os prazeres de realidades pertencentes ao homem, individualmente. É claro, pois, que a justiça e a fortaleza são virtudes mais excelentes que a temperança. E superiores a elas são a prudência e as virtudes teologais" (II-II, q. 141, a. 8).

(Cf. VIRTUDE)

[Tradução: M. Couto]

Tempo

Do latim *tempus*; em geral significa uma duração infinita de momentos, dentro da qual têm lugar todas as outras durações mais ou menos longas, dos anos, das estações, dos meses, dos dias, das horas, dos minutos etc.

A reflexão dos filósofos sobre o tempo se realizou *pari passu* com a do espaço e chegou substancialmente às mesmas soluções: ultrarrealista (Platão — Newton), conceitualista (Kant) e lógico-realista (Aristóteles). É de Aristóteles a célebre definição: "o tempo é a medida do movimento segundo um antes e um depois". Santo Agostinho foi o primeiro a tratar com afinco a questão do tempo. "O que é o tempo? Se ninguém m'o pede não o sei" (*Confissões* XI, 14). Para resolver a questão do tempo, Agostinho escruta o valor ontológico das três fases em que se distingue o tempo: passado, presente e futuro. E descobre que em si mesmo o futuro ainda não é, enquanto o passado já se foi e não é mais; por isso passado e futuro em si mesmos não possuem nenhuma existência. Estes a possuem somente graças ao presente, que conserva o passado e antecipa o futuro. Isso ocorre graças ao homem e às suas faculdades cognoscitivas: a memória que mantém o passado, a previsão que antecipa o futuro e a intuição que colhe o presente. Portanto, o tempo não existe fora do homem, mas apenas no homem: "É na nossa mente que se encontram de algum modo estes três tempos, ao passo que em outra parte não os vejo: o presente do passado vale dizer a memória, o presente do presente vale dizer a intuição, e o presente do futuro vale dizer a espera" (*Confissões* XI, 20). Consequentemente é sempre na mente humana que o tempo encontra a razão da sua mensurabilidade: "É em ti, ó alma, que eu meço o tempo [...]. A impressão que as coisas fazem em ti ao passar e que em ti permanece quando passaram, é ela que eu meço presente, não as coisas que passaram, de modo a reproduzi-las. É esta que eu meço quando meço o tempo" (*Confissões* XI, 21, 27)

O Doutor Angélico tem o mesmo conceito de Aristóteles sobre o tempo, e ele se compraz em repetir frequentemente a célebre definição: "*Tempus nihil aliud est quam numerus motus secundum prius et posterius*" (I, q. 10, a. 1; cf. *I Sent.*, d. 8, q. 3, a. 3, ad 4; *C. G.*, I, cc. 15 e 55; *IV Phys.*, lect. 17). Em todo caso, Santo Tomás está certamente de acordo com Santo Agostinho ao considerar que o tempo *formalmente* — como medida do devir — não existe fora da mente: é o resultado do poder cognoscitivo do homem. Todavia tem uma raiz sua nas coisas: porque sem o devir, que é propriedade das coisas, não haveria nem mesmo o tempo: "O que pertence ao tempo como seu elemento material se funda no devir, ou seja, no antes e no depois; ao contrário, no que concerne ao seu aspecto formal, este é fruto da operação da alma que mensura, por este motivo o Filósofo na *Física* (IV, 14) diz que se não houvesse a alma não haveria nem mesmo o tempo" (*I Sent.*, d. 19, q. 2, a. 1). O tempo é uma propriedade de todas as realidades corpóreas, que estão necessariamente sujeitas ao devir, à mudança, ao desenvolvimento, à geração e à corrupção, ou seja, a todos os eventos que possuem um antes e um depois, e por isso são suscetíveis de mensuração. No entanto, esclarece Santo Tomás, uma coisa pode ser medida pelo tempo de duas maneiras, direta ou indiretamente. "Por ser o tempo o número do que é sucessivo, diz-se que estão no tempo por si aquelas coisas em cuja razão está a sucessão, ou algo que implique a sucessão, como o movimento, o repouso, a fala etc. Diz-se que estão no tempo não por si, mas por outro motivo, as coisas em cuja razão não está a sucessão, mas que estão subordinadas a algo que é sucessivo. Por exemplo: ser homem não implica de si, em sua razão, a sucessão (*esse hominem de sui ratione non habet successionem*), porque não é um movimento, mas o termo de um movimento ou mudança, que é a geração desse homem. Como, porém, ser humano está sujeito a causas que o fazem mudar, sob este aspecto ser homem está no tempo" (I-II, q. 31, a. 2).

A única questão relativa ao tempo em que o Doutor Angélico se empenhou a fundo e sobre a qual polemizou asperamente com seus adversários diz respeito ao momento da criação: se essa se realizou também desde a eternidade ou se, ao contrário, a sua origem está necessariamente ligada ao tempo. Segundo o Doutor Angélico, a origem do mundo no tempo é uma *verdade de fé*, que todos os teólogos devem subscrever; mas, independentemente da fé, é possível a hipótese também de uma criação *ab aeterno*. De fato, "a criação do mundo não depende de nenhuma outra causa senão da vontade de Deus. Por isso, no que se refere ao início do mundo, não pode ser provado demonstrativamente, mas é acolhido pela fé segundo o que foi revelado pelo Espírito Santo, como ensina o Apóstolo: 'A nós Deus o revelou por meio do Espírito Santo' (1Cor 2,11). Portanto, é preciso defender-se da presunção de fornecer demonstrações para aquelas que são verdades de fé" (*Quodl.* III, q. 14, a. 2; cf. *C. G.*, II, c. 31 ss.; I, q. 46, aa. 1, 2; *Comp. Theol.* I, c. 98).

(Cf. CRIAÇÃO, ETERNIDADE, MUNDO)

[Tradução: M. Couto]

Tentação

Do latim *tentatio*; propriamente quer dizer submeter determinada coisa a experimento. E esse experimento tem a finalidade de conhecer melhor a própria coisa: por isso finalidade imediata de toda tentação é o conhecimento. Algumas vezes, no entanto, depois de adquirir o conhecimento, se mira a outra finalidade ainda, que pode ser boa ou má: boa, no caso de alguém intentar descobrir as qualidades de uma pessoa, quer no campo do saber quer no campo da virtude, para ajudá-la a avançar no campo da virtude, para ajudá-la ulteriormente; má, em vez disso, quando alguém quer descobrir tudo isso para poder enganá-la e arruiná-la.

Santo Tomás trata da tentação em várias obras, porém mais difusamente no *Comentário às Sentenças* (II, d. 21, q. 1) e na *Suma Teológica* (I, q. 114), e se conecta à tradição patrística e medieval. Ele dá a seguinte definição para a tentação: "*Tentatio solet dici provocatio ad peccandum*" (I-II, q. 79, a. 1, ob. 21). Portanto, fator essencial da tentação é a correlação à ordem sobrenatural, que o Doutor de Aquino chama "o dom da graça".

1. Fontes da tentação

Tomando o conceito de tentação em sentido teológico, Santo Tomás pode facilmente mostrar que Deus não pode estar incluído entre as fontes (causas) das tentações, porque, sendo bondade infinita e querendo nosso bem, ele não pode nos tentar no sentido de querer induzir-nos ao mal. Por isso, as fontes da tentação se encontram quer em nós mesmos (as paixões), quer fora de nós: o mundo e o demônio. "O assalto à virtude provém ou de uma *causa intrínseca*, isto é, da corrupção da carne, ou de uma *causa extrínseca* que nos assalta a modo de objeto (e esta é a tentação do mundo, por cujas coisas são seduzidos os corações dos homens para pecar) ou a modo de agente que leva ao pecado com a persuasão, o terror, com as adulações, e esta é a tentação do inimigo, isto é, o diabo e seus companheiros" (*II Sent.*, d. 21, q. 1, a. 1).

Segundo Santo Tomás, ao tentar o homem, as finalidades que se propõe o diabo são duas: a) fim próximo, ver a qual vício estamos principalmente inclinados; b) fim último, quando descobriu nosso lado fraco, dirigir sobre ele os seus assaltos (ibid., ad 2).

2. Malícia da tentação

A malícia da tentação é julgada de modo diverso conforme a fonte esteja em nós ou fora de nós.

A fonte está em nós quando a tentação nasce de nossas paixões. Aqui a malícia da tentação é julgada pelo comportamento da vontade diante das paixões. Alguém é culpável da tentação se a vontade excita as paixões em vez de guiá-las e moderá-las. "Nas tentações da carne, o próprio apetite tentador é um ato de quem é tentado: porque não só a carne deseja, mas todo o homem, portanto essa tentação é pecado, quando o movimento da parte concupiscível surge da apreensão de um prazer que se deseja contrariamente à proibição da razão [...]. Nem se pode falar de pressão ou violência, não sendo obrigado o homem interior a seguir os impulsos do homem exterior: por isso permanece sempre uma razão de pecado, e mais ainda que na tentação do diabo, porque o próprio desejar é um ato de quem é tentado e está como que em seu poder. Todavia, não está no poder do homem evitar absolutamente a tentação da carne, a fim de não sofrer mais nenhuma; mas pode-se evitar esta ou aquela em particular" (ibid., a. 2, ad 2 e 3).

Se a tentação provém do exterior (mundo e demônio), uma vez que em tal caso o homem não é causa ativa, mas passiva, a tentação em si mesma não constitui pecado, mas somente uma prova: "Na tentação do mundo e do demônio, vindo esta do exterior, o ato não pertence ao tentado: pertence-lhe somente sofrer a tentação; aqui, por isso, não há pecado, salvo se houver o prazer do consenso, porque, então, o tentado começa a cooperar com o tentador [...]. Mas, ainda que o poder do demônio seja por si maior que o do homem, todavia lhe é inferior quanto aos atos do livre-arbítrio, que não podem ser constrangidos: deles é senhor o homem, não o demônio; o homem pode, portanto, resistir à tentação" (ibid., a. 2 e ad 1).

Quanto à tentações do demônio, Santo Tomás admite que esse espírito maligno possa produzir impressões na fantasia, representando-nos coisas sensíveis externamente ou também nos turbando internamente as imagens; mas essas impressões, sendo somente na apreensão e não no desejo, não têm razão de pecado: são somente tendências ao pecado na intenção do tentador. O demônio, se Deus não lhe proíbe, pode dispor dos órgãos corporais do homem para movimentos libidinosos, mas não pode causar o consenso a tais movimentos, que permanecem sempre reservados à vontade (ibid., ad 4 e 5).

3. As tentações de Jesus

Valor exemplar têm para o cristão as tentações de Jesus. Por esse motivo Santo Tomás as estuda com particular empenho. Antes de tudo, explica porque Jesus quis ser tentado. Segundo o Doutor Angélico, ele o fez por três *motivos*: 1) para mostrar-nos que ninguém, por mais justo que seja, está isento da tentação; 2) para ensinar-nos o modo de vencê-las; 3) para exortar-nos a ter confiança em sua misericórdia. Mas, segundo o Doutor Angélico, têm valor exemplar também as circunstâncias, o tempo e a sequência. Jesus quis ser tentado *no deserto* para indicar que quanto mais buscamos a solidão tanto mais somos tentados. Quis, além disso, que sua tentação viesse *depois do jejum* para ensinar-nos que o jejum é uma ótima preparação para vencer a tentação e que também quem jejua está sujeito à tentação, e exatamente à tentação que diz respeito ao próprio jejum. Enfim, Jesus quis que a sua tentação ocorresse segundo aquela rigorosa *sequência* e daquele modo para ensinar-nos que a tentação começa no pouco e aumenta muito, começa com coisas que parecem exigências naturais, progride com a soberba e chega até ao desprezo de Deus (III, q. 41, aa. 1-4).

Mas é principalmente para o comportamento de Jesus — nota Santo Tomás — que o cristão deve olhar. Sua reação é tal, a ponto de "confundir, humilhar e desencorajar Satanás": o qual não só não venceu, como foi esmagado pelo poder de Jesus. Análogo proveito deveria tirar da tentação o cristão. A tentação enfrentada como o fez Jesus "nos torna mais fortes e exalta a dignidade do nosso ser cristão, como os soldados depois de correr para o adestramento". É uma segurança a mais, cuja tomada de consciência nos corrobora e aumenta a estima que os outros têm de nós como seguidores de Cristo: "A tentação superada torna-se uma *honra*, porque é com os cristãos autênticos (os santos) que o demônio se enfurece" (*In Matth.*, c. 4, n. 308).

Na doutrina do Doutor Angélico dois pontos se destacam de modo particular: 1) a tentação faz parte da condição humana, por isso é impossível eliminá-la completamente; 2) a tentação em si mesma não constitui pecado, mas pode ser de grande benefício para o progresso espiritual, e uma vez superada "torna-se um título de honra" e de prêmio.

[Tradução: M. Couto]

Teologia

Literalmente o termo significa "estudo de Deus" (do grego *Theos* = Deus, e *logos* = estudo). Este termo era já conhecido pelos filósofos gregos (Platão, Aristóteles, os Estoicos), que o usavam para indicar o estudo das Ideias, da Substância primeira, do Logos. Ele é retomado pelos escritores cristãos para denominar aquela ciência que estuda Deus e tudo o que tem qualquer relação com ele, sobretudo porém como ele se compraz em manifestar-se à humanidade no correr dos séculos e finalmente em Jesus Cristo, seu Filho Unigênito. Segundo a célebre definição de Santo Anselmo, a teologia é *fides quaerens intellectum*: é a fé que busca obter uma melhor compreensão de si mesma.

Quando Santo Tomás escreve as suas *Sumas* não havia nem mesmo transcorrido um século do momento em que a teologia havia se constituído como disciplina autônoma: como um estudo das verdades da fé, distinto do comentário da Sagrada Escritura (*lectio de sacra pagina*). É, portanto, natural que a questão do estatuto epistemológico desta nova ciência fosse ainda debatida: havia quem negasse que a teologia merecesse o nome de ciência; outros sustentavam que no máximo poderia dizer-se uma ciência prática, mas não especulativa. Coube a Santo Tomás o mérito de ter resolvido definitivamente a questão do estatuto epistemológico da teologia, conferindo-lhe um objeto, princípios e um método que a distingue de qualquer outra forma de saber.

O Doutor Angélico explica de modo magnífico e exaustivo na primeira questão da *Primeira Parte* da *Suma Teológica* se a teologia é uma ciência e, em caso afirmativo, de qual tipo. Mas alguns aspectos importantes do problema são examinados também em outros escritos, em particular: no *Comentário às Sentenças* (*I Sent.*, Proem., q. 1, aa. 1-5), no *Comentário ao De Trinitate* de Boécio (q. 2, aa. 1-3); na *Suma contra os Gentios* (I, cc. 3-8); no *Quodlibet*, IV (q. 9, a. 3).

1. A palavra teologia

A expressão que Santo Tomás usa mais comumente para denominar a ciência teológica é *sacra doctrina*. Significativamente o título que ele dá à primeira questão da *Primeira Parte* é: *De Sacra doctrina, qualis sit et ad quae se extendat* (a doutrina sagrada: o que é? qual seu alcance?). A palavra *teologia* ele usa raramente, e tomada sozinha se refere à teologia dos filósofos. Para Santo Tomás, conforme à etimologia ("discurso sobre Deus"), *theologia* permanece uma palavra genérica, que não pode ser especificada senão pelo contexto. Ele a usa como Aristóteles para evocar "os poetas teólogos" que, antes de Sócrates, falaram da origem e da constituição do mundo (cf. *I Met.*, lect. 4). Ainda com Aristóteles ele chama de teologia a filosofia primeira ou metafísica: é a *theologia philosophica* do *Comentário ao De Trinitate* (q. 5, a. 4), à qual ele contrapõe aquela da qual tratamos aqui, que ele chama de vez em quando "*theologia quae in sacra scriptura traditur*", "*theologia sacrae Scripturae*", "*scientia divina quae est per inspirationem divinam acceptam*" (ibid., ad 3).

2. Legitimidade e necessidade da teologia

Antes mesmo de estabelecer se e como a teologia pode ser considerada como ciência, Santo Tomás se preocupa em provar que o estudo "científico" da Palavra de Deus não é somente legítimo mas também necessário. Para provar essa tese, ele invoca vários argumentos:

1) O cristão deve responder àqueles que lhe pedem razão da esperança que está nele (1Pd 3,15); ele deve saber refutar os adversários da fé (Tt 1,9). Ora, isso não se faz sem escrutar as coisas utilizando-se de argumentos (*In De Trin.*, Prooem., q. 2, a. 1). É o que fizeram os santos Padres para todos os grandes mistérios do cristianismo. Santo Tomás cita como exemplo a teologia trinitária: "A pluralidade de pessoas em Deus é uma dessas verdades que pertencem à fé, e a razão natural humana não pode entender nem investigar de modo suficiente. Mas na pátria (celeste) deve ser entendida, quando Deus for visto por essência, pela visão que sucede à fé. Ora, os santos Padres, por causa daqueles que contradisseram a fé, foram forçados a dissertar sobre isso (*de hoc disserere*) e outros temas referentes à fé, mas com modéstia e reverência, sem a presunção de compreendê-los" (*De Pot.*, q. 9, a. 5 — *Deus Uno e Trino*, pp. 208-209).

2) A verdade revelada é um dom feito à razão humana, à qual é conatural o desejo de conseguir pleno conhecimento dos objetos (verdade) que lhe são manifestos, e em particular o conhecimento de Deus, que é o que torna o homem maximamente feliz. "Porque a perfeição do homem reside na união com Deus, é necessário que o homem se sirva de todos os recursos que estão nele para tentar aproximar-se tanto quanto possível das coisas de Deus para aplicar a sua inteligência à contemplação e a sua razão ao aprofundamento da verdade. 'Para mim estar junto de Deus é a felicidade' (Sl 73 (72),28). E é por isso que Aristóteles na *Ética* (1177b, 31-34) exclui a opinião segundo a qual o homem não deve ocupar-se das coisas de Deus, mas somente daquelas do homem" (*In De Trin.*, Prooem., q. 2, a. 1). Santo Tomás observa que, "quando o homem tem a vontade disposta a crer, ama a verdade na qual crê, medita sobre ela (*super ea excogitat*) e a abraça, se encontrar razões que o levem a isso" (II-II, q. 2, a. 10). O Doutor Angélico evoca também que "conseguir ver algo das coisas altíssimas, mesmo por pequena e fraca consideração (*aliquid posse inspicere*), já é agradabilíssimo" (*C. G.*, I, c. 8, n. 49).

3) O elemento de inteligibilidade que o texto sagrado possui solicita a razão para a pesquisa. Para os artigos de fé, como para qualquer enunciado, existe sempre algum elemento concomitante (*aliquid concomitans*), seja de verdade pressuposta ao enunciado em questão (*ea quae praecedunt*), seja de verdade que lhe segue (*ea quae consequuntur*), e portanto um artigo de fé se presta a ser explicado e explicitado (*explicari et dividi*). É desse modo, declara Santo Tomás, que, graças aos esforços dos Padres da Igreja, a fé foi explicitada e ilustrada (*III Sent.*, d. 25, q. 2, a. 2, sol. 1, ad 5).

4) A necessidade de pôr uma ordem às próprias verdades reveladas por Deus, que na Sagrada Escritura se encontram numa ordem esparsa (II-II, q. 1, a. 9).

3. Cientificidade da teologia

Para compreender o que Santo Tomás entende quando diz que a teologia é uma ciência, é preciso ter presente duas coisas: a) que a ciência é o modo de conhecer próprio do homem, um conhecer por raciocínio e não por intuição. Enquanto os anjos intuem a verdade com o intelecto, o homem atinge a verdade raciocinando, e raciocinar significa buscar, inquirir, extrair, deduzir. Assim, no homem a ciência é: "Prosseguindo: na mesma via se procede buscando destes princípios a conclusões, e essa dialética potencia uma outra virtude intelectual, que é a ciência (*ulterius in eadem via proceditur inquirendo ex istis principiis in conclusiones; et ad hoc perficit alia virtus intellectualis quae dicitur scientia*)" (*III Sent.*, d. 34, q. 1, a. 2). Por isso, aquela ciência não é uma verdade intuída, mas raciocinada, deduzida: em outras palavras, é uma verdade adquirida mediante o raciocínio; b) que a ciência, para Santo Tomás, assim como para seu mestre Aristóteles, tem caráter essencialmente dedutivo: é o conhecimento de uma coisa por meio de suas causas: "*Scientia est rei cognitio per propriam causam*" (*C. G.*, I, c. 94). Na ciência se obtém a verdade de uma coisa esclarecendo suas causas, seus princípios. Para que se possa ter uma ciência em torno a qualquer objeto deve-se constituir um grupo de princípios (axiomas, postulados) que permitam fazer raciocínios (deduções) a propósito desse objeto. Eis por que Santo Tomás afirma que a ciência exige três elementos: um objeto, uma série de princípios e a explicação: "Nas demonstrações há três coisas. Uma é o que é demonstrado (explicado), ou seja, a conclusão [...]. A segunda são as dignidades (princípios) de que procede a demonstração. A terceira é o objeto (*subiectum*) do qual a demonstração esclarece as propriedades e os acidentes próprios" (*I Anal.*, lect. 15, n. 129).

Feitos esses esclarecimentos, pode-se seguir facilmente o discurso de Santo Tomás sobre a cientificidade da teologia: sobre seu objeto, seus princípios, suas propriedades, seu método, suas fontes.

4. Objeto formal da teologia

A primeira coisa a fazer quando se reclama um lugar para uma determinada ciência é mostrar que existe um objeto de pesquisa que não foi abordado por outras ciências. É o que faz Santo Tomás para a teologia. Ele faz ver que seu objeto, Deus e as criaturas, não coincide com o objeto da teologia dos filósofos, que também estudam tanto Deus quanto as criaturas. De fato, enquanto a filosofia trata de Deus e das criaturas valendo-se exclusivamente da luz da razão, a teologia considera Deus e as criaturas valendo-se, antes de tudo e sobretudo, da luz da divina Revelação. Ora, "a diversidade de razões no conhecer determina a diversidade das ciências (*diversa ratio cognoscibilis diversitatem scientiarum inducit*). Tanto um astrônomo como um físico chegam à mesma conclusão: a terra é redonda. Mas o primeiro se utiliza de um raciocínio matemático, que prescinde da matéria; ao passo que o físico, por um raciocínio que leva em consideração a matéria. Nada impede que as mesmas coisas de que as disciplinas filosóficas tratam, enquanto são conhecíveis à luz da razão natural, sejam tratadas por outra ciência, como conhecidas à luz da revelação divina. A teologia, portanto, que pertence à doutrina sagrada difere em gênero daquela que é considerada parte da filosofia" (I, q. 1, a. 1, ad 2). Portanto, são diferentes as considerações do filósofo e do teólogo em torno a Deus e às criaturas. "O filósofo, com efeito, considera aquilo que às criaturas convém conforme a natureza própria, por exemplo, o fogo, enquanto sobe. O fiel (teólogo), porém, considera nas criaturas somente aquilo que a elas convém enquanto estão relacionadas com Deus, como o serem criadas por Deus, o estarem sujeitas a Deus etc. [...]. No entanto, algo das criaturas é considerado em comum pelo filósofo e pelo fiel (teólogo), mas segundo princípios diversos. O filósofo deduz os seus argumentos partindo das próprias causas das coisas; o fiel (teólogo), porém, da causa primeira, mostrando que assim é porque foi revelado por Deus ou porque redunda na glória de Deus ou porque a glória de Deus é infinita" (*C. G.*, II, c. 4, n. 872a; 873).

A teologia abarca uma infinidade de objetos: todo o mundo divino, humano e cósmico; todavia, não é uma ciência fragmentária, mas fortemente unitária, e isso não só graças à unidade do objeto formal (a luz da revelação), mas também graças à unidade do objeto material: pois tudo é visto com referência a Deus. "A doutrina sagrada não trata de Deus e das criaturas do mesmo modo; de Deus em primeiro lugar, e das criaturas enquanto se referem a Deus: seja como princípio delas, seja como fim" (I, q. 1, a. 3, ad 1). "Na doutrina sagrada, tudo é tratado sob a razão de Deus (*sub ratione Dei*); ou porque se trata do próprio Deus ou de algo que a ele se refere como a seu princípio ou a seu fim. Segue-se então que Deus é verdadeiramente o assunto (*subiectum* = objeto) desta ciência" (ibid., a. 7). "Mesmo sendo muitos os artigos da fé, alguns dos quais se referem à divindade, outros à natureza humana que o Filho de Deus assumiu na unidade de pessoa, outros aos efeitos da divindade; contudo, o fundamento de toda a fé é a mesma verdade primeira sobre a divindade, já que em razão dela todo o resto está contido na fé, enquanto de algum modo se reconduz a Deus" (*Exp. I Decr.*, 1).

5. A teologia, ciência subalterna

Santo Tomás distingue as ciências em arquitetônicas e subalternas. As primeiras não dependem de nenhuma outra ciência, mas antes estão à frente de um grupo de ciências, visto que procedem de princípios primeiros que são a elas conhecidos imediatamente. Ao contrário, as segundas se baseiam sobre princípios que devem ser tomados das ciências superiores. "Existem dois tipos de ciência. Algumas procedem de princípios que são conhecidos à luz natural do intelecto, como a aritmética, a geometria etc. Outras procedem de princípios conhecidos à luz de uma ciência superior: tais como a perspectiva, que se apoia nos princípios tomados à geometria, e a música, nos princípios elucidados pela aritmética. É desse modo que a doutrina sagrada é ciência; ela procede de princípios conhecidos à luz de uma ciência superior, a saber, da ciência de Deus e dos bem-aventurados. E como a música aceita os princípios que lhe são passados pelo aritmético, assim também a doutrina sagrada aceita os princípios revelados por Deus" (I, q. 1, a. 2). Assim, como deriva seus princípios de uma ciência superior, a teologia não é uma ciência arquitetônica mas sim subalterna: seu guia é a sabedoria divina, e é de fato uma participação nela. "A doutrina sagrada não toma seus princípios de nenhuma ciência humana; mas da ciência divina, que regula, como sabedoria soberana, todo o nosso conhecimento" (ibid., a. 6, ad 1).

O fato de ser uma ciência subalterna não rebaixa o valor da teologia, mas antes o faz crescer, visto que a ciência da qual depende é "a ciência de Deus e dos bem-aventurados". Assim, segundo Santo Tomás, a teologia que procede da Revelação deve ser considerada mais elevada do que a teologia filosófica. Ela passa, de fato, daquilo que nós consideramos mediante a fé, aderindo à Verdade Primeira, a outras coisas, como a outros princípios e outras conclusões, sendo os princípios o que nós temos pela fé (os artigos de fé), e as conclusões, as verdades que deduzimos dela. A esse propósito o Doutor de Aquino gosta de repetir que a "sagrada doutrina" é uma imitação e como uma marca em nós da ciência do próprio Deus: assim como esta, que na sua unidade e simplicidade abarca todas as coisas, ela possui uma unidade superior que lhe permite tratar de coisas muito diversas (ibid., a. 3, ad 2); como esta, ademais, considera as criaturas, por assim dizer, do alto, a partir de Deus, na luz de Deus, em seguida a uma consideração direta de Deus (cf. *In De Trin.*, Prooem., q. 2, a. 2; *C. G.*, II, c. 4).

Valendo-se do procedimento científico, que consiste em argumentar novas verdades assumindo determinados princípios, o teólogo, ainda que procedendo de princípios acolhidos por fé, e portanto não evidentes, contudo, com a argumentação teológica, atinge novas verdades que podem gabar-se da mesma certeza dos princípios. Essa convicção leva Santo Tomás a dizer que a teologia não torna evidentes as coisas que cremos, serve-se, contudo, destas para tornar evidentes (*facit apparere*) outras coisas, e isso "com o mesmo tipo de certeza nos dois casos (*per modum quo de primis certitudo habetur*)" (*In De Trin.*, Prooem., q. 2, a. 2, ad 6). Na mesma linha, ele não hesita em escrever, comentando Dionísio: "Nada do que pode ser tratado (*quaecumque elici possunt*) daquilo que está contido na Escritura é um corpo estranho (*non sunt aliena*) na doutrina de que tratamos, mesmo se não está contido do mesmo modo na Escritura" (*In Div. Nom.*, c. 1, lect. 1). Pode-se, portanto, concluir legitimamente que "o fiel tenha ciência das coisas que se concluem, a partir dos artigos da fé" (*De Ver.*, q. 14, a. 9, ad 3) [*A fé*, p. 128. (N. do T.)]. Assim, Santo Tomás admite que a prática da teologia, mesmo não dando o *habitus* dos princípios (porque os seus princípios são acolhidos por fé), faz adquirir o *habitus* daquilo que se deduz desses princípios e daquilo que serve para defendê-los (*I Sent.*, Prol., q. 1, a. 3, sol. 2, ad 3).

Para esclarecer o âmbito exato da intervenção da razão nos mistérios da fé, Santo

Tomás distingue entre a existência das verdades de fé (*an ita sit*) e seu significado (*quomodo sit*). Da existência a razão não pode fornecer outro argumento senão a autoridade da Sagrada Escritura: por exemplo, se se discute com os judeus, é preciso alegar a autoridade do AT, enquanto se se discute com os maniqueus que negam o AT é necessário invocar somente a autoridade do NT. Em contrapartida, quando se busca aprofundar o significado das verdades reveladas, então é necessário basear-se sobre razões que vão até as raízes da verdade (*oportet rationibus inniti investigantibus veritatis radicem*) "porque, se o professor se contenta em resolver a questão recorrendo simplesmente à autoridade, tranquilizará os ouvintes sobre a existência dessa verdade, mas não lhes fará adquirir nem ciência nem inteligência desta, e eles irão embora de mãos vazias" (*Quodl.*, IV, q. 9, a. 3).

6. Fontes da teologia

Santo Tomás não se cansa nunca de repetir que a fonte primária da teologia é a Sagrada Escritura. Nem poderia ser diferente, porque, como vimos, o teólogo deriva os princípios, a verdade fundamental da sua reflexão, da Revelação, ou seja, da Sagrada Escritura. Ter como fonte primária a Sagrada Escritura pertence à lógica interna da teologia. Portanto, a Sagrada Escritura não é só o único livro de texto do teólogo, mas é também a sua *sola auctoritas*, a partir da qual pode argumentar *proprie ex necessitate* (I, q. 1, a. 8, ad 2). Nenhuma outra autoridade, para a qual pode certamente voltar-se, pode lhe fornecer uma garantia tão segura. Por isso o teólogo deve ater-se sólida e estritamente ao que está escrito no texto sagrado: "*De Deo dicere non debemus quod in Scriptura non invenitur, vel per verba vel per sensum* (Não se deve atribuir a Deus o que não se encontra na Sagrada Escritura, nem por palavras, nem pelo sentido)" (I, q. 36, a. 2, ad 1). "*Non est affirmandum aliquid de divinis, quod auctoritate Scripturae sacrae non est expressum* (Nada se deve afirmar de Deus que não esteja expresso pela autoridade da Sagrada Escritura)" (I, q. 39, a. 2, ob 2). Por isso, para Santo Tomás a regra áurea a que deve se ater o teólogo é a seguinte: "Primeiro, que a verdade da Escritura se mantenha inconteste (*primo quidem, veritas Scripturae inconcusse teneatur*)" (I, q. 68, a. 1).

Afirmando o primado absoluto da fonte bíblica, Santo Tomás não pretende de modo algum excluir a importância das outras fontes, que, aliás, ele reconhece abertamente. Depois da Escritura em primeiro lugar vem a Tradição, segue o Magistério eclesiástico (os Concílios); em seguida, vem o ensino dos Padres da Igreja, e, enfim, como autoridade alheia, a opinião dos filósofos. Sobre o valor das autoridades particulares, eis o que escreve o Doutor Angélico na *Suma Teológica*: "A doutrina sagrada usa também da autoridade dos filósofos quando, por sua razão natural, puderam atingir a verdade [...]. Contudo, a doutrina sagrada se vale de tais autoridades como argumentos estranhos e com valor de probabilidade. Quando utiliza os argumentos de autoridade da Escritura canônica, ela o faz com propriedade, tendo em conta a necessidade de argumentar. Quanto à autoridade dos outros doutores da Igreja, se vale dela como argumento próprio, mas provável. É que nossa fé repousa sobre a revelação feita aos Apóstolos e aos Profetas que escreveram os livros canônicos, e não sobre outras revelações, se é que existem, feitas a outros doutores" (I, q. 1, a. 8, ad 2).

7. O recurso à filosofia

A legitimidade do recurso à filosofia no trabalho teológico é abertamente reconhecida e proclamada pelo Doutor Angélico em todas as suas obras. Trata-se, aliás, de uma consequência lógica do seu modo de conceber as relações entre fé e razão, segundo o princípio da harmonia, que prevê uma colaboração recíproca entre essas duas fontes de verdade. Eis como o Doutor de Aquino justifica o uso da filosofia por parte do teólogo: "A doutrina sagrada utiliza também a razão humana, não para provar a fé, o que lhe tiraria o mérito, mas para iluminar alguns outros pontos que esta doutrina ensina. Como a graça não suprime a natureza mas a aperfeiçoa, convém que a razão natural sirva à fé, assim como a inclinação natural da vontade obedece à caridade. Como diz o Apóstolo na Segunda Carta ao Coríntios: 'Submetemos todo pensamento à obediência de Cristo' (2Cor 10,5). Assim, a doutrina sagrada usa também da autoridade dos filósofos quando, por sua razão natural, puderam atingir a verdade" (I, q. 1, a. 8, ad 2).

No comentário ao *De Trinitate* de Boécio (Prooem., q. 2, a. 3), Santo Tomás aborda diretamente o problema: "*Utrum in scientia fidei, quae est de Deo, liceat rationibus philosophicis uti*". Ele expõe antes que se dão duas fontes principais do conhecer, *duo lumina*, o *lumen naturale mentis humanae* e o *lumen fidei*; depois mostra de que modo se relacionam os *duo lumina*. Ele descarta a hipótese de que uma fonte possa sujeitar a outra. Isso não tem êxito na fé, dado que "a luz da fé que nos é infundida gratuitamente não destrói a luz do conhecimento que nos é dada pela natureza", mas antes a aperfeiçoa; nem pode ter êxito na razão, visto que "a luz natural da inteligência humana é insuficiente para desvelar aquelas verdades que são reveladas pela fé". Rechaça, portanto, a hipótese de uma conflitualidade recíproca, porque ambas as luzes, da fé e da razão, procedem de uma única fonte suprema, Deus. Excluídas as duas hipóteses da recíproca sujeição e da conflitualidade, permanece como única solução possível a da harmonia e da recíproca subsidiariedade, que é justamente a solução que Santo Tomás assume para si. Recentemente João Paulo II, na encíclica *Fides et ratio*, repropôs Santo Tomás como mestre de pensamento e modelo do modo correto de fazer teologia: seu mérito principal foi reconhecer a contribuição que a filosofia pode oferecer à compreensão da revelação divina, ainda que afirmando o caráter autônomo da disciplina filosófica (nn. 43-45).

No que concerne à subsidiariedade da filosofia em relação à teologia, o Doutor Angélico a esquematiza em três pontos: "Na sagrada doutrina pode-se fazer uso da filosofia de três modos (*in sacra doctrina philosophia possumus tripliciter uti*). *Antes de tudo* para provar aqueles preâmbulos da fé que são indispensáveis na ciência da fé, como, por exemplo, o que se pode demonstrar naturalmente de Deus, isto é: que Deus existe, que é uno e outras verdades do gênero que dizem respeito quer a Deus quer às criaturas; estas verdades são provadas pela filosofia e são pressupostos da fé. *Em segundo lugar*, para esclarecer mediante similitudes as coisas da fé [...]. *Em terceiro lugar*, para contra-atacar o que se diz contra a fé: fazendo ver que se trata de coisas falsas ou impertinentes" (*In De Trin.*, Prooem., q. 2, a. 3). O primeiro serviço é simplesmente preliminar à teologia, tratando-se de preâmbulos; contudo, na síntese tomista, que não conhece separações compartimentais entre filosofia e teologia, isso vem sempre incorporado num único tratado. O segundo serviço é intrínseco e realmente subsidiário, pois fornece à especulação teológica imagens e analogias aptas para ilustrar as verdades de fé (cf. *C. G.*, I, c. 8). Enfim, o terceiro serviço, de confutar objeções que se levantam contra a fé, é antes sucessivo e integrativo com relação à teologia: de fato os erros e objeções se rechaçam depois que for aprofundado o sentido da verdade. Mas na *Suma Teológica* também essa parte vem incorporada num único tratado.

O papel que Santo Tomás atribui à filosofia em relação à teologia, quando faz dela objeto de um tratado explícito como nos textos que acabamos de examinar, é já notável: a filosofia é o horizonte racional que circunda a teologia de todas as partes; precede e segue as verdades de fé e abre passagens de inteligibilidade com semelhanças apropriadas. De fato, porém, a filosofia, assim como a adota Santo Tomás na elaboração da *sagrada doutrina*, desenvolve um papel muito mais importante e significativo. Não é assim externo e periférico como parece sugerir o Doutor de Aquino, quer no *Comentário ao De Trinitate*, quer na *Suma Teológica*, mas vai mais fundo, dá uma forma nova aos conteúdos, aos mistérios, à Palavra de Deus. A filosofia fornece à teologia um esquema de racionalidade para, em relação aos seus conteúdos, ordená-los, interpretá-los e para exprimi-los. De fato, Santo Tomás na *Suma Teológica* e nas outras obras teológicas não assume da filosofia somente o método silogístico e certas similitudes, mas também toda a linguagem técnica e um conjunto de verdades de grande densidade teórica, que ele mesmo desenvolveu na sua poderosa e fecunda *filosofia do ser*. O conceito intensivo do ser (*actualitas omnium actuum*), os conceitos de participação e de comunicação, o princípio da analogia, a distinção real entre a essência e o *actus essendi* nas criaturas, o conceito de pessoa (que é o que de mais perfeito existe na criação) etc., são conquistas filosóficas que permitiram a Santo Tomás lançar uma nova e radiosa luz sobre muitos pontos fundamentais da Revelação. Dois exemplos podem bastar para confirmar isso.

O primeiro diz respeito à cristologia. É sabido que os primeiros Concílios haviam resolvido o debate em torno à constituição ontológica do Cristo. O Concílio de Calcedônia havia definido que em Cristo há duas naturezas, humana e divina, mas uma só pessoa, a divina. A unicidade da pessoa salvaguardava a unidade do ser de Cristo. Isso era claro; menos claro, por sua vez, era o modo como a pessoa isentava a tarefa de sustentação da natureza humana. Um esclarecimento decisivo sobre esse ponto vem de Santo Tomás, com a sua concepção intensiva do ser aplicada à pessoa. Esta é definida como um *subsistens in natura rationali*. Ora, o Concílio de Calcedônia afirma que no Cristo há uma só pessoa, e esta não poderá ser senão a pessoa do Verbo. De fato, se Cristo é verdadeiramente, substancialmente Deus, a sua humanidade não pode ser munida de um seu ato de ser, porque é o ato de ser o que causa a subsistência. Portanto, a natureza humana recebe a subsistência da Pessoa divina do Verbo, e isto não comporta nenhuma diminuição para a natureza criada assumida. Ao contrário, a natureza humana de Cristo torna-se o sujeito do máximo dom que poderia ser concedido a uma criatura: a união hipostática, que é a mais alta divinização do homem que poderia ser concebida fora do panteísmo. Com a sua doutrina do primado do ser, Santo Tomás esclarece também o sentido da encarnação: esta consiste na comunicação do ato de ser próprio da Pessoa do Verbo à natureza humana de Cristo no momento de sua concepção. O *actus essendi* que faz real e existente a natureza humana de Cristo é o mesmo *esse* divino do Verbo (cf. III, q. 17; *Comp. Theol.* I, cc. 210-212; *De unione Verbi incarnati*).

O segundo exemplo se refere à Eucaristia, mais precisamente à transubstanciação. Para Santo Tomás esse prodígio do ponto de vista ontológico não é problema, porque, para além de todas as duas formas substanciais e materiais, está o fundamento comum do ser, no qual ocorre a passagem da substância do pão à substância do corpo de Cristo, e do qual só Deus é autor (porque do ser a causa única é sempre Deus): "Pelo poder de um agente finito uma forma não pode mudar-se em outra, nem uma matéria em outra. Mas pelo poder do agente infinito cuja ação atinge todo o ser (*quod habet actionem in totum ens*), essa conversão pode ser feita: pois ambas as formas e ambas as matérias pertencem à mesma natureza do ser. E o que há de ser em uma, pode o autor do ser converter naquilo que há de ser na outra, suprimindo o que as distinguia" (III, q. 75, a. 4, ad 3).

8. A teologia, ciência especulativa

Entre os teólogos da Ordem franciscana (Alexandre de Hales, Boaventura) e os da Ordem dominicana (Alberto Magno) se discutia vivamente sobre a natureza específica da teologia, se ela seria uma ciência especulativa ou prática. Os Franciscanos sustentavam que a teologia é um saber eminentemente prático, que tem em mira sobretudo o incremento da caridade. Por sua vez, os Dominicanos afirmavam que o objetivo primário é especulativo: o conhecimento da verdade revelada, mas reconheciam também a grande relevância que tem este conhecer para a vida cristã. Também Santo Tomás defende a prioridade do fim especulativo sem, no entanto, diminuir minimamente o seu significado prático. Eis seu juízo a esse respeito: "Embora entre as ciências filosóficas umas sejam especulativas e outras práticas, a doutrina sagrada, porém, compreenderá em si uma e outra; assim como Deus, por uma mesma ciência, conhece a si próprio e conhece suas obras. No entanto, a ciência sagrada é mais especulativa do que prática (*magis tamen est speculativa quam practica*), porque se refere mais às coisas divinas do que aos atos humanos. Ela considera estes últimos enquanto, por eles, o homem é ordenado ao pleno conhecimento de Deus, no qual consiste a bem-aventurança eterna" (I, q. 1, a. 4).

Para ter uma confirmação de como o Doutor Angélico leva a sério essa dupla função da teologia é suficiente dar uma olhada em seu estudo sobre os mistérios de Cristo (para isso pode bastar a leitura do seu comentário ao *Símbolo*). De cada um deles, depois de ter tratado intensamente seu sentido profundo, ele sublinha o caráter exemplar, evidenciando as lições que o cristão deve extrair para a própria vida espiritual.

Mesmo sendo propriamente uma ciência, todavia, por causa do seu objeto principal (as sublimes verdades que se referem a Deus), a teologia, segundo o Doutor Angélico, merece também o nome de *sabedoria*. Mais ainda, segundo Santo Tomás, "Esta doutrina é, por excelência, uma sabedoria, entre todas as sabedorias humanas. E isto não apenas num gênero particular, mas de modo absoluto [...]. Por conseguinte, quem considera simplesmente a causa suprema de todo o universo, que é Deus, merece por excelência o nome de sábio. Eis por que, como se vê em Agostinho, a sabedoria é chamada o conhecimento das coisas divinas. Ora, a doutrina sagrada trata muito propriamente de Deus enquanto causa suprema; a saber, não somente do que se pode saber por intermédio das criaturas, e que os filósofos alcançaram, '... pois o que se pode conhecer de Deus é para eles manifesto', diz o Apóstolo na Carta aos Romanos; mas também do que só Deus conhece de si mesmo, e que é comunicado aos outros por revelação. Assim a doutrina sagrada merece por excelência o nome de sabedoria" (ibid., a. 6).

9. Método da pesquisa teológica

Dois são os métodos fundamentais dos quais se vale a ciência: a resolução (*resolutio*) e a composição (*compositio*). O primeiro vai dos efeitos às causas, das consequências aos princípios e ilumina os efeitos, as consequências, reconduzindo-os a seus princípios e neles resolvendo-os. O segundo procede em sentido inverso: desde as causas universais às causas particulares ou efeitos, dos princípios primeiros às suas consequências, e transmite de tal modo a luz dos princípios sobre as conclusões (*In De Trin.*, lect. II, q. 2, a. 1, sol. 3). A *resolutio* é o método próprio das ciências experimentais e da filosofia; a *compositio* é o método da teologia. "Toda investigação — escreve o Doutor Angélico — deve começar por algum princípio. Se este, porém, é primeiro no conhecimento, e também primeiro no existir (*prius in esse*), não haverá então processo resolutório, mas, antes, um processo comparativo. Proceder das causas para os efeitos é um processo compositivo, porque as causas são mais simples que os efeitos" (I-II, q. 14, a. 5). E esse é rigorosamente o método da teologia.

Como foi visto, os princípios a partir dos quais o teólogo se move no seu argumentar são os grandes mistérios da Revelação, ou seja, os *artigos de fé*. Estes já não são entendidos por Santo Tomás como a matéria, o sujeito da exposição e da pesquisa teológica, como na sagrada doutrina do século XII, mas constituem os pontos de partida da reflexão teológica, que conduz seu trabalho segundo todas as leis e exigências da *demonstratio* aristotélica: "Assim, aquelas coisas que tomamos por fé são para nós como os princípios desta ciência, enquanto o resto lhe pertence como conclusão" (*In De Trin.*, Prooem., q. 2, a. 2). Na teologia o fiel, nas condições de peregrino (*in statu viae*), busca alguma inteligência dos mistérios sobrenaturais enquanto, sobre o fundamento inexorável da fé, que é uma "participação" da ciência de Deus e dos bem-aventurados, procede a conhecimentos ulteriores: "*Venimus in cognitionem aliorum secundum modum nostrum, scilicet discurrendo de principiis ad conclusiones*" (ibid.).

Portanto, o método da teologia é essencialmente dedutivo e Santo Tomás o aplica constantemente (também nos comentários da Sagrada Escritura) na forma silogística, que é a forma mais rigorosa da argumentação.

O método compositivo é indispensável quando o teólogo considera sua atribuição principal, que é a de aprofundar o sentido da Palavra de Deus. Mas há também um outro dever ao qual o teólogo é frequentemente chamado: o de defender a fé cristã dos ataques dos seus inimigos. Nesse caso o *método* mais apropriado é o *dialético*. "A Sagrada Escritura, por conseguinte, não tendo outra que lhe seja superior, terá de disputar com quem nega seus princípios (*disputat cum negante sua principia*). Ela o fará valendo-se da argumentação, se o adversário concede algo da revelação divina; como quando invocando as 'autoridades' da doutrina sagrada disputamos contra os hereges, e artigos de fé para combater os que negam outro artigo. Mas, se o adversário não acredita em nada das verdades reveladas, não resta nenhum modo de provar com argumentos os artigos da fé: pode-se apenas refutar os argumentos que oporia à fé. Como a fé se apoia na verdade infalível, e é impossível demonstrar o contrário do verdadeiro, fica claro que as provas trazidas contra a fé não são verdadeiras demonstrações, mas argumentos que se podem refutar" (I, q. 1, a. 8; cf. *Quodl.*, IV, q. 9, a. 3).

Escolhida a *resolutio* como método próprio da teologia, o Doutor Angélico tira suas conclusões lógicas, aplicando esse método não somente ao estudo dos artigos particulares de fé, mas também à estruturação geral de todas as verdades reveladas. Estas, na *Suma Teológica*, são dispostas logicamente segundo sua capacidade de irradiar luz sobre as verdades sucessivas. E, porque Santo Tomás distingue dois universos (ordens): o da criação e o da redenção, ele atribui a Deus o papel primário na ordem da criação; enquanto dá a Cristo o papel primário na ordem da redenção. Sobre essa simples distinção o Doutor Angélico baseia a divisão da *Suma Teológica* em duas grandes seções. A primeira (que abarca a *Primeira* e a *Segunda Parte*) é de índole teocêntrica: fala-se de Deus, da sua natureza, dos seus atributos, da Trindade, das obras de Deus, da criação e da providência, e das suas criaturas: os anjos e o homem. E deste último são estudados a natureza, as atividades, as faculdades, as paixões, as virtudes e os vícios. A segunda seção, por sua vez, é distintamente cristocêntrica: aí são estudados todos os mistérios de Cristo e os efeitos da sua ação salvífica: a Igreja e os sacramentos. Com essa dupla aplicação do método compositivo, Santo Tomás conseguiu dar à teologia o rigor e a sistematicidade que ninguém havia conseguido dar precedentemente e que servirá como modelo incomparável para todos os teólogos que virão depois dele.

Segundo os antigos biógrafos do Doutor de Aquino, Santo Tomás dava a impressão de ser um inovador. Na realidade, o conceito de teologia como ciência e a elaboração do método compositivo para a sua pesquisa, brevemente descritos nas páginas que precedem, não são encontrados, nos autores anteriores nem nos seus contemporâneos, numa forma comparável à sua.

(Cf. Cristo, Deus, Fé, Filosofia, Método, Razão)

[Tradução: M. Couto]

Teoria/Teórico

Do grego *theoria* = visão intelectual. Na linguagem filosófica há dois valores semânticos principais: um em oposição ao conhecimento vulgar e outro em oposição à ciência prática. No primeiro caso designa uma concepção metódica organizada sistemática e rigorosamente (e isso vale tanto para o campo científico quanto para o filosófico); no segundo, teoria significa o que é objeto de um conhecimento desinteressado, independentemente de suas aplicações práticas.

Santo Tomás usa o termo *theoricus* em oposição a *practicus*: "*Theoricum vero, quod ordinatur ad solam cognitionem veritatis*" (*In De Trin.*, lect. 2, q. 1, a. 1, ad 4) e o adota como sinônimo de especulativo. Serve-se dele sobretudo na divisão das ciências em especulativas e práticas; as primeiras são definidas também como ciências teóricas (cf. CIÊNCIA). Segundo o Doutor Angélico, na ordem natural são três as ciências teóricas: a matemática, a física e a metafísica; na ordem sobrenatural, é ciência teórica a teologia (I, q. 1, a. 4).

(Cf. CIÊNCIA, TEOLOGIA)
[Tradução: M. Couto]

Ter e Ser

Na filosofia contemporânea, por mérito de E. Fromm, M. Buber, G. Marcel, A. Basave e outros pensadores, os termos "ter" e "ser" assumiram uma dupla conotação: ontológica e ética. Do ponto de vista ontológico, "ter" conota a realidade material (os corpos, os instrumentos, as máquinas etc.), enquanto "ser" designa a realidade vivente, sobretudo as pessoas. Do ponto de vista ético, com o termo "ter" se pretende qualificar a atitude, a inclinação, a disposição interior de domínio, de posse, de exploração, de manipulação, uma atitude que é assumida não apenas em relação às coisas mas também às pessoas, pelas quais as pessoas (o *Tu*, segundo a linguagem de Buber) acabam sendo reduzidas a coisas (ao *Isso*, ainda segundo a linguagem buberiana). Ao contrário, com o termo "ser" se designa a atitude oposta: de respeito, de dedicação, de amor, de diálogo, uma atitude tal que pode ser assumida não apenas em relação às pessoas mas também às coisas. Na modalidade do ser há uma atitude de dedicação: "É uma atividade produtiva, que implica o ocupar-se do outro, conhecer, responder, aceitar, gozar, quer se trate de uma pessoa, de uma árvore, de uma pintura, de uma ideia. Significa levar a vida, significa aumentar a vitalidade do outro, pessoa ou objeto que seja. É, portanto, um processo de autorrenovação, de autoincremento" (FROMM, E., *Avere o essere*, Milano: Mondadori, 1977, p. 69).

Segundo todos os autores que usam a linguagem do "ter" e do "ser", aquilo que caracteriza a sociedade contemporânea é o prevalecer da dimensão do ter sobre o ser. É uma sociedade na qual o homem não conta por aquilo que é, mas por aquilo que tem ou por aquilo que produz. O homem já não conta como pessoa, mas como coisa: como instrumento de trabalho, como voto eleitoral; a mulher conta como fonte de prazer, o doente como uma máquina a ser consertada. No outro não se vê um irmão, mas sim um rival, um inimigo, como escreveu J.-P. Sartre. A nossa sociedade é dominada pela cultura do ter, sobretudo em relação à natureza, que é tratada como mera fonte de energia, a ser desfrutada e saqueada insensatamente, provocando danos ecológicos, talvez irreparáveis. Para tirar a sociedade contemporânea da crise epocal que a corrói e para colocá-la ao abrigo dos perigos gravíssimos que a atraiçoam, G. Marcel, M. Buber, E. Fromm, A. Basave (fazendo eco a muitos outros pensadores que lhes precederam: J. Huizinga, R. Guardini, H. Bergson, N. Berdjaiev, E. Husserl, C. Dawson e outros) afirmam que o único remédio eficaz é extirpar a cultura do ter para substituí-la pela do ser: para salvar a humanidade da catástrofe psicológica e econômica é preciso "passar da preponderância da modalidade do ter a uma preponderância da modalidade do ser" (FROMM, E., *op. cit.*, p. 218).

Santo Tomás não faz uso das categorias do ser e do ter segundo os significados que assumiram na filosofia contemporânea, mas tem familiaridade com as doutrinas que são ensinadas nessa nova linguagem. Do ponto de vista ontológico, o Doutor Angélico distingue nitidamente a esfera do ter (isto é, das coisas materiais) daquela do ser (que abarca também as realidades espirituais). No entanto, para a dimensão do ter (a da corporeidade, da matéria, da sexualidade etc.), ele não compartilha aquela atitude de desconfiança, de hostilidade e de desprezo bastante difundida em seu tempo e que os medievais haviam herdado de Santo Agostinho. Em relação ao mundo material, Santo Tomás é substancialmente otimista; admira a natureza e respeita suas leis. E, diversamente de Platão e de Agostinho, afirma que o corpo faz parte da essência da natureza humana. Esta é certamente e antes de tudo espírito (alma espiritual), mas é um espírito substancialmente ligado à matéria (e é nisso que o homem se distingue dos anjos, puros espíritos).

Contudo, enquanto do ponto de vista ontológico o Doutor Angélico encontra uma legítima posição para a esfera do ter, do ponto de vista ético ele é peremptório em condenar qualquer forma de absolutização dessa esfera, fazendo do ter o valor supremo, último, absoluto. Uma estima exagerada de tal esfera — a qualidade do ter segundo a linguagem de Fromm — conduz à avareza, à cobiça, à agressão, à usura, ao consumismo, à violência. Segundo Santo Tomás, é natural no homem o desejo das coisas exteriores, como é natural o desejo de tudo aquilo que lhe pode servir de meio para atingir o nosso fim, que é a felicidade. No entanto, todas as inclinações naturais devem ser reguladas segundo a razão, que na natureza humana ocupa o primeiro lugar. E a razão quer que os bens exteriores, como todos os outros bens, sejam buscados com certa medida, por serem necessários à condição de nossa vida. "O pecado consiste num excesso desta medida, ou seja, quando alguém procura adquiri-los [os bens] ou guardá-los além do modo devido. E isto se refere à razão da avareza que se define como 'o amor imoderado do ter' (II-II, q. 118, a. 1). O fim da avareza é a riqueza, que não deveria ter razão de fim, mas sim de meio, mas que, em vez disso, é considerada por muitos a coisa a ser desejada sobre todas as coisas, como o cume da felicidade, como o fim supremo da vida. Da avareza, portanto, nascem outros vícios que têm em comum com ela o amor descomedido da riqueza. Amor desenfreado de conservar o dinheiro, e daí nasce o *endurecimento do coração*, pelo qual o homem não se deixa sensibilizar pela compaixão das misérias do próximo que invocam socorro das suas riquezas. Amor descomedido na obtenção das riquezas: daí *inquietude* que leva o homem à ansiedade e a tratamentos supérfluos; daí a falta de todo cuidado na escolha dos meios para atingir o intento: recorre-se à violência, à fraude, ao engano, à traição. Na cultura do ter às custas do ser Santo Tomás vê a máxima humilhação do espírito humano, a sua máxima degradação e portanto, desse ponto de vista, o pior de todos os pecados: "Quanto menor for este bem, mais feio será o pecado, porque é mais vergonhoso se submeter a um bem inferior do que a um bem superior. Ora, o bem das coisas exteriores é o menor dos bens humanos: vem depois do bem do corpo, que é menor que o bem da alma, o qual é ultrapassado pelo bem divino. E, deste ponto de vista, o pecado de avareza, que leva o apetite humano a ficar submisso às coisas exteriores, apresenta um grau de deformidade bem elevado" (ibid., a. 5).

Não menos firme é Santo Tomas ao condenar a disposição interior pela qual se acaba por tratar os outros, o próximo, as pessoas, como propriedade a ser possuída, desfrutada, instrumentalizada, reduzida a mercadoria. As pessoas pertencem, pelo contrário e antes de tudo, ao mundo do espírito (ainda que se trate de espíritos encarnados, como no caso dos homens), e portanto ao mundo da liberdade, da escolha, da autodecisão. Por isso, para com as pessoas não se pode cultivar uma relação de posse, de desfrute, de domínio, mas sim de diálogo, de dedicação, de confiança, de esperança, de amor. A lei suprema que se deve seguir nas relações com as pessoas é a regra áurea do Evangelho: "Ama o próximo como a ti mesmo". Comentando essa regra, Santo Tomás observa que amar uma pessoa pela sua utilidade para nós não é amá-la como a nós mesmos: porque amamos nós mesmos verdadeiramente querendo o bem a nós mesmos. Assim, devemos amar o próximo, desejando o seu bem, a sua utilidade, o seu deleite, e não desejando dele a nossa vantagem e o nosso deleite. Quem busca do próximo o bem útil ou deleitável não ama o próximo, mas o útil e o deleite. Amar o próximo como a nós mesmos quer dizer amá-lo com aquele verdadeiro amor que se encontra na caridade cristã, que "não busca o próprio interesse", mas o bem da pessoa amada. Mas o amor não se nutre apenas do *afeto*: quer também o *efeito*;

o amor quer ser eficaz e operoso. Ninguém se contenta em amar a si mesmo desejando que lhe venham todos os bens e que fiquem longe todos os males; mas cada um se esforça para obter os bens e manter longe de si os males. Pois bem, nós amaremos o próximo como a nós mesmos somente se não apenas com o afeto lhe desejarmos o bem e o afastamento do mal, mas ao afeto faremos seguir o efeito com a eficácia das obras (cf. II-II, q. 26, aa. 4-6; *In Matth.*, c. 9, lect. 6).

Santo Tomás situa a dialética "ter-ser" num quadro metafísico mais sólido e mais definido do que aquele ao qual se referem geralmente os filósofos que dela se utilizaram (Fromm, Buber, Marcel, Levinas etc.) e, de tal modo, fornece uma justificação mais convincente e válida para a ética e para a cultura do ser, das quais a nossa sociedade tem mais necessidade do que nunca, também para fazer frente à grave crise cultural e espiritual que a atormenta.

[Tradução: M. Couto]

Todo

Diz-se daquilo que possui todas as partes de que é composto. "O todo, além de ser um composto de partes, implica, no seu próprio conceito, que não lhe falte nada daquilo que deve ter" (*III Sent.*, d. 6, q. 2, a. 3, ad 8). "Qualquer totalidade se define como 'aquilo a que não falta nada' (*totum est cui nihil deest*), como quando dizemos 'o homem inteiro' ou 'toda a arca' se não falta nada a eles das coisas que devem ter. E, assim como caracterizamos de tal modo um todo singular, esta ou aquela coisa particular, igualmente este conceito pertence àquilo que é verdadeira e propriamente tudo, ou seja, ao universo, fora do qual não há nada *simpliciter*. Quando uma coisa qualquer tem falta, por carência de um fator intrínseco, então não há um todo" (*III Phys.*, lect. 11). O todo é um tipo de unidade: aquela que resulta da união das partes: "o todo é um na sua totalidade, mas possui uma multiplicidade de partes" (*I Phys.*, lect. 4). Porém o todo não é simplesmente a agregação das partes: "O todo propriamente falando não é as suas partes, mas sim um algo constituído pelas suas partes" (*III Sent.*, d. 2, q. 1, a. 3, ad 3).

Há muitos tipos de todo, os quais se distinguem entre si com base na relação do todo com as partes. A classificação mais frequente em Santo Tomás é aquela que distingue o todo em universal, integral e potencial ou potestativo. "O todo é tríplice. Há um todo *universal*, que pertence a cada parte segundo toda a sua essência e potência (*virtus*) e por isso se predica propriamente das suas partes, como quando se diz *o homem é um animal*. Há, depois, o todo *integral*, que não convém às suas partes nem segundo toda a sua essência, nem segundo toda a sua potência; portanto não se predica em nenhum sentido da parte, assim como não se pode dizer *a parede é a casa*. Enfim, há o todo *potencial*, caso intermediário entre os dois precedentes, pois está presente em toda a sua essência em cada parte singular, mas não segundo toda a sua potência; por isso também na sua predicação este é algo intermediário: às vezes se predica das partes, mas não em sentido próprio, como poderíamos dizer que a alma é as suas potências ou vice-versa" (*De Spir. Creat.*, a. 11, ad 2; I, q. 77, a. 1, ad 1; II-II, q. 48, a. un.; *I Sent.*, d. 3, q. 4, a. 2; *Quodl.* X, q. 3, a. 1). "O todo se reduz a três tipos: universal, integral e potencial, com os correspondentes tipos de partes. A *parte integral* entra na constituição do todo, como a parede na casa; a *parte do todo universal* recebe a predicação do todo, como o homem do animal; a *parte potencial* não recebe a predicação do todo, nem entra na constituição deste, mas participa, de algum modo, da sua potência. Isto é o que se vê na alma: a alma racional se pode chamar *alma total*, pois nesta estão reunidas todas as potências da alma; diversamente, a alma sensitiva dos animais e a alma vegetativa das plantas podem ser denominadas *almas parciais*, dado que possuem algo da potência da alma, mas não tudo" (*III Sent.*, d. 33, q. 3, a. 1, sol. 1).

Dos três tipos de todo, o mais interessante e o mais rico de aplicações é o *todo poten-*

cial. Santo Tomás explica que a natureza do todo potencial consiste no fato de que "este se dá num único ente com a plenitude das suas forças e nos outros à guisa de participação ou movimento: assim ocorre na alma, cuja força total reside na alma racional, dado que a alma sensitiva não tem a perfeita potência da alma, e muito menos tem a alma vegetativa. Por isso São Gregório diz que as plantas não vivem em virtude da alma, mas por um certo vigor (*per virorem*)" (*In Is.*, c. 1). "O todo potencial convém a cada parte singular por si mesmo e em algo de sua potência, mas não perfeitamente, porque com a plenitude da sua força se adere somente a uma potência suprema" (*I Sent.*, d. 3, q. 4, a. 2, ad 1).

Em Santo Tomás a teoria do todo potencial encontra muitas aplicações interessantes. Além de explicar as relações entre as almas, e entre a alma e suas faculdades, o Angélico se vale dela para explicar a relação entre a potência do rei e a potência dos ministros: "Em um reino, a plenitude do poder reside no rei, ainda que isto não exclua o poder dos ministros, que são participações no poder real" (*IV Sent.*, d. 24, q. 2, a. 1, sol. 1, ad 3). Análoga aplicação aos diversos graus do sacramento da Ordem: "A distinção das ordens sacras não é uma divisão do todo integral em partes, e nem do todo universal, mas do todo potencial cuja natureza consiste no fato de que o todo se realiza em um segundo a completude do seu caráter, e nos outros em virtude de uma certa participação do todo" (ibid., ad 2).

[Tradução: E. Uchôa]

Tolerância

É aquele comportamento prático que, mesmo rejeitando em princípio um modo de pensar ou de agir considerado errado, o deixa subsistir ou por um motivo de respeito em relação à consciência e à liberdade do outro, ou por conveniência prática, ou por ser um mal menor. Seus campos de aplicação são múltiplos, mas é no âmbito da religião que o problema da tolerância surgiu e teve a sua mais ampla aplicação.

Tanto no plano teórico como no prático, o princípio da tolerância em matéria de religião é uma das grandes conquistas da modernidade. Santo Tomás viveu numa época decididamente intolerante: era o tempo no qual os Pontífices apregoavam as cruzadas para expulsar os muçulmanos da Terra Santa ou para extirpar as heresias dos cátaros e dos albigenses. Todavia, graças àquela extraordinária sabedoria da qual era dotado, sobre o problema da tolerância o Doutor Angélico formulou princípios que nos surpreendem pela sua modernidade.

À questão da tolerância ele dedica dois preciosos artigos da *Segunda Seção da Segunda Parte* (q. 10): um se refere à tolerância do culto dos infiéis; o outro concerne ao batismo de meninos judeus ou de outra religião não cristã contra a vontade dos pais.

Para aqueles teólogos que sustentam que não seria lícito tolerar os vários cultos dos infiéis, porque o seu pecado está entre os mais graves, e outros pecados como o adultério, o furto e similares não são tolerados, antes punidos pelas leis, Santo Tomás replica eficazmente do seguinte modo: "o governo humano deriva do governo divino e o deve imitar. Deus, porém, ainda que seja onipotente e sumamente bom, permite que aconteçam alguns males no universo, que poderia impedir, para que não suceda que, uma vez suprressos, suprimam-se também grandes bens ou sigam-se males piores [...]. Assim, pois, ainda que os infiéis pequem em seus ritos, eles podem ser tolerados ou por causa do bem que deles provém ou por algum mal evitado [...]; por exemplo, para evitar o escândalo ou o dissídio que poderiam provir ou o impedimento da salvação daqueles que, aos poucos, se tolerados, se converteriam à fé. Por isso, também os ritos de heréticos e de pagãos, a Igreja, às vezes, tolerou, quando era grande a multidão de infiéis" (II-II, q. 10, a. 11).

Santo Tomás julga como ação ilícita e reprovável a administração do Batismo contra a vontade de seus pais não cristãos àqueles filhos que ainda não atingiram a idade da razão. E isso por três razões: 1) porque é contrário ao costume da Igreja, e o costume da Igreja, segundo o Angélico, "tem a máxima autoridade"; 2) porque há o risco de que, ao chegarem ao uso da razão, aquelas crianças "sejam induzidas por seus genitores a abandonar aquilo que receberam sem seu conhecimento"; 3) porque "segundo o direito natural o filho está sob os cuidados do pai, antes do uso da razão. Seria, portanto, contra a justiça natural retirar a criança dos cuidados dos genitores, ou dispor dela contra a vontade deles. Ao contrário, quando começa a ter o uso do livre-arbítrio, começa a pertencer a si mesma, e pode decidir por si mesma nas coisas de direito divino e de direito natural. E então se deve propor-lhe a fé não com a força, mas com a persuasão. E assim pode aceitar a fé e fazer-se batizar, também contra a vontade dos genitores. Mas não antes do uso da razão" (II-II, q. 10, a. 12).

(Cf. Arbítrio, Religião)

[Tradução: A. Bogaz]

Trabalho

É toda atividade material e espiritual que tende a um resultado útil; geralmente é uma atividade cansativa, com a finalidade de modificar as coisas mediante o uso do corpo ou de outros instrumentos. A civilização moderna, dita também civilização industrial, tem em alta consideração o trabalho, no qual vê um dos valores fundamentais e não raro o valor supremo. Sobre esse ponto a civilização moderna inverteu a ideia que a cultura clássica tinha do trabalho; esta possuía um conceito decididamente negativo dessa atividade. Aristóteles define vil todo trabalho, uma vez que oprime a inteligência. Cícero e Sêneca exaltam o ócio como superior ao trabalho. No pensamento cristão tem início uma revalorização do trabalho: este é visto sobretudo como instrumento de purificação e salvação.

Santo Tomás não elaborou nenhuma filosofia ou teologia do trabalho, tema que ele aborda apenas esporadicamente e de passagem. Todavia, as suas sóbrias considerações sobre essa atividade humana atingem uma notável profundidade e tocam todos os seus aspectos mais importantes: Santo Tomás define rigorosamente seu âmbito, esclarece seus fundamentos antropológicos e descreve suas funções principais.

1. Definição

Contra um conceito muito redutivo de trabalho, que o identifica com o trabalho manual, Santo Tomás esclarece bem que no conceito de trabalho entram praticamente todas as atividades humanas, quer as que exigem prevalentemente energia física quer as que requerem mais energia mental. "É preciso notar que se deve entender por trabalho manual todos os ofícios humanos pelos quais os homens podem ganhar sua vida licitamente, quer o façam com as mãos, com os pés ou com a língua (*sub opere manuali intelliguntur omnia humana officia ex quibus homines licite victum lucrantur, sive manibus, sive pedibus, sive lingua fiant*). As sentinelas, os correios e outras pessoas vivendo do seu trabalho, entende-se que vivam do trabalho das suas mãos, pois, a mão sendo o órgão dos órgãos, o trabalho das mãos passou a designar toda atividade pela qual se pode honestamente ganhar a vida" (II-II, q. 187, a. 3).

2. Fundamento antropológico do trabalho

A exigência do trabalho é entendida por Santo Tomás diretamente a partir da natureza humana: antes de tudo, do fato de que a natureza humana é uma realidade psicofísica, feita de alma e de corpo, e em segundo lugar porque o ser do homem é um ser admiravelmente cultural, que deve, portanto, prover a si mesmo com a própria genialidade e indústria.

1) Santo Tomás não liga o trabalho ao pecado ou a qualquer outro fato contingente, mas à própria natureza do homem: o homem é naturalmente constituído de alma e de corpo e, portanto, o seu agir tem sempre caráter psicofísico e, em definitivo, tem sempre caráter laborioso, ainda que esse caráter seja mais

marcado pelas atividades corporais do que pelas espirituais. "Deus dispôs a ação das coisas segundo a natureza de cada uma. Ora, o homem foi criado com natureza espiritual e corpórea. Por isso, segundo a ordenação divina, é necessário que ele exerça atividades corporais e busque as coisas espirituais, e tanto mais perfeito será ele quanto mais buscar as coisas espirituais. Ademais, não há um modo de perfeição humana que prescinda totalmente do corpóreo, porque, como as ações corporais se ordenam para a conservação da vida humana, alguém não as fazendo negligencia a própria vida, que todos devem conservar. Também, esperar de Deus, sem fazer coisa alguma, o subsídio para aquilo que se pode conseguir por si mesmo, é estultícia e tentar a Deus. Ora, pertence à bondade divina providenciar as coisas, não tudo imediatamente, mas movendo-as para as ações que lhes compete, como acima foi demonstrado. Por conseguinte, não se deve esperar de Deus que venha auxiliar a quem não faz nada daquilo que pode fazer para si. Isto repugna à ordem divina e à bondade divina" (*C. G.*, III, c. 135, 18[3098]).

2) A justificação antropológica é esclarecida ulteriormente ao salientar a índole cultural do ser humano, ainda que a linguagem de Santo Tomás não seja a da antropologia cultural. Enquanto o ser dos animais é essencialmente pré-fabricado pela natureza, que os mune de todos aqueles instintos que são necessários para sua existência, o ser do homem, como se pode ver no texto que acabamos de citar, é em larga medida fruto da educação, e sua relação com o mundo está fixada pela cultura; por essa razão o homem deve tornar-se providência para si mesmo. "A natureza deu mãos ao homem em lugar de armas ou dos revestimentos protetores com que dotou os animais. Sua intenção é que, por suas mãos, o homem conquiste essas coisas e tudo o que lhe é necessário" (II-II, q. 187, a. 3, ad 1; cf. *Quodl.*, VII, q. 7, a. 1).

Depois do argumento antropológico, que é fundamental, Santo Tomás apresenta outros três argumentos para justificar o trabalho: a) o trabalho está ordenado para combater o ócio, do qual nascem todos os males; b) está ordenado a frear a concupiscência com a mortificação do corpo; c) pode estar ordenado a praticar a esmola (cf. II-II, q. 187, a. 3).

3. Função pessoal e social do trabalho

Coerentemente com o que foi dito a propósito da justificação do trabalho, Santo Tomás sublinha antes de mais nada a função pessoal que existe nessa atividade: ela tem por objetivo, antes de tudo, a própria sobrevivência (e dos próprios familiares); e, de fato, como se viu, o trabalho é necessário principalmente por isso: "Portanto, quem não tem outro meio de ganhar a vida deve trabalhar manualmente", porque somente o trabalho, insiste Santo Tomás, constitui o modo lícito de buscar com que viver (não o furto, a rapina, os sequestros de pessoas etc.). "O trabalho é necessário para evitar o roubo [...]; em segundo lugar para evitar a cobiça dos bens alheios [...]. Em terceiro lugar, para evitar negócios escusos com que alguns adquirem o alimento" (II-II, q. 187, a. 3).

Mas, além de uma função pessoal e personalizante, o trabalho tem, segundo Santo Tomás, também uma função social: para socorrer os que por causa da doença, da velhice ou por outros serviços prestados à sociedade não estão em condições de ganhar para viver com o próprio trabalho. De fato, "nenhum homem sozinho está em condições de desenvolver todas as atividades de que uma sociedade tem necessidade [...]. Como todo homem se utiliza de membros diversos para realizar o que um só membro não poderia fazer: assim o conjunto de todos os homens utiliza ofícios diversos de diversos homens para exercitar tudo aquilo de que tem necessidade a sociedade humana e para a qual não bastaria a obra de um só homem (Rm 12,4). Essa diversidade de ofícios em diversos homens existe, em primeiro lugar, por disposição da divina providência, que distribuiu as posições sociais dos homens de modo que nada nunca viesse a faltar do que é necessário à vida; em segundo lugar, também pelas diversas inclinações aos ofícios diversos ou aos diversos modos de viver aos quais os diversos homens são naturalmente conduzidos" (*Quodl.*, VII, q. 7, a. 1).

O modo de Santo Tomás tratar a questão não é adequado e completo em relação à vasta, rica e complexa problemática relativa à questão do trabalho, a qual, por outro lado, numa civilização essencialmente camponesa como aquela em que ele vivia, apresentava muito menos problemas e de mais fácil solução do que aqueles que apresenta hoje. Todavia, do ponto de vista da sua essencialidade, o modo de tratar de Santo Tomás leva em consideração e propõe soluções válidas para alguns aspectos fundamentais do problema, em particular o conceito de trabalho, seu fundamento antropológico e sua dupla função (e valor) pessoal e social.

(Cf. Antropologia, Cultura, Homem)
[Tradução: M. Couto]

Tradição

Do latim *traditio*; comumente significa aquilo que numa sociedade, pequena ou grande, se transmite de maneira viva, seja por meio da palavra, seja por meio da escritura e dos modos de agir. Nesse sentido, a tradição representa a própria vida de uma cultura, a sua história.

Na linguagem teológica, tradição significa o conjunto da Revelação divina (doutrina, sacramentos, leis, instituições) da qual a Sagrada Escritura é testemunha autêntica, embora não exaustiva, e que a Igreja tem o dever de transmitir a todas as gerações. A tradição se diz *divina* quando se refere expressamente a Jesus Cristo; *divino-apostólica* se, em vez disso, se refere aos Apóstolos. No que concerne à tradição apostólica, o Concílio Vaticano II declara que "o que, porém, foi transmitido pelos Apóstolos compreende todas aquelas coisas que contribuem para santamente conduzir a vida e fazer crescer a fé do Povo de Deus, e assim a Igreja, em sua doutrina, vida e culto, perpetua e transmite a todas as gerações tudo o que ela é, tudo o que crê. Esta Tradição, oriunda dos Apóstolos, progride na Igreja sob a assistência do Espírito Santo" (*Dei Verbum*, n. 8).

Ao princípio da tradição apostólica como critério de ortodoxia, recorreram constantemente Ireneu, Tertuliano e Agostinho nas suas calorosas disputas com os heréticos de seu tempo. Mas tocou a Vicente de Lérins o mérito de ter dado uma formulação clara e precisa desse princípio. Partindo da constatação que a Sagrada Escritura não pode, sozinha, ser norma suficiente de fé, porque sujeita a várias interpretações, Vicente coloca a seu lado a autoridade da tradição compreendida como patrimônio de doutrinas professadas *sempre*, *em todo lugar* e *por todos* os cristãos: "*Quod ubique, quod semper, quod ab omnibus*" (*Commonitorium*, c. 23).

Santo Tomás não dedica nenhuma discussão explícita à questão da tradição. O próprio termo *traditio* é usado raramente e é aplicado seja à Sagrada Escritura: "*Ex traditione sacrae Scripturae*" (II-II, q. 140, a. 2; cf. C. G.; IV, c. 34), seja aos Apóstolos: "*Ex traditione apostolorum*" (III, q. 83, a. 4, ad 2). De fato, em Santo Tomás não se encontra nenhuma formulação explícita de uma doutrina da tradição concebida como fonte autônoma da verdade revelada, fonte suplementar e subordinada à Sagrada Escritura. Talvez, parcialmente, possa ser aplicado à tradição aquilo que o Angélico diz a propósito da autoridade dos Padres da Igreja: uma autoridade (e portanto uma fonte) que Santo Tomás julga essencial para o trabalho do teólogo e que ele mesmo aprecia muitíssimo, tanto que a essa fonte ele recorre amplamente nas suas argumentações teológicas. Segundo o Angélico, a teologia assume os seus princípios exclusivamente da Sagrada Escritura: "*Innititur enim fides nostra revelationi Apostolis et Prophetis factae, qui canonicos libros scripserunt*" e o teólogo "das autoridades da Sagrada Escritura canônica se serve como de argumentos próprios e rigorosos (*auctoritatibus canonicae Scripturae utitur proprie, ex necessitate argumentando*)" (I, q. 1, a. 8, ad 2). Por outro lado, esclarece o Doutor de Aquino, "das sentenças dos Doutores da Igreja a teologia utiliza quase como de argumentos próprios, mas de um valor somente provável (*quasi arguendo ex propriis, sed probabiliter*)" (ibid.). Esses argumentos não podem se apresentar com a mesma certeza daqueles que se referem diretamente à Revelação, porque não se direcionam a princípios infalíveis, como são aqueles da Palavra de Deus. Segundo o Doutor Angélico, o argumento fundado sobre a autoridade dos Padres tem um valor intermediário entre aquele dos argumentos fundados sobre o *locus firmissimus* da Sagrada Escritura e aquele dos argumentos fundados sobre a autoridade dos filósofos, que são "argumentos externos e meramente prováveis" (ibid.)

Talvez, porém, considerado o valor restrito e hipotético que o Doutor Angélico confere à autoridade dos Padres, seja mais justo não aplicar à tradição aquilo que Santo Tomás diz nesse texto: o argumento da tradição não deve ser misturado e confundido com o argumento patrístico.

Se nos atemos ao uso que o Doutor Angélico faz do termo tradição, que como se viu é reservado à Sagrada Escritura e aos Apóstolos, se deve pensar que para Santo Tomás a tradição coincide com a Revelação e que, como consequência, a tradição é fonte principal da teologia e a sua autoridade tem valor absoluto e infalível.

(Cf. AUTORIDADE, BÍBLIA, REVELAÇÃO)

[Tradução: A. Bogaz]

Transcendental

Do latim *transcendens*; na linguagem escolástica se diz de uma propriedade fundamental do ente (ser), que o acompanha sempre e em toda parte e que, consequentemente, pertence a todos os entes e não somente a alguma categoria particular.

A doutrina dos transcendentais remonta a Aristóteles (*Metaf*. III, c. 1), que ensina que a unidade, a verdade e a bondade são qualidades que pertencem ao ente como tal. A *unidade*, a *verdade* e a *bondade* se referem analogicamente a todos os entes, quer às substâncias quer aos acidentes, quer às realidades materiais quer às imateriais (*Metaf*. III, c. 1; XI, c. 7).

Em Santo Tomás tais propriedades transcendentais são conexas com um radical repensamento do conceito de ser, que passa a ser entendido de modo intensivo, como *actualitas omnium actuum* e *perfectio omnium perfectionum*. Assim, a unidade, a bondade e a verdade se tornam antes de tudo e eminentemente propriedades do *esse ipsum subsistens*, que de tal modo torna-se o analogado principal e, portanto, a medida de tudo o que possui unidade, bondade, verdade (cf. *De Ver.*, q. 1, a. 1; q. 21, aa. 1 e 3; *De Pot.*, q. 7, a. 2, ad 9; q. 9, a. 7, ad 6).

O Doutor Angélico mostra que ao ser como ser (como também ao ente como ente, isto é, dado que é uma participação do ser: *id quod participat esse*) cabem de direito todas aquelas propriedades que se podem "converter" com ele, ou seja, aquelas propriedades que possuem a mesma extensão do ser, se bem que não a mesma conotação, pelas quais não se distinguem do ser (ente) realmente, mas somente conceitualmente. Tais são a unidade, a verdade e a bondade. Em alguns casos Santo Tomás inclui entre os transcendentais também a *res* (coisa) e a *aliquid* (alguma coisa), que, todavia, como nota o próprio Santo Tomás, não podem ser tratados como verdadeiros transcendentais, ou seja, como propriedade do ser (ente), porque são simplesmente sinônimos do *ens* (*De Ver.*, q. 1, a. 1). Essas três modalidades (unidade, verdade, bondade), "é necessário que as outras três coisas acrescentem algo ao ente que o ente não tenha, pois se tem o ente, algo acrescido já não será primeiro. No entanto, isso não é possível a não ser que acrescente algo apenas segundo a razão, mas isso ou é negação, o que acrescenta o uno (como foi dito), ou é relação a algo que nasceu para se referir universalmente ao ente. E isso ou é o intelecto, ao qual implica a relação do verdadeiro, ou o apetite, ao qual implica a relação de bem, pois o bem é o que todos apetecem" (*De Pot.*, q. 9, a. 7, ad 6; cf. *De Ver.*, q. 21, a. 4 — *Deus Uno e Trino*, p. 236). Portanto o ser (ente) se diz uno dado que é indiviso em si mesmo; enquanto se diz verdadeiro e bom por uma conformidade sua com as faculdades operativas do homem ou de um outro ser inteligente, o intelecto e a vontade. De fato, "O outro caso é segundo o 'ajustar-se' (*convenire*) de um ente a outro e isto só pode ser considerando alguma coisa que por sua natureza seja apta a ir ao encontro (*convenire*) de todo ente: e é exatamente a alma, a qual 'de certo modo é todas as coisas', como se diz em III *De anima* (de Aristóteles). Pois na alma há as potências cognoscitiva e apetitiva; o ajustar-se do ente ao apetite é expresso pela palavra 'bem' (*bonum*), daí que, no início da *Ética* (I, 1), diz-se que 'o bem é aquilo que todas as coisas apetecem', enquanto a conveniência (*convenientia*) do ente ao intelecto é expressa pelo nome 'verdadeiro' (*verum*)" (*De Ver.*, q. 1, a. 1) [*Verdade e Conhecimento*, pp. 148-149 (N. do T.)].

Como foi dito, a doutrina aristotélica dos transcendentais em Santo Tomás passa por uma complementação importante, requerida em virtude de sua aplicação, além de ao ente, também ao *esse ipsum* que está na origem de todo ente e que não pode não estar dotado de unidade, verdade e bondade, dado que o ente é uno, verdadeiro e bom somente graças à sua participação no próprio Ser. A inovação mais significativa é a distinção no interior de cada transcendental de um modelo e de uma cópia, de uma medida e de um mensurado, daquilo que é (bom, verdadeiro, uno) por essência e daquilo que é por participação (cf. *In I Periherm.*, lect. 3, nn. 28-29). Assim, há uma bondade, uma verdade, uma unidade que funciona como modelo e medida de tudo o que é bom, uno, verdadeiro por participação. Esse título corresponde obviamente à bondade, verdade, unidade de Deus.

Além dos transcendentais expressamente enumerados, na doutrina de Santo Tomás pode ser individuado também o transcendental da beleza como estreitamente conectado ao verdadeiro e ao bem.

A doutrina dos transcendentais não deve ser tomada como um simples corolário da metafísica, mas deve ser vista como fundamento metafísico daquelas partes eminentes da filosofia que se chamam gnoseologia, ética, estética, axiologia e religião: de fato, a gnoseologia se fundamenta no transcendental da verdade; a ética, no da bondade; a estética, no da beleza; a axiologia, no do valor; e a religião, enfim, no do sagrado.

(Cf. Beleza/Belo, Bem (ontológico), Unidade/Uno, Verdade)

[Tradução: M. Couto]

Transubstanciação cf. Eucaristia

Trindade

É o mistério principal que distingue o cristianismo de todas as outras religiões. A expressão designa o ser efetivo de Deus, que, mesmo sendo único na ordem da essência (substância ou natureza), é trino na ordem das Pessoas. Estas se chamam Pai, Filho e Espírito Santo.

Constituindo a essência do cristianismo, é natural que este mistério tenha sido o centro, além da vida litúrgica, também da reflexão teológica. De fato, a teologia cristã nasceu e se desenvolveu como reflexão em torno ao mistério da Trindade (e paralelamente como reflexão em torno ao mistério de Cristo). Era necessário antes de tudo rechaçar as acusações de politeísmo dirigidas contra os cristãos pelos judeus. Mas, mais do que por exigências externas, o aprofundamento do mistério trinitário foi ditado por exigências internas da Igreja, quando então entre seus membros começaram a serpentear as primeiras heresias, as quais se referiam diretamente ao mistério da Trindade.

Foi Sabélio (séc. III) quem começou a dar uma primeira interpretação errada deste mistério. Para salvaguardar a unidade de Deus, ele reduzia as três Pessoas a três modalidades (daí o nome de *modalismo* que foi dado à sua heresia), ou aspectos de uma mesma realidade: Deus é Pai porque cria, é Filho porque redime, é Espírito porque santifica. Na direção oposta se moveu um século mais tarde Ário, que acentuava de tal modo a distinção entre as três Pessoas que acabou por fazer desaparecer sua unidade essencial. A bem da verdade, já houvera outros autores que haviam comprometido fortemente a integridade do mistério trinitário fornecendo interpretações monárquicas (Prassea) ou subordinacionistas (Paulo de Samosata), mas suas heresias foram prontamente debeladas por Tertuliano, Hipólito, Atanásio etc. O mesmo não ocorreu com Ário, que conseguiu obter muitíssimos consensos a favor da própria interpretação, mesmo entre os expoentes mais respeitáveis e qualificados da hierarquia eclesiástica.

A heresia ariana foi condenada solenemente no Concílio de Niceia (325), ao passo que, pelo mesmo Concílio, a doutrina católica era formulada num símbolo, que com leves retoques trazidos pelo sucessivo Concílio de Constantinopla I (381), passou depois à liturgia da Missa. A parte principal do símbolo niceno-constantinopolitano diz: "Creio em um só Deus, Pai todo-poderoso, criador do céu e da terra, de todas as coisas visíveis e invisíveis. Creio em um só Senhor, Jesus Cristo, Filho Unigênito de Deus, nascido do Pai antes de todos os séculos: Deus de Deus, luz da luz, Deus verdadeiro de Deus verdadeiro, gerado, não criado, consubstancial ao Pai [...]. Creio no Espírito Santo, Senhor que dá a vida, e procede do Pai e do Filho; e com o Pai e o Filho é adorado e glorificado: Ele que falou pelos profetas".

Com as fórmulas categóricas do Concílio de Constantinopla, o mistério da Trindade conseguiu finalmente encontrar uma expressão plenamente satisfatória, que pouco a pouco foi acolhida por toda a Igreja. Esta soa assim: em Deus há uma única essência (ou natureza) e três "substâncias" (*hypostasis*) ou Pessoas.

Como foi dito, a definição correta do mistério trinitário foi o resultado de alguns séculos de acalorados debates, renhidas disputas, aprofundadas reflexões, nas quais participaram a maior parte dos Padres da Igreja latina e grega. Três deles se destacam dos demais: Tertuliano, Gregório Taumaturgo e Agostinho.

Tertuliano foi o primeiro a introduzir alguns termos-chave para a definição do mistério trinitário, estabelecendo assim os fundamentos da terminologia teológica latina. Para definir as relações existentes entre Pai, Filho e Espírito Santo, adota a fórmula "uma substância e três pessoas". Pelo que sabemos, ele é o primeiro a adotar o termo *trinitas*. Ademais, ele declara que os Três da Trindade podem ser contados ("*numerum sine divisione patiuntur*": *Adversus Praxeam* 2, 4), de modo que a distinção e a disposição, no entanto, não constituam uma separação: eles são uma só coisa, *unum*, não um só indivíduo, *unus*. Mais ainda, "ele tem o enorme mérito de ter dado ao Ocidente as bases para a fórmula (se bem que não a fórmula vera e própria) da ortodoxia trinitária: *una substantia — tres personae*. É no âmbito dessa elaboração do 'paradigma' da doutrina especificamente cristã de Deus que Tertuliano introduziu o termo e o conceito de *pessoa*, inserindo-o assim no circuito teológico e consignando-o por esse trâmite à inteira cultura ocidental com um excepcional relevo semântico" (A. Milano).

No Oriente, por volta do ano 265, Gregório Taumaturgo apresenta na *Expositio fidei* a fé católica na Trindade com estas expressões epigráficas: "Um só Deus, Pai do Verbo vivo [...], perfeito genitor do perfeito Filho, Pai do Filho Unigênito. Um só Senhor, Deus de Deus [...], Filho verdadeiro do verdadeiro Deus [...]. E um só Espírito Santo, que recebe a substância de Deus no qual se manifestam Deus Pai e Deus Filho [...], Trindade perfeita, indivisa na glória, na eternidade, no reino [...]. Nada há de criado ou de subordinado na Trindade". Substancialmente o Símbolo niceno, que ocorrerá sessenta anos depois, já está todo nessa *Expositio* de Gregório Taumaturgo.

Agostinho escreve o seu *De Trinitate* entre 401 e 415, quando enfim no campo dogmático as grandes disputas trinitárias já estavam resolvidas graças às definições de Niceia (325) e Constantinopla (381). O objetivo de Agostinho nessa obra é aperfeiçoar a conceitualização do dogma. A fórmula niceno-constantinopolitana afirmava a unidade da substância (natureza divina) e a Trindade das Pessoas, mas não fornecia nenhuma explicação sobre sua personalidade. No que se fundamenta a personalidade do Pai, do Filho e do Espírito Santo? A explicação, a encontra Agostinho no conceito de relação. A razão da distinção entre as Pessoas, explica Agostinho, não deve ser buscada em alguma qualidade acidental e nem mesmo na multiplicação numérica, que são as razões mais frequentes da distinção entre os indivíduos de uma mesma espécie, porque na Trindade não há qualidades acidentais (tudo é essencial) nem extensões (que é o fundamento da multiplicação numérica). O único princípio de distinção entre as Pessoas, que salvaguarda ao mesmo tempo sua absoluta identidade em nível de essência e de perfeições absolutas, se poderia encontrar na categoria da *relação*. Era uma solução já percebida por alguns escritores orientais (Basílio e Anfiloco de Icônio). Agostinho a assume para si e a aperfeiçoa ulteriormente, permitindo que a teologia trinitária dê um passo decisivo. A identidade pessoal do Pai é dada pela relação da Paternidade, aquela do Filho pela Filiação, a do Espírito Santo pela Doação passiva. Agostinho observa que essas relações, estando na ordem da oposição e não das perfeições absolutas (*ad se*) (bondade, sabedoria, potência, liberdade etc.), são ditas somente distinções e não diversidades de perfeição entre uma Pessoa e outra. Essas relações (*esse ad*) são reais, e portanto comportam uma distinção real entre os termos correlativos — o Pai não é o Filho, o Filho não é o Pai etc. —, são imutáveis, são subsistentes, e, sendo as relações simultâneas, as Pessoas divinas são igualmente eternas. O Filho nunca começou a ser Filho, mas o foi sempre, como o Pai nunca começou a ser Pai, mas o foi sempre, e o mesmo vale também para o Espírito Santo. Assim se explicam admiravelmente por Agostinho ao mesmo tempo a identidade das Pessoas divinas no que concerne à sua natureza, e sua profunda distinção no que concerne à sua individualidade. Um ulterior esclarecimento do mistério trinitário cumpre Agostinho recorrendo à estrutura da alma humana, que, mesmo sendo uma única substância, todavia desenvolve três operações distintas: ama, recorda e conhece (*amor, mens, notitia*). São as célebres analogias trinitárias que Agostinho descobre no homem, mas se trata — como admite o próprio Agostinho — de simples analogias: as imagens e o modelo são separados por um abismo incomensurável (cf. *De Trinitate* 14, 24, 44).

Santo Tomás expõe o máximo mistério do cristianismo em muitas obras, em particular no *Comentário às Sentenças* (I, dd. 2-34); na *Suma contra os Gentios* (IV, cc. 2-26), no *Compêndio de Teologia* (I, cc. 37-67) e na *Suma Teológica* (I, qq. 27-43). Este último é o estudo mais maduro e mais sistemático. Nele o Doutor de Aquino recolhe os melhores frutos de toda a especulação patrística e escolástica e das suas assíduas e prolongadas meditações em torno do mistério trinitário. O tratado da *Suma Teológica* compreende 16 questões, das quais a primeira (q. 27) é dedicada às processões divinas; a segunda (q. 28), às relações divinas; enquanto as remanescentes (qq. 29-43) são reservadas ao estudo das Pessoas. Tudo se desenvolve segundo um plano lógico, claro e rigoroso; inicia-se com aquilo que é mais fundamental: as processões divinas, das quais dependem as relações; portanto, são estudadas as relações, que são o que funciona como suporte das Pessoas individuais: a relação da paternidade, a relação da filiação, a relação da inspiração passiva, em que são hipostasiados respectivamente o Pai, o Filho e o Espírito Santo. No seu denso *De Trinitate*, o Doutor Angélico põe no vértice "a unidade da divina Trindade"; mas nele não há sombra de sabelianismo: a realidade divina é única tanto no Pai quanto no Filho e no Espírito Santo. Sem fazer nenhuma concessão ao arianismo, reconhece e justifica as afirmações da fé católica de que o Pai, o Filho e o Espírito Santo se distinguem entre eles realmente. Porém essa distinção não existe por uma alteridade de natureza, mas por uma alteridade de hipóstase. Consequentemente a Trindade não resulta formada de três diversas manifestações de um mesmo sujeito e nem mesmo de três sujeitos de natureza e perfeição diversas, mas de três sujeitos de uma idêntica, ou seja, não repetida, natureza divina, por três Pessoas no âmbito, por assim dizer, da mesma numérica Deidade. Como notou F. Cayré, em seu estudo "Santo Tomás sintetizou magnificamente, em algumas questões, as especulações dos antigos, e principalmente as de Santo Agostinho, de quem, no mais das vezes, puxa os fios de sua trama doutrinal [...]. Santo Agostinho havia procedido por uma série graduada de símbolos, que alçam pouco a pouco a alma até uma imagem perfeita da Tríade santíssima. Santo Tomás usa uma só imagem, a mente que conhece e que ama, mas extrai dela todos os elementos racionais da sua argumentação".

1. Processões divinas

Santo Tomás se vale da *imagem psicológica* da Trindade para explicar aquilo que Santo Agostinho tinha pensado ser impossível: as processões divinas. O Doutor de Aquino chega a isso concentrando sua especulação perspicaz na alma, nas suas faculdades e nas suas operações e tirando o máximo proveito das teorias elaboradas por Aristóteles para explicar o processo cognoscitivo e o volitivo. Estes se desenvolvem do seguinte modo. O intelecto conhece o objeto, reproduzindo-o em si mesmo imaterialmente mediante a ideia ou verbo mental. A vontade, com o ato de volição, se move para aderir ao objeto conhecido, presente na alma, a qual se torna termo da ação volitiva, que é o amor. Ora, se se supõe que a alma entenda e conheça não um objeto externo, mas a si mesma, e consequentemente se ame, teremos então um sujeito pensante, que concebe e reproduz a si mesmo numa ideia ou verbo mental, no qual a alma se contempla e se ama com uma vital adesão de si a si mesma. Assim o sujeito pensante se torna objeto pensado e ambos se juntam num termo comum, que é o amor.

Transferindo analogicamente esse duplo processo interior da psicologia humana para Deus, Santo Tomás mostra como isso traz uma certa inteligibilidade ao mistério das processões divinas. Deus, espírito simplíssimo e ato puríssimo, é essencialmente operoso. A sua altíssima, incomensurável perfeição não é aquela da *noesis noeseos* (pensamento de pensamento) de Aristóteles, mas sim aquela de um vulcão ardente constantemente em ação. As ações que Deus desenvolve são imanentes: são as ações do conhecer e do querer, que não podem ser dirigidas senão a si mesmo. Assim, os termos do conhecer e do querer da alma humana, a ideia e o amor, são simples modificações da própria alma; ao invés, no caso de Deus os termos do conhecer e do querer são realidades subsistentes, isto é, as Pessoas do Verbo e do Espírito Santo. A processão do Filho do Pai tem lugar por via intelectiva e é análoga à *geração* da ideia por parte do intelecto (I, q. 27, a. 2). Por sua vez, a processão do Espírito Santo ocorre por via de apetição e coincide com o que ocorre na alma quando ama a si mesma. Assim, no caso de Deus os amantes são dois, o Pai e o Filho, mas único é o amor que emerge como amor subsistente, o Espírito. A segunda processão tem como princípio o Pai e o Filho, e como termo o Espírito Santo. E assim o Filho procede do Pai, enquanto o Espírito Santo procede do Pai e do Filho conjuntamente (I, q. 27, a. 3).

2. Relações e pessoas

O ponto mais luminoso e genial da especulação tomista sobre a Trindade diz respeito à relação vista como princípio de subsistência das pessoas divinas. Os Padres gregos e latinos haviam remontado da Trindade econômica à Trindade imanente e tinham conseguido obter uma conceitualização satisfatória deste altíssimo mistério recorrendo aos conceitos de essência e de pessoa (uma essência, três pessoas). Essa formulação, do ponto de vista linguístico, podia bastar: a unidade estava salva como estava salva a distinção das Pessoas. Aquilo que não tinha sido ainda esclarecido era como se deveria entender o personificar-se das três faces de Deus, que não pode realizar-se como nas criaturas, mediante distintos atos de ser. No mundo das criaturas a pessoa indica sempre, como explica Santo Tomás, subsistência, ou seja, autonomia no ser, mediante a posse de um ato de ser próprio, indivisível e incomunicável (I, q. 29, a. 2). Mas o Pai, o Filho e o Espírito Santo não podem ser constituídos pessoas por essa via, que conduz inevitavelmente ao triteísmo (supondo que isso seja possível). Então, como pode ser concebida a subsistência das três faces de Deus, visto que essa subsistência não pode radicar no ser? Santo Tomás reconhece essa possibilidade para a categoria da *relação*. De fato, situando a subsistência na relação, pode-se obter uma distinção de pessoas que não compromete a unidade de ser e de natureza em Deus. Assim, "Em Deus só há distinção em razão das relações de origem. Por outro lado, a relação em Deus não é como um acidente que existe num sujeito; ela é a própria essência divina. Por conseguinte, é subsistente como a essência divina. Portanto, assim como a deidade é Deus, do mesmo modo também a paternidade divina é Deus Pai, isto é, uma pessoa divina. Assim, pessoa divina significa a relação enquanto subsistente (*persona igitur divina significat relationem ut subsistentem*). E isso significa a relação por modo de substância, isto é, a hipóstase subsistente na natureza divina, se bem que o que subsiste na natureza divina não é outra coisa que a natureza divina" (ibid., a. 4).

Explicada a subsistência mediante a relação, na questão 30 Santo Tomás passa a demonstrar que em Deus as Pessoas são três: nem menos nem mais. De fato, tantas são as Pessoas quantas são as oposições reais ligadas às relações, mas estas são somente três. Há oposição de relação entre a paternidade e a filiação, e estas designam duas Pessoas: o Pai e o Filho. Há, além disso, oposição de relação também na inspiração passiva, e esta designa a terceira Pessoa: o Espírito Santo (I, q. 30, a. 2).

Essa profunda explicação dá conta, além da autonomia e da distinção das três Pessoas divinas, também da sua perfeita identidade axiológica, eliminando de uma vez por todas qualquer perigo de monarquismo ou de monarquianismo. De fato, na ordem absoluta entre as Pessoas há perfeita igualdade: elas diferem entre si não por uma perfeição entitativa (relativa ao ser), mas somente por uma relação, por uma relação de origem pela qual uma se diz derivada da outra. O Pai, por isso, não é mais perfeito, nem mais poderoso nem anterior ao Filho que gera *ab aeterno*; semelhantemente o Espírito Santo, mesmo procedendo do Pai e do Filho, não lhes é inferior, porque tem em comum com eles a idêntica essência ou natureza, encadeamento indivisível de todas as perfeições absolutas. Portanto, cada Pessoa divina possui toda a essência ou natureza e todos os atributos de que é rica na sua simplicidade, como cada um dos ângulos de um triângulo equilátero possui toda a superfície dele. Daí a perfeita igualdade das três Pessoas divinas: o Padre subsiste na mesma natureza do Filho e do Espírito Santo, tem indivisivelmente em comum com eles o pensamento, o amor, o poder e qualquer outro atributo idêntico com a divina essência. Quando dizemos que *o Filho é diferente do Pai*, contra Ário entendemos dizer que é distinto do Pai, não, contudo, separado, dividido e diferente do Pai; e contra Sabélio queremos excluir que seja uma só e única Pessoa com o Pai ou com ele confundida e que Deus seja um solitário (I, q. 31, a. 2). A expressão *o Pai é o único Deus* é entendida como exclusão de outros deuses, não de outras Pessoas divinas consubstanciais (ibid., a. 4).

O aprofundamento conceitual do mistério da Trindade não deve, contudo, criar a ilusão de ter provado sua racionalidade. Na questão 32, Santo Tomás põe em guarda contra as pretensões dos filósofos de conhecer a Trindade apenas com as forças da razão. De fato, a razão por si conhece Deus dado que é causa do mundo, e Deus é causa uma vez que é uno na essência, não por ser trino nas Pessoas. As tríades concebidas por Aristóteles, pelos Platônicos, por Trimesgisto etc. não são a Trindade, porque ela consiste na Paternidade, na Filiação e na Inspiração, e estas, no sentido próprio, os filósofos não as conheceram (I, q. 32, a. 1).

Nas questões 33-38, Santo Tomás estuda distintamente as Pessoas do Pai (q. 33), do

Filho (qq. 34-35) e do Espírito Santo (qq. 36-38), perguntando quais nomes e quais noções competem própria e exclusivamente a cada um deles (cf. Espírito Santo, Filho, Pai).

3. Missões e apropriação

Reforçada a substancial identidade das três Pessoas divinas no que concerne à essência e sua perfeita igualdade em nível de operações (qq. 39 e 42), o Doutor Angélico passa a estudar as razões das distintas missões do Filho e do Espírito e das diversas apropriações (por que, por exemplo, a criação é atribuída ao Pai, a Encarnação ao Filho etc.). Seguindo Santo Agostinho, ele explica que todas as operações *ad extra*, fruto dos atributos absolutos que são o pensar e o querer de Deus, competem em comum às três pessoas: o ato criativo, a cura providencial etc. pertencem igualmente ao Pai, ao Filho e ao Espírito Santo. Ao contrário, as *missões* tocam pessoalmente às Pessoas particulares da Trindade, ainda que a ação *ad extra* que produz aquele determinado efeito seja comum às três Pessoas. Assim, por exemplo, a encarnação *terminativamente* pertence somente ao Verbo, porque somente a Pessoa do Verbo se encarnou; mas, como ação *ad extra*, é efeito das três Pessoas juntas. Igualmente em Pentecostes é o Espírito Santo que sob a forma de fogo desce sobre os Apóstolos, mas o envio do Espírito Santo é também obra do Pai e do Filho. Esse raciocínio se aplica, além de às missões visíveis (Encarnação e Descida do Espírito Santo), também às *missões invisíveis* (inabitação da Santíssima Trindade nas almas dos justos): na infusão da graça são as três Pessoas juntas que operam e vêm habitar na alma santificada; mas, para a particular relação existente entre graça e amor divino, pode-se dizer que a infusão da graça e da santidade é obra do Espírito Santo (I, q. 43, a. 3).

Com a lógica das processões e das missões Santo Tomás justifica também as *apropriações*: aquilo que no agir *ad extra* é comum ao Deus-Trindade é legitimamente mais apropriada a uma pessoa do que a outra em virtude da relação possuída *ad intra* com respeito à vida divina. De tal modo são apropriadas ao Pai, princípio absoluto do dinamismo intradivino, as obras de poder, como a criação; ao Filho, procedente por via intelectual, as obras de sabedoria, como a revelação; ao Espírito Santo, procedente por via volitiva, as obras de amor, como a santificação das almas (I, q. 39, a. 8).

As profundas e finíssimas pesquisas de Santo Tomás em torno ao mistério trinitário representam o que de melhor a reflexão teológica conseguiu realizar num dos momentos mais fúlgidos da sua história bimilenar e constituem um precioso e indispensável ponto de referência para todos aqueles que desejam saborear as belezas deste mistério. Com certeza, nem mesmo o Doutor Angélico conseguiu dizer a última palavra, e ele mesmo era consciente disso se for verdade que, como lembra seu biógrafo, interrompeu a *Suma Teológica* exclamando: "*Tota palea!*". Também Santo Agostinho, o outro grande estudioso do mistério trinitário, depois de ter tentado de mil modos compreender o segredo da Trindade, estudando aquela mísera cópia da Trindade que é a alma humana, confessou que isso permanece radicalmente inescrutável (*Confissões* 13, 11, 12).

O mistério da Trindade pode ser visto por outras perspectivas e dele se pode falar com outras linguagens, diferentes daquela adotada pelo Doutor Angélico. Mas quem se dispõe a essa difícil operação não deve fazê-lo partindo do errôneo pressuposto de que a lição do Doutor de Aquino esteja circunscrita àquele tempo e, portanto, superada. Porque não está. É somente uma lição imperfeita e incompleta, como qualquer obra do intelecto humano; uma lição que deve ser respeitosamente retomada, enriquecida e aperfeiçoada, segundo as exigências dos tempos e dos recursos culturais da humanidade.

(Cf. Deus, Espírito Santo, Filho, Pai, Pessoa, Relação)

[Tradução: M. Couto]

Unção dos enfermos

É chamada também de Extrema-Unção. É um dos sete sacramentos, instituído por Jesus Cristo para conforto espiritual e corporal dos fiéis atacados por qualquer doença grave. Foi já administrado pelos Apóstolos na fase da Igreja nascente; a configuração litúrgica e doutrinal relativa a este sacramento foi se delineando cada vez mais rigorosamente durante o período patrístico e escolástico.

A este sacramento, Santo Tomás dedica uma ampla discussão no *Comentário às Sentenças* (IV, d. 23) e uma mais sintética na *Suma contra os Gentios* (IV, c. 73). O texto do *Comentário* foi retomado e rearranjado no *Supplemento* nas questões 29-33, sob os seguintes títulos: 1. O sacramento da extrema-unção; 2. O efeito do sacramento da extrema-unção; 3. O ministro da extrema-unção; 4. A quais pessoas se deve administrar a extrema-unção; 5. A reiteração da extrema-unção.

Antes de tudo, o Angélico certifica a origem divina deste sacramento. Embora a unção dos enfermos não seja um dos sacramentos promulgados pelo Cristo, todavia foi, assim como os outros, instituída pelo próprio Cristo, pois é apenas da instituição divina que os sacramentos poderão derivar sua eficácia de conferir a graça (*Suppl.*, q. 29, a. 3). Em seguida passa a definir a matéria e a forma da unção dos enfermos. A matéria é o *azeite de oliveira*, cujo valor simbólico parece perfeitamente conforme aos efeitos causados por esse sacramento. Com efeito, "o azeite tem função lenitiva e profundamente penetradora e, além disso, tende a se difundir. Por isso, por força dessas duas qualidades, é matéria apta para este sacramento" (ibid., a. 4). A forma são as palavras prescritas pela sagrada liturgia e que o ministro deve pronunciar enquanto unge o enfermo (ibid., a. 7). O azeite a ser usado durante o rito da unção dos enfermos deve ser consagrado pelo Bispo, para que a eficácia sacramental lhe seja derivada do Cristo, e deve dele descender com ordem e, portanto, por via hierárquica, isto é, do Bispo em vez dos sacerdotes (ibid., a. 6).

Tratando dos efeitos da unção dos enfermos, o Angélico explica que eles são antes de tudo de ordem espiritual: a unção procura a cura do pecado e dos seus efeitos nocivos para a alma. "A extrema-unção se administra como uma medicação: assim como o batismo é conferido como uma lavação. Mas o medicamento se usa para eliminar a enfermidade. Por isso este sacramento foi instituído principalmente para curar da enfermidade do pecado: para que, assim como o batismo é uma regeneração espiritual, e a penitência uma ressurreição espiritual, também a extrema-unção seja uma cura do espírito. Visto, então, que uma cura corporal supõe a vida física, assim também a espiritual supõe no paciente a vida do espírito. Portanto, a extrema-unção não está ordenada a eliminar os defeitos letais da vida espiritual, isto é, o pecado original e mortal, mas aqueles que tornam o homem espiritualmente enfermo e o privam do vigor necessário para cumprir as ações da vida de graça e de glória. Esse defeito não é outra coisa senão certa debilidade e incapacidade deixada em nós pelo pecado atual e original. Contra essa debilidade o homem é corroborado mediante a extrema-unção" (*Suppl.*, q. 30, a. 1). A unção dos enfermos pode favorecer também a saúde do corpo, mas não necessariamente e, de todo modo, apenas secundariamente. E, quando isso ocorre, observa o Angélico, não é devido às propriedades naturais do óleo, mas à virtude divina, "a qual atua segundo critérios razoáveis (*rationabiliter operatur*). E, porque quem atua racionalmente procura o efeito secundário somente quando é conforme àquele principal, a extrema-unção não produz sempre a cura física, mas somente quando esta favorece a espiritual. Nesse caso, a produz sempre, desde que não haja impedimento por parte de quem recebe" (ibid., a. 2).

Ministros da unção dos enfermos são, além dos bispos, também os sacerdotes: não está reservada aos bispos, porque para eles estão reservados aqueles sacramentos que constituem em um estado superior quem os recebe; ora, a unção dos enfermos não possui esse efeito (*Suppl.*, q. 31, aa. 1-3).

Quanto ao sujeito ao qual deve ser administrado o sacramento, Santo Tomás esclarece que não se deve dar aos que estão sãos, mas apenas aos doentes; e, porque para o efeito desse sacramento muito favorece a devoção de quem o recebe, não se deve dar aos loucos, a menos que tenham intervalos de lucidez; pela mesma razão não se deve dar nem mesmo às crianças (*Suppl.*, q. 32, aa. 1-4). A unção dos enfermos não possui um efeito perpétuo, porque é possível perder novamente a saúde tanto da alma quanto do corpo: por isso, a unção dos enfermos pode ser repetida; e se pode repetir também na mesma doença caso se renove o estado de gravidade, porque o sacramento não diz respeito à doença, mas ao estado grave de uma enfermidade (*Suppl.*, q. 33).

A doutrina exposta por Santo Tomás, e que reflete fielmente uma tradição teológica que remonta aos primeiros séculos da Igreja, foi solenemente reafirmada no Concílio de Trento, o qual, contra as contestações e as críticas de Lutero, reafirmou com clareza o valor da unção dos enfermos como conforto físico e espiritual dos doentes (DS 1696).

(Cf. SACRAMENTO)
[Tradução: G. Frade]

União hipostática

Expressão técnica da linguagem teológica, com a qual se deseja indicar e definir a singular relação entre as duas naturezas de Cristo: a natureza humana e a natureza divina. É uma união que ocorre na pessoa (*hypostasis*) divina: a natureza humana de Cristo não é dotada ela mesma de um próprio ato de ser (*actus essendi*) e por isso não é pessoa em sentido ontológico; ela recebe o ato de ser da segunda Pessoa da Trindade, o Verbo, que, desse modo, isto é, hipostaticamente, pessoalmente, a une à própria natureza.

O conceito de "união hipostática" foi a grande conquista dos Concílios de Éfeso e de Calcedônia e contribuiu decisivamente para liberar o terreno de algumas heresias cristológicas gravíssimas, como o nestorianismo e o monofisismo.

Santo Tomás prestou uma atenção ingente a esse ponto fundamental da cristologia e dele tratou amplamente em muitas obras, particularmente na questão disputada *De unione Verbi incarnati*, no *Comentário às Sentenças* (III, dd. 1-7); na *Suma contra os Gentios* (IV, cc. 27-55) e na *Suma Teológica* (III, qq. 1-6).

(Cf. CRISTO, CRISTOLOGIA)
[Tradução: G. Frade]

Unidade/Uno

Consiste essencialmente na não divisão: "*Ratio unitatis consistit in indivisione*" (*I Sent.*, d. 24, q. 1, a. 2). O termo "unidade" tem uma história que substancialmente remonta aos inícios da história da filosofia. Ora, o problema da unidade do real, não obstante a multiplicidade dos fenômenos, está entre aqueles que apaixonaram a maioria dos filósofos desde a época dos pré-socráticos.

Os pitagóricos consideram a unidade quer como princípio divino, quer como origem dos números. A esse princípio se contrapõe a díade que constitui o fundamento da multiplicidade. Para Anaxágoras, os dois princípios dos quais resulta constituída toda a realidade são representados pelo uno e pelo indeterminado. Para Heráclito ou Empédocles, a unidade, ainda que permanecendo na base do real, é estruturalmente complexa e torna-se por definição *coincidência dos opostos*. Em Platão o uno toma lugar entre as grandes ideias arquetípicas junto ao Bem, ao Ser, ao Belo e ao Verdadeiro: ideia e forma primeira, entre as ideias e as formas. Aristóteles distingue entre os vários usos do termo unidade e entre as várias modalidades da unidade. Segundo o Estagirita, a unidade das coisas é (progressivamente) numérica, específica, genérica, analógica; e também sua multiplicidade deve ser concebida em outros tantos sentidos simetricamente opostos aos do uno. Plotino coloca o uno no vértice do seu universo filosófico. No seu compreender, para poder ser absolutamente transcendente, o uno deve ser anterior não só à ordem dos existentes concretos, mas também àquela das realidades inteligíveis, ou seja, ao próprio mundo das ideias. Em outras palavras, visto que produz por emanação e dá unidade ao reino da Inteligência (*nous*), o uno está acima da própria Inteligência. Este é o princípio absolutamente primeiro ou o princípio puro anterior aos próprios inteligíveis. Este é o princípio unificador e gerador da mesma unidade, própria do reino inteligível. Daí resulta que isso diz com maior razão primado, anterioridade e transcendência em relação ao ser, o qual, como princípio de toda existência corpórea é, como tal, subordinado quer ao reino do inteligível, quer àquele da unidade. O princípio plotiniano da unidade transcendente é ulteriormente desenvolvido pela escola neoplatônica. De modo particular, foi Proclo que deu origem a uma síntese completa do problema do uno e dos muitos no seu *Comentário* a *Parmênides* platônico. Nessa obra Proclo replica que a unidade absoluta é o "Uno em si" como essência originária que transcende a unidade lógica, a causalidade e o bem.

O espírito neoplatônico não deixou de influenciar também um certo número de Padres da Igreja e autores medievais, entre os quais Santo Agostinho e o Pseudo-Dionísio. Este último afirma: "Nada existe que não participe do Uno, mas, assim como todo número participa da unidade numérica e se diz uma díade, uma década, um meio, um terço e um décimo, assim também todo ser e toda porção de ser participam do Uno, e é preciso que todo ser seja uno para existir como ser" (*Os nomes divinos*, 13,2 [in: Pseudo-Dionísio, o Areopagita, *Obra Completa*, São Paulo: Paulus, 2004. (N. do T.)]).

A unidade constitui também para Santo Tomás como já para Aristóteles uma das propriedades fundamentais do ente; por esse motivo ele a faz sempre figurar nos seus elencos dos transcendentais (cf. *De Ver.*, q. 1, a. 1; *De Pot.*, q. 9, a. 7, a. 6). Unidade do ente significa que todo ente é ele mesmo e não um outro. Uno em si mesmo, mas que não quer dizer simples, e distinto de um outro não significa que não tem absolutamente necessidade de outros para existir: essa unidade absoluta cabe somente ao *esse ipsum*. Unidade, como transcendental, significa somente atual indivisão do ente; e para os entes — com exceção do *esse ipsum* — trata-se naturalmente só de uma unidade relativa, sendo estes todos constituídos de partes (de pelo menos duas partes: essência e ser). Mas as partes, se se trata realmente de *um* ente e não de um agregado de ente, estão entre si estritamente unidas: a matéria está estritamente unida à forma, a substância aos acidentes, o ser à essência.

Nos entes o grau de unidade varia segundo a multiplicidade dos elementos constitutivos: é maior quando os elementos são poucos, é menor quando são muitos. No entanto, todos os entes são dotados de unidade: "Com efeito, todo ente ou é simples ou é composto. O que é simples é indiviso em ato e em potência. Ao passo que o composto não tem o ser enquanto suas partes estão divididas; mas somente quando constituem e formam o próprio composto. Fica então claro: o ser de qualquer coisa consiste na indivisão. E daí decorre que toda e qualquer coisa ao conservar seu próprio ser conserva também sua unidade (*unumquodque sicut custodit suum esse, ita custodit suam unitatem*)" (I, q. 11, a. 1).

Dá-se, portanto, uma hierarquia de graus com respeito à unidade como se dá uma hierarquia em ordem ao ser: quanto mais elevado é o grau de ser, tanto mais elevado é o grau de unidade. De fato, "Cada coisa se refere ao ser como se refere à indivisão, porque, como diz o Filósofo, o ente se diz uno por ser indiviso. Consequentemente, aquelas coisas que são indivisas por força da sua própria natureza (*per se*) possuem a unidade mais autenticamente (*verius*) do que as coisas que são indivisas só acidentalmente, como, por exemplo, o branco e Sócrates, os quais formam uma unidade acidental (*unum per accidens*). Ora, entre as coisas que têm unidade por força da sua própria natureza (*quae sunt unum per se*), aquelas que são indivisas absolutamente possuem a unidade mais autenticamente (*verius*) do que aquelas que são indivisas com respeito a algo ou genérico ou específico ou analógico. E, de fato, aquelas coisas que não são indivisas absolutamente nem mesmo são ditas unidas absolutamente, mas somente com referência ou ao gênero ou à espécie ou à analogia (*proportione*). Ao contrário, aquilo que é absolutamente indiviso (*simpliciter indivisum*) é dito uno absolutamente e é uno também numericamente. Mas também entre as coisas dotadas de unidade se dá gradação (*invenitur aliquis gradus*). Existem de fato algumas que são indivisas em ato mas divisíveis em potência, e isso pode ocorrer de três modos: ou mediante divisão quantitativa ou mediante divisão essencial ou mediante divisão tanto quantitativa quanto essencial. A primeira se refere ao contínuo; a segunda às coisas compostas de matéria e forma, ou de essência e ser (*ex esse et quod est*); a terceira se refere aos corpos naturais. Se algumas dessas coisas não são de fato (*in actu*) divisas, isto se deve a algo alheio à natureza da composição e divisão, como se verifica nos corpos celestes e similares, os quais, não sendo de fato divisos, são contudo divisíveis na mente. Há coisas, no entanto, que não são divisíveis nem em ato nem em potência (*indivisibile actu et potentia*); e também destas ocorrem várias categorias. Algumas incluem na sua definição algo estranho à ideia de indivisibilidade; por exemplo, o ponto, que além da ideia de indivisibilidade inclui também a de posição (*situm*). Ao contrário, outras coisas contêm somente a ideia de indivisibilidade, por exemplo, a unidade que é princípio do número (*unitas quae est principium numeri*); e contudo (para existir) têm necessidade de algo que não seja essa mesma unidade, ou seja, da substância. Daí resulta que aquilo em que não há nenhuma composição de partes, nenhuma continuidade de dimensões, nenhuma multiplicidade de acidentes, e não necessita de nenhum sujeito para poder existir, é suma e realmente uno (*summe et vere unum est*), como conclui Boécio. E, portanto, a sua unidade é princípio de toda unidade e medida de cada coisa" (*I Sent.*, d. 24, q. 1, a. 1).

No seu estudo da unidade transcendental Santo Tomás se afasta de Aristóteles sobre um ponto importante. Para o Estagirita o princípio interior sobre o qual se funda a unidade do ente é o ato, isto é, a forma, porque para o autor da *Metafísica* a forma constitui o ato supremo. Também para o Doutor de Aquino o *princípio interior* sobre o qual se funda a unidade do ente é ato, mas ele não identifica o ato supremo com a forma, mas sim com o ser, o *esse ipsum, actualitas omnium actuum*. Por isso, para o Doutor de Aquino o princípio último sobre o qual apoia a unidade do ente não é a forma, mas sim o *esse ipsum*. Isso marca definitivamente a união entre a substância e os acidentes, entre a forma e a matéria, entre a natureza e as potências e impõe o cunho da unidade às próprias substâncias separadas e até mesmo àquele ente que é essencialmente o *esse ipsum*. Com referência ao *esse ipsum* como razão da unidade daquele que é o próprio Ser subsistente, isto é, Deus, Santo Tomás escreve o que segue: "O uno é o ente indiviso (*ens indivisum*), logo, para que algo seja ao máximo uno, é preciso que seja ente ao máximo e indiviso ao máximo. Ora, Deus é um e outro. Ele é ente ao máximo, uma vez que não tem um ser determinado por nenhuma natureza (*esse determinatum per aliquam naturam*) que o receba, mas ele é o próprio ser subsistente, sem nenhuma determinação (*ipsum esse subsistens omnibus modis indeterminatum*). Além do mais, é indiviso ao máximo, não estando dividido nem em ato nem em potência, de qualquer maneira que se possa dividir, mas é simples absolutamente, como já se demonstrou. Fica então claro que: Deus é ao máximo uno" (I, q. 11, a. 4).

Como todos os outros transcendentais, também a unidade tem valor analógico: pertence primária e principalmente (*per prius*) a Deus e secundariamente (*per posterius*) às criaturas.

(Cf. ANALOGIA, TRANSCENDENTAL)
[Tradução: M. Couto]

Universal

Em filosofia se diz do universal que é comum a várias realidades individuais, por exemplo, as propriedades que definem uma classe particular de indivíduos, um gênero ou uma espécie. Do ponto de vista ontológico, universal é a ideia platônica participada ou imitada pelos indivíduos, ou a essência específica segundo Aristóteles. Do ponto de vista lógico, conceitos ou atributos universais são aqueles que podem ser predicados por vários sujeitos (por exemplo, "racional" é um atributo universal porque pode ser predicado de todos os homens).

A discussão acerca do valor ontológico e gnoseológico do universal constitui aquilo que historicamente é conhecido como a "questão dos universais". Essa questão, já debatida desde Porfírio e Boécio nos seus comentários às *Categorias* de Aristóteles, sem, contudo, chegar a uma solução definitiva, explode no século XII. Esta versava sobre o quesito de saber se os predicados universais (especialmente os gêneros e as espécies) eram somente realidades mentais ou se tinham também uma realidade objetiva fora da mente, e, neste último caso, se eram realidades corpóreas ou incorpóreas, se existiam separadas ou somente nas coisas sensíveis. Três soluções foram propostas: a *nominalista* (de Roscellino), segundo a qual o universal não existe nem na mente nem na realidade fora da mente, mas é simplesmente uma função da linguagem: somente as palavras são universais, de modo que o universal é simplesmente um *flatus vocis*; a *ultrarrealista* (de Guilherme de Champeaux), segundo a qual o universal existe tanto na mente quanto fora da mente, e em ambos os casos formalmente, isto é, exatamente segundo as características da universalidade: há, portanto, além de um conceito universal de bondade, também uma bondade subsistente; a terceira solução, proposta por Abelardo e sucessivamente retomada e claramente formulada por Santo Tomás, distingue entre dois modos de ser do universal, um potencial nas coisas, *in re*, e um formal na mente, *post rem* ou *in mente*: é a solução do realismo moderado.

Santo Tomás trata em alguns momentos do problema dos universais, quando trata do valor das ideias; mas defende sempre com vigor a tese do realismo moderado.

O Doutor de Aquino distingue três tipos de universais: *in re*, *a re* e *ad rem*. O universal *in re* é a própria natureza da coisa, existente nos indivíduos, nos quais por outro lado não subsiste em ato segundo a razão da universalidade. O universal *a re* é a natureza das coisas abstraídas da mente, na qual se encontra formalmente a prerrogativa da universalidade, porém a sua presença na mente é posterior com respeito à presença nas coisas e, depende, antes, desta última: por esse motivo é chamado universal *a re*. Enfim, o universal *ad rem* é a ideia universal projetada na coisa: isso ocorre quando um artista dela se utiliza como modelo para a realização de uma obra de arte (*II Sent.*, d. 3, q. 3, a. 2, ad 1). A ideia universal corresponde, portanto, ao universal *a re*; só este é dotado formalmente da propriedade da universalidade, enquanto nas coisas a universalidade está presente só potencialmente.

Para Santo Tomás a dependência das ideias universais das coisas, das quais estas são abstraídas (cf. ABSTRAÇÃO), ainda que não cause entre as ideias e as coisas uma perfeita correspondência, dado que as primeiras são universais e as segundas particulares, é suficiente para garantir sua objetividade e, por consequência, a verdade. Por isso ele refuta energicamente a objeção daqueles que afirmam que o conhecimento humano é falso e vão por causa da desproporção existente entre as ideias universais e os objetos particulares: *"Intellectus noster neque cassus neque vanus est, quia habet aliquid respondens in re, quamvis non secundum modum quo est in ratione; sicut etiam intellectus mathematicorum non est falsus neque vanus est, quamvis nulla linea sit abstracta a materia in re"* (*I Sent.*, d. 30, q. 1, a. 3, ad 1). Foi justamente a incapacidade de distinguir o modo de ser das coisas na mente e no estado natural (*in rerum natura*) que, na opinião de Santo Tomás, havia induzido Parmênides, Platão e outros filósofos a sustentar teorias inadmissíveis, como a unicidade do ser (Parmênides) e a subsistência das ideias (Platão) (*II Sent.*, d. 17, q. 1, a. 1).

Contra a opinião dos platônicos, que reclamam para as coisas conhecidas a mesma propriedade das ideias e, porque as ideias são dotadas de universalidade, concluem que devam ser também coisas universais, Santo Tomás observa que "deve-se dizer que, quando se diz 'o inteligido em ato', duas coisas estão implicadas: a coisa que se conhece, e o ato mesmo de se conhecer. Da mesma forma, quando se diz *universal abstraído*, conhece-se tanto a natureza da coisa, como a abstração ou a universalidade. Pois a mesma *natureza*, a que acontece ser conhecida, abstraída, ou universalizada, não existe senão nos singulares, mas o ato mesmo de ser conhecida, abstraída, universalizada, está no intelecto. Podemos ver isso por exemplo tomado dos sentidos. A vista vê a cor da maçã, sem seu odor. Se, portanto, se pergunta onde está a cor que é vista sem o odor, é claro que é somente na maçã, mas que ela seja percebida sem o odor, isso acontece por parte da vista, porque há na vista a semelhança de cor e não do odor. Igualmente, a humanidade conhecida existe só em tal ou tal homem. Mas que a humanidade seja apreendida sem as condições individuais, no que está a abstração, da qual resulta a ideia universal, isso lhe acontece enquanto é percebida pelo intelecto, no qual se encontra a semelhança da natureza específica, e não a dos princípios individuais" (I, q. 85, a. 2, ad 2). É preciso, portanto, distinguir entre as propriedades (universalidade, intencionalidade) que convêm às ideias como atos da mente, e as propriedades do objeto extramental (singularidade, princípios individualizantes) por essas representado e que constitui o *fundamentum* do pensamento: *"Humanitas enim est aliquid in re, non tamen ibi habet rationem universalis, cum non sit extra animam aliqua humanitas multis communis; sed secundum quod accipitur in intellectu adiungitur ei per operationem intellectus intentio secundum quam dicitur species"* (*I Sent.*, d. 19, q. 5, a. 1).

Concluindo, segundo a fórmula muito categórica usada pelo Doutor Angélico, o universal tem seu fundamento (*fundamentum*) em *re extra animam*, mas encontra sua efetiva realização (*complementum formale*) somente na mente (*in intellectu*) (ibid.).

(Cf. Abstração, Conhecimento, Intelecto)
[Tradução: M. Couto]

Univocidade

Do latim *una vox* = uma só voz. Designa a função semântica própria de um termo (uma palavra, uma voz) que se aplica a muitos sujeitos sempre segundo o mesmo significado: por exemplo, a aplicação do nome *homem* a Pedro, Paulo, João, Lucas etc. Contrapõe-se tanto à equivocidade quanto à analogia. "Para compreender o que acaba de ser dito advirta-se que há três maneiras diferentes de aplicar uma mesma denominação a uma pluralidade de seres: de forma unívoca, equívoca e analógica. Emprega-se a *forma unívoca* ao mesmo nome e ao mesmo significado, isto é, *definição*, como acontece à palavra animal, aplicada ao homem e ao burro. Ambos são animais e ambos são substância animada sensível, que é a definição de animal. Emprega-se a *forma equívoca* quando se aplica a seres diversos um mesmo nome, empregado com sentido diferente. Assim é que o 'cão' tanto pode ser um animal que ladra, como uma constelação celeste. Convém no nome, mas não na definição, nem no significado. De fato, o significado de uma palavra é a sua definição, conforme se lê no quarto livro da *Metafísica* (de Aristóteles). Emprega-se a *forma analógica* quando se aplica uma mesma palavra a realidades que diferem por sua natureza e definição, mas são vistas sob uma relação que lhes é comum" (*De princ. nat.*, c. 6 — *Os princípios da realidade natural*, c. 6, [29], p. 46).

Santo Tomás exclui que se dê predicação unívoca para o ser e para os seus predicados transcendentais, e sobretudo se opõe à predicação unívoca nos nomes divinos. Em ambos os casos a predicação é de tipo analógico.

(Cf. ANALOGIA)

[Tradução: M. Couto]

Usura

Etimologicamente deriva de *usus* e não significa outra coisa senão o ato de usar de algo. Na ciência moral e jurídica a usura é "receber juros por um dinheiro emprestado (*pro usu pecuniae mutuatae accipere pretium*)" (II-II, q. 78, a. 1). Aquilo que é essencial no conceito de usura é que o preço ou juro seja percebido diretamente por força ou em razão do empréstimo, e não por um título extrínseco superveniente.

A usura era já condenada pela antiguidade grega e latina. Platão não só condenava o empréstimo por interesse, mas exigia também que aquele que tomava emprestado recusasse o reembolso do mesmo capital (*Leis* V, 741-742). Aristóteles, opondo uma "crematística" [= ato de produzir riquezas (N. do T.)] doméstica a uma "crematística" comercial, condenava esta última como contrária à natureza porque mirava unicamente ao enriquecimento daquele que a pratica e não à simples utilização dos bens. "Também causa muito descontentamento a prática da usura; e o descontentamento é plenamente justificado, pois o lucro resulta do dinheiro em si, não do que o dinheiro pode propiciar. O dinheiro, pretendia-se, seria um meio de troca; o lucro representa um crescimento do dinheiro em si" (*Política* I, 10, 1258b [*Política*, I, 10, 46, p. 162]).

Santo Tomás compõe o seu tratado sobre a usura (II-II, q. 78) num período de ásperas repressões contra esse pecado e utiliza os textos aristotélicos em apoio da disciplina eclesiástica, ameaçada pelo surgimento do mercantilismo do século XIII. Santo Tomás condena a usura como injusta e não natural. De fato, é injusto e portanto contra o direito natural vender o que não existe ou vender a mesma coisa duas vezes. Ora, na usura ou se recebe um preço *pelo uso* de uma coisa que não existe, porque o uso não é distinto moralmente da coisa; ou se exige um lucro *pela coisa* dada como empréstimo, e então se vende duas vezes a mesma coisa enquanto, que além da restituição da coisa emprestada, se exige ademais um juro. O argumento vale também para o dinheiro dado como empréstimo, porque o dinheiro é a medida da utilidade das coisas, ou seja, um puro e simples instrumento de intercâmbio (ibid., a. 1). Santo Tomás admite, contudo, que se possa estipular uma compensação pelo incômodo ou dano que possa causar a privação daquilo que uma pessoa empresta; mas é claro que isso não pode ocorrer no empréstimo de dinheiro (ibid., a. 2). Conseguir um empréstimo a juros é ilícito, porque equivaleria a induzir alguém ao pecado; é lícito, no entanto, adaptar-se à necessidade de aceitá-lo de quem não empresta dinheiro senão por interesse, porque não é fazer o mal mas sofrê-lo (ibid., a. 4).

Hoje se reconhece comumente que numa sociedade industrializada o empréstimo do dinheiro oferece realmente a possibilidade de um lucro; e, portanto, é legitimado assim o título do credor por juro. Ademais, o mesmo Santo Tomás admitia a liceidade do juro no caso de coparticipação numa sociedade artesanal ou comercial (cf. ibid., a. 2, ad 5).

[Tradução: M. Couto]

Valor/Valores

"É difícil de precisar com rigor o sentido exato de *valor*, pois esta palavra significa, muitas vezes, um conceito transitório, uma passagem do fato ao direito, do desejado ao desejável" (A. Lalande). Comumente, valor possui três significados principais: econômico, ético e ontológico. Na economia, valor significa "dinheiro"; na ética, a virtude com que se afrontam graves perigos e se realizam grandes empresas; na ontologia, a qualidade pela qual uma coisa ou pessoa possui dignidade e, portanto, é merecedora de estima e de respeito. A ciência dos valores se chama *axiologia*. Ela trata do conceito de valor de acordo com o terceiro significado e busca compreender qual sua natureza efetiva, suas características essenciais, suas relações com outros transcendentais do ser, como também estabelecer a ordem e a hierarquia dos valores.

A temática dos valores certamente não foi ignorada pela filosofia clássica e pela filosofia cristã. Porém elas jamais a trataram especificamente como objeto de estudo. Falava-se indiretamente dos valores ao tratar das Ideias (Platão), das Substâncias separadas (Aristóteles), das Verdades eternas (Agostinho), das Perfeições simples e dos transcendentais (Santo Tomás). O primeiro pensador que colocou a questão dos valores em primeiro plano como tema dominante de sua filosofia foi F. Nietzsche. Ele mesmo, pouco antes de morrer, confessou que na sua vida tivera um só escopo e uma só grande paixão: destruir os valores transcendentais, os valores espirituais e morais que se encontravam na base da cultura ocidental e, assim, operar uma "transvaloração dos valores", lançando as bases de uma nova cultura, a cultura do Super-homem: "Da ótica do enfermo elevar a vista aos mais são conceitos e valores, e, então, inversamente, da plenitude e ensimesmada certeza da vida em abundância, baixar a vista ao trabalho secreto do instinto da decadência: eis meu mais longo exercício, minha genuína experiência. Se em alguma coisa sou mestre, sou-o nisso. É algo que agora tenho em minhas mãos, tenho mão para subverter as perspectivas: razão primeira pela qual talvez só a mim fosse possível uma transvaloração dos valores" (*Ecce homo*). "Transvaloração dos valores" era justamente o título que Nietzsche pretendia dar a uma obra sistemática que compreenderia suas teorias dos valores. Destruir os valores tradicionais da lógica, da metafísica, da moral e da religião, e substituí-los por novos valores centrados na vida e na vontade de potência era, aliás, a condição preliminar para tornar possível o advento do Super-homem.

Após Nietzsche, multiplicaram-se os esforços para elaborar uma filosofia dos valores, dando origem a três principais orientações. 1) *Ultrarrealista*: considera os valores absolutos como realidades em si, dotadas não apenas de caráter objetivo, mas também de um ser próprio. O defensor mais ferrenho desta tese é N. Hartmann. Na mesma linha, mas sem cair em ateísmo, destacam-se R. Lotze e M. Scheler. 2) *Subjetivista*: considera os valores como estados subjetivos, ao modo de simples sentimentos que mudam de sujeito a sujeito ou ainda num mesmo sujeito, pela mudança de idade e situações. Esta tese goza do favor de muitos estudiosos, particularmente de Ch. Ehrenfelds, de Carnap, de Ayer e de Sartre. 3) *Realismo moderado*: reconhece que os valores absolutos possuem uma realidade objetiva, mas não os admite como realidades subsistentes. Os valores são considerados ou como atributos do ser ou como atributos de Deus, não se excluindo, contudo, a contribuição subjetiva, pois se trata, afinal, de relações entre o homem e a realidade. Portanto, o reconhecimento e a valoração da parte do sujeito são decisivos. Lavelle, Derisi, Maritain, De Finance e, em geral, os neotomistas defendem esta tese.

Os estudiosos discutem se existe, ainda que escondida sob outras expressões, uma teoria dos valores em Tomás. Maritain, Derisi, De Finance, Hammer e outros sustentam que aquilo que a filosofia moderna e contemporânea exprime com o termo "valor", Santo Tomás o faz ao falar do "bem". Desse modo, segundo tais autores, poder-se-ia chegar à axiologia tomasiana por sua agatologia. Porém, a nosso ver, as coisas não são bem assim, pois a axiologia não se resolve na agatologia, dado que o seu objeto, isto é, o valor, não coincide com o objeto da agatologia, o bem. A axiologia considera o ser como digno de estima, apreciável, nobre, mas não como desejável e apetecível, como o faz a agatologia. Não obstante, a doutrina tomasiana dos transcendentais oferece um excelente esquema para a elaboração de uma teoria axiológica bem articulada. Além disso, graças a um sólido aparato metafísico, ela chega a contornar os perigosos obstáculos do ultrarrealismo e do subjetivismo.

As linhas fundamentais de uma axiologia de tipo metafísico inspirada diretamente em Santo Tomás são as seguintes.

1. Definição do valor

Ressaltamos, antes de tudo, que por valor compreendemos aquela qualidade particular pela qual um ente é digno de existir; bem como uma ação, digna de ser cumprida. É isso o que Santo Tomás designa com os termos *nobilitas, dignitas, magnitudo*. Cada coisa e cada ação são dotadas de uma intrínseca nobreza e grandeza, de modo que são dignas de estima pelo que são em si, e não somente pelo interesse, vantagem, bem ou prazer que produzam. Posto isso, há valor tanto na mesa como no cão, na rosa como no pinheiro, na águia como no leão, no automóvel como no livro, no estudo como na oração, na verdade como na beleza, na criança como na mulher. O valor, portanto, não reside no interesse ou apreço que o homem manifesta por uma coisa, pessoa, ação, mas antes naquela grandeza, nobreza e dignidade que pertencem à coisa, à pessoa e à ação, as quais se encontram na origem do interesse e do apreço que se têm por elas.

A definição por nós proposta — segundo a qual o valor consiste na dignidade de uma pessoa, de uma coisa, de uma ação — é aquela que melhor explicita a essência do valor. Todavia, é possível chegar a uma ideia ainda mais clara do valor a partir de suas notas ou propriedades. Por exemplo, quando se define o homem como "animal racional", já se diz sua essência. Porém é possível obter um conceito mais refinado se se acrescentam algumas propriedades essenciais, tais como a liberdade, a comunicação, a cultura, a sociabilidade. Entre os estudiosos, há quase unanimidade em destacar quatro propriedades fundamentais do valor: duas provêm do objeto, sendo elas a dignidade (nobreza) e a importância (grandeza); e outras duas provêm do sujeito, sendo elas o desejo (necessidade, interesse) e a estima. Sem essas quatro propriedades (ingredientes), o valor não ganha corpo, não adquire consistência. A esses elementos, alguns estudiosos (Lavelle, Gobry) acrescentam outros, em particular a privação e a transcendência. A privação denota a não possessão do objeto-valor da parte da pessoa que desejaria possuí-lo. A transcendência, por sua vez, denota a condição de excelência e de superioridade do objeto-valor em relação ao sujeito que o persegue sem jamais conseguir plenamente alcançá-lo e assimilá-lo. Ora, é decerto verdadeiro que, para certos valores (aqueles morais e espirituais), privação e transcendência são propriedades importantes, fundamentais. Todavia elas não pertencem às qualidades essenciais do valor considerado em si mesmo, isto é, absolutamente. Privação e transcendência não se relacionam formalmente ao conceito de valor, mas constituem coeficientes importantes e característicos de alguns conjuntos de valor.

2. Perfeição transcendental

A esta altura, esclarecido o conceito de valor, pode-se ver, ainda melhor, que nos encontramos diante de uma qualidade do ser distinta dos outros transcendentais: verdade, bondade, beleza. O valor, como se disse, reside na dignidade (preciosidade, nobreza, importância) de uma coisa, mas o mesmo não ocorre com a bondade, com a verdade e com a beleza. Essa distinção entre o valor e os outros transcendentais se deduz tanto pela linguagem quanto pela resposta psicológica. O uso da língua atesta não ser tautologia dizer que o bem é um valor, assim como não é tautologia dizer que a verdade é um valor: o valor se diz tanto da bondade quanto da verdade, mas não se identifica nem com a primeira nem com a segunda. De fato, dizer que a bondade é um valor significa afirmar que constitui algo importante, apreciável, precioso, grande, nobre. O mesmo vale para a verdade. Que o valor é uma expressão do ser distinta da verdade, da beleza e da bondade, conclui-se, ainda, pelo fato de que ele põe em movimento na psique uma faculdade diversa daquelas pelas quais se interessam as outras três maiores expressões do ser. Com efeito, a verdade põe em movimento o conhecimento; a beleza incita a admiração; a bondade suscita e desperta o desejo e a vontade; enquanto, ao contrário, o valor (a dignidade, a grandeza) de uma coisa ou de uma pessoa nos induz à estimativa, à valoração.

Como transcendental, o valor tem em comum com os outros transcendentais algumas importantes propriedades. Sobretudo, a coextensividade com o ser: onde há ser, há valor, e, vice-versa, onde há valor, há ser. O único não valor absoluto é o nada, que, por nada ser, não pode ter dignidade alguma, nem nobreza nem importância nem grandeza. O valor não se distingue nem física nem material nem realmente do ser e dos entes (realidades que participam do ser), pois separar o valor do ser significa destruí-lo, aprofundando o abismo do nada. O valor se distingue do ser conceitual e logicamente, mas não arbitrariamente, pois essa distinção conceitual se funda na própria realidade das coisas, em sua riqueza diante de outras faculdades e de nossas possibilidades. O valor expressa uma modalidade do ser que o acompanha necessária, e não acidentalmente, a saber: a sua dignidade ou grandeza; uma modalidade que o nome puro e simples do ser e dos outros transcendentais acabam por não expressar.

Ademais, tudo isso pode ajudar a esclarecer por que o valor não se identifica nem com o verdadeiro nem com o bem. Essa não identidade não se situa na ordem ontológica, mas naquela perspectiva. O verdadeiro, o bem e o valor constituem, com efeito, uma mesma realidade, que é apreendida sob diversos aspectos. Quando se diz que um ente é verdadeiro (por exemplo, ouro verdadeiro, mármore verdadeiro, aço verdadeiro, verdadeira obra-prima etc.), pretende-se afirmar que ele possui tudo o que corresponde à sua natureza (de ouro, de mármore, de aço); quando se diz que ele é digno ou válido, significa afirmar que possui alguma dignidade e importância (sobretudo em si mesmo, mas também em relação a outros); quando se diz que ele é bom, afirma-se que ele se encontra plenamente realizado e que também se presta para a realização de nossos desejos. Portanto, o conceito de valor diz acerca do bem e do verdadeiro, como também a respeito do ser, algo que os conceitos de bem, verdadeiro e ser não dizem sozinhos. Santo Tomás explica (e essa explicação pode em certa proporção valer também para os outros transcendentais) do seguinte modo a distinção entre o bem e o belo: "o belo é idêntico ao bem mas possui uma diferença de razão (*pulchrum est idem bono, sola ratione differens*). De fato, sendo o bem o que todos desejam, é de sua razão acalmar o apetite. Ao passo que é da razão do belo acalmar o apetite com sua vista ou conhecimento [...]. Fica claro, pois, que o belo acrescenta ao bem uma certa ordem à potência cognoscitiva, de modo que o bem se chama o que agrada de modo absoluto ao apetite, e belo aquilo cuja apreensão agrada" (I-II, q. 27, a. 1, ad 3).

Averiguado que o valor é um transcendental, podemos agora tratar e resolver duas questões que estão no centro de vivos debates entre aqueles que estudam os valores: a primeira concerne ao conhecimento dos valores; a segunda, à sua hierarquia.

3. Faculdade dos valores

De acordo com muitos estudiosos (Lotze, Ehrenfelds, Scheler etc.), a faculdade dos valores é o *sentimento*. Este, no entanto, não é compreendido do mesmo modo por todos: há quem o conceba, a exemplo de Christian von Ehrenfelds, como uma disposição totalmente subjetiva, semelhante àquela por meio da qual se sente prazer, dor, alegria; outros, por sua vez, a exemplo de Rudolf Lotze e de Max Scheler, atribuem ao sentimento uma intencionalidade singularmente objetiva. Para outros autores (W. M. Urban, G. E. Moore) a faculdade dos valores é a intuição: espécie de visão intelectiva, que apreende imediatamente os valores, assim como a visão sensitiva apreende imediatamente as cores. Mas a solução para o problema do conhecimento dos valores não é tão simples assim, pois seu universo é vastíssimo, abraçando muitíssimos conjuntos. Dentre estes, alguns (aqueles dos valores instrumentais) suscetíveis à percepção sensível; enquanto outros (aqueles dos valores absolutos), apenas passíveis de apreensão mediante a percepção intelectual. A operação valorativa pode se dar de diversos modos. Em alguns casos, ela é fruto de intuição e sentimento (aquele particular sentimento chamado *empatia*). Por exemplo, pode-se captar intuitiva e empaticamente a dignidade (nobreza) de um condutor, de um filósofo, de um santo. No entanto, em geral, a capacidade mediante a qual a dimensão axiológica de uma coisa, de uma pessoa ou de uma ação é percebida não se dá nem por simples intuição nem por puro sentimento, mas antes por algo que especificamente se refere aos valores. A essa capacidade dá-se o nome de faculdade valorativa ou *estimativa*. Obviamente, por estimativa não se entende aqui, como fazem Santo Tomás e sua escola, o instinto: faculdade sensível, apta a perceber uma coisa material como útil ou nociva, que o homem tem em comum com os animais. "Os animais — escreve o Doutor Angélico — por instinto natural conhecem as coisas enquanto úteis ou nocivas. Por exemplo, a ovelha naturalmente foge do lobo como nocivo. Por isso, há nesses animais uma potência *estimativa* natural" (*De An.*, a. 13). A atividade estimativa mediante a qual a dimensão axiológica dos entes é apreendida se efetiva no plano espiritual. Trata-se, portanto, de uma operação que não pode deixar de competir a uma faculdade espiritual. Essa operação se dá em um espaço intermediário aberto pelo conhecer, de um lado, e pelo querer e fazer, de outro. Após um ente ser apreendido em sua verdade, e antes que seja desejado e querido em sua bondade, ele é valorado e estimado em sua dignidade. O termo *aestimatio* é também bem conhecido por Santo Tomás, que faz um uso relativamente amplo do termo no intuito de designar aquela função do intelecto mediante a qual se valoram determinadas ações ou coisas. Segundo Santo Tomás, para uma correta valoração (*aestimatio*), o homem precisa algumas vezes do auxílio da graça, do Espírito Santo (cf. II-II, q. 8, a. 5).

A estimativa, isto é, a percepção do ser de um ente como valor, não é uma simples intuição (simples reprodução do objeto, como quando se apreende a verdade de uma coisa) nem puro sentimento, isto é, uma relação afetiva e emocional, como na tendência apetitiva ao bem. A estimativa, como se disse, pode compreender essas duas dimensões sem, todavia, se resumir a uma ou a outra. Quando não há apreciação, estima, valoração, ocorrem simplesmente *bruta facta*, isto é, objetos e coisas em estado bruto, sem que ainda tenham florescido os valores.

A atividade axiológica, ao lado daquelas cognoscitiva (que apreende a verdade), ética (que capta a bondade) e estética (que alcança a beleza), se manifesta de diversos modos de acordo com o nível (grau) dos valores que estão em jogo. Aos diversos graus correspondem diferentes operações axiológicas. No grau mais baixo, aquele dos valores materiais, pode-se realizar uma estimativa (valoração) com base na simples intuição da coisa ou, ainda, mediante uma análise ou arrazoamento mais ou menos prolongado. No grau mais alto, aquele dos valores absolutos subsistentes (Deus), a estimativa se baseia no raciocínio ou mesmo na fé. No caso dos valores morais (castidade, coragem, fidelidade, prudência, justiça etc.), geralmente intervém a *empatia*, uma espécie de juízo por conaturalidade, o que acontece quando tais valores são percebidos como correlativos às nossas mais íntimas aspirações, donde a sua conaturalidade. Sentimos por esses valores uma profunda sintonia, uma íntima correspondência com o nosso projeto de humanidade, a ponto de sentirmo-nos capazes de orientá-lo à sua mais plena realização.

A estimativa, que nos põe em contato com os valores, inclui três dimensões: a captação valorativa, que apreende cada valor; a preferência, que estabelece uma hierarquia dos valores; e a aspiração, que leva à descoberta de novos valores e precede as dimensões da captação e da preferência como uma espécie de pioneira ou de exploradora.

4. Hierarquia dos valores

É uma verdade óbvia o fato de os valores não serem todos iguais. Uma palavra boa não vale o mesmo que uma esmola, um retalho não vale como um vestido de noiva, um bastão não vale o mesmo que uma casa e um livro não vale o mesmo que seu autor. Portanto, há coisas e ações mais nobres e importantes e outras menos nobres e importantes. Umas com mais valor e outras com menos. Assim como em relação ao bem, ao verdadeiro e ao belo, também a respeito do valor constatam-se diversos graus. Tudo isso pelo simples fato de o valor ser uma propriedade transcendental do ser. Ora, se existem gradações na ordem do ser, analogamente existirão gradações na ordem dos valores.

Neste ponto o problema se divide em dois: descobrir qual é o fundamento último da ordem axiológica e determinar quais os graus da escala axiológica. Quanto ao primeiro problema, a resposta não pode ser senão uma: o fundamento último é Deus. Ele é o princípio primeiro e originário de toda dignidade, de toda bondade e de toda grandeza; o que já afirmara Agostinho nos *Solilóquios* e, implicitamente, Santo Tomás na quarta via de suas provas da existência de Deus, ao mostrar que os graus de perfeição exigem um princípio cuja perfeição seja máxima e absoluta pois esses mesmos graus exigem e remetem a um Máximo: "*Est igitur aliquid quod est verissimum, et optimum et nobilissimum* [...] *et hoc dicimus Deum* [Existe em grau supremo algo verdadeiro, bom, nobre [...] e nós o chamamos Deus]" (I, q. 2, a. 3, ad 4). Para além da via da gradualidade, pode-se também chegar ao fundamento da ordem axiológica pela via da contingência, que pode ser resumida como segue. Nós nos encontramos constantemente diante de valores finitos, alguns destes são intrinsecamente tais (um livro, uma mesa, um automóvel, uma casa... são todos valores que passam), enquanto outros são realizações finitas de valor por si mesmos infinitos (como a bondade, a virtude, a beleza, a verdade, a sabedoria, a potência... são valores por si mesmos absolutos). Ambos os casos são contingentes. Por não serem, como tais, necessários, poderiam não existir. Por esse motivo, em vista de garantir a efetiva presença deles, é necessário postular um valor absoluto, não participado, infinito e subsistente: Deus.

Também não é tarefa fácil dar resposta ao segundo problema, concernente à escala axiológica. A etimologia de "escala" remonta à palavra "escada", no sentido literal de uma série de degraus a serem percorridos para chegar a certa altura. No caso dos valores, tocaria ao homem a realização dessa subida. Nesse sentido, Fílon de Alexandria e Agostinho escalaram os valores em sete degraus, ao passo que Max Scheler e De Finance, em quatro. Para Agostinho, esses degraus correspondem às sete atividades que a alma deve desempenhar se deseja chegar ao valor absoluto, Deus. São eles: a animação do corpo; a sensação; a cultura moral; a plena consciência de si; o desejo de conhecer realidades sumamente verdadeiras (*quae vere summeque sunt*); a visão de Deus (cf. *De quantitate animae* 35, 79). Já para Scheler e De Finance, os degraus são os seguintes: o mais baixo é aquele dos valores sensíveis (agradável-desagradável); no segundo lugar se encontram os valores vitais (saúde-doença); no terceiro lugar, os valores espirituais (verdadeiro-falso; bom-mau); e o quarto degrau, também o mais alto, é representado pelos valores religiosos (sagrado-profano; bem-aventurança-desventura). A nosso ver, se tomamos o homem como ponto de referência que determina a escala dos valores, poderíamos reduzi-la a três graus fundamentais, a saber, aqueles que contribuem para a realização da pessoa humana nas dimensões somática, psíquica e espiritual. A essas dimensões corresponderiam, respectivamente, os valores econômicos, culturais e espirituais. Os valores econômicos contribuem para a preservação da vida, para o desenvolvimento, para a saúde e bem-estar do corpo. Os valores culturais contribuem imediatamente para o cultivo, crescimento e elevação da mente (são os valores da ciência, da história, da arte, da filosofia etc.). Os valores espirituais promovem o crescimento da pessoa em sua dimensão mais profunda: a dimensão interior e espiritual. Progride-se nessa última dimensão mediante a assimilação de valores morais e religiosos. Sendo o homem essencialmente corpo, alma e espírito, não bastam os valores espirituais — mesmo que estes sejam mais excelentes e importantes — para a sua plena realização, sendo-lhe igualmente necessários os valores culturais e, sobretudo, os econômicos (ou somáticos). Para garantir à pessoa a possibilidade de realizar-se, é, antes de tudo, necessário que se lhe assegurem alimento, vestido, habitação decente, trabalho honesto e digno. Condições que permanecem ainda descuidadas em muitas partes de nosso continente. É, portanto, compreensível que se encontrem, em uma sociedade escandalosamente consumista como aquela capitalista ocidental, vozes de protesto provenientes das mais diversas direções que exigem uma distribuição mais justa dos valores econômicos, os quais, como ensina o Doutor Angélico, têm um destino universal (II-II, q. 66, a. 7).

(Cf. Axiologia)

[Tradução: M. Ponte]

Vanglória

É o desejo de uma glória inútil e vazia: "*inordinatus appetitus gloriae*" (II-II, q. 132, a. 2).

Ao estudo deste vício Santo Tomás dedica a questão 132 da *Segunda Seção da Segunda Parte da Suma Teológica*, onde sobre este tema ele trata de cinco argumentos: 1. O desejo da glória é pecado? 2. A vanglória se opõe à magnanimidade? 3. É um pecado mortal? 4. É um vício capital? 5. As filhas da vanglória.

Em primeiro lugar, Santo Tomás esclarece que o desejo da glória, ou seja, do reconhecimento dos próprios méritos, é inteiramente legítimo. De fato, "não é pecado desejar que suas boas obras sejam aprovadas pelos outros, porque se lê em Mateus: 'Que vossa luz brilhe diante dos homens' (Mt 5,14). Por essa razão, o desejo da glória de si mesmo não designa nada de vicioso. Mas o apetite da glória vã, ou vazia, implica um vício, porque é vicioso desejar algo vão, segundo o Salmo: 'Por que amais a vaidade e procurais a mentira?' (4,3). Ora, a glória pode ser qualificada de vã por três razões: 1º No que se refere à realidade da qual se quer tirar glória, quando por exemplo se procura glória por algo que não existe, ou por uma coisa que não é digna dela, por ser frágil e caduca. 2º Por parte daquele junto a quem se procura a glória, por exemplo, um homem cujo julgamento não seja seguro. 3º Por parte da própria pessoa que deseja a glória, quando, por exemplo, essa pessoa não orienta seu desejo de glória para o fim devido, qual seja a honra de Deus ou a salvação do próximo" (ibid., a. 1).

Quanto à malícia, a vanglória pode ser tanto pecado mortal como venial. Segundo o Doutor Angélico, quando não é contrária ao amor de Deus nem quanto ao seu objeto, nem quanto à intenção de quem a deseja, não é pecado mortal, mas venial (ibid., a. 3).

A glória, muito afim à excelência que todos desejam, é coisa bastante apetecível; por esse motivo, ressalta o Doutor Angélico, do desejo desordenado da glória *derivam muitos vícios*: a vanglória, portanto, é um vício capital. Os vícios, filhos da vanglória, são: a desobediência, a ostentação, a hipocrisia, as contendas, a teimosia, a discórdia e o espírito de novidade, se se deseja atingir com palavras ou fatos, direta ou indiretamente à manifestação da própria excelência (ibid., aa. 4-5).

(Cf. GLÓRIA, SOBERBA)
[Tradução: M. Couto]

Veracidade

É a verdade em sentido moral e equivale à sinceridade: "É aquilo pelo qual alguém diz uma coisa verdadeira, e nesta acepção, alguém se diz *veraz*" (II-II, q. 109, a. 1).

À virtude da veracidade o Doutor Angélico dedica a questão 109 da *Secunda Secundae*, em que aborda quatro questões: 1. Se a veracidade é uma virtude; 2. Se é uma virtude especificamente distinta; 3. Se é parte potencial da justiça; 4. Se inclina mais para o diminuir (do que para o exagerar).

Quanto à primeira questão, Santo Tomás mostra que a veracidade é uma virtude, pois "deve-se dizer que falar de si mesmo, na medida em que se diz a verdade, é uma coisa boa, mas de uma bondade genérica, que não basta para fazer disto um ato de virtude; para tanto é necessário que se cumpram todas as circunstâncias devidas, pois do contrário, o ato, em vez de virtuoso, será um ato vicioso" (ibid.). Como observa sagazmente o Angélico, em vez disso, não é virtude a *verdade*, se com esse termo se "diga de uma coisa que ela é *verdadeira*", pois essa verdade não é uma disposição permanente, um *habitus*, como exige o conceito de virtude, "mas simplesmente objeto ou fim da virtude" (ibid.).

A resposta do Angélico à segunda questão — se a veracidade é uma *virtude especial* — é também positiva: de fato, a veracidade permite que o homem possa dispor o seu exterior, isto é, os fatos e as palavras, em razão da verdade, e tudo isso possui uma bondade especial, e, portanto, faz da veracidade uma virtude distinta de todas as demais (ibid., a. 2). Portanto, mostra que é *parte da justiça*, na medida em que, com a veracidade, se salda o débito moral, proveniente da honestidade, de manifestar aos outros a verdade. A veracidade possui esta peculiaridade: faz com que nos contenhamos quando falamos de nós mesmos e digamos menos daquilo que em nós há de bem; contudo se este dizer menos chega à negação daquilo que há em nós, então não é mais virtude, pois então se trata de falsidade (ibid., aa. 3-4).

(Cf. FALSIDADE, VERDADE)
[Tradução: G. Frade]

Verbo

Do latim *verbum* = palavra; corresponde ao grego *logos* e também a *rema* se usado em sentido gramatical. O termo assume significados diversos, segundo as várias disciplinas que fazem uso dele: gramática, lógica, metafísica, teologia.

Em teologia Verbo é o nome que se dá à Segunda Pessoa da Trindade, dado que procede do Pai por via de intelecção: é a Palavra (Verbo) que o Pai pronuncia, autoconhecendo-se. Conhecendo-se, o Pai gera *ab aeterno* a Ideia de si mesmo, o Logos, o Verbo-Filho, que lhe é perfeitamente idêntico na substância (consubstancial, *homoousios*) e na natureza, e distinto somente por força da relação, isto é, como termo da filiação oposta à paternidade. A doutrina em torno ao Verbo, velada no AT, é claramente revelada no NT, sobretudo no Prólogo do Evangelho de João, em que se afirmam, além da existência do Verbo, também suas principais prerrogativas: *eternidade* ("No princípio era o Verbo"), *personalidade* ("e o Verbo estava junto de Deus"), *natureza divina* ("E o Verbo era Deus"), *poder criador* ("todas as coisas foram feitas por obra dele"), *encarnação* ("e o Verbo se fez carne") (cf. FILHO).

Em lógica e linguística o verbo representa o momento da ação. A distinção entre *onoma* e *rema*, como oposição nome-verbo, foi estabelecida por Aristóteles com base na conotação temporal, que está presente no verbo, ao passo que está ausente no nome: "Ora, o verbo é o que significa com o tempo, cuja parte separada não significa nada, e é sempre um sinal dessas coisas que são ditas de outra (sujeito)" (*De interpr.* 16b 6-7 — *Comentário Sobre a Interpretação de Aristóteles*, p. 79). Como resulta da definição aristotélica, o verbo tem como segunda propriedade aquela de funcionar como predicado. Como observa Santo Tomás, se o nome significa por si só a substância, passível de qualquer mudança, o verbo, ao contrário, significa a ação enquanto ocorre, significa alguma coisa que por sua própria essência está ligada à substância, se compõe com ela: é sempre, portanto, "*ex parte praedicati, numquam autem ex parte subiecti*" (*In I Periherm.*, lect. 5, nn. 7-9). Quem imprime unidade ao discurso é sempre o verbo. A essência do verbo não consiste, portanto, no significar o conceito que predica, mas no significar a predicação. Nenhuma predicação pode ocorrer sem o verbo, porque só o verbo significa a "composição" ocorrida. Todas essas penetrantes considerações de Aristóteles e Tomás foram transmitidas mais ou menos inalteradas e vulgarizadas nos tratados de lógica.

À questão do verbo *mental*, que é "o ato interno da alma, isto é, o conceito da mente, expresso exteriormente com as palavras" (*De differ. verbi*, 1, n. 287), Santo Tomás dedica dois apreciáveis opúsculos: *De natura verbi intellectus* e *De differentia verbi divini et humani*. Os objetivos dos dois escritos são idênticos: esclarecer a natureza do verbo em geral e pontuar as diferenças entre o Verbo divino e o verbo humano.

Quanto à natureza do verbo mental, Santo Tomás explica que "o verbo é sempre algo que procede do intelecto e no intelecto existe; o verbo é, além disso, razão e semelhança da coisa conhecida. E se o sujeito que entende e o objeto entendido são uma mesma coisa, então o verbo é razão e semelhança do intelecto de onde procede; se ao invés quem entende é diverso da coisa conhecida, então o verbo não é a razão do ser inteligente, mas somente da coisa conhecida: assim o conceito que alguém tem da pedra é somente semelhança da pedra. Somente quando o intelecto conhece a si mesmo, o seu verbo é razão e semelhança do intelecto. E é por isto que Santo Agostinho admite uma semelhança da Trindade na alma: enquanto, isto é, a mente conhece a si mesma e não já enquanto conhece as outras coisas" (*De differ. verbi*, 3, n. 289). O verbo, esclarece o Doutor Angélico, procede não do mesmo poder intelectivo, mas do intelecto já em ato para a espécie impressa; somente com o verbo se tem o verdadeiro e pleno conhecimento do objeto: com a produção do *verbum mentis* (espécie expressa de ordem intelectiva) se tem propriamente o ato da intelecção. A espécie da coisa com a qual se forma o verbo provém da própria coisa, mas a espécie de si a alma não a encontra em si mesma como potência; somente quando o intelecto está em ato pela espécie da coisa e formou o verbo da coisa, pode dobrar-se sobre si mesmo e pode formar a espécie, ou o verbo, na qual e pela qual colhe a si. Justamente porque esse verbo não procede do único sujeito, mas do sujeito informado pela espécie da coisa, ele não é puro verbo da alma (*De nat. verbi*, 11-13, nn. 283-285).

No que concerne às diferenças entre o Verbo divino e o verbo humano, Santo Tomás registra três: 1) o verbo humano antes está em potência e depois em ato, é, portanto, o resultado de um pensamento; ao invés, o Verbo divino está sempre em ato e perfeitíssimo, sem pensamento discursivo; 2) o verbo humano é imperfeito, insuficiente para exprimir o que existe na alma, por isso múltiplice (há muitos verbos para suprir de algum modo a deficiência de toda expressão particular); o Verbo divino, ao invés, é expressão perfeitíssima da mente divina, portanto único; 3) o verbo humano é ato do espírito, mas não é o próprio espírito humano, portanto é inferior e posterior ao espírito; ao invés, o Verbo divino é a própria essência divina, Filho coeterno e consubstancial do Pai. "Do que acima dissemos, segue-se que, propriamente falando, em se tratando de Deus, o Verbo sempre se diz pessoalmente, quando se referir àquele que é expresso pelo que entende. É evidente também que o Verbo divino é semelhança daquele de quem procede e é-lhe coeterno, porque não foi formável antes de ser formado, mas é sempre em ato. E, sendo perfeito e expressivo da plenitude do ser do Pai, é igual ao Pai; e, sendo subsistente na natureza do Pai, é-lhe coessencial e consubstancial" (*De differ. verbi*, 6, n. 294) [*Verdade e Conhecimento*, p. 295. (N. do T.)].

(Cf. FILHO, LINGUAGEM)

[Tradução: M. Couto]

Verdade

Do latim *veritas*, grego *aletheia*; segundo a definição mais clássica, seguida por quase todos os filósofos, é a conformidade da mente, isto é, do conhecimento, com a realidade. Parmênides foi o primeiro a individualizar essa estrutura relacional da verdade, que depois foi codificada na formulação medieval de *adaequatio rei et intellectus*. Esta comporta por um lado a intrínseca luminosidade ou inteligibilidade do ser, e por outro a constitutiva abertura ou intencionalidade da inteligência humana ao próprio ser. O fruto do encontro da mente com as coisas é o que primariamente se entende por verdade.

Um passo decisivo para a reificação do conceito de verdade foi dado por Aristóteles, o primeiro filósofo que submeteu a uma análise acurada os atos cognoscitivos com os quais o homem obtém a posse da verdade do ser. Da sua análise emergiu que na simples intuição (abstração) de uma essência, isto é, no primeiro acolhimento conceitual de um ente (na primeira operação do intelecto), não se dá nem verdade, nem falsidade, mas simplesmente presença ou ausência representativa daquela realidade como existe em si; o verdadeiro ou o falso sucede, ao contrário, no ato sucessivo do juízo, com o qual enunciamos que uma determinada coisa extramental é ou não é, é de um modo ou de outro: aqui,

escreve Aristóteles, o nosso conhecer incorre no risco da verdade ou da falsidade segundo este encontre ou não a realidade das coisas, realidade que não depende de nós. Portanto, a verdade, segundo Aristóteles, é antes de tudo uma propriedade do pensamento. "O verdadeiro é a afirmação daquilo que está realmente unido e a negação daquilo que está realmente dividido; o falso é, ao invés, a contradição desta afirmação e desta negação [...]. De fato, *o verdadeiro e o falso não estão nas coisas, mas somente no pensamento*; antes, no que concerne aos seres simples e as essências, não estão nem mesmo no pensamento" (*Metaf.*, VI, 1027b, 21 ss.). Ainda segundo Aristóteles, nós conhecemos a verdade de uma coisa quando chegamos à descoberta da sua causa, isto é, quando da simples constatação do fato que é (*oti = quod est*) conseguimos estabelecer de modo necessário, universal e específico o seu por que é (*di'ot = propter quid*), adquirindo um conhecimento inegável e científico. Conhecer as causas das coisas é tarefa própria da filosofia; por isso "é justo denominar a filosofia ciência da verdade, porque o fim da ciência teórica é a verdade, enquanto o fim da prática é a ação" (*Metaf.*, I, 982a, 2).

O conceito de verdade está bem presente também na Sagrada Escritura, mas não na forma de conceito filosófico, mas sim de orientação da vida, da fidelidade, da lealdade (Dt 32,4; Pr 28,30). Deus mesmo é verdade. Muitas são as expressões do AT que se referem a Deus como "Deus de verdade"; "Deus verdadeiro, fiel aos empenhos contratados" (Gn 24,27; Jr 10,10; Sl 31,6); ao caminho de Javé que é "caminho de fidelidade e verdade" (Sl 25,10). Também no NT Deus é a verdade (1Jo 5,20) e mesmo Jesus se define como a verdade (Jo 14,6). Ele veio para a verdade (Jo 1,17), é a luz verdadeira (Jo 1,9) e dá testemunho da verdade (Jo 8,10; 18,37). O cristão, por sua vez, deve testemunhar a sua fé por meio do espírito de verdade (Jo 15,26 s.). A verdade, enfim, contribui à edificação da comunidade dos fiéis (Ef 4,15 ss.). Do conjunto desses textos resulta que a verdade na Sagrada Escritura, mais do que uma relação gnoseológica entre a mente e as coisas, está presente como relação existencial que qualifica uma pessoa em todo o seu ser sobretudo no plano moral e religioso.

Santo Agostinho, máximo expoente da filosofia cristã na época dos Padres, também no problema da verdade realiza uma fecunda síntese entre as aquisições da filosofia grega (em particular do neoplatonismo) e as novas ilustrações da mensagem evangélica. Na sua longa e apaixonada pesquisa em torno à verdade, o Doutor de Hipona consegue dois resultados de capital importância. O primeiro é a *dimensão interior* da verdade: "*Noli foras ire, in interiore homine habitat veritas*". No entanto, acrescenta prontamente Agostinho, não habita em nós como nossa posse da qual podemos dispor arbitrariamente, mas sim como um dom: "Confessa de não seres tu aquilo que é a verdade, porque ela não busca a si mesma; tu, ao invés, buscando-a não no espaço, mas com o afeto da alma, tu a alcançaste para unir-te, como homem interior, a ela, hóspede tua, não com o prazer baixo da carne, mas com uma vontade suprema e espiritual" (*De vera rel.* 39, 73). O segundo resultado é o *caráter transcendental*: a verdade está presente na mente, como regra de tudo aquilo que ela conhece e, portanto, a transcende necessariamente. Mesmo estando presente na mente, a verdade exige um fundamento diverso, superior à mente: este fundamento é Deus, ou melhor, o Verbo eterno de Deus, que é o lugar apropriado das ideias exemplares ou *verdades eternas* segundo as quais foram criadas todas as coisas, raiz e norma de cada outra verdade, termo de felicidade para todo espírito inteligente (cf. *De lib. arb.* II, 15, 39 s.).

Anselmo de Aosta é o primeiro pensador que dedica um tratado inteiro, o *De veritate*, à determinação do conceito de verdade. Nesse breve diálogo, seguindo o exemplo de Agostinho, ele demonstra antes de tudo a existência indefectível da verdade, depois esclarece sua natureza. Segundo Anselmo, a essência da verdade consiste numa *rectitudo* ou conformidade de qualquer coisa que é com aquilo que deve ser, segundo o pensamento divino no qual reluz a sua essência ou forma exemplar: "Existe, portanto, verdade no ser de todas as coisas, porque estas são assim como são na suma verdade". A verdade em si é única e eterna, é o próprio Deus, mas esta penetra por si o universo inteiro das criaturas e da história sem se despedaçar, resplandecendo na unidade analógica da retidão dos indivíduos verdadeiros.

Santo Tomás trata do problema da verdade em diversas obras, desde o juvenil *Comentário às Sentenças* às *Questões disputadas De Veritate*, à primeira parte da *Suma Teológica* no contexto da ciência e da vida divina. Em toda parte ele se atém ao conceito aristotélico de verdade como algo que pertence essencial e primariamente à inteligência: esta designa a relação de adequação (*adaequatio*) ou correspondência (*correspondentia, convenientia*) que o intelecto possui em relação ao ser de uma coisa. Mas, mesmo concordando com Aristóteles no conceito geral de verdade, Santo Tomás vai bem mais além do Estagirita, enriquecendo-o notavelmente em parte pela revelação bíblica e em parte pelas suas intuições metafísicas inspiradas na filosofia do ser. Os ganhos maiores são: em nível lógico, a ligação do ato de juízo com o *actus essendi*; em nível ontológico, a radicação de cada verdade finita ou participada na verdade infinita e não participada de Deus.

1. Verdade lógica

O Doutor Angélico menciona várias definições da verdade propostas por Santo Agostinho, Avicena, Santo Anselmo e outros (cf. *I Sent.*, d. 19, q. 5, a. 1; *De Ver.*, q. 1, a. 2), mas acha que pelo aspecto lógico-gnoseológico a definição mais correta é a fórmula atribuída a Isaque Ben Israeli (séc. X), a qual diz que a verdade consiste essencialmente na correspondência entre as ideias e as coisas (*veritas est adaequatio rei et intellectus*). Santo Tomás esclarece o sentido dessa definição indicando os casos em que não há lugar para a correspondência que se exige para a verdade. Isso ocorre quer quando a mente acrescenta algum elemento que a coisa representada não possui, quer quando omite algum elemento que, pelo contrário, a coisa contém: "A verdade, de fato, consiste numa certa igualdade entre o pensamento e a coisa. E, porque a igualdade é algo que está no meio entre o mais e o menos, disso resulta que o bem da virtude intelectiva (que é a verdade) ocupe a posição intermédia entre o mais e o menos, e isto ocorre quando se pensa e se diz da coisa aquilo que é. Se, ao contrário, excede quer acrescentando algo a mais ou assignando algo a menos, se incorre no falso" (*III Sent.*, d. 33, q. 1, a. 3, sol. 3).

A verdade, segundo o Doutor Angélico, é uma exigência fundamental da inteligência. É, de fato, o seu fim próprio e específico: a inteligência é feita pela verdade, e portanto somente quando a atinge permanece satisfeita. Como o fim que satisfaz a vontade é o bem, analogamente o fim que satisfaz o intelecto é o verdadeiro: "*Bonum virtutum intellectualium consistit in hoc quod verum dicatur*" (ibid.). Ora, dado que a natureza não se engana quando se trata das finalidades próprias e essenciais de determinados entes e operações, pode-se legitimamente concluir que em condições normais o intelecto humano atinge a verdade. Há mais. A razão não só está em condições de atingir a verdade, como também de adquirir sua consciência crítica. E, segundo Santo Tomás, como já segundo Aristóteles, isso ocorre somente no juízo: "Mas o intelecto que forma a quididade das coisas tem somente a semelhança das coisas existentes fora da alma, como também o sentido enquanto recebe a espécie sensível. Mas quando começa a julgar a coisa apreendida, então este juízo do intelecto é algo próprio dele que não se encontra fora na coisa; mas, quando se estabelece a adequação ao que está fora na coisa, *o juízo diz-se verdadeiro*; então o intelecto julga a coisa apreendida quando diz que alguma coisa é ou não é, o que é próprio do intelecto componente e dividente: daí que o Filósofo [VI *Metaph.* 4], também diz: 'a composição e a divisão estão no intelecto e não nas coisas'" (*De Ver.*, q. 1, a. 3 — *Verdade e Conhecimento*, p. 169; cf. *III Sent.*, d. 23, q. 2, a. 2, sol. 1; *VI Met.*, lect. 4) (cf. Juízo).

Ao considerar o juízo como sede própria da verdade, Santo Tomás dá um bom rendimento a uma das teses-chave da sua filosofia do ser: a tese da distinção entre essência e ser, com a consequente primazia do ser sobre a essência. Essa distinção lhe consente atribuir o conhecimento da essência ao intelecto abstrativo e o conhecimento do ato do ser ao intelecto judicante. Eis como o Doutor Angélico argumenta de modo limpidíssimo sobre esse ponto capital da sua gnoseologia: "A verdade tem seu fundamento nas coisas, mas formalmente ela se realiza na mente, quando esta apreende as coisas como são [...]; mas, porque na coisa existem dois princípios: a essência e o ato de ser, a verdade se funda mais sobre o ser do que sobre a essência, do mesmo modo como a palavra ente tira sua origem do verbo ser. De fato, a relação de adequação, na qual consiste a verdade, se realiza nesta operação do intelecto na qual este recebe o ser da coisa mediante uma imagem do mesmo, ou seja, no juízo. Por isso afirmo que o mesmo ser da coisa, mediante a sua representação mental, é a causa da verdade; porém, propriamente, a verdade se encontra antes de tudo no intelecto e depois na coisa" (*I Sent.*, d. 19, q. 5, a. 1).

O aspecto mais interessante e original do conceito tomista de verdade diz respeito à atenção que se reserva ao ser. E este se encontra em perfeita sintonia com a filosofia do Doutor de Aquino que é essencialmente *filosofia do ser*. O ser é, de fato, para Santo Tomás a *actualitas omnium actuum* e a *perfectio omnium perfectionum*, aquele ato primeiríssimo e fundamental, aquela perfeição oniconclusiva que permeia todas as coisas conferindo-lhes consistência e realidade. Por isso cada coisa é tal por força da sua participação no ser. Ora, dado que a verdade está na correspondência entre o pensamento e as coisas, Santo Tomás afirma logicamente que essa correspondência tem lugar no momento em que o intelecto colhe o ser das coisas, e isso ocorre, como foi dito, no ato do juízo. Desse modo o Doutor de Aquino obtém uma explicação mais profunda da tese aristotélica segundo a qual a verdade é propriedade do juízo.

2. Verdade ontológica ou transcendental

Santo Tomás não se cansa de repetir, e pudemos também constatar nos textos citados precedentemente, que a verdade é antes de tudo uma disposição, uma qualidade do conhecer: é a sua relação de conformidade com o ser. No entanto, tratando-se de uma relação, a verdade não pode não ser também e ao mesmo tempo propriedade das coisas. E assim, como propriedade das coisas, ela assume valor ontológico, e, porque é propriedade do ente como tal, a verdade tem valor transcendental. A definição formal da verdade ontológica é a mesma que se dá para a verdade gnoseológica: *adaequatio rei et intellectus*. É a relação de correspondência entre a coisa e a mente. Mas, enquanto na verdade lógica o relativo ou, como diz com grande precisão Santo Tomás, o "calculado" é a mente e o "calculador" é a coisa, na verdade ontológica a relação se inverte: o "calculado" é o ente e o "calculador" é o intelecto que cria as coisas, em definitivo, o próprio Deus. Eis como se exprime muito lucidamente o Doutor Angélico a esse respeito: "Deve-se considerar, contudo, que uma coisa é comparada com o intelecto de dois modos. *Primeiro modo, como a medida ao medido*, e, assim, as coisas naturais são comparadas com o intelecto especulativo humano. E, por isso, o intelecto se diz verdadeiro segundo que se conforma com a coisa, mas falso segundo que discorda da coisa [...]. *Segundo modo*, porém, as coisas são comparadas ao intelecto, assim *como o medido à medida*, conforme é claro no intelecto prático, que é a causa das coisas. Por isso, o trabalho de um artífice é dito verdadeiro enquanto atinge a noção de arte, porém falso enquanto falha na noção de arte. E porque todas as coisas naturais também são comparadas com o intelecto divino, tal como as coisas artificiais o são com a arte, segue-se que qualquer coisa é dita verdadeira enquanto tem a sua própria forma, segundo a qual imita a arte divina. De fato, o ouro falso é verdadeiro cobre. E, desse modo, ente e verdadeiro são convertidos, uma vez que qualquer coisa natural é conformada com a arte divina através da sua forma" (*In I Periherm.*, lect. 3, nn. 29-30 — *Comentário Sobre a Interpretação de Aristóteles*, Livro I, Lição 3, n. 7-8).

Santo Tomás esclarece ulteriormente esse ponto, distinguindo entre verdade ontológica substancial e verdade ontológica acidental. Diz-se substancial quando é a própria verdade a colocar no ser, a causar a realidade do ente. Essa é a relação dos entes com o ser subsistente, das criaturas com Deus (ou da obra de arte com o projeto do artista). Diz-se, por sua vez, acidental quando a verdade é o efeito produzido pelo ente na inteligência humana: efeito que deixa inalterada a realidade do ente, porque este continua a existir também quando ninguém o conhece (e por isso se diz verdade ontológica acidental). "Esta coisa conhecida, todavia, pode se referir ao intelecto por si ou por acidente. Ela se refere por si ao intelecto quando dele depende segundo seu ser; ela se refere por acidente ao intelecto pelo qual ela é cognoscível (*per se quidem habet ordinem ad intellectum a quo dependet secundum suum esse; per accidens autem ad intellectum a quo cognoscibilis est*). Como se disséssemos que a casa se refere por si ao intelecto de seu artífice, e se refere por acidente ao intelecto do qual não depende. Ora, o juízo sobre uma coisa não se faz em razão do que lhe é acidental, e sim do que lhe é essencial. Portanto, uma coisa é verdadeira, absolutamente falando, segundo a relação com o intelecto de que depende (*unaquaeque res dicitur vera absolute, secundum ordinem ad intellectum a quo dependet*). Eis por que as produções da arte são verdadeiras com relação a nosso intelecto; por exemplo: uma casa é verdadeira quando se assemelha à forma que está na mente do artífice; uma frase é verdadeira quando é o sinal de um conhecimento intelectual verdadeiro. Assim também as coisas naturais são verdadeiras na medida em que se assemelham às representações que estão na mente divina: uma pedra é verdadeira quando tem a natureza própria da pedra, preconcebida como tal pelo intelecto divino" (I, q. 16, a. 1; *De Ver.*, q. 1, aa. 2 e 4).

A verdade ontológica acidental é também chamada pelo Doutor Angélico *inteligibili-*

dade: "Assim como o bem acrescenta ao ser a razão de ser atrativo, assim também o verdadeiro acrescenta ao ser uma relação com o intelecto" (I, q. 16, a. 3). A inteligibilidade qualifica o abrir-se, o descobrir-se, o manifestar-se das coisas com respeito à nossa mente, em que consiste essencialmente a verdade do ente, como justamente afirmará Heidegger, sem, por outro lado, oferecer uma explicação adequada de tal propriedade do ente. Em vez disso, Santo Tomás soube colher também a razão última da inteligibilidade do ente: as coisas são verdadeiras e inteligíveis porque o ser delas consiste antes de tudo no ser conhecido (como dirão Berkeley e Hegel), e nós as podemos conhecer porque foram já conhecidas desde sua primeiríssima origem. As coisas podem suscitar em nós verdadeiro conhecimento porque estão fundadas na verdade, isto é, porque são conhecidas de Deus. Na metafísica de Santo Tomás a inteligibilidade das coisas, a sua "abertura", a sua verdade não esconde nada de misterioso, como vai pretender Heidegger. A verdade para Santo Tomás é uma propriedade primária, universal, transcendental do ente: o ente é essencialmente inteligível, aberto, verdadeiro.

Segundo o Doutor de Aquino, a verdade ontológica essencial é convertível ao ente: "Assim como o bem é convertível ao ente, assim o é o verdadeiro (*sicut bonum convertitur cum ente, ita et verum*)" (I, q. 16, a. 3). A razão é que essa verdade não diz outra coisa senão que o próprio ente é considerado em relação ao ser subsistente, relação que lhe é essencial, mas que sob o aspecto da conformidade não é explicitado pelo termo *ente*, mas somente pelo termo *verdadeiro*. Entre ente e verdadeiro, portanto, não se dá nenhuma distinção real porque quanto à realidade são perfeitamente convertíveis; há somente uma diversidade de conceitos e, portanto, de conotações. Ente diz participação no ser, enquanto verdade diz que essa participação no ser ocorre segundo as exigências da própria essência, a qual, como já havia provado Santo Anselmo no seu *De veritate*, encontra sua medida definitiva no ser subsistente, isto é, na mente divina. Por isso, segundo o Doutor Angélico, fundamento último da verdade das coisas, como da sua unidade, da sua bondade e da sua beleza, é o próprio ser. De fato, as coisas são inteligíveis e verdadeiras na medida em que estão em ato. Mas sabemos que para Santo Tomás qualquer ato tem a sua raiz última no próprio ser, que é a *actualitas omnium actuum*. Portanto, as coisas são inteligíveis e verdadeiras na medida em que participam do ser.

Do que dissemos resulta que na explicação da verdade do ente (verdade ontológica essencial), e portanto na definição da verdade como atributo transcendental do ente, Santo Tomás é muito mais próximo a Platão e Plotino que a Aristóteles (o qual não exibe nenhuma razão da verdade ontológica das coisas). No entanto, colocando como último fundamento da verdade ontológica o *esse ipsum*, o Doutor Angélico abandona também a companhia de Platão e de Plotino e propõe uma teoria nova, análoga à de Anselmo, mas metafisicamente mais robusta graças à linfa vital extraída da filosofia do ser.

3. Verdade eterna

Santo Agostinho havia resolvido o problema do valor do conhecimento humano recorrendo à verdade eterna que ilumina a nossa mente tornando-a certa e infalível. Santo Tomás, com sua nítida distinção entre verdade lógica e verdade ontológica, pode estabelecer que se pode falar corretamente de verdades eternas somente com referência à verdade ontológica, ou seja, "segundo o conceito preexistente na mente divina", porque somente esta é eterna: na mente humana não há nada de eterno. "Se não houvesse intelecto eterno, não haveria verdade eterna. Como, porém, somente o intelecto divino é eterno, é apenas nele que a verdade é eterna" (I, q. 16, a. 7). Segundo Santo Tomás, a percepção e a enunciação da verdade por parte do intelecto humano são sempre necessariamente algo histórico, mutável, perfectível e falível, e isso ocorre sobretudo para aquelas verdades fundamentais que mais contam, as verdades relativas a Deus e à alma. Assim, para tornar mais ágil e mais segura a aquisição de tais verdades, Deus socorre a razão humana com a luz da sua Revelação, fazendo-se ele mesmo "caminho, verdade e vida" em Jesus Cristo (cf. I, q. 1, a. 1).

(Cf. Conhecimento, Juízo, Transcendental)

[Tradução: M. Couto]

Verdades eternas

É uma doutrina típica de Santo Agostinho e de sua escola, traduzindo em termos gnoseológicos (pelo menos em parte) a teoria platônica das Ideias. Segundo Agostinho, há verdades absolutamente necessárias e imutáveis, evidentes e incontrovertíveis que não podem ser corroídas por nenhum erro, nem turbadas por alguma dúvida. É o caso, por exemplo, das ideias de bondade, beleza, felicidade, justiça, ou, então, dos princípios de identidade e não contradição: são verdades que a mente humana conhece claramente, mas que não pode tirar das coisas por serem contingentes, nem elaborar com os próprios meios, pois esta, a mente humana, é mutável. A essas verdades Agostinho dá o nome de "verdades eternas", e explica o conhecimento delas mediante a teoria da *iluminação* (cf. Iluminação).

Na época de Santo Tomás, a teoria das verdades eternas contava ainda com muitos apoiadores, especialmente entre os pensadores da Ordem franciscana (Alexandre de Hales, São Boaventura, Roger Bacon e outros).

O Doutor de Aquino, que possui uma teoria do conhecimento em que se atribui o evento cognoscitivo exclusivamente à ação humana (especialmente ao intelecto agente), ademais, tornando esse evento intimamente dependente do aporte dos sentidos, não pode aceitar a tese das verdades eternas assim como havia sido formulada por Agostinho. Contudo, ele procura salvar o salvável dessa teoria: o homem não pode atingir nenhuma verdade eterna; mas existe certamente uma verdade eterna: é a verdade conhecida por Deus e que se identifica com sua essência, que é eterna. No *Comentário às Sentenças*, Santo Tomás nega peremptoriamente que haja outras verdades eternas para além daquela de Deus: "*Nulla veritas est necessaria in creaturis*", e prova isso partindo dos dois elementos constitutivos da verdade: 1) o fundamento objetivo, o *fundamentum in re*, que é constituído pelas coisas materiais, sendo que nenhuma delas é eterna; 2) a apreensão humana, que é acionada pelo nosso intelecto, e nem mesmo este é eterno, sendo que pertence a Deus o único intelecto eterno: "*Ex quo patet quod sola veritas una quae in Deo est et quae Deus est, est aeterna et immutabilis*" (*I Sent.*, d. 19, q. 5, a. 3; cf. ibid., ad 4).

A mesma tese é reafirmada no *De Veritate* (q. 1, a. 4, ad 3): a única sede das verdades eterna é o intelecto divino: "*Dicendum est quod veritas quae remanet, destructis rebus, est veritas intellectus divini*"; e mais tarde também na *Suma Teológica*: "Deve-se dizer que, como nosso intelecto não é eterno, a verdade dos enunciados que formamos não é eterna, mas um dia começou. E, antes que essa verdade existisse, não era verdadeiro dizer que ela não era, a não ser que fosse dito pelo intelecto divino, o único em que a verdade é eterna" (I, q. 16, a. 7, ad 4).

O pensamento de Santo Tomás sobre essa questão resulta ainda mais claro quando se considera que para o Doutor de Aquino a verdade não é algo subsistente, mas relativo (e isso é sempre verdade mesmo quando se diz que a verdade é um transcendental, ou seja, uma propriedade fundamental do ente): a verdade é o fruto da relação entre inteligência e coisa (é a *adaequatio rei et intellectus*). Por isso não existe nenhuma verdade eterna subsistente em si mesma (como não existe uma bondade, uma beleza, uma justiça). Para ter um fruto (a *adaequatio*) eterno é necessário que seja eterno tanto o objeto conhecido como o intelecto que conhece. Contudo, isso ocorre somente em Deus: seu intelecto é eterno e eterna é sua essência que forma o objeto do seu conhecer.

(Cf. Agostinho, Conhecimento, Iluminação, Intelecto, Verdade)

[Tradução: G. Frade]

Vício

Em sentido geral, se diz daquilo que é defeituoso: por exemplo, em *lógica* é o que torna inválido um pensamento. Em *ética*, que é o âmbito em que o termo recorre mais frequentemente, vício significa disposição usual (habitual) a um gênero de conduta considerada gravemente imoral.

Vício na linguagem filosófica e teológica se contrapõe sempre a *virtude*, e, de fato, em relação a toda virtude, o homem pode desenvolver um hábito contrário, ou seja, o vício. Enquanto a virtude se dirige para o bem, isto é, para a promoção e elevação do ser humano, o vício se dirige para o mal e conduz à degradação, ao embrutecimento do ser humano.

Na Bíblia, quer no AT, quer no NT, frequentemente é recordado o contraste profundo entre a virtude e o vício, explicando que isso provém de dentro do homem (Mc 7,23). Pedro e, sobretudo, Paulo alertam contra o vício e formulam um catálogo dos vícios dos quais o cristão deve guardar-se (1Pd 4,3; Rm 1,29-31; 13,13; Gl 5,19-21; 2Tm 3,2-4).

Em contraposição à virtude, Santo Tomás define o vício como um hábito operativo moralmente mau, fruto de uma prolongada repetição de atos maus. "Mas, enquanto àquilo que diretamente é da razão de virtude, à virtude opõe-se o vício, porque o vício de uma coisa parece ser não estar nas disposições que convêm à sua natureza (*vitium uniuscuiusque rei esse videtur quod non sit disposita secundum quod convenit suae naturae*)" (I-II, q. 71, a. 1). No caso do homem, cuja natureza consiste no ser racional, "o vício é contra a natureza humana, na medida em que é contra a ordem racional" (ibid., a. 2). De fato, pois, a desordem, segundo o Doutor Angélico, consiste essencialmente em subtrair-se à lei divina, quer àquela natural inscrita na consciência, quer àquela revelada. Por isso o vício é sempre *pecado*: enquanto, porém, o vício propriamente se refere ao hábito mau, o pecado denota o ato mau particular: "O pecado é o ato humano mau" (ibid., a. 6). Ora, "um ato humano é mau porque lhe falta a devida medida. Toda medida de uma coisa se toma por comparação a uma regra, da qual, se ela se afasta, será sem medida. Para a vontade humana há duas regras. Uma, bem próxima e homogênea, que é a própria razão humana. A outra, que serve de regra suprema, é a lei eterna, de certo modo a razão de Deus" (ibid.).

Como há as virtudes cardeais, assim também há os *vícios capitais*. Um esquema de tais vícios, que de algum modo se assemelha ao esquema das virtudes cardeais, poderia ser concebido como segue: 1) à *prudência* que ordena sabiamente os atos da razão ao fim último, Deus, se contrapõe a *imprudência* como estultícia, cegueira interior, derivada da *soberba* como recusa do Sumo Bem; 2) à *fortaleza* e *temperança*, virtudes que regulam os apetites sensitivos, concupiscível e irascível, se opõem a *acídia*, a *gula*, a *ira*, a *luxúria*; 3) à *justiça* que regula as relações de uma pessoa com os outros, são contrárias a *avareza* e a *inveja*.

Santo Tomás na *Suma Teológica* oferece um tratado sistemático e completo de todos os vícios que ofendem Deus e degradam o homem, ligando-os algumas vezes a um dos vícios capitais. Em particular vejam-se: para a *soberba*, II-II, q. 162; para a *avareza*, II-II, q. 118; para a *luxúria*, II-II, qq. 153-154; para a *inveja*, II-II, q. 36; para a *gula*, II-II, q. 148; para a *ira*, I-II, qq. 46-48; para a *acídia*, II-II, q. 35.

(Cf. Hábito, Pecado)

[Tradução: M. Couto]

Vida
(ativa, contemplativa, mista)

A distinção entre vida ativa e contemplativa encontra-se já presente em Aristóteles. Fílon, por sua vez, distingue três gêneros de vida: "uma voltada para Deus; outra voltada para o mundo; e uma intermediária, que mescla as duas primeiras" (*Quis rerum divinarum heres sit*, n. 45). Essa doutrina, por meio de um fecundo enxerto na experiência original do cristianismo e mediante a reflexão de alguns Padres e testemunhas da Igreja, alcançou em Santo Tomás a mais perfeita formulação que até agora possuímos. O Angélico fala sobre a vida humana e cristã nas questões 179 a 182 da parte *Secunda secundae* da *Suma Teológica*, e, para a referência imediata ao estado religioso, ele reserva a questão 188 da mesma parte da *Suma*. Outros escritos em que trata deste tema são: *Comentário às Sentenças* (III, d. 35), os opúsculos *Contra pestiferam doctrinam retrahentium homines a religionis ingressu* e *De perfectione vitae spiritualis*, a questão disputada *De veritate* (q. 11, a. 4) e *Suma contra os Gentios* (III, cc. 63, 133).

Sobre o pensamento de Santo Tomás a este respeito, conferir o verbete Perfeição cristã.

[Tradução: M. Ponte]

Vida (em Deus)

O conceito de vida, que essencialmente significa o poder de mover-se por si mesmo, é analógico. Com certo ajuste semântico, ele pode ser aplicado seja aos seres corpóreos (plantas, animais, homem), seja aos incorpóreos (anjos, Deus).

Sobre a vida em Deus, Santo Tomás trata principalmente em dois escritos: a *Suma contra os Gentios* (I, cc. 97-98; IV, c. 11) e a *Suma Teológica* (I, q. 118).

O conceito de vida designa uma perfeição simples, não mista. Ou seja, uma perfeição que também pode se dar fora da matéria, do espaço e do tempo. Por essa razão, pode ser propriamente aplicado também a Deus. Com efeito, a qualidade do "mover-se por si mesmo" não está ligada ao espaço e ao tempo, isto é, à matéria, pois, antes, ela vale em absoluto. Quanto mais perfeita é a operação do "mover-se por si", maior o grau de vida. Ora, a autonomia mais plena e completa se dá no agir divino. Logo, a vida, antes e acima de tudo, pertence a Deus. De fato, "Deus, por ser a primeira causa eficiente, não é atuado por outra coisa, mas por si mesmo age em grau supremo. Logo, o viver compete em grau supremo a Deus" (*C. G.*, I, c. 97, n. 813). A vida tem os seus graus. As plantas possuem o movimento por si (*semoventia*) apenas em relação ao crescimento. Os animais o possuem em relação à direção, e isso de modo proporcional ao desenvolvimento de seus sentidos. Quem tem intelecto, como o homem, possui o movimento por si em relação ao fim. Ademais, a intelectualidade será maior quanto maior for a imaterialidade. Portanto: "A maneira segundo a qual vivem os seres dotados de intelecto é mais perfeita, pois movem a si mesmos de maneira mais perfeita. É sinal disso o fato de que, em um único e mesmo homem, o intelecto move as faculdades sensitivas, que por sua vez movem e comandam os órgãos, que executam o movimento. [...] Embora nosso intelecto se determine a certas coisas, entretanto, outras lhe são estabelecidas pela natureza, como os primeiros princípios, a respeito dos quais não se pode pensar diversamente, e o fim último, que é impossível não querer. Por isso, ainda que se mova em relação a algo, contudo, é necessário que, em relação a outras coisas, o intelecto seja movido por outro. Portanto, aquilo que, por sua natureza, é o seu próprio conhecer e que não é determinado por outro quanto ao que lhe é natural, isto é o que detém o sumo grau da vida. E este é Deus. Em Deus, por conseguinte, encontra-se a vida em seu mais alto grau" (I, q. 18, a. 3).

Enquanto os outros seres possuem a vida de modo imperfeito e participado, Deus a possui de modo pleno, perfeito e absoluto: ele é a sua própria vida. "Se Deus, sendo vivente, não fosse a sua própria vida (como acima foi demonstrado), resultaria que seria vivente por vida participada. Ora, tudo que é por participação reduz-se ao que é por si mesmo. Desse modo, Deus seria reduzido a uma coisa anterior a ele, da qual receberia a vida. O que é impossível" (*C. G.*, I, c. 98, n. 819).

Aquilo que caracteriza a vida divina é o fato de não estar sujeita nem ao tempo nem à idade, pois é sem início e sem fim: é *sempiterna*. De fato, "tudo aquilo que às vezes é, e às vezes não é, provém de alguma causa. Por conseguinte, nenhuma coisa leva a si mesma do não ser para o ser, porque o que ainda não é, não age. Ora, a vida divina não tem causa alguma, como não a tem o ser divino. Logo,

Deus não é às vezes vivente, e às vezes não vivente, mas é sempre vivente. Logo, a sua vida é eterna" (ibid., c. 99, n. 824).

A vida em Deus é intensíssima e riquíssima. É uma vida que, para cumprir toda a sua plenitude, três vezes se hispostasia nas Três Pessoas divinas do Pai, do Filho e do Espírito Santo. Trata-se de um mistério grandioso e sublime, absolutamente inacessível à razão humana, e de cuja existência fomos informados pela revelação neotestamentária. Cabe, no entanto, à razão esforçar-se sem medidas para apreender o sentido desse mistério. Antes de Santo Tomás, muito esforço já se havia feito por meio, sobretudo, de Tertuliano, Hilário e Agostinho. O Doutor Angélico retoma substancialmente as formulações e as explicações do Doutor de Hipona, acrescentando-lhes, no entanto, algo seu, sobretudo ao desenvolver melhor o conceito de vida. Desse modo, ele consegue lançar nova luz sobre o mistério trinitário, aprofundando algumas propriedades fundamentais da vida, em particular aquelas da geração e da efusão. Ao examinar as gerações, ele ilustra a processão do Filho; enquanto, ao estudar a efusão, lança luz sobre a processão do Espírito Santo.

A circulação vital própria de Deus, seu "mover-se a si mesmo", realiza-se seja na operação do conhecer, seja naquela do querer. No primeiro caso, acontece uma verdadeira geração (do Filho); no segundo, a efusão do amor (o Espírito Santo). Uma das características fundamentais da vida é a procriação, isto é, a geração segundo a própria espécie. É o que ocorre na processão do Verbo pelo Pai. De fato, "o Verbo de Deus tem a mesma natureza de Deus que o pronuncia, e é à sua semelhança, disto resulta que este processo natural se realiza com semelhança daquele de quem procede com identidade de natureza. Pois bem, este é o verdadeiro conceito da geração nos seres vivos, a saber, que aquilo que é gerado procede do genitor em semelhança com ele e na mesma natureza dele. Por isso, o Verbo de Deus é verdadeiramente *gerado* de Deus que o pronuncia, e sua processão pode ser chamada de *geração* ou *natividade*.

Daí ser dito no Salmo: *Eu hoje te gerei* (Sl 2,7), isto é, na eternidade, que sempre está presente, e onde não existe passado e futuro" (*C. G.*, IV, c. 11, n. 3477). Santo Tomás ilustra ainda melhor essa tese que explica a processão do Filho, ao ligá-la ao ato do intelecto divino, fazendo ver que, enquanto o verbo que procede do intelecto humano não goza de nenhuma subsistência, ao contrário, o Verbo que procede do Pai é realmente subsistente. "Em nós, o conhecer não é a substância do intelecto. Portanto, o verbo que procede em nós pela operação inteligível não tem a mesma natureza que seu princípio. Por conseguinte, nela não se verifica própria e completamente a razão de geração. Mas o conhecer divino e a substância mesma do que conhece, como se disse acima. Por isso, o verbo que procede, procede como um subsistente da mesma natureza. Por essa razão, propriamente se chama gerado e Filho" (I, q. 27, a. 2, ad 2).

Em Deus, a comunicação vital é ao mesmo tempo efusão de amor e autodoação, operada reciprocamente entre o Pai e o Filho de maneira tão rica e tão densa que faz florir uma terceira Pessoa, o Espírito Santo, denominado propriamente "dador da vida (*dator vitae*)". "A processão de amor, em Deus, não deve ser chamada de geração. Para prová-lo, deve-se saber que há uma diferença entre o intelecto e a vontade. O intelecto torna-se ato quando a coisa por ele conhecida está no intelecto segundo sua semelhança. A vontade, porém, torna-se ato, não pelo fato de alguma semelhança do que é querido estar na vontade, mas porque a vontade tem certa inclinação para o bem que quer. Por conseguinte, a processão que corresponde à razão de intelecto é tal segundo a razão de semelhança; e por isso pode ter a razão de geração, pois todo aquele que gera, gera um semelhante a si. Mas a processão que corresponde à razão de vontade não é considerada segundo a razão de semelhança, mas segundo a razão do que impele e move para algo. Assim, o que procede em Deus por modo de amor, não procede como algo gerado, ou como filho, mas mais propriamente como um *espírito*. Por esse nome se designa uma certa moção vital e um impulso, no sentido em que se diz que o amor move e impele a fazer alguma coisa" (ibid., a. 4).

Além de riquíssima em seu dinamismo interno, a vida de Deus é também maravilhosa pelo que se opera *ad extra*. Todo o universo criado, em sua variedade, vastidão, ordem, beleza, esplendor, potência, é fruto das operações vitais de Deus, do seu intelecto e do seu amor, e canta glória ao poder e à munificência da vida em Deus.

(Cf. Deus, Espírito, Vida (em geral))
[Tradução: M. Ponte]

Vida (em geral)

É aquela particular capacidade de movimento e de autoconservação que caracteriza os seres animados. É, ainda, um conceito analógico que se aplica com certo ajuste semântico às plantas e aos animais, ao homem e a Deus, ao mundo da matéria e àquele do espírito. É um conceito rico e complexo, mais fácil de descrever do que de definir. Dela tratam a ciência, a filosofia e a teologia.

Cientificamente, a vida é concebida como uma estrutura particular da matéria: uma estrutura molecular bastante complexa, muito mais articulada e superior do que aquela dos seres inorgânicos. Filosoficamente, define-se a vida como primeiro princípio da realidade orgânica. Teologicamente, a vida é considerada um dom especial de Deus mediante o qual o homem torna-se partícipe da própria natureza divina: "*Divinae consortes naturae*" (2Pd 1,4).

O estudo científico da vida somente se pôde desenvolver na época moderna, após a rigorosa elaboração e introdução do método científico por obra de Galileu e Bacon. O estudo filosófico, por sua vez, remonta aos grandes filósofos gregos, sobretudo a Aristóteles, a quem pertence a clássica definição da vida como "movimento não comunicado e imanente" (*De anima* II, 1, 403b, 16). Também a perspectiva de Santo Tomás quanto ao problema da vida é fundamentalmente filosófica.

1. Definição e natureza da vida

Santo Tomás, remontando a Aristóteles, define a vida como o mover-se de si a si. "Toma-se o nome *vida* [...] para significar uma substância a qual convém segundo sua natureza mover-se a si própria, ou determinar-se de algum modo a sua operação" (I, q. 18, a. 2). "*Poder mover-se por si* é o modo mais elevado de movimento, e nisto consiste a especificidade da vida. De fato, definimos 'viventes' as realidades que, de algum modo, se movem por si mesmas" (*In De Causis*, prop. 18).

Usando um procedimento muito comum entre os biólogos, aquele de traçar uma linha de demarcação entre viventes e não viventes, partindo dos seres que claramente possuem vida — colocando, por exemplo, em confronto o comportamento de um cão e aquele de uma pedra —, Santo Tomás mostra que o título de vivente cabe, sobretudo, aos animais, porque é neles que se encontra mais claramente a característica específica da vida: o mover-se por si. "Por aqueles em quem a vida é manifesta, podemos entender quem vive e quem não vive. Ora, a vida cabe claramente aos animais; é o que se assinala no tratado *Dos Vegetais*: 'Entre os animais a vida é manifesta'. Assim, deve-se distinguir os vivos dos não vivos por aquilo pelo qual os animais se dizem vivos, a saber, por aquilo em que por primeiro a vida se manifesta e em que por último permanece. Com efeito, dizemos que, por primeiro, um animal vive, quando começa a mover-se por si próprio, e julgamos que vive tanto tempo quanto o movimento nele aparece. Quando, pelo contrário, já não tem por si mesmo movimento algum, mas é apenas movido por outro, dizemos que está morto, por falta de vida. Fica então claro que propriamente são vivos os que movem a si próprios por alguma espécie de movimento [...]. Assim, é chamado de vivo tudo o que se move ou age por si mesmo. Os que por natureza, não se movem nem agem por si mesmos só serão chamados vivos por semelhança" (I, q. 18, a. 1; cf. *III Sent.*, d. 35, q. 1, a. 1).

Para entender plenamente o que é a vida, o melhor procedimento é o de estudar suas manifestações, isto é, suas operações, já que "a operação própria de cada coisa segue-lhe e manifesta-lhe a espécie (*propria enim operatio cuiuslibet rei consequitur et demonstrat speciem ipsius*)" (*C. G.*, II, c. 73). Ora, sendo dois os tipos de operações, a partir destas se dividirão vivos e não vivos: "Existem dois gêneros de operações. Umas são transitivas (*transiens*) de um sujeito a outro, como no caso do fogo que aquece a madeira. Tais operações não se voltam em benefício do operante, mas do operado. De fato, o fogo não encontra vantagem alguma no fato de aquecer, enquanto o contrário se dá com o que recebe o calor. Outro gênero de operações é aquele não transitivo (*non transiens*), no sentido de não se voltar a algo extrínseco, permanecendo antes no sujeito mesmo que age, tais como o sentir, o entender, o querer e outros. Estas operações aperfeiçoam o sujeito operante (*haec operationes sunt perfectiones operantis*): por essa razão, o intelecto não se torna perfeito senão quando compreende em ato. Analogamente, o sentido só se torna perfeito quando atualmente sente. O primeiro gênero de operações é comum aos seres vivos e aos não vivos; o segundo, ao contrário, é exclusivo dos vivos (*secundum operationum genus est proprium viventis*)" (*De Pot.*, q. 10, a. 1). Ora, justamente pelo fato de as operações características do ser vivo serem aquelas imanentes, ou seja, operações em que o sujeito move e aperfeiçoa a si mesmo — "operações perfectivas do sujeito operante" —, deve-se concluir que *a vida consiste essencialmente no mover-se por si mesmo*.

Vale ressaltar que esse conceito ainda não se encontra superado. Muitos biólogos contemporâneos (Rush, Asimov, Canguilhem etc.) utilizam esse conceito quando falam de vida. "A vida — escreve J. H. Rush — é essencialmente mudança, processo, atividade contínua". Para Nietzsche, a vida é uma "ascensão", um "crescimento", "devir ininterrupto"; Bergson, por sua vez, a considera "um elã excepcional", ao qual dá o nome de "elã vital". Mais exata, porém, é a definição de Santo Tomás ao destacar que aquilo que distingue especificamente o que se afirma como "movimento", "processo", "elã", "ascensão" etc., é o fato de ser imanente: não só é espontâneo e nasce de dentro, mas se converte e volta em benefício de quem desempenha essa atividade; é uma atividade caracteristicamente imanente e não transitiva. A expressão "ação perfectiva do sujeito operante" resulta, assim, perfeitamente adequada para definir a vida.

2. O primeiro princípio da vida: a alma

Uma vez reconhecido que a vida é essencialmente movimento cuja causa não é externa, mas interna, torna-se mais fácil compreender por que esse movimento não pode ser explicado sem que se reconheça a existência de um princípio intrínseco, de uma fonte interna que o produz. Desde os tempos mais remotos, tanto os filósofos como os homens em geral deram a este princípio interior das manifestações vitais o nome de *alma*. Para Santo Tomás, bem como para Aristóteles, a alma "não é um princípio qualquer de operação vital. Se assim fosse, os olhos seriam alma, já que são o princípio da visão; e isto se deveria dizer dos demais órgãos da alma. Nós dizemos que o *primeiro princípio* da vida é a alma. Embora algum corpo possa ser um princípio de vida, como o coração é princípio da vida animal, um corpo não pode ser o primeiro princípio da vida. É claro que ser princípio de vida, ou ser vivo, não convém ao corpo enquanto é corpo, do contrário, todo corpo seria vivo ou princípio de vida. Assim, cabe a um corpo ser vivo, ou princípio de vida, enquanto ele é tal corpo. Mas o que é *tal* em ato, o é em razão de um princípio que é chamado seu ato. Por conseguinte, a alma que é o primeiro princípio da vida não é corpo, mas ato do corpo" (I, q. 75, a. 1).

A alma, portanto, é o princípio último do movimento vital. Dado, porém, que nas plantas, nos animais e nos homens se dão movimentos vitais profundamente diversos, parece legítimo distinguir três tipos de alma: sensitiva, vegetativa e intelectiva, como o fizeram quase todos os filósofos desde Platão e Aristóteles. Um claro testemunho dessa divisão pode ser também encontrado em Santo Tomás. Ele explica que a razão da divisão em três almas reside no fato de elas se distinguirem diversamente conforme "as diferentes maneiras com as quais a ação da alma ultrapassa a ação da natureza corporal. A natureza corporal, toda ela, está com efeito submetida à alma, e se refere a ela como matéria e instrumento. Há, pois, uma operação da alma que de tal modo ultrapassa a natureza corporal que nem mesmo é realizada por um órgão corporal. E essa é a operação da *alma racional*. — Há outra operação inferior à precedente que se realiza por meio de um órgão corporal, mas não por meio de uma qualidade corpórea. E essa é a operação da *alma sensitiva* [...] — Enfim, a operação menos elevada da alma se faz por meio de um órgão corporal e pelo poder de uma qualidade corpórea. Ultrapassa, no entanto, a operação da natureza corpórea, pois os movimentos dos corpos dependem de um princípio exterior, enquanto tais operações procedem de um princípio interno, e esse modo de ação é comum a todas operações da alma. Tudo o que é animado, com efeito, move a si mesmo de alguma maneira. E essa é a operação da *alma vegetativa*" (I, q. 78, a. 1).

3. Origem da vida

O problema da origem da vida, que nos últimos séculos deu lugar a tantas polêmicas inflamadas entre mecanicistas e vitalistas, não é jamais tratado de modo direto e explícito por Santo Tomás. Em todo caso, não há dúvida de que, entre as duas explicações alternativas, Deus ou o acaso, ele não poderia deixar de escolher a primeira tese. É o que se pode claramente deduzir de suas críticas firmes e aguçadas contra o acaso como hipótese explicativa da origem do universo. Para o Angélico, nada do que acontece no universo se dá por acaso, ainda menos se se considera um fenômeno tão importante como aquele da origem da vida: tudo é fruto da ação potente e sapiente de Deus (*C. G.*, III, c. 75).

4. Felicidade da vida

A bem-aventurança (cf. BEM-AVENTURANÇAS EVANGÉLICAS), isto é, a felicidade plena e completa, na qual todas as aspirações do homem são inteiramente satisfeitas, constitui o único escopo da vida humana. Mas, por constar de dois momentos, aquele atual do *status viae* e aquele futuro do *status patriae*, dividem-se em duas as possibilidades e modalidades diversas de ser feliz, uma vez que a felicidade presente deve ser concebida como premissa e preparação em vista da felicidade eterna. Por esse motivo, escreve Santo Tomás em *De regimine principium*, "a vida honesta que os homens vivem na terra é ordenada ao fim significado pela felicidade da vida celeste que esperamos" (*De Reg.*, l. 1, c. 16). A partir dessas considerações, Santo Tomás chega a uma significativa conclusão concernente aos deveres do soberano: "Assim como o fim da vida reta que levamos na terra é a felicidade celeste, faz parte dos deveres do rei organizar uma boa existência social segundo um critério que atenda aos requisitos para se alcançar a felicidade celeste, ordenando aquilo que conduz à alegria do céu e proibindo, nos limites do possível, o que está em contraste com ela" (ibid.).

Em vista da felicidade da vida, Santo Tomás exige, em perfeita coerência com a sua antropologia — para a qual o homem é uma natureza essencialmente composta de alma e corpo —, que sejam plenamente satisfeitas tanto as necessidades da alma como aquelas do corpo, e isso tanto para o *status viae* quanto para o *status patriae*.

Para que *neste mundo* possa haver vida autenticamente humana, Santo Tomás exige duas coisas: quanto à alma, que aja segundo a virtude; quanto ao corpo, que possua suficiente disponibilidade de bens materiais: "*Ad bonam unius hominis vitam duo requiruntur: unum principale, quod est operatio secundum virtutem; virtus est enim qua bene vivitur; aliud vero secundarium et quasi instrumentale, scilicet corporalium bonorum sufficientia, quorum usus est necessarius ad actum virtutum* [Para a boa vida de um homem, requerem-se duas coisas: a principal delas é agir conforme a virtude, pois da virtude vem o bem viver; outra, secundária e quase instrumental, consiste em possuir suficientes bens materiais, cujo uso é necessário para o exercício das virtudes (N. do T.)]" (ibid.).

Em se tratando da vida futura, a plena felicidade do homem depende, analogamente, de que ele seja reintegrado em sua constituição natural mediante uma reassunção de seu corpo por parte da alma, de modo que possa chegar com todo o seu ser à realização plena da vida e, consequentemente, à plena felicidade. Portanto, a felicidade da vida futura diz respeito não apenas à parte espiritual, isto é, à alma, mediante a visão beatífica; mas também àquela material, ao corpo, mediante o vigor (*virtus*), a glória (*gloria*) e a incorruptibilidade (*incorruptio*): "*Hominis autem beatitudo perfecta consistit in anima et corpore; in anima quidem quantum ad id quod est ei proprium, secundum quod mens videt et fruitur Deo; in corpore vero secundum quod corpus 'resurget spirituale et in virtute et in gloria et in incorruptione', ut dicitur 1Cor 15,42* [A bem-aventurança perfeita do homem tem lugar na alma e no corpo. Na alma, abrangendo o que lhe é próprio, enquanto a mente vê a Deus e dele frui; no corpo, que 'ressuscitará espiritual, resplandecente de glória, cheio de força, incorruptível', como diz 1Cor 15,42 (N. do T.)]" (III, q. 15, a. 10).

5. Sacralidade da vida

Sobre este importante e atualíssimo tema, vejam-se os verbetes Eutanásia e Homicídio.

(Cf. Acaso, Alma, Bem-Aventuranças evangélicas, Criação, Homem)

[Tradução: M. Ponte]

Vida cristã

É aquele gênero de vida que deve guiar o cristão, isto é, aquele que crê em Jesus Cristo e o assume como modelo da própria conduta. É a vida daquele que assume como regra de seu viver não mais a Lei Antiga, mas a Lei Nova, que é, propriamente, a Lei de Cristo.

Como deve ser a vida do cristão, Santo Tomás o explicita na Terceira Parte da *Suma Teológica*, na qual, ao expor os grandes mistérios da vida de Cristo, traz aqui e acolá ensinamentos preciosos para a conduta daqueles que se afirmam discípulos fiéis de Cristo. Mas as bases doutrinais da vida cristã são, sobretudo, postas na *Prima Secundae*, quando ele trata da Lei Nova.

A Lei Nova, explica Santo Tomás, compreende dois elementos: um externo, constituído pelos "enunciados da fé" (*enuntiabilia fidei*) e pelos preceitos que ordenam os afetos e os atos humanos, tratando-se, portanto, de um elemento secundário, pois, "como lei escrita, a Lei Nova não justifica" (I-II, q. 106, a. 2); e outro interno, constituído essencialmente pela graça de Deus, sendo, portanto, o elemento principal. Escreve o Angélico: "'Toda coisa parece ser aquilo que nela é principal', diz o Filósofo. Aquilo que é principal na lei do novo testamento, e em que toda a virtude dela consiste, é a graça do Espírito Santo, que é dada pela fé de Cristo. E assim principalmente a lei nova é a própria graça do Espírito Santo, que é dada aos fiéis de Cristo. E isso aparece manifestamente pelo Apóstolo que diz: 'Onde está então a tua glória? Foi excluída. Por qual lei? Das obras? Não: mas pela lei da fé (Rm 3,27): a própria graça da fé chama de 'lei'. E mais expressamente na Carta aos Romanos se diz: 'A lei do espírito da vida em Cristo Jesus me libertou da lei do pecado e da morte' (Rm 8,2)" (ibid., a. 1). Por isso, o elemento principal de nosso agir moral "é a graça do Espírito Santo, que é dada pela fé de Cristo (*ideo principaliter lex nova est ipsa gratia Spiritus Sancti, quae datur Christi fidelibus*)" (ibid.).

A concepção do enraizamento interior da Lei Nova, mediante a graça do Espírito Santo, é insistentemente retomada nas questões 106-108 da *Prima secundae*. Eis algumas citações: "duas coisas pertencem à lei do Evangelho. Uma, principalmente, a saber: a própria graça do Espírito Santo dada interiormente" (I-II, q. 106, a. 2); "a lei nova, como foi dito, principalmente é a graça do Espírito Santo" (ibid., a. 3); "E assim a lei nova, cuja principalidade consiste na própria graça espiritual infusa nos corações, é dita 'lei do amor' [...] Embora a lei antiga desses preceitos de caridade, não se dava por ela o Espírito Santo, pelo qual 'difunde-se a caridade nos nossos corações'" (I-II, q. 107, a. 1, ad 2). A Lei Nova, infundida em nossos corações, é a lei dos novos tempos vistos pelo profeta Jeremias: "...a lei nova é a lei do novo testamento. Ora, a lei do novo testamento é infusa no coração. O Apóstolo, com efeito, diz, citando o texto que se tem no livro de Jeremias: 'Eis que virão os dias, diz o Senhor, e consumarei sobre a casa de Israel e sobre a casa de Judá um testamento novo'; e expondo o que seja esse testamento, diz: 'Porque este é o testamento que propiciarei à casa de Israel: dando minhas leis para a mente deles, e as sobrescreverei no seu coração'. Logo, a lei nova é lei infusa" (I-II, q. 106, a. 1).

Para Santo Tomás, a graça do Espírito Santo se torna em nós nova natureza, hábito interior infuso, impulso interior da graça, que nos impele a agir em plena conformidade ao nosso modelo Jesus Cristo, que é a própria fonte da graça: "Porque a graça do Espírito Santo é como o hábito interior a nós infuso, que nos inclina a agir retamente, leva-nos livremente a fazer aquelas coisas que convêm à graça, e a evitar aquelas que repugnam à graça. Assim, pois, a lei nova se chama lei da liberdade, duplamente. De um modo, porque não nos constrange a fazer ou evitar algumas coisas, senão aquelas que de si são necessárias ou repugnantes à salvação, as quais caem sob o preceito ou a proibição da lei. De outro modo, porque faz-nos cumprir livremente também tais preceitos ou proibições, enquanto os cumprimos por movimento interior da graça. E por causa dessas duas coisas a lei nova se chama, na Carta de São Tiago, 'lei da perfeita liberdade'" (I-II, q. 108, a. 1, ad 2).

Por fim, para o Angélico, a nova lei ou lei evangélica, que está na base da vida cristã, é lei da graça, lei da fé, lei do amor, lei da plena liberdade, lei do Espírito Santo que nos foi dado, e pelo qual o amor é infundido em nossos corações, enfim, lei do espírito de vida em Cristo Jesus. Junto a esse elemento fundamental, infuso, encontramos também aquele secundário, formado pelos enunciados da fé e pelos preceitos. Existe, portanto, um abismo entre a concepção que o Doutor Angélico tem da vida cristã e aquela de muitos teólogos que pretendem reconstruir seu ensinamento. Enquanto estes muito frequentemente vinculam a vida cristã às leis e aos preceitos, como se se tratasse do elemento principal e fundamental, Santo Tomás atribui à lei e aos preceitos um papel secundário, colocando sempre em primeiro lugar o elemento teologal da graça, do dom do Espírito, infundido no coração do fiel.

(Cf. Antropologia, Cristo, Cristologia, Espírito Santo, Graça)

[Tradução: M. Ponte]

Vida eterna

É uma das verdades fundamentais da Revelação. Da Palavra de Deus resulta que o homem foi criado imortal: "Deus não fez a morte, nem se alegra com a ruína dos vivos. Ele criou tudo para que tudo subsista: as criaturas do mundo são salutares, nelas não há mortífero veneno" (Sb 1,13-14). Mas a imortalidade foi rompida pelo pecado e restituída por Cristo: "O primeiro *homem* Adão foi um ser animal dotado de vida, o último Adão é um ser espiritual que dá a vida" (1Cor 15,45). A vida que Cristo comunica é vida espiritual: "Com efeito, assim como o Pai reergue os mortos e os faz viver, o Filho também faz viver quem ele quer" (Jo 5,21) — e *eterna* — "Eu sou o pão vivo que desce do céu. Quem comer deste pão viverá para a eternidade" (Jo 6,51); "Mas Simão Pedro lhe respondeu: 'Senhor, a quem iríamos? Tu tens palavras de vida eterna'" (Jo 6,68).

A vida eterna, limite último da vida humana, que se consegue quando se passa do *status viae* ao *status gloriae*, consiste essencialmente na participação da vida divina, ou seja, na visão extática e na união beatificante com a Trindade. Sobre esse ponto todos os teólogos estão de acordo. A disputa versa sobre o que tem a precedência: a visão ou o amor, e portanto o intelecto ou a vontade. É notório que Santo Agostinho e toda a escola franciscana assinalam o primado do amor e, portanto, da vontade. Em vez disso, Santo Tomás, fiel à sua antropologia que subordina o querer ao conhecer, a vontade ao intelecto, dá a precedência à visão: o amor gozoso e beatificante jorra da visão extática. A bem-aventurança toca inicialmente o intelecto, que é a primeira faculdade a entrar na posse de Deus mediante a visão extática. Contudo, o próprio Santo Tomás sublinha que o momento intelectivo não exclui o momento afetivo, antes o inclui como complemento necessário daquele. No entanto, mesmo afirmando que a bem-aventurança consiste *principalius* na vida contemplativa, reconhece que a posse plena e integral do Sumo Bem, Deus, se dá somente no amor, e não encontra nada a objetar contra a tese agostiniana segundo a qual a alegria é o coroamento da bem-aventurança (*gaudium est consummatio beatitudinis*) (I-II, q. 3, a. 4).

(Cf. BEM-AVENTURANÇAS EVANGÉLICAS, PARAÍSO)
[Tradução: M. Couto]

Vir-a-ser cf. Devir

Virgindade

Do latim *virginitas*; é aquela forma de castidade na qual um homem ou uma mulher decidem voluntariamente pela renúncia de toda atividade sexual e dos prazeres que a acompanham.

O AT dava grande importância ao matrimônio (cf. Jz 11,37) e não dava especial valor à virgindade, no sentido de celibato voluntário, mas o valorizava somente como preparação ao matrimônio. Em algumas seitas hebraicas (por exemplo, os Essênios) pode-se, todavia, constatar certa apreciação pela virgindade, por razões principalmente ascéticas. No entanto, no NT se fala de um celibato voluntário "pelo Reino dos Céus" (Mt 19,12), para cuidar "das coisas do Senhor" (1Cor 7,34). Este modo de vida torna-se a expressão da espera cristã e um prelúdio do fim dos tempos, "mas os que foram julgados dignos de ter parte no mundo futuro e na ressurreição dos mortos não tomam nem mulher nem marido" (Lc 20,35). Jesus recomenda a virgindade para aqueles que a possam suportar pelo Reino dos Céus (Lc 18,29 ss.). Ele distingue esta renúncia voluntária da incapacidade para o matrimônio desde o seio materno e daquela causada pela intervenção humana (castração), e qualifica a primeira como uma recusa do matrimônio que nasce por ser conquistados pelo Reino de Deus, e, portanto, mais do que uma escolha própria, tem origem numa especial chamada (vocação) do Espírito. Por isso o conselho evangélico da virgindade não é dirigido a todos, mas somente àqueles que se sentem chamados pela graça por meio da vocação.

Santo Tomás dedica à virgindade a questão 152 da *Segunda Seção da Segunda Parte da Suma Teológica*, em que discute cinco problemas: 1. Em que consiste a virgindade? 2. É lícita? 3. É uma virtude? 4. É superior ao matrimônio? 5. É superior às demais virtudes?

No conceito de virgindade o Doutor Angélico distingue dois elementos, material e formal. Ao *elemento material* pertence a integridade física; àquele *formal* pertence "o propósito de se abster, para sempre, dos prazeres venéreos" (II-II, q. 152, a. 1). A virtude da virgindade não se perde a não ser pelo pecado: "Portanto, se acontecer de alguém, eventualmente, perder a integridade do corpo, de algum outro modo, isso não prejudica a virgindade mais do que o ferimento de uma das mãos ou de um pé" (ibid., ad 3). No entanto, uma vez perdida se torna irreparável. De fato "a virtude pode ser restabelecida pela penitência, no seu aspecto formal, não no aspecto material. Assim, quem, na sua magnificência, gasta toda a sua riqueza, não irá recuperá-la pela penitência dos seus pecados. Igualmente, quem perdeu a virgindade pelo pecado, não conseguirá reavê-la, materialmente, pela penitência, mas pode recuperar o propósito da virgindade" (ibid., a. 3, ad 3).

Àqueles que objetam que a virgindade é coisa não natural e pecaminosa porque a sexualidade é um constituinte essencial da pessoa e é destinada à propagação da espécie,

Santo Tomás dá uma resposta muito articulada, que se apoia em dois pontos: 1) o dever da propagação da espécie não liga os indivíduos individualmente mas a coletividade: "neste caso, a obrigação não se impõe a cada um dos seus membros em particular, pois há muitas coisas que são necessárias à coletividade e que um só não basta para cumprir, e a coletividade as realiza, enquanto um membro faz uma coisa e outro faz outra" (ibid., a. 2, ad 1); 2) a renúncia aos prazeres da carne favorece muitíssimo o progresso espiritual e a união com Deus. Portanto, "se alguém se abstiver dos prazeres corporais, para se dedicar mais livremente à contemplação da verdade, estará agindo conforme a retidão racional. Ora, a virgindade religiosa se abstém de todo prazer sexual, para se entregar mais livremente à contemplação divina [...]. Donde se conclui que a virgindade, longe de ser viciosa, merece louvor" (ibid., a. 2).

A virgindade, observa o Doutor de Aquino, não se confunde com a *castidade*: esta impõe somente abster-se da desordem nos prazeres da carne, prazeres em si lícitos aos cônjuges; enquanto a virgindade exige o propósito de abster-se sempre de qualquer prazer carnal. Por isso os esposos são obrigados à castidade, mas não à virgindade (ibid., a. 3, ad 5).

Santo Tomás defende com boas razões a *superioridade da virgindade* com relação ao matrimônio. Há, antes de tudo, uma razão teológica: São Paulo aconselhou a virgindade como um bem melhor (1Cor 7,25 ss.). Mas há também uma razão filosófica: "o bem divino é superior ao bem humano (*bonum divinum est potius bono humano*): [...] porque o bem da alma é mais excelente que o do corpo; [...] porque o bem da vida contemplativa é preferível ao bem da vida ativa. Ora, a virgindade se ordena ao bem da alma na sua vida contemplativa, que é 'pensar nas coisas de Deus'. O casamento, ao contrário, está voltado ao bem do corpo, que é a multiplicação corporal do gênero humano e pertence à vida ativa, dado que os casados devem 'pensar nas coisas que são do mundo' (1Cor 7,33), segundo o Apóstolo. Portanto, sem dúvida alguma, a virgindade é melhor que a continência conjugal" (II-II, q. 152, a. 4). Todavia, acrescenta prontamente o Doutor Angélico, "embora a virgindade seja superior à continência conjugal, pode, contudo, a pessoa casada ser melhor que a virgem, por dois motivos. Primeiro, considerando-se a castidade mesma, ou seja, se o casado está mais disposto a guardar a virgindade, se for necessário, do que aquele que é, na realidade, virgem [...]. Em segundo lugar, quem não é virgem pode, talvez, ter outra virtude mais excelente" (ibid., ad 2).

Claramente a excelência desta virtude, à qual se atribui "a mais esplêndida beleza (*excellentissima pulchritudo*)" (II-II, q. 152, a. 5), em Santo Tomás não se funda sobre razões maniqueístas de desconfiança ou de desprezo pelo corpo e pela sexualidade: pelos quais o Doutor Angélico tem grande respeito, defendendo a intrínseca bondade quer da sexualidade quer do matrimônio; mas sim sobre razões excelentemente evangélicas: o primado absoluto do amor de Deus. Por amor seu e pelo Reino dos céus se renuncia, além de o pai e à mãe, aos irmãos e irmãs, também à felicidade de uma família própria.

Santo Tomás viveu intensamente as "alegrias" da virgindade, uma virtude pela qual tinha uma especial conaturalidade. Ao mesmo tempo nutria uma forte repugnância pela luxúria, na qual via não só um embrutecimento da pessoa, mas também o máximo obstáculo ao conhecimento da verdade, da contemplação e da união com Deus.

(Cf. Castidade, Luxúria)
[Tradução: M. Couto]

Virtude

Do latim *virtus*; com este termo geralmente se entende um hábito, isto é, uma disposição firme e constante, para agir bem: é uma inclinação ao bem que se consolidou, tanto que o virtuoso é levado a agir bem (por exemplo, a ser corajoso, generoso, casto, humilde, estudioso etc.) com espontaneidade, antes, com vivo entusiasmo. A virtude é objeto primário da ética, uma vez que esta estuda o fim do homem e os meios para consegui-lo, e a virtude é certamente um dos meios principais. Assim, o conceito de virtude resulta indispensável para estruturar uma doutrina moral. Em todo caso, no pensamento ocidental, no que diz respeito ao homem moral, a doutrina da virtude sempre foi uma das formas principais pela qual se buscou formular sistematicamente o que o homem "deve fazer" em vista de uma completa realização de si mesmo.

A doutrina das quatro virtudes cardeais que preexistem a todo o agir moral está já presente em Pitágoras. No tempo de Platão elas se tornaram uma ideia tão comum a ponto de oferecer o esquema geral de um discurso sobre a estrutura da *Polis* e a formação da pessoa (cf. *República*). Mas o aprofundamento do conceito de virtude, pela qual é proposta a clássica definição de "hábito para escolher o justo meio", e o exame sistemático das virtudes principais, é obra de Aristóteles, que dedicou a esse estudo aquela obra prima que é a *Ética a Nicômaco*. Aristóteles divide as virtudes em dois grupos principais: dianoéticas (do intelecto) e éticas (da vontade ou livre escolha). As primeiras levam ao desenvolvimento das faculdades intelectivas; ao passo que as segundas presidem ao controle das paixões e da escolha dos meios para atingir o fim último. Principais entre todas as virtudes morais são também para Aristóteles as quatro virtudes cardeais: prudência, justiça, fortaleza, temperança.

Com o advento do cristianismo o campo das virtudes se amplia consideravelmente: as virtudes morais que correspondem diretamente às exigências da natureza humana agora estão flanqueadas pelas virtudes teologais: fé, esperança, caridade, que são expressões da graça, dom do Espírito Santo. Por isso não são virtudes naturais, mas sobrenaturais. Entre as virtudes teologais, o primado cabe à caridade: "Agora, portanto, estas três coisas permanecem, a fé, a esperança e o amor, mas o amor é o maior" (1Cor 13,13). As virtudes teologais nem suplantam nem suprimem as virtudes morais, mas antes as reforçam, as consolidam e as retificam dirigindo-as para aquele fim último sobrenatural, a visão beatífica, à qual o homem é chamado pelo amor misericordioso de Deus.

Santo Tomás dedicou dois amplos estudos às virtudes em geral: as questões 55-67 da *Primeira Seção da Segunda Parte* e as questões disputadas *De virtutibus in communi*. "Tudo faz supor que a questão disputada neste caso tenha servido de esboço para a obra principal. Mesmo como complementação, a *Suma* supera o opúsculo que narra as lições magistrais do Autor sobre o argumento" (T. Centi).

1. Definição de virtude

A virtude é concebida por Santo Tomás como um hábito bom: um *habitus* operativo para fazer o bem: "A virtude humana, que é um hábito de ação, é um hábito bom e produtor de bem (*virtus humana, quae est habitus operativus, est bonus habitus et boni operativus*)" (I-II, q. 55, a. 3). A virtude não é nem a natureza que é a fonte remota do agir e nem mesmo uma faculdade ou potência natural, porque então todos os homens deveriam possuí-la. É um poder, um hábito operativo adquirido, e se o adquire com a disciplina e a educação. Não se pode falar de virtude se forem cumpridos atos bons apenas esporadicamente: a virtude exige o hábito, uma certa estabilidade, tanto que se pode dizer que é uma segunda natureza. Sendo fruto de disciplina e educação, a virtude pertence somente ao ser humano e se refere imediatamente à alma e não ao corpo. "Ora, a virtude é que faz a operação ser ordenada. Por essa razão, ela é em si mesma uma disposição ordenada da alma, no sentido de que as potências da alma se ordenam, de certo modo, entre si e em relação às coisas exteriores. Portanto, a virtude, como disposição conveniente da alma, assemelha-se à saúde e à beleza, que são as disposições devidas do corpo" (ibid., a. 2, ad 1).

Sobrepondo a um acurado exame a clássica definição de virtude que tinha sido dada por Santo Agostinho: "A virtude é uma qualidade boa da mente humana pela qual se vive retamente e da qual ninguém usa mal", Santo Tomás é de opinião que seja uma definição adequada: "A referida definição engloba perfeitamente toda a razão de virtude, pois a razão perfeita de qualquer coisa deduz-se de todas as suas causas. Ora, a definição apresentada abarca todas as causas da virtude. Assim, a causa formal da virtude, como de tudo o mais, deduz-se de seu gênero e diferença, quando se diz que ela é 'uma qualidade boa', pois o gênero da virtude é a '*qualidade*' e a diferença, o '*bem*'. Melhor ainda seria a definição se, em lugar da *qualidade*, se afirmasse o *hábito*, que é o gênero próximo" (ibid., a. 4).

2. Divisão das virtudes

O Doutor de Aquino, referindo-se a Aristóteles, divide as virtudes em dianoéticas ou especulativas, e éticas ou práticas. A divisão se fundamenta no fato de que no homem há dois princípios supremos de ação, a mente ou razão, e a vontade ou apetite racional. "É preciso, pois, que toda virtude humana aperfeiçoe um desses dois princípios. Se for virtude que aperfeiçoa o intelecto especulativo ou prático para o bom agir do homem, a virtude será intelectual; se aperfeiçoar a potência apetitiva, será virtude moral, donde se conclui que toda virtude humana é intelectual ou moral" (I-II, q. 58, a. 3).

Santo Tomás explica em seguida distintamente o que qualifica as virtudes intelectuais e as virtudes morais. Os *hábitos intelectuais* podem ser chamados de virtude não porque eles mesmos realizam o bem, pois isso é próprio da vontade, mas porque buscam a capacidade de realizar o bem (I-II, q. 57, a. 1). As virtudes do intelecto especulativo são três: *intelecto*, que consiste na intuição dos primeiros princípios; *ciência*, que é a cognição raciocinada e plena dos diversos gêneros de coisas; *sabedoria*, que é o conhecimento profundo que chega aos últimos porquês das coisas (ibid., a. 2). Santo Tomás, do mesmo modo que Aristóteles, classifica também a *arte* entre os hábitos especulativos e, portanto, entre as virtudes do intelecto: "Assim, pois, a arte, falando com propriedade, é um hábito operativo. Num ponto, porém, ela se identifica com os hábitos especulativos, a saber, enquanto a estes hábitos interessa o modo de ser da coisa considerada e não como o modo de ser do apetite humano em relação com ela (*qualiter se habeat res quam considerant, non autem qualiter se habeat appetitus humanus ad illas*). Assim, desde que um geômetra demonstre uma verdade, pouco importa esteja ele, em sua parte apetitiva, alegre ou com raiva e o mesmo se dá com o artista, como já foi dito. Portanto, a arte tem razão de virtude tanto quanto os hábitos especulativos, pois nem estes nem a arte tornam a obra boa quanto ao uso que se faz dela, já que isso é próprio da virtude que aperfeiçoa o apetite, mas quanto à faculdade de bem agir" (ibid., a. 3). Rainha das virtudes do intelecto prático é a *prudência*, que é a "*recta ratio agibilium*": esta trata não tanto da conformidade do intelecto com as coisas conhecidas (ou seja, a verdade) quanto da conformidade com o reto querer (*per conformitatem ad appetitum*). Por esse motivo, formalmente a prudência é uma virtude *moral*, ainda que materialmente seja uma virtude intelectual, visto que se refere ao bem agir do intelecto (ibid., a. 5 e ad 3).

O que é peculiar das *virtudes morais* é o domínio da vontade sobre as paixões, um domínio que não é exercido diretamente pela razão, mas somente mediante o império da vontade. "A parte apetitiva obedece à razão não ao menor aceno, mas com certa resistência [...]. Assim, pois, para agir bem é necessário que não só a razão esteja bem disposta pelo hábito da virtude intelectual, mas que a potência apetitiva também o esteja pelo hábito da virtude moral. Portanto, assim como o apetite se distingue da razão, assim também a virtude moral se distingue da intelectual. E como o apetite é princípio dos atos humanos enquanto participa, de algum modo, da razão, assim o hábito moral tem a razão de virtude humana, na medida em que se conforma com a razão" (I-II, q. 58, a. 2). Matéria das virtudes morais são os apetites sensitivos, do concupiscível e do irascível: são esses apetites que são inclinados às exigências da racionalidade, a fim de que a conduta do homem seja realmente humana e não animalesca; enquanto o elemento formal das virtudes morais é a submissão dos apetites à razão mediante o império da vontade. Como foi dito, rainha das virtudes morais é a prudência. De fato, nenhuma virtude moral pode existir sem ela: "Sem a prudência, não pode haver, realmente, virtude moral, já que esta é um hábito eletivo, isto é, que faz escolhas certas. Ora, para uma boa escolha, duas coisas se exigem: primeiro, que haja a devida intenção do fim, o que se faz pela virtude moral, que inclina a potência apetitiva para o bem conveniente com a razão, que é o fim devido. Segundo, que se usem corretamente os meios e isso só se alcança por uma razão que saiba aconselhar, julgar e decidir bem, o que é próprio da prudência e de virtudes a ela conexas, como acima foi dito. Logo, a virtude moral não pode existir sem a prudência" (I-II, q. 58, a. 4).

As outras virtudes primárias no campo ético são a justiça, a fortaleza e a temperança; junto com a prudência, constituem as quatro virtudes cardeais: e assim, enquanto a prudência regula os atos da razão, a fortaleza regula os atos do apetite irascível, a temperança os atos do apetite concupiscível e a justiça regula os atos da vontade em geral (I-II, q. 61, aa. 1-2). Virtude cardeal além dessas quatro não há, porque nessas quatro estão todas as principais razões formais de virtudes (ibid., a. 3).

3. As virtudes sobrenaturais e teologais

O cristão, além das virtudes naturais adquiridas, é provido também de virtudes sobrenaturais infusas. Estas aperfeiçoam o agir da alma em nível sobrenatural do mesmo modo que as virtudes morais aperfeiçoam o seu agir em nível natural. Eis como o Doutor Angélico justifica a distribuição das virtudes sobrenaturais da alma: "A vontade de Deus vem ainda gratuitamente em ajuda do homem por um dom habitual que ela infunde na alma. E a razão de ser deste dom é que não convém a Deus ajudar menos aqueles que o seu amor gratifica com o seu amor posse de um bem sobrenatural do que as criaturas que gratifica com bens naturais. Ora, às criaturas naturais ele prové não só movendo-as aos atos naturais, mas também dando-lhes formas e virtudes que são princípios dos atos e assim por si mesmas se inclinam a esses movimentos. E assim, os impulsos que estas criaturas recebem de Deus tornam-se-lhes conaturais e fáceis, segundo a palavra da Sabedoria (8,1): 'Ele dispôs tudo suavemente'. Portanto, com mais razão infunde naqueles que move para conseguir o bem sobrenatural eterno, formas e qualidades sobrenaturais que lhes permitem receber sua moção divina, suave e prontamente, para a conquista do bem eterno. E é assim que o dom da graça é uma qualidade" (I-II, q. 110, a. 2).

Tendo por objeto Deus enquanto excede a cognição da nossa razão, as virtudes sobrenaturais se distinguem das virtudes naturais (intelectuais e morais) cujo princípio é a razão. Entre as virtudes sobrenaturais são particularmente importantes as virtudes *teologais*, que têm por objeto diretamente Deus como fim último sobrenatural e a participação em sua vida divina. As virtude teologais são três: para o intelecto, a *fé*; para a vontade, tanto a *esperança*, que tende a Deus, como a *caridade*, que une a Deus (I-II, q. 62, a. 3). Quanto à hierarquia das três virtudes teologais, Santo Tomás distingue entre prioridade genética e prioridade axiológica: na ordem genética vem primeiro a fé, porque sem conhecer a Deus não se pode nem amá-lo nem esperar nele; por sua vez, na ordem axiológica vem primeiro a caridade, porque esta aperfeiçoa quer a fé, quer a esperança (ibid., a. 4).

Alguns acusaram Santo Tomás de ter um conceito excessivamente naturalístico da virtude. Ele teria cometido o erro, ao construir sua ética, de tomar "como base a natureza humana como esta havia aparecido num mundo em que falta ainda a ideia da graça" (A. Carlini). Mas isso significa não saber distinguir entre o estudo especulativo daquilo que é a virtude em si mesma, na sua natureza essencial (um estudo em que indubitavelmente Santo Tomás é muito devedor de Aristóteles), e daquilo que o Doutor Angélico ensina a respeito da condição histórica em que o homem se encontra no exercício da virtude. Em relação a esse segundo aspecto, o Doutor de Aquino não tem nenhuma ilusão acerca das capacidades éticas efetivas do homem. Ainda que não chegue a dizer com Santo Agostinho que "as virtudes dos pagãos são vícios mascarados", ele considera que o homem decaído, sujeito ao pecado, sem o socorro da graça e das virtudes sobrenaturais, que são um dom do Espírito Santo, está, sim, em condições de cumprir alguma ação boa isolada, mas é incapaz de conformar-se estavelmente na ordem moral: ele permanece sempre falível e não cessa de estar aquém seja com respeito à verdade, para a qual tem necessidade da divina revelação, seja com respeito ao bem, para o qual tem necessidade da divina redenção. Somente graças à obra salvífica de Cristo, caminho, verdade e vida, o homem se torna realmente virtuoso. A infusão das virtudes em nossas almas, pelas quais estão habilitadas a cumprir o bem, é devida ao Cristo: de fato, da sua graça descendem as virtudes, os dons e todas as outras coisas (cf. III, q. 7, a. 9).

Os estudiosos do tratado tomista sobre a virtude reconheceram a poderosa originalidade do seu pensamento. Infelizmente "devemos reconhecer — escreve T. Centi — que os moralistas posteriores não souberam acrescentar nada à sua doutrina sobre os hábitos e sobre as virtudes em geral. Antes, essa doutrina foi particularmente depauperada pela excessiva preocupação de dispor o material para a prática sacramental; escorregando assim para a casuística". É preciso reconduzir o tratado das virtudes morais, intelectuais e teologais ao seu sentido profundo e original: de educação e formação do homem para a plena realização de si mesmo, segundo a sua instância conatural de tornar-se semelhante a Deus e segundo aquele desígnio de divinização do homem que encontrou a sua plena e paradigmática atuação em Jesus Cristo.

(Cf. ARTE, CARIDADE, ESPERANÇA, FÉ, FORTALEZA, HÁBITO, HUMILDADE, JUSTIÇA, MORAL, PRUDÊNCIA, SABEDORIA, TEMPERANÇA)

[Tradução: M. Couto]

Vocação (religiosa e sacerdotal)

Com este termo, geralmente, se entende o chamado que uma pessoa sente dentro de si para desenvolver determinadas atividades ou realizar determinados papéis na sociedade.

Na Bíblia se fala frequentemente da vocação e é sempre descrita como um chamado de Deus ao homem, quer a uma tarefa específica (Is 3,4; 1Sm 3,4; Mc 3,13-19; Gl 1,15), quer simplesmente à vida cristã (Rm 1,6; 1Cor 1,24) ou à graça divina (1Cor 1,9; Rm 8,30). No entanto, nem todos respondem ao chamado de Deus (Mt 8,10-12); é o próprio Jesus quem o diz: "Muitos são os chamados mas poucos os escolhidos" (Mt 22,14). Com respeito à vocação, portanto, cada um assume uma responsabilidade proporcional ao chamado que teve (Mt 11,20-23; 23,37-39; Lc 10,10-16 etc.).

Na Igreja há lugar para muitas vocações, segundo uma diversidade de moradas que é efeito de uma específica vontade de Deus. Entre todas, há duas vocações especiais que possuem a primazia: a vocação *religiosa*, ligada ao testemunho e ao sinal, e a vocação *sacerdotal*, voltada para o serviço, o ministério, o anúncio e o governo. Essas duas vocações, por seu caráter especial e pela capital importância que revestem para a vida da Igreja, comportam vínculos e carismas inteiramente particulares.

Dessas duas vocações, aquela que Santo Tomás estuda mais atentamente, fazendo profundas considerações, é a vocação religiosa. Mas muito daquilo que ele diz a propósito dessa vocação vale também para a vocação sacerdotal. O escrito em que trata mais extensa e completamente deste tema é o opúsculo *Contra pestiferam doctrinam retrahentium homines a religionis ingressu*.

Santo Tomás exalta antes de tudo a *grandeza* e a *nobreza* (cf. RELIGIOSO) da vocação religiosa. A sua grandeza e beleza está no fato de ter como modelo o próprio Jesus Cristo, "o qual desprezou todos os bens terrenos a fim de que aprendêssemos também nós a desprezá-los; sustentou todos os males terrenos e ordenava também a nós sustentá-los, a fim de que não buscássemos a infelicidade nos males desta terra". Por esse motivo, "a religião cristã se propõe principalmente afastar os homens das coisas terrenas e fazê-los esperar as coisas espirituais" (*Contra Retr.*, c. 1, n. 735). Tudo isso se realiza mais facilmente na vida religiosa e sacerdotal. Contudo o demônio — nota Santo Tomás — sempre buscou contrastar de todos os modos essa forma ideal de vida cristã, "servindo-se de homens carnais e inimigos da cruz de Cristo", os quais equipararam virgindade a matrimônio e pressupuseram igualar à pobreza o estado dos ricos, "tornando assim vãos os conselhos evangélicos e apostólicos" (ibid., n. 736). A tais erros haviam se oposto eficazmente os Padres da Igreja, em particular São Jerônimo. Mas novas acusações ou dificuldades em relação à vocação religiosa foram levantadas no século XIII, com a fundação das duas grandes Ordens mendicantes de São Francisco e de São Domingos: muitas pessoas jovens e velhas se sentiam atraídas à prática dos conselhos evangélicos e abraçavam com entusiasmo a vida religiosa. A dificuldade de maior peso eram duas: não deve abraçar a prática dos conselhos evangélicos quem não é ainda capaz de observar os mandamentos; a vocação religiosa é uma coisa extremamente séria e, portanto, não deve ser acolhida senão depois de maduro exame e de receber conselho de pessoas autorizadas e competentes. A essas duas dificuldades Santo Tomás replica viva e eficazmente com uma série de argumentos que conservam seu valor inalterado. Ele confuta a primeira dificuldade mostrando que aqueles que já são perfeitos não são chamados à vida religiosa, mas sim aqueles que pretendem tornar-se perfeitos; portanto, à vocação religiosa podem muito bem ser chamados os pecadores. "Não exercitados na observância dos mandamentos, mas exercitados mais na transgressão, deveriam assumir a vida dos conselhos, entrando em religião, que é um estado de perfeita penitência" (ibid., c. 5, n. 754).

À segunda dificuldade, que reclama um atento e ponderado exame da vocação antes de ser acolhida, dado que quem entra na religião se compromete a uma coisa extremamente árdua e difícil: abandonar o mundo e renegar a si mesmo por toda a vida, o Doutor Angélico replica recordando antes de tudo o exemplo dos Apóstolos Pedro, João, Tiago, André etc., que, depois de serem chamados pelo Senhor, abandonaram prontamente as redes e o seguiram. Àquele discípulo que lhe pedia licença para ir antes sepultar o pai, o Senhor respondeu: "Segue-me e deixa que os mortos enterrem os mortos" (Mt 8,21) (ibid., c. 9, n. 789). Depois, aprofundando o argumento, Santo Tomás mostra que a quem é chamado por Deus não é lícito tergiversar mendigando conselhos aqui e ali de especialistas mais ou menos qualificados, porque "é próprio dos filhos de Deus deixar-se transportar do ímpeto da graça para coisas melhores, sem esperar conselhos (Rm 8,14) [...] Quando, portanto, o homem é movido pelo instinto do Espírito Santo a entrar em religião, não deve demorar para ter o conselho do homem, mas deve rapidamente seguir o impulso do Espírito Santo [...]. Duvidar se seja melhor seguir os conselhos de Jesus Cristo, seria sacrilégio; duvidar de entrar em religião por medo de contristar os amigos ou sofrer qualquer outro dano temporal, seria indício de ânimo ainda enredado no amor carnal" (ibid., nn. 795-800). De modo particular, insiste Santo Tomás, "não se pedem conselhos aos parentes, porque nessas questões os parentes não são amigos mas inimigos (Mt 10,36). Nem mesmo se peça conselho a homens carnais: junto a eles é julgada estultícia a sabedoria de Deus. Se houver necessidade de conselho, então pede-o a um homem santo" (ibid., nn. 803-804).

Entre as duas vocações, religiosa e sacerdotal, a segunda é indubitavelmente superior à primeira. Santo Tomás o afirma implicitamente quando põe em confronto o estado religioso com o estado sacerdotal: de fato o primeiro é o estado de quem está ainda em busca da perfeição; ao invés, o segundo é o estado de quem já deve possuí-la (II-II, q. 185, a. 4, ad 1; q. 186, aa. 2 e 3, ad 5).

(Cf. Ordem sacra, Religioso)
[Tradução: M. Couto]

Voluntário cf. Ato humano

Vontade

Do latim *voluntas*. É a faculdade (poder) com a qual o homem persegue os próprios fins e busca realizá-los. As principais questões concernentes à vontade são quatro: seu objeto, suas qualidades, sua relação com o intelecto e sua relação com as paixões. Essas quatro questões foram estudadas com grande perícia, talvez insuperável, por Santo Tomás Os escritos em que se dedica mais direta e amplamente a este tema são a *Suma Teológica* (I, qq. 80, 82, 83), o *De Malo* (qq. 3 e 6) e o *De Veritate* (q. 22).

1. Existência da vontade

A primeira evidência acerca da existência da vontade se manifesta no fato de o homem ser dotado de um apetite singular, diferente daquele dos animais, que é de natureza sensível e voltado exclusivamente para os bens materiais. Essa singularidade do apetite humano é inferida pela presença no homem de um poder cognoscitivo muito superior àquele que há nos animais. A esse poder cognoscitivo dá-se o nome de intelecto. Porém, dado que o apetite é proporcional à consciência, deve-se necessariamente concluir que existe no homem, além do apetite sensível, também o apetite intelectivo, ou seja, a vontade. Escreve o Angélico: "É preciso dizer que o apetite intelectivo é uma potência distinta do sensitivo. Uma potência apetitiva é uma potência passiva, cuja natureza é ser movida pelo objeto apreendido. Em consequência, o objeto desejável apreendido é princípio de movimento sem ser movido; enquanto o apetite move sendo movido, como se diz no livro da *Alma* (III, 10) [...]. Visto que o objeto apreendido pelo intelecto é de gênero diverso do objeto apreendido pelo sentido, segue-se que o apetite intelectivo é uma potência distinta do apetite sensitivo" (I, q. 80, a. 2).

2. Objeto da vontade

Aquilo que caracteriza o conhecimento intelectual é a sua capacidade de alcançar o universal: ele não conhece apenas este ou aquele banco, mas o banco; este ou aquele cão, mas o cão. Portanto, não é apenas formada a ideia deste ou daquele bem particular, mas, igualmente, do bem universal, do bem absoluto, do bem perfeito, do bem pura e simplesmente (*sic et simpliciter*). Ora, como a vontade é inclinação ao bem e apetite que se segue ao conhecimento intelectivo, conclui-se que o objeto próprio da vontade é o *bem universal*. A vontade sente uma inclinação natural a determinado objeto, pois é ele seu objeto próprio, aquele que a satisfaz plenamente. Como afirma Santo Tomás: "É necessário que, assim como o intelecto adere necessariamente aos primeiros princípios, a vontade adira necessariamente ao fim último, que é a bem-aventurança" (I, q. 82, a. 1). Contudo, tudo aquilo que se encontra dentro do horizonte do bem (*bonum*) encontra-se igualmente no horizonte da vontade. De fato, "Como a vontade tem por objeto o bem universal, tudo o que se inclui na razão de bem pode ser objeto de um ato da vontade (*quia enim voluntatis obiectum est bonum universale, quidquid sub ratione boni continetur potest cadere sub actu voluntatis*)" (II-II, q. 25, a. 2).

3. Propriedade da vontade: liberdade

A prerrogativa que singularmente distingue o apetite intelectivo — a vontade — é aquela de ser senhor dos próprios atos. A vontade, em outras palavras, é livre, senhora de si mesma e dos motivos que orientam suas ações. Em princípio, ainda que a vontade se mova necessariamente na direção do objeto que lhe é próprio, isto é, o bem universal, nenhuma de suas ações é ditada pela necessidade, pois, concretamente, o bem a realizar jamais é evidente (ainda que muitas ações do homem sejam necessárias). De fato, todos os bens que, concretamente, se apresentam à vontade têm o caráter de bens particulares, os quais "não têm relação necessária com a bem-aventurança, porque se pode ser bem-aventurado sem eles. A tais bens a vontade não adere necessariamente" (I, q. 82, a. 2). Por conseguinte: "Em tudo o que está submetido à eleição, a vontade permanece livre. Ela tem como única determinação o fato de naturalmente desejar a felicidade, não se determinando, contudo, por este ou por aquele objeto particular" (*in omnibus quae sub electione cadunt, voluntas libera manet, in hoc solum determinationem habens quod felicitatem naturaliter appetit et non determinate in hoc vel illo*)" (*II Sent.*, d. 25, q. 1, a. 2).

De todas as faculdades humanas, somente a vontade goza o privilégio de ser livre. Os sentidos, a fantasia, a memória, o intelecto, todos eles são determinados necessariamente por seus objetos, ao passo que a vontade, com exceção do bem universal, é soberana diante de seus próprios objetos (motivos). Com o intuito de descrever essa condição de absoluto domínio de seus próprios atos e objetos, Santo Tomás usa algumas vezes o superlativo *libérrima* (ibid., a. 4). Sendo intrinsecamente livre, ninguém pode submeter a vontade à escravidão: "*Quia voluntas liberrima est, ideo hoc consequitur eam ut in servitutem cogi non possit; non tamen ab ea excluditur quin seipsam servituti subiicere possit: quod fit quando voluntas in actum peccandi consentit* [Porque a vontade é libérrima, segue-se que não pode ser submetida à escravidão, embora não lhe seja excluída a possibilidade de se submeter à escravidão por conta própria: o que se dá quando a vontade consente livremente ao ato do pecado (N. do T.)]" (*II Sent.*, d. 39, q. 1, a. 1, ad 3). A soberania da vontade é de tal modo grande que, para além de seus próprios atos, se estende aos atos de todas as outras faculdades: estuda-se, se se quer estudar; olha-se, se se quer olhar; caminha-se, se se quer caminhar etc. "A vontade tem a supremacia (*principalitatem*) sobre todos os outros atos humanos, pois, enquanto libérrima, inclina todas as faculdades a seus atos [...]. Com efeito, o intelecto pode estudar ou não estudar (*considerare et non considerare*) conforme lhe seja comandado ou não pela vontade, o mesmo se pode dizer tanto do apetite concupiscível quanto dos atos exteriores, a exemplo do mover-se, do falar, do caminhar ou não caminhar etc." (ibid., d. 35, q. 1, a. 4).

Santo Tomás atribui à vontade uma tríplice liberdade: de *exercício* (agir ou não agir), de *especificação* (fazer isto ou aquilo) e de *contrariedade* (cumprir o bem ou o mal) (*De Ver.*, q. 22, a. 6).

4. Relações da vontade com o intelecto

Do que se disse, emergem duas verdades: como apetite, a vontade é *subordinada ao intelecto*, pois é este que propõe à vontade a matéria sobre a qual ela exercerá seu poder de escolha; por outro lado, como libérrima e soberana sobre todas as faculdades humanas, a vontade é *superior ao intelecto*. Será à luz dessas duas verdades irrefutáveis que Santo Tomás resolverá o problema das relações entre intelecto e vontade, bem como o do primado das faculdades. Absolutamente falando, o primado diz respeito ao intelecto, pois, segundo Santo Tomás, "o objeto do intelecto é mais simples e absoluto que o da vontade. Com efeito, o objeto do intelecto é a própria razão do bem desejável; e o bem desejável, cuja razão está no intelecto, é objeto da vontade" (I, q. 82, a. 3). Já do ponto de vista mais específico da causalidade eficiente, a vontade é superior ao intelecto, uma vez que comanda todas as faculdades da alma, inclusive o intelecto (*II Sent.*, d. 35, q. 1, a. 4). Porém, do ponto de vista da causalidade final, o primado cabe ao intelecto: "Dessa maneira, o intelecto move a vontade, pois o bem conhecido é o objeto da vontade, e a move enquanto fim" (I, q. 82, a. 4).

5. Vontade e paixões

O homem é livre, mas não de modo ilimitado, como pretendem alguns filósofos. Como afirmou Santo Tomás, até mesmo a tendência que a vontade tem para o bem é necessária e natural: "*Voluntas nihil facit nisi secundum quod est mota per suum obiectum quod est bonum appetibile* [A vontade nada faz senão movida pelo seu objeto que é o bem apetecível" (N. do T.)]" *De Ver.*, q. 14, a. 2). Porém, seja antes ou depois de Santo Tomás, existiram filósofos que afirmaram — impressionados pelo poder que normalmente as paixões exercem sobre o homem — que a vontade não é, de fato, livre, mas sujeitada e dominada pelas pulsões dos apetites sensíveis, isto é, pelas paixões. Para esses filósofos, a vontade seria escrava das paixões. Esse problema foi também tratado pelo Angélico, que não hesita em reconhecer o grande poder das paixões, um poder tão forte que em alguns casos (de ira, luxúria, gula etc.) consegue até mesmo extinguir no homem o poder da vontade; mas Santo Tomás defende categoricamente o princípio de que, enquanto persistir no homem a vontade, esta permanece essencialmente livre, ainda que duramente condicionada. De fato, "ou não há no homem movimento da vontade, mas só o domínio da paixão; ou, se há movimento da vontade, ela não segue necessariamente a paixão" (I-II, q. 10, a. 3).

Compete em todo caso à vontade, na sua qualidade de faculdade superior e espiritual, a função de governar as paixões e colocá-las a serviço do fim último, isto é, da plena realização do homem. Infelizmente, depois do pecado original, cuja consequência foi o fim da subordinação das paixões à vontade, tornou-se muito difícil o controle das paixões pela vontade. Passaram a ser necessárias muita educação e autodisciplina, um domínio habitual da vontade sobre as paixões, para encaminhar suas tendências ao bem. Aquela vontade que se impõe às paixões de modo habitual dá origem a hábitos operativos chamados virtuosos, os quais transformam o homem instintivo em homem virtuoso, ou, ainda, em homem autêntico. Graças ao exercício repetido dos atos, a personalidade de um homem pode ser edificada, se tais atos são bons, ou desfeita, se esses atos são maus. Essa edificação — isto é, a consolidação na ordem do bem — é uma espécie de domínio e de senhoria sobre o próprio agir para que este escolha em conformidade ao fim último. Portanto, assegura-se a edificação da personalidade do homem mediante a aquisição das virtudes (I-II, qq. 49-70). Porém, depois da desordem causada pelo pecado, o controle sobre si mesmo e o domínio da vontade sobre as paixões se tornaram algo impossível, donde a necessidade da graça. Esta não apenas santifica a alma, mas igualmente fortifica todas as suas faculdades, especialmente a vontade, ajudando-a a retomar o controle sobre as paixões, a adquirir as virtudes cardeais e a buscar com decisão, firmeza e constância o fim último, o bem supremo, que é a participação na vida divina. Dupla é a graça que Deus concede à vontade: a *graça operante*, que impulsiona ao bem; e a *graça cooperante*, que auxilia a realizar concretamente o bem por meio de ações determinadas. "Em nós o ato é duplo. Primeiro, o ato interior da vontade. Ao produzi-lo, a vontade é movida e Deus é seu motor, sobretudo quando começa a querer o bem, ela que antes queria o mal. Portanto, enquanto Deus move a mente humana para levá-la ao ato, deve-se falar de *graça operante*. — Distinto é o ato exterior. Este tendo sido ordenado pela vontade como foi explicado, é claro que a operação seja atribuída à vontade. Porque também neste caso Deus nos ajuda interiormente firmando nossa vontade para que ela chegue ao ato e exteriormente assegurando o poder de execução. Assim, com respeito a esse ato diz-se *graça cooperante*" (I-II, q. 111, a. 2).

A graça com a qual Deus assiste à vontade no cumprimento do bem não só não implica nenhuma violência à sua liberdade, mas, restaurando-a e fortificando-a, faz com que ela seja orientada àqueles objetivos que contribuem eficazmente à plena realização do homem conforme o plano divino, o de torná-lo partícipe da vida divina (I-II, q. 113, aa. 3-8).

(Cf. APETITE, ARBÍTRIO, GRAÇA, HOMEM, INTELECTO, PAIXÃO)

[Tradução: M. Ponte]

Voto

Do latim *votum*; comumente com este termo se entende uma promessa formal feita à divindade: "*Votum est promissio Deo facta de aliquo quod sit Deo acceptum*" (II-II, q. 88, a. 12). Esta é uma prática que está presente em todas as religiões e é dirigida, de regra, a influenciar a divindade induzindo-a à benevolência e para obter uma contrapartida, mas é realizada também por motivos de purificação moral, de reconhecimento e também de dedicação a Deus.

A Sagrada Escritura exalta esta prática referindo-se aos exemplos dos santos patriarcas e profetas e exortando de todos os modos para a sua realização na lei mosaica (Dt 23,21). No NT se alude a um voto, pronunciado por São Paulo, mas ignoram-se a natureza e a causa (At 18,18); por outro lado o mesmo Apóstolo tomou a seu cargo as despesas de um voto que quatro dos seus compatriotas haviam se imposto (At 21,23). Mas a prática dos votos, que se tornará uma prática importante do cristianismo, se liga antes de tudo e sobretudo à exortação feita por Jesus aos seus discípulos de abandonar tudo e de renunciar até mesmo ao matrimônio pelo Reino dos céus.

O voto é um argumento que Santo Tomás examina em diversos escritos, em particular: no *Comentário às Sentenças* (IV, d. 38); na *Suma Teológica* (II-II, q. 88); no *De perfectione vitae spiritualis*, no *Contra impugnantes Dei cultum et religionem* e no *Contra pestiferam doctrinam retrahentium homines a religionis ingressu*.

1. Definição do voto

Querendo esclarecer o conceito de voto, Santo Tomás o classifica na categoria da *promessa*, que é uma espécie de *comando* que uma pessoa dá a si mesma. O comando, por sua vez "pré-exige uma deliberação, sendo um ato de vontade deliberada. Por isso, para o voto se requerem necessariamente três coisas: primeira, a deliberação; segunda, o propósito da vontade; terceira, a promessa que é seu constitutivo". O voto, pois, tem como distintivo o fato de ser uma promessa feita a Deus (*votum est promissio Deo facta*) (II-II, q. 88, a. 1).

Quanto ao *objeto* da promessa, se requerem três coisas: 1) que seja física e moralmente realizável; 2) que não se trate de coisa já por si necessária e inevitável: "O que é necessário de modo absoluto de nenhum modo pode ser matéria de voto: de fato seria estultícia quem fizesse voto de morrer ou de não voar" (ibid., a. 2); 3) que o objeto não somente seja honesto ou simplesmente indiferente, mas também melhor do que o oposto, no sentido de que, consideradas todas as circunstâncias, seja moralmente melhor emitir aquela promessa votiva do que não emiti-la, e o objeto prometido seja melhor do que o objeto diretamente oposto. "Por isso o voto, propriamente falando, tem por objeto um bem melhor (*votum dicitur esse de bono meliori*)" (ibid.). Assim a definição completa do voto se torna: *promessa feita a Deus de um bem melhor*.

2. Liceidade e bondade do voto

Da própria definição se deduz que o voto por si mesmo é coisa boa e, portanto, lícita e recomendável. Para sustentar essa tese o Doutor Angélico aduz vários argumentos: 1) "Qualquer bem finito se torna melhor se se lhe acrescenta um outro bem. Ora, ninguém pode duvidar que o próprio prometer um bem seja um bem: tanto é verdade que nós agradecemos quem nos promete uma coisa, demonstrando assim que consideramos um bem a promessa que nos é feita. Ora, sendo o voto uma promessa feita a Deus, é melhor fazer uma coisa com voto do que sem voto" (*De perf. vitae spir.*, c. 12). 2) "Volta o louvor de uma obra boa o reforçar-se da vontade no bem, como volta ao agravamento da culpa o obstinar-se da vontade no mal. Ora, é manifesto que quem faz um voto reforça a sua vontade com respeito ao que é objeto do voto, e a realização será um bem que procede de uma vontade firme; como, portanto, é um agravamento de culpa fazer o mal com propósito deliberado; assim é um aumento de mérito fazer por voto uma obra boa" (ibid.). 3) "Se fosse melhor fazer as obras boas sem voto, a Igreja não convidaria os fiéis a fazer voto: antes, os teria afastado, proibindo-os ou pelo menos desaconselhando-os; e dos votos feitos absolveria todos os fiéis" (ibid.).

3. Obrigação do voto

Se toda promessa é um débito, tanto mais o é uma promessa feita a Deus: por isso todo voto obriga, desde que emitido nas devidas condições de liberdade e de consciência do ato que se cumpre (II-II, q. 88, a. 3). Santo Tomás declara herético quem ousasse negar a obrigatoriedade de um voto validamente emitido, porque assim é violado um dos três preceitos da primeira tábua do decálogo, em referência aos deveres para com Deus (*Quodl.*, III, a. 5, ad 2). Na eventualidade de aquilo que foi prometido se tornar impossível, Santo Tomás distingue: a obrigação cessa se a impossibilidade nasce de causas independentes do próprio voto; ao invés, permanece se nasce por própria culpa, antes se agrava: "Mas se a impossibilidade de cumprir o voto resulta de culpa sua, deverá então penitenciar-se da culpa passada. Assim, a mulher que faz voto de conservar a virgindade e depois a perde, não somente está obrigada a fazer o que pode, isto é, conservar perpétua continência, como também fazer penitência pelo pecado que admitiu" (II-II, q. 88, a. 3, ad 2).

4. Divisão dos votos

A divisão mais importante dos votos é em *simples* e *solenes*. O voto simples consiste apenas na promessa, o voto solene tem, junto com a promessa, também a oferta externa feita a Deus, ou recebendo as Ordens sacras ou mediante a profissão religiosa ou, também, recebendo o hábito dos professos. "A solenidade do voto — escreve Santo Tomás — tem um sentido espiritual por pertencer a Deus, isto é, uma bênção ou consagração espiritual que, por instituição dos apóstolos, são respectivamente recebidas na profissão religiosa [...]. Semelhantemente, há solenidade quando um homem pela recepção das ordens sacras se entrega ao serviço divino, ou quando alguém faz certa profissão de uma regra, assumindo o estado de perfeição, renunciando às coisas do mundo e à sua própria vontade" (II-II, q. 88, a. 7). Como explica o Doutor Angélico, "diverso e contrário é o efeito de um e de outro voto referente ao estado religioso. O voto solene forma o monge ou o frade de qualquer ordem religiosa; não basta o voto simples para formar o monge, permanecendo sempre o domínio das próprias substâncias e a possibilidade de contrair matrimônio" (*Contra Retr.*, a. 12).

5. Dispensa dos votos

O voto é promessa feita a Deus de alguma coisa que a Deus é grata; mas quem faz as vezes de Deus no julgar o que lhe é mais ou menos grato é o superior eclesiástico: por isso para a dispensa ou comutação do voto é preciso a autoridade do superior eclesiástico. "O Sumo Pontífice que faz as vezes de Cristo em todas as coisas e para toda a Igreja, possui ele o pleno poder de dispensar em todos os votos dispensáveis. Outorga-se aos prelados inferiores o poder de dispensar os votos comumente emitidos e que necessitam de frequentes dispensas, como são os votos de fazer peregrinação, de jejuar, e outros semelhantes. Contudo, os votos mais importantes, como os de continência e o de peregrinação à Terra Santa, são reservados ao papa" (II-II, q. 88, a. 12, ad 3).

Muitos detalhes da vasta e complexa matéria do voto serão esclarecidos no correr dos séculos pelos juristas e moralistas; mas os pontos essenciais permanecerão aqueles fixados com sabedoria e lucidez por Santo Tomás.

(Cf. Juramento, Religioso)

[Tradução: M. Couto]

Bibliografia essencial para o estudo de Santo Tomás

1. Índices e léxicos

Busa, R., *Index Thomisticus. S. Th. A. operum omnium. Indices et Concordantiae*, Stuttgart-Bad Cannstat, 1974 ss.; Deferrari, R. J.; Barry, M. J., *A Lexicon of s. Th. A. based on the Summa Theologica and selected passages of the other Works*, Baltimore, 1948; Id., A complete Index of the *Summa Theologica* of s. Th. A., Washington, 1956; Hubert, M., Vers une lexicographie thomiste, *Revue des études latines*, 34 (1957), 267; Id., Notes de lexicographie thomiste, *ALMA*, 27 (1957) 5-26, 167-187, 287-292; 32 (1962) 227-253; e 36 (1967-1968); 59-102; Pietro da Bergamo, *Tabula super omnia opera sancti Thomae Aquinatis (seu Tabula aurea)*, Bologna, 1475 (reprod. Alba-Roma, 1960) (cf. infra, volume terceiro, 104-105 e 143); Stockammer, M. (org.), *Thomas Aquinas Dictionary*, New York, 1965; von Schütz, L., *Thomas-Lexikon*, Paderborn, ²1985 (reprod. Stuttgart, 1958).

2. Repertórios bibliográficos

Boulogne, C. D., *Saint Thomas d'Aquin, essai bibliographique*, Paris, 1968; Bourke, V. J., *Thomistic Bibliography (1920-1940)*, St. Louis, 1945; *Bulletin Thomiste*, Le Saulchoir, a partir de 1924; Mandonnet, P.; Destrez, J., *Bibliographie thomiste*, Paris, ²1960 (edição revista e ampliada por Chenu, M. D.); Michelitisch, A., *Thomasschriften*, Graz-Wien, 1913; *Rassegna di letteratura tomistica* (1966-1968), 3 v., Napoli, 1969-1971; ver também a bibliografia organizada por Emery, G. no apêndice do volume de Torrel, J. P., *S. Tommaso d'Aquino, l'uomo e il teologo*, Casale Monferrato, 1994, 407-438; Wyser, P., *Thomas von Aquin*, Bern, 1950; Id., *Thomismus*, Bern, 1951.

3. Monografias introdutórias à vida e ao pensamento

Biffi, I., *S. Tommaso d'Aquino. Il teologo. La teologia*, Milano, 1992; Chenu, M. D., *Introduzione allo studio di S. Tommaso d'Aquino*, Firenze, 1953; Copleston, F. C., *Aquinas*, Londra, 1955; D'Arcy, M. C., *St. Thomas Aquinas*, Westminster, 1954; Davies, B., *The Thought of St. Thomas Aquinas*, Oxford, 1992; Livi, A., *Tommaso d'Aquino. Il futuro del pensiero cristiano*, Milano, 1997; Maritain, J., *Le docteur angélique*, Paris, 1934; Sertullanges, A. D., *S. Tommaso d'Aquino*, Casale Monferrato, 1944; Torrel, J. P., *S. Tommaso d'Aquino, l'uomo e il teologo*, Casale Monferrato, 1994; Vanni Rovighi, S., *Introduzione a Tommaso d'Aquino*, Bari, 1973; Weisheipl, J., *Tommaso d'Aquino. Vita, Pensiero, Opere*, Milano, 1988.

4. Estudos sobre o pensamento filosófico

Saint Thomas d'Aquin aujourd'hui, Parigi, 1963; Aertsen, J. A., *Nature and Creature. Thomas Aquinas' Way of Thought*, Leida, 1988; Brito, E., *Dieu et l'être d'après Thomas d'Aquin et Hegel*, Paris, 1991; Burrell, D. B., *Aquinas: God and Action*, Notre Dame, 1979; Campodonico, A., *Alla scoperta dell'essere*, Milano, 1986; Id., *Metafisica e etica in S. Tommaso*, Fiesole, 1996; Clavell, L., *El nombre propio de Dios segun Santo Tomas de Aquino*, Pamplona, Eunsa, 1980; de Contenson, P. M., Saint Thomas et l'avicennisme latin, *Revue des scienc. phil. et théol.*, 43 (1958) 3-31; De Courtine, J. F., *Suàrez et le système de la métaphysique*, Paris, PUF,

1990; DURANTEL, J., *Saint Thomas et le Pseudo-Denis*, Paris, 1919; ECO, U., *Il problema estetico in Tommaso d'Aquino*, Milano, Bompiani, 1970; ELDERS, L., *La metafisica dell'essere di S. Tommaso d'Aquino in una prospettiva storica*, 2 v., trad. it. de A. Cacopardo, Roma, Vaticana, 1995; *Autour de Saint Thomas*, 2 v., Paris-Bruges, Fac-Tabor, 1987; FABRO, C., *La nozione metafisica di partecipazione secondo S. Tommaso d'Aquino*, Milano, Vita e pensiero, 1939 (3ª edição, Torino, Sei, 1963); ID., Neotomismo e neosuarezismo: una battaglia di principi, *Divus Thomas* (Piacenza), 18 (1941) 167-215, 420-498; ID., *Partecipazione e causalità secondo S. Tommaso d'Aquino*, Torino, SEI, 1960; ID., *Esegesi tomistica*, Roma, PUL, 1969; ID., *Tomismo e pensiero moderno*, Roma, PUL, 1969; DE FINANCE, J., *Etre et agir dans la philosophie de St. Thomas*, Paris, Beauchesne, 1945 (Roma, PUG, 1970); FOREST, A., *La structure métaphysique du concret selon Saint Thomas*, Paris, Vrin, 1932; GEIGER, L. B., *La participation dans le philosophie de Saint Thomas*, Paris, Vrin, 1953; ID., Saint Thomas et la métaphysique d'Aristote, in: *Aristote et Saint Thomas*, Louvain-Paris, 1957, 175-220; GILSON, E., *Le thomisme*, Paris, Vrin, ^{16}1989; ID., *Lo spirito della filosofia medioevale*, trad. it. de P. Sartori Treves, Brescia, Morcelliana, ^{5}1988; ID., *L'Etre et l'essence*, Paris, Vrin, 1948 (trad. it. de A. Livi, Milano, Massimo, 1988); ID., *Constantes philosophiques de l'être*, Paris, Vrin, 1983; ID., *Autour de Saint Thomas*, Paris, Vrin, 1986; GONZALES, A. L., *Ser y participación*, Pamplona, Eunsa, 1979; HAYEN, A., *La communications de l'être d'après saint Thomas d'Aquin*, Louvain-Paris, 1957; LOTZ, J., *Martin Heidegger und Thomas von Aquin*, Pfüllingen, Neske, 1975; MARITAIN, J., *Sette lezioni sull'essere*, trad. it. de V. Possenti, Milano, Massimo, 1985; MCINERNY, R., *St. Thomas Aquinas*, Notre Dame-London, University of Notre Dame Press, 1982; MONDIN, B., *La filosofia dell'essere di San Tommaso d'Aquino*, Roma, Herder, 1964; ID., *Il sistema filosofico di Tommaso d'Aquino*, Milano, Massimo, 1995; ID., *Ermeneutica, Metafisica e Analogia in S. Tommaso d'Aquino*, Bologna, EDI, 1995; MONTAGNES, B., *La doctrine de l'analogie de l'être d'après Saint Thomas*, Louvain-Paris, Nauwelaerts, 1963; MURA, G., Ermeneutica, gnoseologia e metafisica. Attualità del commento di S. Tommaso al "Perihermeneias" di Aristotele, *Euntes docete*, 40 (1987) 361-389; O'ROURKE, F., *Pseudo-Dionysius and the Metaphysics of Aquinas*, Leiden, Brill, 1992; PADELLARO DE ANGELIS, R., *L'influenza del pensiero neoplatonico sulla metafisica di S. Tommaso d'Aquino*, Roma, Abete, 1981; PANGALLO, M., *L'essere come atto*, Roma, Vaticana, 1987; PERA, C., *Le fonti del pensiero di Tommaso d'Aquino nella Somma Teologica*, Torino, Marietti, 1979; RAMIREZ, S., *Introducción a Tomás de Aquino*, Madrid, 1975; RASSAM, J., *Thomas d'Aquin*, Paris, PUF, 1969; ID., *La métaphysique de Saint Thomas*, Paris, PUF, 1968; ID., *L'être et l'esprit*, Paris, PUF, 1971; RIOUX, B., *L'être et la vérité chez Heidegger et Saint Thomas d'Aquin*, Montréal-Paris, PUF, 1963; ROMERA, L., *Pensar el ser*, Bern, Lang, 1995; ROUSSELOT, P., *L'intellectualisme de S. Thomas*, Paris, Beauchesne, 1924; SÁNCHEZ SORONDO, M., *Aristotele e San Tommaso*, Roma, Città Nuova, 1981; SANGUINETI, J. J., *La filosofia del cosmo in Tommaso d'Aquino*, Milano, Ares, 1986; TYN, T., *Metafisica della sostanza, partecipazione e analogia Entis*, Bologna, ESE, 1991; VENTIMIGLIA, G., *Differenza e contradizione. Il problema dell'essere in Tommaso d'Aquino*, Milano, 1996.

5. Estudos sobre o pensamento teológico

BIFFI, I., *S. Tommaso d'Aquino. Il Teologo. La Teologia*. Milano, 1992; ID., *I misteri di Cristo in Tommaso d'Aquino*, Milano, 1994; CHENU, M. D., *St. Thomas d'Aquin et la théologie*, Paris, 1959; CORBIN, M., *Le chemin de la théologie chez Thomas d'Aquin*, Paris, 1974; GABORIAU, F., *Le projet de la Somme. Une idée pour notre temps*, Paris, 1996; ID., *Entrer en théologie avec saint Thomas d'Aquin*, Paris, 1993; GRASCH, E. J., *Manuale introduttivo alla "Summa Theologica" di Tommaso d'Aquino*, Casale Monferrato, 1988; GAUTHIER, R. A., *Introduction historique à S. Thomas d'Aquin, "Summa contra Gentiles"*, Paris, 1961; GRABMANN, M., *Introdu-*

zione alla "Summa Theologiae" di S. Tommaso d'Aquino, Città del Vaticano, 1989; LAFONT, G., *Structures et méthode dans la "Somme Théologique" de S. Thomas d'Aquin*, Paris, 1996; MARENGO, G., *Trinità e creazione. Indagine sulla teologia di Tommaso d'Aquino*, Roma, 1990; MONDIN, B., *La cristologia in S. Tommaso d'Aquino*, Roma, 1998; ID., *Storia della teologia*, II, Bologna, ESD, 1996, 336-419; PATFOORT, A., *Tommaso d'Aquino. Introduzione ad una teologia*, Genova, 1988; PESCH, O. H., *Tommaso d'Aquino. Limiti e grandezza della teologia medioevale*, Brescia, 1994; RENAULT, L., *Dieu et les créatures selon Thomas d'Aquin*, Paris, 1995; RUELLO, F., *La christologie de Thomas d'Aquin*, Paris, 1987; SENTIS, L., *Saint Thomas d'Aquin et le mal*, Paris, 1992; TORREL, J. P., La scienza teologica secondo Tommaso e i suoi primi discepoli, in *Storia della teologia nel medioevo. II. La grande fioritura*, Casale Monferrato, 1996, 849-922; SECKLER, M., *Le salut et l'historie. La pensée de St. Thomas d'Aquin sur la théologie de l'histoire*, Paris, 1967.

Índice de verbetes

Aborto, 25
Abstinência cf. Ascética, 26
Abstração, 26
Ação/Agir, 28
Acaso, 31
Acidente, 31
Acídia, 33
Acólito/Acolitato, 33
Adivinhação, 33
Adoção, 34
Adoração, 35
Adulação, 35
Adultério, 35
Aeterni Patris, 36
Afabilidade/Cortesia, 37
Agir cf. Ação/Agir, 37
Agostinho, 37
Agostinismo, 38
Alegoria, 39
Alegria cf. Gáudio, 40
Alma, 40
Alteração, 46
Ambição, 46
Amizade, 46
Amor, 48
Análise/Analítico, 49
Analogia, 49
Analogia Fidei (Analogia da Fé), 55
Angústia, 56
Animal, 56
Aniquilação, 57
Anjo/Angeologia, 57
Anjo da guarda, 61
Antropologia (filosófica e teológica), 61
Apetite (Inclinação), 65
Apologética, 66

Apostasia, 67
Apóstolo, 67
Apropriação, 68
Arbítrio (livre), 69
Argumento, 73
Aristóteles, 73
Aristotelismo, 75
Arrebatamento, 76
Arte, 76
Ascética/Abstinência, 78
Astrologia cf. Astronomia, 78
Astronomia, 78
Astúcia, 79
Ateísmo, 79
Ato, 80
Ato humano, 82
Audácia, 83
Autoconhecimento, 83
Autoridade, 84
Avareza, 85
Averróis, 86
Averroísmo, 87
Avicebron ou Avencebrol, 87
Avicena, 88
Axiologia, 88
Batismo, 91
Beatitude, 92
Beatitudes evangélicas cf. Bem-aventuranças evangélicas, 94
Bebedeira cf. Embriaguez, 94
Beleza/Belo, 94
Bem (moral), 96
Bem (ontológico), 98
Bem-aventuranças evangélicas, 99
Bem-comum, 100
Bênção, 101

Beneficência, 102
Bíblia, 102
Bigamia, 104
Bispo cf. Episcopado, 104
Blasfêmia, 104
Boécio, 105
Bondade cf. Bem, 105
Calúnia, 107
Capacidade, 107
Caráter sacramental, 107
Caridade, 108
Carisma, 111
Castidade, 111
Catecismo, 112
Categoria, 112
Catolicidade, 113
Causa, 114
Causalidade (Princípio de), 116
Certeza, 119
Chaves (Poder das), 119
Ciência, 120
Circuncisão, 123
Cisma, 123
Civilização, 124
Clemência, 125
Cobiça (Cupidez, Ambição, Ganância), 125
Cogitativa, 126
Compaixão cf. Misericórdia, 126
Composição, 126
Compreensão, 127
Comunhão (eucarística) cf. Eucaristia, 127
Comunhão dos santos, 127
Conceito (Concepção), 128
Concílios, 128
Concupiscência, 129
Concupiscível, 129
Concurso divino, 130
Confirmação (Crisma), 130
Confissão, 131
Conhecimento (gnoseologia), 133
Consciência (moral), 138
Conselho, 140
Conselho (Dom do Espírito Santo), 141
Conservação, 142

Constância, 142
Contemplação, 142
Continência, 143
Contingência, 144
Contracepção, 144
Contradição (princípio de), 145
Contrariedade/Contrário, 145
Contrição, 146
Conversão, 147
Coragem cf. Fortaleza, 147
Corpo humano, 148
Corpo místico, 151
Correção fraterna, 152
Cortesia cf. Afabilidade, 153
Cosmologia, 153
Costume cf. Hábito, 155
Covardia, 155
Criação, 155
Crisma cf. Confirmação, 162
Cristo, 162
Cristologia, 176
Criteriologia cf. Crítica, 177
Crítica, 177
Crueldade, 178
Cruz (de Cristo, culto), 178
Culpa, 179
Culto, 179
Cultura, 180
Cupidez cf. Cobiça, 181
Curiosidade, 182
Decálogo, 183
Dedução, 184
Definição, 184
Demônio/Demonologia, 185
Demonstração, 186
Desejo (natural), 187
Desenvolvimento cf. Progresso, 188
Desespero, 188
Desobediência, 189
Destinação universal dos bens cf. Bem-comum, Propriedade, 189
Destino (fado), 189
Detração, 190
Deus, 190

Dever/Deveres, 207
Devir, 208
Devoção, 209
Diácono, 209
Dialética, 210
Diferença, 210
Dionísio Areopagita, 210
Direito, 211
Disciplina, 212
Discórdia, 212
Divórcio, 212
Dogma, 213
Dons (do Espírito Santo), 213
Dor, 214
Doutrina, 215
Dulia cf. Adoração, 215
Dúvida, 215
Eclesiologia, 217
Ecologia, 217
Economia, 218
Ecumenismo, 219
Educação, 219
Efeito cf. Causa, 220
Egoísmo, 220
Emanação, 221
Embriaguez, 221
Encarnação, 221
Ente, 223
Entidade, 227
Episcopado, 227
Epistemologia, 229
Equidade, 230
Equivocidade, 230
Erro, 231
Escândalo, 232
Escatologia, 233
Escolástica, 234
Escolha, 235
Escritura (Sagrada) cf. Bíblia, 235
Esmola, 235
Espaço, 236
Espécie, 237
Especulação, 237
Esperança, 238

Espírito, 241
Espírito Santo, 242
Esporte, 245
Essência, 246
Estado de perfeição cf. Perfeição cristã, 249
Estado político cf. Política, 249
Estado religioso cf. Religioso, 249
Estética, 249
Estudo/Estudiosidade, 250
Estultice, 252
Eternidade, 252
Ética, 253
Eucaristia, 258
Eudemonismo, 262
Eutanásia, 262
Evidência, 263
Excomunhão, 264
Exegese (bíblica), 265
Existência, 269
Experiência, 270
Expiação, 271
Êxtase, 271
Falsidade, 273
Fama, 273
Família, 274
Fantasia, 275
Favoritismo, 276
Fé, 276
Fé e razão (Relações entre), 280
Felicidade cf. Beatitude, 283
Filho (Unigênito de Deus), 283
Filosofia, 285
Finalismo, 291
Forma, 292
Fornicação, 295
Fortaleza (virtude e dom), 295
Fraude, 297
Furto, 297
Ganância cf. Cobiça, 299
Gáudio (júbilo, alegria), 299
Gênero, 299
Glória, 300
Gnoseologia, 300
Graça, 308

Gratidão, 311
Guerra, 312
Guilherme (de Moerbeke), 313
Gula, 314
Hábito (Costume), 315
Hedonismo, 316
Heresia, 317
Hermenêutica cf. Exegese, 318
Hierarquia, 318
Hilemorfismo, 319
Hipocrisia, 319
Hipóstase, 320
História/Historicidade, 320
Homem, 323
Homicídio, 334
Homossexualidade, 335
Humildade, 335
Ideia, 339
Identidade (Princípio de), 340
Idolatria, 340
Ignorância, 341
Igreja, 342
Iluminação, 347
Imagem (de Deus no homem), 349
Imaginação cf. Fantasia, 353
Imanência/Imanentismo, 353
Imortalidade (da alma), 353
Imprudência, 355
Incesto, 355
Inclinação cf. Apetite, 356
Incognoscibilidade (de Deus), 356
Incontinência, 357
Incorruptível/Incorruptibilidade, 357
Individuação (Princípio de), 357
Indulgência, 358
Inefabilidade (de Deus), 360
Infalibilidade (da Igreja e do papa), 361
Inferno, 362
Infidelidade, 364
Infinito, 365
Injustiça, 366
Instinto, 366
Intelecto (dom), 367
Intelecto (humano), 367

Intemperança, 371
Intenção, 372
Intencionalidade, 372
Interpretação cf. Exegese, 374
Intuição, 374
Inveja, 374
Involuntário, 375
Ira, 375
Irascível, 376
Ironia, 376
Jejum, 379
Jesus Cristo cf. Cristo, 379
João Batista, 379
Jogo, 380
José (São), 381
Júbilo cf. Gáudio, 382
Judaísmo (Judeus), 382
Juízo (atividade intelectiva), 382
Juízo (escatológico), 383
Juramento, 385
Justiça, 386
Justiça (original), 387
Justificação, 389
Lei (antiga), 393
Lei (eterna), 396
Lei (natural e positiva), 397
Lei (nova), 402
Liberalidade, 404
Liberdade cf. Arbítrio (livre), 404
Limbo, 404
Linguagem, 405
Liturgia, 406
Livre-arbítrio cf. Arbítrio (livre), 408
Lógica, 408
Luxúria, 411
Luz, 412
Magistério, 415
Magnanimidade, 416
Maimônides, 417
Mal, 418
Maledicência cf. Detração, 421
Mandamento (Dez Mandamentos), 421
Mansidão, 422
Maria (mãe de Jesus), 423

Martírio, 426
Matéria, 427
Matrimônio, 429
Memória, 433
Mentira, 434
Mérito, 435
Metafísica, 436
Método, 444
Milagre, 447
Ministério/Ministro, 449
Misericórdia, 450
Missa, 453
Missão (das Pessoas divinas), 454
Mistério, 455
Mística, 456
Modéstia, 456
Moral, 457
Morte, 457
Mortificação, 459
Movimento cf. Devir, 459
Mulher, 459
Mundo, 461
Murmuração cf. Detração, 464
Nada, 465
Natureza, 465
Negligência, 468
Neoplatonismo, 468
Nomes divinos, 469
Norma, 469
Número, 470
Núpcias cf. Matrimônio, 471
Obediência, 473
Objeto, 474
Obras de misericórdia, 475
Obrigação, 476
Ódio, 476
Onipresença, 477
Onisciência, 478
Ontologia/Ontológico, 479
Opinião, 480
Oração, 480
Ordem, 482
Ordem sacra, 484
Ostentação, 487

Paciência, 489
Padres da Igreja, 489
Pai (paternidade em Deus), 490
Paixão, 491
Paixão (de Cristo), 493
Palavra cf. Verbo, 495
Panteísmo, 495
Papa, 496
Paraíso, 498
Participação, 500
Páscoa, 501
Pátria, 502
Paz, 503
Pecado (em geral), 505
Pecado original, 508
Pedagogia, 513
Pena, 516
Penitência (sacramento) cf. Confissão, 517
Pensamento, 517
Perdão, 518
Perfeição, 519
Perfeição cristã, 520
Perjúrio, 523
Perseguições, 524
Perseverança, 524
Pessoa, 525
Piedade, 530
Platão, 531
Plotino cf. Neoplatonismo, 532
Pneumatologia cf. Espírito Santo, 532
Pobreza, 532
Poligamia, 533
Política, 533
Pontífice cf. Papa, 540
Porfírio, 540
Potência (de Deus), 540
Potência (e ato), 542
Potência obediencial cf. Potência (e ato), 545
Prazer, 545
Preceito cf. Mandamento, 546
Predestinação, 546
Predicação, 549
Predicamento cf. Categoria, 549

Pregação, 549
Presciência, 550
Presunção, 551
Primado cf. Papa, 551
Princípio, 552
Privação, 553
Proclo, 554
Prodigalidade, 556
Profecia, 556
Progresso (desenvolvimento), 558
Proporção, 560
Proposição, 561
Propriedade (posse), 561
Prova cf. Demonstração, 563
Providência, 563
Prudência, 565
Psicologia, 566
Purgatório, 569
Pusilanimidade, 570
Qualidade, 571
Quantidade, 571
Questão, 572
Quididade, 572
Raciocínio, 573
Razão, 573
Razão e fé cf. Fé e razão, 575
Realidade, 575
Realismo, 575
Reato, 576
Redenção, 577
Reencarnação, 579
Reflexão cf. Autoconhecimento, 580
Reino de Deus, 580
Relação, 581
Religião, 583
Religioso (estado), 587
Reminiscência, 589
Remissão (dos pecados) cf. Confissão, 590
Reprovação cf. Justificação, Predestinação, 590
Resolução, 590
Ressurreição (de Cristo) cf. Cristo, 590
Ressurreição final, 590
Restituição, 593
Revelação, 594

Roubo cf. Furto, 599
Sabedoria, 601
Sacerdócio (sacramento) cf. Ordem sacra, 603
Sacerdócio de Cristo, 603
Sacramento, 604
Sacrifício de Cristo, 609
Sacrilégio, 609
Salvação, 610
Santidade, 614
Sedição, 614
Segredo Sacramental, 615
Sensação, 616
Sensualidade, 616
Sentido (faculdade cognoscitiva), 616
Sentidos (da Sagrada Escritura), 618
Ser, 619
Ser e Ter cf. Ter e Ser, 626
Sexualidade, 626
Significado, 628
Silogismo, 629
Símbolo, 629
Simonia, 630
Simulação cf. Hipocrisia, 630
Sinal, 630
Sindérese, 631
Soberba, 632
Sobrenatural, 633
Sobriedade, 633
Sociabilidade, 634
Sociedade, 634
Sofrimento cf. Dor, 635
Solidariedade, 635
Sorte cf. Destino, 637
Subsistência, 637
Substância, 637
Sufrágio, 639
Suicídio, 640
Sujeito, 641
Superstição, 641
Suposição, 642
Técnica/Tecnologia, 643
Teleologia cf. Finalismo, 644
Temeridade cf. Audácia, 644
Temor, 644

Temperança, 645
Tempo, 646
Tentação, 647
Teologia, 649
Teoria/Teórico, 657
Ter e Ser, 658
Todo, 660
Tolerância, 661
Trabalho, 662
Tradição, 664
Transcendental, 665
Transubstanciação cf. Eucaristia, 666
Trindade, 666
Unção dos enfermos, 673
União hipostática, 674
Unidade/Uno, 674
Universal, 677
Univocidade, 678
Usura, 679

Valor/Valores, 681
Vanglória, 686
Veracidade, 687
Verbo, 687
Verdade, 689
Verdades eternas, 694
Vício, 695
Vida (ativa, contemplativa, mista), 695
Vida (em Deus), 696
Vida (em geral), 698
Vida cristã, 701
Vida eterna, 702
Vir-a-ser cf. Devir, 703
Virgindade, 703
Virtude, 704
Vocação (religiosa e sacerdotal), 708
Voluntário cf. Ato humano, 710
Vontade, 710
Voto, 712

www.**loyola**.com.br   **vendas**@loyola.com.br

Suma
teológica

Edição Bilíngue - Português / Latim

Reunindo em forma de compêndio importantes tratados filosóficos, religiosos e místicos, Santo Tomás de Aquino, através da Suma teológica, procurou estabelecer parâmetros a todos os que se iniciam no estudo do saber da teologia. Dividida em nove volumes, a obra permanece como um dos mais relevantes escritos do cristianismo de todos os tempos.

EXCLUSIVO PARA VENDAS:
113385.8585

Edições Loyola

TELEVENDAS:
113385.8500

www.**loyola**.com.br   **vendas**@loyola.com.br

Santo Tomás nos apresenta uma autêntica obra de teologia, um livro em que o Doutor de Aquino deseja "manifestar [...] a verdade que professa a fé católica, rejeitando os erros que lhe são contrários". Escrita antes da famosa *Suma Teológica*, a *Suma contra os Gentios* tem por tarefa não apenas contemplar o mistério infinito de Deus, mas também dizê-lo à todos aqueles que se interessam pelas verdades da fé, que é esclarecida também pela exposição dos erros, tanto os do passado quanto do presente.

Edição Bilíngue - Português / Latim

A presente edição, articulada em quatro volumes, oferece aos leitores o texto original latino e sua tradução em língua portuguesa feita por renomados especialistas em Santo Tomás.

Uma obra ímpar e muito atual.

EXCLUSIVO PARA VENDAS: 11 3385.8585   *Edições Loyola*   TELEVENDAS: 11 3385.8500

Edições Loyola

editoração impressão acabamento
rua 1822 n° 341
04216-000 são paulo sp
T 55 11 3385 8500/8501 • 2063 4275
www.loyola.com.br

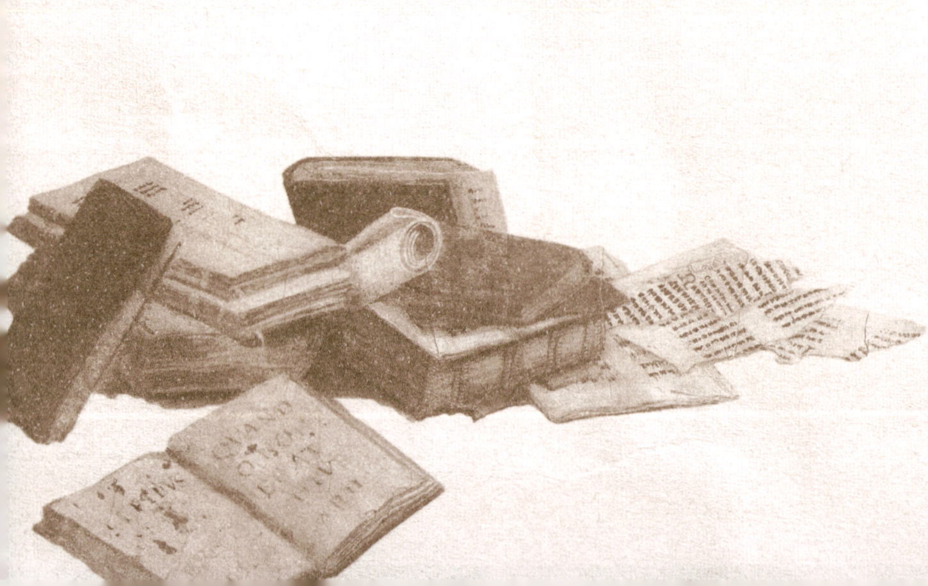